PIÈCES D'IDENTITÉ

Questions de principe XI

DU MÊME AUTEUR

Essais

BANGLA-DESH : NATIONALISME DANS LA RÉVOLUTION, Maspero, 1973. Réédité au Livre de Poche sous le titre : Les Indes rouges, 1985.
LA BARBARIE À VISAGE HUMAIN, Grasset, 1977.
LE TESTAMENT DE DIEU, Grasset, 1979.
L'IDÉOLOGIE FRANÇAISE, Grasset, 1981.
IMPRESSIONS D'ASIE, Le Chêne-Grasset, 1985.
ÉLOGE DES INTELLECTUELS, Grasset, 1987.
LES AVENTURES DE LA LIBERTÉ, UNE HISTOIRE SUBJECTIVE DES INTELLECTUELS, Grasset, 1991.
LES HOMMES ET LES FEMMES *(avec Françoise Giroud)*, Orban, 1993.
LA PURETÉ DANGEREUSE, Grasset, 1994.
LE SIÈCLE DE SARTRE, Grasset, 2000.
RÉFLEXIONS SUR LA GUERRE, LE MAL ET LA FIN DE L'HISTOIRE, précédé des DAMNÉS DE LA GUERRE, Grasset, 2001.
RAPPORT AU PRÉSIDENT DE LA RÉPUBLIQUE ET AU PREMIER MINISTRE SUR LA PARTICIPATION DE LA FRANCE À LA RECONSTRUCTION DE L'AFGHANISTAN, Grasset/La Documentation française, 2002.
QUI A TUÉ DANIEL PEARL ?, Grasset, 2003.
AMERICAN VERTIGO, Grasset, 2006.
CE GRAND CADAVRE À LA RENVERSE, Grasset, 2007.
DE LA GUERRE EN PHILOSOPHIE, Grasset, 2010.

Romans

LE DIABLE EN TÊTE, Grasset, 1984.
LES DERNIERS JOURS DE CHARLES BAUDELAIRE, Grasset, 1988.

Théâtre

LE JUGEMENT DERNIER, Grasset, 1992.

Beaux-Arts

FRANK STELLA, La Différence, 1989.
CÉSAR, La Différence, 1990.
PIERO DELLA FRANCESCA, La Différence, 1992.
PIET MONDRIAN, La Différence, 1992.

Questions de principe

QUESTIONS DE PRINCIPE I, Denoël, 1983.
QUESTIONS DE PRINCIPE II, Le Livre de Poche, 1986.
QUESTIONS DE PRINCIPE III, *La suite dans les idées*, Le Livre de Poche, 1990.
QUESTIONS DE PRINCIPE IV, *Idées fixes*, Le Livre de Poche, 1992.
QUESTIONS DE PRINCIPE V, *Bloc-notes*, Le Livre de Poche, 1995.
QUESTIONS DE PRINCIPE VI, *avec Salman Rushdie,* Le Livre de Poche, 1998.
QUESTIONS DE PRINCIPE VII, *Mémoire vive,* Le Livre de Poche, 2001.
QUESTIONS DE PRINCIPE VIII, *Jours de colère*, Le Livre de Poche, 2004.
QUESTIONS DE PRINCIPE IX, *Récidives*, Grasset, 2004.
QUESTIONS DE PRINCIPE X, *Ici et ailleurs*, Le Livre de Poche, 2007.

Chroniques

LE LYS ET LA CENDRE, Grasset, 1996.
COMÉDIE, Grasset, 1997.
ENNEMIS PUBLICS *(avec Michel Houellebecq)*, Flammarion/Grasset, 2008.

BERNARD-HENRI LÉVY

PIÈCES D'IDENTITÉ

Questions de principe XI
Textes et interventions, 2004-2009

BERNARD GRASSET
PARIS

ISBN 978-2-246-76791-6

Avertissement

On trouvera ici, hormis les *Bloc-Notes* qui feront l'objet d'un volume séparé, l'essentiel de mes interventions et textes de ces cinq dernières années. Certains ont été publiés dans des revues ou journaux français. D'autres ne sont parus qu'aux Etats-Unis et sont, en français, inédits D'autres encore reprennent des séminaires tenus dans un cadre académique, ou para-académique, du type de cet Institut d'études lévinassiennes fondé, en 2000, à Jérusalem, avec Benny Lévy et Alain Finkielkraut et ne sont donc connus, en principe, que de cénacles restreints ou savants.

Dans le premier cas – les Grands Reportages, par exemple, parus en particulier dans *Le Monde* – je n'ai évidemment rien retouché. Les textes parus à l'étranger et dont je n'ai pas toujours conservé la version française d'origine ont été corrigés pour les besoins de cette édition. Quant aux Leçons de l'Institut d'études lévinassiennes et autres prises de parole que j'ai pour habitude de prononcer sans texte composé, presque sans notes, j'ai dû les écrire après coup en me basant, soit sur une transcription d'étudiant, soit, lorsqu'il existait, sur un enregistrement, soit sur ma mémoire.

Ces « papiers », quoi qu'il en soit, ne sont « de circonstance » qu'au vu de la situation qui les a suscités ou inspirés. Et ils ne paraîtront disparates qu'à ceux qui ignorent, ou feignent d'ignorer, comment travaille un écrivain engagé d'aujourd'hui : sur quel matériau ; à partir de quelles sollicitations, réquisitions, colères, nostalgies, enthousiasmes ; selon quelles procédures de conviction et de vérité ; sans parler des formes qu'il faut bien que prenne, à l'âge du tout-puissant visible et de ses rituels nouveaux, la « prière matinale du philosophe » – et dont on retrouvera également, ici, l'écho.

De telle méditation sur le Mal absolu à la série sur le Génie du judaïsme, de tel portrait d'un président de la République commandé par le *New York Times* aux considérations sur le devenir-ruine d'un monde qu'atteste un tremblement de terre en Italie, d'un retour en Bosnie à un voyage clandestin au Darfour, d'une discussion avec Norman Mailer à l'évocation des figures de Gary, Kundera, Moravia ou Jean Genet, l'écart peut sembler grand, le spectre des curiosités trop ouvert, mais c'est, en réalité, le même questionnement qui se poursuit – et la même guerre, encore la même, quoique, chaque fois, et comme toujours, continuée par d'autres moyens.

Abattre son jeu ou le cacher ? Ce livre, comme tous les livres de cette sorte, comme tous ceux où l'on vient dire le pacte que l'on a passé avec soi en même temps que la dette contractée à l'endroit du monde, cette déclaration d'état civil où l'on tente d'expliquer qui l'on est en parlant, pour l'essentiel, des autres et de ses engagements, aurait pu s'intituler « Autoportrait ». Ou, mieux, « Alloportrait ». J'ai préféré, en écho aux premières lignes d'*Ecce Homo*, l'intituler *Pièces d'identité*.

Paris, le 5 décembre 2009.

I

ÉTAT CIVIL

Lévy ? Les vies ? ▪ Autoportrait indirect, en miettes et en creux ▪ Ecrivain, vos papiers ! ▪ Ma vie, mode d'emploi ▪ D'après Proust ▪ Philosophe ? Ecrivain ? ▪ A la guerre comme à la guerre ▪ Questionnaire drolatique ▪ Comment j'avance ▪ Diététique des médias ▪ Eh bien, donc, la guerre !

1

Lévy ? Les vies ?[1]

Les rôdeurs.

Je ne sais pas grand-chose de ces projets de biographies dont j'ai appris l'existence d'abord par la presse, puis par des amis que l'on vient interroger sur moi et qui m'alertent. On réserve, en général, ce genre de traitement aux morts ou à ceux qui sont sur le point de l'être. Moi, je suis vivant. J'ai encore mille choses à faire. Je ne suis pas une carrière à ciel ouvert. Et de savoir que ces livres se préparent, que l'on fouille dans les recoins de ma vie, que l'on essaie de voir ce que je fais aujourd'hui au miroir de ce que j'ai pu faire, éventuellement, il y a vingt ans, tout ce délire interprétatif m'accable d'avance. On ne peut rien contre ces gens que François Mitterrand appelait les « rôdeurs ». Mais je veux quand même les mettre en garde : s'ils portent le débat sur le terrain des idées, d'accord ; sur ma personne, à la limite, ce n'est pas grave ; mais qu'ils prennent garde aux proches et aux disparus ; c'est le seul terrain sur lequel je ne plaisante pas et où je ne permettrai pas que l'on écrive n'importe quoi.

1. Propos recueillis par Didier Jacob et publiés, sous le titre « BHL, mes vérités », dans *Le Nouvel Observateur* du 29 avril 2004.

Vie privée, vie publique.

Dès que l'on peut espérer m'atteindre sur un terrain qui n'est pas celui de la littérature, on ne s'en prive pas. Mais j'ai l'habitude. Depuis que j'ai commencé à écrire, voilà presque trente ans, les polémiques, les règlements de comptes, parfois les excommunications, se sont multipliés. Je me souviens, par exemple, d'un tract sorti des Editions du Seuil, et signé par quelques grandes consciences de l'époque, qui appelait purement et simplement à l'établissement d'un « cordon sanitaire » autour de moi. On était début 1981. Je venais de publier *L'Idéologie française*. Et le tract était intitulé : « Qui écrit un brûlot doit s'attendre à être brûlé ». Ma vie, depuis 1977, a été émaillée de ce type d'incidents. Même si j'y ai aussi, bien sûr, ma part de responsabilité : je n'ai pas écrit des bluettes ; je suis intervenu dans des champs à haute tension ; je l'ai fait sans renoncer à rien de ce que je suis ; je n'ai montré patte blanche sur aucun terrain.

Mon influence.

Depuis l'âge de 25 ans, j'ai eu ce que vous appelez des positions d'influence, puis des moments où les choses se sont sévèrement gâtées. Interrogez Claude Perdriel sur l'époque, en 1974-1975, où je voulais rien de moins que réinventer la presse française et où je lançais, pour cela, un quotidien qui s'appelait *L'Imprévu* : les gens, je crois, ont pris la chose au sérieux et puis l'aventure s'est soldée par une débâcle ridicule. A l'époque des Nouveaux Philosophes, il y a eu un moment d'influence réelle sur le champ intellectuel ; en revanche, quand j'ai fait du théâtre, les choses se sont mal passées. Au cinéma ce fut pire, la chute a été carrément vertigineuse et puis les succès littéraires sont revenus. Au total, c'est bizarre, mais je ne suis pas sûr, puisque c'est votre mot, d'avoir une plus grande influence aujourd'hui qu'au temps où Simon Nora, André Rousselet, Claude Perdriel, François Mitterrand, veillaient sur les fonts baptismaux de mon journal révolutionnaire et lamentable.

L'intellectuel, le pouvoir et l'argent.

La manière dont je fonctionne n'a pas l'air de gêner les Américains. Alors qu'en France le fait, pour un intellectuel, d'avoir une trop grande liberté d'allure, ou d'être réputé avoir du pouvoir, ou pire de l'argent, a tendance à agacer. Tant pis. Je ne vais ni me changer ni lisser mes modes d'apparition. J'ai de l'appétit. Je suis libre. Je dors quatre ou cinq heures par nuit, ce qui laisse du temps pour des curiosités de toutes sortes. Libre et curieux, oui. Ce sont deux des traits qui me caractérisent et sur lesquels il n'est pas question de céder. Je revendique absolument, par ailleurs, le sérieux, la sincérité, l'opiniâtreté de mes engagements.

Mes vies.

La vie est tellement longue qu'elle peut en contenir plusieurs. Il y a des intellectuels qui ont eu des vies successives, comme Kojève. D'autres qui ont des vies simultanées mais clandestines, Gary ou Pessoa. Ce qui, moi, me plaît, c'est d'avoir des vies multiples mais de les avoir en même temps, officiellement, sous le même pavillon. C'est le syndrome *Bugsy*, ce film merveilleux où l'on voyait Warren Beatty à la cuisine, avec sa toque de pâtissier, faisant le gâteau d'anniversaire de son fils, et puis courant dans la pièce à côté où la mafia l'attendait pour l'assassiner et le jeter dans l'Hudson. Souvent je vois ma vie comme ça. Lévy, les vies : vivre de tous les côtés à la fois, c'est une façon, sans doute, d'habiter mon patronyme.

Etre écrivain.

Je suis d'abord écrivain. C'est ce qui me passionne le plus. C'est ce qui m'a le plus occupé toute ma vie. C'est la zone qui commande aux autres, qui leur est relativement imperméable. Et puis, là, il n'y a pas de ruse. Le temps est extensible, sauf le temps de la littérature. C'est même le seul temps non extensible, où il n'y a pas de progrès et où, depuis Hérodote, on ne gagne jamais de temps.

Le journalisme.

Le grand modèle, c'est Orwell. L'immersion absolue. Le reportage comme expérience métaphysique majeure où l'on travaille, comme disait Foucault, à « produire un autre soi-même ». Mon « Daniel Pearl », par exemple. L'expérience très bizarre que ce fut d'entrer dans la peau d'un mort, de vivre à la place de ce mort, et puis de décristalliser, de revenir à la surface.

Le cinéma.

Une des choses qui ont dérouté, dans *Le Jour et la Nuit*, tient probablement au fait qu'il a été tourné et monté comme j'écris. Un écrivain, quelle que soit l'encre ou la fréquence sur laquelle il émet, c'est toujours la même musique, le même régime d'éloquence, la même rhétorique, les mêmes défauts aussi. A la réserve près que le cinéma dispose d'un alphabet infiniment plus vaste. Les cinéastes ont de la chance. Quand un acteur s'en va, le cinéaste est un peu comme Georges Perec quand il décide d'écrire sans e. En tout cas, le tournage du *Jour et la Nuit* a été parmi les moments les plus heureux de ma vie. Ne serait-ce que pour ce bonheur-là, je referai un film. Pas par défi, non. Pas par revanche. Tout ce qui a suivi, les malentendus, la très grande violence des réactions, n'a aucune importance et, d'ailleurs, je m'y attendais un peu. Il y a un film qui n'était pas le contraire du mien et qui est *Les oiseaux vont mourir au Pérou*, de Romain Gary : il fut traité, à l'époque, de manière assez semblable avec, notamment, la même façon incroyablement violente et vulgaire de reprocher à l'écrivain-cinéaste d'avoir mis en scène sa propre femme.

Etre juif.

Un grand nombre de juifs, et mon père en était, sont sortis de cette nuit européenne que fut le nazisme avec l'idée que le judaïsme était une malédiction. Alors, pas l'ombre d'une haine juive de soi, bien sûr. Mais une rupture dans la tradition. Et un judaïsme totalement, délibérément, sauvagement, vidé de substance. A 30 ans, je me suis heurté à ce vide-là. Mon rapport au judaïsme, qui est relativement intime désormais, important, matriciel ou patriciel pour le reste de mon travail, est parti de ce vide. Il a fallu tout retrouver. Mais la parole de Levinas est si juste : « si tu ne connais pas le Talmud, le Talmud lui te connaît ».

Mes deux naissances.

Ce qui est important pour un écrivain, ce n'est pas l'origine, c'est le commencement. Un écrivain, c'est quelqu'un qui naît deux fois. Et la deuxième fois, c'est le moment où il porte un regard intelligent sur le monde. Ce moment, pour moi, se situe quelque part entre Mai 68 et mon départ pour le Bangladesh. Quelque chose se joue là, un écart peut-être, un premier pli d'irrégularité. Ce qui vient avant ne compte pas. Je ne refuse pas d'en parler. Je parle volontiers, d'ailleurs, de mon père. Il m'a légué un système de valeurs, un certain souci du monde, une oreille aussi : celle qui vous rend sensible à la musique de l'intolérable, du fascisme. Mais, pour le reste, non, je n'ai guère de souvenirs d'enfance. Et j'ai longtemps vécu, par exemple, sans expérience physique de l'endroit où je suis né, dans un village d'Algérie, Béni-Saf, au 1 de la rue Karl-Marx, où j'ai passé seulement les huit premiers jours de ma vie. C'est bien plus tard, alors que j'étais en reportage en Algérie, que j'ai vu sur une carte, un matin, que j'étais sans le savoir à quelques kilomètres de ce village. Ne pas avoir de rapport physique avec une terre natale, ça compte. Toujours *Contre Sainte-Beuve.*

La mémoire.

J'ai une mémoire d'éléphant et je n'ai pas de mémoire. Les choses dont je ne fais pas de livres, je les oublie. Ce qui veut dire, aussi, que je ne suis pas un homme de ressentiment. Vous savez que le ressentiment, chez Nietzsche, c'est l'engorgement de la faculté d'oubli. Eh bien, moi, j'oublie tout sauf ce dont j'ai besoin pour écrire. Je connaissais *Les Fleurs du mal* par cœur quand j'écrivais *Les Derniers Jours de Charles*

Baudelaire, il y a vingt ans. Trois semaines plus tard, il ne m'en restait plus rien.

La musique.

Je n'ai pas écouté de musique depuis trente ans. J'en ai joué beaucoup, autrefois. Voici même un souvenir d'enfance – vous voyez : j'ai dû être l'un des derniers élèves d'Alfred Cortot et je le revois, Cortot, dans les dernières années de sa vie, 85 ans, grand, silhouette efflanquée, visage cireux, geste inspiré, qui enseignait encore le solfège Rue Cardinet. Mais la vérité c'est que le jour où j'ai commencé d'écrire, j'ai oublié la musique. J'ai joué du piano tous les jours de ma vie pendant presque vingt ans et puis je pars huit mois au Bangladesh et, au retour, les jours passent, les semaines passent, je ne m'y remets pas et je finis par comprendre que c'est le fait d'écrire qui a pris la place qu'avait la musique dans mon existence. J'écris, d'ailleurs, comme on écrit de la musique. J'écris à haute voix, musicalement, en commençant par la ponctuation. Mes manuscrits ressemblent à des portées musicales avant de ressembler à des paquets de lignes.

Les fleurs.

Je n'aime pas les fleurs. Mondrian, lorsqu'il était face à la fenêtre, à Neuilly, changeait de place pour ne pas voir le vert. Je n'en suis, heureusement, pas là. Je supporte de voir les fleurs de mon jardin. Mais je ne les aime pas. Je suis un homme de la ville. J'aime ses bruits, sa clameur.

L'action humanitaire.

Je ne crois pas que l'on puisse se battre sur tous les théâtres du monde avec le même souffle, la même énergie. Le travail de l'esprit est de l'ordre de l'excavation, pas de l'amalgame. La bonne logique, c'est celle du creusement, pas de la fébrilité qui vous fait courir d'une cause à l'autre. Quand j'ai passé trois années à faire des allers et retours, par exemple, en Bosnie, j'entendais ce qui se passait au Rwanda, mais s'occuper sérieusement de Sarajevo, excaver ce moment-ci de notre présent d'alors, impliquait, hélas, d'être relativement sourd à ce qui se passait ailleurs. Un intellectuel n'est pas un parti politique. Il ne peut pas s'occuper de tout à la fois.

La Bosnie, le Rwanda et Massoud.

Ce sont trois catastrophes diplomatiques françaises. Au Rwanda, à cause des liens avec le régime hutu, à cause de l'instruction de certains corps d'élite qui ont été aux commandes du génocide, à cause des livraisons d'armes, à cause de l'Opération Turquoise, la responsabilité française, quoi qu'on nous dise, est écrasante. En Bosnie, nous avons, à quelques-uns, passé notre temps à hurler qu'on pouvait arrêter le carnage, sauver l'islam démocratique et que cela ne coûterait, par-dessus le marché, pas grand-chose : on a attendu quatre ans pour agir, ça a coûté 200 000 morts, des millions de réfugiés, la radicalisation de l'islam – je me souviens de mes conversations avec Mitterrand, sa suffisance insupportable, l'irresponsabilité et l'incompétence de Balladur et Juppé… Et quant à l'affaire Massoud, les deux têtes de l'exécutif de l'époque ont choisi de ne pas jouer la carte que nous avions et qui était celle, encore, de l'islam modéré : la dernière fois que j'ai parlé avec Massoud, il me donnait l'adresse de Ben Laden et le général Fahim, son adjoint, me donnait l'emplacement des laboratoires, près de Kandahar, où Al-Qaïda essayait de mettre au point, avec l'aide des Pakistanais, ses premières bombes sales. C'est tout cela que Massoud venait dire à Chirac et Jospin. Et c'est pourquoi sa non-réception en France est une autre date funeste.

Projets.

D'abord le cinéma, mais autrement. J'ai produit en Afghanistan, le film magnifique d'Atiq Rahimi, adapté de son roman *Terres et Cendres*, et qui sera à Cannes. Pour le reste, je rentre des Etats-Unis où sort mon livre sur les « guerres oubliées » et je travaille à un traité de philosophie. J'aime circuler d'un genre à l'autre. Le « Baudelaire » était une réponse à *L'Idéologie française*. *Le Jour et la Nuit* prolongeait *La Pureté dangereuse*. Cela peut sembler bizarre mais, pour moi, l'étoffe est la même, la matérialité est la même, le courant passe de la même façon, il n'y a pas de différence de potentiel, bref, c'est la même aventure intellectuelle, le même sillon que je trace depuis *Les Indes rouges*, et peu importe le genre. Sartre ou Cocteau le faisaient avec la légèreté de leur génie. Moi, je suis plus laborieux. Je prends simplement le véhicule qui me semble le plus commode à un instant donné. Celui qui va me permettre de faire un pas de plus sur le chemin que je me suis prescrit.

2

Autoportrait indirect, en miettes et en creux [1]

Cioran.

J'ai lu dans un entretien que vous détestez l'optimisme. Alors, est-ce qu'on pourrait commencer par le pessimiste absolu, Cioran. L'avez-vous connu ?

Oui. Je n'étais pas un familier, mais je l'ai rencontré. C'était l'époque où je préparais *Les Aventures de la liberté*, ma

1. New York, novembre 2008. Olivier Zahm est le directeur du magazine *Purple*. La règle du jeu était : des noms, un jeté de noms, certains familiers aux lecteurs américains, d'autres pas du tout, mais des noms dont le point commun était d'avoir, d'une manière ou d'une autre, compté dans ma vie intellectuelle ou personnelle – et l'interpellé, donc moi, devait répondre du tac au tac, sans trop prendre le temps de réfléchir, et sans écarter, naturellement, aucun des noms proposés. Une version abrégée, contractée, de cette conversation à bâtons rompus est parue, en anglais, dans le *Purple Magazine* de janvier 2009. Ici, sa version intégrale.

série télévisée, et mon livre, sur l'histoire des intellectuels. Et ce qui m'a tout de suite frappé c'est, comment dire ? sa coquetterie. Je veux dire par là qu'il ne vivait certainement pas son pessimisme au point d'intensité qu'il prétendait. Je n'ai rien contre, naturellement. Je n'ai rien contre le fait que les grands écrivains surjouent les sentiments dont ils s'affectent. Et il y a un paradoxe de l'écrivain, analogue au paradoxe du comédien selon Diderot, qui fait qu'il n'est jamais si bon que quand il tient à distance ces affects supposés le posséder. Mais enfin, c'est ainsi. Le pessimisme de Cioran, son désespoir d'être né, son apologie du suicide, sa façon de se situer au-delà même du suicide et de faire comme s'il avait *déjà* dépassé ce stade, tout cela était très joué, très mis en scène, objet d'un vrai montage littéraire. C'est ça qui m'a frappé le jour où nous nous sommes rencontrés, dans son studio, il faudrait dire sa soupente, au dernier étage d'un bel immeuble de la rue de l'Odéon. D'ailleurs la conversation, partie sur Beckett, sur le silence de Michaux, sur l'absurdité de cette affaire d'engagement à laquelle je consacrais mon film, était très vite venue sur des sujets très inattendus, en tout cas pour quelqu'un qui, comme moi, ne le connaissait pas : Rasinari, son village natal dans les Carpates ; son goût des paysages et du football ; qu'il aurait pu écrire des opérettes ; qu'une des rares choses qui le calmaient était de réparer des robinets ; et puis la fonction thérapeutique qu'eut, pour lui, la langue française – comment elle fonctionna comme une sorte de camisole chimique, de refroidisseur de lyrisme et de démence. Songeait-il à son fascisme de jeunesse ? à cette époque terrible où il faisait, dans *Vremea,* l'éloge d'Adolf Hitler ? je ne sais pas…

Et vous êtes allé le voir dans ses derniers jours à l'hôpital ?

Non, je ne l'ai vu qu'une fois. Cette fois-là. N'oubliez pas qu'il rêvait de mettre, sur sa porte, une pancarte : « toute visite est une agression ».

Maurice Blanchot.

En contrepoint à Cioran, vous ne parlez jamais de Blanchot, à ma connaissance…

Si. Dans *Les Aventures de la liberté*, justement. Et dans ma revue, *La Règle du Jeu*, après qu'il m'eut adressé une lettre très étrange, à propos de l'affaire Rushdie, où il m'écrivait – texto : « j'invite chez moi Rushdie (dans le Sud) ; j'invite chez moi le descendant ou successeur de Khomeyni ; je serai entre vous deux, le Coran aussi ; venez. » Et dans *Comédie*, où je me moque de son côté « grand silencieux ». Et puis j'ai été l'un des premiers, je crois, à parler, il y a vingt-cinq ans, du livre d'un Américain, Jeffrey Mehlman, publié par Philippe Sollers, et qui révélait le passé d'extrême droite, et même antisémite, de celui qui, après la guerre, deviendra l'une des consciences de la gauche morale. Le cas est passionnant. Je veux dire qu'est réellement passionnante cette façon, quand on sait qu'on a commencé par un grand crime, de s'enfermer, comme lui, Blanchot, dans l'invisibilité et le silence. Il y a ceux qui, comme Cioran, changent de langue. Il y a ceux qui, comme Günter Grass, en rajoutent dans l'excès inverse. Et il y a lui, Blanchot, qui, pour blanchir son crime d'origine, prend le parti d'une littérature blanche, posée au bord du silence… J'ai donc dit ça il y a vingt-cinq ans. J'avais un bloc-notes, à l'époque, dans *Le Matin de Paris.* Et j'avais expliqué que sa façon de s'impersonnaliser, sa façon de disparaître derrière le langage, cette obsession d'effacer ses propres traces, de faire l'impasse sur soi-même, que tout cela était lié à ce terrible péché de jeunesse, à cette faute inexpiable – et inexpiable, je le précise, non seulement en soi, mais dans sa propre logique à lui puisque l'antisémitisme a connu, après la guerre, peu d'adversaires plus acharnés que lui, Blanchot. Une anecdote, à ce propos. Je me trouve, quelques jours après ce bloc-notes, dans le métro. Je vois un type qui m'observe de loin – assez âgé, petit, mais ayant conservé une allure d'adolescent avec des cheveux très longs, une mèche sur le visage, un pantalon en velours côtelé et une sorte d'anorak consciencieusement débraillé. Un type élégant, somme toute, qui m'observe pendant tout le trajet d'un air à la fois pensif et mauvais. Je descends au métro Châtelet. Il me suit. Et, quand je m'apprête à bifurquer pour prendre ma correspondance, il m'accoste et me dit : « je m'appelle Louis-René des Forêts, ce que vous avez écrit sur Maurice Blanchot n'est pas bien, pas bien du tout, c'est une mauvaise action, je tenais à ce que vous le sachiez… » Sur quoi il me plante là et disparaît dans la foule.

Alain Delon.

Alain Delon, l'incarnation de l'acteur français. Quelle image gardez-vous de lui ?

Personnage essentiel de mon film et personnage essentiel de ma vie. Nous sommes restés liés. En désaccord sur des tas de choses, sans doute. Mais en accord sur une certaine conception de l'amitié, de la vie…

De la solitude ?

Peut-être, oui. Peut-être sa façon d'être solitaire au-delà de l'apparente sociabilité et de la communauté bruyante qui se fait autour de lui. Le fait, en tout cas, est là. Pour cette raison, et d'autres, Delon est quelqu'un dont je suis resté proche. Quand le film que nous avons fait ensemble s'est planté, il a été d'une loyauté impeccable. C'est rare. Je connais des tas d'autres acteurs qui, dans une circonstance semblable, prennent leurs jambes à leur cou. Lui, au contraire, est resté. Il n'a varié ni sur les raisons qu'il avait eues de participer à l'aventure ni sur ce qu'il pensait du film lui-même. Je le revois, à mes côtés, à la conférence de presse du Festival de Berlin. Quolibets. Hourvari. Crachats. Et lui qui, alors, se lève et lance à la meute qui nous fait face : « mesdames, messieurs, j'avais trois maîtres : Visconti, René Clément, Joseph Losey ; j'en ai, désormais, un quatrième : le jeune réalisateur que vous avez face à vous. » Du panache, c'est le moins que l'on puisse dire. Du courage. De l'allure. Ce film a été une aventure importante de ma vie. Mais il a bien voulu me laisser croire qu'il le fut aussi dans la sienne. Quand on a ça en partage, quand on a ce secret partagé, ce grand souvenir magnifique, quand on a vécu ensemble une aventure artistique de cette intensité, cela pèse tellement plus lourd que n'importe quel désaccord politique. J'ajoute que nous avons autre chose, encore, en commun. Il est avant tout acteur. Je suis avant tout écrivain. Nous avons tous les deux cette maladie qui est de croire que, à la fin des fins, la vraie vie n'est pas dans la vie.

Francis Ford Coppola.

Pour rester dans le cinéma, vous avez rencontré Francis Ford Coppola.

Oui.

On passe sur lui ?

Non. J'ai adoré *Le Parrain,* au contraire. Pour de bonnes et de mauvaises raisons. Pour l'amour de l'art, sans doute. Mais à cause, aussi, du côté « mauvaise vie » que j'ai pu avoir autrefois et qui est toujours là, dans un coin de ma tête, pas complètement liquidé. Mais n'insistez pas, s'il vous plaît. Et ne gardez, d'ailleurs, pas ça dans votre décryptage final. C'est typiquement le genre de phrase qu'on me ressort des années après. Dites plutôt que j'ai aimé *Cotton Club.* Voilà, oui, *Cotton Club.* Ça ne mange pas de pain, *Cotton Club.* Quant à l'homme… Je ne sais pas. Je n'ai pas d'avis sur l'homme.

Tocqueville.

Un aristocrate doublé d'un démocrate – mais un démocrate qui, du coup, (je pèse le mot, entendez-le dans le sens que vous voudrez) ne pouvait qu'être un démocrate *résolu.*

Alain Badiou.

Un adversaire. Mais que je ne parviens pas à détester. A cause de Mallarmé, sans doute. D'une idée de la révolution fondée sur Mallarmé plus que sur Marx ou sur Lénine. De l'allure, lui aussi.

Benny Lévy.

Ah là, c'est autre chose. Le personnage qui, de ma vie, m'a intellectuellement le plus impressionné. Chef politique des maos français. Puis secrétaire de Sartre. Puis cette montée, tellement romanesque, vers Jérusalem et le Talmud – Jérusalem *parce que* le Talmud, Jérusalem *parce qu'*il y voyait le seul endroit, au monde, où l'on pouvait lire dignement le Talmud.

Isabelle Doutreluigne.

Isabelle, votre première femme, mannequin quand vous étiez encore étudiant à l'Ecole normale supérieure rue d'Ulm. Vous l'avez rencontrée quand ?

Le 19 décembre 1967. Je n'étais pas encore normalien. J'étais juste en khâgne. Mais le fait est que, pour un jeune intellectuel de ce temps-là, pour un khâgneux qui fréquentait les milieux marxistes, sortir avec un mannequin qui faisait la couverture des *Purple* de l'époque, était une provocation. J'assumais cet écart. J'ai toujours, toute ma vie, aimé assumer l'écart. Mais, là, plus que jamais. Cela étant dit, je corrige. La provocation n'était que relative. Car la réalité c'est que, avant d'être mannequin, elle était la dernière femme surréaliste, la petite cousine de Nancy Cunard, ou de Denise Levy, ou de Gala, la femme de Dalí. C'était une femme de cette trempe-là. On l'aurait dite sortie d'un cadre de Man Ray. Un personnage à la fois lumineux et tourmenté, d'une extrême beauté, fantasque, irrégulière, ne se reconnaissant aucune loi, aucun maître, considérant qu'elle faisait partie des êtres qui avaient le droit de définir leur propre morale et de n'être jugés que par rapport à elle, refusant donc absolument le jugement de la société et prenant, à ce titre, des risques terribles qui lui ont coûté d'ailleurs très cher, se mettant dans un péril total, vraiment total. Voilà. J'ai rencontré peu de femmes aussi belles, aussi fantasques, aussi courageuses qu'Isabelle Doutreluigne – et aussi décidées à prendre le risque d'une liberté qui l'a conduite, hélas, au désastre.

Jacques Lacan.

Est-ce que vous avez rencontré ou côtoyé ou croisé Jacques Lacan ?

Oui. Un peu. Mais j'ai surtout suivi son séminaire, à

l'époque où il se tenait à l'Ecole normale supérieure et où j'étais, toujours, en hypokhâgne et en khâgne. Je me revois faire le chemin du lycée Louis-le-Grand, rue Saint-Jacques, à la rue d'Ulm comme on va en pèlerinage. Pour rien au monde je n'en aurais manqué une séance. J'arrivais deux heures à l'avance, parfois trois, car il fallait bien cela pour être sûr d'avoir une place. Quand je ne pouvais pas être là car j'étais cadenassé dans une salle de cours à Louis-le-Grand, j'envoyais un copain avec un magnétophone qu'il fallait poser, au milieu d'une forêt d'autres, devant lui, sur sa table ou à ses pieds, sur l'estrade. Il a été un maître à penser absolu. Un psychanalyste génial, sans doute. Un clinicien hors pair. Mais aussi un philosophe. Un très grand penseur du XXe siècle. Quelqu'un qui, avec Althusser et Foucault, a formé le trio constitutif, fondateur, de ma génération. S'il y a eu, en France, un moment philosophique d'une importance comparable au moment grec de Socrate, ou au moment allemand autour de l'hégélianisme et du post-hégélianisme, eh bien, de ce moment français, Jacques Lacan a certainement été le pivot.

Vous aviez 16, 18 ans. Comment pouviez-vous avoir cette information sur le fait qu'il ne fallait pas manquer les séminaires de ce personnage à part ?

J'avais lu les *Ecrits,* tout simplement. C'est même, si vous voulez tout savoir, un livre que j'ai *volé* à la librairie des Presses Universitaires de France, place de la Sorbonne, l'année de mon hypokhâgne. C'était un très gros livre. Mille pages, ou presque. Difficile à dissimuler. J'avais une sorte de parka militaire dans la poche intérieure de laquelle je l'avais glissé. C'était vital, pour moi, d'avoir ce livre ! Je savais qu'il était plus important de lire ça que de maîtriser la *Métaphysique* d'Aristote ou les dialogues de Platon. Or il était si gros, donc, que je me suis fait prendre. Je revois encore le visage goguenard du vigile qui m'arrête au moment où je m'apprête à franchir le seuil pour me sauver. On me fait remplir un formulaire. On m'emmène au commissariat du quartier. Et, bien sûr, cela déclenche un drame familial de grande ampleur. La question, pour moi, ce n'est donc pas pourquoi j'ai assisté au séminaire. Mais c'est comment j'ai pris le risque de voler ce livre, de me faire prendre et de me retrouver dans cette situation humiliante – ramené par des policiers chez mes parents…

Aujourd'hui encore, Lacan n'est pas forcément reconnu comme un philosophe au rang des plus grands, alors que vous, à 17 ou 18 ans, vous étiez au courant…

C'était évident. Je ne dirais pas qu'on était des millions à le penser, mais enfin nous étions un certain nombre. Et pour quelqu'un qui, comme moi, fréquentait, sans en être, les cercles révolutionnaires, les milieux maoïstes ou pré-maoïstes, l'UJCML, la Gauche prolétarienne, etc., l'importance de Lacan était incontournable, elle crevait les yeux, il fallait être un imbécile ou un ignorant pour ne pas s'en aviser.

Comment se passaient ses séminaires ?

C'était public, très ouvert et, en même temps, étrangement confidentiel. Il y avait là un mélange de normaliens, de jolies femmes, de journalistes, d'écrivains et, bien sûr, de psys. C'était une faune extrêmement composite, avec cette forêt de magnétophones disposés devant le maître… Quand il arrivait, c'était toute une mise en scène. Du grand et bon théâtre. Car, en plus d'être ce penseur immense, il était un excellent acteur, fantaisiste, inventif, parfois farceur. Il ne faut jamais oublier que l'acte de naissance de Lacan, sa scène primitive, c'est le surréalisme. Ou le crypto-surréalisme de Georges Bataille. Son sol originaire c'est cette région du surréalisme qui va de Breton à Bataille et à Leiris en passant par le Collège de sociologie. Il avait un vrai côté surréaliste dans son attitude, son goût de l'exposition et de la provocation, sa parenté vague avec Salvador Dalí, sa façon d'arriver au séminaire avec des manteaux de fourrure extravagants, d'énormes cigares et un mépris d'acier pour ceux qui ne faisaient pas l'effort de le suivre et de le comprendre. Et puis ce goût mallarméen de l'obscurité… Cette idée qu'il fallait bien un peu d'obscurité pour faire taire, dans les têtes, le bruit de fond de la doxa… Et pour cela, donc, une difficulté de langue voulue, programmée, stratégique… Moi, j'ai toujours pensé le contraire. J'ai toujours cru qu'il fallait, pour forcer l'attention, la plus grande simplicité, la plus grande clarté de style, la neutralisation maximale des effets de sens parasite. Ce n'était pas l'opinion de Lacan.

François Pinault.

Si ça ne vous ennuie pas, on passe à un personnage de la vie économique, financière et de la mode aussi, François Pinault. Ce personnage est discret, c'est une des plus grandes fortunes de France, mais il a aussi un rôle culturel avec sa fondation d'art contemporain à Venise, et il a joué un rôle dans votre vie pour avoir dirigé une entreprise directement concurrente de celle de votre père.

Le fait que ce soit une des plus grandes fortunes de France, m'est un peu égal. Le fait qu'il ait constitué une des plus belles collections d'art moderne au monde m'intéresse déjà davantage mais n'est pas non plus le cœur de mon rapport avec lui. L'histoire est, en réalité, plus intime. C'est vrai que François Pinault a été, en affaires, l'adversaire et le concurrent de mon père. Mais il a aussi été son ami. Et le fait est que, quand mon père est mort il y a treize ans, il a pris, dans ma vie, un tout petit peu de la place qu'avait mon père. C'est ainsi.

Et puis ?

François Pinault est aussi l'homme à qui mon père a téléphoné un jour, un an avant sa mort, à l'époque où je voulais tourner *Bosna !*, mon film-document sur la Bosnie en guerre, et où je ne trouvais pas de financements pour accompagner un projet jugé déraisonnable par tous les producteurs français. Mon père, donc, lui téléphone un dimanche soir. Il lui dit : « voilà, Bernard veut tourner un film sur cette guerre de Bosnie ; primo, je le lui interdis ; secundo, il va me désobéir ; tertio, gagnons du temps – quitte à me désobéir, autant qu'il le fasse vite, bien, et que sorte de là un beau et grand film utile au peuple martyr de la capitale bosniaque assiégée ; quarto, retrouvons-nous donc, demain, au bar-tabac de la rue Saint-Ferdinand où nous avons nos habitudes et où nous créerons, si vous le voulez bien, la société de production ad hoc qui l'aidera dans son entreprise. » Pinault, sans en demander davantage, sans faire la moindre objection, a aussitôt dit d'accord. Ils se sont retrouvés, le lendemain matin, au bar-tabac. Et le film a été produit dans un délai et dans des conditions exemplaires.

Paul Bowles.

Quel est votre lien avec l'écrivain Paul Bowles. Est-ce la ville de Tanger ?

Oui. Mais dans le sens inverse de ce qu'on pourrait croire. Ce n'est pas Tanger qui m'a fait rencontrer Bowles. Mais Bowles qui m'a fait découvrir Tanger. J'avais lu *Un thé au Sahara*. Et je suis vraiment venu, la première fois, prolonger dans le réel ma lecture de ce livre admirable. A chaque coin de rue, à chaque terrasse de café, je voyais les ombres, les fantômes, parfois les personnages de chair, du roman. Et j'ai fini par aller le voir pour lui dire à peu près ça : « j'ai voulu connaître cette ville à cause de vous ; comme souvent avec les grands artistes, j'y découvre, depuis que je suis là, l incarnation de vos chimères ; j'ai voulu vous rencontrer pour voir à quoi pouvait bien ressembler l'auteur et de ces chimères et de cette ville. » Car, pour moi, il était l'auteur, l'inventeur, de Tanger. Et c'est avec l'auteur et inventeur de Tanger que je suis devenu ami. On s'est vus, en tout cas, jusqu'à la toute fin.

Comment fait-on quand on s'appelle Bernard-Henri Lévy pour aller déranger un écrivain dans sa retraite marocaine ? On se débrouille pour trouver son numéro de téléphone ? On sonne à sa porte ?

On avait deux amis communs. D'abord un vieux copain qui s'appelle Boubker Temli. Il a mon âge. Je le connais depuis la fin des années 60. Il est antiquaire. Expert en orientalisme. Et il a été mon premier lien avec Bowles. J'ai un petit film, filmé par Arielle, une conversation d'une heure avec Bowles, deux ans avant sa mort – c'est chez lui, Boubker, qu'il a été tourné. Et puis nous avions un autre ami en commun qui était aussi un ami de Boubker et qui s'appelait Joseph McPhillips. Il est mort il y a peu. C'était un Américain, né dans l'Alabama, et arrivé à Tanger en même temps que Paul Bowles, dans les années 60, avec Johnny Hopkins, l'auteur des *Carnets de Tanger*. C'était un personnage incroyablement pittoresque. Il était le directeur de l'Ecole américaine de Tanger. C'était aussi un fou de théâtre qui, chaque début d'année, choisissait un grand texte du répertoire, Shakespeare, Tennessee Williams, peu importe, et le répétait, avec ses élèves, en vue de la cérémonie de la distribution des prix, en fin d'année, à la mi-juin. C'était un événement à la fois ordinaire et ultrachic avec, une année, Mario Testino qui faisait les décors ; une autre, Yves Saint Laurent pour les costumes ; et, chaque fois, Paul Bowles qui écrivait une musique originale… C'est presque inimaginable quand j'y repense. Mais c'est un fait. Bowles pensait, sincèrement, qu'il s'était trompé d'art, qu'il était bien meilleur compositeur que romancier et que le seul lieu au monde où on lui donnait l'occasion de le prouver c'était là, cette fête de patronage qu'était la représentation théâtrale de fin d'année à l'American School of Tangiers. On est devenus amis comme ça, à travers Joe McPhillips et Boubker Temli.

Du coup, vous avez acheté, construit une maison là-bas. Vous avez toujours cette maison ?

Oui, toujours.

Un écrivain peut vous conduire à l'amour d'une ville…

Oui, naturellement. Et l'amour de cette ville m'a conduit à demander à Andrée Putman d'imaginer cette maison, qui est accrochée à la falaise, comme un bateau à quai tout blanc, en verre, en métal et en béton plâtré – Andrée dit volontiers que cette maison est, dans le genre, ce qu'elle a fait de plus abouti.

Antonin Artaud.

Vous avez appelé votre fils Antonin, sans doute en hommage à Antonin Artaud ? Est-ce une passion secrète, car je ne vois pas immédiatement le lien entre vos préoccupations et l'univers d'Artaud ?

On n'a pas les mêmes préoccupations à toutes les époques de sa vie. Et pour un écrivain, plus encore, la vie est une sédimentation d'univers qui se superposent. Alors il y a un sédiment de ma vie qui s'appelle, en effet, Antonin Artaud. A l'été 1967, je suis parti en Irlande, à Galway, puis sur l'île d'Aran, sur les traces d'Artaud qui y était lui-même parti à la recherche de la canne de saint Patrick. Deux ans plus tard, j'ai fait, toujours sur ses traces, et sur celles des Tarahumaras, mon tout premier séjour au Mexique. J'avais 20 ans. J'y suis resté trois mois. Artaud, à mes yeux, était un jalon essentiel dans l'invention de la littérature moderne. Le Artaud du *Théâtre et son double*, sans doute. Celui du « théâtre de la cruauté ». Sauf que ce n'est pas le théâtre qui m'intéressait. Ce qui m'intéressait, et ce qui m'intéresse toujours, c'était, dans la vie d'Artaud et dans sa pensée, cette façon de mettre en péril l'assise de l'être, l'évidence de l'humain – cette façon de mettre en question l'image trop simple que les hommes ont d'eux-mêmes et qui s'appelle l'humanisme. J'étais plongé, à l'époque, dans une grande réflexion critique sur cette affaire d'humanisme. J'étais un antihumaniste théorique, version Foucault, Lacan, Althusser. J'étais proche de ces penseurs qui mettaient en pièces, qui dynamitaient, l'image traditionnelle du sujet telle que l'avait forgée la philosophie traditionnelle. Eh bien je dirais qu'Artaud attaquait par la face nord ce qu'eux attaquaient par la face sud – ou l'inverse. Celui que Sartre appelait le « salaud », le type sûr de sa place en ce monde, sûr de son droit, sûr de sa légitimité à être, sûr de l'espace qu'il occupe, de l'air qu'il respire, des biens dont il jouit, le type qui trouve tout ça normal, inscrit dans l'ordre naturel, ce type d'homme voyait son assise ébranlée, d'un côté, par les maîtres du « moment structural » et, de l'autre, par cet antisalaud absolu, ce déconstructeur radical et métaphysique qu'était (avec, sans doute, Bataille) Antonin Artaud. Vous aviez le matérialisme bataillien, cette espèce de surréalisme inversé, ce surréalisme non de l'idée et de l'idéal mais de la chair, voire du déchet, Bataille dit même, dans un texte célèbre, du « gros orteil » (la partie la plus intéressante du corps, prétendait-il). Et puis vous aviez *Le Pèse-Nerfs* d'Artaud, cet écorchement de l'être, ce retournement du sujet, ce travail sur ses soubassements obscurs, son dynamitage méthodique, toute cette expérience métaphysique, complètement neuve, du corps et de la chair, qui culminait dans une vision révolutionnaire des sujets en mutation que nous étions. C'est un temps où l'on ne se satisfaisait pas d'être ce que l'on était. La grandeur de cette époque c'est que l'on y prenait au sérieux l'idée de se vouloir un peu plus grand que soi. Et, de cette idée, Artaud participait.

Michel Foucault.

Après avoir vécu et adhéré à cette critique radicale de l'humanisme, comment peut-on porter le drapeau des Droits de l'homme aujourd'hui ?

Ce n'est pas contradictoire ! D'ailleurs, regardez. Qui inaugure la politique des Droits de l'homme, en France ? C'est Michel Foucault, justement. Michel Foucault, l'antihumaniste par excellence. Mais qui, avec le GIP, le Groupe d'information sur les prisons qu'il fonde avec Serge Livrozet, Jean-François Lacombe, Claude Mauriac, Henri Leclerc, d'autres, puis avec son combat pour Solidarnosc, invente cette politique minimale, modeste et, au fond, réformiste – mais d'un réformisme radical – qu'on appelle, aujourd'hui, la politique des Droits de l'homme.

La déconstruction du sujet induit un militantisme et une action localisée, au cas par cas ?

Oui. Car, à la fin des fins, c'est quoi la politique des Droits de l'homme ? C'est le contraire de la politique révolutionnaire. C'est le contraire de ces « grands récits » qui prétendaient « changer l'homme dans ce qu'il avait de plus profond » et le viser « droit dans son âme ». Et c'est le contraire de grands récits qui ne « tenaient » que parce qu'ils pensaient qu'il y avait une essence de l'homme et que cette essence devait être retrouvée, restaurée. Donc, c'est très simple. Dès lors que vous ne croyez plus à cette idée d'une essence de l'homme, dès lors que vous avez rompu avec cette idée humaniste d'une vérité de l'homme à refonder, vous devez vous contenter d'une politique plus modeste qui est la politique des Droits de l'homme. On n'a pu se ranger à une politique des Droits de l'homme qui ne soit pas juste un vague supplément d'âme, une action de charité et de bienfaisance, qu'après que l'on a déconstruit l'essentialisme, le substantialisme, de l'humanisme traditionnel. L'humanisme traditionnel reposait sur le théorème de la pureté perdue et qu'il fallait retrouver à tout prix. L'humanisme traditionnel, pour cette raison, impliquait la catastrophe comme la nuée l'orage. A partir du moment, en revanche, où on pense que l'humain est quelque chose de plus complexe, à partir du moment où on admet qu'il n'a pas une identité simple, qu'il est un mixte de dedans et dehors, qu'il n'a pas de noyau permanent, ni de limite parfaitement assignée et qu'il se définit plutôt comme un compromis, perpétuellement instable, entre un dedans et un dehors, alors la seule politique possible est une politique des Droits de l'homme, concrète, au cas par cas. Voilà pourquoi le même Foucault pouvait être, *à la fois,* cet antihumaniste théorique et ce « droit-de-l'hommiste » intraitable.

Michel Leiris.

Un mot sur Leiris.

Je l'ai rencontré quai des Grands-Augustins, chez lui, à la toute fin de sa vie. C'est dans *Les Aventures de la liberté.* Une longue conversation où je ne l'interroge, comme il se doit, que sur des détails infimes : un mot de Breton, un vêtement d'Aragon, un trait de caractère de Nancy Cunard, je ne sais plus très bien, le texte est là, reprenez-le, c'est un entretien pas mal du tout, un document d'histoire littéraire, il est bizarrement très peu repris, j'ignore pourquoi, c'est dommage.

Bernard Kouchner.

Bernard Kouchner est quelqu'un d'inclassable dans le monde politique français. C'est un compagnon de route politique, avec lequel vous êtes fâché, je crois.

On n'est pas fâchés, non – pourquoi ? S'il m'avait demandé

mon avis, je lui aurais juste déconseillé de devenir ministre de Sarkozy. Car je crois qu'on a toujours tort de ne pas avoir assez confiance dans sa propre biographie. Et, dans son cas, c'est d'autant plus dommage qu'il est, non seulement un personnage hors normes, mais l'inventeur d'un concept – l'un de nos rares contemporains à pouvoir se targuer d'avoir inventé un concept, un vrai concept, un concept important, un concept qui aide à vivre, le concept de « devoir d'ingérence ». Alors voilà. Quand on a inventé le devoir d'ingérence, quand on a eu la vie de Bernard et qu'on a sa légende, on ne devient pas ministre des Affaires étrangères. Ni de Nicolas Sarkozy ni d'un autre. C'est mon opinion. Mais on n'est pas fâchés pour autant.

Françoise Sagan.

Personnage culte de la vie littéraire et nocturne parisienne, j'imagine que vous avez aimé Françoise Sagan.

J'ai tant de souvenirs d'elle... Des rencontres. Des dîners. Un dîner, une fois, avec François Mitterrand qui s'amusait comme un fou avec elle. Et puis des projets. Beaucoup de projets. Sagan est quelqu'un qui passait son temps à chercher des formules magiques, des martingales, pour gagner de l'argent. A un moment par exemple, elle a eu l'idée, à laquelle elle tenait beaucoup mais qui a fait long feu, de créer, avec moi, Orsenna, d'autres encore, je ne me souviens plus, une sorte d'atelier d'écriture pour des films et des fictions télé... Et puis, bien sûr, la dernière période de sa vie, quand elle était pourchassée par le fisc, harcelée, réduite à la misère et que, avec quelques amis comme Nicole Wisniak, on a tenté de la tirer de là. Mais l'essentiel, cela dit, n'est pas là. L'essentiel c'est qu'elle est probablement l'écrivain français le plus sous-évalué de ces dernières années. Elle vaut infiniment mieux que le statut d'écrivain mineur qu'elle a eu et dont elle a eu l'élégance de se contenter.

Jim Harrison.

Autre écrivain, un Américain, dont vous faites un portrait magnifique dans American Vertigo, *je crois : Jim Harrison. Vous êtes allé le rencontrer chez lui, dans le Montana.*

Ce qui m'intéresse chez Jim Harrison, c'est très simple : il est l'exact contraire de moi. Si je devais chercher, dans le bestiaire littéraire, l'animal le plus opposé à l'animal que je suis, ce serait sûrement lui, Jim Harrison. Sa manière de vivre, sa vision du monde, son rapport à la nature, son rapport au roman : il n'y a pas un point où je ne me sente l'opposé de cet homme et c'est ça qui me plaît, c'est ça qui m'intéresse, en lui – c'est ça qui fait que j'ai eu envie de le voir, et que j'ai envie de le revoir.

Et quelle est la nature de ce désaccord, alors ?

Je vous l'ai dit : tout.

Il déteste l'Amérique contemporaine.

Oui, mais ce n'est pas tellement ça le problème. Je vous parle de littérature, de métaphysique. Il aime la nature, je m'en méfie. Il aime la campagne, j'aime la ville. Il croit qu'on écrit en état d'ivresse, je crois qu'on écrit en pleine lucidité. Il doit sûrement faire l'amour, le matin, à demi réveillé ; pour moi l'amour physique n'est jamais si intense que lorsqu'il se fait dans la plus grande clarté, les sens aux aguets. Il est optimiste, je suis pessimiste. Il pense que l'écriture vient des tripes, je pense qu'elle vient du cerveau. Il aime le concret, j'aime l'abstraction. Il se méfie des intellectuels, je les respecte. Voilà. Terme à terme. On pourrait continuer longtemps comme ça. Rencontrer Jim Harrison, pour moi, c'est presque faire l'expérience philosophique de l'envers de moi-même.

David Lynch.

Un effet à la David Lynch, quand dans un film la personnalité se dédouble en deux personnes tout à fait incompatibles et néanmoins rivées l'une à l'autre…

Voilà. Ou comme dans *Cet obscur objet du désir*, où Buñuel fait jouer le même personnage par une actrice espagnole, épaisse, assez ordinaire – et par Carole Bouquet, diaphane, élégante. Ou le même personnage de l'écrivain joué, dans la comédie humaine d'aujourd'hui, par Jim Harrison et par moi.

Norman Mailer.

Un autre écrivain américain incontournable : Norman Mailer.

Lui, je m'en sens proche.

Dans la pratique de l'écriture ?

Oui. Mais pas seulement. Pour moi, c'est un maître absolu. Je lui ai emprunté le concept de « romanquête », par exemple. Pas le mot, que j'ai inventé. Mais l'idée. Le genre. Le principe. La littérature mise au service de l'investigation. L'investigation qui, lorsqu'elle bute sur l'inconnaissable, laisse la place à la littérature. Son livre sur Lee Harvey Oswald, l'assassin de Kennedy… *Le Chant du bourreau*… *The Armies of the Night*… Tout ce rapport de la littérature au réel… Toute cette façon, pour la littérature, de s'emparer du réel et de l'absorber… Je n'ai rien fait d'autre dans les quelques pages de *Qui a tué Daniel Pearl ?* (quelques pages seulement, bien délimitées, soigneusement indiquées) où je laisse parler le roman. Et il me semble, d'ailleurs, que c'est à moi qu'il a donné l'une de ses toutes dernières interviews, sinon la toute dernière. C'était l'époque d'*American Vertigo*. Quelques mois avant sa mort. Mon voyage s'achevait. Et je ne voulais pas qu'il s'achève sans que j'aie eu, au moins, une conversation avec lui. Il était vieux. Affaibli. Il avait du mal à se déplacer. Il y voyait mal. Il savait, et le disait, qu'il n'avait plus que quelques heures « utiles », par jour, pour travailler. Bref, il sait qu'il va bientôt mourir. Il entre dans l'obscurité. Et il prend sur le précieux temps qui lui reste à vivre pour, un après-midi, me donner cette magnifique interview qui est le dernier mot d'*American Vertigo* et dont j'ai donné l'intégralité à *La Règle du Jeu*.

C'était à New York ?

Non, à Provincetown, une ville charmante mais singulière car peuplée, presque exclusivement, d'homosexuels et où cette incarnation du macho américain avait trouvé son dernier domicile. Comme un ultime pied de nez à soi-même. Ou, plutôt, à son personnage, à sa marionnette, à ce double qui le suivait comme son ombre et qu'il avait le souci, à la fin, comme tous les écrivains, de semer.

Louis Althusser.

On ne peut pas faire cette galerie de portraits sans parler de Louis Althusser qui a été votre professeur, et votre ami aussi, et qui a partagé un moment de votre vie. C'est un personnage vraiment énigmatique, qui a été au centre de la vie intellectuelle puis qui a été totalement écarté et a sombré dans la folie. C'est comme la fin d'une lignée intellectuelle dont vous avez été le témoin et comme le dernier fils spirituel.

C'est un phare, Althusser. Un phare au sens propre. C'est-à-dire une lumière intense et brève, aveuglante, mais qui n'eut qu'un temps. Un coup de projecteur sorti de la nuit et y retournant. Et puis, à la fin, la tragédie : le meurtre d'Hélène, sa femme.

Mais qu'est-ce qu'il aimait chez vous ? Comment, tout d'un coup, est-il devenu l'ami d'un jeune homme de souche bourgeoise au rapport contradictoire avec l'orthodoxie marxiste ? Et puis on l'imagine assez peu cordial ou amical.

Oui ? Eh bien c'est une erreur. Car il était et cordial et amical. Avec, de surcroît, cette dimension de souffrance, et donc d'humanité, qu'on connaît mieux, aujourd'hui, à la lumière rétrospective de ce qui s'est passé et de la maladie mentale. On le voyait comme un théoricien glacé. On entendait son antihumanisme comme une surdité aux émois et aux passions des hommes. On pensait qu'il était l'incarnation de sa théorie et de l'esprit théoriciste en général. Et on découvre, à l'arrivée, qu'il était un héros de Dostoïevski, qu'il était un frère Karamazov, qu'il finissait sa vie en personnage de fait divers, étranglant sa femme dans un accès de folie, rattrapé par cette humanité déniée, puis enfermé.

Et vous, comment vous le perceviez ?

Je n'imaginais rien de tout cela. Aucun d'entre nous

n'imaginait que notre maître puisse être ce dément qui, lorsqu'il disparaissait, de longs mois, sans donner d'explications, se cachait dans un hôpital psychiatrique où il passait des nuits et des jours, un torchon entre les dents pour éviter de se trancher la langue, à subir des cures d'électrochocs qui le laissaient en miettes…

Il s'est pris d'affection pour l'étudiant que vous étiez ?

Sans doute. Je me souviens d'un été, dans le sud de la France, près de Gordes, où il possédait une maison. J'en avais loué une, au village voisin, à Cazeneuve, en partie pour me rapprocher de lui. Je rentrais du Bangladesh. J'y étais parti, à l'origine, avec un projet de thèse dirigée par Charles Bettelheim, pas le psy bien sûr, l'économiste, l'homme qui faisait, avec quelques autres, de l'althussérisme appliqué à l'économie et chez qui Althusser m'avait, avant mon départ, envoyé. Je n'ai pas fait la thèse. Mais c'était l'été de mon retour. Et, comme je voulais « rendre compte » à Althusser, comme je voulais surtout écrire, à défaut de thèse, ce premier livre, infusé d'althussérisme, qui s'appelle *Les Indes rouges* et qu'Althusser lui-même donnera, d'ailleurs, à François Maspero, on l'a passé, en grande partie, ensemble. Alors, d'où venait ce brin d'amitié dont il voulait bien me témoigner ? Je n'en sais rien. Peut-être juste le fait que j'étais le dernier des althussériens, le dernier althussérien vaguement sérieux, l'un des derniers sur lesquels il pouvait avoir prise. La grande génération althussérienne, c'est celle qui m'avait précédé. C'est la génération d'Etienne Balibar, Pierre Macherey, Régis Debray, d'autres. J'avais cinq ou six ans de moins qu'eux. Et j'ai donc été, chronologiquement, le dernier. Son dernier disciple. C'est peut-être à cela, à rien d'autre qu'à cela, qu'il se raccrochait en me voyant.

Jacques Derrida.

Et Jacques Derrida, votre autre maître de la Rue d'Ulm ?

Pas le même niveau. A mon avis, pas le même niveau. Mais un très grand professeur. Et puis – comment vous dire ? –

quelqu'un à qui je reste d'autant plus attaché que je l'ai transformé en personnage d'un de mes livres : *Comédie*

Ahmed Mohamadialal.

Un autre personnage ami qui a traversé votre jeunesse étudiante et militante, c'est ce jeune Marocain qui s'appelle Ahmed Mohamadialal.

C'est le parrain, avec Gilles Hertzog, de ma fille Justine. C'est une autre victime de cette fin des années 60. Un autre de ces « suicidés de la société », comme disait Antonin Artaud. Il est toujours vivant, lui, grâce au ciel. Mais suicidé, d'une certaine manière. Car pas à la hauteur des promesses dont il était porteur. Il fait partie de ces gens qui ont pris très au sérieux les mots d'ordre de subversion de la fin des années 60 et qui, face à l'échec de cet espoir, ont fait comme s'ils concluaient : « continuez sans moi ! que cette société dégueulasse contre laquelle nous nous sommes battus continue, soit, mais ce sera sans moi... »

Et avec élégance ?

Oui. Beaucoup d'élégance.

Donc un jeune Marocain qui décide de venir en France...

Elève des Jésuites, standardiste à l'école Sainte-Geneviève de Viroflay, près de Versailles, où je suis moi-même professeur. J'ai 18 ou 19 ans. Il en a 17. On devient amis. Inséparables. On drague les filles ensemble. C'est un séducteur incroyable. On joue à se donner des défis absurdes du type : « le premier qui ramènera une rousse d'un mètre soixante-dix-sept avec un grain de beauté sur le genou ». Et c'est toujours lui qui gagne ! Lui qui trouve la femme philosophale ! Et puis, surtout, il pensait, nous pensions, que la société telle qu'elle était organisée ne méritait pas notre respect. Moi, j'ai changé. J'ai fini par penser qu'il n'y avait pas d'alternative sérieuse, que l'idée d'une société idéale était une chimère dangereuse. Lui, il semble qu'il n'ait pas changé. Il a décidé de ne pas s'accommoder, jamais, de cette société. Et c'est pour ça qu'il a fini par dire, comme le héros de Melville : « I'd better not »...

Continuez, encore une fois. Continuez, si vous y tenez – mais sans moi…

Il est tombé amoureux à Tanger, de cette Française, issue de l'aristocratie jet-set, Diane de Beauvau-Craon.

Oui, il a eu un enfant avec elle. Un fils. Avec, ensuite, une histoire compliquée, très compliquée. Privé.

Gilles Hertzog.

Le compagnon, depuis trente ans, de la plupart de mes reportages. Avec Jean-Paul Enthoven, l'autre ami incomparable. Et le dernier des mousquetaires.

Vous avez aimé le portrait de vous qu'a brossé Jean-Paul Enthoven, dans son roman, Ce que nous avons eu de meilleur *?*

Naturellement ! Le roman est magnifique. Et j'aime ce portrait, oui, bien sûr. Sans la moindre réticence. Ceux qui en douteraient n'auraient pas bien compris de quelle alchimie relève, quand elle s'empare des vivants, la littérature.

Justine Lévy.

Parlons de votre fille, Justine Lévy, écrivain, vivant à Paris. Qu'est-ce que vous diriez d'elle ?

Que c'est la meilleure romancière de sa génération.

Ce n'est pas un avis exagéré dû à la tendresse paternelle ?

Non, c'est l'avis du lecteur, de l'écrivain et de l'éditeur que je suis. Je pense vraiment qu'elle est, dans la famille que je qualifierai, pour aller vite, de « durassienne » – refus du bel écrire et de la littérature en gants blancs et majesté, écrire comme on respire, coller au plus près de son souffle retrouvé, la légèreté comme une ruse, la vie comme une fiction – je pense vraiment qu'elle est, dans ce genre, et depuis la mort de Guillaume Dustan, la toute première. Je suis désolé. C'est ainsi.

Vous l'avez prénommée Justine Juliette, selon une double référence à Sade !

Oui. Sans doute pensais-je que je la plaçais, de cette façon, au centre de gravité des passions humaines. Une Juliette qui aurait l'âme d'une Justine. Ou l'inverse : une Justine qui ne serait plus la victime de Juliette. En lui donnant ces deux prénoms extrêmes, l'idée était vraiment, je crois, de conjurer le double piège du vice et de la vertu, d'inoculer à l'un l'antidote qu'est l'autre et vice versa – l'idée était de l'encourager, de loin, à puiser dans ces deux gisements passionnels ce qu'ils avaient de propre à conjurer ce qui, à l'époque, début du féminisme, m'apparaissait sans doute comme la malédiction féminine.

Charles Baudelaire.

Vous lui avez consacré un livre. On ne vous attendait pas sur ce poète. Qu'est-ce qui, tout d'un coup, vous ramène à Baudelaire ?

Sa métaphysique. Ça peut sembler curieux mais c'est pourtant vrai : il y a une métaphysique de Baudelaire, et c'est cette métaphysique qui est le vrai sujet du livre que je lui ai consacré. Le Baudelaire disciple de Joseph de Maistre… Le Baudelaire antinaturaliste… Le Baudelaire qui fait, contre la spontanéité, l'éloge du maquillage et de l'artifice… Le Baudelaire qui n'aime les femmes que fardées… Le Baudelaire qui croit que les amis déclarés du genre humain ont de bonnes chances de devenir ses assassins… Le Baudelaire qui déteste Robespierre… Le Baudelaire qui ne croit pas aux communautés… Le Baudelaire qui sait que les hommes naissent seuls, meurent seuls et traversent la vie presque aussi seuls… C'est ce Baudelaire-là qui m'a fasciné. C'est lui qui, aujourd'hui encore, vingt ans après le livre où je me mettais dans sa peau pour vivre son agonie, m'accompagne.

Barack Obama.

Vous l'avez rencontré ? Il y a une interview de lui, je crois, dans votre parcours américain…

Alors là, honnêtement, ça peut paraître prétentieux, mais il se trouve que c'est la vérité : j'ai dû être le premier Européen, sinon à imprimer son nom, du moins à parler de lui comme d'un possible président américain. C'était il y a quatre ans. Juste quatre ans, jour pour jour, à l'heure où nous parlons. Je le vois surgir sur la scène de la salle du Congrès où se tient la précédente convention démocrate, celle qui va investir John Kerry. La salle est presque déserte car il est tard. C'est un des derniers orateurs car il est, à ce moment-là, presque complètement inconnu. Et il y a, dans la façon qu'il a d'entrer sur cette scène, dans la manière qu'il a d'habiter un texte qu'il n'a sans doute pas écrit lui-même, dans l'éclat dont il irradie, quelque chose qui m'impressionne si profondément que je cherche aussitôt à le revoir, le revois dès le lendemain et écris, dans la foulée, un petit texte que je donne au magazine pour lequel je travaille, *Atlantic Monthly*. Ce texte sera repris, ensuite, dans *American Vertigo*. Il s'intitule « Un Clinton noir » – pas trop mal vu, non ? La vraie vérité, d'ailleurs, c'est que le vrai premier titre que j'avais donné à ce texte était « Un Kennedy noir ». Mais mes copains américains ont été si surpris, et si choqués, ils me l'ont tellement jouée « écrivez ce que vous voulez mais n'allez quand même trop loin – la mémoire de Kennedy, franchement, vous poussez… » que j'ai accepté un compromis et ai changé « Kennedy » pour « Clinton »…

Daniel Pearl.

Un mot de Daniel Pearl à l'assassinat de qui vous avez consacré un livre d'enquête. Y a-t-il une chose que vous n'auriez pas dite après l'enquête et que vous auriez envie de dire, aujourd'hui, après le succès de ce livre ?

Je ne sais pas… Peut-être ma fierté, juste ma fierté, d'avoir entrepris cette enquête, de l'avoir menée à bien et d'avoir contribué, ce faisant, à ce que les juifs appellent la « célébration » de son nom. A part ça, il y a des années, maintenant, que j'ai écrit ce livre. Or le fait est que pas un jour ne passe sans que je pense à lui, sans qu'il soit un peu avec moi et moi un peu avec lui. C'est étrange. Mais c'est ainsi.

Pour les gens qui n'ont pas lu votre livre et qui ne le connaissent pas, comment décririez-vous cet homme ?

Un homme atrocement martyrisé parce qu'il était juif, américain et journaliste.

Juste pour son identité ?

Pour cette identité-là, oui. Américain dans un pays où l'Amérique est la maison du diable. Juif dans une région du monde ravagée par l'antisémitisme. Et journaliste sur le point de découvrir – c'était ma thèse – une vérité qui ne devait pas être dite : à savoir que l'inventeur de la bombe atomique pakistanaise, appuyé par une fraction des services secrets, était en train de vendre ses secrets à un certain nombre d'États voyous et, sans doute, à Al-Qaïda. Les faits – c'est-à-dire l'arrestation, quelques mois après la parution du livre, et pour la raison que j'avais dite, de cet homme, Abdul Qader Khan – ont confirmé mon hypothèse. C'est la raison de sa mort.

Benazir Bhutto.

L'autre Pakistan. Une femme admirable *et* l'autre Pakistan. Je ne l'ai jamais rencontrée. Mais nous nous sommes écrit. Adressé des signes. Elle avait lu mon *Qui a tué Daniel Pearl ?* Je sais par l'un de ses amis, l'homme d'affaires pakistanais Amer Lodhi, que l'un des derniers livres qu'elle ait lus est mon *American Vertigo*. Et puis, surtout, le grand journaliste californien Nathan Gardels a en sa possession l'un de ses tout derniers messages qu'elle lui avait envoyé depuis son blackberry : elle réagissait à une interview que je venais de lui donner à lui, Gardels, et où je réexpliquais, pour la énième fois mais avec des arguments nouveaux, comment le Pakistan de Musharraf demeurait l'endroit le plus dangereux du monde. Et ce à cause de l'alliance, qui s'y était nouée, entre islamistes et services secrets. Benazir confirmait l'analyse. Et exprimait le vœu d'une rencontre.

Vladimir Poutine.

Vous avez rencontré Poutine ?

Ah non ! Vladimir Poutine, c'est l'homme qui a déclaré que la plus grande catastrophe du XXe siècle était l'éclatement de l'Union soviétique. C'est quelqu'un qui croit vraiment, au fond du fond de lui, que l'éclatement de l'Union soviétique, c'est-à-dire, pour parler clair, la libération des Polonais, des Tchèques, des Hongrois ou des Ukrainiens, est un phénomène qui peut se comparer – mais en pire et en plus grave ! – à Hiroshima, à la Première Guerre mondiale, à la Deuxième, à Auschwitz, au génocide du Rwanda, j'en passe. Là, à ce niveau de fanatisme et de cynisme, les bornes du débat raisonnable sont, pour moi, définitivement franchies.

Heiner Muller.

Un personnage dont on parle peu : Heiner Muller, le dramaturge berlinois.

C'est drôle que vous prononciez ce nom. On ne se souvient plus guère de lui. On n'en parle plus. Or je l'ai connu, lui, à la toute fin de sa vie, à Berlin. Un personnage terrible, en un sens. Un affreux. Mais, en même temps… L'un des derniers représentants de cette espèce, déjà en voie de disparition à l'époque, qu'étaient les princes évêques du communisme. Des écrivains venus au communisme, la plupart du temps, par antifascisme et chez qui l'espérance s'était éteinte. Je me rappelle une conversation avec lui. Je m'étais exclamé : « mais vous ne vous rendez pas compte ! le communisme ce n'est rien d'autre qu'une manière de domestiquer l'animal humain, de l'asservir et de lui faire accepter, de surcroît, sa servitude. » Et il était parti d'un grand éclat de rire, féroce, presque méphitique et il m'avait répondu : « mais je suis d'accord, jeune homme ! absolument d'accord ! n'allez tout de même pas croire que je sois assez con pour croire que le communisme va émanciper les humains ; c'est la corde qui les tient ; la trique qui les met au pas ; on est d'accord… » Un pessimisme terrible, donc, à l'égard de la nature humaine. Et l'idée que le communisme était la seule solution face à cette hypothèse pessimiste, la seule manière durable de dompter la bête humaine. Je n'étais pas contre le pessimisme. Mais je détestais la conclusion qu'il en tirait et je détestais donc le communisme. On peut *partir* du pessimisme ; et *conclure* qu'il faut, non corseter l'animal humain, mais essayer de le rendre un peu plus libre, de rendre sa situation un peu moins irrespirable : c'est mon point de vue, c'est le combat de ma vie.

Françoise Giroud.

Françoise Giroud, une grande journaliste, écrivain aussi, que vous avez côtoyée, qui est peu connue hors de France. Votre grande amitié, qui a duré des années, doit être évoquée. N'est-ce pas l'une des femmes essentielles de votre aventure intellectuelle ?

Absolument. D'abord, elle était le sosie de ma mère. Ça la faisait rire quand je le lui rappelais, mais c'est un fait : il y a des situations comme ça, dans la vie, quand on a l'impression que Dieu a fait l'économie d'un moule et qu'il a utilisé deux fois le même pour deux âmes disparates – c'était le cas. Et puis, il y a ce livre que nous avons écrit ensemble, à deux voix ou quatre mains, *Les Hommes et les Femmes,* ma première expérience de ce genre de livre avant *Ennemis publics,* avec Michel Houellebecq…

Vous la trouviez séduisante ?

Je vais vous raconter une anecdote. Dans *L'Imprévu,* le quotidien que je crée, en janvier 1975, avec Michel Butel, l'édito était un texte tout d'une pièce, imprimé en gros caractères, comme un dazibao chinois, qui occupait toute la Une et que nous écrivions à tour de rôle ou, parfois, ensemble. Alors, un jour, c'est moi qui l'écris. Je le titre « Françoise Giroud ou la douceur de vivre avant la révolution ». L'idée est, en gros, que la révolution approche avec son cortège de drames, de tumultes, peut-être de violences. Mais que, grâce au ciel, et en attendant, on a ce miracle de raffinement, ce sommet de civilisation et de grâce, qu'est la personne de Françoise Giroud. Sa fille, Caroline, m'appelle le lendemain et me demande – un peu sévère : « Monsieur, êtes-vous amoureux de ma mère, par hasard ? »

Elle était très Nouvelle Vague ?

Elle *invente* la « Nouvelle Vague ». D'abord parce que c'est elle qui, comme vous le savez, produit pour la première fois la formule dans un de ses éditos de *L'Express.* Mais, ensuite, parce qu'elle était comme une incarnation de cette nouvelle vague :

son côté vieil Antibes, Positano, images de soleil, modernité, jupes courtes, Marcel Carné…

On la voit plus sous un angle autoritaire, en tant que journaliste d'influence.

Elle était bien plus charmante que cela. Un sourire irrésistible. Des battements de cils à vous damner. Et une intelligence superbe. Les dernières années, nous avons pris l'habitude, Arielle et moi, de passer systématiquement des bouts d'été avec elle. Merveilleuse compagne… Souvenirs exquis de Tanger, de Saint-Paul-de-Vence, d'Italie…

Michel Butel.

Longtemps mon meilleur ami. Et l'un des êtres les plus singuliers qu'il m'ait été donné de rencontrer. Nous avons donc fait ce journal ensemble, ce quotidien, *L'Imprévu*. Un ratage certes. Mais magnifique. Et qui, je crois, nous lie à jamais. Butel est aussi un romancier de haute tenue. Et il est, encore, l'un des modèles du personnage principal de mon premier roman, il y a vingt-cinq ans, *Le Diable en tête.*

Philippe Sollers.

L'écrivain essayiste Philippe Sollers, votre ami, votre compagnon secret…

C'est vrai que j'ai parfois le sentiment, quand on se voit, qu'on est comme deux agents secrets, représentants de je ne sais quelles puissances alliées et se voyant de loin en loin pour échanger, entre une tasse de thé et un verre de whisky, comme dans un roman de Graham Greene, quelques informations de qualité.

Pour plus d'efficacité ?

Disons qu'il y a cause commune.

Politique ?

Oui. Donc littéraire.

Vous avez aussi en commun une même passion pour les femmes, pour l'érotisme, pour une vie libertine.

Je ne sais rien de la vie de Philippe Sollers. Il ne sait rien de la mienne. Nous ne parlons jamais de ces choses.

Sans doute, mais les deux grands séducteurs de la scène littéraire française, c'est lui et vous.

Je ne sais pas.

Admettez que vous partagez, tous les deux, le même goût pour le secret et la vie privée…

Là oui. Absolument. Le secret comme un art de vivre. L'art du secret.

Alors ?

Alors je dirai que ce qui nous rapproche le plus c'est le goût de la littérature, d'abord. Et puis, ensuite, le goût du siècle, de ce siècle, de cet instant en tant qu'il est notre présent. Vous connaissez le mot de Voltaire : « Ah, le beau siècle que ce siècle de fer ! » ? Eh bien cette idée, le principe selon lequel c'est cette époque-ci qui est la bonne, qu'il n'y en a pas d'autre, qu'on n'a pas d'époque de rechange et que c'est là qu'il faut jouer, que c'est là qu'il faut gagner, que c'est ça qu'il faut décrire, raconter, critiquer, ce principe qui commande de vivre sans nostalgie, sans dépression, sans mélancolie, et sans indiscrétion non plus, eh bien voilà, oui, ce qui nous rapproche. En tout cas, le fait est là : on réalise le tour de force de se voir très régulièrement, de rire beaucoup, de se parler d'un nombre infini de choses, sauf de nous-mêmes ! Pas de confidences. Pas d'intimité. Je ne connais aucun de ses secrets. Il ne connaît aucun des miens. Et cela fait une amitié forte, intense et, sur la durée, à toute épreuve.

Romain Gary.

Un autre personnage qui fait partie de votre famille : Romain Gary.

Je le connaissais, oui. Nous nous voyions assez souvent.

Il a un peu disparu aujourd'hui, son nom est moins évoqué.

C'est vrai. Et c'est dommage. Car c'était un personnage superbe, doublé d'un écrivain majeur. A l'époque où je l'ai connu, il avait l'air d'un vieux cow-boy vantard, m'as-tu-vu, portant des chemises trop voyantes, des bottes aux piqûres extravagantes, des chapeaux Stetson ou, parfois, un blouson d'aviateur qui le faisait ressembler au jeune pilote héroïque qu'il avait été au temps de la France Libre. La vérité, d'ailleurs, est que son excentricité vestimentaire était si grande qu'il changeait sans cesse d'allure. Tantôt Monsieur le Consul avec costume croisé et rosette de grand-croix de la Légion d'honneur. Tantôt hippie, juste débarqué de Majorque ou de Tanger. Ou tantôt, donc, vieux cow-boy argentin mélancolique et perdu. Alors, derrière tout ça, bien sûr, il y avait une aventure littéraire extraordinaire, sans précédent. Avec, entre autres, le dédoublement de la fin : cette façon de poursuivre une œuvre sous deux identités, deux signatures, deux pavillons – tantôt Romain Gary, tantôt Emile Ajar…

Sans que cela soit un secret de Polichinelle dans les milieux littéraires autour de vous ?

Non, personne ne savait. Presque personne. Il avait si bien monté son affaire ! Il s'était donné tant de mal pour rendre crédible cette idée qu'il y avait, d'un côté, le vieux Romain Gary, à bout de souffle et d'inspiration, et, de l'autre, le jeune Emile Ajar, ce neveu plein de talent, plein d'avenir et de force, et dont il était jaloux ! Le piège était si bien armé que si, d'aventure, quelqu'un devinait, si quelqu'un, dans un dîner, se risquait à suggérer que c'était peut-être bien Gary qui se dissimulait derrière le nom et le corps de Paul Pavlowitch, son neveu, alias Emile Ajar, il se faisait rabrouer sur le thème : « encore ce vieux salaud qui vous a intoxiqué ! il est si jaloux, si envieux, et, de surcroît, tellement cabot, tellement toquard, qu'il est en train d'essayer de s'approprier l'œuvre de son pauvre neveu ; c'est un scandale ; c'est une honte ! » Ce que je crois, aujourd'hui, c'est que le dispositif était si bien ficelé qu'il en est mort. En décembre 1980. Une balle dans la tête. Quelques mois après le suicide de Jean Seberg, son ex-femme, sans doute la femme de sa vie.

Pourquoi son cas vous intéresse-t-il autant ?

D'abord, je vous le répète, parce que je l'ai connu et aimé. Mais ensuite parce que vous avez là le cas d'un écrivain qui en a assez d'être ce qu'il est, qui suffoque dans sa propre identité, sa marionnette, le cliché qu'on a tiré de lui et qui lui colle au visage comme un masque dont il ne sait plus comment se défaire. Vous avez là un écrivain qui n'en peut plus de cette célébrité absurde qui fait qu'on ne le lit plus, qu'on parle plus de sa femme actrice que de ses romans, qu'on le voit comme une figure pittoresque de Saint-Germain-des-Prés davantage que comme un auteur respecté comme tel et cité dans les livres savants. Alors, il en a tellement assez qu'il décide de tout recommencer, de repartir à zéro, de naître une seconde fois dans la même vie. Quel est l'écrivain célèbre qui n'a jamais eu cette tentation ? Comment, moi-même, ne serais-je pas fasciné, attiré et, en même temps, terrifié par cette aventure garyenne ?

Très peu d'écrivains ont réussi ce tour de force.

Oui. Mais il en est mort – c'est ça l'histoire. Ce dédoublement l'a rendu fou. Ce jeu pervers entre lui et Pavlowitch l'a véritablement vidé de son être et annihilé. C'est toute l'histoire.

Comment la vérité a-t-elle vu le jour ?

Après sa mort. Manuscrits sous scellés. Quelques avocats dans le secret. Et un Paul Pavlowitch ma foi assez extraordinaire, merveilleusement loyal, qui est l'autre victime de cette affaire, sa victime ignorée, sa victime obscure, et qui vient à « Apostrophes » dire : « voilà, c'est moi ; je ne suis personne ; je n'étais que l'image publique de mon oncle ; j'étais la marionnette qu'il envoyait s'agiter à sa place sur le théâtre d'ombres des médias. » Il y aurait un livre à écrire sur Pavlowitch. Sa loyauté. Son courage. Sa douleur aussi. Sa douleur et sa vie brisée.

Et vous, que saviez-vous de tout cela ?

Rien. Même pas un doute. Je voyais Romain dans cette période. Je l'entendais s'emporter contre ce neveu qui lui faisait de l'ombre. Et jamais, au grand jamais, je n'ai deviné la supercherie.

Dinah Lévy.

Votre père est très présent dans vos propos, mais vous parlez moins de votre mère… Venue d'Algérie, sa capacité à épouser la vie parisienne, la modernité des années 70, son amour de la décoration, de la mode, de la mondanité…

C'est vrai, oui. C'est vrai que je n'en parle guère. Et c'est vrai, pourtant, qu'elle m'a transmis ce que vous dîtes. Plus, peut-être, l'amour de la littérature.

Elle aimait la littérature ?

Oui.

Plus que votre père ?

Elle pensait, vraiment, que la chose la plus importante au monde ce sont les livres.

Et comment vous a-t-elle transmis ce goût des livres ?

En me les racontant, en me les faisant lire, en me les faisant désirer, en me les interdisant aussi… Tout le jeu par lequel une mère peut faire découvrir à un enfant l'extraordinaire gisement, la mine d'or, qu'est la littérature.

Et la mode ?

C'est vrai, oui. La mode. J'avais dix ans. Peut-être douze. Elle était cliente chez Dior, Féraud, Courrèges. Et je l'accompagnais, parfois, aux défilés. Pour ne rien vous cacher, le spectacle me rendait fou. Ce sont probablement même là, quoique cérébrales, mes premières émotions érotiques. J'en dis un mot dans *Le Diable en tête.* Je raconte comment c'est là, backstage d'un défilé de Louis Féraud, que j'embrasse pour la première fois de ma vie une femme. Je suis encore un enfant. Mais mon premier contact avec l'étourdissement du mystère féminin, est là. Interprétez-le comme vous voudrez.

Yves Saint Laurent.

Dans cette drôle de vie, un peu chaotique, qui est la mienne, il a effectivement une place, une vraie place. D'abord parce que je lui ai consacré un texte, il y a vingt ans, auquel je tiens et dont je dirai, pour parodier Roland Barthes, qu'il est un peu mon « système de la mode ». Et puis ensuite parce que, par amitié pour lui et, surtout, pour Pierre Bergé, j'ai siégé quelques années au conseil d'administration de la Maison. C'était absurde. Il n'y avait là que des banquiers, plus les représentants de la famille

De Benedetti, plus mon ami Alain Minc. Je ne comprenais rien à ce qui se disait. Mais bon. J'étais là. Je faisais semblant.

Ernest Hemingway.
Pourquoi cette passion pour Hemingway ?

C'est un maître, lui aussi. Car un écrivain physique. Je suis, certes, un « intellectuel ». Donc quelqu'un de cérébral, qui aime les concepts, les idées, les raisonnements. Mais j'aime aussi la littérature qui respire. J'aime les voyages, j'aime bouger, nager, partir. J'aime aller sur le terrain des conflits et des affrontements qui font, hélas, l'ordinaire de l'espèce humaine. Et, là, sur ce point, il n'y a pas, pour moi, trente-six modèles. Malraux, d'abord, bien sûr. Mais aussi cet autre écrivain que je n'ai pas du tout connu, ce grand écrivain de la guerre, de l'action, du courage : Hemingway. A 20 ans, je connaissais par cœur des pans entiers de ses romans. Je ne pouvais pas relire, ou me remettre à l'esprit, la mort de Jordan, par exemple, dans *Pour qui sonne le glas ?*, sans en ressentir une émotion terriblement intense, personnelle, comme si cette mort, oui, me concernait personnellement. Et vingt ans plus tard, en Bosnie, ou trente ans plus tard au Pakistan, que voulez-vous que je vous dise ? Je n'aurais certainement pas entrepris ces voyages, je ne me serais pas lancé à corps et âme perdus dans l'action ou l'enquête, sans avoir encore en tête, d'une certaine manière plus que jamais, le modèle hémingwayien. Un livre, notamment. Un livre peu connu qui s'appelle *En ligne* et qui contient des reportages, des notes de méthode, des textes sur le journalisme. Un régal.

Malaparte.
Et Malaparte aussi ?

Malaparte c'est plus compliqué, à cause de la tentation fasciste. Mais oui, vous avez raison. Le Malaparte de *Kaputt,* quand même ! Cette description hallucinante de l'Europe en guerre… Ce modèle indépassable pour tous les écrivains de la guerre… Si vraiment la littérature a affaire au Mal, si elle a pour mission de l'ausculter et de le décrire, alors, oui, il faut mettre Malaparte au tout premier rang. En Bosnie toujours, pendant ces quatre années où j'ai passé tellement de temps, soit dans Sarajevo assiégée, soit dans les tranchées, aux avant-postes de la défense de la ville, je n'avais, souvent, qu'un livre avec moi – que je conserve comme une relique, une sorte d'archive de moi-même : *Kaputt.*

Louis Aragon.

Vous avez rencontré Louis Aragon, qui fut non seulement un des plus grands écrivains de Paris, sur Paris, mais aussi un personnage d'influence dans le Paris littéraire...

Nous sommes en 1976. Je suis au Twickenham, un bar aujourd'hui disparu qui faisait l'angle de la rue des Saints-Pères et de la rue de Grenelle, juste en face de Grasset, et où, n'ayant pas d'appartement à l'époque, il m'arrivait de passer la nuit – j'attendais que la brigade du soir ait fini son service et je la laissais m'enfermer là, jusqu'à l'arrivée, quelques heures plus tard, de la brigade du matin qui me réveillait en fanfare, endormi en chien de fusil sur la banquette de moleskine trop courte où j'avais passé la fin de la nuit...

Vous vous endormiez ivre ?

Non. J'ai un métabolisme qui fait que je peux boire de façon déraisonnable sans être vraiment ivre. D'où le fait, d'ailleurs, que je ne boive jamais. Jamais. J'ai compris un jour, sur les conseils avisés d'un médecin, que c'était quand même plus raisonnable, vu les quantités de bon ou de mauvais alcool que j'étais capable, du coup, d'ingurgiter.

Et donc Aragon...

Un soir donc, vers minuit, arrive Louis Aragon, spectral et magnifique, grande cape marocaine sur un costume de lin gris, yeux d'acier, visage de roi en exil, qui vient s'asseoir à ma table et me dit : « vous, je vous connais ; on prépare une adaptation d'*Aurélien* ; je voudrais que vous y jouiez le personnage de Paul Denis. » Suit une conversation passionnante sur le surréalisme, ses rapports avec Breton, le Parti communiste. Et puis, quelques mois plus tard, la mise en scène d'*Aurélien* par Michel Favart qui me donne, en effet, le rôle de Paul Denis – ce personnage, inspiré de René Crevel dont Jean-Jacques Pauvert venait, comme par hasard, de rééditer quelques-uns des livres et dont le destin m'intéressait.

Grasset.

Jadis, l'annexe du Twickenham. Aujourd'hui, mon port d'attache – je n'en ai pas tellement d'autre… Avec un éditeur d'exception, qui est devenu un ami : Olivier Nora.

Michel Houellebecq.

Une autre rencontre. Mais improbable. La dernière en date de mes rencontres improbables. Avec cette bizarrerie qu'à cet ami improbable j'ai confié des choses que je n'avais, que je n'aurais, jamais confiées à quiconque. Miracle de la littérature.

Ahmed Shah Massoud.

Voilà une rencontre dont on dit que vous l'avez truquée…

Les gens disent ce qu'ils veulent. Il y a les faits. Et, en particulier, les images. Celles d'il y a dix ans, parues un peu partout. Et celles d'il y a trente ans que vous verrez, très bientôt, dans le film-portrait que me consacre Eric Dahan pour France 5 et où on voit le petit groupe que nous formions avec, notamment, Renzo Rossellini, apporter au jeune Ahmed Shah Massoud les émetteurs radio que nous avions fait fabriquer en Italie. C'était une belle aventure que cette aventure de « Radio Kaboul Libre ». Il s'agissait d'aider les combattants afghans d'orientation démocrate et anti-fondamentaliste, primo à combattre les Soviétiques, secundo à se fédérer et à coordonner leurs actions. C'était bien. C'était même, dans le genre, assez prémonitoire. Et j'en suis, aujourd'hui encore, plutôt fier.

Jean-Paul Sartre.

Jean-Paul Sartre. Votre génération l'a ignoré ou le considérait comme dépassé…

A tort. Car il était l'incarnation même de l'intellectuel engagé.

Ce que vous êtes aussi.

A cause de lui, oui.

Sartre, c'était quoi pour vous ?

Ça. La double aventure d'une œuvre et d'une vie. Cette façon de jouer la partie aux deux tables de la littérature et de la vie. En prenant des risques. En se trompant, parfois.

En même temps, c'était la figure à abattre quand vous étiez jeune ?

Je dirais plutôt que nous avions tendance à le considérer comme dépassé, démodé, renvoyé au musée des vieilleries philosophiques par les structuralistes dont je vous parlais tout à l'heure. En fait, nous nous trompions. Car ce que je montre dans mon *Siècle de Sartre* c'est que, justement, il anticipe les grandes thèses des structuralistes. Sa conception du sujet, par exemple, est beaucoup plus proche de celle de Lacan que de celle de Maine de Biran ou de Descartes…

Alija Izetbegovic.

Vous avez connu le président François Mitterrand. Mais le président pour lequel vous vous êtes vraiment engagé politiquement, c'est sans doute Alija Izetbegovic, le président de la Bosnie sous les attaques de la Serbie.

C'est vrai que cet homme m'a fait faire des choses insensées. J'avais toujours pensé – et dit, notamment dans *La Barbarie à visage humain* – que jamais je ne conseillerais de « prince ». Or, pour lui, j'ai dérogé à la règle. Je l'ai conseillé. J'ai passé des nuits, dans son palais austro-hongrois du centre-ville de Sarajevo, à discuter stratégie militaire et politique. Je l'ai amené chez le pape à Rome. Je l'ai amené chez le roi d'Espagne, chez Margaret Thatcher à Londres ou, justement, chez François Mitterrand. J'ai écrit certains de ses textes et de ses discours. Bref, j'ai fait pour lui, c'est vrai, ce que je n'aurais fait, et ne ferai jamais, pour personne d'autre… Lui, en retour, m'a fait un extraordinaire cadeau. Malgré tout ce qui nous séparait (entre autres le fait qu'il était un musulman pieux, avec un vrai passé fondamentaliste), il m'a donné une preuve de confiance inouïe. Je lui avais proposé de constituer une brigade internationale pour la Bosnie. Il m'a répondu qu'il doutait de mes capacités militaires mais qu'il me verrait bien, en revanche, tourner un film-document sur la résistance de ses concitoyens. Moyennant quoi il m'a donné ce qu'il n'a donné, encore une fois, à aucun cinéaste, aucun intellectuel, aucun journaliste. C'est-à-dire l'accès aux archives de l'armée bosniaque, d'une part. Et l'accès physique, d'autre part, pour Alain Ferrari et moi, à toutes les lignes de front où les Bosniaques résistaient aux Serbes. D'où *Bosna !*, ce film unique, sans équivalent je crois, qui est allé au Festival de Cannes et qui a joué un vrai rôle, ensuite, comme support pour la mobilisation de l'opinion. Voilà. Je me suis mis au service d'un homme dont tout, ou presque, me séparait. Et cet homme, en retour, m'a donné accès à ce qu'il avait alors de plus précieux – à savoir les secrets militaires de la Bosnie en guerre. C'est une belle histoire.

3

Écrivain, vos papiers ![1]

La dernière biographie que vous avez lue.
Pierre Guyotat.

Celle que vous aimeriez écrire.
Raymond Roussel.

1. « Vivre et penser comme Bernard-Henri Lévy », *Le Figaro-Magazine*, 21 mai 2005, réponse à des questions de Sébastien Le Fol.

La vertu, chez les autres, qui vous agace.
L'obéissance.

Le défaut que vous préférez.
Le goût de l'excès.

Le plus grand interdit que vous ayez transgressé.
Le tabou de l'« idéologie française ».

Etes-vous fier d'être français ?
Je suis heureux d'être français.

Ce que vous aimez le moins dans la France.
La tentation de dire « non » au référendum européen.

Les villes où vous pourriez vivre.
Jérusalem, Cuernavaca, Sarajevo, Naples, New York.

Qu'emportez-vous toujours dans votre valise ?
Des livres.

Votre livre culte.
Dépend des périodes. Longtemps, le *Kaputt* de Malaparte.

Le classique qui vous tombe des mains.
Rabelais.

Dernier choc littéraire.
De la démocratie en Amérique, de Tocqueville. Ce fut aussi un choc politique.

Votre mauvais goût.
Les romans policiers. Tous. Horace McCoy. Mais aussi SAS.

Le plus beau compliment que l'on puisse vous faire.
Lire ou, mieux, relire l'un de mes livres.

Et le reproche le plus juste que l'on vous ait fait.
L'impatience.

Pour lequel de vos adversaires avez-vous le plus de considération ?
Régis Debray.

Votre définition du luxe.
L'ubiquité.

Maîtres à penser et à vivre.
A vivre : Sartre. A penser : Malraux.

Comment définiriez-vous votre philosophie de vie ?
Fabriquer, chaque jour, la plus grande quantité possible de liberté.

Votre plus gros échec.
Les guerres oubliées qui continuent.

Pensez-vous vous être déjà trompé politiquement ?
Pas tellement, non.

L'image qui vous manque.
Le visage, vivant, de mes amis disparus.

Vous définiriez-vous plutôt comme un homme d'influence ou un séducteur ?
Un écrivain.

Qu'est-ce que vous regardez en premier chez une femme ?
La démarche.

A quel signe infaillible reconnaissez-vous la bêtise ?
Certains gestes.

Qu'aimez-vous le moins en vous ?
Ma part d'enfance.

Dissoudre la tristesse ?
Travailler, écrire.

Usage des psys ?
Nous parlons politique.

Votre dernier cauchemar ?
Un nouveau livre sur moi.

De quoi avez-vous abusé ?
Des amphétamines.

La musique qui vous ressemble le plus.
La Mort de Virgile, du romancier Hermann Broch.

Connaissez-vous le solde de votre compte en banque ?
A peu près, oui.

Film culte.
La Règle du jeu de Renoir.

Le rôle que vous pourriez incarner au cinéma.
Le Matthieu des *Chemins de la liberté*.

Le nectar qui vous rend meilleur.
Les bons livres de mes amis.

Qu'y a-t-il de droite en vous ?
L'antiprogressisme.

Et de gauche ?
La nostalgie du progressisme.

Que craignez-vous ?
La mort subite.

Comment vous y prendriez-vous pour affronter un scandale ?
En prenant mon temps.

Votre parfum.
Celui que m'a offert ma femme.

Dress code.
Le vêtement n'est pas un code, c'est une discipline.

Seriez-vous aussi célèbre si vous aviez porté des chemises noires ?
C'est si bête, cette histoire de chemises.

Quel est votre réseau ?
Quelques amis qui m'aident à contenir l'adversité.

Les modes actuelles qui vous exaspèrent.
La mode n'est jamais exaspérante ; relisez Baudelaire.

Vos vues préférées.
La vue de la maison d'Axel Munthe à Capri.

Cantines.
Au hasard.

Les hôtels où vous pourriez vivre.
Le Raphaël, à Paris ou à Rome.

Comment vous voyez-vous dans dix ans ?
Dix ans de plus. Continuant juste l'aventure.

N'auriez-vous pas préféré avoir un destin de poète maudit ?
Il n'y a plus de poètes maudits.

Quel est le meilleur moyen de se fâcher avec vous ?
Dire : « il vaut mieux que ses livres ».

Pensez-vous avoir déjà abusé de votre influence ?
Forcément. Chaque fois qu'une cause me tient à cœur.

Préféreriez-vous être ministre de la Culture ou académicien ?
Franchement, ni l'un ni l'autre.

Les livres parus sur vous vous ont-ils incité à vous remettre en question ?
Evidemment non.

Que restera-t-il de votre génération ?
Des écrivains, des trajectoires.

4

Ma vie, mode d'emploi [1]

Vous êtes un des personnages de la scène intellectuelle les plus connus en France et hors de la France. Est-ce un atout ou un problème ?

Un atout. Quand on croit à ce qu'on fait, quand on veut rendre justice à Daniel Pearl, quand on nourrit l'ambition d'alerter l'opinion sur le sort des massacrés du Darfour ou sur la Géorgie martyre, il vaut mieux jouer les médias que la clandestinité et le silence. C'est évident.

Mais est-ce que le fait d'avoir eu tout de suite beaucoup de succès, comme de polémique, autour de vos textes, ne vous a pas desservi auprès du monde intellectuel ?

Si, bien sûr. Ici, en Amérique, le succès est une vertu ou, en tout cas, un mérite. En France, c'est suspect et même assez détestable. Raison pour laquelle, en effet, je me suis tout de suite, dès 30 ans, mis à dos une large part du clergé pensant parisien.

Trop de visibilité ?

Voilà. Il faut que vous compreniez que la France est un pays où une pensée se porte mieux quand elle est furtive, invisible,

1. New York, *Interview Magazine,* décembre 2008, propos recueillis par Olivier Zahm.

presque clandestine. Tocqueville disait que l'Amérique était le pays des « associations ». Mais, en réalité, ne vous y trompez pas : c'est la France qui est le vrai pays des chapelles et des sectes.

Votre formation initiale est la philosophie ; or la philosophie, en France, se fait traditionnellement à l'université.

Aujourd'hui, oui. Mais, en même temps, est-ce que ça a toujours été comme ça ? Descartes n'était pas un universitaire. Ni Voltaire. Ni Malebranche. Ni Spinoza qui polissait et taillait des lentilles de lunettes. Ni, encore moins, Sartre ou Camus qui n'ont jamais enseigné dans quelque université que ce soit. Et je ne parle même pas des Grecs qui pensaient, eux, carrément, que c'était dans la rue que se faisait la bonne philosophie.

Vous avez eu la chance historique d'être étudiant au début des années 70, à un moment où la philosophie se renouvelait de fond en comble. Surtout en France…

J'ai vécu, oui, la fin de ce moment où la France a pris, comme dit Jean-Claude Milner, le relais de l'Allemagne dans le rôle du candidat au Savoir Absolu. On était vingt ans après la défaite du nazisme et l'ouverture des camps. Paul Celan est encore vivant et nous a définitivement convaincus de la corruption profonde, durable, de la langue allemande. Il écrit en allemand, certes ; il continue d'être ce « triste poète de la langue teutonique » qui avait donné, en 1945, son célèbre *Todesfuge*, ce long poème sur l'extermination qui prétendait dire la mort dans la langue même des assassins ; mais justement ; la mort seulement ; l'allemand devenu la langue, non du Savoir, mais du Deuil ; et c'est en français qu'il chante, en 1968, dans les rues de Paris, *L'Internationale* – et ce au moment même où c'est en français, dans une langue française devenue, comme l'allemand de Hegel, la langue par excellence du Sujet épris de Vérité, que se dit la volonté de savoir…

Et c'était enthousiasmant pour le jeune homme que vous étiez ?

Evidemment ! C'est rare, les moments comme ça. Il y a eu le moment grec. Il y a eu, donc, le moment allemand autour de l'hégélianisme. Et il y a eu ce moment français, ce passage de relais à la langue française, à travers ce qu'on a appelé le structuralisme.

Vous avez été un étudiant brillant (Ecole normale supérieure de la rue d'Ulm, agrégation de philosophie), remarqué des professeurs, en particulier d'Althusser, et tout d'un coup vous ne choisissez pas une voie universitaire, vous désertez…

Je ne déserte pas. Je fais un pas de côté. C'est bizarre cette manie qu'ont les gens de croire que c'est la continuité qui est louable, désirable, préférable. Vous savez bien : tout le côté « il faut être fidèle, absolument fidèle – à sa tradition, à sa famille, à sa classe, à ses idées, etc. » C'est idiot. C'est le niveau zéro de l'activité de l'esprit. Si vous voulez vraiment penser, chercher la vérité, avancer, il vous faut tourner le dos aux clichés, aux idées toutes faites – y compris celles qu'ont faites des gens que vous aimez et y compris, parfois, celles que vous avez faites vous-même et qui sont vos propres idées. C'est le mot d'ordre sartrien : penser contre soi-même. C'est sa formule : se casser les os de la tête. C'est cet autre « beau mandat », le mandat d'infidélité, dont il nous fait obligation.

C'est alors, avec le scandale, en 1977, de La Barbarie à visage humain *que vous dénoncez, parmi les premiers, l'idéologie marxiste dominante. Et ce, tandis que quasi tous les philosophes étaient à gauche…*

Mais je l'étais aussi, à gauche ! Et je le suis toujours. Vous aviez – vous avez – deux façons de dénoncer le marxisme. Soit : « ouh là là ! ces gens sont des fauteurs de troubles ! Ils menacent l'ordre établi ! ils gênent le doux sommeil des puissants » – c'était la critique de droite. Ou bien : « ces gens sont des tyrans ! des hommes de discipline et d'ordre ! le vrai problème du marxisme c'est que c'est une machine à fabriquer du consentement, de la soumission, de l'esclavage ! » – et c'était ma position. J'en voulais, non pas exactement au marxisme, mais au progressisme. Et, si je lui en voulais, c'est parce qu'il dit aux gens qui souffrent : « ne bougez pas ; ne vous révoltez pas ; l'Histoire travaille pour vous ; elle vous libère à votre insu ; vous n'avez qu'à vous laisser porter – et vous verrez comment la main invisible de la dialectique finira par vous affranchir... ». C'est ça, le progressisme philosophique. Et c'est pour ça qu'il est hideux.

Et, en même temps, dans ces années où vous dites non au marxisme, vous ne tombez pas dans l'apologie du libéralisme, d'un état du monde réglé par une injustice grandissante...

Si vous voulez, oui. Car c'est la même chose. La même idée d'une main invisible qui agirait dans le dos des hommes et leur demanderait, en attendant, de s'accommoder des désordres du monde. Pour les uns, la main invisible c'est celle de la dialectique prometteuse d'une société sans classes. Pour les autres, c'est le marché et son supposé talent pour harmoniser les intérêts, les passions, contradictoires. Dans les deux cas, on dit aux hommes de rester sur la banquette arrière, de se laisser rouler et porter – car la main invisible travaille pour eux.

Ce qui est frappant, aussi, chez vous, c'est que vous allez sur les terrains de conflit les plus périlleux : très jeune en Afghanistan ou au Bangladesh ; puis en Bosnie ou dans les guerres d'Afrique ; ou encore sur les traces de Daniel Pearl. Pourquoi ?

Il y a des tas de raisons. Des raisons avouables et inavouables. On commence par celles que vous voulez...

Les avouables ?

Une révolte instinctive face à la souffrance, la détresse, l'injustice. Héritage paternel, je pense : à 18 ans, mon père part s'engager, en Espagne, dans les Brigades internationales.

Et les inavouables ?

Le goût de l'aventure, j'imagine. Le goût, aussi, de faire des choses que les autres ne font pas.

Est-ce que ce n'est pas, aussi, un peu suicidaire de retourner sur les traces d'un Daniel Pearl ? J'ai l'impression que vous ne prenez pas beaucoup de précautions.

Je pense, au contraire, que c'est un devoir – vis-à-vis de soi, vis-à-vis des autres… – de prendre des précautions quand on fait des choses comme ça. Cette enquête au Pakistan, je n'ai pu la mener que parce que j'ai caché, au mépris de toutes les déontologies chères au journalisme américain, son objet véritable. Le jour où les Pakistanais ont compris, le jour où ils ont réalisé que j'étais sur la trace de ce savant pakistanais qui vendait ses secrets nucléaires à la Corée du Nord, à la Libye et peut-être à Al-Qaïda, j'ai commencé à faire très très attention.

Dans un livre comme celui-là, êtes-vous plutôt reporter philosophique ou philosophe journaliste ? Comment mêlez-vous le subjectif et l'objectif ?

La règle est simple. Quand le fait est connu, ou connaissable, je m'y tiens. Quand il est inconnaissable, c'est-à-dire quand je décide, par exemple, de reconstituer le monologue intérieur de Pearl ou de son assassin au moment décisif de la mise à mort ou du kidnapping, c'est l'imagination qui, par définition, reprend ses droits. Vous autres, Américains, connaissez ça très bien. C'est la méthode de Norman Mailer dans son livre sur Oswald. Ou celle de Truman Capote dans *De sang-froid*.

Vos modèles ?

Disons : mes modèles américains. Avec, dans un autre genre, mais toujours en Amérique, Paul Bowles.

Que vous avez connu ?

Assez bien, oui. Dans les dernières années. A Tanger. Il

habitait une sorte de garage. N'en pouvait plus de tous les cons qui venaient lui parler d'*Un thé au Sahara*. Et était persuadé que c'est par erreur qu'il était devenu romancier – que son vrai talent, son grand œuvre, c'était la musique.

Vous voulez donc voir, vous voulez être témoin physique, oculaire des conflits et des drames…

Oui. Car à quoi bon penser si ce n'est pour essayer de penser, de voir donc de penser, ce que le monde fait tant d'efforts pour vous cacher ?

Par exemple ?

Par exemple ce que j'ai appelé les « guerres oubliées ». Ces guerres où on meurt en vrac, en tas, en très grand nombre, dans l'indistinction. Ça, pour moi, cette inégalité entre les hommes qui ont droit à leur mort et ceux qui n'y ont pas droit, entre ceux qui ont droit à une sépulture et ceux qui meurent sans que leur mort soit consignée où que ce soit, c'est le plus grand des scandales, c'est la plus scandaleuse des inégalités. Je le dis souvent à ceux de mes amis qui, en Europe, militent pour la cause palestinienne. Chaque fois qu'un Palestinien – ou, d'ailleurs, un Israélien – meurt, c'est horrible. Mais il a droit à des funérailles, à une tombe, à une place dans la mémoire des survivants. Alors que vous avez des situations – le Darfour, le Rwanda, ou même la Colombie – où vous n'avez rien de tout ça et où les morts sont sans visage et, littéralement, sans nombre. Des vies minuscules qui débouchent sur une mort imperceptible : pour le philosophe que je suis, l'essence même du tragique…

Vous allez enquêter du côté de la victime ; mais ce qui me semble unique dans votre position d'intellectuel, c'est que vous allez aussi à la rencontre du terroriste. Alors que le terroriste, aujourd'hui, n'a globalement pas droit au chapitre et encore moins à la parole – il est considéré d'emblée hors du jeu politique, hors la loi…

Je pense, moi aussi, qu'il est hors la loi et qu'il n'a aucune légitimité. Mais je sais, en même temps, qu'il existe. Et je pense donc qu'il faut lui parler : non pour engager le dialogue car, pour les terroristes sérieux, c'est malheureusement peine perdue ; mais pour savoir comment ça fonctionne dans leur tête et, donc, pour mieux les combattre. Il y a là, si vous le permettez, une vraie faiblesse de la pensée américaine d'aujourd'hui, une vraie défaite : cette incapacité à s'intéresser à l'intelligence du Mal…

Votre sujet, c'est donc le Mal ?

Peut-être, oui. Aller regarder de près comment ça marche le fascisme. Comment ça raisonne une brute poutinienne au lendemain du jour où elle s'est amusée, pour rien, presque gratuitement, à détruire la ville de Gori, en Géorgie. Entrer dans la tête, non seulement de Daniel Pearl, mais de l'autre « héros » de mon livre, son antihéros, Omar Sheikh, ce citoyen britannique, formé aux meilleures écoles, issu d'une famille quasi laïque, intégré dans la société anglaise, et qui devient ce criminel.

C'est ça un intellectuel engagé ? C'est d'aller physiquement rencontrer et comprendre comment la partie adverse dysfonctionne ?

C'est deux choses. C'est tenter d'abord, je vous le répète, de rendre un visage et un nom aux suppliciés – surtout quand ils sont anonymes. Mais c'est aussi faire l'autre voyage, le plus long, celui qui m'amène dans la cervelle de leurs bourreaux.

Comprendre les raisons du terroriste ne justifie pas la barbarie de ses actes, mais en même temps, cela lui donne une humanité – et ce n'est pas la façon dont les Etats dits « démocratiques » traitent aujourd'hui les terroristes.

Eh bien ils ont tort. Là aussi, c'est une chose qui me désespère quand je parle avec un conservateur américain. Je me dis toujours : « mon pauvre garçon ! tu ne peux pas gagner contre des gens que tu ne reconnais même pas comme des humains ; ils te baiseront ; they will fuck you ! »

Ce qui me plaît dans votre position, c'est que vous n'avez pas peur. Vous allez du côté de l'adversaire et vous lui parlez.

Je vais surtout le combattre. Car je vous répète que je ne crois pas tellement au dialogue. Je suis trop nietzschéen pour ça. Trop convaincu que les gens ont des positions qui correspondent à un être-au-monde très profond…

Et indéracinable…

Pas justiciable, en tout cas, d'une sage argumentation rationnelle. C'est la leçon de la philosophie grecque. C'est l'échec de Socrate face à Calliclès dans le *Gorgias*. Socrate se rend compte qu'il a beau expliquer à Calliclès que ce n'est pas bien d'être méchant, l'autre lui répond en substance : « je m'en fous ; j'ai une passion fondamentale qui est la méchanceté ; c'est mon désir ; c'est comme ça ; et j'irai, par principe, au bout de ce désir et de ce ça. » Il faut avoir une conception combattante, guerrière, de la philosophie et de la pensée. Calliclès, tous les Calliclès du monde, nous contraignent à avoir cette conception combattante, guerrière, de la pensée.

Une guerre pacifique ?

Oui, bien sûr. Mais une guerre quand même. Prenez l'exemple de l'antisémitisme. Il ne faut pas s'imaginer qu'on va aller voir les antisémites pour leur expliquer gentiment qu'ils font fausse route. Il faut faire front. Lutter pied à pied. Sans doute pas les dissoudre, les faire disparaître – mais les faire reculer, les contenir, les tenir en respect. C'est ça la philosophie. C'est un art, pacifique, de la guerre. Encore que…

Oui ?

Encore que je ne suis pas, non plus, un pacifiste professionnel. Je pense, comme Hemingway, ou mon père, qu'il fallait se battre, en Espagne, entre 1936 et 1938. Je pense – et j'ai plaidé pour cela – qu'il fallait, dès 1992, mettre les fascistes serbes hors d'état de continuer à faire des cartons sur les enfants de

Sarajevo. Et je n'exclus nullement que des circonstances de ce genre puissent se présenter à nouveau, dans l'avenir.

Le modèle que vous incarnez, celui de l'intellectuel engagé médiatique, n'existe guère ici, outre-Atlantique. Pourquoi ?

Je ne suis pas tout à fait de votre avis. Regardez quelqu'un comme Christopher Hitchens. Il fonctionne comme un « public intellectual » à la française.

Et est-ce que les intellectuels ont l'influence qu'on dit ?

Ils sont courtisés. Il n'y a pas de campagne présidentielle, en France, où tous les grands candidats ne battent le rappel des intellectuels pour essayer d'obtenir leur soutien. De vous à moi, je trouve cela bien excessif.

Parlons de ce que signifie être encore de gauche aujourd'hui – thème que vous abordez dans votre dernier livre, Ce grand cadavre à la renverse, *qui vient d'être traduit en anglais. Est-ce une question spécifiquement française, ou est-ce que cela s'entend aussi aux Etats-Unis ?*

Cela s'entend aussi aux Etats-Unis. Là aussi, on voit bien le partage entre ceux que l'injustice fait souffrir et ceux que l'injustice fait sourire. Entre ceux qui pensent que l'injustice est un scandale sans doute insoluble, mais un scandale quand même – et ceux qui pensent qu'elle est dans l'ordre des choses.

C'est cela le partage, pour vous, entre être de droite et de gauche ?

Oui. Avec, dans ce pays, des paradoxes intéressants. Ces gens – la droite américaine – sont, par exemple, créationnistes, donc antidarwiniens et hostiles, en tout cas, à l'entrée de la pensée de Darwin dans les écoles. Mais sortez de l'Ecole, entrez dans la vie professionnelle et sociale, voyez les solutions proposées pour traiter de la pauvreté, des prisons, du système de santé : les mêmes deviennent adeptes de la loi du plus fort, donc de la sélection, donc de ce qu'il faut bien appeler le darwinisme social.

Pourquoi, dans ce cas, est-ce à la gauche que vous vous en prenez ? Pourquoi est-ce elle, le « grand cadavre à la renverse » ?

Ça dépend. J'attaque la droite quand il me semble nécessaire d'attaquer la droite. Et je vous signale, d'ailleurs, que le livre auquel vous faites allusion n'est pas spécialement tendre avec le Président français Nicolas Sarkozy. Après, la gauche est ma famille. Et cette famille est menacée par des démons terribles qu'il faut bien dénoncer aussi, et que l'honneur d'un homme de gauche est de dénoncer *de l'intérieur* : tous ces démons dont nous venons de parler – plus d'autres, comme le différentialisme ou même l'antisémitisme.

L'antisémitisme ?

Naturellement. C'est une des thèses du livre. S'il veut être crédible, s'il veut fonctionner efficacement, s'il veut faire masse ou se donner une chance, tout au moins, de soulever un jour les masses, l'antisémitisme n'a pas le choix : il ne peut que puiser dans l'arsenal de la gauche. C'est pourquoi il passe, désormais presque toujours, par l'antisionisme, par la concurrence des victimes, ou par le déni de l'Holocauste – ce crime extrême, comparable à aucun autre, que le progressisme traditionnel n'a jamais su intégrer à la table de ses catégories mentales et qu'il a donc une tendance naturelle, sinon à nier, du moins à banaliser ou minimiser.

Et la gauche différentialiste ? Qu'est-ce que vous entendez par là ?

Les gens qui n'ont rien compris à la tolérance. Rien à la justice. Et qui, sous le drapeau d'une tolérance et d'un souci de justice compris de travers, nous expliquent qu'il faut accepter toutes les pratiques de toutes les civilisations – y compris la lapidation des femmes adultères ou l'excision des petites filles.

Un autre exemple ?

Le Darfour. Vous avez, aux Etats-Unis comme en Europe, une catégorie de progressistes, « left in dark times », qui, au nom de l'héritage anticolonialiste, au nom du préjugé selon lequel un Etat récemment décolonisé ne saurait être criminel, refusent de condamner le Soudan. Quoi, disent-ils, l'horrible Amérique, cette Amérique impérialiste, kissingérienne, raciste ou post-raciste, prétendrait donner des leçons de conduite à un pays du Tiers-Monde ? Inacceptable.

On vous dit antiantiaméricain…

On peut penser ce qu'on veut de l'Amérique. On peut être horrifié par l'état de ses prisons, la misère de certains quartiers de ses villes, le niveau de la pauvreté qui y règne. Mais l'anti-américanisme, c'est-à-dire la détestation de l'Amérique comme telle, sa transformation en une catégorie métaphysique incarnant tout le mal du monde, est un de thèmes de prédilection du fascisme. Voyez Maurras en France. Heidegger en Allemagne. Les islamistes radicaux aujourd'hui. C'est un fait.

On vous voit de plus en plus souvent à New York

Je m'y sens bien.

A quoi tient ce succès – rare pour un intellectuel français aux Etats-Unis ?

Je ne sais pas. Peut-être au fait que j'aime vraiment ce pays et que les gens le sentent. J'aime ses valeurs, son style de vie, son rapport à l'espace et au temps, le sens de la mobilité qu'on y trouve, son cosmopolitisme – et tant d'autres choses encore.

Vous voulez dire que l'Amérique serait le pays qui convient le mieux au philosophe-reporter errant que vous êtes, incapable de vraiment se fixer quelque part, toujours entre deux avions et deux points ?

On peut dire ça comme ça, oui. Cet éloge de la contradiction, de l'infidélité à soi, dont je vous parlais tout à l'heure, s'il y a bien un endroit où il a son sens, c'est ici, en Amérique.

Et c'est stimulant pour vous ?

Vous connaissez la définition sartrienne du « bourgeois » ou du « salaud » ? C'est celui qui est fixé à sa place. Qui y adhère. Qui croit qu'il est là par on ne sait quel décret naturel ou fatal. C'est celui qui ne doute pas une seule seconde de sa légitimité ontologique. Eh bien l'Amérique c'est le contraire. C'est *le* pays où personne n'est jamais à sa place...

Peut-être apprécie-t-on aux USA ce qui peut énerver en France : un intellectuel de haut niveau doublé d'une vie glamour (femme actrice, grands hôtels, voyages incessants et fortune personnelle) ?

Je ne sais pas. Mais c'est vrai que vous avez, en France, ce satané et ridicule rapport à l'argent. L'argent maudit. L'argent coupable. L'argent qui vous disqualifie. En Amérique, pays protestant, vous n'avez pas cela.

J'ai l'impression, en vous écoutant, qu'être de gauche c'est s'intéresser à la politique étrangère et pas trop aux problèmes de proximité, au prix du baril de pétrole, au pouvoir d'achat, à l'insécurité...

Il y a là deux choses. S'intéresser à l'insécurité et au pouvoir d'achat, il y a des tas de gens qui le font, et très bien – alors que raconter ce qui se passe au Sri Lanka, sanctifier le nom de Daniel Pearl, aller voir les nazis colombiens dans leur repaire ou, encore, créer Action contre la faim, ça il n'y a pas trop de monde pour s'y coller. Et puis que voulez-vous ? J'ai 60 ans dans quelques semaines et il y a un point, au moins, sur lequel je n'ai jamais varié : je suis aussi soucieux du monde, attentif à l'altérité extrême, bref, internationaliste, que quand j'étais marxiste-léniniste.

Vous l'avez été ?

Oui, bien sûr. Et l'internationalisme est l'un des rares pans de l'héritage auxquels je reste fidèle.

Aux Etats-Unis comme en Europe ?

Aux Etats-Unis comme en Europe. C'est la force d'Obama. Il a – enfin – compris que la politique ce n'est pas seulement la fermeture du puits de mine dans l'Ohio ou la question des subventions agricoles aux producteurs de maïs du Minnesota – mais que c'est aussi le *désir du monde* chez les jeunes Américains d'aujourd'hui.

Parlons de votre vie plus personnelle. Comment faites-vous pour combiner plusieurs vies ? Cette vie d'aventures périlleuses au bout de la planète. Et, de l'autre côté, une vie très privilégiée, des grands hôtels, des villas. N'y a-t-il pas un côté schizophrénique de votre personnalité ?

Sans doute, oui… Et pourquoi pas ? Au nom de quoi un intellectuel devrait-il renoncer aux délices de la schizophrénie et, au passage, aux voluptés de l'existence ? Je ne suis pas un anachorète. Je suis un être de chair. Et j'aime, réellement, physiquement, cette idée de la multiplicité des vies. D'ailleurs dans mon nom, en français, on entend cette schizophrénie, cette aspiration à plusieurs vies, dont vous parlez. Lévy c'est Lévy. Mais c'est aussi « les vies »…

Mais vous passez d'un extrême à l'autre…

C'est vrai.

Et cela du jour au lendemain…

C'est vrai. Et je ne nie pas que, parfois, ça donne le vertige. La Bosnie, par exemple. Ça a duré quatre ans. Et, chaque fois, sortant en quelque sorte de l'enfer, la tête pleine d'images abominables, de scènes inoubliables, d'amis blessés ou morts, je rentrais dans le cadre privilégié qui est le mien. Grande culpabilité. Sentiment d'une dette inextinguible. Et rage redoublée. Il y a d'ailleurs une anecdote… Je ne sais pas si je peux la raconter…

Mais si !

On est en juin 1993. Le 19, je dois me marier, à Saint-Paul-de-Vence, dans le cadre en effet enchanteur de la Colombe d'Or. Et il se trouve que, dans les semaines qui précèdent, je me trouve à Sarajevo. Or, malchance. Au moment où je commence à penser à me rapatrier, les Serbes ferment l'aéroport et interrompent le pont aérien qui était le seul minuscule cordon qui reliait Sarajevo au monde extérieur. On est le 12... Le 13... Le 14... On arrive à la veille du 19. Et je m'aperçois avec horreur que je vais rester bloqué dans cette ville de cauchemar. Vous savez qui m'a sauvé ? François Mitterrand. Nous étions fâchés. A cause de la Bosnie justement. Mais j'ai pris mon courage à deux mains. Et je lui ai téléphoné pour lui demander, au nom du bon vieux temps, des complicités enfuies et envolées, de m'aider à trouver une solution. Ce qu'il a fait.

Comment ?

Un vol humanitaire qui, le matin du 18, au terme de tractations dont je n'ai jamais su le détail, a enfin été autorisé à décoller et est allé se poser à Toulon. J'ai pu me marier en temps et en heure. Et c'est vrai que j'ai touché là du doigt le « grand écart » entre les deux rives de mon existence.

Vous êtes un travailleur infatigable. Est-ce que c'est vrai que vous dormez quatre heures par nuit ?

Oui. Même quand je vis, je travaille. Et même quand je travaille, je vis. Vous connaissez la phrase de Mallarmé : « le monde est fait pour aboutir à un beau livre. » Eh bien c'est un peu ce que je pense. Je fais partie de cette catégorie de gens pour qui la vie n'a d'intérêt que si elle nourrit les livres, que si elle se traduit en écriture, que si elle se traduit en mots.

C'est quand même la voie la plus difficile. Tous les écrivains se plaignent de la dureté, de la peine qu'est l'écriture.

Ça dépend. L'imaginaire d'un artiste, c'est comme un puits artésien. Il y a des moments où la baguette du sourcier a touché au bon endroit et, là, ça sort très vite. Et puis il y a des moments où c'est le contraire et où vous ne tirez que du plomb, ou de la boue.

5

D'après Proust [1]

Quel serait mon plus grand malheur ?
L'absence de désir.

Où aimerais-je vivre ?
Paris, Naples, Jérusalem.

Mon rêve de bonheur.
Je ne comprends pas la question.

Les fautes que je ne peux pardonner.
L'apologie du crime.

1. *Frankfuter Allgemeine Zeitung* ; réécriture et adaptation, par le célèbre quotidien allemand, du « questionnaire de Proust » ; réponses publiées le 18 octobre 2008, dans le Supplément « Spécial Foire du livre de Francfort ».

Mon héros de bande dessinée préféré.
Comme le général de Gaulle, Tintin.

L'émission de télévision que je déteste le plus.
Je regarde peu la télévision.

Mes héroïnes préférées dans l'histoire de la littérature.
Les femmes de Stendhal.

Pourquoi lis-je des poèmes ?
Par goût de la métaphysique.

Quand est-ce que j'ai cherché mon propre nom, sur « Google », la dernière fois ?
Ce matin.

L'exposition d'art que j'ai visitée dernièrement.
Jacques Martinez, galerie Benamou, rue du Faubourg-Saint-Honoré, Paris.

Un compositeur dont je n'aime pas écouter la musique.
Je n'écoute jamais de musique.

La qualité que je préfère chez moi.
Mon endurance.

Un des péchés mortels que je trouve surestimé.
La luxure.

Mon occupation préférée.
Dépend des jours ; dépend des heures.

Le caractère littéraire avec lequel je peux m'identifier.
Dans *Le Retour de la vieille dame* de Friedrich Durrenmatt, le personnage de Monsieur Ills.

Ce que j'apprécie le plus chez mes amis.
Leur loyauté.

La chose dans laquelle j'ai le mieux réussi.
Mes livres.

Le rêve auquel j'ai renoncé.
Aucun.

La faute dont je me suis dernièrement excusé.
Une colère inutile.

Mon mot préféré.
Dépend des phrases ; dépend des livres.

Ce qui me rend nerveux.
La bêtise.

Les choses auxquelles je peux renoncer facilement.
Dormir.

Le roman de la littérature du monde que je n'ai pas fini.
La Conscience de Zeno.

Un roman que j'aurais aimé écrire/publier/inspirer.
Je suis heureux d'avoir inspiré – en partie – *Ce que nous avons eu de meilleur* de Jean-Paul Enthoven.

Suis-je un avocat ou un adversaire du nouveau « e-book » ?
Je ne sais pas encore.

Quelqu'un que j'aimerais bien revoir.
Ma mère.

Le don de la nature que je voudrais avoir.
L'immortalité.

Comment j'aimerais mourir.
Lentement, en pleine conscience.

Et après ?
On verra.

6

Philosophe ? Écrivain ?

Vous faites quoi à New York ?[1]
Je suis là de temps en temps. Une semaine par mois, peut-être... Parfois plus... C'est ainsi depuis la parution de mon livre sur Daniel Pearl, il y a quatre ans. J'aime cette ville.

Vous êtes en vacances, donc...
Je ne suis jamais vraiment en vacances. Là, je prépare la sortie américaine d'un nouveau livre, je vois des amis. Et puis... Plus je vais, plus je m'aperçois que j'ai du mal à vivre dans un seul endroit à la fois. J'aime l'idée que Paris me soit un point de vue sur New York. Et New York un point de vue sur Paris...

1. New York. Conversation avec Eric Dahan, *Blast*, automne 2007.

Et que voit-on, alors ?

Depuis New York, Paris semble provinciale. Et, depuis Paris, New York semble également provinciale. A Paris, le débat d'idées est plus vif. A New York, il y a plus d'énergie littéraire, le journalisme est plus vivant, la démocratie plus vibrante. La France est une vieille monarchie républicaine. Alors que les Etats-Unis sont une jeune démocratie où la révérence à l'égard des pouvoirs est moindre. On respire…

Avez-vous, comme nombre de philosophes de l'histoire de la métaphysique, commencé par vous poser la fameuse question « Pourquoi quelque chose plutôt que rien » ?

Ah ! là on change de registre ! (Rires). Non. Moi, ma question serait plutôt : « pourquoi les choses sont-elles à cette place plutôt qu'à cette autre ? » Les choses ne sont *jamais* à leur place… Il n'y a aucune nécessité à ce qu'elles soient là, et pas ailleurs… Qu'il y ait quelque chose plutôt que rien ne m'étonne pas ; mais que les gens croient être à leur place, qu'ils croient à ce point en eux-mêmes et à la nécessité de leur place et de leur rôle, qu'ils adhérent à leur essence avec cette ténacité presque féroce, voilà qui m'a toujours fait, et qui me fait toujours, mourir de rire. C'est, aussi, la leçon de Sartre. Celle de Baudelaire. C'est l'écho, en moi, du pari baudelairien sur le déracinement, la dénaturation, etc. – vous connaissez…

Vous vous réclamez d'un poète plutôt que d'un philosophe pour faire le procès de la « nature » et affirmer votre goût de la modernité…

Oui. D'abord parce qu'il y a souvent plus de philosophie chez les poètes que chez les philosophes. Et puis, ensuite, parce que Baudelaire est, en l'occurrence, l'inventeur du mot et de la chose – je veux parler de la « modernité ». Par l'accent mis sur le mouvement et la périssabilité des choses, par sa conviction du triomphe de l'accident sur l'essence, il trace une ligne qui va, je vous le répète, jusqu'au Sartre qui nous dit qu'il n'y a pas de conscience en soi mais un ensemble d'impressions qui finissent par coaguler en quelque chose qui se prend pour une conscience.

Qu'est-ce qui, dans vos années de formation, vous a le plus fasciné, des poètes ou des philosophes ?

Les uns et les autres. Et puis aussi, j'allais dire surtout, les aventuriers. Je crois, si j'essaie de me souvenir de ces temps maintenant lointains, que j'ai voulu avoir une vie avant d'avoir une philosophie ; et je crois que l'idée fut, ensuite, d'écrire la philosophie de cette vie… Le fait est là. Au commencement, sont les aventuriers. Des gens comme Malraux, Albert Londres, Lawrence d'Arabie. Des gens qui vont au contact du monde, qui vivent avec leur corps autant qu'avec leur tête, des gens qui mettent leur vie dans le grand jeu de l'écriture et de l'œuvre.

Mais revenons à votre formation philosophique…

J'ai lu *Pour Marx* d'Althusser, et *Les Mots et les Choses* de Foucault en terminale, en 1966. Puis j'ai fait des mathématiques avant de préparer l'Ecole normale, d'y entrer et de rencontrer Althusser pour de bon… Etre althussérien, à l'époque, c'était être marxiste contre le marxisme, contre le soviétisme, contre le PCF…

Votre autre « maître », comme vous l'écrivez dans votre livre, fut Jacques Derrida…

Certes. Mais il a moins compté. Je le voyais comme un grand professeur. Un très grand commentateur de textes. Le dernier talmudiste, en quelque sorte. Tandis qu'Althusser a eu deux ou trois intuitions vraiment neuves, qui ont changé la manière de penser d'une génération. L'antinaturalisme par exemple. Ou l'antihistoricisme. Ou le fait qu'un processus de connaissance ne rencontre jamais les choses mais simplement d'autres connaissances. Ou encore l'idée que l'Histoire n'a pas de sens et que ce que l'on continuait d'appeler révolution n'était qu'un saut d'une structure à une autre, sans nécessité ni providence. Il y avait là des fulgurances très fortes qui dynamitaient la philosophie de l'histoire et la tradition progressiste…

Aux visions téléologiques et eschatologiques de l'Histoire, dont l'hégéliano-marxisme marque le triomphe autant que l'effondrement, vous allez opposer dans Le Testament de Dieu *le message biblique dans sa formulation lévinassienne. Vous lisiez Levinas depuis quand ? Est-ce Derrida qui vous a introduit à sa pensée, avec son fameux article « Violence et métaphysique » de 1961 ?*

C'est possible, oui. Je ne m'en souviens pas précisément. Ce qui est sûr, c'est que Levinas m'a permis de sortir de l'impasse où je me trouvais après *La Barbarie à visage humain*. Et ce qui est sûr, encore, c'est que je reste, trente ans après, totalement fidèle à la thèse du *Testament de Dieu*. Voyez la fin de *Ce grand cadavre à la renverse*. J'y cite le Gaon de Vilna. Mais pour dire quoi ? Si vous voulez être encore de gauche, soyez un peu plus juifs…

Vous pouvez en dire plus ?

Elyahou ben Shlomo Zalman Kramer, plus connu sous le titre de Gaon de Vilna, est un maître du XVIIIe siècle dont la pensée s'est développée en réaction à la transe mystique du hassidisme. Primat de l'étude sur l'enthousiasme… Mieux vaut un savant qui doute qu'un simple en dévotion… C'est ainsi que, pour ma part en tout cas, j'entends son message. Et quant au Rabbi Haïm de Volozine, son disciple, il est l'auteur d'un livre immense qui s'appelle *L'Ame de la vie* et où il est dit : 1) que Dieu a créé le monde ; 2) qu'il s'en est aussitôt retiré ; 3) que le monde risque donc de se défaire, de se décréer, de tomber en poussière ; 4) que seuls les hommes, par leurs prières, leurs actions et, surtout, leur pratique de l'étude, ont le pouvoir de conjurer cette décréation ; 5) que l'étude est donc, au sens propre, la poutre, ou la pierre de soutènement, du monde.

C'est votre antidote à la fatalité de l'historico-destinal et à la tentation de l'épochalité heideggérienne…

C'est, surtout, une bonne manière de penser ce que nous appelons aujourd'hui l'action politique : sa nécessité, sa noblesse et, aussi, ses limites…

Mais, de cette nécessité de l'étude, vous ne tirez pas les mêmes conclusions qu'un Alain Finkielkraut. Dans Ce grand cadavre à la renverse, *vous lisez la crise des banlieues comme un geste révolutionnaire, et citez notamment Victor Hugo se faisant répondre par un jeune incendiaire des Tuileries brûlant des livres : « je ne sais pas lire »…*

Révolutionnaire, non, je ne dis pas cela. Maintenant, à tort ou à raison, je ne suis pas de ceux qui pensent que la crise de l'éducation est la mère de tous nos problèmes…

Sur d'autres questions, on a coutume de vous voir plus véhément…

Cela dépend. Parfois je suis véhément. Parfois, je doute. La dernière phrase de mon livre sur Daniel Pearl c'est : « je ne sais pas »…

Oui. Mais quand, dans Ce grand cadavre à la renverse, *et à propos de la crise des banlieues, vous parlez de responsabilité collective, vous ne tirez pas de conclusions programmatiques…*

Attendez… Je ne comprends pas bien. Ce qui est vrai c'est que je ne crois pas à cette idée d'une faillite de la langue française. Je ne crois pas que la révolution libertaire de Mai 68 soit allée trop loin. Je ne milite pas pour le retour au cours magistral, aux blouses grises, aux encriers et aux plumes Sergent-Major. Je ne crois pas que « le niveau baisse ». J'ai un fils de

27 ans : je le trouve aussi informé que je pouvais l'être à son âge…

Oui. Mais informé ne signifie pas cultivé, pour reconduire un tropisme cher à Nietzsche lorsqu'il écrit « je déteste tout ce qui ne fait que m'instruire », ou cher à Thomas Mann lorsqu'il oppose culture et civilisation dans ses Considérations d'un Apolitique, *ou cher à la* Kulturkritik *de l'Ecole de Francfort, et cher encore à Alain Finkielkraut qui est un peu leur héritier… Vous n'avez donc pas le sentiment que « le désert croît » ?*

Eh bien disons, alors, cultivé. Mon fils – comme, d'ailleurs, ma fille, la romancière Justine Lévy – n'est pas en reste, non plus, sur ce terrain. Non. Je suis, sur toutes ces questions, plutôt voltairien. Quand je regarde les années 30, 50, 80, quand je pense à la guerre de 14, et quand je compare à aujourd'hui, je ne pense vraiment pas que le désert croît. L'autre jour, je rendais hommage à Simone Veil qui recevait le prix Scopus de l'université de Jérusalem. Les gens, en général, disent que la mémoire de la Shoah est une mémoire qui, avec le temps, s'épuise, pâlit, laisse croître en elle le désert du silence et de l'oubli. Or, quand vous regardez l'itinéraire de Simone Veil, vous observez exactement l'inverse. Non pas la mémoire, puis l'oubli. Mais d'abord l'oubli. D'abord l'occultation. D'abord, au lendemain de la guerre, cette interdiction de dire qui était faite aux rescapés. Non pas l'impossibilité de dire, comme on l'a si souvent prétendu. Non pas l'ineffable, cher à Robert Antelme, Maurice Blanchot et compagnie. Pour Simone Veil, la Shoah n'était pas indicible du tout. Les mots étaient là. Elle savait, on savait, très bien quels mots utiliser. Sauf que personne ne voulait les entendre, ces mots. Alors que, aujourd'hui, grâce au travail des hommes, ces mots peuvent être dits. Ils sont entendus, écoutés. Cette fameuse mémoire est construite, elle existe. Voilà un bon exemple de ce que j'entends quand je dis : le désert ne croît pas mais décroît.

J'ai eu l'impression en lisant American Vertigo *ou* Ce grand cadavre *que vous étiez plus nietzschéen que vous ne le laissiez entendre. J'ai été frappé notamment par vos descriptions minutieuses des corps et des visages de vos interlocuteurs et par les conclusions que vous en tiriez... Typologie différentielle... Symptomatologie... Difficile d'être plus nietzschéen...*

Je suis surtout écrivain. Pas besoin d'être nietzschéen pour savoir qu'il y a une intelligence des corps, que les corps sont bavards, qu'on comprend mille et mille choses en les désirant ou en les observant...

Et, à la fois, vous ne semblez pas prendre totalement acte de l'antihumanisme nietzschéen, heideggérien – je pense notamment à la Lettre sur l'humanisme *et à sa critique de l'écologie – et foucaldien...*

Là, je distingue. Sur Heidegger, d'accord. Je n'aime pas trop Heidegger. Tout en sachant combien sa pensée est importante, immense, inévitable, tout en sachant combien la haine de la pensée-Heidegger est bête, et source de bêtise, le fait est que ce n'est pas l'un des lieux à partir desquels je pense le mieux. Et son silence, non seulement sur la Shoah et sur son importance historiale, non seulement sur l'exceptionnalité d'un événement réduit à une péripétie dans l'histoire de la Technique, mais sur le « nom juif » lui-même et sur ce qu'il implique, est, à mes yeux, assez intolérable – une faute politique, bien sûr ; une faute morale, évidemment ; mais aussi, et c'est plus grave, une faute métaphysique... En revanche, l'antihumanisme, non seulement foucaldien, mais althussérien et lacanien, ça c'est autre chose ; je continue d'y adhérer ; et je continue de penser qu'il nous en dit long sur l'être réel des sujets. Non pas, bien entendu, qu'il convienne de traiter les humains « comme des structures ». Ni, encore moins, comme des fragments de matière. Non pas qu'il soit interdit de penser que, dans le désordre d'impressions, de passions, de chocs avec l'extérieur, qui prend la forme de ce que l'on appelle, par convention, un sujet, il y a quelque chose d'irréductible à la matière et même à l'Etre. Mais, du sujet, de son fonctionnement réel, de son socle et de sa constitution, la théorie lacanienne du désir, ou foucaldienne des épistémès ou althussérienne d'une Histoire conçue comme « procès sans sujet », nous dit des choses à quoi l'humanisme traditionnel était aveugle. La question, maintenant, c'est : peut-on concevoir ce « bon » anti-humanisme sans le poids, l'influence, la trace, de l'heideggérisme ? Evidemment non. Et c'est tout mon problème...

Vous ne vous référez guère, non plus, à l'« ennemi » en tant qu'il nous constitue, pour citer Carl Schmitt dont vous vous alarmez, dans Ce grand cadavre à la renverse *toujours, qu'il soit devenu « le Guide des égarés du marxisme perdu » et qu'il faille « un penseur nazi pour sauver la gauche de son impasse »...*

C'est vrai. D'autant que Schmitt n'est justement pas Heidegger. Et je ne vois franchement pas en quoi nous aurions besoin de lui pour penser, en effet, la question de l'ennemi. Machiavel suffit. Ou Clausewitz. Ou même Baltazar Gracián. Je vois dans ce retour à Schmitt, dans ce recours, cette fascination, cette façon qu'ont les Balibar, Badiou, Sloterdijk, Zizek, de se gargariser du nom de Schmitt, l'un des signes les plus inquiétants dans le paysage intellectuel d'aujourd'hui.

On a le sentiment avec votre dernier livre qu'une boucle est bouclée, que vous y vérifiez l'importance et la pertinence des combats que vous menez depuis trente ans, et de vos prémonitions sur l'alliance du rouge et du brun dans une même diabolisation contemporaine du libéralisme et une même haine des Lumières... Qu'allez-vous faire maintenant, des films ?

Peut-être. J'ai plusieurs chantiers ouverts. Un livre de philosophie. Un roman. Une nouvelle pièce de théâtre. Autant de projets différés, ces quinze dernières années, par la « folie du jour » – Bosnie, 11 Septembre, guerre en Irak, meurtre de Daniel Pearl... Mais c'est vrai que j'ai assez envie, aussi, de faire un autre film de fiction. On verra.

Vous étiez satisfait de votre précédent film de fiction ?

Oui, plutôt. Je dirais surtout que c'est quelque chose qui fait réellement, pleinement, concrètement partie de mon œuvre. Cette question des gens qui croient qu'ils sont vivants et qui ne le sont plus, de la double naissance dans la même vie, des diverses façons de mourir comme, naturellement, de vivre, l'énigme Gary, la question Hemingway, autant de thèmes récurrents dans mon travail – et centraux dans ce film. A part ça, je sais que certains ont voulu y voir « le film le plus nul de l'histoire du cinéma ». A l'époque comme aujourd'hui, c'est une chose qui m'a toujours fait plutôt rire. Et flatté !

Quand vous dites livre de philosophie, vous avez vraiment envie de laisser un traité, un système, une méthode de pensée ?

Quel est le philosophe qui n'a pas été au moins tenté par cela... ?

Derrida...

Derrida c'est autre chose. Je me dis parfois qu'il a fait le chemin inverse. Il a commencé par des livres plus ou moins systématiques (*La Voix et le Phénomène, De la grammatologie, L'Ecriture et la Différence*) et il a fini avec des livres de circonstance. Cela dit, qu'est-ce qui est de circonstance dans une œuvre ? Et qu'est-ce qui est fondateur ? On ne le sait pas toujours. Regardez Renan. D'un côté, les sept tomes de l'*Histoire des origines du christianisme.* De l'autre, le minuscule *Qu'est-ce qu'une nation ?,* issu d'une vague conférence à la Sorbonne de 1882...

Si vous écrivez ce livre, ce sera l'occasion d'expliquer comment on peut, comme vous le faites aujourd'hui, écrire « le Mal » sans être contraint de penser le politique dans l'horizon de l'onto-théologie... Et d'expliquer comment une telle catégorie peut-être valide en tout contexte, étant entendu que vous prenez acte de la révolution communicationnelle, sans pour autant souscrire à la thèse du non-monde heideggérien ni à celle de la posthistoire défendue par Vattimo (qui n'est pas la fin de l'histoire, mais l'entrée dans un présent total signant le triomphe de la maladie de l'histoire fustigée par Nietzsche). Comme si vous restiez fidèle à Althusser : on change de structures, mais les catégories de pensée restent valides…

Je ne peux pas encore dire quelles seront les questions de ce livre de philosophie. Je n'en ai pas envie et je ne le peux pas. Sachez simplement que ce sera, dans mon esprit en tout cas, comme une pierre d'angle, ou un socle, pour tout ce que j'ai essayé de bâtir jusqu'à présent. Et puis sachez aussi je ne pense pas que l'on se débarrasse comme cela, si aisément, de l'onto-théologie…

Que pensez-vous de l'assertion : « l'art contemporain est nul » ?

Je la crois infondée. Et je suis de ceux que, au contraire, l'art contemporain passionne. J'ai écrit sur Warhol pour Tadeusz Ropac. J'ai été l'éditeur, en France, de son journal. J'ai fait des livres sur Frank Stella, Mondrian, César. J'aurais pu le faire sur Motherwell ou Twombly. Et je viens, là, d'écrire un texte, pour moi important, sur le travail de Jacques Martinez. Donc, je ne dirai jamais, non, que « l'art contemporain est nul »…

Et la musique. Hormis vos très belles pages sur le jeu de clarinettiste de Woody Allen dans American Vertigo, *vous évoquez rarement la musique. Y seriez-vous sourd, comme Spinoza ?*

Non. J'en ai fait. Beaucoup. Jusqu'à 22 ans, j'ai joué du piano. Je me souviens même de la dernière pièce que j'ai vraiment travaillée : la *Sonate au clair de lune* de Beethoven. Mais, à dater de l'instant où je suis parti pour le Bangladesh, puis, surtout, à partir du moment où j'en suis revenu et où j'ai commencé d'écrire, la musique a cessé de m'intéresser. Comme si une musique (celle de l'écriture) avait pris la place de l'autre et l'avait chassée. D'ailleurs, c'est bien simple – et je l'ai souvent dit : c'est dans mon écriture, mon souffle, presque ma main, qu'a reflué toute la « musicalité » dont je pouvais être capable. Le premier état de mes manuscrits ressemble plus à une partition qu'à un manuscrit. La première chose que je mets en place, sur une page, ce n'est pas la lettre même mais la ponctuation. Vieille affaire, en un sens. Leçon de Mallarmé, forcément. Ou de Celan qui se flattait d'avoir inventé un usage neuf, musicalement neuf, de la virgule. Ou de Lobo Antunes qui est un des écrivains contemporains pour lesquels j'ai le plus de considération. Sauf que la chose, chez moi, est ancrée dans une vraie réquisition physique, quasi physiologique ou, en tout cas, biographique.

Qui sont vos cinéastes favoris, Fellini, Antonioni... ?

Je n'ai plus trop de « cinéastes favoris ». Jadis, dans mes années de formation, j'aurais plutôt dit Ford, Hawks, le Jules Dassin des *Forbans de la nuit*, le Renoir de *La Règle du jeu*, ou *La Collectionneuse* de Rohmer, ou encore le Godard qui va d'*A bout de souffle* à *Made in USA* et à *Deux ou Trois Choses que je sais d'elle*... Le jeune homme que j'ai été s'est vraiment identifié, à un moment, au Belmondo d'*A bout de souffle*, de *Pierrot le Fou*. Et puis aussi, pour être honnête, à l'Antoine Doisnel de Truffaut. J'ai rencontré Léaud, d'ailleurs, au moment de la préparation du *Jour et la Nuit*. J'avais dans l'idée de lui proposer le rôle qu'a finalement tenu Kalfon et qui était celui du secrétaire, fidèle et pervers, du grand écrivain. Mais j'ai été si troublé, si étrangement renvoyé à ces souvenirs, voire à cette image ancienne de moi, j'ai eu un tel sentiment de vertige spéculaire, que je crois ne lui avoir, finalement, rien proposé...

Quel était l'enjeu de Comédie, *hormis de régler un vieux compte avec Derrida... ?*

Liquider B.H.L. Régler un autre compte, moins vieux, mais plus urgent, avec la marionnette B.H.L., la comédie B.H.L...

Votre auto-analyse publique en somme...

Oui. Encore que c'est un livre où je me disais, comme vous savez peut-être, « athée de l'inconscient ».

A l'instar de Deleuze et Guattari dans L'Anti-Œdipe…

Rien à voir. Chez eux, c'était une position théorique, presque métaphysique. Moi non, bien sûr. J'étais, je reste, lacanien. Je ne conçois pas de position philosophique qui fasse l'économie, non seulement de l'hypothèse de l'inconscient, mais de toute la machinerie conceptuelle qui va avec. Dire : « je suis un athée de l'inconscient » c'était, en d'autres termes, une sorte de bravade, de défi, de *style*. Un pari d'existence qui ne préjugeait, en rien, de ce que je savais, ou espérais un jour savoir, de l'ordre de l'Etre…

Pour en revenir à votre dernier livre, « fascislamisme » et « altermondialisme » semblent pour vous les deux dangers de nos démocraties…

A des degrés divers tout de même. D'autant qu'il y a, dans l'altermondialisme, des choses avec lesquelles je me sens plutôt en accord. Je suis, moi aussi, pour la taxe Tobin, par exemple. Ou pour rééquilibrer les rapports Nord-Sud. Mais je pense qu'on ne le fera pas en se focalisant sur les concepts d'anti-impérialisme ou d'antiaméricanisme. Ou alors, peut-être. Mais en sacrifiant, alors, à l'idéologie l'immense majorité des victimes des tragédies d'aujourd'hui. Voyez Alain Badiou critiquant le devoir d'ingérence en Bosnie. Voyez tous ces brillants « alter » que l'on n'entend ni sur le Darfour, ni sur l'Angola, le Burundi, ou le Sri Lanka. C'est bizarre l'immodestie de ces gens. Leur aveuglement et leur immodestie. On fait mille fois plus pour l'altermondialisme vrai en allant simplement, humblement, raconter ce qui se passe dans les terres du malheur et de la souffrance humaine. Après, le « fascislamisme » c'est autre chose. C'est un concept que je crois plus solide, et plus fécond, que celui, par exemple, de fondamentalisme et qui explique pour une grande part, à mes yeux, l'égarement où se trouve, aujourd'hui, une partie du monde musulman. L'idée est simple. Le problème, en Islam, ce n'est pas la religion. Je n'ai, personnellement, aucune espèce de problème avec l'islam comme religion. Le problème, en revanche, c'est la politique. Juste la politique. Et dire que le problème c'est la politique, c'est admettre que le monde arabe est la seule partie du monde qui, ayant eu, dans les années 30, comme tout le monde ou presque, sa version locale du fascisme, n'en a jamais fait le deuil et n'en a donc pas conjuré les derniers fantômes. Hamas, Hezbollah, Frères Musulmans version XXIe siècle : autant de traces de cela ; autant de symptômes de ce refoulé fasciste qui revient ; autant de preuves que la bataille n'est pas religieuse, ni même civilisationnelle, mais juste politique. C'est la vraie bataille d'aujourd'hui. Le seul « choc » digne de ce nom. La guerre, d'accord – mais, comme d'habitude, comme toujours, entre démocrates et néofascistes.

7

À la guerre comme à la guerre [1]

Dans Récidives *vous abordez la philosophie, Israël, le grand reportage, la littérature, le cinéma... Pourquoi cet éclectisme ?*

Parce que je suis ainsi. Libre. Me moquant éperdument, et de plus en plus, des étiquettes. Est-ce que c'est une faiblesse ? Non. Je crois que c'est une force. Les gens croient que l'on est fort quand on a du pouvoir, des alliés ou, comme ils disent, des « réseaux ». Ils ont tort. Ma vraie force, ce qui me permet

1. Version intégrale, donc largement inédite, d'une conversation avec Valérie Toranian et Philippe Tretiack publiée, pour partie, dans *Elle* le 3 mai 2004.

de mener mes combats et, parfois, de les gagner, c'est d'abord ma liberté.

Aujourd'hui, quels sont ces combats ?

Les mêmes, d'une certaine façon, qu'il y a dix, vingt ou trente ans. Autrefois, on disait : le fascisme. Ou : le stalinisme. Eh bien voici la troisième étape, le troisième volet de la même volonté de pureté c'est-à-dire, au sens propre, du même intégrisme, et cela s'appelle le « fascislamisme ». Brun, rouge et maintenant vert, l'intégrisme n'a qu'un visage. Et c'est vrai que je regrette parfois de ne pas retrouver, dans cette nouvelle bataille, tous ceux que j'ai côtoyés face aux précédents totalitarismes. Prenez l'affaire Tariq Ramadan. Souvenez-vous de la façon dont une partie de la mouvance altermondialiste a accueilli cet idéologue nauséabond qui, lorsqu'on l'interroge sur la lapidation des femmes en Islam, répond qu'il est, non pour son abolition, mais pour sa suspension, son moratoire. J'aime bien les altermondialistes. Nous avons été, souvent, du même côté dans la lutte contre le lepénisme et le stalinisme. Mais là, rien ne va plus. Quand ils ouvrent les bras à ce genre d'homme, ils se déshonorent, ils passent de l'autre côté.

Vous allez contre les idéaux « tendance » des trentenaires.

De quels idéaux parle-t-on ? Si c'est le souci d'autrui, celui des damnés de la terre et des incomptés, si c'est le sort des plus humbles, l'attention prêtée à ces vies minuscules dont les puissants se fichent, alors très bien – on est sur la même longueur d'onde et ma vie, si je puis dire, plaide pour ces idéaux. Mais si le programme consiste, au nom d'un anticonformisme de principe, à bénir n'importe quel rebelle de salon ou de tréteaux, n'importe quel adversaire du « système », n'importe quel crétin nous expliquant que l'ennemi du genre humain s'appelle, non Ben Laden, mais Bush, alors, non, en effet, ce n'est plus mon combat. Je ne suis pas jeuniste. Je crois que, quand les trentenaires se trompent, il n'y aucune raison de ne pas le leur expliquer.

C'est pour cela que vous dites qu'il faut se méfier des enthousiasmes ?

En politique, oui, l'enthousiasme est dangereux. C'est la leçon du premier Sartre, celui qui mettait en garde contre la tentation inévitablement « lyncheuse » du groupe en fusion, et il avait raison. Il y a assez de domaines, dans la sphère privée, où l'enthousiasme a sa place. Il y a la passion amoureuse, l'amitié, le goût de la littérature, le rapport aux œuvres d'art. Quand ça déborde dans la sphère publique, quand ce sont les acteurs politiques qui se croient ou se prétendent possédés par Dieu, alors, attention ! Vous n'êtes pas loin de l'« homme nouveau » des années 30, quand la grande lueur se levait à l'Est. Vous n'êtes pas loin des SA en Allemagne, de Pol Pot au Cambodge. Vous n'êtes pas loin, non plus, du bon Théophile Gautier criant « la barbarie plutôt que l'ennui ». Un démocrate c'est quelqu'un qui, dans l'espace public, accepte de dire l'inverse : l'ennui plutôt que la barbarie.

N'est-il pas illusoire de vouloir exporter les valeurs des Lumières ?

Ce n'est pas facile, bien sûr. Ce n'est pas automatique. Et il faut, là comme ailleurs, faire attention aux rêveurs qui nous disent : « un petit effort, messieurs dames, un peu de lucidité, une poussée ici, une brèche ou une ouverture là, et le Mal se dissipera comme un mauvais cauchemar, un brouillard » – il faut se méfier de cet éternel optimisme, de ce messianisme progressiste ou même simplement démocratique qui nous fait imaginer qu'il suffit de savoir pour vouloir, de voir pour se déprendre, et qu'une bonne cure de Lumières liquidera l'obscurantisme. Cela étant dit, j'y crois quand même. A l'intérieur de ces limites, je parie sur les Lumières et l'universalité des Droits de l'homme. Et surtout, surtout, je suis choqué de la connotation inévitablement raciste de tous les discours qui nous disent que, sous prétexte que c'est difficile, c'est impossible – je suis indigné par ces gens qui, autour de nous, acceptent les prémisses d'un relativisme qui ne dit pas son nom mais qui condamne bel et bien, par exemple, les femmes musulmanes à la soumission.

La guerre, cela peut être le combat pour la laïcité ?

Bien sûr. Et tant pis pour ceux qui, au nom d'une conception dévoyée de ces Droits de l'homme, au nom d'un « il a bien le droit » sottement psalmodié, au nom d'une tolérance qui n'est bien souvent que le masque du compromis, abandonnent ces femmes à la loi des pères, des frères, des caïds.

Tolérance caractéristique de la génération « Touche pas à mon pote ».

Non. Car ceux qui ont fondé SOS Racisme, Coluche, Simone Signoret, Harlem Désir, Julien Dray, Marek Halter, moi-même, savaient que les Droits de l'homme ce n'était pas l'équivalence des opinions. A l'époque, les jeunes Français d'origine maghrébine savaient que les sociétés basées sur l'égalité des femmes sont meilleures, mais oui, que celles où on leur excise le clitoris. Ils savaient, nous savions, que tout n'est pas dans tout, que les régimes de société ne sont pas équivalents et qu'aucun « respect des différences » ne doit nous dissuader de dire que, dans l'échelle des régimes, ceux où l'on respecte le droit d'un corps à ne pas être dépecé, torturé ou même soumis sont quand même supérieurs à ceux où on ne le respecte pas. Par ailleurs, je vous rappelle ce détail : quand ils défilaient contre le racisme, ils chantaient *La Marseillaise*, ils ne la sifflaient pas. Je n'aime pas trop, personnellement, *La Marseillaise*. Je ne suis fou ni de ses paroles ni de l'espèce de transe idiote où elle met les tenants de la religion patriote en France. Mais enfin, dans le contexte, cela fait quand même une différence.

Bientôt, et en application de la loi sur les signes religieux, des filles voilées risquent d'être exclues du collège. Qu'auriez-vous à leur dire ?

Que le voile est un signe, non religieux, mais politique, et qu'il contrevient au principe d'égalité. Il y a quinze ou vingt ans, il y avait peut-être dans cette affaire une dimension de jeu, de fantaisie. Aujourd'hui tout a changé. Le rapport de forces ambiant, le discours des mollahs irresponsables et des caïds machistes ont modifié la donne. Une femme qui arrive voilée à l'école affirme implicitement qu'elle n'entre plus dans la logique d'émancipation que suppose la fréquentation d'un roman de Stendhal, d'une pièce de Racine ou d'un poème musulman du IXe siècle.

L'intellectuel que vous êtes a-t-il pu mobiliser, sur ces questions, des intellectuels musulmans ?

Ils n'attendent personne pour se mobiliser. En Afghanistan, au Pakistan, chez les Palestiniens, je pourrais vous citer des dizaines et des dizaines de clercs qui ont compris que la seule guerre de civilisation qui tienne est celle qui traverse l'islam et oppose, en islam, les courants intégristes aux courants démocratiques. Alors, ils ont peur, bien entendu. Ils disent ce qu'ils ont à dire à voix basse. Ils savent qu'en le disant, ils prennent des risques sans commune mesure avec ceux que nous prenons, nous, ici, en Europe. Mais enfin ils le disent. Et avec un courage qui force le respect.

Au questionnaire de Proust vous répondez comme défaut le plus aisément pardonnable : « la lâcheté, bien sûr ».

C'était un peu une provocation. Mais une part de moi le pense. C'est l'éternelle histoire, n'est-ce pas, des gens qui parlent sous la torture, de comment on réagirait soi-même si, etc... J'ai couvert, vous le savez, beaucoup de conflits pour beaucoup de journaux. Chaque fois, j'ai vu des situations où les hommes, loin d'être les matamores que l'on imagine et que dépeint la littérature de guerre, redeviennent des enfants, de pauvres enfants humiliés, apeurés, tremblants, appelant à l'aide, priant. C'est un spectacle pathétique, pitoyable. Mais c'est comme ça. C'est l'ordinaire de ce que j'ai vu en Bosnie, au Soudan, dans l'Afrique de l'épouvante, chez les enfants soldats des maquis du Sri Lanka. Et c'est en pensant à cela, c'est en pensant à ce jeune

Bosniaque qui se souillait chaque fois qu'il devait monter au front, ou à cet autre qui préféra, un jour, se suicider plutôt que d'obéir, que j'ai dit, ce jour-là, que la lâcheté était le défaut pour lequel il fallait avoir le plus d'indulgence. J'ai eu, il y a longtemps, deux conversations sur le sujet que je n'oublierai, je crois, jamais. Je ne suis toujours pas prêt à les raconter, dans le détail, aujourd'hui. Mais croyez bien qu'elles sont gravées, au fer rouge, dans ma mémoire. L'une, à la fin des années 1970, avec René Hardy, alias Didot, spécialiste des sabotages de trains qui traînait après lui, malgré deux acquittements successifs à la Libération, la réputation d'être l'homme qui avait conduit la Gestapo au fameux rendez-vous de Caluire où Jean Moulin fut pris : je ne sais pas ce qu'il en est ; je ne me prononce évidemment pas sur cette question ; mais je me rappelle que je le voyais dans un petit appartement de la rue des Saints-Pères, peut-être au-dessus des Editions Fayard je ne sais plus, où il habitait à l'époque, je devrais dire : où il *gisait,* presque constamment alité, grosse robe de chambre de laine crasseuse, montagnes de médicaments sur les tables de nuit mêlés à des bouts de biscuits mâchouillés, vieux journaux, paquets de livres ficelés comme s'il s'apprêtait à partir, le beau visage de jeune homme qu'ont fixé les photos de jadis transformé en un masque empâté, gestes flous, regard vague, l'impression d'un air, d'une atmosphère, soudain trop épais pour ses bronches sans doute malades – et puis des souvenirs qui, visiblement, le hantaient et auxquels il ne parvenait pas à donner congé... Et l'autre conversation, quelques années plus tard, avec Paul Nothomb, l'oncle de la romancière Amélie Nothomb, un hébraïsant de bonne qualité, qui est mort, lui, beaucoup plus tard mais qui avait été, dans une autre vie, le compagnon d'armes de Malraux dans l'escadrille España avant d'entrer, comme lui, avec lui, dans la Résistance : grande allure, lui, en revanche ; beau vieillard, jusqu'au bout ; panache ; stature ; les yeux comme des billes de marbre impeccablement logées dans le visage ; mais quelque chose de cassé dans le regard bleu ; un affolement d'insecte traqué à l'évocation de certains épisodes de sa vie magnifique et, en particulier, de sa saison antifasciste – et une façon de fléchir un peu, de se troubler, ou, parfois, de laisser affleurer un autre sourire, un sourire caché, un sourire plus timide que l'autre, apeuré, qui m'a tout à coup fait penser que c'était à lui, à une conversation avec lui, que pensait l'auteur du *Temps du mépris,* puis de l'« Hommage à Jean Moulin », dans l'apostrophe célèbre : « Entre ici Jean Moulin, avec ton terrible cortège – avec ceux qui sont morts dans les caves sans avoir parlé et même, ce qui est peut-être plus atroce, *en ayant parlé* ». Mais je vous en ai déjà trop dit…

Regrettez-vous, vous-même, d'avoir parfois manqué de courage ?

Mais oui. Forcément. D'aucun de ces reportages difficiles, d'aucun de ces séjours répétés dans les trous noirs de la planète, d'aucun de ces bord-à-bord avec l'horreur, je ne suis rentré sans me dire : « j'aurais dû faire plus, un peu plus ; ce maquis du GIA j'aurais dû prendre le risque d'y entrer ; cette femme kamikaze repentie du Sri Lanka j'aurais pu et dû faire davantage pour l'arracher à l'enfer ; ces hommes en train de mourir de faim, sous mes yeux, dans les monts Nouba, j'aurais dû tout faire, vraiment tout, pour les tirer de là et les sauver – au lieu de quoi cet "ordre des choses", cet horrible "ordre des choses" qui fait que, au bout de quelques jours, j'ai été bien obligé de rentrer… ». Mais voilà. C'est comme ça. La seule façon de n'avoir jamais de regrets, c'est, comme les donneurs de leçons parisiens, de ne pas quitter son bureau.

Est-ce par le reportage que vous en apprenez le plus sur l'humain et sur vous-même ?

Comme dans toutes les situations extrêmes. Les choses, pour moi, sont très simples. A Paris, je ne vois rien. A la lettre, rien. Et tout se passe comme si, dès que je suis en reportage, mes sens étaient affinés, décuplés…

Comment travaillez-vous ?

C'est la question que m'a posée, un jour, Jean Hatzfeld. Je lui réponds que je note assez peu mais que j'ai une grande mémoire visuelle. J'entends tout. J'enregistre tout. Il suffit, je vous le répète, que je sois sur le terrain pour que s'opère en moi une sorte de décuplement des radars, d'hypertrophie de la mémoire.

Ce qui vous anime, c'est la passion de l'écriture ?

Avant l'écriture, il y a les autres, le souci des autres – toute une galerie de visages, croisés depuis mon premier contact avec la guerre, il y a trente ans, au Bangladesh, et qui me hantent. Je rentre, bien sûr. Je rentre toujours. Mais, croyez-moi, je n'oublie rien.

Comme chez Riszard Kapuscinski, l'effondrement semble marquer votre œuvre ?

Peut-être. Et aussi, je dois l'avouer si je veux être parfaitement honnête, un bizarre sentiment de liberté. Vous connaissez le mot de Sartre : « les Français n'ont jamais été aussi libres que sous l'Occupation » ? Eh bien c'est un peu ce que je ressens quand je me trouve dans ces situations extrêmes et où je joue aussi, un peu, ma propre vie : je n'ai jamais été aussi libre que dans ces reportages consignés ici ou là et qui me mènent au Nigeria, en Irak, dans Sarajevo bombardée, ailleurs. J'aime ces moments.

Quels auteurs vous semblent à même de nous fournir des outils pour comprendre le monde en mutation d'aujourd'hui ?

Le maître absolu, pour un écrivain comme moi, c'est évidemment Malaparte, le *Kaputt* de Malaparte. Et puis il y a mes maîtres en philosophie. Althusser, toujours secrètement là. Foucault, tellement plus important que Bourdieu. Sartre, bien sûr. Et puis Lacan, l'un des rares à nous donner des armes dans la lutte, par exemple, contre la volonté de pureté intégriste – cela peut surprendre, mais c'est pourtant vrai ! Il y a une *politique de Lacan* dont Pierre Legendre a explicité, naguère, les premiers principes et dans le fil de quoi j'essaie, depuis trente ans, de penser.

Et le succès de Rien de grave, *le livre de votre fille Justine Lévy, en êtes-vous fier, avez-vous été meurtri par sa souffrance ?*

Les deux. Bouleversé, meurtri, comment un père ne le serait-il pas face à un livre pareil ? Mais fier en même temps, très fier, de voir comment elle a su transformer en littérature ce paquet de mémoire et de vie.

La séparation de votre fille avec Raphaël Enthoven vous a-t-elle rapproché ou éloigné de votre grand ami l'écrivain et éditeur Jean-Paul Enthoven ?

Je vous ai dit que j'étais d'accord pour qu'il n'y ait pas de sujet tabou. Mais là, quelle drôle de question !

Vous aviez tout de même uni vos enfants.

Depuis quand les pères unissent-ils leurs enfants ? Avec Jean-Paul Enthoven, c'est une amitié qui dure depuis si longtemps, et qui est scellée dans l'aventure croisée de deux vies, dans le goût partagé de la littérature, dans tant d'autres choses encore. Alors, pour le reste, no comment.

Etes-vous féministe ?

Je crois, oui. Et je le suis, il me semble, par instinct autant que par raison. L'instinct, c'est mon amour des femmes et mon peu de goût, inversement, pour la meute virile, ses emportements, ses codes imbéciles. Et puis l'argument de raison c'est que la haine des femmes est, je le sais depuis longtemps, l'une des pierres d'angle de tous les délires totalitaires. Prenez, une fois de plus, les islamistes. Leur relation phobique au corps féminin. Leur dégoût. Leur peur. Comment ne pas être féministe quand on rentre du Pakistan, ce pays où, quand on est lassé d'une femme, on dit à la cantonade qu'elle vous a humilié et on la brûle vive – cela s'appelle un crime d'honneur !

Et que vous inspire l'affaire Cantat ?

Je m'en suis expliqué dans un de mes livres. Un texte consacré à la Colombe d'Or où j'ai, avec Arielle Dombasle, longtemps vécu. Lisez bien. Vous y trouverez une solution à ce type de drame. Se frapper soi-même quand on veut frapper l'autre. Alors, on mesure la violence de ses coups et, si l'on va trop loin, l'on est sa propre victime. J'en ai fait l'expérience. Jusqu'au sang.

8

Questionnaire drolatique [1]

On vous annonce que vous allez mourir demain ; que décidez-vous de faire ?

Comme tous les soirs. Ne rien changer à mes habitudes. Faire comme si je n'allais pas mourir.

Dans les bras de qui mourez-vous ?

Dans les bras de la femme que j'aime.

Qui aimeriez-vous entendre une dernière fois, au téléphone ?

Un ami avec qui je me suis fâché il y a dix ou vingt ans. Pour dissiper un malentendu.

1. Conversation avec Thierry Ardisson, « Tout le monde en parle », France 2, 11 mars 2006.

Vous voudriez prévenir qui ?
Quelques amis, bien sûr. Et puis ma secrétaire. A qui je dicte mon journal, tous les jours, depuis trente ans. L'appeler pour lui dire, tout de suite, de tout brûler – et comment.

Modifieriez-vous votre testament en urgence ?
Pour un écrivain, le seul testament qui compte c'est les livres. Et là, bien sûr, je n'aurai plus assez de temps.

Ecririez-vous vous-même la dépêche annonçant votre mort ?
Ce que je ferais volontiers c'est régler mes funérailles, leur rituel, un peu comme le fit Mitterrand – vous vous souvenez ? Mais écrire la dépêche, non : il y a des limites à la passion du contrôle.

Vous voudriez que l'on dise quoi, au journal de 20 heures ?
J'aimerais que l'on montre un extrait de *Bosna !*, le film que je suis allé tourner, pendant la guerre de Bosnie, dans les tranchées de Sarajevo.

Vous aimeriez un hommage de qui ?
De Benny Lévy s'il n'était pas parti un peu avant moi. Ou bien une minute de silence à Sarajevo où, je crois, les gens m'aiment bien.

Vous reliriez quel livre ?
Le journal du lendemain.

Quel film ?
Tous les films. Toutes les chaînes. Je passerais la nuit à zapper.

Quelle musique ?
La musique des choses. Si c'est le matin, les bruits du matin. Si c'est la nuit, le bruit du silence.

Vous porteriez quoi, demain ?

La même chose. Une chemise blanche, mais boutonnée jusqu'au col.

Vous aimeriez qu'il fasse quel temps ?

Il y a deux catégories de gens. Ceux qui aimeraient que le monde s'assombrisse avec eux, qu'il prenne leur deuil, ceux qui rêvent d'éclipse et d'orages magnétiques. Et puis ceux qui, à l'inverse, veulent qu'il fasse beau pour pouvoir emporter une belle image du monde. Moi ? Peu importe. Ne vous dérangez pas pour moi. Météo de saison.

Triste ?

Bien sûr. Maurice Ronet, à la suite du *Feu follet* : « un type comme moi ne devrait pas mourir ».

Soulagé ?

Soulagé de quoi ? D'un fardeau ? La vie n'est pas un fardeau.

Curieux ?

Oui, bien sûr. Depuis le temps que j'y pense. D'une façon générale, les humains ne pensent qu'à deux choses. Inconsciemment ou consciemment, ils passent leur vie hantés par deux scènes dont ils n'ont pas d'expérience : leur premier vagissement et leur dernier râle. Eh bien voilà. On y est. Le secret. On va enfin savoir si c'est du lard ou du cochon.

Heureux de retrouver qui ?

Mes amis disparus. Ceux à qui j'ai, de mon vivant, rendu hommage. Daniel. Françoise. Dominique-Antoine. Benny. Paul. Jean-Luc. Philippe. Et même quelques-uns de mes ennemis.

Préférez-vous ça à une mort violente, inattendue ?

Oui, bien sûr. Regarder la mort en face, voir venir l'avalanche – n'est-ce pas le dernier, et le plus impérieux, des commandements ? J'ai connu un prêtre. Aumônier dans un pavillon des cancéreux. Il dit que ce qui fait un homme, ce qui finit de le faire, ce qui, à proprement parler, l'achève, c'est de vivre l'instant de la mort. Et que l'une des choses les plus tristes, les plus barbares, ce sont ces familles qui l'appellent pour qu'il donne l'extrême-onction – mais en lui disant, *en le suppliant* : « surtout, surtout, mon père, qu'il ne s'en aperçoive pas ! »

Seul ou chez des amis ?

Attendez. Laissez-moi réfléchir. Vous avez la ligne Monarques : la Cour autour de soi. La ligne Socrate : les disciples. Vous avez Tolstoï, Chamfort, Gary : seul, comme un chien, éventuellement dans une gare. C'est plutôt ça, ma tendance.

Injuste de partir si tôt ?

J'aime tellement la vie ! Même si je vis bicentenaire, je trouverai que c'est encore trop court, que c'est venu trop tôt.

Accepteriez-vous de donner certains de vos organes ?

Mes organes, je ne crois pas. Mon âme, si elle existe, oui, à la rigueur.

Et vos chemises blanches, on en ferait quoi ?

Et vous, vos tee-shirts noirs ? Moi, des drapeaux blancs, pour les guerres oubliées.

9

Comment j'avance [1]

Anaëlle Lebovits : Vous faites partie des intellectuels qui se disent optimistes. En quel sens l'êtes-vous ?

Mon optimisme est ce qui reste quand j'ai décliné toutes les raisons d'être pessimiste. Ma métaphysique est pessimiste. Mes axiomes sont pessimistes. Mes premiers théorèmes le sont aussi. Et j'ai construit toute ma philosophie personnelle à partir des grandes hypothèses de cette version du pessimisme historique que, dans les années 1960, on appelait l'« antihumanisme théorique ». Après quoi, il n'y a qu'une alternative : ou bien se retirer du monde, tout laisser tomber, renoncer à exercer quelque influence que ce soit sur l'histoire et sur soi, estimer que ce sera, dans tous les cas, *peine perdue*, ou bien s'injecter une dose, fût-elle infime, d'optimisme – et avancer. C'est le choix que j'ai fait. Sans illusions. Mais avec détermination.

A.L. : Peut-être votre optimisme vient-il alors rendre raison secondairement de ce que vous ne vous soyez pas retiré du monde.

C'est ce que je viens de vous dire. Il y a une part de moi qui ne se résout pas à mes conclusions philosophiques ; une part

1. *Le Diable probablement,* hiver 2009, conversation avec Anaëlle Lebovits et Deborah Gutermann.

de moi qui se dérobe à la pulsion de mort et à cette idée, que je tiens pourtant pour assurée, que la pulsion de mort est cela même qui meut les hommes, qui mène le bal et qui, à la fin des fins, a raison de nous. C'est cette révolte, en moi, contre moi-même qui est, bien évidemment, la clef.

A.L. : J'ai été touchée, dans Ennemis publics, *par cet aveu que vous faites : les injustices que vous traquez partout où cela est possible, ces injustices censées garantir par ailleurs l'ordre du monde selon ceux qui les commettent, vous avez la conviction intime que vous pourriez en faire les frais, un jour.*

Ce n'est pas la même chose. Il y a « les » injustices en effet qui m'occupent depuis toujours et que j'essaie de combattre sans relâche. Et puis il y a mon petit cas personnel et l'outrage dont je pourrais, un jour, être éventuellement l'objet. Les deux, je m'empresse de le préciser, ne sont en rien comparables... Cela étant dit, regardez. Je prends un exemple. Un seul. A l'heure même où nous parlons, et depuis déjà plusieurs jours, circule, dans un grand magazine, très important, très lu, *Le Nouvel Observateur*, un article contre moi qui est d'une vulgarité et d'une violence rares et qui est signé Delfeil de Ton. Or, ce qui est intéressant c'est que je ne vois ni n'entends aucune espèce de réaction. Le même article sur n'importe qui d'autre aurait laissé les gens abasourdis. Là, rien. Tout le monde a l'air de trouver ça normal. Que je sois ainsi traîné dans la boue, diffamé, injurié, que l'on demande ni plus ni moins que de me voir réduit au silence, cela n'a l'air de gêner personne. C'est ça que je veux dire quand je dis à Houellebecq que si, ce qu'à Dieu ne plaise, un tort de grande ampleur venait à m'être fait, cela laisserait froids la plupart des gens qui m'entourent... J'ajoute que, lorsque je dis cela, lorsque je prends acte de cette insistance à écrire sur mon compte des choses extraordinairement blessantes et que l'on n'écrit sur personne d'autre et lorsque, avec Houellebecq justement, j'intitule un livre *Ennemis publics*, il se produit cette chose, pour le coup, assez comique : les gens deviennent très énervés, presque enragés – « non mais, ça va pas la tête ! de quoi parle-t-il ? ennemi quoi ? ennemi de qui ? comment ose-t-il ? » etc.

Deborah Gutermann : La rhétorique qui dénonce le « complot éditorial » en quoi consisterait la parution de votre dernier livre, a en effet de quoi surprendre.

C'est ça, oui. Un éditeur, Teresa Cremisi, fait son métier, juste son métier, de bon éditeur – et, dès lors qu'il s'agit de moi, cela devient un « complot ». C'est extravagant. Mais c'est aussi, je vous le répète, à bien des égards très amusant. Je ne me plains de rien. Je ne reproche rien à personne. Arriver à concentrer sur soi une telle quantité de réprobation m'est toujours apparu, au contraire, comme un honneur. Ou une vertu.

A.L. : On peut montrer, dire, et redire la vérité, ou plutôt des bouts de vérité, c'est ce que vous faites. Restent des sujets à propos desquels elle est foncièrement inaudible. Ce sont, il me semble, vos sujets d'élection. Vos thèses s'avèrent souvent justes après coup, vous traquez la lâcheté de vos contemporains et ne cessez de pointer les désordres dont chacun se détourne, ceci explique peut-être assez cela.

Il y a deux choses. Derrière ce climat de bataille qui ne me lâche pas depuis trente ans, il y a deux phénomènes assez différents. D'abord, donc, le côté « personnel » – mais que je vous proposerai de redéfinir comme suit. S'il y a bien une chose qui est insupportable à tous les clergés et, en particulier, aux clergés intellectuels, c'est le spectacle d'une liberté en acte. Eh bien je crois être aussi libre qu'il est possible de l'être en ces temps où tout semble fait pour asservir, réduire, anéantir les volontés propres en général et celles des intellectuels en particulier. Libre de mes choix. Libre de mes engagements. Mais, peut-être plus radicalement encore, libre de mes mouvements. Et quand je dis libre de mes mouvements, je ne veux pas seulement dire, bien sûr, que je bouge, que je voyage et que j'aime cela. Mais que, depuis trente ans donc, je nourris le projet fou, mais qui finit presque par marcher, de définir moi-même, au moins pour partie, ce qui me paraît digne de souci, ce dont je décide de me charger, le trou d'aiguille où, selon moi, passe ou passera, à un instant donné, le fil de l'Histoire Universelle – et ce, sans m'en expliquer, sans m'en excuser, à partir de ce que je vis comme une liberté d'évaluation souveraine. Un jour, c'est Israël. Un autre le Burundi. Un autre encore, le Pakistan et la résurrection par les mots de Daniel Pearl. Et une autre fois encore, c'est une illumination plus intime, une lettre que je m'adresse à moi-même, par exemple une fiction (écrite, mise en scène, filmée). Chaque fois, c'est moi qui décide. Chaque fois c'est moi qui m'auto-missionne. Et cela, j'en suis convaincu, est la première source de l'exaspération que je suscite – tant chez les tenants de l'ordre et de l'embrigadement militants, que chez les croyants aveuglés du sens de l'Histoire et de ses lois. Bon. Après, vous avez la deuxième chose – c'est-à-dire les désaccords philosophiques…

A.L. : Voilà.

Oui. Là, il y a une chose amusante, vous savez. Dans les inimitiés que je suscite, il y a comme des couches, des strates théoriques, que je peux presque dater et que je sens, en général, à la première ligne d'un article, au premier regard échangé avec quelqu'un. Il y a les inimitiés-77, qui datent de *La Barbarie à visage humain* et de sa positivité pessimiste. Celles de 1979, chez les types qui n'ont jamais digéré le putsch théorique consistant à dire, à l'époque du *Testament de Dieu,* qu'il y avait autant de philosophie chez Isaïe ou Rachi que chez Platon. La couche 1981, qui est celle de *L'Idéologie française* et de son appel à *délier* ce qui, dans la manière d'être ensemble des Français, me paraissait de nature à faire plier, corroder, corrompre, les libres subjectivités. J'en passe. Mais la vérité est là : des désaccords de fond, des affrontements politiques ou métaphysiques, des querelles de style – pas seulement des histoires de personnes, de jalousies, toute cette pacotille psychologique et nerveuse qui, moi, en tout cas, m'indiffère.

A.L. : Ne sont-ce pas davantage vos succès que vos insuccès qui vous valent l'« hainamoration » dont vous faites l'objet ?

Non. Car les « succès », c'est trop vite dit. J'ai connu, tout au long de ma vie, autant d'insuccès que de succès. Le film – *Le Jour et la Nuit* – que j'ai tourné il y a dix ans... La « liste Sarajevo » il y a quinze ans... *L'Idéologie française*, justement... Sans parler d'*Ennemis publics*, qui n'a pas été le best-seller absolu que d'aucuns redoutaient... Par parenthèse, je me suis tellement amusé, là aussi, à voir les curés ou, mieux, les épiciers de la presse littéraire sortir leurs calculettes pour, semaine après semaine, faire le bilan des ventes de ce livre ! Quelle importance cela a-t-il que deux écrivains vendent 30 000, 50 000, 100 000 ou 200 000 exemplaires ? Aucune, évidemment. Sauf que, là, comme c'était Michel Houellebecq et Bernard-Henri Lévy, cela devenait prodigieusement important et méritait qu'on y consacre des colonnes entières dans les meilleurs journaux.

D.G. : Outre Ennemis publics, *de quel crime vous êtes-vous rendu coupable récemment ?*

Je ne sais pas. *American Vertigo*, peut-être... Je pensais écrire un reportage littéraire, paisible, sans histoires. Or non. Voilà que, pour certains, je tombais le masque de mon américanophilie délirante. Où ai-je lu ça, encore récemment ? Oui. Sous la plume de ce négationniste patenté (du génocide rwandais) qu'est Pierre Péan. Des pages geignardes, ridicules, mal écrites et, de surcroît, mal informées où il fait de moi le maître à penser « américain » de mon ami Bernard Kouchner. Ceux qui connaissent l'histoire, et les coulisses, de notre amitié ont dû bien s'amuser.

D.G. : Justement, un article de cette semaine évoque dans Libération, *notamment à propos de ce livre de Péan sur Kouchner, « l'instrumentalisation dangereuse de l'antisémitisme » par les défenseurs de Kouchner, et vous êtes cité dans l'article.*

Oui. Et ça aussi, c'est extraordinaire ! Car, dans cette affaire, j'ai dit des tas de choses. J'ai dit, par exemple, que Péan était un nain. Ou que Kouchner était un personnage respectable. Ou qu'un ministre des Affaires étrangères me semblait avoir, jusqu'à nouvel ordre, le droit de choisir ses ambassadeurs. Ou, comme je viens de le répéter là, à l'instant, que le vrai décor de cette pauvre polémique est le génocide rwandais, auquel j'attache, personnellement, une importance extrême et qui est l'occasion d'un exercice permanent de négationnisme de la part du Sieur Péan. Mais il y a un argument que je n'ai pas utilisé, encore moins sous-entendu car je n'y ai, en vérité, pas pensé – c'est l'argument de l'antisémitisme. Ce qui est formidable c'est que des gens l'entendent alors que je ne l'ai pas dit. Le symptôme énorme, presque trop beau pour être vrai, c'est quand ces gens s'écrient : « au secours ! il nous accuse d'être antisémites ! » alors que je ne l'ai pas écrit et que l'idée ne m'a même pas traversé l'esprit. En bon français, cela s'appelle un aveu. Ou un lapsus. La vérité étant, je vous le répète, et il suffit de me lire pour s'en convaincre, que je recours très rarement à cet argument. D'abord par prudence et parce que je suis, plus que quiconque, attentif à ne pas instrumentaliser l'antisémitisme. Et puis parce que je suis ainsi structuré, névrotiquement structuré si vous voulez, que j'ai beaucoup de mal à admettre, et même à penser, que le judaïsme puisse être, en moi, motif à réprobation et à haine. Beaucoup de mal à me voir comme une victime. Et donc, en particulier, comme victime de l'antisémitisme.

A.L. : Vous croyez cela ?

Oui, je le crois. Sans doute est-ce la dernière trace, en moi, de ce système de dénégation que j'évoque et décris dans *Ennemis publics*, et dont je dis qu'il était celui de ma famille. Le Juif d'affirmation que je suis devenu est loin de cela, désormais. Mais c'est peut-être la toute dernière trace de cette dénégation ancienne et, pour l'essentiel, maîtrisée. Cela dit, il n'y a pas que du mauvais dans cette dénégation : c'est peut-être, précisément, parce que je ne m'en sens pas victime, jamais, que j'arrive à ne pas trop mal *penser* l'antisémitisme.

A.L. : Quelque chose se fait jour ici de votre division. Et justement, vous tenez ferme que le sujet n'est pas adéquat à lui-même. Votre spinozisme décidé rend-il compte de cette conviction ?

Je dirais qu'être spinoziste *c'est* penser que le sujet n'est jamais adéquat à lui-même. Partant de là, on peut toujours, naturellement, tenter de corriger, de refermer la béance, de reconstruire une adéquation artificielle ou forcée, on peut partir à la chasse au sujet et déployer de gros efforts pour lui donner une identité, l'identifier. Mais ce n'est jamais lui qu'on trouve. C'est un leurre. Ou une série de leurres. Et il y a là, pour moi, une vraie source de jubilation et de joie. Car c'est bien parce que je crois que le sujet n'est jamais adéquat à lui-même, c'est bien parce que ses frontières sont indécises et toujours mouvantes, que je le crois – et me crois – profondément hors d'atteinte. D'où ma joie.

A.L. : Est-ce là, aussi, ce qui rend compte de votre pudeur ?

Oui. Car ça vient d'où, le goût de l'impudeur ou de l'exhibition ? De l'injonction d'« être soi-même ». De cette colossale arrogance, doublée d'une risible naïveté, qui veut que l'on vise l'adéquation à soi et la localisation du sujet que l'on est. Je ne crois pas cela. Je ne crois pas que ni moi, ni quelque sujet que ce soit, aient une place assignée en ce monde. Et c'est d'ailleurs une autre raison qui fait que je bouge tout le temps, avec la liberté que je vous disais tout à l'heure. Si votre place est incertaine, vous la rejouez à chaque minute. Si votre lieu est indécis, on peut croire qu'on vous tape dessus – vous savez, vous, qu'on n'atteint jamais qu'un leurre, une ombre pâle, un fantôme de soi, le soi de la veille ou de l'avant-veille, une identité déjà *déménagée*. Si, en revanche, vous vous croyez adéquat à vous-même, et si vous vous imaginez qu'il y a un lieu de cette adéquation, alors vous faites à vos ennemis l'inestimable cadeau de leur donner à chaque instant, voire une fois pour toutes, des nouvelles de votre position de vol…

A.L. : Il est assez rare que je ne vous suive pas mais j'ai été surprise, je l'avoue, de votre soutien à Ségolène Royal lors de la dernière élection présidentielle. Et sans doute, pourtant, fallait-il choisir…

Vous connaissez une autre définition de la politique que cette nécessité de choisir ? Non, bien entendu. Donc, voilà… S'ajoute à cela que j'étais, de tous les intellectuels de ma génération, le seul à connaître Sarkozy et à ne pas croire un mot de ce qu'il nous racontait sur les Droits de l'homme, Poutine, la Chine et le Tibet, et ainsi de suite. Et s'ajoute encore le fait que j'ai le goût du jeu, du romanesque, dites-le comme vous voudrez – et que Ségolène Royal m'est très vite apparue comme un beau personnage, séduisant, passionnant et me fournissant un matériel romanesque considérable.

D.G. : Et puis, vous êtes de gauche, indéfectiblement.

On peut dire cela, oui. Encore que ce mot, « indéfectible », je l'appliquerais plus volontiers aux énoncés que je profère sur, justement, la Chine, le Darfour, l'islamo-fascisme, le poutinisme – bref, les questions où se joue l'avenir de cette révolution antitotalitaire dont j'ai été, avec d'autres, l'un des acteurs et dont je serais désespéré de voir se perdre les leçons. Alors, je vais vous parler très franchement. Plus franchement, peut-être, que je ne l'ai jamais fait quand on m'interroge sur ce sujet. Si je reste fidèle à la gauche c'est *aussi* pour des raisons tactiques – parce qu'elle me semble être le lieu où, par excellence, se livre et se joue cette bataille dont je vous parle. Que Sarkozy s'accommode de Poutine ou de Kadhafi, c'est de la realpolitik et du cynisme. A gauche, en revanche, cela participe d'une vision du monde, d'un progressisme philosophique, parfois d'un antiaméricanisme, d'un culturalisme, d'un différentialisme, voire d'un islamo-gauchisme, qui sont bien plus solidement ancrés et qui sont justiciables, non d'une dénonciation jaculatoire, mais d'un procès philosophique. C'est ce procès que je voulais instruire avec *Ce grand cadavre à la renverse.*

C'est à l'islamo-gauchisme et à ses composants moléculaires que je voulais m'affronter. Et l'adresse qu'était ce livre, c'est aux hommes de gauche qu'elle était destinée – ce sont eux qu'il fallait ébranler et, si possible, convaincre ; c'est à eux qu'il fallait faire honte et expliquer qu'en tenant telle ou telle position ils ne respectaient pas du tout la foi musulmane mais remettaient leurs pas dans ceux du grand mufti de Jérusalem et du fascisme des années 30… Alors, je comprends que, devant l'acharnement d'un Badiou, d'un Agamben ou, pour redescendre encore d'un étage, d'un Chevènement, d'aucuns – je pense à mon ami Glucksmann – puissent être tentés de dire : « ça va comme ça ; addition, vestiaire, au revoir ». Ce ne fut pas mon cas. J'ai pensé qu'il fallait rester dans la vieille maison, dans cet amas de ruines qu'elle est devenue, pour, comme nous l'avons fait il y a trente ans, au moment des nouveaux philosophes, tenter de retenir, ou de relever, ce qui pouvait l'être.

D.G. : Ségolène Royal a récemment indiqué que Sarkozy faisait un « contresens » en décidant le retour de la France dans l'OTAN, qu'en pensez-vous ?

Qu'elle a tort. Et que je ne la vois peut-être pas assez…

A.L. : Pourquoi avoir rompu les ponts avec Sarkozy, vous qui êtes pragmatique, et qui vous souciez de l'effectivité de vos idées ?

Rompu les ponts n'est pas le mot. Car, de mon côté en tout cas, et même si c'est à sens unique, la sympathie pour l'homme est toujours là, intacte. De même que la vigilance républicaine quand il est attaqué d'une manière qui me semble basse. Après, il y a trop de désaccords. Trop de promesses non tenues. A commencer par l'affaire géorgienne, que j'ai vécue en direct et où il faut être aveugle pour continuer de dire, comme font certains, qu'il a « résisté à Poutine ». C'est le contraire qu'il a fait. Et avec une brutalité extrême.

D.G. : Vous pensez donc que Ségolène Royal est plus réceptive ?

Prenez juste la campagne passée. Et, pendant cette campagne, un de ses discours, un seul, celui de Villepinte. Elle est, à ma connaissance, la seule, à ce moment-là, à avoir fait l'éloge d'Anna Politkovskaïa. La seule à avoir dit que, si elle était élue, elle recommanderait le boycott des Jeux olympiques de Pékin. La seule encore à avoir dit que le Hamas et le Hezbollah étaient des partis fascistes. Tout cela compte. Ce sont des mots, c'est-à-dire des faits – et des faits qui pèsent lourd. Alors, demain ? Si elle se représentait, en 2012 ? Il faudrait voir où elle en est. Mais je n'aurais rien contre, a priori, reprendre le fil des conversations de jadis.

A.L. : Vous considérez donc que le terrain de la philosophie est le champ de bataille, et non les bancs de l'université.

D.G. : On vous a vu ainsi par exemple, aux côtés de Jacques-Alain Miller, défendre la psychanalyse sur tous les fronts. Les universitaires sont, quant à eux, et dans l'ensemble, assez apathiques quelles que soient les causes qui se présentent à eux.

C'est vrai. Et c'est désespérant. Ils n'ont pas bougé au moment de la Bosnie. Pas bougé au moment de la Tchétchénie. Je ne me souviens pas du moindre mouvement de protestation, venu des universités, au moment où le monde a commencé de prendre conscience du nouveau génocide qui venait de se perpétrer au Rwanda. Vous me direz que ce n'est pas non plus le boulot des universités de s'occuper de ce qui se passe dans les Balkans et en Afrique. Soit. Mais la bataille de « l'évaluation »... Ce débat, lancé par Jacques-Alain Miller et d'autres, autour de cette nouvelle manie de tout évaluer... Ils auraient pu y deviner la préfiguration d'une bataille qu'ils auraient, un jour ou l'autre, à mener à leur tour et pour leur compte. Mais non. Rien non plus. Pas l'ombre d'un pressentiment. Une apathie abyssale. Et c'est ainsi qu'ils sont arrivés, démunis, désarmés, aucunement préparés, à l'abattoir qu'on leur préparait et que leur a présenté le gouvernement Sarkozy. Je repense aux *Chiens de garde* de

Nizan. Et je me dis que c'est étrange – et terrible – de voir à quel point l'université française n'a pas bougé depuis *Les Chiens de garde* de Nizan.

A.L. : Attaquons-nous à votre domaine de prédilection : le champ de la politique internationale. André Glucksmann faisait récemment valoir qu'en face des Etats-Unis, tandis que la Chine affiche une volonté de puissance et prétend s'égaler au monstre américain, la Russie affiche une volonté de nuisance, que pensez-vous de cette manière de voir les choses ?

Il a raison. La volonté de puissance de la Chine a pour corollaire la possibilité de la négociation. Si les Américains acceptent le principe d'un rééquilibrage des deux monnaies, s'ils réduisent leur déficit commercial, s'ils ne se lancent pas dans la mauvaise aventure du néoprotectionnisme, alors un rapport de forces est possible avec les Chinois et, avec ce rapport de forces, une règle du jeu et une entente. Les Russes c'est autre chose. Ils visent, d'abord, à nous embarrasser en soutenant tous les Ahmadinejad et les Chávez de la planète. Ils visent, ensuite, à déstabiliser les pays d'Europe orientale et centrale dont ils n'ont jamais digéré qu'ils soient sortis de leur orbite. Et, en même temps, nous n'avons pas tellement de raisons de céder à l'intimidation vu qu'ils sont à la tête d'un pays gangrené par la corruption, miné par la crise économique, appauvri par la baisse du prix du pétrole, bref, un pays qui n'a que l'apparence de la force.

D.G. : Mais alors, qu'est-ce qui pousse les dirigeants occidentaux à se coucher devant Poutine ?

Vous parlez de Sarkozy ?

A.L. : Oui, mais Chirac lui a décerné la Légion d'honneur…

Chirac soutenait Poutine pour des raisons idéologiques, dans la fidélité à la tradition gaulliste ; il était profondément antiaméricain et croyait jouer au plus fin en nouant cette alliance de revers contre les Anglo-Saxons. La position de

Sarkozy n'est pas une position idéologique. Elle va, d'ailleurs, contre ce que lui-même disait dans ses discours de campagne quand il prétendait préférer serrer la main de Bush que celle de Poutine. Et je crois qu'elle relève plus, encore une fois, de la précipitation et du cynisme : « tout le monde est contre Poutine ? tout le monde lui tombe sur le dos ? eh bien, c'est qu'il y a une position à prendre, une opportunité, une niche – et je la prends. »

A.L. : Puisque ce numéro du Diable *porte sur « l'amour du risque », permettez cette question : lorsque vous avez enquêté pour écrire* Qui a tué Daniel Pearl ?, *vous avez fait preuve d'un courage insensé, non ?*

Insensé, sûrement pas. Car, quand je prends des risques, je veille, par principe, à ce qu'ils soient calculés. Pendant la première moitié de l'enquête, j'avais un passeport diplomatique. Puis, pendant un certain temps, les Pakistanais ont vraiment cru que j'écrivais un roman sans danger pour eux. Ce n'est que dans la dernière partie de l'enquête que les choses ont été plus compliquées : je n'avais plus de bouclier – et je me suis juste obligé, alors, à faire des séjours plus courts.

A.L. : Vous mettiez la mort au défi ?

Vous connaissez le mot de Foucault sur le courage ? Le seul vrai courage, dit-il à peu près, n'est pas le courage physique, c'est le courage intellectuel. Ou, plus exactement, le premier n'est rien sans le second et inversement. Ce pour quoi, d'ailleurs, quand vint, pour lui, l'heure de mourir, il eut ce mot magnifique, peut-être le dernier je ne sais pas, à propos de son vieux maître en épistémologie qui fut aussi un héros de la France Libre : « appelez Canguilhem, lui sait mourir... » Je pense, sur ce point, comme Foucault. Avec peut-être aussi, c'est vrai, une fâcheuse tendance à me croire invulnérable.

A.L. : Vous vous croyez hors d'atteinte ? Il y a sans doute une petite histoire, qui rend compte de cette « superstition ».

Il y a une petite histoire, sans doute. Mais il y a surtout, comme toujours, un dispositif philosophique.

A.L. : En la matière, je crois plus aux petites histoires qu'au dispositif philosophique…

Et je crois, moi, qu'on a la philosophie de sa biographie : ce qui, au fond, revient au même.

10

Diététique des médias [1]

La démocratie médiatique ? Toujours la même histoire : le pire des systèmes – à l'exception des autres.

Méfiance, donc. Réserve. Ne pas céder à l'illusion. Ne pas croire – mais qui le croit ? – que l'on dise la même chose en trois minutes de télévision qu'en trois pages de littérature. Et ne pas craindre d'admettre que bien des griefs sont fondés – dictature du marché, audimat, loi du zapping et de l'amnésie, risque de domestication de la pensée… – dans cet interminable procès.

Mais pas de panique non plus. Pas de frénésie antimédias. Il faudrait pouvoir parler de ces choses calmement. Sans pathos. Il faudrait savoir distinguer entre médias chauds et médias

1. *The New Republic*, 17 février 2005.

froids. Il faudrait avoir le droit d'échapper à cette catégorie absurde – « les » médias – qui met dans le même sac journalisme et spectacle, « prière matinale » (Hegel) et « messe cathodique » (« Today Show »). Il faudrait, sans passer pour un chien de garde du néolibéralisme, pouvoir continuer de célébrer un genre, le « grand reportage », dont Sartre faisait, après Hemingway, son modèle d'excellence littéraire. Et il faudrait garder le droit de rappeler qu'à l'heure où la Russie se réveille, où l'Afrique s'enfonce, où la Chine reprend l'initiative historique, à l'heure des carnages quotidiens en Irak ou en Afghanistan et à l'heure où le Pakistan nucléarisé menace de sombrer dans le chaos, cette affaire des « pro » et des « anti » médias n'est ni la seule ni même la grande affaire qu'aient à traiter les clercs de notre époque.

Quant au reste, quant à la façon, à partir de là, de s'orienter, non dans la pensée, mais dans la pratique de cette relation au journalisme en général, et à la télévision en particulier, c'est l'affaire de chacun, vraiment chacun, tant il est vrai que rien ne se joue d'autre, dans cette aventure, que le rapport de chaque sujet – chaque intellectuel – à ce qu'il a de plus singulier : son corps, son visage, son goût de déplaire ou de séduire, son narcissisme – un nietzschéen dirait ce « texte mystérieux », jamais tout à fait « déchiffrable », qu'est son « idiosyncrasie ». Nietzsche ? Oui. Une fois n'est pas coutume. Signes et symptômes. Ame et corps indissociés. Je ne connais pas un médiaphobe – ni, bien sûr, un médiaphile – qui ne soit justiciable, à la fin, d'un strict traitement généalogique.

Pour moi – puisqu'on n'échappe pas, dans ce type de débat, à l'obligation de parler de soi – il y a eu, dans la relation aux médias, et en France, deux périodes.

La saison de la comédie, d'abord. La loi du tapage et de l'éclat. La joie de choquer et de faire scandale. Les corporations contournées. Les académies court-circuitées. Le monde comme un flipper et les mots comme des grenades. L'intense jubilation face à cette machine à dynamiter les conformismes qu'était un écran de télévision et l'idée du progrès accompli quand un mot de Maurice Clavel chez Bernard Pivot, ou de Michel Foucault à la radio, devenait un bâton de dynamite explosant dans les cervelles : que de temps gagné, grâce aux médias, dans la bataille contre le Goulag ; que d'idées complexes, mais oui, complexes – à commencer (ce n'est qu'un exemple !) par la durable coexistence du pétainisme et du socialisme – qui ne seraient jamais passées si elles n'avaient été, aussi, de la pâture pour les médias !

Et puis les temps de la démocratie d'opinion sont venus et, avec eux, un sentiment de malaise, nouveau mais grandissant. Est-ce le régime de visibilité imposé par une époque encore plus obscène ? Est-ce la banalisation des supports ? L'arrivée d'Internet et le triomphe de la blogosphère ? Le ralliement, quoi qu'ils en disent, du Professeur insoupçonnable, du Juge, de l'Expert, bref de la plupart des boudeurs officiels, à des rituels honnis et qui perdent, de ce fait, leur force ancienne de transgression ? Moins de joie, en tout cas. Moins de jeu. L'image, inquiétante, d'une sorte de panoptique inversé : votre tour, dans la lucarne ou sur le Net, d'être regardé, épié, sous contrôle – votre tour d'être mis, non pas en examen, mais en observation par un maître implacable qui a pris le visage de l'Opinion. Et la tentation, du coup, de s'y prêter – mais moins : les urgences sont toujours là ; les liturgies aussi ; mais c'est le cœur qui n'y est plus ou qui, plus exactement, va voir ailleurs s'il y est. Autres temps. Autres ivresses. Je me suis bien amusé. Je m'amuse peut-être moins.

11

Eh bien, donc, la guerre ![1]

1. Si je me souviens de la première critique de mon premier livre ? Naturellement, oui. Il y en a eu deux. Parues le même jour. Et dont la conjonction fit, à mes yeux, baptême. Celle de Philippe Sollers dans *Le Monde.* Et celle de Roland Barthes dans *Les Nouvelles littéraires.* Imaginez ce livre scandaleux qu'était, à sa parution, *La Barbarie à visage humain.* Imaginez tous les clergés littéraires et politiques ligués contre un jeune homme qui avait le culot de s'en prendre à la religion progressiste. Et imaginez ces deux extraordinaires parrains qu'étaient, pour ce jeune homme, un Barthes et un Sollers au plus haut de leurs gloires respectives et parés de tous les prestiges de

1. Réponses à 9 questions du *Frankfuter Allgemeine Zeitung* et publiées fin octobre 2005. Les questions étaient : 1. Vous souvenez-vous de la première critique de votre premier livre ? 2. Est-ce que vous lisez toujours les critiques ? Et, sinon, quand avez-vous arrêté de les lire ? 3. Cette année, un grand nombre de livres ont été publiés avec l'intention de vous critiquer ; quelle a été votre réaction ? 4. Devinez-vous, si vous lisez le début d'un papier sur un de vos livres, quelle idée reçue, quel poncif, va surgir au prochain paragraphe ? 5. Y a-t-il des critiques qui vous ont appris quelque chose sur vous et sur vos livres ? 6. Y a-t-il eu de mauvaises critiques, dans le passé, auxquelles vous donneriez raison aujourd'hui ? 7. Quel cliché vous agace le plus ? 8. Est-ce que vous avez suivi les critiques des livres de votre fille ? vous ont-elles touché ? 9. Y a-t-il quelque chose que vous voulez dire à vos critiques, une fois pour toutes ?

l'avant-garde littéraire. Comment ne m'en souviendrais-je pas ?

2. Oui, je lis à peu près tout ce qui s'écrit sur mes textes. Mais avec une particularité de fonctionnement que je ne saurais trop expliquer mais que je suis bien obligé de constater. Je n'enregistre pas les critiques bêtement désagréables ou insultantes. Je les lis, bien sûr. Mais mécaniquement. Sans effet. Presque sans souvenir. Sans qu'elles parviennent à m'*affecter* au sens mental, mécaniquement mental, du terme. Tout se passe, si vous voulez, comme si elles s'effaçaient à mesure de ma lecture ou comme si j'avais, dans le cerveau, une sorte d'ardoise magique qui les annulait, les néantisait, immédiatement. Ce qui fait, d'ailleurs, que je peux sans le moindre problème croiser l'auteur le lendemain, ou le jour même, sans lui en vouloir particulièrement.

3. C'est quatre livres, au total, qui m'ont été consacrés et qui sortent en ce moment. Plus quatre autres que l'on m'annonce et dont on me dit qu'ils ne sauraient tarder. Alors « ma réaction », comme vous dites, c'est la guerre. Eh oui, je pourrais vous répondre : « l'indifférence, la hauteur, laisser faire ces petits messieurs, ne pas les censurer, etc. ». Mais ce serait hypocrite. La vérité c'est que ces gens ont voulu me tuer (symboliquement s'entend) et que, en pareil cas, il vaut mieux tirer le premier (c'est-à-dire faire, pour être clair, que ces livres soient reçus pour ce qu'ils sont : de mauvaises enquêtes, mal informées, bâclées, bourrées d'inexactitudes, menées sans moi et contre moi et, à mon avis, dénuées d'intérêt). Je raconterai, un jour, tout cela. Je dirai l'histoire du gibier devenu chasseur et piégeant ses propres chasseurs. Je raconterai comment ils se sont, en réalité, détruits eux-mêmes. J'y ai perdu un peu de temps. Mais vous verrez, c'est amusant.

4. Je devine, quand je rencontre quelqu'un, à la première seconde ou presque, à ses premiers mots, à son intonation,

primo s'il est ami ou ennemi et, secundo, comme dans la science géologique, à quelle couche de ma vie, à quelle strate de mon œuvre, à quelle *génération* des querelles auxquelles j'ai été mêlé, son inimitié correspond. Je devine le critique époque *Barbarie à visage humain.* Je repère l'adversaire qui a gardé *L'Idéologie française* en travers de la gorge. Je reconnais, au radar, le type qui a accepté *L'Idéologie* mais qui ne me pardonne pas le *Sartre* ou la Bosnie. Alors, vous pensez, les « papiers » sur mes livres... C'est encore plus net, bien sûr, avec ces « papiers ». Dès la première ligne, en effet, je sens quel poncif va se pointer, dans quelle couche de l'idéologie ou du sottisier modernes on est en train de forer. C'est comme une manie, une maladie, un sixième sens – il m'arrive de penser que, même si j'arrêtais tout, si je cessais d'écrire, si je me désintéressais du « débat » contemporain, il me resterait cette science amère.

5. S'il y a des critiques qui m'ont appris quelque chose sur moi et sur mes livres ? Naturellement. Mais les vraies critiques. Celles qui ne sont guidées ni par le ressentiment, ni par la volonté de régler des comptes – ni, surtout, comme disait Foucault dans un texte drolissime, et si féroce, de réponse à une critique de George Steiner parue dans le *New York Times Book Review*, par la volonté d'inventer, sur votre dos, un texte que vous n'avez pas écrit mais que l'on va démonter avec une énergie redoublée par le fait qu'on l'a soi-même, et savamment, monté. Donc, les critiques qui « m'apprennent » quelque chose, ce sont les critiques qui se sont vraiment affrontées au vrai livre. Pas forcément les critiques « honnêtes » (et là, Foucault, dans le texte auquel je fais allusion, a bien raison de nous mettre en garde contre la critique moralisante de la critique). Même pas les critiques d'« empathie » (je comprends très bien, après tout, que l'on veuille rendre compte d'un livre qui vous révolte, vous révulse et avec lequel on ne partage rien). Mais les critiques qui, au moins, prennent au sérieux le livre. Le considèrent. Parlent de ce livre-ci, pas d'un autre. Des problématiques qui sont les siennes, pas de problématiques fantômes. Les critiques qui se

mesurent au livre. Qui entrent dedans. Qui, éventuellement, lui rentrent dedans. Car elles peuvent être négatives, encore une fois, ces critiques. Elles peuvent être hostiles. Assassines. Ce n'est pas le problème. Elles vous enrichissent. Elles enrichissent le livre. Elles s'ajoutent au texte. Elles l'augmentent d'un paratexte. Au lieu que la critique monstre façon Foucault, la critique aux « jambes tordues » et aux « yeux torves », la critique des nains à « longues oreilles » qui n'entendent rien que l'écho de leurs propre ressentiment, vide le texte de sa substance, le siphonne, le réduit à rien, cette critique-ci en répond et, parce qu'elle en répond, elle le leste d'un poids supplémentaire. Elle finit, dans le souvenir que j'en conserve, par faire quasiment partie du livre.

6. « Donner raison » à ces critiques désagréables, voire injurieuses, il ne faut rien exagérer ! Mais qu'il y en ait certaines que je relise, aujourd'hui, d'un œil un peu différent, c'est certain. Ainsi, par exemple, celles qui s'en prenaient à l'excès de lyrisme de mes premiers livres. Il y avait à l'époque, dans ma langue, quelque chose de surécrit, presque de déclamatoire, qu'Edgar Morin avait pointé. Ou Régis Debray. Et que je n'aime plus trop, aujourd'hui, moi non plus. A part ça ? Sur le fond ? Je vais vous paraître présomptueux, mais tant pis. Je n'ai pas le sentiment, depuis trente ans, d'avoir commis d'erreur théorique ni même politique majeure. Et je ne vois donc pas de procès auquel je sois tenté de donner rétrospectivement raison.

7. Les clichés qui « m'agacent le plus », ce sont les clichés ad hominem. Ceux qui me confondent avec celui que, après Proust, j'appellerai mon « moi social ». Ou, avec Malraux, ma « marionnette ». C'est si bête !

8. Oui, naturellement, j'ai lu les critiques du livre de ma fille. Mais, là encore, les vraies critiques. Celles qui se sont attachées, non à ses supposées « clefs », mais à ce ton inimitable qu'elle est en train d'inventer. Elles m'ont touché, ces critiques, au-delà du concevable. Elles m'ont fait plus plaisir que celles qui louent mes

propres livres. Que ma fille soit reçue de cette manière, que des écrivains la traitent comme une des leurs, que de grandes voix se soient, en France et ailleurs, élevées pour saluer l'arrivée dans le paysage des lettres de cette toute jeune fille qui est ma fille et dont j'admire les livres d'autant plus qu'ils ne me ressemblent pas, voilà qui, pour moi, fut véritablement bouleversant.

9. Une fois pour toutes ? Jamais.

II

LE GÉNIE DU JUDAÏSME

Lévy et Lévy ▪ Quel type d'homme était Benny Lévy ▪ Benny et Sartre ▪ Sartre et les juifs ▪ Juifs et français ▪ La leçon d'Edmond Fleg ▪ Pour que vive la mémoire d'un certain B.L. ▪ Génération Levinas ? ▪ Etre juif ▪ L'état du monde juif ▪ Pourquoi il faut commémorer les morts de la Shoah ▪ Ce qu'Israël peut, et doit, apporter au monde ▪ Levinas, chef de guerre (de Rosenzweig à Levinas, la question de l'Universel) ▪ Athènes et Jérusalem, suite ▪ La littérature et l'étude ▪ L'étrange expérience de la souveraineté juive.

1

Lévy et Lévy [1]

Commençons par le commencement : rappelez-nous quelles furent les circonstances de votre première rencontre avec Benny Lévy.

C'est une très vieille histoire. Je l'ai racontée dans le chapitre des *Aventures de la liberté* intitulé « Ces effrayants jeunes gens ». Je suis en hypokhâgne. Mon père a demandé à son ami Jean-Pierre Vernant, qui a transmis à Louis Althusser, de me trouver un répétiteur intéressé, comme on disait dans le jargon de l'Ecole normale supérieure, à me « tapiriser ». Arrive alors, dans le bureau d'Althusser, un jeune homme aigu, laconique, doué d'une éloquence sèche, amateur de légendes et de grandes éruditions, que je reconnais aussitôt comme le déjà mythique chef des maoïstes français. Il y a, à l'époque, le tuteur idéologique du mouvement, qui est Jean-Claude Milner ; et le chef politique, ce tout jeune Benny qui a succédé à Robert Linhart, qui s'appelle encore Pierre Victor, et que je vois surgir dans le bureau d'Althusser. Il me donnera quelques cours. Peut-être

1. *Cahiers d'études lévinassiennes,* 28 juin 2005, entretien avec Gilles Hanus.

jusqu'à Noël. Peut-être moins longtemps, je ne sais plus. Ne serait-ce que pour Althusser, qui est notre maître à tous deux, il joue en tout cas le jeu quelques semaines. Je me souviens d'un cours sur le *Philèbe* de Platon ; d'un autre sur la *Critique du jugement* ; et, aussi, d'une explication magistrale du *Menteur* de Corneille. Mais il avait, je le voyais bien, la tête ailleurs. C'était l'époque des débuts de la révolution culturelle chinoise. C'était le temps où l'on tenait, avec et après Freud, que les livres étaient fils du malheur. « Changer l'homme en ce qu'il a de plus profond », disait-on. Ou : « visons l'homme droit dans son âme ». Ou encore : « cassons en deux l'Histoire du monde » – là-bas, en Chine, mais aussi ici, en France. Tous slogans dont le moins que l'on puisse dire est qu'ils ne prédisposaient guère à enseigner durablement Corneille et Kant à un fils de famille... Je le sais. Lui aussi. Je me rappelle même ma gêne à l'idée de ce précieux temps que je retirais, à cause de ces cours idiots, à la sainte militance. Et, assez vite, nous nous arrêtons.

Vous l'avez ensuite « retrouvé » après la parution du Siècle de Sartre, *dont les pages finales sont consacrées à cette période encore peu connue de la vie de Sartre qu'ont été ses cinq années de « dialogue » avec Benny Lévy. L'aviez-vous interrogé durant la rédaction du livre ? Ou n'est-ce, comme j'ai cru le comprendre, qu'après sa parution que vous lui avez écrit ? Il semble que ce soit au lendemain de cet échange épistolaire que vous vous êtes réellement rencontrés. Qu'avez-vous découvert à ce moment-là ?*

Non, non, je ne l'avais absolument pas interrogé. Ces quarante ou cinquante pages, je les ai écrites de chic, sans documentation aurait dit Sartre, sans information particulière, juste quelques intuitions, juste une intime conviction, et après on verra bien... La rencontre, autrement dit, s'est faite après. C'est lui, Benny, qui m'a écrit. Une très belle lettre où il me dit, en gros, le plaisir que lui fait ce livre sorti, pour lui, de nulle part et venant providentiellement à son secours. Il ne dit pas « providentiellement », bien sûr. Mais je crois bien qu'il parle de « signe ». Je pense qu'une part de lui n'est pas loin de songer que c'est le fantôme de Sartre qui ressort ainsi des limbes et vient en quelque sorte à sa rescousse. Car Benny, à l'époque, est dans une mauvaise passe. Ses ennemis de toujours (en gros, ceux qui ne lui pardonnent pas son époque mao) sont rejoints par des ennemis plus récents (ceux que sa montée à Jérusalem, son « tournement », sa fréquentation du texte juif, rendent fous) et tout ce petit monde est en train de se coaliser pour briser l'élan de l'Ecole doctorale qu'il a fondée à Jérusalem et qui connaît un succès croissant. Et je pense donc qu'une part de lui – son côté, disons, stratège, général imaginaire de l'armée de la Vérité – a le sentiment que cette autre coalition, Sartre et moi, Sartre lu par moi, cet épisode de la vie de Sartre relu et réhabilité par quelqu'un, moi, dont rien n'annonçait l'intervention et le soutien, tient du renfort inespéré, du miracle. Il en a tant vu, à l'époque ! Il a été si copieusement insulté ! Mine de rien, il y a même eu, au moment de la publication, dans *Le Nouvel Observateur*, des « Entretiens », un vrai petit passage à l'acte antisémite dans les milieux intellectuels parisiens qui se sont empressés de le judaïser bien au-delà de ce qui était, alors, la réalité et d'en faire un « rabbin égyptien fanatique » (John Gerassi) réussissant le détournement de vieillard du siècle (les « beauvoiriens ») ! Bref, nous nous parlons. Nous nous rencontrons. Et nous ne cessons plus, à partir de là, de nous voir. Ce que je découvre, me demandez-vous ? Je ne sais pas. Un Benny métamorphosé, évidemment. Physiquement et spirituellement métamorphosé. On ne passe pas par où il est passé, on ne traverse pas, comme lui, les cercles de feu du désespoir puis de l'espoir, sans que votre âme en soit très profondément modifiée. Mais en même temps... Comment vous dire ? J'ai le sentiment, en même temps, qu'il n'est pas non plus si changé que cela. Le brio, toujours là. La même mémoire époustouflante. La même capacité de maintenir ouvert, à côté de l'enseignement qui est désormais au cœur de son existence, l'autre chantier, l'autre champ de pensée, celui de la philosophie classique. La même gaieté, aussi. Le même rire, violent et enfantin. Et puis, inchangé surtout, ce côté stratège, ce goût de mener la bataille, ce talent extraordinaire de pêcheur et de pianoteur des âmes qui lui reste du temps de la Gauche prolétarienne et qu'il va mobiliser au service, d'abord, du sauvetage de l'Ecole doctorale, puis de la création de l'Institut d'études lévinassiennes.

Dans l'intervalle entre ces deux rencontres, avez-vous suivi l'itinéraire de Benny Lévy ?

Douze ou treize ans après notre rencontre via Vernant et Althusser, au moment donc de ses dialogues avec Sartre, il y a eu un nouveau contact. Nous sommes en 1978. Peut-être en 1977. Avant Strasbourg. Au commencement, tout juste, de son Retour. A l'époque, je crois, du séminaire de la rue Dieu avec Jean Zacklad et Charles Mopsick. Et à l'époque où, moi, en tout cas, je travaille à ce qui va devenir *Le Testament de Dieu.* Nous nous croisons chez Levinas, une fin d'après-midi, autour d'un thé complètement désuet et charmant, avec un Levinas tout gêné par ces deux jeunes disciples qui lui tombent, sinon du ciel, du moins d'un paysage très lointain, très étranger, et qui se regardent en chiens de faïence. Je ne sais pas encore très bien, alors, ce que fabrique Benny. Je n'ai pas été réellement maoïste. Lui ne l'est plus. Et j'ignore que, par des itinéraires différents, venus de point différents, nous sommes en train d'entrer dans un chemin qui va nous mener, tous les deux, quoique de manière distincte, et avec une très inégale ferveur, dans le judaïsme de nos pères. Nous lisons les mêmes textes. Nous découvrons Levinas avec le même éblouissement. Lui pour rendre compte à Sartre. Moi, pour écrire *Le Testament.* Mais nous en sommes au même point.

Avez-vous lu les livres qu'il a publiés ? Le Nom de l'homme, Le Logos et la Lettre *? Vous intéressez-vous à son geste de pensée ?*

Je les regarde. Je ne dirais pas que je les lis, non, ce ne serait pas honnête de dire que je les lis, mais je les regarde, ça, sûrement. A une réserve près, tout de même : *Visage continu*, dont je rendrai compte pour *Le Monde des Livres* et qui, maintenant que j'y repense, m'a valu une première lettre de lui, différente de celle dont je vous parlais à l'instant, un peu grondeuse. J'avais, dans mon article, énuméré toutes les raisons possibles de cette « techouva » si spectaculaire et énigmatique ; et, parmi ces raisons, j'avais évoqué l'hypothèse d'« une femme ». Oh, mon Dieu ! Quelle erreur ! La lettre que je reçois est une lettre cinglante où il me dit, en substance, qu'il n'y a eu qu'une femme, une seule, toujours la même, depuis le temps de ses égarements jusqu'à celui de son Retour – Léo bien sûr, la merveilleuse Léo, que j'allais apprendre à connaître et qui me fera mesurer en effet, rétrospectivement, la frivolité de ma supputation... Bon. C'est vous dire que je l'avais vraiment perdu de vue et qu'entre notre rencontre à Auteuil, chez Levinas, et cet article sur *Visage continu,* beaucoup d'eau a passé sous les ponts. Maintenant, son « geste de pensée »... Ce que vous appelez son « geste de pensée »... Je crois qu'il m'a fallu le retrouver, parler avec lui, parler encore, pour commencer d'en mesurer l'importance et la portée. A l'époque, pendant les vingt ans qui séparent ces deux rencontres, pendant les vingt années qui séparent notre entrée simultanée dans la Maison Levinas de ces retrouvailles finales, je voyais tout cela de loin, de très loin, et c'est le geste de vie ou, tout au moins, ce que j'en percevais, qui comptait le plus pour moi. Strasbourg... Jérusalem... De Mao à Moïse... De la Politique à l'Esprit... Tout ça... Toute cette geste... Son geste réduit à une geste... Et une geste qui, dans mon esprit de l'époque, doit vaguement entrer dans la catégorie des grands itinéraires paradoxaux à la Nizan... Voilà. C'est comme ça. C'est un peu bête, romantique, convenu, mais c'est comme ça. Benny, pour moi, a longtemps été une sorte de Nizan juif. Ou un Rimbaud philosophe. Quelqu'un qui, à la manière d'un « aventurier sartrien », avait « tout lâché » pour partir, se convertir, réformer son âme et sa vie. Mais quelqu'un qui, en même temps, et c'était peut-être son originalité, gardait avec son passé et avec ceux et celles de son passé, un lien paradoxal et fort. Je me souviens d'une histoire. Je ne suis pas certain qu'elle soit absolument exacte. Mais enfin, elle circulait. Elle faisait fureur, à Paris, dans les cercles de l'ancienne extrême gauche. Et je dois dire qu'elle m'enchantait. Nous sommes au début des années 80. Le journal *Libération*, dont il avait été si proche durant sa première vie, consacre sa double page centrale à ce fameux pont aux ânes des gens qui vont « de Mao à Moïse ». Il parle donc de lui, Benny, ainsi que de ses camarades d'étude à Strasbourg. Or il se trouve qu'un problème technique ou logistique fait que le journal, cette nuit-là, manque un aiguillage, rate un train et ne peut être distribué en Alsace. Déception de Benny. Colère, peut-être. Et le voilà qui, depuis sa yeshiva, entre deux leçons d'hébreu et de Talmud, retrouve tout son ascendant, réactive immédiatement les anciennes allégeances qui liaient à lui ses camarades et disciples « maos » et obtient de Serge July, ou d'un autre, de la direction de *Libération* en tout cas, la « repasse » de la double page dans sa région. Sauf que la presse, à l'époque, est moins souple qu'aujourd'hui ; que l'on commence à peine de distinguer et découpler les éditions régionales ; et que la « repasse » en Alsace veut dire « repasse » dans la France entière – en sorte que ce sont tous les lecteurs de *Libé*, toutes éditions confondues, qui, le lendemain, se frottent les yeux en découvrant, à la même place qui est, à l'époque, la place de choix du journal, la même double page que celle qu'ils ont déjà vue ou lue la veille… Grande première dans l'histoire de la presse. Je ne crois pas que l'on ait jamais vu ça ni avant ni après. Mais telle était, encore une fois, l'extraordinaire autorité de cet homme. Tel était l'ascendant qu'il continuait d'exercer et qui me fait dire qu'il avait changé, oui, mais en restant autrement le même.

Revenons aux entretiens avec Sartre. Qu'est-ce qui vous a poussé à les lire vraiment, sans vous contenter de ce que l'on en disait habituellement ? Qu'est-ce qui vous a amené à prendre ce dialogue, dont L'Espoir maintenant *n'est que la trace, au sérieux, contre l'indifférence ou le dénigrement ?*

Deux choses, je pense. Deux choses qui sont évidemment liées à mon propre travail mais qui ne m'étaient pas apparues sur l'instant, qui ont longtemps opéré dans ma tête et qui, à un moment donné, se sont imposées de façon absolument lumineuse. D'abord le signifiant juif. C'est-à-dire, encore une fois, la question Levinas. Benny, comme Sartre, dit une chose énorme dans ces entretiens. Il dit que le judaïsme – qui, en l'espèce et à cette heure, se dit, j'y insiste, « Levinas » – lui est un renfort dans une aventure de pensée plus que de foi, un itinéraire de l'intelligence plus que de l'âme. Ils disent, l'un comme l'autre, qu'ils sont à un moment de leur vie et de leur pensée où ils se heurtent à des questions philosophiques et politiques insolubles, où ils butent sur des obstacles apparemment infranchissables – ils disent que la maladie de la pierre sartrienne est en train de leur gagner le cerveau, qu'ils sont au fond du fond de l'impasse et que c'est lui, Levinas, qui leur permet de se dégager, de se libérer, de faire la percée hors de l'impasse et d'avancer. Or c'est très exactement ce qui est en train de m'arriver, à moi aussi, au même moment, tandis que je sors de *La Barbarie à visage humain* et me dirige vers *Le Testament de Dieu*, puis *L'Idéologie française*. C'est très précisément ce qui est en train de se passer, en cette année 1977 où je me mets, moi aussi, à lire *Difficile Liberté*, puis un peu de textes prophétiques, puis des bouts de Talmud et où, dans l'exaltation de cela, dans l'émerveillement de la découverte, m'arrivent *Le Testament de Dieu* et, grâce au *Testament de Dieu*, quelques lumières dans la nuit où, comme tout le monde, je me trouve égaré. Voilà. *L'Espoir maintenant* c'est leur *Testament de Dieu*. Ou mon *Testament de Dieu*, c'est leur *Espoir maintenant*, peu importe. C'est la première chose. C'est la première coïncidence que j'ai refoulée, oubliée, laissée de côté et qui, lorsqu'elle est venue à ma conscience, m'a mis en position de comprendre un peu mieux ce qui leur est arrivé. J'ai saisi l'importance de ces dialogues parce que, si vous préférez, l'aventure intellectuelle qu'ils y racontent et qui s'y expose est, mutatis mutandis, celle qui, dans les mêmes années – que dis-je ? les mêmes semaines – m'advient, moi aussi, et me tire du même embarras.

Et puis il y a une seconde chose. C'est encore plus bizarre, mais c'est comme ça. Cette histoire de vieil écrivain infirme, aveugle et presque gâteux sauvé par un jeune secrétaire qui prend sous la dictée un texte que le monde entier va juger ni fait ni à faire mais dont il sait, lui, que c'est un grand texte, un recommencement plutôt qu'une fin, une manière de chef-d'œuvre, cette histoire donc, il se trouve que je l'ai très précisément racontée, huit ans après la mort de Sartre, douze ans avant mon *Siècle de Sartre*, dans un autre de mes livres, un roman celui-là, dont je sais, par parenthèse, que Benny l'a lu et qui s'intitule *Les Derniers Jours de Charles Baudelaire*. Sartre, dans ce roman, s'appelle Baudelaire. Benny a les traits d'un jeune disciple mallarméen venant voir le vieux poète aphasique dans son Hôtel du Grand Miroir à Bruxelles. *L'Espoir maintenant* s'intitule *Pauvre Belgique*, ce pauvre texte, ce livre maudit, cette série d'aphorismes où la pensée commune veut que l'on assiste au naufrage mental de l'auteur des *Fleurs du mal* mais dont le jeune disciple pense, lui, comme moi, que c'est l'ébauche, au contraire, d'un très grand livre à venir. Mais c'est la même chose. C'est la même situation. C'est le même huis-clos, la même interlocution miraculeuse et folle. C'est la même histoire, réellement la même, que j'ai retrouvée sans le savoir et sans m'en rendre compte, sur le moment, à la lecture de *L'Espoir maintenant*. J'ai envie de vous dire, oui, que ce soupçon de l'importance de *L'Espoir maintenant*, cette idée que la « famille » n'a rien compris et que *L'Espoir maintenant* est un grand livre méconnu de tous sauf de moi, cette manière de retourner la situation et de remettre sur ses pieds un livre qui, dans l'esprit des philistins, c'est-à-dire, encore une fois, d'à peu près tout le monde, marchait sur la tête, j'en ai eu l'intuition dans la fiction d'abord, par le canal du romanesque – le biographique, le modèle réel inconscient, le décryptage du paradigme Lévy/Sartre, venant seulement ensuite.

Comment diriez-vous aujourd'hui l'importance de ce qui se joue dans ces entretiens ?

Je viens de vous le dire. Le double cheminement de deux intellectuels vers la lumière. Le double désembourbement par effet de levier juif. A part ça, on est en face d'une belle, très belle aventure philosophique, littéraire, mais aussi, tout simplement, humaine. Ce vieux philosophe aveugle, malade, impotent, qui reprend vie et se remet en mouvement. La façon qu'ils ont tous les deux, le jeune homme et le vieil homme, non seulement de redonner vie à des textes, mais de reprendre vie à travers ces textes vivants. Sartre qui, loin de devenir ce philosophe gâteux que certains ont cru devoir décrire, est en train de repartir, de tout recommencer, de rajeunir. Il faut beaucoup de temps, il faut vivre très vieux, pour devenir jeune, disait Cocteau dans leurs jeunes années à tous les deux. Eh bien c'est ce qui arrive à Sartre. Il rajeunit. Il finit par devenir jeune. Et j'ai la conviction, je vous le répète, qu'il pose, à travers ce dialogue, les bases d'un livre de philosophie majeur. Levinas lui-même fut-il conscient de tout cela ? Dans quelle mesure ? Et qu'en pensait-il ? Je n'en sais rien. Mais, en allant, quelques années plus tard encore, le voir, en allant l'interroger, en parlant avec cet homme un peu effrayé par l'aventure philosophique dont il avait été le témoin, le truchement et l'acteur semi-volontaire et semi-involontaire, en pressant de questions ce très vieux Levinas (il meurt en novembre 1995, quelques jours après mon père, et les deux conversations que nous avons eues doivent dater du moment où je commence à réfléchir à ce livre, donc des tout premiers mois de l'année 1995), je finis par comprendre, en tout cas, qu'on a assisté là à une extraordinaire conspiration – oh ! pas une conspiration politique, mais une conspiration métaphysique, ou, en tout cas, politico-philosophique, la dernière grande opération politico-philosophique de ce grand politique, ou métapolitique, qu'était aussi Benny.

A la suite de votre deuxième rencontre, vous décidez, avec Benny Lévy et Alain Finkielkraut, de fonder l'Institut d'études lévinassiennes. Quelles ont été les raisons de cette décision ?

Il y a la cause occasionnelle et les raisons plus essentielles. La cause occasionnelle, vous la connaissez : c'est cette histoire d'Ecole doctorale condamnée par la direction de Paris VII. Les grandes choses se faisant, parfois, à partir d'incidents mineurs, il est incontestable – et pourquoi ne pas le dire ? – que, dans l'esprit de Finkielkraut comme dans le mien, la création de l'Institut a d'abord été une façon de porter secours, non seulement à Benny, mais aux étudiants qui, à Jérusalem, se nourrissaient de sa parole. Je nous revois, Alain et moi, chez le directeur de cabinet Truc et chez le ministre Machin. Je nous revois plaidant, auprès de Jack Lang, alors ministre de l'Education nationale et, donc, autorité de tutelle de Paris VII, la cause de cette parole singulière que des intérêts puissants, à Jérusalem comme à Paris, paraissaient résolus à étouffer. Je me revois, avec Benny, faisant le siège de quelques chefs d'entreprise parisiens qui, comme Serge Weinberg ou Maurice Lévy, étaient intrigués par notre attelage, encore plus déroutés par la personnalité de Benny, mais qui nous ont aidés, beaucoup aidés, et ont finalement fait que l'Institut puisse naître. Ce genre de démarche amusait Benny. C'était ce côté chef mao et stratège dont je vous disais qu'il revenait parfois – eh bien voilà, il arrivait à Paris, m'appelait, venait me voir boulevard Saint-Germain et nous faisions, ensemble, le plan de bataille de la semaine : les appels, les démarches, les grands de ce monde qu'il allait falloir voir, convaincre, gagner à notre cause et à celle de l'Institut, les articles encore. Benny avait ce don de mettre autrui en mouvement. Benny, comme à la grande époque, nous donnait notre feuille de route. Il a gardé cet art de mobiliser les autres et de les faire se battre pour des questions qui peuvent sembler des questions de détail mais qui, en vérité, apparaissent vite comme allant droit, quoique secrètement, souterrainement, à l'essentiel. Plus je repense à cette période, plus cela me frappe.

Après, il y a le reste. Et ce reste c'est que nous nous sommes aperçus à un moment donné, tous les trois, que ce qui demeurait entre nous lorsqu'on avait écarté les différends, ce qui faisait lien malgré ce qui nous séparait, ce qui nous permettait, au fond, de nous parler en dépit de ce qui, en chacun de nous, faisait que nous ne nous entendions pas toujours, c'était la commune amitié pour l'auteur d'*Autrement qu'être*, de *Noms propres* et des *Imprévus de l'Histoire*. L'aventure commence là, cette bizarre aventure menée par trois Juifs aussi dissemblables qu'il est possible de l'être. Et c'est ce nom de Levinas, entre nous trois, qui décide donc de tout. Y compris, encore une fois, lorsque nous divergions : Juifs de France et d'Israël ; Juifs grecs et Juifs plus grecs du tout ; Juifs désespérant de l'Europe ou Juifs continuant d'y investir, malgré ses « penchants criminels », un peu de leur affection et de leur foi ; Juifs laïques (Alain et moi) et Juif religieux (Benny)… L'Institut, c'était cela. L'Institut, c'était cette conjoncture amicale et philosophique. Il y a eu un miracle de l'Institut dont je ne sais plus très bien, d'ailleurs, ce qu'il va devenir maintenant que Benny n'est plus là pour l'animer. Il faudra que nous en parlions avec Alain, avec René Lévy, avec Léo, avec tous ceux, aussi, qui le font, tous les jours, à Jérusalem. Et il faudra que nous décidions ensemble si et comment cet Institut peut vivre et même survivre en l'absence de Benny.

*Parlons d'*Etre juif *: comment avez-vous réagi à la lecture de ce livre ?*

C'est un livre qui m'a troublé, bien sûr. Beaucoup troublé. Ne serait-ce qu'à cause de ce ton de radicalité que l'on y sent, de cette façon de durcir le trait et de carrer les positions. Prenez les portraits que Benny y brosse du « Juif du siècle » et du « Juif moderne ». Les distances qu'il y prend avec une certaine forme d'universalisme, le mien, celui qui, quelques mois plus tôt, avait pu me guider dans mes reportages, pour *Le Monde,* sur les guerres oubliées. Le privilège définitivement donné, du moins il me semble, au Levinas juif sur le Levinas grec. Prenez ce qu'il dit, dans ce livre, sur la théologie du Mal absolu. Tout cela ne pouvait pas ne pas me toucher vivement. Benny le savait. Je le lui ai dit au téléphone dès lecture. Il a ri. Il m'a dit qu'il s'attendait à ma réaction mais que ce n'était pas si grave, que nous en parlerions, et il a donc ri. Nous devions, de fait, en débattre. Il était prévu, lors de son prochain passage à Paris, ou moi venant à Jérusalem, que nous en débattrions. Le destin en a décidé autrement. Et j'ai écrit un papier à la sortie du livre en librairie, mais seul, sans lui pour me répondre – j'en suis là, j'en reste là... Cela étant, je corrige tout de même, sur un point, ce que je viens de vous dire. Le livre m'a troublé, oui. Mais je ne dirais pas, pour autant, qu'il m'a surpris. Car ce qui s'y disait de « troublant », il me l'avait déjà dit, en direct, dans des conversations à Jérusalem. Une surtout. Une au moins. Quelques mois avant sa mort. Elle avait été si vive, cette conversation, et si stimulante pour moi, qu'elle m'avait donné le prétexte et la matière de mon séminaire de l'été 2003 à l'Institut d'études lévinassiennes et, suivant le séminaire, de ce texte que j'ai publié un peu plus tard sous le titre « Comment je suis juif [1] ». Donc plus troublé que surpris. Et avec le sentiment que notre dialogue allait, avec ce livre, prendre peut-être un autre tour.

De nombreux critiques se sont étonnés, ou indignés, du ton de Benny Lévy. Je crois que celui-ci est à mettre en relation avec la puissance de sa parole. Quiconque a rencontré Benny Lévy peut témoigner du fait que la moindre conversation avec lui prenait l'ampleur d'un dialogue au plus haut niveau. Avez-vous été sensible à cette parole ?

Evidemment. Le talent de Benny était aussi – certains disent même d'abord – un talent oral. C'était un lecteur hors pair. Il savait, comme personne, donner vie à un grand texte. Mais il n'était jamais si impressionnant que lorsqu'il le faisait oralement, dans la vibration de sa propre parole, soit qu'il ait en face de lui les étudiants de son Séminaire, soit que nous soyons seuls, tous les deux, dans une relation d'interlocution privilégiée. Dans ces moments-là, il y avait quelque chose de socratique en lui. Il y avait cet effet « torpille » dont parle Platon à propos de Socrate. L'effet de cette parole était, bien sûr,

1. Le texte de ce séminaire a été publié dans les *Cahiers d'études lévinassiennes* : cf. Lévy (B.-H.), « Comment je suis juif », in : *Cahiers d'études lévinassiennes*, n° 3 (*Pensée du retour*), 2004, pp. 361-392. Il a été repris dans *Récidives* (Paris, Grasset, 2004).

comme vous le dites, qu'elle conduisait « au plus haut niveau ». Mais c'était aussi un effet de vérité, donc de liberté, qui va à l'inverse de la réputation d'autoritarisme ou de fanatisme qu'on lui a faite. Le « ton » de Benny ? Eh bien justement : gaieté, liberté. Et, quoi qu'on en ait dit, une vraie écoute de l'autre et, donc, une vraie tolérance. Un seul exemple. Ce texte – « Comment je suis juif » – dont je viens de vous parler. Ce texte où je me réclame de cette « aventure de l'athéisme » dont parle Sartre dans son texte de 1951 sur Gide et, encore, dans *Les Mots*. Eh bien ce texte qui avait tout, non seulement pour le troubler lui aussi, mais pour le choquer, voire le mettre en fureur, je l'ai prononcé à Jérusalem, à l'Institut, devant lui, à côté de lui. Il l'a entendu d'un bout à l'autre, amicalement, fraternellement, sans l'ombre d'une humeur, d'un désaveu, d'une impatience, sans trace de ce dogmatisme qui lui était tant reproché et sur lequel on a renchéri au moment de sa mort…

Je finirai par une question plus personnelle : nombreuses ont été les personnes surprises de votre amitié. Vous est-il possible de dire aujourd'hui ce qui a été le fond de celle-ci ? Quelle a été la vérité de votre rencontre mutuelle ? Parlant de Sartre dans un entretien en 2003, Benny Lévy disait que l'« ésotérique du compagnonnage » avec Sartre n'avait pas encore été dit ; ma question pourrait être celle-ci : quel a été l'ésotérique de votre rencontre ?

Qui peut dire le « fond » d'une amitié ? Et, plus encore, sa part « ésotérique » ? Dans toute amitié, il y a une part de non-dit. Et, même, d'indicible qui doit rester indicible. Dans toute amitié, il y a un mystère et celle-là n'échappait évidemment pas à la règle. Nous étions si différents. Il était aussi joyeux que je suis pessimiste. Aussi exultant que je suis mélancolique. Il avait cette « gaieté », cette « manière grave et belle d'envisager la vie en l'approfondissant » qui impressionnait tant Blanchot chez son ami Levinas et dont j'ai toujours regretté de ne pas être mieux doté. Mais bon. Amis quand même. Amis d'autant plus. Une amitié sans vraie intimité, sans doute – comment être l'intime d'un homme qui en était là ? Une amitié sans effusions (mais, ceci compensant cela, sans rivalité non plus). Une amitié discrète. Une amitié fondée sur le dissensus et non sur un « partage » d'expérience et de vie. Une amitié d'intellectuels et de Juifs qui vivaient l'exercice de l'intelligence, et leur être-juif, sur des modes presque opposés. Mais une amitié quand même. Vive. Forte. Sans impératif de réciprocité. Et qui, moi, en tout cas, ne m'a jamais fait défaut pendant toutes ces années. Nous n'étions pas « compagnons », comme vous dites, mais amis. C'est cela, amis. Avec tout ce que cela suppose de présence à l'autre, de double présence, de complicité très profonde et, parfois, rassurante. La base de cette amitié ? Encore une fois, c'est difficile à dire. La seule chose, le seul élément dont je dispose peut-être pour essayer de répondre quand même, ce sont les quelques mots de présentation, si généreux, qu'il avait prononcés en ouverture de ma conférence sur la mort de Daniel Pearl, devant les étudiants de l'Université hébraïque de Jérusalem [1]. Il parle de notre patronyme commun. De la divergence de nos judaïsmes. Il dit, avec raison, qu'il est difficile d'être plus différemment juifs que nous le sommes. Et puis, insistant sur cette différence, il ajoute quelque chose qui me fait irrésistiblement penser – même s'il en inverse le dispositif – à la fable borgésienne des deux théologiens s'avisant, à la fin de leur vie, qu'ils étaient une même âme jetée dans deux corps différents. Deux Lévy, dit-il en substance, mais occupant des positions symétriques sur l'échiquier de l'Etre. Deux Lévy, insiste-t-il, radicalement et inversement juifs. Mais deux Lévy qui, du coup, se sont mis en position d'opérer comme les doubles, les correspondants, presque les intercesseurs, l'un de l'autre dans le monde où chacun a choisi de résider – deux Lévy (et c'est moi, là, qui parle, c'est moi qui prends le relais) qui répondraient en quelque sorte l'un de l'autre dans le monde auquel l'autre a choisi de renoncer. Moi, son répondant, un peu son représentant, dans le siècle. Lui, le mien dans

1. Le 18 mai 2003.

ce monde de la Torah dont je suis si ignorant et où il aurait aimé, je crois, me voir un peu avancer. C'est une hypothèse. Je ne sais pas.

2

Quel type d'homme était Benny Lévy [1]

Qu'est-ce qui s'est produit après la publication dans Le Nouvel Observateur *en 1980 du texte écrit en commun par Sartre et Benny,* L'Espoir maintenant *?*

Une réaction très étrange. Et qui ne tient, contrairement à ce qu'on a dit, ni au fait que Sartre soit « bousculé », ni au fait qu'il prétende tout recommencer et penser contre tout ce qu'il avait pu penser jusque-là. Non. Il y a autre chose. Et cet autre chose (c'est la seule explication logique que je vois ; et tant pis si je mets les pieds dans le plat !) tient au fait que Pierre Victor, à ce moment-là, ne s'appelle plus Pierre Victor mais s'appelle de nouveau – ou déjà, si l'on préfère – Benny Lévy. Le scandale est là. Il est dans le fait que Sartre, le vieux Sartre, le plus grand écrivain français vivant, l'auteur choyé, célébré, couronné, des *Mots*, a écrit un livre à deux, s'est mis à penser à deux et s'est

1. Entretien avec Isy Morgenstern, qui eut lieu les 23 novembre et 3 décembre 2005, d'abord à Paris, puis à Ramat Rachel, à Jérusalem, là où fut créé l'Institut d'études lévinassiennes ; cet entretien a été intégré, pour une très faible partie, dans un portrait de Benny Lévy, intitulé *De la* République *de Platon au Talmud (de Pierre Victor à Benny Lévy, témoignages sur un enfant du siècle)*, et diffusé sur Arte le 8 mai 2008.

fait malmener par ce deuxième qui s'appelle donc Benny Lévy et qui, pour parler clair, lui fait aborder des choses très précises et, semble-t-il, problématiques, qui ont à voir avec ce qu'il faut bien appeler le « nom juif ». Dire que *L'Etre et le Néant* ne vaut rien depuis qu'il a découvert la « fraternité-terreur », ça convient à tout le monde. Dire qu'il poursuit, plus que jamais, son aventure de radicalité et que le concept de « justice populaire » mérite d'être encore affiné, ça va aussi. Mais venir expliquer qu'il y a autant, et peut-être plus, de philosophie dans le Talmud que dans les dialogues de Platon, se tourner vers ces recueils de contes folkloriques, de fables, qui constituent, aux yeux de certains, la pensée juive, voilà qui commence de poser un problème dans la France de cette époque – y compris chez les sartriens…

Comment définir leur relation ?

Il y a ce que Sartre a dit lui-même de cette relation. Il en parle, dans *L'Espoir maintenant*, de façon extrêmement précise puisqu'il dit à Benny : « au fond, ce que tu as d'extraordinaire c'est que tu es une archive vivante de ma pensée, une archive du corpus Sartre ; quand tu es arrivé d'Egypte mes livres ont été, dis-tu, ce qui t'a fait penser, ce qui t'a rendu libre, ce fut ta première relation à la France, c'est ce qui t'a fait aimer ce pays et ce par quoi tu t'en es distancié – eh bien voilà ; tu les connais, ces livres, mieux que moi-même ; tu connais la pensée Sartre mieux que Sartre lui-même ; et, de cela, je te suis déjà reconnaissant. » Une archive vivante : c'est la première chose.

Maintenant, il y a une deuxième chose. Il y a ce nom, forcément, qui est celui de Benny et que Sartre lui rend. Car telle est l'histoire, n'est-ce pas ? C'est Sartre qui rend à Pierre Victor ce nom que je connais bien et qui est son nom juif de Benny Lévy. C'est lui qui, à l'occasion de cette aventure de pensée, dans l'ombre de cette interlocution extraordinaire débouchant sur *L'Espoir maintenant*, fait que Benny, un beau matin, voit sur les murs de Paris, sur les dos de kiosques de Paris, son nom affiché, épinglé, incendié – c'est lui, Sartre, qui fait qu'il voit son propre nom, son nom si ancien et pourtant si nouveau, écrit (ce sont ses mots à lui, Benny) comme en lettres de feu sur les murs ou les panneaux de la capitale. Benny fait partie des figures juives de la vie de Sartre.

Il y a eu Aron, Raymond Aron, qui a toujours été convaincu – et Sartre l'a confirmé, à la toute fin de sa vie, dans une confidence rapportée par Ely Ben Gal – qu'il était le véritable inspirateur de la figure du « Juif français authentique » dans les *Réflexions sur la question juive.* Il y a eu Lanzmann qui a amené Sartre à Israël et, avec Ben Gal justement, le lui a fait visiter et aimer. Il y a eu Arlette Elkaïm, la seule personne au monde avec laquelle il ait jamais voulu, et conçu, un lien, une relation, sanctionnés par un acte officiel puisque, comme vous savez, il en a fait sa fille, il l'a adoptée – cet homme qui ne s'était pas marié, qui n'avait jamais eu d'enfants, a adopté Arlette Elkaïm. Et il y a donc Benny qui fait clairement partie de cette petite troupe, de cette famille, des figures juives de la vie de Jean-Paul Sartre…

Et puis il y a une dernière chose enfin. Quelque chose de beaucoup plus simple encore. Il y a la relation très belle de ce tout jeune homme et de ce vieillard abandonné de tous. Il y en a un qui ne l'abandonne pas, c'est Benny. Il y en a un qui ne désespère pas de la pensée Sartre, c'est Benny. Je n'imagine pas que Sartre n'ait pas été bouleversé par cela. Je ne peux pas croire qu'il ne se soit pas senti « sauvé » – quel autre mot employer ? – par cette relation d'égalité, par la bonté de cette dernière relation d'interlocution philosophique, par ce grand dialogue socratique qu'a finalement été son rapport avec ce jeune chef mao et, à partir de là, ce livre. On ne sait pas très bien qui écrit quoi, dans le livre. On ne sait pas qui est Socrate ou qui est Hermogène ou Critias. Les rôles s'échangent. Ils ne cessent de s'échanger et de tourner. Mais enfin, à cet homme délaissé par les siens, condamné, donné pour mort, Benny fait cadeau de cette dernière aventure philosophique. Leur relation, la relation de Sartre et Benny, est scellée, aussi, dans ce métal, dans cet or-là…

Qu'est-ce que Sartre a apporté à Benny ?

Benny a souvent dit, je le répète, que Sartre a été son premier vrai contact avec la France... Il a appris la France dans les livres de Sartre... Il a appris à l'aimer et à s'en distancier... Ce qu'elle avait de grand et ce qu'elle avait de fétide... Tout, quoi... Sartre, pour Benny, c'était ce double instituteur... C'est celui qui lui a dit en quoi la France était désirable et celui qui lui a appris à quel point elle pouvait être décevante et noire... Et cela depuis l'adolescence... Benny a, plusieurs fois, raconté cela. Il a, plus d'une fois, raconté comment, arrivant d'Egypte, jeune juif apatride, Sartre a été ce viatique. C'est le premier « apport ». Et ce n'est, évidemment, pas rien.

Ensuite, le second. Il faut relire le texte de Levinas, dans *Les Imprévus de l'Histoire*, où il explique que Sartre fut, dans les années 1950, celui qui initia nombre de jeunes et de moins jeunes juifs à la beauté et à la grandeur du texte juif. Je ne suis pas sûr de bien comprendre ce que Levinas veut dire par là. Mais je sais qu'il y a un cas au moins, celui de Benny Lévy, où la thèse se vérifie. C'est un cas plus tardif, donc. Ce n'est plus les années 1950 mais 1970. Mais, à cette réserve près, c'est exactement la situation évoquée par Levinas : Sartre est le visage face auquel Benny a commencé de se réapproprier cet « être-juif » qu'il avait jusque-là dénié, dont il ne savait rien, qu'il vivait dans l'ignorance et le désaveu... C'est face à Sartre qu'il commence de renouer ce lien. Le cadeau que Sartre a fait à Benny c'est le cadeau de son propre judaïsme. Benny a fait le cadeau à Sartre de sa dernière aventure philosophique ; il lui a fait le cadeau de venir le chercher alors qu'il était donné pour mort par ses amis et disciples ; Sartre fait, en retour, le cadeau à Benny Lévy de lui rendre son nom, de lui rendre le goût de son propre nom et de sa propre mémoire, d'alimenter le désir de retourner, ou de se ressourcer, à ces vieux textes à demi effacés que sont les textes de la Tradition juive.

L'affaire, au demeurant, n'est pas si extraordinaire qu'il y paraît. Ces années, fin des années 1970, sont les années où tout un tas d'autres jeunes juifs français font un voyage analogue. Moi-même, par exemple, c'est à peu près le moment où je reviens à tout cela et où je conçois *Le Testament de Dieu.* Le livre, mon livre, paraît en avril 1979. Mais j'y travaille pendant les deux années précédentes, 1977, 1978, le même moment donc, vraiment le même moment, que le retour de Benny. Sauf que je vais, moi, directement aux textes de Levinas. J'y vais sous l'influence de René Girard. Sous celle de mon ancien condisciple Rue d'Ulm, Jean-Luc Marion. Mais enfin, grosso modo, j'y vais quand même seul. Alors que, pour Benny, il y a ce truchement de Sartre.

Où en sont-ils sur la question de la transcendance ?

Ils disent qu'on ne s'en sortira pas sans un recours à quelque chose qui y ressemble. C'est une question que l'on trouve chez les deux et qui les guide tous les deux, d'un bout à l'autre de *L'Espoir maintenant.* Est-ce Sartre à cause de Benny ? Benny à cause de Sartre ? Je n'en sais rien. Mais le fait est là. La question qui les traverse tous les deux, on pourrait la formuler ainsi, et c'est une formulation de Levinas : la meilleure définition du totalitarisme, la plus sérieuse, la plus exhaustive, c'est sa définition ontologique, c'est l'idée d'un être plein, un, saturé ; en sorte que, sans transcendance, on ne sort pas du totalitarisme, pour la bonne et simple raison que le totalitarisme ce n'est rien d'autre que cet être un, plein, saturé, parfaitement immanent, dépourvu de toute échappée vers la transcendance – l'Etre, quoi ! Voilà. Fomenter un espoir, formuler une issue, sortir de la situation où ils se trouvent, et où se trouvent, avec eux, leurs camarades, sortir du marasme français de l'époque qui est aussi, à bien des égards, celui de notre époque, cela passe par la définition d'une transcendance qui, de quelque nom qu'on l'appelle, et où qu'on aille la chercher, sera toujours une transcendance. Une extériorité ? Une hauteur ? Un dehors qui soit, aussi, une montée au-dessus de soi ? L'un et l'autre. Dépend des textes. Mais ce qui est sûr c'est que, cette transcendance, c'est dans le texte juif que ces deux-là vont la chercher. Guy

Lardreau et Christian Jambet, à la même époque, vont la chercher chez les premiers Pères de l'Eglise. Maurice Clavel, compagnon de route des maos et auteur, dans ces années, d'un retentissant *Dieu est Dieu, nom de Dieu*, la trouve dans un catholicisme apostolique et romain relooké « paroissiens de Palente » (les ouvriers utopistes des usines Lip). Lui, Benny, va à Sartre, puis de Sartre à Levinas et, de Levinas, au texte juif.

Ils paraissent poursuivre des objectifs différents...

Oui. Il y a forcement une différence d'objectif entre un homme qui est en train de naître et un qui s'apprête à mourir... Il y a forcement malentendu... Maintenant, si on accepte de se situer une seconde au cœur battant de ce dialogue, si on imagine un Sartre ayant effectivement devant lui les dix ou les cinq ans dont il confie à Benny qu'il a impérativement besoin, si on suppose accompli ou en train de progresser de conserve, le double chemin de l'un vers son être-juif et de l'autre vers sa philosophie nouvelle, peut-être que le malentendu apparaîtra moins profond...

... bien qu'ils disent avoir pensé ce texte « à deux ».

Ce qui est le plus énorme dans le fait de penser ainsi « à deux », c'est que l'un comme l'autre avaient toujours pensé, jusque-là, que la chose n'était pas possible... S'il y a bien un philosophe qui a fait théorie de cela, s'il y a bien quelqu'un qui a pensé et dit l'impossibilité du débat et le fait que c'est beaucoup plus intéressant de parler de petites choses avec Sagan que de philosophie avec Aron, s'il y a bien un intellectuel qui n'a cessé de dire que le débat ne « menait à rien », c'est lui, Sartre. Et s'il y a bien, de l'autre côté, un tempérament rebelle au débat, à la discussion, s'il y a quelqu'un qui a toujours eu l'air de penser que le débat, avec son côté effaceur de singularités, araseur des arêtes les plus vives du discours, inspirateur d'un juste milieu pour les positions antagonistes, n'est pas la bonne méthode pour la Pensée, c'est Benny. Je l'ai entendu souvent le dire. Je l'ai entendu me dire à quel point lui semblaient vaines ces prétendues querelles, ces petites discussions « philosopheuses », qui ne faisaient rien avancer du tout et où les propos de chacun étaient tellement enracinés dans une conviction, une systématique, une axiomatique, que rien ne se disait de neuf et que, le débat clos, rien n'avait vraiment bougé, changé, rien n'avait été entamé. Alors, le miracle c'est que, malgré cela, ils aient néanmoins avancé, et ô combien, en se parlant. C'est un miracle. J'assume le mot. Et je ne vois d'ailleurs pas comment définir la chose autrement que par ce mot. On n'est pas chez les Goncourt. Ni chez Erckmann-Chatrian. Ni même chez Deleuze et Guattari. On est dans une relation incroyable, à mon avis inédite, où se développe une sorte d'entre-pensée, d'entre les deux pensées, de chimère philosophique à mi-chemin des deux impasses où ils se sentent, l'un comme l'autre, mais indépendamment l'un de l'autre, coincés. Clairement, il se passe quelque chose dans ces textes. Clairement, la pensée de l'un et de l'autre, et la pensée tout court, y avancent de manière spectaculaire. Clairement, des effractions de pensée s'opèrent, des questions insolubles commencent d'être résolues : pas seulement la question sartrienne de la morale, mais la question de la communauté par exemple, ou celle de la révolution, ou celle des apories d'une conception politique du monde où le maoïsme s'était cassé les dents – toutes ces questions autour desquelles ils tournaient l'un et l'autre depuis qu'ils avaient commencé de penser, elles se posent, soudain, grâce au débat, à nouveaux frais…

Par exemple ?

Un exemple. A quelle condition une communauté est-elle possible qui ne soit ni une masse inerte, ni un groupe de lyncheurs enragés, ni un corps organique soudé par une fraternité-terreur ? A quelle condition puis-je, sans verser dans aucun de ces mauvais noms du collectif, échapper à la solitude de Roquentin ou à celle du Hugo des *Mains sales* ? Sartre a passé sa vie à se poser cette question. Il a passé sa vie à osciller entre le désespoir de la communauté et sa nostalgie, entre la fascination de l'homme seul ou même du surhomme nietzschéen et, de l'autre côté, l'ivresse communautaire ressentie au stalag, cet être-ensemble répugnant et délicieux découvert dans la sueur, l'humeur, la peur du camp de prisonniers. Il a passé sa vie, oui, à osciller entre les deux et à s'apercevoir qu'aucune des deux solutions ne fonctionnait. Benny, de son côté, a connu le même dilemme. La solitude du chef léniniste, d'un côté – et, de l'autre, le mirage du peuple rassemblé poursuivi aux temps héroïques de la Gauche prolétarienne (avant de découvrir, au moment de l'assassinat des athlètes israéliens du stade olympique de Munich, que ce mirage, lorsqu'il se précise, est prometteur de barbarie)… Eh bien tous deux, là, sont ébranlés. Ils voient apparaître, tous les deux, quelque chose qui marche, qui fonctionne et qui est à mi-chemin des deux tentations : cet « être-ensemble » juif, cette « assemblée » juive, cette communauté unie dans le commentaire d'un texte, ou dans une prière, où chacun existe et se singularise dans le vis-à-vis avec Dieu et, néanmoins, s'assemble sans que cette assemblée puisse jamais être une communauté de lyncheurs ou de salauds. Entre le groupe en fusion et le groupe pogromiste, s'opposant à l'un comme à l'autre, il y a, découvrent-ils, l'assemblée des noms juifs.

Où en sont-ils sur le caractère inéluctable de la Révolution, d'une sorte de philosophie de l'Histoire qui reste dans l'orthodoxie de l'époque ?

C'est l'époque, n'est-ce pas, où toute une génération, commence à s'interroger assez sérieusement sur cette affaire. Est-ce que la Révolution est possible ? C'était la question du début des années 1970. Est-ce qu'elle est désirable ? C'est la nouvelle question, celle de ces années 1978, 1979. C'est la question que se pose Michel Foucault par exemple, avec moi, dans un entretien que publie *Le Nouvel Observateur* et qui fait, à l'époque, un peu de bruit. Et c'est la question que, je suppose, Benny se pose, au même moment, entre la dissolution de la Gauche prolétarienne et son départ, en 1984, pour une yeshiva à Strasbourg. Est-ce que la Révolution est, au fond, si désirable que cela ? Est-ce qu'elle ne nous annonce que bonheur, harmonie, lendemains qui chantent ? Est-ce qu'elle est le « bon » visage de l'Absolu, ou juste sa grimace ? Eh bien ce qui rend possible la réponse à cette question, ce qui fait qu'on peut répondre, et qu'il répond lui-même, « non, elle ne nous annonce pas que bonheur, harmonie, etc. », et ce qui fait qu'on peut répondre cela sans avoir l'impression de revenir en arrière mais, au contraire, en avançant, c'est deux choses. D'abord, bien sûr, les leçons de l'Histoire ; les leçons, en particulier, de la révolution culturelle chinoise puis, surtout, du Cambodge où on a vu un peuple réussir son assaut vers le ciel, tuer en chacun le vieil homme, commencer de remodeler les façons de sentir, désirer, habiter le réel, habiter la langue et où le résultat du processus fut – on vient de s'en aviser grâce, en particulier, au témoignage sans appel du père François Ponchaud – une pure catastrophe, un carnage, un génocide. Mais c'est ensuite, et dans l'ordre, cette fois, de la pensée, la découverte du messianisme juif : c'est la découverte de cette figure d'un messie sans visage qui arrivera un jour inassigné ; qui est peut-être déjà en train d'arriver dans le geste et la parole de chacun pour autant qu'il obéit aux prescriptions de la Sainte Loi ; c'est un messianisme sans eschatologie ; c'est cette disjonction entre Messianisme et Eschatologie telle que l'opère quelqu'un comme le Maharal de Prague ; c'est cette manière juive, et juive seulement, d'en finir avec le mythe et l'illusion de la Fin ; c'est tout cela, oui, que Benny Lévy et Jean-Paul Sartre, ensemble, découvrent et qui leur fournit une alternative au vieux concept putride, et maudit, de révolution politique.

Benny paraît, dans le processus de Retour, avoir simultanément « changé de peuple » (plutôt que changer le peuple) et changé de textes. Lequel a provoqué l'autre ? Et Sartre, qui ne pouvait pas « changer de peuple » ?

Il ne « pouvait » pas, vous êtes sûr ? Je ne sais pas… Il parle tout de même, dans *L'Espoir maintenant*, du peuple juif comme d'un « peuple métaphysique ». Il en parle même, en écho à Heidegger, comme du « peuple métaphysique par excellence ». Comme changement de peuple, ça se pose là ! Et voilà bien une autre source de vacarme pour une philosophie française, et sartrienne, formée à l'idée – heideggérienne, donc – que c'est le peuple allemand ou, à la rigueur, le peuple grec qui est le peuple « métaphysique par excellence » ! La vérité c'est qu'ils sont en train, tous deux, de faire l'expérience d'une nouvelle forme de liberté. Et que Sartre, comme Benny, *prend la liberté* de proférer cette chose quasi inaudible en langue française et, encore une fois, extraordinairement scandaleuse dans la bouche du plus grand philosophe français vivant : le peuple « métaphysique par excellence » ce n'est plus ni le peuple de Platon, ni celui de Fichte et de Hegel – c'est celui de Jérémie, Isaïe et Yohanan Ben Zakkaï.

Maintenant, un mot quand même sur Benny – un mot sur ce que tu appelles « le processus de Retour » chez Benny. Il y a un cliché dont il faut absolument se débarrasser. Il y a un cliché que, de son vivant même, il nous adjurait de déblayer. C'est le cliché du passage de Mao à Moïse, de la conversion apocalyptique, de l'itinéraire mystique – toutes choses qui l'énervaient prodigieusement, dans lesquelles il ne se reconnaissait pas et il avait bien raison, je crois, de ne pas s'y reconnaître. Il ne parlait pas de conversion, d'abord, il parlait de retour. Il disait, exactement : « jeté dans le chemin du retour ». Et il n'aimait pas, mais alors vraiment pas, tout ce que ce mot de *conversion* pouvait véhiculer : lutte avec l'ange, corps-à-corps avec l'obscur – notre ami Maurice Clavel se cognant sur ses meubles, en pleine nuit mao, foudroyé par la Révélation, illuminé. Il y avait là, pour lui, une dangereuse contamination par le judéo-christianisme. Et dans les quelques confidences qu'il a laissées, tout au long de sa vie, quant à ce cheminement, dans les quelques aveux qu'il a pu faire, ici ou là, quant à cet « être jeté dans le chemin du retour », apparaît une version, une lecture des choses, bien différente. Il insistait par exemple sur le fait qu'il s'agissait d'un cheminement dans et par les textes. Il répétait que son retour au texte juif faisait suite, forcément suite, à un passage par des textes philosophiques. Je me souviens d'une interview par exemple, il y a dix ou douze ans, où il racontait sa sortie de la vision politique du monde, sa tentative de chercher dans le texte de Platon les réponses aux questions que cette sortie laissait en suspens, et comment c'est le texte juif qui vint à son secours et vint proprement ouvrir la voie qui était jusque-là obturée. Donc, rien n'était plus étranger à la façon dont Benny voyait son cheminement que cette mythologie de la conversion. Cela ne l'empêchait pas, bien entendu, d'être fidèle à ce mot de Levinas, qu'il cite dans *Etre juif*, et qui voit le judaïsme comme le moment où une condition juive vécue dans l'ordre de la « malédiction » tourne à l'« exultation ». Cela ne veut pas dire qu'il n'ait pas connu, à Strasbourg, ou au moment de la montée à Jérusalem, quelque chose de cette exultation et peut-être davantage encore. Mais il faut se garder du cliché mystique ou, mieux, et pour parler encore comme Levinas, du cliché *mystagogique* pour entendre ce qui s'est joué là, dans cette vie, dans cette œuvre. Si, d'ailleurs, vous voulez un précédent pour aider à fixer les idées, il y en a un – il y en a, à la rigueur, un. C'est celui de Gershom Scholem qui, lorsque, dans son *De Berlin à Jérusalem,* il cherche à définir ce que fut « l'expérience déterminante » dans ses « rapports avec le judaïsme » et, donc, dans son « tournement », ne trouve à mentionner que ceci : le « choc » ressenti quand, « au printemps de 1913, par un dimanche d'avril », il a « appris à lire chez Bleichröde la première page du Talmud dans l'original puis, dans la même journée, l'explication que donne Rachi, le plus grand de tous les commentateurs juifs, des premiers versets de la Genèse… ». Scholem, pas Clavel. La science du judaïsme pas l'illumination rosenzweigienne. Un retour par les textes, par la lettre, pas par l'effusion ou la mystique.

Quid, maintenant, de Jérusalem ? C'est là, à Jérusalem, que, vingt ans plus tard, vingt ans après la mort de Sartre, vous fondez avec Benny l'Institut d'études lévinassiennes…

Voilà. C'est là. C'est là, à Jérusalem, au lieu même où nous sommes en train de parler, que nous nous sommes retrouvés, ce fameux jour, il y a cinq ans, Alain Finkielkraut, Benny Lévy et moi, pour fonder cet Institut qui, à l'époque, s'appelait encore l'« Institut Levinas » et qui était, pour Benny, et pour nous tous, quelque chose d'assez important. Pour des tas de raisons. Des raisons philosophiques, sûrement. Mais pour des raisons biographiques aussi. Je me souviens, ce jour-là, de ce que Benny appelait le « climat d'émeute » autour de la salle. En gros, et dans sa langue, cela voulait dire qu'il y avait un monde fou, que la salle était pleine, qu'il y avait des gens qui ne pouvaient pas entrer, etc… Benny avait donné une interview à la radio israélienne. Il l'avait fait avec cette fièvre et cette force qui étaient les siennes et qu'il avait gardées de son passé militant. Et il me semble qu'à Jérusalem ce moment-là a été un moment très intense. Le sentiment d'un vrai acte fondateur. Le sentiment qu'autour de nous trois peut-être, mais aussi, et surtout, autour du nom de Levinas, se jouait quelque chose d'important dans la façon que l'être-juif pouvait avoir de se figurer et décliner. C'était bizarre ce trio, finalement… Finkielkraut, Benny, moi… Il y avait des dissentiments entre les uns et les autres… Des origines philosophiques diverses et des points d'arrivée encore plus divers… Et c'est vrai que, lorsque je repense à ces trois discours à la fois juxtaposés et, dans mon souvenir, assez articulés, lorsque je revois ce juif laïque qu'était Finkielkraut, ce juif laïque et universaliste que j'étais aussi et ce juif religieux qu'était Benny, lorsque je repense à ce climat de fraternité entre nous trois, à cette volonté, non pas de dialoguer bien sûr (je t'ai dit ce que Benny pensait du dialogue et je ne suis pas loin de penser la même chose) mais de s'entendre, de se parler, lorsque je repense à ce pari qui était le nôtre et selon lequel, au confluent de nos trois discours, quelque chose allait se produire, cela me semble, avec le recul, un moment quand même exceptionnel. Et fort. Et inattendu. Et étrange. Elle ne manquait ni de mystère ni de sens, cette co-présence des trois. Et cette confrontation affectueuse, dans le Jérusalem du moment, de nos trois positions philosophiques. Un orthodoxe et des laïques. Un religieux et des non-religieux. Un juif installé en

Israël et des juifs de la diaspora. Et, entre les deux juifs de la diaspora, entre Finkielkraut et moi, d'autres sortes de désaccords, assez sérieux aussi, mais soudain surmontés – en partie, du reste, grâce à Benny et à son arbitrage bienveillant et silencieux. Je crois que cela a provoqué une certaine surprise. La foule qui était là en témoignait. Et, comme Benny l'espérait, il y a bien eu « émeute » pour ce premier acte fondateur de l'Institut.

Comment est né l'Institut ?

Je te l'ai dit. Benny a toujours eu des problèmes avec la France. La France a toujours eu, plus exactement, des problèmes avec Benny. C'est vrai depuis le tout début, depuis l'Ecole normale. C'est vrai depuis l'affaire Sartre et l'extraordinaire bannissement dont il a été l'objet, au moment du scandale de *L'Espoir maintenant,* de la part d'une intelligentsia horrifiée de voir son trésor vivant, Sartre, se tourner vers ce qu'elle pensait être une sorte de sous-pensée. Et la dernière péripétie de cela, c'est l'Ecole doctorale de Jérusalem qui était un lieu de parole tout à fait essentiel, essentiel en tout cas pour les juifs d'ici, et qui, au terme d'un imbroglio dans le détail duquel nous n'allons pas entrer, a été fermé, supprimé, censuré. Vous aviez là un vrai lieu de parole. C'était le lieu de parole où Benny se faisait entendre, où il articulait ce qu'il avait à dire et où quelque chose, aussi, se transmettait (jusqu'à quel point Benny croyait-il, d'ailleurs, à la transmissibilité de ce qu'il vivait et de ce qu'il pensait, c'est une autre affaire – mais enfin ce lieu existait…). Et voilà qu'au terme d'on ne sait quelles manœuvres, coups fourrés diplomatiques, et effets de terreur politique, ce lieu, le lieu de cette transmission possible, est, du jour au lendemain ou presque, menacé de disparition. On se mobilise, à ce moment-là, Finkielkraut et moi. C'est, pour moi, le moment de la parution de mon *Siècle de Sartre* et on se mobilise, d'abord, pour aider Benny à retrouver, à Jérusalem, un lieu de parole et de transmission et puis, ensuite, quand l'idée prend un peu forme, pour instituer cette manière de nouvelle maison d'études. Donc l'Institut Levinas c'est ça. C'est la suite de ça. C'est sa première origine.

Alors, maintenant, il est clair que cette suite de l'école doctorale ne s'est pas appelée pour rien Institut Levinas, puis Institut d'études lévinassiennes. Nous nous trouvons ensemble, tous les trois, une fin d'après-midi, à Paris, dans un café de la rue de Varenne, à trente mètres de l'ancien appartement d'Aragon, sortant d'une entrevue avec le directeur de cabinet du Premier ministre de l'époque, Lionel Jospin. Et, au terme d'une conversation où se mêlaient, comme souvent avec Benny, le souci de l'essentiel et celui de la stratégie, voire de la tactique, c'est lui, Benny, qui nous dit : « mais au fond... ce qui nous rassemble tous les trois... le nom qui crée cet espace de compossibilité entre nos différentes manières d'être juifs... il n'y en a qu'un... il ne pouvait y en avoir qu'un... c'est le nom de Levinas... c'est sous l'autorité de ce nom-là que nous sommes rassemblés depuis quelques semaines, quelques mois peut-être... il est, ce nom, ce qui a produit notre rencontre et il est ce qui pourra peut-être rendre possible la continuation, la poursuite, le fil, de cette rencontre et de la parole qui va avec... » Donc ça s'appelle l'Institut Levinas pour cela.

A partir de là, cet Institut représentait, pour les uns et les autres, des enjeux différents. Je crois que, pour Benny, il y avait (mais j'ai scrupule à parler pour lui...) deux sortes d'enjeux. Le premier : je le sentais quand il venait à Paris, et qu'après être allé chez Jean-Claude Milner, il venait me voir chez moi, boulevard Saint-Germain, et que nous allions dîner, parfois d'ailleurs avec Jean-Claude, dans le restaurant le plus casher que nous ayons trouvé à Paris – le premier enjeu, dis-je, c'est que cet Institut était le dernier point de tangence de sa vie avec ce monde-ci, avec le monde de l'affairement, avec le siècle. Il avait tout quitté. Il vivait, depuis longtemps maintenant, dans le temps immobile de l'étude de la Torah. Mais voilà. Il était à Paris, avec son chapeau noir, sa petite barbe, ses fines lunettes cerclées. Il était là pour, avec nous, réfléchir à l'Institut, à son devenir, à la manière de le faire vivre. Nous rencontrions, pour cela, des fonctionnaires, des diplomates, des grands patrons, des politiques, qu'il fallait convaincre de nous rejoindre dans cette aventure dont il était l'âme. Et ressurgissait alors un Benny terriblement concret, précis, organisé ; un Benny expliquant les effets que cet Institut allait produire sur le réel israélien et sur le réel juif hors d'Israël ; un Benny sur le visage de qui j'avais l'impression de retrouver, du coup, des accents, des éclairs, une juvénilité parfois du regard ou du sourire, qui lui revenaient de Pierre Victor… La queue d'une comète ancienne. Une source biographique que l'on croyait tarie. Le dernier linéament d'un fil militant que lui-même, j'en suis sûr, pensait définitivement rompu.

Et puis il y avait un enjeu autre, bien sûr – un enjeu théorique, métaphysique, spirituel, qui était, cela va sans dire, l'essentiel. Ce qui se jouait autour de ce nom de Levinas, c'était la compossibilité ou non de l'hébreu et du grec. La compossibilité ou non du Logos et de la Loi. Là encore, les deux fils dont s'était tressée la vie de Benny, et qui trouvaient là leur nœud, leur nœud noué si vous voulez, et peut-être, d'ailleurs, dans les derniers textes, en train de se dénouer. Je dis cela, encore une fois, avec beaucoup de scrupules et de prudence. Mais enfin je me souviens d'une de nos dernières conversations, peut-être la dernière, sur cette question de la relation entre le sensé biblique et le parler grec où il y avait, entre nous deux, un vrai dissentiment. Je suis, certes, l'auteur d'un livre où je plaidai, naguère, et fermement, pour « Jérusalem » contre « Athènes ». Mais pas de manière aussi radicale que Benny. Pas en renonçant à une articulation possible entre les deux. L'Institut Levinas était, pour moi, le lieu de cette articulation, de cette conjonction, possibles. Il était l'endroit du monde où je me plaisais à penser que le fameux « Jewgreek » de Joyce, dans *Ulysse,* avait peut-être son atelier. Je pensais, comme Levinas, qu'il y a, dans le jeu de la parole philosophique venue de la Grèce, quelque chose d'un palimpseste sur le texte à demi-effacé de la parole révélée du peuple juif. Je pensais, comme Rabbi Chimon ben Gamliel, dans un passage de la Michna commenté par Levinas, que s'il y a bien une langue dans laquelle, interdirait-on toutes les autres, il faudrait continuer de traduire les Ecritures, c'est, encore une fois, le grec. Et il m'arrivait de penser, il m'est arrivé, ce jour-là, de penser, que notre Institut était, pour Benny, autre chose, de plus en plus autre chose – le lieu où cela achevait de se dénouer, où les deux voies allaient se séparer. Voilà. Je le dirai ainsi.

Sur cette question, à savoir ce monde que Benny abandonnait et celui auquel tu tiens, quelle était ta position ?

C'est ce que je viens de dire. Pour moi, l'Institut Levinas c'était d'abord le lieu de cette parole possible, de cet échange possible de parole avec Benny (échange inégal d'ailleurs car, sur ces questions-là, sur la question de la pensée juive, il en savait infiniment plus long que moi). C'était le lieu d'un échange, donc, avec Benny. C'était le lieu où nous parlions et où Benny avait la générosité de faire comme si nos deux paroles pouvaient être de valeur équivalente. Benny a créé l'Institut Levinas, ai-je dit, parce que c'était l'un des derniers lieux de tangence possible avec l'« autre » monde, avec ce siècle dont il s'était séparé, avec cet autre réel dont il s'était dissocié. Moi, si j'essaie d'être honnête avec les raisons qui me l'ont fait créer et me l'ont fait accompagner, c'est exactement l'inverse : le lieu de tangence avec ce que Benny représentait et avec Benny lui-même – le lieu de l'intervalle (distance et proximité mêlées) avec un « être-juif » dont il était, je n'ose dire l'incarnation, mais, en tout cas, l'exemple vivant. Je me rappelle être venu chaque fois ici, pour ses séminaires, pour les miens, pour ce que nous appelions nos « grands débats », avec un très grand sentiment de jubilation intellectuelle et de joie. Bien sûr il y avait aussi de « gros » enjeux. Bien sûr il y avait des batailles théoriques ou, ce qui revient au même, théologiques que je menais depuis très longtemps et qui trouvaient là, pour moi, un théâtre nouveau et plus adéquat. Mais il y avait, d'abord, cela. Il y avait d'abord l'idée d'un lieu où j'essayais de comprendre, au contact du plus contemporain des juifs de l'étude, comment on pouvait être et juif et grec – ou comment on ne pouvait l'être, au contraire, et c'était plutôt l'avis de Benny, qu'au mépris de toute probité. Il y avait l'idée d'un lieu où je pensais pouvoir renouer avec un fil ancien de ma propre œuvre, le fil de ce *Testament de Dieu* que Benny n'avait pas lu à l'époque de sa publication mais qu'il lit, là, à ce moment-là, quand nous nous retrouvons et que nous créons l'Institut – et c'est vrai que, dans ce lieu, et dans le regard de Benny Lévy, je vois un peu mieux, et ce que j'avais entrevu à l'époque, et ce que j'avais laissé de côté ou ignoré. Le travail de l'hébreu dans le parler grec, le travail du grec dans le penser juif, comment la métaphore du Rocher dans la Bible peut venir à l'appui d'une réflexion postkantienne sur le temps… C'est cela qui me travaillait à la fin des années 70, et c'est à cela que je reviens grâce au travail de l'Institut. Voilà, pour moi, la vérité.

Et pour Benny ?

Je ne saurais dire plus, pour Benny. Je ne veux pas en dire plus. Les raisons pour lesquelles il a voulu cet Institut, je les vois à peu près et je viens de te les dire. Le point où, dans les derniers mois de sa vie, il en était par rapport à l'Institut et par rapport aux raisons qui nous avaient conduits à le vouloir, je ne sais pas – je n'en sais pas plus que les vagues indications que je viens de te donner. Je me souviens de notre vraie toute dernière conversation. C'était une conversation fraternelle, comme toujours. Incroyablement généreuse de sa part à lui – qui s'adressait à moi depuis ce point de savoir extrême qui était le sien et qui était le savoir de l'étude. Mais, en même temps, je sentais bien que la divergence des points de vue se marquait de plus en plus nettement. Lorsque nous avons créé l'Institut, ce fameux premier jour, il s'agissait vraiment, je crois, de penser ensemble ce nom-là, le nom juif, dans toutes ses versions : diaspora et Israël ; ce qui, en lui, se rapporte à l'Orient et ce qui tient à l'Occident ; orientation et désorientation ; ce qui fait, dans le judaïsme, se sentir européen ou, au contraire, étranger à l'Europe ; herdérisme ou universalisme ; Lumières ou méfiance à l'endroit de l'ombre des Lumières et de leurs crimes ; ce qui nous faisait français, ce qui nous faisait, tous les trois, si profondément français, quoique, dans mon cas et, dans le cas de Benny, plus encore, avec cet inévitable malaise face à ce que la France pouvait être et que j'ai, pour ma part, jadis décrit dans *L'Idéologie française*. Il s'agissait de penser tout cela. Mais, les années passant et le travail se faisant, Benny s'est éloigné de ces questions. Ou peut-être les avait-il réglées. Et, s'il l'avait fait, sans doute fut-ce avec un tranchant beaucoup plus net, plus radical, que nous ne nous y attendions, Alain et moi. Voilà. Il me semble que l'Institut a aussi été l'un des lieux qui ont permis à Benny d'achever de trancher ces questions – ces apories, ces nœuds gordiens, ces nœuds tout courts, dont nous savions, tous les trois, qu'ils étaient constitutifs de l'être-juif.

Dans le texte de présentation de l'Institut, on parle de Platon.

C'est un document de rien du tout. Mais je crois que tu as raison de le prendre, quand même, au sérieux – car il l'était, sérieux, de la part des trois signataires et, donc, de la part de Benny aussi. La question platonicienne, la question du platonisme, cela occupe une ligne dans ce document, un mot peut-être, mais ce mot est l'écho de discussions extrêmement vives entre nous. Benny était proche, sur ce point, de Jean-Claude Milner. Il avait gardé, jusque dans ce judaïsme dit orthodoxe (encore que je me méfie du mot), quelque chose de ce platonisme philosophique. Moi je me sentais, et me disais, nettement antiplatonicien. S'opposait là, et s'était opposé ce jour-là, le jour de la fondation, de manière amicale encore une fois, pas de manière feutrée mais dans la fraternité, un judaïsme platonicien, d'un côté, c'est-à-dire un judaïsme du voir, un judaïsme de l'optique, un judaïsme de l'Etude quasi contemplative – et puis, de l'autre côté, un judaïsme éthique, un judaïsme de l'interrelation, un judaïsme de l'intersubjectivité, un judaïsme plus proche des remarques levinassiennes sur l'altérité, sur cette manière d'être-sujet qui consiste à se faire soi-même l'otage de l'autre homme, un judaïsme du faire et de l'éthique, un judaïsme dont Benny pensait, je crois, qu'il était dangereusement teinté de catholicisme et un judaïsme dont je dirais, moi, qu'il était aussi aristotélicien que le sien était platonicien. Bref, quand on dit « Platon », dans ce manifeste, c'est cela que cela veut dire. En clair : on croit à l'optique juive ou l'on n'y croit pas ? on croit que le judaïsme c'est l'assujettissement à l'invisible ou à l'autre homme ? on parie sur l'antériorité du Bien (Platon) ou de l'Un (Aristote) ? sur l'au-delà de l'être (*Philèbe*) ou sur l'intellect agent (dont le *Traité de l'âme* disait qu'il est « une sorte d'analogue de la lumière ») ? sur la « métanoïa », la conversion – ou sur la poésie, c'est-à-dire, en grec, l'activisme du faire ? sur la Révélation ou sur la rencontre ? sur le Tout-Autre ou sur l'autre ? Ou encore : qu'est-ce, au juste, que l'altérité ? est-ce le Dieu inconnu ou mon prochain ? la hauteur ou la responsabilité ? Ou encore (et cette discussion, aussi, nous l'avons eue) : qu'est-ce qu'un Juif va faire au Burundi ou en Angola ? qu'a-t-il besoin d'aller se mêler des guerres oubliées d'Afrique ? qu'est-ce qu'il va faire dans la galère afghane ou pakistanaise ? que fait-il vraiment quand il va, à Ninive, s'adresser à l'adversaire ou, en tout cas, à l'étranger – quand il va au contact de l'autre dans ce qu'il a de plus radicalement autre ? Ce sont là des questions à la fois pratiques et théoriques, et dont nous parlions, à Jérusalem, à Paris, ou dans les lettres qu'il nous arrivait d'échanger. Lorsque, vraiment, nous nous désaccordions, il me reprochait d'être judéo-chrétien. Ou, ce qui revenait au même, juif français, proustien, brunschvicgien, héritier d'Esther et Mardochée face à Assuérus – que sais-je encore ? L'Institut était bel et bien le lieu de cette incessante dispute.

Alors que se sont regroupés ici trois penseurs non négligeables de langue française, jusqu'à présent tu ne m'as signalé aucune problématique qui semble universalisable. Est-ce que cette dimension existait dans le propos affiché de l'Institut Levinas ou était-ce un lieu de débat « interne » sur des questions ne concernant que la famille juive ?

Oui, bien sûr, cette question de ce que tu appelles l'universalisable était là, elle était au cœur de notre débat, et de notre différend aussi. La seule chose c'est que nous ne nous accordions ni sur la définition de l'universalisable ni sur celle de l'Universel. Benny aimait citer le mot fameux de Rosenzweig sur le Chrétien errant et le Juif immobile où il voyait, à juste titre, une réversion de l'un des plus terribles clichés antisémites mais où il voyait aussi, et surtout, une bonne image de ce qu'il était devenu. Un Juif immobile, vraiment. Un Juif qui, ici, à Jérusalem, vivait dans ce temps arrêté, presque figé, ou, en tout cas, éternel qui était celui des textes dans la proximité desquels il se tenait. Un Juif qui avait l'âge, tout à coup, de cette langue et de ses lettres de feu – ces lettres dans la compagnie desquelles, encore une fois, il passait le plus clair et le plus brûlant de son temps. Et donc la question de l'universalisable, au sens où, moi, je me la posais, je crois qu'elle n'avait plus de sens pour lui – ou, plus exactement, cette querelle de l'Universel, cette double approche du mot et de la chose, je pense aujourd'hui qu'elle était le cœur même de notre inlassable conversation. J'essayais, moi, de concilier l'Universel et le judaïsme. Je disais : comment être juif, vraiment juif, tout en continuant de croire en l'Universel et de tenter de le faire advenir. Benny, lui, pensait que le judaïsme *c'est* l'Universel. Et il le pensait, pour le coup, comme le Levinas de *Noms propres* lançant que « le judaïsme c'est l'humanité au bord de la morale, sans institutions ». Lorsque je lui disais que, pour moi, être juif c'était, mettons, une *mission*, lorsque je lui disais qu'il s'agissait, dans mon esprit, d'aller porter très loin les étincelles de la vérité, ou d'aller, dans les terres les plus reculées, auprès des esprits qui ont le moins le souci d'entendre et qui, de surcroît, ont parfois le moins de *raisons* d'entendre des paroles juives, lorsque je lui disais que mon problème c'était d'aller, jusque là-bas, tenter de travailler à l'ouverture des portes de la rédemption, je crois que, pour lui, cela ne voulait plus rien dire. Il écoutait, bien sûr. Il accueillait tel ou tel de mes récits de voyage avec une aimable curiosité. Car, contrairement à ce que disent les crétins, contrairement à ce que semblent penser ceux qui aujourd'hui encore, s'acharnent à le défigurer, il avait gardé cette extraordinaire ouverture d'esprit, cette curiosité pour toutes choses, cette joie du monde, cet amusement de tout – Benny, oui, c'était aussi cette intelligence rieuse qui prenait plaisir à l'aventure de la vie et à ses facéties. Mais je me souviens, par exemple, de lui avoir raconté par le menu telle expérience en Erythrée. Ou telle histoire pakistanaise. Et, s'il en était donc curieux, si cela l'intéressait, je crois qu'il ne comprenait plus – il ne comprenait pas, en clair, pourquoi il me fallait aller si loin, bouger autant, me séparer à ce point de moi-même, pour accéder à un Universel qu'il avait le sentiment, lui, de côtoyer sans bouger, sans remuer un cil, en étant juste là, face à la pierre de Jérusalem. Je répète : quand on parlait d'Universel, quand on disait « l'Universel », cela n'avait plus la même signification dans nos deux bouches. Il avait rompu avec toutes les conceptions politiques du monde. Il avait rompu avec toutes les formes dévoyées du messianisme. Tout ce qui pouvait rappeler ces messianismes séculiers auxquels il avait payé un si lourd tribut lui était devenu haïssable et, en tout cas, étranger. Alors que moi… Je ne sais pas, pour moi… Peut-être, après tout, y étais-je moins étranger que lui… Peut-être me débattais-je avec une définition de l'Universel moins riche, moins féconde et moins radicale que la sienne… Mais ce qui est sûr, c'est que l'on ne parlait pas, comme tu dis, « pour la paroisse ». Ce n'était franchement pas une parole « familiale ». L'objet *c'était* l'universalité. L'enjeu *c'était* de savoir ce qu'il fallait désormais entendre par « universalité ». Sauf que son universalité était une universalité en *intension*, je dis bien en intension, avec un s, comme tension – une autre façon de dire la tension juive, sa difficile tenue dans l'être et son encore plus difficile sortie hors de l'être, une autre façon d'exposer, produire cette problématique, et de s'en extraire.

Benny était heureux à cette époque ?

Il était joyeux, en tout cas. Je sais qu'il était joyeux, cela se voyait, cela se lisait. Et c'est même la première chose qui m'a frappé lorsque je l'ai revu ici, à Jérusalem, c'est ce sentiment physique de jubilation, de joie, qui l'habitait. Alors heureux ? Heureux, je ne sais pas. Mais joyeux sûrement, oui. Pas au sens où, trivialement, il se serait « trouvé ». Pas parce que, comme on le dit parfois sottement, il aurait trouvé « sa vérité ». Ce n'était pas de cet ordre. Mais je crois que, de cette autre vie qui était la sienne et dont nous ne savions, Alain, moi, ses autres amis de passage, que des bribes, émanait une joie d'une extraordinaire intensité. Une joie inquiète. Une joie fiévreuse. Mais une joie fervente et qui, vraiment, l'irradiait. Pas une joie de réconciliation. Je ne pense pas qu'il soit mort si réconcilié que cela. Mais une joie, une fois encore, intense.

Quel est ton rapport personnel aux textes de la tradition hébraïque ?

Mon rapport aux textes hébraïques c'est ce rapport dont parle Levinas dans un des premiers textes de *Difficile Liberté*, quand il dit « si je ne connais pas le Talmud, le Talmud, lui, me connaît ». C'est le rapport de Levinas quand il parle d'une allégeance sans âge, d'une allégeance ignorante, d'un savoir insu – thème sur lequel Benny a médité, lui-même, dans *Etre juif* et qu'il a sans doute, et contrairement à moi, « dépassé ». Comment se fait le passage de l'ignorance au savoir ? Et se fait-il ? Quelle part d'ignorance demeure-t-elle dans ce qu'on croit être le savoir ? Je suis constamment, depuis trente ans, dans cette question. Le rapport que j'ai à la lettre juive, c'est un rapport de cet ordre, à la fois d'ignorance et de volonté de savoir, de distraction et de désir de la surmonter. Nous parlions de cela avec Benny. Ce fut l'un des thèmes, je te l'ai dit, de notre dernière conversation, non de vive voix, mais au téléphone. Je venais de lire *Etre juif.* Je venais de lire, évidemment, le portrait sévère du « juif du siècle » qu'il y brosse. Et, de même que Raymond Aron avait donc cru se reconnaître dans le portrait du juif « authentique » des *Réflexions*, de même je dis à Benny, ce jour-là, que je m'étais reconnu dans son portrait du « juif du siècle » et du « juif moderne », c'est-à-dire du juif que l'implication dans les combats du siècle détournent, selon lui, de la réponse juive aux questions juives. Comme il était, je le répète une fois encore, d'une immense gentillesse, et d'une vraie amitié, il m'a assuré que non, je me trompais, j'avais mal lu, etc. Mais j'entendis un peu de oui, tout de même, dans son non…

Quel est ton bilan sur Benny, sur son « retour » vers l'hébreu, son parcours… ?

C'est difficile de parler en termes de bilan. Et c'est difficile d'en parler en termes convenus, traditionnels. Le bilan de Benny, c'est des livres bien sûr, mais ce n'est pas que des livres, et je ne suis même pas sûr que les livres aient été essentiels dans l'idée qu'il se faisait lui-même de ce que pourrait être, un jour, son bilan. Il y a une page de Levinas, sur Rosenzweig, à propos de cette inimportance du livre. Levinas dit que, une fois, dans la vie de chacun, il faut qu'ait été vu ou entrevu un livre dont on puisse se dire, aussitôt, que bon, le livre lui-même, le livre en tant que tel, n'est, au fond, pas l'essentiel et que, plus important que le livre, plus essentiel, est sa « preuve » dans l'existence de tous les jours – l'existence d'une parole, l'existence d'une transmission active, l'existence d'un corps en mouvement et en transmission mais d'un corps fait, naturellement, de lettres. Eh bien le bilan de Benny c'est cela. C'est, bien sûr, *Etre juif.* C'est, bien sûr, les textes de *La Cérémonie de la naissance*. Mais c'est un tracé biographique, à la fois long et très bref – mais d'une grande fulguration. C'est une vie dans la lettre. Et c'est une vie dont nous sommes nombreux à conserver le souvenir incroyablement vif. Son bilan, comme tu dis, est indissociable de cela. Et c'est ce qui rend la tâche de dresser le bilan à la fois si difficile et si essentielle pour chacun d'entre nous. Ceux qui l'ont connu, ceux qui ont eu la chance d'être au contact de sa parole, ceux qui ont eu la chance d'être enseignés par lui, tous ceux-là sont dépositaires d'un petit peu du bilan de cette trajectoire, à la fois lente, insistante, anhistorique et, encore une fois, fulgurante. Dire d'un bilan qu'il est à la fois anhistorique et fulgurant, je t'accorde que c'est un peu un oxymore. Mais c'est pourtant bien, pour moi, l'un des sens de l'aventure de Benny.

Est-ce qu'il y a un Benny ou deux ? Un parcours qui va jusqu'au Retour, et l'autre partant du Retour, ou y a-t-il des lignes de force homogènes permanentes ?

Il y a deux Benny, et c'est le même. Bien sûr qu'il y en a deux. Bien sûr que l'événement du Retour est un événement énorme, rarissime dans une vie. Je serais même prêt à soutenir qu'il y a peu d'exemples, au XXe siècle, d'un retournement de pareille ampleur et qui, comme je te l'ai expliqué, n'était pourtant pas une « conversion ». Des conversions, n'est-ce pas, on en connaît. Des mouvements dialectiques de l'âme, des « métanoïas », toute l'histoire de la philosophie en est pleine. Lui, ce n'est pas cela. C'est une vraie rupture. Un événement absolu. C'est un vrai changement de sa propre âme, inexplicable dans les termes de la philosophie ou de la théodicée traditionnelle, inexplicable dans tous les termes de la théologie judéo-chrétienne. Et, en même temps, c'est évidemment le même Benny. Il était totalement contemporain de soi. Et cela se voyait dans sa fréquentation, dans les conversations de tous les jours, dans la façon qu'il avait de demander des nouvelles des uns et des autres, des copains comme il disait, et il voulait, dire, par là, les anciens maos. J'étais très attentif à cet aspect des choses. Presque par curiosité romanesque, j'étais attentif à ce qui restait de l'ancien Benny dans le Benny que je côtoyais. Je jouais, si je rentrais de Sarajevo, à lancer le nom de Francis Bueb. Ou, si on était, à Paris, en pleine « saison des prix », celui d'Olivier Rolin. Ou encore, comme de possibles intervenants à l'Institut, je lâchais les noms d'André Glucksmann ou de Christian Jambet. Et, alors, son œil s'allumait. Une juvénilité lui revenait. Il oubliait qu'il m'avait dit, la veille, avec un air de détachement un rien exagéré, que toute cette période de sa vie était morte, oubliée, que rien de lui ne coïncidait plus avec elle et que le Benny d'autrefois était homonyme de celui d'aujourd'hui – et, oubliant cela, il me demandait des nouvelles de l'un, blaguait sur l'autre ou reprenait, avec le troisième, une conversation interrompue trente ans plus tôt. Bref, de Pierre Victor sous Benny Lévy, il restait mille traces. Et des traces vives.

Philosophiquement ?

Pareil. Il était encore capable, dans ces dernières années, de commenter un texte de Husserl. Ou de porter la contradiction à Heidegger. Il pouvait, alors qu'il prétendait l'avoir oublié et ne même pas pouvoir prononcer son nom sans en avoir les lèvres souillées, contredire Spinoza avec la même force philosophique, la même véhémence théorique, que, dans sa jeunesse marxiste, l'horrible Dühring, l'immonde Staline ou le grotesque Proudhon. Il n'était pas dans un autre monde. Il était en Israël, ce qui est une autre histoire. Mais cela restait, en partie, le même monde. C'était une vie cassée en deux, rompue en son milieu, c'était une vie qui avait accompli, en soi et pour soi, le commandement de jeunesse de casser l'histoire en deux. Mais c'était sa vie. C'était son histoire. Et je voyais, à maints signes donc, que cela restait la même histoire.

Il oscillait, me semble-t-il, entre deux figures « politiques » de la tradition juive : celle du scribe (Esdras) et celle du prophète (Jérémie). A priori, l'idée que l'on se fait de quelqu'un d'aussi dense et d'aussi radical mais qui n'est pas, ou plus, un chef, c'est celle du prophète. Il y a une dimension marginale chez le prophète. Est-ce qu'il était aussi un « bâtisseur » ? Est-ce que tu penses qu'il souhaitait construire quelque chose ?

Je viens de te le dire : il s'était dégagé. Et, pour lui, se dégager ce fut venir en Israël, c'est-à-dire dans l'endroit du monde où l'on pouvait vivre au plus près de quelque chose qui ne ressemblait plus à de l'Histoire. Donc, il s'était dégagé. Il était allé au bout de cette idée qu'il n'y avait pas, dans le siècle, dans le monde, de place pour l'affirmation juive, et pour l'exultation juive, et que la place la plus tenable pour cela, c'était Israël. Et ce dégagement, cet écart, ce pas de côté, mais qui était un pas considérable, il l'avait accompli en une fois – une fois longue, une fois qui avait duré des années, mais une fois. Est-ce que cela faisait un bâtisseur ? Est-ce qu'il avait le sentiment, ce faisant, d'avoir bâti quelque chose ? Ou est-ce qu'il restait, juste, un prophète ? J'ai envie de te répondre que, pour lui, c'était la même chose : on n'est prophète, on n'est pas trop indigne, en tout cas, de la tradition prophétique, que lorsqu'on est un peu scribe et, aussi, un peu bâtisseur.

Que t'inspire cette considération sur Benny : « un passant considérable », qu'on doit à Jean-Claude Milner ?

Oui… Le mot de Verlaine sur Rimbaud : « un passant considérable »… Ce n'est pas rien, certes ! Mais, en même temps, je ne crois pas qu'il n'ait été que cela. Je ne crois pas qu'il n'ait été qu'un passant considérable. Je crois que, dans les livres qu'il a laissés, dans ces livres noués, compacts, programmatiques, il y avait les pierres d'angle de quelque chose qui était en train, donc, de se construire puisque je t'ai dit qu'il était *aussi* un bâtisseur – il y avait les pierres d'angle de son édifice invisible et des pierres d'angle qui étaient de la pierre vive, de la lettre de feu et de la pierre vive.

Alors, il tournait autour de quoi, cet édifice ? Il tournait, par exemple, autour du concept de « Juif d'affirmation » qu'il empruntait, au demeurant, au même Jean-Claude Milner et auquel il était en train de donner tout son contenu. Qu'est-ce que c'est qu'un judaïsme qui va jusqu'au bout ? De quelle décentration, ou excentration, s'agit-il réellement quand on quitte les rives de l'ontologie ? Qu'est-ce qu'un judaïsme qui va au bout de cet écart dont parle Levinas à l'endroit des verdicts de l'histoire ? Benny n'était pas un fondamentaliste. Ce n'était même pas un orthodoxe. C'était un *anhistorique*, ce qui est tout autre chose et qui est même, d'une certaine manière, le contraire. Benny c'était une autre Histoire, à la fois au sens de sa jeunesse mao et au sens, cette fois, de Rosenzweig. Et c'est vers cette autre Histoire que faisait signe le concept de Juif d'affirmation.

L'autre geste théorique, non moins fort, non moins lourd de conséquences, l'autre geste, préalable au bâti de l'édifice, consistait à dégager l'être-juif de tous les clichés judéo-chrétiens – ceux que j'évoquais tout à l'heure et les autres. Et c'est là qu'à la fin de sa vie, son dialogue avec Levinas a pris un autre tour. C'est là qu'il a commencé de devoir penser, dans le même mouvement, la dette à l'endroit de Levinas et la distance nouvelle qu'il lui semblait devoir prendre, la reprise du lévinassisme et le congé qu'il pensait devoir donner à certains gestes lévinassiens : essentiellement, la traduction du sensé biblique en langue grecque, sa traduction et transposition sans reste – c'est-à-dire, au fond, la continuation de l'œuvre des Septante. Nous en avons parlé. L'affaire Jewgreek. L'anti-Joyce. Consommer le geste de rupture avec l'historicisation. Rompre avec la vieille idée selon laquelle être juif c'était répondre à des questions qui n'étaient pas des questions juives et qui revenaient toujours, au fond, à une autre question, celle de l'Universel au sens de saint Paul. Il en était là. Ce sont ses gestes d'alors. C'est ce à partir de quoi il était en train de recommencer de penser. C'est ce vers quoi, dans ses dernières années, il avançait. Et c'est aussi, par parenthèse, la source de son hostilité très grande, et même grandissante, avec le paulinien Alain Badiou. Pour un amoureux de la philosophie, pour un homme soucieux du texte juif, pour un curieux de cette aventure juive dont d'aucuns ont pu penser, et dont certains pensent encore, qu'elle est pour l'essentiel terminée, voilà qui rend la disparition de Benny plus irréparable encore. Irréparable, sans remède, par-delà même l'affection ou l'amitié.

Il avait, dans son combat contre la christianisation aussi bien de Levinas que du judaïsme, retourné la question du mal, de la centralité du mal. Il y avait là aussi quelque chose qui collait au personnage, je crois. C'était quelqu'un de très positif. Il y avait cette idée, très ancrée dans le fait juif, que le mal ne bâtit rien…

En effet. Autre geste théorique majeur, et qui commençait à peine à produire ses effets. Le geste qui consistait, au fond, à renvoyer dos à dos les théodicées et les philosophies du mal absolu. La théodicée, c'est l'idée leibnizienne que le mal n'existe pas, qu'il n'est que l'ombre du bien et que, pour peu que l'on fasse un effort, que l'on s'applique un peu, que l'on veuille bien changer de point de vue, les choses vont s'arranger. Et, en face, on a le mal absolu, la souffrance inutile, le mal radical, l'excès du mal, comme disait ce livre de Philippe Nemo médité par Levinas et sur lequel Benny est longuement revenu, dans *Etre juif*. Il me semble ne pas me tromper en disant que son dernier effort fut pour les renvoyer dos à dos. Il me semble être fidèle à la dernière inspiration de Benny en disant qu'il voyait là les deux termes d'un dispositif définitivement piégé. Le mal absolu d'un côté. La théodicée de l'autre. Entre les deux, disait-il, il y a… le judaïsme !

Il était en train de repartir de là. Il ne voyait pas le mal. Il ne pensait pas à mal. C'était visible, du reste, dans sa vie la plus quotidienne. Benny (cela peut sembler étrange s'agissant d'un homme qui avait la réputation d'avoir été dur, sectaire, et de l'être resté, d'être passé d'un sectarisme au sectarisme contraire, d'être un guerrier), Benny, donc, était un incroyable pacificateur. Et il était un pacificateur parce qu'il bâtissait sur le bien, parce qu'il voyait le bien là où d'autres voyaient le mal. J'ai fait allusion, tout à l'heure, à son rôle entre Finkielkraut et moi. Ce n'est un mystère pour personne que nous avions, Finkielkraut et moi, maintes raisons de nous opposer. Nous nous connaissions depuis longtemps. Nous sommes entrés à l'Ecole normale supérieure, lui à Saint-Cloud, moi rue d'Ulm, dans les mêmes années. Mais nous n'étions pas ce qu'on appelle des amis. Nous ne l'avons jamais été. Et nous avions donc, malgré des points d'accord comme, par exemple, la position à adopter face à la tragédie en ex-Yougoslavie, de vrais désaccords, tantôt de surface, tantôt très profonds. Eh bien je témoigne du fait qu'à chaque fois, Benny jouait un rôle, non pas de Monsieur Bons Offices, ce serait réducteur de présenter la chose ainsi, non, mieux que cela, il bâtissait à partir des étincelles de Bien qu'il décelait en chacun, et dont il pensait qu'elles étaient l'essentiel. Et il réglait les problèmes comme cela. Un seul exemple. Nous avions un désaccord, Finkielkraut et moi, sur l'affaire Renaud Camus, cet écrivain qui s'était permis, dans son Journal, de « compter » les juifs présents sur l'antenne de France-Culture. Nous n'en avions jamais parlé sur le fond. Eh bien, un après-midi, à Tel-Aviv, dans un salon d'hôtel, face à la mer, c'est Benny qui a mis le sujet sur le tapis ou, comme eût dit Althusser, a « mangé le morceau ». Et s'ensuivit une discussion vive, parfois rude, sans concessions ni d'un côté ni de l'autre – mais qui ne nous empêcha pas, Finkielkraut et moi, deux heures plus tard, de repartir bras dessus bras dessous pour prendre notre avion pour Paris.

Donc pas de « sectarisme » ; tu n'es pas d'accord avec l'idée d'un « sectarisme » de Benny ?

C'est un autre cliché qui m'insupporte ! Une autre des idées idiotes qui prennent corps, font corps, se pétrifient autour de sa mémoire depuis qu'il est mort et qui me mettent en colère. Toute cette histoire de double sectarisme… Ce côté : sectaire quand il était mao, sectaire quand il est devenu juif… Je pense d'abord, et je l'ai tout de suite dit, que les deux choses ne sont pas symétrisables, que ce sont des aventures qui n'ont rien de commun, qu'on ne peut pas mettre sur le même plan l'idolâtrie du Petit Livre rouge de Mao et la fréquentation quotidienne du Talmud. Et puis je pense surtout que le Benny que j'ai connu, le Benny juif, le Benny d'*Etre juif*, est un Benny loin, très loin, de cette raideur qui va avec le sectarisme. J'en témoigne. Peu sont en mesure, comme moi, d'en témoigner. Il suffirait que je raconte l'une, l'une seulement, de nos empoignades. Il suffirait que je rapporte nos discussions ardentes mais, je le répète, toujours courtoises au moment où je suis venu faire ma conférence sur « Comment je suis juif ». Il suffirait que je donne à entendre la patience avec laquelle il supportait ce qui devait lui apparaître, souvent, comme des propos d'amateur, voire d'ignorant. Il suffirait de cela pour faire justice de ces reproches. Et quant au versant politique des choses… Là aussi, je tiens à le dire. L'Institut Levinas était un lieu d'extraordinaire liberté, d'extraordinaire diversité. Et pas à cause d'Alain Finkielkraut et de moi, non, à cause de lui, à cause de Benny, à cause des disciples de Benny, à cause des gens qui pensaient avec lui et souvent contre lui, à cause des garçons et filles qui venaient au penser juif grâce à lui mais qui venaient réellement de tous les horizons politiques d'Israël et de la diaspora. Il y avait là des gens de gauche et des gens de droite. Des gens qui croyaient aux colonies et des gens qui voulaient les voir se dissoudre. Il y avait des militants de Shalom Archav et des partisans du Grand Israël. Il y avait surtout beaucoup de gens qui pensaient que ces questions n'avaient pas tellement d'importance et qu'à côté des questions soulevées par les maîtres à la parole de qui Benny les initiait, à côté du commentaire d'une page du Maharal de Prague ou du Gaon de Vilna, tout cela se situait à une hauteur parfaitement négligeable.

Voilà qui devrait faire justice de l'idée si bête d'un Benny extrémiste, ou d'un Benny qui, sur les questions politiques, aurait eu des positions radicales. Je crois que sur les questions politiques, il était d'un pragmatisme extrême. De même qu'il disait toujours que Jérusalem était d'abord, pour lui, le meilleur endroit au monde pour étudier la Torah, de même la question des plans de paix, la question politique, étaient très secondaires par rapport à ce qui était au cœur de sa vie et dont il était question dans la vie de l'Institut. Et, pour autant que cela l'occupait, je peux te révéler enfin qu'il fut le premier à prendre connaissance de mon discours de réception du doctorat honoris causa de l'Université de Tel-Aviv ; que lui qui détestait Tel-Aviv avait d'ailleurs tenu à être là, au premier rang, le jour où je le prononçai ; et qu'avec la thèse que j'y développai, qui était au cœur de mon discours et qui s'articulait autour du concept de « paix sèche », n'impliquant ni « double reconnaissance » ni « amour », mais bel et bien, en revanche, un Etat palestinien à côté de l'Etat d'Israël, il n'était pas en désaccord. Je ne crois pas le « tirer à moi » en disant cela. Je crois être au plus près de la vérité de mon ami.

Benny faisait très clairement la distinction entre Jérusalem et Israël. Et toi ?

Peu importe, ici, mon cas. C'est de Benny que je veux parler. Et, c'est vrai, Benny aimait Jérusalem. Mais je ne suis pas sûr qu'il ait eu une telle passion pour Israël. Et je suis même certain qu'il avait, à l'endroit de ce qu'était devenu le sionisme, à l'endroit de ce « champ de ruines » qu'était devenu le sionisme et par conséquent Israël et que je l'entends encore vitupérer, une très profonde déception. Alors que, pour cette ville, pour Jérusalem, il avait un amour entier. Alors, attention ! Pas Jérusalem parce que « lumière de Jérusalem » ! Pas « lieu où souffle l'esprit », collines inspirées, et tout le tintouin. Benny n'était pas barrésien. S'il y en a un qui ne l'était pas, qui ne savait même pas de quoi on parlait, s'il y a bien eu un intellectuel qui vous regardait avec des yeux ronds si vous lui parliez de *La Colline inspirée* de Maurice Barrès, c'était bien lui. Jérusalem était juste le lieu du monde, je le répète une dernière fois, où il se sentait le mieux, et pour étudier et pour vivre en juif. Une Jérusalem hors de toute inspiration… Hors de toute incarnation… Jérusalem comme ville où l'étude pouvait, pour parler encore comme Milner, venir à la place du savoir… C'est de cela que venait le rapport intime qu'il avait avec cette ville…

Il avait mis en exergue d'une sorte d'autoportrait de lui dans Libération *cette phrase : « seule la pierre de Jérusalem m'apaise »…*

Je me souviens de ce texte. Et je pense que c'était vrai. La pierre de Jérusalem avait cette vertu de le rendre contemporain de ses seuls vrais contemporains, ses contemporains selon l'esprit, son peuple d'ombres et de frères, les sages du Talmud. Il en était le contemporain ici et pas ailleurs. Et c'est à cela que tenait, pour cet antinaturaliste, pour cet antibarrésien, pour cet homme qui croyait à la sainteté mais pas au sacré, et encore moins aux pierres sacrées ou aux bosquets sacrés, c'est à cela que tenait, oui, son attachement très vif à cette ville. Cela se voyait sur son visage. Il n'avait pas le même visage quand il était à Paris, et quand je le retrouvais ici.

Est-ce qu'il y a un héritier, un héritage? est-ce qu'il y a quelqu'un pour prendre la suite, d'après toi?

Je ne sais pas… C'est compliqué… Tu connais, n'est-ce pas, ce poème de Baudelaire qui s'intitule *Les Phares*? Eh bien je me dis parfois que Benny c'est un peu ça… Une lumière intermittente… Une lueur interrompue… Il y a des personnages comme ça… Ils apparaissent sur la scène de l'histoire ou de la pensée… Ils émettent une lumière forte, extraordinairement vive, incandescente, et qui laisse un souvenir lui-même incandescent, mais qui s'éteint après eux… C'est ce que je voulais dire, tout à l'heure, quand je te disais que je ne savais pas s'il croyait lui-même, tant que cela, à la transmissibilité de ce qu'il avait à dire… Il impulsait. Il réveillait. Il mettait en mouvement. Il avait à la fois cette générosité, ce souci du bien, cette force, qui faisaient qu'il n'avait pas son pareil pour mettre autrui en mouvement. Il faisait penser, si tu préfères. Il faisait qu'on osait, non plus « lutter », mais penser. Et je connais beaucoup de gens qui, lui parti, penseront autrement, ou moins, ou moins profondément, ou plus du tout. Pour ce qui me concerne, je m'étais engagé, grâce à lui, sous la poussée amicale, parfois véhémente, parfois laconique, parfois douce, toujours fraternelle, du jeune maître qu'il était devenu, dans un travail de pensée, donc dans un livre, autour de questions que j'avais laissées en suspens il y a vingt-deux ou vingt-trois ans. Et ce travail-là, je m'aperçois aujourd'hui qu'il était encore plus lié que je ne le pensais, de son vivant, à sa présence réelle. En sorte que, Benny n'étant plus là, je ne sais plus très bien ce que ce travail sera, ni comment ce livre tournera. Quand je parle de phare, quand je dis qu'il était un phare, je veux dire que sa lumière était une lumière qui émettait et qui s'éteignait, qui a émis et qui s'est éteinte, une lumière d'une très grande force mais qui ne laisse pas un long faisceau lumineux après elle. Une lumière baudelairienne, vraiment. Une lumière dandy. Et une lumière qui, pour cette raison, ne laisse pas penser sa postérité en termes d'héritage et d'héritier.

3

Benny et Sartre [1]

Je suis d'autant plus heureux de parler, ce soir, de ce livre, je suis d'autant plus disposé à m'exprimer sur cette question de ce qui s'est réellement passé, dans ces années, entre Sartre et Benny Lévy, que c'est sur cette question, comme vous le savez, après les pages que je lui avais consacrées dans *Le Siècle de Sartre*, que j'ai retrouvé Benny.

Je n'oublierai jamais la première conversation que nous avons eue, alors. Je l'ai racontée ailleurs. Je n'y reviens donc pas. Sachez juste qu'on est fin 1999. Peut-être début de l'année 2000. Il vient de lire ces pages. Il en est évidemment surpris. Heureux, je crois. Et c'est là que le dialogue s'engage entre nous – ce dialogue qui se poursuivra jusqu'au dernier jour, constamment, et dont l'un des effets aura été la création de l'Institut d'études lévinassiennes.

1. Institut d'études lévinassiennes, Paris, 8 mars 2005. Soirée de présentation, au Centre Rachi, de *La Cérémonie de la naissance* de Benny Lévy (Verdier).

Voilà. C'est donc avec émotion, beaucoup d'émotion, que je suis venu, ce soir, tenter de lire, avec vous, ce livre que Gérard Bobillier a eu la bonne idée de publier. Nous allons vraiment le lire. Entrer dans le détail du texte. Je voudrais essayer d'entrer, avec vous, sur cette scène philosophique à deux personnages (Sartre et Benny Lévy), je voudrais essayer, quand je le pourrai, de passer aussi *derrière* la scène – car on n'en a pas, loin s'en faut, épuisé tout le sens.

C'est un moment important de leur biographie à tous deux.

C'est un moment important de la mienne, de ma biographie intellectuelle et de ma vie tout court, puisque viennent de là les liens d'amitié qui se sont tissés avec Benny et qui ont tant compté dans la suite de ma vie.

Et c'est un moment important aussi (mais ça, c'est ce que je vais essayer de développer) pour vous, pour nous tous, pour l'époque en général et pour nos contemporains – qu'ils soient, ou non, philosophes ; qu'ils soient, ou non, liés à notre Institut…

Donc, la scène. Il faut, d'abord, essayer de se figurer la scène – fin des années 1970, crépuscule du gauchisme et crépuscule de la vie de Sartre. Il faut imaginer Sartre malade. Il faut imaginer Sartre impotent. Il faut imaginer un Sartre vivant mais condamné à mort par les siens, par une partie de sa « famille », pas tous bien sûr, mais certains, qui tiennent pour acquise la mort précoce de Sartre. Il y a une très belle lettre d'Arlette Elkaïm, publiée après la mort de Sartre, en réponse, je crois, à *La Cérémonie des adieux* de Simone de Beauvoir et aux attaques contre Benny accusé d'avoir « profité » de l'état de faiblesse de Sartre. Dans cette lettre, Arlette dit, en gros : « il ne tenait qu'à vous de venir lire avec Sartre, travailler avec Sartre, mettre à la question telles ou telles formulations dont Sartre était l'auteur ; car, avant de mourir, Madame, Sartre était encore vivant. » Les sartriens, dans ces années-là, ne se rendent pas trop compte de ce que Sartre est toujours ce vivant. Et, de fait, à leur décharge, tous les témoins, tous les biographes le savent, il vit dans un état de grand délabrement, délabrement physique, moral, psychologique, intellectuel – le tout lié à la cécité…

Car, un mot sur cette cécité. Sartre, par rapport à la cécité, n'est évidemment pas n'importe quel philosophe. Pour lui, pour le philosophe qu'il est, pour le philosophe qui avait placé toute son aventure philosophique sous l'autorité de l'œil et du regard, pour ce philosophe qui est, à bien des égards, et à cet égard en tout cas, le dernier des platoniciens, pour ce penseur qui a, plus qu'aucun autre, pensé, vécu, cette consubstantialité de la pensée et du regard, cette identité du voir et du penser, cette confusion, dans le registre de l'*idein*, des deux choses, pour cet homme qui a vécu cette confusion jusqu'au vertige (et un vertige dont on retrouve les effets jusque dans les moindres détails de sa biographie intellectuelle et non intellectuelle), cette cécité est un événement majeur.

Je citais, dans *Le Siècle de Sartre,* une conversation que j'ai eue, à l'époque, avec un autre grand aveugle de la littérature, Jorge Luis Borges. On est deux ou trois ans avant la mort de Sartre. Et Borges me dit : « ce n'est pas nécessairement un problème d'être aveugle ; il faut juste s'y faire ; il faut juste s'y préparer ; il faut le savoir à l'avance et s'y préparer tranquillement ; moi, par exemple, j'ai toujours su que je deviendrais aveugle ; mon père était aveugle ; mon grand-père était aveugle ; j'ai toujours su, donc, qu'un jour je serais aveugle aussi ; et j'ai passé des années à préparer ce jour futur ; j'ai passé des années de ma vie à négocier les relations entre mes sens, à en privilégier un plutôt qu'un autre, à faire des exercices de cécité, à me préparer à la nuit qui, un jour, finirait par venir. » Et Borges, ce jour-là, d'ajouter : « s'il y en a bien un, en revanche, qui ne s'y est pas préparé, s'il y en a un qui avait joué l'œil, qui avait tout joué et tout misé sur l'œil, et sur qui cette cécité est donc tombée comme une catastrophe absolue, une catastrophe philosophique, c'est Sartre. »

Donc un Sartre aveugle. Un Sartre qui, par conséquent, ne pense plus. Un Sartre qui a perdu le véhicule même, et la condition, de sa pensée. Et un Sartre qui, par ailleurs, vit tout de même, dans ces années, et indépendamment de son délabrement physique, la fin d'une aventure intellectuelle très particulière. Ce Sartre-là, le plus grand philosophe français vivant, a annoncé ses adieux à la littérature quelques années plus tôt – ce sont *Les Mots.* Il a annoncé ses adieux à la philosophie, ou plus exactement l'échec de son aventure philosophique – c'était la *Critique de la raison dialectique.* Il vit, depuis quelques années, sous le signe de ce double échec, de cette double faillite : il est un écrivain qui s'est mis à penser et, en tout cas, à dire que la littérature est une maladie ; il est un philosophe qui s'est mis à penser, et qui dit, que la grande aventure de sa vie, cette aventure qui, pour lui, comme pour tous les grands philosophes du XXe siècle, comme pour tous les penseurs qui ont compté et qui comptent, a consisté à se mesurer à l'hégélianisme, à entrer dans un corps-à-corps avec le corps d'une doctrine hégélienne qui avait prétendu se clore sur le Savoir absolu, il est un philosophe, donc, qui pense que cette aventure s'est soldée par un échec ; on a là un Sartre qui a mis bas les armes, si vous voulez ; un Sartre qui a déclaré forfait ; un Sartre qui, depuis des années d'ailleurs, tel une sorte de Kojève révolutionnaire, s'est mis, lui aussi, à la philosophie pratique – Kojève a travaillé au Commissariat au Plan avec Raymond Barre, Sartre se met à faire de l'agitation politique à haute dose avec les gauchistes, mais, au fond, cela revient au même, c'est la même démission de la pensée, c'est la même façon de dire « Hegel avait raison ; l'Histoire est bien finie ; et la philosophie, comme elle, est chose passée ».

Bref, voilà un Sartre qui, à tous égards, en tous les sens du terme, se trouve en bout de course. Et puis voilà que, tout à coup, à la grande surprise des sartriens (et pas seulement des sartriens : Jean Daniel a souvent raconté sa stupeur lorsqu'il lui fut donné de lire ce texte ; il a raconté la façon dont il eut besoin, pour y croire, d'entendre la voix de Sartre, au téléphone, bien claire et bien timbrée, lui en réciter presque par cœur certains fragments) voilà que, soudain, à la stupeur des uns et des autres qui s'attendent à tout sauf à ça, paraît un texte très étrange, au titre très peu sartrien : *L'Espoir maintenant*. Et voilà que ce texte – c'est ça la scène d'où il nous faut partir, c'est là que s'ancre la série de textes que nous avons à commenter ce soir – déclenche un formidable scandale. Les uns parlent de « détournement de vieillard ». Les autres disent « abus de pouvoir ». Un troisième, qui était lui-même engagé dans une aventure de parole avec Sartre et qui se pensait dépositaire de la vraie parole sartrienne, parle, je cite de mémoire, de « l'emprise d'un petit rabbin égyptien sur le plus grand philosophe français vivant ». C'est le casse philosophique du siècle. C'est le plus gros hold-up de tous les temps. C'est un fric-frac métaphysique. C'est ainsi, en tout cas, que la famille sartrienne voit les choses. Et c'est ainsi que, finalement, soyons honnêtes, le grand public les voit aussi.

Alors je trouve, moi, que ce scandale est quand même très bizarre. Je l'ai trouvé sur le moment. Je l'ai trouvé au moment du *Siècle*. Et je le trouve encore aujourd'hui. Car, franchement… Bien sûr, il y a des formulations dans ce texte qui ont de quoi faire sursauter. Bien sûr, ça fait bizarre d'entendre Sartre déclarer à son jeune secrétaire, à celui qui, pour la première fois depuis très longtemps, se fait appeler Benny Lévy, qu'il n'a jamais rien ressenti qui ressemble, si peu que ce soit, à *la nausée*, que c'était juste la mode à l'époque et que c'est pourquoi il en parlait. Bien sûr, entendre ce philosophe athée, cet homme qui avait cent fois dit, à propos de Gide, de Genet, de lui-même, quelle rude aventure était « la grande aventure de l'athéisme », bien sûr l'entendre dire, soudain, sa fascination pour le thème biblique de la résurrection des corps, n'est pas banal non plus. Et quand Benny Lévy lui dit : « vraiment ? la résurrection des corps ? » et que lui, Sartre, lui répond : « oui, oui, vraiment ; je dis bien la résurrection des corps ; pas l'immortalité de l'âme ; n'importe quel bouddhiste, amateur de métempsycose, croit à l'immortalité de l'âme ; moi, non ; ce qui m'intéresse, ce qui me fascine, ce qui me plonge dans un vertige de pensée, c'est proprement les corps, le thème juif et chrétien de la résurrection de la chair et des corps », j'admets qu'entendre cela, lire cela, a dû être assez énorme et choquer les sartriens pur jus. Et quand il dit encore à Benny, dans ce même texte, dans *L'Espoir maintenant* toujours, que l'aventure de parole dans laquelle ils sont engagés tous les deux, quand il lui dit que cette aventure est d'une nature telle que, si elle va à son terme, c'est-à-dire si lui sont données les quelques années à vivre qu'il se donne lui-même (« combien ? lui demande Benny, combien de temps te donnes-tu ? » Et Sartre de répondre : « cinq ans. » Puis : « en vérité, je pense dix ; mais je dis cinq par prudence et pour ne pas tenter le destin. »), quand ce Sartre-là dit à Benny que, si ces années lui sont données, l'aventure de parole dans laquelle il est engagé est d'une importance telle que rien, ou presque rien, de sa pensée ne restera debout, il y a, toujours, de quoi être un peu sidéré. Mais bon. Scandale, vraiment ? Quel scandale ? Et scandale pourquoi ?

Car la bizarrerie de cette affaire, c'est d'abord que le Sartre classique, le Sartre de la « famille » et le Sartre des non-sartriens, était coutumier de ce genre de déclarations fracassantes. Vous connaissez, tout le monde connaissait et connaît encore, les textes où il dit que le travail d'un philosophe est de « se casser les os de la tête ». Vous connaissez, tout le monde connaissait, les textes où il apparaît comme le spécialiste, le champion toutes catégories, du désaveu et du retournement. Cet expert en philosophies successives, cet écrivain et ce philosophe qui n'a cessé de dire, tout au long de sa vie, qu'il n'était comptable ni de ses erreurs ni même de ses textes passés parce qu'il était tout entier dans la cérémonie de sa naissance perpétuelle, ce fils absolu des Lumières, ce ressuscité permanent, bondissant éternellement dans une sorte de jeunesse nouvelle, ce Sartre-là était parfaitement coutumier de ce genre de déclarations, de grandes ruptures, de Feu sur les quartiers généraux, non seulement de la pensée des autres, mais d'abord de sa propre pensée. Pas lieu donc à scandale. Ce n'est pas ça qui, proprement, faisait scandale.

D'autres ont dit : « ce qui est scandaleux, ce qui est choquant, ce qui donne ce sentiment de fric-frac, de casse, ne tient peut-être pas au fait même, mais au ton, à la manière, à la façon dont ce jeune rabbin égyptien, ce chef révolutionnaire défroqué, ce personnage de l'ombre, ce salaud, ce diable, traite ce pauvre vieillard sans défenses, cet impotent. » Ils ont dit que le vrai problème c'était la façon dont Sartre se laissait rudoyer, la façon dont il se faisait tutoyer : « a-t-on idée, quand on est Sartre, quand on est cette institution immense, ce Prix Nobel au carré, ce type qui a eu le prix Nobel et qui, en plus, l'a refusé, a-t-on idée de se laisser traiter comme ça ! » L'argument ne tient pas non plus. Car il se trouve qu'il y a un autre livre, dans l'œuvre de Sartre. Un livre bizarre. Et, même, plus que bizarre. Un livre qui s'appelle *On a raison de se révolter*, que Sartre a publié quelques années plus tôt, où il a le même interlocuteur, Benny, plus un autre, Philippe Gavi. Et le moins que l'on puisse dire est que ce livre-là aussi, cet autre livre, est un livre où le monument national se voit bizarrement traiter. *L'Espoir maintenant* rudoie le vieux Sartre ? Le tutoie ? Mais c'est déjà le cas, c'est encore plus le cas, dans *On a raison de se révolter* ! Et ce livre-là ne révolte, justement, personne. Et ce livre-là ne fait apparemment pas scandale. Il n'y a jamais eu, que je sache, de scandale autour d'*On a raison de se révolter*. Il y a, dans ce livre, des passages qui sont, à la relecture, insupportables. Il y a, dans la modalité de l'adresse à Sartre, dans certains passages sur le *Flaubert,* il y a dans cette façon de lui demander : « pourquoi continues-tu à écrire ton *Flaubert* au lieu de nous redonner un bon *Bariona*, une bonne pièce de théâtre populaire, ou un bon gros et grand roman populaire à la Eugène Sue ? », il y a dans tout cela quelque chose de détestable, d'inaudible, quelque chose qui sent la brutalité et l'anti-intellectualisme. Or c'est *L'Espoir maintenant* qui fait scandale. Ce n'est pas *On a raison de se révolter,* c'est *L'Espoir maintenant,* qui fait rugir tout ce petit monde. Pourquoi ? Qu'est-ce qui, dans cette scène-ci, dans ce moment-ci, dans cette aventure entre ce vieil homme et ce jeune homme, dans ce face-à-face, provoque, réellement, et tout à coup, un tel scandale ?

Telle est la question. Pour répondre à cette question, on dispose aujourd'hui de deux pièces. Le texte même des entretiens, tels que Verdier les a publiés, un peu plus tard, dans leur version intégrale. Et puis, d'autre part, ce livre que, cher Gérard Bobillier, vous publiez aujourd'hui, ces six ou sept textes de Benny rassemblés sous le titre de l'un d'entre eux, *La Cérémonie de la naissance*.

Il faut lire ces deux livres ensemble. Il faut les lire en miroir l'un de l'autre. Et on s'aperçoit, quand on le fait, qu'il s'est produit, sur cette scène-là, en ce temps-là, deux événements majeurs. Vraiment deux. Pas trois, deux. Et qui expliquent tout. C'est difficile, certes, de distinguer. C'est difficile, dans cette séquence unique qu'est l'interlocution Sartre-Benny, de séparer « deux » événements. Mais enfin faisons-le, quand même, pour la commodité des choses. Il y a un événement du côté de chez Sartre. Et il y a un événement du côté de chez Benny.

Du côté de chez Sartre, d'abord.

Du côté du « plus grand philosophe français vivant », dixit la doxa du moment.

Il se passe, de ce côté-là, un événement philosophique de première grandeur. Et cet événement philosophique, il est tout simple, c'est même le seul événement sérieux qui puisse advenir dans la biographie d'un philosophe : cet événement, il ressort de la lecture de *L'Espoir maintenant* et il se confirme à la relecture de ces nouveaux textes que Verdier nous rappelle et dont le rassemblement a le mérite de faire apparaître l'essentiel – cet événement c'est que le vieux Sartre, le Sartre qui avait échoué, le Sartre qui avait déclaré ses adieux à la littérature et à la pensée, *se remet tout bonnement à penser*. Ce n'est pas un vieux Sartre ; c'est un jeune Sartre. Ce n'est plus un Sartre en bout de course, c'est un Sartre qui reprend son souffle. « C'est notre jeune homme », comme dit l'autre. « Un homme jeune vient de mourir », dira une admirable femme à qui il a offert des chansons. Eh bien oui. Il est jeune. Il se remet à penser. Et cela se voit de manière très précise. Cela ressort des deux livres et apparaît, dans chacun des deux, de façon lumineuse. Sur trois ou quatre questions, sur les trois ou quatre questions qui avaient été, depuis trente ou quarante ans, les plus sensibles, les plus essentielles, les plus aporétiques, de la pensée et de la vie sartriennes, sur les points où ça a foiré ou bloqué, sur les points où ça a cessé de penser, sur les points où la maladie du doute et de la répétition est entrée dans son cerveau et dans les textes qui en sont issus, sur ces trois ou quatre points, l'intervention de Benny Lévy et l'intervention des textes qu'ensemble ils découvrent, font que ça se remet à penser.

Pour aller très vite, je dirai d'abord : la question de la morale, cette fameuse affaire de la morale dont Sartre a souvent dit qu'elle était la grande affaire de sa vie et, en même temps, le grand échec de son œuvre, cette Morale qu'il ne cesse d'annoncer et de différer, cette Morale dont il publie, avec Michel Sicard, des fragments, des cahiers, mais qu'il n'avait jamais écrite. Eh bien Sartre dit soudain, dans ce texte parlé avec Benny, quelque chose de considérable. Il dit : « enfin, je la vois ! enfin, elle est pensable ! je croyais être dans l'impasse, mais non, je n'y suis plus ! » Et je n'y suis plus, pourquoi ? Elle redevient pensable et possible pourquoi ? Elle redevient pensable parce qu'il y a un concept qui sort de cet échange. Il y a un concept qui lui vient – j'en dirai un mot tout à l'heure – de Levinas via Benny et de la philosophie juive à travers Levinas. C'est le concept d'« obligation ». Ce concept lui permet d'échapper à ce qui était l'impasse absolue de sa philosophie. Et ce concept lui permet d'échapper à ce qui rendait impossible sa morale. L'impasse dont il sort, c'était le tournoiement, le tourniquet, dans la question de la relation à autrui, entre l'enlisement dans l'en-soi et la frivolité du pour-soi. Il y a des pages de Merleau-Ponty très cruelles sur ce tourniquet. Merleau montre, dans ces pages, comment ce tourniquet est aussi ce qui programme la tentation totalitaire de Sartre. Mais il montre surtout que c'est ce qui rend impossible la Morale. Eh bien voilà. Survient le concept d'obligation, le concept d'un sujet obligé d'autrui, excédé d'autrui, et dont la subjectivité même consiste, non pas, comme disait Levinas, en une « ipséité repliée sur elle-même » mais dans une ouverture à autrui, dans une obligation pour autrui, dans une présentation à autrui, dans le face-à-face, en un mot, avec le visage d'autrui. Survient cette nouvelle idée d'autrui – mais attention ! le vrai autrui ! son vrai visage ! pas le visage masqué, percé par deux billes d'agate réifiées, qu'arborent la plupart des pseudo-vivants ! non ! le vrai visage vraiment vivant dont parle Levinas ! Et c'est ce concept-là dont Sartre dit, dans un émerveillement juvénile et rayonnant, qu'il est ce qui lui manquait et qui va rendre possible, maintenant, les travaux de son impossible morale.

Deuxième question que l'échange de parole avec Benny Lévy débloque. C'est la grande question des années qui précèdent. C'est la grande et énorme question qui obsède, à ce moment-là, tous les intellectuels français et européens. Cette question que Sartre et Benny Lévy se sont posée, l'un depuis très longtemps, l'autre depuis un peu moins longtemps, mais l'un comme l'autre avec autant de radicalité et, hélas, de sérieux, c'est la question de la révolution. On est en 1978. C'est l'époque où je découvre, moi aussi, Levinas. C'est l'époque où je travaille à mon propre « retour » qui prendra la forme du *Testament de Dieu.* Et Sartre se pose la même question. Il se la pose avec Benny. Et il se la pose parce que, avec Benny, il voit un concept nouveau faire irruption. Il se la pose parce qu'il voit arriver, dans une série de textes qu'ils se mettent à déchiffrer ensemble, un concept pour lui inédit. Et ce concept qui fait irruption, ce concept qui lui permet de poser en de nouveaux termes, de penser à nouveaux frais, en la déplaçant bien entendu, cette question de la révolution, c'est le concept de « messianisme ». Là encore, joie. Là encore, euphorie conceptuelle. Voilà un Sartre qui dit, dans l'émerveillement, que ce concept de messianisme permet de tout régler. Et cela, primo (je résume) parce qu'il permet d'échapper aux impasses de l'illégalisme, aux mauvais traitements imposés à la question de la loi et à la question du droit. Secundo, parce que le messianisme juif est une aventure qui se joue au quotidien, dans la vie de tous les jours, parce que cette aventure est inspirée par un souci moral et pas seulement par un souci économique, ou économiste, ou politique. Et puis tertio, parce que, contrairement à l'idée vulgaire que l'on s'en fait parfois, il échappe, ce concept de messianisme, aux grandes catégories de l'eschatologie ; parce que le messianisme, ce n'est pas l'eschatologie ; parce que le Messie qu'il annonce ce n'est pas quelque chose ou quelqu'un qui arrivera à la fin de l'Histoire ; parce que le Messie, comme dit Levinas dans une des lectures talmudiques que Benny et Sartre lisent ensemble, arrivera le lendemain de sa venue, ou peut-être la veille ; parce que le Messie c'est le mendiant, ou le prince, ou l'homme quelconque, fait de tous les hommes et qui les vaut tous, etc. Oui, ce concept de messianisme permet de penser une idée de révolution qui échappe aux impasses et de la philosophie de l'Histoire et de l'eschatologie. Il permet de soupçonner une pensée possible de la révolution qui conjurera le tragique et la misère de la pensée eschatologique.

Troisièmement, la question de la communauté. Pour Sartre, depuis toujours, pour le Sartre qui, comme dit Benny dans un des textes du livre, regarde, en 1936, passer les manifestations du Front populaire sans s'y mêler, pour ce Sartre-là, il y a une oscillation entre deux fascinations. Il y a le Sartre individualiste, romantique, pessimiste, qui ne croit qu'à la conscience et à ses vertiges ; il y a le Sartre Roquentin, qui n'a que mépris pour les humanistes dont le portrait générique est celui de l'« Autodidacte » ; il y a ce Sartre-là, ce Sartre rebelle à toute espèce de lien communautaire ; le Sartre pour qui la question même de l'être-ensemble est une question qui n'a pas de sens. Et puis il y a l'autre Sartre ; il y a le Sartre du groupe en fusion ; il y a le Sartre de la *Critique de la raison dialectique* ; il y a le Sartre du stalag ; il y a le Sartre de *Bariona*, cette pièce mise en scène, au stalag, par une certaine nuit de Noël, et dans des termes qui sont ceux-là mêmes dont Roquentin se moquait (et avec quelle cruauté !) dans le portrait de l'Autodidacte ; il y a ce Sartre qui fait l'expérience vivante, vécue, charnelle de la communauté. Sartre, c'est l'un ou c'est l'autre. C'est l'expérience charnelle de la communauté, ou l'expérience aristocratique de la séparation, le regard des lointains sur Bouville, la ville des bœufs. Or que dit Sartre, maintenant ? Voilà que, dans ce face-à-face, dans ce corps-à-corps, dans ce texte-à-texte avec ce jeune intellectuel révolutionnaire, ou anciennement révolutionnaire, il découvre des textes dont il ne sait rien et qui lui disent l'étrangeté, le miracle, de ce Dieu qui parle à la fois à tous et à chacun, qui interpelle les sujets dans leur singularité *et* dans leur communauté. L'un et l'autre, ils découvrent, ils voient de manière éblouissante, ils entrevoient – pour rester dans le vocabulaire sartrien – une issue par le texte juif, une issue par le modèle de ce Dieu parlant au peuple juif, c'est-à-dire à chacun et à tous. Ils entrevoient une issue à cette impasse, à cette aporie de la communauté – sur laquelle s'est brisé le maoïsme et, avec lui, tout le « gauchisme » –, et cette issue c'est le judaïsme. Ce seront, beaucoup plus tard, longtemps après la mort de Sartre, les derniers mots du *Meurtre du pasteur* mais, d'une certaine façon, tout est déjà là : « miracle du Sinaï, chacun est tout Israël »…

Et puis enfin, je disais tout à l'heure que la grande question philosophique que s'était posée Sartre, et que se sont posée tous les philosophes du XIXe et du XXe siècle, c'était la question du rapport à Hegel. Qu'est-ce qu'il faut penser de ces textes qui nous disent que l'Histoire est en train de se terminer et la philosophie avec ? Qu'est-ce qu'il faut penser, et comment le penser, après cet homme qui nous dit qu'Histoire et Philosophie sont en train de se terminer, glorieusement, dans un livre, le sien, le livre de Hegel ? La philosophie moderne n'a cessé de s'affronter à cette question. Et il y a eu, pour le faire, trois grandes positions possibles. Il y a eu, premièrement, des philosophes et des penseurs selon lesquels l'idée même d'une fin de la philosophie n'avait aucun sens. Il y en a eu d'autres pour dire que l'idée même d'une fin de la philosophie pouvait avoir un sens, mais qu'elle était obscène, surtout au XXe siècle, siècle de carnages et de camps : c'est l'attitude, après les carnages de la guerre de 14, de quelqu'un comme Rosenzweig. Et puis il y a les philosophes qui pensent que l'idée d'une fin de la philosophie et d'une fin de l'histoire a un sens, mais que ce n'est pas là, que ce n'est pas encore ça, que le Messie annoncé n'est pas Hegel, que ce sont les néo-hégéliens, que c'est Karl Marx ou tels contemporains ou successeurs de Karl Marx. Sartre, donc, est dans cette conjoncture-là. Il est dans cette question du sens ou non, de la validité ou pas, du diagnostic hégélien. C'est la question qu'il a posée dans cette énorme chose, ce monument de philosophie qu'est *L'Etre et le Néant*, et c'est la question qu'il a renoncé à poser et, plus encore, à résoudre, face à laquelle il a déclaré forfait, dans cet autre grand livre qu'est la *Critique de la raison dialectique*. Il en est là quand arrive Benny. Il en est exactement là. Sa philosophie, en d'autres termes, est en panne. Et voilà que quelques mots, quelques moments de cette scène-là, de ce dialogue avec lui, Benny, voilà que l'évocation, avec lui, de l'histoire d'un peuple, le peuple juif, dont l'hégélianisme avait déclaré et programmé la mort, dont l'hégélianisme comme tel était là pour dire que, comme tel, il ne pouvait que disparaître – voilà que l'évocation du destin de ce peuple, l'évocation de sa survie à travers l'Histoire, l'évocation de sa survie à travers des formes qui ne sont pas celles que prescrit ou que diagnostique le dispositif hégélien, voilà que l'existence même d'un peuple, ce peuple sans Etat, ce peuple sans terre, ce peuple qui se rassemble autour d'une table ou autour d'un livre, la table d'une maison d'étude, ou le livre du Talmud, voilà que ce peuple-là, loin d'être condamné par l'hégélianisme, c'est lui qui, par son existence même, par son obstination à être, par son endurance, son épreuve, condamne l'hégélianisme qui le condamnait. C'est la dernière révélation sartrienne. Je crois que l'on peut dire « révélation ». Bien sûr, – et Benny le dit très bien dans le livre – ce Sartre-là, son rapport à la philosophie juive n'est pas le rapport d'un croyant. Bien sûr, le sensé biblique tel que l'entend Sartre à ce moment-là n'a rien à voir avec ce qu'entendra Benny plus tard et, en tout cas, à la fin de sa vie. Bien sûr, enfin, cette découverte n'en est pas tout à fait une et ne fait, somme toute, que réactiver une vieille idée qui était celle de Herder et que la double mâchoire du piège hégélien d'un côté et kantien de l'autre avait fini par occulter (Herder le philosémite... Herder enrageant de voir le peuple juif tant tarder à prendre le chemin de la Palestine... Herder voyant dans le peuple juif dispersé, sans Etat, la communauté rêvée, absolue et déjouant tous les critères de *La Phénoménologie de l'esprit*...). Bien sûr... Mais n'empêche. Il y a révélation, là encore, et qu'on le veuille ou non, d'une issue miraculeuse à ce qui était le verrou même, la fermeture, du discours philosophique sur lui-même. Et face à ce verrou hégélien, face à l'échec de la tentative menée au moment de *L'Etre et le Néant,* face à ces tentatives répétées et toutes avortées, face à ces déroutes mises les unes au bout des autres et qui montrent qu'on « n'en sort pas », Sartre, à tort ou à raison, a le sentiment que si les cinq ou dix années qu'il espère encore vivre, lui sont effectivement données, le paysage a changé : l'irruption de la philosophie juive dans sa vie, et dans sa tête, va lui permettre d'opérer la première grande effraction à l'extérieur du dispositif hégélien.

Je résume. Ce vieux Sartre voit la possibilité de repenser la question de la révolution ; d'écrire enfin sa morale ; de penser une communauté qui ne soit pas une communauté de Terreur ou une communauté du serment, ou une communauté en fusion (je vais y revenir). Il voit, encore et enfin, la possibilité de répondre à la question qu'il n'a cessé de se poser toute sa vie, et qui est : « est-il possible de philosopher après Hegel ? est-il possible de démontrer qu'Hegel s'est trompé ? » Et tout ça, ces quatre ébranlements-là, ces quatre vacillements de pensée, ces quatre brèches, celui qui en est responsable est ce jeune intellectuel, Benny Lévy, ainsi que les textes qu'ensemble ils découvrent et lisent. Voilà le scandale. Voilà, du côté de chez Sartre, ce qui fait réellement scandale – à la fois événement et scandale, scandale car événement, ou événement parce que scandale.

De l'autre côté, maintenant… Du côté de chez Benny… Eh bien, du côté de chez Benny, il se passe aussi des choses très intéressantes. Du côté de chez Benny Lévy et du côté, après lui et dans le sillage de ses textes, de toute une frange de ses contemporains ou de son temps, du côté de ceux qui commencent, à son contact, au contact de sa parole, de penser autrement, il passe également une série de choses énormes.

Il y a un premier texte dans *La Cérémonie de la naissance* que, j'avoue, je ne connaissais pas, et qui m'a considérablement surpris. C'est le tout premier texte du livre. C'est un texte de 1975, qui s'appelle « Sartre et le gauchisme ». Un texte d'abord très étrange, où apparaît subrepticement, entre les lignes, un très jeune Benny pour le coup, un Benny influencé par le foucaldisme, un Benny presque deleuzien lorsqu'il dit, page 12 : « il ne s'agit plus de protester, vigile impuissant, mais d'inventer, d'agencer des contenus inédits de liberté, souveraineté » ou lorsqu'il parle, un peu plus loin, des « dispositifs de pouvoir-savoir auxquels le gauchisme à l'agonie doit peut-être s'affronter ». Benny Lévy, en 1975, est influencé par cette pensée de l'époque. Il est marqué par cette vulgate foucaldienne et même deleuzienne. Et c'est ce Benny donc qui, en 1975, écrit un premier texte à propos de Sartre – un Sartre avec lequel l'aventure de pensée a sans doute déjà commencé, je n'ai pas très bien en tête les repères biographiques, mais je le suppose ; on est en tout cas bien avant *L'Espoir maintenant* et, dans ce texte, l'homme qui, deux ans plus tôt, a dissous la Gauche prolétarienne, le coauteur d'*On a raison de se révolter*, dit des choses très bizarres.

D'abord la question du *Flaubert*. Ce *Flaubert* dont le coauteur d'*On a raison de se révolter* prétendait ne pas voir l'intérêt ou la nécessité et qui, aujourd'hui, dans ce texte de 1975, dit qu'« écrire le *Flaubert*, ce n'est peut-être pas essentiel, mais enfin écrire des bêtises à la place d'écrire le *Flaubert*, c'est encore pire ». Un Benny qui, par conséquent, là, en 1975, voit pointer, dans le fil d'un certain anti-intellectualisme gauchiste, une grande bêtise, le règne de la Chose, la possibilité d'une barbarie – il faut appeler les choses par leur nom ! Je vous signale d'ailleurs que le même Benny, un peu plus haut, dans le même texte, dit à propos du « règne de la Chose », à propos du règne de la bêtise et à propos de cet anti-intellectualisme militant dans les groupes révolutionnaires de l'époque et, notamment, dans la Gauche prolétarienne, le même Benny dit, citant Sartre (c'est un texte de *Situations IV*) : « c'est vrai, l'intelligence pue, mais pas plus que la bêtise ». Et ce texte, toujours cité et commenté par Benny, continue : « il y a des odeurs pour tous les goûts ; la bêtise sent le fauve et l'intelligence pue peut-être, mais elle sent l'homme ». Commentaire du fragment, commentaire par le jeune Benny de 1975, de ce fragment sartrien : eh bien c'est une tâche pour la pensée que de mener la « résistance » contre cette « haine de la pensée » où toute une génération a failli sombrer. Voilà. Je ne lis pas tout le texte. Mais il est là. Vous y trouverez des lignes très belles. Vous y trouverez un passage, notamment, où il parle de la tentation du « suicide chez les intellectuels de son temps », c'est-à-dire de l'« établissement », c'est-à-dire de l'abolition – comme on disait en ce temps-là, comme il l'avait lui-même dit – de la position de l'intellectuel par l'installation en usine. Et Benny – c'est lui qui parle, ce n'est plus Sartre – et Benny dit ceci (et je trouve que ces phrases, à cette date, sonnent de manière incroyable) : « méfions-nous comme de la peste de l'intellectuel purement nouveau ; méfions-nous comme de la peste de l'organisation ouvrière purement institutionnelle ; méfions-nous de la pureté. » Et il ajoute, à propos de ce mot de pureté : « la pureté qui enfante des monstres ». Vous avez compris. On est en 1975. Et vous avez, en 1975, un Benny qui, avec Sartre, dans cette relation à Sartre, dans ce rapport d'interlocution avec Sartre, contribue à mener en terre, à mettre au tombeau, le gauchisme politique et philosophique.

Il y a un deuxième texte dans ce livre, beaucoup plus tardif, qui m'intéresse. C'est le tout dernier texte, cette fois, du volume. C'est le texte qui s'appelle « La double postérité de Sartre ». C'est un texte, « La double postérité de Sartre », qui fut prononcé à Jérusalem et qui est prolongé par un entretien, je crois, avec des étudiants israéliens. Et dans ce dernier texte, Benny évoque l'un de ses contemporains qui, lui, est toujours là, qui publie encore et qui vient de publier, récemment, un recueil de textes sous le titre *Le Siècle*, et qui s'appelle Alain Badiou. Dans ce texte, Benny dit : « il y a des fils de Sartre qui sont, si j'ose dire, aussi authentiquement fils que moi et qui sont les nouveaux antisémites d'aujourd'hui. » Puis, à peu de chose près : « le noyau du nouvel antisémitisme, c'est un monsieur qui s'appelle monsieur Alain Badiou, qui a écrit un livre sur saint Paul pour expliquer que Paul est la figure du militant, donc la figure de Badiou, puisque Badiou a été militant d'un petit groupuscule maoïste. » Et il conclut : « autrement dit, si Sartre avait été Simone de Beauvoir (si j'ose dire), c'est-à-dire si Sartre n'avait été que ce côté-là, le côté Badiou, athée, existentialiste bête et méchant, effectivement, il n'y aurait aucune raison de ne pas aller, à partir de sa pensée, droit à la matrice théorique du nouvel antisémitisme – progressisme antisémite ; mais Sartre, ça n'a pas été que cela. » Et un peu plus loin encore, il cite Jean-Claude Milner – c'est à la toute fin du texte, à la fin de l'entretien, ce sont les tout derniers mots du livre : « mon ami Jean-Claude Milner a écrit un livre remarquable contre le progressisme qui s'intitule *L'Archéologie d'un échec*, texte éblouissant ; et dans ce livre, il se pose notre question sur Sartre : Sartre est-il le père du progressisme ou non ? » Et Milner est bien embarrassé, dit Benny : « il montre qu'il y a évidemment un Sartre qui a été d'usage progressiste, mais sachant ce que j'avais fait avec lui, ce que moi, Benny, j'ai fait avec Sartre, ayant lu mes livres, il sait qu'il y en a un autre de postérité sartrienne. » Bref. Le texte contre Badiou est ce qu'il est. Si Benny était là, s'il était vivant, je lui dirais sans doute que je le trouve trop dur, trop violent, injuste. Mais bon. Ce qu'on voit dans ce livre, avec ce dernier texte, avec l'hommage à Jean-Claude et la charge contre Badiou, ce qu'on voit, c'est la décomposition de la figure du progressisme et on voit aussi se composer le visage d'un Sartre qui aide à penser cela, d'un Sartre antiprogressiste : j'entends « progressiste », naturellement, au sens philosophique ; je l'entends au sens qu'il avait dans ma *Barbarie à visage humain*, quand je faisais le procès de « l'idée réactionnaire du progrès » – je n'insiste pas… Benny peut nous dire, après cela, et il a peut-être raison, que l'élément dominant de l'héritage, ce qui pèse le plus lourd, c'est le côté Badiou, pas le côté Milner. Il peut regretter que ce soit le côté « progressiste » qui pèse finalement plus lourd, dans la postérité sartrienne, que le côté antiprogressiste. Mais peu importe. La chose est dite. Et c'est le mérite de ce livre de la dire. C'est le mérite de cette scène, c'est l'autre événement qui, du côté de chez Benny, s'opère sur cette scène, que de construire ou de voir se construire un Sartre antiprogressiste, de montrer la possibilité de ce sartrisme antiprogressiste, d'assister au tracé de la généalogie de ces autres enfants de Sartre qui sont ses fils non progressistes. Là, pour le coup, cette problématique-là ne m'est pas étrangère, c'est le moins que l'on puisse dire.

Mais voici deux autres textes, encore. Le texte que citait Gilles Hanus tout à l'heure, ce texte de 1979 qui s'appelle « Apocalypse ». Et puis le texte de 1986 sur Sartre et le judaïsme. Face-à-face de ces deux textes. Travail, l'un sur l'autre, de ces deux textes. Et travail d'eux deux sur celui que je viens de commenter. Dans le premier, « Apocalypse », qui est le texte de 1979, on voit le jeune Benny, le Benny de l'époque de *L'Espoir maintenant*, le Benny qui fait la navette entre Levinas et Sartre, le Benny qui se pose encore les questions qu'il se posait au moment de la dissolution de la Gauche prolétarienne mais qui le fait, maintenant, à la lumière de son être-juif naissant, on voit Benny, donc, qui fait la leçon à Sartre et qui, en gros, reproche à Sartre de ne pas avoir donné suite à sa promesse, sur la question de la multitude, sur la question du nombre, de ne pas avoir tenu la promesse qui consistait, sur cette question, à sortir du préjugé platonicien. Parce que, chez Platon, les choses sont claires. Elles le sont même désespérément. La multitude est monstrueuse. La multitude est matérielle. La multitude est informe, affectée d'un signe négatif, forcément et définitivement négatif. Alors Benny, dans ce texte, s'adresse à Sartre. Et, même s'il ne lui parle pas, il lui dit – le sens de l'adresse est, en tout cas, celui-là : « cette question philosophique majeure qui est la question de la multitude, la question du nombre que tu avais posée, à laquelle tu t'étais affronté et que tu avais affrontée avec probité, cette question-là, tu as échoué à y répondre ; et tu as échoué pourquoi ? parce que tu es resté platonicien ; parce que tu n'as pas suffisamment laissé parler le quarante-huitard qui vibre en toi. » On est aux pages 52-53 du livre. On est, surtout, en 1979. Et cette question de l'Apocalypse est, pour Benny, la question majeure. « L'Apocalypse, dit Benny, c'est bien cette naissance d'un nouvel existant : l'homme fraternel. » Puis : « la fraternité advient à ce moment d'effusion où l'insignifiant devient signifiant, devient prose insurrectionnelle. » Puis, un peu plus loin : « l'Apocalypse révèle la courbure fraternelle de la socialité, la société d'avant la société, l'historialisation antéhistorique. » Et un peu plus bas encore (c'est toujours Benny qui parle et qui s'adresse de manière oblique à Sartre, qui fait indirectement la leçon à Sartre, qui souligne la vérité entrevue par Sartre et au seuil de laquelle il s'est arrêté, qu'il n'a pas osé penser jusqu'au bout) : « la vérité de feu de l'Apocalypse, contrairement à ce que dit Sartre, tient précisément à ce fait de parler sans se connaître ; l'Apocalypse est lieu de parole, brûlante comme une effusion de lave ; la phrase circule de bouche en bouche, chaque tiers interpellé par l'un renvoie l'interpellation à l'autre ; la pesanteur du nombre se fait grâce. » C'est donc Benny qui parle. Mais c'est le prolongement de quelques-unes des intuitions les plus fortes, mais retombées, de la *Critique de la raison dialectique.* Ce jeune Benny, ce premier Benny, relève en quelque sorte le défi de la *Critique de la raison dialectique.* Il en conjure, pense-t-il, la retombée. Et il dit : « la pesanteur du nombre se fait grâce ». Voilà, dit-il, ce que Sartre a mi-dit. Voilà ce qu'il a entrevu et n'a pas tout à fait pensé. Et il continue : « de proche en proche, dans la fièvre, le miracle de la prose insurrectionnelle, le miracle se produit, le lointain devient mon prochain. »

Mais ce texte, il faut le lire en regard d'un autre texte qui se trouve, grâce à vous, amis de Verdier, quelques pages plus loin et qui va tout changer. On est aux pages 94-95 du livre, c'est-à-dire à la fin du texte intitulé « Sartre et la judéité ». On est en 1986, six ans après la mort de Sartre. Et c'est une belle méditation de Benny à propos d'un personnage qu'il a souvent évoqué et qui est celui du rabbin égorgé des *Séquestrés d'Altona.* Vous connaissez la scène. Franz est dans sa cellule, tenu par quatre SS, et contraint d'assister à l'égorgement du rabbin. Et, dans le fil de cette scène sartrienne, dans le fil de la méditation sartrienne sur cette scène terrible, dans une sorte de vertige de la relation, telle que Sartre la pense, entre les SS, la puissance des SS et l'abjecte impuissance de Franz, Benny va découvrir quelque chose qu'il ne voyait pas dans « Apocalypse ». Suivons le texte. « Les SS se mettront à quatre pour tenir et plonger Franz – c'est donc Benny qui parle – dans l'abjecte impuissance ». Puis : « alors que celui-ci, le rabbin, saignait, Franz, nous l'apprenons au troisième acte, découvre au cœur de son impuissance je ne sais quel assentiment ». Et alors, dans le fil de ce texte, Benny revient sur l'autre scène, la scène de l'Apocalypse, qui, dans le texte de 1979, lui paraissait comme une sorte d'apothéose. Il revient sur cette scène-là, la scène quarante-huitarde, la scène soixante-huitarde, la scène insurrectionnelle, mais il y revient à la lumière de deux autres textes de Sartre lui-même. Ce texte, donc, des *Séquestrés d'Altona.* Mais aussi un autre texte, issu d'un des livres les plus malfamés de Sartre, d'un livre supposé inculte, mal instruit, analphabète, d'un livre dont Sartre disait lui-même qu'il l'avait écrit de chic et « sans documentation », les *Réflexions sur la question juive.* Et Benny reprend, dans les *Réflexions sur la question juive*, les pages consacrées par Sartre à « l'homme des foules ». Que dit Sartre dans ces pages ? Que dit Sartre commenté par Benny ? Eh bien, dans ces pages, Sartre déclare que le prototype de l'homme des foules cherchant, comme dit Benny, « la température de fusion » maximale, le prototype de l'homme en communion « irrationnelle et fraternelle », le modèle, en gros, du beau et bon « groupe en fusion », c'est le groupe antisémite, obéissant à la loi et à la pulsion du lynchage. Et Benny de poser alors la question – il la pose à propos de Sartre, mais il la pose aussi à Sartre – que nous nous posons nous-mêmes aujourd'hui, que nous ne pouvons pas ne pas nous poser. On est à la page 96. Il est lui-même, on le sent au ton du texte, dans l'hésitation, l'indécision, le vertige. On sent bien, oui, l'embarras où la question qu'il va poser le plonge déjà (il dit d'ailleurs, explicitement : « notre embarras devient extrême »). La question qu'il pose est celle-ci : comment et pourquoi d'un livre, *Réflexions*, à l'autre, la *Critique*, « la collectivité antisémite a-t-elle perdu sa température de fusion » ? Comment ce qui était synonyme de meurtre et d'horreur vient-il à être affecté d'un signe positif ? Ou, mieux : qu'est-ce qui distingue le groupe en fusion révolutionnaire de la *Critique de la raison dialectique*, et le groupe en fusion lyncheur et antisémite des *Réflexions sur la question juive* ? Et il répond, du fond de cette vieille expérience juive du malheur et du pogrom dont il est l'héritier sans le savoir encore tout à fait, il répond, page 98, « du fond de la méfiance juive (je le cite, cette fois, précisément) fondée sur une expérience séculaire à l'égard des perversions de la fusion », il répond, du fond de cette expérience-là, du fond de la méfiance juive, fondée sur une expérience séculaire, à l'égard de la perversité de l'homme des foules et des effets pervers de la fusion, il répond que la différence majeure (il y en a d'autres, bien sûr, et il précise que ni Sartre ni lui ne vont confondre le Sans-Culotte et le nazillon, ou le Sans-Culotte et le Croix-de-Feu) c'est que la température de fusion, la haute température, la chaleur fusionnelle dont l'expérience révolutionnaire a si souvent dit qu'elle était fragile, qu'elle ne dure pas, qu'elle est précaire, qu'elle retombe inévitablement et qu'elle ne peut se maintenir que dans la froideur, la froidure du serment et de la fraternité-terreur – il répond, donc : « la grande différence c'est que, dans le groupe en fusion pogromiste, la température de fusion dure plus longtemps. » Eh oui ! Plus longtemps ! Le groupe en fusion pogromiste est plus durable que le révolutionnaire. Le groupe en fusion pogromiste est plus solide, plus « vrai », que le groupe en fusion, par exemple, des Sans-Culottes. Le groupe en fusion pogromiste perdure comme une sorte, non pas de société secrète, mais de société souterraine qui vit, survit, palpite beaucoup plus longtemps que la jolie société des preneurs de la Bastille. Il a, le groupe pogromiste, une durée de fusion bien plus longue que le groupe en fusion révolutionnaire et c'est cela qui fait que, pour Benny, ou pour Sartre lu par Benny, il y a dans le groupe en fusion pogromiste comme une vérité de la grande illusion progressiste. C'est la deuxième découverte. C'est le deuxième événement de pensée de ce livre côté Lévy. Et c'est énorme. Mettez ces deux textes en regard. Mettez en regard le texte de 1979 et ce texte de 1986. Et, dans l'embarras, dans l'aporie, dans le vertige, on sent ce démenti de fond, ce désaveu de fond, on sent la mise en ruine, la « mise en miettes », comme il disait, des grandes prescriptions et illusions du progressisme.

Maintenant, la troisième chose. Le troisième événement qui se produit chez Benny, dans ce rapport avec Sartre et grâce à Sartre. C'est évidemment la question de la France… Bien sûr, la langue de Sartre… Bien sûr, la langue française telle que Sartre la parlait, c'est-à-dire l'écrivait, et dont Benny a dit qu'elle lui a été constitutive et qu'elle a été sa vraie patrie… Bien sûr… Bien sûr… Mais enfin, vous avez aussi, en face, la stupeur de Benny, et d'une certaine manière sa joie – ce n'est pas le mot qu'il emploie mais c'est ce qu'il veut dire et c'est même ce que, d'une certaine façon, il dit – lorsqu'il découvre aussi, dans Sartre, le droit de penser du mal de la France. Le jeune Benny. L'étudiant, à titre étranger, à l'Ecole normale supérieure. Le Benny d'avant la naturalisation par Valéry Giscard d'Estaing sous la pression de Jean-Paul Sartre. Le Benny qui ne s'est pas encore octroyé le droit de re-porter son propre nom. Eh bien le voici, ce jeune Benny, qui découvre dans l'œuvre et la langue de Sartre, la charge la plus forte, la plus violente, la plus iconoclaste, que l'on puisse imaginer de la part d'un écrivain français contre la France noire, contre la France sombre, contre la mauvaise France, contre la France qui fait honte et dont il convient de porter la honte. La « France tellurique », dit-il, lui, Benny, à la page 86 du livre. La France des « salauds », aurait dit Sartre – mais il reprendrait volontiers, lui, Benny, à son compte ce mot de « France des salauds ». Etant entendu que « salaud », chez Sartre, n'est pas seulement, comme vous savez, une catégorie morale mais que c'est aussi, surtout, une catégorie métaphysique. Le salaud, chez Sartre, c'est celui qui croit qu'il est justifié d'être. C'est celui qui croit qu'il a sa place en ce monde et que cette place lui est destinée. C'est celui – je l'ai dit cent fois mais il ne faut pas se lasser de le rappeler – qui, ne doutant, ni de l'ordre du monde, ni de sa place dans cet ordre, ne peut pas douter non plus de la consistance de cette France du terroir, de cette France du sang, de cette France des corps inspirés par la francité. Et c'est celui qui, par voie de conséquence, jouit de n'avoir pas de raisons de douter de son inscription dans cette France-là… Eh bien ce que l'on voit apparaître, dans ce livre, c'est la réaction d'un jeune intellectuel né hors de cette France du terroir ; c'est la révolte d'un jeune normalien né, comme Europe, comme la princesse Europe, comme le personnage de la mythologie grecque nommé « Europe », de l'autre côté du Détroit, c'est-à-dire en Egypte, et puis venu ici, en terre de France, sur le dos d'un taureau ailé qui a le visage, sinon de Jean-Paul Sartre, du moins de ses livres ; ce que l'on voit apparaître c'est, à la fois, cet amour de la langue de Sartre, cette impayable dette à l'endroit de cette langue et de l'amour qu'il lui a porté et cette réaction de méfiance instinctive, et désormais instruite, à l'endroit de ce que, pour ma part, dans les mêmes années, j'appelais « l'idéologie française ». C'est la leçon de Sartre, là encore. C'est sa leçon telle qu'elle apparaît dans ce livre de mon homonyme et ami. C'est sa leçon à l'œuvre dans la pensée de Benny Lévy. Sartre, selon Benny, indique les contours et souligne le péril extrême de cette « idéologie française ». Sartre est le penseur qui pointe cette Atlantide, cette demi-Atlantide car à demi engloutie seulement, que j'ai appelée, pour ma part, le pétainisme éternel, ou le pétainisme transhistorique, ou le pétainisme en tant qu'il est une vibration, une longueur d'onde, qui traverse, avant et après Pétain, toute l'histoire de France contemporaine.

Et puis, bien sûr, l'essentiel. J'en parlerai avec beaucoup plus de scrupules et de crainte, tout simplement parce que Benny n'est plus là et que je ne sais pas si j'aurais pu, en sa présence, en parler à son sujet, et encore moins à sa place. Mais enfin je vais essayer. C'est la question de l'être-juif et de la naissance juive de Benny. C'est, hors toute cérémonie de la naissance et des adieux, la question de cet être-juif, de ce nom juif, qui vont l'accompagner le reste de sa vie mais dont on voit bien – car il le raconte dans une page magnifique – ce que l'aventure doit à Sartre. L'émotion qu'il ressent lorsqu'il voit sur les kiosques à journaux de Paris, à propos du texte de *L'Espoir maintenant*, son nom, Lévy, brusquement exposé. Ce sentiment, dit-il, d'être « comme un papillon épinglé, brûlé, incendié ». Ce nom de feu, au sens propre. Ce nom de feu, il n'y a pas d'autre mot. Benny Lévy, en 1980, ne connaît rien, ou presque rien, du mystère des lettres de feu. Il ne connaît rien, ou presque rien, de cette science juive, de cette pensée juive, qui s'écrivent en lettres de feu. Mais voyez. Il en retrouve spontanément les termes. Son nom incendié, ce nom de Benny Lévy qu'il porte pour la première fois depuis que, par la grâce de Sartre, il est devenu français, il le voit en feu. Ce nom que Sartre lui rend, il l'assume dans les mots de la science juive, de la « Science du judaïsme ». Benny Lévy, dans le même geste (à quelques années près : c'est la même séquence de temps et, donc, j'affirme que c'est le même geste) est devenu français et juif, français de l'autre France, la bonne, la glorieuse, l'hostile à « l'Idéologie française » – puis juif de ce judaïsme à venir, juif par Sartre, juif grâce à Sartre, juif à la mode Sartre. Sartre, dans la vie de Benny Lévy – là encore, cela ressort de ces pages de feu et de lave – c'est, à la fois, l'accès à la France, la découverte de l'identité française et la découverte, en même temps, de la gloire d'être juif.

Alors, bien sûr, la gloire d'être juif selon Sartre est très loin, à nouveau, de ce qu'en aurait dit Benny Lévy dans les dernières années de sa trop brève existence. Elle est même antinomique, antonyme, de ce que tout cela deviendra chez lui, Benny, après la mort de Sartre et la « montée » à Jérusalem. Mais, comme dit Benny lui-même, « on n'y voyait que du feu » et le malentendu eut, quand même, la vertu de le mettre en chemin et en mouvement. C'est, d'ailleurs, une vieille histoire. C'est une histoire qui date des *Réflexions sur la question juive.* Car on peut dire ce que l'on veut des *Réflexions sur la question juive.* On peut souligner, à l'envi, toutes les faiblesses du livre. On peut énumérer, dans la description du Juif de la rue des Rosiers par exemple, tous les emprunts que le livre fait encore à la vieille rhétorique française et à ses clichés. Quand le plus grand philosophe français vivant, quand l'un des plus grands écrivains de langue française vient dire que, lorsqu'il décrit le Juif dans *Réflexions sur la question juive*, c'est de lui qu'il parle, c'est de son expérience qu'il est parti, c'est dans ses propres blessures et épreuves qu'il puise, il se passe quand même une chose énorme. Et ce qui se passe c'est que lorsque, ensuite, on s'appelle Claude Lanzmann, ou Jean Daniel, ou, un quart de siècle plus tard, Bernard-Henri Lévy ou Benny Lévy, on ne peut faire autrement que d'exulter. Je choisis ce mot d'exulter à dessein. Car, de cette exultation juive, Benny parlera admirablement plus tard. Et elle désignera le signe, le moment même, du « Retour »... Bref, cette identification de Sartre au judaïsme, cette identification du Sartre sans maison et sans bagage, du Sartre déraciné et sans territoire, avec ce que Benny perçoit du judaïsme, cela peut bien relever du malentendu et de la confusion. Le dernier Benny pourra y voir la définition du judaïsme la plus faible qui puisse être et, donc, la dernière ruse du destin diasporique. Mais bon. C'est ainsi. Claude Lanzmann, je le répète, a dit des choses fortes sur sa découverte, vingt ans plus tôt, des *Réflexions.* Et, à l'arrivée, le fait est là : pour un jeune

Juif, quelle joie ! pour Benny et, pardonnez-moi, pour moi, quelle exultation !

Et puis, Sartre, dans la vie de Benny, dans le rapport de Benny à son propre judaïsme, dans l'histoire de son tournement, c'est encore autre chose. On est à la page 113 de *La Cérémonie de la naissance*. Benny oppose Sartre à Heidegger. Il dit, je cite à peu près, « la chance que ce fut pour lui d'être tombé sur Sartre plutôt que sur Heidegger ». Et il cite un texte de Levinas qui se trouve dans *Les Imprévus de l'Histoire*. C'est Levinas qui parle, cette fois. C'est Levinas cité par Benny, puis commenté par lui, Benny, mais c'est quand même bien Levinas qui parle. « A nous, dit-il, à nous les survivants des camps d'extermination, à nous les rescapés de l'histoire universelle, à beaucoup d'entre nous, ce langage nouveau se révéla brusquement familier ou très proche dans la lecture de Sartre, dans la rencontre de la pensée de Sartre. » Ce « langage nouveau » dont parle Levinas c'est, bien entendu, le langage du sensé biblique. Et Levinas continue – il parle toujours de Sartre, et il continue : « il joua un grand rôle dans notre audace à revenir à de vieux discours, interrompus depuis longtemps et progressivement oubliés, autour des écritures et des traités. » Puis : c'est par lui que l'on put « y percevoir à nouveau l'appel à la mission pour les hommes au lieu d'y puiser de purs préceptes cérémoniels, d'obéir à la paix sous différentes formes, en Occident ou en Israël, de s'engager sur des voies difficiles ». Ce texte de Levinas est incroyable. Et Benny, de fait, le commente comme tel. Il se trouve à Jérusalem, à l'Institut d'études lévinassiennes, face à une assistance sans doute assez semblable à celle-ci. C'est, sauf erreur, sa toute dernière intervention dans le cadre de l'Institut. Et, donc, il commente – je reviens, cette fois, au texte de *La Cérémonie* : « vous voyez ce que Levinas est en train de dire ? il est en train de dire qu'il est retourné au Talmud parce qu'il était sartrien... » Et il continue, je l'entends littéralement continuer dans ce grand éclat de rire dont nous nous souvenons tous et dont nous avons encore le son dans l'oreille : « moi, pour avoir dit cela, on me casse les pieds depuis vingt-cinq ans, avec des articles qui ont toujours le même titre, *De Mao à Moïse* ! On n'a jamais embêté Levinas qui dit pourtant la même chose… »

Alors ce texte de Levinas, quand on le relit – il se trouve dans *Les Imprévus de l'Histoire*, édition Fata Morgana, page 150 – est, non seulement incroyable, mais très curieux. Levinas dit en effet, proprement, qu'il est « venu à la philosophie juive grâce à Sartre ». Mais la raison qu'il en donne, l'explication qu'il propose de cette contiguïté entre la pensée sartrienne et le Talmud est quand même assez courte. C'est, en gros, l'« engagement ». C'est, en gros, l'idée qu'il y a, dans le judaïsme et la philosophie sartrienne, la même conception de la praxis, de l'action, de l'engagement. Définition bien maigre du judaïsme, on en conviendra. Dire de cette contiguïté qu'elle tient à « l'expérience juive d'une relation à Dieu, ou d'un saisissement par Dieu, qui n'est pas sans rappeler la praxis sartrienne », parler de l'« engagement pour l'autre », du « souci d'autrui », voire d'un « nouveau type » d'homme « engagé et toujours disponible, et comme sans situation et sans bagage qui alourdiraient ses pas », c'est bien parler de Sartre, mais ce n'est pas bien parler du judaïsme ni même du lévinassisme. Et quand, un peu plus bas encore (c'est la toute fin du texte de Levinas, page 158), Levinas voit dans le rapport au Dieu infini, dans l'affirmation de ce rapport comme un rapport éthique, dans l'éthique définie comme existence des hommes les uns pour les autres, la clef de la contiguïté et de la relation de Sartre, non pas exactement au judaïsme, mais au retour de certains juifs comme lui, Levinas, au judaïsme, le moins que l'on puisse dire est qu'il ne retient pas la définition la plus exigeante qui soit de l'être-juif ou du penser-juif – le moins que l'on puisse dire est que voir dans l'existence « pour les autres », dans le rôle de l'éthique et dans l'importance de cette catégorie du « pour l'autre », l'essence du judaïsme, c'est ne pas aller très loin dans la compréhension, et de la Bible, et du Talmud. Mais bon. Pour Emmanuel Levinas comme, nous dit-il, pour lui, Benny Lévy, le canal n'a pas d'importance. Que ce soit par ce canal ou par un autre, par cette ruse ou par une autre, quoi que l'on puisse penser et du canal et de la ruse, le résultat est là et la philosophie sartrienne apparaît comme ayant joué ce rôle-là. Le texte sartrien fait irruption, qu'il en ait été conscient ou pas, que nous le voulions, nous, aujourd'hui, ou non, comme un opérateur de vérité, comme l'ouverture de cette brèche juive dans la pensée.

Benny y revient encore, une dernière fois, dans un autre passage du livre, peut-être le plus beau, peut-être les plus belles pages de tout le livre. Ce Sartre-là, le Sartre des *Réflexions*, et le Sartre de *L'Espoir maintenant*, ce Sartre qui ne croit pas, ce Sartre qui se pose des questions philosophiques et politiques et pas des questions juives, ce Sartre pour qui la pensée juive est comme un recours ou un véhicule pour essayer de sortir de ses propres impasses, ce Sartre, dit-il, l'initie aux secrets de l'être-juif et à ce positif qui fait le Juif. On est à la page 115 du livre. Benny évoque explicitement les entretiens de la fin. Et il dit en toutes lettres que ce Sartre-là, par-delà les *Réflexions sur la question juive*, a bel et bien reconnu « le positif » qui fait le Juif. Et il dit que, non content de le reconnaître, il y a amené, conduit, son interlocuteur, c'est-à-dire lui, Benny. Juif par Sartre. Le retour, grâce à Sartre. Tout est dit. Et c'est bien le quatrième et dernier événement de pensée du côté de la pensée-Lévy.

Voilà. Il faudrait ajouter à tout cela la question Levinas. Il faudrait encore – mais vous l'avez compris – voir l'ombre de Levinas en filigrane de toute l'histoire. Car, ça aussi, c'est énorme. C'est même assez énigmatique. On sent, à travers tous ces textes, la relation très énigmatique entre lui, Benny, et Levinas – mais aussi la relation, à travers lui, Benny, entre ces deux géants que furent Levinas et Sartre. Vous devinez ce jeu à trois personnages. Vous devinez un Benny qui aura été, aussi, l'opérateur final et, sans doute, principal de la relation entre Sartre et Levinas. Question très étrange, très opaque, quand on y songe, que celle des rapports de Sartre à Levinas. Le nom de Levinas n'apparaît quasi pas dans l'œuvre sartrienne. Vous avez quelques occurrences pour dire, par exemple, que c'est à travers Levinas qu'il est venu à Husserl. Vous avez des demi-aveux pour dire, sans le dire tout à fait, que c'est à travers Levinas qu'il a découvert aussi Heidegger. Vous avez ce texte de jeunesse, ce texte de 1938 ou 1939, où Levinas n'est pas cité mais dont le titre, et même le contenu, sont si lévinassiens : « Visage ! » Mais c'est à peu près tout. Levinas est la grande figure absente de la bibliographie sartrienne et du commentaire sartrien. Levinas présent et absent. Levinas comme un nom secret à l'intérieur de l'œuvre publiée. Or voici ce jeune homme qui, en 1979-80, révèle le nom secret. Le voici qui découvre la lettre volée. Et voici qu'il mange le morceau et fait explicitement la jonction entre les deux noms. Il fait une sorte de navette, il devient une navette à lui tout seul, une poste, allant de l'un à l'autre, de la rue d'Auteuil au boulevard Raspail, opérant comme un émissaire des puissances sartriennes auprès de la pensée Levinas, ou de la pensée Levinas auprès du Saint-Siège sartrien. Cette conjonction-là, cette opération philosophique, cette rencontre, non pas de Kant avec Sade, mais de Levinas et de Sartre, est un autre événement passionnant. Un tout jeune homme, encore. Mais un comploteur de l'universel. Un conspirateur de la pensée réussissant, pour le coup, mais seul, sans armée, sans militants, sans organisation révolutionnaire, son plus magnifique complot politico-métaphysique.

C'est de cet événement philosophique, c'est de cette série d'événements, c'est de cette série de coups de théâtre philosophiques dans la vie et la pensée de Sartre, puis dans la vie et la pensée de Benny, que nous parlent ces livres. Le dernier livre de Sartre. Et, maintenant, le dernier livre de Benny. Mettez bout à bout les coups de théâtre conceptuels de ces deux livres. Essayez de penser ensemble ces explosions, ces étapes, ces stations, d'une double aventure philosophique et bientôt spirituelle. Reprenez l'aventure de pensée de Benny Lévy. Enchaînez la série d'événements spéculatifs dans la philosophie sartrienne et la série d'événements spéculatifs dans la biographie et l'œuvre de Benny Lévy. Ajoutez-y cette conspiration réussie qu'est la rencontre de Sartre et de Levinas via, donc, Benny Lévy. Tel est ce livre. Tel est le livre de notre ami. Et il y a là, pour toutes ces raisons, l'une des interventions philosophiques les plus singulières et, peut-être, les plus importantes de la seconde moitié du XXe siècle.

4

Sartre et les juifs [1]

Merci, Edward Sullivan, merci de ces mots de bienvenue. Et merci d'avoir exhumé, dans votre présentation de mon travail, ces deux petits livres qui ne sont pas les plus connus de mes livres et qui sont des textes sur Piero della Francesca et Mondrian. Je n'ai pas pu assister au début de vos travaux et je le regrette – mais j'arrive, apparemment, à temps pour traiter de ce sujet sensible entre tous qu'est la question du rapport de Sartre aux juifs, à la question juive, au nom juif, au nom de juif.

Toutes les questions sartriennes sont, je le sais bien, et par définition, des questions délicates et sensibles. Je lisais encore hier, dans le *New York Times,* un article sur les relations de Simone de Beauvoir et Sartre. C'était un article qui faisait la une du supplément culture du journal. Et le ton du papier, ainsi que le ton des témoignages et déclarations qu'il citait, montraient bien que, vingt, trente, cinquante ans après, on est encore, là, à proximité d'une matière hautement inflammable et fissile. De même pour la question de l'attitude de Sartre

1. New York, 30 septembre 2005, colloque organisé par le Center for French civilization and culture, New York University.

pendant les années pétainistes. Vous connaissez, n'est-ce pas, ma thèse sur le sujet ? Ce n'est, d'ailleurs, pas une thèse mais la stricte vérité : le Sartre de *Sous la botte* et de *Socialisme et Liberté,* l'ami de Cavaillès et de Desanti, s'est plutôt très bien conduit pendant cette sombre période et s'est incontestablement engagé dans la résistance antinazie. Or idem, donc, pour cette affaire de Résistance de Sartre qui, chaque fois qu'elle est abordée, fait débat et déchaîne les passions. Eh bien il en va de même pour cette question-ci qui est la question de Sartre et les juifs. C'est l'une des questions de plus haute tension, c'est l'une des questions, je le répète, les plus explosives du champ des études sartriennes. Et je vous sais gré, cher Tom Bishop, cher Dean Sullivan, chers amis de NYU, de m'avoir donné l'occasion d'y revenir et, peut-être, de l'approfondir.

Elle est explosive, déjà, parce que, dès qu'elle est évoquée, dès que l'on prononce ces mots, juste ces mots, « Sartre et les juifs », on a, comme toujours, mais peut-être plus que toujours, deux positions radicalement adverses qui se dégagent. D'un côté il y a ceux qui, comme Claude Lanzmann, comme Robert Misrahi, comme Jean Daniel, nous assurent que la parution des *Réflexions sur la question juive* fut un événement libérateur, une cérémonie de naissance ou de renaissance ; il y a ceux, oui, qui, comme le futur auteur de *Shoah*, racontent comment, après la lecture des *Réflexions sur la question juive*, ils se sentirent respirer autrement, marcher autrement, être autrement – ils reprirent l'habitude, confient-ils, d'aller la tête haute et, grâce à ce livre, de n'avoir jamais plus la tentation de la baisser ; il y a tous ces jeunes juifs de 1946 qui, pour certains d'entre eux, sortaient des maquis et de la résistance antifasciste, il y a ces jeunes juifs souvent héroïques et dont le moins que l'on puisse dire est qu'ils n'avaient pas particulièrement courbé l'échine ou baissé la tête – et pour qui la parution de ce petit livre fut néanmoins vécue comme un événement énorme, un baptême, une grâce dont la fonction fut de leur rendre, encore et encore, l'honneur et la fierté d'eux-mêmes. Les *Réflexions* ?

Une prodigieuse machine, se souviennent ces juifs-ci, à tenir l'échine et la nuque définitivement raides et droites.

Et puis vous avez, en face, d'autres intellectuels – il faut les citer, eux aussi – comme Henri Meschonnic, comme Pierre Birnbaum, ou, ici même, il y a sept ans, dans un colloque sur les *Réflexions sur la question juive*, à l'occasion du cinquantième anniversaire de l'édition américaine du livre, comme Susan Suleiman, qui nous disent, au contraire, qu'ils ne peuvent pas, aujourd'hui, avec le recul, relire ce texte de Sartre sans ressentir un réel malaise. Je n'étais pas à ce colloque de 1998 mais j'en ai lu les actes. Et je dois dire que le texte, par exemple, de Susan Suleiman est un bon texte, de bonne tenue, mais qui crée, lui-même, un certain malaise. Est-il possible de dire, comme elle le dit, qu'il y a une symétrie parfaite, dans les *Réflexions sur la question juive,* entre la position de Sartre et la position du SS ? Est-il raisonnable d'affirmer, comme elle le fait et comme elle le refera, plus tard, avec plus de violence encore, dans le colloque organisé, à propos de Sartre et la question juive, par cette maniaque de l'antisartrisme primaire qu'est devenue Ingrid Galster, est-il raisonnable d'affirmer que l'usage même du signifiant « question » dans la formule « la question juive » suffit à instiller dans le discours sartrien quelque chose du dispositif qu'il prétend démonter ? Est-il acceptable de soutenir, comme ils le font tous, Pierre Birnbaum comme Susan Suleiman, qu'il y a une contamination du texte sartrien par la problématique de la race et du racisme que lui léguait en quelque sorte, fût-ce à son insu et de façon contingente, l'air du temps des années 40 ? Acceptable ou non, c'est un fait. Et, de même qu'il y a des gens pour qui le texte sartrien est un texte libérateur, de même vous en avez d'autres, vous avez des spécialistes de l'œuvre de Sartre, voire, parfois, des sartriens, pour voir ce même texte comme un texte compromis, corrompu, un texte partageant les pires présupposés du dispositif qu'il avait, en principe, la tâche de détruire – des mots, une rhétorique, un portrait du juif, une caractériologie qui, comme dans *Les Chemins de la liberté,* flirte dangereusement avec le racisme, des réflexes enfin.

Voilà. C'est cela qui attire, déjà, l'attention. Et c'est de mon malaise face à ce malaise, de mon malaise et de mon embarras face à cette opposition des deux points de vue, que je voudrais aujourd'hui partir.

Qu'est-ce qui est vrai, d'abord, dans le « second » point de vue ? A-t-il, comme on disait dans ma jeunesse, un « noyau rationnel » et lequel ?

Ce qui est vrai c'est que, lorsque l'on relit les *Réflexions* avec le regard d'aujourd'hui et à partir de ce que nous savons aujourd'hui, on ne les lit pas comme elles furent lues au moment de leur parution. Susan Suleiman, dans son intervention de 1998, a d'ailleurs l'honnêteté de dire que, ce malaise dont elle parle, c'est aujourd'hui qu'elle le ressent, vraiment aujourd'hui, et qu'elle n'en eut pas conscience à l'époque de sa première lecture. Lecture en 1946, lecture en 1998… Une lecture libératrice il y a cinquante ou même soixante ans – une lecture difficile, embarrassante, troublante, à l'âge contemporain… Pourquoi pas ? Ne savons-nous pas cela depuis toujours ? Il y a des textes de Borges sur cette question. Il y a de belles pages de Borges sur cette idée qu'il y a une histoire de la lecture et que cette histoire a au moins autant d'importance que l'histoire de la production des textes et de la littérature. Alors, oui. Peut-être est-on, là, en effet, au cœur d'un événement typique de cette thèse borgésienne. Peut-être est-ce une séquence particulièrement tendue, particulièrement riche, de cette relation entre l'histoire de l'écriture et l'histoire de la lecture. Ce qui est exact en tout cas c'est que, quand on relit ce texte aujourd'hui, on ne peut pas ne pas être sensible, dans le lexique sartrien, dans la tonalité du texte, dans certains tours de sa syntaxe, à un je ne sais quoi qui trahit, je ne dirai pas une contamination du texte par l'antisémitisme régnant de l'époque, je ne dirai pas cela, non, mais des échos tout de même très étranges et qui, même s'ils n'apparaissaient pas aux contemporains, ne peuvent pas ne pas nous sauter, nous, aux yeux.

Ceci, soyons francs, est inévitable pour n'importe quel auteur. Je ne vois pas quel auteur peut prétendre échapper complètement à l'esprit et aux préjugés de son temps. Et j'ai envie de dire que, ce qui est inévitable pour n'importe quel auteur, l'est presque plus encore pour quelqu'un qui, comme Sartre, a toujours assumé, que dis-je ? théorisé, le fait de faire une œuvre de circonstance, baignée dans la circonstance et tributaire des aveuglements et des clichés de la circonstance. Mes livres, n'a-t-il cessé de dire, on devrait les consommer, c'est-à-dire les lire, comme on mange des bananes, au pied de l'arbre, sans attendre, dans l'instant même de leur maturation et de leur écriture. Mes textes, insiste-t-il, sont des textes de combat, écrits sur le terrain, à lire donc sur le terrain et qui ne peuvent pas ne pas subir, par conséquent, l'effet du terrain où ils prennent racine et se déploient. Il y a toute une théorie sartrienne de la situation, autrement dit, qui s'applique à son travail de philosophe et d'écrivain autant que de polémiste, et qui fait qu'il aurait été le premier surpris si on lui avait dit de n'importe lequel de ses opus qu'il trônait en majesté, inattaquable, inatteignable, dans je ne sais quel ciel, ou olympe, ou empyrée, dégagé des contingences et des contraintes du moment…

Eh bien, dans cette affaire du texte de 1946, je crois que l'on est très précisément en présence de cette logique. Voici tout ce corpus logique ou prélogique qu'il dénonce et déconstruit. Voici tout ce bruissement de langues qui est le bruissement de ce temps qui est le sien, le temps des années 30, et de leur antisémitisme frénétique. Voici cette infection de haine antijuive que l'on retrouve, au moment de la parution des *Réflexions sur la question juive,* chez tant de grands auteurs, dans tant de grands textes, à commencer, c'est un exemple, par le *Journal* de Gide et les propos extravagants que, dans le secret plus ou moins destiné à le demeurer de ce Journal, il continue de tenir sur les juifs. Telle est la « situation » des *Réflexions.* Tel est le bain de mots dont il entend s'extraire, nous extraire mais où, pour une part, il barbote encore. En sorte que tout se passe comme si Sartre, travaillant dans ce corpus-là, au corps-à-corps avec ces thèmes-là, tout se passe comme si, baignant dans ce portrait du juif tel que le lui lègue et le lui impose, dans l'imaginaire du moment, le discours antisémite dominant, tout se passe comme si Sartre, donc, n'en finissait pas de se défaire de tout cela et, en même temps, forcément, d'y succomber.

Ainsi des pages des *Réflexions* où il essaie de montrer qu'il y a une contradiction dans le discours de l'antisémite et dans le portrait du juif qu'il produit, entre le goût juif de l'introspection et son âpreté au gain. Comment peut-on être les deux à la fois, demande-t-il ? Comment le juif peut-il être cet être de l'intime, douloureux, frémissant, vivant son malheur dans le secret et comment peut-il être ce rapace, partant à la conquête du monde, écrasant les humbles et les petits ? Est-ce que le préjugé antisémite ne se mord pas la queue ? Est-ce qu'il ne devrait pas se montrer un peu plus raisonnable et cohérent ? Tel est le dire de Sartre. Mais on voit bien comment, ce disant, et croyant bien dire et bien faire, il prend pour argent comptant toute une part de la bêtise antisémite.

Ainsi, avant les *Réflexions,* de ces romans où je suis bien obligé d'admettre que le premier personnage de juif (je pense à *L'Age de raison*) se trouve être un avorteur ; que le personnage de Sarah (*L'Age de raison* toujours) nous est présenté sous des traits quand même assez terribles ; que le diamantaire Birnenschatz, si fier de contempler, admirer et donner à admirer (dans *Le Sursis*) le vrai visage « français » de sa fille chérie est une caricature de juif pour antisémite. Tout cela n'est pas bien brillant. Et il est difficile, quand on tombe sur des pages de ce genre, de donner complètement tort aux tenants de la ligne Suleiman…

Et ainsi, encore, de cette affaire si étrange, si énigmatique et d'ailleurs jamais tout à fait éclaircie de l'exergue de *La Nausée* – vous savez, la fameuse phrase sur l'« individu sans importance collective » etc. Elle est tirée de Céline, cette phrase, chacun le sait. Mais ce que l'on sait moins c'est qu'elle n'est pas tirée de n'importe quel texte de Céline. Ce que l'on sait moins c'est que cet exergue de *La Nausée* est tiré, non pas de *Voyage au bout de la nuit*, mais de ce brouillon de *Voyage au bout de la nuit*, antérieur de quelques années au chef-d'œuvre, qui n'est pas un roman mais une pièce de théâtre et qui s'appelle *L'Eglise*. Or c'est quoi *L'Eglise* ? C'est un texte qui a pour particularité, contrairement au *Voyage*, d'être imprégné, infecté, par une passion, une haine, dont Céline va se débarrasser ensuite, jusqu'à *Bagatelles pour un massacre*, mais dont il y a là la première occurrence sérieuse et qui est la passion, la haine antisémite. Et la phrase choisie par Sartre, la phrase donnant son exergue à *La Nausée*, est tirée de l'acte III de la pièce qui est l'acte antisémite par excellence de cette pièce antisémite – c'est-à-dire l'acte où l'on voit le héros, Bardamu, ébauche du personnage du *Voyage*, qui, après son étape new-yorkaise, après son étape africaine, se retrouve à Genève, au cœur de la Société des Nations, occupé à déjouer les manœuvres, les noirs complots de ces trois juifs abominables que sont Moïse, Mosaïk et Yudenzweck. Le plus énigmatique dans cette affaire, c'est que Sartre a toujours dit qu'il avait cité cette phrase de seconde main. Or Jacques Lecarme a établi qu'il n'était pas possible, justement, que Sartre en ait eu ce genre de connaissance de seconde main car, dans aucun des textes de seconde main auxquels il a pu avoir accès, dans aucune des rares recensions de la pièce publiées dans la presse sur le moment, cette phrase n'est apparue. Sartre, autrement dit, a lu *L'Eglise*. Il a lu son acte III. Il en a lu les passages antisémites les plus abjects. Et c'est donc en connaissance de cause qu'il y a prélevé ces quelques mots pour en faire l'exergue de *La Nausée*.

Bref, il y a tout cela.

Il y a ce bord-à-bord, sur ce thème du judaïsme et des juifs, entre la pensée Sartre et cet aspect de la « pensée » de son temps qu'est le préjugé antisémite.

Il y a, sinon dans les *Réflexions* elles-mêmes, du moins dans les textes antérieurs, toute une imprégnation par le cliché antisémite dont je suis bien obligé d'admettre qu'il peut sembler, parfois, donner raison à Suleiman et aux autres.

C'est le point de départ.

Mais, en même temps, il y a autre chose.

Il y a, non seulement autre chose, mais le contraire.

Il y a (et c'est ce qui donne raison, une fois pour toutes, aux gens comme Claude Lanzmann) toute une série d'effets qui font de la parution de ce petit livre une véritable « cérémonie de la naissance ».

Car enfin prenons vraiment, et jusqu'au bout, le point de vue de l'époque. Lisons-le vraiment, ce livre, avec les yeux du mangeur de bananes de 1946. C'est un temps, je vous le rappelle, où, quand on rend hommage, par exemple, à Gabriel Péri, quand on célèbre ce martyr fusillé par les Allemands, on omet systématiquement les noms, et jusqu'à l'existence, de ses trois compagnons, fusillés avec lui, et qui étaient juifs. C'est un temps où, lorsque Maurice Thorez est interviewé par une radio française ou une radio soviétique, quand il égrène la liste des fusillés qui sont l'honneur, la gloire et la raison d'être du Parti communiste, il prend bien soin de souligner que ce sont des noms français, des noms d'ancienne France, des noms de vieux et noble lignage français. C'est une époque, c'est un contexte, où, sur l'autre bord politique, un philosophe comme Gabriel Marcel peut, en 1946 toujours, quelques mois avant la publication des *Réflexions sur la question juive*, exhorter ses compatriotes juifs à plus de pudeur et de décence, oui, il dit bien pudeur et décence – il leur dit exactement : « exhiber vos blessures et même vos décorations serait perçu par vos compatriotes comme un défi et une insolence ; faites-vous oublier, s'il vous plaît ; effacez-vous ; nous prenons d'ailleurs, nous-mêmes, les devants ; nous vous effaçons nous-mêmes de cette mémoire en train de se constituer, de cette mémoire du martyre, de cette mémoire de la résistance… » Dans cette époque-là, dans cette France-là, on célèbre la geste des combattants antinazis, mais l'idée même que des hommes aient pu être déportés parce qu'ils étaient juifs, et l'idée même, aussi, qu'ils aient pu se battre en tant que Français mais aussi en tant que Juifs, l'idée que la « question juive » comme disaient les Xavier Vallat, les Jean Giraudoux et les autres, ait pu avoir quelque chose à voir avec ce cauchemar et qu'elle ait pu surdéterminer l'affrontement de la France éternelle et de la bête nazie, cette idée-là est une idée que l'on écarte avec un acharnement dont nous avons peine, aujourd'hui, à deviner la force. Eh bien, dans ce climat-là, le simple fait d'écrire les *Réflexions sur la question juive*, le simple fait de rappeler qu'il y a des dizaines de milliers de Français qui, parce qu'ils étaient juifs, ne sont pas rentrés des camps de la mort, le simple fait de rappeler cela quand on est le plus grand écrivain français de son temps, le plus glorieux, le plus à la mode, est un acte révolutionnaire, d'une puissance inouïe, d'un effet de scandale insensé.

Se trouvera-t-il quelqu'un, demandaient Sartre et Aron, dans le numéro un des *Temps modernes*, pour souhaiter la bienvenue, pour adresser le salut de la France, à ces juifs rentrés des camps ? Eh bien oui, il s'en trouve un. Et cet un c'est Jean-Paul Sartre dans les *Réflexions sur la question juive*. Voilà le premier geste des *Réflexions*. Un geste d'amitié. Un geste de générosité. Un geste qui, d'ailleurs, fait écho, pour les contemporains, à un autre texte un peu antérieur : un texte de *La République du silence* où l'on trouvait une toute petite phrase, très simple, qui, aujourd'hui, avec le recul, ne nous fait pas tellement d'effet mais qu'il faut essayer d'entendre avec l'oreille de ce temps-là. Dans *La République du silence*, Sartre parlait de « cette époque » où l'on « nous déportait en masse comme travailleurs, comme prisonniers politiques, comme juifs ». Entendez bien ces mots. Cette époque où l'on *nous* déportait en masse – *nous*, il dit bien *nous*, y compris lui, Sartre, par conséquent – comme travailleurs, comme prisonniers politiques et comme juifs. Je crois que réfléchir à cette question de Sartre et les juifs, c'est d'abord essayer d'imaginer l'écho, la puissance, la violence, l'effet de scandale d'une profération de cette espèce. Un grand philosophe français, un immense écrivain, déjà au faîte de la célébrité, dit « nous » pour parler des héroïques martyrs de la Résistance et des petits juifs de la rue des Rosiers, rentrés des camps. Il dit « nous » pour parler, ensemble, des héros et des juifs qui sont aussi, parfois, des héros mais qui, parfois, ne le sont pas et n'en participent pas moins du même « nous ». C'est un événement énorme. C'est un événement de pensée véritable. Et c'est un événement dont je vous demande d'essayer d'imaginer le fracas et l'écho.

On dit – c'est un autre argument de ceux qui ressentent un certain malaise à la relecture des *Réflexions sur la question juive* : et Auschwitz ? d'où vient que Sartre ne parle pas d'Auschwitz dans les *Réflexions sur la question juive* ? Là aussi, sans tomber dans le relativisme et tout expliquer par le contexte, je voudrais vous inviter à lire les textes en sens direct – à la lumière, non pas de la pensée de cinquante ans après, mais de la pensée du moment. Ils disent quoi, ces textes, lorsqu'on essaie de les resituer dans leur véritable contexte qui est celui de l'année 1946 ? C'est un temps où André Malraux ne prononce pas le mot Auschwitz. C'est un temps où Albert Camus, dans ses éditoriaux de *Combat,* ne prononce pas le nom d'Auschwitz. C'est un temps où le livre de Primo Levi, *Si c'est un homme*, a les plus grandes difficultés à trouver un éditeur et, une fois qu'il l'a trouvé, à percer ce mur de silence et de gêne qui s'interpose entre sa parole et le monde. C'est un temps où Robert Antelme lui-même, dans *L'Espèce humaine*, ne fait pas, ou fait à peine, la distinction si essentielle entre camps de concentration et camps d'extermination. C'est un temps où, en gros, quand on pense camps, quand on pense déportation, quand on pense nazisme, on pense, pour aller vite, Buchenwald (symbole de la déportation politique) et non Auschwitz (symbole du martyre de ceux qui connurent la mort simplement parce qu'ils étaient nés juifs). C'est comme cela. C'est cela, la vérité du moment. Alors, *Réflexions sur la question juive* ne parle pas davantage d'Auschwitz. Le signifiant Auschwitz, dans *Réflexions sur la question juive,* n'est pas plus présent qu'ailleurs. En revanche, elles parlent des chambres à gaz de Maïdanek. Oui, oui, les chambres à gaz. En ce moment qui est aussi celui où Maurice Bardèche commence de publier ses premières petites cochonneries, en ce moment où la jonction se prépare entre ce bord-là du spectre politique et idéologique (en gros, l'extrême droite) et les socialistes dévoyés qui, comme Paul Rassinier, s'apprêtent à lancer les premières flammèches de ce qu'on appellera plus tard le révisionnisme, les *Réflexions sur la question juive* parlent des chambres à gaz de Maïdanek. A deux reprises, oui, à deux reprises, cela fait partie des petites maladresses stylistiques de Sartre qui, comme vous savez, écrivait vite, trop vite, à la diable, et ne se relisait pas toujours, elles parlent à deux reprises, ces *Réflexions sur la question juive*, de tout « ce sang juif » versé à Maïdanek et qui – je cite – « retombe sur nos têtes ». Sartre a été prisonnier de guerre. Il a fondé, je l'ai dit, *Sous la botte* puis *Socialisme et Liberté.* Et voilà que, alors qu'il a fondé ou cofondé ces groupes de résistance à l'occupant, et les feuilles qui vont avec, il ne trouve rien de mieux à faire, maintenant, qu'effrayer les bons Français avec cette histoire de sang juif qui est en train de leur retomber sur la tête. Il ne dit pas Auschwitz, d'accord. Mais il dit chambres à gaz. Il dit (car c'est bien cela que veut dire cette affaire de sang juif qui nous retombe sur la tête) : culpabilité collective face à un désastre, un massacre, une extermination, sans précédent dans l'histoire des hommes. Il est le seul, en d'autres termes, à briser le tabou, à dire les choses – il est le seul grand philosophe français qui, à ce moment-là, apparaisse comme véritablement contemporain d'Auschwitz et de l'après-Auschwitz.

Il y a quelqu'un qui, d'ailleurs, sur le moment même, ne s'y trompe pas. Il y a quelqu'un qui entend ce que dit Sartre, qui entend ce qu'entend Sartre mais qu'il ne dit pas tout à fait. Il y a quelqu'un qui, si vous préférez, va reconstituer la ligne manquante du livre et va finir par écrire, à propos des *Réflexions sur la question juive*, ce nom manquant d'Auschwitz. Ce quelqu'un n'est pas un ami de Sartre. C'est un grand écrivain, lui aussi ; c'est un penseur avec lequel Sartre a déjà eu et aura encore des relations conflictuelles ; mais c'est quelqu'un qui publie, dans *Critique,* quelques mois après leur parution, un très important article sur les *Réflexions sur la question juive.* Il s'appelle, ce quelqu'un, Georges Bataille. Et qu'est-ce qu'il dit, Georges Bataille ? Qu'est-ce qu'il entend pour entendre ce que dit sans le dire le texte de Jean-Paul Sartre ? Il dit – le texte est très connu ; il sonne familièrement, j'en suis sûr, à vos oreilles ; mais je vous demande, vraiment, d'en réentendre chaque mot, chaque syllabe – qu'il y a « dans le fait même d'être homme » un « élément lourd, écœurant, qu'il est nécessaire de surmonter ». Il ajoute que jamais ce poids, cet écœurement, cette répugnance, n'ont été si lourds que depuis Auschwitz. Et il ajoute encore, quelques lignes plus loin, toujours à propos du texte de Sartre, toujours dans le cadre de ce compte rendu critique du livre de ce rival pas tellement ami malgré quelques parties de rigolade chez Michel Leiris en 1944, il ajoute, dis-je, quelques lignes plus bas, que l'image de l'homme est inséparable désormais d'une chambre à gaz. Les *Réflexions sur la question juive*, je le répète, est un geste d'amitié et de salut adressé aux juifs de France. C'est un geste qui, néanmoins, ne va pas au bout du travail de deuil et de vérité puisque l'on n'y trouve pas le nom d'Auschwitz. Mais voilà. Il suscite chez quelqu'un qui sait lire, c'est-à-dire chez Georges Bataille, ce commentaire-là. Il suscite cette thèse que l'on retrouvera sous d'autres formes chez les philosophes de l'Ecole de Francfort et qui nous dit, en gros, que vient de se produire une césure dans l'histoire de l'humanité et que, à partir de cette césure, « homme » veut dire aussi « chambre à gaz », que la chambre gaz fait partie de la définition moderne de l'humanité. Voilà ce que dit Georges Bataille. Voilà ce que, selon Georges Bataille, dit Jean-Paul Sartre dans les *Réflexions sur la question juive.* Et voilà ce que, de fait, dit le livre de Sartre – les critiques, les « grandes » critiques, les comptes rendus critiques qui ne sont pas seulement des comptes rendus mais forment comme un appendice, un supplément, un paratexte s'ajoutant au texte, ne finissent-elles pas par faire corps avec le texte, participer de son sens, l'éclairer ? Alors à plus forte raison, n'est-ce pas, quand le compte rendu est signé d'un nom comme celui de Georges Bataille ?

C'est la première chose.

Mais les *Réflexions sur la question juive*, ce n'est pas seulement un salut. Ce n'est pas seulement un geste de bienvenue et d'amitié avec le nom d'Auschwitz écrit à l'encre sympathique. Ce n'est pas seulement un acte de générosité. C'est aussi un geste, un livre, de combat. C'est aussi une façon de mener, poursuivre, la bataille. C'est aussi un corps-à-corps, un affrontement terrible et sans merci, dans le marais de la langue des autres, dans les marécages de la pensée des crétins. C'est aussi une joute difficile, risquée, où l'on court le risque, à tout moment, de se faire éclabousser, avec cette saloperie dont je parlais tout à l'heure et qui s'appelle l'antisémitisme.

Alors, Sartre, mauvais combattant anti-antisémite ? Sartre, trop tiède face à l'antisémitisme de son époque ? Sartre compromis, parce qu'il y a trop barboté, dans le préjugé environnant ? Je ne sais pas. Je ne suis pas sûr. Je ne crois pas, non, que l'on puisse dire les choses ainsi. Car Sartre, ici, va dire trois choses. Sartre va accomplir trois gestes. Et ces trois gestes font de ce petit livre une machine de guerre formidable – l'une des machines de guerre les plus formidables qui soient, car les plus performantes, pour contrer l'antisémitisme. Eh oui…

Il dit d'abord, comme vous savez, que l'antisémitisme n'est pas une opinion mais un délit. Il le dit, notez-le bien, à une époque où la plupart des écrivains français, quand ils opinent sur la question, laissent passer un petit peu de cet antisémitisme. Ce ne sont pas tous des Céline, d'accord. Mais enfin, cela fait partie de l'opinion générale. C'est une part du bagage de l'honnête homme de lettres de la première partie du XXe siècle. Et c'est très exactement d'ailleurs ce que Gide reproche à Sartre dans son *Journal* : il lui reproche de rompre avec cela ; il lui en veut d'exercer une sorte de censure, en la matière, sur la pensée française ; « alors, quoi ? objecte le vieux Gide au jeune Sartre, on ne pourrait plus penser comme on veut ? on ne pourrait plus opiner qu'il y a, dans l'être-juif, quelque chose qui est antipathique au lien social français ? on n'aurait plus le droit, tout à coup, d'antisémitiser en rond ? » Eh bien non, répond Sartre. Car l'antisémitisme n'est pas une opinion. C'est un délit. C'est un crime. Et c'est un crime impardonnable. Je veux bien, là encore, que Sartre soit trop « mou », trop « timide », etc. Mais enfin… On est en 1946. On est à un moment où, contrairement à tout ce que l'on veut nous faire croire aujourd'hui, la société française est beaucoup moins vaccinée contre l'antisémitisme qu'elle ne l'est devenue depuis. C'est ma conviction, oui, par parenthèse. Je pense que l'on a, depuis ce temps, fait beaucoup, beaucoup de progrès. Je lis ici et là, et notamment ici, dans la presse américaine, des tombereaux d'articles qui nous disent que la France n'a jamais été aussi antisémite. Eh bien non. Je ne le crois pas. Je crois qu'il y a de nouvelles formes d'antisémitisme, bien sûr, qui, en France comme ailleurs, sont en train d'éclore et de prospérer. Mais je crois que, au total, la France l'était beaucoup plus – antisémite – en 1946, au sortir des camps de la mort, qu'aujourd'hui. Et, en 1946 donc, Sartre vient dire cela, il vient le dire tranquillement, posément – il vient dire que l'antisémitisme n'est pas une opinion mais un délit.

Il dit une deuxième chose. Pareil, l'air de rien, l'air de ne pas y toucher, il dit une deuxième petite chose qui va avoir des effets considérables. Il dit : l'antisémitisme, ce n'est pas l'affaire des juifs, c'est l'affaire des antisémites. Oui, cela aussi est énorme. Parce que la pensée française des années 1930, la pensée française du XIXe et du début du XXe siècle, la pensée française de Toussenel, Vacher de Lapouge et peut-être aussi, pour le coup, de quelques-uns de leurs épigones d'aujourd'hui, a une vraie propension à croire que l'antisémitisme, le délire, le délit antisémites, c'est un truc compliqué ; qu'on ne peut pas l'aborder avec des idées trop simples ; qu'on ne peut pas le traiter d'une manière manichéenne ; que chacun y a un peu sa part ; que c'est une responsabilité partagée ; et qu'il y a dans l'attitude, le mode de pensée, l'être-au-monde des juifs quelque chose qui fait que l'antisémitisme est, aussi, un peu leur affaire. Je vous donne un exemple récent. Je fais une petite digression mais l'exemple est d'autant plus probant qu'il est tout à fait récent. Récemment donc – et je le dis ici parce que je l'ai dit publiquement, que j'y ai consacré un bout d'article et que l'intéressé m'a répondu dans son journal – récemment, un journaliste français du journal *Libération* qui s'appelle Monsieur Marcelle, Pierre Marcelle, a écrit, à propos de l'affaire des synagogues de Gaza vandalisées et incendiées par la foule palestinienne après le départ des troupes israéliennes, que ce n'est pas bien du tout d'incendier des synagogues, mais que la faute est partagée, que chacun y a eu sa part et que la plus grosse part revient aux Israéliens eux-mêmes qui n'avaient qu'à pas laisser leurs synagogues comme ça, vides, abandonnées – si les synagogues brûlent, a dit Monsieur Marcelle, ce n'est pas la faute des incendiaires mais de ceux qui ne les ont pas détruites, avant de partir, au bulldozer. Alors, bon. Peut-être qu'il aurait mieux valu les détruire, en effet, ces synagogues. Peut-être que les rabbins sont des gens bizarres, trop scrupuleux, trop attachés à leurs lieux de culte, et que, vous ou moi, à leur place, cela n'aurait fait ni une ni deux, on les aurait cassées avant de s'en aller. Peut-être même – là, pour le coup, c'est mon avis – qu'il ne fallait pas les construire du tout et qu'il n'aurait jamais fallu installer des « colonies », donc des synagogues, à Gaza. Mais c'est une autre histoire. Les rabbins, à tort ou à raison, ont pensé, d'abord, qu'il fallait bâtir ces synagogues et, ensuite, en un deuxième temps, qu'une synagogue ça ne se détruit pas au bulldozer. Et le fait est que, à partir de là, il y a eu un acte de vandalisme d'une très grande violence qui a fait casser ces synagogues – et le fait est qu'il se trouve des journalistes pour, face à cet acte de vandalisme inexcusable, venir nous dire : c'est la faute aux Israéliens ; c'est la faute, non aux vandales, mais aux vandalisés et, par extension, aux juifs. Alors, pourquoi je rappelle cet exemple qui est un exemple contemporain et trivial ? Parce que c'est encore plus comme cela en 1946. Cet an de grâce Mille neuf cent quarante-six, c'est vraiment un moment où la doxa veut que les juifs soient obscurément responsables de ce qui vient de se produire et qui les a si tragiquement affectés. Ce n'est pas bien, ce qui leur est arrivé. C'est trop. Beaucoup trop. Fallait pas en faire autant. Fallait leur taper sur les doigts, les mettre un peu à l'écart, les sanctionner, mais pas ça, pas les chambres à gaz, pas les camps de concentration et d'extermination. D'ailleurs est-ce que nous, les Français, on n'en a pas sauvé un sacré paquet ? Est-ce que la France n'est pas *le* pays d'Europe qui en a sauvé le plus ? Oui, bien sûr, la France en a sauvé. Et c'est ce qui lui permet de dire, là, tranquillement, avec toute la bonne conscience du monde, que ce qui leur est arrivé ne leur est pas arrivé par hasard. Les victimes, pour les gens qui raisonnent et parlent ainsi, sont souvent un peu responsables des crimes de leurs bourreaux. Et, dans le cas des juifs, c'est encore plus vrai qu'ailleurs, la règle se vérifie avec un éclat sans pareil : l'arrogance, l'insolence, le particularisme des juifs, leur manière de se tenir à l'écart, de camper à part des nations, leur cosmopolitisme, leur défaut de communion nationale, tout cela, à en croire les meilleurs esprits de l'an de grâce Mille neuf cent quarante-six, a donné, sinon des armes, du moins des arguments à l'hitlérisme… Bon. Alors, face à cela, face à cette idée qui est l'idée régnante et que vous trouvez chez un très grand nombre de publicistes, plumitifs, ou même grands écrivains français de l'époque, Sartre dit juste cette petite chose très simple mais, je le répète, énorme : il dit que l'antisémitisme, c'est l'affaire des antisémites. Plus d'inversion des rôles. Plus de jeux pervers entre la victime et le bourreau. Plus de désir d'être victime chez les victimes et plus d'excuse pour les bourreaux. L'antisémitisme est l'affaire des antisémites. L'antisémitisme n'a rien à faire ni à voir avec les juifs. Cette phrase, pour moi, mais pour le moi qui essaie, en pensée, de se projeter dans le climat de 1946, est une phrase gigantesque. C'est une phrase qui dynamite le cœur même, le nœud, du préjugé.

De même qu'une troisième petite phrase, une troisième proposition sartrienne, qui se trouve être au cœur des *Réflexions sur la question juive* et qu'on lui a d'ailleurs reprochée au colloque de 1998 – alors qu'elle est, au contraire, ce qui donne tout son prix à ce livre : l'antisémitisme c'est plus qu'une opinion ; c'est, même, un peu plus qu'un délit ; ce n'est même pas, comme croient ceux qui ont lu Edouard Drumont ou *Mein Kampf*, une politique ou une technique ; bien sûr, c'est aussi cela ; bien sûr, ce qui fait la nouveauté de cet antisémitisme-là, ce qui fait sa force de disruption par rapport à toutes les étapes antérieures de son histoire, c'est que la technique s'en est mêlée, la modernité technique, l'industrialisation de la mort ; mais bon ; ce que dit Sartre c'est qu'avant d'être cela, tout cela, l'antisémitisme est une passion et que c'est même cette sorte de passion très particulière que l'on appelle une religion. L'antisémitisme ce n'est pas une politique, martèle-t-il. Ce n'est pas une gestion mortifère des corps. Ce n'est pas une technologie, une industrie du crime. C'est une religion. Vraiment une religion. C'est-à-dire, au sens étymologique, une manière de lier les gens entre eux, une manière de faire de la société, une manière de les faire, à peu de frais, communiquer et se comprendre. Sartre dit cela de façon très claire. Et il le dit en utilisant un mot ou, plutôt, une expression dont vous savez la fortune sartrienne ultérieure. Il le dit en utilisant, dans ce premier contexte, le concept de « groupe en fusion ». Le groupe antisémite c'est la forme même du groupe en fusion, dit-il. L'antisémitisme c'est une façon de faire monter très fort, très haut, la température de fusion du groupe. Vous voulez une bonne température de fusion pour le groupe ? Vous avez – vous aurez – la révolution. Vous avez – vous aurez – ce que le Sartre des années 60 appellera le groupe en fusion et qu'il définira dans l'horizon politique et théorique de la fraternité-terreur. Mais vous avez aussi l'antisémitisme. Vous avez déjà l'antisémitisme Sus aux juifs ! Tous contre les juifs ! C'est la première formule, la première solution miracle. C'est la méthode par excellence pour fabriquer, dans l'urgence et sur la durée, du lien fort entre les humains. Voilà. C'est en ce sens que l'antisémitisme est une passion, une religion, et pas une politique. Le moins que l'on puisse dire est que Sartre n'y va pas de main morte…

Alors, je crois que ces trois propositions-là (un délit et pas une idée ; une religion et pas une politique ; le fait que les juifs n'aient rien à voir avec la logique, la mécanique, de cette affaire) je crois qu'il y a, dans ces trois propositions, trois gestes d'une force extrême et dont nous n'avons pas le droit de ne pas essayer d'imaginer la puissance déflagratrice au moment de la publication du livre. Et imaginer cette puissance déflagratrice c'est remettre à leur juste place les arguties, inepties, idioties, sur un Sartre qui, jusque dans les *Réflexions sur la question juive*, aurait fait montre d'une vilaine, très vilaine et très coupable, complaisance vis-à-vis de la rage antisémite.

Bon. Maintenant, autre chose. C'est bien gentil tout ça, objectent alors les mêmes – ou d'autres. Mais Sartre est un homme de son temps, enfermé dans son temps qui est le temps des années 30, et il n'a rien compris, hélas, à l'antisémitisme qui venait. En gros : il a fait le procès de l'antisémitisme français d'avant-guerre alors que l'on avait déjà affaire (et que l'on a de plus en plus affaire) à quelque chose de complètement nouveau. Il a traité les machines contemporaines, leurs tours de plus en plus diaboliques, leurs stratégies de camouflage, leur habileté à déjouer les radars et à passer en contrebande leur haine exterminatrice, nouvellement et totalement exterminatrice, avec l'œil et les dispositifs textuels de la période antérieure. Un Sartre fils des années 30, quand ce n'est pas des années 10 ou 20. Un Sartre obsédé, comme son quasi-contemporain Julien Benda, dans *La Trahison des clercs*, par ces figures très françaises mais très datées, très marquées, que sont les figures de Barrès ou de Maurras. Et un Sartre s'interdisant, de ce fait, de prendre la vraie mesure de ce qui était en train de subvertir et, donc, de périmer le dispositif idéologique traditionnel – un Sartre, si vous préférez, qui ne se serait pas donné les moyens de penser le neuf du nazisme et qui, de fait, ne voit rien venir et ne comprend rien, ensuite, à ce qui est venu.

Cette objection-là est plus sérieuse. Car c'est vrai que lorsque Sartre parle de l'antisémitisme français, c'est à ce vieil antisémitisme qu'il pense en priorité. C'est vrai que, lorsqu'il parle de la tradition pogromiste française, ce sont ces pogromslà, ces pogroms français, dans les faits ou en pensée, que l'on sent qu'il a dans la tête. Mais, en même temps, est-ce que la France de ces années-là, la France non pas de la Collaboration mais du pétainisme, la France qui, pendant quatre ans ou, en tout cas, jusqu'en novembre 1942, a prétendu inventer un fascisme aux couleurs de la France, est-ce que la France de la période qui va du 16 juin 1940 à la fin novembre 1942 c'est-à-dire de la déclaration d'armistice à l'écroulement de la fiction d'une France non occupée, est-ce que cette France-là, la France vichyste, la France pétainiste, la France qui disait : « les Allemands ont peut-être leurs méthodes mais nous avons les nôtres, nous ne sommes pas des collaborateurs, nous sommes des patriotes, nous sommes à la fois des fascistes et des patriotes, nous sommes à la fois des collaborateurs et, d'une certaine façon, des résistants », est-ce que la France d'Uriage par exemple et de son école de cadres, la France qui, lorsqu'elle comprend que Vichy est moins libre qu'elle ne le pensait de proposer sa variante française de la révolution fasciste, se sépare de Vichy et entre, *à ce moment seulement*, en résistance, est-ce que cette France-là n'a pas pour maître tutélaire, en effet, Maurice Barrès et son idée d'un juif haïssable parce qu'il n'entend rien à la loi de la terre et des morts ? est-ce que l'on n'y est pas disciple du Maurras jugeant que ce que les juifs de France ont de plus condamnable c'est qu'ils ne comprennent rien à un vers de Racine ou que, s'ils le comprennent, c'est avec l'œil de l'intelligence et non l'œil de ce qu'un des cousins idéologiques de Maurras, philosémite celui-là, Charles Péguy, appelait le corps « in-alphabet » ? Oui, bien sûr. C'est ce dispositif que décrit Sartre. C'est exactement cela qu'il raconte. Et j'ai envie de vous demander alors : est-ce que vraiment ce Sartre-là est en retard d'une guerre ou est-ce qu'au contraire, dans les *Réflexions sur la question juive*, il ne touche pas au juste point, c'est-à-dire au point où le fascisme français a apporté son écot à la révolution fasciste des années 20, 30 et 40 ? Je pense que oui. Je pense que, s'agissant de la France, c'est très précisément cela qu'il fallait dire et décrire. Sartre aurait pu, bien sûr, consacrer des pages inspirées, vengeresses, à tel ou tel nazi français particulièrement dégueulasse, exceptionnellement botté, parlant allemand, hurlant « Heil Hitler ! » sur les Champs-Elysées. Il a fait autre chose. Il a fait le portrait de Lucien Fleurier. Il a fait le portrait de ce fascisme plus tranquille, mieux-pensant, bienséant, qui tire ses leçons de la pensée de Maurras s'il est de droite, de Georges Sorel et d'Edouard Berth s'il est de gauche. Il a fait le portrait de ce que j'ai appelé, pour ma part, « l'idéologie française » et qui me paraît bien être le vrai visage de cette horreur quand on parle de la France. Prenez *L'Enfance d'un chef*. Ou, de nouveau, les *Réflexions sur la question juive*. Prenez tous les autres textes que Sartre, jusqu'à la fin de sa vie, consacrera, plus ou moins directement, à cette affaire de fascisme français. Aucun ne tombe dans le piège de la dénonciation grand-guignolesque d'un nazisme caricatural dont les historiens savent bien que, en France, il n'a touché que les marges. Aucun n'oublie cette loi qui veut que, dans mon pays, on ait eu une grande population de pétainistes et une petite minorité de nazis véritablement inféodés et très vite marginalisés. Et je pense donc qu'il touche juste, qu'il dit le vrai et que, dans ce livre de combat que sont les *Réflexions sur la question juive*, il atteint très précisément la cible qu'il convenait d'atteindre. C'est pour cela que ce livre est un bon livre. C'est pour cela que ce livre est un grand livre. Et c'est pour cela que c'est un livre qui, comme *L'Enfance d'un chef*, n'a rien perdu, aujourd'hui encore, de sa virulence et de sa force.

On entend souvent, n'est-ce pas, que l'antisémitisme est en progrès dans l'Europe et le monde d'aujourd'hui. Comme je le disais tout à l'heure, c'est à la fois vrai et faux. Mais ce qui est incontestable c'est que, en France en tout cas, dans le dispositif français, quelque chose s'est précipité – il y a quoi ? dix ans, peut-être quinze. Ce qui est incontestable c'est, comme on le dit parfois, qu'un certain nombre de verrous ont sauté, que des digues ont commencé de lâcher, et que des mots qui sont les mots de la haine, et qui étaient imprononçables, sont devenus à nouveau prononçables car à nouveau audibles. C'était quoi, ces verrous ? C'était quoi, ce qui faisait que les mots de la haine étaient imprononçables ? C'était une certaine configuration politique indexée sous le nom du général de Gaulle. Oui, jusqu'à 1967 et la phrase malheureuse sur le peuple juif qualifié de « peuple d'élite, sûr de lui et dominateur », c'était le gaullisme, l'esprit du gaullisme et de la Résistance, et c'était l'effet de censure vertueuse qu'ils exerçaient sur le sujet. Mais je crois qu'il y avait un autre verrou qui jouait – et un autre verrou qui, comme souvent, faisait rigoureusement pièce au premier car il en était le double, l'ombre, le corrélat, comme vous voudrez : le nom de Sartre. La France, en ce temps-là, avait deux visages. La France c'était de Gaulle, mais c'était aussi l'anti-de Gaulle, le grand adversaire de De Gaulle, le seul qui, à l'étranger, ait joui d'une gloire et d'une faveur égales à la sienne – bref, vous aviez de Gaulle et Sartre ; la France-de Gaulle et la France-Sartre ; en sorte qu'il y a eu les deux verrous (il y en eut d'autres, bien sûr, à commencer par la vigilance des juifs eux-mêmes, leur travail sur leur propre mémoire, leur propre deuil et leur propre identité) ; il y eut le verrou gaulliste et l'autre verrou, complémentaire, que fut ce petit livre intitulé *Réflexions sur la question juive* ; si les hommes et femmes de ma génération, quand ils avaient 20 ans, ou 30, n'ont pas eu à souffrir trop frontalement de la haine antisémite, ils le doivent un peu au général de Gaulle mais un peu, aussi, à ce petit livre si étrangement discuté et si bizarrement mal famé. Voilà. Pour toutes ces raisons que j'ai dites, à cause de ce qu'il y a dans ce livre et à cause de la machine de guerre qu'il fut et demeure, les *Réflexions sur la question juive* ont fonctionné comme ça : comme une machine à empêcher un certain nombre de choses de se dire ; comme un producteur de censure – oh ! pas la censure par la loi, non, mais l'autre censure, la vraie, la censure par la honte, par le discrédit, par l'interdiction idéologique de l'infamie. Et, donc, je répète : un beau livre, un grand livre, un maître livre et un livre à l'endroit duquel j'ai, moi aussi, alors que je suis plus jeune que Lanzmann ou Daniel, une dette philosophique, morale, existentielle.

Alors, là où cela se corse, c'est lorsqu'il s'agit, dans les *Réflexions*, non plus de combattre l'antisémite, non plus de désigner le vrai visage de l'ennemi, mais lorsqu'il s'agit de désigner et reconnaître le visage du juif lui-même. C'est quoi ce juif qui est l'objet d'une haine si constante, si acharnée, et venue de tous les bords ? C'est là où les choses se compliquent. Car c'est là que les *Réflexions sur la question juive* à la fois déçoivent et redeviennent géniales. C'est là qu'elles semblent en retrait sur, non pas sur ce que Sartre aurait pu penser en ce temps-là, mais sur ce qu'il a lui-même pensé plus tard c'est-à-dire sur la définition même de l'être-juif telle qu'elle lui apparaîtra, je vais y venir, trente ou trente-cinq ans plus tard – et c'est là, en même temps, que quelque chose de très fort s'annonce et se dit.

Mais prenons les choses dans l'ordre.

Pourquoi dis-je, d'abord, que le livre est, de ce point de vue, décevant ?

C'est un livre décevant parce que Sartre est prisonnier, cette fois, non pas de la pensée de son temps, non pas des préjugés inhérents à cette pensée, non pas de sa propre manière de faire la guerre dans la pensée et de la faire au corps-à-corps et sur le terrain, mais parce qu'il est le prisonnier, au fond, de celui qui aura été son grand interlocuteur philosophique, celui auquel il n'a cessé de se mesurer, celui dans le miroir de qui il a écrit *L'Etre et le Néant*, puis la *Critique de la raison dialectique* et aussi, d'une certaine façon, ces *Réflexions sur la question juive* – je veux parler, une fois de plus, de Hegel.

Ce problème, je l'ai souvent dit aussi, n'est pas le problème du seul Sartre. La philosophie moderne, la philosophie contemporaine tout entière, pourrait se lire et se raconter comme une longue tentative de s'expliquer avec Hegel, de contrer Hegel, d'échapper à Hegel et à l'hégélianisme. Est-ce qu'on peut sortir de l'hégélianisme ? Est-ce qu'on peut déjouer cette clôture décrétée et formée par le système même de Hegel ? Est-ce que les positions de « déjouement » adoptées par les uns et les autres, les ruses, les échappées, ne sont pas toujours des leurres, des fausses sorties, de fausses alternatives toujours déjà intégrées par le système ? C'est la grande question de la philosophie moderne. C'est la grande affaire et, d'une certaine façon, le drame de Sartre. Et c'est l'affaire qui, cette fois, sur ce dossier précis qu'est la relation de Sartre avec les juifs, est devenue un piège.

Vous connaissez la position hégélienne sur le sujet. C'est qu'il n'y a de peuple authentique, de communauté humaine authentique et accomplie, que dans la forme de l'Etat. Le peuple juif, par exemple, le peuple juif, en 1946, n'a plus d'Etat depuis longtemps. Par conséquent, du point de vue strictement hégélien, il n'a pas d'histoire. Et il est, de surcroît, apparemment vivant mais, en réalité, parfaitement mort. Voilà le fond de l'hégélianisme quand il rencontre la « question juive ». Et voilà, du coup, le point aveugle des *Réflexions sur la question juive* en tant qu'elles sont tributaires de l'hégélianisme ; voilà le point de défaillance, le point d'inintelligence, de la thèse de Sartre sur la « question juive », telle qu'elle s'exprime dans ce beau livre. Sartre dit : le peuple juif est une communauté historique abstraite. Il dit, plus loin : ce peuple héritier de vingt siècles de diaspora et d'impuissance est le moins historique de tous les peuples. Et il parle enfin du peuple juif, de ce peuple dont il vient de porter les couleurs pendant 130 ou 140 pages, comme d'un peuple qui serait pure passivité. Il ne dit pas pure négativité. Mais ce n'en est pas loin. Et c'est surtout comme un trait tiré, comme un geste d'effacement, comme une gomme à effacer (oh ! Aragon…) cette part de la grandeur humaine qu'est la tradition d'être et de pensée qui s'appelle la Bible, et le Talmud, et la Kabbale. Voilà le point aveugle du texte sartrien. Voilà la zone d'obscurité de ce texte et de cette pensée. Moi, le malaise que je peux avoir aujourd'hui face à ce livre, il est là et simplement là.

D'ailleurs non. Il est encore ailleurs. Parce que, contrairement à ce qui se dit partout, contrairement à ce qu'on lit souvent, Sartre ne dit pas non plus, pour autant, dans ce livre, que le judaïsme n'est rien. Ce n'est pas vrai que, selon ce Sartre-là, le judaïsme ne soit rien d'autre qu'un effet de regard de l'antisémitisme ou un effet de regard de l'antisémite. Ce n'est pas vrai qu'il dise seulement, ou qu'il dise autrement qu'en passant, que le juif n'est juif que parce que l'antisémite le regarde comme tel. Sartre dit autre chose. Il dit quelque chose de beaucoup plus intelligent et, surtout, de beaucoup plus conforme à sa propre pensée et au système philosophique, non plus de Hegel, mais de lui, Sartre. Il dit qu'être juif c'est être jeté dans une situation, c'est être laissé, délaissé, jeté là dans une situation qui est celle qu'il a décrite et dénoncée en dénonçant l'antisémitisme. Or, qui dit situation dit deux choses. Une situation, en bon sartrisme, ça veut dire un conditionnement, d'accord. Mais ça veut aussi dire une issue, une échappée hors de ce conditionnement. C'est les deux choses, une situation. C'est un conditionnement, et c'est une issue. C'est un état, un destin – et c'est une manière de se choisir une sortie par rapport à cet état. Et Sartre dit, dans les *Réflexions sur la question juive,* et c'est là qu'il déçoit, Sartre dit qu'il y a deux façons, pour un juif, de se débrouiller avec sa situation, avec son être-là, avec l'image de lui-même que lui renvoie l'antisémite, il y a deux façons de faire et de s'en sortir. Il y a une façon qui consiste à fuir et il y a une façon qui consiste à assumer. Fuir ça s'appelle être un juif inauthentique. Assumer, choisir ce qui vous est échu, ça s'appelle être un juif authentique. Mais il dit ensuite (et, en fait, aussitôt) qu'il y a deux façons d'assumer, deux façons de choisir, et que l'authenticité se dit, elle aussi, en deux sens. Je vais vite, là. Je résume, car le temps presse. Mais enfin, grosso modo, authenticité se dit donc, de nouveau, en deux sens. Un juif authentique c'est, premièrement, quelqu'un qui, comme, au fond, les Noirs, comme les Algériens colonisés, comme tous les damnés du monde, comme ceux dont parle la préface aux *Damnés de la terre*, se fait gloire de ce qui lui est imputé à crime, se fait gloire de ce qui est présenté comme sa malédiction et son infamie – c'est quelqu'un qui, comme tous les damnés, comme Jean Genet, accède à l'authenticité en disant : « ce que vous m'imputez à crime, ce visage horrible que vous me faites, eh bien je l'illustre et je le glorifie ».

Et puis il y a une deuxième façon d'accéder à l'authenticité et cette deuxième façon c'est de se défaire de ce visage, d'arracher ce masque qu'on vous fait et d'accéder à une forme ou une autre d'universalité – universalité révolutionnaire si possible mais aussi, n'est-ce pas, universalité républicaine…

Si sévère que soit Sartre pour celui qu'il appelle le démocrate, c'est-à-dire pour celui qui reconnaît tout au juif à condition qu'il ne soit plus juif du tout, il y a cette deuxième issue-là qui explique la bizarrerie extraordinaire qui m'a, moi, très longtemps tracassé dans ce passage des *Réflexions* où il prend comme modèle du juif authentique son petit camarade Raymond Aron. Car qui est Raymond Aron, à l'époque ? C'est, je vous le rappelais en commençant, un Français libre. C'est même le codirecteur du *Journal de la France libre,* qui ne signait pas ses articles de son nom, qui avait même une certaine tendance à écarter les articles portant sur la question juive et c'est quelqu'un qui prétendait que, lorsqu'il était enfant, il pleurait beaucoup plus sur les récits de la bataille de Waterloo que sur ceux de la destruction du second Temple. Donc, il y a cette phrase, il y a ce passage des *Réflexions* où il ne cite pas expressément Aron, mais où il parle de ce rédacteur de *La France libre* qui etc… Ce passage, Raymond Aron le reprendra lui-même, j'y insiste, dans ses *Mémoires* ou dans *Le Spectateur engagé*, je ne sais plus, ses entretiens avec Jean-Louis Missika et Dominique Wolton. Et il le reprendra en s'en flattant, en s'en glorifiant – il le reprendra, en réalité, souvent, toute sa vie, et il le reprendra en disant : « le juif authentique, ce juif authentique que caractérise Sartre, eh bien c'est moi ; Sartre ne connaissait pas de juif, c'est d'ailleurs pour ça que ses *Réflexions* sont un peu insuffisantes – mais il en connaissait un, et authentique s'il vous plaît, et c'était moi, Raymond Aron. » Bref, tout cela pour dire que vous avez, dans les *Réflexions,* un mécanisme de « positivation » de l'être-juif. Vous avez un mécanisme, un double mécanisme, de sortie de la situation faite aux juifs par l'infamie antisémite. Mais c'est un mécanisme qui arrive à faire de Raymond Aron, ce prodige d'assimilation, cet exemple de dénégation, ce juif qui n'a cessé de dire, tout au long de son existence, qu'il n'avait plus rien de juif, non pas exactement le prototype, mais une des variantes, et non la moindre, du juif authentique. Et c'est donc, évidemment, un mécanisme qui pose problème – c'est la preuve qu'il y a dans le texte sartrien, à ce moment-là de l'œuvre sartrienne, quelque chose qui ne va pas, un raté et, encore une fois, un point aveugle.

Mais ce qui complique encore les choses, c'est que Sartre ne s'en tient pas là et que la dialectique de sa relation aux juifs et au signifiant juif connaît un autre tour encore, une autre spire – c'est que, si l'on sort de ses textes philosophiques ou philosophiquement articulés et que l'on en vient à la politique, aux engagements politiques sartriens, à ses engagements dans l'époque et dans le siècle, il y a la question d'Israël qui n'est pas sans lien avec la question qui nous occupe – vous allez voir...

Reprenons. Et récapitulons. Sur cette question d'Israël, il y a certes un texte qui est une tache dans l'œuvre de Sartre : c'est le texte de *La Cause du peuple* qui suivit le massacre par la police allemande et par les terroristes palestiniens, à la suite d'une prise d'otages mémorable et sauvage des athlètes israéliens de Munich. Sartre écrit un texte, donc, à la suite de cet événement. Et c'est un texte insupportable. C'est même un texte qui semble rédigé tout exprès pour résumer tout ce que l'on peut écrire de pire sur la question du terrorisme considéré comme l'« arme des pauvres », la « dernière ressource des opprimés quand ils n'en ont plus d'autre », etc. Mais bon. A part ce texte dont il faudrait d'ailleurs essayer de faire l'histoire – je rêve d'un chercheur, d'un mémoire de maîtrise, d'une thèse, peu importe, essayant, à travers les témoins qui sont toujours là, de savoir comment ce texte est né, dans quelles conditions il fut écrit, par qui, est-ce qu'il était de Sartre lui-même ? entièrement ? pas du tout ? et, sinon, de qui ? – à part ce texte, hélas signé de lui, la question de Sartre et les juifs c'est aussi une très étrange et absolument constante fidélité à l'Etat d'Israël (étrange parce que Sartre appartient à une famille politique dont le moins que l'on puisse dire est que ce ne fut pas l'idéologie dominante…).

Je donne les dates, les repères.

1947. *Qu'est-ce que la littérature ?* Sartre cherche un exemple, un bon exemple, d'engagement, de responsabilité de clerc assumant sa fonction d'écrivain et d'homme. Et quel est l'exemple qu'il donne ? C'est celui du soutien à l'Etat israélien qui n'existait pas encore mais qui faisait l'objet de débats et de disputes politiques extrêmement intenses et vives.

1967. La fameuse phrase du général de Gaulle sur le peuple d'élite, etc. Vous me direz que c'est un réflexe conditionné, une manie, le vieux corps-à-corps Sartre-de Gaulle qui continue. D'accord. Mais enfin le fait est là. Après cette petite phrase du général de Gaulle, il y a les réactions de Maurice Clavel et de François Mauriac. Il y a celle de Raymond Aron, courageuse pour le coup, quand, dans son *De Gaulle, Israël et les Juifs,* il ose reconnaître dans la « petite phrase » du Général les mots même de Maurras et de Drumont. Mais vous avez aussi la sienne, Sartre. Il réagit non pas exactement à la phrase, d'ailleurs. Mais à ce qui suit, et c'est peut-être plus important encore, car ce qui suit c'est l'embargo sur les armes à destination d'Israël décidé par le général de Gaulle, et Sartre dit qu'il n'est pas d'accord avec cet embargo : c'est loin, là encore, d'être la position dominante dans l'intelligentsia ; l'émotion créée par la petite phrase est largement retombée et le bon vieux débat politique sur cette décision politique qu'est l'embargo a repris ses droits et fait rage ; mais Sartre n'en démord pas – accepter cet embargo « cela consiste, en fait, à livrer l'Etat d'Israël aux Arabes » et on ne peut pas demander aux Israéliens de « se laisser systématiquement tuer sans répondre »…

Et puis un autre texte encore, l'année suivante, en 1968. Un texte cosigné avec Laurent Schwartz dans une revue dont je ne me rappelle pas le titre. Et où Sartre démonte – et, là, encore, il faut essayer d'entendre ça avec l'oreille de l'époque, avec la doxa du moment – l'idée d'un Israël bastion de l'impérialisme, d'un Israël qui se réduirait à être un avant-poste de l'impérialisme. C'est un peu ça, concède Sartre. Bien sûr, il y a de ça. Mais ce n'est pas *que* ça. Et c'est ne rien comprendre à rien, c'est laisser triompher l'imbécillité sur l'intelligence, que de réduire ce mouvement de libération nationale qu'est le sionisme à quelque chose d'aussi pauvre et d'aussi ignoble, une simple tête de pont de l'impérialisme. Y en a-t-il tant que cela, demande-t-il, des mouvements de libération nationale qui n'aient pas échoué ? Eh bien en voici un. Le sionisme. Israël.

Il y a, encore, le texte extraordinaire que vous trouvez dans les dialogues de 1973 avec Pierre Victor, alias Benny Lévy, et Philippe Gavi. C'est un drôle de dialogue. Rude et pas toujours sympathique. Très rapport égalitaire entre vieux mamamouchi et jeunes camarades. Très tutoiement obligé et grand intellectuel qu'on brutalise. Ses jeunes camarades le font parler de la Chine. Ils évoquent, tous les trois, ces expériences révolutionnaires qui ont lieu, à l'époque, dans les campagnes chinoises et causent donc « savants rouges » et « communes populaires ». Et Sartre, tout à coup, les interrompt et leur dit : vous savez, il y a un autre exemple auquel vous n'avez pas l'air de penser ; il y a un autre cas de grande expérience révolutionnaire ; les communes populaires c'est sûrement très bien mais il y a un autre cas, pas mal non plus, de collectivisation agraire, de socialisme dans les campagnes, d'égalitarisme réel ; ça ne va pas vous plaire, insiste-t-il ; vous n'allez pas aimer que je vous balance cet exemple ; non, non, je sais que ça ne va pas trop vous plaire compte tenu de vos positions ; mais cet exemple, c'est Israël et c'est les kibboutzim en Israël. Il faut imaginer la scène. Il faut imaginer les « copains maos » entendant leur totem, leur gourou, leur grand intellectuel organique, leur annoncer comme ça, tranquillement : « il y a la révolution chinoise, d'accord ; mais il y a aussi, faisant jeu égal avec la commune populaire, le kibboutz ». Déjà le crime d'écrire son *Flaubert* – maintenant l'éloge du kibboutz : qui dit mieux ?

Vous avez 1976 et cette scène si bouleversante et si belle où le vieux Sartre, aveugle, conduit par Simone de Beauvoir d'une main et par sa fille, Arlette Elkaïm, de l'autre se rend à l'ambassade d'Israël et déclare à l'assistance, médusée : moi qui n'ai jamais reçu ni jamais accepté aucun honneur, moi qui n'ai jamais reçu la moindre décoration, le moindre ordre du mérite, moi qui dénie à quiconque le droit tant de me donner des ordres que de me reconnaître des mérites, moi qui ai refusé le prix Nobel parce que le prix Nobel était une façon de me faire rentrer dans le rang, de m'académiser, de me faire mourir de mon vivant, de m'enterrer dans la chaux vive non pas de l'enfance mais de la respectabilité, il y a un honneur que je suis content de recevoir, un seul, celui-ci, ce doctorat honoris causa d'une université maudite. On est en 1976. Cette université maudite c'est l'Université hébraïque de Jérusalem. Et c'est Jean-Paul Sartre qui s'exprime ainsi.

Vous avez 1974 et le texte qu'il signe, avec Aron encore et Ionesco, en protestation contre les prises de position de l'Unesco contre Israël.

Vous avez ce « séminaire sur la paix au Moyen-Orient » qui se tint à Paris, dans l'appartement de Michel Foucault, les 13 et 14 mars 1979, à l'invitation de lui, Sartre, et de Simone de Beauvoir. On en a un récit publié vingt ans plus tard, dans *Le Monde diplomatique*, par l'écrivain palestinien Edward Saïd venu de New York, tout exprès pour l'événement. Et c'est un récit accablé, effaré, décrivant un événement « entre farce et tragédie », avec un Sartre sous l'emprise de Benny Lévy, « constant dans son philosionisme fondamental » et, en proie à la « peur de passer pour antisémite » ainsi qu'à un « sentiment de culpabilité devant l'Holocauste », ne pensant qu'à la « consolidation d'Israël » – belle preuve a contrario !

Et puis vous avez enfin le tout dernier exemple ou, plus exactement, le premier. Vous avez – et c'est là que je voulais en venir – la toute première manifestation de cette fidélité sartrienne à Israël qui s'exprime quand ? eh bien dans les *Réflexions sur la question juive*, à nouveau ; dès ces *Réflexions sur la question juive* inaugurales ; en 1946, donc, dans le chapitre du livre où il explore les solutions, les formules possibles d'accès à l'authenticité. Il y a, je l'ai dit, la solution par assomption glorieuse de ce qui vous est présenté comme une infamie. Il y avait l'hypothèse universaliste, fût-elle républicaine et eût-elle le visage de Raymond Aron. Mais il y a aussi une troisième formule, moins connue, peu citée, mais, il me semble, essentielle. Cette formule c'est l'établissement, en Israël, d'un Etat. A quoi pense-t-il en disant cela ? Pense-t-il à son jeune disciple Robert Misrahi ? A-t-il en tête ce jeune homme pour lequel il ira témoigner dans un procès lié aux agissements du groupe Stern ? Ou bien est-il juste fidèle – mais en sens inverse – à son hégélianisme et à son idée, prise à Hegel, qu'il n'y a pas de peuple dont l'accomplissement puisse faire l'économie du passage par la forme Etat ? Le fait est là. *Réflexions sur la question juive* est un livre qui fonde cette fidélité rare, étrange, mais durable, de Sartre à Israël.

Sartre et les juifs c'est aussi ça. Sartre est un penseur révolutionnaire. C'est un militant d'extrême gauche. C'est un compagnon de route des marxistes – compagnonnage difficile, compliqué, conflictuel, d'accord, mais compagnonnage quand même. C'est le directeur de *La Cause du peuple*. C'est un homme qui a dû penser, un peu, que les Palestiniens n'avaient pas d'autre moyen, pour se faire entendre, que d'assassiner des athlètes israéliens. Et cet homme-là, aussi extraordinaire que cela puisse paraître, maintient, sa vie durant, une fidélité bizarre, entêtée et, je le répète, unique dans le paysage de ses contemporains – je ne vois pas d'autre cas, n'est-ce pas ? pas d'autre grand intellectuel de cette génération manifestant semblable fidélité… – au signifiant et au lieu que recouvre le nom Israël. Et une fidélité ancrée, je le répète, dans les *Réflexions.*

Mais j'en viens au vrai dernier épisode de toute cette aventure.

C'est quoi, pour Sartre, Israël ?

Qu'est-ce qu'il a en tête, en le sachant sans peut-être le savoir encore, lorsqu'il manifeste cette fidélité incroyable à l'Etat juif ?

C'est là – et je terminerai là-dessus – qu'il faut en venir à la vraie dernière étape de cette histoire et à son coup de théâtre.

Je ne crois pas, naturellement, qu'une vie soit orientée vers sa fin. Je ne crois pas qu'elle conspire en silence à ce qui va l'achever. Mais enfin… Quand on manifeste cette fidélité au nom juif, quand on témoigne de cette fidélité au nom et au principe d'Israël, quand on écrit ce que Sartre écrit aussi dans cette si belle pièce que sont *Les Séquestrés d'Altona* sur la figure du rabbin égorgé, quand on invente cette scène, oui, du rabbin égorgé dans sa cellule par des SS tandis que quatre autres SS tiennent Franz, le maîtrisent et l'obligent à regarder l'égorgement, quand on est ce Sartre-là, il doit bien y avoir quelque chose, tout de même, qui n'a pas de raison particulière de se manifester à la fin mais qui n'a pas de raison non plus de ne jamais se manifester du tout. Et cette chose-là, je crois qu'elle se manifeste, en effet, dans les derniers temps : je pense, vous l'avez compris, à ce drôle de théâtre, cette drôle de scène, la dernière, qu'est le dernier dialogue de Sartre avec son jeune camarade, qui ne s'appelle plus Pierre Victor puisqu'il l'a contraint, lui, Sartre, à reprendre son nom – je pense à son dernier dialogue avec Benny Lévy.

Vous connaissez l'histoire. Et je l'ai, quant à moi, déjà racontée. Vous avez là le très vieux Sartre, le Sartre dont on a parfois le sentiment qu'une partie de ses anciens amis le tiennent pour incapable de penser, gâteux, etc. Vous avez ce Sartre qui avait placé toute sa pensée sous l'autorité de l'œil et du regard, et qui, peu à peu, devient aveugle et qui, lorsqu'il n'y voit plus du tout, est en situation de ne plus penser non plus. Vous avez tous ces témoignages nous racontant comment il passe ses journées dans un état de grand abattement, parfois de vague hébétude, attendant apparemment que la comédie, ou la tragédie, veuille bien le laisser en paix et finir. Et vous avez ce jeune garçon, le troisième juif important de la vie de Sartre, ou plutôt le quatrième ; vous avez (après Raymond Aron, Claude Lanzmann et Arlette Elkaïm) ce jeune homme, Pierre Victor, qu'il a contraint à devenir Benny Lévy et qui, lui aussi, est à un moment très particulier de sa vie ; vous avez ce chef révolutionnaire, cet enragé, ce maoïste, qui commence de rôder autour d'une série de textes qu'il ne connaît pas, dont il ne sait rien et qui sont les textes de Levinas ; vous avez Benny Lévy qui devient comme une espèce d'ambassadeur, d'émissaire, entre Levinas et Sartre ; et vous avez, sur cette scène, sous l'effet de ce dialogue, sous l'effet aussi de ce transport des textes lévinassiens vers Sartre (c'était sa fonction, après tout… il était là, il était payé, pour faire la lecture au vieux philosophe…), vous avez une situation qui va produire un effet, ou plutôt deux, tout à fait singuliers et, dans l'histoire que je tente de reconstituer, décisifs.

Premier effet : Sartre s'intéresse de près à ce qui faisait la vérité de ce juif qui était, il s'en avise, autre chose, beaucoup plus de choses, que ce personnage inauthentique cherchant une issue à la situation qui lui était faite par l'antisémite et la trouvant dans une authenticité pour le moins paradoxale puisqu'elle a tout d'un reniement. Dans ces entretiens, il interroge Benny Lévy ou s'interroge plutôt, à voix haute, avec Benny Lévy sur le thème : « qu'est-ce que ça raconte la pensée juive ? qu'est-ce que c'est que le Talmud ? à quoi ça sert ? qu'est-ce que ça dit ? » A la vive surprise de son interlocuteur, il se demande et lui demande par exemple – par-delà l'affaire du rabbin égorgé et le reste – ce qu'il en est de cette énigme, la plus bouleversante, à ses yeux, du temps et de tous les temps, qu'est l'énigme de la résurrection des corps. Vraiment, l'interrompt Benny Lévy ? J'ai bien entendu : tu as vraiment dit ça ? Tu ne veux pas plutôt dire : l'immortalité de l'âme ? Et lui, Sartre, de répondre : « mais non ! l'immortalité de l'âme, aucun intérêt ! ce vieux thème philosophique de l'immortalité de l'âme, n'importe quel cartésien, platonicien, malebranchiste, t'en fera des théories ! non, ce qui m'intéresse, moi, et dont je veux que nous parlions, c'est l'immortalité de l'âme, d'accord, mais aussi la résurrection des corps, vraiment les corps, dans leur gloire et leur chair. » Et voilà Sartre qui, en écho à sa jeunesse heideggérienne, comme une dernière irruption du vieux lexique heideggérien en lui et dans sa langue, voilà Sartre qui, de même qu'il empruntait jadis à Heidegger les concepts d'authenticité et inauthenticité, de même qu'il lui empruntait une part de ce concept de situation dont je vous parlais tout à l'heure, qu'il n'avait pas forcément très bien compris mais dont il avait réussi à faire un usage, après tout, génial, voilà Sartre donc qui reprend (dans un autre contexte, d'accord ! et dans un tout autre sens ! mais l'un n'est sûrement pas complètement étranger à l'autre) le thème du « peuple métaphysique par excellence » qui, chez Heidegger, était le peuple allemand et qui, là, chez lui, devient le peuple juif – voilà Sartre qui interroge Lévy et s'interroge devant lui sur cette façon bizarre qu'a le peuple juif depuis 2 000 ans de « vivre métaphysiquement »…

C'est la première chose, donc, qui se produit sur cette dernière scène. La toute première chose. Il faut imaginer la stupeur de son interlocuteur. Puis celle, quand ils liront, de ses anciens camarades gauchistes et de ses amis de toujours. Il faut se figurer la sidération de celle qui partage sa vie depuis si longtemps, Simone de Beauvoir. Il faut imaginer – de cela j'ai été personnellement témoin – la stupeur et, d'une certaine façon, la terreur de Levinas lui-même qui, en face, de l'autre côté de la scène ou de la Seine, de l'autre côté de la navette, s'aperçoit que lui, le petit juif de Lituanie qui confiait volontiers à ses interlocuteurs de l'époque qu'il n'avait jamais pu passer une frontière sans avoir le cœur qui s'affole à l'idée qu'on scrute d'un peu trop près son passeport et qu'on l'arrête, est indirectement responsable de ce qui va bientôt apparaître comme un détournement de vieillard, un scandale, une monstruosité métaphysique – l'inoculation du venin talmudique au plus grand philosophe français vivant… Levinas savait bien qu'il y avait, entre lui et le plus grand philosophe français vivant, une longue et vraie histoire. Le Levinas qui publie, dans *Les Imprévus de l'Histoire* par exemple, ce si beau texte, que j'ai souvent cité, et où il explique qu'il est devenu juif, après 1945, à cause de Jean-Paul Sartre, le Levinas qui nous dit que c'est la philosophie existentialiste qui a invité quelques-uns de ses contemporains, ainsi que lui, à revenir à ces vieux textes, ces vieux grimoires à demi effacés dont on avait perdu l'habitude et le goût de les traiter en philosophe, ce Levinas-là ne peut pas être complètement surpris. Mais quand même ! Il est surpris comme tout le monde. Le monde découvre un Sartre qui découvre, ou finit de découvrir, la positivité de l'être-juif. Hymne au judaïsme. Extrême déploiement du Nom. Intuition sans réplique de ce que ce Nom dit en vérité. C'est le premier effet.

Et puis, voici le second effet. Au contact de cette pensée Levinas qui lui a été transmise par son jeune secrétaire, au contact de ces interrogations sur l'être métaphysique du peuple juif et la résurrection des corps, s'opèrent, dans le texte même de Sartre, un certain nombre de déplacements tout à fait inattendus. Il repense la grande question sur laquelle s'était fracassée la Gauche prolétarienne et qui était la question de l'historicité et de la révolution, Il explique comment cette affaire de messianisme, cette drôle d'histoire d'une fin de l'histoire qui est déjà ici, aujourd'hui, et ne court par définition pas le risque de sombrer dans les vertiges noirs de l'illégalisme et de la terreur, est peut-être une voie à frayer. Il revient sur cette affaire de « morale » qui a été l'autre grande affaire de sa vie ; il revient sur ce livre rêvé, jamais écrit, qui devait être sa morale et il y revient, pour dire que voilà, il y a des pistes dans la pensée Levinas, des pistes dans la pensée juive – il y a là, dans cette philosophie de l'autre homme et du visage qu'est la pensée de Levinas, des éléments qui lui permettent de commencer de le mettre enfin, ce livre, sur le métier. La question de la communauté, encore. L'énorme affaire qu'était cette question de la communauté et qui l'a vu osciller, toute sa vie, entre, en gros, la méfiance romantique, nietzschéenne, à l'endroit de l'idée même de communauté et, en face, le mirage ou le rêve d'une bonne communauté, d'une communauté idéale remédiant aux imperfections des communautés concrètes et connues : sentiment, ici aussi, qu'il y a là, dans ce nom juif, dans cette affaire de judaïsme et de textes juifs, une autre façon de penser cela, une façon nouvelle d'articuler les choses, une façon de « relever » la contradiction, d'arrêter l'oscillation, la bascule, la dialectique. Et puis, enfin et surtout, cette question Hegel, cette question du corps-à-corps avec Hegel dont j'ai dit, tout à l'heure, que ce fut la grande question sartrienne en même temps que le moment de son échec – cette question qui fut son point de butée puisque c'est là, exactement là, que sa mécanique philosophique s'est enrayée, que son ambition s'est fracassée et que la certitude s'est imposée que les travaux de la philosophie étaient finis : cette question, cet os, qu'était l'hégélianisme, voilà que, à la lumière de ces textes juifs, il l'envisage tout autrement. « Et si c'était l'inverse, dit Sartre, de ce que nous avons, tous, toujours cru ? Et si, au lieu que l'hégélianisme soit la preuve que le judaïsme n'est rien, c'était le judaïsme qui prouvait que l'hégélianisme n'est pas infaillible, que sa mécanique se détraque, qu'elle est fautive, faillible, et qu'il est possible de la déconstruire ? » Première victoire sur Hegel. Ce système qu'il a passé sa vie, en vain, à tenter de dépasser, le voilà qui montre sa faille. Il suffit de poursuivre, se dit Sartre, cette réflexion sur le judaïsme. Il suffit d'aller de l'avant, d'élargir la brèche. Il suffit du signifiant juif pour entrevoir, pour la première fois, la possibilité d'avoir raison du vieil adversaire hégélien…

Voilà. C'est la fin. Sartre et les juifs, ça voulait dire cet extraordinaire geste d'amitié, de bonté, de solidarité, de générosité adressé par Sartre aux juifs de France. Mais cela veut dire maintenant, ces mêmes juifs ou, en tout cas, l'un d'entre eux, Emmanuel Levinas, et, dans l'ombre d'Emmanuel Levinas, Benny Lévy, et, dans leur ombre à tous deux, d'autres, beaucoup d'autres, Rabbi Aqiba, le Maharal de Prague, le Gaon de Vilna, qui lui rendent la pareille et qui, de même que Sartre leur avait rendu un visage en 1946, lui rendent à lui, Sartre, non pas un visage, mais des yeux, ou plutôt une pensée – ce qui, dans son cas, revient au même. Sartre a rendu leur visage aux juifs de son temps. Voilà ces mêmes juifs ou, plutôt, leurs lointains ancêtres qui sont en train, à la fin de sa vie, de lui rendre la pareille en lui rendant des yeux, sinon pour voir, du moins pour réfléchir et penser. C'est peut-être le plus beau dans cette longue histoire. C'est le plus émouvant dans ce drame qui aura occupé sa vie et qui est le drame de sa relation aux juifs.

5

Juifs et français[1]

Sur le rôle libérateur de cette convocation du Grand Sanhédrin, sur ce moment d'exception que furent, pour les Juifs de France, ces journées de 1807, sur le fait que Napoléon achève le geste entamé, mais entamé seulement, par la Révolution française, je crois que l'essentiel a été dit, et ce n'est pas sur ce point que je vais insister.

Je voudrais plutôt vous dire, en quelques mots, comment, aux yeux de l'intellectuel, du philosophe, que je suis, se met en place, pendant ces quelques journées que durent la convocation, puis les débats, du Grand Sanhédrin, un dispositif de pensée dont l'actualité est plus brûlante que jamais.

1

Ce dispositif de pensée, énoncé par les soixante et onze rabbins et notables rassemblés par l'Empereur, comporte une première proposition qui est, comme vous savez, la suivante : « l'obéissance à la Loi n'est pas exclusive de l'amour de la patrie ».

1. Washington. *The New Republic*, 11 avril 2007 ; version réécrite, et augmentée, d'une allocution prononcée, en mars 2007, à l'Hôtel de Ville de Paris, à l'occasion de la commémoration du 200e anniversaire de la convocation du Grand Sanhédrin.

La tradition antisémite dit, depuis des siècles, exactement l'inverse.

La grande philosophie de l'époque, la philosophie déjà en train de s'imposer au moment où se réunissent les soixante et onze rabbins et notables, à savoir la philosophie de Hegel, dit, également, l'inverse puisqu'elle dit que l'histoire universelle est l'histoire des Nations et que, à cette histoire universelle, un peuple résiste, un peuple s'oppose et qu'il faut, ce peuple, le peuple juif, le haïr pour cette raison.

Mieux, il y a dans la tradition française et occidentale, jusqu'à cette date – et cela dure, d'une certaine manière, jusqu'à nos jours – une thématique de la double appartenance, on dirait aujourd'hui de la double allégeance, qui est dans le fil de cela, qui est imputée à crime aux juifs et qui suppose, donc, que l'on ne peut aimer à la fois la Loi et la Patrie.

Eh bien les notables et les rabbins, reprenant, somme toute, le principe de Maimonide : « la loi du pays fait loi », énoncent : « non, les deux ne sont pas incompatibles car ils n'ont rien à voir ; et ils n'ont rien à voir en ce que – et là est le cœur du raisonnement – l'on ne saurait confondre l'obéissance à une idée et la fidélité à une patrie. »

Bien sûr, et ils le savent, la France est aussi une Idée.

Bien sûr, et ils ne le savent pas encore, mais ils le devinent car l'empereur Napoléon Ier en avait lui-même anticipé, préfiguré le dessein, un jour viendra où l'autre Idée, la juive, deviendra à son tour une Nation qui prendra le nom d'Israël.

« Mais justement, disent les rabbins et les notables ; tel est l'enjeu ; tel est le défi ; cette Nation-Idée et cette Idée-Nation, cette Nation qui est aussi une Idée et cette Idée qui deviendra un jour une Nation, sont parfaitement et éminemment compatibles. »

Beaucoup, beaucoup plus tard, un grand écrivain, un grand historien, Marc Bloch, le confirmera : « c'est un pauvre cœur que celui auquel il est interdit de renfermer plus d'une tendresse. »

D'autres grands juifs, d'autres princes, et de la gentilité et du judaïsme, d'autres Resh Galuta, princes des exilés, au sens où on le disait, en Angleterre, de Isaïah Berlin, insisteront sur la possibilité, que dis-je ? la gloire de la double appartenance, c'est-à-dire de la conjonction du patriotisme et de l'être-juif : ce sont les Durkheim, les Mauss, les Reinach.

Mais, dès ce moment, tout est dit.

Et tout est dit à travers une réponse dont la formule affinée est : le judaïsme est une Idée ; ce n'est pas une particularité, une ethnie, une appartenance à je ne sais quelle communauté, tribu, ou nation, c'est, vraiment, une Idée ; ou, si communauté il y a, cette communauté n'est pas en compétition avec l'autre puisqu'elle est, par hypothèse, une communauté imaginaire.

Victoire de Kant sur Herder.

Triomphe de l'idéalisme transcendantal sur le romantisme de l'appartenance.

Des deux hommes de Königsberg, l'un (Kant) est mort trois ans plus tôt, l'autre (Herder) quatre ans plus tôt : eh bien de leur duel encore tout chaud, de cet affrontement de géants encore présent dans tous les esprits, de ce dilemme métaphysique dont les deux siècles à venir ne vont faire, d'une certaine façon, que dérouler les péripéties et la logique, les rabbins sont les premiers à tirer une première conclusion – au bénéfice, donc, de l'homme des Lumières et au détriment de l'homme des anti-Lumières ; au bénéfice de l'auteur d'*Idée d'une Histoire universelle d'un point de vue cosmopolitique* et au détriment de celui qui lui répond dans la deuxième partie des *Idées pour la philosophie de l'Histoire de l'humanité,* puis dans la *Métacritique de la Critique de la Raison pure*.

Tel est le théâtre.

Tel est, aussi, l'enjeu.

Et tel est l'esprit, donc, de la réponse du Grand Sanhédrin.

2

Les rabbins et les notables du Sanhédrin soutiennent, alors, une seconde proposition. Ils disent : « l'apprentissage des savoirs modernes, des sciences, de la philosophie, n'est pas incompatible, au contraire, avec la fidélité à l'étude traditionnelle. »

Là encore, la tradition dit le contraire.

Elle a produit d'abord, tout au cours du siècle qui s'achève, c'est-à-dire du siècle des Lumières, tant et tant de juifs dont l'apprentissage des savoirs modernes s'est payé d'un effacement, d'une occultation, d'un oubli de leur être-juif, presque d'un nouveau marranisme.

L'histoire récente, notre histoire à nous, montre, à l'inverse, des juifs de piété, de fidélité, qui font grief à ceux des leurs qui s'essaient aux savoirs modernes de se nier eux-mêmes et qui leur font grief, en fait, de tourner le dos à cette église invisible du judaïsme, à cet édifice invisible, qu'est la lecture du Talmud.

C'est déjà l'histoire de Moses Mendelssohn, grand juif s'il en est, bastonné par un groupe de ses coreligionnaires parce qu'il avait été surpris en train d'étudier un livre qui ne faisait pas partie de la grande architecture talmudique.

Et c'est une histoire dont je pourrais vous donner maints exemples, certes moins caricaturaux, mais parfaitement contemporains, oui contemporains jusqu'aujourd'hui ou presque – j'en ai des personnels, nous en avons tous des personnels, à disposition de qui voudra...

Mais, là encore, les soixante et onze notables et rabbins disent : « non ; c'est faux ; les deux sont compatibles ; savoir et étude ne sont pas antinomiques ; ils peuvent aller, sinon du même pas, en tout cas du même mouvement. »

Ils donnent raison à Mendelssohn.

Ils ratifient le projet même de l'auteur des *Entretiens sur l'immortalité de l'âme*, par ailleurs traducteur de la Torah en allemand.

Ils disent ce que dira, par exemple, Michel Foucault dans son fameux texte sur les Lumières où il montrera la parenté de questionnements et de problématiques entre les Lumières philosophiques et la Haskalah juive.

Ils disent ce que dira, longtemps après eux, un siècle et demi après eux, ce grand philosophe juif et français dont nous avons ici le fils et qui n'a jamais, au grand jamais, accepté de choisir entre ses deux identités et leurs deux régimes de pensée – Emmanuel Levinas.

Car c'est lui, n'est-ce pas, le philosophe qui tirera toutes les conséquences de la seconde proposition du dispositif de pensée du Grand Sanhédrin ?

Emmanuel Levinas, vous le savez, mènera, toute sa vie, une double œuvre : une œuvre dans le registre du savoir, une œuvre philosophique, une œuvre continuant celles de Platon, de Descartes ou de Husserl – et, de l'autre côté, une œuvre dans le registre de l'Etude, une œuvre post-talmudique, une œuvre continuant celle de Franz Rosenzweig ou de Martin Buber, une œuvre proprement juive.

Est-ce qu'il n'y a pas des vérités juives, demandera Levinas – dans le droit fil de ce que pressentaient les rabbins et les notables du Grand Sanhédrin –, qui sont inaudibles dans la langue philosophique et intraduisibles, donc, en grec ? Est-ce qu'il n'y a pas, inversement, en grec et en langue philosophique, des vérités et des valeurs qui n'ont pas de sens en pensée juive ? Oui, répondra-t-il. Oui, naturellement, répondaient déjà les membres du Sanhédrin. Mais tel est, justement, le défi. Tel est, là encore, le pari. Il est de mener les deux de front. Il est de penser, et pratiquer, cette indissociabilité nouvelle du savoir et de l'étude.

Il y a un apologue du Talmud qui raconte comment un groupe de rabbins, se présentant dans une ville ou un village d'Europe centrale, et demandant à en rencontrer les gardiens, sont amenés aux soldats qui gardent la ville, aux sentinelles. « Mais non ! s'écrient-ils. Ce ne sont pas ces gardiens-là que nous voulons. Pas les soldats. Ce sont les instituteurs que nous cherchons. Les sages. Ce sont eux, les vrais gardiens de la ville. » Et, quand ils s'écrient cela, quand ils demandent à voir les écoles ou, plus exactement, quand les Sages du Sanhédrin se souviennent de ces ancêtres qui demandent à être conduits aux lieux où se transmet la sagesse, ils entendent indifféremment écoles juives et écoles laïques, lieux d'étude et de savoir, ceux où l'on continue d'étudier les lettres de feu du Talmud et ceux où l'on fait l'apprentissage de la citoyenneté.

Ce sont deux choses différentes, je le répète.

Mais ce sont deux choses qui ne sont pas exclusives l'une de l'autre.

Voilà, en tout cas, ce que disent les rabbins.

Voilà ce qu'ils répondent, à l'issue de leur réflexion, à l'Empereur.

Et ce geste-là, encore, est un geste révolutionnaire – c'est un geste qui vient jusqu'aujourd'hui et dont il y a, aujourd'hui même, un vrai usage : je connais tant de jeunes juifs – je les vois, là, aujourd'hui, devant moi, dans cette grande salle de l'Hôtel de Ville – qui en savent aussi long que moi, il y a trente ans, sur Platon, les stoïciens ou Lautréamont mais qui doublent ce savoir d'une connaissance profonde, bien plus profonde que la mienne, des textes du Rambam ou de la Kabbale de Luria.

Ils sont les héritiers du geste rabbinique.

Ils sont les descendants, non pas des Reinach ou des Cohen Salvador, mais de ces Sages qui, à l'orée de la modernité, posent la compossibilité de l'étude et du savoir.

3

La troisième proposition du Sanhédrin pourrait se formuler comme suit.

Etre juif est un mode d'appartenance qui, loin de nous couper des autres humains, nous en rapproche au contraire comme jamais.

Les participants du Grand Sanhédrin savent, ô combien, qu'il y a, dans toute appartenance, un risque d'exclusion, de séparation entre ceux d'ici et ceux de là, de partage, parfois mortel, entre les autochtones et les étrangers.

Pire : ils savent que l'appartenance juive est, de toutes les appartenances nationales ou communautaires, celle qui, de manière immémoriale, a été le plus profondément suspectée de ce geste de scission ou de sécession.

L'un des grands inventeurs juifs de l'antijudaïsme contemporain, Spinoza, dit très exactement cela : le problème avec le judaïsme, dit-il, le problème avec les juifs, martèle-t-il, c'est qu'ils sont des agents de division et de sécession et qu'il ne peut y avoir, avec eux, de vraie communauté possible.

Du reste, il n'y a pas que Spinoza ou les antisémites. A la tradition elle-même, il est arrivé de dire : « c'est soit l'un, soit l'autre ; tu es juif ou gentil ; membre de la communauté ou appartenant aux nations ; il faut choisir ; tu ne peux pas ne pas choisir ; et, si tu te veux frère de tous les hommes, tu ne seras frère de personne. »

Eh bien, là encore, les rabbins et les notables s'inscrivent en faux. Là encore, ils disent : « non ; justement non ; le judaïsme est un humanisme ; le judaïsme est un universalisme ; les versets qui nous interpellent et dont il nous incombe de commenter à l'infini les mystères et les richesses, sont des versets qui nous enseignent que ce n'est pas seulement pour ceux qui sont ici, aujourd'hui, avec nous, que l'Eternel est venu, mais pour tous ceux qui n'y sont pas et, donc, par exemple, pour ceux des Français fidèles à ces commandements minimaux que nous appelons les Commandements de Noé. »

C'est la troisième proposition. C'est le troisième pilier de ce dispositif de pensée. Et c'est une proposition dont je crois que, là encore, elle sonne, en ce temps-là, comme une grande nouvelle, comme un ébranlement considérable, en France et en Europe. C'est elle qui pose les bases de l'universalisme juif et, donc, d'un vivre-ensemble dont le juifs ne seront pas seulement les débiteurs mais aussi – et quelle fierté ! – les créditeurs et partenaires à part entière. C'est elle qui fait du judaïsme cette propédeutique à toute morale qu'a entrevue Sartre à la fin de sa vie et que Levinas a passé la sienne, de vie, à expliciter. Et c'est elle enfin qui, à mon sens, donne tout son sens, et même son seul sens, à la belle idée d'Election.

Evidemment, deux siècles après, c'est-à-dire aujourd'hui, il est clair que les Juifs de France et d'Europe ont quelques raisons de considérer avec méfiance, ou avec distance, cet optimisme des rabbins et des notables rassemblés en 1807 par l'Empereur.

Ils savent que cet universalisme, non seulement n'a rien pu pour eux à l'heure où la nuit s'est faite la plus noire, mais qu'il s'est retourné contre eux – et avec quelle violence ! – en fournissant les bourreaux en semonces et munitions.

Ils savent que, dans la France de 2007, il y a des signes, des mots, qui peuvent donner à certains – et comment ne pas les comprendre ? – l'envie de se mettre à l'écoute de cette autre musique du verset biblique, cette autre longueur d'onde, celle qui leur recommande de camper à part des Nations, séparés, et de ne plus faire confiance à cette universalité dont leurs ancêtres du Grand Sanhédrin prétendaient être les porte-flambeaux.

Et j'ai assez souvent dit, par ailleurs, les risques d'affadissement du message juif que recèlent cette proposition numéro 3 et l'attitude qui en procède, j'ai assez souvent dit les fâcheuses ambiguïtés de ce fameux « franco-judaïsme » qui en est la conclusion logique, pour ne pas avoir, ici, aujourd'hui, à y revenir.

Mais bon. Malgré cela, malgré ce risque, malgré les raisons que nous avons de nourrir, et nourrir encore, cette méfiance, malgré le pessimisme qui nous requiert et qui nous est, aujourd'hui plus que jamais, une ardente obligation, cette leçon du Sanhédrin reste actuelle ; ce dispositif de pensée reste la moins mauvaise des armes dont les Juifs disposent pour continuer de mener, en particulier, cette guerre de longue durée, et qui n'aura peut-être pas de fin, qu'est la guerre contre l'antisémitisme ; c'est comme cela, et comme cela seulement, c'est en restant fidèles, certes à la pensée juive, certes à ce que nous savons de la tradition de nos maîtres, mais aussi à l'idéal républicain et à une tradition universaliste posée comme non contradictoire de la tradition juive, c'est en collant à cette idée lévinassienne que juif est un autre nom de l'humain, que nous saurons résister à cette horreur qu'est la récurrence de l'antisémitisme ; et puis surtout, surtout, le monde juif a, lui aussi, ses bigots, ses tartuffes, ses sectaires, il a, lui aussi, cette tentation du repli, du fanatisme ou de la fossilisation que l'on trouve partout ailleurs, alors pourquoi pas là ? – eh bien cette troisième proposition des rabbins est le meilleur des antidotes à la tentation, il est la meilleure façon, pour les Juifs, de rester fidèles à leurs valeurs.

4

Un dernier mot.

Ce dispositif de pensée est d'une grande actualité, encore, pour d'autres que les Juifs, pour d'autres Français, ou pour d'autres communautés d'hommes et de femmes aspirant à le devenir, et qui se posent des questions du type de celles que se posaient les Juifs il y a deux cents ans.

Nombre de nos amis musulmans, par exemple, auraient grand intérêt à s'inspirer de ces quelques semaines d'histoire de France, de ces débats et de ce dispositif de pensée inventé par soixante et onze notables et rabbins rassemblés et enfermés pendant quelques semaines : je pense, là, aux musulmans modérés, naturellement ; je pense aux musulmans laïques, aux musulmans qui ont fait le choix de dire non, avec force, à l'intégrisme et au fondamentalisme ; et, ces musulmans-là, si j'admets qu'ils ne sont pas assez nombreux, ou qu'ils ne s'expriment pas avec assez de force, il nous revient, nous, de dire avec la plus grande force, qu'ils existent, qu'ils sont là, qu'ils sont plus nombreux qu'on ne le pense – et qu'ils ont une voie possible, que nous connaissons puisque nous l'avons frayée et balisée, et qui permet, sans renier la loi de ses pères, d'entendre la voix de la loi républicaine.

Au-delà même des musulmans, comment ne pas voir que ce dispositif rhétorique, ces trois propositions solidement articulées, cette double fidélité possible, cette étude et ce savoir qui peuvent aller de pair, cette définition d'un universalisme nouveau qui ne serait plus, comme il l'a trop souvent été, réducteur ou assassin, comment ne pas voir que tout cela est d'une grande pertinence aussi, par-delà les uns ou les autres, pour la France en général, pour ce grand pays en proie à une crise et à un doute nouveau sur son identité, pour cet être-ensemble qui s'interroge sur ses fondements, ses valeurs et sur le sens nouveau à donner, ou pas, à un vieux principe bien malmené qui s'appelle le principe de laïcité ?

Pour la France guettée par le communautarisme, pour cette France mélancolique, anxieuse, où s'instille le mauvais venin de la concurrence des mémoires et de la guerre des victimes, pour la France en général, pour tous les Français sans exception, quelles que soient leurs origines et quelle que soit leur confession, il faut que soit méditée la leçon de lumière du Grand Sanhédrin.

6

La leçon d'Edmond Fleg [1]

Je suis heureux que les hasards du calendrier nous fassent honorer la haute figure d'Edmond Fleg en ce moment très particulier où les juifs de France en général, et les jeunes juifs en particulier, s'apprêtent à célébrer le soixantième anniversaire d'Israël ; où ils se sentent requis, comme tous leurs concitoyens, par le regain du débat autour de l'idée de laïcité ; et où ils ont à se déterminer enfin face à la déclaration du président

1. Grand Amphithéâtre de la Sorbonne, 17 février 2008.

de la République annonçant que, à dater de la prochaine rentrée, « chaque enfant de CM2 devra connaître le nom et l'existence d'un enfant mort dans la Shoah ».

Sur ce dernier point, et par parenthèse, j'ai une position plus nuancée que ce qui s'est énoncé ici ou là.

Je trouve que l'idée, en son principe, n'était pas une mauvaise idée.

Je pense qu'il est toujours bon de faire en sorte que la mémoire morte devienne une mémoire vive, prenne vie dans la conscience des vivants.

Je pense que va dans le bon sens, que représente toujours une conquête philosophique et morale, ce qui permet aux morts d'être nommés ; ce qui permet d'en faire le deuil singulier et non en bloc ; ce qui leur permet d'échapper à l'anonymat de l'agrégat, du grand nombre, du chiffre collectif fonctionnant comme talisman et comme formule fétiche.

Bref, je fais à ceux qui ont conçu cette idée le crédit de croire qu'il y avait en eux un reste du fameux mot d'ordre « nous sommes tous des juifs allemands » – transformé, là, en un louable « nous sommes et devons tous être (un peu) des petits juifs français livrés par la police française et exterminés par la machine de mort nazie ».

Et puis je pense, enfin, qu'il y a dans la levée de boucliers à laquelle on a assisté ces derniers jours, dans cette prolifération de bonnes âmes se souciant de la santé psychique des enfants d'aujourd'hui en se foutant éperdument du martyre psychique et physique des enfants d'hier, je pense qu'il y a dans cette façon de crier au retour de l'antisémitisme et de se résigner par avance à ce que n'importe quelle communauté d'« Indigènes de la République » puisse arguer de cette mesure pour réclamer sa part du gâteau mémoriel, quelque chose de franchement nauséabond : au revoir les enfants, bye-bye, on vous a assez vus, on a assez entendu parler de vous, cassez-vous – voilà ce que l'opinion répond à l'initiative sarkozyenne et, rien que pour cela, on n'a pas envie de la condamner tout à fait.

Mais en même temps…

Pour que l'idée soit vraiment belle, il eût fallu plusieurs choses.

Il eût fallu consulter, d'abord, les représentants de la Fondation pour la mémoire de la Shoah, à commencer par Simone Veil.

Il eût fallu associer les parents, les maîtres – Nicolas Sarkozy, s'il l'avait fait, aurait appris, par exemple, qu'il y a des tas de classes de CM2 où l'on parraine déjà un arbre, un animal, une espèce menacée, et que la solution de l'adoption n'était peut-être pas, du coup, la bonne idée.

Il aurait fallu s'aviser, au passage, du fait que la Shoah a compté 11 000 petits morts et que beaucoup plus d'élèves entrent chaque année en CM2 – autrement dit que l'idée même de parrainage un pour un, l'idée d'associer un enfant mort et un enfant vivant, était une idée hâtive, qui ne tenait de toute façon pas.

Il aurait fallu réfléchir au fait qu'un nom ne veut rien dire, qu'il est juste un flatus vocis, un son, un gadget, s'il n'est pas inséré dans un contexte, inscrit dans une histoire, accompagné, en la circonstance, d'un vrai discours exposant ce qu'était le nazisme, en quoi il fut singulier, en quoi le massacre qu'il perpétra était et reste irréductible à tout autre – l'initiative était impensable, en d'autres termes, avant l'année où l'histoire du nazisme est au programme des enseignements.

Il aurait fallu prendre conscience, en un mot, que la mémoire sans ses outils, les noms sans leur contexte, c'est l'entrée dans un univers étrange, spectral, un peu spirite, morbide, thanatophilique, sourdement religieux, mais au pire sens du mot religieux, au sens dont tout le judaïsme nous a appris à nous défier, car c'est un univers où le mort se saisit du vif et non l'inverse.

Il aurait fallu ne pas bâcler ; ne pas improviser ; ne pas donner le sentiment de faire un « coup » ; ne pas mêler la chose, par parenthèse, à d'autres recommandations, techniques celles-là, visant, comme dans le discours de Périgueux, le lendemain, à simplifier les programmes des écoles primaires, à conforter l'autorité des maîtres, à réintroduire *La Marseillaise* et le drapeau dans les classes – ne pas donner le sentiment, comme dans l'affaire Guy Mocquet, que la mémoire est un self-service où l'on viendrait faire provision de symboles et d'emblèmes.

Qu'il faille trouver les moyens de transmettre la mémoire de la Shoah, bien sûr.

Qu'il appartienne à la génération du Président de trouver les voies, et les voix, du devoir de Mémoire prôné par Primo Levi, évidemment.

Mais pas comme ça.

Pas cette légèreté.

Pas cette frivolité.

Pas cette façon de nous dire qu'il y a des solutions simples aux questions les plus complexes.

Pas ce gâchis.

Mais j'en viens à notre sujet d'aujourd'hui.

J'en viens à ce nom que nous sommes rassemblés pour célébrer et qui est le nom d'Edmond Fleg, ce juif français, né en 1874 à Genève, mort en 1963 à Paris, quai-aux-Fleurs, dans un immeuble que je connais bien car c'est celui où vécut, et mourut aussi, cet autre grand nom de la pensée française et juive qu'est Vladimir Jankélévitch.

Edmond Fleg était un poète, un dramaturge, un philosophe, un grand lecteur de la Bible, qui eut le temps, dans sa longue vie, d'être le contemporain de Péguy et de Bernard Lazare ; puis d'Albert Cohen et Léon Blum ; puis de Manitou et de Levinas – et s'il me plaît de l'évoquer aujourd'hui c'est que, même s'il ne s'est évidemment pas posé les mêmes questions que celles que nous nous posons aujourd'hui, il nous donne des instruments, à coup sûr, pour y répondre.

Je veux, sur Edmond Fleg, vous dire deux choses

Je veux vous proposer deux brèves séries de remarques.

Et la première chose que je veux vous dire c'est qu'Edmond Fleg est un intellectuel qui naît, qui grandit, qui s'inscrit, dans un monde très spécial qui s'appelle le franco-judaïsme.

C'est quoi le franco-judaïsme ?

C'est un rapport à l'être-juif qui a été la règle, en France, de la naissance du Consistoire aux lendemains, en gros, de la Shoah et dont le grand postulat était que le judaïsme et la République c'est la même chose ; que la Torah et les Droits de l'homme ont, au fond, le même contenu ; et que, s'il est possible d'être français et juif, s'il est finalement si facile d'être les deux, c'est qu'il y a identité substantielle entre le message prophétique et l'universalisme si particulier dont l'idée de France est l'index.

Le Grand Sanhédrin, qui vit naître le Consistoire, disait plus que cela. Beaucoup plus. Il impliquait des gestes de pensée de tout autres force et ampleur. Mais enfin, les années passant, c'est à cela que s'est réduit le message, à ces postulats que je vous dis et qui m'amènent à brosser, des principaux intéressés, un portrait, comment vous dire ? *Nuancé*...

Ces grands juifs franco-judaïques, ces « Israélites français » comme ils se définissaient eux-mêmes, ne furent pas des personnages négligeables.

Ils ont joué un vrai rôle dans la construction de l'Etat républicain.

Ils ont noué une alliance avec la minorité protestante pour arracher la machine d'Etat des mains du parti catholique.

Loin d'être ces grands bourgeois trop sages, un peu solennels, ennuyeux, que l'on caricature parfois, ce furent, pour certains d'entre eux, des vrais intellectuels, animés par une sorte de ferveur, parfois une mystique – je pense à James Darmesteter par exemple ; ou à Joseph Salvador brossant un tableau de l'histoire universelle dont le sens ultime devait être la défaite du Vatican et la victoire d'une France quasiment parée des grâces du messianisme ; je pense, bien sûr, à Raymond Aron ou à Claude Lévi-Strauss...

Mais, du point de vue juif, c'est un judaïsme vide.

C'est un judaïsme qui est forcément vide puisqu'il s'est systématiquement vidé de tout ce qui n'était pas compatible avec l'identité républicaine.

C'était un judaïsme aseptisé, neutralisé, qui ressemble à ce visage dont Proust dit, dans *La Recherche,* comment, à la façon d'« une bossue bien arrangée », Bloch a réussi à y « raboter » tout ce qui pouvait rappeler, trahir, le judaïsme en lui.

C'est un judaïsme peureux, obsédé par la peur de créer ou faire renaître l'antisémitisme, presque honteux.

C'est un judaïsme qui ne veut pas entendre parler de Dreyfus, ni des juifs étrangers déportés, car tout ça va leur porter malheur et attirer la foudre sur leur tête.

C'est un judaïsme conventionnel, affamé de respectabilité, obsédé par l'idée qu'il faut montrer patte blanche, être plus français que les Français, plus patriote que les patriotes.

C'est un judaïsme qui veut bien citer la Bible, la bonne vieille Bible, héritage commun aux trois monothéismes, enseignée dans les cours d'instruction religieuse en classe primaire, et dont les prescriptions sont, grosso modo, compatibles avec celles de tout Etat éclairé – mais pas le Talmud, surtout pas le Talmud, et encore moins la Kabbale, il ne veut en aucun cas parler, ou entendre parler, de la Kabbale, cette doctrine déraisonnable, vaguement inquiétante, et dont ils sentent bien qu'elle choquerait terriblement les vrais Français.

Et c'est un judaïsme qui, lorsque vinrent les périls extrêmes, lorsqu'il fallut reconnaître la réalité du fascisme français, lorsqu'il aurait fallu se résoudre à l'idée que l'Idée française avait divorcé de l'idée juive, fut incapable de le voir – et c'est le bouleversant destin de quelqu'un comme Marc Bloch qui, jusqu'au bout, jusque dans sa polémique avec l'UGIF, jusque dans *L'Etrange Défaite*, jusqu'à dans sa résistance héroïque et son supplice, maintient, dur comme fer, son allégeance inconditionnelle à cette France qui l'a trahi.

Peut-être m'objectera-t-on que ce dispositif n'est pas particulier à la France.

Peut-être m'opposera-t-on le cas, en Allemagne, d'un Ernst Kantorowicz, cet autre grand Juif, auteur de la théorie des deux corps du roi et qui était si attaché, lui, à l'idée allemande qu'il continua d'y adhérer jusque dans sa forme nazie et attendit que les nazis eux-mêmes le chassent pour se décider à prendre acte du fait qu'entre son nom, son nom juif, et l'idée

« volkisch », il y avait incompatibilité métaphysique et physique.

Les deux dispositifs, en fait, ne sont pas exactement comparables.

Mais je tiens que ce qui, entre eux, peut se comparer – en gros, l'aveuglement – a tout de même atteint, en France, un degré inégalé ailleurs.

Le fait, en tout cas, est là.

C'est dans ce franco-judaïsme qu'Edmond Fleg apparaît.

C'est là sa scène primitive.

Son berceau biographique et théorique.

Dans un de ses textes tardifs, la leçon d'ouverture du premier Colloque des intellectuels juifs de langue française de 1957, il soutient que « tout homme dont le cœur est plein de miséricorde est l'incarnation de l'espoir juif » ou que le judaïsme n'est rien d'autre que « le rêve de Paix entre les hommes » – ce qui est l'énoncé franco-judaïque type.

Sauf qu'il y opère un certain nombre de déplacements, de percées, de réévaluations et révolutions idéologiques dont nous lui sommes, aujourd'hui encore, redevables – et ce sera ma seconde série de remarques.

Quels sont ces retournements ?

Pour résumer, j'en vois trois.

D'abord une pensée du retour. Un retour bizarre, certes. Un retour qui ne ressemble pas aux grands retours mystiques dont l'Allemagne, par exemple, est le théâtre au même moment, ou dont quelqu'un comme Benjamin Fondane donne aussi l'exemple en France. Mais un retour quand même. Un retour assez spectaculaire, et assez intense, pour pouvoir se dire dans le très beau texte dont on vous a donné lecture et qui s'intitule *Pourquoi je suis juif*. Et un retour qui, par-delà l'ignorance de départ, par-delà l'incroyable épaisseur de malentendus, clichés, idées trop simples, diffusés par le franco-judaïsme, passe par une vraie lecture des textes. Edmond Fleg fut l'un des cofondateurs, avec Jean Halpérin, Emmanuel Levinas, d'autres, de ce

Colloque des intellectuels juifs de langue française qui joua – Ady Steg, ici présent, s'en souvient mieux que personne – un rôle si décisif dans la renaissance des études juives en France. Mais il fut surtout un grand, très grand, traducteur de la Bible : il traduisit les deux premiers volumes du Pentateuque ; et, autant que j'en puisse juger, il le fit en transportant dans le français la rugosité, les sonorités, le souffle, des mots et, plus encore, des noms de l'hébreu – je crois que sa traduction fut la première à refuser cette façon que l'on avait, avant lui, jusqu'en traduisant, de christianiser, déjudaïser le texte juif en faisant parler les prophètes comme des personnages de Racine…

Ensuite, la production, après la guerre, d'une nouvelle relation avec les catholiques. Le rapport au christianisme, jusque-là, était marqué par une logique de profonde soumission. Le judaïsme était chose passée. Il était voué, dans l'esprit d'à peu près tout le monde, à une inévitable extinction. Et, s'il survivait, s'il y avait encore un peu de monde dans les temples, c'était comme un vestige, une séquelle inexpliquée, le fruit d'un entêtement, un reste. Songez que les meilleurs des catholiques, les plus bienveillants à l'endroit des juifs, ne leur reconnaissaient que le droit de prendre le chemin de la rédemption et, saisissant la main qu'ils leur tendaient, de devenir des Max Jacob. Songez à l'aventure de Rosenzweig qui, avant de devenir le philosophe juif que vous savez, avant de réinventer les études juives pour son siècle et pour le nôtre, commença par estimer que le temps du judaïsme était fini et que, s'il passait par la case synagogue, c'était, cette fameuse nuit de Kippour 1913, pour mieux sauter dans le christianisme. Songez que même Herzl, avant d'en venir au sionisme et de réinventer, après d'autres, l'idée, géniale, de rédemption par la libération nationale, écrit sa fameuse lettre à l'archevêque de Vienne où il lui propose le « deal » du siècle : persécution contre conversion – vous renoncez à nous tuer et je vous amène, moi, tel un nouveau Sabbataï Zvi, tous les juifs d'Europe et du monde pour une conversion en masse. Eh bien Edmond Fleg crée, avec Jules Isaac, les Amitiés judéo-chrétiennes. Et il les crée à partir de l'idée, complètement neuve, que Juifs et Chrétiens sont des égaux, qu'ils peuvent et doivent parler d'égal à égal, qu'il y a là deux expériences représentant deux voies d'accès, deux vraiment, aussi légitimes l'une et l'autre, à la vérité et à l'être – c'est ainsi par exemple que, en réponse à Jean Wahl, dans la discussion qui suivit sa « Grande Leçon » au Colloque déjà cité, il peut affirmer que « christianisme et judaïsme impliquent simplement une double phase pour arriver à la même chose ». Il y a une formule, chers amis, qu'Edmond Fleg avait en horreur. C'est une formule que nous employons encore et dont il a montré, pourtant, que c'est la matrice même de l'erreur, le principe absolu de la soumission, l'instrument du suicide. Cette formule qu'il a proscrite, ces mots qu'il faudrait, après Edmond Fleg, ne plus jamais prononcer ce sont les mots d'« Ancien Testament ». Car « Ancien Testament », dit-il, c'est deux mots pour trois erreurs. Oui, vous dites « Ancien Testament » et, ce faisant, vous dites trois bêtises à la fois. Primo, vous êtes en train de parler d'un texte qui n'est pas ancien du tout, mais jeune, très jeune, plein de vie et de santé, nouveau, riche de leçons dont vous ne soupçonnez pas la fécondité. Deuzio, qui dit testament dit mort annoncée ; c'est quand la mort est là qu'on rédige son testament ; or nous n'avons, nous, juifs, porteurs du nom et du texte juifs, aucune intention de mourir, ni aujourd'hui ni demain, puisque l'idée est, par hypothèse, que le judaïsme est ce message jeune, longtemps jeune, jeune pour l'Eternité, car cette autre voie d'accès à l'Etre ! Et puis, tertio, « Ancien Testament » suppose que le judaïsme est une religion souche, la mère du christianisme, sa matrice : « voyez comme nous sommes bons, disent les néo-chrétiens ! voyez comme nous avons changé ! nous avons compris que Jésus était des vôtres ! nous ne discutons plus l'origine juive du christianisme ! nous vous respectons ! nous vous aimons ! comment ne vous aimerions-nous pas ? quels monstres serions-nous, quels méchants hommes vraiment, si nous n'aimions pas nos pères ? » – sauf qu'Edmond Fleg n'est pas d'accord... car qui dit père dit, à nouveau, mort annoncée... qui dit fils dit, à nouveau, transmission par effacement… or nous n'avons aucune intention de nous effacer, répète-t-il… aucune intention de mourir… votre père ? merci du cadeau ! bravo le piège ! nous préférons être vos frères… vos frères aînés, mais vos frères… vous nous aimerez peut-être moins… vous ne nous respecterez pas autant… mais tant pis… mieux comme ça… C'est, dans les relations judéo-chrétiennes, une vraie révolution – celle dont va s'inspirer Levinas et qui va produire quelques-uns de ses plus beaux textes.

Et puis, troisièmement, le sionisme. Il était impensable, le sionisme, dans le cadre du franco-judaïsme. Il était effrayant d'abord. Véritablement effrayant. On disait « sioniste », on prononçait juste le mot – et surgissait le spectre de tous ces juifs pouilleux, scrofuleux, crapuleux, infréquentables, impossibles, dont les franco-juifs avaient si peur qu'ils compromettent leur belle et bonne assimilation. Mais il est, surtout, impensable. A proprement parler impensable. Car Paris c'est Jérusalem. Car c'est Paris, pas Jérusalem, qui est supposé, par hypothèse, dans le paradigme franco-judaïque, être la capitale promise aux temps messianiques. Or Edmond Fleg fait partie de cette minorité de juifs qui, là encore, cassent tout. Il fait partie de ces visionnaires qui, dès les lendemains de l'affaire Dreyfus, à travers une série de petites institutions où il retrouve Bernard Lazare, Victor Basch, puis Albert Cohen et d'autres, envisagent l'hypothèse d'un retour en Israël. Il disait, on disait, encore Palestine… Il est l'un des tout premiers juifs français à prendre l'idée sioniste au sérieux et à y voir un chemin, un destin, possibles pour les Juifs de France. Alors, il s'agit d'un sionisme exsangue, bien sûr. Il s'agit d'un sionisme humanitaire et, comme on dit alors, « philanthropique ». Mais d'abord c'est un sionisme sincère, et même fervent (lisez, une fois de plus, son intervention au Colloque déjà évoqué). Ensuite, c'est un sionisme interconfessionnel qui ratisse très au-delà de la sociologie purement juive (des chrétiens, des libres penseurs, des politiques de toutes obédiences – le rêve !). Troisièmement, c'est un sionisme qui ne crache pas sur la diaspora mais insiste sans cesse, au contraire, sur la dialectique entre les deux, leur double vertu, leur apport réciproque – « si, actuellement, un grand souffle vient d'Israël vers la Diaspora, il se peut que quelque inspiration encore puisse venir de la Diaspora vers Israël », dit-il, à la fin des années 50, dans une discussion avec Eliane Amado Lévy-Valensi et Emmanuel Levinas. Et puis c'est un sionisme « progressiste » enfin – c'est un sionisme qui, plus exactement, voit l'Etat juif comme un Etat exemplaire, nécessairement exemplaire, pas forcément politique et excédant, en vérité, toutes les conceptions politiques du monde – un Etat de type nouveau, rompant avec la logique des nationalismes par exemple et préfigurant, comme la SDN, la société wilsonienne et cosmopolite de demain. Tout cela est beau. Il y a là toute une veine – humaniste, universaliste – dont il est permis de souhaiter que le sionisme d'aujourd'hui, ce sionisme français d'aujourd'hui dont il est l'un des inventeurs et maîtres à penser, conserve le souvenir. C'est ce que nous faisons, aujourd'hui, en célébrant le nom d'Edmond Fleg.

La première personne à m'avoir jamais parlé d'Edmond Fleg fut mon ami Guy de Rothschild. Il m'a raconté, un jour, les débats qui animèrent, au lendemain de la Libération, en décembre 1945, les premières élections au Consistoire central. Il y avait, d'un côté, une liste rassemblant tout ce que le judaïsme français comptait de notables franco-judaïques – grandes têtes molles qui n'avaient rien appris ni compris ! grands Sadducéens tout disposés à répéter les erreurs d'avant guerre et, tels les dirigeants de la Judée s'arrangeant du maître romain et de ses exigences, étaient prêts à persévérer dans une ignorance qui leur avait pourtant coûté déjà si cher ! Et puis il y avait, en face, une liste « moderniste » où figurait, donc, le tout jeune Guy de Rothschild et qui était menée, imaginez-vous, par Edmond Fleg… Elle plaidait, cette deuxième liste, pour la fin du clivage entre juifs français et étrangers ; pour l'intégration du travail social dans les missions des institutions juives ; pour la réconciliation des « orthodoxes » et des « libéraux » type Copernic ; et elle plaidait enfin pour la lutte, intraitable, contre l'antisémitisme et pour la transmission aux jeunes enfants de la mémoire de la Shoah…

Alors, j'essaie d'imaginer ces débats. J'essaie de me figurer ce personnage étrange, paradoxal, gardant du monde ancien une fidélité intraitable à la République mais, par ailleurs, pleinement juif, fermement juif, nouvellement et positivement juif. Et je me dis qu'il y a là un exemple pour tous ceux d'entre nous qui entendent vivre leur judaïsme dans le cadre républicain. Et je me dis qu'il y a là un modèle pour ceux qui veulent ne céder sur aucune de leurs deux identités. Vous voulez, étudiants juifs, être en première ligne de la bataille contre le communautarisme ? Vous ne voulez, en aucune façon, mêler votre voix à celle des apprentis sorciers qui entendent remettre en cause le modèle laïque ? Et vous avez l'intention de le faire en ne renonçant pour autant, en aucun cas, à la gloire, l'honneur, la fierté d'être juif ? Eh bien la leçon d'Edmond Fleg. Je vous recommande, plus que jamais, la haute leçon d'Edmond Fleg.

7

Pour que vive la mémoire d'un certain B.L. [1]

Je partage, dans une très large mesure, ce qui vient d'être dit par mes deux amis – par Alain Finkielkraut et par Jean-Claude Milner. Et je partage notamment le diagnostic et le

1. Jérusalem, 15 mai 2004 ; propos tenus à l'occasion de la fondation de la Fondation Benny-Lévy.

pronostic si sombre que vient d'énoncer Jean-Claude Milner. Je crois, moi aussi, que nous assistons à une nouvelle, étrange, et très spectaculaire mondialisation de l'antisémitisme. J'en ai fait l'expérience, très personnellement, très subjectivement et très directement, de manière toute récente, lorsque mes pas, et le chemin de mon travail, m'ont conduit, non pas dans le monde arabe, mais plus à l'est, dans l'Asie musulmane, notamment au Pakistan, sur les traces de ce journaliste américain, et juif, décapité parce que américain et surtout juif, Daniel Pearl. J'ai touché là du doigt comment, jusque chez des hommes qui n'ont, du judaïsme, du corps des juifs et de leur nom, qu'une expérience parfaitement abstraite et de ouï-dire, comment, chez ces gens, cette machine à enflammer la passion, à structurer l'imaginaire, à sceller le rapport au réel et à fabriquer de la communauté, peut fonctionner d'une manière tout aussi foudroyante qu'en Europe ou dans le monde arabe.

Donc je ratifie cette analyse sur ce devenir-monde, cette mondialisation spectaculaire et récente, de l'antisémitisme. Je la ratifie à cause et au nom de Daniel Pearl. Je la ratifie à cause, et au nom, de cet événement d'importance énorme, mondiale, que fut la conférence de Durban. Vous vous souvenez de ces jours qui ont précédé de quelques heures, de quelques jours, l'attentat du 11 Septembre, et où on vit la planète entière, et notamment la planète des humbles, des exclus de la mondialisation, rassemblée pour, en principe, dénoncer toutes les formes de servitude, de racisme et d'oppression contemporaines. Et vous vous rappelez comment ces humbles, ces rescapés des grands massacres de la fin du XXe siècle, ces victimes oubliées et doublement, triplement, infiniment piétinées et bafouées, sont venus s'entendre dire qu'il n'y avait plus désormais qu'une victime intéressante au monde : la victime palestinienne ; qu'un criminel digne d'intérêt et de condamnation : le criminel sioniste ; et qu'une idéologie à combattre de toute son âme, de toutes ses forces : le sionisme. Donc mondialisation de cette machine-là. Et en France, évidemment, effet de cette mondialisation : là encore, les choses vont extrêmement vite ; là encore, c'est l'éternelle histoire de cet antisémitisme français qui ne cesse, d'âge en âge, de modifier son visage, de réinventer ses systèmes de légitimité, de refondre ses codes. On l'a connu catholique, reprochant aux juifs d'avoir tué le Christ. On l'a connu fidèle aux mots d'ordre des Lumières, leur reprochant au contraire de l'avoir inventé. On a connu un antisémitisme anticapitaliste, qui leur faisait grief d'être les alliés des riches, des puissants, des ploutocrates. On a connu un antisémitisme raciste qui leur faisait reproche de corrompre, par leur être même, les races pures de l'Europe. On assiste aujourd'hui à la mise en place, à la mise en forme, au triomphe, à l'extension, d'un nouvel antisémitisme, qui recycle tous les énoncés anciens dans un nouveau système de légitimation, un nouveau système d'acceptabilité, qui reprend les énoncés interdits en les intégrant dans un dispositif dont la seule nouveauté est qu'au lieu de dire juif, on dit désormais Israël ; au lieu de dire « sale juif » on dit « Tsahal juif » ; actualité sinistre du mot terrible de Bernanos qui disait après la guerre, dans *Le Chemin de la Croix-des-Ames*, qu'Hitler avait déshonoré le mot d'antisémitisme. Mot terrible, oui, mot atroce, parce qu'il sous-entend que l'antisémitisme avait son honneur, et que l'hitlérisme l'aurait déshonoré. Mais c'est bien ainsi, hélas, que les choses ont l'air de fonctionner. Comme si ce néo-antisémitisme, sachant que les discours dont il se nourrissait sont en effet déshonorés, proscrits, invalidés, leur rend une validité à travers de nouvelles machines discursives.

Pour les Etats-Unis, je partage aussi ce qui vient d'être dit par Jean-Claude Milner. Je crois moi aussi que les relations entre Israël et les Etats-Unis ne sont pas scellées dans ce béton, ce marbre, de l'amitié éternelle que pourraient croire certains naïfs. Il y a une nouvelle ou, plutôt, un tout petit roman d'un grand écrivain suisse-allemand, Friedrich Durrenmatt, qui s'appelle *La Visite de la vieille dame*, et qui est une fable assez extraordinaire sur la condition humaine en général mais aussi, en particulier, sur le type de machinerie qui est en train de se mettre en place et qui pourrait, si nous n'y prenions garde, aggraver encore davantage la solitude d'Israël. Dans *La Visite de la vieille dame*, Durrenmatt met en scène un village qui n'est pas un village planétaire mais qui pourrait l'être et qui voit revenir une vieille dame qui est une enfant du village, qui est née là, qui est partie, qui a fait sa vie ailleurs et qui revient au village pour dire à ses anciens concitoyens et voisins : « écoutez ! je suis devenue très riche, vous êtes très pauvres, vous avez de gros soucis, vous avez des problèmes d'approvisionnement pétrolier, vous avez des problèmes d'approvisionnement en matières premières, vous n'avez plus rien, vos commerces ferment les uns après les autres, mais je peux vous arranger tout ça et je ne vous demande, en échange, qu'une chose : il y a parmi vous, dans le village, un homme que j'ai connu il y a longtemps, j'étais une jeune fille, il m'a porté un tort considérable, il m'a fait un enfant, il m'a abandonnée, il a failli ruiner ma vie, il a été d'une méchanceté, d'une cruauté, qui m'ont hantée toute ma vie, je demande sa tête, juste sa tête, vous me donnez la tête de cet ancien jeune homme devenu un gros commerçant repu et vous verrez, tout ira bien, la prospérité reviendra, il n'y aura plus le moindre souci pour aucun d'entre vous. » Et le village, alors, de se récrier : « c'est affreux ! c'est abominable ! cette femme est une sorcière ! comment ose-t-elle ? comment peut-elle ? pauvres mais dignes, nous sommes ; pauvres mais dignes, nous resterons ; hors de question de céder au chantage, c'est non ! » Les heures passent. Les jours passent. La vieille dame dit : « ce n'est pas grave, je m'installe, il y a là une petite auberge, ça me va, ça me rappellera mon enfance, c'est très bien, je vais j'attendre tranquillement et on verra. » Le temps passe, donc. Et petit à petit, le boulanger vient la voir : « oui, finalement ; vous n'avez pas complètement tort ; ce type est un salaud ; ce qu'il vous a fait est impardonnable ; pourquoi est-ce que le village paierait, au fond, pour ce salopard ? » Puis le cordonnier, sur le même ton. Puis le garagiste. Puis, petit à petit, le village tout entier qui se dit et vient dire à la vieille dame : « mais oui, après tout, pourquoi est-ce qu'on serait tous punis ? pourquoi est-ce qu'on paierait tous pour cet ignoble individu ? est-il pensable que sur ce seul-là, sur ce nom d'un seul, repose tout notre sort ? » Et voilà que, de proche en proche, la vieille dame entend la clameur qui monte des profondeurs du village, une clameur de bonne conscience, une clameur lyncheuse et de vengeance : « sauver le village ; il faut sauver le village ; et si cela se fait en échange d'un, d'un seul, qui, après tout, n'est pas un saint, qui est même un criminel, qui a fait quelque chose d'atroce, où est le mal ? » Et c'est ainsi qu'à la toute fin, l'ancien jeune homme, qui est devenu un vieux monsieur, qui s'est presque convaincu lui-même de sa propre vilenie, qui s'est convaincu de l'obstacle qu'il représente pour le futur de son village, n'attend même pas que la foule vienne le lyncher et se suicide.

Eh bien, moi qui suis souvent aux Etats-Unis, qui y passe une partie de mon temps, je ne pense pas qu'on en soit encore au village de Durrenmatt, mais enfin, j'entends de plus en plus nettement monter une rumeur qui ressemble à celle-là. Bien sûr, demeure une fidélité fondamentale à Israël. Bien sûr, il y a l'accord avec les chrétiens fondamentalistes et les néo-conservateurs. Mais n'y a-t-il pas, même là-bas, même aux Etats-Unis, de plus en plus de gens pour se dire que le monde tournerait beaucoup plus rond, que la paix mondiale connaîtrait peut-être un nouveau souffle, et de longue durée, que la fin de l'Histoire verrait peut-être enfin pointer son horizon et son museau radieux, si pouvait non pas disparaître, mais en tout cas être mis au pas, sérieusement et définitivement mis au pas, ce « nom d'un », cet « un seul », ce « petit Etat de merde » (c'est un Anglais qui avait dit ça, pas un Américain un Anglais – mais enfin c'est bien l'esprit) qu'est Israël. Je ne crois pas du tout, autrement dit, que le soutien des Etats-Unis à Israël ait cette solidité, cette assurance que l'on croit parfois. Je ne crois pas que les Etats-Unis soient prémunis contre, par exemple, un bon chantage pétrolier. Je crois parfaitement concevable qu'il en aille, un jour, d'Israël comme de l'épicier de Dürrenmat…

Je crois aussi, comme Jean-Claude Milner encore, comme Alain Finkielkraut, comme tous ceux qui nous ont accompagnés dans cette aventure de l'Institut d'études lévinassiennes, comme beaucoup de ceux qui sont ici, que, face à cela, face à ces périls et à cette situation, nous ne serons jamais trop nombreux, ni trop vigilants, ni trop forts. Et c'est pourquoi je suis persuadé que nous avons toujours besoin, plus que jamais besoin, du travail, de l'œuvre, de la mémoire, de Benny Lévy.

Benny Lévy, le passant considérable.

Benny Lévy, cette aventure extraordinaire qui restera gravée dans les annales des destins exemplaires des grands juifs de la modernité.

Benny Lévy, cet homme que j'ai connu tout jeune homme, lorsqu'il avait un peu plus de 20 ans et moi un peu moins, lorsqu'il était le chef secret d'une organisation révolutionnaire à la dissolution de laquelle il œuvra quand, plus tard, il s'avéra qu'elle pouvait travailler au pire, Benny Lévy donc qui devint, quelques années plus tard, les oreilles et les yeux du plus grand philosophe français vivant et qui, quelques années plus tard encore, au terme d'un processus qu'il a raconté dans un certain nombre de textes ou entretiens, notamment un entretien avec Benoît Rayski paru il y a dix ans, fit ce retour au judaïsme et à Jérusalem qui compte parmi les retours les plus fulgurants, les plus exceptionnels et surtout les plus féconds de l'histoire de la pensée juive.

Benny Lévy qui, face à ces périls que nous avons évoqués, avait une parole juste et jouissait d'une autorité qui, à mon sens, ne sera pas remplacée – tous ceux qui l'ont connu ont le souvenir de cette autorité qu'il avait et qui faisait que son travail de vérité s'imposait sur chacun, savant ou moins savant, avec une certaine évidence.

Benny Lévy qui laisse une œuvre, à la fois d'une grande singularité, d'une grande force, et inachevée.

Singulière parce que, en effet, c'est une œuvre d'une grande rigueur, d'une grande exigence dans son désir de sainteté et qui, en même temps, avait moins coupé qu'on ne l'a dit, et cru, avec les savoirs du siècle ; et, du coup, je ne crois pas qu'il y ait d'autre cas, dans le paysage de la pensée juive aujourd'hui, ni en Israël ni ailleurs, de ce va-et-vient, de cette fécondation réciproque entre la langue hébreu et la langue grecque – quoi qu'ait dit, quoi qu'ait prétendu, Benny lui-même.

Et puis inachevée parce que, comme s'il avait senti lui-même que le temps lui était compté, Benny a laissé une œuvre d'une grande force, d'une grande richesse, d'une vraie profondeur, mais terriblement dense, terriblement nouée – pas difficile, non ; pas obscure ; les livres de Benny sont, en même temps, limpides ; ils sont admirablement écrits ; ce sont des livres d'écrivain ; mais dense, oui, c'est le mot ; nouée ; comme ramassée sur elle-même ; et attendant, par conséquent, un travail d'élucidation qui, d'une manière ou d'une autre, devra se faire, qu'il aurait fait peut-être lui-même et que d'autres devront faire à sa place.

Alors, c'est à la croisée de ces soucis d'aujourd'hui, de cette situation nouvelle et puis de cette œuvre nouée, que nous fondons, aujourd'hui, autour de Léo Lévy, son épouse, cette Fondation Benny-Lévy.

Cette Fondation aura pour tâche, d'abord, de retrouver, archiver, numériser les textes que Benny aura semés sur son passage, tout au long de sa brève vie.

Benny, c'était aussi un génie oral, un penseur de l'oralité, quelqu'un dont toute une part de l'œuvre n'est pas écrite du tout, mais s'est dite dans des séminaires dont certains, ici, se souviennent et dont il arrive sans arrêt qu'à Paris, à New York, ailleurs, on vienne me parler – petite société secrète de ceux qui ont tiré profit de la parole vive, de la lettre oralisée de Benny. Eh bien, seconde tâche de la Fondation Benny-Lévy : retrouver cette œuvre orale, la transcrire, la mettre au clair.

Et puis, dernière tâche de la Fondation : cette œuvre inachevée, cette œuvre dense et comme fermée sur elle-même, il faut non pas, bien sûr, l'achever – personne n'achève l'œuvre d'un penseur qui est restée en suspens, et ce suspens est comme son point d'orgue, qui résonnera pour l'éternité – mais enfin la

Fondation Benny-Lévy octroiera, chaque année, des bourses à des chercheurs, des chercheurs israéliens, des chercheurs français, américains, francophones ou anglophones, qui travailleront sur ces textes et travailleront à leur faire rendre tout leur sens.

La Fondation suivra également de près un grand et beau projet, qui est né en France, autour de la chaîne de télévision Arte, mais qui connaîtra des dimensions internationales, et qui est un projet de film autour de cette aventure de vie, mais surtout de pensée, qu'est l'aventure Benny.

Et puis enfin cette Fondation sera, comme l'Institut d'études lévinassiennes, mais, cette fois, sans Benny, un lieu qui vivra de sa vie propre, et qui sera un lieu d'échange et de parole pour les juifs de toutes sortes.

Car la dernière chose que je voudrais dire, tant elle m'a frappé dans mes relations avec Benny, c'est, chez cet homme de rigueur et de radicalité, chez cet homme qui passait auprès de quelques esprits pressés pour un sectaire, son extraordinaire disponibilité à la pensée de l'autre : c'est ce qui a fait que l'Institut d'études lévinassiennes a été ce lieu, non pas tellement de dialogue, mais de différend ; et c'est la raison pour laquelle la Fondation Benny-Lévy doit l'être tout autant.

Voilà. Ce que nous faisons aujourd'hui, là, autour du nom de Benny, autour de son œuvre, autour de sa mémoire, c'est à la fois la chose la plus triste et la plus belle que l'on puisse faire autour du nom, de l'œuvre et de la mémoire d'un ami. Baudelaire disait que les morts ont des droits sur les vivants. Il disait que les vivants sont les tombeaux de leurs morts. Nous sommes nombreux ici, ce soir, à penser cela de Benny. Nous devons être, nous serons un peu, les tombeaux, mais les tombeaux vivants et les tombeaux pour faire vivre, de cette lettre vive et interrompue qu'est le travail de Benny Lévy.

8

Génération Levinas ?[1]

Si je devais dire en quelques mots ce qui me subjugua, à la fin des années 70, lorsque je rencontrai pour la première fois l'œuvre d'Emmanuel Levinas, je le résumerais ainsi.

La découverte, d'abord, d'une forme de pensée juive qui, sans se laisser réduire, naturellement, à ce moralisme vide qui avait fait la vulgate, pendant un siècle, du franco-judaïsme, ne concevait la relation à Dieu que pour autant qu'elle impliquait aussitôt, dans le procès même de sa transcendance et non pas en prime ou au bout du compte, une relation vive à autrui : un judaïsme pratique ; un judaïsme poétique où connaître Dieu, le révérer, c'est savoir ce qu'il faut faire et comment, au juste, le faire ; un judaïsme qui nous disait qu'il n'y a pas d'« optique » (œil fixé sur le ciel) qui ne doive se résoudre en « éthique » (intrigue sans relâche des humains) ; un judaïsme dont je me rends compte, avec le recul, qu'il s'accordait déjà, assez bien, aux nostalgies militantes que, comme d'autres, je nourrissais.

L'idée, ensuite, d'une spiritualité qui n'avait rien à voir, soudain, avec ce que l'on entend d'habitude par « religion » : gare au sacré, disait en substance Levinas ; gare au mystère, à l'occultisme, aux sources de la vraie foi, à la fusion orgiaque avec le Tout ; gare à ce culte du numineux, du superstitieux, du divin omniprésent, de l'irrationnel, qui est ce contre quoi la

1. *Le Monde des Livres,* 6 janvier 2006.

Révélation juive s'est insurgée, dès le premier jour, dans son projet historial de désensorcellement du monde ; le sacré ce n'est pas le saint, martelait le merveilleux *Difficile Liberté* qui était, et reste, la plus sûre des introductions à cette œuvre si complexe ; le sacré c'est la violence ; le sacré c'est l'idolâtrie ; il n'aurait pas fallu beaucoup pousser les textes pour leur faire dire – aubaine, là aussi, pour l'agnostique que j'étais ! – que mieux valait, à tout prendre, un sourd qui n'entend rien (sinon le troublant, désespérant, silence du divin) qu'un exalté qui entend tout, partout (le monde n'étant, pour lui, que l'intarissable écho des dieux obscurs, perpétuellement renaissants, du paganisme...).

Et puis une ontologie enfin, Benny Lévy dira plus tard une « méontologie », dont la doctrine était : l'Etre est moins Un qu'on ne le pense ; il n'est pas cette totalité bouchée, fermée sur elle-même, saturée, que décrit sous des formes diverses, depuis Spinoza au moins, l'essentiel de la philosophie moderne ; et s'il n'est pas cette totalité, si l'hégélianisme par exemple n'a, au bout du compte, pas tant raison que ses adversaires (Bataille...) se sont longtemps résignés à le croire, c'est parce qu'il y a cette possibilité d'une Parole qui commence dans Celui qui l'énonce puis dans ceux – à la lettre, les prophètes – qui la profèrent après Lui. L'antitotalitarisme ? La sortie hors du cercle de la servitude ? Eh bien voilà. Ne cherchez plus. Avant la morale, avant la politique, avant les théorèmes d'Arendt, avant les scolies d'Aron ou de Lefort, cette proposition simple mais, alors, révolutionnaire : la Loi est plus sainte que l'événement ; toujours, en ce monde, quoique en surplomb et excès de ce qu'il nous montre, existe un point d'où il apparaît que c'est le monde lui-même qui est folie, l'Histoire contresens, et que le dernier mot revient à la créature comptable, responsable, libre.

Ajouter la grande beauté de ces livres aux titres de romans, traversés par des signifiants dont on ne savait trop s'ils étaient des images, des personnages, des concepts : le « venir de face du Visage », sa « Luisance », son « Regard », le « Dire-d'Avant-le dit », l'« Hôte » et l'« Otage », la « Trouée ».

Ajouter le paradoxe d'une pensée qui nous parlait hébreu mais sans cesser, bien au contraire, de nous le traduire en grec voire en allemand : les deux langues « métaphysiques par excellence » du maître Heidegger accordées, tout à coup, à celle de la sainteté ainsi (mais n'est-ce pas la même chose ?) qu'à cette science du salut qu'était la lecture du Talmud.

Ajouter la singulière propriété qu'avait cette œuvre de comprendre et, donc, suspendre quelques-unes des oppositions canoniques qui semblaient irrévocablement scinder le continent de la pensée juive : Levinas était-il un penseur laïque ou religieux ? fidèle à l'histoire sainte ou à la mémoire de l'Europe ? sioniste ou attaché à la mémoire douloureuse et splendide de la diaspora ? Justement. Tout cela à la fois. Car toujours la même histoire (l'histoire même de l'auteur d'*Autrement qu'être*) de cet énigmatique point de l'Esprit à partir duquel, si l'on s'y place, ces contradictions semblent, non certes solubles, mais constitutives, ensemble, d'une exultation libératrice.

Ajouter tout cela, oui, pour comprendre le prestige d'une œuvre où se retrouvèrent bien d'autres femmes et hommes de ma génération (je pense à Benny Lévy, alors secrétaire de Sartre) – puis encore, vingt ans plus tard, l'étonnante aventure qui fit que trois d'entre nous (les mêmes, plus Alain Finkielkraut) fondèrent, à Jérusalem, ce rare lieu de parole que fut, et demeure, l'« Institut d'études lévinassiennes ».

Bien des choses, alors, nous tenaient à distance.

Bien des querelles, plus que jamais, séparent aujourd'hui les survivants du trio.

Entre nous, pourtant, les lettres de feu du texte de Levinas et leur invitation, infinie, à parler.

9

Être juif [1]

La vérité est que je suis très ému.

Emu de votre présence d'abord. Quelques-uns de mes amis les plus proches. Ma femme. Mes deux enfants, Antonin et Justine. Vous tous.

Et puis ému aussi, je vous le dis très simplement, de cet honneur que vous me faites en m'attribuant ce prix Scopus de l'Université hébraïque de Jérusalem. Je n'aime pas beaucoup les honneurs, vous savez. Je n'ai pas de décorations. Je n'appartiens à aucune sorte d'académie, ni française ni étrangère. Mais je fais deux exceptions. La Légion d'honneur bosniaque reçue, au titre des services rendus à la résistance armée de Bosnie-Herzégovine, en 1995. Et puis toutes les institutions israéliennes, toutes, qui me font savoir qu'elles veulent bien de moi – et parmi celles-ci, parmi ces distinctions, au tout premier rang de ces institutions, ce prix Scopus de l'Université hébraïque de Jérusalem que je suis tout particulièrement heureux de recevoir – et ce, pour au moins trois raisons.

Le lieu d'abord.

L'Université elle-même.

1. Discours d'acceptation du prix Scopus de l'Université hébraïque de Jérusalem, 1er juin 2008.

Cette Université hébraïque de Jérusalem qui a l'immense mérite, à mes yeux, de réconcilier les deux figures adverses de ce que mon ami Jean-Claude Milner appelle le juif d'étude et le juif de savoir.

C'est vrai que l'histoire juive oppose ces deux figures.

C'est vrai qu'entre le juif de l'étude qui voit la consistance des mondes tenir dans le mystère des lettres carrées et, d'autre part, le juif de savoir, le juif de la Haskala, le juif des Lumières, ce sont les deux modalités du destin juif contemporain qui semblent s'opposer et qui, de fait, s'opposent.

Sauf qu'il y a un endroit au monde où les deux se parlent et communiquent.

Cette opposition si structurante pour le peuple juif il y a un lieu, votre université, où elle est en quelque sorte relevée – n'êtes-vous pas l'endroit d'Israël où se trouvent être en dépôt les archives d'Albert Einstein aussi bien que celles de Gershom Scholem ? n'êtes-vous pas un haut lieu d'études juives en même temps que ce laboratoire mondial des recherches sur le cerveau au bénéfice duquel, d'ailleurs, cette soirée est organisée ?

Cela, mes chers amis, est d'un grand prix, d'un très grand prix, pour un juif qui, comme moi, a toujours refusé de choisir entre l'héritage du Gaon de Vilna ou du Maharal de Prague et celui de Hermann Cohen et de Moses Mendelssohn.

La deuxième raison c'est votre palmarès.

Je ne vais pas citer ici tous ceux qui m'ont précédé dans cette distinction.

Mais je vais vous dire, en revanche, ce qui, à mon humble avis, les rassemble – ou rassemble, en tout cas, ceux que je connais un peu.

Ce sont des juifs positifs.

Ce sont des juifs d'affirmation ou, pour mieux dire, de souveraineté.

Ce sont des juifs qui vivent leur judaïsme, non pas comme une malédiction, mais comme une gloire et, parfois, une joie.

Et ce sont, en même temps, des juifs de l'universel, des juifs universalistes, des juifs qui pensent, comme dit le Verset, que le Dieu des juifs est venu pour tous les hommes – ce sont des juifs qui, croyants ou non croyants, privés de Dieu ou habités par lui, pensent que le judaïsme a un rôle qui est, comme disait Rosenzweig, d'ouvrir pour tous les peuples les portes invisibles et sacrées qu'illumine l'étoile de la Rédemption.

L'histoire du peuple juif est pleine, vous le savez, de gens qui ont pensé l'inverse.

L'histoire récente du peuple juif est pleine d'hommes et de femmes qui ont cru, profondément cru, que c'était soit l'un soit l'autre et que l'universalité humaine était le deuil éclatant de l'être-juif.

C'est l'histoire de ceux que l'on appelait jadis les Israélites français et qui, comme le Bloch de Proust, pensaient qu'il fallait, pour être vraiment français, effacer de leur imaginaire et presque de leur corps toute trace d'appartenance à l'être-juif.

C'est, à l'autre bord, mais cela revenait au même, l'histoire de ces révolutionnaires juifs du XXe siècle, trotskystes, maoïstes, anarchistes, j'en passe, tous juifs de la honte qui croyaient qu'il fallait, par internationalisme, tuer le juif en eux.

Ou c'est, entre les deux, ceux que j'appellerai les néo-marranes et dont les modèles sont le Solal d'Albert Cohen ou le Benjamin Disraeli de la reine Victoria – juif dedans, goy dehors ; juif intimement et faisant, comme disait Cohen, le singe chez les chrétiens ; un judaïsme clandestin, pour un prince de la gentilité…

Cette histoire, c'est le mérite de notre génération de l'avoir renversée.

Si notre génération a apporté quelque chose à l'histoire des modalités du destin juif, c'est cette coexistence d'un judaïsme à la fois intransigeant, fier de lui-même et de ses valeurs, parfaitement public et assumé comme tel, et d'un universalisme non moins résolu : c'est notre histoire ; c'est l'histoire de tous ceux d'entre nous qui ont fait retour au judaïsme sans y voir le moindre motif de renoncer ni à leurs autres appartenances ni à leurs autres engagements ; c'est les héritiers de Hermann Cohen en Allemagne ; ceux d'Isaïah Berlin en Angleterre ; et ce sont, en France, les lauréats du prix Scopus de l'Université hébraïque de Jérusalem.

Car c'est cela qui, à mes yeux, constitue le lien le plus solide de cette compagnie que vous me faites, avec ce Prix, rejoindre.

Et c'est ma deuxième raison d'être, ce soir, si heureux.

Et puis il y a, chers amis, le moment.

Il y a ce moment où nous sommes, qui n'est pas n'importe quel moment dans l'histoire des juifs et d'Israël.

Je me suis, vous le savez, rendu en Israël, dans les villes bombardées du Nord, sur les lignes de front, dès les premiers jours de la sale guerre déclarée par le Hezbollah – et je suis heureux, oui, que ce Prix me soit l'occasion de vous dire à la fois l'effroi et l'espérance qui m'habitent depuis ce jour-là.

Au chapitre de l'effroi, il y a le fait d'abord que je n'ai jamais eu aussi peur pour Israël. Israël a connu d'autres guerres. Et j'ai moi-même connu, souvent, Israël en guerre. Si j'ai eu peur cette fois-ci, si j'ai ressenti une peur que je n'ai ressentie ni en 1967, ni en 1973, ni pendant la première guerre du Liban, ni pendant la guerre dite des Scuds, c'est qu'on a vu se mettre là en place une configuration inédite dont les traits dominants sont, à mon avis, les suivants.

Une menace militaire sans commune mesure avec ce qu'Israël a connu dans le passé du fait de l'intention affichée par le régime nazi de Téhéran de se doter de l'arme nucléaire : certes Israël a toujours été en danger ; certes Israël a toujours su qu'il n'avait pas droit à l'erreur et pas droit, surtout, à la défaite ; mais l'idée de ces missiles Zelzal braqués sur Haïfa et peut-être sur Tel-Aviv et l'idée, en même temps, d'un Ahmadinejad ne faisant pas mystère de sa volonté de rayer le pays de la carte créent un sentiment de précarité que nous n'avons, je crois, jamais connu.

Une situation stratégique elle aussi inédite qui fait que, pour la première fois, Israël a affaire à des adversaires qui n'ont plus d'autre but de guerre que sa liquidation : sans doute était-ce déjà, parfois, le cas ; sans doute une part de ceux qui prétendaient lutter pour un Etat palestinien se fichaient des Palestiniens réels et s'en servaient comme d'un bâton pour, selon le mot fameux, rosser les juifs ; mais enfin ils faisaient semblant ; au moins feignaient-ils d'avoir un projet politique et des buts ; alors que le Hezbollah ne fait même plus semblant et que la haine, sa haine, se trouve pour ainsi dire mise à nu.

Et puis, non seulement en Europe mais dans le monde, la montée d'un antisémitisme lui aussi relativement inédit qui s'articule sur trois théorèmes. Premier théorème : les juifs sont haïssables car ils appuient un Etat raciste, oppressif, génocidaire – c'est l'antisionisme, c'est la haine non plus du juif mais du sioniste. Deuxième théorème : cet Etat qu'appuient les juifs fonde lui-même sa légitimité sur cette escroquerie politique, morale, historique, qu'est le mythe ou, sinon le mythe, du moins la religion et, sinon la religion, du moins l'exagération de la Shoah – c'est le négationnisme ; c'est la négation d'une Shoah présentée comme l'alibi d'un Etat détestable ; c'est la dénonciation du peuple juif comme auteur de la plus énorme escroquerie morale de l'histoire universelle. Et théorème numéro 3, enfin : ce thème de la Shoah et le devoir de mémoire qui va avec, cette insistance à se rappeler un martyre, soit imaginaire, soit démesurément grossi, ont eux-mêmes pour effet d'être comme un nuage d'encre empêchant que soient perçus les vrais génocides, les vrais carnages, les vraies souffrances d'aujourd'hui et c'est le thème, de plus en plus présent dans les débats, de la concurrence des victimes, de la guerre des mémoires et des cimetières – pousse tes morts de là que j'y mette les miens ; oublie la destruction des juifs car c'est la seule façon de penser et, simplement, de voir les autres destructions en cours ; stop avec les juifs, c'est le tour des Palestiniens… Mettez ces trois théorèmes bout à bout. Ils fondent une machinerie terrible qui permet, à nouveau, d'être antisémite en conscience et bonne conscience. Et mettez cet antisémitisme démocratique en phase avec cette haine brute, avec ces armes nouvelles, avec les Zelzal du Hezbollah couplés eux-mêmes à la terreur d'Etat iranienne, et vous comprendrez pourquoi on est en présence, là, d'une bombe atomique morale d'une formidable puissance. Elle a, cette bombe, déjà ses victimes et ses martyrs. En France, Ilan Halimi. Et, en Israël, le jeune David Gritz tué, vous vous en souvenez, dans l'enceinte de votre université, il y a quatre ans – et Ouri, le fils de mon ami David Grossman.

Mais d'un autre côté, je ne crois pas non plus qu'il y ait lieu de désespérer.

D'abord, il y a des batailles que nous avons tout de même gagnées. Je pense justement, par exemple, à cette bataille de la mémoire qui énerve tant les négationnistes et qui, au demeurant, semblait si mal partie il y a trente ou quarante ans, avant leur irruption dans le débat. Rappelez-vous. Ces déportés qui rentraient des camps, perclus de silence parce qu'on les faisait taire… Ce temps où seuls les déportés politiques, ceux qui étaient morts les armes à la main, avaient droit de cité dans la chambre de la mémoire… Ce temps qui semblait donner raison à la terrible prophétie du SS de Primo Levi annonçant – je cite à peu près – que nul juif ne resterait pour témoigner et que, s'il en restait tout de même un, s'il s'en trouvait un pour survivre à l'entreprise d'annihilation et pour la raconter, la chose serait si énorme que nul ne le croirait. Eh bien ce n'est pas le cas. Grâce à Claude Lanzmann, grâce à tous ces musées vivants qui, de Yad Vashem à Berlin, sont devenus les tombeaux des morts juifs sans sépulture, grâce à un travail de transmission pensé et accompli par trois générations de juifs, cette bataille a été gagnée. Nous n'avons, comme dit le prophète, ni plaidé pour rien ni œuvré pour le néant.

Ensuite, nous avons des alliés. Oui, j'ai assez souvent dit la solitude d'Israël, j'ai assez souvent insisté sur sa position d'Etat paria, campant à part des nations, pour ne pas dire aussi, aujourd'hui, que des alliances nouvelles se profilent. Ce sont des alliances de circonstance qui dureront ce qu'elles dureront mais qui, enfin, sont là, comme avec les néochrétiens américains. Ce sont des alliances de destin, plus solides, plus durables, comme avec tous ceux qui, en Europe, finissent par comprendre que, dans la guerre déclarée aux démocraties par ce troisième fascisme qu'est le fascisme d'inspiration islamiste, Israël défend des valeurs qui sont celles de l'Europe. Et ce sont des alliances, enfin, de conscience et de foi – et je pense là à ces catholiques qui ont été les persécuteurs des juifs pendant des siècles mais qui, depuis Vatican II, depuis la visite du pape Jean-Paul II à Auschwitz, depuis la visite de son successeur Benoît XVI au même Auschwitz, sont devenus, non pas exactement nos frères cadets, mais nos amis. J'insiste sur Benoît XVI. On peut en penser ce que l'on veut. On peut, si on est catholique, trouver qu'il soutient mal la comparaison avec son prédécesseur. On peut, si l'on est musulman, avoir gardé en travers de la gorge le discours de Ratisbonne. On peut encore, si l'on songe à la course contre la montre qu'est la recherche, non pas sur le cerveau, mais sur le sida, trouver qu'il en fait un peu beaucoup, sur ce terrain, dans le style saboteur. Ce que je sais, comme juif, c'est qu'on a tenu des propos bien hâtifs et bien injustes après son voyage du 28 mai dernier en Pologne. Ou, plus exactement, ce que je veux rappeler ici c'est qu'il a bel et bien parlé, à propos notamment d'Auschwitz, d'un « crime – je le cite et l'on ne saurait mieux dire – sans équivalence dans l'Histoire ». Ce que je veux rappeler c'est qu'il a bel et bien nommé, sans le moindre doute ni ambiguïté, ce « peuple juif », autrement dit ce « peuple de Dieu », que « les puissants du IIIe Reich » ont « voulu écraser dans sa totalité » et « éliminer du rang des nations de la terre » – et, là aussi, les mots étaient parfaits ; là aussi, ils étaient impeccablement choisis ; là non plus, je ne vois pas ce que nos aurions eu, nous qui sommes ici, à en retrancher ou à y ajouter. Et, quant au moment où il a déclaré que, « en détruisant Israël », les nazis « ont voulu arracher les racines de la foi chrétienne et les remplacer par la foi qu'ils avaient eux-mêmes créée, la foi dans la domination de l'homme fort », que voulez-vous que je vous dise ? D'abord ce n'est objectivement pas faux. Et puis c'est la façon la plus juste, pour un chrétien, de parler, en tant que chrétien, de cette tragédie – et il y a dans ces mots, dans cette prise de conscience d'un destin commun, à travers le projet nazi, pour les peuples chrétiens et juifs, le signe même de l'alliance dont je vous parle et que nous aurions grand tort, nous, juifs, de sous-estimer ou de bouder.

Et puis il y a le fait, enfin, qu'Israël, l'Etat d'Israël lui-même, ne va, en définitive, pas si mal que ne nous le disent, y compris ici, les esprits chagrins. Eh oui. Malgré tout ce que l'on entend, malgré tout ce que l'on lit, à longueur de colonnes, jusque dans la presse de Tel-Aviv, je suis émerveillé, chaque fois que je me rends en Israël, par la vitalité de la démocratie israélienne. J'étais là, je vous l'ai dit, pendant les jours sombres de la guerre. J'ai vu des unités d'élite aller chercher des soldats morts à Maroun al-Ras. J'ai vu, et j'ai raconté dans mon reportage du *Monde*, l'effort fait par Tsahal pour éviter au maximum de toucher des non-combattants. J'ai vu le désarroi du ministre Amir Peretz un jour où il a appris, à quelques minutes d'intervalle, la mort de trois de ses soldats puis celle, dans un immeuble d'un quartier de Beyrouth contrôlé par le Hezbollah, d'une famille de pauvres gens transformés en boucliers humains et que ses obusiers n'avaient pas repérés. Et j'entends enfin, comme vous tous, cet incroyable débat qui, depuis la fin de la guerre, secoue la société israélienne. Que vaut notre armée ? S'est-elle conduite comme il fallait ? La stratégie de l'état-major était-elle la bonne ? Olmert a-t-il commis des erreurs ? Lesquelles ? Sans parler de cet interminable débat moral dont je ne sache pas qu'il y ait un pays au monde où il fasse rage avec autant de constance : qui sommes nous ? pourquoi sommes-nous là ? en avons-nous le droit ? Bref, je crois que le miracle israélien dure. Je pense que l'adversité n'a eu raison ni de la « tohar haneshec », de la pureté des armes, ni du rêve de demeurer « or lagohim », lumière pour les nations, un pays d'exception se soumettant à des règles de conduite elles-mêmes exceptionnelles. Et cela, je vous le répète, est la dernière des raisons qui m'empêchent de désespérer.

Alors Israël est en guerre.

Et comme dans toutes les guerres la ligne de front, le rapport des forces, bouge à chaque instant.

Mais enfin je me revois, il y a vingt-cinq ans presque jour pour jour, mon fils n'était pas encore né, nombre d'entre vous non plus, je me revois, rue Geoffroy-Lasnier, parlant de la solitude d'Israël, de la grande difficulté des anciens déportés à faire entendre leur voix, je m'entends parler de ce temps tout bruissant de funestes présages.

Et je crois, vraiment, qu'il y a, certes, des raisons d'inquiétude mais qu'il y a, aussi, des motifs d'espérer – je crois qu'il y a, certes, lieu d'avoir peur mais que le peuple juif a, en même temps, des atouts entre les mains qu'il n'avait pas il y a vingt-cinq ans.

Car il y a encore une dernière chose.

Je regarde la jeunesse juive d'aujourd'hui.

J'observe, à Jérusalem ou à Paris, les contemporains d'Ilan Halimi ou de Ouri Grossman.

Et je les trouve, comment dire ? singulièrement aguerris…

Réflexes trempés, lucidité à toute épreuve, pas le moindre goût pour la victimologie, fierté de soi – la leçon des pères et des pères de leurs pères ; le vrai anti-Œdipe ; une *Enéide* juive où Enée, cette fois, sauverait Anchise des flammes du désastre. Tel est l'état du monde juif. Telles sont ses forces vives. Et c'est pour cette raison qu'il est permis d'espérer.

10

L'état du monde juif [1]

Je suis honoré d'avoir été choisi, cette année, pour donner cette très prestigieuse conférence annuelle sur « L'état du monde juif ».

Et je voudrais répondre à votre invitation en essayant de dresser le bilan le plus honnête possible de ce moment où, comme disait Leo Strauss, dans l'avant-propos à l'édition américaine de sa *Critique de la religion de Spinoza*, il ne fait « ni tout à fait jour ni tout à fait nuit » et où les Juifs, par conséquent, ont autant de raisons de trembler que de motifs d'espérer.

Je voudrais, en d'autres termes, vous dire ce que sont, à mes yeux, les raisons d'avoir peur et ce que sont aussi, non seulement les raisons d'espérer, mais les tâches qui incombent au judaïsme de ce début de siècle.

Les raisons de l'effroi ?

C'est très simple.

J'ai, à quelques mois près, l'âge d'Israël.

Et je ne crois pas qu'il y ait eu, depuis soixante ans, un moment où Israël, les amis d'Israël, le peuple juif, auront été,

1. New York, « The state of the world jewry ». Allocution prononcée le 5 mars 2008, au « 92nd Street Y ».

d'une certaine façon, si seuls, si vulnérables, si menacés qu'aujourd'hui.

Israël a toujours eu des ennemis. Toujours, depuis sa création, il a eu à faire face à l'hostilité d'adversaires redoutables. Mais j'observe le Hamas arrosant Sderot et, maintenant, Ashkelon de roquettes tirées depuis un territoire qui n'est plus occupé depuis deux ans. Je pense au Hezbollah que l'on voyait, à l'été 2006, à la frontière nord d'Israël, masser des missiles chargés d'atteindre Haïfa, puis Tel-Aviv – et ce alors que le Liban n'avait plus, lui non plus, de conflit territorial avec le pays (un ami me faisait observer, l'autre jour, que, sur la carte de la région qui figure sur les billets de banque libanais, les « fermes de Chabaa » elles-mêmes, ces minuscules kilomètres carrés qu'Israël n'aurait toujours pas rendus au Liban et qui justifieraient la poursuite de la « résistance », apparaissent comme… en territoire syrien !). On a là, autrement dit, des adversaires qui, pour la première fois, n'ont plus de revendication ni de but de guerre précis. On a là une hostilité qui ne relève plus de la logique classique des conflits et des possibles compromis. Jadis, les exigences des Palestiniens pouvaient paraître exagérées, trop coûteuses, révisables à la baisse, etc., mais au moins existaient-elles. Aujourd'hui, il n'y a plus d'exigence du tout. Ou, plus exactement, il n'y en a qu'une – qui est, chez le Hamas donc, et chez le Hezbollah, la disparition d'Israël comme tel. Une haine brute. Nue. Une haine sans merci et qu'aucune négociation, concession, n'a le pouvoir d'arrêter. Clausewitz distinguait les *Ziel* (buts de guerre) des *Zweck* (buts politiques) et ne concevait pas de guerre où les premiers ne soient soumis à la satisfaction des seconds. Là, il n'y a plus de seconds. On a des *Ziel* sans *Zweck*. Des buts de guerre qui ne sont plus indexés sur quelque but politique que ce soit. On est dans une logique qui était inconcevable à Clausewitz et qui devra attendre Pufendorf pour être problématisée : la logique de la guerre totale. Il n'y a pas tant de guerres totales que cela dans l'histoire de l'humanité. La guerre de Troie. La troisième guerre punique. La Première Guerre mondiale, du point de vue allemand. La Seconde, bien sûr. Et il y a la guerre que le Hamas et le Hezbollah ont déclarée à Israël. C'est un fait.

Face à ses ennemis, Israël a toujours dormi sur la certitude d'une supériorité militaire indiscutée. On était inquiet, naturellement. On savait que, comme disait Thucydide à propos de l'Athènes de Périclès, nul n'est jamais assez fort pour être sûr d'être toujours le plus fort. On tremblait quand, sur la route qui montait de Tel-Aviv à Jérusalem, on arrivait à ce point d'étranglement extrême où, avant la guerre des Six Jours, la profondeur stratégique du pays n'était que de quelques kilomètres. Mais nous savions que la sécurité est moins affaire de kilomètres que d'intelligence et que, côté intelligence, l'Etat juif resterait, longtemps encore, imbattable. Aujourd'hui, il y a une nouvelle donne. Il y a un détail, si j'ose dire, qui change tout. Et ce détail c'est que ces ennemis à mort d'Israël sont adossés à un Etat dont nul n'ignore qu'il est à la veille d'un saut technologique qui rompra, d'un seul coup, cette supériorité militaire de Tsahal. Nul ne sait où en est l'Iran de ses projets nucléaires. Nul ne sait qui a raison de la CIA, de El Baradei ou du directeur général de l'AIEA, Olli Heinonen, qui vient de produire des informations, appuyées sur des images, dont le moins que l'on puisse dire est qu'elles sont beaucoup plus inquiétantes. Ce que l'on sait c'est qu'Ahmadinejad veut l'arme atomique. Ce que l'on sait c'est qu'il la veut dans le dessein, clairement et à maintes reprises affiché, d'en finir avec ce qu'il qualifie, selon le jour et l'inspiration, d'« imposture », de régime « criminel », de « sale microbe noir » ou d'« animal sauvage » lâché par l'Occident pour, si on ne l'abat pas, détruire le monde musulman. Et ce que l'on sait surtout c'est que lui et les siens, oui, non seulement lui, Ahmadinejad, mais la plupart de ses collègues, seraient les premiers dirigeants, détenteurs de l'arme nucléaire, qui, soit pour des raisons qui tiennent à leur cynisme, soit du fait d'un fanatisme sans pareil, ne raisonneraient plus selon les catégories traditionnelles de la dissuasion, de l'équilibre de la terreur, des risques de seconde frappe. Les cyniques, ce sont les gens comme Rafsandjani, président de l'assemblée des Experts, représentant de l'aile supposée modérée du régime et déclarant très tranquillement, en décembre 2001, lors de la Journée de Jérusalem, qu'une seconde frappe israélienne ne lui posait aucun problème vu qu'elle ne détruirait qu'une infime partie du monde musulman alors qu'Israël, lui, aurait été anéanti. Les fanatiques, c'est Ahmadinejad faisant agrandir les rues de Téhéran pour pouvoir y accueillir plus dignement le retour, désormais imminent, du fameux Imam caché et se fichant donc éperdument, lui aussi, des éventuelles rétorsions d'un Israël touché au cœur. Lénine, c'était les soviets plus l'électricité. Les ayatollahs, c'est la bombe plus l'eschatologie. Et il y a là, dans cette faillite de la rationalité, dans cette apparition d'un adversaire imperméable aux arguments de raison, une autre perspective qui donne le vertige.

Israël a toujours eu un problème de légitimité. Depuis que je suis en âge d'observer et de réfléchir, Israël est la seule nation au monde qui a toujours eu, non seulement à exister, mais à rappeler inlassablement pourquoi il est juste, légitime, qu'elle existe. Mais enfin, il y a dix, vingt ou trente ans, il y avait quand même un certain nombre de gens – et pas n'importe quels gens ! – pour trouver cette situation bizarre. Je pense à Michel Foucault jugeant « ignominieuse » la fameuse résolution de l'Unesco assimilant le sionisme au racisme. Je pense à Sartre qui, si discutable que lui parût la politique de tel ou tel gouvernement israélien, ne transigea jamais sur l'existence même d'Israël et sur la nécessité de cette existence. Je pense au chef des gauchistes de l'époque ou, plus exactement, des maoïstes – c'était mon homonyme, il s'appelait Benny Lévy, c'est l'un des personnages les plus impressionnants, intellectuellement impressionnants, qu'il m'ait été donné de croiser, mais c'est surtout l'homme qui, le jour, en 1971, du massacre des athlètes israéliens de Munich, le jour où, autrement dit, il comprit quel type de contrebande passait sous le pavillon des radicalités romantiques et ferventes de l'époque, décida de dissoudre son organisation. Il y avait là des digues. Des hommesdigues à tout le moins, qui faisaient qu'on ne pouvait pas dire tout à fait n'importe quoi. Et j'ai le sentiment que, aujourd'hui, ces digues sont en train de sauter. Des exemples ? Ce sondage où, priée de désigner le pays représentant la pire menace pour la paix du monde (et priée de le faire dans une liste qui, comptait, excusez du peu, la Corée du Nord, l'Iran, les Etats-Unis de Bush, la Russie de la guerre en Tchétchénie, l'Irak de Saddam Hussein, d'autres), une majorité de l'opinion européenne s'accorda à opiner qu'aucun de ces pays n'égalait en dangerosité un petit, tout petit, pays, démocratique de surcroît, qui s'appelle Israël. La campagne, à l'heure même où je vous parle, pour le boycott des deux Salons du livre, de Turin et de Paris, où la littérature israélienne se trouve être invitée d'honneur (et ce, de la part de gens qui n'ont rien trouvé à redire quand l'invité d'honneur du Salon français était, il y a quelques années, la Chine puis la Russie). Le fait que le sionisme lui-même, ce mot magnifique, ce mot de Scholem et de Buber, ce mot, qui, pour tant de grands esprits allant de Yehuda Magnes à Albert Einstein ou Albert Cohen, a désigné un mouvement de libération nationale qui a réussi, réellement réussi, le fait que ce mot est en train de devenir, d'un bout de la planète à l'autre, une sorte d'insulte, un synonyme d'infamie. Ou encore cet événement énorme qu'a été, en 2001, quelques jours avant le 11 Septembre, cette conférence de Durban où toutes les ONG du monde, réunies pour parler de la misère, du racisme, de la faim dans le monde, de l'esclavage, se sont trouvées d'accord pour constater qu'il n'y a avait qu'un coupable, un responsable de tous ces maux, un pays criminel par essence et excellence, et que c'était, une fois de plus, Israël.

La quatrième raison d'avoir peur, c'est que tout cela se trouve adossé à ce qu'il faut bien appeler un nouvel antisémitisme. Car c'est bizarre l'antisémitisme. Ce n'est pas une forme fixe qui se répète à travers les âges. C'est un virus qui mue. Et qui mue *pour trouver*, à chaque époque, les voies qui lui permettront de contaminer le plus grand nombre. A l'époque où l'Europe était chrétienne, le mieux, le plus efficace, était de dire : « je ne hais pas les juifs en soi – je les hais parce qu'ils ont tué le Christ. » A l'époque où le christianisme a commencé à vaciller et où les Lumières ont commencé d'imposer leur impératif d'« écraser l'infâme », la bonne ligne, celle qui a permis de rassembler les forces vives, montantes, du moment, est devenue : « je ne hais pas les juifs en soi – je leur en veux d'avoir commis cette mauvaise, très très mauvaise action, qu'est non pas le meurtre, mais l'invention du Christ. » A l'époque du socialisme naissant, il est devenu de bon ton, efficace, mobilisateur, de dire : « je me fiche du Christ ; je me moque de savoir si les juifs l'ont tué ou inventé ; si je les déteste c'est parce qu'ils sont partie prenante de ce nouveau système de domination qu'est le capitalisme ploutocratique et mondial. » A l'époque, fin du XIXe siècle, début du XXe, où s'inventent les sciences modernes du vivant et, dans leur sillage, le racisme scientifique, la bonne tonalité devient : « ah les juifs ! je n'ai toujours rien contre les juifs ! le seul problème c'est qu'ils incarnent une race hétérogène aux autres races et qui, hélas, ne peut que corrompre celles-ci. » Eh bien, aujourd'hui, aucun de ces discours ne marche. Ils ont été, comme dit Bernanos dans un mot terrible mais non dénué d'une grinçante vérité, « déshonorés » par l'hitlérisme. Et tout se passe comme si la vieille haine se cherchait un nouvel argumentaire qui corresponde au nouvel esprit du temps et lui permette de retrouver l'oreille de foules qui ne veulent plus, par exemple, entendre parler de racisme. Cet argumentaire, il tient en trois propositions simples – mais redoutables. 1. Les juifs méritent d'être haïs parce qu'ils soutiennent un Etat lui-même haïssable et qui mène le monde à la catastrophe – Israël. 2. Ils méritent d'être haïs car, pour légitimer cet Etat immonde, pour mieux assurer ses bases et intimider ses opposants, ils ont inventé la plus énorme, la plus grossière et, au passage, la plus immorale des manipulations – à savoir, sinon la Shoah elle-même, du moins le mythe de sa « singularité ». 3. Et ils le méritent enfin parce que, ce faisant, en nous accablant du souvenir de leurs morts, réels ou imaginaires, ils éclipsent les vraies victimes, les vrais juifs d'aujourd'hui, à savoir les Palestiniens.

Antisionisme, négationnisme et compétition des victimes… Mettez les trois propositions ensemble. Mettez-les dans la tête d'âmes simples ou mal prévenues. Brossez bien le portrait de ce peuple solidaire d'un Etat nazi, trafiquant jusqu'à la mémoire de ses morts et faisant en sorte, à force de tapage, que le monde reste bien sourd à la clameur des misérables d'aujourd'hui. Vous aurez, vous avez, un cocktail explosif. Vous aurez, vous avez, un incendie des âmes qui se propage, en effet, d'un bout du monde à l'autre. Vous aurez, vous avez, l'idée qu'il est de nouveau juste, normal, moral, pas du tout scandaleux ni illégitime, de haïr le peuple juif.

Je dis d'un bout du monde à l'autre. Et je pense donc, ce disant, à l'Europe. Je pense au monde musulman. Je pense à des zones entières de l'Asie. Mais je pense aussi, pardonnez-moi de vous le dire aussi crûment, aux Etats-Unis d'Amérique. Oui, je n'arrête pas, quand je suis aux Etats-Unis, de parler à des amis qui me demandent, d'un air de commisération non feinte, quel effet ça fait de vivre dans un pays rongé par l'antisémitisme. Sauf que l'antisémitisme en question, s'il est ce que je dis, s'il fonctionne comme je le décris, s'il est vraiment ce moteur à trois temps que je viens de vous montrer, je suis au regret de vous signaler qu'il n'est pas moins vivant, hélas, dans votre pays que dans le mien. Car enfin, reprenez les trois thèmes. La compétition des victimes : c'est ce que l'on entend, par exemple, dans une fraction grandissante de la communauté noire – c'est le thème qui court depuis la parution de *The Secret Relationship*, ce livre publié, en 1991, sous la signature collective, de « Nation of Islam » et qui faisait des juifs les principaux coupables des âges de l'esclavage – nous avons, nous, Dieudonné ; vous avez, vous, Farrakhan ; et ses thèmes ont, hélas, beaucoup, beaucoup trop circulé dans les départements d'« African American Studies » des universités américaines ! Le négationnisme : d'accord, la France a eu le douteux privilège de publier les premiers livres niant la réalité de l'Holocauste ; mais vous avez, vous, Américains, un Institute for Historical Review qui sévit sur la côte Ouest, qui est la base de données, la mémoire, la Mecque, qui permet aux révisionnistes de tous les pays de s'unir, de fonctionner, d'échanger leurs petits et grands délires et qui est à l'origine, pour partie, de la conférence de Téhéran sur la Shoah d'il y a un an et, pour l'essentiel, de celle qui se tint, en 2001, à Beyrouth. Et quant à l'antisionisme enfin, quant à la dénonciation d'Israël vu comme un Etat faucon, menant la région et le monde à l'embrasement, permettez-moi de vous dire que c'est ici, aux Etats-Unis, qu'il a connu quelques-uns de ses plus beaux, plus indécents et plus récents passages à l'acte : l'ancien président Jimmy Carter, l'homme de Camp David et de la réconciliation de Begin et de Sadate, retrouvant, dans son *Palestine, peace not apartheid*, le pire de la propagande assimilant le sionisme au racisme ; ces intellectuels qui, à l'instar de Noam Chomsky, font campagne, dans les universités, pour une politique de « divestment » à côté de quoi nos campagnes pour le boycott font figure d'aimable divertissement ; et puis, enfin, ce livre très étrange de Stephen Walt et John Mearsheimer, paru il y a deux ans, et qui développe deux thèses, ou plutôt trois. Il y a une conspiration juive pour prendre le contrôle de cette vaste mouvance intellectuelle qu'on appelle, aux Etats-Unis, le néoconservatisme. Il y a une conspiration néoconservatrice dont le but est la prise de contrôle du cerveau du Président américain. Il y a eu une machination américaine enfin, un troisième complot en quelque sorte, pour entraîner le monde dans une guerre, la guerre d'Irak, dont le seul bénéficiaire était l'Etat d'Israël. Ce livre, chers amis, n'est pas seulement l'équivalent américain de choses que nous aurions en France. C'est un livre si terrible que je ne suis pas sûr qu'il se serait trouvé un éditeur, en France, pour le publier[1]. Pourquoi ? Parce qu'il y a là un

1. Le livre, à l'époque où cette conférence fut prononcée, avait *déjà* trouvé un éditeur : La Découverte. Mais je l'ignorais. Et je conserve, naturellement, cette phrase, ainsi que la suivante (« … le type de propositions qui, en France, tombent sous le coup de la loi… ») en l'état.

argumentaire, une rhétorique, que nous ne connaissons, en France, que trop. C'est l'argumentaire du juif fauteur de guerre. C'est la rhétorique de Louis-Ferdinand Céline dans ses pires pamphlets antisémites. C'est le type de propositions qui, en France, tombent sous le coup de la loi.

Alors, que faire ?

Si tels sont les dangers, comment réagir ?

Eh bien ma réponse est simple, également : en passant à la contre offensive généralisée…

Assez, par exemple, de la déligitimation d'Israël. Et assez, notamment, d'un argument, un surtout, qui fonctionne comme un argument massue impressionnant jusqu'aux amis d'Israël et auquel, bien souvent, ils ne savent comment répondre. Cet argument, vous le connaissez. C'est celui qui murmure : « pourquoi avoir fait payer aux Arabes un crime auquel ils n'ont pas eu de part ; pourquoi avoir donné Israël en réparation d'une Shoah qui fut un crime européen ? » Eh bien, à cet argument, il est temps d'opposer deux contre-arguments. D'abord que la Shoah n'est, naturellement, pas le seul principe de légitimité d'Israël. Mais, surtout, qu'il est faux, littéralement faux, de dire que la Shoah est un crime purement européen auquel le monde arabe n'aurait eu aucune part. Il y a, je crois, dans cette salle mon ami Paul Berman qui a magistralement démontré, dans ses *Habits neufs de la terreur*, qu'il y a eu une véritable histoire arabe du nazisme, un vrai épisode arabe dans l'histoire de l'hitlérisme et que, des Frères Musulmans d'Hassan el-Banna au Grand Mufti de Jérusalem, Husseini, l'imprégnation du monde arabo-musulman par l'idéologie nazie est un fait hélas incontestable. Il y a un livre paru, l'an dernier, en Allemagne, sous la signature de deux chercheurs éminents, Michael Mallman et Martin Cuppers, et qui établit deux points : d'abord, lui aussi, que l'antisémitisme des dirigeants arabes de l'époque nazie était un vrai antisémitisme, animé d'une passion propre, extrêmement ancienne, et pas du tout ce simple réflexe anti-anglo-saxon, ce « les ennemis de mes ennemis sont mes amis », que l'on décrit en général ; et puis, ensuite, l'histoire complètement inconnue de ce SS Einsatz Gruppe Egypt, dirigé par le SS-Obersturmbannführer Walter Rauff, inventeur des camions à gaz au début de la Solution finale, et qui, basé à Athènes, sur les arrières de l'armée de Rommel, avait pour mission, si Rommel gagnait la bataille du désert, s'il n'était pas stoppé, comme il l'a finalement été, en novembre 1942, par Montgomery, de filer jusqu'en Palestine pour exterminer les 500 000 juifs du Yichouv. Et puis j'ai moi-même, dans mon propre livre, le dernier, *Left in dark times*, montré la terrible cohérence, à la fois théorique, politique et généalogique, de cet « islamo-fascisme » dont procède toute une part du nassérisme, du nationalisme panarabe, de la première doctrine nationale palestinienne et, aujourd'hui, de l'idéologie Hamas ou Hezbollah. Bien rappeler cela, toucher ainsi au cœur *le* maître raisonnement de ceux qui n'ont jamais voulu reconnaître Israël, telle est notre première tâche.

La seconde : démasquer ce néo-antisémitisme, paré de probité candide et de vertu, que je viens de vous décrire – et y répondre. Je sais bien qu'il y a un point du délire antisémite où il n'y plus de réponse ni de discussion possible. Mais nous n'en sommes pas là. La synthèse entre les trois propositions ne s'est, grâce au ciel, pas encore vraiment opérée. Et je crois qu'il est encore temps de reprendre un à un, méthodiquement, pour les déconstruire, chacun des trois piliers du dispositif. Celui du négationnisme, bien sûr : c'est le plus facile – quoique... songez aux mésaventures récentes du Président français partant d'une belle idée, d'une noble intention, pour faire une proposition absurde... Celui de l'antisionisme, de la nazification d'Israël : moins facile – mais, tout de même, il n'est pas très compliqué de faire valoir que cet Etat abominable est le seul de la région où la moindre bavure militaire fasse la une des médias ; où la Cour suprême peut débattre, pendant des jours, de la question de savoir s'il faut, ou non, détruire telle portion de la fameuse barrière de sécurité qui englobe, à tort, un olivier palestinien ; il ne devrait pas être très difficile non plus de rappeler que, au moment de Sabra et Chatila, c est-à-dire, il faut quand même le rappeler, au moment du massacre, par des Libanais chrétiens, de centaines de Libanais musulmans, il s'est trouvé 500 000 Israéliens (à l'échelle des Etats-Unis, ce serait 20 millions de gens !) pour descendre dans la rue et demander qu'une commission d'enquête évalue la part de responsabilité morale, je dis bien morale puisqu'il était établi que la responsabilité concrète, matérielle, était celle, encore une fois, des seules milices chrétiennes, de l'armée d'Ariel Sharon. Mais aussi le troisième, le plus pervers, celui qui trouble jusqu'aux consciences juives car il dit : « à trop se soucier des morts, on perd de vue les vivants – c'est bien gentil l'enfant juif du ghetto de Varsovie mais quid des enfants de Gaza qui meurent, eux, tous les jours, du fait des "bavures" de Tsahal ? » Cet argument-là aussi, il faut y répondre. Il faut y répondre absolument. Et il faut y répondre en rappelant deux choses. Primo que, quand on regarde bien, tous ces gens qui se font les avocats inlassables de la cause palestinienne ont été, de Septembre noir à toutes les occasions de paix manquées, ses naufrageurs ou ses massacreurs. Secundo, que les seuls vrais avocats de cette cause, les seuls à avoir intérêt à voir un Etat palestinien s'ériger à côté d'Israël ce sont les Israéliens eux-mêmes : les Jordaniens, quand ils en avaient le contrôle, n'ont jamais même songé, que je sache, à installer un Etat en Cisjordanie ! ni les Egyptiens quand ils régnaient sur Gaza ! l'Etat juif, l'Etat des survivants de l'Holocauste, est le seul où l'on a vu une partie de l'opinion publique, puis une majorité, puis les gouvernements, exprimer le souci réel, concret, car basé sur l'intérêt bien compris, de doter ce peuple sans terre d'une terre et d'un Etat !

Troisièmement, il faut nouer des alliances. Oui, si vous voulez mon avis sur « the sate of the world jewry », en français « l'état du monde juif », je dirai : urgence de nouer des alliances solides. C'est déjà le cas, aux Etats-Unis, avec ces fameux néo-chrétiens qui, pour des raisons qui leur appartiennent, ont fait une cause sacrée de la défense et de la survie d'Israël. C'est le cas, en Europe, où l'évolution de l'antisémitisme telle que je l'ai décrite, la disparition, en d'autres termes, de l'antisémitisme catholique, a fait que les catholiques sont, officiellement, depuis Vatican II et, de manière probablement irréversible, avec les gestes symboliques forts accomplis par Jean-Paul II et Benoît XVI, des alliés solides dans la lutte contre l'antisémitisme. Il y a là de bonnes alliances, oui. Nouvelles et de bon effet. Mais il y a une autre alliance, encore. Nous avons un autre allié naturel qui, si nous prenons acte de son existence, sera un allié plus solide encore. Qui est-il ? Je vais vous le dire. Mais, pour cela, je vous demande la permission de revenir, une minute encore, à l'affaire de Durban. Il y a eu, je vous l'ai dit, ce premier scandale que fut la transformation d'Israël en un Etat fasciste responsable de tous les malheurs du monde. Mais il y en a eu un autre, de scandale – il y a eu un autre crève-cœur que j'ai trouvé, personnellement, presque plus navrant encore : ce sont tous ces Roms, Indiens Dalit, représentants de peuples premiers de Colombie et du Costa Rica, ce sont ces témoins des guerres oubliées d'Afrique, ces Tchétchènes, qui arrivaient pleins de confiance et d'espérance, car pleins de l'idée qu'ils allaient enfin trouver une vraie « scène » où témoigner du tort qui leur est fait – et qui quittèrent la conférence sans avoir pu dire un mot et avec le sentiment, donc, d'avoir été oubliés, floués, passés aux pertes et profits du Grand Récit progressiste où, si vous n'êtes pas palestinien, si vous n'avez pas contre vous Israël et ses méchantes légions, vous ne présentez aucun intérêt. Eh bien tous ces Burundais, Rwandais, Darfouris, Dalit, Roms, tous ces oubliés du récit nouveau et dominant, ce sont nos alliés. Ils sont dans le même bateau que nous car victimes du même mensonge que nous. Et c'est pourquoi je suis si fier quand je lis, y compris sous des plumes qui le déplorent, que ce sont des juifs qui furent à la pointe du combat pour la Bosnie ! Et c'est pourquoi je suis si heureux quand j'apprends, de la bouche du Premier ministre Olmert, le nombre de réfugiés du Darfour qui ont trouvé asile en Israël ! Et c'est pourquoi, par exemple, j'avais imaginé un moment consacrer cette conférence à la question arménienne – il y a un mouvement qui, aujourd'hui, voudrait faire l'impasse sur la question du génocide des Arméniens et même le nier ; eh bien il nous revient, à nous, juifs, de nous dresser contre cela ! il nous incombe d'être à la pointe du combat contre cet autre négationnisme ! le monde entier s'en fout, pas nous, surtout pas nous, car nous savons qu'il y a, entre eux, les Arméniens, et nous, une « solidarité des ébranlés » ! Si nous comprenons cela, si Israël réalise qu'il lui incombe de prendre la tête de cette protestation des sans-noms, des sans-sépulture et des sans-voix, s'il hisse ce drapeau noir des nouveaux et des anciens damnés de la terre, alors vous verrez, ce sera comme une nouvelle donne, un nouveau climat, une grande et belle alliance qui se nouera, la solitude qui s'amenuisera – et puis, last but not least, la fidélité renouée à l'essentiel du message juif qui est, ne l'oublions pas, un message d'universalité.

Quatrièmement, l'islam. J'ai dit combien il fallait être implacable avec le fascislamisme. Mais attention ! L'islam n'est pas un bloc. S'il y a une guerre de civilisation elle est, non entre nous et l'islam, mais à l'intérieur de l'islam, entre les partisans d'un islam modéré, ouvert aux droits de l'homme, à la démocratie, aux Lumières et les tenants de l'islam radical. Ce sont les Palestiniens qui ont pris, dès 1948, le parti d'Israël. Ce sont, dans les pays arabes, ceux qui, aujourd'hui, veulent le compromis, la paix avec Israël. Ce sont tous ces hommes et femmes que j'ai rencontrés au Pakistan, en Afghanistan, ailleurs, et qui aspirent à la démocratie. Ce sont les militants qui, comme Ayaan Hirsi Ali, se battent pour la laïcité et pour le droit de changer de religion. Tous ces gens, aussi, sont nos alliés. Nous devons, avec eux, faire ce que nous faisions, du temps des années 60, quand les juifs américains étaient, aux côtés de Rosa Parks, de Martin Luther King, d'autres, au premier rang de la bataille pour les droits civiques. Nous devons retrouver le geste qui nous a fait prendre parti pour les dissidents d'Europe centrale et orientale et nouer, autour d'eux, de véritable chaînes de solidarité. Ce que nous pouvons apporter aux dissidents d'aujourd'hui ? La même chose qu'à ceux d'hier. Une aide matérielle. Du courage. Le sentiment d'être moins seuls qu'il n'y paraît. Et puis, et puis... J'ai envie de vous dire qu'à ces dissidents-ci, nous avons une autre chose encore, plus spécifique, à apporter. J'ai envie d'ajouter que nous avons, comment dire ? la solution à leur problème. Car enfin quel est le problème qui mine l'islam ? Quelle est la racine, la source même, de ce qu'on appelle le fondamentalisme ? Un certain type de rapport au texte. Un respect de la lettre d'une nature telle qu'il confine à l'idolâtrie. Une façon de dire : « ce qui est écrit est écrit, c'est péché que d'y changer ne serait-ce qu'un mot ou un détail et ce péché est un péché terrible qui mérite d'être puni de mort. » Or nous avons un peu connu cela, nous, les juifs. Nous avons eu, nous aussi, cette tentation de la sacralisation de la lettre. Sauf que nous avons inventé l'antidote à cette tentation et que cet antidote s'appelle... le Talmud ! Car enfin ce n'est rien d'autre, le Talmud, qu'une certaine pratique de la lecture. Ce n'est rien d'autre qu'une façon de tenir la lettre pour sainte d'accord, mais pas pour sacrée, pas pour idolâtrée, car sujette, toujours, absolument toujours, à interprétation. Eh bien voilà ce que nous pouvons apporter à nos amis musulmans. Voilà ce qu'ils ont, s'ils le veulent, à prendre chez les juifs. Un Talmud musulman.

Et puis j'ai envie, pour terminer, de rappeler le nom de Rabbi Jehuda Magnes, ce maître du judaïsme new-yorkais qui fut aussi un pionnier d'Israël et dont j'aime à évoquer le mot sur le judaïsme, qui « n'a pas été donné aux hommes pour leur permettre de lutter contre l'antisémitisme ». Il voulait dire quoi ? Que dramatique serait un état du monde où toutes les forces du judaïsme seraient consacrées à sa propre défense. Que pitoyable serait notre situation si nous étions comme ces Etats qui profitent de l'adversité extérieure pour esquiver les questions de « politique du dedans ». Que le problème de l'antisémitisme est, d'abord, le problème des antisémites et que le problème des juifs, leur vrai problème, c'est d'être juifs, vraiment juifs, pleinement et fièrement juifs. Or, là, chers amis, j'ai quand même une bonne nouvelle. J'ai bientôt 60 ans et je n'ai jamais vu le judaïsme aussi pleinement et fièrement juif qu'aujourd'hui. C'est vrai aux Etats-Unis, où la vitalité des études juives est proprement extraordinaire – j'en ai eu un exemple, l'été dernier, à Salt Lake City, eh oui, Salt Lake City, en plein pays mormon, où se trouvaient réunis, sous l'égide de la fondation Bronfman, une concentration rare de penseurs, commentateurs, talmudistes plus ou moins originaux. C'est vrai en Europe, où je suis frappé de voir comment le judaïsme a rompu avec ce judaïsme négatif, doloriste, qui était censé n'exister que dans le regard de l'autre et qui était, en gros, le judaïsme de la vulgate crypto-sartrienne – j'en veux pour preuve le fait que nous n'avons jamais eu tant de maisons d'étude, jamais un tel élan de retour vers l'étude et jamais, non plus, si peu de difficultés, de « complexes », à assumer notre double appartenance, nationale à la France, spirituelle au judaïsme. Et, quant à Israël, je sais qu'il est de mode de dire que le sionisme s'y est essoufflé et que les tendances cananéennes et hébraïsantes, le côté « homme hébreu enraciné dans la bonne terre de Palestine », ont tendance à refouler les douloureuses et subtiles vertus héritées de la « Galout » : bon ; outre que cette idée est vieille comme le sionisme, outre que Scholem lui-même annonçait l'acte de décès du sionisme dès 1931, outre que le sionisme a été décrété « en crise », voire « à l'agonie », au lendemain même de sa naissance, je veux juste vous dire que je me suis trouvé en Israël, il y a presque deux ans, au moment de la guerre du Liban et que ce qui m'a frappé c'est la dignité, le courage, des populations des villes du Nord contraintes de vivre sous les roquettes – mais que c'est aussi la dignité, le moral, *et la morale*, de ces unités d'élite de Tsahal qui ont toujours été le fer de lance du rêve sioniste et qui, contrairement à ce qui se dit, le demeurent le plus souvent. J'ai passé un peu de temps, lors de ce reportage, avec des garçons du commando Lotar, de la Brigade Golani, ou des unités d'élite Egoz. Je les ai vus obsédés, je dis bien obsédés, par le souci d'éviter les cibles civiles. Je les ai vus mettre au premier rang de leurs objectifs stratégiques le souci de *ne pas* tirer quand ils savaient que les combattants du Hezbollah se servaient des familles et, dans les familles, des enfants comme de boucliers humains. Et je n'oublierai jamais les larmes de ce lieutenant qui venait d'apprendre que, malgré ce souci, malgré ces précautions, malgré les calculateurs électroniques ultrasophistiqués qui lui permettaient, en principe, de voir jusque dans les caves des immeubles visés, il avait touché un groupe de familles. Il était fidèle, ce lieutenant, à l'idéal de « pureté des armes » cher aux fondateurs du sionisme. Il était le digne continuateur de Youssef Trumpeldor et des premiers officiers sionistes. Et ce sont des cas comme le sien (même si ce ne sont pas les seuls cas, bien entendu, et qu'il y a eu aussi, forcément, des cas de forfaiture) qui me font dire que le génie d'Israël est loin, très loin, d'avoir dit son dernier mot.

Un Israël fidèle à ses valeurs... Un Israël conscient du fait qu'il est venu pour s'adresser à l'entière humanité... Un Israël qui, pour parler comme le Rabbi Haïm de Volozine, le disciple du Gaon de Vilna, saurait que le monde est un édifice fragile, chaotique et, depuis le retrait de Dieu, toujours menacé de se défaire, à la lettre de se décréer – et un Israël qui s'emploierait, par ses prières et ses bonnes actions, à conjurer ce procès de presque inévitable décréation... Voilà l'Israël que nous voulons. Voilà un Israël réellement invincible et qui triomphera des temps sombres. Voilà un Israël qui redeviendrait cette lumière des nations qu'il est en vocation. Ni jour ni nuit, toujours – mais nous serions à la veille d'un nouveau temps de Lumières.

11

Pourquoi il faut commémorer les morts de la Shoah[1]

Me voici donc, pour la troisième fois en trente ans, investi du redoutable honneur de m'exprimer en ce jour qui est, pour tous les juifs du monde, un jour de deuil et de mémoire. Et me voici, comme chaque fois, plus peut-être que les autres fois, contraint de réexpliquer pourquoi cette commémoration est, non seulement pour les juifs mais pour le monde, un devoir essentiel.

Ne faut-il pas, demandent certains, laisser les morts enterrer les morts, et l'oubli, le bon oubli, cicatriser les blessures du passé ? Oui, bien sûr, il le faut. Oui, bien sûr, il est toujours bon de laisser les morts enterrer les morts. Et je dirai même qu'il n'y a pas plus juif, pas plus conforme aux commandements de la Torah, que cette injonction évangélique d'enterrer vite, une fois pour toutes, les morts. Sauf… Oui, sauf quand ce sont des morts qui ne sont, justement, pas enterrés. Sauf quand ce sont des morts dont le mourir même impliquait qu'il fût sans tombe ni mémorial. Sauf quand ce sont des morts dont la mort fut programmée pour être une mort sans trace, sans vestige et, j'y insiste, sans sépulture. Alors, il appartient aux vivants

1. Genève, allocution prononcée le 20 avril 2009, sur la place des Nations, à l'occasion du Yom Hashoah.

d'être les tombeaux vivants de ces morts. Et alors, par exception, il est du devoir des survivants, et des enfants des survivants, de porter en eux le souvenir de ces pères qui auront, à jamais, l'âge de leurs enfants. Les morts, les pauvres morts, ont de grandes douleurs... Nous sommes les tombeaux de nos pères... Ce sont les mots d'un grand poète français, Charles Baudelaire. Mais c'est, surtout, le cas de ceux qui se refusent à se laver les mains de toute la chair juive partie en cendre et en fumée.

Ce crime, dit-on encore, fut un grand crime assurément. Mais où voyez-vous qu'il ait été un crime plus grand que tous les autres crimes ? Et pourquoi tenez-vous tant à lui conserver, dans cette suite de forfaits qui est la trame même de l'histoire des hommes, cette place d'exception ? Nous ne tenons à rien, naturellement. Rien n'est plus étranger à la mémoire juive de la mort que cette idée d'établir, entre les morts, quelque échelle ou hiérarchie que ce soit. Sauf que, là encore, il s'est produit avec la Shoah quelque chose qui se trouve être – nous n'y pouvons rien – sans précédent. Et ce quelque chose c'est une chasse à l'homme et un massacre qui impliquaient, non seulement l'absence de traces donc de tombeaux, mais l'impossibilité pour les victimes de trouver un lieu, un seul, où se soustraire à leurs bourreaux. Les Arméniens, qui furent (et cela est trop souvent contesté) les victimes du premier génocide de l'Histoire, n'étaient pourchassés qu'en Turquie. Les Tutsis, les Cambodgiens, les Darfouris (dont le génocide doit être dénoncé avec la même énergie) pouvaient, en théorie au moins, et pour peu qu'ils trouvent asile dans un pays voisin, échapper aux griffes des assassins. Pas d'échappatoire pour les juifs visés par une Shoah qui se voulait une destruction totale. L'Europe entière – bientôt, et en théorie, le monde – devenue un piège immense pour le gibier juif traqué par les chiens de la Wehrmacht et de la SS. Une extermination – c'est cela qu'elle eut d'atrocement singulier – qui ne laissait pas de recours parce qu'elle se voulait sans reste.

Cette notion d'extermination sans reste est importante pour une autre raison encore, très précise, très concrète – et cette raison c'est Israël. La Shoah n'est pas la cause d'Israël, naturellement. Et il faut tout faire, vraiment tout, pour briser la mauvaise chaîne qui, en liant les deux, a toujours pour résultat de providentialiser, donc qu'on le veuille ou non, de justifier, la Shoah. Mais n'empêche. Il y a une autre sottise, que l'on entend un peu partout, et qui consiste à dire : « oui d'accord un crime ; oui, à la rigueur, un crime singulier ; mais les survivants de la tragédie, pourquoi ne pas les avoir installés en Allemagne ? pourquoi un foyer national juif dans la seule partie du monde qui ne trempa pas dans le crime et qui est le monde arabe ? » Eh bien la réponse c'est, toujours : c'est le monde même qui fut ce piège pour les juifs ; il n'y eut pas une partie du monde où ne souffla le mauvais vent de cette mort ; et le monde arabe, pas plus que le reste du monde, ne fut en reste dans ce projet d'extermination sans reste... Nous avons, aujourd'hui, des informations très détaillées sur la question. Nous avons les Mémoires du Grand Mufti de Jérusalem exprimant, sans relâche, pendant toute la durée de la guerre, son admiration pour Hitler. Nous avons des travaux d'historiens faisant état de l'existence d'une légion SS arabe attendant, à l'arrière de l'armée de Rommel, l'ordre de foncer sur le Yichouv pour y exterminer les 500 000 juifs déjà installés. Nous savons, en d'autres termes, que le nazisme fut une idéologie mondiale qui connut des versions nationales et, en particulier, une version arabe non moins criminelle que sa version européenne. Cela ne change rien, bien au contraire, au nécessaire combat pour la démocratie dans le monde arabe et, en particulier, dans l'Etat palestinien à naître. Mais c'est un argument de probité qu'il est juste d'opposer, sans relâche, à ceux qui, forts d'une ignorance qui est fille de l'absence de mémoire, tentent de délégitimer Israël – et parfois, hélas, y parviennent. Commémorer la Shoah c'est, aussi, ce devoir de probité. C'est, aussi, cette lutte contre l'ignorance.

Nous sommes le 20 avril 2009. On aurait pu, quand fut décidé, il y a cinquante ans, d'inscrire cette journée de commémoration dans le calendrier des nations, choisir le jour anniversaire de l'ouverture des camps de la mort. On aurait pu choisir celui de la conférence de Wannsee. On aurait pu se décider pour n'importe quel autre jour témoignant – ils sont légion ! – du martyre juif à travers les âges. Eh bien non. C'est le 27 Nissan de l'année hébraïque qui fut choisi. C'est-à-dire, cette année en particulier, le jour anniversaire du déclenchement de l'insurrection du ghetto de Varsovie. Et, dans les vives discussions qui présidèrent à ce choix, dans le débat, notamment, entre Ben Gourion et les tenants du judaïsme religieux, ce détail n'échappa évidemment à personne. Ce qu'il entendait signifier ? Qu'il fallait en finir avec le cliché d'un peuple juif allant à la mort comme bêtes à l'abattoir. Qu'il fallait célébrer, en même temps que le souvenir du crime, celui de ces épisodes héroïques que furent, après Varsovie, les révoltes de Sobibor, Birkenau, Treblinka. Que l'on entendait, en d'autres termes, commémorer un massacre mais aussi une résistance. Pour moi qui suis fils, non de déporté, mais de résistant, cette volonté est essentielle. Je vous invite à vous souvenir qu'il y a toujours, jusque dans la nuit la plus noire, lieu de s'insurger et d'espérer. Nous sommes là pour rappeler, bien au-delà de nous, à tous les peuples du monde, qu'il est toujours possible, toujours, de se révolter.

Un dernier mot. Puisque nous en sommes aux questions de calendrier, il y a un vrai hasard, cette fois, des calendriers qui fait que s'est ouvert, aujourd'hui, à quelques pas d'ici, une conférence internationale contre le racisme. Et il s'est trouvé, à nouveau, des voix pour nous dire : « à quoi bon revenir sur les racismes d'hier quand ce sont les racismes de demain qui menacent ? et ne craignez-vous pas, en vous fixant sur les génocides advenus, de manquer ceux qui adviennent, ici, maintenant, sous vos yeux ? » Eh bien non, bien sûr, je ne le crains pas. Et je crois même, pour être franc, qu'il y a là une autre raison, au contraire, de commémorer la Shoah. Car outre que cette conférence est en train de tourner, comme prévu, à la mascarade, je retourne la question. Pourquoi tant d'organisations juives se sont-elles mobilisées pour le Darfour ? Pourquoi les premiers à avoir compris ce qui se passait au Rwanda furent-ils ceux qui, juifs ou non-juifs, avaient la Shoah au cœur ? Pourquoi, quand le monde entier fermait les yeux sur le massacre des musulmans de Bosnie, revint-il à une poignée d'hommes et de femmes dont le seul point commun était d'avoir en tête le « plus jamais ça » d'Auschwitz, de sonner le tocsin ? Ils n'étaient pas mieux informés que d'autres. Ni, encore moins, moralement meilleurs ou mieux équipés. Ils avaient juste une boussole. Une échelle du mal et du pire. Une sorte de radar qui leur signalait, chaque fois, la proximité de la Bête et de son parfum caractéristique. Il faut commémorer la Shoah parce que, loin de nous rendre aveugles aux souffrances du moment, c'est le seul moyen, au contraire, de les rendre intolérables et visibles.

Je rêve d'une conférence qui, au lieu de servir de tribune aux délires racistes d'un Président iranien psychopathe, au lieu de servir au blanchiment moral d'un quarteron de dictateurs dont la contribution à l'histoire mondiale de la démocratie et des droits de l'homme a consisté, jusqu'ici, à pendre les homosexuels, à opprimer les minorités religieuses ou à brûler vives les femmes adultères, serait une tribune pour tous les offensés, les sans-voix, des guerres oubliées d'aujourd'hui. Je rêve d'un Durban II qui se serait ouvert sur le témoignage d'un Indien Dalit. Ou d'un survivant du génocide du Darfour. Ou d'un Rwandais rescapé des massacres d'il y a quinze ans. Ou du fils d'un de ces morts sans tombe non plus, sans nom, sans visage, sans inscription dans aucune archive ni mémoire, parfois sans nombre, que fauchent, aujourd'hui même, en Afrique ou en Asie, des guerres qui n'intéressent personne. Elle serait, cette conférence, une conférence antiraciste digne de ce nom. Car elle serait fidèle, d'abord, à cette leçon du XXe siècle que nous commémorons aujourd'hui. Une mémoire vive. Une mémoire vivifiante et vivifiée. Une mémoire au service de ceux que je continue d'appeler les damnés de la terre et dont vous êtes, par vocation, que vous le vouliez ou non, les meilleurs des avocats.

12

Ce qu'Israël peut, et doit, apporter au monde[1]

Merci, monsieur le président Shimon Pérès. Merci, chers amis. Merci, cher Amos Oz, et cher Henry Kissinger, d'être là avec moi. Tracer, en si peu de temps, les « perspectives d'avenir » du peuple juif pour le siècle à venir n'est pas, pour un philosophe, une tâche très aisée. Mais enfin, je vais essayer.

Je vais laisser de côté, pour ce faire, des questions certes importantes mais qui ont été traitées par Henry Kissinger ou par mon ami Amos Oz.

Bien sûr, l'avenir des juifs réside, d'abord, dans la persistance de leur être-juif. Bien sûr, il repose sur leur volonté, dans la diaspora et en Israël, de demeurer juifs et de se donner les moyens d'y parvenir. Ce n'est pas si évident que cela, d'ailleurs. Cela ne l'a jamais été et cela ne l'est toujours pas. Rappelez-vous, ne serait-ce que dans les années 20, le débat entre Gershom Scholem et Franz Rosenzweig. Le premier monte en Israël. Le second demeure en diaspora. Et tous deux s'interrogent sur la meilleure manière de rester juif dans un monde où tout semble fait pour décourager la chose et éradiquer le judaïsme – et chacun des deux sait bien qu'il n'y a pas de solution simple, ni toute faite. La tâche n'est pas facile, donc.

1. Jérusalem, 14 mai 2008, allocution d'ouverture de la première « President's Conference », organisée par le président Shimon Pérès et coïncidant avec le 60e anniversaire de la naissance de l'Etat d'Israël.

Mais c'est une tâche à laquelle il faut bien s'atteler. C'est évident. Je n'y reviens pas.

S'ils veulent un avenir, les juifs devront aussi parvenir à un accord avec le monde arabe en général et avec les Palestiniens en particulier. Les enjeux de ces deux défis, je ne les traiterai pas non plus. Car je souscris à chaque parole que vient de prononcer Amos Oz. Je n'ai rien à ajouter. Vraiment rien. Ni au détail du « plan » ni à la description de « écueils ». Et je ne vais donc pas répéter en moins bien ce qui vient d'être dit et que, du reste, nous savons tous : nécessité de la paix ; nécessité et légitimité d'un Etat palestinien viable ; sacrifices nécessaires, et douloureux, pour chacune des deux parties ; etc., etc.

Je laisserai encore de côté la lutte contre l'antisémitisme. Là aussi la tâche s'annonce ardue. Car il a changé de forme, l'antisémitisme. C'est comme un virus en train de muter et, hélas, de réussir sa mutation. Récemment, à New York, j'ai avancé une théorie selon laquelle le nouveau virus auquel nous devrons nous confronter a trois caractéristiques qui sont l'antisionisme, la négation de l'Holocauste et la compétition des victimes. Ce sont ces trois éléments, ces trois traits, qui, articulés ensemble, fondus, mis en fusion, ont le pouvoir d'enflammer à nouveau les esprits et de générer le néo-délire. Je n'en reparlerai pas. D'autant que je partage complètement, cette fois, l'avis de Yehuda Magnes, cet autre grand juif, Américain celui-là, qui partit très tôt pour Israël, qui fut l'un des fondateurs de l'Université hébraïque de Jérusalem et qui déclara un jour : « le peuple juif n'est pas venu sur terre, n'a pas été élu, pour lutter contre l'antisémitisme – le peuple juif est venu, disait Yehuda Magnes, et il avait raison, pour transmettre un message singulier et le transmettre, non seulement aux juifs, mais aux non-juifs, à l'humanité tout entière. »

C'est sur ce message que je veux insister. Non pas ce que nous attendons du monde mais ce que nous lui apportons. Non pas ce que nous exigeons de lui, mais ce que nous sommes en mesure, nous, les juifs, de lui offrir. Un renversement de perspective, en d'autres termes, faisant apparaître ce que nous, les juifs, avons à transmettre aux nations et que lesdites nations sont en droit d'attendre de nous. Ce message s'appuie, naturellement, sur le caractère très particulier de notre expérience. Et ce aux niveaux tant politique que moral et spirituel.

Pour ce qui est du politique, j'évoquerai ce miracle auquel nous rendons hommage depuis hier et qui s'appelle l'Etat d'Israël. Vous avez entendu les beaux discours de Shimon Pérès et d'Elie Wiesel. Je sais qu'ici et ailleurs, un débat fait rage sur la gloire ou non du sionisme, son échec éventuel, son possible essoufflement. Pour moi, il s'agit là d'un débat parfaitement abstrait. Car ce que je vois, ce qui me frappe, c'est que, si on compare Israël à tous les Etats ayant traversé, comme lui, le processus de la décolonisation, si on le rapporte à toutes les autres nations libérées des empires et issues de leur démantèlement, je n'en vois aucune autre, réellement aucune, qui puisse se targuer, comme Israël, d'additionner la prospérité, la démocratie et une certaine fidélité, *malgré tout*, aux principes fondateurs de l'Etat – l'idée, par exemple, que la force, l'usage de la force, doivent toujours être liés à des considérations morales… La prospérité, c'est clair. La démocratie, aussi. Et quant aux principes fondateurs, quant à la morale sioniste, quant à la « toar haneshek », en français la « pureté des armes », cela me semble, aussi, et n'en déplaise aux ennemis d'Israël, assez clair… Des fautes terribles peuvent être commises. Les états-majors ne sont jamais parfaits, en Israël pas plus qu'ailleurs et, donc, des erreurs épouvantables sont commises. Et, ne serait-ce que dans la dernière guerre, il y a deux ans, au Liban, il y a eu trop de dégâts, beaucoup trop de victimes civiles, pour que le concept en soit sorti indemne. Mais j'étais sur les lignes de front. Je me suis retrouvé dans la compagnie de membres d'unités spéciales et de simples hommes de troupe. Et je peux témoigner de ceci : jamais, dans aucun autre pays neuf et issu, je le répète, de la décomposition des empires, je n'ai vu, comme là, l'usage de la force constamment et systématiquement lié à des préoccupations et des considérations éthiques

– « quel mal faisons-nous ? sommes-nous fondés à le faire ? à partir de quand une riposte, serait-elle légitime, devient-elle disproportionnée, menace-t-elle les civils, les atteint-elle, côtoie-t-elle la barbarie ? »

Je ne dis pas, j'y insiste, que les soldats israéliens aient été des anges. Des erreurs terribles, je le répète, ont été commises à tous les niveaux de l'appareil politique et militaire. Mais je suis frappé de voir comment ces erreurs ont été commentées, sanctionnées, comment elles ont pu faire l'objet d'un débat moral interminable dans l'opinion et dans la presse, bref, comment le vieil idéal est resté vivant – ne serait-ce (j'ai raconté cela, dans le détail, à l'époque, dans un reportage paru dans le *New York Times Magazine*) qu'au titre d'idée régulatrice et d'horizon. Allons plus loin. Comparons Israël, non seulement aux autres pays décolonisés mais au monde occidental, à nos pays, les Etats-Unis, l'Europe et, en Europe, la France. Connaissez-vous, cher docteur Kissinger, chers amis, beaucoup de nations où le débat démocratique soit si vibrant, vivant, brutal parfois, qu'en Israël ? Connaissez-vous une seule autre société aussi ouverte, accueillant des gens venant de Russie, d'Afrique, du monde arabe, du monde entier ? Connaissez-vous un seul autre pays qui ait résolu le problème, quasi insoluble chez nous, qu'est l'articulation, entre, disons, ethnicité et citoyenneté ? C'était le grand problème de l'Amérique dans les années 60 et 70. C'est le grand problème de l'Europe et, en particulier, de la France aujourd'hui. Comment faire pour que les hommes soient fidèles à leurs racines, à leur origine, tout en devenant des citoyens et en se tenant à la lettre et à l'esprit de cet idéal citoyen ? Je connais un pays qui a trouvé une solution à peu près viable à ces questions. Ce pays, c'est Israël. Il y a une leçon politique, une grand leçon politique, à tirer de ces juifs « d'origines diverses » établis en Israël – et c'est cette leçon.

La deuxième expérience que nous devons faire partager au monde, c'est celle des souffrances que nous avons endurées. Là encore j'entends souvent dire, en Israël et à l'extérieur d'Israël, que les juifs en font trop, qu'ils nous soûlent avec la Shoah et que l'argument fonctionne comme « une massue morale ». Or il se trouve que je suis un voyageur impénitent. Il se trouve que je me suis rendu, ces dernières années, dans de très nombreux pays. Et je vais vous dire une chose. Ce n'est pas en France, ce n'est pas en Amérique, ce n'est même pas en Israël, que j'ai entendu le plus parler de l'Holocauste. C'est pendant le siège de Sarajevo, quand le président musulman de Bosnie, bombardé jusque dans son palais, m'a confié pour son homologue Mitterrand un message qui disait à peu près : « nous risquons de devenir le nouveau ghetto de Varsovie ; je vous en prie, ne nous laissez pas devenir le nouveau ghetto de Varsovie. » C'est au Rwanda, malheureusement après le génocide, ainsi qu'au Burundi, le pays jumeau, avant ou pendant le génocide qui couvait – et ce que j'ai entendu là, ce sont les Tutsis qui me disaient : « il ne faut pas que nous soyons les victimes d'un nouvel Holocauste » ; ce que j'ai entendu c'est le mot même de Shoah, dans leur bouche obsessionnel, bien plus encore qu'en Israël ou en France. Et c'est, à nouveau, récemment, au Darfour, quand j'ai franchi clandestinement la frontière entre le Tchad et le Darfour avec une unité de jeunes résistants et chefs de guérilla – éduqués, informés, parfois brillants, tous m'ont dit, à tort ou à raison, mais ils m'ont dit : « nous subissons un nouveau génocide, vous ne pouvez pas nous laisser devenir les victimes d'un nouveau génocide » et la référence qu'ils avaient, non seulement en tête, mais à la bouche, c'était toujours celle de la Shoah.

Qu'est-ce que je veux dire par là ? Que, malgré lui, le peuple juif offre au monde une sorte d'échelle du malheur et du mal. Un radar de détection de l'horreur. Un indicateur avancé du crime. En sorte que, tant à cause de sa tradition de résistance (Sobibor, Varsovie...) que grâce à son expérience de la mémoire (Yad Vashem...), il donne à ces autres peuples martyrs des outils pour comprendre, résister et survivre. Et, pour en revenir, une seconde, à nos pays, pour en revenir à ce qui se passe en Amérique, en France, en Israël, je vais vous dire encore une chose : j'ai été très heureux, et très fier, de voir qu'au Darfour, au Rwanda ou en Bosnie-Herzégovine, ceux qui se trouvaient en première ligne pour protester, s'insurger et apporter de l'aide aux victimes et aux assiégés, étaient très souvent des hommes et des femmes, juifs ou non, qui avaient la Shoah au cœur. C'est logique. Et c'est bien. Car tel est le principe. Partout dans le monde où des massacres se produisent, partout où il y a bain de sang avec victimes innombrables, sans noms, sans nombre, sans tombes et sans visage, nous, les juifs, à cause de notre expérience de ce martyre très particulier, unique, que nous appelons désormais, depuis Claude Lanzmann, la Shoah, avons une responsabilité et des devoirs très particuliers. Assumer cette responsabilité, la penser et l'assumer, fait aussi partie de notre avenir.

Troisième et dernier point, nous avons, dans notre mémoire et notre histoire, une autre expérience très spéciale qui n'est ni politique, ni éthique ou morale, mais, osons le mot, spirituelle. Emmanuel Levinas, un de mes maîtres, disait souvent que le peuple juif n'est pas seulement le peuple du Livre mais le peuple du commentaire du Livre. Ce qui signifie que nous sommes le peuple qui a inventé, il y a en gros dix-huit siècles, ce très étrange protocole de lecture et de commentaire qu'il a appelé le Talmud. Or qu'est-ce que le Talmud ? Et en quoi peut-on dire, comme Emmanuel Levinas donc, ou comme Franz Rosenzweig, qu'il est au cœur de l'expérience spirituelle du judaïsme ? Croire au Talmud, vivre le Talmud, être familier du Talmud, être fidèle au Talmud, implique cette croyance très singulière : que la lettre sacrée n'est rien sans l'interprétation de l'homme ; qu'il est de la responsabilité des hommes d'interpréter mais aussi de déployer cette lettre ; que la sainte lettre est comme les ailes repliées de l'esprit – ailes que le commentaire, et le commentaire seul, a le pouvoir de déplier. Croire au Talmud, être un peuple attaché au Talmud, veut dire que nous croyons à une lettre sacrée mais pas fermée ; dictée mais jamais achevée ; une lettre ouverte en quelque sorte et qui ne trouve sa pleine dimension qu'une fois passée par l'épreuve de ce commentaire infini, illimité, contradictoire, qu'est le commentaire talmudique.

Si on y réfléchit bien, cette idée d'une lettre sacrée comme lettre ouverte, qu'est-ce d'autre qu'un antidote au dogmatisme et au fanatisme ? qu'est-ce d'autre qu'un formidable démenti aux insensés qui croient qu'ils possèdent la vérité et qu'au nom de cette vérité, une partie de l'humanité peut être éliminée ? qu'est-ce sinon le meilleur contrepoison qui existe au fondamentalisme dont les intervenants précédents ont excellemment parlé ? Donc, je fais un rêve. Et mon rêve c'est que, dans d'autres Livres, dans d'autres religions et d'autres Livres, et tout particulièrement dans le monde musulman et dans les parages de son beau Coran, la leçon soit entendue. Eh oui ! Un Talmud musulman. Un commentaire, par des doctes musulmans, de la lettre incréée. C'est le modèle juif. C'est la leçon juive. C'est un chantier immense qui peut bénéficier de notre savoir, de notre aide, de notre soutien, de notre exemple. Le jour où les érudits de l'Islam posséderont un livre de ce genre, croyez-moi : ce sera plus efficace que tous les prêches ! plus fort que n'importe quels discours antiterroristes ! plus efficace que toutes les polices antikamikaze, toutes les mesures de sécurité ! Un Talmud musulman. Un Talmud contre la guerre. Une machine, talmudique, de pulvérisation de tous les fanatismes. Je crois, là encore, qu'il est de notre devoir et de notre responsabilité, modestement bien sûr, de montrer la voie.

Mesdames et messieurs, monsieur le Président, si le peuple juif est fidèle dans la prochaine décennie, dans un avenir proche, à ces trois engagements, politique, moral et spirituel, alors, comme les fondateurs du sionisme l'ont rêvé, Israël redeviendra un « exemple », une « lumière pour les nations ». L'Israël d'ici et l'Israël dans les esprits. Israël sur cette terre et Israël en diaspora.

13

Levinas, chef de guerre (de Rosenzweig à Levinas, la question de l'Universel)[1]

Je suis heureux d'être de retour à la tribune de cet Institut que nous avons fondé avec Alain Finkielkraut et Benny Lévy et qui, dans notre esprit, dans celui de Benny, n'était pas le contraire de la petite « maison d'étude » créée par Rosenzweig à Francfort ou de ces « écoles juives de type nouveau » dont Levinas a rêvé toute sa vie et dont il a, d'une certaine manière, avec l'ENIO, inventé un prototype.

Je suis heureux d'être là ce soir, à l'ombre de ces deux grands noms que sont Rosenzweig et Levinas et dont le dialogue fut en partie silencieux, souvent énigmatique, mais, en même temps, si intense. Vous connaissez, n'est-ce pas, la fameuse phrase de la préface à *Totalité et Infini* : « Rosenzweig, trop souvent présent dans ce livre pour être cité » ? Vous savez comme Rosenzweig est finalement peu cité par Levinas, peu, très peu présent dans la lettre de ses livres ? J'ai, du reste, un autre livre ici. C'est *L'Ecriture et la Différence* de Jacques Derrida. Et, dans ce livre qui contient, comme vous savez, le premier grand texte sur Levinas, « Violence et métaphysique » (1967), je vous fais observer ce détail qui dit tout : le nom de Rosenzweig apparaît à peine une fois, en note, et moins pour *L'Etoile de la rédemption*

1. Institut d'études lévinassiennes, séminaire annuel, 3 décembre 2006.

que pour son autre livre, pour sa thèse, *Hegel et l'Etat*, publiée au même moment mais conçue et écrite bien avant ! Donc un dialogue en partie silencieux, ignoré des meilleurs commentateurs et observateurs, mais dont je crois pourtant qu'il fut constitutif de l'histoire de la philosophie juive et de l'histoire de la philosophie tout court au XXe siècle.

Rosenzweig, d'abord.

Il y aurait eu plusieurs manières, évidemment, d'entrer dans ce livre immense et immensément inspiré, dans ce livre fou, colossal, unique, dans ce livre que Benny Lévy appelait un « livre-vie » : *L'Etoile de la rédemption*.

Nous aurions pu choisir d'y entrer à travers la question de la temporalité, de l'histoire ou du procès des conceptions politiques du monde.

Nous aurions pu, pour ce séminaire, choisir d'y entrer par la brèche de la symétrisation opérée, dans certaines pages de *L'Etoile*, entre ces deux tentations qui guettent le présent juif : la tentation de l'assimilation et celle du sionisme. La première, nous savons que Rosenzweig l'a touchée de très très près ! Nous connaissons tous l'histoire de la petite synagogue de Berlin où il entre pour la première fois, le soir de Kippour 1913, parce qu'il pense alors se convertir, le lendemain matin, au christianisme... Mais, quant à la tentation du sionisme, il l'a connue aussi, puis l'a très vite refusée, conjurée – il a passé sa vie, dans son dialogue avec quelques-uns de ses grands contemporains, dans son dialogue, notamment, avec Gershom Scholem, à la tenir éloignée de lui... On aurait pu risquer, à propos de cette symétrie rosenzweigienne, le néologisme, ou le mot-valise, d' « assimilasionisme » et on aurait pu entrer dans l'œuvre par ce chemin-là et cela n'aurait pas manqué de nous donner des aperçus éclairants sur ce temps qui fut le sien et sur celui qui est le nôtre.

Nous aurions pu choisir d'y entrer par cette thèse totalement originale, sans précédent, dira Levinas, dans l'histoire de la philosophie, qui est la thèse d'un Absolument Vrai se scindant en deux par la force intime de son essence – la thèse d'un Etre se scindant en ces deux aventures spirituelles, également nécessaires à l'avènement du Vrai, que sont, selon Rosenzweig, le christianisme et le judaïsme. C'est une des grandes théories de *L'Etoile*. Ces deux voies vers la vérité dont Rosenzweig disait que, non contentes de ne pas s'exclure, elles participent de la même économie ontologique, c'est un des moments forts du livre et c'est quelque chose qui aura une importance, aussi, dans la pensée lévinassienne : notamment dans l'optique de ce dialogue avec les chrétiens, en particulier les catholiques, que Levinas a mené toute sa vie ; et, pour être plus précis encore, dans sa volonté de ne pas réduire ce dialogue à son aspect le plus trivial, à ses thèses les plus simples et les plus réductrices pour les uns comme pour les autres, dans sa volonté de ne pas s'en tenir au thème rebattu et qui reste, aujourd'hui encore, la doxa sur la question : le thème de la « filiation » entre judaïsme et christianisme. Dans un texte de *Difficile Liberté*, Levinas dit, en gros, que si, vraiment, le christianisme n'était rien d'autre que l'enfant du judaïsme, si, entre l'un et l'autre, il y avait un rapport de paternité et de filiation, alors – mauvaise nouvelle ! – il en irait de cette filiation comme de toutes les filiations : la mort annoncée du père, l'imminence de l'héritage et de la transmission au fils, bref, l'inévitable extinction du judaïsme. Eh bien cette analyse-là, il la doit clairement à la théorie de Rosenzweig des deux voies d'accès au Vrai.

Nous aurions pu entrer dans *L'Etoile* par tous ces points. Mais j'ai choisi, pour répondre à votre invitation, d'entrer dans ce face-à-face, dans ce corps-à-corps conceptuel de Levinas et Rosenzweig à travers cette autre question : la question de l'universel.

L'universel, donc.

L'universel, chez Rosenzweig, se dit de trois façons. L'universel, si vous préférez, a, selon Rosenzweig, trois noms : un nom grec, un nom romain et un nom chrétien.

Son nom grec, c'est le *logos* ; c'est l'idée d'un monde intelligible, totalement transparent à lui-même, au moins en droit ; c'est l'idée d'un humain qui atteindrait sa pleine dignité dans l'intelligence de cet intelligible, dans la pénétration de ce secret de l'Histoire qu'est la rationalité du réel et la réalité du rationnel ; de l'Ionie à Iéna, tel est le message, le dernier mot de l'universel dans sa version grecque.

Ensuite, l'universel a un nom romain : ce nom romain, c'est l'Empire, c'est-à-dire la possibilité, pour un sujet, d'être sujet au même titre et de la même façon des villages de la Gaule profonde aux plages de Tunisie, de la Rome antique aux contrées hellénistiques lointaines, autrement dit : dans la totalité de ce qui se constitue comme espace impérial.

Et puis l'universel a un troisième nom, auquel Jean-Claude Milner vient de consacrer des pages importantes dans son *Juif de savoir* ; il a un troisième nom qui est celui de la fraternité conçue, pensée, *pariée* par le geste paulinien ; je dis « pariée » car, comme le souligne Milner, Paul de Tarse sait bien, lui, qu'il y a, et qu'il y aura longtemps, des Juifs et des Grecs, des hommes libres et des esclaves, des hommes et des femmes ; mais enfin, ce pari, il le fait ; il opte pour un monde où il n'y aurait plus « ni Juif ni Grec, ni esclave ni homme libre, ni homme ni femme » et où régnerait ce troisième universel qu'est l'universel quelconque de la fraternité chrétienne.

L'universel se dit donc selon ces trois modalités, ces trois langues, ces trois modes. Et, à partir de là, s'articulent trois thèses.

Première thèse : ces trois noms sont, en fait, le même nom. Il s'agit de trois noms différents pour une réalité identique. L'Empire romain, qu'est-ce d'autre que l'actualisation, par l'épée, du *logos* grec ? L'Eglise chrétienne, qu'est-ce d'autre que la continuation, par d'autres moyens, de ce que mon camarade Rémi Brague appelle « la voie romaine » ? Et la *Phénoménologie de l'esprit*, l'hégélianisme, Rosenzweig n'affirme-t-il pas que c'est la vraie philosophie du christianisme ? Première thèse, donc : ces trois noms, le nom grec, le nom chrétien, le nom romain, sont trois noms pour une même chose.

Deuxième thèse : ces trois noms, cette chose unique dite sous trois noms différents, ont fait la preuve et sont en train de faire la preuve, sous les yeux de l'auteur de *L'Etoile*, de leur terrible faillite. Ils sont le triple nom d'un désastre. Ou même, pour parodier quelqu'un – Alain Badiou – qui, pour le coup, n'est pas un ami, ni encore moins un compagnon philosophique, ils sont le nom d'un désastre qui est aussi un désêtre : celui de la Première Guerre mondiale. Rosenzweig écrit son livre pendant la guerre de 14, sur le front des Balkans. Et ce qu'il dit est issu d'un double constat : le constat selon lequel cet homme rationnel parvenu à sa pleine dignité, cet homme paraissant dans la lumière de l'Esprit advenu à lui-même, cet héritier du sujet entrevu par Hegel lorsqu'il voit, sous ses fenêtres, passer à cheval Napoléon, c'est-à-dire l'Esprit Absolu, est celui-là même que Rosenzweig voit dans les tranchées, dans les combats, dans l'horreur et le sang des batailles, sous le masque affreux, sanglant, d'un pauvre hère, matricule sans nom ni visage, pauvre tas de chair jeté là dans le carnage. Il est dans les tranchées. Et il voit, en fait d'Empire universel, des Etats sauvages rivalisant dans une sorte de délire électif, se détruisant l'un l'autre car se disputant la palme de l'élection, se jetant les uns contre les autres car se livrant une guerre monstrueuse, sans merci, idolâtre, et qui débouche sur une hécatombe. Ces trois noms, donc, sont le nom de quelque chose qui est en train, sous les yeux de Rosenzweig, de faire faillite et même de révéler une faillite initiale, inaugurale, très ancienne.

Et puis Rosenzweig dit, enfin, une troisième chose. A savoir qu'à ces trois noms, à cette même chose qui se dit sous ces trois noms, à cette tentative de faire triompher le quelconque et l'indistinct sur le singulier de chacun, à cette volonté de faire passer le rouleau compresseur de l'universel christo-paulinologique sur les distinctions du monde, à cette tentative d'exprimer l'Un sous sa triple guise chrétienne, impériale et hellène, il y a un nom qui résiste, un nom qui s'oppose, un nom qui a toujours tenu bon et qui tient bon, un nom qui, d'ailleurs, a toujours fait l'objet, de la part des trois noms de l'universel, d'une attention soutenue, sans relâche, parfois extraordinairement violente, voire exterminatrice : le nom *Juif*.

Rosenzweig dit, plus exactement : parce que l'être-juif est un être qui se dit, depuis des siècles et des siècles, dans un rapport à une terre, dans un rapport à une loi et dans un rapport à une langue qui ne sont pas la terre, la loi, la langue, des nations ; parce que l'être-juif échappe à la vieille loi, énoncée par Hegel, selon laquelle l'Etre se déclinerait en êtres nationaux se succédant, sur la scène de l'Histoire, dans l'attente de la parousie finale, sous la triple guise d'une terre, d'une langue et d'un Etat ; parce que la terre juive fut une terre longtemps imaginaire ; parce que la loi juive est une loi abstraite, mythique, ritualisée ; parce que l'hébreu est une langue morte, vécue sur le mode de la nostalgie et du regret, et non d'une prétendue naturalité – pour ces trois raisons, il y a un nom qui résiste à cet arasement de l'universel et au désastre qui va avec, et c'est donc *le nom juif*.

Théorème de Rosenzweig : *si l'universel triomphe, le nom juif est effacé* – ce qui est le programme même de Hegel, puis des hégéliens tout au long du XIXe siècle, jusqu'au premier Rosenzweig, celui d'avant la nuit de Kippour, celui de la thèse sur *Hegel et l'Etat* ; et, inversement, *si le nom juif tient bon, c'est que l'universel a échoué*, en tout cas cet universel-là, cet universel qui se dit dans la langue de la Grèce, dans la langue de Rome et dans la langue des pauliniens.

Voilà le point de départ, à mes yeux, de cette discussion. Le théorème de Rosenzweig. Si le nom juif tient, c'est que l'universel a échoué. Si l'universel avait duré, le nom juif se serait effacé, peu à peu, ou par la violence.

Arrive, alors, Levinas. Je dis « arrive ». Je dis « alors ». Pardonnez ce ton un peu romanesque. Mais je crois que c'est comme cela que cela se passe. Je crois que Levinas commence véritablement au point où Rosenzweig s'arrête. Je pense que Levinas prend la parole à l'instant très précis où s'achève *L'Etoile*.

On est toujours dans ce dialogue muet, dans ce tête-à-tête silencieux, on est toujours dans ce « trop présent pour être cité » de Rosenzweig dans la pensée de Levinas. Et Levinas fait deux choses.

Primo, il ratifie. Le diagnostic rosenzweigien sur l'universel, son diagnostic sur la Totalité et son diagnostic sur la Temporalité, il commence par les ratifier et il fait même, en vérité, plus que les ratifier car il recommence de philosopher à un moment pour le moins particulier qui correspond à l'après-Seconde Guerre mondiale – c'est-à-dire qu'il a derrière lui ce qu'il appelle (dans un dialogue avec Shlomo Malka) l'épreuve, décisive pour les Juifs et le judaïsme, qu'a été l'épreuve d'Auschwitz. Qu'est-ce qu'aurait dit Rosenzweig s'il avait connu Auschwitz ? Le Rosenzweig des tranchées de Macédoine, le Rosenzweig voyant, dans le sang des batailles, s'affronter des humains plongés dans la déréliction la plus totale, qu'aurait-il pensé et écrit s'il avait connu la Shoah ? Telle est la question que se pose Emmanuel Levinas. Et c'est pourquoi, non content de ratifier, il sur-ratifie le diagnostic rosenzweigien.

Il y a un point où cela se marque avec une exceptionnelle précision. C'est le point de l'hégélianisme. La question de l'hégélianisme est un point particulier, en apparence. Mais c'est, en réalité, nous le savons bien, le point absolument crucial dans l'affaire qui nous occupe et dans la philosophie moderne en général. Et c'est, pour moi en tout cas, dans mon histoire intellectuelle personnelle, dans mon rapport et à Rosenzweig et à Levinas, et c'est aussi, je crois, pour Levinas lui-même, le point totalement décisif. C'était la thèse de Derrida, à propos de Georges Bataille, dans son fameux « Hégélianisme sans réserve », paru, en 1967, dans *L'Ecriture et la Différence* (et dont le titre exact était : « De l'économie restreinte à l'économie générale. Un hégélianisme sans réserve »). Mais ce sera la mienne aussi, bien plus tard, dans mon *Siècle de Sartre*. Il n'y a pas de philosophie, disais-je, sans prise en compte de la question : « qu'est-ce que c'est que l'hégélianisme ? » Il n'y a pas de philosophie sans la triple question : « quel type de système est-ce là ? est-il possible d'en sortir ? et à quel prix, surtout, le peut-on, comment, en quelle langue ? » Eh bien, sur ces questions, Levinas ratifie. Mieux, il affine, précise, radicalise le procès rosenzweigien. Et il le fait de différentes manières.

Il le fait, d'abord, en montrant que l'hégélianisme recèle une étrange et terrible complaisance à l'endroit du Mal. Il le fait en montrant qu'il est comme le point d'accomplissement de cette vieille histoire de l'histoire de la philosophie qui consiste, depuis ses débuts, depuis l'Ionie donc, et jusqu'à Iéna, à considérer la souffrance d'un sujet, à lui faire tranquillement face et à dire qu'il existe un certain point à partir duquel, si le sujet avait le pouvoir, le courage, la force intérieure de se placer, cette souffrance, ce mal, apparaîtraient comme l'inverse de ce pour quoi ils apparaissent, là, dans le face-à-face – il y a un certain point, dans le monde ou hors du monde, depuis lequel le mal apparaîtrait, très évidemment, très clairement, comme le chiffre secret d'un bien qui se cache, ou qui tarde à se révéler, ou que les humains sont trop limités pour percevoir. Il y a, dans *Difficile Liberté*, des pages admirables sur cette théodicée, cette dramaturgie, cette orchestration mystérieuse et glorieuse qui fait apparaître la rose du Bien au cœur de la Croix du Mal ; il y a des pages superbes où il dit sa révolte face à la théodicée gréco-romano-chrétienne, c'est-à-dire, au fond, hégélienne, et où il dit à peu près ce que je résume là.

Levinas radicalise également Rosenzweig en montrant – et je crois que c'est un peu plus fin encore, que c'est un enrichissement du diagnostic – que l'hégélianisme est une philosophie du succès ; que c'est une philosophie qui est animée par une secrète adoration vis-à-vis, non seulement de la violence, mais du succès, de la victoire, de la force en tant qu'elle s'impose à l'autre force. La grande thèse de Levinas, le grand reproche qu'il adresse au dispositif de l'universel gréco-romano-hégélien et qu'il ajoute à celui de Rosenzweig, c'est que, pour eux, pour ces gens-là, est vrai, non pas ce qui est vrai, mais ce qui a gagné, ce qui a triomphé, ce qui s'est imposé dans le feu, la chaleur, puis le calme des batailles achevées. C'est une philosophie d'esclaves ; c'est une philosophie de soi-disant maîtres qui sont, en réalité, des esclaves, car asservis à cette force suprême, cette autorité sans réplique, qu'est l'autorité du succès.

Et puis, enfin, Levinas radicalise le diagnostic en montrant que tout cela, tout ce système de l'universel dont l'hégélianisme est la fleur la plus aboutie, la plus vénéneuse mais aussi la plus aboutie, ne peut déboucher, dans la vie concrète des hommes, que sur la tyrannie. La tyrannie du quelconque, dira Milner. La tyrannie de l'universel abstrait écrasant la singularité des noms et les singularités humaines. Mais, à la limite, la tyrannie proprement dite, la tyrannie du mauvais Etat et du mauvais pouvoir – la tyrannie totalitaire.

Mais je vous disais que ce Levinas qui commence là où Rosenzweig se tait fait, en réalité, « deux choses ». Primo, donc, cette ratification. Mais, secundo, un autre geste. Et cet autre geste, il consiste en ceci que, sur un point précis, sur ce point précis et essentiel qu'est le point de l'être-juif, il ne se contente pas de ratifier, de durcir, ni même de radicaliser, mais il poursuit la réflexion rosenzweigienne et ajoute quelque chose qui, me semble-t-il, n'en finit pas, jusqu'aujourd'hui, à nos oreilles, ici et hors d'ici, de résonner.

Rosenzweig dit que l'universel gréco-romano-paulinien a fait faillite. Il dit qu'il a fait faillite à cause de cela même qu'il était censé exclure, liquider, tuer et qui, en réalité, a résisté et est resté, c'est-à-dire l'être-juif. Or, est-ce que quelque chose, en Levinas, se cabre à l'idée de cette défaite définitive de l'universel ? Est-ce que, comme tel ou tel de ses contemporains, comme Sartre, comme Lacan, il pense que c'est quand même la tâche de la pensée et qu'il n'y en a pas d'autre, d'essayer de repenser l'universel sur les ruines de l'universel déchu ? En tout cas, le fait est là. Vous avez un texte, par exemple, le fameux texte de 1934, d'abord paru dans *Esprit* et intitulé *Quelques réflexions sur la philosophie de l'hitlérisme*. C'est un de ces textes, qui deviendront très nombreux ensuite, dans son œuvre, où

Levinas dialogue avec le christianisme. C'est l'un de ces textes judéo-catholiques qu'il donnera jusqu'à son dialogue avec Jean-Paul II et où il s'adressera à ses frères chrétiens – pas ses fils ! ses frères ! – pour leur dire (et il faudrait vraiment me donner beaucoup d'arguments pour me prouver qu'il s'agit d'une courtoisie, d'une commodité de la conversation, d'un geste de bienveillance, que sais-je ?) que le nazisme, avec son culte du « corps » et des mystérieuses « voix du sang », aura aussi été une guerre menée contre « cette liberté infinie à l'égard de tout attachement » qui « est à la base de la notion chrétienne de l'âme ». C'est un texte qui, au fond, n'est pas loin de nous dire, comme le *Moïse et le monothéisme* de Freud, que le nazisme n'a peut-être rien été d'autre, au fond, que le résultat d'un mauvais baptême, qu'il n'a pu advenir qu'au sein d'un peuple insuffisamment christianisé. Or que fait ce texte ? Et que fait surtout Levinas, après ce texte, dans tous ceux qui, après la guerre, suivront ? Il prend position contre ce que le catholicisme a mal baptisé. Il prend position contre le paganisme. Il nous dit qu'un monde mal baptisé, donc païen, donc voué au multiple pur, au plérôme du petit divin, un monde sans universel du tout, un monde livré à la passion, à l'entrechoc des différences et des particularismes déchaînés et juxtaposés, que ce monde-là est un monde horrible, que c'est la définition même de l'horreur et qu'il est donc très important qu'à l'universel déchu se substitue un autre universel. Et, à cette idée, il en ajoute aussitôt une seconde, qui en est en quelque sorte le pendant : il dit que ce qui va sauver l'universel, ce qui va nous préserver de ce pullulement de particularités, c'est l'être-juif ; le reste juif, si vous préférez, ce reste que n'a pas réussi à assimiler le mauvais universel. Ce reste, non content de rester, non content de triompher du mauvais universel, devient constitutif de ce qu'il appelle un nouvel universel.

Les textes sont innombrables.

Un texte de *Difficile Liberté*, qui s'intitule « Israël et l'universalisme », qui porte sur la question de l'élection et où il est dit, en toutes lettres, que c'est pour l'humanité, il dit bien « pour l'humanité », que le judaïsme est venu.

Des pages de *Du sacré au saint*, où il est dit que « tous les hommes sont d'Israël » et qu'Israël est donc la métaphore de l'humain, qu'Israël est une catégorie de l'être – ou, plus exactement, car « catégorie de l'être » est une formulation malvenue s'agissant d'une pensée, la pensée lévinassienne, qui prend les distances que vous savez vis-à-vis de l'ontologie, que c'est une catégorie de l'âme.

Une foule de textes, une foule de « petits » essais, dans *Difficile Liberté* et ailleurs, une foule de textes épars, parfois très courts, parfois parlés, qui insistent, parfois en résonance avec Elie Benamozegh, sur la réalité éthique du judaïsme, sur cette optique qui est d'abord une éthique, sur cette qualité pratique et « poétique » d'un judaïsme qui ne se joue et ne se juge que si sa maison peut être dite, comme chez Isaïe, « maison des prières pour toutes les nations ».

Ce passage d'*A l'heure des nations* où, reprenant les versets 13 et 14 du chapitre 29 du Deutéronome, brodant, autrement dit, sur la parole de Moïse annonçant à son peuple que « ce n'est pas avec vous seulement que je contracte cette alliance non réversible, mais avec celui qui se tient aujourd'hui avec nous devant le Seigneur notre Dieu, comme avec celui qui n'est pas présent parmi nous aujourd'hui », il décrit un Israël « en alliance avec tout l'univers des nations » – mieux : un Israël qui, comme chez Osée 2, 25, lance au « pas-mon-peuple » un sonore « mon peuple », auquel lui est répondu un troublant « mon Dieu ».

Ou encore ce texte célèbre où, en dialogue avec Martin Buber et sa théorie de la « sollicitude », il écrit – je cite de mémoire, mais c'est le sens – qu'être juif ce n'est pas seulement prier, encore moins méditer, spéculer, se perdre dans les sphères de la pure pensée, mais nourrir celui qui a faim, donner à boire à celui qui a soif, vêtir celui qui est nu, etc.

Tous ces textes sont, certes, des textes rosenzweigiens. Rosenzweig avait imaginé, c'est sûr, cette idée de substituer l'éthique à l'ontologie et de faire de l'éthique la science reine. Nous savons par sa correspondance, par toutes les cartes postales envoyées à ses cousins, ou parfois à lui-même, depuis le front de Macédoine et qui sont le noyau de *L'Etoile de la rédemption*, nous savons qu'il a imaginé et envisagé cela. Mais nous savons aussi qu'il y a finalement renoncé. Et le fait est que c'est Levinas qui reprend la chose et la développe : que ce soit dans ses *Lectures talmudiques*, que ce soit dans ses articles juifs, dans ses articles politiques, dans ses articles juifs *et* politiques, il développe et produit cette idée d'un être-juif qui consiste dans une responsabilité illimitée à l'endroit d'autrui ; cette idée est une idée que l'on trouve absolument partout dans son œuvre et qui est son apport propre.

Théorème lévinassien : de même que l'hégélianisme, qui se présentait sous les dehors d'un universalisme, était un particularisme déguisé (voir la polémique de Hegel contre l'hypothèse kantienne d'une loi morale valant de manière transcendante – voir la façon dont il oppose à cette hypothèse son affaire d'esprit du temps, d'esprit du moment, sa théorie des « moments » de l'histoire universelle où se trouve pris, qu'il le décide ou non, le porteur de la loi morale), de même, ce particularisme juif qui a résisté au triomphe du quelconque, ce nom juif qui a résisté à la victoire de l'universel romano-gréco-paulinien, est, en vérité, un universel qui s'ignorait.

Juif égale universel.

Il n'y a pas d'autre universel que l'être-juif.

Si l'on veut sauver l'universel, alors il faut en venir à l'éthique juive, à l'être-juif.

Voilà ce que nous dit Levinas. Voilà ce qu'il dit, dans le sillage de Rosenzweig, mais en ajout à Rosenzweig, dans sa voix et selon sa conceptualité propres. L'universel est mort, vive l'universel. Il sauve l'universel par le judaïsme.

Alors bien sûr, pour tenir à la fois ceci et cela, pour que soient possibles et vraies, en même temps, la mort de l'universel et sa renaissance, Levinas doit aussitôt ajouter quelque chose. Il y a une condition à la substitution de l'universel sous sa forme juive à l'universel sous sa forme logocentrique, impériale et paulinienne. Et cette condition, c'est qu'il faut, naturellement, redéfinir le mot de fond en comble. Le second universel, dit-il, n'est pas et ne doit surtout pas être une substitution terme à terme au premier. Ce n'est pas, ce ne peut en aucune façon être, l'universel juif venant juste « remplacer » l'universel paulinien. Pour que cela soit possible, pour que, sur les ruines de l'universel, un autre universel monte et s'impose, c'est le concept même d'universel qui doit être reformulé – le nouvel universel doit se distinguer de l'autre, dit en quelque sorte Levinas, par des traits absolument majeurs. Cet universel lévinassien, cet universel sous condition du judaïsme, cet universel juif suppose quatre modifications principales : il suppose – je vais développer – une modification quant à son origine, une modification quant à son inscription dans la temporalité, une modification quant à sa compréhension et à son contenu, une modification, enfin, quant à la modalité de son efficace.

Quant à son origine, d'abord. L'universel grec, si l'on en croit Husserl, n'a, comme vous le savez, pas vraiment de commencement. Si l'on en croit Hegel, en revanche, il a un commencement, mais nul ne sait si ce commencement est au début ou à la fin. Et si l'on en croit, enfin, Heidegger, si l'on en croit cet autre des grands interlocuteurs de Levinas qu'est l'auteur de *Sein und Zeit*, peut-être que son commencement est aussi déjà sa fin. Tantôt, autrement dit, chez le Husserl de la *Krisis*, littéralement de *La Crise des sciences européennes et la phénoménologie transcendantale,* la question même d'un commencement daté, singularisé, est une question qui n'a pas de sens et ne doit pas être posée. Tantôt la question du commencement doit se poser mais il y a incertitude : le commencement est-il à l'orée ou est-il au terme ? nul ne le sait – c'est le point de suspens de la téléologie hégélienne. Tantôt, enfin, le commencement est un faux commencement car c'est aussi le moment du voilement et du déclin : c'est, je le répète, l'hypothèse ou, plutôt, la certitude heideggérienne. Bref, disons les choses comme elles sont : c'est un universel qui *n'a pas* de commencement. Et l'universel selon Levinas, ce nouvel universalisme qu'il oppose à l'ancien, se distingue de lui par le fait qu'il a, lui, au contraire, un commencement, un vrai de vrai, c'est-à-dire, pour parler clair, un lieu où il advient et une singularité dont il s'empare. Ce lieu, c'est le Sinaï. Cette singularité, ce sont les tribus d'Israël rassemblées devant Moïse. Un lieu plus une singularité, cela s'appelle un événement, c'est-à-dire un universel concret, c'est-à-dire quelque chose qui interrompt, suspend, troue l'Histoire (un « événement historique » : contradiction dans les termes) et quelque chose qui, en même temps, contrairement aux prétendus événements de l'ordre naturel, persiste dans son effet, voit continuer son onde et sa radiation très au-delà de son moment émission – au minimum jusqu'à nos jours, au maximum jusqu'à la fin des temps, en tout cas extrêmement longtemps. C'est la première différence : d'un côté, un universel abstrait ; et, de l'autre, un universel concret qui s'est formé, forgé dans la lumière, dans l'élan d'un événement au sens où je viens de le dire.

Quant à son inscription dans la temporalité, ensuite. Le mauvais universel, l'universel abstrait, l'universel qui a fait faillite dans les tranchées de Macédoine et à Auschwitz, ce mauvais universel était comme une promesse venant se présenter sur un théâtre, ou sur un tribunal : le théâtre et le tribunal de l'Histoire. Il y apparaissait sous une forme. Puis sous une autre forme. Il y venait sous des visages, des masques, successifs et différents. Et ce, jusqu'à la parousie finale puisque tous ces visages, tous ces masques, s'effacent l'un après l'autre, ils cèdent littéralement la place, leurs porteurs disparaissent physiquement de la scène concrète de l'histoire réelle – jusqu'à l'avènement terminal. Tout cela, pour l'universel dans sa guise juive, n'a brusquement plus aucun sens. Cet universel-ci, cet universel tel qu'il est entendu depuis ce moment de la Révélation, l'universel nouveau pensé dans le cadre du judaïsme, Levinas, tantôt dit, dans *Autrement qu'être,* qu'il est « immémorial » ; tantôt, à la page 275 de *Difficile Liberté,* qu'il est « anachronique » ; tantôt qu'il est « aussi vieux que le monde » ou mieux, dans les premières *Lectures talmudiques,* « vieux comme le monde » ; tantôt – et c'est, dans *Du sacré au saint*, le texte intitulé « Jeunesse d'Israël », qu'il est « d'une jeunesse extrême, et qui n'en finit pas, et qui n'est pas près de finir, d'incarner cette jeunesse ». C'est un universel qui, en fait, se distingue de l'autre en ce qu'il est anhistorique, hors de l'histoire, hors système, hors totalité. Vous avez donc, tant dans *Du sacré au saint*, que dans *Autrement qu'être* ou dans *Totalité et Infini*, une multitude de textes qui nous disent cela. Vous avez ces masses de textes qui nous disent cette position de surplomb, cette position d'extériorité, par rapport à la temporalité réelle. Parfois, dans ses jours de modestie, Levinas dit que cet universel juif a un pied dans l'éternité, un pied seulement sans doute, mais le bon pied, et c'est assez pour le distinguer radicalement de l'autre universel. C'est la seconde différence. C'est le second écart d'avec l'universel de la théodicée hégélienne et tragique.

La troisième différence tient à ce que nous dit le concept, à ce qu'il dit de concret – elle tient, comme on dit, à sa « compréhension ». Car, après tout, pourquoi le Talmud ? Pourquoi la Thora ? Pourquoi le détour par la Bible et les Sages ? N'y a-t-il pas assez de vérités chez Platon ? N'y a-t-il pas assez de pensée chez Husserl et chez Descartes ? Levinas était un bon philosophe. Un vrai bon philosophe. Et l'on comprend donc qu'il se soit posé la question : « pourquoi, à la fin des fins, apprendre l'hébreu ? pourquoi les écoles juives de type nouveau ? pourquoi ce détour ? pourquoi ce retour ? » Et, à cette question qu'il aborde plus ou moins frontalement, il répond assez distinctement – dans des textes que vous connaissez, mais que je résume : « eh bien oui, justement ! il y a beaucoup de vérités chez Platon ! beaucoup de vérités chez Descartes ! mais ce ne sont pas les mêmes ! les vérités dont l'universel juif nous entretient, ce ne sont pas les mêmes vérités que les vérités dont nous entretiennent Descartes et Platon ! et, surtout, surtout, que voulez-vous que je vous dise ? ce ne sont pas celles qui, présentement, m'importent ! » Et Levinas de donner des exemples. De nombreux exemples. Le pari sur le dépassement de l'ontologie. Le concept de substitution. Le retravail, central dans son œuvre, de la notion de prochain. Sa nouvelle pensée du commandement : « aime ton prochain comme toi-même ». L'idée, chez lui, que, lorsque le texte dit « comme toi-même », cela ne veut pas dire « comme s'il était toi-même » mais « parce qu'il est toi, réellement un autre toi ». L'idée folle d'un sujet vidé de soi, otage de l'autre, auquel l'autre se substituerait intégralement. La substitution, encore une fois sans reste, sans aucun reste, de l'autre à l'être. Cette substitution dont il pense et dont il montre qu'elle est au cœur de l'universalisme biblique. La mise de l'éthique en position de science reine. La critique radicale du *conatus*, de l'élan vital, du souci de soi, de l'être-soi, de l'être-soi d'un soi. La critique, au nom de l'universel, d'un Sa Majesté le Moi, installé dans son assiette et dans son être, dont Rosenzweig pensait encore qu'il pouvait être une réponse, une position de repli, ou une position de riposte, face au triomphe fracassant et obscène de l'universel abstrait. La critique, donc, de tout cela. La façon, si typiquement levinassienne, de montrer que tout cela procède de la même logique, que c'est fondu dans le même métal que le métal hideux des batailles et que le métal, presque aussi hideux, de l'Etat hégélien prétendument universel. On peut lire Platon tant qu'on voudra, conclut donc Levinas. On peut lire Descartes. On peut lire Husserl. Mais voilà : tout cela n'y est pas. Il y a, dans mes analyses, quelque chose de plus que chez Platon, Descartes et Husserl. Ce sont des choses, corollaires de ce que moi, Levinas, j'entends par universel, et que la philosophie n'a pas su dire. Ce sont des idées, scolies de l'idée d'universel, mais impensables chez tous ces grands esprits. Ce sont des gestes, des mots, totalement inaudibles – à de rares exceptions près sur lesquelles je reviendrai tout à l'heure, à de rares éclairs près dont nous dirons un mot – dans l'histoire classique de la philosophie. C'est le signe d'un universel dont le concept, la compréhension, sont irréductibles à la compréhension de l'ancienne forme de l'universalité et sont intégralement tributaires de ce qui se joue dans l'aventure juive.

Et puis quatrième modification, enfin, dans le concept d'universel : un retravail, non plus seulement sur la question de l'origine, ni sur la question du temps, ni sur la question du contenu, mais sur – je l'ai dit – la modalité de l'efficace de cet universel concret. Comment opère cet universel juif ? demande Levinas. Pas sur le mode de la conversion. Ni sur celui de la persuasion. Ni même selon une logique de la contamination rhétorique ou métaphysique. Non. L'universel sous sa forme juive agit selon une logique qui n'a plus rien à voir avec tout cela et dont Levinas dit, dans un texte de *Difficile Liberté* qui s'intitule « En exclusivité », qu'il substitue une logique du rayonnement à la logique de l'englobement. « Rayonnement »... J'avais dit quelque chose de ce genre, il y a vingt-sept ans pour le coup, dans un fragment du *Testament de Dieu* qui commentait lui-même une page du *Traité théologico-politique* où Spinoza oppose la logique apostolique à la logique prophétique. Benny Lévy développe un point de vue analogue quand il défend l'idée d'un universel « en intension ». Et c'est, en fait, toute la thématique biblique du « reste », toute cette logique du « reste », sur laquelle Levinas revient sans cesse et qui consiste à dire que, quand bien même le monde se réduirait à la loi du Tout et du Système, quand bien même la loi paulinienne aurait montré et vu triompher son visage le plus hideux, il resterait un « reste d'Israël », non pas mêlé aux nations mais à l'écart, séparé des nations, à part, et continuant d'incarner ou, mieux, de figurer cet universel-là, cet autre universel.

Levinas, cela dit, a un autre nom en tête quand il évoque cet universel par rayonnement. C'est le nom d'un autre très grand penseur juif, au moins aussi important pour lui, Levinas, que Rosenzweig et dont les éditions Verdier ont publié la traduction du maître livre : *L'Ame de la vie*. Cet autre penseur juif, ce maître dans le sillage de qui, plus encore que de Rosenzweig, Levinas avance ici, ce penseur qui développe et, si j'ose dire, fait rayonner le concept juif de Reste, il s'appelle Rabbi Haïm de Volozine. J'ai souvent évoqué son nom. C'est un disciple du Gaon de Vilna. C'est quelqu'un qui, comme lui, résiste à la vague hassidique qui submerge le monde juif ; et sa thèse, s'il fallait la concentrer (et c'est ce concentré-là qui est, je crois, à l'œuvre dans l'œuvre de Levinas), c'est que Dieu a, bien sûr, créé le monde mais qu'il s'en est ensuite retiré ou que, plus exactement, il a « voilé » sa transcendance et qu'il a laissé aux hommes la responsabilité, par leur solidarité ou non avec Lui, de prolonger ou pas Son œuvre de création. Que les hommes s'en abstiennent, qu'ils cessent d'être assidus dans les maisons d'étude, et le monde s'effondrera sous le double coup, d'abord de l'effacement de Dieu et, ensuite, de la démission des hommes. Qu'ils prennent, au contraire, le chemin des maisons d'étude, qu'ils soient fidèles au Dieu voilé et à ses commandements obscurs, qu'ils aient foi en Lui comme Lui a eu foi en eux, et alors le monde continuera. Cette idée que la cohérence, la tenue du monde dans son être, tiennent à quelques Justes, cette idée qu'elles seraient suspendues à quelques-uns et que, sans ces quelques-uns, ce serait la fin du monde, ce renversement de la figure chrétienne du « guérisseur » qui n'est plus seulement Dieu mais l'Homme ou, mieux, les hommes dans leurs infinies dispersion et singularité, c'est une idée de Rabbi Haïm de Volozine, mais c'est une autre version de cette « intension », de ce « rayonnement », que Levinas oppose à l'impérialité de l'ancien universel.

Donc, que ce soit par sa façon de définir son commencement, que ce soit par sa façon de penser son efficace et son rayonnement, que ce soit par sa compréhension concrète ou par son inscription dans l'Histoire, vous voyez que Levinas propose, en partie d'après Rosenzweig mais en partie, aussi, sans lui et dans le fil de sa propre pensée, un concept d'universel qui s'appelle toujours l'universel, qui se dit toujours dans la langue grecque et romaine de l'universel, mais qui en diffère par ses traits principaux : un universel qui, de l'universel, ne garde peut-être que le nom ; un universel qui, même s'il garde son nom grec, en diffère en tous points et en devient une sorte d'homonyme.

Alors, justement, un universel « qui ne garde que le nom »… Est-ce qu'on peut dire la chose comme cela ? Est-ce que l'auteur de *Noms propres* aurait pu, non seulement dire, mais concevoir un universel qui, « à la réserve près de son nom » ne devrait soudain plus rien au mauvais universel ? Est-ce que c'est si peu de chose que cela, le fait de laisser subsister un nom ? Est-ce que le fait de garder ce nom-là, précisément, peut être traité comme cela, comme je viens de le faire, avec tant de désinvolture, comme une bizarrerie sans effet sur ce que cela va provoquer, induire, dans l'universel nouveau ? Evidemment pas. En bon lévinassisme, on ne peut pas penser cela. Quand on sait qui est Levinas, et comment il fonctionne, quand on connaît son va-et-vient constant entre les deux langues, quand on sait que l'essentiel de son geste a peut-être été, justement, et comme il l'a souvent dit, de faire entendre dans le grec des paroles que la Grèce ignorait mais aussi, et inversement, de mettre la langue grecque au travail du souffle hébraïque, on ne peut pas ne pas penser que le fait de garder le nom d'universel va avoir, au contraire, des conséquences énormes : le fait que l'universel difficile conserve le nom de l'universel facile, le fait que l'idée nouvelle continue de se dire selon la langue ancienne, le fait de dire l'universel du Salut dans la langue qui, sur ce point précis qui est le point de l'universel, a si tragiquement failli, tout cela ne peut pas ne pas affecter l'universel nouveau d'une corruption subtile mais inévitable.

Un qui l'a pressenti, c'est, voici très longtemps, dans ce texte dont je vous parlais tout à l'heure, dans ce texte premier et qui n'a pas tant vieilli que cela, le Jacques Derrida de « Violence et métaphysique ». Derrida a bien montré la machinerie du piège. Il a détaillé cette reprise de la trouée lévinassienne dans la systématique logocentrique et les conséquences de cette reprise.

Un autre qui a compris et qui, du coup, a opéré un léger recul, à la fin de sa vie, vis-à-vis de Levinas, c'est évidemment notre ami Benny Lévy, dans son tout dernier livre, dans un passage dont je vais vous donner lecture très rapidement. Ce sont les dernières lignes de la préface d'*Etre juif*. « La pensée du Retour, dit Benny, est allergique à toute conversion philosophique. » Puis : « la pensée du Retour n'est pas une traduction de la Bible en grec. Levinas a favorisé ce malentendu : il lui arriva même de dire qu'il fallait poursuivre l'œuvre de la Septante, imposée selon la Tradition par l'exil grec ; le séminaire qui fut à l'origine de ce livre expose ce dialogue avec Levinas dans toute sa conséquence. » Et quelques lignes plus bas : « car le dialogue avec Levinas suppose un dialogue de Levinas avec Levinas, de Levinas penseur du Retour avec Levinas philosophe, du Levinas né en Lituanie avec Levinas jeté dans le Siècle, du Levinas ésotérique avec le Levinas exotérique attaché à ériger la séparation entre ses textes "philosophiques" et ses textes "juifs". » Et, un peu plus loin encore : « nous avons pu ainsi faire jouer Levinas retournant à Rabbi Haïm de Volozine contre Levinas se joignant au concert des Juifs du Siècle. »

Et puis vous-même, Gilles Hanus. Cette crainte exprimée par « Violence et métaphysique », cette réticence de Benny Lévy dans son livre, cette réticence dont on peut raisonnablement penser que, s'il avait vécu, Benny Lévy l'aurait poussée plus loin, peut-être théorisée, vous l'avez vous-même explicitée dans un texte qui portait sur cette question, précisément, de l'universel et que l'on trouve dans le n° 3 des *Cahiers d'études lévinassiennes* – vous l'avez fait dans un texte qui, commentant le thème du noahisme et du retour « à partir des lectures talmudiques », traite de cette conservation du mot grec, de cette traduction en grec du Dit hébreu et des effets pervers et réducteurs que ce geste peut avoir. Dilution, banalisation, réduction de l'universel juif à la forme la plus banale de cet universel déchu : tel est le danger. Et vous citez, à l'appui de votre crainte, un texte de *Difficile Liberté*, qui s'intitule « Le cas Spinoza » et où

Levinas dit que le judaïsme, au fond, c'est peut-être juste la liberté de conscience, c'est peut-être juste la liberté de l'esprit ; vous citez une réflexion sur la loi noachide – la loi donnée aux fils de Noé – à l'occasion de laquelle Levinas, dans *Les Imprévus de l'Histoire* cette fois, est au bord de réduire la trouée juive, le tranchant du message juif, à une vague philosophie des droits de l'homme, à un humanisme démocratique amélioré ; et vous citez, enfin, un texte de *Hors sujet* où l'on lit, en gros, que « quiconque » se refuse au verdict historiciste et purement autoritaire de l'Histoire mérite, au fond, d'être juif, d'être qualifié de juif, d'être porteur du nom juif.

Alors, là-dessus, je réponds trois choses.

D'abord, c'est vrai qu'il y a un problème. C'est vrai qu'à force de répéter que l'élection n'est pas un privilège, qu'elle n'est pas un orgueil, qu'elle est un surcroît de devoir et de responsabilité mais pas un droit, à force de dire qu'il suffit, pour porter le nom de Juif, de respecter quelques prescriptions simples, on aboutit à une définition pauvre du judaïsme. C'est bien de se refuser au verdict purement autoritaire de l'Histoire. C'est très important, bien entendu. Mais est-ce qu'il y a besoin du judaïsme pour cela ? Est-ce qu'il y a besoin de faire le détour par la Parole, par le Talmud, par les Sages, par les Commentaires, est-ce qu'il y a besoin de tout cela pour en arriver à refuser le verdict purement autoritaire de l'Histoire ? Et est-ce qu'on n'en arrive pas à faire, en effet, du judaïsme une plate propédeutique des droits de l'homme ?

Ensuite, il est vrai qu'il y a des textes de *Difficile Liberté* qui vont dans ce sens et qu'on ne peut pas lire sans un réel malaise. Le malaise qui est celui de Rosenzweig lorsqu'il revoit pour la dernière fois Hermann Cohen avant le déclenchement de la guerre de 14 et qu'Hermann Cohen lui dit : « au fond, le judaïsme, c'est le génie allemand : voilà, ne cherchons pas plus loin ; la Guerre va commencer et le judaïsme, c'est juste le génie de l'Allemagne. » Le malaise que devaient ressentir les disciples les plus lucides – encore que, là, ce soit un peu plus compliqué – de Moses Mendelssohn quand il leur disait que le judaïsme, c'était la modernité, le libre examen, la liberté de l'esprit. Ou le malaise, encore, qu'ont dû éprouver les interlocuteurs de ces grands Juifs français, de ces Israélites français des années 1920 et 30, dont il est m'arrivé de dire à Benny Lévy (sur ce point, nous avions un vrai désaccord) que leurs positions ne manquaient pas d'allure mais dont il est impossible de ne pas admettre aussi (et, ici, nous nous accordions) qu'elles rendaient le judaïsme inutile, indolore, incolore – le plus caricatural étant Claude Lévi-Strauss qui en arrivait, sur ce point, à choquer Raymond Aron lui-même qui, pourtant… ! Pour en revenir à leur maître à tous, Mendelssohn, savez-vous que le tout premier texte paru, je crois, sur Mendelssohn est un texte de Mirabeau, publié en 1787, à Londres, et qui voyait en Mendelssohn un porteur juif de l'évangile républicain naissant ?…

Bref, il y a des textes d'Emmanuel Levinas qui laissent entendre ce son-là. Il y a des textes qui donnent à entendre l'idée que le judaïsme, après tout, c'est peut-être cela, c'est peut-être le génie de l'Europe, c'est peut-être l'esprit de la République, c'est peut-être les Droits de l'homme, un point c'est tout. Et, dans le texte que je citais tout à l'heure, dans cet « Israël et l'universalisme » qui est un hommage au cardinal Daniélou, on ne peut pas se défaire de cette impression bizarre, par moments assez forte, d'être en présence d'un judaïsme prudent, d'un judaïsme montrant patte blanche – c'est d'ailleurs, je crois, dans ce texte qu'on trouve, sur l'élection, l'idée selon laquelle un juif peut communier aussi « intimement », aussi « religieusement » « avec un non-juif pratiquant la morale », avec un « noachide », qu'avec un autre juif. C'est beau. C'est bien. Mais un pas de plus, n'est-ce pas, et l'on est dans « Judaïsme et République ». Un pas de plus et les rabbins deviennent une variante de messieurs de Port-Royal. Un pas de plus et le judaïsme ne sera rien d'autre qu'un vague effort pour ramener l'humain à la sagesse des nations. Il y a donc ce risque-là, chez Levinas. Moins, d'ailleurs, dans son cas, le risque de l'israélisme français que celui, si vous me permettez l'expression, de l'israélisme européen : la tentation de l'Israélite né, non pas dans les beaux quartiers parisiens et sous les lambris de la rue de Courcelles, mais à Kovno, entre Vilna et Volozine, dans ce mouchoir de poche lituanien où l'on vivait – dit Levinas à la fin du dernier texte de *Difficile Liberté*, à la fin du texte qui s'appelle « Signature » – dans la présence vivante des textes juifs et, *en même temps*, dans la fascination d'une Europe vue, au demeurant, à travers le prisme de la Russie. Le risque, incontestablement, existe.

Jacques Rolland a raconté, un jour, l'immense émotion de Levinas, l'une de ses dernières émotions de vieil homme, lorsqu'un visiteur, probablement venu de Kovno, arrive chez lui, rue d'Auteuil, et voit, dans sa bibliothèque, bien rangées, les œuvres complètes de Pouchkine. Le visiteur voit cela et lui dit : « ah ! voilà bien un bon Russe ! » Et Levinas, bouleversé, entend : « un bon Russe, c'est-à-dire un bon Européen ». Cette histoire, soit dit en passant, m'en rappelle irrésistiblement une autre. Car il y a un autre Juif européen, né dans le même coin, entre Haïm et le Gaon, Volozine et Vilna. Il y a un autre Juif, qui s'appelle Romain Gary et qui a été élevé, lui aussi, dans cette idée qu'être juif, c'est rêver de la France et, plus encore, de l'Europe, la France et l'Europe étant pensées à travers le prisme de la grande culture russe. Cela donne, chez Gary, cet autre enfant de la littérature juive, un livre qui s'intitule *Education européenne*. Et dans *Education européenne*, il y a quelque chose de cette tentation lévinassienne.

Mais – une troisième réflexion encore – je pense, et c'est là-dessus que je veux insister, que cette tentation, si elle existe, n'est qu'une tentation, qu'elle est conjurée dans le texte même de Levinas et que le texte même de Levinas donne les moyens, d'abord de la voir, de la penser, et, ensuite, de la surmonter.

Laissez-moi, pour cela, vous citer les deux avant-derniers textes de *Difficile Liberté*. Juste avant « Signature », ce sont deux textes qui se succèdent. Le premier, que j'ai cité tout à l'heure, s'intitule « Pour un humanisme hébraïque ». Et le second, « Antihumanisme et éducation ».

Dans « Pour un humanisme hébraïque », qui est un petit texte, d'abord paru dans les *Cahiers de l'Alliance Israélite Universelle*, haut lieu du judaïsme, de l'israélisme français, Levinas dit en substance que le judaïsme est un humanisme ; que le judaïsme, c'est une autre manière de prendre, penser, faire passer le message du messianisme ; qu'il y a la manière grecque, et puis il y a la manière juive.

Et puis, quelques pages plus loin, il y a un texte qui est, à mon avis, un des plus forts, des plus beaux et, au demeurant, des plus longs, de *Difficile Liberté*, qui s'intitule « Antihumanisme et éducation ». C'est un texte qui paraît beaucoup plus tard, en 1973, dans une petite revue. Je dis bien 1973. C'est-à-dire à un moment où Levinas ne peut pas ne pas savoir ce qu'il fait et ce qu'il dit quand il parle d'antihumanisme. Ce moment, c'est le pic de cette grande et forte séquence philosophique que l'on a appelée l'antihumanisme théorique. C'est le moment Foucault, Lacan, Althusser, Lévi-Strauss. Et Levinas ne peut pas parler juste comme cela, par hasard, d'antihumanisme. Or, dans ce texte, il dit des choses qui sont d'une force extraordinaire. Par exemple : « cette façon de soumettre la tradition juive aux normes de l'humanisme, aux normes de ses méthodes herméneutiques qui disqualifiaient l'exégèse rabbinique, aux normes de son universalisme abstrait – cette façon explique la crise même de l'éducation juive dans la société juive émancipée. » Vous avez bien entendu : la réduction du judaïsme à l'humanisme, c'est *la source* de la crise à laquelle il s'intéresse dans ce texte ! Quelques pages plus loin, il continue : « pour que le problème de l'éducation juive puisse se poser en des termes différents de l'instruction religieuse, il fallait donc une crise de l'humanisme dans notre société. » Même observation : dire « crise de l'humanisme », c'est avoir en tête, naturellement, les désastres du XXe siècle ; mais cela veut dire aussi : pensée structurale, antihumanisme théorique, Lacan, etc. Et, quelques pages plus loin encore, il évoque ce qu'il appelle la toute-puissance de la littérature entendue, là, au sens de rhétorique, de ministère de la parole, et il en appelle – je cite – à un véritable « antihumanisme » censé faire pièce à cette « toute-puissante littérature » ; il en appelle à un *antihumanisme* « vieux comme les prophéties d'Ezéchiel, où l'esprit prophétique réel se propose comme capable seul de mettre fin à toute cette écriture » ; encore un peu plus loin, il parle plus précisément de cet antihumanisme qu'il appelle de ses vœux et qui va, selon lui, « tordre le cou à l'éloquence », et il conclut : « l'antihumanisme fait éclater l'antagonisme de la Loi et de la Liberté qu'on croyait réconciliées ».

Il y aurait beaucoup d'autres textes à citer. Beaucoup d'autres pages, de beaucoup d'autres livres, allant dans le même sens. Mais cet exemple suffit. La succession même de ces deux textes dit tout. Levinas sait le mauvais penchant possible de son inspiration. Il est conscient de ce risque de réduction, de banalisation, d'affadissement. Il voit bien le péril d'un judaïsme pour rien, d'un judaïsme et d'un universel faciles. Il sait que cette tentation humaniste est, pour lui, une tentation terrible. Il le sait comme vous. Comme moi. Il le sait comme les plus féroces pourfendeurs de l'israélisme français. Mais cette tentation, il la conjure. Cette réduction toujours possible de l'universel difficile à l'universel facile, elle est guettée, surveillée, dépassée et, donc, conjurée dans le cœur même de son œuvre. Pas né de la dernière pluie, Levinas. Parfaitement conscient de cet abîme doux entre ses lignes. Et mettant en place les dispositifs qu'il faut pour l'esquiver.

Cela étant dit, esquivé ou pas, l'abîme existe. Quelles que soient les précautions pour se garder de l'humanisme, le risque est pris, et bien pris. Et l'on ne peut pas ne pas poser la question – la toute dernière question – de savoir pourquoi Levinas prend un tel risque, pourquoi il prend le risque énorme de continuer de dire l'universel juif dans la langue de l'universel logique. Le Dit juif n'est-il pas le dire premier ? Ne s'agit-il pas d'une sagesse à nulle autre pareille ? Le Dit juif, sous sa forme non seulement biblique mais talmudique (Levinas, comme vous savez, a toujours beaucoup insisté là-dessus : contrairement à tous les Juifs de la patte blanche et de la honte, il a toujours dit que l'essentiel, le point où l'être-juif se dit vraiment, le point où l'universel concret s'établit, c'est le Talmud, pas la Bible), n'a-t-il pas une grandeur irréductible à tout autre ? Et pourquoi, dans ce cas, avoir pris le risque de banaliser sa force de trouée, de disjonction, de destruction ? Pourquoi cette insistance, dans toute l'œuvre, à traduire ce sensé-ci dans la langue du sensé de l'autre ? Ce geste, chez Levinas, ne témoigne évidemment pas d'un simple abandon à la facilité. C'est un geste constant, délibéré et d'une très grande force. Levinas a voulu ce va-et-vient, ce transcodage d'un sensé dans l'autre, de l'hébraïque dans le logique, du logique dans l'hébraïque. Je repose donc la question : si le risque était tel, pourquoi l'avoir pris ? Pourquoi cette volonté, dite à toutes les pages de l'œuvre, de faire entendre dans la langue grecque des voix que le grec ignorait ?

Je voudrais, sur cette dernière question, vous proposer mon hypothèse.

Vous connaissez les explications classiques, n'est-ce pas ?

Il y a la première explication, qui est, si j'ose dire, le « c'est comme ça ». Lorsqu'on demandait à Kafka s'il était allemand ou juif, lorsqu'on le priait de préciser s'il écrivait en Allemand ou s'il écrivait en juif, il répondait (dans une lettre à Felice Bauer) : je suis un écuyer montant deux chevaux ; c'est comme ça ; c'est ma modalité à moi d'être-là… Comme dirait Joyce : autant, et indifféremment, *Jewgreek* que *Greekjew*. Bon. Dans le cas de Levinas, ce serait une manière de ne pas répondre. S'agissant de Levinas, ce ne serait pas terriblement convaincant.

La deuxième explication qui est parfois donnée, c'est celle-ci : l'universel abstrait a fait faillite, d'accord ; mais il y a un niveau, néanmoins, où il a, qu'on le veuille ou non, triomphé ; et ce niveau, c'est la langue, celle de l'universel, celle dans laquelle l'universel se dit ; en sorte que, si l'on veut se faire entendre, si l'on veut faire entendre la voix de l'universel concret, eh bien il faut en passer par cette langue-là, par la langue de l'universel abstrait – si l'on veut s'adresser aux gens, il faut aller les chercher là où ils sont et leur parler dans la langue qui est la leur, il faut s'adresser à eux dans la langue dominante, c'est-à-dire en grec ; il faut parler grec pour penser juif. Cette deuxième explication a sûrement sa part de vérité. Mais à la réserve près que le judaïsme n'est quand même pas un catholicisme ; qu'un penseur juif, ce n'est pas un apôtre et que son problème n'est pas d'aller chercher ses ouailles pour les convertir ; à cette réserve près que ce n'est pas comme cela, vraiment pas, que cela se passe et que cela marche l'universel par rayonnement, l'universel en intension, l'universel séminal, l'universel dont je parlais tout à l'heure.

Il y a une troisième hypothèse, qui n'est pas la moins intéressante mais qui, à mon avis, ne suffit pas non plus. C'est celle de Derrida, dans « Violence et métaphysique » toujours. Derrida dit que, si Levinas s'est déguisé en Grec, c'est pour approcher le roi et pour, déguisé en Grec, aller dans la gueule, non du loup, mais du roi, l'affronter à la dérobée, secrètement, mine de rien et sur son terrain. Un Levinas déguisé en Esther, et approchant Assuérus. Cette troisième hypothèse est amusante. Elle est assez belle. Mais elle ne me semble pas non plus cadrer avec le Levinas que nous connaissons et que, en tout cas, moi, j'ai connu.

Alors, j'ai une autre hypothèse que je voudrais vous soumettre. C'est l'hypothèse d'un Levinas opérant cette traduction en grec du juif, exprimant l'universel difficile dans la langue de l'universel confus, parce qu'il procède, inconsciemment ou consciemment mais, au fond, plutôt consciemment, à un certain nombre d'opérations que je qualifierai d'opérations militaires et qui sont, par conséquent, et au sens profond du terme, des opérations de pensée. Ces opérations, j'en vois trois. Une opération philosophique ; une opération politique ; et une opération sur le registre de la pensée juive. Et la clef, à mes yeux, est là.

Première opération : l'opération philosophique. Levinas, je l'ai dit tout à l'heure, est le contemporain de Georges Bataille et de l'Ecole de Francfort. Il est le contemporain de gens qui ont produit la philosophie réelle de leur temps, la philosophie la plus lucide, la philosophie la plus yeux ouverts de leur époque, et qui n'ont cessé de se demander si, et comment, on pouvait continuer de philosopher après la catastrophe d'Auschwitz. Est-ce qu'on peut continuer de poétiser après la catastrophe ? demande Adorno. Et de philosopher après les camps ? demande Bataille. A quelles conditions ? A quel prix ? Mon hypothèse, c'est que Levinas répond aussi à la question. Et sa réponse est, à mon avis, la suivante. Oui, on le peut. Mais à une condition, qui est un peu la condition posée, au même moment, par Paul Celan : faire entendre, dans la langue de la philosophie, dans la langue de cette pensée qui n'a pas pu empêcher le pire et qui, dans certains cas, y a conspiré, les voix qu'elle a tues depuis des millénaires et que, à la fin des fins, elle a tenté de rayer purement et simplement du grand registre des paroles. Le génocide ayant été aussi, peut-être d'abord, un judéocide, la tâche de la pensée est de faire entendre, réentendre, les voix têtues, les voix tues et têtues, les voix exterminées et les voix qui ont réchappé d'une extermination qui se voulait sans reste. Levinas ne le dit pas ainsi, pas dans ces termes. Mais je crois que c'est ce qu'il entend. Je crois que c'est ce qu'il a en tête lorsque, avec les « intellectuels juifs » des Colloques, il parle de pardon, d'oubli et de réparation. C'est en tout cas mon hypothèse. Il y a, chez lui, cette volonté philosophique de réparer : pas de punir, bien sûr, de réparer – en faisant entendre ces voix-là dans cette langue-là.

Deuxième opération, l'opération politique. Enfin, je dis politique pour faire vite et parce que le temps presse. Mais c'est un peu cela quand même. Il y a un épisode de la vie de Levinas que vous connaissez tous, que j'ai déjà abondamment commenté ici et auquel j'ai consacré les derniers chapitres de mon *Siècle de Sartre* : c'est le tour que Levinas joue à Sartre à la fin de sa vie ; c'est cette façon qu'il a, à travers la parole et le truchement de Benny Lévy, d'injecter dans la philosophie sartrienne les rudiments, les germes, les bâtons de dynamite qui témoignent de la pensée juive, qui font exploser le système sartrien et qui le mènent à l'orée de l'édification de ce que Sartre lui-même désignait par une expression que n'aime pas Benny Lévy, mais enfin il l'emploie quand même : une « nouvelle philosophie »... Il ne faut pas oublier cela, n'est-ce pas. Il ne faut pas oublier cette opération extraordinaire, avec Benny Lévy allant de l'un à l'autre, de Levinas à Sartre, de Sartre à Levinas, et provoquant cette injection et explosion de grenades levinassiennes dans le système sartrien. Deleuze appelle cela « faire un enfant dans le dos » à un grand intellectuel. Là, c'est plus qu'un enfant. C'est un quasi-nouveau système. Et c'est – voilà où je veux en venir – le modèle de ce qu'il n'a, au fond, lui, Levinas, cessé de faire toute sa vie avec la philosophie. Levinas est quelqu'un dont le désir, le talent, la perversion, la mission, la grandeur, la faiblesse, le sens de la vie et de l'œuvre, appelez cela comme vous voulez, cela n'a pas d'importance, a été d'injecter du juif dans le grec, d'enjuiver le romano-hégélo-logico-etc. et, pour cela, oui, de traduire son Talmud en grec. On est entourés de gens – les néoprogressistes divers et variés – qui déploient une énergie considérable pour injecter du particulier dans l'universel, pour mettre l'universel au rouet du particulier, au rouet de la différence, au rouet de cette différence et de ce particulier que l'Universel veut faire taire ou qu'il veut araser. Vous avez des néophénoménologues qui se donnent un mal de chien – c'est le geste moderne par excellence ! – pour mettre l'universel à la question de la petite différence. Levinas, lui, fait quelque chose de bien plus rare et de bien plus énorme. Il met l'universel au travail de l'universel. Il met l'ancien universel sous la pression de ce nouvel universel qu'est l'universel sous guise juive. Non pas, donc, le particulier contre l'universel. Non pas la revanche du particulier contre le tout-puissant universel. Mais universel contre universel. Soit, très précisément cette fois, ce qu'entend Levinas lorsque, dans ce passage de *L'Au-Delà du verset* que je cite toujours, dans ce texte intitulé « Assimilation et culture nouvelle », il dit, oh pudiquement, bien sûr ! à sa façon de grand Monsieur ironique et humble, d'accord ! mais il dit quand même qu'il entend faire entendre dans la langue de la

Grèce les principes que la Grèce ignorait. Opération, je le répète, de bien plus grande ampleur ! Et dont les conséquences politiques, à mon avis, commencent à peine d'être soupçonnées !

Et puis je crois, enfin, qu'il y a une troisième opération qui explique cette insistance lévinassienne, jamais démentie jusqu'à la fin, à dire le juif en grec. Cette opération, j'ai envie de dire que son champ n'est plus ni celui de l'histoire de la philosophie, ni celui de la scène politique, mais celui de la scène juive proprement dite. Deux choses, à ce sujet. Deux remarques conjointes. Il ne faut pas oublier, d'abord, que transcoder, traduire, dire ceci dans la langue de cela, rapporter l'une à l'autre deux discursivités, cela peut vouloir dire, en effet, les identifier, les fondre l'une dans l'autre, les confondre, les banaliser et donc, en l'espèce, transformer la pensée juive en un minable sous-produit de la pensée des Droits de l'homme ; mais attention ! cela peut vouloir dire, aussi, l'inverse ; cela peut vouloir dire faire saillir les singularités, jaillir les irréductibilités et, en comparant, faire apparaître la série des distinctions entre l'une et l'autre. Rappelez-vous Foucault. *L'Archéologie du savoir*, conclusion du chapitre intitulé « Faits comparatifs ». Foucault y dit que mettre en rapport deux langues, les palimpsestiser et, comme on dit en informatique (sauf qu'on est vingt ans avant les ordinateurs !), comparer des documents et les faire se recouvrir, c'est d'abord, bien sûr, en tout cas en apparence, pointer les régularités et les ressemblances ; mais cela a, aussi, un effet multiplicateur ; cela a aussi pour effet une surproduction et une surmultiplication de sens ; cela a *toujours* pour effet de produire, faire apparaître et jaillir, les arêtes vives. Eh bien, c'est exactement ce qui s'opère dans un texte comme le début d'*Autrement qu'être ou au-delà de l'essence*, dans cette page que vous connaissez tous et où Levinas énumère ces éclairs, ces trouées dans l'histoire de la philosophie classique, qui annoncent sa théorie du Dit et qui font qu'on ne peut pas non plus dire que sa doctrine de l'infini soit complètement étrangère à la philosophie. Levinas évoque, dans cette page, l' « Un sans l'Etre » du Parménide, l'« Infini qui vient à l'Idée » chez Descartes, le principe d'« Unité » chez Kant, ou même, plus étrangement, l'« éclat de rire » du « Surhumain » chez Nietzsche. Levinas, dans cette page qui est une des très belles pages d'*Autrement qu'être*, rapporte tout cela, tous ces éclairs discursifs, tous ces moments de prémonition, à sa théorie de la transcendance du visage, du « me voici », de la pure altérité, de la pure autruité. Il rapporte tout cela à ce qu'il pense, lui, et dont il pense qu'il le pense parce que l'être-juif pense en lui de manière immémorielle. Et s'il fait ce « rapport », c'est pour dire, pour faire ressortir deux choses. La prémonition, sans doute. Mais aussi, par comparaison, comme dirait Foucault, par différence, par soulignement des différences, la force de surgissement, l'absolue nouveauté, l'interruption radicale, qui font que quelque chose, avec lui, Levinas, commence ou recommence vraiment dans le discours, dans la parole, dans la pensée – on ne saurait mieux illustrer qu'en le « comparant », donc en le « traduisant », à quel point le Dire juif est bouleversant, à quel point il est nouveau, à quel point il est révolutionnaire, à quel point il permet de penser vraiment l'universel à nouveaux frais, etc. Traduire, c'est faire ressortir.

Et puis voici ma seconde et toute dernière remarque. Je fais, depuis deux heures, comme si le grand interlocuteur de Levinas comme de Rosenzweig, leur grand adversaire à tous les deux, celui à qui il fallait se mesurer, c'était Hegel, le Système, la *Grande Logique*, la *Phénoménologie de l'esprit* et le reste. D'accord. Sauf que, chez Levinas, il y en a un autre. C'est même en cela qu'il diffère radicalement de Rosenzweig – il y a un autre adversaire, peut-être plus redoutable encore – et c'est Heidegger. Pourquoi Heidegger ? Parce que c'est, pour Levinas, la forme moderne, la forme la plus aboutie, la forme la plus intelligente du paganisme, de ce qu'il appelle le petit sacré, le sacré filtrant à travers les choses, la fusion avec le monde, les bosquets sacrés, le mystère, le numineux, le superstitieux, l'occulte, la parole muette de la forêt, la mythologie de la matrice et du fondement – bref, ce qu'un de ses quasi-contemporains, Sigmund Freud, appelait la « marée noire de l'occultisme » et qu'incarne aussi Heidegger. Mais quel Heidegger ? Heidegger en personne, certes ; mais aussi Heidegger par extension ; Heidegger élargi ; Heidegger d'avant Heidegger ; un Heidegger qui n'a rien à voir avec l'Allemagne ni avec la Grèce, avec aucun des deux « peuples métaphysiques par excellence » ; un Heidegger, autrement dit – et s'il vous plaît, ne sursautez pas – qui aurait même à voir avec la problématique du judaïsme ! Il y a, dans *Difficile Liberté*, un texte qui s'intitule « Heidegger, Gagarine et nous ». Je le cite d'autant plus volontiers que c'est avec lui que j'avais commencé ma première intervention à Jérusalem, lors de la fondation de l'Institut d'études lévinassiennes. Or, ce que dit ce texte c'est que l'ennemi principal, ce à quoi l'être-juif a aujourd'hui affaire, ce dont il a à conjurer la tentation, c'est cet heideggérianisme intime, cet autre nom du paganisme qu'est cette autre forme d'heideggérianisme et qui menace la pensée juive, qui la travaille de l'intérieur, qui la corrompt. Le danger est aussi dans le judaïsme. Cette tentation-là, la tentation d'imaginer des sources enchantées, des matins du monde, un univers bruissant du divin, une résurrection des idoles, tout cela, c'est comme un heideggérianisme intime, une tentation heideggérienne à l'intérieur du judaïsme, une rechute toujours possible de la pensée juive elle-même dans quelque chose dont le heideggérianisme est, aujourd'hui, le prototype. Et je crois, alors, que le recours grec, la traduction du sensé biblique dans le sensé logique, ce parti pris tenu de rationalité et de lumières, c'est un remède, un antidote – cela correspond à la volonté de réduire, à l'extérieur mais aussi à l'intérieur, chez autrui mais aussi chez soi, dans la gentilité mais aussi dans la pensée juive elle-même, ce risque toujours récurrent, cette menace toujours présente du retour aux sources, du paganisme, de l'occultisme généralisé. Vous avez « Heidegger, Gagarine et nous ». Mais vous avez aussi *Du sacré au saint*. Vous avez les premières pages de

A l'heure des nations. Vous avez, dans le même *A l'heure des nations*, les dernières pages de la lecture talmudique consacrée au Traité *Meguila*, 8b et 9a-9b. Dans tous les cas, c'est très exactement ce qui est dit. Ce risque coextensif à la pensée juive, il faut le réduire, le refroidir, l'annihiler. Et que voulez-vous ? Le grec a tous les défauts. Il faut se garder de ses « chants séducteurs ». Et *Baba Kamma* dit même : « maudit soit l'homme qui a appris à son fils la sagesse grecque ». Mais il a au moins une qualité, qui est d'être (je cite *A l'heure des nations*, page 10 de l'édition Minuit) « une langue transparente, meilleure que tout chant, où la Torah se laisse traduire sans défaut ». Il en a une autre qui est d'être la langue « du beau » et « du vrai », d'avoir la « souplesse », la « sobriété » et la « malice » qui aident à briser « idoles et tyrannies ». Il en a une troisième encore qui revient un peu au même et qui est d'être l'univers de la mesure, du refus du mauvais infini, du refus de l'*apeiron*. Et, quand *Baba Kamma* lance son « maudit soit l'homme qui a appris à son fils la sagesse grecque » (82b), il faut aller un peu plus loin et lire (83a) qu'« il faut distinguer » entre la « sagesse grecque » (objet d'un juste procès) et la « langue grecque » (qui n'est, dit Levinas, qu'ordre, clarté, intelligibilité et, surtout, surtout, prodigieuse capacité à démystifier, démythifier, dépoétiser, démétaphoriser – ce sont les mots même de Levinas célébrant ce « parler patient » qui est « le précieux de notre héritage grec »...). Un peu de grec dans le moteur juif, une flèche grecque dans le carquois juif, cela n'a jamais fait de mal à personne, semble dire Levinas. Et cela n'a jamais fait de mal, surtout, à qui est conscient de la menace de ce sacré filtrant, de ce piège du retour aux sources, de toutes ces sottises qui tournent autour de la transe, de l'enthousiasme, de l'effusion – « ô messages bienvenus de la Grèce ! », s'exclame Levinas, toujours dans *A l'heure des nations* ; « j'appelle grec », continue-t-il, le combat pour surmonter pour « les particularismes locaux du pittoresque ou folklorique ou poétique ou religieux » !. Ce Levinas-là, ce Levinas qui tient à parler grec même quand il parle juif, ce

Levinas qui tient à traduire en grec son dire juif, ce Levinas qui, à la limite, en viendrait presque à jouer une certaine Grèce (celle qui est, comme Jérusalem, parente du visage, de l'humanité des villes, de la technique en général et de la logotechnique en particulier) contre un certain judaïsme (celui, soyons clairs, des Hassidim, de tous ceux qui croient qu'être juif ce n'est pas étudier mais croire, juste croire, et tant pis si cette pure oraison nous éloigne de l'Indicible et nous fait rejoindre, parfois, les dieux visibles des cieux), ce Levinas est encore, et peut-être plus que jamais, le contemporain de Rabbi Haïm de Volozine et du Gaon de Vilna. Il est encore, et peut-être plus que jamais, le contemporain de ces grands prédécesseurs, de ces maîtres absolus qui avaient, eux aussi, comme lui, la sainte terreur du simple, de l'extase, de la loi du cœur contre la loi de l'étude. Il est le continuateur, plus que jamais, de ces gens qui faisaient du maintien des piliers de la parole, du maintien des maisons d'étude, du maintien de la réponse par l'étude à la tentation de l'ignorance et de la transe, le cœur rêvé de la vie juive et la condition sine qua non du maintien du monde dans son être. Il leur apporte son grec. Il leur livre son grand refroidisseur grec. A l'école lituanienne dont il est un membre éminent et qui est son autre vrai contexte – le contexte européen, d'accord ; le contexte français bien sûr ; mais ne jamais oublier ce mouchoir de poche lituanien, qui se tient entre Kovno, Vilna et Volozine, et qui est son troisième contexte, son contexte essentiel, son site d'élection et d'origine – il fait don de ce parler grec dont il a le sentiment qu'il sera un renfort dans le combat commun contre la non-étude, la non-pensée, le triomphe de la platitude gluante et rabougrie, le retour débile au sacré et au mystère. Il ne l'a jamais dit comme cela, bien sûr. La simple hypothèse, ainsi formulée, l'aurait sans doute terrifié. Mais c'est ma conviction. Chez ce vieux monsieur timide et humble qu'était aussi Levinas, la Grèce était une opportunité. C'était une carte dans son jeu. C'était une arme dans son arsenal. Vous avez là un Levinas chef de guerre, continuant la guerre de longue durée menée par ses maîtres d'étude contre la tentation de l'enthousiasme et de l'obscurantisme. Et c'est à ce combat que participait cette arme logique, cette arme de la logique et du logique, à laquelle il recourut toute sa vie.

14

Athènes et Jérusalem, suite[1]

Je veux vous dire, pour commencer, combien j'ai été ému par ce film que nous venons de voir, par ces images, par cette présence physique de Benny Lévy. Je suis familier de ses livres. Je les lis. Je les relis. Mais cette présence du corps et de la voix, cette irruption et cette force du visage, je dois dire que cela m'a impressionné. Je veux vous dire aussi que je me réjouis que cette soirée soit placée sous le signe de la Fondation Benny-Lévy, cette nouvelle institution, cette deuxième institution, disjointe de l'Institut d'études lévinassiennes quoique liée à elle par la mémoire ainsi que par les noms de celles et ceux qui l'animeront et qui animaient déjà l'Institut : vous, cher Gilles Hanus ; René Lévy ; et, naturellement, Léo, la compagne de la vie de Benny, qui est présente, ce soir, parmi nous… Elle existe déjà, cette Fondation, à Jérusalem. Elle naît, aujourd'hui, à Paris. Et je veux vous dire

1. 10 décembre 2006. Soirée de lancement, au Centre Rachi, de la Fondation Benny-Lévy. Conférence prononcée sous le titre « La guerre métaphysique entre Juifs et Grecs ».

combien il me semble important, tant à Jérusalem qu'à Paris, de soutenir son existence : je l'ai soutenue, personnellement, autant que je l'ai pu ; je continuerai de le faire ; et j'espère, du fond du cœur, que vous serez nombreux, très nombreux, à le faire avec moi – vous êtes les premiers amis, à Paris, de cette Fondation dont le but sera de rendre leur chair, leur flamme et, parfois, leur existence aux livres, aux textes, aux paroles de Benny et j'espère que vous serez tous là pour y contribuer…

Alors, ce soir, la question de la guerre métaphysique entre Juifs et Grecs. J'aurais préféré, je ne vous le cache pas, parler hier, avec Jean-Claude Milner et Alain Finkielkraut. C'eût été plus simple que de devoir parler après ces images de Benny. Mais bon. C'était prévu comme cela. Rien à dire. Et puis, et puis… Est-ce que ce n'est pas, aussi, une bonne manière de lui rendre hommage ? Est-ce que ce n'est pas une façon de reprendre au bond une idée, une problématique qui étaient au centre de nos échanges chaque fois que nous nous retrouvions, à Jérusalem ou à Paris ? Cette idée de guerre métaphysique entre Juifs et Grecs, l'idée d'un destin de l'humain moderne qui se jouerait dans le duel de ces deux catégories de l'Etre que sont, pour le dire dans les mots de la tradition, Athènes et Jérusalem, est-ce que là n'est pas le cœur même de ce qui faisait mon interlocution avec Benny ? C'est le thème, en tout cas, que Léo m'a proposé. Et c'est de cela que je vais parler en essayant de le faire comme je l'aurais fait si Benny avait été là, comme je l'aurais fait si nous avions été dans le cadre d'un des séminaires qu'il évoquait, à l'instant, dans le film ; c'est cela que je vais faire – à cette réserve près, à cette réserve essentielle près, que j'aurai hélas le dernier mot car il ne sera plus là pour me répondre.

La vérité, d'ailleurs, c'est que nous n'avions sur cette question pas la même position. Parfois je voyais les choses comme lui. Souvent, je les voyais différemment. Et je dirais presque que c'est ce débat qui était notre vrai débat, celui que nous reprenions, sous une forme ou une autre, mais inlassablement, d'une rencontre à la suivante – et ce, par-delà les débats plus classiques mais, à mon sens, moins décisifs, moins « fracturants », entre judaïsme laïque et religieux, diaspora et montée à Jérusalem, questions politiques, etc. C'est ce fil-là que je vais tenter de reprendre ce soir. C'est cette conversation interrompue à laquelle je veux donner une suite, devant vous, avec vous.

1. Si Benny était là, la première chose que je lui dirais (avec un peu de malignité peut-être – mais c'est le jeu ! ç'aurait été le jeu !) c'est que cette affaire de guerre métaphysique entre Athènes et Jérusalem, cette question de savoir si on est juif ou grec, juif avant d'être grec ou l'inverse, est une affaire juive, bien sûr ; que c'est un vrai et grand débat juif ; que j'en ai moi-même fait, il y a vingt-cinq ans, la question centrale d'un livre qui s'appelait *Le Testament de Dieu* et qui était un livre juif ; mais que c'est une affaire chrétienne tout autant ; et que c'est même, tout bien considéré, une affaire presque plus chrétienne que juive – que c'est une question, en tout cas, que se sont posée les chrétiens avant les juifs et avec une urgence, une fièvre, une nécessité presque plus grandes.

Prenez les débuts de la chrétienté. Prenez les deux ou trois premiers siècles de la chrétienté, quand la chrétienté commence de formuler son canon, à tâtons, dans l'hésitation, en ferraillant contre des hérésies diverses, l'une corrigeant l'autre, la troisième modérant ou, au contraire, exagérant la première avant de se voir condamnée et marginalisée à son tour par une quatrième, et ainsi de suite. Ces hérésies portent sur des questions très variées. Elles portent sur la question des rapports entre l'âme et le corps. Sur la question de la personne du Christ. Sur le mystère de sa naissance, il faudrait dire de son enfantement. Sur l'incarnation. Le Saint-Esprit. La Vierge Marie. Les anges, les saints, l'existence du diable ou des démons. Elles portent sur mille questions. Sauf que la question essentielle, celle qui fait le plus rudement débat, celle qui divise la communauté chrétienne le plus profondément et celle qui donne lieu, du coup, aux affrontements idéologiques et spirituels les plus intenses, à la production des hérésies les plus brutales, les plus « sectaires », les plus acharnées, c'est cette question d'Athènes et de Jérusalem.

D'un côté vous avez des gens comme Tertullien, ce chrétien de Carthage, ce théologien terriblement intransigeant sur la foi et les commandements du christianisme naissant, qui écrit des traités contre les spectacles, des traités contre le paganisme, des traités sur tout un tas de choses, mais dont le grand combat consiste à expliquer que le seul fait de proférer le nom des dieux et des déesses grecs est une souillure pour les lèvres, un blasphème. Tertullien est l'auteur, notamment, d'un traité qui s'intitule *Du manteau*, un traité où il explique que les nouveaux chrétiens se doivent de renoncer à la toge romaine car elle est, en réalité, originairement, une toge grecque. Tertullien est quelqu'un qui fait campagne pour le « pallium » contre la « toge » car il aura pour vertu, le « pallium », de bien distinguer cette nouvelle secte juive qui s'appelle le christianisme. Tertullien est quelqu'un qui, quand il clame : « guerre à la Grèce jusque dans les détails vestimentaires les plus apparemment anodins ! » conclut inévitablement : « entre Athènes et Jérusalem, c'est Jérusalem que je choisis – Jérusalem par défaut mais Jérusalem quand même, Jérusalem sans hésiter. » Cette ligne, la ligne Tertullien, est celle qui dominera jusqu'à, mettons, Luther : lutte contre le paganisme ; traque à tous les résidus d'Athènes ; dire et répéter qu'entre l'héritage d'Athènes et celui de Jérusalem, seul le second est digne d'un vrai chrétien – ligne qui, naturellement, faut-il le préciser ? n'exclut pas le développement d'un antijudaïsme acharné mais, si je puis dire, contenu par cette désignation d'Athènes comme l'ennemi principal…

De l'autre côté, vous avez ceux qui, avec autant de véhémence, autant de force, disent exactement l'inverse. Feu sur l'origine juive du christianisme, disent ceux-là. Tout pour arracher le message christique à sa mauvaise source judaïque. Et tant pis, ou tant mieux, si cet arrachement, ce dessourcement, supposent, à un moment ou à un autre, le passage par Athènes. C'est la thèse, par exemple, d'un chrétien du IIe siècle, originaire de Turquie, qui s'appelle Marcion. C'est la thèse de ce grand hérésiarque, presque cet anti-pape, qui, avant d'être excommunié et mis au ban de l'Eglise, va fonder, plus qu'une hérésie, plus qu'une secte, une véritable Eglise dans l'Eglise avec diocèses, ordinations de prêtres, nouvelle Rome rêvée, etc. Le cœur du marcionisme, en effet, c'est quoi ? C'est de dire : « stop ! on arrête avec les Juifs ! on éradique les racines juives du christianisme ! et, parce qu'il faut bien une tactique, parce qu'on est bien obligé, dans une bataille comme celle-là, de se trouver des alliés, des appuis, on se servira du détour par la Grèce et ses légions morales ! dans le débat Athènes contre Jérusalem, on joue, par conséquent, Athènes. » Alors ce n'est pas toujours Athènes-Athènes, bien sûr. C'est une Athènes qui prend (et qui, au fil des siècles, prendra) des tas de visages, parfois inattendus ou méconnaissables. Marcionistes, les chrétiens qui viendront dire que Jésus était peut-être le fils de Marie mais que, Marie n'ayant pas pu le concevoir avec un Juif, elle a forcément eu une relation coupable avec un légionnaire romain. Marcionistes ces penseurs, ou soi-disant penseurs, qui, aux XVIIIe et XIXe siècles, soutiendront que le Christ est, pour la même raison, le fils d'Odin, dieu germanique bien connu, dont les nazis feront l'usage que vous savez. Marcioniste, Wagner, quand il dit, lui aussi, que le Christ est le fruit des amours de Marie et du légionnaire grec romanisé. Marcioniste, Céline, dans les trois pamphlets antisémites où il explique, lui aussi, que le Christ est un bien trop grand prophète pour pouvoir être le fruit des amours d'un Juif et d'une Juive. Ou même Simone Weil quand, dans *La Source grecque*, elle affirme lourdement que c'est à travers Eschyle, Sophocle, Euripide et Homère, qu'elle est sortie du judaïsme pour entrer dans la foi chrétienne. Marcion c'est l'anti-Tertullien. Marcion c'est le retour de la toge contre le pallium. Tout ça, c'est Marcion.

Alors, évidemment, il y a des positions intermédiaires. Il y a des gens qui tiennent des discours plus nuancés. Dès le début de l'aventure chrétienne, il y a des Pères de l'Eglise, les Cappadociens, c'est-à-dire Basile de Césarée, Grégoire de Nazianze et Grégoire de Nysse, qui ne prennent pas position et soutiennent que le christianisme peut être à la fois l'enfant d'Athènes et de Jérusalem. Il y a, avant eux, Justin, le martyr Justin, qui, dans son *Apologie de la religion chrétienne*, lorsqu'il entreprend de citer les « prophètes » chez qui l'on trouve les premières « semences de vérité » du christianisme, nomme, sur le même plan, Socrate, Platon et Moïse. Il y a Tatien et, surtout, Théophile qui parle de « vol » par les Grecs du *logos spermatikos* qu'il repère, d'abord, chez les Juifs. Il y aurait d'autres cas encore. Mais j'abrège. La première chose que j'aurais dite à Benny, et que je vous dis aujourd'hui, c'est que cette querelle naît incontestablement chez les chrétiens, en terrain chrétien – et ce, au moment où les sages juifs se tiennent dans la tranquillité de l'affirmation d'eux-mêmes, au moment où ils s'en tiennent à la lecture paisible et sereine, à l'étude, au commentaire de la Loi – et où ils le font, éventuellement, en grec. Je vous signale que Philon, par exemple, avait, sur la question, une position plus que complexe. Je vous rappelle que Maimonide, celui qu'on appelait « le second Moïse », ou « l'Aigle de la Synagogue », regardait vers Jérusalem bien sûr, mais pensait tout de même qu'il y a de la vérité à Athènes et dans le génie de la langue grecque. Je répète donc : à l'époque où le Talmud va sa route, où les Juifs méditent et travaillent, sur la Loi naturellement, mais sur l'héritage de la Grèce aussi bien, à l'époque où, en tout cas, ils ne songent nullement à se définir contre Athènes, cette guerre-là, cet affrontement d'Athènes et de Jérusalem, est une guerre intérieure à la chrétienté.

2. La deuxième remarque que je ferai sur ce thème de la guerre métaphysique entre Athènes et Jérusalem concerne le mot de métaphysique et la façon dont il interfère avec cette guerre. « Athènes contre Jérusalem » c'est une affaire théologique, certes, dont le premier théâtre est l'histoire du christia-

nisme. Mais c'est aussi une affaire métaphysique dont le théâtre est celui du déploiement de la philosophie occidentale. Car qu'est-ce, à la fin des fins, que l'histoire de la philosophie occidentale ? Benny (qui demeurait un très brillant philosophe) ne m'aurait pas démenti, me semble-t-il, si je lui avais dit que la philosophie occidentale c'est la victoire du Logos sur la Loi, sa victoire progressive, l'expulsion lente mais sûre du nom juif et de ses prestiges – Athènes qui, comme chez les marcionistes, se débarrasse peu à peu de Jérusalem.

Vous connaissez les étapes, n'est-ce pas ? Nous en parlions souvent, en tout cas, Benny et moi. Ce fut, lors de mon dernier séminaire à Jérusalem, le thème d'une de nos toutes dernières conversations.

Vous avez Spinoza, étape clef de cette guerre antijuive en philosophie : le discrédit qu'il porte sur le judaïsme sa définition du mosaïsme comme un « monothéisme émasculé », le signe négatif dont il affecte l'esprit même du prophétisme, sa façon de nous dire que ce ne sont pas les poètes qu'il veut, lui, comme Platon, chasser de la République, mais les prophètes et l'esprit prophétique, tout cela fait du spinozisme une étape décisive dans cette extension du domaine de la lutte anti-Jérusalem dans la philosophie.

Vous avez Hegel qui, avec la *Phénoménologie de l'esprit*, puis la *Grande Logique*, marque certainement une deuxième étape : la thèse selon laquelle le judaïsme serait une vieillerie promise à une extinction certaine et proche ; l'image d'une pensée juive étrangère à la dialectique de l'esprit absolu et, pour cela, condamnée ; l'idée d'une universalité rationnelle grecque, romaine et chrétienne s'établissant dans l'effacement de la trace juive ; tout cela est bien le signe d'une haine qui ne désarme pas et d'une continuation, quoique par d'autres moyens, de la même guerre de longue durée d'Athènes contre Jérusalem.

Et vous avez enfin la troisième grande étape – il y en a d'autres, naturellement, beaucoup d'autres, mais j'ai choisi d'insister sur ces trois-là – qui est l'assertion heideggérienne selon laquelle le salut de la philosophie passe par un Retour. Oui, un Retour. Il dit bien un Retour. Le même mot, d'une certaine façon la même idée, que le Retour juif. Sauf que ce n'est pas un retour vers le Livre. Ce n'est pas un retour vers la Torah. C'est un retour vers la Grèce, vers la parole du peuple grec, dont Heidegger soutient qu'il fut le « peuple métaphysique par excellence »…

Alors, mettez tout cela bout à bout.

Prenez Spinoza, plus Hegel, plus Heidegger.

Difficile de ne pas se dire que, de Ionie à Iéna, de l'époque grecque finissante jusqu'à Hegel et Heidegger, toute l'histoire de la philosophie occidentale peut s'interpréter comme le choix du logos, c'est-à-dire du mathème, c'est-à-dire de l'universelle intelligibilité, contre ce résidu de nuit, ce reste d'obscurité, que l'on appelle, que ces gens appellent, sans, naturellement, rien y comprendre, « le » judaïsme.

Difficile de se défaire de l'idée que l'universel occidental, celui que construit et promeut la grande philosophie, ressemble à l'Empire romain, c'est-à-dire à la bonne et belle idée qu'est la citoyenneté universelle, au concept magnifique qui fait qu'on est le même citoyen du nord de l'Europe aux rivages méditerranéens – mais qu'il y a, et dans l'Empire réel et dans celui de l'Esprit, une exception, un moins que citoyen, un pas-citoyen-du-tout, un exclu de l'Empire universel (sauf à s'universaliser soi-même, naturellement ; sauf à devenir le porte-drapeau ou le nom d'un autre Universel, d'un meilleur Universel – je vais y venir) et que cet exclu c'est le Un du judaïsme.

Difficile de ne pas conclure, alors, que l'Occident moderne, celui qui va des Stoïciens à Hegel, c'est la foi, la laïcisation de la providence et de la foi – mais attention ! à l'exception de la foi des Juifs ! à l'exception de cette science jugée obscurantiste, décrétée hostile à l'Universel qu'est la science talmudique ! sous condition, autrement dit, d'une occultation méthodique de toutes ces « sources » de la pensée occidentale que sont Philon d'Alexandrie, Judah Halevi, Maimonide, Mendelssohn, Hermann Cohen, Franz Rosenzweig, j'en passe.

Et difficile de ne pas se sentir, du coup, en terrain terriblement familier. Comme si, dans tout cela, dans l'Histoire de la philosophie dans son ensemble, c'était encore et toujours, plus que jamais, cette guerre métaphysique entre les Juifs et les Grecs, entre Jérusalem et Athènes qui était à l'œuvre. Et ce, au bénéfice d'Athènes, au détriment de Jérusalem, comme un ultime et décisif arbitrage spéculatif de l'ancienne querelle théologique entre les disciples de Tertullien et ceux de Marcion.

J'insiste. Cette guerre métaphysique de Jérusalem contre Athènes est l'enjeu de l'âge moderne. L'âge moderne, c'est-à-dire la philosophie réalisée, a pour enjeu plus ou moins déguisé l'effacement, ou la volonté d'effacement, de ce résidu indéfinissable, de plus en plus indéfinissable dans l'esprit des protagonistes, qu'est le résidu juif. Si on entend par marcionisme cette hérésie chrétienne qui dit que le Nouveau Testament doit être arraché à ses racines juives, ce serait donc une lecture possible de l'histoire de la philosophie que d'y voir un lent déploiement du marcionisme, une infinie variation à partir du choix marcioniste, un corps-à-corps inlassable avec un Marcion excommunié dans l'Eglise visible mais continuant son bonhomme de chemin, et triomphant, dans l'Eglise invisible de la philosophie. Et je serais assez tenté de penser (là encore, je me serais accordé avec Benny) que lorsque advient la catastrophe européenne et mondiale qui porte le nom d'Auschwitz, lorsque vient la volonté articulée et formulée, programmatique, d'effacer toute trace non seulement des porteurs du nom juif mais du nom juif lui-même, lorsque arrive le point culminant du judéocide, une part du travail a déjà été accomplie – et qu'elle l'a été par la grâce de Marcion philosophe.

3. Sauf – ce sera ma troisième remarque et ç'aurait été, dans ce dialogue entre un Juif de la Torah et un Juif qui ne l'était pas, dans ce dialogue paradoxal qu'était toujours mon dialogue avec Benny, un point, pour le coup, un peu plus conflictuel –

sauf, oui, que l'opposition n'est pas non plus si tranchée. Prenons, justement, la question, la situation, le cas limite du nazisme. Prenons la question de ce qui s'est passé là, sur la terre européenne et dans la tête de ceux qui s'en sont faits les agents. Est-ce que c'est une affaire qui est réductible au débat d'Athènes et de Jérusalem ? Est-ce que le nazisme est juste une forme folle, particulièrement folle, de marcionisme élargi ? Je ne le crois pas. Je crois que la question est un tout petit peu plus compliquée que cela – je crois que ce dont il s'agit là est, quand même, un peu plus que le point final d'une volonté judéocide ancienne, d'une bataille ultra-balisée, déjà à demi soldée et à demi arbitrée, entre Juifs et Grecs. Pardon, mais prendre au sérieux ce qui s'est passé dans la séquence nazie oblige à dire cela ; penser ou essayer de penser, de façon conséquente, cet événement inouï ou sa part, en tout cas, d'inouï, contraint à aller de l'avant, à donner un tour de plus à la problématique et à complexifier les choses.

C'est vrai, bien sûr, que le nazisme c'est, d'abord, la haine de Jérusalem. C'est vrai que cette haine, la haine de Jérusalem, est la haine principale et, donc, inexpiable, sans réserve, sans délai, sans merci, sans reste. C'est vrai qu'il y a dans le nazisme, en son cœur, cette thématique insistante, qui court à travers tous les textes de tous les idéologues du IIIe Reich, et qui est une des « explications » de la démence de son antisémitisme : le peuple allemand est « le » peuple élu ; le peuple juif se dit, se prétend, lui aussi « le » peuple élu (qu'aucun juif réel n'ait jamais dit les choses ainsi, que le thème de l'élection soit, comme le rappelait Benny avec tant de feu dans le film que nous venons de voir, un thème autrement plus subtil que ne le pensaient ces brutes et ces niais, importe peu au nazisme réel) ; il y a deux peuples élus, donc ; il y a un peuple élu de trop, par conséquent ; comme il ne peut, par définition, y avoir deux peuples élus, il y en a un des deux qui, forcément, nécessairement, doit être effacé de la surface de la terre ; le point de départ du nazisme c'est cela ; c'est cette rivalité dans l'élection ; c'est cette compétition métaphysique ; un peu, mais en bien pire, comme chez les idéologues de la compétition victimaire pour qui il doit y avoir une victime élue et une seule, il y avait chez les nazis l'idée d'un peuple élu et un seul, qui est aussi le peuple universel, et qui ne peut s'affirmer, triompher, s'universaliser qu'à la condition d'effacer de la surface de la terre l'autre postulant au titre – en l'occurrence le peuple du Deutéronome, les porteurs du nom juif, donc le peuple juif lui-même.

C'est un fait. C'est de ce point qu'il faut partir. Et c'est celui, je le répète, dont je partais, il y a trente ans, dans ce *Testament de Dieu* dont je ne renie pas une ligne et qui, partant de ce constat, prenait complètement parti pour Jérusalem contre Athènes.

Sauf que, si je dis que c'est plus compliqué, c'est parce que je ne suis pas sûr non plus que la haine de Jérusalem ait pour corrélat simple, automatique, un ralliement non moins simple et automatique à Athènes.

Ecoutons, déjà, Heidegger. C'est vrai que lui, Heidegger, joue clairement les Grecs contre les Juifs. Mais quels Grecs, exactement ? N'importe quels Grecs ? Eh non. Quand il dit qu'il faut revenir aux Grecs parce qu'ils sont, comme les Allemands, le « peuple métaphysique par excellence » – ou quand il dit, plutôt, que les Allemands sont, parce que « métaphysiques par excellence », un peuple de nouveaux Grecs, il ne parle pas des Grecs « dans leur ensemble ». Tous ceux qui sont familiers du texte heideggérien et, en particulier, de la période terrible de ce qu'il s'obstina, jusqu'à la fin, à appeler sa « grosse bêtise », tous ceux qui, ici, ont au moins le souvenir du « Discours du rectorat » ou des Séminaires sur Hölderlin, savent que les Grecs auxquels il pense ce n'est pas Aristote, ce n'est pas Platon, ce n'est en aucune manière l'auteur du *Phèdre* – ce dialogue dont Benny parlait aussi, tout à l'heure, dans le film, et dont il fut un si merveilleux commentateur. Non. L'auteur du *Phèdre*, pour Heidegger, c'est déjà le commencement de la fin. Il parle un grec qui, à ses yeux, ou plutôt à ses oreilles, est déjà, en quelque sorte, infecté de judaïsme. Il est le contemporain d'un moment où la vérité commence de s'obscurcir, où l'Etre commence de s'oublier et où le peuple métaphysique par excellence a fini de démissionner. En sorte que, quand il dit « les Grecs » ou le « peuple métaphysique par excellence », il pense, non au *demos* de la *République* ou de la *Politique*, il ne pense sûrement pas au Socrate de l'*Apologie* célébré dans les apologies de Justin – il pense au peuple d'Anaximandre et à la pensée de l'*apeiron*, au peuple d'Héraclite et à sa parole prélogocentrique, il pense à ce premier peuple sur lequel n'est pas encore passée la grande machine platonicienne à effacer le devenir et à le réduire, il pense à Thalès de Milet et à sa thèse d'un monde plein de dieux, il pense à la Grèce présocratique, il pense à la Grèce très ancienne et très païenne d'avant ce que l'on a pris l'habitude – mais, selon lui, à tort – d'appeler « la » parole ou « le » miracle grecs. Ce que l'idéologue nazi Martin Heidegger nous apprend dans les textes auxquels je pense, ce qu'il nous révèle dans ces pages où se trouvent entrelacées la plus haute inspiration philosophique et la plus abjecte propagande hitlérienne, c'est, par conséquent, deux choses.

La première, c'est que l'aurore grecque, la vraie, est une aurore qui dure longtemps, très longtemps, en un sens jusqu'au seuil de la modernité – le moment grec, le vrai, celui qui précède la fermeture de l'Etre et son voilement, est une période extraordinairement longue et durable.

Et la seconde chose c'est qu'il y a là un moment qu'il oppose au moment qui a suivi ; une première Grèce en quelque sorte ; une Athènes d'avant Athènes ; une Athènes d'avant ce « Juif de Socrate » (Maurice Clavel) ; une Athènes qui précède, mais nie aussi, disqualifie, l'Athènes de Platon et de la discussion aristotélicienne ou, pire, sophistique ; une Athènes originaire ; une Athènes qui n'est pas vraiment Athènes puisque Héraclite naît à Ephèse, Anaximandre à Milet et que Parménide n'arrive dans le Péloponnèse, à en croire ses biographes, qu'à l'âge de 65 ans, mais une Athènes quand même, une Athènes par extension, une Athènes métaphorique et que, en tout cas, on peut appeler Athènes pour bien l'opposer à Jérusalem ; et une Athènes qui, à ce titre, doit être défendue avec autant d'énergie que l'on met à combattre l'autre. Non pas seulement, donc, Athènes contre Jérusalem, mais Athènes contre Athènes. Athènes contre Jérusalem, si l'on veut, mais aussi, dans le même mouvement, Athènes contre Athènes, contre la mauvaise Athènes, celle de la discussion démocratique, de l'interrogation philosophique, des avocats sur l'agora, de l'appel à la conviction, du discours de Périclès, des *Lois* de Platon et de sa République, de la sage classification, par Aristote, des régimes politiques possibles. Une guerre sur le double front de Jérusalem d'une part et, d'autre part, de cette sale Athènes que Nietzsche appelait (et Heidegger connaissait bien ce Nietzsche-là, il lui a consacré deux livres d'étude et de critique serrées) la Grèce apollinienne, la Grèce de la mesure, la Grèce de la démocratie ou, en tout cas, de ses rudiments, la Grèce de l'agora, la Grèce du débat public – oui, cette Grèce-là, Heidegger et, avant lui comme après lui, les nazis et les prénazis en font un procès radical.

Changeons, maintenant, d'altitude. Descendons de dix crans. Et allons regarder du côté des théoriciens frustes du nazisme – descendons de dix mille crans et allons voir ce qui se passe dans la sous-pensée, criminelle et débile, des sicaires idéologiques de l'hitlérisme. C'est la même chose. Ils en ont, bien sûr, après Jérusalem. Mais ils en ont aussi, comme Heidegger, après Athènes. Et cette « autre certaine Athènes », cette Athènes qu'ils détestent presque autant que Jérusalem, c'est Athènes en tant qu'elle est vraiment devenue Athènes, en tant qu'elle s'est véritablement universalisée comme idéal de citoyenneté démocratique athénienne – c'est Athènes, autrement dit, en tant qu'elle est devenue romaine. Lisez Hitler. Lisez Rosenberg. Lisez de Lagarde et sa *Religion de l'avenir*, un des textes idéologiquement fondateurs de l'antisémitisme nazi. Tous disent : « j'ai un adversaire principal qui est, bien entendu, Jérusalem ; mais j'en ai un autre, presque égal en adversité, presque égal en intensité ; j'ai un second adversaire auquel je voue une haine métaphysique qui n'est pas moins instruite ni construite que la première ; et cet adversaire c'est la latinité, l'esprit latin, cette façon latine, donc impériale, d'araser les différences, de réduire les particularités sacrées, sacrales, païennes, locales, cette façon qu'a eue la latinité de venir recouvrir et forclore les bonnes vieilles religions, notamment, de la bonne vieille Germanie – cet adversaire c'est, encore une fois, l'esprit grec en tant qu'il s'est *latinisé.* » Oui, de Lagarde, par exemple, n'a jamais fait mystère du fait que la latinité, ainsi conçue, lui est presque aussi haïssable que le judaïsme. Ni lui ni les siens n'ont jamais fait mystère du fait que, s'il y a bien une chose qui est haïssable en ce monde c'est, outre l'esprit juif, cet esprit latin qui s'empare de l'esprit grec, qui transforme la démocratie grecque en civitas juridisée romaine et qui, à l'arrivée, est à l'origine du droit public et privé de l'Europe préhitlérienne. Et vous trouvez même des chantres du nazisme pour dire que ce qui caractérisait, par exemple, l'immonde république de Weimar c'est ce triomphe, jusque dans le droit er les institutions, de cet esprit latin honni.

Tout cela est, d'ailleurs, déjà dans la tradition romantique allemande. Déjà, dans son *Discours à la nation allemande*, Fichte disait : « je déteste le français et je trouve qu'il y a beaucoup plus de grandeur dans l'allemand tout simplement parce que, dans le français, il y a trop de latin alors que l'allemand reste fidèle, lui, à la germanité originaire. » Non que, bien sûr, Fichte et Hitler ce soit la même chose. Mais je veux juste dire qu'il y a, dans « l'Idéologie allemande » qui va jusqu'à Hitler ou, au moins, jusqu'à Heidegger, une haine de Jérusalem qui est aussi la haine, tant d'une certaine Grèce, que de ce principe de romanité qui signifie l'extension, l'universalisation aux dimensions de la planète de cette certaine Grèce.

Bref, les choses se compliquent vraiment.

L'enjeu réel, la vraie bataille, c'est Athènes contre Athènes autant qu'Athènes contre Jérusalem.

Ce n'est plus Athènes contre Jérusalem mais, je le répète, une certaine Athènes contre Jérusalem et contre une autre certaine Athènes.

D'ailleurs, et entre parenthèses, songez à la grande polémique philosophique qui fait rage dans les années 1930. Songez à la bataille d'appropriation qui se livre autour de la figure et des textes d'un philosophe dont je viens de prononcer le nom, l'auteur du *Crépuscule des idoles*, d'*Ecce Homo* et de *La Naissance de la tragédie*, Nietzsche. Quelles sont les forces qui s'affrontent ? Les nazis, bien sûr, d'un côté. Mais de l'autre, du côté de ceux qui refusent que Nietzsche soit amalgamé au nazisme, qui refusent le détournement par sa sœur de la théorie de l'Eternel Retour et du Surhomme, il y a un argument très fort (ce n'est pas le seul argument, mais c'est incontestablement le plus fort, ou l'un des plus forts) et c'est l'argument qui, s'appuyant notamment sur l'un des premiers fragments du *Crépuscule des idoles*, rappelle que Nietzsche, bien qu'il ait des problèmes avec la Grèce, a toujours dit que tout ce qu'il sait de bon il le tient des Romains, donc des Grecs. Cette latinité de Nietzsche, cet amour de la Grèce en tant qu'elle s'est latinisée, c'est un os dans la gorge et dans l'entendement du nazisme. Et cela veut bien dire, cela confirme bien, que la question des rapports entre les deux signifiants « grec » et « nazi » est loin de pouvoir se réduire au seul affrontement du bloc « Athènes » contre le bloc « Jérusalem ».

C'est d'ailleurs – autre parenthèse – ce que nous dit la chronique des rapports entre le nazisme et le christianisme et, en particulier, le catholicisme. On entend souvent dire qu'Auschwitz ne serait jamais arrivé si l'Europe n'avait pas été préalablement travaillée, labourée, par un antisémitisme plus ancien qui était l'antisémitisme chrétien. On dit, on répète, que le christianisme et, principalement, le catholicisme ont pavé la voie du nazisme et acclimaté ses énoncés. Eh bien, je ne crois pas cela. Je crois que, si l'on écoute bien ce que dit Paul de Lagarde, ce que dit Rosenberg, ce que dit, par conséquent, le propre ministre de la Conception du monde de Hitler, si l'on entend bien les projets hitlériens de fonder une nouvelle Eglise, une Eglise nationale du Reich, qui ne soit ni l'Eglise juive bien sûr, mais ni l'Eglise catholique davantage, ni vraiment l'Eglise protestante, si l'on prête vraiment l'oreille à ce projet de créer une Eglise qui soit vraiment une Eglise nouvelle, si l'on fait bien attention à cela, alors il faut se résoudre à l'idée que le nazisme n'a été possible, au contraire, que dans une Europe et dans un pays qui avaient été, comme dit Freud, en 1939, dans son dernier livre, son livre testament, *Moïse et le monothéisme*, mal labourés par le christianisme, Freud dit exactement « mal baptisés » – oui, Freud établit que, si le nazisme est arrivé, s'il est arrivé en Allemagne et s'il n'est, sous cette forme, arrivé nulle part ailleurs, ce n'est pas parce que l'Allemagne aurait été gangrenée par un catholicisme antisémite très ancien, mais parce que le catholicisme n'y avait pas fait tout le trajet qu'il avait pu faire ailleurs, parce que l'imprégnation chrétienne et, en particulier, catholique de l'Allemagne a été à la fois trop tardive (en gros, la Réforme et le luthéranisme, c'est-à-dire extrêmement tard), trop partielle (au moment de Luther, seules la rive gauche du Rhin, la Bavière, la Westphalie sont vraiment christianisées) et souvent superficielle (incapable d'arraisonner, éradiquer ou, en tout cas, soumettre, le « petit sacré » païen et préchrétien qui occupait le terrain – incapable de venir à bout, c'est toujours Freud qui parle, du « fond polythéiste et barbare » qui est la vérité de l'Allemagne).

Cela change, évidemment, beaucoup de choses. Cela change, ou devrait changer, déjà, la question politique des alliances. Cela change, ou devrait changer, la perception que les Juifs ont de ce que sont les amis de Jérusalem et de ce que sont ses ennemis. Et puis cela change tout quant au déploiement de cette guerre métaphysique entre Athènes et Jérusalem qui est le sujet de notre rencontre de ce soir. Il est exact de dire qu'elle atteint, cette guerre, son point culminant avec le nazisme. Mais à condition de préciser que le nazisme n'est la défaite de Jérusalem que parce qu'il est aussi la défaite de la version moderne, romaine, catholique, de l'esprit d'Athènes. Tout cela fut assez bien compris par Vatican II. Car Vatican II, comme chacun sait, abolira les références antijudaïques dans le discours catholique. Mais Vatican II – et cela, on le sait beaucoup moins tant on a les yeux fixés (à juste titre, bien sûr !) sur la suppression de la messe en latin et sur la suppression, dans les prières de base, des énoncés antisémites – débarrassera aussi l'Eglise de toute cette part préchrétienne, de toute cette part de romanité qui n'est pas la romanité catholique mais qui est la romanité préchrétienne et dont les nazis pensaient qu'elle avait été étouffée, arasée par la catholicité apostolique et romaine.

Donc c'est mon troisième point : le moment nazi c'est, bien sûr, un épisode – majeur – de la bataille d'Athènes contre Jérusalem. Mais pas dans les termes en noir et blanc où le pensait la tradition philosophique. Pas de la façon dont a commencé d'opérer la tradition du judéocide philosophique que j'évoquais tout à l'heure et qui va de Spinoza à Heidegger et au-delà. Non, Athènes contre Jérusalem et contre Athènes. Athènes contre Jérusalem, toujours Jérusalem – mais aussi contre l'Athènes devenue Rome et venant, à ce titre, au secours de Jérusalem dans sa résistance de longue durée contre l'offensive de l'autre Athènes, de la première Athènes. C'est ainsi.

4. Quatrième remarque, maintenant. Nous sommes après Auschwitz. Or qu'est-ce qui se passe après Auschwitz ? Je veux dire : qu'est-ce qui se passe vraiment, dans l'ordre de la pensée ? Eh bien, ce qui se passe c'est d'abord (je l'évoquais la semaine dernière à la Cité des Récollets, dans le cadre de l'autre institution, l'Institut d'études lévinassiennes) une paralysie de l'intelligence, une peur – « on ne peut plus philosopher après Auschwitz ». C'est aussi, naturellement, un affaiblissement jamais vu de l'esprit de Jérusalem qui a failli perdre définitivement la partie, qui a concrètement perdu six millions de ses porteurs, qui a été effacé de régions entières de l'Europe, qui a été quasi éradiqué, par exemple, d'Allemagne et qui, dans un cas comme celui-là, a bel et bien fait place nette pour que rayonne l'esprit d'Athènes – le mauvais ou le bon, c'est selon. Mais ce qui se passe c'est tout de même aussi, soyons sérieux, que Jérusalem est toujours là. Ce qui se passe c'est qu'Hitler, quelque ravage qu'il ait pu faire, a quand même bien perdu la guerre. Je disais le contraire dans *La Barbarie à visage humain*. Je disais qu'il était « vainqueur de ses vainqueurs » et continuait

de hanter l'Europe. Mais c'était manière de dire. C'était une manière de mettre en garde. Et c'était faire l'impasse, surtout, sur un événement prodigieux dont je ne percevais pas, à l'époque, les signes avant-coureurs et dont j'allais pourtant être, quelques années plus tard, un des témoins – ou acteurs – privilégiés : la prodigieuse résurrection d'un judaïsme surgi des décombres et nous revenant comme, dans la Bible, le reste d'Israël...

Cet événement de pensée, il cristallise autour de trois grands noms.

Celui d'Emmanuel Levinas – le Levinas de *Totalité et Infini*, le Levinas qui prend ses distances avec Heidegger, le Levinas qui devient ce philosophe de la pensée juive, ce penseur d'un Israël conçu comme une catégorie de l'Etre, qui fait trait d'union pour beaucoup de ceux qui sont ici.

Celui de Leo Strauss – Juif allemand, émigré aux Etats-Unis, qui prononce, quelques années après la guerre, une conférence tout à fait essentielle, mémorable et essentielle, dont on a l'impression que le projet même du nazisme, ce projet judéocideur qui est repris, pour partie, de la philosophie occidentale, était de la rendre imprononçable (elle s'intitule, cette conférence, en écho, j'imagine, au *Pourquoi nous sommes encore pieux* de Nietzsche, *Pourquoi nous restons juifs*).

Et puis celui, enfin, de Franz Rosenzweig : il est antérieur, naturellement ; *L'Etoile de la rédemption*, son grand œuvre, fut conçu et écrit bien avant Auschwitz, dans le feu des batailles de la Première Guerre mondiale, en Macédoine ; mais c'est dans les années d'après-Auschwitz que le livre trouve sa caisse de résonance et sa vérité (dans certains cas, dans le cas de la France par exemple, le livre n'est disponible en traduction qu'au début des années 1980, trente-cinq ans donc après Auschwitz – c'est dire !).

Levinas... Leo Strauss... Rosenzweig... Je les rassemble ici, ces trois noms, car ils disent, tous trois, plusieurs choses – ils s'accordent sur trois propositions éminemment modernes, complémentaires, et que je vais essayer de détailler.

Première proposition : Jérusalem n'est pas morte. Jérusalem est atteinte, certes. Jérusalem est touchée. Jérusalem est atrocement affaiblie. Mais Jérusalem, en même temps, n'est pas morte. Et, de cette épreuve où elle a failli mourir mais n'est pas morte, elle sort paradoxalement renforcée. Jérusalem, en d'autres termes, a résisté et cette résistance est, à soi seule, une victoire. Ou mieux : son nom est vivant ; il est, s'accordent à penser Leo Strauss, Levinas et les disciples de Rosenzweig, plus vivant qu'il n'a jamais été ; et le résultat concret de cette vitalité c'est qu'Israël n'est plus ce résidu, cette séquelle, ce vieux bois dont on ne fait plus que des croix, qu'imaginaient, jusqu'à Claudel, les mieux attentionnés de ses amis chrétiens.

Deuxième chose sur laquelle les trois s'accordent : contrairement à ce que pensaient Hegel et la plupart des philosophes traditionnels, Jérusalem n'est pas le nom d'une vague peuplade, persévérant dans un vague être, s'entêtant dans une vocation obsolète et des usages particuliers. C'est un nom universel. C'est un des noms de l'Universel. C'est une métaphore de l'Universel car c'est une métaphore de l'humain. Dit autrement : cette nation qui n'en est pas une, cet « en plus » des soixante-dix nations, ces 600 000 Hébreux qui campent séparés, à part des « vraies » nations, ces parlêtres qui ont fait le choix étrange de « faire » et puis d'« écouter », ils sont un autre nom de l'humain et de sa condition. Rosenzweig le disait déjà de la première à la dernière page de *L'Etoile*. Levinas le répète dans tous les textes (notamment de *Difficile Liberté*) où il évoque l'universalisme d'Israël, l'élection qui n'est pas un droit mais un fardeau, le messianisme comme surcroît d'obligation, l'être-juif comme témoin d'une définition exigeante de l'humain. Leo Strauss, à sa manière, cryptée, passera son temps, jusqu'à sa mort en 1973, à le dire et répéter lui aussi : le nom juif est un nom dont la valeur, la validité, tiennent à ce qu'il dit l'humain et non une catégorie de l'humain.

Et troisième chose enfin sur laquelle les trois s'accordent : non seulement Israël est un autre nom de l'universel, mais c'est le meilleur de tous – non un nom parmi d'autres, mais un meilleur nom que les autres, peut-être le plus riche, le plus fécond, de tous. C'est ce que sous-entend Rosenzweig dans sa métaphore de la vérité qui se scinde, qui se dit en deux voix et en deux voies, la catholique et la juive. C'est ce qu'entend Levinas dans sa réflexion sur un universel séminal, de rayonnement et non de développement, un universel qui vaudrait pour tous mais sans pour autant convertir, sans même s'expliquer, ou alors, oui, en s'expliquant, en s'illustrant – mais, comme dit le prophète, « pour rien », en « plaidant pour rien », en « œuvrant pour le néant ». Quant à Strauss, il a une thèse originale mais qui va dans le même sens et qui consiste à dire que l'Universel juif est un meilleur universel en ce qu'il est un point de vue à partir de quoi on peut voir les failles, les deux failles de l'autre universel, le rival, le mauvais, celui de la romanité grecque et chrétienne. Les deux failles ? C'est d'abord ce que Milner appellera, beaucoup plus tard, le triomphe du quelconque. Et c'est, d'autre part, ce que Levinas nomme, tout de suite, la persistance de l'esprit des bois. Eh bien, c'est ce que montre Jérusalem, selon Leo Strauss. C'est ce qui se voit depuis Jérusalem, explique Leo Strauss. Dites Jérusalem, énonce Strauss, et vous verrez Athènes travaillée, déchirée, minée par ces deux maux : un faux universel, d'une part, qui tourne à la généralité vide, qui technicise les relations entre les humains ; la résurrection, d'autre part, sous le manteau de ce faux universel, du petit sacré, de l'esprit du lieu, du particularisme le plus obtus et le plus étriqué. Pour le dire en termes contemporains, et prendre un exemple très concret : Jérusalem, le point de vue de Jérusalem, c'est ce qui permet de voir un pays comme le nôtre, la France, travaillé par deux forces mauvaises, absolument complémentaires, fonctionnant comme un étau car exprimant les deux volets de cette maladie de l'Universel : le jacobinisme, d'un côté, la matraque de l'universel fabriquant de l'uniforme ; l'esprit local, de l'autre, le populisme des racines, le folklore.

Voilà. C'est cela qui advient après Auschwitz. C'est cette prise de conscience. C'est cette résurrection. Cette revanche.

C'est cette Europe (« vieille » ou « nouvelle », proprement européenne ou devenue américaine, peu importe) qui redevient juive à travers les trois grands noms que j'ai dits et qui, à travers eux, à travers leurs livres, découvre les grandes failles de cet esprit d'Athènes qui se croyait triomphant. C'est ce que je n'avais pas vu à l'époque de *La Barbarie à visage humain* et que je vois aujourd'hui : le triomphe, après la nuit, de l'esprit de Jérusalem. C'est ce qui m'échappait, jusqu'au *Testament de Dieu* compris : ce champ de bataille métaphysique complètement redessiné au bénéfice d'une Jérusalem à la nuque plus raide que jamais – et qui contre-attaque.

5. Cinquième et dernière remarque – et non la moindre. Ce retour à Jérusalem se dit en grec. Ce point que marque Jérusalem dans sa guerre métaphysique contre l'esprit d'Athènes, ce triomphe éclatant, cette revanche, s'énoncent dans une langue qui reste, paradoxalement, celle d'Athènes. La chose pourrait s'énoncer en juif, en hébreu, dans la langue du Sinaï. Il devrait, ce judaïsme qui redresse la tête et qui la redresse non seulement en Israël, non seulement dans la société juive, mais dans les nations en général, il pourrait et devrait trouver ou retrouver les mots qui diraient l'entièreté de sa victoire. Eh bien non. Justement pas. Comme si on évitait le choc frontal. Comme si on jouait délibérément la carte d'une paix de compromis. Et quelle paix, puisqu'elle passe par la langue ! Et quel compromis puisque la chose s'énonce en français, en anglais, en allemand, c'est-à-dire, chaque fois, vous le voyez bien, en grec !

C'est clair chez Rosenzweig, qui se fait un devoir de parler grec, une des langues du grec, c'est-à-dire l'allemand, et qui a, avec l'hébreu, les problèmes que vous savez et qu'il exposera dans sa correspondance avec Scholem.

C'est clair chez Levinas, qui ne cessera de dire que tout le sens de son aventure intellectuelle est de faire entendre dans la langue des Grecs des principes que la Grèce ignorait ou que, dans le meilleur des cas, elle raturait dans une logique de palimpseste.

Et c'est clair, encore, chez Leo Strauss – d'abord, bien sûr, parce qu'il écrit en anglais ; ensuite parce que, dans le texte auquel je faisais allusion tout à l'heure, dans *Pourquoi nous restons juifs*, quand il évoque ce conflit entre Jérusalem et Athènes, c'est pour dire qu'il est en train d'arriver à une sorte de statu quo et même d'alliance ; mais enfin, et surtout, parce que, quand il dit Jérusalem, il pense Israël mais que, quand il dit Athènes, dans le langage codé qui est le sien, il pense Amérique, une Amérique venant en renfort de Jérusalem et devenant son principal allié pour les décennies et même le siècle à venir.

J'insiste. La guerre métaphysique entre les deux ayant été ce qu'elle fut, l'affrontement étant passé par ce sommet d'horreur que nous savons, on aurait pu imaginer une revanche moins clémente – on aurait pu imaginer une revanche de Jérusalem tournant le dos à ces langues de la Grèce qui, depuis des siècles, absurdement, follement, tournant elles-mêmes le dos à leurs propres intérêts et à ceux de leurs peuples, conspirant à leur propre ruine et à leur propre effacement, ont soit ignoré Jérusalem, soit tenté de l'éradiquer.

Alors pourquoi n'est-ce pas le cas ?

Une première explication est qu'ils parlent grec parce que c'est la langue de l'universalité facile ; ils parlent grec, comme Philon d'Alexandrie, pour se faire entendre ; ils parlent grec pour les raisons qui ont fait que les catholiques ont parlé romain et se sont installés à Rome. Pourquoi les premiers chrétiens ont-ils choisi Rome, demande Rosenzweig dans une lettre contemporaine de la publication de *L'Etoile* ? Ils auraient pu choisir Jérusalem à cause du Christ… Telle ville turque à cause de la Vierge Marie… Antioche… Alexandrie… Byzance… Il y avait mille choix possibles plutôt que Rome. Il y avait mille choix meilleurs que Rome qui, en ces débuts de bataille métaphysique, pouvait facilement passer pour la ville prostituée par excellence, la ville du vice, Babel. Mais non. Ils ont, vraiment, voulu Rome. Et Rosenzweig dit que, s'ils ont voulu Rome, si les premiers chrétiens ont choisi Rome, c'est à cause de Pierre, bien sûr ; c'est à cause de Paul, évidemment ; mais c'est, d'abord, parce qu'ils trouvaient, à Rome, une logistique et une syntaxe qui faisaient bien leur affaire. La logistique, c'est celle de l'Empire – et elle sera bien utile quand il s'agira de s'étendre et de convertir. La syntaxe c'est la langue romaine, admirable de précision, bon véhicule de parole et pensée. Eh bien, toutes proportions gardées, c'est la même chose pour les tenants de la pensée juive d'après Auschwitz. Il n'est pas question de conversion, évidemment. Mais, à cette réserve près, à la réserve près de l'apostolat, à la réserve du fait qu'il ne s'agit ni pour un disciple de Rosenzweig, ni pour Strauss, ni pour Levinas, de convertir et de prêcher, choisir la perpétuation du parler grec (c'est-à-dire du parler anglais, français, allemand) c'est choisir le bon porte-voix, la bonne façon de se faire entendre – Levinas le dit, presque en propres termes, dans ses interventions au Colloque des intellectuels juifs de Neher, Fleg et Halpérin ou dans les notes de *Difficile Liberté*…

La deuxième raison, c'est celle que j'évoquais la semaine dernière, aux Récollets. Les trois savaient que Jérusalem a, elle aussi, son mauvais démon, son malin génie, sa menace intime, à savoir la tentation de l'idolâtrie. Les trois savaient que la pensée juive court, elle aussi, comme la grecque, le risque de sombrer dans ce que Levinas appelle l'esprit des bois, la ferveur irrationnelle, le mystère obscur, le goût de la forêt profonde, la mystagogie, etc. – ce sont les mots de Levinas, mais ce pourraient être ceux de Leo Strauss ou de Franz Rosenzweig et ce sont ceux, surtout, des grands et petits prophètes, vitupérant, après et avant l'exil, la tentation permanente de Baal chez les enfants d'Israël. Et je crois donc que là est la deuxième raison, pour Jérusalem, à l'heure où elle reprend l'avantage, de ne pas humilier, de ne pas faire plier, mais, au contraire, de tendre la main à Athènes et de composer avec Athènes. Lorsque Strauss continue de parler grec (c'est-à-dire, je le répète, anglais) c'est une manière, pour lui, d'éviter le judaïsme superstitieux.

Lorsque Rosenzweig continue de parler grec (c'est-à-dire, dans son cas, allemand) c'est pour conserver le meilleur de la rationalité occidentale et socratique. Lorsque Levinas continue de parler grec (c'est-à-dire, dans son cas, français) c'est sa manière de rester fidèle aux commandements de ses maîtres de Vilnius – Rabbi Haïm de Volozine et, bien sûr, le Gaon lui-même – quand ils prônaient un judaïsme fondé sur les lumières de l'étude et non sur les obscurités de l'effusion. Pour tous les trois, composer avec Athènes au moment où, dans la vieille guerre métaphysique, Jérusalem marque un point décisif, c'est une façon de tenir à distance cet esprit de mystère et de transe qui faisait si peur aux sages lituaniens. Parler hébreu et grec, prendre l'hébreu naturellement mais aussi le meilleur du grec et de ses langues profanes, c'est comme une assurance de plus, une assurance redoublée, contre les infiltrations toujours possibles des agents doubles de la pensée des bois.

Et puis je crois enfin – et là, je ne sais pas du tout ce que Benny aurait pensé de cette thèse – que, dans les trois cas, pour l'esprit de Jérusalem tel qu'ils l'incarnent tous les trois, pour leur façon, à tous les trois ou à leurs disciples, de conserver, dans la modernité du XXe puis du XXIe siècle, la langue d'Athènes alors même qu'ils pensent Jérusalem, il y a une dernière explication : une manière de commencer de rayonner, de commencer de parler aux nations, de commencer d'assumer cette vocation pour l'humain, cette façon d'être sans l'être, ce destin métaphorique dont je vous parlais tout à l'heure et dont les trois s'accordent à penser que c'est le cœur de l'existence juive et de sa pensée. Il ne s'agit pas – faut-il le rappeler une dernière fois ? – de « convertir » qui que ce soit au génie du judaïsme. Mais, dans ce nouveau rapport de forces stratégique que nous vivons aujourd'hui, nous sommes à un moment où Jérusalem, pour la première fois, ose en conter à Athènes ; nous sommes à un moment où le rapport de forces a commencé de s'inverser au point que Jérusalem est vraiment en position de faire entendre dans la langue de la Grèce des principes que la Grèce seule n'a pas conçus ; nous sommes à un moment, si vous préférez, où Jérusalem ose vraiment faire entendre, dans le chœur des nations, des vérités, des théorèmes, qui n'existaient pas avant elle et qui n'existeraient pas sans elle ; autrement dit encore, dans la guerre métaphysique dont nous parlons, dans cette paix armée entre Jérusalem et Athènes (Jérusalem n'est pas Athènes ! les Juifs ne sont pas des Grecs et ne le seront jamais ! d'où le fait que je dise « paix armée »), les Juifs en sont au point où ils se permettent de faire entendre aux Grecs un certain nombre de principes auxquels les Grecs, sans cela, auraient continué de ne rien entendre et d'être aveugles ; et ils ne peuvent faire cela qu'en parlant, eux aussi, le grec.

C'est ce qui est arrivé à Sartre, par exemple, dans ses dialogues avec Benny.

Dans *L'Espoir maintenant*, dans ce dialogue entre ce jeune homme qu'était Benny et ce vieil homme en train de devenir un jeune homme qu'était Sartre, c'est exactement ce qui se produit.

Voilà la parole juive qui féconde, enrichit, fait bouger la parole grecque, et le fait sur des points ô combien essentiels.

Voilà une autre façon de penser l'histoire et son rapport à l'Etre, une autre façon de penser l'humain et la question d'autrui, une autre façon de penser la morale et la question de la dette, voilà l'idée d'une dette qui n'a jamais été contractée, qui ne sera jamais acquittée et dont l'acquittement infini est néanmoins le propre de l'humain : tout cela, ce sont des idées juives, venues du judaïsme et qui, dans ce dialogue Sartre-Benny, se disent dans une langue qui n'est évidemment pas la langue de la pensée juive mais le français. Idem pour l'idée, venue dans ce dialogue, d'une histoire messianique qui n'est plus une histoire providentielle…

Même chose pour l'idée d'une histoire messianique qui, dans le texte de Sartre et de Benny, décrète la fin de la fin, la fin de la téléologie, la fin de la fin augustinienne et chrétienne : c'est un message qui, s'il était entendu, bouleverserait, dans le bon sens, les soixante-dix nations (je ne sais plus combien il y a de nations à l'ONU : sûrement plus de soixante-dix ; mais cela ne fait rien – pour moi, ce sont toujours les mêmes soixante-dix plus, donc, la soixante et onzième...) ; or c'est un message qui, lui aussi, vient de Jérusalem ; c'est un apport direct de Levinas et, donc, indirect de Jérusalem ; et ce message juif, archi-juif, est, lui aussi, un message qui se dit en grec.

Même chose, encore, pour la définition de l'humain telle que Levinas la formule après Rosenzweig. Là aussi, la réflexion lévinassienne permet d'ouvrir une brèche dans un champ de bataille où Athènes s'enlisait depuis très longtemps, où elle pataugeait, où elle ne savait, littéralement, pas où elle était : la bataille de l'humanisme et de l'antihumanisme ; la bataille de la philosophie du sujet et de ses fractures modernes ; la guerre, métaphysique pour le coup, de Jacques Lacan contre Descartes, des tenants d'un sujet à l'ancienne seul capable, pensait-on, de fonder les droits de l'homme et des théoriciens d'une subjectivité vide, d'une subjectivité courant d'air ou réduite à ses sous-sols et réputée, pour cela, incapable de soutenir une morale ou une politique dignes de ce nom. Eh oui, le message de Jérusalem tel qu'il est porté par Levinas, son idée d'un sujet déplacé mais pas siphonné, vidé de son être mais tout entier otage d'autrui, permet de régler et d'arbitrer cette bataille-là, permet d'offrir un troisième terme qui intervient dans ce faux débat, fait taire son mauvais vacarme et y introduit, de nouveau, quelques clartés. Une parole juive qui, dite en grec, introduit, à nouveau, un bougé décisif dans le grec.

Ah ! on n'en est plus au temps d'Hermann Cohen, le grand philosophe néokantien juif allemand qui disait aux chrétiens, donc à Athènes : « ne vous inquiétez pas ! ce n'est pas grand-chose, l'esprit juif ! c'est juste un petit plus dans le paysage de l'esprit prussien ! c'est juste une forme exaltée, épurée, des belles vertus allemandes. »

On n'en est plus aux Brunschvicg, Cohen-Salvador et autres israélites français qui disaient, de la même façon, sur le même ton : « pas une affaire, le judaïsme ! pas de quoi fouetter un chat ni déranger le bel ordonnancement de vos cathédrales métaphysiques ! c'est à peine un petit peu mieux que la grande

Révolution française ; c'est un supplément d'âme, une coquetterie, pour des gens qui, rassurez-vous, se sentiront toujours plus proches d'un antisémite français que d'un juif oriental et folklorique. »

Non. On n'en est plus là. Les trois noms que je cite et les quelques noms qui viennent après eux – à commencer par celui que nous célébrons ce soir, celui de Benny Lévy – en disent beaucoup, beaucoup plus que ça. Ils sont tous les trois, tous les quatre, arc-boutés à cette singularité du nom juif, dont ils n'en finissent pas de scruter et de creuser la spécificité magnifique. Et je crois que la caractéristique de la période actuelle c'est, qu'ils le veuillent ou non, qu'ils le disent ou pas – et Benny Lévy, par exemple, ne l'aurait certainement pas dit –, que Jérusalem est en train, depuis Auschwitz, de contribuer au sauvetage, à la rédemption d'Athènes et le fait, du coup, dans sa langue.

Jérusalem était la part obscure de l'Europe gréco-latine. Elle est ce que l'Europe a voulu (et continue peut-être de vouloir – cf. *Les Penchants criminels* de Jean-Claude Milner) humilier et exterminer. Et il est évident que cette bataille, qui n'est pas seulement métaphysique, est loin, hélas, d'être finie. Néanmoins, malgré cela, la Jérusalem que je dis, cette Jérusalem qui s'affirme, ce judaïsme positif et glorieux, ce judaïsme de pensée, ce judaïsme qui n'est plus ni celui d'Hermann Cohen ni celui de Jean-Paul Sartre dans *Réflexions sur la question juive*, ni, encore moins, celui de Raymond Aron dans ses *Mémoires*, ce judaïsme qui tourne le dos à la honte, à la négativité, au ressentiment, à la victimologie, a eu, et a de plus en plus, un rôle absolument capital : à l'Europe hébétée d'après-Auschwitz, à cette Europe qui s'était interdite de pensée et, d'une certaine manière proscrite, la pensée juive a rendu un peu de son honneur et de son esprit.

Les Juifs le savent. Ils savent que ce nouveau rôle leur incombe. Ils savent qu'ils ont cet étrange rendez-vous avec eux-mêmes et avec les nations. Et c'est la dernière raison qui les fait composer avec Athènes. C'est ainsi, moi, en tout cas, que je suis juif.

15

La littérature et l'étude[1]

Le titre de cette conférence, vous avez tous compris d'où il nous vient, n'est-ce pas ? Il vient d'une phrase de Benny Lévy, à la fois très belle et très imprudente, très forte et partiellement fausse, une phrase qu'une part de moi comprend mais qu'une autre part ne peut pas ne pas ressentir comme hostile à ce à quoi je crois – cette phrase c'est : « le juif n'a pas été créé pour faire de la littérature mais pour étudier. » Alors, c'est cette phrase que je vais essayer de commenter. C'est à elle que je vais, que nous allons, tenter de nous mesurer. Un dialogue avec Benny, une fois de plus. Un de ces dialogues posthumes par quoi passe plus que jamais, visiblement, ma méditation sur le judaïsme.

D'abord, ce qui, en moi, peut entendre cette phrase. Elle dit, cette phrase, déjà quatre choses. Et mettons que, sur ces quatre choses, je n'aurais pas été en complet désaccord.

Elle vise une sociologie dont j'ai eu, plus d'une fois, l'occasion de parler avec Benny. Elle vise un ensemble de noms propres dont j'ai souvent dit qu'ils m'étaient à la fois proches et éloignés. Elle vise ces intellectuels pétris de culture et de littérature, mais ignorants du judaïsme, qui constituaient le

1. 30 novembre 2008, séminaire annuel à l'Institut d'études lévinassiennes.

courant dit du franco-judaïsme et dont l'un des plus éminents représentants fut – pour nous en tenir à l'ordre de la pensée – le Léon Brunschvicg auquel il est arrivé à Levinas, dans *Difficile Liberté*, de rendre un certain hommage. C'est quoi le franco-judaïsme ? Ce sont ces juifs qui, en gros, réduisent le judaïsme au message politique de la Révolution française revu et corrigé par Napoléon. Ce sont ces juifs qui croient, et disent, que la Torah n'est rien de plus, ni rien de moins, que l'annonce de la Constitution de 1789 et des Droits de l'homme. Ce sont ces juifs qui vident le judaïsme de sa substance proprement juive et en font une vague particularité, non seulement compatible avec l'esprit national, mais l'annonçant et le préfigurant. Ce dispositif n'est certes pas propre à la France. Et, pour un Léon Brunschvicg, ou un Rothschild, ou même un Raymond Aron, pour un Marc Bloch qui ne cessera, jusqu'au bout, jusqu'au peloton d'exécution, non seulement d'affirmer sa francité, mais d'y voir un accomplissement, le seul accomplissement possible, du judaïsme qui, pourtant, le condamne aux yeux des Allemands et même des Français, vous avez cent cas équivalents en Allemagne, parfois plus tragiques encore et plus inexplicables – à commencer par celui d'Ernst Kantorowicz, biographe de Frédéric II et théoricien des « deux corps du roi », qui est une sorte de double allemand de Bloch et qui, alors que le nazisme s'installe et commence de mettre en œuvre ses lois « raciales », affirme que son appréciation « fondamentalement positive » du « Reich » n'a pas été « ébranlée par les événements récents », et qui attend le tout dernier moment, presque trop tard, pour comprendre ce qui se passe, pour réaliser que la symbiose entre esprit allemand et culture juive est irrémédiablement rompue et pour s'exiler aux Etats-Unis. Mais enfin, vu l'histoire personnelle de Benny, vu sa langue, vu le point de l'histoire de l'Europe d'où il parle, il est clair que le vrai problème est, pour lui, le problème français. Et face à ces juifs français donc, face à ces juifs du minimum juif, face à ces juifs ignorants, étourdis, et que leur étourderie même conduit à l'aveuglement et, dans le cas de Bloch, au martyre, face au judaïsme de l'autre Bloch, celui de Proust et de sa *Recherche du temps perdu*, face au modèle Swann qui est, lui aussi, incroyablement français dans son délire assimilationniste d'avant l'affaire Dreyfus, Benny a un réflexe assez simple qui consiste à dire : « arrêtez avec la littérature ; arrêtez avec ces livres français qui vous ont leurrés et ne vous ont pas protégés ; arrêtez avec ce judaïsme mondain, salonnard, minimal, qui en est le corrélat ; vous n'êtes pas venus au monde pour faire les singes savants chez les Guermantes mais pour étudier. » C'est la première chose que dit Benny. Et une part de moi comprend qu'il le dise.

La thèse vise, ensuite, un dispositif intellectuel qu'a décrit Jean-Claude Milner et qui est le dispositif qui voit le « Juif de savoir » l'emporter sur le « Juif de l'étude ». C'est le même désir, au fond. La même *libido sciendi*. Ce sont les mêmes capteurs, presque les mêmes outils, forgés au long des siècles d'éclosion et d'approfondissement du Talmud – sauf qu'ils se reconvertissent et embraient sur des domaines qui sont ceux des savoirs positifs. Le modèle, c'est Einstein. Ou Marx. Ou, bien sûr, Freud. Ou, moins caricaturaux car ayant gardé un lien avec le judaïsme, se souvenant en quelque sorte de leurs commencement et généalogie juifs, des gens comme Hannah Arendt. Ou, évidemment, Ernst Cassirer qui, certes, n'en parle jamais mais dont les travaux sur la Renaissance ou sur l'*Aufklärung* sont clairement imprégnés de judaïsme. Ou encore Hermann Cohen, auteur, à la fin de sa vie, de la *Religion de la raison tirée des sources du judaïsme* mais auteur aussi, avant cela, d'une série de livres de philosophie pure, fondateur d'un néokantisme qui dominera la philosophie spéculative allemande du début du XXe siècle. Ce sont tous de grands esprits. Ce sont de bons savants et philosophes dont l'apport à la culture mondiale a été incontestable. Mais c'est vrai qu'on peut se demander si cet apport, cette contribution, valait qu'ils fissent l'impasse sur une science juive qui, dans le cas de Cohen par exemple, était réelle. Ou si, plus exactement, et pour en rester au cas de Cohen, il n'y a pas eu beaucoup de temps perdu entre ses essais philosophiques des débuts qui, franchement, ne cassaient pas non plus des briques et ces textes de la fin, beaucoup plus étonnants – quand, contraint de prendre sa retraite de l'université de Marbourg et allant occuper un poste d'enseignant à la Lehranstalt für die Wissensschaft des Judentums de Berlin, il inverse sa perspective en faisant apparaître l'impératif religieux du monothéisme, prôné par les prophètes d'Israël, comme la matrice de l'impératif moral aussi bien que de l'exigence épistémologique. Je ne dis pas que la question se pose toujours. Sur Arendt par exemple ou, plus encore, sur Cassirer, ce n'est pas une question que, personnellement, je me poserais. Et je ne troquerais pas – puisque c'est de cela, au fond, qu'il s'agit – le maître livre du second sur les Lumières et les écrits, même poussifs, de la première sur le totalitarisme contre d'hypothétiques études juives que celle-ci, en tout cas, avec sa haine obsessionnelle du sionisme, avec son « Herzenstakt », son « manque de tact » maladif, était bien incapable de produire. Mais j'entends la question. Je la comprends. Et si je m'attarde une minute encore, en revanche, sur le cas d'Hermann Cohen, si je mets en vis-à-vis sa *Théorie kantienne de l'expérience* de 1831 et ses incroyables *Ecrits juifs* de la fin, je ne peux pas ne pas me demander, en effet, si, dans ce cas-ci, le néokantisme des débuts valait qu'il fît le deuil du reste. Vous connaissez la thèse de Milner, n'est-ce pas ? Tous ces gens visent le savoir absolu. Donc la science de l'Universel. Et ils ne font souvent, les malheureux, qu'assurer le triomphe du quelconque, de ce faux Universel qu'il appelle le quelconque et où les noms, à commencer par le nom juif, deviennent parfaitement indistincts. On part dans l'ivresse de la littérature ou de la philosophie. On est grisé par les livres et leurs capiteux prestiges. Et on trouve, à l'arrivée, le faux Universel, le mauvais Universel, cet Universel que Milner appelle l'Universel facile, et qui est évidemment pathétique. Je comprends cette thèse. Je comprends ce regret.

Ce que dit, troisièmement, Benny c'est qu'il y a une force du texte juif, une puissance, voire une beauté, qu'on ne retrouve quasiment dans aucun autre texte d'aucune autre littérature. Là, je comprends peut-être un peu moins. Mais enfin je vois bien, à nouveau, comment on peut le soutenir. Je vois ce qu'il veut dire quand il parle du Retour comme d'un « virement inattendu de la malédiction en exultation ». Je vois aussi ce qu'il entend quand il dit, après Rosenzweig, qu'il y a une supériorité du texte juif sur tous les autres textes et que cette supériorité tient au fait qu'il n'est pas affecté par l'Histoire, qu'il n'est pas entamé par elle, qu'« aucune péripétie intellectuelle dans le siècle n'affecte le rapport du juif à la révélation ». La position de Benny, là, est un peu l'équivalent, mutatis mutandis, de celle de Platon excluant les poètes de la Cité qu'ils produisent un texte faible, de moindre dignité, et dont le seul effet est d'affadir, refroidir, la brûlure de la vérité. D'accord, dit Platon, pour faire un peu de poésie. D'accord pour s'amuser avec les murs de la caverne. D'accord, même, pour s'attarder un peu sur les tous premiers degrés de l'échelle de la connaissance. Mais pas plus qu'un peu, surtout pas plus, et recours urgent à la *philosophia perennis* dès que commencent les affaires sérieuses ou que l'on veut, en tout cas, qu'elles commencent. Eh bien c'est, un peu, ce que dit Benny. Il sait que Husserl existe. Et Descartes. Et Hegel. Il sait ce qu'il doit à Sartre – y compris, d'ailleurs, dans l'opération de son retour au judaïsme. Et il y a un Benny, en tout cas un certain Benny, qui ne crachait pas sur les monuments de la littérature mondiale (même s'il avait la coquetterie de faire comme si, depuis le point où il se trouvait, tout cela ne comptait plus guère, devenait terriblement frivole et retardait son intelligence du monde et de l'Histoire). Non seulement ce Benny-là sait que tout cela existe, non seulement il ne crache pas dessus, mais il ne renie pas, je crois, les joies qu'il a pu trouver à la lecture de ces textes et ne néglige pas non plus, quoi qu'il en dise, de montrer qu'il les connaît et de donner, c'est un exemple, le plus éblouissant des cours sur le *Phèdre* de Platon. Simplement, il dit qu'ils sont moins grands que d'autres. Il dit qu'entre eux et la Torah ou le Talmud, il n'y a juste pas photo. Il dit : quel bonheur d'accord, mais aussi quel temps perdu, de lire Paul Bourget, Marcel Schwob ou même Marcel Proust quand on a sous la main cette merveille de densité, de puissance, d'intelligence du monde et des êtres, qu'est la lettre juive. Une sorte de platonisme juif. Une doctrine qui pose juste cette question : est-ce qu'il est vraiment raisonnable de s'embêter avec la littérature quand on sait, premièrement, que l'on vit dans un monde dont les poutres sont les lettres et, deuxièmement, que l'on a la chance de disposer du chiffre de ces lettres. Là encore, ce n'est pas mon point de vue. Mais cela me reste intelligible. Je comprends que l'on raisonne ainsi. Je suis assez juif pour entendre cette idée d'un livre, le Livre, où s'est déposée une Voix et qui, non seulement précède les autres livres, mais les embrasse et les englobe.

A propos de Proust, je vais faire un rapprochement qui va peut-être vous surprendre comme il surprenait Benny chaque fois que je le faisais devant lui – mais, plus j'y pense, plus je le prends au sérieux et y crois. Benny, quand il parle comme cela, quand il dit que le juif n'a pas été créé pour faire de la littérature mais pour étudier, quand il dit que la littérature n'est rien de plus qu'une vague propédeutique dont le seul vague mérite est, à condition qu'on ne s'y attarde pas trop longtemps, de nous préparer à la vision de l'Unique, Benny, dans ces moments, parle certes comme Platon. Mais il parle aussi comme Proust parlait de Swann ou, plus exactement, comme la princesse de Guermantes, citée par la duchesse de Montmorency, et disant de Swann que son dreyfusisme l'a détourné de sa vraie vocation qui était de voir et d'entendre, dans la musique de Vinteuil, ou la peinture de Vermeer, ce que d'autres yeux et oreilles sont incapables d'y percevoir. Swann est dreyfusard. Il l'est non moins que son créateur. Il le devient, plus exactement, à la fin de la *Recherche*, c'est-à-dire, en fait, à la veille de sa mort et c'est même là, comme vous savez, que son destin prend une dimension véritablement tragique. Sauf que Swann, selon la princesse de Guermantes, a une autre vocation. Ce Swann dont le nom signifie à la fois le Cygne, le Signe et le Sinaï a mieux à faire que de s'occuper de Dreyfus. Et, à trop s'occuper de Dreyfus, il devient comme une licorne aveugle – aveuglé par la prolifération de discours ou de slogans inutiles, encombré de considérations qui n'ont pas besoin de lui pour s'exprimer puisqu'elles ont Sidonie Verdurin ou le pauvre Saniette. Eh bien Benny, c'est pareil. La comparaison fonctionne à fronts renversés puisque c'est quand il devient juif que Swann, selon Proust, devient aveugle, alors que c'est quand il ne l'est pas encore que l'apprenti juif se condamne, selon Benny, à ne rien comprendre au chiffre du monde. Le judaïsme, si vous préférez, est, chez Benny, ce que la littérature, le goût de Vermeer ou de Vinteuil sont chez le Swann de la *Recherche* ou, plus exactement, selon le narrateur. Mais, à cette réserve – de taille – près, la comparaison fonctionne. A cette réserve – de taille – près, le paradigme est à peu près le même. A cette réserve – de taille – près, vous avez le même dispositif qui élit un discours maître et désigne, face à lui, un discours de distraction ou de divertissement. Cela aussi, je peux l'entendre. Quel que soit mon « dreyfusisme » personnel, quelques goût et pratique que j'aie, dans ma propre vie, de cette version moderne du dreyfusisme que l'on appelle l'« engagement », je peux admettre (et je l'ai souvent dit) qu'un homme qui a des yeux et des oreilles pour voir et entendre chez Vermeer, chez Vinteuil ou chez quiconque leur ressemble, ce que le commun des mortels n'y perçoit pas, perd son précieux temps à répéter, en à peine mieux, ce que sont capables de dire la plupart de ses contemporains. Et, quelque goût que j'aie de la littérature, quelque passion que puisse encore m'inspirer un roman de Flaubert ou Faulkner, quelque usage que j'en aie, ici et maintenant, dans ma vie et mes passions d'homme, je peux comprendre qu'un homme – Benny – puisse penser, lui, à un moment donné de sa vie : « ça va comme ça ; il y a des foules de gens capables de lire Flaubert ; il y a encore plus foule pour découvrir l'amour, ou la mort, ou la joie, quand ils les ont vus décrits dans un beau roman ; mais lire Rachi, recevoir le choc de la Voix, se tenir au lieu vide de la parole donnée, percer le mystère des deux pactes, bref vivre le Talmud, cela est donné à peu, très peu – et je veux bien être au nombre de ces très peu ; tant pis, ou tant mieux, pour moi ; c'est ainsi. »

Voilà le « noyau rationnel » de la phrase Benny ; voilà dans quelle mesure, et jusqu'où, je me sens capable, sinon de le suivre, du moins de l'entendre ; et voilà la première série de choses que j'avais envie de vous dire – et, à travers vous, là où il se trouve, s'il s'y trouve, de lui dire.

Seulement voilà. Si je suis Benny jusqu'ici, je ne peux pas le suivre au-delà. Et cette phrase, je ne pouvais pas y adhérer lui vivant – et ne peux, hélas, toujours pas y adhérer, lui mort. Je vais essayer de vous dire pourquoi. Je vais essayer de vous dire ce qui, dans cette phrase, m'embarrasse et, parfois, me terrifie.

D'abord, j'ai trop bien connu Benny, et j'ai trop connu l'ancien Pierre Victor, pour ne pas entendre dans cette phrase l'écho, savant certes, pieux bien sûr, mais l'écho quand même, d'une rage très ancienne que je n'avais pas acceptée dans sa première formulation et que je ne peux pas accepter davantage dans cette version ultime. Car, au fond… Cette idée que la littérature ne vaut pas une heure de peine, cette idée que la fréquentation des grands massifs de la culture universelle est une perte de temps, est-ce qu'elle est si loin de ce que le très jeune Pierre Victor, à l'époque chef de la Gauche prolétarienne, disait des livres qui l'avaient nourri ? En ce temps-là, ce n'était pas l'étude qu'il opposait à la littérature, c'était la révolution. Et le théorème était que si l'on voulait vraiment faire la révolution, si l'on voulait casser en deux l'histoire du monde et changer l'homme en ce qu'il avait de plus profond, alors il fallait se débarrasser de ces blocs de mémoire pétrifiée, de ces paquets de misère coagulée, de ces fruits amers de la détresse des hommes, qu'étaient les livres. Et le premier Benny, le Benny qui s'appelait encore Pierre Victor, de rejoindre, soit le Freud parlant des livres, dans *Malaise dans la civilisation*, comme les propres « fils du malheur », soit ces premiers jeunes gens en colère que furent, trente ans plus tôt, les Nizan, les Politzer et autres pourfendeurs des « chiens de garde »... Le ton, j'y insiste, n'est pas le même. Ni le choix des mots. Ni le contexte. Ni, surtout, le référent suprême. Mais qu'il y ait l'écho de ça dans la formule qui nous occupe ce soir, qu'il y ait le souffle, le dernier souffle, de cette jeunesse orageuse et démente dans cette idée que les juifs ne seraient pas nés pour faire de la littérature mais pour étudier, comment le nier ? Il y a un texte de Benny où il oppose son rapport à la langue française au rapport de Levinas, et à la même langue française, et aux autres langues européennes. « Ce qui est extraordinaire chez Levinas, dit en substance ce texte, c'est son côté auberge espagnole. C'est le côté asile universel de son cerveau. Il parlait un nombre incroyable de langues. Il pratiquait, non sans talent, toutes les littératures que ces langues avaient produites. Alors que moi... J'ai déjà tellement de mal, moi, avec le français... J'ai eu tellement de mal, et à le faire mien, et ensuite à le briser... Alors, de là à me perdre dans toutes ces satanées littératures... De là à perdre mon temps dans cet inconsistant entrelacs... » Benny feint, bien sûr, dans ce texte, d'« envier » Levinas. Il fait comme si c'était un handicap, un pauvre et misérable handicap, de n'avoir pas le cerveau fait comme l'auberge espagnole lévinassienne. Mais la vérité c'est que Benny le lettré et même l'ultra-lettré, le Benny qui en savait, sur ce chapitre de la littérature, probablement autant que Levinas, Benny le normalien pétri, comme on disait, d'humanités, savait très bien ce qu'il faisait. La vraie de vraie vérité c'est qu'une part de lui ne s'était, réellement, consciemment, jamais réconciliée avec cette affaire littérature et était restée fidèle, jusqu'au bout, à cette jeunesse de feu et de révolte où le premier acte d'ascèse requis du révolutionnaire consistait à « abolir » en soi la « position du savant ». Un Benny en colère. Un Benny, encore une fois, très Paul Nizan. Un Benny dont l'Aden Arabie aurait successivement été le maoïsme, la Yeshiva de Strasbourg, puis la montée à Jérusalem. Je sais que je suis au bord, là, du fameux « de Mao à Moïse » et que Benny détestait ça. Mais je sais aussi que la vie de Benny, comme toute vie, a sa part de rupture, de déchirure, de tournement, mais qu'elle a, aussi, sa part d'esprit de suite. Et je vois là, pardonnez-moi, un exemple de cet esprit de suite.

La deuxième chose que j'entends dans cette sentence – « les juifs ne sont pas nés pour faire de la littérature mais pour étudier » – c'est l'écho de quelqu'un qui a été, pour le coup, extraordinairement proche de Benny, avec qui il a mené une aventure de parole et de pensée tout à fait extraordinaire et dont je ne peux pas ne pas songer qu'il a *aussi* été le contemporain du même Paul Nizan : je veux parler, vous l'avez deviné, de Sartre et du point de vue qu'il a soutenu, quant à la littérature, dans la dernière partie de sa vie. Je résume. L'aventure de parole et de pensée, c'est celle des derniers mois, ou même des dernières années, de la vie de Sartre : cette période dont *Le Nouvel Observateur* donna les « minutes » le jour où, sous le titre *L'Espoir maintenant*, il publia, plusieurs semaines de suite, les conversations de Sartre et de Benny. La contemporanéité avec Nizan, c'est celle dont rend compte la célèbre préface à, justement, *Aden Arabie* où l'on voit la fascination du survivant pour la radicalité, la colère, le refus du compromis et le refus, en particulier, du compromis avec cette vie au rabais qu'est la littérature, de celui qui restera, à jamais, son double foudroyé. Et le point de vue c'est, bien avant Benny, mais bien après que ses deux anciens camarades Nizan et Politzer se sont éteints, celui qui s'inscrit dans un livre – *Les Mots* – que tout le monde s'obstine, depuis un demi-siècle, à voir comme un hommage à la littérature, une déclaration d'amour aux mots, le geste d'un homme qui se résout, au soir de sa vie, à confier son âme, non pas exactement à Dieu, mais à ce Dieu moderne que sont les mots en général et ceux, en particulier, de l'autobiographie, alors que c'est exactement le contraire : toute la thèse de l'ouvrage n'est-elle pas que la littérature est une névrose ? une maladie dont il faut guérir ? une gangrène dont il faut s'opérer ? une absurde et vilaine habitude à laquelle il faut, de toute urgence, dire adieu ? Le XXe siècle a été hanté par cette histoire d'adieu à la littérature. Il y a eu des adieux aux armes, au XXe siècle. Mais il y a aussi eu des adieux aux mots. Et celui-là, l'adieu sartrien, est probablement le plus éclatant, le plus définitif, le plus sans retour de tous – même si, dans le secret, Sartre a continué sans trop le dire, ou en le disant de temps en temps, à travailler à son *Flaubert*… Vous connaissez l'histoire du Nobel refusé de Sartre. Il y a une quantité astronomique de textes qui tentent, depuis des décennies, de percer les raisons de ce refus. L'a-t-il refusé, comme il l'a dit lui-même dans un de ces propos un peu idiots dont il avait parfois le secret, pour se débarrasser des casse-pieds ? Parce que le prix Nobel était un prix « impérialiste » ? Parce qu'il détestait les honneurs et qu'il ne voulait être académisé d'aucune manière ? Sûrement un peu de tout cela. Mais il y avait, à ce refus, une raison plus essentielle. Le Nobel de littérature a été donné au compagnon de pensée de Benny Lévy, au condisciple de Nizan et Politzer, à l'homme qui s'en est toujours voulu d'avoir laissé aux seconds la palme de la colère et qui s'est rattrapé avec le premier, trente ans plus tard – et il lui a été donné à la suite de la publication d'un livre qui s'appelle *Les Mots* et qui est le livre même où s'annonce ce « rattrapage ». Il eût été absurde d'accepter, pour une déclaration de guerre à la littérature, un prix Nobel de littérature. Il eût été idiot de transformer ce livre, pour lequel on lui donnait le Nobel, en un hommage aux mots alors qu'il s'agissait, pour lui, l'auteur, de leur condamnation définitive. Bref, Sartre était un intellectuel admirable. Mais c'était aussi – osons le mot – cette manière de « terroriste » qui a toujours pensé, même dans sa toute première jeunesse, qu'il y a, dans le fait de se vouer au culte de la littérature, quelque chose de l'idéal sacerdotal et de la haine de la vie vilipendés par Nietzsche. Et, dans la position de Benny, dans la sentence « les juifs ne sont pas venus, etc. » je ne peux pas ne pas entendre l'écho de ce geste sartrien qui est, pour moi, le pire geste du sartrisme – je ne peux pas ne pas y retrouver un peu de la voix du vrai Sartre terroriste, bien plus terroriste que celui qui, dans un moment d'égarement, fera l'éloge de la Bande à Baader. Et c'est une autre raison, pour moi, de m'en méfier.

Puisque j'évoque le nom de Sartre, il y a évidemment un troisième écho qui me vient, en répercussion des deux premiers. Les jeunes gens en colère, donc, dont Benny était le chef à la fin des années 60… Leurs ancêtres des années 30 et ce presque vieux monsieur qu'est Sartre et qui tente, sur le tard, de retrouver le sens d'une colère à laquelle il n'a pas su s'ajuster en son temps… Mais il y a un troisième écho, familier pour le coup, et à Benny et, surtout, à Sartre puisque celui-ci en a fait un livre. C'est l'écho d'un poète, d'un immense poète, qui a fait doctrine et religion du fait que la littérature ou ce qui, tout au moins, porte habituellement ce nom est quelque chose dont il faut se débarrasser et que la meilleure façon de s'en débarrasser est de produire un autre livre, un maître livre, un livre unique, le Livre, dont l'éclat fera pâlir celui de tous les livres existants et au culte duquel il convient de se vouer corps et âme. Ce poète c'est Mallarmé. Ce Livre, inachevé, indéfiniment programmé, resté à l'état d'ébauche et de projet, c'est le fameux Livre total autour duquel il tourna toute sa vie, auquel le monde même était censé aboutir et qui était censé, à la fois, produire et porter le secret de ce monde. Et le dispositif, qu'on le veuille ou non, est bien celui-ci : tous les livres du monde contraints de s'effacer et s'effaçant effectivement devant ce Livre sacré, presque saint, ce Livre sans auteur mais surtout sans prix, ce Livre en 24 volumes, presque autant que le Talmud, un peu plus que le commentaire de Rachi, où était censé tenir tout l'or du temps et le sel de la terre. Le point de vue est différent de celui, tant de Sartre que des jeunes gens en colère des années 30. Il disqualifie la littérature, cette fois, au nom d'une haute, très haute idée de la Lettre. Alors que Sartre, par exemple, restait prisonnier d'une conception classique du poème, alors qu'il restait, sur ce point comme sur d'autres, un aristotélicien tenant pour une définition purement formelle de l'œuvre d'art en général et, en particulier, du poème, Mallarmé, lui, en reconnaît la visée spéculative. Il pose qu'il est un lieu de pensée et, même, le lieu de la pensée par excellence. Mais le résultat est le même. Mallarmé c'est l'écrivain qui dit : « les hommes ne sont pas nés pour faire de la littérature, ils sont nés pour que l'un d'entre eux, moi, Stéphane Mallarmé, écrive le Livre absolu et qu'autour de ce Livre, tous, commun des mortels, menu fretin d'humanité, viennent et se pressent pour communier. » Mallarmé commenté par Sartre, lequel a été l'interlocuteur de Benny qui ne peut pas ne pas avoir tout cela en tête à l'instant où il prononce cette phrase, est ce prêtre qui, un peu à la façon de l'empereur chinois dont Borges raconte que, dans le même geste, il brûle la bibliothèque de l'Empire et édifie la Muraille de Chine, Mallarmé, donc, est ce prêcheur qui prononce un ordre d'autodafé moral, imaginaire sans doute, mais également symbolique et, en tout cas, radical. Mallarmé est ce brûleur de livres fastueux, un peu fou, qui sacrifie toute la littérature existante, tout son vain vacarme et babil, sur l'autel du Livre invisible, sans doute impossible, mais dont le rêve occupe sa vie à partir de la mort d'Anatole, son fils, jusqu'à sa propre mort, étouffé par un mouvement de glotte. Alors, à partir de là, que voulez-vous que je vous dise ? Dans cette opposition de l'étude et la littérature, bien sûr qu'il y a l'hommage aux maîtres. Bien sûr, Haïm de Volozine. Bien sûr, le Gaon de Vilna. Bien sûr, le Midrash. Bien sûr… Bien sûr… Mais, dans la bouche ou sous la plume d'un intellectuel de langue française, fabriqué à cette école-là, celle de Sartre commentant Mallarmé, la formule consonne *forcément* avec cette idée mallarméenne et, donc, avec cette manière d'idolâtrie du Livre. Je vous disais tout à l'heure que ce n'était pas sans crainte que je me risquais à répondre, par-delà la mort, à Benny. Eh bien voilà. Je viens de dire idolâtrie. Je viens de prononcer ce mot qui l'aurait, je le sais, fait bondir et qui me fait, moi-même, un peu peur. Mais c'est ainsi. Je pense, très profondément, cela. Je crois qu'il y a toujours et incontestablement cette tentation idolâtre derrière l'idée d'une infinité de livres à la fois présents, solubles et dissous dans le Livre.

Je sais (faut-il le répéter ?) que ceci n'est pas comparable à cela. Je sais (faut-il le préciser ?) que ce qui caractérise le Livre auquel pensait Benny Lévy c'est précisément qu'il ne peut, en principe, pas être objet d'idolâtrie. Je sais (pour être précis) que la vraie grandeur du Talmud tient au fait qu'il est insoluble dans la logique borgésienne de la muraille (qu'elle soit chinoise ou juive) puisqu'il a, lui, non pas des murs mais des haies, l'hébreu dit des « seyag » – ce qui signifie, à la fois, des haies et des passerelles, autrement dit des haies ouvertes sur le monde, des haies qui communiquent avec la parole des maîtres et celle du monde, des haies tantôt se fermant, tantôt glissant sur elles-mêmes, mais jamais ne se clôturant de manière définitive comme autour d'un objet sacré. Qu'est-ce que l'idolâtrie ? La fermeture du texte. Sa clôture. La substitution, définitive, de la muraille chinoise au seyag juif. L'assignation des mots à un sens simple, décidé une fois pour toutes, et dont tels ou tels auraient le secret. Or cette assignation est impossible dans le Talmud. Elle est impensable. La lettre talmudique est, par définition, une lettre ouverte. Par définition, elle est une lettre jamais en repos. J'appelle Talmud, Benny appelle Talmud, tous les juifs, depuis que la Parole s'est tue, puis déposée entre les blancs de la Lettre afin d'y être déchiffrée et interprétée, appellent Talmud cette Lettre intranquille, jamais fixée, qui ressemble, disait Levinas, aux ailes repliées de l'esprit et qui est donc, non seulement l'exact contraire, mais l'exact antidote de cette fixité du sens qui est le commencement de l'idolâtrie. Bref je sais qu'il y a, dans le choix de l'Etude, dans le parti pris de la préférer à toutes les littératures, je sais qu'il y a dans le concept même d'interprétation infinie qui est le concept du Midrash quelque chose qui est comme un vaccin contre la vérité sûre d'elle-même, donc contre le fanatisme, donc contre l'idolâtrie. N'empêche. Il y a, dans la tradition juive, des exemples de relation à la lettre qui, malgré ces garde-fous, malgré ces empêcheurs d'idolâtrer en rond qui sont les maîtres du Talmud, nous ont fait frôler l'idolâtrie. Sans aller jusqu'aux cas extrêmes, sans aller jusqu'aux grands délires sabbatéens et frankistes, je songe à Rabbi Nachman de Breslav et à son *Livre Brûlé* commenté par Marc-Alain Ouaknin. Vous connaissez sa théorie des trois étagères. Vous connaissez l'histoire des étagères deux et trois, chargées de livres dont on souligne le caractère ésotérique (en hébreu « Nistar » ou « Razin ») voire *complètement* ésotérique (Nistar Dénistar ou Razin Dérazin) et qui, pour cela même, sont devenus invisibles. Vous savez que les étagères deux et trois sont, du coup, des étagères vides, complètement vides, puisque les livres qui s'y trouvent sont des livres cachés, ou brûlés – ou non, même pas, des non-livres plutôt, des presque-livres, des livres tellement sacralisés qu'ils se sont effacés, des livres blancs, des livres transparents, des livres qu'il a mieux valu brûler tant le secret qu'ils recelaient était brûlant ou tant le risque était grand de les voir galvauder, ou salir, le nom du Saint-béni-soit-il. On dira ce qu'on voudra. Mais, d'abord, ce livre absent, donné dans sa forme brûlée ou invisible, ressemble quand même, à s'y méprendre, à celui de Mallarmé. Et, ensuite, il y a là, dans cette armature mystique, une définition de la lettre qui, pour reprendre une distinction chère à Levinas, renvoie davantage au sacré qu'au saint et n'est, qu'on le veuille ou non, pas la meilleure manière de résister à la tentation du mystère et de l'idole. Je ne dis pas que Benny ait cédé à cela. Aucun questionnement n'était plus ouvert, aucun n'était plus inlassable, intraitable et inlassable, que son questionnement sur les textes juifs. Mais je dis juste que, dans cette idée d'une disparition locutoire de la littérature au bénéfice du seul objet de l'étude, il y a ce danger-là. Et c'est la dernière raison qui fait que je me méfie de cette position : je m'en méfiais du vivant de Benny ; je m'en méfie d'autant plus, maintenant qu'il n'est plus là – pour la porter, l'incarner et la garder de ces possibles effets pervers dans le piège de quoi il ne serait, lui, certainement jamais tombé.

Bon. Je résume. D'un côté, cette formule est – légitimement – dirigée contre le judaïsme paresseux, minimal, etc., dans lequel se complaisent trop de juifs et qui est un judaïsme de pure proclamation. De l'autre, elle implique – forcément – les fâcheuses et terribles tentations que je viens de dire. Alors, si ceci et cela est vrai, si les deux thèses et conclusions sont valides à leur manière et à la fois, qu'est-ce que j'en conclus ? Eh bien j'en conclus qu'il faut laisser le débat ouvert. J'en conclus qu'il faut, entre littérature et étude, ne surtout jamais choisir. Et cela, derechef, pour plusieurs sortes de raisons.

La première c'est que l'on n'est pas *obligé* de choisir et que l'on peut très bien être juif, vraiment juif, fidèle à la Torah et à ses enseignements, sans tourner pour autant le dos aux littératures nationales et à leurs voix. Le grand exemple, celui qui, en tout cas, aurait pu ébranler Benny puisque c'est sous son signe que nous nous sommes retrouvés, c'est, évidemment, celui de Levinas. Toute la pensée de Levinas est, précisément, que la littérature et l'étude, non contentes d'être compatibles, doivent se nourrir l'une de l'autre. Tout le sens de l'aventure de Levinas, de son aventure intellectuelle s'entend, est, vous le savez comme moi, et Benny le savait encore mille fois mieux que vous et moi, la légitime, nécessaire, passionnante et surtout féconde traduction de l'hébreu dans le grec et, réciproquement, du grec dans l'hébreu – tout son propos fut, toute sa vie, premièrement de faire entendre dans la langue du *logos* des vibrations qui y étaient, en principe, inconcevables et qu'on n'y avait, de fait, jamais conçues ni entendues et, deuxièmement, de faire entrer dans la langue des noms hébreux des formes de rationalité, des types de conceptualité, des catégories de l'entendement qu'elle n'avait jamais produites et qui lui étaient tout aussi étrangères. Ce sont les deux visages de l'œuvre lévinassienne. Ce sont ses deux versants, ésotérique et exotérique. C'est son côté Heidegger et Husserl d'un côté et ce sont, de l'autre, ses lectures talmudiques et commentaires midrachiques. Les juifs sont nés, pensait et disait Levinas, pour faire en sorte que la littérature et l'étude se parlent et s'enrichissent. Ils sont le lieu même, le théâtre incarné et vivant, où les deux langues (pas les mille, non, pas la russe, puis l'allemande, puis la française, et ainsi de suite, mais les deux, juste les deux, la langue de la littérature et la langue de l'étude, la langue du logos et celle de la Loi) sont destinées à se parler, se traduire l'une dans l'autre, se trahir l'une par l'autre, se corrompre. Et encore ! Il faudrait encore affiner ! Car il ne faudrait pas beaucoup pousser Levinas pour lui faire dire (il le dit d'ailleurs, en propres termes, à la toute première page d'*A l'heure des nations*) que cela est vrai, aussi, et à la limite, des autres langues, de toutes les autres, ces soixante-dix langues, mais oui, soixante-dix, dont la tradition talmudique dit qu'il faut avoir la maîtrise pour pouvoir siéger au Sanhédrin et auxquelles Levinas songe, j'imagine, quand il évoque son affaire d'auberge espagnole ! Telle est la thèse, donc, de Levinas. Mais telle est aussi la thèse, bien avant Levinas, de beaucoup d'autres, au moins aussi éminents que lui. L'interlocution entre la littérature et l'étude, entre la philosophie et le Talmud, entre la vérité déduite et la vérité révélée, c'est le propos de Maimonide, alias le nouveau Moïse, dont on ne peut pas dire qu'il soit le prototype du judaïsme paresseux, minimal, timide, adepte de l'universel facile. Les Lumières juives, la Haskala, Moses Mendelssohn, ce sont des intellectuels de langue allemande qui dialoguent avec les wolfiens, qui théorisent sur Leibniz, qui dissertent sur Malebranche ou Descartes, mais ce sont aussi des gens qui, contre une tendance qui commence à devenir dominante, ou qui commence en tout cas à menacer de le devenir, contre le courant qui consiste à dire « cette foutue Loi orale, ces discussions de rabbins, ces vieilleries invraisemblables et extravagantes, ça va comme ça, faut revenir à l'essentiel, à la racine, au tronc, faut revenir, et se tenir, à la Torah écrite », les Lumières juives, dis-je, ce sont des gens qui, contre cette nouvelle version d'une très ancienne hérésie juive, née huit ou neuf siècles plus tôt, qui s'appelle le karaïsme et dont l'article de foi principal est que le Talmud n'est pas si essentiel que ça au judaïsme, que le judaïsme peut s'en passer, qu'il faut même qu'il s'en passe pour en revenir à sa vraie substance, lancent un vrai mouvement de retour vers le Talmud – Moses Mendelssohn, par exemple, rédige peut-être des critiques des poèmes de Frédéric II mais il est aussi celui qui, contre ce néokaraïsme à prétention orthodoxe, hurle : « on ne touche pas au Talmud ! ce qui fait le juif, ce qui le distingue du catholique, c'est précisément le Talmud ! si on ne s'arc-boute pas au Talmud c'est alors qu'on perd le contact avec l'essentiel. » Je pourrais vous donner d'autres exemples. Beaucoup d'autres. Tous vous diraient que ce sont souvent des gens en phase avec la pensée de leur temps qui ont opposé la résistance la plus vive aux tentations hérétiques du judaïsme. Tous vous confirmeraient, non seulement que les deux doivent se parler et que les juifs sont nés pour que les deux – la littérature et l'étude – se parlent, mais que c'est quand elles se parlent qu'elles sont au meilleur d'elles-mêmes et que le judaïsme, en particulier, est le mieux armé contre ce qui prétend l'effacer.

La deuxième (là, je vais parler pour moi et, peut-être, pour moi seul – mais vous me direz, n'est-ce pas ? vous me direz à quel point ce que je vais vous dire vous semble ou non généralisable ?), la deuxième raison c'est que j'ai fini par m'apercevoir que ce qui, pour ce que j'en sais, pour ce que je suis capable d'en lire, m'a toujours le plus fasciné dans le texte biblique et talmudique c'est ce qui, précisément, le fait ressembler au texte littéraire. L'art de la controverse… L'affrontement des points de vue… Ces querelles, ce pilpoul, entre les Maîtres… Ces disputes entre eux, les Maîtres et le Très-Haut… Ou entre les Maîtres vivants et les Maîtres morts… Cette dramaturgie incroyable, ce dialogue incessant, souvent âpre, parfois violent, entre Shammaï et Hillel ; Eliezer et Yehoshua ; Rabbi Nehorai, Rabbi Nathan et Rabbi Meir ; Rabbi Johanan et Rabbi Eliezer ben Pedat ; Abahu et Hiya bar Abba ; Talmid-Hakh et Abahu de Césarée ; Rabbi Avdimi deman Haïfa et Yehoshua ben Levi… Cette intrigue entre le maître (Rabbi Myasa) et le disciple (Nahum Ha-Lavlar)… L'ancien (Ben Zomma) et le cadet (Elazar ben Azaria)… Le père (Rabbi Yossé) et le fils (Rabbi Yichmaël)… Ce faufilage d'une parole qui part de l'un (Chmouel) et se poursuit, en son nom, dans la bouche de l'autre (Rav Yehouda)… Cette élaboration de la loi au terme de discussions épuisantes, presque de tournois… Cet adage selon lequel la jalousie entre les scribes multiplie la science... C'est peut-être de la science. C'est peut-être ce qui fait que l'on appelle l'Etude une « Science du judaïsme ». Mais c'est, surtout, le Talmud même. C'est, vraiment, ce qui distingue le Talmud de toute espèce d'autre texte de type religieux ou para-religieux. C'est même, disait Levinas, ce qui le sépare, par exemple, d'un dispositif comme celui du Zohar. Qu'est-ce qui distingue le Zohar du Talmud, demande Levinas dans une des *Secondes lectures talmudiques* ? C'est que, dans le Zohar, la dispute, l'affrontement des perspectives contradictoires, la mésentente, l'aporie, sont l'objet d'une réprobation silencieuse – ils sont, dit exactement le Zohar, le fait de « l'homme colérique et médisant ». Alors que le Talmud... Le Talmud, *c'est* ce goût de la controverse. Le Talmud *c'est* cette multiplication presque infinie des points de vue, ce déploiement de visions du monde antagoniques, ces jeux de mots, cette dissémination sans trêve, ce récit incessant, unique dans l'histoire du monde et, encore une fois, dans l'histoire des grands récits « spirituels », d'un Sens indéfiniment cerné mais jamais complètement fixé. Le Talmud *c'est* la confrontation des voix des tanaïm, des amoraïm et des gaonim et *c'est* donc, selon Rav Yehiel Epstein, ce talmudiste de la fin du XIXe siècle qui nous a laissé une admirable introduction à *Arouk Hachoulhan,* une lettre qui a la structure d'une symphonie, d'une polyphonie, d'une harmonie (il dit exactement : si tous les « points de vue » expriment « les paroles du Dieu vivant », si, à eux tous, ils « constituent la splendeur de notre sainte Torah » c'est parce qu'ils ont la forme d'un « chant », vraiment d'un « chant », dont la « beauté » vient de la « présence de voix différentes les unes des autres »). Il n'y a pas d'autre cas, voilà le vrai, d'une « religion » qui nous dise que la Vérité, oui, oui, la Vérité, et même la vérité révélée, ne se révèle que dans la controverse. Il n'y a pas d'autre cas d'un discours de cette nature, c'est-à-dire d'un discours « parfait », car « infini », dont on nous dise très clairement (par exemple le Maharal de Prague, au début du *Puits de l'Exil*) que la perfection est tributaire du fait a) que « les Sages » ont « différentes manières de penser » et b) que « chaque chose a nécessairement plusieurs aspects ». Or, osons le dire. Ces « différentes manières de penser », cette vérité « en plusieurs aspects », cette articulation des points de vue en un « chant », un concert de « voix » en symphonie, c'est aussi la définition du roman selon ses meilleurs théoriciens et praticiens. C'est le propre de ce genre dont quelqu'un comme Kundera a admirablement montré que toute l'originalité est de ne jamais tenir de discours qui ne soit hypothétique, incertain, remis en doute et en mouvement au moment même où il est proféré par tel ou tel personnage. C'est toute la théorie de « l'éclairage des personnages » telle qu'elle ressort, par exemple, de *La Plaisanterie* et de son intrigue racontée par quatre personnages – Ludvikl, Jaroslav, Helena et Kotska. C'est, rapportée par Kundera toujours, la « vieille sagesse de Cervantès », son « insaisissable vérité », la « complexité » de cette vérité, son caractère nécessairement « ambigu et relatif », son articulation en « mouvements », en « mesures » plus ou moins longues, son côté « sonate » à la façon de Beethoven ou de Chopin, son côté « chant » – les mots même de la Science du judaïsme ! Et puisque nous portons le deuil d'un de ces Savants, le rabbin Gabriel Holtzberg, assassiné, la semaine dernière, dans l'attentat de Bombay, comment ne pas évoquer la figure d'Abraham Heschel, son maître – ce théologien d'inspiration hassidique, mort au début des années 1970, qui est considéré, aux Etats-Unis, comme l'un des maîtres du XXe siècle juif et dont je viens de découvrir, dans l'éblouissement, la biographie de Maimonide ainsi qu'une série de textes sur Yohanan ben Zakkaï, Isaac Abranavel, ou les Zélotes antiromains des premiers siècles ? Ce disciple du Baal Chem Tov, formé, par ailleurs, à l'université de Berlin à la fin des années 20, familier donc de toutes les grandes figures de la Wissenschaft des Judentums, puis engagé, dans les années 60, aux USA, dans la bataille pour les droits civiques, il faut, si ce n'est pas déjà le cas, que vous vous précipitiez sur ceux de ses textes qui sont disponibles en français : ses aphorismes, métaphores, son goût des assonances, son phrasé, ses rythmes, tout cela est d'un très grand écrivain et d'un écrivain « kundérien » ! Syllogisme : a) le judaïsme c'est le Talmud ; b) la structure textuelle du Talmud est la même que celle de la littérature ; donc c) ce qui fait que je suis juif, c'est ce qui, dans le judaïsme, me rappelle la littérature et s'apparente à la littérature.

Inversement… Oui, l'inverse est également et absolument vrai. Et je dois dire – c'est la troisième raison pour laquelle je me refuse à choisir – que le juif en moi ne se passionne jamais tant pour la littérature que lorsqu'elle a recueilli, conservé, développé, quelque chose de cette mémoire talmudique. J'en ai souvent parlé avec Benny. Je lui en ai donné mille exemples. Je me contenterai, ici, de trois ou quatre évocations rapides. Artaud, bien sûr, avec son impossible théâtre, sa nostalgie de la langue sans trace, sa hantise de la répétition et du souffle. Le Claudel traducteur des Psaumes (à venir, chez Gallimard, une toute nouvelle édition établie par Renée Nantet et Jacques Petit) qui vit l'exercice de la traduction comme une reprise, une prière, un écho vivant et poignant, une incorporation de cette lettre que les prophètes, déjà, mangeaient – alors pourquoi pas lui ? Joyce qui, lorsqu'il fait de l'*Odyssée* d'Homère la source de son *Ulysse*, se garde bien de citer l'autre source, peut-être la plus importante, celle qui est à l'origine de son travail sur les mots, mieux : celle qui programme ce prodigieux travail de fission, fusion, scellement et descellement, concassage, dissolution, des signifiants qui seul doit lui permettre a) de se réveiller du cauchemar de l'Histoire et b) de créer sa langue nouvelle – Joyce, donc, qui se garde bien de nous dire qu'il fonctionne, là, comme les pilpoulistes du Talmud et qu'il tient d'eux, plus ou moins secrètement, son parti pris des lettres, c'est-à-dire, à la lettre, son art de faire parler le blanc des mots, de défaire leurs silences les plus obstinés et de les réagencer dans une musique inouïe ; Joyce dont vous connaissez la phrase magnifique, dans *Ulysse*, sur « les Tables de la Loi gravées dans la langue des hors-la-loi »… Proust, évidemment. Proust dont je n'ai pas besoin de vous rappeler que, quand il vient nous dire qu'il a conçu la *Recherche* – en hébreu, *le Midrash*, *drsh*, qui signifie, littéralement, « exiger » ou « rechercher » – selon un plan qui est celui d'une cathédrale, il prend soin de parler d'une cathédrale qui est elle-même une Bible (cf. sa traduction, à laquelle il consacra tant d'années, de la *Bible d'Amiens* de Ruskin ; cf. la définition de la cathédrale comme « visage du Livre avant le Livre »). Proust dont le Swann ne tombe amoureux d'Odette que parce qu'elle ressemble à la femme de Moïse, Zephora, telle que Botticelli l'a peinte dans la chapelle Sixtine. Proust dont la technique des paperoles oscille, de son propre aveu, entre la technique du couturier cousant une robe et la technique talmudique en ses glissements sémantiques incessants. Proust, enfin, dont Patrick Mimouni a montré comment le nom même de ses personnages, le nom de Swann par exemple, mobilise et, simultanément, démobilise tout un savoir des mots venu en droite ligne de la mémoire, en lui, de l'hébreu et de son annale infinie – et comment, d'une façon plus générale, c'est toute *la Recherche* qui, avec ses jeux d'homonymies, ses allégories, ses paraboles, ses jeux de mots et glissements sémantiques, pourrait presque se lire comme une paraphrase du Talmud. Et puis, plus compliqué, plus bizarre et, d'une certaine façon, scandaleux, le cas de Céline, oui, Louis-Ferdinand Céline, l'anti-Proust, l'écrivain français qui n'a jamais cessé, sa vie durant, de se mesurer à Proust, de batailler avec Proust, de penser qu'il n'avait qu'un adversaire sérieux et que c'était Proust – Céline qui, jusque dans ses pamphlets antisémites, puis jusqu'à *Rigodon* et à telle lettre à Roger Nimier citée par Zagdanski et qui se termine par « Bibliquement vôtre », tient à nous dire qu'il ne respecte au fond, et à part Proust, que la Bible et le Talmud ; que vivre, pour lui, ce n'est rien d'autre que réécrire, citer inlassablement, devenir une citation vivante de la Bible ; ou que, « après la Bible, Racine ou pas, Sophocle ou non, tout est guimauve ». Voilà. C'est ainsi. Séparer l'étude de la littérature, faire comme s'il s'agissait de deux continents étrangers, c'est ne rien comprendre à la première – mais c'est se priver, aussi, du goût, de la saveur, des profondeurs, de la seconde.

Et puis, enfin, j'ai évoqué à plusieurs reprises, et pour cause, le nom et le cas de Sartre. Or il y a le Sartre des *Mots*, le Sartre du « words, words, words » shakespearien, le Sartre qui, je l'ai assez dit, pense que les mots ne sont que des mots, autrement dit rien, presque rien, et rien, en particulier, face à l'intolérable spectacle d'un enfant qui meurt de faim. Mais il y a aussi un autre Sartre, un Sartre pour moi plus proche, plus familier et surtout, je le sais, plus familier, beaucoup plus familier, à mon cher Benny Lévy – il y a le Sartre qui, dans des textes antérieurs aux *Mots*, mais aussi, il faut bien le dire, dans certains passages des *Mots* qui sont comme des lapsus des *Mots*, dit quelque chose de plus intéressant et qui n'a pas pu ne pas ébranler Benny. C'est le Sartre dont Benny a souvent dit qu'il n'avait pas été pour rien dans son retour au judaïsme. C'est le Sartre, et qui lui rend son nom, et en compagnie de qui il découvre Levinas. Or il dit quoi, ce Sartre ? Il dit qu'il est juif. Enfin, quasi juif. Il dit qu'il se sent, qu'il s'est toujours senti, plus proche d'un juif que de tout autre Français. Et il dit que ce judaïsme selon l'esprit, ce judaïsme fantasmé et vertigineux, il a une source très précise : son rapport, justement, aux mots… « Ce qu'il y a de juif en moi », dit-il en substance, c'est sans doute des tas de choses. C'est le protestantisme de ma famille. C'est ma fascination d'athée pour ce *lieu vide* qu'est le temple juif. C'est cette méfiance juive pour le mystère, le ruissellement du petit sacré, etc., qui retrouve forcément mon athéisme. Mais c'est aussi, d'abord, *principalement*, ce rapport aux mots. C'est le fait qu'entre les mots et les choses, c'est toujours les mots que j'ai préférés, c'est parmi eux que j'ai été le plus à l'aise, c'est à travers eux que je me suis constitué et que je suis devenu sujet. Et ce qui, inversement, me sépare de l'autre France, la France noire, celle que j'ai décrite et dans les *Réflexions sur la question juive* mais aussi dans *L'Enfance d'un chef*, c'est ce culte qu'elle a des racines, des terroirs, voire des paysages, en un mot du mystère des choses – c'est ce paganisme larvé dont elle ne s'est, au fond, jamais guérie et contre quoi mon rapport aux mots, mon pari sur la lettre plutôt que sur l'être, m'ont en quelque sorte immunisé. Le judaïsme et les mots… Etre juif par la lettre… Le goût de la littérature comme propédeutique à un être-juif sauvage, mais un être-juif quand même, et un être-juif dont Benny n'a pas toujours médit et à l'endroit duquel j'estime que tous les juifs du monde sont en dette… C'est la preuve par Sartre, pour ainsi dire. Et c'est la dernière raison qui ne me fera, du point de vue juif, jamais renoncer tout à fait à mon amour de la littérature et des livres.

Choisir entre la littérature et l'étude ? Non, et non. Aucune raison. C'est le judaïsme agonisant que le goût de la littérature achève de tuer. C'est la pensée faible dans le judaïsme que la pratique des grands auteurs affaiblit, dévitalise encore davantage. Un judaïsme sûr de lui, une Etude sûre d'elle-même, une pratique de la Torah branchée sur ses sources et sur son souffle, n'ont rien à craindre, bien au contraire, du frottement avec les Savoirs profanes et donc, aussi, avec la littérature. Benny lui-même ne craignait rien. Il était fait de toutes les sortes de lettres – et, à l'évidence, ne craignait rien.

16

L'étrange expérience de la souveraineté juive[1]

Quelle joie de succéder, à cette tribune, à Paul Berman qui est l'un des intellectuels, dans ce pays, pour lesquels j'ai le plus de considération et avec qui j'ai les affinités les plus vives.

1. New York, Yivo Institute for Jewish Research, 6 avril 2008.

Et quelle chance de le faire ici, en ce lieu, sous les auspices de votre prestigieuse institution et, de surcroît, aujourd'hui, en ce moment si important puisque c'est celui, nous le savons tous, du soixantième anniversaire de la naissance d'Israël.

C'est en pensant à cela, je suppose, que vous m'avez proposé de placer notre séance sous ce titre, au premier abord énigmatique : « L'étrange expérience de la souveraineté juive ».

Je vais donc essayer de vous parler de la situation d'Israël aujourd'hui et de l'état, tel que je le vois, de la démocratie israélienne en cette heure, très émouvante, de son soixantième anniversaire.

Et je vais le faire en empruntant plusieurs détours qui, tous, me sont suggérés par le thème que vous m'avez proposé : l'étrange expérience, donc, de la souveraineté telle que l'a vécue le peuple juif et dont l'Israël d'aujourd'hui est, forcément, l'héritier.

1. Vous connaissez la question de Spinoza : d'où vient que ce peuple, le peuple juif, ait survécu en ne s'appuyant ni sur une langue, ni sur un sol, ni, surtout, sur un Etat ?

Vous connaissez les pages de Hegel expliquant qu'il n'y a pas de réponse à cette question : un peuple qui n'a ni su ni voulu se doter d'aucun de ces attributs de la souveraineté traditionnelle est condamné, qu'il le veuille ou non, à terme, à disparaître.

Et vous connaissez enfin la réponse donnée, non seulement par la tradition, mais par la modernité juives à ces questions : si nous n'avons aucun de ces attributs, si l'exil nous a séparés de notre terre, de notre langue, de notre Etat, nous avons quelque chose qui a tenu lieu de tout cela, qui nous a permis de rester nous-mêmes, qui continuera, plus que jamais, à nous permettre de rester nous-mêmes – et qui s'appelle l'étude.

Ce que l'on sait moins, en revanche, c'est que si le peuple juif a fait ce choix de l'étude contre celui de la terre, de la langue et de l'Etat, s'il a si longtemps renoncé à l'idée de souveraineté telle que l'entendent, traditionnellement, les nations, ce n'est pas seulement sous la contrainte, parce qu'on ne lui aurait pas laissé le choix et qu'il se serait rabattu sur ce qu'on lui abandonnait, mais c'est aussi *par choix* et *par destin*.

Oui, c'est de cela que je veux partir.

On vit dans l'idée d'un peuple juif qui aurait été forcé à sortir de l'Histoire et à quitter sa terre du seul fait de la persécution et des pogroms.

On tient pour acquis que, si Israël a été si longtemps séparé de lui-même et de sa souveraineté perdue, c'est contre son gré et du fait de la méchanceté des Nations.

Alors que, dans la réalité, cette séparation résulte en grande partie – pas seulement bien sûr, mais en grande partie – d'une volonté obscure quoique assez nettement exprimée.

A.B. Yehoshua a consacré à ce paradoxe un essai absolument essentiel.

Lorsque Cyrus, rappelle-t-il, libère les juifs prisonniers de Nabuchodonosor et les autorise, vers 586 avant J.-C., à revenir sur la terre de leurs ancêtres pour y reconstruire leur temple, tous les témoignages le disent et les maîtres l'attestent : ils furent peu nombreux à profiter de l'aubaine ; et l'immense majorité fortifia, comme disait Jérémie, sa « position en exil ».

Lorsque, après la destruction du second Temple et l'incendie, en 70 après J.-C., d'une Jérusalem observée quasi à la jumelle, depuis le mont Scopus, par un Titus en joie, les Anciens, les prêtres et les habitants quittent, pour la seconde fois, la ville en flammes, tous les historiens sont, là aussi, formels : aussi douloureux que soit ce nouvel exil, aussi tragique qu'aient été ses circonstances ainsi que l'état de désarroi où il laissa ses victimes, ni celles-ci ni leurs descendants ne firent tellement d'efforts pour retourner à leur patrie perdue.

Lorsque cela se corse en Europe et, en particulier, en Espagne, lorsque ces femmes et ces hommes qui ont fait la gloire de Grenade et de Cordoue, qui y ont trouvé un point d'enracinement et un havre, qui peuvent y honorer leur Dieu ouvertement et en pleine liberté, en sont brutalement expulsés par Isabelle la Catholique, où vont-ils ? En Egypte, note encore Yehoshua. En Irak. En Europe centrale et orientale. Au Maroc. En Algérie. Mais ils sont bizarrement peu nombreux, de nouveau, à prendre le chemin de cette ville dont ils disent qu'elle est leur ville mais où, pourtant, ils ne vont pas : Jérusalem.

Mieux encore. Lorsque la puissance impériale, par la voix de Lord Balfour, annonce la création d'un foyer juif en Palestine et invite donc les juifs, non seulement à s'y rendre, mais à s'y sentir chez eux, les années passent ; un petit mouvement se fait ; on va jusqu'à construire une université magnifique, l'Université hébraïque de Jérusalem, qui sera l'université de Scholem, de Magnes et de tant d'autres ; mais, quand on regarde les chiffres, on s'aperçoit que, sur les dix ou douze millions de juifs que compte alors la planète, ils ne sont qu'une vingtaine de milliers, je dis bien une vingtaine de *milliers*, à le faire et à suivre le chemin prescrit.

Et je ne parle même pas des années terribles de la montée du nazisme où il est clair que l'Europe devient un lieu inhabitable pour les juifs ; où il est évident qu'il se prépare une catastrophe d'une tout autre ampleur que les pogroms traditionnels ; où quiconque a des yeux pour voir et des oreilles pour entendre est bien forcé d'admettre qu'une extermination sans équivalent dans l'histoire de l'humanité est en cours ; et où ils sont si étrangement nombreux, en Allemagne et en Europe, à ne pas vouloir concevoir ni, surtout, imaginer la chose – et à ne même pas envisager, du coup, d'aller dans le seul endroit du monde où ils auraient été, un peu, en sécurité.

Cas d'Ernst Kantorowicz en Allemagne.

Cas, non moins pathétique, de Marc Bloch en France.

Tous ces grands judéo-allemands, tous ces grands israélites français, incapables de se figurer la force du mal qui s'annonce.

Tous ces gens, pas forcément des intellectuels, qui ont sous les yeux les premiers ravages de l'hitlérisme : mais si puissante est leur foi, tantôt dans l'idée allemande, tantôt dans l'idée nationale française, que la perspective même de la voir divorcer d'avec l'idée juive, l'hypothèse selon laquelle pourrait venir à se défaire le pacte séculaire entre les deux idées, leur est rigoureusement impensable – Scholem a tout dit dans la page de *De Berlin à Jérusalem* où il décrit « ce phénomène d'automystification dont la découverte fut l'une des expériences les plus décisives » de sa jeunesse, puis, un an plus tard, dans une page de *A propos de la psychologie sociale des Juifs d'Allemagne entre 1900 et 1930* où il décrit ce terrible « leurre sur soi-même » qui mena tant de juifs allemands au quasi-suicide et dont la conscience précipita, à l'inverse, sa conversion au sionisme.

Et, surtout, si tenace est cette relation paradoxale à l'idée de souveraineté que peu, très peu, font comme Gershom Scholem et prennent le chemin qui les sauverait et qui est le chemin du « Yichouv » : nous sommes en 1933 ou 1934 ; et il n'y a encore, en Israël, qu'un nombre ridiculement faible de juifs ; 100 000 ; peut-être 200 000 ; ce qui, rapporté à la population juive dans le monde, est un nombre ridiculement faible.

Alors, bien sûr, le peuple juif a rêvé de Jérusalem.

Bien sûr, dans toutes les synagogues d'Europe et d'ailleurs, pas un jour n'a passé sans que monte au ciel la prière de se retrouver, un jour, dans la Ville sainte.

Bien sûr, on ne cesse de psalmodier, dans toutes les maisons de prière, qu'il n'y a pas de commandement plus saint et que celui qui s'y dérobe verra sa main droite se dessécher et tomber en poussière.

Mais la réalité est que, si on le dit, on ne le fait pas et que les juifs font des efforts colossaux pour s'intégrer dans leurs patries d'exil ; prennent des risques énormes pour aller d'une terre à une autre, d'une patrie d'adoption à la suivante, au gré des pogroms et des persécutions ; qu'ils cherchent sans se lasser des séjours où ils seraient un peu mieux acceptés, ou un peu moins violemment rejetés ; mais que très très peu songent que la meilleure des solutions, la plus sûre, est peut-être, tout simplement, de retourner en Israël.

Au début du XIXe siècle, je le répète, seuls cinq mille des deux millions et demi de juifs, habitent Israël

En 1921, trente mille

En 1930, cent mille, sur quinze millions.

Et, au moment de la Shoah... Je préfère ne pas penser au nombre de juifs qui auraient été épargnés si le monde juif n'avait nourri cette relation d'ambivalence à l'endroit de cette terre et de cette souveraineté perdues.

C'est la réalité.

Et c'est de cette réalité qu'il faut partir.

2. Si on regarde maintenant, non plus la réalité des choses et les chiffres, mais les penseurs, les grands penseurs, le tableau est identique.

Je cite dans le désordre.

Les orthodoxes comme Samson Raphael Hirsch qui consacre les dernières années de sa vie à la fondation d'une « association de communautés juives indépendantes » profondément hostile au sionisme politique – « durant le règne d'Hadrien, écrit Hirsch, lorsque l'insurrection menée par Bar Kochba se révéla être une erreur désastreuse, il devint essentiel qu'on rappelle au peuple juif un fait important, essentiel, à savoir que le peuple d'Israël ne devrait plus jamais tenter de restaurer son indépendance nationale ; il devait confier son futur en tant que nation à la seule Divine Providence. »

Les rabbins de l'Agoudat Israël, ces grands esprits, parfois ces vrais intellectuels, qui tarderont à se rallier à la cause d'Israël ; qui préféreront même, un moment, collaborer avec les Arabes pour faire échec au sionisme naissant ; et qui, lorsque, pour certains d'entre eux, ils se rendront à l'évidence, le feront de mauvais gré, sans enthousiasme.

La gauche, évidemment ; toute la part de la gauche qui ne jure que par la révolution et ne parvient à voir dans le sionisme qu'une resucée, à la mode juive, de la sale idéologie nationaliste.

Ces autres juifs de gauche, pas révolutionnaires, juste éclairés, fils des Lumières, modérés, qui ne veulent, à aucun prix, briser le compromis noué, non sans peine, et au fil des siècles, dans la nation d'accueil.

Maimonide, dit « le second Moïse », qui, non content de fortifier, lui aussi, sa position en exil, non content de passer l'essentiel de sa vie au Maroc, puis en Egypte, alors qu'il lui aurait été si facile de partir en Palestine où le régime de la « dhimmitude » était tout de même moins rigoureux, est l'auteur de cette sentence ahurissante dans la bouche de quelqu'un qui a voué son existence à donner, de la Torah, les plus féconds, profonds, puissants, des commentaires : « la loi qui s'applique à chacun est la loi du pays où il vit ».

Ou encore, à l'autre bout, au début de l'âge moderne, un penseur, peut-être le plus grand, qui s'appelle Franz Rosenzweig et qui écrit tout un livre (et quel livre ! un chef-d'œuvre ! son chef-d'œuvre ! le chef-d'œuvre de la pensée juive au XXe siècle ! l'équivalent des commentaires de Rachi ou, justement, de Maimonide !) pour dire que le peuple juif a fondé, continue de fonder, et continuera de fonder, son identité sur trois piliers : une loi abstraite, un sol rêvé et une langue morte – nulle part il ne parle de Sion ; nulle part d'Eretz Israël ; nulle part d'une identité fondée sur la nostalgie, ou le projet, ou la nostalgie devenue projet, d'une souveraineté.

J'insiste sur le cas Rosenzweig car c'est, de mon point de vue, le plus éclairant.

Rosenzweig est un ancien hégélien.

C'est quelqu'un qui, autrement dit, a pris très au sérieux l'idée selon laquelle il n'y a pas de peuple sans Etat, pas de peuple qui, pour survivre, ne doive se former en nation, donc pas de peuple sans souveraineté.

C'est quelqu'un qui, si vous préférez, a lu et médité les pages de Hegel soulignant que cette règle est vraie de tous les peuples sauf un, le peuple juif, qui n'a pas compris, le pauvre, cette loi d'airain et qui, du coup, à cause de cette incapacité à comprendre qu'il n'y a pas d'autre destin pour un peuple que l'incarnation dans un Etat-nation, est un peuple fossile, séquelle des âges anciens, appelé à disparaître.

Sauf que lui, Rosenzweig, retourne l'argumentation et, se souvenant peut-être aussi de la réponse herdérienne à Hegel, affirme : « c'est le contraire ! ce sont eux, ces peuples dont Hegel parle et qui se donnent la forme d'une nation, qui sont voués à disparaître ; et le seul qui ne disparaîtra pas, le seul qui soit voué à une forme d'éternité, c'est celui qui, justement, a renoncé au modèle traditionnel d'un peuple incarné dans un Etat, et c'est le peuple juif. »

Le peuple juif a survécu à toutes les persécutions ? Il a duré quand d'autres ont passé et se sont effondrés ? Eh bien voilà, dit Rosenzweig. C'est ma thèse. Ce mystère, ce miracle, ne s'expliquent que par cette identité fondée sur les trois piliers de la loi abstraite, de la langue morte et de la terre imaginaire. Et il n'est, en tout cas, pas question qu'il renonce à ces trois piliers ; il serait, non seulement absurde, mais suicidaire, pour lui, de se recompter parmi les nations en se dotant des attributs banals des grandes souverainetés ; c'est précisément parce qu'il n'est pas tombé dans le piège, c'est précisément parce qu'il a laissé le peuple des synagogues chanter, dans le monde entier, le regret de cette souveraineté rêvée mais sans jamais prendre à la lettre ce chant et ce regret, qu'il a réussi là où tous les autres ont échoué ou échoueront.

Rosenzweig n'est pas, à proprement parler, antisioniste.

Il dit juste qu'Israël doit faire très attention à ne pas oublier que ce qui fait son identité, c'est cette inscription dans un temps immatériel.

Il dit juste qu'il en a assez du cliché sur le « juif errant » et le chrétien « installé dans l'éternité » car, en réalité, c'est l'inverse : c'est le chrétien qui est fiévreux, mobile, tentant de suivre à la trace les péripéties et les boucles de l'Histoire – alors que le juif, lui, est arrêté, hors du temps, installé.

Il dit juste que le judaïsme n'a rien à faire de ces histoires de souveraineté qui ont agité la philosophie politique depuis les

Grecs mais qui, pogroms ou pas, déclaration Balfour ou non, n'appartiennent pas à sa tradition.

Cette prise de position fait du bruit, naturellement.

Rosenzweig a une dispute, notamment, avec son grand ami, Gershom Scholem encore, qui a, lui, fait son alyah et l'a faite, notamment, pour fonder cette université dont je parlais à l'instant.

Rosenzweig lui dit : « bon ; tu dois avoir tes raisons ; mais n'oublie jamais, là-bas, en Israël, ce qui a fait de nous un peuple singulier ; n'oublie pas que nous devons notre survie, et notre âme, à une étrange expérience formée dans la Galout, dans l'exil, et qui ne doit rien à ce vieux concept de souveraineté qu'est en train d'adopter Israël ; et prends garde à ce que le peuple juif ne se mette pas, en Israël, à ressembler à tous les autres peuples de la Création. »

Gershom Scholem se met en colère.

Comme avec Walter Benjamin à qui il reproche de ne pas vouloir se mettre à l'hébreu, il s'emporte contre son ami qui ne veut pas se mettre au sionisme.

Or quelques années passent. Rosenzweig tombe malade. Et dans un recueil de « mélanges » en l'honneur de son ami mourant, il donne un texte très émouvant intitulé « Une confession » et où il dit : primo que cette querelle aura été l'une des plus violentes, sinon la plus violente, et donc la plus douloureuse, de sa vie ; et, secundo, qu'il finit par se demander, après quatre années passés à Jérusalem, si Rosenzweig n'avait pas un peu raison et si la question de la souveraineté juive n'était pas plus compliquée que ne le pense le sionisme ordinaire et qu'il ne l'avait lui-même, en un premier temps, rétorqué à son ami.

Il voit cette société qui se met à ressembler à toutes les sociétés du monde.

Il voit cet Etat qui tend à se conduire, forcément, comme tous les autres Etats souverains.

Il voit s'opérer le miracle de l'hébreu, cette langue morte ressuscitée mais, du même coup, banalisée.

Il entend la langue des prophètes devenue la langue dans laquelle on demande un taxi, son chemin ou un petit-déjeuner.

Et il dit : et si le miracle était, aussi, une profanation ? et si l'expérience d'Israël, cette expérience de souveraineté retrouvée, avait à osciller entre miracle et profanation ?

Il n'en démordra plus.

Il aimera, de toute son âme, la terre d'Israël mais gardera vivante en lui l'interrogation de Rosenzweig.

Il sera sioniste, certes, mais d'un sionisme culturel, d'un sionisme sans Etat, d'un sionisme conçu comme un « mouvement moral et spirituel » et surtout pas « politique ».

Il restera là ; contrairement à nombre de ses amis de Brit-Shalom, l'Alliance pour la paix, qui militent pour un Etat binational en Palestine et surtout pas pour un Israël souverain, il refusera la tentation de la désertion ; contrairement à ses amis Hans Kohn, ou Georg Landauer, il résistera à la tentation de retourner à l'exil ; mais si forte est sa conviction que la vraie vocation du sionisme n'est pas de bâtir un Etat mais de redéployer l'espace où la Science du judaïsme pourra, de nouveau, prendre son essor, qu'il ne craindra pas d'écrire, dans une lettre à Walter Benjamin, que ce « ne serait pas si terrible si Jérusalem demeurait sous mandat britannique ».

En sorte que, beaucoup plus tard, en 1969, dans une de ses dernières conférences, prononcée à Zurich, il comparera l'Israël réel, celui où il a fini par faire sa vie et où il sait qu'il mourra, au spoutnik *Apollo* que les Américains viennent de lancer dans l'espace. Bien sûr le satellite a été lancé, dit-il ; bien sûr la mise sur orbite est réussie ; bien sûr il explore des nouveaux aspects de la vie juive ; mais peut-être cette jeune souveraineté est-elle en train, comme *Apollo* se délestant de sa base, de ses ailes, de morceaux entiers de son fuselage, de priver Israël de pans immenses de son héritage ; peut-être Israël, dans le mouvement de sa constitution en Etat, a-t-il dû larguer des pans entiers de sa mémoire juive, de ses valeurs juives, de ces valeurs douloureuses et belles qui étaient liées à l'expérience de la Galout ; et peut-être y a-t-il là une perte irréparable.

Les Grecs n'avaient pas trop de problèmes avec l'idée de souveraineté.

Les Romains n'avaient pas trop de problèmes non plus pour affirmer leur souveraineté républicaine ou impériale et pour lui donner forme.

Tous les peuples du monde vivent, et ont vécu, leur souveraineté dans des schémas qui ont certes eu besoin, pour solidifier leurs fondements, de tout un appareil conceptuel, de toute une série de Traités, de tout un tas de livres du type *Contrat social* et autres – mais qui ont quand même, à l'arrivée, une évidence à la fois morale et politique.

Il y a un problème, en revanche, avec cette idée de souveraineté chez les juifs.

Il n'y a pas un grand penseur juif chez qui elle n'apparaisse problématique, inquiète, indécise.

Et cette indécision est, non de circonstance, mais de structure.

3. Retournons maintenant très loin dans le passé, c'est-à-dire dans les temps bibliques.

Ce sera mon troisième détour et il est inévitable tant la Bible est, dans ce pays, un livre d'histoire autant qu'un livre saint, un livre qui dit la vérité des lieux d'aujourd'hui autant que la légende des temps anciens.

Donc, quand vous revenez aux temps anciens, quand vous revenez au temps de la naissance du peuple juif, vous découvrez un certain nombre de choses, là aussi, extrêmement bizarres.

Je vous rappelle, ce n'est un secret pour personne et Yehoshua en parle également, que le premier humain à avoir eu un rapport physique, organique, souverain, d'habitation à sa terre est aussi le premier meurtrier : il s'appelle Caïn.

Je vous rappelle qu'Abraham, père de la nation juive, a connu, durant sa longue vie, cette expérience que beaucoup de juifs connaissent aujourd'hui et qui est l'expérience de la montée en Terre sainte, de l'alyah – mais je vous rappelle aussi que les conditions d'existence sur cette terre d'Israël étant effroyablement difficiles, l'Eternel lui ordonna de retourner en Egypte et qu'il a donc connu, aussi, l'expérience inverse, celle de la descente et du retour à sa terre d'origine.

Je vous rappelle que Moïse lui-même a eu à vivre à la fois le bonheur de la sortie d'Egypte et la douleur de mourir à la lisière de la terre de Canaan, avant l'entrée en Terre promise.

Je vous rappelle que, dans les mêmes synagogues où l'on entend qu'un juif ne rêvant pas, tous les jours de sa vie, de retour en Eretz Israël est un juif qui prend le risque de voir sa main droite se dessécher et choir, on entend aussi que ce à quoi il doit son identité n'est ni le lien souverain à une terre, ni le rêve de reconstruire un Etat souverain et d'y entrer, mais que c'est une *sortie*, une *libération*, un *exode*.

Et quant à la période suivante, quant à cette période bénie où le peuple juif s'est tout de même établi sur sa terre et y a construit, pour la première fois, une société et un monde, je vous rappelle enfin que sa fierté, sa très grande gloire et sa très grande fierté, fut de n'y rien connaître qui, de près ou de loin, ressemble à un Etat – je vous rappelle que, si l'on entend par souveraineté l'institution d'une nation elle-même instituée en un Etat doté de tous les attributs et prérogatives des Etats, si l'on se souvient, inversement, que, pour tous les fondateurs d'Etat du monde, pour Remus et Romulus créant Rome, pour les Troyens, pour les Grecs, toute la gageure est de convaincre chacun d'aliéner une part de sa liberté au profit d'un Souverain qui gouvernera à la place de tous les autres et pour leur bien, la fierté du peuple juif est d'être le seul peuple à n'avoir rien fait de cela.

Le peuple juif – c'est tout le thème du *Meurtre du pasteur*, un livre publié, il y a quelques années, par un intellectuel juif français, aujourd'hui disparu, Benny Lévy – n'a pas de roi, mais un berger.

Il a un bon berger, un vrai berger, un berger dont le talent est de conduire ses ouailles sur le chemin de l'Alliance.

Il a un berger, oui, parce que cette figure du berger est bien la seule à pouvoir dire la double nécessité de remplir la double tâche, infiniment complexe, qui consiste à gouverner les hommes à la fois un à un et tous ensemble.

Et encore ai-je tort de dire « la figure » comme s'il ne s'agissait que d'une figure, donc d'une image, car ce berger, quand on lit les textes, est bien un berger au sens strict, absolument précis, du terme : Moïse ne fut-il pas, selon le Midrash, un berger professionnel, s'occupant des troupeaux de son beau-père et offert, pour cette raison, en exemple aux âges suivants ? et ne voit-on pas s'inventer là, en marge de tous les traités théologico-politiques et de tous les contrats sociaux, un type de gestion du grand nombre sans aucun équivalent dans aucune autre civilisation ?

Les Grecs, naturellement, n'ont pas complètement méconnu ce paradigme du berger.

Vous avez un dialogue de Platon, *Le Politique*, où l'on trouve la même idée du peuple comparé à un troupeau mené par un conducteur assimilé à un pasteur.

Mais c'est une exception dans l'œuvre.

Vous ne trouverez plus trace de cette histoire ni dans *La République* ni dans *Les Lois*.

Comme si ce moment était un moment béni et qui ne pouvait durer que le temps d'un soupir.

Et comme si, ce moment passé, il fallait se rabattre sur la dure loi qui contraint à se doter d'un appareil de vraies lois.

Les juifs non.

Ils y croient, eux, absolument.

Ils ne doutent pas un instant de la force, de la solidité, de la pérennité de ce modèle nouveau.

Pas de roi, disent-ils ; pas de chef ; juste un gentil pasteur paissant paisiblement son troupeau et capable, en même temps qu'il le paît dans son ensemble, d'aller, comme Moïse, chercher dans le désert l'agneau qui s'y est égaré et le rapporter sur son dos.

Les Grecs, quand ils réfléchissent à la bonne manière de nouer les nœuds du lien social, produisent des classifications savantes du type tyrannie, oligarchie, démocratie.

Les Romains font de même et sont archi-experts en distinction entre Empire, Royauté, République et, à l'intérieur de la République, le cursus honorum des charges, magistratures, types de responsabilité et de pouvoir.

Les juifs ne savent rien de cela ; ils inventent, et formalisent, une expérience beaucoup plus simple ; ils proposent un paradigme qui restera longtemps, très longtemps, le seul et unique paradigme, en même temps que leur grande, très grande, fierté.

Pas la souveraineté, le berger.

Pas la politique, la pastorale.

4. Faisons un nouveau saut dans le temps.

Mais, cette fois, vers l'avant – c'est-à-dire vers le futur.

Nous voilà mille ans, à peu près, avant l'ère chrétienne.

Survient une guerre que gagne de justesse un brave type, assez naïf, qui a attendu que se multiplient les signes avant d'accepter la responsabilité de prendre la tête des armées d'Israël mais qui s'est révélé, au final, bon chef de guerre et bon général.

Elle est gagnée, oui, cette guerre, parce que Gédéon (c'est son nom) est un bon et courageux soldat – mais non sans qu'ait été entrevue, et même frôlée, la possibilité d'une défaite sévère, voire d'une extermination, pour les tribus d'Israël.

Et les Anciens d'Israël viennent alors trouver Gédéon et lui disent : « on a eu chaud ; vraiment chaud ; alors, on arrête avec ces histoires de berger et de troupeau ; on devient sérieux ; il nous faut un roi, un vrai roi ; il nous faut faire comme les Madianites et comme les Philistins ; il nous faut nous donner un chef et tu seras ce chef ; il nous faut nous doter d'un roi et ce roi ne peut être que toi. »

Réponse de Gédéon ? Elle est rapportée en détail dans le premier livre de Samuel. Et c'est une réponse complètement horrifiée. Il n'est pas du tout favorable, lui, Gédéon, à ce qu'on renonce au paradigme du berger. Et, dans l'hypothèse où on le ferait, il ne se voit pas, mais alors pas du tout, dans le rôle de ce roi remplaçant du berger. Allez-vous-en, dit-il aux Anciens ! De grâce, laissez-moi tranquille ! Ni moi ni mes enfants ni les enfants de mes enfants ne serons jamais rois car, premièrement, cela me flanque une peur bleue ; et, deuxièmement, tel est le destin de ce peuple qu'il ne peut y avoir d'autre roi d'Israël qu'Israël ou, mieux encore, que Dieu lui-même. Et Gédéon de prendre ses jambes à son cou et de se sauver…

Quelques années passent.

Nouvelle guerre, cette fois contre les Philistins. C'est une guerre terrible. C'est une guerre du Kippour avant la lettre. Et c'est une guerre qu'Israël gagne à nouveau, mais encore plus de justesse, et au prix de très lourdes pertes.

De nouveau les Anciens d'Israël s'inquiètent. Et, de nouveau, ils vont voir le plus grand prophète de l'époque qui s'appelle maintenant Samuel et lui disent : « ça ne peut plus durer comme ça ; une fois d'accord ; deux fois, à la rigueur ; mais ça ne pourra pas marcher indéfiniment ainsi et le moment va finir par arriver où nous serons battus ; il faut faire, donc, comme les autres nations ; il faut nous doter d'un vrai roi ; et c'est toi qui vas nous trouver ce roi. »

Grand désordre, alors, en Judée.

Samuel, d'abord, est vexé que les Anciens n'aient pas pensé à lui et l'aient chargé de trouver quelqu'un d'autre.

Dieu intervient gentiment et essaie de le calmer sur le thème : « il ne faut pas le prendre contre toi ; ce n'est pas toi qui étais visé ; c'est à moi, Dieu, que ces gens sont en train de faire une mauvaise manière ; et s'il y a quelqu'un qui devrait se sentir offensé c'est moi, certainement pas toi, ni aucun autre prophète, fût-il le plus éclatant d'Israël. »

Samuel, calmé, accepte de se mettre à la recherche de quelqu'un pour tenir le rôle.

Il va trouver un paysan qui s'appelle Saül, qu'il connaît à peine, et qui vient juste de perdre son âne.

« J'ai une bonne et une mauvaise nouvelle pour toi, dit-il à Saül. La bonne c'est qu'on a retrouvé ton âne : il est là, derrière cette grange, regarde… La mauvaise c'est que le peuple d'Israël a décidé de se donner un roi et que ce roi, c'est toi… »

Saül, effaré, se sauve. Comme Gédéon avant lui, il ne veut pas être roi. Mais comme il est moins malin que Gédéon (il n'est même pas le formidable chef militaire qu'était Gédéon et n'a ni son ascendant ni son prestige), il ne fuit pas bien loin, se fait vite rattraper et est mis de force sur le trône.

Voilà donc un roi couronné : a) contre la volonté de Dieu à qui on a forcé la main ; b) contre celle de Samuel qui est allé le chercher en traînant les pieds ; c) contre la sienne propre, puisqu'il ne voulait pas du rôle ; et d) contre celle du peuple à qui Samuel, un rien sadique, a quand même fait valoir, au passage, tous les mauvais côtés de l'affaire, tous les inconvénients qu'elle impliquait, tous les problèmes et ennuis qui allaient lui tomber dessus s'il se dotait vraiment de ce roi en lieu et place du bon berger de jadis – contre la volonté du peuple, donc, qui, au dernier moment, se récrie : « ce n'est pas une bonne idée ! ce n'est vraiment pas une bonne idée du tout ! » ; et Samuel, mauvais comme un diable, de répliquer : « trop tard, messieurs ; le roi est nommé ; il est habillé, couronné, trôné, mandaté, il est en place, c'est fini. »

C'est donc envers et contre tous que Saül est nommé roi. Et quel roi, à l'arrivée ! Quel *mauvais* roi ! Quel *piètre* roi qui sera incapable, notamment, de marcher sur les armées d'Amalek et de les défaire une bonne fois ! Tout cela est dans la Bible. Noir sur blanc. Le passage du berger au roi, l'accession d'Israël à la souveraineté, est bien une catastrophe.

Est-ce que ça s'arrange après Saül ?

Pas vraiment.

Car vient alors David qui, par certains côtés, est un bon roi et qui, par d'autres, sur la durée, est un bien plus mauvais roi qu'on ne le croit : le transport de l'Arche à Jérusalem qui coûta la vie à celui qui la portait… le péché d'adultère avec Bethsabée et ses conséquences funestes sur la descendance de David et l'unité du peuple juif… le dénombrement du peuple d'Israël face à Amalek, perçu comme une preuve de défiance à l'endroit de Dieu en même temps que comme une erreur militaire et stratégique…

Et quant à Salomon, qui a inspiré un livre magnifique, c'est un sage, d'accord ; mais d'une sagesse qui, quand on y regarde de près, est très sérieusement tempérée, comme si l'on tentait de nous dire, là encore, que l'exercice même du pouvoir transforme les meilleurs des dirigeants en hommes tentés par le péché, la faute et, en tout cas, la fierté et l'hubris : cet homme si pieux, ce craignant Dieu, n'a-t-il pas pratiqué l'adultère ? fauté avec 300 femmes et 700 concubines ? vécu escorté d'animaux ? divisé son propre royaume ? failli à organiser sa propre succession ? et ne finit-il pas comme un mendiant répétant, dans les rues de Jérusalem, « j'étais le grand Roi Salomon… j'étais le grand Roi Salomon… » ?

Bref, quand on regarde l'histoire des rois d'Israël, quand on regarde le temps d'après le paradigme initial du berger et de son troupeau, tous sont logés à la même enseigne tous, sauf deux, Josias et, surtout, Ezéchias dont la réputation est restée à peu près intacte : mais, pour les autres, tous les autres, ce fut vraiment, chaque fois, le même mélange de vertu et de vice – jusqu'à Menaché, le propre fils d'Ezéchias, à qui la vertu de son père ne fut d'aucun enseignement puisqu'il aura été le plus idolâtre des rois de Judée !

Chez Homère, les rois achéens sont tous des grands hommes, des héros accomplis – ils accumulent les actions d'éclat, leur heaume est sans tache.

Les Romains, jusqu'aux époques les plus tardives n'ont pas de mots assez beaux pour dire et nous transmettre les vertus de bronze de leurs rois et l'exemple qu'ils constituent pour les générations futures.

Là, on a une tradition, la seule, où il est dit combien, encore une fois, le pouvoir est quelque chose de peu naturel ; combien il corrompt, naturellement et inévitablement, ceux qui s'en veulent et en sont investis ; quelle tristesse, quelle déception, sont inévitablement liées à l'expérience concrète de la souveraineté.

Je ne connais pas de peuple où l'on nous dise à ce point la misère de la souveraineté comme telle.

Je n'en connais pas où l'épreuve même du Politique soit présentée sous un jour si parfaitement négatif et inquiétant.

5. D'ailleurs, c'est bien simple.

Tous ces gens sont si peu désireux d'avoir un roi ou de l'être, il y a si peu d'envie d'un côté comme de l'autre de quitter le paradigme du pasteur pour sombrer dans cette histoire de souveraineté, les rois ont si peu envie d'être rois et les peuples si peu envie d'en avoir un, tout ce monde est si peu prêt, en un mot, à se constituer en corps politique, et Dieu lui-même est si contrarié d'avoir à lâcher le pouvoir en faveur d'un Gédéon, d'un Saül, d'un Samuel ou d'un David, que tout ça se solde par un contrat, un vrai contrat, avec clauses, clausules, corrections, méfiance réciproque, clauses suspensives, conditions, comme on fait entre maquignons.

C'est classique.

Quand une situation est contre nature, ou quand elle est nouvelle, ou exceptionnelle, ou pas claire, quand on s'y résigne de mauvaise grâce et en sachant toutes les complications qui s'ensuivront, quand il n'est pas du tout évident qu'elle soit bonne et que chacun y trouvera son compte, il faut un contrat pour clarifier les choses et, au fond, limiter les dégâts.

Et c'est, de fait, ce que nous raconte la Bible : l'histoire de ce contrat rédigé, à l'époque de Saül, par Samuel le déjà nommé ; inspiré, nous dit le texte, par les règles de modestie inscrites dans le Deutéronome ; déposées, afin que nul n'en ignore, sur les marches du temple ; et organisant, dans les détails, les relations entre les Juges, le peuple, Dieu, les hommes et le Roi.

Des droits et des obligations… Des devoirs mutuels… Une méfiance généralisée et qui oblige à des prouesses juridiques… On ne voit ça, là non plus, dans aucune autre tradition. On ne voit ni à Troie, ni chez les Grecs, ni chez les Romains, ni chez personne, les dieux, le peuple et le roi rédiger des contrats d'apothicaires pour être bien certains que chacun neutralisera tout le monde et qu'aucun ne prendra le pas sur les autres. On le voit chez le peuple juif au moment où il renonce à son doux modèle du divin troupeau pour entrer dans l'enfer de la souveraineté. Et cela va, d'ailleurs, avoir une conséquence importante.

On a dit de cette première royauté juive qu'elle était « théocratique ».

Le mot même a été inventé par Flavius Josèphe pour qualifier l'invention juive, à ce moment de l'histoire du peuple juif, d'un modèle de souveraineté à quoi toute son histoire, en principe, répugnait : « quelle étrange situation, dit à peu près Josèphe ! tout cela ne ressemble à rien ; ce n'est ni une tyrannie, ni une oligarchie, ni une démocratie ; et c'est pour cet ordre sans nom, sans précédent et sans nom, que j'invente ce nouveau mot de théocratie. »

Mais attention !

La bizarrerie de cette théocratie, c'est qu'elle ne ressemble pas non plus à ce que nous avons pris l'habitude, nous, modernes, après Josèphe, de mettre sous ce mot.

D'habitude, quand on dit théocratie, on pense à un pouvoir qui est l'émanation de Dieu et à un tenant-lieu de ce pouvoir qui est présenté, de ce fait, comme une sorte de Superman, super-fier de ce qu'il est, roulant des mécaniques, persuadé d'être la propre voix du Seigneur et en tirant une grande fierté.

Là, c'est l'inverse : le fait d'être l'émanation de Dieu et d'avoir dû négocier avec lui la limite des pouvoirs dont on dispose ; le fait de ne rien pouvoir décider qui ne fût strictement voulu et dicté par ce Dieu tout-puissant et sévère ; le fait, enfin, de n'avoir jamais, au grand jamais, souhaité être mis là et d'y avoir été imposé par la volonté d'un autre ; tout cela diminue singulièrement, et la jouissance de gouverner, et la marge de manœuvre dont on dispose, et les risques d'arbitraire.

En sorte que le sens de cette théocratie-là n'est pas hubris mais modestie. Non pas : « j'ai tous les droits car je suis le nom profane de Dieu » ; mais : « je ne suis presque rien ; j'ai très très peu de droits ; j'ai bien plus de devoirs que je n'aurai jamais de droits. » Non pas : « l'Etat c'est moi ; j'ai tous les pouvoirs ; je suis le représentant du Saint béni soit-il et tous ses pouvoirs me sont délégués » ; mais : « je n'en ai pas tellement, de pouvoirs ; je suis surveillé ; contrôlé ; le moindre de mes faux pas sera sanctionné par cette Voix au-dessus de moi, dans la Hauteur, qui me domine, et dont je ne suis que l'humble, le minuscule, représentant. »

Une souveraineté souffrante.

Une souveraineté au rabais.

Et une souveraineté qui, par parenthèse, a pour ultime corrélat de casser, dans la Bible puis le Talmud, l'alternative où s'enfermera, de Hobbes à Spinoza, la philosophie politique occidentale.

Ou bien l'absolu comme politique, dit la philosophie politique classique – ou bien la politique comme absolu.

Ou bien l'Absolu *c'est* la politique et la Cité des hommes doit être le reflet exact de cet Absolu : c'est la source du totalitarisme.

Ou bien la politique *doit être* l'Absolu – et la politique comme elle est, la politique comme la font les hommes, la pauvre politique avec ses limites et ses médiocrités, mérite d'être absolutisée : c'est le principe des tyrannies.

Eh bien cette histoire juive, cette expérience contractuelle, cette neutralisation réciproque de deux faiblesses, avec les Juges entre les deux, a pour résultat concret d'échapper à ces deux écueils – et d'inventer une autre forme de politique, ni totalitaire ni tyrannique.

C'est l'essentiel.

Un type de souveraineté, non seulement étrange, mais unique dans les Annales par sa modération et sa modestie.

La forme de souveraineté la plus fragile, précaire, indécise, incertaine, qui puisse se concevoir.

Un vaccin juif contre la tentation, qu'a toujours eue le pouvoir, d'aller au bout de son pouvoir et de déraper.

6. J'en viens à aujourd'hui.

J'en viens à l'Etat fondé il y a soixante ans, après la Shoah, mais pas seulement à cause de la Shoah, sur cette terre ancestrale du peuple juif.

Que trouvons-nous, aujourd'hui, sur cette terre ?

Eh bien l'héritage, le fruit, le produit de cette longue et étrange histoire.

Ou, si vous préférez, le double effet, positif et négatif, de cette expérience paradoxale de la souveraineté – telle qu'elle se vit et se formule depuis les temps bibliques jusqu'aux débats idéologiques qui accompagnèrent la naissance du sionisme.

Le côté positif, d'abord.

C'est cette espèce de modestie, d'humilité du politique, dont je viens de vous parler.

C'est cette allergie profonde, et que l'on sent partout, à tout ce qui pourrait ressembler à de l'autoritarisme ou, pire, du totalitarisme.

Et puis c'est, naturellement, l'incroyable, rarissime et, en fait, quasi miraculeuse vitalité de la démocratie dans ce pays pourtant vilipendé, satanisé.

Pourquoi miraculeuse ?

Je passe sur la satanisation, dont je n'ai, ailleurs, que trop parlé. Mais ce qui me frappe, en revanche, c'est qu'on entend toujours dire, à propos de la Russie par exemple, ou de la Chine, ou de n'importe quel autre pays ayant connu la tyrannie et qui en sort brutalement, que la démocratie est difficile, qu'elle ne tombe pas du ciel, qu'il est presque impossible d'avoir la démocratie quand on n'a pas de tradition démocratique. Or n'est-ce pas le cas, précisément, de la plupart des peuples qui ont fait Israël ? Ne venaient-ils pas, pour une bonne part, de Russie, des pays communistes, de l'Allemagne nazie, des pays arabes ? Et n'ont-ils pas réussi ce prodige, à la lettre ce miracle, d'inventer une démocratie quasi ex nihilo, gagée sur à peu près rien, en tout cas pas sur une tradition ?

Je ne connais pas beaucoup de pays en guerre, sous attaque, menacés par le terrorisme et menacés, il ne faut jamais se lasser de le répéter, dans leur existence même, qui seraient, comme Israël, restés fidèles, grosso modo, à leur idéal démocratique.

Je n'en connais pas beaucoup qui, il y a vingt-cinq ans, au moment de Sabra et Chatila, quand on vit des centaines de Libanais tués par d'autres Libanais, se seraient posé autant de questions morales que s'en est posé Israël et auraient vu 500 000 personnes, soit dix pour cent de leur population descendre dans les rues de la capitale pour protester, non contre le crime, ni même contre la complicité avec le crime, mais contre la cécité, peut-être l'indifférence ou, en tout cas, la distraction, qui font qu'on ne l'a pas vu venir.

Et pas beaucoup non plus dont l'armée elle-même se pose, comme je l'ai vu faire à Tsahal, chaque fois, dans toutes ses guerres, autant de questions, non seulement stratégiques, mais éthiques : « dois-je vraiment faire cela ? faire mouvement de cette façon ? quel est le sens de cet ordre ? la valeur éthique de cette décision ? faut-il, vraiment, aller jusqu'au Litani ? »

Ma thèse c'est que cette culture miraculeuse, cette démocratie entêtée, cette allergie globale et tendantielle à tout ce qui pourrait ressembler à de la crispation autoritaire, est le produit direct de cette expérience étrange, paradoxale et, au fond, coupable, de la souveraineté.

C'est le corrélat de ce pacte – ou plutôt de ce non-pacte – avec l'Absolu qui fait que l'on tient en grande défiance les solutions toutes faites, les ordres idiots, les stratégies prétendument invincibles, les formules apparemment infaillibles, bref toute cette politique humaine, trop humaine, que la vraie politique, c'est-à-dire la démocratie, a pour mission de surveiller, censurer et, s'il le faut, ridiculiser.

Le côté négatif, ensuite.

Voilà un peuple qui a les plus grands savants du monde, la plus forte densité de Prix Nobel, des étudiants brillantissimes, des lettrés, des écrivains, une concentration extraordinaire de savoir-faire et d'intelligence, voilà un peuple d'hommes et de femmes qui tutoient le Ciel et pour qui la lettre chiffrée du

Talmud n'a quasi pas de secrets – et qui n'a jamais pu se doter, bizarrement, d'une classe politique à sa mesure.

Il y a eu des grands personnages dans l'histoire politique d'Israël, mais propulsés vers les hauteurs par des circonstances particulières.

Il y a eu Ben Gourion, Golda Meir, Begin, Shamir, Rabin, Pérès, qui ont, pour certains d'entre eux, accompli de grandes et belles choses, mais chaque fois à l'arraché, quand ce n'est pas sous la pression ou par hasard.

Il y a ce mystère d'une classe politique qui a un problème, et un seul, à régler depuis soixante ans qu'elle existe : le problème palestinien – et qui n'a su, pendant ces soixante ans, que tourner lamentablement autour, multiplier les actes manqués, accumuler les ratages et donner le sentiment, en définitive, d'un tragique et incompréhensible surplace.

Eh bien cette carence politique, ce gâchis, cet incroyable retard de la politique sur toutes les autres disciplines, cette nullité soudaine des Israéliens dès lors qu'il ne s'agit plus d'inventer, de poétiser, d'étudier, de percer le mystère des mondes, mais juste de gouverner, je ne peux pas ne pas les référer à cette malédiction qui, depuis les temps bibliques, pèse sur l'idée de royauté en Israël.

Cette impuissance très étrange et presque maladive, cette idiotie qui s'empare des meilleurs à l'instant très précis où ils approchent du grand fourneau politique, quelque chose en moi se dit qu'elle est l'écho lointain, mais à peine assourdi, de ces rois qui ne voulaient pas l'être et mettaient leur point d'honneur à s'empêtrer et échouer.

Ces fautes de débutants que commettent tous les princes d'Israël, ces erreurs de communication aussi énormes qu'inexplicables, ces faux pas, ces naïvetés, cette façon, dès qu'ils sont au pouvoir, d'oublier les grands généraux qu'ils étaient, ou les grands professeurs, ou les syndicalistes dévoués, c'est encore le paradoxe de ces rois qui partaient se cacher derrière un tas de bagages, ne régnaient que contraints et forcés, et ne paraissaient s'ingénier, dès lors qu'ils étaient sur le trône, qu'à décevoir leur peuple, ainsi que, quand ils y croyaient, le Dieu dont ils portaient la parole.

Yitzhak Rabin que je revois, comme hissé au-dessus de lui-même par une circonstance qu'il n'avait ni voulue ni provoquée ; Menahem Begin, grand personnage, d'une culture immense, mais doté d'un pessimisme qui ne semblait là que pour lui interdire d'agir ; Shimon Pérès, d'une lucidité imparable, capable de vous exposer, en privé, le plan miracle qui, bien appliqué, suffirait à éteindre, une fois pour toutes, la querelle avec les Palestiniens mais incapable, chaque fois qu'il est venu aux affaires, de commencer d'appliquer ce plan ; Ariel Sharon convaincu, à la fin de sa vie, de la justesse de la solution des deux Etats, en tout cas de son inévitabilité et des sacrifices qu'il fallait faire pour y parvenir, mais paralysé, presque tétanisé, dès lors qu'il s'agissait de passer à l'acte, de prendre des risques concrets et donc, au sens propre, de faire de la politique ; en eux tous, en chacun d'eux, comment ne pas voir la trace de Gédéon, le grand général et petit roi, le chef de guerre émérite devenu, en politique, aussi pusillanime que médiocre ? chaque fois, comment ne pas sentir la marque, toujours insistante, de la belle mais douloureuse expérience de la souveraineté en culture juive ? comment ne pas conclure que c'est la même histoire qui se poursuit, toujours la même, depuis le temps de Saül échouant à aller chercher Amalek, ou de David multipliant les incompréhensibles erreurs stratégiques et politiques, ou de Gershom Scholem donnant acte à Rosenzweig de ce que, pour le meilleur mais aussi pour le pire, Israël ne serait jamais un Etat exactement comme les autres ?

Cette étrange expérience de la souveraineté juive, c'est le génie d'Israël et c'est sa perte.

C'est sa vertu la plus remarquable et c'est la source, aussi, de quelques-unes de ses plus tragiques erreurs.

Tout est là.

III

QUI VA LÀ ? (LITTÉRATURE)

Une tragédie nommée Gary ▪ Justice pour un inconsolé ▪ Figures juives de Romain Gary ▪ Un vivant qui ne passe pas (de l'importance – méconnue – d'Alberto Moravia dans l'histoire intellectuelle du XXe siècle) ▪ L'impossible hommage à Alain Robbe-Grillet ▪ Sept thèses sur le théâtre d'aujourd'hui ▪ Alain Robbe-Grillet vivant ▪ Ce que je dois à Kundera ▪ Un tombeau pour Jean Genet.

1

Une tragédie nommée Gary[1]

Eh bien me revoici, dans cet amphithéâtre de New York University, pour parler d'un écrivain que je tiens moi aussi, comme vous tous, comme tous les organisateurs de ce colloque, comme vous, cher Paul Audi, pour l'un des écrivains français majeurs du XXe siècle. Je ne sais plus très bien ce que j'avais en tête lorsque je vous ai proposé, il y a maintenant plusieurs mois, ce titre, « Le cas Gary ». Peut-être pensais-je au côté touche-à-tout de l'auteur des *Racines du ciel.* Peut-être avais-je en tête ce mélange en un seul homme, et une seule vie, d'un romancier de génie, d'un journaliste extraordinaire, d'un cinéaste, d'un grand vivant, d'un diplomate de qualité, d'un essayiste, du juif messianique dont Paul Audi nous parlera tout à l'heure, d'une sorte de philosophe. Peut-être étais-je fasciné par le mélange si réussi, en lui, de l'écrivain et de l'homme d'action – je suis fasciné, de fait, par ce romancier exemplaire, rêvant sa vie, vivant ses livres, à mi-chemin du texte et du geste, grand inventeur de ce que j'ai appelé un jour (et le mot, pour

1. New York, 2 mars 2006. Conférence prononcée à New York University.

moi, le caractérise si parfaitement!) des « gextes » magnifiques. Gary, en ce sens, frère de Malraux. Frère cadet, sans doute. Frère plus obscur et pathétique. Mais frère tout de même. Portant aussi haut que lui cet art extraordinaire du double fil doublement tressé: action et littérature, littérature et action, l'une à l'appui de l'autre, l'autre entrelacée à l'une. Avec, par parenthèse, cette particularité supplémentaire, cette bizarrerie de dosage, qui fait que, contrairement à l'auteur de *L'Espoir*, contrairement à Hemingway ou Malaparte, il ne fait quasiment pas appel à sa vie pour nourrir ses romans. Il est l'un de nos grands Français Libres. Il est l'un de nos très rares écrivains ralliés tout de suite au général de Gaulle. Il est celui qui prend le bateau pour Londres, depuis Bordeaux, trois jours avant l'Appel du 18 juin, trois jours! et il fait, ensuite, une guerre magnifique. Il se bat, comme vous savez, en Abyssinie, en Lybie, en Palestine, en Syrie. Or voici que vient le moment d'écrire un roman de guerre. Voici qu'il est question de rédiger *Education européenne*. Et, au lieu de puiser dans cette expérience, au lieu d'aller chercher dans ce matériau de première main de quoi nourrir son récit, au lieu de lire dans sa propre vie, dans ses propres actions d'éclat, dans son héroïsme personnel, le témoignage véridique propre à forger la fiction à laquelle il s'attelle, il nous fabrique une intrigue sur une guerre qu'il n'a pas vécue et qui est la guerre de résistance des Polonais... Quand j'ai dit « le cas Gary », j'ai sans doute pensé aussi à cet autre mi-chemin qu'est son mi-chemin entre les deux langues, l'anglais et le français, les livres écrits dans l'une, traduits dans l'autre, repris dans la première ou l'inverse – étant entendu (il y a un texte, là-dessus, dans le numéro des *Cahiers de L'Herne* qu'a dirigé Paul Audi et que je recommande chaudement) étant entendu qu'aucune de ces deux langues n'était sa langue maternelle et qu'on a donc, ici, le cas unique au monde d'un écrivain écrivant dans deux langues qui sont toutes deux des langues d'emprunt, toutes deux des langues étrangères! Mais bon. Ne tardons pas davantage. Le cas Gary, pour moi, c'est d'abord l'affaire Ajar. Le cas Gary, c'est cette aventure unique dans l'histoire de la littérature, extravagante, démente, irréductible à tout ce que nous connaissons, ailleurs, dans le même genre, qu'est l'aventure hétéronymique de Romain Gary.

1

Tout commence au début des années 70. Gary est un écrivain célèbre et célébré. C'est un écrivain français, connu dans le monde entier, consacré. Il y a eu des moments, dans les décennies passées, où les choses sont allées moins bien. Il a été maltraité par la critique. Il a été l'objet de rumeurs pour le moins désobligeantes. On a écrit qu'il n'écrivait pas ses livres. On a raconté qu'il avait trouvé le manuscrit d'*Education européenne* dans les poches d'un aviateur polonais mort au combat qu''il aurait dépouillé. Au moment des *Racines du ciel* et de son prix Goncourt, on est allé jusqu'à murmurer que ce métèque improbable, cet écrivain même pas français, ce Russe, ce Polonais, ce type dont on ne sait ni d'où il sort ni qui il est, on a suggéré qu'il n'avait pas pu écrire seul un chef-d'œuvre pareil et que le livre avait été réécrit, forcément, par son éditeur américain. Mais tout ça, c'est le passé. Sa situation, depuis quelques années, est incroyablement meilleure. Il pourrait, il devrait, jouir de son succès enfin incontesté. Sauf qu'il est à un moment de sa vie où – comment dire ? – il suffoque dans sa propre identité. Ses livres paraissent. Ils ont du succès. Ils figurent en bonne place dans les listes de best-sellers. Mais il a l'impression bizarre que les gens les achètent mais ne les lisent pas. Ou ne les lisent qu'en apparence. Ou que, s'ils les lisent, ils ne les attendent plus vraiment. Oui, c'est ça, il a le pénible sentiment d'être si bien admis, si parfaitement incorporé dans le paysage, de faire si totalement partie des meubles de la littérature française contemporaine, que l'on n'attend plus rien de lui. Et puis il a, deuxièmement, l'impression non moins étrange, quasi physique, que ses livres sont embarrassés, éclipsés, éteints par l'ombre qu'il leur fait, lui, Gary – l'impression, si vous préférez, que son personnage, sa gloire et sa réputation, son image si pittoresque d'aventurier déambulant sur le boulevard Saint-Germain avec ses chapeaux de cow-boy et ses ponchos mexicains extravagants, sa biographie, le parfum de soufre, de charme ou de légende qui flotte autour de son nom, que tout cela est devenu comme une grande ombre assombrissant ses textes. Il l'a voulue, cette légende. Il l'a faite, de ses propres mains. Il a vraiment joué sa partie aux deux tables du casino, l'œuvre et la vie, les songes littéraires et la mythologie vécue. Mais voilà que, tout à coup, son image le mange. Elle le dévore. Elle est devenue si énorme, si imposante, que l'on ne voit plus qu'elle et qu'elle cannibalise les livres. J'ai un souvenir précis de cette période. On est en 1977. Peut-être 1978. Nous venons de faire connaissance, à la suite de la parution de ma *Barbarie à visage humain* qu'il avait lue aussitôt. Et je me souviens du vrai malentendu qu'il y avait entre, d'un côté, le jeune normalien que j'étais et qui ne s'intéressait qu'au mari de Jean Seberg, à l'ancien consul à Los Angeles, au personnage éminemment romanesque, au cinéaste des *Oiseaux vont mourir au Pérou* – et lui, de l'autre côté, qui n'avait qu'une idée en tête, qu'une envie : parler littérature, vraiment littérature, ses livres, sa langue, sa théorie et son art du roman, à commencer par *Pour Sganarelle,* cet essai énorme, six cents pages, peut-être sept cents, qu'il venait de publier, où il pensait avoir réglé leur compte aux structuralistes, nouveaux romanciers et autres modernes et dont, pour être franc, je me fichais complètement. Gary, à ce moment-là, en a marre du mari de Jean Seberg. Il en a marre d'être le correspondant français de Gary Cooper. Il n'en peut plus, quand un jeune homme vient le trouver, qu'on ne le fasse parler que de bêtises alors que la seule chose dont il aurait envie serait d'en découdre avec ces modernes (Barthes, Sollers, Robbe-Grillet) qui tiennent le haut du pavé et qui l'humilient par leur morgue. Il fait quoi, alors ? Il se sort comment de cette suffocation ? Eh bien il trouve une solution. Il trouve, comme dirait Sartre, une issue à cette situation que l'époque lui fait. Et cette issue, cette solution, cette formule pour se débarrasser de ce moi qui est devenu l'ennemi de ses livres car c'est à lui que l'on pense au lieu de penser aux livres, l'arme qu'il invente pour tuer ou neutraliser ce cannibale terrifiant qui le dévore tout cru, la solution, donc, c'est de s'inventer un masque, c'est-à-dire un pseudonyme. C'est le moment où Michel Foucault, dans *Le Monde*, donne l'interview célèbre, intitulée, je crois, « Le philosophe masqué », où il propose une année où écrivains et éditeurs décideraient que les livres seraient publiés sans nom d'auteur. Eh bien voilà. Gary le prend au mot. Et il décide de commencer une nouvelle œuvre qu'il publiera, non pas sans nom, mais sous un autre nom. Prendre un masque pour mieux être soi. Choisir un pseudo pour redonner leur chance à ses livres. Devenir un autre pour se réapproprier son être. Fabriquer un beau mensonge pour faire entendre sa vérité. Se taire, en d'autres termes, pour qu'on vous écoute enfin et se donner un nouveau moi pour être entendu comme au premier matin. C'est une logique classique. C'est Foucault mais c'est aussi, avant lui, tous les inventeurs de pseudonymes dans l'histoire de la littérature. Sauf que Gary va introduire dans le modèle classique un certain nombre de bizarreries.

La première. Si ce que je viens de dire est vrai, si la démarche est bien celle que je décris, le geste a un but et un seul : cette œuvre à laquelle il tient tant, cette œuvre à laquelle il imposait son ombre, faire qu'elle soit enfin vue, lue, pour ce qu'elle est. C'est la démarche de Pierre Louÿs pour *Les Chansons de Bilitis*. Celle de Mandiargues. Ce fut sa démarche à lui, Gary, quand, dix ou quinze ans plus tôt, il a déjà joué à ce jeu du pseudo en inventant Fosco Sinibaldi pour *L'Homme à la colombe* ou Shatan Bogat pour *Les Têtes de Stéphanie*. C'est la logique classique de ceux qui pensent, je le répète, que leur moi social fait de l'ombre à leur moi littéraire et qui obligent ce moi social à prendre du champ et baisser pavillon. Or la première bizarrerie c'est que, sous ce nouveau nom censé juste permettre à l'ancienne voix de mieux se faire entendre, il produit des livres bizarres dont on voit bien, avec la distance, qu'ils n'ont pas grand-chose à voir, justement, avec cette ancienne voix – il émet un son nouveau, très surprenant, qui n'est pas juste « l'ancienne voix » débarrassée de son parasite et réussissant à se faire entendre. C'est un style étrange. Un univers farfelu et cocasse. Ce sont des histoires de petits beurs de la Goutte-d'Or ou de vieux juifs facétieux dont le moins que l'on puisse dire est qu'ils ne sont raccord ni avec l'Hollywoodien mirobolant ni avec le type très Quai d'Orsay qu'il était dans sa vie sociale. Des personnages rocambolesques. Momo. Madame Rosa. Un nouvel univers. Un nouveau monde. Et, donc, une nouvelle œuvre avec des livres complètement différents. On dira ce qu'on voudra. On peut dire, comme il l'a lui-même dit, que tout était déjà dans *Tulipe*. On peut trouver dans ses autres romans, les romans de sa première manière, des annonces, ou des pressentiments, du monde de *La Vie devant soi*. On peut faire, comme tous ces universitaires, prophètes de l'après-coup, qui consacrent des volumes à nous expliquer que c'est le même monde, la même œuvre, et que les livres signés Gary et les livres signés Ajar procèdent de la même source. On peut expliquer par exemple que les rapports entre Momo et Madame Rosa sont un remake baroque, parodique, mais réussi, voire abouti, de la relation mère-fils telle que l'avait posée *La Promesse de l'aube*. C'est faux. Et, quand on regarde bien, on s'aperçoit que c'est comme s'il avait foré dans une autre nappe phréatique, complètement distincte, et qui ne communiquait pas avec la première ; c'est comme s'il puisait dans un autre imaginaire, complètement différent de celui de *La Promesse* ou d'*Education* et que rien n'annonçait dans les livres d'avant ; on a l'impression, vraiment, qu'avec Ajar, avec ce nouveau nom d'Ajar, c'est un vrai nouveau « moi profond » qui surgit et s'installe sur le devant de la scène. Il y a un beau texte de Nancy Huston, dans le numéro des *Cahiers de L'Herne*, où elle reprend complètement les relations de Gary à sa mère et montre que la réalité était loin, très loin, de l'image légendaire construite par *La*

Promesse – un texte où elle raconte cette mère charmante mais abusive, terrible, lui enjoignant de devenir très vite Romain Gary, grand Français académique et solennel, au lieu du petit juif auquel il était urgent de donner congé. Eh bien c'est cela, finalement, qui se produit. Le retour du petit juif. Une façon de tordre le cou à cette statue intérieure que lui avait imposée sa mère et qui ne cessait de lui dire : « fais le Français, Romain ; pas le juif, le Français ; fais-nous des romans bien français, bien peignés, qui impressionneront ces messieurs du Quai d'Orsay. » Une façon de se rebrancher sur cet esprit d'enfance qu'il n'avait cessé, par ses mensonges et ceux de sa mère, par ses reconstructions fabuleuses, ses délires généalogiques, ses poses, de forclore et de faire taire. Ou une façon, pour le dire encore autrement, de laisser parler, soudain, ce que j'appellerai l'enfant emmuré en lui. Peu importe la façon dont on le dit. Quelque chose advient qui n'est pas seulement la vieille voix, plus claire, et qui se laisserait enfin percevoir. C'est une voix nouvelle, plus ancienne et néanmoins nouvelle, que nul n'avait jamais entendue et qui émet à l'abri, sous le pavillon, à l'occasion, du nom nouveau.

La seconde. Il fait ce que Mandiargues n'a jamais fait. Ni Louÿs. Ni Stendhal avec sa batterie de pseudos. Ni, bien sûr, Duras ou Sagan. Ni même Pessoa, le plus grand, le maître absolu en hétéronymie, qui reste un amateur à côté du dispositif qu'il est en train, lui, de mettre en place. Gary fait ce que nul, en vérité, n'a jamais eu l'esprit ni, peut-être, la force de faire avant lui. Afin d'être bien certain de se séparer de cette voix nouvelle, afin de la préserver et d'être bien assuré que sa gueule de vieux brigand ne polluera plus cette jeune voix nouvellement surgie, afin de bien aller au bout du processus qui consiste à dégager ses livres, à les délivrer de ce moi maudit qui leur faisait de l'ombre, à les libérer, il invente un autre gueule et il la dote, cette œuvre, de cette nouvelle gueule, de cet autre personnage, d'un autre auteur de chair et d'os dont la présence va être une garantie supplémentaire qu'on ne pensera plus au vrai auteur, c'est-à-dire à lui, le vieux et mal famé Romain Gary, dont je répète qu'il s'agit d'abord de l'évincer – et c'est l'entrée en scène, à l'automne 1975, de Paul Pavlowitch qui va, non pas exactement signer, mais porter les nouveaux livres et leur donner son visage. Le type, Pavlowitch, existe. Il a le triple mérite : a) d'être un son petit neveu et de lui être dévoué ; b) d'être assez proche de lui pour que s'expliquent, si on les découvre, d'éventuelles proximités de style et surtout, de vision du monde ; c) de correspondre assez exactement à ce que l'époque attend du grand écrivain – Pavlowitch a vraiment ce que mon amie et éditrice François Verny appelait une « gueule d'écrivain » ; lui, Gary, a une belle gueule, une gueule d'acteur américain, une gueule de star, une gueule de mari de Jean Seberg, mais il n'a pas cette gueule d'écrivain que l'ombrageux Paul Pavlowitch va avoir, si j'ose dire, pour deux. Et c'est cet homme, donc, qu'il met sur orbite ; c'est à lui qu'il demande de prêter son visage aux romans qu'il va maintenant écrire ; c'est à cette gueule, à ce personnage, qu'il va demander d'incarner ces nouveaux livres où parle la voix nouvelle et libérée. Pavlowitch est sa créature. Il est à lui, Gary, ce que Pinocchio est à Gepetto. Il est, pour prendre une autre image dont je ne peux pas imaginer qu'elle ne lui ait pas été familière, une sorte de Golem, ce géant à forme humaine, ce Frankenstein, créé, au XVIe siècle, à Prague, à partir d'une masse d'argile à laquelle il insuffle vie, par le rabbi kabbaliste qui est resté dans les mémoires sous le nom du Maharal de Prague. Il est, pour prendre une autre image encore, mais dont nous savons, là, pour le coup, qu'elle lui est familière puisqu'elle est au cœur de l'un de ses grands romans signés Gary, *La Danse de Gengis Cohn,* il est donc, lui, Gary, le Dibbuk, le génie, le malin génie, le bon ou mauvais esprit, le djinn, qui s'empare de l'âme de Paul, s'infiltre en lui, l'investit, prend le pouvoir au-dedans de lui et va lui dicter pensées, conduites et réflexes. Pour le dire dans les mots de la tradition littéraire française, il trouve la solution de l'énigme du *Contre Sainte-Beuve.* Il a, plus exactement, radicalisé, monté aux extrêmes, la problématique du livre de Proust. Séparation des deux moi ? Frontière étanche entre le moi social et le moi profond ? L'auteur mondain, l'homme en société, d'un côté – et, de l'autre, l'âme enfouie, inspiratrice réelle des livres ? Eh bien voilà. Ça n'a jamais été si étanche. Ça ne peut pas être plus étanche puisque ce sont deux entités distinctes qui se partagent les deux tâches. D'un côté lui, Gary, qui, seul, dans le silence et la nuit de la rue du Bac, fait le moi profond et écrit les livres ; et, de l'autre, Pavlowitch, son Pinocchio, son Golem, la marionnette qui va aller à la télé, répondre aux journalistes, se produire en société, parader. Division du travail. Le *Contre Sainte-Beuve* pris à la lettre. A l'énigme du *Contre Sainte-Beuve*, la solution enfin trouvée.

D'autant qu'il fait une troisième chose et qu'il ajoute une troisième variante, encore plus étrange, encore plus folle, à la tradition du pseudonyme. Pour que le travail soit parfait, l'étanchéité totalement bétonnée, pour qu'il y ait zéro risque que le vieux nom, l'ancien moi social, revienne corrompre et polluer les nouveaux produits du moi profond, pour se donner cent pour cent de garantie que le signifiant « Gary » ne viendra plus interférer avec les livres qu'il publie maintenant sous la signature d'Ajar et avec la gueule de Pavlowitch et qui ont, soit dit en passant, un très grand succès, pour rendre impossible une rumeur lui attribuant à lui, Gary, la paternité des livres publiés sous son nouveau nom, pour être bien certain que la deuxième œuvre vivra de sa vie propre sans risque de corruption par l'auteur public de la première, il prend une initiative folle et, je le répète, sans précédent : il organise le débat, la polémique, la bagarre, entre ses deux noms. C'est d'abord le vieux Gary, le Gary, si j'ose dire, officiel qui continue de publier des livres dans l'ancienne inspiration comme *Clair de femme* et qui, dans les interviews qu'il donne à cette occasion et qui côtoient parfois, dans les mêmes journaux, des interviews données et signées par Ajar, dit des choses du genre : « comme mon neveu est talentueux ! jeune et talentueux ! alors que je suis, moi, vieux, démodé, à bout de souffle. » Et c'est ensuite l'autre Gary, celui qui signe Ajar et que tout le monde pense être Pavlowitch, qui attaque, insulte, traîne dans la boue, détruit, le vieux Romain Gary, l'oncle, surnommé « Tonton Macoute » et proprement ridiculisé – c'est Ajar, donc, qui publie un livre intitulé *Pseudo* et où on lit, en gros : « Gary est un con, une vieille barbe, un escroc, un faux résistant, un imposteur ; je suis bien placé pour le connaître vu que c'est mon oncle et je suis obligé de dire que tout, chez cet homme, vraiment tout, est toc, chiqué, inventé. » Mieux, toujours dans le même livre, *Pseudo*, il va jusqu'à écrire : « cet homme est un tel salaud, un type tellement sans scrupules, une telle canaille, qu'il est capable de me voler ma jeune gloire en laissant courir le bruit, sous prétexte que je suis son neveu, que c'est lui l'auteur de mes livres. » Ou encore, autre variante, plus forte encore, plus perverse : « je vais lui jouer un tour ; il est tellement idiot que je vais lui jouer un tour dont il aura du mal à se remettre ; c'est moi qui vais lancer la rumeur qu'il est l'auteur de mes livres ; et il est tellement sot, tellement obsédé de respectabilité et d'honneurs, il est tellement malade de sa bonne société du Quai d'Orsay qu'il va avoir une attaque à la seule idée que l'on puisse l'associer à ces sales histoires de petits juifs et d'arabes, de vieilles putes, que je raconte dans mes romans. » Voilà. Toutes les précautions sont prises pour dissocier Gary et Ajar. La boucle est bouclée. La tragédie peut commencer.

2

Pourquoi la tragédie ? Parce qu'un certain nombre d'événements vont se produire à partir de là, qui n'étaient pas prévus au programme et dont l'enchaînement va avoir des conséquences dramatiques. Voici le premier. Le Golem se révolte contre son statut de golem. La marionnette, qui était supposée n'être qu'une marionnette dont lui, Gary, tirait les fils, se met à vivre de sa vie propre, bouger, prendre des initiatives, s'agiter.

C'est des petites choses, d'abord. Des toutes petites choses. Comme mettre un costume de velours blanc le jour de son premier rendez-vous avec Simone Gallimard : « pas de velours blanc, gronde Gary, quand il l'apprend ! surtout pas de velours blanc ! tu es un écrivain, pas un dandy ; un pur, pas un sauteur ; c'est bon pour Tonton Macoute le velours blanc, pas pour son neveu génial ! » C'est le coup de folie dont il est saisi le jour où, ayant rendez-vous, à Copenhague, avec la journaliste du *Monde* Yvonne Baby, Paul prend l'initiative, contraire, là aussi, aux ordres, contraire aux consignes exprès de son marionnettiste qui lui avait dit et répété qu'un grand écrivain moderne se doit d'être mystérieux, mys-té-ri-eux, et de ne rien laisser paraître de sa vie privée, c'est le jour, donc, où il prend l'initiative de se faire accompagner par sa petite amie à Copenhague : catastrophe encore ! stupeur de Romain et colère ! « un écrivain de ta sorte, un grand grincheux, un silencieux, ne se donne pas en spectacle avec une greluche ! » C'est l'interview qu'il donne, sans que, là non plus, il en ait reçu l'ordre formel et sans que, surtout, les deux hommes se soient mis d'accord sur ce qu'il doit dire et ne pas dire, au journal *La Dépêche du Midi* : « le téléphone était en dérangement, s'excuse Paul ! je t'aurais bien appelé mais il était en dérangement ! et puis la barbe à la fin ! il n'y a pas mort d'homme, non plus ! comment pouvais-je savoir que tu allais en faire un tel drame ? » Ce sont toutes ces interviews, toutes ces rencontres littéraires, parfois ces soirées entières, où il prend de plus en plus de libertés avec le « boss », vole de ses propres ailes, définit lui-même le discours qu'il va tenir et où Gary attend des heures, parfois la moitié de la nuit, à côté de son téléphone qui ne sonne pas ou qui sonne au petit matin : « quoi ? tu m'attendais ? mais fallait pas, cher grand-oncle ! fallait pas perdre ton sang-froid ! tout va bien ! tout est under contrôl ! je n'avais pas compris que je devais t'appeler juste en sortant ! » Et puis c'est le jour, enfin, où Paul prend la liberté de donner aux journaux, primo sa photo et, secundo, sa biographie : « là, ce n'est plus seulement un détail, c'est une faute, tonne Romain ! une faute ! c'est une chose d'avoir un visage, c'en est une autre de le montrer! c'est une chose de doter mon œuvre d'un écrivain de chair, histoire de brouiller les pistes – c'en est une autre, pour cette chair, de faire des siennes et de prendre tant de présence! » Bref, Paul prend ses aises. Il y a des bogues dans le programme. Le Golem n'est plus complètement Golem. Il y a de l'eau, non dans le gaz, mais dans le Golem. Ou plutôt si, c'est un vrai Golem au contraire. Un vrai de vrai. Mais Gary aurait dû savoir que telle est la loi, justement, du Golem. En eût-il su davantage sur le Maharal de Prague et les juifs pragois du XVIe siècle, qu'il aurait deviné qu'il n'y a pas de Golem parfait et qu'arrive toujours le moment où la créature échappe à son créateur et lui file entre les doigts. Il en va du Golem Pavlowitch comme du premier Golem, le vrai, celui du Maharal, qui vit de son énergie propre et a ses petites fantaisies.

Ensuite, il y a ses états d'âme. Oui, voilà que ce drôle de Golem, non content de s'agiter et de prendre du corps, trop de corps, se met à avoir une âme et même des états d'âme. Agacé, d'abord. Blessé, forcément blessé, d'être ainsi instrumentalisé, manipulé. Se sentant ridicule, par moments. Pitoyable. Et puis se sentant pillé, aussi. Oui, pillé. Car ces fichus bouquins qu'il lui fait endosser, voilà que, peu à peu, par facilité, ou pour parfaire le dispositif, Gary les lui fait prendre sous la dictée. Et voilà que, petit à petit, il ne sait pas très bien comment cela s'est fait, mais c'est ainsi, il le fait parler, lui fait raconter des choses et c'est avec cela, avec ces petites choses, ces récits, avec des mots qu'il lui dit, des formules, avec lui comme personnage, qu'il fabrique *aussi* ses nouveaux livres. Oui, c'est un détail, mais qui compte. Ces livres qu'il est censé recopier froidement, sans réagir, c'est avec lui, après tout, que Romain les invente et les compose. Avec des bouts de lui. Des fragments de sa biographie. Romain est comme tous les écrivains, n'est-ce pas ? Il prend tout ce qui bouge. Puise dans tout ce qu'il touche. Alors là, comme il y va! Ses travers. Ses faiblesses. Son petit tas de secrets, à lui, Paul Pavlowitch, qu'il connaît assez bien vu qu'ils sont cousins. Leurs mères. Des choses terribles qu'il imagine et qu'il lui dicte aussi, comme le fait que sa mère à lui, Paul, aurait couché avec lui, Tonton Macoute, alias Romain Gary, et qu'il serait le fruit de cet accouplement. Oh ! Ce n'est pas si facile de noter des choses comme ça, mine de rien, sans rien dire ! Ce n'est pas évident d'être le modèle d'un écrivain qui entre chez vous comme dans un moulin, vous dépouille de ce que vous avez de plus intime et vous le fait coucher sur le papier ! C'est terrible d'avoir un type, en face de vous, qui guette vos misères et vos blessures, vous transforme en une mine à ciel ouvert et, de ce qu'il y puise, va faire des bouquins qu'il va, ensuite, de surcroît, vous demander de signer ! Il pense aux modèles de Picasso. Il pense aux Dora, Olga et autres Fernande, si honteusement pompées, puis jetées au rebut. Il pense à l'*Enfant aux cerises* de Manet qui finit par n'en plus pouvoir et par aller se pendre, de rage, de honte, dans un placard. Il en a marre. Il n'en peut plus. Il sent une révolte, une vraie révolte, monter en lui. D'autant qu'il n'est pas sûr, par-dessus le marché, de les aimer tant que cela, ces livres qu'il endosse. Il est un Golem ? Juste un Golem ? Il est payé pour signer et se taire ? D'accord. C'est, en effet, le deal. Mais il est aussi un homme, il se dit. Et un homme qui a, cachés au-dedans de lui, non seulement des secrets, mais des rêves d'écrivain, des ambitions rentrées et, en tout cas, des goûts. Il a ses trucs. Ses auteurs préférés. Peut-être sa conception de la littérature et du roman. Peut-être même qu'il a un petit côté modern style, nouveau roman, *Tel Quel*, structuralisme, toutes ces histoires qui sont de son âge et que Gary déteste. Et il commence à se dire qu'il ne les aime qu'à moitié ces trucs qu'il lui dicte, qu'il fait avec sa vie et qu'il est forcé de signer.

Et puis, comment dire ? Paul a beau être un type bien. Un garçon archi-honnête. Il a beau être animé – il le montrera après la mort de Gary – par des sentiments tout ce qu'il y a de plus corrects à l'endroit de son Cagliostro d'oncle. Je me demande si toute cette histoire ne finit pas, à un moment, par lui monter un peu à la tête. Quoi, se dit-il ? J'étais un personnage et je ne le savais pas ? J'avais ce gisement en moi, et je ne m'en avisais pas ? J'étais gros de ces romans que lui, Romain, écrit, o.k., mais qu'il n'écrirait pas de la même façon, c'est évident, si je n'étais pas là pour les inspirer ? A qui appartiennent les livres, alors ? A ceux qui les écrivent, vraiment ? cent pour cent ? Ou bien aussi, un peu, un tout petit peu, à ceux qui les leur ont inspirés ? Ajoutez à cela le fait qu'il y a nécessairement des moments où, à force de prendre sous la dictée, à force de voir Romain hésiter, tâtonner, corriger, bref créer, il se dit : « je vois ses trucs… ses ficelles… je vois comment il fabrique ses machins… » Et supposons qu'il songe encore, à partir de là : « quoi ? ce n'est que ça, un livre ? quelques tics, toujours les mêmes ? quelques procédés rhétoriques, quelques ficelles, et hop, emballé c'est pesé, pas si sorcier finalement… pas si dur que je croyais… je le ferais, moi, si je voulais… » ou bien encore, presque pire : « pas si bien… non, ce n'est pas si bien que cela non plus… avoir un matériau pareil et en faire un truc aussi médiocre… ah ! si c'était moi… si j'étais moi… si c'est moi qui étais aux manettes… le chef-d'œuvre que je ferais, maintenant que je sais comment la machine fonctionne et quel est le secret de ce fonctionnement… » Cette double idée, primo, qu'il y a un secret de la littérature et qu'il suffit, sinon de l'approcher, du moins de le capter pour faire de beaux livres et, secundo, que les livres appartiennent en copropriété à ceux qui les écrivent et à ceux qui les inspirent, est une idée classique. C'est l'idée de Zelda face à Scott Fitzgerald quand, lasse de se sentir épiée puis copiée par son mari, elle décide d'écrire, sous son propre nom, *Accordez-moi cette valse*. De Jane Bowles quand elle se révolte contre Paul et décide de se mettre, elle aussi, à son compte et d'écrire. C'est l'idée de Bettina von Arnim et de toutes ces héroïnes romantiques, muses des Novalis, Schlegel et autres Hofmannsthal, quand, fatiguées de n'être que la vivante et souffrante chair de la poésie des autres, elles tentent de poétiser à leur tour. C'est une idée dont je ne peux pas imaginer qu'elle n'ait pas effleuré Paul Pavlowitch.

Mettez tout ça bout à bout. Additionnez les petites libertés qu'il prend, ses états d'âme de Golem échappant à son Maharal et ce sentiment, maintenant, d'être près, tout près, de ce brûlant secret qu'est le secret de la littérature et qui est comme le Saint-Graal qu'il poursuivait depuis toujours. Vous aurez une idée de l'atmosphère qui règne, pendant cette période Ajar, dans l'appartement de la rue du Bac. Deux hommes enfermés, pris au piège de leur huis clos et qui commencent à se méfier l'un de l'autre. Deux hommes qui, par moments, finissent par se haïr ou se soupçonner mutuellement des plus noires et mauvaises pensées ou arrière-pensées. Romain survolté, insomniaque, qui passe des journées et des nuits, quand il est trop fatigué pour écrire, à rêver, s'angoisser, broyer du noir, surveiller son neveu. Paul – c'est lui qui le raconte – rêvant, quand il tape à la machine, que c'est sur la tête de Romain qu'il tape. Paul encore, certains soirs – c'est toujours lui qui le dira – allant sur la pointe des pieds jusqu'au palier, sonnant à la porte et revenant très vite à sa table de travail tandis que, dans l'autre pièce, un Gary à bout de nerfs, affolé, forme les hypothèses les plus extravagantes : un voleur… un criminel… peut-être le FBI… oui, ce même FBI qu'il soupçonne d'avoir tué Jean Seberg et, avant elle, son enfant, Nina Hart, le FBI qui vient le narguer, le provoquer jusque chez lui… D'autres soirs – là c'est moi qui l'imagine – il écrit lui-même quelque chose qu'il apporte à Romain : « tiens ; inversons les rôles ; c'est moi qui écris pour une fois et toi qui vas signer ; vu que ce que tu signes n'intéresse personne, quelle importance ? » Et puis il ne peut pas, ils ne peuvent pas, ne pas se poser, l'un comme l'autre, les questions les plus folles. Romain : « et si Paul me doublait ? s'il faisait un contrat séparé avec le Mercure ? que se disent-ils, au juste, lui et Michel Cournot, l'éditeur, pendant ces longues heures, rue de Condé ? et s'il trouvait le moyen de me faire chanter. » Paul : « et si Romain mourait ? et si, soit par accident, soit un soir de désespoir, il disparaissait ? que deviendrais-je à ce moment-là ? continuerais-je de toucher ma commission ? et qu'est-ce qu'il y a vraiment, en définitive, dans ces satanés contrats dont je vois bien qu'il les refait inlassablement, comme un fou, avec ses armées d'avocats ? » Romain encore : « et si je mourais, oui ? qu'est-ce qu'irait raconter ce salaud si je mourais ? est-ce que les choses sont assez claires ? les contrats assez blindés ? » Et puis Romain toujours – autre hypothèse, inverse, mais dont il est inimaginable qu'il ne se la formule pas : « et si c'est lui, Paul, qui meurt ? quid si, une de ces nuits où il va traîner dans je ne sais quels bas-fonds, il prenait un coup de couteau, et mourait ? est-ce que je pourrais encore dire que je suis Ajar ? est-ce que je pourrais, lui mort, aller dire "Ajar c'est moi, Pavlowitch n'était qu'un prête-nom, le véritable écrivain c'était moi" ? est-ce qu'on me croira seulement ? est-ce que les gens ne penseront pas "ah, le vieux salaud se serait bien gardé de révéler ça du vivant de son neveu ! trop facile de le faire maintenant que l'autre n'est plus là pour confirmer ou infirmer !" ». Le piège se referme sur les deux hommes et, en tout cas, sur Romain Gary. L'aventure pseudonymique, partie comme une façon de s'affranchir de soi, de retrouver sa liberté, est en train de tourner au cauchemar. Tout se complique. Tout s'inverse. Gary est devenu l'Otage de son Golem et Paul le Dibbuk de son Dibbuk.

3

Alors la question c'est, bien sûr : « pourquoi, ne sort-il pas du jeu ? » pourquoi, tant qu'il en est encore temps, qu'il est vivant et Paul aussi, pourquoi, avant qu'il ne soit trop tard, ne va-t-il pas, en effet, avec Paul, avec les manuscrits écrits de sa main, avec les contrats, trouver les gens et leur dire : « eh bien voilà ; tout ça était un montage, un canular, une grande et folle aventure littéraire – la partie est finie, on ne joue plus, Pavlowitch était une marionnette, c'était un Golem, c'est moi, Romain Gary, qui ai rédigé *La Vie devant soi* et *Gros-Câlin* » ? Pourquoi ne convoque-t-il pas l'une de ces grandes conférences de presse dont il a le secret et qu'il aime ? Il lui serait facile, après tout, de réunir les grands médias, en présence de Paul lui-même, assis au premier rang, et qui opinerait, confirmerait, il lui serait si facile de dévoiler le pot aux roses en face de son neveu encore à peu près loyal et docile. Or, bizarrement, il n'en fait rien. Le temps passe, mais il n'en fait rien. Il a maintes occasions de le faire. Oui, c'est le plus extraordinaire : les circonstances, la vie, lui donnent dix occasions de crever l'abcès. Et, donc, il ne bouge pas. Il y a le jour où une journaliste du *Monde*, Jacqueline Piatier, comprend la supercherie et le reconnaît : Gary proteste. Il y a Jean-Michel Royer qui le devine aussi : de nouveau, Gary se récrie. Il y a la publication de *Pseudo* où l'idée même que Gary soit Ajar est ridiculisée dans le texte même : l'arme absolue ! Il y a l'affaire du deuxième Goncourt. C'est l'occasion en or de s'en sortir. C'est l'occasion ou jamais, vu qu'il a déjà eu le Goncourt une fois, sous son premier nom de Gary, et vu qu'il est interdit à un même auteur de l'avoir deux fois, de venir dire, vêtu de probité candide : « stop, on ne joue plus, je ne vais pas retirer le Goncourt, donc le pain, de la bouche d'un jeune écrivain (le jeune écrivain, cette année-là, s'appelle, je crois, Patrick Modiano) ; et c'est pourquoi je me découvre ; et c'est pourquoi je dévoile le stratagème ; ne donnez pas le Goncourt à Ajar car Ajar et Gary sont une seule et même personne. » Or Gary, bizarrement, ne saisit aucune de ces occasions. Il ne dit rien. Il laisse dire et ne pipe mot. Il choisit de s'enfermer, chaque jour un peu plus profondément, dans le piège où il est pris. Pourquoi ?

Il y a une première raison : le conformisme. Eh oui il y a, en ce rebelle-né, ce révolté, cet homme qui traverse toutes les communautés, les langues, les églises et qui s'en joue, il y a chez ce très grand artiste, chez cet homme libre, éminemment libre, l'un des plus libres de son temps, une étrange part de conformisme. C'est le côté vieux juif polonais craignant, à chaque instant, de n'être pas en règle. C'est son côté peur de l'administration, de l'autorité, des impôts. Aussi incroyable que cela soit, Gary, à ce moment-là, est obsédé par les impôts. Cet homme qui est en train de produire l'une des plus belles histoires de l'histoire littéraire contemporaine, l'une des plus riches de sens, est obsédé par l'idée qu'il s'agit aussi d'une petite supercherie et que cette affaire de droits d'auteur imputés à l'un et encaissés par l'autre, ou l'inverse, puisse tourner à la fraude fiscale. Il pense aussi au Quai d'Orsay. On oublie toujours cette dimension de Romain Gary et on oublie à quel point elle a compté pour lui – et pourtant… Que va penser le Quai d'Orsay de la plaisanterie ? Que va penser Georges Gorse ? Et Maurice Couve de Murville ? Il se rappelle comment, quelques années plus tôt, quand il avait été tenté de revenir dans la Carrière, c'est Couve de Murville qui l'avait bloqué : « qu'est-ce que c'est que ce rastaquouère, ce mari d'actrice, ce tocard, qui prétendrait, en plus, représenter de la France éternelle ? » Là, c'est sûr, Couve va triompher. Là, c'est sûr, cette petite affaire Ajar sera la confirmation des pires soupçons que Couve nourrit à son propos – « vous voyez bien ! ce nul ! ce zozo ! est-ce que je n'avais pas eu du nez de lui interdire le retour dans la Carrière ? » Et puis les Compagnons. Les Compagnons avec un grand C. Ce sans-famille, cet irréductible, a quand même une famille, petite par la taille mais grande par la noblesse, qui est la famille des Compagnons de la Libération. Alors, que vont-ils penser, eux aussi ? Comment vont-ils réagir, ces burgraves du gaullisme historique, quand ils vont apprendre que l'un des leurs a pu se livrer à pareille facétie ? Il se rappelle le jour de l'enterrement du général de Gaulle. Il se rappelle leur air courroucé, et tellement réprobateur, quand ils l'ont vu arriver, dans le train pour Colombey, engoncé dans son vieil uniforme d'aviateur de la France Libre devenu trop petit pour lui. Romain fait des siennes, ils se sont dit… Romain fait encore le malin… Il cherche à se faire remarquer… Alors là ! cette histoire lamentable ! Est-ce qu'un Compagnon de la Libération se prête à ce genre de farce ? Est-ce que Malraux aurait fait ça ? Est-ce que Malraux, le grand Malraux, se cacherait derrière un prête-nom foireux pour fourguer des histoires d'ex-putes, de petits immigrés, d'appartements sordides, sixième sans ascenseur, Belleville ? Malraux, d'ailleurs… Il pense forcément à

Malraux… Gary n'a pas de vrai contemporain, d'accord… Sauf qu'il y a lui, Malraux, le contemporain capital, son double réussi et glorieux, son frère en esprit, l'un des très rares dont l'avis lui importe et l'impressionne… Et il ne peut pas ne pas se demander comment lui donc, Malraux, écrivain et ministre du général de Gaulle, noblesse de plume et d'épée réunies en un même homme, réagira lorsqu'il saura – il ne peut pas ne pas se demander comment il considérera ce petit business qu'il a fabriqué avec son neveu. Quelle honte !

Mais il y a encore une autre raison. Plus profonde. Et, d'une certaine façon, plus triste. Car enfin… Ce secret… Ce terrible secret de l'identité garyenne de Ajar… Il y a finalement, quand on y pense, des tas de gens dans le secret… Il y a Robert Gallimard, son éditeur. Gisèle Halimi, son avocate. Leïla Chellabi, la danseuse, sa dernière compagne. Diego, bien sûr, son fils. L'oncle et la tante de Jean-Christian Agid, René et Sylvia Agid. Son ami Pierre Michaud qui est supposé être le médiateur entre lui et le Mercure de France. Martine Carré, sa secrétaire. D'autres encore. Plusieurs autres. Je vous fais grâce de la liste. Mais enfin il y a bien, au total, quinze ou seize personnes qui savent ou qui ont compris qu'Ajar est le pseudo de Gary. Et je vais même vous dire mieux. Il y a encore plus étrange. Il y a une autre amie de Gary, Linda Noël, qui est en vacances chez lui, l'été 1979, à Majorque, et qui, un après-midi, à l'heure de la sieste, rôde dans la chambre du maître et découvre, ouvert sur son bureau, annoté, corrigé, écrit de sa main, le manuscrit de… *Gros-Câlin.* Linda Noël comprend. Elle comprend tout, immédiatement. Et, une fois rentrée à Paris, elle fait ce que ferait n'importe quelle amie en pareille circonstance : elle raconte, bien sûr ; elle va dans les dîners et, soit pour faire l'intéressante et l'informée, soit pour rendre justice à son cher Romain et parce qu'elle n'en peut plus d'entendre dire que c'est lui le vieux con et Ajar le génie, elle balance le secret. Or que se passe-t-il à ce moment-là ? Comment les gens réagissent-ils quand elle leur apprend cette nouvelle énorme ? Eh bien ils ne la croient pas. Ils écoutent, mais ne croient pas. Paris sait que la rumeur existe. Paris entend tout le temps, depuis longtemps, de la bouche de l'un des quinze ou seize et même, dans *Pseudo*, de la bouche d'Ajar lui-même, qu'Ajar n'existe pas. Mais Paris a tout compris. Paris pense que c'est Gary, le vieil escroc, qui fait courir le bruit exprès. Paris sait que Pavlowitch, de son côté, est un excentrique, une sorte de fou, un personnage désintéressé et charmant, qui se fiche éperdument de ce que l'on dit de lui et qui, non seulement s'accommode d'être dépossédé de son œuvre, mais trouve drôle, par-dessus le marché, de coller à son vieil oncle la paternité d'une œuvre qui lui ressemble si peu et ne peut que le gêner. Bref Linda Noël parle, mais personne ne l'entend. Linda Noël révèle, mais personne ne veut ni ne peut la croire. Linda Noël, comme les autres quinze, se trahit forcément, le trahit, mais cela n'a plus d'importance. Romain Gary, alors, fait une découverte tragique. La chose ne se dit pas plus parce qu'elle est indicible ou, en tout cas, inaudible. Ni lui ni personne n'est plus en mesure de révéler le fameux secret parce qu'il est, d'une certaine façon, trop tard et qu'il n'y a plus de secret du tout. Et il n'y a plus de secret parce que, s'il le révélait, si quiconque le révélait, personne ne le croirait. Trop tard, c'est cela. Etrangement trop tard. Fin de partie. L'issue est devenue une impasse. Son mensonge est si bien fait, sa supercherie si bien ficelée, qu'elle est impossible à dénouer et qu'il n'y a plus de sortie possible. Gary est fait. Son destin est scellé.

Gary, à ce moment-là, n'est pas seulement déprimé. Il n'est pas seulement, comme on l'a dit et comme on le répète à tout bout de champ, mélancolique. Bien sûr, il y a de cela. Ce dur est un faux dur. Un faux Gary Cooper. C'est un homme d'action mais aussi un mélancolique et il y a toujours eu, en lui, cette part obscure, presque noire, qui ressemble à de la mélancolie. Mais, là, c'est davantage. C'est pire qu'une mélancolie banale. C'est comme s'il avait enfanté une sorte de jumeau maudit et qu'entre les deux jumeaux il avait organisé une joute terrible et sans merci. C'est comme si ce jumeau lui avait sucé le sang, pompé l'âme et la substance – et c'est comme si lui, Gary, ainsi sucé, pompé, dévitalisé, ainsi dépossédé de sa vérité transfusée dans l'âme de son jumeau, se retrouvait, en bout de course, comme une enveloppe vide dont il ne saurait plus, lui-même, que faire. Toute sa vie, il a appréhendé ce moment. Toute sa vie, il a rôdé autour de l'idée qu'un homme puisse n'être rien, ou pas grand-chose, et que la littérature doit le révéler ou le sauver. Toute sa vie, il s'est senti guetté, parfois gagné, par ce sentiment si moderne de la liquidité de son moi et il en a fait des livres. Dieu sait s'il a haï tous ces structuralismes et autres déconstructionnismes qui avaient fait de l'anti-humanisme ce qui lui semblait un fonds de commerce. Mais, d'une certaine manière, il pensait comme eux. Il vivait, par anticipation, leur prophétie. Cette disparition du sujet, cette mort de l'homme, dont ils se croyaient les inventeurs, il en devinait le goût et le parfum. Et là, voilà. Il y est. Il est un sujet déconstruit. Il est un moi qui a disparu. Et cela parce qu'il s'est transvasé, transsubstantialisé dans un nom de substitution et d'emprunt. Alors on fait quoi, quand on en est là ? Et comment réagit-on à ce vide qui s'est fait à l'intérieur de soi ? On est le 2 décembre 1980. Il vient de déjeuner, au Récamier, avec Claude Gallimard, le mari de Simone, la patronne du Mercure de France, son éditrice. Son convive ne sait rien, naturellement. Absolument rien. Il lui reparle d'Ajar, d'ailleurs. Il lui reparle de Pavlowitch. Mais comme ça. Légèrement. Sur le ton de la conversation la plus badine. « Comme votre cousin a du talent ! Si, si, ne protestez pas ! Ne soyez pas modeste, cher ami ! Il a un talent fou. Et nous vous sommes si reconnaissants, dans la Maison, de nous avoir amené un pareil talent. N'est-ce pas la preuve que vous êtes toujours dans la course, d'ailleurs ? Toujours branché sur la jeunesse ? Ah ! sacré Romain... » Puis : « vous savez quoi ? je viens d'avoir une idée brillante ! Ne dites pas non, là non plus ! Ne dites surtout pas non tout de suite ! Je suis sûr que l'idée est bonne. Pourquoi ne faites-vous pas, avec lui, un livre de dialogue ? Berl vient de faire ça avec Modiano et il a fait un tabac. Pourquoi ne pas tenter le coup à votre tour ? L'oncle et le neveu… Le vieux filou et le jeune espoir ! Ça marcherait du feu de Dieu… S'il vous plaît ! » Romain, pour la dernière fois, se dit qu'il devrait démentir. Il songe que c'est peut-être là l'occasion, la dernière occasion, de balancer enfin la vérité. Mais c'est trop tard, disais-je. Il comprend qu'il est trop tard. Il sent que Claude ne le croirait pas. Il sent que, même mis en face de l'évidence, il trouverait le moyen de douter. Il est fatigué. Oh ! si fatigué. Il est presque trois heures. Il allume un de ses cigarillos préférés. Il sait que Claude Gallimard, quand il sera rentré à son bureau retrouvera Odette Leygues, sa secrétaire, et lui confiera : « ce pauvre Romain… cinglé… vraiment cinglé… a encore essayé de me vendre la vieille fable qui court Paris, selon quoi il serait Ajar… » Alors, il ne dit rien. Rentré chez lui, il se déshabille. S'enroule une robe de chambre rouge, couleur de sang, autour de la tête. S'allonge. Et se tire une balle dans la bouche. Il a juste tué le mauvais jumeau. C'est fini.

2

Justice pour un inconsolé[1]

N'y a-t-il pas un paradoxe Romain Gary ? Nous nous trouvons avec lui en présence d'un des grands écrivains du XXe siècle dont l'œuvre est pourtant en partie laissée en jachère. D'où vient, d'après vous, ce – relatif – délaissement ?

1. Propos recueillis par Joseph Macé-Scaron, *Magazine littéraire*, juin 2009.

Je crois qu'il y a, hélas, une quasi-fatalité de l'anthume. De tel ou tel écrivain et, en l'occurrence, de Gary, on a toujours envie de se dire : « mal vu de son vivant, d'accord ; moqué, diffamé, sous-estimé, o.k. ; mais vous allez voir ce que vous allez voir ; laissez venir Dame Postérité sur ses jolis pas de colombe et vous observerez comme tout cela sera rattrapé, comme le grand écrivain, enfin, gagnera son procès en appel. » Eh bien ce n'est pas vrai. Dans ce cas-ci, en tout cas, ce n'est pas ce qui s'est produit. Et il est frappant de voir comment le Gary mort n'échappe aucunement aux clichés qui l'étouffaient vivant : un conteur, un fabuliste, un auteur de bon niveau – mais sans ce double fond, cet envers obscur et crypté, qui appellent le commentaire et font les œuvres officiellement majeures. Vous avez des exceptions, naturellement. Vous avez Paul Audi. Vous avez les gens de la revue *Plaid* qui font tout un travail autour de l'auteur de *Jeunesse européenne*. Mais ce sont des exceptions. Et cela est dû, je vous le répète, à cette façon terrible qu'ont la calomnie, la mesquinerie, la déformation de œuvre, de poursuivre leur sale travail alors même que l'homme n'est plus là. Ou, pour dire autrement la même chose, c'est dû à la *longueur* de l'ombre que projette un grand vivant sur son œuvre. C'est ainsi.

Donc pas de réhabilitation posthume ?

Pas pour le moment, non. J'aimerais bien vous dire le contraire. J'aimerais vous dire que l'œuvre de Gary est comme ces lettres perdues, qui tardent à trouver leur destinataire, mais qui finissent tout de même, un jour, par arriver. Malheureusement, ce n'est pas le cas. Pour l'heure, on n'est pas dans l'hypothèse de la lettre perdue, mais dans celle de la lettre au rebut dont parle Melville dans *Bartleby*... C'est triste. C'est très triste. Mais, je vous le répète, c'est ainsi.

Est-ce le goût des masques, sensible dans l'« affaire Ajar », qui vous a attiré chez Gary, comme vous semblez le suggérer dans

Comédie ? *Est-ce, autrement dit, ce qui rappelle et répète la dilection de Pessoa pour les hétéronymes, qui vous a porté vers lui ?*

Oui, bien sûr, il y a de ça. Il y a ce goût de l'être-multiple – Shatan Bogat, Fosco Sinibaldi, Ajar, Gary lui-même qui, comme vous savez, était aussi et déjà un pseudonyme – qu'il a porté à l'extrême et dont on a pris conscience après sa mort. Mais il y a aussi autre chose. J'ai un peu connu Gary. Je l'ai vu, assez régulièrement, dans les deux dernières années de sa vie. Or j'ai été victime, moi aussi, du cliché idiot qui en faisait juste une sorte de baroudeur, d'aventurier des lettres, de Joseph Kessel en plus pittoresque, de condottiere haut en couleur et qui valait moins par ses livres que par son personnage et son allure. Et je ne l'ai donc, à l'époque, pas tellement lu moi non plus. D'où, je pense, un sentiment de culpabilité. D'où, aujourd'hui, vingt ans après, le sentiment d'avoir participé d'une injustice – et d'avoir à la réparer. C'est un peu dans cet esprit que j'ai écrit le chapitre de *Comédie* que j'ai consacré à l'affaire Ajar.

Vous avez un souvenir exact du jour de sa mort ?

Oui. C'est drôle que vous me demandiez ça. Il y a des gens qui se souviennent de ce qu'ils étaient en train de faire à l'instant de la mort de Kennedy, ou de l'attentat du 11 Septembre, ou du premier homme qui a marché sur la Lune… Moi, je me souviens très précisément de ce que j'étais en train de faire, de l'état d'esprit qui était le mien, à l'instant où une amie m'a annoncé, au téléphone, la mort de Romain Gary. J'étais chez moi, près de la mère de mon fils qui allait naître quelques jours plus tard. J'étais en train de finir de corriger les premières épreuves de *L'Idéologie française*. Et je m'en souviens parce que ce fut un choc, vraiment, et parce que c'est sous le coup de ce choc que je me suis mis, presque aussitôt, à lire et à m'aventurer dans ce continent littéraire bâti sous le signe du déguisement, du masque, du travestissement, du double jeu.

Quelle définition implicite donne de la littérature ce jeu sur les doubles ? Celle d'un arrachement à soi ? D'une liberté d'allure et de pensée par rapport à la religion identitaire ?

C'est cela, oui. Ce qu'il nous dit, d'abord, c'est que la littérature n'est pas l'émanation d'un sujet. Mais que c'est le sujet qui est l'émanation de la littérature.

Un « antisubjectivisme » extrême, donc…

Dans la famille d'écrivains à laquelle je m'intéresse, il n'y a pas d'abord un sujet qui va nous donner des livres comme un pommier donne des pommes et qui, pour peu qu'il évolue, pour peu qu'il change avec le temps et se métamorphose, va donner des livres différents : période bleue, période rose, période noire… Non. Au commencement est le sujet, d'accord. Mais un sujet totalement concentré sur le livre à venir – tellement concentré qu'il finit par se confondre avec lui et qu'il est, tout bien considéré, un sujet quasiment vide de substance. Antisubjectivisme de Gary. Vertige d'un écrivain qui produisait un moi social pour amuser la galerie mais qui, à l'abri de ce moi social, faisait se dérouler une tout autre partie, une tout autre dramaturgie, où se produisaient, de livre en livre, autant d'hologrammes de soi, d'un autre soi, de ce soi secret, invisible autrement, imperceptible, qui est le sujet même de la littérature. Cet art-là, Gary l'a illustré d'une manière éclatante. Il a été un *Contre Sainte-Beuve* à lui tout seul. Il a vécu, comme personne, réellement comme personne, dans sa tête puis, hélas, dans sa chair, cette épreuve de l'automultiplication.

S'il s'est suicidé, c'est donc parce que cette dissémination de soi, pour créatrice qu'elle soit sur le plan littéraire, n'en est pas moins invivable ?

Voilà.

N'y a-t-il pas un moment où cette multiplication a fini par influer sur le style de Gary et où il s'est mis à « ajariser » ?

Je ne dirais pas les choses comme ça. Car cela laisse supposer qu'il y aurait « un » style de Gary qu'Ajar aurait investi. Or ce n'est pas cela. Gary n'a pas de style et les a tous. Gary est le nom de cette prolifération sans fin, sans loi, où l'on ne voit jamais une identité prendre le pas sur une autre. Regardez. En pleine époque Ajar, il écrit *Clair de femme*... L'année de *La nuit sera calme*, il publie *Les Têtes de Stéphanie* sous le nom de Shatan Bogat... Et voilà Fosco Sinibaldi qui déboule en pleine écriture de *La Promesse de l'aube*... Je crois qu'il faut se faire à cette idée qu'il n'y a pas un Gary premier qui aurait engendré tous ses doubles. Dire qu'il était passé maître dans cet art des doubles, dire qu'il était imbattable dans cette guerre des hétéronymes et de leur pantomime, c'est admettre cette particularité absolue et dont je ne connais pas tellement d'autres exemples : pas de matrice ; encore moins de *patrice* ; pas de nom premier, paternel si vous préférez, qui aurait engendré ce jeu ; particularité qui, soit dit en passant, est assez raccord avec cette névrose paternelle dont nous parlent les biographes et qui était le fait du vrai Gary, du Gary réel, du Gary de chair.

Donc une irréductible dimension de jeu ?

Oui. Et même de carnaval. Il y a, dans ces livres, toute une dimension rabelaisienne, un grand rire incessant, un art très « Alfred Jarry » de dégonfler les baudruches, toutes les baudruches, y compris et peut-être d'abord *soi-même comme baudruche*. Un exemple. La façon dont Gary ne cesse de défaire, saper, faire exploser de l'intérieur, l'idéologie héroïque qui était, par ailleurs, la sienne. Ce grand résistant, ce burgrave du gaullisme initial puis finissant, il n'a de cesse, dans ses livres, dans *La Danse de Gengis Cohn* par exemple, de guignoliser son personnage. L'obsession, vraiment l'obsession, est, dans son travail nocturne, de reprendre les intrigues tissées dans vie diurne et de les déjouer...

D'accord, il « guignolisait » tout dans ses livres. Reste que, dans Europa, *il a théorisé l'antagonisme entre le réel, d'un côté, et l'imaginaire, de l'autre...*

Oui. Encore que cela n'est peut-être pas, non plus, son dernier mot. Etes-vous certain que, pour lui, imaginaire et réel soient si distincts que cela ? Tissés dans des étoffes si différentes ? Je ne sais pas… Ce qui me frappe, moi, c'est la façon dont ses livres fonctionnent comme des têtes de pont permettant d'accéder à *d'autres* régions du réel. Ce qui m'enchante c'est ce goût de produire, à chaque livre, une version différente de soi. Eh bien je me demande s'il n'y aurait pas, dans les mêmes livres, le goût parallèle de dresser, à chaque fois, les tréteaux d'une autre scène du réel…

Il est impossible de parler de ces constructions et déconstructions identitaires sans évoquer le rapport entre Gary et la judéité.

Gary y a peu réfléchi. Mais il n'y a pas besoin d'y réfléchir pour qu'elle – la judéité – vous réfléchisse et s'empare de vous. C'est ce qui arrive à l'auteur de *La nuit sera calme.* D'un côté un système de dénégations, d'ignorances feintes ou réelles, un refus d'être assigné à une identité, auxquels ne manque, parfois, que le parfum de la haine de soi. De l'autre, ce jeu d'absence et de retrait, cette obsession de l'impossible origine, cette façon de tournoyer autour de l'indicible nom, qui ne peut pas ne pas rappeler, fût-ce à l'insu de l'auteur, les grands thèmes de la mystique juive.

On trouve aussi, parallèlement, une réinvention de l'humanisme qui emprunte beaucoup, bien que de façon en effet inconsciente, au judaïsme…

J'insiste. Le Gary idéologue n'est pas le plus intéressant. La grandeur de Gary ne réside pas dans la théorisation de ceci ou de cela. Reste qu'il y a quelque chose, chez lui, d'un fabuleux sismographe aux aguets. Radar imbattable… Réflexes d'acier… Et cette idée que, lorsqu'on attaquait les juifs, c'est à la France qu'on s'en prenait. Le judaïsme, pour lui, avait partie liée avec la France. C'étaient comme deux modalités, deux variantes, du même universalisme. Vous avez là, naturellement, l'écho assourdi de la vieille croyance franco-judaïque, celle des Jules Isaac, des Jules Darmesteter et des Zadoc Kahn, si pénétrés par l'affinité élective entre l'universalisme républicain français et le message mosaïque qu'ils voyaient les Dix Commandements s'incarner dans les Droits de l'homme et la Révolution de 1789 accomplir la promesse messianique. Je ne suis pas sûr de partager cette conviction. Mais voilà. Gary, venu de son Vilnius, l'a embrassée. C'est un fait.

Dans L'Idéologie française, *vous déconstruisez l'organicisme qui est, dites-vous, la vraie matrice du totalitarisme. En quoi l'œuvre de Gary a-t-elle influencé ce geste ? Est-il un allié dans la lutte contre la tentation, toujours renaissante, de faire de la société une totalité close sur elle-même ?*

Une « influence », je ne dirais pas – à cause de cette ignorance où je me suis tenu, si longtemps, de son œuvre et dont je vous ai parlé. Mais un allié, sûrement oui. Et pour une raison très simple. Je dis, à un moment de *L'Idéologie française*, que le fondement même de la résistance au pétainisme était – et reste – la capacité à penser la France, non comme une chose, mais comme une idée. Et comme une idée que l'on peut continuer de célébrer sans avoir de la terre à la semelle de ses souliers – et en s'envolant, par exemple, pour Londres... Eh bien s'il y en a un qui a pensé ainsi c'est bien lui, Romain Gary, dès 1940 ! Pas le moins du monde embarrassé d'avoir à combattre *de l'extérieur* puisqu'il avait, de son pays, une définition chimérique, arrachée aux démons du Lieu et de la Terre, abstraite...

Vous avez eu conscience l'un et l'autre très tôt du cheminement parallèle de votre antinaturalisme...

J'ai raconté, ailleurs, le coup de téléphone adorable qu'il m'a donné, un matin de 1979, après avoir lu *Le Testament de Dieu* dont l'antinaturalisme rejoignait assez exactement les thèses de *La nuit sera calme*, son faux livre d'entretiens avec François Bondy. Mais la vérité c'est que c'est évidemment lui qui m'avait précédé dans cette voie. La France comme une idée ? Il faut, pour penser cela, être imperméable à cette peste qu'a été, dans la littérature française, la pensée Maurice Barrès. Il faut, si possible, contrairement à l'essentiel du XXe siècle, contrairement à Aragon, contrairement à Malraux lui-même, ne pas avoir lu du tout *La Colline inspirée* et le reste. C'est fou l'influence qu'a pu avoir, en France, *La Colline inspirée* ! C'est incroyable, presque impensable aujourd'hui, l'écho que le barrésisme a pu avoir ! Eh bien c'est un autre mérite de Gary de ne jamais avoir trempé là-dedans. Je ne saurais dire s'il détestait Barrès un peu, beaucoup, passionnément – le fond de l'affaire c'est qu'il ne l'avait sans doute *pas lu.* Et cela lui donnait – même si personne ne le dit, même si on ne le cite jamais – un avantage, une force, considérables par rapport à la plupart de ses contemporains.

Pourquoi, justement, le citait-on si peu ? Parce qu'on regardait de haut sa prétention à une littérature « humaniste » ?

Peut-être, oui. Moi-même, je me souviens du léger mépris où je tenais, par exemple, son fameux *Pour Sganarelle* qui se voulait *la* grande attaque frontale contre mes maîtres structuralistes. Si grande était la fascination qu'exerçaient alors les œuvres de Barthes, d'Althusser, de Lacan, qu'elle rendait inaudible une tentative comme la sienne. Il avait lui-même, d'ailleurs, un numéro très drôle là-dessus. Il y a, disait-il, les noms qu'on cite. Et il y a les noms qu'on ne *peut pas* citer. On essaie. On se dit : cette fois, je vais le citer. Mais non. Le nom s'efface. On n'y arrive littéralement pas. C'est comme si la page même se dissolvait, ou se trouait, sous le choc de cet impossible nom. Tels étaient, selon Gary, les *incitables noms.*

Et pourtant, son œuvre et son rapport propre à l'écriture n'étaient-ils pas porteurs d'une nouveauté qui n'a pas fini d'interroger, d'interpeller notre temps.

Ce n'est pas moi qu'il faut convaincre ! J'en suis, aujourd'hui, plus que persuadé ! Et j'aimerais, d'ailleurs, écrire un jour quelque chose qui oublierait Ajar, les postures et impostures, la comédie, le « au revoir et merci, je me suis bien amusé », etc. – pour ne se souvenir que de cet art poétique d'une impayable modernité... Mais voilà. Nous n'en sommes, je vous le répète, pas là. Et, le plus souvent, les gens qui s'intéressent à Gary continuent de ne s'intéresser qu'à cette part de lui à quoi il voulait, précisément, tordre le cou. Gary et sa marionnette... Gary et ses leurres, toujours aussi sidérants... Gary et Ajar... Hélas !

Que vous inspire, chez lui, la défense du « minimum de l'humain » – ce vibrant plaidoyer pour ce qu'il appelle, dans L'Affaire homme, *la marge humaine ?*

Il y a là deux choses. D'abord, bien sûr, le côté humaniste, intégrité des personnes, droits de l'homme défendus bec et ongles – son côté Camus. Mais vous avez aussi cette autre idée, à mon avis bien plus importante, que les hommes sont en train – comment dire ? – de se ressembler de plus en plus. Gary était frappé, et consterné, par le grégarisme montant. Le panurgisme triomphant. Il était obsédé par fait que les différences entre les êtres devenaient de moins en moins perceptibles et sensibles. Je le revois, chez Lipp, attablé devant l'« entrecôte pour deux » qu'il commandait invariablement, râler contre les gens qu'il voyait entrer. « Regardez-moi ça, grognait-il... La fabrique à humains... L'usine... Tous les mêmes... Standardisés... » Vous vous souvenez de *Race et Histoire*, le livre où Lévi-Strauss déplorait l'épuisement, dans le jeu du monde, des possibles civilisationnels ? C'était, toutes choses égales, un peu son point de vue : un monde où le champ des possibles se rétrécissait ; un monde où les défenseurs passionnés, comme lui, de la singularité n'allaient pas tarder à devoir déclarer forfait ; un monde où ce « minimum » en effet, cette « marge », qui font la distinction des sujets se réduisaient comme peau de chagrin. Avec ce Gary-là, avec ce Gary *ontologiquement* antitotalitaire, est-il nécessaire de préciser que je me sens plus que jamais en accord ?

3

Figures juives de Romain Gary[1]

Pour moi qui l'ai un peu connu et beaucoup lu, la question de sa relation au judaïsme a toujours été le grand mystère de l'œuvre et de la vie de Romain Gary.

Pourquoi cet homme qui ne s'était jamais exprimé sur Israël supportait-il mal, par exemple, que l'on formule en sa présence la moindre réserve sur l'Etat hébreu ?

Pourquoi, lui qui avait le culot de raconter à qui voulait bien l'entendre qu'il n'était qu'« à demi juif » ou même, dans certains textes, « catholique de naissance », entrait-il dans de telles colères quand on se permettait d'en conclure qu'il était un cas banal de cette vieille maladie juive qu'est la haine juive de soi ?

Quel crédit et, surtout, quel sens fallait-il accorder à tel épisode de *La Promesse de l'aube* où il s'inventait un père mort à la porte de la chambre à gaz ou à tel autre, dans *La Danse de Gengis Cohn*, où c'est lui qu'il décrivait, lors de son retour à Varsovie, entrant en catalepsie tant fut forte son émotion ?

Et ces questions avaient-elles, d'ailleurs, tant d'importance pour cet affabulateur de génie, doublé d'un minoritaire-né, qui n'aimait que les malentendus, les identités incertaines et mal fixées, les généalogies réinventées, la liberté comme antidestin, les lignes de fuite, le roman ?

1. *Le Monde des Livres*, 22 juin 2007.

Jérusalem, qu'il ne connaissait pas de grande littérature nationale qui ne tienne du souffle prophétique une part de son esprit.

C'est que Paul Audi est philosophe.

Il est le seul, dans la confrérie de lettrés qui s'affairent depuis quelques années autour de la mémoire de ce géant sous-estimé qu'est certainement Gary, à le faire avec des outils qui sont aussi ceux de la tradition philosophique.

Et c'est le seul qui, du coup, rende à cette aventure à la fois folle, énigmatique et belle tout son pesant d'or du temps, toute sa force spirituelle et, je ne crains pas de le dire après lui, sa charge messianique.

Je me souviens de l'une de nos dernières conversations, rue du Bac, à propos de *Difficile Liberté* que je venais de découvrir et dont je ne parvins pas à décider, comme souvent avec lui, si la connaissance qu'il semblait en avoir était directe ou de ouï-dire.

J'ai devant moi la dédicace mystérieuse qu'il m'adressa, dès le lendemain, sur un exemplaire de *Pour Sganarelle*, le gros essai théorique qui était supposé régler leur compte aux doctrinaires matérialistes du nouveau roman : « puisque nos itinéraires se rejoignent ».

Ce livre, presque trente ans après, me donne la clef qui me manquait.

4

Un vivant qui ne passe pas (de l'importance – méconnue – d'Alberto Moravia dans l'histoire intellectuelle du XXe siècle)[1]

Je n'étais pas un ami de Moravia. Je le connaissais, bien sûr. Mais très peu, finalement. Très, très peu. A travers Alain Elkann, son ami. A travers Diane von Fürstenberg, la compagne d'Elkann, à l'époque. Avec Carmen Llera aussi. Je me souviens, oui, d'une soirée à Rome, chez lui, avec lui et Carmen Llera, sa très jeune dernière femme. Mais nous n'étions pas amis. Je le lisais. Je l'observais de loin, au Flore par exemple, à la petite table à gauche de l'entrée sous l'horloge, où il venait avec Diane et Alain. Mais je le connaissais à peine.

Alors, si j'ai répondu à l'invitation de l'Institut italien, si j'ai accepté de venir parler d'un livre inédit d'un écrivain qui n'était officiellement pas des miens c'est parce que, sans l'avoir connu, avec le sentiment, d'ailleurs, de ne pas l'avoir assez connu, je garde de Moravia une image extraordinaire. Et ceci pour trois raisons, pour trois grandes raisons dont je dois dire que ni la lecture de ce dernier roman, ni la relecture de son dialogue autobiographique avec Alain Elkann, ne les ont infirmées – bien au contraire. D'abord, le côté « grand vivant » de Moravia. Ensuite, le fait qu'on est en présence, là, de l'exemple

1. Institut culturel italien de Paris, 30 octobre 2007.

type du très grand écrivain sous-évalué. Et puis, enfin, parce qu'il est, à mes yeux tout au moins, aux yeux de quelqu'un qui, comme moi, a un peu réfléchi à la question et a même, pour partie, vécu à l'ombre de cette question, parce qu'il est, dis-je, un modèle de ce que peut être et faire, de ce que doit être et faire, un grand intellectuel européen. Pour ces trois raisons, je suis heureux, aujourd'hui, de témoigner pour Moravia.

Un grand vivant, d'abord. Qu'est-ce que je veux dire par là ? C'est mon point de vue, bien sûr. Mais j'aime les écrivains libres, mobiles, physiques. Or il y a, chez Moravia, cette liberté. Il y a cette mobilité. Et il y a cette façon, qu'il a eue toute sa vie, de prendre tous les risques, qu'ils soient politiques et personnels. Il y a cette façon de faire de son propre nom le nom d'un scandale perpétuel, d'une provocation de tous les instants. Moravia, ne l'oublions pas, est l'un des derniers écrivains à avoir été excommunié, mis à l'index, dans les années 50, par l'Eglise catholique, apostolique et romaine. Il est cet écrivain qui suscite une très grande émotion, un soir, au début des années 70, après avoir tenu, dans une émission de télévision, des propos sur l'amour et, en particulier, sur l'inceste dont la liberté sidéra. Liberté de ton. Liberté d'allure. Une liberté tous azimuts dont il y a peu d'équivalents, tant dans l'histoire de la littérature française que dans l'histoire de la littérature italienne. Celui auquel il ressemble le plus, de ce point de vue, c'est Casanova. J'y pense parce que je le relisais, lui aussi, récemment. Et c'est vrai que ce goût de la liberté, ce goût de la vie et cette mobilité, on les retrouve chez les deux. Et c'est vrai – même si c'est étrange – que cet homme qui a passé une partie de son enfance allongé, malade, dans un sanatorium, s'est révélé, au bout du compte, l'un des plus mobiles, l'un des plus physiques, des écrivains du XXe siècle. A la façon d'Hemingway. A la façon de cet autre écrivain voyageur que fut Ernest Hemingway. Ces écrivains – pas si nombreux – qui ont besoin de bouger pour respirer, de se déplacer pour écrire et pour écrire encore, pour écrire de mieux en mieux. Voilà ce que j'appelle un grand vivant. Voilà ce qui caractérise cet écrivain grand vivant qu'aura été, jusqu'à la fin, Moravia.

J'ai cité Casanova. La différence, pourtant, avec Casanova, l'une des différences entre Casanova et Moravia, c'est que le premier, de son propre aveu, consacre la fin de sa vie, la deuxième partie de sa vie, celle, dit-il, qui commence exactement avec la coupure de la quarantaine, il consacre donc, nous dit-il dans *Histoire de ma vie*, la deuxième partie de sa vie à se remémorer les instants de bonheur, de félicité et de volupté de la première partie. C'est même ainsi qu'il définit la vieillesse d'un écrivain : comme ce moment très spécial où la volupté, la jouissance, le bonheur, on ne les cueille plus que dans la réminiscence des instants de bonheur, de jouissance et de volupté passés. Eh bien j'aime, chez Moravia, l'attitude inverse. J'aime l'idée que, jusqu'à la fin, il ait vécu avec cette vitalité, cette mobilité, cet amour des femmes, cet amour d'une femme. Et c'est la première chose qui m'attache à cet homme, le premier trait qui me relie à cet écrivain : ce côté grand vivant. C'est la même matière qui est ouvragée dans son œuvre et dans sa vie. Le même souffle. La même voix.

Il y a d'ailleurs toute une réflexion, et des tas de confidences, de Moravia sur sa manière d'écrire. Et ce qu'il y a, là, d'assez beau c'est toute une méditation du rapport de la littérature à l'œil, et toute une méditation du rapport de la littérature à l'oreille, et comment il est passé, lui, Moravia, de l'oreille à l'œil, ou l'inverse – bref, des pages et des pages sur le côté physique, littéralement physique, de la littérature. L'œuvre de Moravia, c'est une œuvre à deux voies. Ou à deux voix. Il y a la voie et la voix des gestes, des actes, des opérations de la vie. Et puis il y a la voie, ou la voix, des lettres mises en mouvement. Moravia avait, si vous préférez, deux manières d'opérer qui prenaient le relais l'une de l'autre et ne faisaient jamais double emploi. Une manière d'opérer qui consistait à voyager, bouger, aimer une fille, la désirer, la posséder ou se laisser posséder par elle (le sexe : autre instrument de connaissance, disait-il ; autre machine d'intelligence des êtres et des choses). Et puis une autre manière d'opérer, qui prenait le relais de la première, qui commençait quand la première se révélait impuissante, ou insuffisante, et c'était la littérature. J'aime cela. Je suis frappé par cette consubstantialité de matériau entre les gestes de vie et les gestes de la lettre.

L'écrivain, ensuite. Le très grand écrivain. L'authentique prince des lettres qu'il fut aussi. Cela est connu, bien sûr. En Italie. En France. Ailleurs. Mais, je trouve, pas assez. Je relisais là, juste avant de venir, un entretien qu'il a donné à René de Ceccatty et où il racontait ses lectures de jeunesse, les chocs littéraires de sa jeunesse. Eh bien un jeune écrivain qui ne se trompe pas sur Joyce, qui capte l'événement Céline, qui ne se trompe sur à peu près aucun de ses contemporains, c'est déjà quelque chose d'assez rare pour être remarqué. Un écrivain qui, ensuite, ne met rien au-dessus de la littérature, qui écrit sa vie et qui vit ses livres, qui vit sa vie et ses livres dans une sorte d'imbrication absolue, c'est assez rare, aussi, pour ne pas être salué. Et puis, au-delà même de la qualité des textes, et notamment du dernier, sur lequel je partage tout à fait l'avis d'Alain Elkann, au-delà des textes, donc, il y a une chose remarquable, chez Moravia, et qui contribue aussi à faire de lui ce prince des lettres que je dis : c'est la conception qu'il avait de la littérature.

Peu d'écrivains ont été aussi convaincus que lui de la très grande noblesse, de la très grande ambition, de l'absolue grandeur de la littérature. Moravia avait une conviction, me semble-t-il. Et on la retrouve, cette conviction, dans *Vita di Moravia*. C'est que la littérature n'est pas un art d'agrément, que ce n'est pas une distraction, que ce n'est pas un passe-temps, mais que c'est un moyen de connaissance et qu'il y a une vocation quasi ontologique de la littérature. On en sait plus sur le monde, on en sait plus sur soi-même, on en sait plus sur les autres, on en sait plus sur la relation entre soi et les autres, quand on lit de la littérature et, plus encore, quand on en fait. Il y a notamment un passage dans votre livre à deux voix, cher Elkann, où Moravia vous dit, commentant cette phrase de *Madame Bovary* où

Flaubert écrit de son héroïne : « Et elle s'abandonna », il y a un passage, donc, où Moravia s'exclame : « pourquoi est-ce que Flaubert n'en dit pas davantage ?, eh bien, c'est tout bête ! s'il n'en dit pas davantage c'est, je ne crains pas de le dire, parce qu'il n'en avait pas les moyens de langue ; il a fallu attendre Proust pour que l'on puisse en dire davantage ; il a fallu attendre les écrivains modernes pour que le "Et puis elle s'abandonna" puisse prendre son ampleur, et être analysé dans toute son amplitude. »

Voilà. Moravia, c'est cela. Sa grande modernité, c'est cela. C'est cette idée si exigeante, si haute, d'une littérature qui permet, comme il le dit encore dans d'autres interventions, de découvrir des continents ignorés, des terres inconnues de l'existence et du monde. On ne peut pas mieux dire pour un écrivain. On ne peut pas mieux dire quand on est un grand écrivain. On ne peut pas mettre plus haut la barre de l'exigence littéraire. Pour cela, tout cela – à quoi s'ajoute, bien sûr, la très grande qualité des livres – on a là, avec Alberto Moravia, une figure majeure de la littérature du XXe siècle.

Et puis enfin la politique. Il me semble, là encore, que peu d'écrivains au XXe siècle peuvent s'enorgueillir, sur ce terrain, d'un parcours aussi juste. Antifasciste, d'abord. Antifasciste en paroles, certes. Antifasciste par la littérature (*Le Conformiste* c'est aussi bien que *L'Enfance d'un chef* de Sartre – en tout cas, ce sont des monuments de littérature de même importance et ils n'en disent pas moins l'un que l'autre sur ce qu'est la psychologie fasciste). Mais, aussi, antifasciste dans la vie. Par la vie. Par les actes et l'engagement. Dans les maquis. Et puis, au-delà même de l'antifascisme strict… Oui, attention ! Alberto Moravia fut un grand intellectuel antifasciste mais ce fut aussi, au-delà de l'antifascisme, *au bout* de l'antifascisme, un grand intellectuel antitotalitaire. Antifasciste jusqu'au bout, voilà, c'est-à-dire antitotalitaire. Un antifasciste qui a toujours estimé que l'antifascisme ne valait que s'il se prolongeait en antitotalitarisme et qui, donc, n'a pas tellement trempé dans le système de complaisances qui a perdu tant d'autres intellectuels.

Je pense à ses textes sur les Brigades rouges et Aldo Moro. Je pense à ce texte sur Togliatti, je ne sais plus très bien où :

j'ai rencontré une fois Togliatti, dit-il ; je n'ai eu qu'une conversation avec lui ; et c'est une conversation où il m'a quasiment fait l'éloge du parti fasciste, des nostalgiques du fascisme, en disant qu'eux seuls s'y entendent à dresser l'animal social et à fabriquer de la société. Je pense à beaucoup d'autres textes. Bien sûr, il a été député européen sous les couleurs du parti communiste. Mais c'était la fin de l'aventure. Et il y mettait de l'humour. De la dérision et de l'humour. Sur le fond, sa conviction ne varia guère : un antifascisme qui ne se prolongerait pas en antitotalitarisme serait un antifascisme en peau de lapin… Thèse qui, dans l'histoire du XXe siècle, quand on connaît un peu l'histoire des grands intellectuels du XXe siècle, n'est, je le répète, pas si fréquente que cela – des antifascistes jusqu'au bout, des antitotalitaires conséquents, des antitotalitaires qui ont tout de suite perçu la dimension fasciste du communisme, la très grande proximité, la très grande solidité, de l'axe Berlin-Moscou, des intellectuels qui ont saisi ce qu'il en est, vraiment, de la figure « prolétaryenne » moderne, ils ne sont pas légion, il n'y en a, j'y insiste, franchement pas tant que cela et il fut l'un de ceux-là.

Et puis, puisque je parle de la politique de Moravia, un dernier mot, un tout dernier mot, car cela aussi est remarquable. Antifascisme, donc. Antitotalitarisme, bien sûr. Mais aussi – et je pense que cela non plus n'est pas courant et que, là encore, Moravia fut, un peu, une bête sans espèce – cette résistance obstinée qu'il a manifesté toute sa vie, et jusqu'à la toute fin de sa vie, vis-à-vis de la passion nationale, de la régression patriote et chauvine, de la névrose identitaire. Je pense là, bien sûr, à son engagement européen. Et je pense à son insistance à se dire, se déclarer, se proclamer *Européen d'origine italienne*. Il y a encore un mot de lui dont je me souviens. Je ne crois pas qu'il soit dans son livre avec Elkann. Je crois même l'avoir entendu dire cela, une fois, de son vivant. Et cela m'avait paru d'une telle drôlerie ! Si drôle et, en même temps, si vrai ! Je me souviens, donc, d'un mot de Moravia citant un philosophe français, peut-être Michel Foucault, ou peut-être Gilles Deleuze. Je me souviens d'un mot de Moravia expliquant qu'il y avait eu deux grandes catastrophes répertoriées dans l'histoire de l'humanité. Première catastrophe : le complexe d'Œdipe. Deuxième catastrophe : la révolution soviétique. Mais Moravia ajouta, ce jour-là : il y en a encore eu une troisième ; et la troisième catastrophe de l'histoire de l'humanité, la catastrophe qu'il faut mettre sur le même plan que le complexe d'Œdipe et la révolution soviétique, c'est... l'unité italienne ! Oui, l'unité italienne. La passion nationale qui va avec. Les régressions locales, chauvines, xénophobes, qui en sont l'inévitable corrélat. Voilà ce qu'était, pour lui, l'horreur. Et, face à cette horreur, il percevait l'idée européenne, et son engagement au service de cette idée, comme un moyen de faire souffler un vent de liberté et de déstabiliser cette hideuse, navrante, catastrophique, passion nationale.

5

L'impossible hommage à Alain Robbe-Grillet[1]

Je n'ai que trop souvent, hélas, participé à des hommages de ce type. Le temps passant, j'ai peine à compter les amis disparus que j'ai vus, comme ce soir, commémorés. Sauf que je n'ai

1. New York. Conférence prononcée à New York University, le 2 octobre 2009, en conclusion d'un hommage collectif auquel avaient participé Paul Auster, Barney Rosset, Catherine Robbe-Grillet, Tom Bishop, Richard Howard, George Borchardt, Olivier Corpet, Philippe Roger, Edmund White, Emmanuelle Lambert, Richard Foreman, Royal Brown.

jamais, non plus, vu un hommage si étrangement embarrassé – émouvant, bien sûr ; la plupart des témoignages que nous avons entendus ce soir m'ont mis les larmes aux yeux ; mais je n'ai pas pu, non plus, ne pas sentir, depuis le début de la soirée, une gêne inhabituelle ; et c'est de cette gêne que nous ressentons tous, c'est de cet embarras, que je voudrais partir maintenant que vient mon tour de parler. Mon interprétation, ma conclusion, je vous les donne tout de suite : je crois qu'il y a peu d'écrivains aussi profondément rétifs à l'hommage qu'Alain Robbe-Grillet ; je crois qu'il est, à la lettre, impossible de rendre hommage à Alain Robbe-Grillet ; et je vais tenter, en quelques mots, de vous dire pourquoi.

On peut tourner le problème dans le sens que l'on voudra. Pour qu'il y ait hommage, il faut qu'il y ait, déjà, esprit de sérieux – il faut qu'il y ait, chez l'écrivain que l'on célèbre, un *minimum* d'esprit de sérieux. Or je ne vais pas vous faire de longs développements là-dessus. Mais, s'il y a bien un écrivain à qui l'esprit de sérieux était étranger, c'est Alain. Son esprit farceur. Provocateur. Ses rapports – pour le moins ambigus – avec l'Académie. Le mépris qu'il avait pour les surréalistes, et pour Breton en particulier, à cause, justement, de leur esprit de sérieux. La façon dont il se moquait de tous ceux qui tenaient absolument à voir en lui le chef de fil d'une « avant-garde ». Et puis la façon, bien désinvolte, dont il parlait lui-même de ses amis morts… Relisez ce qu'il a pu dire sur Marguerite Duras, sur Claude Simon, sur d'autres. Rien ne lui était plus étranger, là aussi, que les pesanteurs de l'esprit de sérieux. Et, quoi que nous disions donc, ce soir ou un autre soir, quelque tournure que prenne un hommage à lui consacré, nous devons être conscients du fait que, là où il se trouve, et s'il nous entend un peu, il ne peut accueillir tout ceci qu'avec, au minimum, un sourire et, probablement, l'un de ces grands éclats de rire dont il avait le secret. Alain Robbe-Grillet ou la dérision de l'hommage.

Pour qu'il y ait hommage, il faut qu'il y ait, deuxièmement, un minimum de piété. Or rien n'était plus étranger, non plus, à Alain que l'esprit pieux. Il disait souvent, il l'a écrit mille fois, il s'en est expliqué dans mille interviews (face à Guillaume Durand, peu avant sa mort), combien l'idée même de piété lui était odieuse et comment, jusque chez les écrivains dont il était le plus proche ou qui l'ont le plus ardemment défendu, jusque chez quelqu'un comme Georges Bataille par exemple, cet esprit de piété, ce parfum de théologie ou d'athéologie, cet arrière-goût de dévotion, lui étaient incompréhensibles et faisaient obstacle à sa parfaite adhésion. S'il avait une religion, c'était la religion qui le poussait à dire – comme Spinoza, dans un fragment du *Traité théologico-politique* qu'il aimait citer – que, pour être romancier, il fallait cesser de croire en quelque Dieu que ce soit et se défaire de toute piété. S'il était libertin, c'était d'abord, ma chère Catherine, parce qu'il avait fait très tôt le pari de penser que sa parole à lui, sa parole personnelle et singulière, valait plus cher, pesait plus lourd, comptait plus, que les jugements de Dieu. Et j'ajoute d'ailleurs qu'à l'endroit de cette parole même, de sa propre parole, de sa parole la plus singulière et la plus personnelle, il n'avait pas non plus de piété, il y croyait à peine davantage qu'à celle de ses contemporains, il refusait absolument qu'on lui fasse le coup de la comédie de la piété. Je me rappelle comme il riait quand on disait de lui qu'il était le « pape » du Nouveau Roman. Je me souviens comme il pouvait être lucide et cruel sur ses propres œuvres – comment il jugeait, par exemple, ou comment il *prétendait* juger, certains de ses anciens films, telle *L'Immortelle*, inaboutis ou démodés. Je me rappelle son indifférence à ce que l'on pouvait dire de lui, aux saloperies que l'on pouvait déverser sur son compte, à la désinformation permanente dont, jusqu'au dernier jour et même au-delà, il a été l'objet. Sauf sur un point, un seul, et je tiens aussi à le rappeler. J'en ai été le témoin avec toi, Catherine et avec vous, Olivier Corpet, lorsque, quelques mois avant sa mort, quelqu'un de *Télérama* avait osé parler, à son sujet, d'antisémitisme. C'est la seule fois où je l'ai vu se mettre en colère et adresser au magazine un droit de réponse circonstancié et sec. Mais, à cette réserve près, l'idée que l'on puisse aborder sa vie et son œuvre avec piété, l'idée que l'on puisse traiter de tout cela avec cette révérence qui est le propre de l'hommage et qui en est le carburant, lui était absolument étrangère.

Lui était étrangère aussi – et c'est ce qui rend notre tâche, ce soir, plus difficile encore – l'idée d'une œuvre et d'une vie *unifiées*. Pour qu'il y ait hommage il faut qu'il y ait unité. Il faut que l'on puisse embrasser l'ensemble d'un seul regard, avec une perspective cavalière et unique, des belles paroles bien senties, des idées simples et qui frappent les esprits. Or le moins que l'on puisse dire est que la vie d'Alain est le contraire d'une vie unifiée. Il a souvent dit combien, entre sa vie d'agronome et sa vie de romancier, il y avait une solution de continuité. Il a dit combien les sources d'inspiration de ses livres et de ses films et, en tout cas, leurs matériaux étaient distincts et même hétérogènes. Mieux : à l'intérieur même de son œuvre cinématographique d'un côté, et à l'intérieur même de son œuvre littéraire de l'autre, lui était à nouveau étrangère l'idée d'un code unique, invariant, clair, qui les aurait traversées et soudées. Alain a passé sa vie à déjouer ses admirateurs et le culte qu'ils pouvaient lui porter. Mais il a passé sa vie, aussi, à piéger ses commentateurs, piéger sa propre pensée et casser la supposée cohérence qui aurait dû la corseter. Guy Scarpetta a montré cela dans un texte qu'il lui a consacré, il y a quelques années. La façon dont il rusait avec ses propres canons… Cet homme qui avait déclaré la guerre au Sujet et qui se lance, tout à coup, dans l'autobiographie… Cet homme que l'on prenait pour le romancier de l'objet et qui fabrique des autobiographies, non seulement subjectives, non seulement pas objectives du tout, mais où il est difficile de distinguer ce qui est vrai de ce qui est fictif… Ce prétendu esprit géométrique, enfin, qui était aussi un esprit fantaisiste et qui disait volontiers que la seule géométrie qu'il comprenait (il nous l'a expliqué, à Marrakech – tu t'en souviens, chère Catherine ?) c'était la géométrie du bananier. Deuxième grande occurrence de la banane, par parenthèse, dans la littérature contemporaine : Sartre avec sa théorie « bananière » de la littérature en situation ; et désormais, donc, Alain avec sa géométrie brisée, erratique, rhizomatique, bananisée. Bref, pas d'unité revendiquée. Et même le contraire : une dispersion aussi naturelle c'est-à-dire, dans son cas, pensée que celle des racines, des plants ou des boutures du bananier !

Pour qu'il y ait hommage, il faut encore que l'œuvre soit, non seulement unifiée, mais apaisée, stabilisée, *fixée*. Les écrivains à qui on rend hommage, ce sont les écrivains qui, après une longue traversée et beaucoup de turbulences, après bien des mésaventures, des indécisions et des contradictions (et nous savons combien Alain aimait dire qu'il mettait la contradiction au poste de commande de son œuvre : la *vraie* contradiction, l'insoluble, l'irréductible, l'irrelevable, pas le grotesque « thèse, antithèse, foutaise » attribué – d'ailleurs à tort – à Hegel), arrivent enfin au port, lestés d'une œuvre dont ils ont le sentiment, et dont on a le sentiment avec eux, qu'elle est véritablement achevée. Or Alain, me semble-t-il, a eu ce sentiment une fois, à un moment précis de sa vie, et dans le cinéma, et dans la littérature. Pour le cinéma, c'est après *Un bruit qui rend fou*, le film qu'il a réalisé avec Dimitri De Clercq : il a déclaré, là, après ce film, son œuvre cinématographique close. Pour la littérature, c'est après *Djinn* : il a caressé l'idée que son œuvre, cette fois, de romancier pouvait être considérée comme ayant parcouru son erre et étant littéralement bouclée. Or, dans les deux cas, nous savons que ce n'est pas ce qui s'est passé. Après *Un bruit qui rend fou*, il a tourné un autre film, *C'est Gradiva qui vous appelle.* Et, dans l'ordre littéraire, il a donné, non seulement *Un roman sentimental*, mais, avant cela, bien avant, la trilogie des *Romanesques* qui a déstabilisé son œuvre comme peu de romanciers ont osé le faire avant lui… Il a renversé la table avec les trois livres des *Romanesques*. Il a brisé, avec ces livres, les tables de la loi romanesque qu'il avait mis une vie à graver dans le marbre d'un traité et de quelques chefs-d'œuvre. Cette contradiction qu'il chérissait, il l'a relancée une dernière fois et l'a portée, là, pour le coup, à son point d'extrême intensité. Ce fameux principe d'incompréhension dont il disait qu'il était aux sources de son travail, l'idée qu'il écrivait parce qu'il ne comprenait rien, ni au monde dans lequel il vivait, ni à l'homme qu'il était lui-même, il a continué, jusqu'au bout, et alors même qu'il avait, un instant, feint d'avoir finalement tout compris, fait l'objet de chacun de ses livres. Je crois que c'est dans les *Romanesques* que ce principe atteint son point de radicalité maximale. Je crois que c'est même là, après la prétendue clôture de l'œuvre, qu'il a rouvert comme jamais les plus brûlants dossiers de l'affaire homme et de l'affaire monde. Et il me semble pouvoir dire, pour l'avoir beaucoup côtoyé dans les derniers temps, qu'il a terminé sa vie et son œuvre dans un état de colère (contre le monde, contre lui-même) et d'instabilité (par rapport à son œuvre passée comme par rapport à celle qu'il avait en projet et en chantier) qui, là encore, rend l'exercice de l'hommage au moins paradoxal et peut-être même impossible.

Et puis, un dernier mot. Pour que l'on rende aisément hommage, il faut que l'écrivain autour duquel on se rassemble, comme ce soir, soit mort. Or, s'il y a bien quelqu'un dont il n'est pas du tout certain qu'il soit mort, s'il y a bien un écrivain au sujet duquel il est très difficile de dire comme ça, platement, « il est mort », c'est Alain Robbe-Grillet. D'abord, lui-même ne croyait pas tout à fait à la mort : Alain le géomètre, l'esprit mathématique, l'ingénieur agronome, croyait aux revenants, aux djinns et aux fantômes et il disait volontiers que se combinaient en lui la culture gréco-latine de Cicéron et la culture celtique de son enfance, avec ses brumes et ses zones incertaines ; donc, au sens strict du mot, il ne croyait pas vraiment à la mort. Ensuite il croyait qu'il n'y a, si j'ose dire, pas grand-chose *à* mourir : il croyait qu'il n'y avait pas grand-chose *de lui* qui soit susceptible de mourir et dont la mort ait à s'emparer ; il pensait que ce qui était promis à la mort, ce qui allait inévitablement mourir, n'était finalement pas grand-chose ; il était un husserlien conséquent (et d'une manière générale, d'ailleurs, un assez bon philosophe) et, en bon husserlien, intimement convaincu qu'il était que ce que l'on appelle une âme n'est pas grand-chose de plus que la somme de ses « intentionnalités », il pensait que l'âme qui allait mourir, l'âme qui allait s'éteindre, l'âme qui allait cesser de stocker des souvenirs inutiles et des impressions fugaces, n'était, par définition, pas grand-chose – ou, plus exactement, qu'elle était peut-être quelque chose, mais que ce quelque chose n'était pas grand-chose de plus que les livres qu'elle avait produits, que les films en lesquels elle s'était résolue, que l'œuvre dans laquelle elle s'était métamorphosée. Et, quant au fruit de la métamorphose enfin, quant aux livres signés Robbe-Grillet, quant à cette littérature et ces films qui furent, avec les cactées, sa passion fixe, il se trouve que sa conviction très profonde, l'une des certitudes sur lesquelles il n'a jamais cédé, est qu'ils étaient *immortels* : oh ! pas immortels au sens où il aurait cru à je ne sais quelle « éternité » des œuvres ; pas parce qu'il aurait nourri quelque foi que ce soit à l'endroit de la « postérité » des écrivains ou des cinéastes ; mais immortels au sens le plus matériel, le plus mécanique, le plus physique du terme ; immortels en ce sens – et là encore, je me souviens de conversations que nous avons eues dans ce village du désert marocain où nous tournions *Gradiva* – que le propre de la lettre, le propre d'un livre, le propre aussi de l'image et ce par quoi les deux se rejoignent, c'est de vivre, pensait-il, pas de survivre, de *vivre*, dans l'esprit des lecteurs ou des spectateurs, dans l'histoire de la littérature et de l'art à venir, dans la mémoire des hommes et de leurs gestes les plus humbles. Je résume. Pas grand-chose à mourir. Possibilité qu'il soit là, dans cette salle, comme un petit fantôme. Et puis, cette œuvre dont la caractéristique est de vivre, aujourd'hui, demain et à jamais, dans l'acte de lecture ou de voir. Tout cela fait que je tiens dans le plus grand soupçon l'idée qu'Alain puisse être mort. Et c'est bien ce qui rend définitivement problématique l'hommage auquel nous nous sommes tous, ce soir, essayés et dont je me réjouis que, tous aussi, nous l'ayons manqué.

6

Sept thèses sur le théâtre d'aujourd'hui[1]

Quel travail. J'avais oublié le travail que c'était de lire ces trente et quelques rapports, au demeurant souvent excellents, et de tenter d'en faire la synthèse. La tâche, en vérité, est à la limite de l'impossible. Et je demande d'avance pardon à ceux des rapporteurs dont je vais fatalement appauvrir, réduire, caricaturer, le propos. Mais enfin j'ai essayé. Je *vais* essayer. Et je vais donc vous dire, comme il y a dix ans, à Saint-Etienne, les lignes de force qui me paraissent se dégager de cette masse de documents. Je le ferai à travers un ensemble de sept remarques. Je le ferai en énonçant sept *propositions* qui semblent, au candide que je suis, la marque du théâtre contemporain.

Première proposition. Il n'y a pas de société sans théâtre. J'ai lu des rapports qui nous parlent de théâtres pleins (comme en

1. Forum du théâtre européen au Centre universitaire méditerranéen à Nice, 11 décembre 2008. Ce texte fut prononcé en ouverture du Forum, placé sous la présidence de Jorge Semprun. C'était un rapport de synthèse, rassemblant, reprenant et résumant une trentaine de rapports, rédigés par autant de critiques et d'experts, et dressant, chaque fois, un état des lieux du théâtre contemporain dans chacun des pays d'Europe.

Allemagne) ou moins pleins (comme dans les pays baltes). J'ai lu des rapports qui nous parlent d'un art théâtral qui est, comme en France ou en Espagne, d'une grande vitalité (la fréquentation des théâtres ne se porte-t-elle pas, à Madrid, presque mieux que celle des cinémas ?) ou au contraire, comme en Roumanie, terriblement mal portant (voire, comme en Lettonie, occupé à orchestrer ses propres funérailles à travers celles, célébrées, l'été dernier, en grande pompe, de la plus grande actrice nationale qui fut, par ailleurs, membre de feu le Parti communiste). J'ai compris qu'il y avait, dans l'Europe d'aujourd'hui, des théâtres mangés par le Spectacle (le rapporteur espagnol ne nous apprend-il pas que le statut de l'acteur en Espagne est, en contradiction, d'ailleurs, avec ce qu'il nous dit du remplissement des salles, à peine plus flatteur que celui d'un clown et infiniment moins que celui d'un écrivain ?) et j'ai compris qu'il y avait d'autres théâtres qui ont inversé le rapport et mangé, dévoré, avalé, les techniques du Spectacle qui prétendait les manger, les dévorer, les avaler (c'est le cas, en Bulgarie, des expériences du théâtre-laboratoire Sfumato, ou d'auteurs comme Zarko Uzunov, ou de metteurs en scène comme Vazkresia Viharova, qui, ensemble ou séparément, inventent une sorte de théâtre-réalité, ou de spectacle multimédia, ou de scène habitée par des images digitales autant que par des corps d'acteurs – tous dispositifs qui permettent à leur travail d'intégrer les techniques les plus expérimentales de la modernité tout en marquant solidement leur territoire et leur différence). Vous avez des rapports qui nous parlent d'un théâtre hanté par sa propre mort, la sentant venir et tentant, de toute ses forces, de la tenir à distance et de la conjurer – et vous en avez d'autres où l'on devine un théâtre qui s'est fait à cette présence de la mort, qui en a fait, comme en Irlande encore, son thème le plus constant ou qui a fait sienne la conviction qui était celle de Jean Genet et selon laquelle le théâtre vient, précisément, au lieu même, à la place presque physique, où la mort se tient d'habitude ou que la mort a fini par déserter (vous connaissez, n'est-ce pas, les textes de Genet, notamment *L'étrange mot d'*… qui rêvent de théâtres au milieu des tombes et de spectateurs qui, après le *Don Juan* de Mozart par exemple, s'en iraient « parmi les morts couchés dans la terre avant de rentrer dans la vie profane » ?). Bref. Vous avez tous les cas de figure. Mais vous avez, à travers tous ces cas, une constante. Il y a une chose qui saute aux yeux de quiconque se contenterait même de feuilleter tous ces rapports. Il n'y a pas de société sans théâtre. Il n'y a pas un de ces pays d'Europe où la question du théâtre ne soit une question à la fois obsédante et brûlante. On dit souvent : pas de société sans religion. Eh bien, peut-être est-ce la même chose et le théâtre moderne occupe-t-il un peu de la place que la religion d'autrefois occupait. Mais toujours est-il qu'il ne semble pas y avoir, dans l'Europe d'aujourd'hui, et à la lecture de vos rapports, de société sans théâtre.

Deuxième point : la question de l'argent. C'est, vous vous en doutez, un thème essentiel de ces textes. Et ce l'est, comme il se doit, selon toutes sortes de variantes. Il y a les pays où il n'y a pas assez d'argent (le Portugal, où la génération dite des « bébés d'avril » se plaint d'être condamnée à la précarité ; la Pologne, où des théâtres aussi prestigieux que le Rozmaitosci de Varsovie ou le Legnica traversent des temps difficiles) et ceux où il y en a presque trop (les Pays-Bas qui croulent sous les financements et où il n'y a pas de ville de plus de 50 000 habitants qui n'ait au moins un théâtre – le rapporteur dit, textuellement, qu'il y a « trop de théâtres, trop de troupes et trop d'artistes indépendants » en sorte que l'atmosphère théâtrale devient une atmosphère « étouffante » où l'on ne sait plus distinguer le bon du moins bon ou du carrément mauvais). Il y a les pays où l'argent vient de l'Etat et de l'Etat seulement (la Géorgie, la Croatie, la Serbie, pour ne citer que trois pays que j'ai, personnellement, des raisons de connaître un peu) et ceux (la France, l'Allemagne) où l'argent est toujours, certes, un argent public mais où il vient de sources diverses, c'est-à-dire autant des villes et des régions que de l'Etat proprement dit. Il y a ceux (presque tous) où c'est d'argent public qu'il s'agit et il y a le cas, encore, des Pays-Bas où une réprobation très ancienne pèse sur le théâtre et où la manne dont je parle vient, pour l'essentiel, de sources privées. La constante, cependant, est que la qualité des œuvres, leur ton, leur liberté, ne semblent pas affectés de manière vraiment décisive par ce rapport à l'argent. Je ne dis pas que ce soit facile. On voit bien comment les hommes de théâtre ont à ruser, presque partout, avec ceux qui sont tentés d'utiliser l'arme de l'argent pour les mettre au pas ou les contraindre. Et on voit bien comment il faut aussi lutter – comme, de nouveau, au Portugal – sur cet autre front qu'est la marchandisation du théâtre et la notion même de « marché des arts », monnaie courante à Lisbonne.

Mais le fait, derechef, est là. Je ne vois, dans aucun des pays de l'Europe anciennement démocratique, un théâtre que la pression des pouvoirs publics aurait contraint à baisser pavillon. Je ne vois, au Portugal par exemple, que des signes de vitalité chez les Bébés d'Avril déjà nommés ou chez les « Artidos Unidos » de Jorge Silva Melo. Et, quant au reste de l'Europe, quant à l'Europe récemment sortie du communisme et/ou gangrenée par la montée du national-communisme, quelle n'a été ma surprise quand j'ai découvert que c'est avec de l'argent public qu'une troupe géorgienne a récemment monté la pièce que vous verrez ce soir et qui pousse l'esprit frondeur, la méfiance à l'endroit de *tous* les pouvoirs, jusqu'à se livrer à une charge terrible (et, me semble-t-il, injuste) contre le Président en exercice, Micha Saakashvili ; ou quand j'ai compris que c'est avec de l'argent de Milosevic qu'un homme de théâtre, Gorcin Stojanovic, a mis en scène, en 1994, une adaptation des *Derniers jours de l'humanité* de Karl Kraus où apparaissaient, à peine cryptées, la destruction de Vukovar et la tuerie de Srebrenica – et qu'un autre, Biljana Srbljanovic, a mis en scène, quelques semaines avant qu'elle n'advînt, sous le titre prémonitoire *La Chute*, la destitution du tyran ; quelle ne fut pas ma surprise quand j'ai découvert le cas de cette pièce, en Croatie, qui a mis en scène, avec de l'argent public encore, les responsabilités d'Etat de la Croatie dans les guerres en ex-Yougoslavie et qui l'a fait sans craindre d'exposer les déclarations négationnistes du pouvoir politique encore en place en 2001 ou des bandes d'actualités, à la fois terribles et grotesques, tournées au moment du 75e anniversaire de feu le président Franjo Tudjman…

Est-ce la force intrinsèque de cet art ? L'esprit de résistance de ceux qui le pratiquent ? Une crainte sourde chez ceux qui seraient tentés de les censurer ? C'est, toujours, un fait. Et c'est la deuxième leçon que je tire de cette lecture. L'argent est capital, naturellement. Et la bataille pour l'argent est, pour le théâtre d'aujourd'hui, une bataille qui n'a jamais de fin. Mais pas dans les termes que croyait, il y a quarante ans, un ministre français de la Culture resté fâcheusement célèbre pour avoir enjoint les gens de théâtre de choisir entre la « sébile » et le « cocktail Molotov ». Certainement pas non plus au sens de Rousseau dans cette *Lettre à M. d'Alembert sur son article Genève* sur laquelle je reviendrai et qui établissait une équivalence, terme pour terme, entre sa haine du théâtre et sa haine de l'argent – nous dirions, aujourd'hui, entre « l'horreur spectaculaire » et « l'horreur économique ». Ce n'est pas ainsi, non, que le problème se pose. Et l'on voit, à travers ces rapports, apparaître une Europe où le théâtre semble n'avoir aucun scrupule, sous prétexte qu'il vivrait de subventions, à jouer pleinement son rôle de dynamiteur des croyances collectives. Subversion *et* subvention. Subversion *malgré* les subventions. Signe de santé, encore. Signe d'un rapport entre théâtre et pouvoir qui a plutôt tendance à tourner à l'avantage du premier. Tant mieux.

Troisième remarque. Si le pouvoir n'agit guère sur le théâtre ou s'il agit, en tout cas, infiniment moins qu'on ne pourrait le redouter compte tenu de cette dépendance économique et financière, l'inverse n'est pas vrai et le théâtre, lui, en revanche, ne cesse d'agir, peser, sur le pouvoir. Bien sûr, il est question, dans ces rapports, de toute une branche du théâtre que l'on peut appeler théâtre de divertissement. Bien sûr, il y a, un peu partout, une tendance au formalisme, au théâtre autocentré et autoréférencé, et, donc, au désengagement. Et il y a même quelques cas, comme le cas de la Tchéquie et de la Slovaquie, où l'on voit s'opérer une régression de ce grand théâtre engagé qui a fleuri après et même – souvenez-vous de Vaclav Havel ! – avant l'écroulement du mur de Berlin. Mais j'observe quand même, partout, un retour du théâtre politique et de ses ambitions. C'est le cas, je viens de le dire, des pays de l'ex-Yougoslavie. C'est le cas de la Grande-Bretagne où l'on a vu se multiplier, ces dernières années, sous Tony Blair, les pièces fustigeant la guerre en Irak et la part que prit le Royaume-Uni dans son déclenchement et sa conduite. C'est le cas de la France comme le montre très bien, dans le rapport de Frédéric Ferney, les cas de *Par-dessus bord* de Vinaver mis en scène par Christian Schiaretti ou celui du *Rock'n roll* de Tom Stoppard mis en scène par Daniel Benoin. Et c'est encore le cas de cette forme de politique que, en opposition à la géopolitique ou à la prétendue « grande » politique, d'aucuns appelleraient la « petite » politique, ou la politique « de proximité », et qui a sa place, elle aussi, sur les scènes d'aujourd'hui.

Un seul exemple : la Finlande où la question de la misère, juste de la misère, a fait l'objet d'une élaboration théâtrale apparemment tout à fait passionnante et qui s'intitule *La Ballade de la soupe populaire*. Un autre, en Finlande toujours : ce « Théâtre des Etudiants d'Helsinki » qui s'est contenté de mettre en scène et en espace, sous le titre *Interpellation*, le verbatim d'un débat au conseil municipal sur la réduction des dépenses de santé dans la capitale. Ou bien, en Slovaquie, tel projet réalisé sur et avec des sans-abri. Ou telle relecture et mise en scène, ultra-contemporaine, et sur fond, à nouveau, de misère sociale contemporaine, des *Bas-Fonds* de Maxime Gorki. Je pourrais citer d'autres exemples. Beaucoup d'autres. Je pourrais les prendre dans la plupart des rapports qui m'ont été remis. Voici, en tout cas, la troisième proposition. Pas de théâtre sans politique. Un pacte indissoluble, plus que jamais, entre théâtre et politique. Est-ce parce que les deux sont nés ensemble ? Est-ce parce que la même scène, celle de la Grèce, a vu apparaître au même moment et, pour ainsi dire, dans un même bouquet, l'école, la politique et le théâtre ? Le fait, de nouveau, est là. Ce fait, constant, aveuglant, qu'est, aujourd'hui encore, la vocation spontanément, nécessairement, politique du théâtre. Pour le pire et le meilleur. Parfois pour le pire ; le plus souvent pour le meilleur.

Quatrième remarque. Il y a une vieille loi que connaissent les amateurs de théâtre ainsi que ses théoriciens. A savoir que l'état du théâtre est toujours un indice précieux, et plutôt sûr, quant à l'état d'une société et, en particulier, d'une démocratie. Vous avez, naturellement, le cas des régimes fascistes où le théâtre disparaît complètement au profit de la mise en scène du pouvoir par lui-même, de ses liturgies, de ses grand-messes, de son autocélébration, bref, de ce que Walter Benjamin appelait « l'esthétisation du politique ». Vous avez les régimes communistes durs où il ne se fait que dans les lieux de résistance, de dissidence secrète et souterraine (encore que… le rapport sur la situation du théâtre en Pologne brosse un tableau plus nuancé et, au fond, assez décevant des relations entre les gens de théâtre et le régime communiste de l'époque Jaruzelski…). Vous avez le formidable laboratoire que fut notre Révolution, la grande, je veux dire la Révolution française : on y a vu le théâtre se développer, au début, d'une manière magnifique ; on y a vu le décret du 13 janvier 1791 abolir solennellement la censure d'Ancien Régime et permettre à cent fleurs théâtrales d'éclore et de s'épanouir (plusieurs dizaines de théâtres, dans la seule capitale, et dans les seuls premiers mois de la Révolution) ; et on a vu tout ce mouvement retomber, s'éteindre et se figer au pic de la Terreur quand fut promulgué le décret du 2 août 1793 sur la « surveillance des spectacles », puis l'arrêté du Comité de salut public du 10 mars 1794 instaurant ni plus ni moins qu'une censure du public et quand fut engagée une guerre sans merci contre le théâtre « girondin » et les théâtres qui le produisaient (songez au cas de *L'Ami des Lois* de Jean-Louis Laya, cette pièce coupable d'avoir mis en scène, sous des traits odieux ou grotesques, Marat et Robespierre et qui, pour cela, vit ses représentations interdites et ses acteurs jetés en prison). Eh bien cette règle qui indexe les progrès de la démocratie sur ceux du théâtre et inversement, on en voit les effets dans la plupart des rapports qu'il m'a été donné de lire. Eclosion d'un théâtre nouveau, vivant, virulent, dans la Serbie post-Milosevic. Même chose dans tel pays qui, comme l'Ukraine, sort du communisme et où c'est là, au théâtre, sur ses scènes et dans ses mises en scène, que se renouent les fils d'une mémoire brisée, que se réparent les trous de mémoire creusés par l'âge communiste, que s'installent, en un mot, les ateliers de la démocratie. Fonction de résistance du théâtre quand l'Autriche, par exemple, a à faire face à la résurgence de quelque chose qui ressemble fâcheusement au fascisme et qu'est créée, en 2000, en réponse à l'intronisation du nouveau gouvernement ÖVP-FPÖ, la pièce de Christoph Schlingensief, *Aimez l'Autriche svp*, qui imagine un « village de containers » moquant et fustigeant la façon dont on eût aimé, dans l'Autriche de Haider, voir traiter les étrangers. Cas extrême de la Suède où une démocratie qui, non sans naïveté, s'est toujours voulue exemplaire et a toujours eu dans l'idée de bâtir une Folkhemmet, une maison « sûre et démocratique pour tous », en est quasiment à faire du droit au théâtre un acte additionnel à la liste des droits de l'homme – et ce, de la Laponie septentrionale à Stockholm. Et puis l'histoire qui m'a, personnellement, peut-être le plus bouleversé : celle de Gori dont le rapporteur géorgien raconte comment, quand les troupes russes l'évacuent, quand elles se décident à rendre à ses habitants la ville dévastée, ravagée, brûlée, la première chose qu'ils font, ces habitants, c'est d'improviser des représentations théâtrales devant ce qui reste de leurs pauvres maisons. Le théâtre est le baromètre des démocraties. Dis-moi quel théâtre tu as, je te dirai quelle démocratie tu es. Le théâtre est un mensonge qui, sur ce point, dit toujours la vérité.

La question, justement, du mensonge. Celle de l'illusion et de ses rapports avec la réalité. De Platon jusqu'à Sartre en passant par le Corneille de *L'Illusion comique*, le théâtre est du côté de l'illusion, de la chimère, du rêve, de l'irréel. Là, dans tous ces rapports, ce qui frappe c'est l'insistance avec laquelle on nous dit littéralement l'inverse, à savoir que le théâtre a à voir, désormais, *avec le réel*. C'est vrai des thèmes : je viens de vous le dire avec ces pièces, en Finlande, sur les nouvelles figures de la misère. Mais c'est vrai aussi de la forme, comme en témoigne la manière qu'a le théâtre d'aujourd'hui d'introduire *des bouts de réel* jusque dans le dispositif matériel de la scène : bien sûr, le théâtre de Piscator de Berlin utilisait déjà, dès les années 1920, des projections de films ; mais un théâtre comme le théâtre bulgare pousse plus loin encore cette réintroduction du récit documentaire, cette réinjection du temps et de l'espace réels, cette présence des corps authentiques sur la scène ; et vous avez cette même tendance, de la Norvège au Portugal et à l'Espagne, dans l'ensemble du théâtre européen (sans parler de la vogue du théâtre « Verbatim » venue, en gros, d'Irlande avec le *Bloody Sunday* de Richard Norton-Taylor créé en 2005 au Théâtre Abbey et qui mettait en scène, dans une salle qui mimait le prétoire ou la salle d'audience, des témoignages concernant le fameux dimanche sanglant de 1972 qui vit les parachutistes britanniques, à Derry, tuer 13 civils et en blesser 14 autres ; ou avec le *Talking to Terrorists* de Robin Soans produite par la Calypso Theatre Company et où on voyait le témoignage d'un enfant soldat africain côtoyer celui de Norman Tebbit ; ou encore, en Angleterre, avec les mises en scène, au nord de Londres, du Tricycle Theatre, spécialisées dans les pièces inspirées d'enquêtes judicaires...). Et c'est vrai, enfin, des acteurs comme l'atteste, en Allemagne et en Suisse, le cas, apparemment passionnant, des « Rimini Protokoll », cette troupe qui utilise, au lieu des acteurs de métier, des gens réels, venus de la vie réelle, qui gardent, jusque sur la scène, leur nom, leur identité, leur métier, réels et d'origine : des acteurs d'occasion, mais sans que cela tourne au théâtre amateur ; des gens avec leurs vrais noms et, pourtant, des personnages de théâtre ; des autobiographies mises en scène et, pourtant, des sortes de fiction – je ne connaissais pas cette troupe mais ce que j'en ai lu dans les deux rapports suisse et allemand m'a paru, je le répète, tout à fait intéressant.

Alors, ça veut dire quoi ? Quel sens ont cette tendance, cette pente ? Et que penser de cette mise en crise de l'illusion au profit d'un réel qui devient, à sa place, la matière première du théâtral ? Je songe, une fois n'est pas coutume, à ce que nous disait Jean Baudrillard des rapports entre l'illusion et le réel. Je pense à cette disparition du réel, à ce règne du simulacre et de la simulation, qu'il aura passé sa vie à décrire et dont il faisait l'une des marques les plus sûres des nouveaux systèmes d'autorité et de maîtrise. S'il a raison – et je crois que, sur ce point, il avait raison – si le maître est ce maître des simulacres et des leurres, si la réussite des formes contemporaines de maîtrise se voit au fait qu'elles ont su éluder le réel, l'élider, le faire disparaître en fumée et mettre à sa place des dispositifs « à somme nulle » où le leurre le dispute à l'image et au signe et où il n'y a plus d'affrontements, de querelles, de destructions, de Mal, que complètement virtuels, alors, soyons logiques : le geste du théâtre, cette façon qu'il a de sauver le principe de réalité en fabriquant ce que j'ai presque envie d'appeler des bouts d'*hyper-réel*, ce retour du refoulé-réalité grâce au théâtre et sur sa scène, tout cela relève d'une stratégie, consciente ou non, de très profonde subversion ; tout cela produit des dégâts incommensurables dans les machines à produire le consentement new-look ; rien mieux que le théâtre ne permet de déranger, désorganiser, ou compliquer, l'ordre du monde ; le geste théâtral, en un mot, est un geste antimaîtrise, c'est un geste et une démarche qui vont contre les modes les plus sournois de la violence contemporaine – et c'est donc, à nouveau, au sens propre, un geste de résistance.

J'insiste sur cette affaire de résistance. Le théâtre d'aujourd'hui apparaît, en un autre sens encore, comme un lieu de résistance. Car l'autre chose qui frappe dans ces rapports c'est l'insistance à revenir à certains codes, à certaines conventions, à une forme de mentir-vrai, qui sont la mémoire du théâtre. Cela est assez récent, il me semble. Je me souviens comment, il y a quarante ou même trente ans, les gens de théâtre semblaient n'avoir d'autre souci que de dynamiter, au contraire, les codes et les conventions. Je me souviens de ce projet qui était celui du théâtre de Grotowski, du Living Theatre, des pièces inspirées du « théâtre de la cruauté » d'Artaud, et qui consistait à démanteler tous les repères de la Représentation. Je me souviens de tout ce théâtre d'inspiration, au fond, nietzschéenne – je veux dire le Nietzsche de *La Naissance de la tragédie* et l'apologie que l'on y lisait d'un théâtre « dionysiaque » rompant avec les formes figées, sclérosées, pour ne pas dire mortes, de la scène apollinienne traditionnelle – je me souviens, dis-je, de ce nietzschéisme théâtral qui faisait de la parole de l'acteur l'un des grands outils disponibles pour la démolition des codes métaphysiques du vieux monde. Bref, nous sortons d'une époque où le fin du fin, le comble de la modernité, consistaient à pulvériser – on disait « déconstruire » – tout ce qui allait avec les dispositifs classiques de mise en espace et en abyme et donc, en particulier, les grands partages entre la salle et la scène, les acteurs et les spectateurs, l'événement et sa répétition.

On est loin de tout cela. Pas partout, d'accord. J'ai lu le rapport, par exemple, sur le théâtre danois où j'ai appris l'existence de Signa Sorensen et de ses installations-performances où les spectateurs sont invités à prendre part à la représentation dans la plus pure tradition des années 60. Et je sais qu'il reste, çà et là, des avant-gardistes impénitents qui continuent de rêver, comme dans les spectacles « off » d'Avignon de ma jeunesse, d'un théâtre qui serait le deuil de la Représentation. Mais enfin j'ai quand même l'impression que, pour l'essentiel, on en revient au dispositif scénique traditionnel. J'ai quand même le sentiment que la plupart des auteurs et, surtout, des metteurs en scène en reviennent à la partition, jugée jadis obsolète, entre les deux espaces de la scène et de la salle. Et force est de constater un retour en force, comment dire ? de ce théâtre de la rampe qui était assimilé, jadis, au pire théâtre de boulevard et qui s'impose aux plus modernes d'entre vous. Là aussi, j'ai une explication. Nous vivons, n'est-ce pas, à l'âge du tout-puissant internet. Nous vivons, tous, sous l'empire de ce que j'appellerai la loi de l'immédiateté. S'il y a bien une croyance que l'époque nous a imposée et qui s'est popularisée c'est la croyance selon laquelle la distance serait toujours, et par définition, aliénante. S'il y a bien une *tendance lourde* de notre temps c'est le triomphe de la grande illusion rousseauiste et de son fantasme d'une humanité qui serait pure présence à soi et à autrui, divine improvisation, épiphanie de chaque instant. Et l'antidote à cela, la résistance à ces clichés et, bien souvent, à cette forme particulièrement sournoise de domination et de pouvoir, le démenti à cette nouvelle vulgate, ne pouvaient venir que de lieux où la distance, la médiation, la coupure *sémiotique,* s'affirment avec le plus de netteté. Les livres sont un rempart. La politique est un rempart. Mais le théâtre aussi, et pour les mêmes raisons, est en train de devenir un rempart. Le théâtre, à condition qu'il joue le jeu de la coupure, est en train de devenir l'un des lieux où se trouve subtilement mise en échec l'idée, terrible, d'une humanité angélique où la fraternité naîtrait de la proximité sans médiation des hommes avec leurs semblables. Et c'est en ce sens aussi, c'est pour cette autre et ultime raison, que le théâtre d'aujourd'hui a une fonction démocratique et de résistance.

C'était déjà là, je vous le signale, tout le débat opposant, au XVIIIe siècle, au sein du prétendu « bloc » des Lumières, Voltaire et Rousseau. Oui, je vous rappelle, puisque j'ai cité Rousseau, le cas de Voltaire et l'idée qu'il se faisait d'un théâtre de la médiation et de la distance. Je vous rappelle la bataille acharnée des deux hommes, Rousseau et Voltaire, autour de cette question du théâtre et autour de la question de savoir laquelle de leurs deux conceptions allait triompher sur les scènes genevoises qu'ils avaient, l'un comme l'autre, en ligne de mire. La thèse de Rousseau, vous la connaissez : le théâtre, parce qu'il sépare les hommes entre eux et avec eux-mêmes, est un agent de corruption morale, de décadence intellectuelle et politique – et ne trouvait grâce à ses yeux, contre l'horreur théâtrale, que la « Fête » telle qu'il la définit dans, par exemple, *La Nouvelle Héloïse*. Celle de Voltaire, c'était celle que je développe ici. Son goût du théâtre venait très exactement de ce que je suis en train de vous dire. Il venait, pour le dire d'un mot, de l'idée que le théâtre est l'une des meilleures machines qui soient à produire de la distance, donc de la civilisation, entre les hommes. Nous en sommes là. Nous en sommes plus que jamais là. *Mahomet* contre *Le Devin du village*. Le théâtre comme raffinement ou comme corruption. Dans la situation du théâtre aujourd'hui, je vois la victoire, au finish, de Voltaire. La défaite des arguments développés dans la terrible *Lettre à M. d'Alembert*. Et le retour d'un théâtre conçu comme lieu de civilisation et instrument de lutte contre la toujours possible barbarie.

Dernière remarque, enfin. La toute dernière. A quoi bon tant d'argent, demandent certains, pour un art qui ne concerne que quelques-uns ? Pourquoi, notamment, autant d'argent *des citoyens* pour des mises en scène dont on proteste, ici ou là, qu'elles ne touchent que quelques initiés ? C'est une question récurrente, en filigrane de la plupart des rapports. C'est une question importante, vous le savez tous, pour l'avenir du théâtre que vous entendez défendre en vous réunissant ici et dans vos salles. C'est peut-être même, allez savoir, *la* question dont se nourrissent les formes les plus récentes de la théâtrophobie et à laquelle il importe donc de répondre. Vous avez la théâtrophobie « idéaliste » telle qu'ont pu la formuler, et que la formulent encore parfois, les tenants du mépris *platonicien* pour ce qui vient privilégier le règne des ombres, des images, des simples formes, des représentations. Vous avez la théâtrophobie chrétienne telle qu'elle apparaît, en particulier à travers le regard porté sur les actrices et les acteurs, chez des auteurs comme Augustin, Bourdaloue ou Bossuet. Vous avez la théâtrophobie « actionniste » – celle des héritiers de Duchamp ou, ce qui revient au même, d'Artaud. Eh bien vous avez la forme moderne ou, plus exactement, démocratique de cette théâtrophobie avec le discours qui dit : « pourquoi ce souci d'un art dont le public se réduit à une poignée de malheureux spectateurs perdus dans une vague salle ? pourquoi tant de ressources, d'attentions, portées vers un public, une pluralité de sujets, réduits à quelques-uns. »

Là encore, permettez que je risque une réponse – et une riposte. Cette réponse n'est pas *dans* les rapports. Mais elle m'est venue à leur lecture. Pluralité des sujets se dit, au fond, en plusieurs sens. Il y a plusieurs modes, pour les individus, de s'assembler et de former une pluralité. Vous avez un premier nom de cette pluralité qui est « la foule » et qui désigne ce qui advient de l'assemblement des êtres parlants quand il se place sous le regard d'un seul et, en particulier, sous le regard de cet Un qu'est le chef totalitaire ou fasciste : « foule » est le nom, là, du peuple en tant qu'il est la plèbe – rassemblé sous le faisceau de l'Un, faisant face au miroir que lui tend l'Un et voué à la répétition hallucinée et *plébiscitaire* du nom de l'Un. Vous avez un second nom qui est « la masse » et qui désigne la forme de la pluralité quand elle est atomisée, dispersée à l'infini, Sartre disait « sérialisée », par le règne sans contrepartie ni limite du marché : masse est le nom de ce en quoi la marchandise doit, pour s'imposer et faire régner sa loi, transformer les humains devenus purs *consommateurs*. Vous avez un troisième sens qui est celui des nationalismes, régionalismes et autres patriotismes organiques ou naturels : appelons « communauté », ou « communauté naturelle », la forme d'une collectivité humaine qui se prétend fille de la même mère, du même sol, de la même race – peu importe de quoi, pourvu que le rassemblement puisse se définir comme bien fondé *en nature*.

Eh bien vous en avez un quatrième. Oui, face à tous ces noms plus ou moins détestables du Divers, vous avez un quatrième nom, beaucoup plus sympathique, qui est le nom d'une quatrième forme de pluralité humaine qui ne ressemble à aucune des trois autres et qui, ô miracle, n'existe qu'au théâtre.

Des gens à la fois rassemblés et seuls (donc plus rien à voir avec la « foule »). Isolés et, pourtant, pas sérialisés (donc plus rien à voir avec la « masse » marchande). Des gens qui forment une communauté solide, fervente, mais, en même temps, de pur hasard, de contingence, sans aucune espèce d'ancrage dans aucune sorte de nature, sans lendemain, sans veille, sans autre lien que celui qui se noue là, dans la salle, le temps de la représentation (le contraire, donc, des peu ragoûtantes communautés naturelles). Ce quatrième nom c'est « le public ». Celle collectivité inavouée, paradoxale, antidote à tous les effets de foule, de masse et de communauté, elle n'advient, je le répète, que dans vos salles de théâtre ; ce n'est que là, au théâtre, dans le moment même du théâtre et de son jeu, qu'elle surgit et prend tournure ; et rien que pour cela, rien que parce qu'il est l'agent de ce surgissement, rien que parce qu'il est le lieu où se fomente ce vivant démenti à toutes les modalités perverses de l'être-ensemble, le théâtre est un lieu qui doit être chéri, célébré, préservé. Nous ne voulons ni de la « foule », ni de la « masse », ni des « communautés » ? Eh bien vive le théâtre !

7

Alain Robbe-Grillet vivant[1]

Depuis quand je connais Alain Robbe-Grillet ? Oh je ne sais plus… Nuit des temps… Aussi loin que je me souvienne, Alain est dans mon paysage littéraire et amical. Sa gaieté. Son

1. *New York Times*, 23 février 2008.

insolence. Son goût de l'intempestif. Sa liberté absolue à l'endroit de toutes les conventions – jusques et y compris cette convention de l'anti-convention qui aurait voulu le dissuader d'entrer à l'Académie. Son goût, aussi, d'être seul contre tous et d'en rire – notamment pour voler au secours de ses amis quand il sentait la meute après eux : j'en sais quelque chose ; je dois à ce cœur réputé sec, à ce grand seigneur méchant homme jouant les cyniques pour avoir la paix, le soutien le plus précieux dans mes aventures cinématographiques ou théâtrales.

J'ai produit son dernier film. Il n'y avait personne d'autre pour le faire. Le Système, comme il le disait, ne voulait plus de son cinéma. Malgré *Marienbad*. Malgré *Glissements progressifs du plaisir*. Malgré le fait qu'il aura été – et on ne va pas tarder à le redécouvrir – l'un des vrais grands cinéastes de la seconde moitié du XXe siècle. Et c'est donc moi – j'en suis à la fois fier et heureux – qui ai dû produire son magnifique *C'est Gradiva qui vous appelle*. Ce désaveu, cela dit, le faisait rire. Il adorait l'idée de cette solitude. Il restait, sous ses dehors de loup définitivement retiré de tout, informé comme personne de la comédie des lettres. Pas un mouvement de troupes ne lui échappait dans la composition des jurys littéraires, la rédaction des grands journaux, les anciennes et nouvelles chapelles, l'industrie du cinéma. A aucun frémissement dans ce tissu des lettres et de la pensée dont il était censé avoir pris congé, il n'était indifférent. Mais il aimait, en même temps, cet écart, cette nouvelle distance, ce côté Barbe-Bleue retranché dans son manoir normand.

Ce qu'il aimait plus encore c'est, quand des journalistes venaient, jusqu'en Normandie, l'interroger sur son œuvre, le nouveau roman, la trace qu'il comptait laisser, l'actualité, ne leur parler que de ses arbres et des 469 spécimens de sa collection de cactées ! Il aimait plaire et décevoir. Séduire et vous plonger dans la perplexité. Reverrons-nous de sitôt un personnage aussi paradoxal, aussi hors normes – généreux et cruel, érudit et paillard, pas moins éloquent pour discuter d'agronomie, de théorie des climats, d'astronomie, que pour commenter une page de Hegel ou de Balzac ? Je ne sais pas.

Quand l'ai-je vu pour la dernière fois ? Après la sortie du film, qui fut à la hauteur exacte de l'insuccès qu'il escomptait – et cette idée, de nouveau, l'enchantait. Plus tard, nous nous sommes encore revus une fois. Je lui ai demandé s'il travaillait à un livre. Il a éclaté de rire et m'a répondu que non, bien sûr. Car Alain est aussi l'un des très rares écrivains à avoir décrété, de son vivant, en pleine maîtrise de son art, et sans l'ombre d'une mélancolie, que son œuvre était close, que ce qui devait être écrit l'avait été, et qu'il n'y avait plus rien d'autre à faire, désormais, qu'à courir le monde, parler avec des peintres, s'intéresser à une découverte scientifique, prendre des nouvelles de ses anciens ennemis. Eût-il vécu qu'il ne s'y serait peut-être pas tenu et que, comme après *Djinn*, il aurait encore relancé la machine. Mais c'est ce qu'il disait. C'est ce qu'il croyait.

Les images que je garde de lui ? Etrangement, des images très physiques – j'ai presque envie de dire des images athlétiques. Sur un tournage, il était un prodige d'énergie. A table, il buvait comme un jeune homme. Et j'ai l'impression qu'il a gardé, jusqu'au bout, ce goût très vif des jeunes femmes qui a aussi fait de lui l'un des personnages les plus scandaleux de son époque.

Son apport à l'histoire du cinéma ? L'art du récit brouillé. La fin du conflit central. La bande-son et l'image désaccordées – plus que chez Jean-Luc Godard et, il me semble, avant lui. Le cinéma comme une image mobile, non de l'éternité, mais de l'éternel malentendu entre les voix, les gestes, les désirs ou les réticences des humains.

Son apport à l'histoire de la littérature ? L'art du récit sec, sans psychologie, vide de subjectivité. Un concept de subjectivité, vide elle-même, sans intimité ni intériorité. Juste un point. Un lieu géométrique. Un point de contact entre un dehors envahissant et un dedans inexistant. Ah ! se délivrer de la vie intérieure, soupirait Sartre ! Se délivrer de cette maladie française qu'est le culte de la vie intérieure ! Eh bien voilà. Robbe-Grillet. C'est Robbe-Grillet qui aura réalisé le programme sartrien. Le pape. Le patron.

8

Ce que je dois à Kundera[1]

Comment avez-vous découvert l'œuvre de Milan Kundera ?

Je n'en suis plus très sûr. Mais il me semble bien que le premier texte de lui que j'aie, non seulement eu entre les mains, mais vraiment lu a été *L'Art du roman*. C'est l'époque où je commence à songer au *Diable en tête* qui sera mon premier roman. Et où je commence donc à me poser, moi-même, des tas de questions, à la fois techniques et fondamentales, fondamentales parce que techniques, sur le passage à la fiction. Le livre de Kundera répond à la plupart de ces questions. J'ai le souvenir d'une lecture enchantée, miraculeuse, où se dénouent tous les mauvais nœuds qui m'empêchaient de passer à l'acte et

1. *Transfuge*, avril 2009 ; propos recueillis par Donatien Grau.

d'écrire. La question du point de vue… La compatibilité, ou non, du philosophique et du romanesque… Ce que doit être un personnage pour que le philosophique ne plombe pas la narration mais l'enrichisse… A ces questions, je trouve des réponses chez Sartre, dans sa polémique fameuse avec Mauriac ainsi que, soit dit en passant, dans ses propres tentatives romanesques, honteusement sous-estimées. Chez Danilo Kis que je vois, à l'époque, beaucoup et qui me déniaise quant à l'usage, dans la fiction, du matériau historique et documentaire. Mais la vérité m'oblige à vous dire que c'est quand même *L'Art du roman* de Kundera qui sera l'illumination majeure, le détonateur principal, ce par quoi se verra levé, en moi, le surmoi qui faisait obstacle au roman.

Sa culture est profondément internationale : il cite l'allemand aussi bien que le grec, réfléchit sur Proust et Joyce. Que pensez-vous d'une telle figure de l'intellectuel ?

De l'Intellectuel, je ne sais pas. D'autant que je ne suis pas sûr que Kundera lui-même aimerait tant que cela être qualifié d'intellectuel. En revanche, pour un romancier, je ne vois pas d'autre manière de procéder. Prenez la France. Vous avez deux solutions pour un romancier de langue française. Ou bien la France seule, l'enfermement dans l'histoire nationale, le seul contexte patriote pour situer, évaluer, ce que l'on fait : cela donne, dans le meilleur des cas, Giraudoux, Chardonne ou leurs épigones d'aujourd'hui. Ou bien la France ouverte, le souffle de langues autres venant balayer le terrain de la langue nationale, le grand contexte de la littérature mondiale dont on se nourrit avant de s'y mesurer : c'est Sartre lecteur de Dos Passos, Malraux à l'école de l'Orient et, aujourd'hui, les plus ambitieux de nos contemporains. Eh bien c'est cela la leçon de Kundera. Pas spécialement sur la France, bien entendu, puisqu'il n'en a adopté la langue que récemment. Mais sur n'importe quelle langue nationale qui ne devient langue littéraire que si elle consent à s'inscrire dans le « grand contexte » de cette littérature mondiale. Il faut deux mouvements à la fois, en vérité. Deux mouvements de sens inverse mais, au fond, complémentaires. L'un qui consiste à rétrécir sa langue, la singulariser et donc la rétrécir, la réduire à une sorte de microlangue ultra-indigène car taillée, pour mon propre usage, dans le drap de la langue nationale. Et l'autre qui, au contraire, joue le jeu de l'Universel, greffe les parlers les uns sur les autres et ne se satisfait d'un mot, d'un nom, d'un phrasé, que lorsque commence d'y vibrer le ton de la langue inconnue.

Quelle est, selon vous, la relation entre les romans – au caractère souvent réflexifs – et les textes qui sont proprement des essais ?

A première vue, bien sûr, on a envie de répondre que les seconds sont là pour donner la théorie des premiers ou les premiers, comme vous voudrez, pour être des applications des seconds. La réalité est loin d'être aussi simple. D'abord parce que les romans ont, comme vous le dîtes, un caractère « réflexif » et qu'ils sont donc, sans cesser d'être des romans, bourrés jusqu'à la gueule de philosophie et de pensée. Mais ensuite parce que les essais – c'est-à-dire, en tout cas, *L'Art du roman* et *Les Testaments trahis* – sont des livres passionnants qui se lisent comme des romans et dont on peut se demander s'ils ne sont pas, à leur manière, *des sortes* de romans. C'était le cas chez Proust. Il était convaincu que la *Recherche* était un livre de pensée et que c'était le *Contre Sainte-Beuve* qui était l'ébauche de son vrai roman. Je ne sais pas si Kundera irait jusque-là. Mais qu'il y ait de la philosophie dans, par exemple, *La Lenteur*, qu'il y ait du romanesque dans *Les Testaments trahis*, que l'un et l'autre, par conséquent, échangent leurs rôles et leurs positions dans l'ordre du discours, voilà qui n'est pas douteux et invite à relativiser, chez lui, l'idée d'une frontière trop tranchée, rigide, entre les deux genres.

Milan Kundera se livre à une réflexion sur l'identité, qui a donné son titre à un roman de 1997. Son œuvre peut-elle apparaître comme l'héritière de la « crise du sujet », que l'on avait attribuée au roman du début du XXe siècle ?

Il n'y a pas d'œuvre moderne qui n'ait à déclarer sa dette à l'endroit de cette crise du sujet et de ceux qui l'ont provoquée. Kundera comme les autres. Kundera ni plus ni moins que les autres. A commencer par ceux dont on oublie toujours qu'il est le quasi-contemporain ; dont l'œuvre l'a inévitablement influencé au temps, au moins, de sa jeunesse pragoise ; et dont je ne comprends pas qu'on ne songe jamais à eux quand on essaie de définir le contexte où il apparaît. Kundera, en d'autres termes, a évidemment été marqué par Musil et Kafka. Le texte sur Hermann Broch qui figure au cœur de *L'Art du roman* est, sans aucun doute possible, l'une des clefs, longtemps secrètes, de l'œuvre tout entière. Mais dire cela ne devrait pas interdire de s'interroger sur l'influence, aussi, de la deuxième crise du sujet, bien postérieure à la première : celle qui donne le nouveau roman, l'antihumanisme philosophique des années 60, le structuralisme ou encore ce que l'on appelait, à Prague, le formalisme – tous dispositifs dont il faudra bien que quelqu'un se décide à analyser, un jour, l'impact qu'ils auront eu sur l'imaginaire kundérien.

Vous êtes vous-même l'auteur de plusieurs ouvrages de fiction. Comment vous positionnez-vous comme romancier face à l'œuvre de Milan Kundera ?

Je vous l'ai dit. La découverte de son œuvre et mes premiers pas dans le roman sont concomitants – et je ne pense pas que ce soit un hasard. J'ai fait, en ce temps-là, deux romans. Ils étaient aussi différents qu'il est possible de l'être. Mais ils avaient un point commun : cette narration éclatée, décomposée en plusieurs points de vue, et où chaque point de vue dément, corrige, brouille le point de vue précédent. Or elle vient d'où cette idée ? De Dos Passos, sûrement. Du Faulkner, de *Tandis que j'agonise*, naturellement. De Sartre que j'ai toujours, je vous le répète, tenu pour un romancier de grande importance, cela n'est toujours pas douteux. Mais il y avait une autre origine, pour moi, à cette idée de multiplier les angles, les systèmes de perception, les visions du monde. Et une autre origine, surtout, au parti pris voulant qu'aucun de ces points de vue n'ait, jamais, le dernier mot. Cette origine c'était la théorie kunderienne du personnage comme subjectivité hypothétique, dépositaire d'une partie, et d'une partie seulement, de la vérité. C'était son hypothèse d'une vérité jamais catégorique, encore moins apodictique, dès lors qu'elle passe à la centrifugeuse du roman. Mon hypothèse. Ma théorie. Le parti pris qui, contre le dogmatisme du narrateur-Dieu du roman traditionnel, fait, dans *Le Diable en tête* par exemple, se succéder le journal de Mathilde, l'Interrogatoire de Jean, les lettres de Marie, le témoignage d'Alain Paradis et, enfin, la confession du héros. Tout cela, je le dois, en grande partie, à Kundera.

Y a-t-il une portée philosophique de son œuvre ? Et si oui, en quel sens ?

Eh bien ceci, déjà. Ce refus de privilégier un point de vue. Cette idée que le monde est une totalité intotalisée et à jamais intotalisable. Le contraire, comme le mot l'indique, du Totalitarisme. Le contraire, comme le mot ne l'indique pas mais comme il le dit, par exemple, chez Levinas, de l'Ontologie. Lévinassisme appliqué. Vraie leçon de philosophie.

Depuis vingt ans, Milan Kundera a choisi de ne répondre à aucun entretien et se refuse à prendre la parole en public. Quel sens donnez-vous à cette forme de retraite ?

Aucun entretien, vraiment ? Je me souviens, moi, de l'époque où il en donnait mais par écrit. Son raisonnement était, en gros, que l'archive ne fait pas le détail. D'un côté les grands vrais textes, longuement mûris car écrits. De l'autre ces paroles volées, jetées aux quatre vents, lâchées à des intervieweurs plus ou moins attentifs et intelligents et, même quand les interviewers sont bons, improvisées, pas assez méditées, dotées du charme de l'inopiné mais certainement pas du poids qu'ont les vraies paroles articulées. Pourquoi prendre le risque, alors, de laisser tout cela se mélanger ? Comment ne redouterais-je pas de voir ces mots au statut si différent composer ensemble, sans distinction, un corpus réputé homogène ? Et n'y a-t-il pas une vraie absurdité à passer un temps infini sur une phrase écrite et à prendre le risque de voir – ou pire de ne pas voir car, un jour, je ne serai plus là, du tout, ni pour voir ni pour rectifier – un commentateur s'emparer d'une phrase, à peu près semblable, mais pas tout à fait, et que j'aurai jetée dans un magnétophone, et qu'il opposera à la première ? Il diagnostiquera une évolution… Ou un progrès… Ou, peut-être, une régression… Ou, en tout cas, une variante qui lui semblera éventuellement intéressante… Mais peu importe, en réalité. L'essentiel c'est qu'il verra, le commentateur, un effet de sens que je n'aurai, moi, l'écrivain, pas voulu. L'horreur c'est ce corpus insensé qu'il composera à partir de bribes de discours et dont il aura beau jeu de dire que c'est moi qui en suis, pleinement, l'auteur. Mais auteur en quel sens ? N'y a-t-il pas diverses façons de se dire auteur ? Et leur confusion n'est-elle pas une insulte à ce qu'a de spécifique, de non frivole, l'exercice littéraire ? C'est la grande objection kundérienne au principe de l'interview. Et je dois dire que c'est imparable. Ce pour quoi je n'ai moi-même, depuis bien longtemps, plus donné d'interview dont je n'aie eu l'assurance de pouvoir la réécrire intégralement. Les crétins protestent. Ils s'écrient : « oh ! le manipulateur ! le calculateur-né ! le qui ne fait pas confiance à la parole vive, la sienne, celle où il se révèle dans sa belle authenticité ! » Ils n'ont évidemment rien compris. Et devraient juste relire un peu de Kundera.

Dans les années 1970, où il évoquait en tchèque son malaise face au régime communiste de Prague, son œuvre avait aussi une forme de manifeste pour la liberté. Aujourd'hui que la lueur à l'Est s'est éteinte, quelle est l'actualité de son travail ?

Ce n'est ni d'aujourd'hui ni d'hier que date l'extinction de la lueur. Et, au moment où Kundera lui-même entre en littérature, plus personne de sérieux ne croit au communisme. Alors, si ce que je vous objecte là est exact, son œuvre a-t-elle vraiment été ce « manifeste » que vous dîtes ? Rien n'est moins sûr. Et les premiers à l'avoir compris furent ses compatriotes de Bohême et de Slovaquie qui lui ont toujours reproché, justement, de n'être pas assez militant, dissident, croyant en un avenir meilleur, ami du genre humain, bon – voyez, à l'automne dernier, à la veille de l'attribution du prix Nobel, ce que lui a coûté cette position hors du rang des politiques et des croyants du « Manifeste » ; voyez l'ignoble campagne de calomnie, venue de son pays d'origine, et qui a pensé le clouer au pilori des écrivains désengagés, pas assez soucieux du sort de l'humanité et de son actualité… Que reste-t-il d'une œuvre quand elle a perdu cette « actualité » ? Elle devient inactuelle. Proprement inactuelle. Et c'est très bien ainsi.

9

Un tombeau pour Jean Genet[1]

Genet à Tanger ? Au Maroc ? Genet était un sans-domicile fixe. Un typique « sans feu ni lieu » dont le non-lieu était la religion. Alors Tanger… Va pour Tanger ! Mais comme un de ces non-lieux. Un de ces points de passage parmi d'autres. Sûrement pas, en tout cas, un ancrage tardif, un port d'attache, un lieu élu. Sûrement pas le côté : j'ai trop bougé, je suis las de cette errance, de ce vagabondage infini, je choisis donc Tanger, je me fixe à Tanger à la façon, par exemple, de Paul Bowles. Genet et Bowles : deux relations à l'errance, à l'ancrage et, donc, à Tanger

1. In Daniel Rondeau, *L'Appel du Maroc*, ouvrage collectif, Institut du monde arabe.

(encore que Bowles n'ait jamais vu en Tanger, lui non plus, je ne sais quel lieu saint, élu entre tous, inspiré ; souvent, au contraire : « je me suis posé là par hasard… j'y reste parce que la vie passe, que je n'ai plus le choix, etc. »). Il y a les écrivains qui s'installent à Tanger. Il y a ceux qui ne font qu'y passer. Genet, vivant, appartient à la seconde espèce. Il le dit d'ailleurs, non sans malice : « pourquoi pas le Maroc ? j'aime tous les paysages, même les plus déshérités ; même l'Angleterre. » Tanger comme l'Angleterre. Ni plus ni moins ? Mais oui.

Bowles et Genet… Genet est venu à Tanger. Il a vécu à Tanger. A trois reprises au moins (fin 1968, fin 1969, l'année 1974), il y a fait de longs séjours. Alors on se pose la question, forcément, de ses rapports avec Paul Bowles. On se dit : ces deux-là, Bowles et Genet, ont passé leur temps, forcément, à se voir, s'épier, s'attendre, se croiser ou, simplement, rivaliser ne fût-ce que dans la guerre d'appropriation du mythe littéraire de Tanger. Or, bizarrement, il n'en est rien. Genet évite Bowles. Bowles évite Genet. C'est comme s'ils n'avaient pas vraiment habité la même ville, au même moment, ni vu les mêmes gens. Quand Choukri interroge Bowles, il lui répond : Genet a l'un des styles les plus « saisissants » de la littérature française, mais le lire ne m'a « pas appris grand-chose ». Et quant à Genet, je ne connais ni texte ni déclaration de lui sur cet autre terrible prosateur qui se voyait, lui aussi, comme un envoyé des vivants, un espion, au royaume des morts (sa façon de citer, ou de réécrire, *Pompes funèbres* ?).

« Pas d'amis, surtout pas d'amis », écrit, à la fin des années 1980, ce partisan déclaré de toutes les trahisons, jusques et y compris à l'endroit de soi ou, encore, des amitiés qui pourraient, elles aussi, vous lier à un lieu. Peu d'amis, donc, à Tanger. Et, par conséquent, peu de vraies traces. Choukri, bien sûr. Ben Jelloun. Quelques autres. Mais, alors qu'il reste, entre la librairie des Colonnes et le Merchan, quelques vieux Tangérois qui se souviennent de Morand ou de Beckett, alors qu'il n'est pas rare de tomber, à l'Eldorado ou dans l'un des cafés qui entourent le Petit Socco, sur un survivant des « voyages » de

Gysin et Burroughs, l'enquête sur Genet à Tanger semble étrangement plus difficile – comme si elle se heurtait, vite, à je ne sais quel mur de silence et de réticence. Brian Gysin, à Tanger : « il y a trois Genet ; les gens connaissent le Genet voleur et Genet le génie, mais ils ignorent le troisième, Genet le secret. » Et si c'était le Genet de Tanger ? Et si Genet, à Tanger, était l'objet du plus grand mystère ? Lui qui, à Paris, vivait dans des meublés, ou des hôtels de fortune, descend, à Tanger, au Minzah. Pourquoi ? Choukri – la source décidément la plus fiable, au fond la seule, sur ce Genet tangérois – rapporte ce mot : « parce que je suis un sale chien ; je descends au Minzah ou au Hilton parce que j'aime voir ces élégants servir un sale chien comme moi... »

Témoignage d'un de ces « élégants » – l'un des rares qui, au Minzah d'aujourd'hui, se souviennent des séjours du « sale chien » : hôte cérémonieux ; inoccupé ; mangeant à peine ; dévoré par d'effroyables maux de dents ; buvant beaucoup ; une docilité étrange dans le visage ; sortant parfois, au milieu de la nuit, sa tête ronde et rasée brillant, en s'éloignant, dans les dernières lueurs de la rue et les volutes de son éternelle cigarette ; un café au lait, avec des mouillettes de pain, au Café central, au petit matin ; suivre un garçon ou, dans la journée, une femme – oui, oui ! une femme ! fascination de Genet pour les Marocaines voilées ! leur secret sous le voile ! leur beauté ! et puis, d'autres nuits, image de lui descendant en pyjama, hâve, mal rasé, sale, demander au concierge de garde un exemplaire de *L'Opinion* ou un vieux journal français ; pourboires gigantesques ; cadeaux somptueux ; après-midi passés, comme Barthes, à *mater* à la terrasse des cafés.

Un témoin – un des très rares témoins – prétend qu'il était là pour écrire un livre sur Tanger et qu'il avait même un contrat, pour cela, avec Gallimard. La dernière arnaque de Genet ? Ou un inédit égaré ?

Une image. A peine un souvenir. C'est une fin d'après-midi. Je longe, à pied, le cimetière du Merchan en direction de la mer. Et j'aperçois, au bout de la rue, appuyé contre le muret du cimetière, une silhouette qui pourrait être celle de Genet, sans doute est-ce lui, cette inimitable rondeur féline, ce mélange d'épaisseur et d'agilité, un air doux et entêté, un manteau crasseux que le vent rabat contre les jambes, il a une petite caméra à la main, sans doute une vidéo, il filme un ami, et un âne à l'échine saigneuse, et un réparateur de chambres à air qui fait le pitre devant son échoppe. Tout un mouvement autour de lui. Une voiture qui passe en klaxonnant. Un air de fête, presque de bal, dans cette modeste rue. Et puis, sans crier gare, avant que j'aie pu m'approcher, l'homme, et l'ami qu'il filmait, se mettent à courir, comme après un mauvais coup. Genet a disparu. Souvent, Genet pousse, boulevard Pasteur, jusqu'à la librairie des Colonnes. Pour y trouver un livre ? Pour sacrifier au rite qui veut que tout écrivain, de passage à Tanger, aille une fois de temps en temps, présenter ses hommages à Mesdames Gerofi, Muyal et, aujourd'hui, Bekkaria ? Mais non. Pour chercher de l'argent. Juste pour chercher de l'argent. Genet n'a jamais eu de compte en banque. C'était Gallimard, sa banque. Et la première chose qu'il a toujours faite, en arrivant dans n'importe quelle ville, et donc aussi à Tanger, c'est de chercher la succursale de Gallimard.

Et puis, enfin, la seule vraie adresse de Genet à Tanger : le cimetière chrétien de Larache, coincé entre un bordel et la vieille prison espagnole où il côtoie, pour la dernière fois mais à jamais, un peuple de voyous, maquereaux, trafiquants de kif, passeurs divers et variés, artistes du couteau. Là, un matin d'avril 1986, l'arrivée du cercueil, enveloppé dans un sac de jute sur lequel on a inscrit, comme pour les sans-papiers qu'on rapatrie au Maroc pour qu'ils y soient enterrés, « travailleur immigré » ; et puis, au milieu des sépultures de soldats espagnols, une tombe blanche, très simple, sans croix ni symbole, au bord du précipice, face à la mer. Deux thèses s'affrontent, à Tanger. Celle d'une « dernière volonté » de Genet. Celle – rapportée, encore, par Choukri – de El Katrani, l'ami auquel il avait offert, avant de mourir, une petite maison à Larache : « je veux être enterré n'importe où, sauf à Larache. » Je préfère, évidemment, la seconde. Car comment mieux dire la suprême intelligence de l'art ?

IV

NOTES POUR UN PROGRAMME PHILOSOPHIQUE

Contre le mal, s'il est absolu, que faire ? ▪ Usage de Spinoza ▪ Louis Althusser, radical et étincelant ▪ Petite introduction à l'œuvre de Levinas ▪ Un Sartre ou deux ? ▪ Deux Sartre… ou trois ? ▪ Sartre est un bloc ▪ Et Beauvoir ? ▪ Eh oui, Voltaire ▪ Flash-back ▪ Pour le droit au secret ▪ Contre la « politique de civilisation », vive l'axe Lacan-Canguilhem-Lautréamont ▪ Où l'on tente de réconcilier, enfin, Camus et Sartre

1

Contre le mal, s'il est absolu, que faire ?[1]

Je suis bouleversé, naturellement, par ces images et ces mots de Benny que vous venez de projeter[2]. Bouleversé par cette parole vive, oh oui, si vive et, évidemment, si généreuse. J'étais là, bien sûr, ce jour-là, quand cette scène a été filmée. Mais je l'avais oubliée. J'avais complètement occulté cette injonction, pressante, de Benny m'invitant à m'atteler à « mon » livre sur le Mal. Et je ne l'ai découverte que là, il y a quelques jours, quand Patrick Fabre et Gilles Hanus m'ont envoyé ce petit film, via Internet, afin que je donne mon accord à sa diffusion en guise de présentation de cette séance du Séminaire que je comptais – et que je compte, d'une certaine façon, toujours placer sous le signe du mot de Nietzsche prophétisant, dans

1. Institut d'études lévinassiennes, « Grande Conférence » prononcée le 9 avril 2008, à la Cité des Récollets, à Paris.

2. Projection d'une vidéo, filmée en 2003, quelques mois avant la mort de Benny Lévy : celui-ci y « présente » Bernard-Henri Lévy aux étudiants de l'Université hébraïque de Jérusalem venus écouter une conférence sur Daniel Pearl ; cette vidéo est disponible sur le site de Liliane Lazar, bernard-henri-levy.com. *(NdE)*

Ainsi parlait Zarathoustra, qu'« en vérité, il y a un avenir même pour le Mal ». Alors, à tout seigneur tout honneur. C'est à ça que, du coup, je vais essayer de répondre. C'est à cette injonction, et à ces objections de Benny, que je vais tenter d'objecter à mon tour – toujours à partir de la même terrible règle du jeu : mon ami qui savait, qui aurait pu et dû me renvoyer à mon ignorance ou, au moins, me démentir, ne sera plus là pour m'empêcher d'avoir le dernier mot.

1

Benny semble douter, d'abord, que la notion de Mal absolu et, corrélativement, celle de silence de Dieu, soient des notions juives – il semble indiquer qu'elles sont, comme nous disions jadis, dans notre commune jeunesse althussérienne, « introuvables » dans la théorie, non pas marxiste, mais juive.

Alors, naturellement, il y a du vrai.

Toute la thématique du Mal sans cause et sans faute, de la souffrance ou de la malfaisance héritées, toute la mathématique du péché originel qui poursuit l'humanité de sa malédiction, est, plutôt, une problématique chrétienne.

Elle est au cœur du thème de la réversibilité (les innocents qui paient pour les coupables) telle que la pense Joseph de Maistre dans ses *Soirées de Saint-Pétersbourg*.

Elle est au cœur du questionnement baudelairien sur le statut des enfants mort-nés (touchés ou non par le péché originel ? baptême, alors, ou pas ? limbes, purgatoire, enfer ?).

Elle est, partout présente chez Barbey d'Aurevilly, l'ami de Baudelaire, son semblable, son frère (j'ai toujours pensé qu'il avait pris la thématique de son *Prêtre marié* dans la vraie vie de son ami qui était, comme vous savez, fils d'un vrai prêtre vraiment défroqué).

Elle est chez Bernanos dans l'obsession de la transmission, presque de l'*infection* ou de la *contamination*, au sein d'une même famille ou d'une même « race », des caractères moraux acquis.

Et puis elle est au cœur, surtout, de l'une des batailles les plus rudes, les plus acharnées, qu'ait eu à livrer le christianisme aux origines de son histoire, puis au fil des siècles suivants.

J'avais, ici même, il y a un an, nommé l'une de ces batailles : le marcionisme, c'est-à-dire l'hérésie qui a tenté de remettre en question la réalité de l'apport juif au christianisme et qui a obligé celui-ci, du coup, dans la longue durée de sa riposte, à mettre au point sa position.

Eh bien je nomme aujourd'hui la seconde, je nomme la seconde hérésie et, donc, le second front que fut, sur cette affaire de Mal absolu, la lutte contre le pélagisme.

Pélage, vous le savez, est un évêque de l'époque de saint Augustin qui soutient que le péché originel n'existe pas, qu'il ne se transmet pas sans faute nouvelle, que la mort elle-même n'est pas une fatalité mais le fruit de crimes concrets que commettent les sujets en particulier.

C'est quelqu'un qui explique, par exemple, que, de même que les vêtements et les chaussures des Hébreux ne s'usèrent point lors de la sortie d'Egypte, de même le Créateur peut conserver jeune et beau, dans sa gloire, le corps de l'homme resté soumis à ses commandements et à sa loi.

C'est quelqu'un qui, en somme, ne croit pas au Mal absolu, tente d'en détruire l'hypothèse et, épaulé par le moine Célestius, va parcourir la Chrétienté pour, de Carthage à Rome, répandre la bonne nouvelle : il faudra toute la force d'un concile à Hippone et même de deux, presque de trois, il faudra les trois tomes de *Du mérite et de la rémission des péchés* de saint Augustin, pour répondre à l'hérésie et, à défaut de l'extirper, la contrer (encore que, des pélagiens Abélard et Occam à Luther et à sa définition de l'homme comme « bois tordu », le débat n'ait pas fini de hanter et agiter les Eglises chrétiennes…).

Mais bon.

Sans aller jusqu'au pélagisme, sans aller jusqu'à dire qu'il y ait, dans le judaïsme, un équivalent de cette lutte contre le pélagisme, qu'est-ce qui permet de dire qu'il n'y a pas de nom juif pour cette affaire de souffrance sans cause *et* d'absence de Dieu ? et comment ne pas voir que le judaïsme, lui aussi, s'est battu contre l'idée d'une humaine, trop humaine, source du mal humain ?

Il y a un livre de la Bible qui n'est pas, que je sache, un livre chrétien et qui ne parle que de ça. C'est l'histoire de Job, ce contemporain de Moïse, cet observant, l'homme le plus pur et le plus intègre d'Israël, cet homme qui avait en horreur, plus que quiconque, l'injustice, l'idolâtrie, la tricherie, l'adultère et qui, pourtant, perd son bétail, voit mourir ses enfants, se voit affligé de toutes les lèpres de la terre. Eliphaz, Bildad et Tsophar, ses trois amis, parlent comme Pélage et Célestius quand ils soutiennent que tant de souffrance ne peut s'expliquer que par des fautes en proportion. Elihou le bouzite, dont le nom signifie « Il est mon Dieu », tient la voie de la médiation en soulignant, certes, le mystère des voies divines mais non sans insister *aussi* sur le fait que, pour souffrir autant, pour voir ses bêtes envolées, ses enfants morts, sa fortune dissoute, Job a dû commettre des fautes personnelles considérables. Et Job lui-même, d'une façon quasi augustinienne, expose le pur scandale qu'est sa souffrance de Juste, indexée sur aucun crime antérieur, prix d'aucune faute ou blasphème – une souffrance dont il est clair, à l'entendre, qu'elle est, non seulement sans limites, mais sans proportions ni sens ni mesure.

Ceci, pour le mal sans cause. Maintenant le silence de Dieu. Il y a, quant au silence de Dieu, un maître, Isaac Louria, qui a dit des choses très surprenantes aux oreilles de qui ne voudrait pas croire à la théorie du Mal absolu. Ce rabbin du XVIe siècle qui passa sa vie entre Jérusalem et Safed et dont le livre, collationné par ses disciples, s'appelle l'*Arbre de la vie*, explique comment, au commencement du monde, il y a, non la révélation, mais la contraction de Dieu ; comment le premier acte de Dieu fut, non de s'étendre, mais de se limiter et de laisser un espace vide où puisse venir la Création ; et que c'est dans cet espace vide, dans ce néant laissé par Dieu, que seront, de fait, créés les dix vases brisés par le onzième rayon qui correspond à la naissance de l'homme. La brisure des vases, qu'est-ce d'autre qu'un mal originel ? Et cette rétraction, cette contraction, cette autolimitation, qu'est-ce d'autre qu'une version juive de ce que les chrétiens nomment le silence ou l'absence de Dieu ?

Et puis il y a, plus récemment, un grand penseur moderne, ou quasi moderne, dont j'ai déjà, ici même, eu l'occasion d'évoquer le nom mais sur lequel je veux revenir : Rabbi Haïm de Volozine, disciple et admirateur du Gaon de Vilna, grand talmudiste, immense penseur, qui joua un rôle crucial dans la résistance d'une partie du judaïsme à l'extension du hassidisme et qui, dans *L'Ame de la vie*, explique que Dieu a créé le monde puis s'en est retiré ; a installé sa transcendance, puis a décidé de la voiler ; a abandonné donc les hommes à une sorte de chaos et leur a laissé le soin de l'empêcher, ce monde, de se « décréer » et de retourner alors au néant. Là aussi, un Mal des origines. Là aussi, un Mal qui suit immédiatement, de très près, l'origine et ne dépend par conséquent d'aucun manquement des humains. Et, là aussi, un Dieu qui s'absente et, permettez-moi l'expression, laisse les hommes se débrouiller avec ce Mal quasi originaire en leur recommandant juste de prendre le chemin des maisons d'étude et de prière – seule solution pour tenir, à peu près, les pauvres piliers de ce monde enténébré.

Bref, si l'on entend par Mal absolu la question de Job, la question de l'homme livré à lui-même, la question de la disproportion entre les fautes commises et la souffrance endurée et puis, enfin, la question de l'abandon et du silence de Dieu force est de convenir que ces questions sont des questions qui ont parfaitement leur place dans le meilleur de la pensée juive.

2

Deuxième objection.

Est-ce que tout cela ne va pas vers le gnosticisme ?

Est-ce que supposer le Mal absolu n'est pas aller vers ce dualisme, cette hypothèse d'un autre corps, d'un autre monde, d'une autre âme, dont la pensée juive s'est tellement moquée et contre quoi Benny nous met en garde à son tour ?

Oui, naturellement, il y a un risque.

Et oui, naturellement, rien ne serait plus étranger au corps de la pensée juive – avec, de surcroît, des effets et méfaits politiques que l'on devine et qui seraient, hélas, imparables : car si, vraiment, il y a deux mondes, si vraiment le Mal relève d'un autre Etre et d'un autre principe entièrement distincts de ceux dont Dieu s'est servi pour créer le monde, alors les hommes, en leur être et principe, en sont automatiquement innocents et les hommes concrets, vous, moi, notre éventuel bourreau, ne sommes plus le moins du monde comptables du mal que nous commettons.

Mais en même temps...

Je ne vois pas, dans les écrits du Rabbi Haïm par exemple, de quoi justifier ce procès en gnosticisme : il n'y a qu'un monde, créé par Dieu, dont Dieu s'est retiré et où les hommes ont à étudier pour éviter qu'il ne tombe en ruines et en poussière – voilà ce qui est dit et nulle part il n'est question de l'hypothèse d'un second monde.

Je ne le vois pas non plus chez Louria. Je sais que c'est la thèse de Scholem dans son texte d'introduction à la « pensée des étincelles ». Mais si l'article premier du gnosticisme est, encore une fois, qu'il y a deux mondes et que le second, celui de la matière, est mauvais, où Louria dit-il cela et qu'est-ce qui, dans sa pensée, fait droit à cette pétition de principe ? C'est le même monde, là aussi. Et, dans ce monde, dans ce même monde, il y a une matière dont il est dit qu'elle est la dernière et la plus extérieure des « enveloppes », le dernier et le plus déchu des « vêtements » de Dieu : mais c'est toujours une enveloppe ! c'est toujours un vêtement ! Louria dit, certes, que le courant d'émanation divin devient progressivement moins spirituel et moins raffiné, plus matériel et plus grossier ; il montre, certes, un monde matériel qui est « moins spirituel » ou, si l'on veut, d'une spiritualité « plus trouble » que l'esprit pur ; mais il ne dit, en aucune façon, que ce monde serait séparé, dans son origine et dans sa fin, de la vie divine ; et encore moins est-il l'œuvre d'un deuxième Agent, d'un Rival mauvais du Dieu bon – jamais.

Et puis je voudrais vous rappeler enfin qu'il y a un troisième penseur qui connaissait bien Haïm, qui a beaucoup écrit sur Louria, qui a médité sur le livre de Job et sous la tutelle de qui nous nous trouvons parler ce soir, comme dans chacune des séances, depuis sept ans, des séminaires de l'Institut – il y a un troisième penseur, absolument pas suspect, lui, de gnosticisme et qui croit, sans conteste, au Mal absolu : Emmanuel Levinas.

Car qu'est-ce que Levinas entend, au juste, par Mal absolu ?

C'est d'abord, dans *De l'existence à l'existant*, le monde de l'origine, le premier état du monde, cette désolation inhabitable et sombre que décrit la Genèse ; c'est ce désert tonitruant ou, au contraire, cela dépend des commentaires, frappé de mutisme et glacé que décrit le Livre de manière si effrayante ; c'est cet « il y a » qu'évoque aussi Heidegger, cette « Chora » platonicienne d'avant la distinction et l'idéation, c'est ce Tohu et ce Bohu sans limite ni mesure, cet abîme sans fond de l'indifférencié, dont parlent encore la Bible et, après la Bible, ce grand écrivain non juif, mais qui s'y connaissait en Bible, Rabelais.

C'est, ensuite, la distinction même, la limite, la mesure, le fond, la différence, bref la singularité, ce nom qui, chez Levinas, devrait, en principe, être un nom de positivité mais qui a, lui aussi, son démon qui est le démon de l'égoïsme, du narcissisme, de l'enfermement dans la prison de soi, de l'auto-séquestration dans l'essence, de l'évasion non souhaitée ou paresseusement refusée, de la subjectivité usant et mésusant de la force de son étance, de l'élan vital irrépressible et irréprimé, bref de la loi de l'être telle que Catherine Chalier, par exemple, l'a si bien décrite dans son livre : c'est la « rançon », dit Levinas dans *Le Temps et l'autre*, de l'échappement à la matérialité, au néant, au « il y a » – on croit y avoir échappé, on croit s'en être sauvé, mais il y a une rançon, il y a un prix à payer, et c'est l'« intéressement », et c'est un deuxième visage du mal.

Et puis, quand le sujet brise enfin cette prison de l'intéressement et du narcissisme pour se rapprocher d'autrui, quand l'être consent à céder la place à l'autre et à son commandement, quand il se décentre et investit ce vis-à-vis, quand on entre, en d'autres termes, dans la bonne situation lévinassienne, dans la situation par excellence qu'il semble appeler de ses vœux et qui est celle de la substitution, de l'otage et du primat de l'éthique, voici surgir un troisième risque encore qui est le risque du meurtre tel que l'illustre l'affaire Caïn-Abel, ce premier dialogue d'hommes dont la Bible porte témoignage et qui s'achève, comme on sait, par un terrible meurtre. Ah ! si c'était si simple ! S'il suffisait de sortir de soi pour entrer dans le royaume des fins et le règne de la paix ! Si le visage était toujours interdiction de tuer et non pas aussi, hélas, invitation à frapper ! Cette violence toujours là, ce coup juste retenu, ce risque de la déraison à l'œuvre dans la raison, cette pointe de délire au cœur de la rationalité, voilà encore une (troisième) figure du Mal et d'un Mal détaché, n'est-ce pas, de toutes circonstances particulières, de toutes conditions concrètes, et donc, lui aussi, qu'on le veuille ou non, absolu, littéralement absolu, détaché donc absolu…

On peut dire la chose selon Sartre : ces trois figures du Mal que sont, primo, la matérialité, le trop-plein nauséeux de l'en-soi ; secundo, l'arrogance de Monsieur Simonnot si sûr de sa place en ce monde qu'il en devient un « salaud » ; tertio, l'entre-soi de la « fraternité terreur » théorisée dans la *Critique de la raison dialectique*.

On peut la dire selon Freud : le magma, l'indifférencié, le rien, le vide, d'abord ; le sujet et sa pulsion de mort constitutive, ensuite ; et puis, enfin, la société qui, contrairement à ce que croyait Aristote, contrairement à son idée de l'homme animal raisonnable et politique, contrairement à son illusion d'une amitié qui va de soi et d'une politique qui serait naturelle à l'animal parlant, barbote au contraire dans le crime et le sang – cette « effroyable sympathie entre frères » dont il parle ; cette féroce « extimité » dont parlera, après lui, Jacques Lacan pour dire la dimension de férocité, ou d'inquiétante étrangeté, que la question de l'Autre abrite et, parfois, dissimule.

Mais on peut la dire aussi selon Levinas, tout simplement selon Levinas, et voir le Mal, non comme l'irruption d'un autre monde, mais comme le déploiement de ce monde-ci ; non comme sa dimension cachée mais comme sa dimension constante, omniprésente, inévitable – quel que soit l'état où on le saisisse, dans chacun de ces états, dans chacun des états de la relation du sujet à soi, à l'autre sujet et au monde, il y a cette dimension maléfique.

Affaire de chronologie, si l'on veut.

Mettons que Dieu ait créé le monde et que, ensuite, le Mal s'y soit introduit.

Mettons qu'il y ait une bonté originelle de la Création (principe dont Levinas n'a jamais, absolument jamais, démordu) et que, ensuite, il y eut chute.

L'homme, pour le dire dans les mots, cette fois, de Kant est peut-être voué au Bien mais il est sûrement enclin au Mal – un mal aussi originel que l'est le péché dans le christianisme ; un mal aussi durable que le bien auquel il s'oppose ; un mal qui fait que l'homme, dit Levinas, n'est pas né *méchant* mais *coupable*.

Ce qui est sûr, aux yeux de Levinas en tout cas, c'est qu'il est, ce Mal, l'archive même du monde et de l'humain.

Et ce qui est sûr c'est qu'il n'y a pourtant, toujours selon Levinas, qu'un monde, vraiment un seul – et qu'on est donc aussi loin que possible de la détestable tentation gnostique.

3

Mais bon.

On ne va pas passer la soirée à échanger arguments et contre-arguments.

La question, face à des débats de cette nature, finit toujours par revenir à celle-ci, apparemment plus triviale, mais essentielle : de même que Baudelaire disait de la « femme Sand » qu'elle avait « intérêt » à ne pas croire à l'enfer, de même que Sartre disait de Genet qu'il lui était essentiel, au contraire, de croire à la beauté du traître, de même que Nietzsche soutenait que toutes les philosophies sont des biographies mises en concepts, eh bien, de même, n'ai-je pas moi-même un intérêt vital, et lequel, à plaider mon hypothèse ? Ou, pour le dire en d'autres mots : pourquoi, malgré Benny, malgré les risques, malgré Scholem, tiens-je tant à cette affaire de Mal absolu ? quel enjeu théorique, théologique, politique, pratique, bref, biographique, y ai-je en quelque sorte investi ?

Là, il faut que je vous dise un mot de ma biographie, en effet – qui ressemble, par bien des traits, à celle de nombre d'entre vous.

Je suis venu, non seulement à la pensée mais à la vie, dans un monde qui, pour paraphraser Levinas dans le très beau « Signature » de *Difficile Liberté*, était hanté, non plus par le « pressentiment », mais par le « souvenir de l'horreur nazie ».

J'ai vite compris qu'il y avait là un objet de pensée majeur, peut-être l'objet de pensée par excellence ; j'ai vite compris que, pour penser cet objet, et pour recommencer de penser après cette pensée, pour réussir à penser, à proprement parler, à partir de cet objet de pensée et de sa pensée, il fallait d'abord déblayer un fatras de faux débats, d'idées fausses, de clichés, apparus après Auschwitz et sur ses ruines ; et j'ai compris enfin que, pour opérer ce déblaiement, pour l'opérer effectivement, il n'y avait pas d'autre voie que le retour au livre de Job et à ses leçons.

Je détaille.

D'abord, l'affaire de la souffrance utile. C'est le christianisme qui a lancé ça. C'est lui qui parle de souffrance utile en général et dans le cas d'Auschwitz en particulier. C'est lui qui, avec le thème du « Golgotha du monde contemporain », avec cette formule, au demeurant belle, proposée par Jean-Paul II mais aussi par Edith Stein et toute une foule, entre eux deux, de chrétiens de bonne volonté, nous a mis sur la piste d'un Mal, non plus *absolu*, mais *utile* car doté d'un *sens* à l'intérieur d'une économie qui est celle de la *Providence*. C'est lui, le christianisme, qui a lancé cette idée d'une souffrance, certes atroce, éminemment condamnable, mais inscrite dans un plan divin et porteuse, selon ce plan, d'un bien supérieur, d'une vertu déguisée, voire d'un rachat pour l'humanité en général et l'humanité juive en particulier. Eh bien je n'aime pas cette idée. Non parce qu'elle est chrétienne. Mais parce qu'elle est odieuse. Insultante pour les victimes. Fausse, au passage, en ce qu'elle suppose Israël né d'Auschwitz alors qu'il est né de bien d'autres choses. Et je pense qu'on ne la conjurera pas, cette idée, si on ne reconnaît pas, au cœur de cette souffrance, une dimension de Mal détachée de tout rachat, de toute téléologie, de toute économie, de toute théodicée – à la lettre, absolue.

Ensuite – second cliché, seconde idée à déblayer – l'affaire de la souffrance méritée. Vous vous souvenez du Grand Rabbin d'Israël, Ovadia Yossef, déclarant, en 2000, que les victimes de la Shoah étaient des âmes pécheresses, réincarnées et punies. Il a fait scandale, n'est-ce pas ? Mais il n'a fait que reprendre, ce jour-là, des arguments entendus, dès 1948, chez des intellectuels juifs ou des rabbins, dans le débat autour de la question du sionisme et de ses rapports avec la diaspora. Il n'a fait que reprendre la thèse proposée, alors, par un Menachem Emmanuel Hartom qui développa l'idée du « mi péné chataénou » (à cause de nos péchés). Il n'a fait que répéter, quoique sur un mode plus vulgaire, les mots de ceux qui qualifièrent alors la Shoah de troisième « chourban », de troisième destruction du Temple (sous-entendant, là aussi, d'abord que l'événement n'eut pas l'irréductible singularité que l'on dit ; ensuite que les Juifs y furent punis par Dieu pour des péchés qu'ils avaient effectivement commis ; exactement, pardonnez-moi d'y insister, le mode de pensée de Pélage et Célestius...). Et le thème était suffisamment présent dans les discussions, il s'est trouvé assez de voix pour s'en faire l'écho et assez de textes pour consigner ces voix, pour qu'il ait fallu, là aussi, que Levinas monte en première ligne et, dans un texte intitulé « La souffrance inutile », tonne contre l'obscénité de la démarche et contre, donc, cette version juive du pélagisme. Ces créatures, dit-il, étaient aussi peu coupables qu'il est possible de l'être. Elles étaient l'innocence même. Et formuler les choses de cette façon, établir un rapport d'équivalence quasi « marchande » entre la souffrance qui s'est déchaînée à Auschwitz et les péchés qu'auraient commis les victimes de ces souffrances, voilà l'ignominie. Thème que vous retrouvez, dans ce passage de *De Dieu qui vient à l'idée* où, en dialogue avec *Job ou l'excès du Mal* de Philippe Nemo qui venait de paraître, il parle de la « dérisoire théodicée des amis de Job », c'est-à-dire de ces gens qui soutiennent l'idée d'une morale de la récompense et du châtiment, d'une justice soumise à un ordre réglé, logique, presque technologique, du monde. Thème absolument constant chez Levinas.

Et puis, troisièmement, troisième obscurité que ma génération a eu à démêler : la question – j'y insiste – de la singularité de l'événement et de la singularité des crimes qui ont été, là, commis. Ou bien on ne croit pas au Mal absolu, et alors il faut renoncer à l'idée de cette singularité ; il faut renoncer à l'idée que l'horreur d'Auschwitz ait été à nulle autre pareille ; il faut se ranger à l'analyse de ceux qui y voient, certes, un grand malheur – mais un malheur qui, dans l'histoire générale des massacres, n'a pas d'originalité, d'éminence, de place particulières. Ou bien on refuse cette analyse ; on est, comme tous ceux qui en ont réchappé, sidéré par la perversité de ce moment ; on prend acte du fait, par exemple, que, quand on entrait à Auschwitz, ce n'est pas seulement de la vie que l'on était privé mais de la mort, de sa propre mort, promise elle-même au néant car à l'absence de sépulture ; on est attentif, autrement dit, à tous ces traits que j'ai déjà détaillés ailleurs, dans mon *Siècle de Sartre* en particulier, et qui attestent d'une malignité pour le moins originale et, de ce fait, sans précédent ni postérité ; on pense, avec Malraux par exemple, que « c'est la première fois que l'homme a donné des leçons à l'enfer » et qu'il y a donc là une faille, un trou, un schisme, dans l'être même ; et alors on ne peut pas échapper à l'hypothèse du Mal radical…

Arendt d'un côté. Kant de l'autre. Enfin, ce n'est pas non plus aussi simple, vu qu'Arendt elle-même a tenu, à la fin de sa vie, à nuancer son concept de « banalité du Mal ». Mais Dieu, que ce concept a fait de mal ! Quel désastre pour la pensée ! C'est Levinas encore que j'ai entendu demander, un jour, ce qu'eût été le reportage d'Arendt sur le procès de Jérusalem si, au lieu d'arrêter Eichmann, les Israéliens avaient mis la main sur un vrai personnage hors normes du type, par exemple, de Mengele ; ou si Himmler ne s'était pas suicidé et que ç'avait été lui la cible du Mossad... Est-ce qu'elle nous aurait cassé la tête, dans ce cas, avec son concept de banalité du Mal ? Est-ce que, si elle avait eu en face d'elle l'ex-ingénieur agricole, patron d'une entreprise de poulets et qui croyait qu'il fallait au nazisme des « praticiens dotés d'un regard d'éleveurs », confondant l'abattage des juifs avec celui des poulets, elle aurait fabriqué le même dispositif conceptuel ? Evidemment non. Et c'est ce qui rendait douteux, à ses yeux, ce concept de « banalité » et la généralité à laquelle il prétendait. Et c'est ce qui renforce, à mes yeux comme aux yeux de quiconque, je le répète, en a métaphysiquement « besoin » pour penser ce qu'eut de réellement inouï le colossal événement d'Auschwitz, la possibilité, la nécessité, l'urgence, du concept de radicalité.

Telle est la fourche.

Et telle est la question où tout revient.

Ou bien on veut être à la hauteur d'Auschwitz – et il faut penser en termes de Mal absolu.

Ou bien on refuse de réfléchir en termes de Mal absolu – et c'est, qu'on le sache ou non, qu'on a consenti à banaliser Auschwitz.

4

Mais il n'y a pas que cela.

J'ai mené, dans ma vie, d'autres combats encore que celui pour la reconnaissance de la singularité d'Auschwitz.

Et je dois dire que, dans ces combats, sur chacun de ces terrains où j'ai investi un peu de mon énergie et de ma foi, je me suis aperçu que mon ennemi intime, celui qui, pour le coup, et comme dans le Talmud, me visait et me cherchait, me taraudait et me hantait, c'était la négation de la question du Mal, sa forclusion, son occultation, son déguisement sous des atours flatteurs ou heureux – à nouveau la théodicée, c'est-à-dire l'idée que le Mal n'est pas le Mal mais qu'il est le prix, le masque, le détour, le chemin, l'envers, l'ombre, tout ce que vous voudrez, du Bien.

Pour aller vite, je dirai que je me suis trouvé mêlé, depuis ma jeunesse, à trois types de combats politiques.

Le communisme, d'abord. Ses folies. Ses crimes. Avec cette question qui, à l'époque, m'obsédait et nous obsédait tous : qu'en est-il de ces crimes ? d'où vient que nos aînés y ont été sourds ? et comment faire pour, nous, échapper à cette fatalité de la surdité ? La réponse était simple. Parfaitement simple, mais il fallait y penser. Ce qui rendait sourd ce n'était pas la sottise, comme croient, après Socrate et Platon, ceux qui pensent que l'homme ne fait jamais le mal volontairement et qu'il est plus bête que méchant. Ce n'était pas la méchanceté comme croient ceux qui, à l'inverse, et à la façon, par exemple, de Hobbes ou Machiavel, croient à une méchanceté innée qui jouirait de faire le mal. Ce n'était pas non plus le marxisme comme le disait Soljenitsyne et comme nous faillîmes, un temps, le croire. Non. Ce qui rendait sourd c'était un tour d'esprit qui consistait à dire : « le Goulag a l'air mal si on le regarde du point de vue des pauvres gens qui y croupissent ; mais il a déjà l'air un peu moins mal si l'on prend, une seconde, le point de vue de l'Etat socialiste dont ils sont les adversaires ou les fossoyeurs ; et il devient franchement très difficile à condamner si l'on prend carrément le point de vue de la fin, de la société qui se prépare et qui sera celle, un jour, de l'égalité réalisée. » Toute l'histoire de la philosophie a toujours procédé comme ça. Tous les philosophes, face au scandale de la souffrance des hommes, ont toujours dit : « changez de point de vue ; prenez le point de vue soit de Dieu (Leibniz), soit de l'être (Spinoza), soit de la fin (Hegel) et vous verrez que ce qui vous apparaissait comme un scandale insupportable était un effet de point de vue, une illusion d'optique, une bévue. » Eh bien c'est comme cela que faisaient les progressistes. C'est ce schéma qu'ils reprenaient, quand ils remplaçaient Dieu, l'Etre ou la Fin par la Révolution mondiale. C'est parce qu'ils niaient le Mal radical qu'ils se rendaient complices des assassins.

J'ai été requis – je suis requis – par un second combat. Le combat contre l'islamisme politique. Avec, de nouveau, un mystère : pourquoi sommes-nous si timides ? si peu nombreux ? et qu'est-ce qu'ils ont de plus, ceux qui prennent la mesure du danger et voient qu'il y a là une résurgence du pire ? Le problème ce n'est pas l'information ainsi que le croit, de nouveau, l'éternel esprit socratique. Ce n'est pas le courage, la détermination politique, la vertu, comme le dirait un machiavélien grand teint. Ce n'est évidemment pas l'idéologie même de ces gens, leur antisémitisme par exemple, leur culte de la mort et du martyre, où personne, ou presque, ne se reconnaît en Occident. Non. C'est une autre forme de théodicée. Ou, plus exactement, une autre forme de forclusion du Mal. Elle ne fonctionne plus, cette forclusion, par changement de point de vue. Elle fonctionne par réduction. Une sorte de terrible et monstrueuse réduction phénoménologique qui résume l'événement, soit à son sol culturel, soit à ses racines sociales, soit à des caractéristiques qui lui seraient propres et qu'il ne nous appartiendrait pas de juger. Prenez le sort des femmes afghanes ou pakistanaises. Prenez la façon qu'on a de les transformer en objets sexuels emprisonnés dans des cages de fer et, quand elles ne sont pas emprisonnées, brûlées vives. Ou prenez le geste d'un Palestinien qui se transforme en bombe humaine pour tuer, avec lui, le maximum de civils. Il y a deux façons de ne pas s'en indigner, donc de ne pas y résister et donc, à terme, de mourir ou de laisser mourir. Soit dire : « c'est normal, c'est la tradition dans la culture afghane, pakistanaise, etc. – seul votre occidentalo-centrisme peut trouver à y redire. » Soit dire : « c'est normal, ces gens sont si malheureux – leur acte n'est rien d'autre qu'une réaction désespérée, suicidaire, à leur misère. » Théodicée douce. Théodicée par épochè. Le refus, là encore, de voir la radicalité du Mal et de s'en emparer pour la combattre.

Et puis je me suis trouvé mêlé, enfin, à une troisième sorte de conflits. Les guerres oubliées d'Afrique. Le Bangladesh dans ma jeunesse. Ces crimes du Darfour dont on parle si peu et dont les victimes sont des victimes sans nom, sans nombre, sans visage, généralement sans funérailles – monstrueux tas de morts à qui on a ôté, là aussi, non seulement la vie, mais leur mort. D'autres, tant d'autres victimes dont il est si « profondément injuste », comme disait Barthes, qu'elles puissent avoir vécu et avoir disparu ainsi, sans mots, sans traces, sans l'ombre d'une archive ni d'une mémoire. Qu'est-ce qui leur vaut, à ces victimes-là, ce sort-là ? D'où vient que je me sois, sur ces fronts aussi, senti si souvent si seul ? D'où vient que les Opinions y soient, derechef, si profondément indifférentes ? Toujours pas l'ignorance – elles sont abreuvées d'informations. Toujours pas la méchanceté – personne ne veut, malignement, le génocide des Burundais ou l'agonie des derniers Darfouris. Toujours pas une sympathie idéologique avec tel ou tel de leurs bourreaux – je ne connais personne qui, en France, se sente idéologiquement proche, ni des théoriciens du Hutu Power, ni des idéologues au pouvoir à Khartoum. Non. Ce qui est, en fait, à l'œuvre c'est une autre forme, encore, de théodicée. Une anti-théodicée. La preuve, en quelque sorte par l'absurde, de l'horreur des théodicées. Si on ne parle pas de ces peuples c'est qu'ils n'ont de place, eux, pour le coup, dans aucune théodicée. S'ils meurent dans l'indifférence c'est que les circonstances de leur mort ne permettent pas d'inculper le grand méchant loup du grand récit dominant. Leur drame c'est qu'il est, ce drame, inaudible dans les termes des théodicées canoniques, officielles, traditionnelles. Ce fut l'autre scandale du premier Durban. Il y a eu, à Durban, le scandale du néo-antisémitisme triomphant.

Mais il y a eu, aussi, l'atroce déception de tous ces gens qui venaient témoigner de leur esclavage, de leur misère, du tort qui leur était fait, parfois depuis des décennies, et qui s'entendirent répondre par les représentants de l'internationale néo-progressiste : « dès lors que vos assassins ne sont ni les vilains américains ni les affreux israéliens, dès lors que vous n'êtes pas du bon côté de la ligne qui partage le camp impérialiste du camp anti-impérialiste et tiers-mondiste, votre cas n'a pas d'intérêt, vous n'intéressez personne et, en tout cas, pas nous ; allez vous faire voir ailleurs avec vos millions d'enfants suppliciés. »

Bref, voilà trois circonstances où j'ai eu contre moi des gens dont le principal article de foi était de ne pas vouloir envisager l'hypothèse de Baudelaire – mais aussi d'Isaac Louria et Levinas – postulant l'existence d'un Mal irréductible à toute logique comme à toute rationalité.

Voilà trois circonstances où j'ai eu besoin de renverser le dispositif et où je n'aurais rien fait – rien vu, rien dit et, ensuite, rien tenté ni fait de concret – sans cette hypothèse d'un Mal dense et positif, d'un Mal qui ne se réduise pas à une simple ombre, à une fumée, à une ruse de la Raison et du Bien, à un semblant.

Et voilà trois bonnes raisons qui font que je tiens si fort à cette idée d'un Mal, en effet, absolu, c'est-à-dire, à la lettre, détaché des grands récits, des contextes ou des finalités.

Le grand philosophe qui l'a compris, c'est Kant.

Et l'ont compris, en même temps que lui, ces fameuses Lumières qui entamaient alors leur grande aventure, libérations et penchants criminels mêlés – et qui ont tout de suite vu qu'il y avait là un os, un truc qui se mettait et se mettrait toujours en travers desdits penchants criminels, un point de résistance.

Ah ! la colère des Lumières triomphantes contre Kant !

Elles pensaient en avoir fini avec le cauchemar du Mal absolu, cette illusion des âges théologiques.

Elles pensaient que, de ce qui en restait, elles s'arrangeraient entre théodisants de bonne compagnie.

Et voilà ce fou de Kant, ce chrétien mal dégrossi, peut-être ce juif allez savoir ! qui leur ressort l'hypothèse de derrière les fagots de Königsberg.

Réaction de Goethe dans une lettre à Herder du 7 juin 1793 : « Kant qui avait passé une longue vie d'homme à décrasser son manteau philosophique de toutes sortes de préjugés qui le souillaient l'a ignominieusement sali de la tache honteuse du mal radical afin que les Chrétiens, eux aussi, se sentent engagés à en baiser le bord » !

Réponse de Herder, l'hébraïsant Herder, le pré-sioniste Herder, mais qui jouera le rôle que vous savez dans la naissance et le développement du romantisme politique, puis des conceptions « volkisch » de la communauté et de la Nation : « cette nouvelle philosophie de la religion est allée beaucoup plus loin que l'Ecriture elle-même dans l'affirmation d'une nature pécheresse de l'homme. »

Et Schiller, indigné lui aussi, fou de colère : « Kant n'a rien fait d'autre que de rapetasser l'édifice pourri de la sottise. »

C'est Kant, bien sûr, qui avait raison.

C'est parce qu'il y a Kant, et son hypothèse du Mal absolu, qu'on ne peut pas traiter les humains comme de la matière et du déchet.

Et de cela donc, de cette fidélité, dans et depuis les Lumières, au *testament de Dieu*, il faut savoir gré à Kant et au kantisme.

5

Alors, à partir de là, que faire ?

S'il est absolu, le Mal, que faire face à lui et contre lui ?

C'est la question posée – et je vais essayer d'y répondre.

Eh bien, déjà, rien.

Oui, première réponse, apparemment paradoxale mais qui procède de ce qui précède : surtout rien, presque rien, ou, plus exactement, le moins possible.

Je m'explique.

Il y a autre chose que je n'ai pas dit concernant les travaux du Mal, les grandes machines à faire le Mal tout au long du dernier siècle et au commencement de celui-ci – il y a une dernière chose que je n'ai pas dite concernant le modus operandi de ces grandes barbaries.

La théodicée, d'accord.

Faire croire que le Mal est une ombre, qu'il n'existe pas vraiment, bien sûr.

Nous donner à penser qu'il est un leurre, une erreur de point de vue, une bévue, bien entendu.

Et tout cela, donc, pour endormir les victimes et nous empêcher de prendre leur parti, tout cela en fidélité au mot de Baudelaire qui avait bien compris que la plus grande ruse du Diable est de faire croire qu'il n'existe pas. – o.k.

Mais il y a plus.

Il a une autre ambition, le Mal.

Une ambition qui peut sembler paradoxale et, à première vue, contradictoire ; mais elle ne l'est pas ; tout colle très bien au contraire ; ce sont les deux moments du même programme – vous allez voir.

Sa vraie ambition, une fois qu'il a réussi à se faire oublier, est d'essayer d'éliminer le Mal du monde, de l'éradiquer, d'en extirper les racines, de le liquider – son vrai projet, après qu'il a su tromper l'adversaire et passer pour une figure du Bien ou, au moins, de la banalité du monde, est de travailler à effacer cet autre Mal qui travaille l'humanité en profondeur, en fond de décor, depuis toujours : il y a moi, le Mal, qui vous ai convaincu que je n'existais pas – et il y a ça, le Mal, qui infecte les sociétés, les corrompt, les divise d'avec elles-mêmes et dont je vais vous montrer comment on se débarrasse.

C'est le programme de l'islamisme dont le projet ultime est de supprimer la division, la fitna, du sein de l'Oumma.

C'est celui du communisme qui ne s'assignait d'autre objet que de fomenter un homme nouveau, débarrassé des tares de l'humanité traditionnelle.

C'est celui, enfin, du nazisme qui concevait l'élimination des juifs comme une entreprise, non de destruction, mais de salvation chargée de débarrasser l'Europe et le monde de son agent le plus corrupteur.

Le programme commun à ces trois programmes consiste à nous délivrer du Mal conçu en ce second et nouveau sens.

Il consiste, pour être précis, à dire : « rien de fatal dans le Mal ; rien qui, comme vous le pensiez, fasse corps avec votre condition ; le Mal ? mais non ; des maladies ; juste de bonnes et braves maladies dont nous allons nous employer, nous islamistes, nous communistes, nous nazis, à vous guérir une fois pour toutes. »

Il consiste, pour être plus précis encore, à faire, d'abord, le bon diagnostic en identifiant le mauvais germe à l'origine de la maladie et, ensuite, à administrer la bonne potion qui permette au grand corps malade d'éjecter le mauvais germe, à la lettre de l'expurger et de retrouver, ce faisant, sa pureté perdue.

En sorte que, à l'inverse, on est à peu près sûr d'être en face d'un fasciste, d'un communiste, d'un islamiste, chaque fois que s'élève la douce et sirupeuse comptine : « oyez, bonnes gens, oyez la grande nouvelle ; y a pas de mal ; y a que des maladies ; faites confiance au bon docteur ; suivez attentivement ses prescriptions ; apprenez, avec lui, grâce à lui, à vous débarrasser des mauvais virus, venins, agents microbiens et infectieux ; faites, en un mot, que la politique devienne une région de la clinique. »

Vous vous souvenez, n'est-ce pas, du théorème de Hölderlin : « là où croît le péril, croît aussi ce qui sauve » ? Eh bien voilà. On reconnaît le barbare à ce qu'il inverse le théorème et dit : « là où le remède croît, croît aussi le péril où j'entends vous précipiter. »

Alors ?

Alors, quand je dis que la première chose à faire est de ne surtout rien faire, je veux dire que la première chose à faire est de rompre avec cette idéologie du remède ; donc avec le médicalisme politique ; donc avec l'idée qu'on va guérir la société ; donc avec ce schème directeur de toutes les barbaries que j'appelle la « volonté de guérir » et qui est, dans cette affaire, le concept absolument central.

Facile à dire.

Mais pas si facile à faire.

Car pour le faire, vraiment le faire, pour chasser en soi la tentation médicaliste, il faut accomplir deux gestes décisifs, ou plutôt trois, qui sont aussi des paris philosophiques.

Un geste, d'abord, concernant les sociétés : que faut-il dire des sociétés pour qu'elles échappent à la volonté de guérir ? quel est le prédicat qui, s'y attachant, découragera le geste guérisseur ? L'impureté. L'inévitable impureté. Le fait que leurs plus hauts faits, leurs réalisations les plus sublimes, leur droit, leur culture, sont tramés sur fond de mal – le fait que le meurtre par exemple, le premier meurtre, est, à en croire le Freud de *Totem et Tabou*, leur réelle origine ; ou le fait que Caïn, l'abominable Caïn, l'assassin du doux Abel, est, à en croire le récit biblique, le père des bâtisseurs de villes, donc le père – à ce titre – de la culture humaine.

Un geste, ensuite, concernant, en deçà des sociétés, la substance même du monde et de l'être. Que faut-il en dire, derechef, pour que s'arrête à temps la quête paranoïaque du mauvais virus ? Quelle définition faut-il s'en donner pour que l'on soit sûr de bien couper les ailes à tous les soi-disant médecins qui entreprennent de nous dire : « laissez-moi exterminer les juifs, les tsiganes, les intellectuels, les Tutsis, les Occidentaux, les représentants de l'ancien monde, les bourgeois et vous aurez, en échange, un monde définitivement guéri » ? La réponse est chez Bataille. Mais elle est, encore, dans la Bible et dans son insistance à nous rappeler, dans le Deutéronome et ailleurs, que la pauvreté ne disparaîtra jamais de la surface de la terre. C'est l'idée selon laquelle il y a, dans le monde, quelque chose qui résiste à la folie des guérisseurs. C'est le pari, opposé à toutes les volontés de guérir, sur ce qu'il faut bien appeler la rémanence d'un *incurable*.

Et puis un geste, enfin, concernant le mal lui-même et la façon dont on le conçoit. Que doit-il être, le mal, pour qu'il devienne impossible de l'éradiquer ? Quelle est la définition qui, s'y attachant, découragera le geste cureteur ? Je me rappelle, cette fois, la leçon de deux de mes maîtres et professeurs de rigueur, François Dagognet et Georges Canguilhem. Je me rappelle la lutte acharnée qu'ils menaient, dans la médecine mais pas seulement, contre ce qu'ils appelaient le « substantialisme ». Eh bien voilà. Nous en sommes là. Pas une substance. Pas une hypostase. Il faut qu'il ne soit, le Mal, ni une substance ni une hypostase ni, donc, un gisement – de pulsion de mort ou d'autre chose. Peut-être ne faut-il même pas continuer de le qualifier de « radical » tant radical implique « racine » et tant l'existence même d'une racine suppose la tentation de l'éradiquer. Oui, j'ai employé indifféremment les deux mots, jusqu'ici, pour qualifier le mal. J'ai dit indifféremment, du mal, qu'il était soit « radical » soit « absolu ». Eh bien c'était plus qu'une approximation, c'était une erreur. Et la première chose à faire est de se défaire de cette erreur en se débarrassant du concept de mal radical au profit, pour de bon, du concept de mal absolu.

C'est ma première réponse.

6

C'est tout ?

Non, bien sûr.

Car j'ai une seconde réponse…

Il y a, aussi, un combat *positif* à mener contre ce mal absolu.

Lequel ?

Résumons.

J'appelle Mal – radical plutôt qu'absolu – la souffrance, la déréliction, la misère, l'inégale répartition des biens entre les hommes, la violence en tant qu'elle fait corps avec la condition même du parlêtre.

Mais j'appelle aussi Mal – archi-Mal en quelque sorte, Mal au carré si vous préférez – l'entreprise qui consiste à nier cela et à vouloir éliminer du monde la trace et jusqu'au souvenir de ce mal absolu au sens premier.

Il y a le Mal et l'archi-Mal.

Le Mal impossible à effacer et le Mal en tant qu'il consiste, justement, dans la volonté d'effacer l'ineffaçable.

Il y a, autrement dit, le Mal barreur (en gros, les intégrismes ; à la lettre, les volontés de pureté ; ou, mieux, les volontés de guérir) et il y a le Mal barré (cela même sur quoi s'affairent et, tôt ou tard, s'acharnent les volontés de pureté et de guérir).

Et il y a, dans chacun des deux cas, face à chacune des deux figures du Mal, une stratégie distincte, forcément distincte.

Contre le Mal barreur, pas de compromis possible : de la ruse, oui ; de la stratégie ; de la tactique, à la limite ; mais pas de compromis ; surtout pas d'accommodement ; c'est ce que dit le texte biblique quand il fait reproche à Saül ne n'être pas allé au bout de son combat contre les Amalécites ; c'est ce que dit Pierre Legendre quand il rappelle, inlassablement, dans ses rares textes explicitement politiques, que seule la guerre vint à bout du nazisme ; c'est ce que tous, pour la plupart, ici, nous savons au plus profond de nous.

Contre le Mal barré, contre la déréliction de Job, contre la misère du Deutéronome, contre cette part de négativité ou de manque qui est constitutive de l'être-au-monde des êtres parlants, il faut des compromis au contraire ; des demi-mesures en permanence ; une œuvre de chaque instant, un travail, une patience, dont les principes sont assez faciles à définir une fois qu'a été clairement admis que la première urgence est de se défaire de la terrible volonté de guérir.

Premier principe, la connaissance. Oui. La connaissance quand même. La connaissance, malgré tout. La connaissance malgré, notamment, les illusions et déconvenues des Lumières.

Cette connaissance dont les rabbins de Vilnius pensaient que c'est à elle, rien qu'à elle, que tenait la consistance des mondes.

Deuxième principe, la vigilance. Ou, pour l'appeler d'un autre nom, cette « insomnie » évoquée par Levinas dans *Autrement qu'être* et qui est, dit-il, la bonne insomnie, celle de l'éveil à autrui, celle du souci incessant d'autrui, celle qui fait que je refuse de m'endormir face au tort fait à autrui. Il y a la mauvaise insomnie. Il y a l'odieuse, la terrifiante insomnie qui résulte du face-à-face de tout à l'heure avec l'horreur du « il y a ». Et il y a la bonne, la bienvenue, presque la bienheureuse insomnie, qui est, dit Levinas, le premier moteur de l'éthique, son déclencheur.

Troisième principe, enfin : le souci de l'autre. Son souci le plus concret. C'est-à-dire le judaïsme en tant qu'il est, comme dit toujours Levinas, non pas sollicitude abstraite, désincarnée, éthérée, mais souci du prochain dans le détail de ce dont il souffre, dont il est démuni et que je peux lui apporter – vous connaissez tout cela.

Alors, à ces trois principes, à ces trois gestes, je propose de donner trois noms qui valent, non un pour un, mais chacun pour tous les trois et en quoi peut consister un « programme ».

Un nom laïque : celui qu'avance Freud quand il conclut l'un des passages les plus pessimistes de *Malaise dans la civilisation* par un appel à Machiavel et à son *Discours sur la première décade de Tite-Live* ; celui qu'avançait déjà le récit biblique quand il mettait en scène, au temps des Juges, la réquisition de Saül comme premier roi d'Israël et le refus apeuré de Saül devant la difficulté de la tâche requise. Ce premier nom c'est la politique. C'est cet art dont le but n'est de rendre les hommes ni plus héroïques, ni plus angéliques, mais juste un peu moins méchants. C'est cette souveraineté modeste qu'atteste la tradition juive quand elle nous parle, après le « meurtre du pasteur », de ses rois cachés, immérités, pétris d'humilité, récalcitrants, à qui un Juge prescrit une Constitution déposée aux marches du Temple.

Un nom saint que j'emprunte, lui, à nos Sages et, notamment, au Maharal de Prague : le messianisme pour autant qu'il est attente, non de la fin des temps, non du moment de la guérison, mais de chaque instant qui, pour chaque homme, peut signifier l'entrebâillement des portes de la Rédemption. Un messianisme du présent. Un messianisme de l'homme quelconque. Un messianisme qui, quand il dit Messie, pense à n'importe lequel d'entre nous pour peu que nous contribuions à ce modeste entrebâillement. Un messianisme qui rend justice aux vies minuscules, qui leur donne à toutes une chance et qui à toutes, encore une fois, offre la chance d'une rédemption.

Et puis un troisième nom, enfin, que j'emprunte, lui, à Rabbi Haïm de Volozine dans ce livre, déjà cité, et auquel je me réfère souvent, qui s'intitule *L'Ame de la vie* : l'idée de « Réparation ». Oui, c'est cela l'idée de Haïm. Non plus sauver le monde. Encore moins le recommencer. Mais juste le réparer, à la façon dont on répare les vases brisés. J'aime ce mot de réparation. Il est modeste. Il est sage. Mais il est aussi vertigineux. C'était celui d'Isaac Louria, bien sûr. Mais ce sera celui, aussi, que retrouvera Walter Benjamin, quand, sans rien ou presque rien savoir du judaïsme, il dira de la traduction, c'est-à-dire du transport, d'un grand texte d'une langue vers une autre langue, qu'il est une « réparation du monde ». Il ne dit plus, ce concept de réparation, la nostalgie d'un corps plein ou d'une pureté perdue. Il ne rêve plus d'un vase d'avant la brisure ou d'un vase dont on hallucinerait qu'il n'a jamais été brisé. Il ne véhicule rien qui ressemble à de l'eschatologie ou de la théodicée. Il nous parle du présent. Du présent seulement. De ce présent dont un autre grand Juif a dit qu'il est juste un instant que l'on a su et pu sauver. Et dont il aurait pu dire, et dont je dis après lui, qu'il est la seule réponse à la mauvaise prophétie de Nietzsche sur le bel avenir du Mal.

2

Usage de Spinoza[1]

A quoi sert la philosophie ? Eh bien voilà. A faire la différence, comme ici, entre passions faibles et passions fortes, passions tristes et passions qui donnent de la joie – celles d'entre les passions qui accroissent notre puissance d'être, la dilatent, lui confèrent une perfection plus haute, et celles qui, à l'inverse, la mènent à une moindre perfection, l'assombrissent, la tétanisent, la paralysent. Avis aux dépressifs, saturniens et autres mélancoliques. Avis à celles et ceux qui poussent la sympathie pour le prochain jusqu'à s'incorporer ses mauvaises vibrations, ses affects pathétiques et noirs, sa part de ressentiment. Avis à ceux, surtout, qui seraient tentés de croire que la philosophie n'est affaire que de raison, de spéculation, d'abstraction, de pur entendement. Ce texte de Spinoza, ces fragments de texte[2], disent l'inverse. Ils disent que la philosophie ne vaut rien, ne sert à rien, ne mérite pas une heure de peine, si elle n'a *aussi* pour but de rendre heureux. Ils disent que la métaphysique est une physique, presque une physiologie, et un usage, indissociablement, de l'âme et du corps, du corps et donc de l'âme. Ils disent, deux siècles avant Nietzsche, et comme lui, et comme cela se redira, ici, à travers d'autres fragments de

1. *Purple Magazine*, septembre 2008.
2. Les textes choisis étaient des extraits des Propositions XXXIII à LX de l'*Ethique*.

textes[1], extorqués à d'autres philosophes, que la philosophie est d'abord, avant tout, un exercice de vie. Il fallait, pour penser cela, rompre avec la philosophie grecque (en particulier Aristote) distinguant entre les deux âmes – « sensitive » et « raisonnable ». Il fallait traverser Descartes, le génial mais incertain Descartes du *Traité des passions de l'âme*, son dernier livre, le plus énigmatique de tous et le premier à avoir approché, mais hélas seulement approché (livre I, article 50), l'intuition capitale d'une consubstantialité de l'âme et du corps. Il fallait Spinoza, en un mot. Il fallait cette réélaboration matérialiste du *Traité* qu'est l'*Ethique* de Spinoza. Il fallait se libérer, avec elle, l'*Ethique*, de l'hypothèse cartésienne, encore si lourde, d'une « glande pinéale » assurant la « jonction », la « communication », entre ces deux régions de l'Etre que sont les affections du corps et celles de l'âme. La philosophie a une histoire. Mais c'est aussi une diététique. Donc une affaire de goût et de style. Rappel qui, je suppose, ne surprendra pas mes amis de *Purple*.

3

Louis Althusser, radical et étincelant[2]

Où je l'ai rencontré ? A l'Ecole normale supérieure, rue d'Ulm, où il occupait l'ancien bureau de Lucien Herr, au rez-de-chaussée. Je venais d'« intégrer » l'Ecole. Et il y avait, à ce

1. Ce texte devait être le premier d'une série intitulée « Purple Philosophy ».

2. 18 décembre 2008, *Le Figaro*, réponse à trois questions de Sébastien Lapaque.

moment-là, pour les apprentis philosophes, deux maîtres : Jacques Derrida et lui. Pourquoi l'avoir choisi, lui, plutôt que Derrida ? Je ne sais pas très bien… Mais ses deux livres alors publiés, *Pour Marx* et *Lire « Le Capital »*, étaient nimbés d'un halo dont je ne crois pas qu'il y eût, alors, aucun autre exemple. Leur radicalité, sans doute… La réforme qu'ils engageaient, en profondeur, de cette « lingua franca » de tous les étudiants plus ou moins liés à l'extrême gauche qu'était alors le marxisme… Plus, il faut bien le dire, un style étincelant…

La question du marxisme une fois évaporée, il m'a laissé deux ou trois intuitions fortes qui n'ont cessé, depuis, de nourrir l'ensemble de mon travail ainsi que, soit dit en passant, et même s'il leur est pénible de l'admettre, le travail de toute une génération intellectuelle – celle, en gros, de l'antitotalitarisme… L'antihistoricisme par exemple, tellement utile quand il s'agira de récuser les prétentions à avoir toujours raison de l'Histoire avec un grand H : cet article clef de l'antitotalitarisme, c'est chez Althusser que l'époque l'a forgé… L'antiorganicisme, c'est-à-dire le refus de toutes les conceptions de la société vue comme une sorte de corps humain et régie par les mêmes lois que lui : l'œuvre, encore, d'Althusser… L'antinaturalisme, c'est-à-dire le refus de cette autre vieille idée, dont se sont nourris et dont se nourrissent encore tous les fascismes : eh bien le spinozisme d'Althusser, son concept de « pratique théorique », sa façon de nous dire que la connaissance par exemple sort toujours d'une autre connaissance et ne rencontre jamais rien qui ressemble à un « réel brut », tout cela a été, de nouveau, pour moi et d'autres, un apport décisif de l'althussérisme… Aujourd'hui, avec le recul, il m'arrive de penser que le marxisme n'était que *par accident* et *occasion* l'objet de son enseignement et de son souci.

Il y a l'image finale, bien sûr. Celle du philosophe meurtrier. Fou et meurtrier. Assassinant sa femme, Hélène, que je connaissais, elle aussi, assez bien. Et ce, au cours d'une nuit dostoïevskienne dont il nous a lui-même donné le récit dans ces Mémoires uniques en leur genre que sont *L'avenir dure longtemps*. Un monument, là, pour le coup, de pure littérature.

4

Petite introduction à l'œuvre de Levinas[1]

Je sais que le nom, l'œuvre, de Levinas sont peu connus aux Etats-Unis. Rassurez-vous : ils l'étaient aussi, jusqu'à une date récente, en France et, jusqu'à une date très très récente, en Israël même – et il n'y a donc rien de complètement aberrant, ni inquiétant, à cela… Je procéderai, néanmoins, très prudemment. Pas à pas. En reprenant les choses depuis le tout début. Plutôt que l'héritage de Levinas, plutôt que d'en venir tout de suite, comme nous y invite le titre de cette journée, à ce qui, de Levinas, vient jusqu'à nous et fait héritage, je vais essayer de vous rendre sensible le dispositif lévinassien, sa machinerie profonde, son mouvement, la série de gestes qui, si vous voulez, l'animent et signent son originalité dans l'histoire de la philosophie française et, plus largement, occidentale.

Premier geste.

Premier moment de pensée de la geste philosophique lévinassienne.

1. New York. Conférence prononcée à New York University (NYU), sous l'égide de Tom Bishop, le 9 mai 2006.

Je le résumerai en disant que c'est un geste de rupture avec une attitude qui est celle tous les philosophes traditionnels et qui, de Parménide à Heidegger, consiste à se vouer à l'élucidation de la question de l'Etre.

La philosophie classique c'est l'Etre, dit en substance Levinas.

De l'aube au crépuscule, de l'Ionie à Iéna, des tout débuts présocratiques à l'époque déconstructionniste, elle a été, cette question de l'Etre, le premier et le dernier mot, l'alpha et l'oméga, de l'exercice, de la patience, de la fulguration philosophiques.

En dépit de leurs différends, en dépit des désaccords apparemment radicaux qui opposent Heidegger à, par exemple, Descartes, cette réflexion sur ce qu'il en est de l'Etre, cette vision du monde comme un donné et cette façon de nous dire que les choses sont ce qu'elles sont et que s'impose leur nécessité, bref, cette Ontologie, ont été le cœur même de la philosophie telle qu'ils l'ont tous pratiquée : Aristote, bien sûr ; Platon ; Descartes, donc, et Heidegger ; Kant ; Hegel.

Et même moi, semble dire Levinas, même moi dont le premier vrai texte – 1935, revue *Recherches philosophiques* – s'intitulait « De l'évasion » et pressentait déjà ce besoin de « s'évader » hors du champ de l'Etre et de la philosophie prétendument vouée à l'élucider, même moi, donc, je suis resté longtemps, trop longtemps, prisonnier de ce préjugé ontologique : en témoigne mon insistante fidélité à Heidegger ; en témoigne, à Davos, en 1929, lors de la fameuse polémique entre Heidegger et Cassirer, ma prise de partie contre l'idéalisme, donc pour Heidegger et pour l'idée selon laquelle la philosophie ne peut être que pure ontologie ; en témoigne, dans *En découvrant l'existence avec Husserl ou Heidegger* qui est, avec ceux de Koyré, le premier texte sérieux sur cette philosophie allemande renaissante, ma façon de me mettre sous la dépendance de la définition heideggérienne de l'Etre comme être de l'étant et de la définition, heideggérienne tout autant, de la philosophie comme discours dont l'objet n'est plus, ni celui des science ontiques (Descartes), ni celui de l'eidétique (Husserl), mais celui qu'elle nomme l'être de l'étant comme tel ; et en témoigne encore, jusque dans *Totalité et Infini*, jusque donc en 1961, la fidélité persistante au langage de l'ontologie qui me fait dire que, même s'il faut dépasser l'heideggérisme, ruser avec lui, se frayer une voie nouvelle au milieu de son champ de mines conceptuel, il y a quand même un usage du mot Etre qui reste cohérent avec la métaphysique que je suis en train d'élaborer.

Sauf que…

Sauf qu'il y a aussi dans tous ces textes – je pense, naturellement, à « De l'évasion » mais pas seulement – des pages où Levinas ne va peut-être pas au bout des choses mais qui indiquent tout de même la tentation, le souci, le pressentiment inverses.

Et sauf qu'arrive le moment – c'est, en gros, la publication d'*Autrement qu'être* – où Levinas tourne le dos à tout cela et pose les bases d'une philosophie s'offrant pour tâche de rompre l'enchaînement de l'humain au sol de l'Etre et l'arrimage de la philosophie à l'horizon de la question de l'Etre en tant qu'Etre : il pose les bases d'une philosophie qui rompt l'idée d'une unité primordiale des existants ; qui brise l'identité de forme et de substance entre l'Etre et la Totalité ; et qui remet en cause, enfin, la priorité donnée au Tout.

Car ce que dit Levinas dans *Autrement qu'être*, c'est deux choses très simples – ou, plutôt, trois – qui prennent cette question de l'Etre par son versant concret, pratique et presque politique.

Primo : que l'Etre est le règne des étants, donc des conatus, donc des persévérances de chaque étant dans son étance, de chaque élan dans son élan, de l'affrontement fatal et sans merci entre les différents élans et étants : « l'être c'est la guerre » est le premier théorème de Levinas ; la guerre de tous contre tous – mais un « tous contre tous » entendu au sens de Spinoza plus qu'au sens de Hobbes.

Deuzio : que le « il y a » qui préside au déploiement de l'être, le « il y a » sur lequel l'Etre se détache et qui est ce qui reste de l'Etre quand tous les étants se sont éclipsés, ou ont sombré, ou sont supposés avoir sombré, cet « il y a » qui est le fond de l'Etre et sa trame sans intrigue, cet « il y a » qui est le bruit de fond du néant lequel est, lui-même, le fond de l'Etre, Levinas dit donc que cet « il y a » est le lieu de l'impersonnel, de l'anonyme, de la répétition, du cauchemar, que cet « il y a » (qui est l'ombre de l'Etre, son envers) n'est pas l'*es gibt* heideggérien, mais une sorte de pure présence, de plénitude du vide, d'accumulation d'essences non séparées – règne de l'indivis, de l'innommable, de l'immonde, de l'inhumain, à nouveau le cauchemar.

Et puis il dit enfin, et troisièmement, que cet Etre qui, selon le point de vue où on l'envisage, est le règne de la guerre ou du mal, de l'étant en guerre ou du il y a impersonnel et cauchemardesque, a pour corrélat l'être rivé, l'enchaînement, la servitude absolue – la troisième thèse d'*Autrement qu'être*, c'est que le système de l'Etre tel qu'il est formulé par Hegel, ou par le Husserl des *Ideen*, ou par le Heidegger de *Sein und Zeit*, l'Etre comme un tout fermé, une totalité bouchée, un système verrouillé, sans frontière ni dehors, sans fin ni commencement, sans point d'extériorité ni transcendance d'où il puisse être jugé ou regardé, la conception de l'Etre comme substance saturée d'où l'on ne pourrait pas s'évader et à laquelle on ne pourrait rien ajouter, est la forme même de la tyrannie ; sa thèse – il y a, dans *Difficile Liberté*, un texte de 1957, écrit au lendemain de l'intervention soviétique en Hongrie, qui le dit très explicitement – est qu'il y a un totalitarisme ontologique d'où l'autre totalitarisme, celui que l'on entend généralement sous ce nom, procède secrètement ou, plus exactement, que le totalitarisme de l'Etre est la cause de celui de l'Etat et de la société.

Sortir de l'Etre, dit alors Levinas.

Faire un pas hors du rang des ontologues.

Ouvrir une brèche dans la clôture de cet Etre saturé.

Etablir que l'ontologie ne peut être le dernier mot de la philosophie.

Renverser la préséance de l'ontologie sur la métaphysique en posant que la métaphysique doit commander à l'ontologie et non l'inverse.

C'est le premier geste lévinassien, et c'est un geste libérateur.

C'est sa première grande originalité, et c'est ce qui fait que sa pensée, ses mots, sonnent si étrangement dans la pensée française des années 1950 et 1960 – et aussi, me semble-t-il, des années contemporaines.

Quelle peut être, alors, cette brèche ?

En quoi cette sortie hors de l'Etre peut-elle bien consister ?

C'est tout le sujet, tout l'autre sujet, d'*Autrement qu'être* – et la réponse à cette question va constituer le second grand geste philosophique de Levinas.

Il y a deux façons, dit-il, de sortir de l'Etre.

Il y a deux façons, et deux seulement, d'atteindre à cet au-delà de l'Etre qu'il appelle l'« illéité ».

Il y a la transcendance, le nom ou l'épreuve de Dieu ; il y a ce que l'on appelle communément la religion et qu'il appelle, lui, l'« idée de l'infini » ; il y a la « parole prophétique » dont la définition rigoureuse est, toujours selon Levinas : la parole qui commence et finit avec celui qui la profère ; la parole qui, contrairement à toutes les paroles mondaines qui n'en finissent pas de nous dire qu'elles disent autre chose que ce qu'elles disent, contrairement à toutes ces paroles banales qui font le bruit de fond de l'être et dont le secret est qu'elles expriment ou entendent exprimer toute une nappe de structures, tout un soubassement de la conscience et du corps, toute une gamme de conditionnements sociaux, économiques, constitutifs de sens dissimulé – la parole, donc, qui, contrairement à toutes celles-là, commence, finit, a sa source, son principe et sa fin, dans le procès même de son énonciation. Le prophète, chez Levinas ? Evidemment pas le messager de Dieu. Encore moins l'inspiré de Dieu. Non. Juste l'auteur de ses propres mots. L'énonciateur qui a autorité sur ce qu'il énonce. Le responsable d'une parole qui n'est pas réductible à une portion du monde mais qui excède ce que l'on appelle le monde. Prendre cela au sérieux, devenir ou redevenir attentif à ce principe de transcendance qui est au cœur de l'esprit prophétique, c'est une première manière de nier le primat de l'Etre.

Mais il y a une seconde manière. Il y a une seconde brèche dans la clôture de l'Etre. Il y a une autre façon de dire et de tenter la brèche, donc l'évasion. C'est un synonyme de Dieu, si vous voulez. Un autre nom de l'infini. Mais ce synonyme, cet autre nom, c'est le visage d'autrui. Ou plutôt non. Pas exactement le visage. Ni, exactement, autrui. La rencontre, plutôt, avec le visage. Ou le visage, oui, admettons, mais en tant qu'il excède la simple somme de traits, formes ou expressions que l'on met généralement sous ce mot. Ou encore le Visage, d'accord, mais avec une majuscule, et sans que l'on puisse dire qu'il soit Visage *de* X ou *de* Y. Beaucoup a été écrit sur cette thématique du visage chez Levinas. C'est même devenu une sorte de lieu commun du lévinassisme tel que le comprend la pensée qui se presse mais ne pense pas : il y aurait Descartes et le sens commun, Kant et la loi morale, Hegel et la dialectique, Sartre et l'existence, Platon et les Idées – et il y aurait Levinas sacré « penseur du visage »… Sauf que ce n'est pas de cela que parle Levinas. Et il y a beaucoup plus dans cette idée de la rencontre avec le Visage que les pauvres clichés sirupeux de l'humanisme académique relooké Droits de homme.

Un visage n'est pas une chose, dit Levinas pour commencer. Ce n'est pas un étant parmi d'autres étants.

Ce n'est même pas la somme de traits (nez, bouche, etc.) dont je parlais à l'instant et qu'il appartiendrait au vis-à-vis de considérer ou détailler.

L'Etre, si vous préférez, n'est pas un genre dont le visage serait une espèce, une région, un cas, une détermination, un phénomène.

Et cela est si vrai, il est si vrai que l'Etre n'est pas un genre dont le visage serait une espèce, une région ou un phénomène, que la rencontre elle-même, la rencontre avec le visage n'est, selon Levinas, pas non plus un phénomène.

Ce point est décisif. La rencontre avec un visage ne peut ni ne doit être comprise, dit-il, dans la vieille logique, la veille catégorie philosophique, du phénomène. Il n'y a pas une nappe d'être, une profondeur enfouie de l'être, dont l'autre serait, à travers son visage, un mode d'apparition phénoménal. Quand Levinas dit « visage », quand il parle de « révélation de l'autre par son visage », il n'entend même pas la phénoménalité de l'autre ; il n'entend pas ce qui, de l'autre, ferait phénomène ; mais il entend l'autre même, l'autre comme tel, l'autre en tant qu'il est visage, le visage en tant qu'il est l'autre, l'apparaître de l'autre dans la forme du visage. Et encore ! J'ai tort de dire « apparaître ». Car ce mot même d'apparaître a l'air d'indiquer une altérité dont le mode de visibilité serait le visage. Et il donne encore trop, beaucoup trop, à la vieille logique kantienne du noumène et du phénomène, de la nappe nouménale et de son émergence phénoménale ou, pour le dire en langue platonicienne, à l'idée d'un être se monnayant en une myriade d'images ou de reflets.

Le visage est un mixte de visible et d'invisible, voilà la vérité. C'est une manifestation de l'invisible dans le visible, voilà la conviction de Levinas. C'est, lorsque je le rencontre, une expérience métaphysique fondamentale et peut-être est-ce même la grande expérience métaphysique à travers quoi se joue l'humanité de l'homme, voilà ce vers quoi le conduit toute sa réflexion. L'être ou l'autre, telle est la question. L'ontologie ou l'éthique, telle est l'alternative. Quand Emmanuel Levinas oppose l''être comme système et l'autre comme visage, quand il nous dit – ce sera le thème et, je crois, le titre de sa toute dernière conférence – que c'est l'éthique qui, désormais, doit devenir la vraie philosophie première, quand il explique qu'il a trouvé le vrai nom de la « philosophie première » au sens d'Aristote, ou de la « Science reine » au sens de Platon, et que ce vrai nom est « Ethique », il ne songe évidemment pas à je ne sais quels art de vivre, morale, système de comportement ou règles de conduite qui arriveraient dans le reflux des idéologies, systèmes et machineries métaphysiques ou politiques pour se substituer à eux. Et la preuve que ce n'est pas cela, la preuve que son éthique n'a rien à voir, mais vraiment rien, avec ce que Nietzsche appelait la « moraline » et qui nourrit les petites « morales » d'aujourd'hui, c'est que l'auteur de *Noms propres* prend bien soin de distinguer, dans tous ses textes canoniques, l'« éthique » proprement dite (rationalité, connaissance, philosophie...) de la « morale » (affect, sentiment...) : l'homme mérite mieux que la morale, dit-il ; il mérite mieux que ce paquet de bons sentiments que l'on met généralement sous ce nom ; et ce mieux qu'il mérite c'est, effectivement, l'éthique... Bref. Quand il dit « éthique », il faut entendre qu'il a trouvé, qu'il a le sentiment d'avoir trouvé, à travers l'idée d'infini, donc de transcendance, donc d'altérité ou de visage, la brèche, une autre brèche permettant de sortir de l'ontologie.

C'est son deuxième pas hors du cercle des philosophes traditionnels.

C'est la deuxième grande révolution philosophique qui fait que l'on peut parler d'un héritage de Levinas.

Maintenant, le troisième point.

Ou plutôt le troisième geste signant la grande originalité de Levinas.

Si Levinas dit cela, s'il est capable de trouver une ou plusieurs voies hors du système de l'Etre, s'il est en mesure de formuler, enfin, une réponse à l'ontologie de Husserl et Heidegger, c'est parce qu'il a été capable, d'abord, en amont de tout cela, de nouer un lien nouveau et j'ai envie de dire révolutionnaire – un lien qu'aucun autre philosophe n'avait été en mesure de nouer avant lui : le lien entre le logos philosophique, la philosophie en tant qu'elle parle grec et autre chose, une autre parole, qui est, en gros, la sagesse juive.

Bien sûr, Levinas n'est, en un certain sens, pas le premier, ni dans l'histoire de la philosophie ni dans celle du judaïsme, à avoir imaginé ce croisement, ce lien. Il y a eu, avant lui, Philon, dit Philon d'Alexandrie, dont je n'ai pas besoin de vous rappeler l'admiration qu'il portait à Platon ni, encore moins, sa tentative de traduire le sensé biblique dans la conceptualité grecque de son époque afin de prouver, de dire, d'illustrer, son universalité. Il y a eu Maimonide, dit le Rambam, qui a, lui aussi, traduit des pans entiers de ce sensé biblique, des pages et des pages de dispute talmudique, des paquets de parole rabbinique en général, dans les cadres théoriques de la philosophie grecque, donc occidentale – l'auteur du *Guide des égarés*, l'homme sur la tombe de qui fut gravé le fameux « De Moïse à Moïse il n'y eut que Moïse » n'était-il pas, d'abord, un disciple d'Aristote ? Il y a encore eu, quelques siècles plus tard, Moses Mendelssohn, dit le troisième Moïse, disciple, lui, de John Locke et auteur d'un pamphlet fameux invitant les juifs de son temps à ne pas se couper de la philosophie du siècle et, tout particulièrement, de celle de Leibniz. Et puis il y a encore eu ces autres prédécesseurs de Levinas que sont Hermann Cohen ou Franz Rosenzweig : Hermann Cohen, formé au Séminaire rabbinique de Breslau, puis chef de file de l'Ecole néokantienne de Marbourg et auteur, à ce titre, de la *Religion de la raison tirée des sources du judaïsme* ; Franz Rosenzweig, disciple de Hegel en même temps que prophète d'un authentique retour au judaïsme ; et l'un comme l'autre, chacun de son point de vue, tentant cette mise en relation, cette mise en concurrence et, finalement, ce mariage de l'esprit juif et grec.

Mais bon. D'abord Hermann Cohen, Franz Rosenzweig, Maimonide, sont, non la règle, mais l'exception. Et ils sont d'autant moins la règle que lorsque Levinas arrive à l'âge d'homme, quand il commence de penser par ses propres moyens, au lendemain, autrement dit, de la Seconde Guerre mondiale, la tendance de la philosophie française n'est réellement pas de penser qu'il y a, dans la sagesse rabbinique, dans le Talmud et ses traités, des semences de vérité analogues à celles que l'on trouve dans le *Discours de la méthode* ou la *Critique de la raison pure*. Personne autour de lui, personne au Collège de philosophie dont il est, à un certain moment, un auditeur assidu, personne ne pense qu'il y ait, dans le corpus biblique, quoi que ce soit qui mérite d'être porté, traduit, dans la sagesse grecque. Et quant à l'autre côté, quant à ce qui se passe et se dit du côté de ceux qui se veulent fidèles à l'enseignement de la Torah, quant à ce qui se joue du côté de ceux qui pensent que, plus que jamais, après l'extermination des juifs, doit être préservé, révéré, reconstruit, l'édifice invisible du judaïsme, c'est une autre forme de la même situation : règne, là, l'idée que rien ne doit se faire entre cet édifice invisible et l'édifice visible, trop visible, d'une philosophie occidentale qui, dans le meilleur des cas, n'a rien pu empêcher et, dans le pire des cas, a donné la main aux bourreaux ; triomphe, à ce moment-là, le principe d'une séparation jalouse entre deux ordres et régimes de discours dont on a le sentiment, tout à coup, que la fascination du savoir moderne, ainsi que l'idéologie assimilatrice qui allait avec, ont tragiquement brouillé les frontières. Il y a un texte de 1948, repris dans *Difficile Liberté*, où, dans un moment de désespoir et, en tout cas, de mélancolie, au pic de la polémique autour du cas Heidegger, dans ce climat de très grande violence où s'affrontent, d'un côté, des gens comme Jean Wahl et, de l'autre, des disciples de Heidegger comme Jean Beaufret ou le jeune Frédéric de Towarnicki qui, quelques années plus tôt, était allé, en grand uniforme de Français libre, trouver le berger de l'Etre au fond de sa cabane de la Forêt noire, il y a donc un texte de Levinas qui dit qu'il y a une sorte de scandale, d'obscénité, le texte français dit exactement « une inconvenance », à continuer de s'occuper de philosophie au lendemain d'Auschwitz. C'est le moment où Adorno dit qu'il est devenu impossible de faire de la poésie après Auschwitz. C'est le moment où Paul Celan veut bien continuer d'en faire, mais pour dire le crime, le crime seulement, et parce que la langue allemande est la langue des criminels. Et Levinas, à ce moment-là, appartient à cette catégorie de juifs qui pensent qu'il y a une inconvenance du même ordre à se préoccuper de philosophie, à l'âge d'Auschwitz et des chambres à gaz.

Et pourtant... En dépit de ces moments de mélancolie, en dépit de cette tendance du temps à dresser un mur entre les deux sagesses, en dépit de cette tentation de tirer un trait sur l'héritage de Maimonide et Franz Rosenzweig, Levinas trouve la force de franchir le pas, ce troisième pas.

Comment ? Pas question, bien sûr, de je ne sais quelle cohabitation entre les deux discours.

Pas question d'une pensée qui marcherait sur les deux jambes, tantôt la juive, tantôt la grecque, selon les préoccupations et les concepts.

Pas question de dire : sur tel sujet je pense en juif, sur tel autre je pense en grec, et en avant pour le syncrétisme, cet asile de toutes les ignorances et des compromissions théoriques.

Et même pas question, comme ses prédécesseurs, de traduire les deux sagesses l'une dans l'autre – de trouver l'équivalent juif, par exemple, de la notion kantienne de loi morale ; ou de jeter des passerelles entre les deux conceptions du temps ; ou de conjuguer l'idée de messianisme et l'idée de révolution ; ou de lier l'idée juive de transcendance avec « l'idée de l'infini » mise en moi, disait Descartes dans la « Troisième Méditation », par « quelque substance véritablement infinie ».

Non.

Ce que fait Levinas est bien plus original que cela. Il subvertit la sagesse grecque à l'aide de la sagesse juive. Il fait vibrer dans les textes grecs un souffle venu des textes juifs. Il invente aux textes grecs un autre principe de respiration qui leur vient des textes juifs. Il s'installe, si vous préférez, dans la conceptualité grecque et se sert de ce qu'il sait du souffle juif pour en ébranler les bases et les frontières. Il prend les textes prophétiques ; et il reformule, à partir de ces textes prophétiques, une pensée comme celle, par exemple, des droits de l'homme. *Jewgreek is greekjew*, disait Joyce cité, à son sujet à lui, Levinas, par Jacques Derrida. Ou encore (et je paraphrase, là, un texte fameux de Levinas lui-même) : il énonce en grec des principes que les Grecs ignoraient. Ou encore : il transforme des théologoumènes en philosophèmes (à commencer, entre parenthèse, par le fameux « Autrement qu'être ou au-delà de l'essence » qui n'est pas très loin de l'« *epekeina tès ousias* » du livre VI de la *République* de Platon…).

Voilà son troisième, et peut-être son plus radical, coup de force.

Levinas, comme il l'a souvent dit à ceux qui avaient tendance à le confessionnaliser, est moins un « philosophe juif » qu'un « juif qui fait de la philosophie ».

Levinas, comme il l'a dit, un jour, à un Jean-François Lyotard « surpris et malheureux », n'est pas un « penseur spécialement juif », mais un « penseur tout court » ; ce n'est pas « sous l'autorité de la Bible » qu'il se place, mais sous « celle de la phénoménologie » ; manière de dire qu'il les met, la Bible *et* la phénoménologie, au travail, au rouet, l'une de l'autre.

Un exemple.

Je vais essayer de montrer, sur un exemple précis qui est le vieux thème philosophique de la responsabilité, ce que peut signifier cette logique de subversion du texte grec par le souffle juif.

Traditionnellement, on ne commence à parler de responsabilité que quand on a un sujet bien construit (comme chez Descartes) ; une liberté de faire ou de ne pas faire (comme chez Aristote) ; une propédeutique de l'acte, ou une éducation du vouloir (comme chez Kant et les philosophes des Lumières) ; et des seuils, enfin, d'imputabilité qui font que l'on est plus ou moins responsable selon la marge d'autonomie que l'on avait, ou non, d'agir ou de ne pas agir (c'est tout le sens, par exemple, de la philosophie des Stoïciens – c'est tout le sens, aussi, d'une des réflexions ultimes de Derrida établissant que l'on ne « décide » que parce que l'on ne « sait », à la lettre, « pas quoi faire »...).

Or voilà que Levinas, fidèle à son idée de la transcendance de l'autre homme et de son visage, fidèle à sa définition de l'altérité comme sainteté et à son intuition que l'idée d'infini est coextensive au concept et à la forme du visage, propose quelque chose d'à la fois très semblable et de complètement différent.

Une responsabilité qui n'est pas un accident de mon essence mais mon essence même.

Une responsabilité qui ne procède pas de la présence, en moi, d'une essence préalable, mais la précède.

Une responsabilité que je ne suis pas libre d'accepter ou non mais qui s'impose à moi dans la miraculeuse réquisition par le visage d'autrui.

Une responsabilité qui n'est pas acte, mais passivité de la subjectivité, tourment inévitable, sujétion, soumission, réquisition sans réplique, absence totale de liberté.

Une responsabilité productrice d'actes, d'accord, mais dont je ne me rappelle pas avoir pris l'initiative et dont je n'ai, à la lettre, et si la lettre des mots a un sens, pas pris l'initiative.

Une responsabilité qui n'a plus rien à voir avec toutes ces histoires de d'être et de devoir, d'impératif catégorique ou de choix – une responsabilité qui est un pur fait, presque un traumatisme.

Une responsabilité qui est comme le témoignage d'un passé très ancien, enfoui, inassignable et que, si vous préférez encore, et comme dit encore Levinas lui-même, nul souvenir n'atteste.

Et une responsabilité qui, du coup, devient une responsabilité infinie, ne connaissant ni seuil ni limite – une responsabilité dont il est, conclut Levinas, plus difficile de se défaire que de « quitter sa peau ».

Nous vivons, au fond, sur deux conceptions distinctes de la responsabilité. Celle des Tragiques (Œdipe : une culpabilité fatale, qui n'a besoin d'aucun consentement, qui ne peut être non plus imputée à crime et qui n'est plus une responsabilité) et celle des philosophes (une culpabilité consciente, raisonnée, dépendant de la décision prise d'être ou non responsable de ce que l'on fait, relevant de l'autonomie d'un vouloir choisissant de donner ou de ne pas donner le primat, en soi, à la raison pratique). Eh bien tout se passe comme si Levinas importait en philosophie le climat des conceptions tragiques. Et tout se passe comme s'il le faisait à travers le judaïsme et grâce à lui.

Va dans le sens de cette idée de responsabilité infinie l'image, que j'avais abondamment commentée dans *Le Testament de Dieu,* du Dieu de chagrin et de pitié, du Dieu Menahem, consolateur par excellence, qui partage les douleurs de son peuple en exil.

Va dans le même sens la définition d'un Messie entendu, Levinas ne cesse d'insister sur ce point, comme l'homme quelconque, vous, moi, encore vous, en tant que nous pâtissons pour autrui, endossons ses douleurs, expions ses péchés et nous substituons à lui.

Et va surtout dans ce sens cette idée étrange, neuve, et qui ne pouvait naître qu'au contact des deux discours, des deux logiques, des deux pensées, la juive et la grecque, la logique et la prophétique, cette idée donc d'un moi qui serait otage avant d'être souverain, excédé d'autrui avant d'être son maître – cette idée d'une asymétrie fondamentale qui, seule, atteste que l'on est dans l'ordre de ce que l'auteur de *Humanisme de l'autre homme* entend, proprement, par éthique.

La responsabilité selon Levinas ? Le caractère irréciproque, l'à-face, de l'apparition d'autrui et de la façon dont il se donne.

Et puis j'ajoute enfin que cette série de gestes et, surtout, le dernier, cette mise au rouet juif de la manière grecque d'appréhender le monde, j'ajoute que cette judaïsation du logos ne peut se faire qu'à la faveur d'une série de déplacements internes au judaïsme lui-même – et à travers, donc, une cinquième série de gestes non moins décisifs que les premiers.

Je précise, à ce sujet, que les Rabbins n'ont jamais très bien su à quelle distance mettre Emmanuel Levinas, comment le lire et quel usage en faire. Que peuvent dire, oui, les tenants de l'« identité juive » d'un système qui refuse l'idée même d'identité ? Comment peuvent-ils se sentir à l'aise avec un philosophe juif qui partage avec l'archi-athée Sartre l'idée d'un sujet, d'une subjectivité, qui est un presque-rien, un quasi-néant, un vide d'intériorité ? Quel rabbin peut-il accepter cette vision d'un sujet fissuré, décentré, excentré, repoussant son centre et son principe du côté de « l'autre sujet » ? Cette vision d'un homme qui ne devient lui-même que lorsqu'il conjure les mirages du soi, congédie tous les prestiges de l'intériorité, fusille Sa Majesté le Moi, n'est-elle pas très embarrassante pour les tenants de l'orthodoxie identitaire ? Et ces concepts d'otage et de substitution, cette idée que je ne suis moi que si je me libère de moi et me laisse investir par autrui, cette asymétrie que j'évoquais à l'instant, comment tout cela ne sonnerait-il pas, à leurs oreilles, de manière très étrange ?

Je précise aussi que j'ai le plus grand mal, moi-même, à savoir comment le classer selon les lignes de partage classiquement en vigueur dans le monde juif. Est-il européen (parce qu'heideggérien…) ou croit-il que le judaïsme a à voir avec l'Orient (le lieu où il vécut, et enseigna, toute sa vie s'appelle l'Enio, l'Ecole normale israélite orientale…) ? Est-il un tempérament religieux (mille textes, que je pourrais vous citer, sont imprégnés de son respect pour la spiritualité juive) ou laïque (mille autres textes où il est dit que le judaïsme n'est pas une religion, que la catégorie de religion est impropre à en saisir la spécificité et l'esprit) ? Qu'est-ce qui prime, en lui, de l'amour d'Israël, de l'idée qu'il y a là un endroit, le premier et même le seul, où les juifs sont inlassablement et impatiemment attendus, de l'émerveillement face à ces mots « rentrés d'exil » dont il parle dans un texte fameux de *Difficile Liberté* – qu'est-ce qui l'emporte, donc, de cela ou du fait qu'il continue, malgré tout et jusqu'à la fin, à vivre en diaspora ? Nous nous sommes posé ces questions lorsque, avec Alain Finkielkraut et Benny Lévy, nous avons fondé à Jérusalem notre « Institut d'études lévinassiennes ». Et, dans l'impossibilité où nous fûmes d'y répondre clairement et distinctement, dans le droit que nous octroyaient les textes d'osciller, sans cesse, entre nous et au-dedans de nous, entre les termes indécidables de cette série d'apories, il y avait la preuve même de la complexité de cette pensée.

Mais bon.

Cela étant admis, je voudrais vous faire part de deux ou trois observations dont je suis quand même assez sûr et qui vous donneront, j'espère, une idée du déplacement qu'opère le texte lévinassien à l'intérieur de la tradition et du monde juifs.

Je répète, d'abord, que Levinas ne conserve pas, pour caractériser la pensée juive, le mot ni, encore moins, la catégorie ancienne de religion. Le judaïsme n'est pas une religion, ne cesse-t-il de dire. C'est un mode d'accès à l'Etre. C'est ce rapport à l'Etre qui fait que l'on contourne, esquive, transcende, la question de l'Etre. Ce n'est pas une religion.

Je ne crois pas non plus – je suis même, là, pour le coup, absolument certain du contraire – que l'idée même du sacré, l'idée d'un judaïsme participant d'un paysage général du sacré et y prenant position ait le moindre sens à ses yeux. Le sacré, ce n'est pas le saint, martèle *Difficile Liberté*. Le sacré, c'est la violence. Le sacré, c'est l'idolâtrie. D'où l'antinaturalisme de Levinas. D'où sa méfiance à l'endroit de la thématique des sources et des racines. D'où ces textes qui, comme le « Heidegger, Gagarine et nous », prennent parti pour la technique contre la nature, pour la ville moderne contre le génie du lieu, pour la mémoire contre le folklore, pour la rationalité contre le sacré. D'où tous ces textes qui disent la guerre déclarée au mystère, à l'enthousiasme, aux sources de la vraie foi, à l'extase, au numineux, au superstitieux, au divin omniprésent, à l'irrationnel. Le judaïsme se sent chez lui parmi les hommes plus que parmi les choses, insiste Levinas. Le judaïsme ce n'est pas l'enchantement mais le désensorcellement du monde, martèle-t-il. Et cela, encore, est très nouveau. C'est un thème que vous trouvez chez Scholem, bien sûr. C'est un thème que vous trouvez, par exemple, en 1918, dans ses « 95 thèses sur le judaïsme et le sionisme », quand il dit, lui, Scholem, que « avec la justice on ne produit aucun enchantement ». Mais il me paraît incontestable que, cette thèse du « désenchantement de la justice », c'est Levinas qui lui donne toute sa portée philosophique et théologique.

Le nom de Levinas, ensuite, est l'index d'un vrai déplacement dans ce qu'il est convenu d'appeler la problématique judéo-chrétienne. Vous l'avez bien senti, n'est-ce pas, à travers les remarques que je vous ai proposées sur ces questions d'altérité et de visage. Et le fait est que l'admiration jamais démentie de Levinas pour Bergson, la référence à Franz Rosenzweig qui est, de tous les penseurs juifs que j'ai cités, le seul à avoir osé écrire qu'il y a deux voies d'accès à la rédemption, la juive mais aussi la chrétienne, le beau texte de 1939, écrit après la mort de Pie XI, où il dit que, face à ce monde couvert de swastikas qu'était le monde du nazisme c'est vers « la croix à branches droites et pures que nous levions souvent les yeux », ses liens avec les Jésuites de Chicago ou les catholiques de Louvain, ses « Notes sur la pensée philosophique du Cardinal Wojtyla » dans la revue *Communio* en 1980, le fait est que tout cela indique un vrai rapprochement – sans syncrétisme, naturellement – avec les Chrétiens et, en particulier, les Catholiques.

Et puis il y a l'idée, enfin, que le judaïsme est une éthique avant d'être une optique ou, plutôt, que c'est une optique qui débouche aussitôt sur une éthique. Un judaïsme pratique. Un judaïsme, au sens propre, poétique. Un judaïsme dont le destin se joue, non dans l'autre monde, mais en ce monde et en ce temps. Un judaïsme des bonnes actions plus que des rites et des rites presque plus que de la foi. Un judaïsme qui, à la limite, prêcherait presque, j'y reviens, le moins de religion possible. Levinas ne dit-il pas, dans son texte sur Pie XI, que le judaïsme n'est que la résistance au paganisme ? La vérité est qu'il réanime la vieille querelle du Baal Shem Tov et du Gaon de Vilna. Contre le hassidisme, contre son romantisme, ses extases, son goût de la transe et du mystère, contre ce que Wiener appelle « l'enthousiasme presque sans objet des hassidim », contre l'idéologie du mysticisme relancée, au XVIIIe siècle, en Pologne, sous l'autorité d'Israël ben Eliezer, alias le Baal Shem Tov, l'héritage du Gaon de Vilna et de ses *mitnagdim*, de ses « opposants » – contre le « mieux vaut la ferveur dans l'étude que l'étude sans la ferveur » du premier, le parti du Gaon soutenant, lui, que « l'ignorant ne peut être pieux » et que mieux vaut l'étude, la lettre, la rigueur de la lettre, la précision dans le commentaire, que la piété des simples, des illettrés, des inalphabets (Péguy) ; ou le message de Rabbi Haïm de Volozine, son disciple, qui tente, à tout le moins, de concilier la prière et l'étude.

Voilà. A ces remarques brèves et, pourtant déjà trop longues, je m'aperçois que manque l'essentiel. A savoir les textes, bien sûr. La lettre des textes. Mais aussi, surtout, le goût, le parfum, presque le corps, de cette langue lévinassienne dont je n'ai pas pu vous donner, hélas, l'idée. Car qu'est-ce d'autre qu'un philosophe ? Le signe même d'une grande pensée, ce qui la signe, n'est-ce pas, outre la puissance de ses concepts, outre l'ampleur des déplacements qu'elle provoque dans la pensée de chacun, cette saveur d'une prose inimitable ? C'est cela aussi, Levinas. C'est cette langue à la fois simple, lumineuse, et, soudain, étrangement nouée, et donc énigmatique, de l'auteur d'*Ethique et Infini*. C'est le « visage » et le « regard », l'« Attente » et la « Prière », le « Dire », le « Nom », le « Manger » et le « Se Vêtir », la « Veuve », l'« Orphelin », l'« Etranger », le « Pauvre », érigés au rang de concepts. Sauf que, pour cela, pour que vous entendiez cela, il faut que je me taise et que vous entrepreniez de lire.

5

Un Sartre ou deux ?[1]

Je partirai de mon état d'esprit pendant les quelques années où j'ai préparé, incubé, puis écrit, mon *Siècle de Sartre*. Je passais, dans mon souvenir, par des moments très étranges et, surtout, contradictoires. Je passais de la plus extrême exaltation à des moments de doute, de découragement et, parfois, de détestation. Comment le même homme a-t-il pu écrire ceci et cela ? Comment peut-il être l'auteur de l'admirable *Nausée* et

1. Cerisy-la-Salle. Colloque « Jean-Paul Sartre : écriture et engagement », 25 juillet 2005.

avoir signé, ou laissé signer de son nom, tel texte de *La Cause du peuple* ? Comment l'auteur de *Qu'est-ce que la littérature ?* a-t-il pu, dans *La Cause du peuple* donc, laisser passer cet article insultant, infâme, contre Dreyfus, l'autre, celui qui, à l'époque, présidait la régie Renault et qui était la bête noire des maos ? Comment cet ami d'Israël, cet homme qui n'a jamais marchandé son soutien à l'Etat hébreu, a-t-il pu, dans la même période, cautionner, expliquer et même célébrer l'attentat contre les athlètes israéliens de Munich ? Jamais, avec aucun des auteurs, écrivains ou philosophes, sur lesquels j'avais travaillé jusque-là, je n'avais éprouvé pareils sentiments mêlés. Jamais je ne me souvenais avoir été pris dans une telle indécision du jugement. Cela tenait-il à moi ? A lui ? Y avait-il, dans l'objet même auquel je commençais de m'affronter, dans cette vie et dans cette œuvre, quelque chose qui fût de nature à provoquer cette oscillation ? Telle était la question de départ. Et, à cette question, j'ai très vite conclu que oui.

Je me rappelle être tombé, dans cette période, sur une phrase énigmatique de l'un de ces anciens jeunes philosophes qui furent, après la guerre, fascinés par l'événement Sartre. Je me rappelle être tombé, oui, sur un texte de Gilles Deleuze, non pas, d'ailleurs, à propos de lui, Sartre, mais à propos de son propre contemporain, Pierre-Félix Guattari, qui lui inspira cette drôle de réflexion sur ce qu'il appelait (je crois, mais je n'en suis pas complètement sûr, que c'est dans un entretien avec Claire Parnet) la fatalité des prénoms doubles : il y a en lui, disait-il, il y a en Pierre-Félix, la gravité de la pierre et la félicité bondissante de son second prénom – et il y a, dans la fatalité de ces deux prénoms, comme un résumé de la double postulation dans laquelle il aura passé sa vie.

Je me rappelle aussi être tombé, au même moment, dans les conférences de 1804-1805 de Fichte, sur un texte concernant Luther et l'invention du protestantisme et je me rappelle ma surprise quand j'ai découvert que ce texte – dont j'ignore si Deleuze le connaissait mais dont j'ai du mal à ne pas croire que Sartre, le petit-fils de Schweitzer, ce descendant de quasipasteur, l'ait, lui, plus ou moins rencontré – opposait le christianisme apocalyptique de Jean au christianisme bâtisseur de Paul et glosait donc, lui aussi, sur cette bizarre affaire de fatalité du prénom double.

Et je me rappelle encore (toujours dans la même période, toujours dans ce même temps où, vraiment, je cuvais mon Sartre en secret, toujours dans cette clandestinité qui faisait que je m'intéressais officiellement à d'autres écrivains, que j'étais un camusien ou un malrucien officiel, mais que la réalité de mon travail, un travail du coup extraordinairement serein et calme, c'était ce travail sur Sartre), je me rappelle, donc, ce troisième déclencheur que fut un texte de Sartre lui-même, un texte que vous connaissez tous, le fameux texte sur *Moby Dick* de Melville, publié dans *Comœdia.* Moby Dick ? L'énorme cétacé dont la tête était si grosse, et les yeux si écartés, que s'imprimaient dans son cerveau, par un effet de pure mécanique oculaire, deux visions du monde divergentes. Et *Moby Dick*, donc, la métaphore, soudain, non pas de ces sentiments mêlés que m'inspirait cette œuvre, mais de cette œuvre elle-même en tant qu'elle me les inspirait – la métaphore d'un Sartre duel, d'un Sartre partagé, d'un Sartre en guerre contre lui-même : un Sartre qui, par ailleurs, a fait philosophie de ce duel ; un Sartre qui, vous le savez, a fait philosophie de cette nécessité de penser contre soi-même et, comme il le disait souvent, de se briser les os du crâne.

Bref, hypothèse d'un double Sartre. Hypothèse de deux œuvres en une. Hypothèse de ces deux côtés, en guerre l'un contre l'autre – le côté de Jean et le côté de Paul. Et hypothèse, donc, d'un cas nouveau, d'un cas de plus, dans cette histoire qui me fascine depuis toujours et qui est la longue histoire des écrivains qui, sous un même pavillon, produisent et abritent des œuvres distinctes voire opposées. Une nouvelle aventure hétéronymique, si vous voulez. Un Sartre devenant, en tout cas dans mon esprit, le frère en esprit de ces aventures étranges que sont l'aventure de Romain Gary signant, sous le nom d'Emile Ajar, une tout autre œuvre que la sienne ou celle de Pessoa. Voilà, oui. C'est ça mon sentiment, mon intuition, mon hypothèse de départ. Ces grandes ruptures à l'intérieur d'une même vie. Ces décrochages à l'intérieur d'une même œuvre. Il y a les écrivains qui publient des œuvres distinctes sous des noms différents et simultanés (Pessoa). Il y a les écrivains qui produisent des œuvres distinctes sous des noms différents mais successifs (Gary). Voilà un écrivain produisant deux œuvres distinctes, mais en même temps, sous le même nom — expérience qui, du coup, me semblait, dans le genre, encore plus intéressante et radicale.

Des diverses versions de la double naissance. Des différentes façons de vivre deux vies dans la même vie. J'en ai fait des romans. Un film. Et je décide, là, d'en faire le *Siècle de Sartre.*

Qui sont ces « deux » Sartre, alors ? Ceux d'entre vous qui ont eu mon livre entre les mains le savent ou en ont, tout au moins, une petite idée – que je voudrais, ici, prolonger, développer, enrichir.

C'est, en gros, en très gros, un Sartre politique d'un côté et un Sartre artiste de l'autre.

C'est un Sartre marxiste, un Sartre qui, plus exactement, déclare que le marxisme est « l'horizon indépassable de notre temps » (formule au demeurant étrange, et qui n'est pas cette formule terrible, définitive, qui, chez les antisartriens professionnels, suffit en général à l'accabler, voire à le disqualifier : car c'est une drôle d'idée, après tout, d'appeler le marxisme un « horizon » ; Sartre aurait pu dire « le marxisme est l'état de notre pensée » ; il aurait pu dire « c'est la dernière philosophie possible » ou « l'esprit absolu enfin advenu » ; il aurait pu dire, à la rigueur : « c'est la carte forcée, la philosophie obligatoire, c'est un devoir d'être marxiste » ; mais non ; il a préféré dire « notre horizon indépassable » ; il a préféré parler d'un « horizon » c'est-à-dire d'une ligne qui, par définition, n'est pas là et qui, en bon français, ne peut ni ne pourra jamais être là puisqu'elle a pour propriété – c'est ça, un horizon ! – de s'éloigner à mesure qu'on s'en approche) c'est, donc, le Sartre plus ou moins marxiste, d'un côté, et c'est celui qui, de l'autre, parle comme un héros nietzschéen (le Sartre de *La Nausée* ; le Sartre de Roquentin contemplant, depuis les hauteurs, Bouville la ville de boue, la ville de bœufs, la ville de bourgeois, la ville de la plèbe bouvilloise et de sa limaille humaine ruminante et affolée ; le Sartre dont Raymond Aron raconte, à propos de ses relations avec Nizan, à l'époque où, avec Maurice de Gandillac, ils étaient les vedettes de l'Ecole normale, son « incubation dans la philosophie du surhomme » ; Sartre dont on sait qu'il fut tenté dans sa jeunesse par cette mythologie nietzschéenne ; et ce, à une époque, il est difficile de l'imaginer aujourd'hui, où la question Nietzsche était une question philosophique et politique essentielle ; l'époque, en gros, de la *Réparation à Nietzsche* de Bataille et des gens du Collège de sociologie ; l'époque où la bagarre pour la réappropriation du nom de Nietzsche était essentielle, aussi importante pour un intellectuel de ce temps, me semble-t-il, que la bataille pour le Front populaire). Donc, oui, une sorte de marxisme et une sorte de nietzschéisme dont j'ai tenté, d'ailleurs, de repérer l'héritage et les traces jusque dans le *Genet* et dans le *Flaubert.*

Et puis, aussi, un Sartre entêté dans son choix de la subjectivité et un Sartre communautaire, qui croit au collectif. Deux Sartre, là encore. Deux philosophies, non seulement distinctes, mais antagoniques. Un souvenir, un seul. Sur la question du collectif, je me souviens de ma stupeur lorsque je découvre dans les *Réflexions sur la question juive* cette page sur la foule antisémite lyncheuse, la foule pogromiste, qu'il décrit, alors, dans les termes mêmes qui lui serviront, plus tard, à décrire le groupe en fusion. Il parle, dans cette page, de la « température de fusion » du groupe pogromiste. Et il en parle, évidemment, comme d'un trait caractéristique du pogromisme. Comment ne pas conclure, là encore, à l'existence de deux postures ? De deux longueurs d'onde ? Plus encore, de deux philosophies ? Une philosophie qui fera du groupe en fusion ou du groupe assermenté le dernier mot de l'histoire révolutionnaire ; et une philosophie qui, un peu plus tôt, voyait là, dans le même groupe fusionnel, un équivalent de l'infamie la plus absolue – et cela au nom, évidemment, d'une glorification de la subjectivité. Un premier Sartre qui pensait que l'aventure du devenir sujet était l'aventure essentielle qui pouvait advenir à un humain – et un second Sartre qui, au contraire, penchera vers le collectif…

Voilà, je le répète, mon intuition initiale.

Je la teste, cette intuition. Je teste cette triple hypothèse : Sartre artiste, versus Sartre politique ; Sartre marxiste, versus Sartre nietzschéen ; un Sartre individualiste face à un Sartre jouant le Collectif, pour ne pas dire le communautaire. Et je me rends compte qu'elle recouvre assez bien ce que dit de Sartre la vulgate, ou plutôt ce qu'en disent les deux vulgates officielles. Le Sartre amoureux de la liberté, qui se porte sans relâche au secours des démunis – et le Sartre qui, à l'inverse, déclare, en pleine répression stalinienne, que « la liberté de critique est totale en URSS ». Le Sartre qui condamne (certes, mollement) l'intervention soviétique en Hongrie – et le Sartre qui dit de Fidel Castro qu'il est un des hommes au monde qui lui ont inspiré le plus grand sentiment de respect. Et je me rends compte, aussi, qu'elle explique ces sentiments mêlés dont je parlais en commençant.

A partir de quoi je vais– dans *Le Siècle de Sartre*, toujours – encore un peu plus loin. Pour me poser, en gros, la question suivante : qu'est-ce qui s'est passé, dans la vie de Sartre, la vraie, celle de ses livres et de ses textes, pour que se produise cette métamorphose ? Et j'émets l'hypothèse, l'autre hypothèse, de trois événements majeurs, de trois événements de vie et de pensée, indissolublement de vie et de pensée, qui provoquent ce basculement : la découverte de la communauté dans l'expérience du stalag ; le sentiment d'un échec philosophique au moment de la *Critique de la raison dialectique* ; et l'adieu à la littérature avec *Les Mots*.

La découverte du sentiment de la communauté, c'est cette histoire incroyable, qui stupéfie tous ses amis lorsqu'ils le voient revenir du Stalag et qu'ils l'entendent parler de cette « expérience » comme d'une expérience exaltante, enrichissante – les mots mêmes qui étaient ceux d'un de ses héros de l'avant-guerre, l'Autodidacte de *La Nausée*, évoquant son séjour dans un autre camp de prisonniers, en 1914. C'est Denis Hollier, je crois, qui dit que Sartre, dans la seconde partie de sa vie, est devenu son propre autodidacte. Eh bien c'est exactement cela. Un Sartre qui affecte soudain d'un signe positif tout ce qui, à l'époque de *La Nausée*, lui semblait la définition même de l'infamie. Un Sartre qui, se rappelant la moiteur et la proximité des corps dans les hangars de planche du Stalag, en parle dans les termes mêmes qu'il avait prêtés, mais dans la fiction, à son « Autodidacte ». L'artiste, le dandy, le nietzschéen, le stendhalien, converti au miracle, à la ferveur communautaires. Et tout cela grâce à un événement majeur que Michel Rybalka m'a aidé à comprendre en donnant l'édition définitive d'un texte peu connu des non-sartriens : *Bariona*, la pièce légendaire, mais peu commentée car peu connue, qu'il écrit et fait jouer par et pour les prisonniers, à la Noël 1940, et qui raconte, au fond, cette conversion à la communauté et à ses mirages.

Le deuxième grand événement qui explique le basculement, c'est un événement, non existentiel celui-là, mais plutôt philosophique – et dont je comprends mieux, aujourd'hui, les tenants, aboutissants, et la portée : le passage de *L'Etre et le Néant* à la *Critique de la raison dialectique.* Je pense que, si Sartre a si profondément marqué le XXe siècle et même l'histoire de la philosophie en général, c'est parce qu'il est celui des philosophes contemporains qui a poussé le plus loin le grand défi de la pensée moderne, son seul vrai défi, celui auquel, en tout cas, tous les philosophes sérieux se sont affrontés depuis deux siècles : le corps-à-corps avec celui d'entre eux qui avait décrété que la philosophie était finie car l'Histoire elle-même s'était arrêtée – je veux parler de Hegel. Oui, je pense profondément que toute l'histoire de la philosophie, depuis la *Phénoménologie de l'esprit* et la *Science de la logique*, peut se résumer à l'histoire d'une tentative de sortie hors de la clôture du système hégélien. Je pense que ce système diabolique qui allait, comme vous le savez, jusqu'à intégrer ses rebelles et leur assigner une place, voire un strapontin, dans son bel ordonnancement, est ce que la philosophie moderne s'est, pour une large part, employée à démentir. Je crois, si vous préférez encore, que, de même qu'il est resté depuis deux mille ans une petite communauté d'êtres parlants qui se sont appelés les Juifs et qui se sont obstinés à répéter que le Sauveur n'était pas arrivé sur la terre, que le temps du Messie n'était pas encore advenu et qu'il faut donc l'attendre encore et toujours, de même, il y a, depuis cent ou deux cents ans, une petite communauté de philosophes que j'appelle, pour rire, les Juifs-de-Hegel et dont le point commun est de s'entêter à dire : « non, non, l'histoire n'est pas terminée, son Messie ne s'appelle pas Hegel et ses évangiles ne sont pas la *Logique* et la *Phénoménologie.* » Et je crois que l'importance de Sartre vient de ce qu'il est, de tous ces philosophes modernes, de tous ces Juifs-de-Hegel, de tous ces philosophes et écrivains qui sont, vis-à-vis de Hegel, comme les Juifs vis-à-vis du Christ, celui qui aura pris le plus au sérieux le défi – il est, de tous, celui qui, dans un livre que vous connaissez tous et qui s'intitule *L'Etre et le Néant*, a poussé le plus loin la tentative. On peut lire *L'Etre et le Néant* comme cela. On peut le reprendre tout entier à travers ce jeu très subtil de rhétorique, ce jeu de mimétisme, de tricherie, de dépassement, qui permet à Sartre de faire un enfant dans le dos de Hegel et, d'une certaine façon, d'y réussir – d'y réussir, en tout cas, et à mon avis, mieux que Kierkegaard ou que, mettons, Georges Bataille. Eh bien le deuxième événement, c'est la publication, une quinzaine d'années après, d'un autre livre, la *Critique de la raison dialectique*, qui revient sur les acquis de ce combat contre Hegel, mais qui rend les armes à l'hégélianisme, qui désarme, qui déclare forfait. Je pourrais vous démontrer cela à propos, par exemple, de la façon dont est traitée, désormais, la « question Kierkegaard ». Je pourrais détailler la manœuvre ou, plutôt, l'antimanœuvre qui fait qu'il lâche maintenant Kierkegaard – et j'entends « lâcher » au sens militaire, je l'entends au sens où on lâche un allié, un régiment perdu, une place forte. Je pourrais entrer dans le détail du nouveau traitement infligé à celui qui, jusque-là, incarnait la protestation de la conscience, l'affirmation de la singularité, son exterritorialité et son exorbitance par rapport au Système. Le fait, en tout cas, est là. Lorsque Sartre, quelques mois avant la parution de la *Critique de la raison dialectique*, fait part à une journaliste de *L'Express*, Madeleine Chapsal, de ses sentiments mêlés à la veille de la publication du livre, lorsqu'il lui dit qu'il se sent à la fois incroyablement libéré et terriblement mélancolique, lorsqu'il lui dit qu'il a le sentiment que ses pensées sont, dans ce livre, comme des « petits cadavres » dans des « petits cercueils », on ne peut pas se déprendre de l'idée qu'on est en face d'un aveu d'échec, d'un homme qui rend les armes et qui cède. C'est cela. Il y a eu une tentative héroïque de sortir du cercle que l'hégélianisme avait tracé autour de la philosophie. La tentative a fait long feu. Et elle a fait long feu pour des raisons dont l'énorme *Critique de la raison dialectique* est à la fois l'exposé crypté et le théâtre. Il y a une tristesse de Sartre à partir de là. Une tristesse qui commence à s'exprimer, par exemple, dans toute une série de textes politiques repris dans *Situations*. Et ma thèse est qu'une grande partie des engagements ou des égarements politiques de Sartre s'expliquent par là et trouvent là leur source : de même que « le » grand hégélien de sa génération, le premier à avoir compris que ce n'est plus la peine d'insister, que la bataille est perdue, que Hegel a toujours déjà raison, de même, donc, qu'Alexandre Kojève renonce à la philosophie et se met aux travaux pratiques, c'est-à-dire travaille à la CED et fait de la politique avec Raymond Barre, de même lui, Sartre, le dernier des antihégéliens, celui qui a tenu le plus longtemps sur la ligne mais qui s'aperçoit que c'était peine perdue et que l'entreprise était vouée à l'échec, fait aussi du Kojève – sauf que sa CECA, sa Communauté du charbon et de l'acier, s'appelle la Gauche prolétarienne et que Raymond Barre se nomme, pour lui, Benny Lévy. Il fait des travaux pratiques. Il fait de la politique. Il s'engage dans cette entreprise, à la fois prosaïque et nécessaire, qu'est la réalisation de la philosophie. Et c'est pourquoi je dis qu'il y a une tristesse de Sartre. Elle saute aux yeux, cette tristesse, dans la fameuse image, par exemple, qui a fait le tour du monde et qui a été tant moquée par ses adversaires : l'image de Sartre sur son tonneau ; l'image du vieux philosophe haranguant un peuple absent et silencieux ; cette image qui est toujours décrite comme une image d'arrogance alors que c'est, au contraire, une image charmante et terrible, pathétique et humble : une image qui dit l'adieu à cette aventure philosophique commencée dans le terreau du bergsonisme, fécondée par le triple levain de Husserl, Heidegger et Nietzsche, venue à son point culminant avec *L'Etre et le Néant* et retombée avec la *Critique de la raison dialectique*.

Le troisième événement a pour temps fort la publication d'un autre livre, un livre connu de tous, *Les Mots*. C'est un livre étrange, *Les Mots*. Tout le monde, depuis 1964, a l'air de croire que c'est une autobiographie. Tout le monde fait comme s'il s'agissait d'une sorte d'*Age d'homme* sartrien, d'une manière de faire son Leiris (on sait la fascination que Michel Leiris a exercée sur Sartre) et de se tirer le portrait. Or c'est une autobiographie qui s'arrête à l'âge de 11 ans. C'est une autobiographie qui ne s'écrit pas du tout comme une autobiographie puisqu'elle adopte une chronologie bizarre, avec des retours en arrière, des faux souvenirs, des mouvements de recul et de spirale. Et le fait est que ce livre raconte une tout autre histoire : comment la littérature, comme telle, est une maladie ; comment et pourquoi c'est un péché ; une névrose ; et une névrose, en fait, très ancienne, contractée dans l'enfance, et qui, loin de venir d'on ne sait quelle vocation propre, a été inoculée à Poulou, l'enfant prodigieux, comme un mauvais virus, par son grand-père, ce clerc. Je dis bien « virus ». Et « clerc ». J'emploie à dessein ces mots du lexique nietzschéen. Car il y a dans ce livre des mots, et des motifs, qui ne peuvent pas ne pas rappeler l'ancienne imprégnation nietzschéenne du jeune Sartre. Donc, une maladie. Donc, un virus. Et, donc, la nécessité de se débarrasser de ce mauvais virus. Ma conviction c'est que *Les Mots* doivent se lire comme une étape de plus dans cette histoire très longue, et très française, qu'est l'histoire des adieux à la littérature. Ma conviction c'est que le contexte des *Mots*, leur « grand contexte », le « vrai » contexte qui permet de rendre compte de leur originalité, c'est, bien entendu, l'œuvre de Sartre lui-même, mais que c'est aussi un corpus plus large, plus ample, parfois plus inattendu, et où l'on retrouverait, par exemple, le silence de Rimbaud, les presque vingt ans de silence de Racine, le quasi-silence de Mallarmé. Non plus : « qu'est-ce qu'un écrivain ? » – question d'avant, question des débuts, question désormais périmée. Mais : « qu'est-ce qu'un écrivain qui se tait ? qu'est-ce que la littérature en tant qu'elle renonce à elle-même ? pourquoi faut-il s'opérer vivant de la littérature au sens où Claudel disait de Rimbaud qu'il s'était opéré vivant de la poésie ? » C'est le troisième ébranlement dans la « vie-œuvre » sartrienne. C'est le troisième grand choc dans l'aventure globale et immense qui porte le nom de Sartre. Et c'est la fin du grand basculement du premier Sartre vers le second – c'est à partir de là qu'il bascule dans ce que les antisartriens appellent sa tentation totalitaire.

Bon. J'ai, depuis, continué à travailler sur tout cela. Je n'ai pas quitté Sartre, et j'ai donc un tout petit peu plus avancé encore. Et, si je pense aujourd'hui que ces hypothèses n'étaient franchement pas dénuées de validité, si je les maintiens dans leur intégralité et leur détail, je crois tout de même que les choses sont un tout petit peu plus compliquées. Vraies, mais plus compliquées.

Première complication. Quand je dis « deux Sartre », quand je parle de « basculement », quand je dis « le Sartre artiste, individualiste, nietzschéen » d'un côté, « le Sartre marxiste, totalitaire », de l'autre, j'ai l'air de dire qu'il y aurait deux massifs, deux pensées, deux œuvres successives et distinctes. J'ai l'air de dire que tout le bien serait d'un côté, tout le mal de l'autre, et que Sartre, à partir d'un certain moment, n'a plus fait qu'adhérer à une vision du monde qui a déshonoré, à l'époque, tant de petits et grands intellectuels. Or ce n'est pas cela. Et, là où les choses se compliquent, c'est que le même Sartre (et c'est vraiment, cette fois, le même ; pas seulement le même nom, mais le même personnage, le même être au même moment et, au fond, la même « inspiration ») est capable, premièrement, de dire que le personnage de Fidel Castro est l'un de ceux qui lui ont, de toute sa vie, inspiré le plus grand respect et, deuxièmement, de soutenir, avec beaucoup d'éclat, dans une de ses toutes dernières interventions publiques, l'homosexuel cubain Padilla – le même Sartre est capable de chanter la gloire de Castro et de mettre le doigt sur le fait que Cuba est aussi un goulag tropical, que Castro est aussi un dictateur fasciste et que ce dictateur, comme tous les dictateurs fascistes, comme n'importe quel Pinochet, emprisonne ses oppositionnels et ses homos.

De la même façon, le même Sartre qui va en Union soviétique et qui s'y laisse royalement manipuler par les tenants de l'idéologie de granit, est aussi quelqu'un qui, au même moment, sur un autre dossier qui est le dossier de la guerre d'Algérie, voit incroyablement juste et même, sans doute, beaucoup plus juste que nombre de ceux qui restent, dans la mémoire de la Maison de la Culture française, comme les parangons de la lucidité et de la vérité. Car je fais une parenthèse sur cette affaire d'Algérie. J'avais mis en scène, il y a dix ans, au théâtre, dans *Le Jugement dernier,* le face-à-face de Sartre et Aron, notamment dans l'affaire algérienne. Car il y a, je crois, un « duel » entre Sartre et Aron, un duel silencieux mais décisif, sur cette question algérienne. Tout le monde dit, tout le temps, que Sartre et Aron disaient la même chose à partir de points de vue différents. En réalité pas du tout. Leurs énoncés, apparemment semblables, recouvraient des réalités différentes. C'étaient des énoncés homonymes, aussi distants l'un de l'autre que, selon Spinoza, le chien « constellation céleste » et le chien « animal aboyant ». Et il me semble que le vrai « chien », celui qui voyait le plus juste, celui qui parlait au nom des vrais universaux de la Révolution française et de la liberté, c'était Sartre. Relisez Aron, vous verrez. Relisez les textes d'Aron sur l'Algérie, vous constaterez que ces textes étaient des textes courageux, bien sûr, mais qu'ils étaient animés, non par un authentique sentiment anticolonialiste, mais par un réalisme résigné : la France n'a plus les moyens de s'offrir un Empire, soupirait Aron ; la France ne peut plus se payer le luxe de contrôler l'Algérie ; la France doit s'occuper de la Corrèze, pas du Zambèze, etc. – je caricature, mais ce n'était pas tellement loin de ça... Sartre, lui, dans les textes qu'il écrit comme dans les textes qu'il signe sans tout à fait les écrire, a dans l'idée que l'Algérie doit être indépendante parce que le colonialisme est une infamie, parce que le rapport de l'homme colonisé au colonisateur est un rapport qui ne produit que de la misère et de l'oppression, parce qu'il y a là une perception, une construction de l'altérité qui déshonore ceux qui en participent – et c'est toute la différence.

Et puis la question d'Israël. Je parlais tout à l'heure de ce texte terrible de *La Cause du peuple* où il faisait l'éloge du terrorisme. Et ce texte, relu aujourd'hui, repris à la lumière des événements de ces dernières années, voire de ces derniers jours, fait évidemment froid dans le dos : le terrorisme arme des pauvres, le terrorisme arme de ceux qui n'en ont pas d'autres, le terrorisme ancré dans la misère et le désespoir, on connaît ça, on connaît la chanson – or c'est hélas ce qu'écrit Sartre et c'est, donc, terrible. Sauf que ce même Sartre, au même moment, est aussi un Sartre qui est capable de recevoir, des mains de l'ambassadeur d'Israël en France, un doctorat honoris causa d'une université israélienne. Sauf que le même Sartre qui a passé sa vie à refuser les honneurs, tous les honneurs, jusques et y compris le prix Nobel, n'en a accepté qu'un seul, associé à ce signifiant-là, Israël. Il existe, à l'INA, un document tout à fait extraordinaire. On le voit expliquer, au micro de je ne sais quelle radio, les raisons de cette acceptation. Et, comme toujours avec Sartre, on a d'abord l'explication langue de bois et puis, ensuite, l'explication du cœur. L'explication langue de bois c'est : j'accepte ce doctorat parce qu'il va m'aider à « faire la liaison » entre Israéliens et Palestiniens. Et puis vous avez l'explication du cœur : « je suis depuis longtemps l'ami d'Israël – depuis sa fondation et même, on peut le dire, avant... » Ce « et même, on peut le dire, avant » est, je trouve, assez incroyable. « Avant » comment ? « Avant », jusqu'à quand ? « Avant », parce que le Yichouv ? « Avant », depuis

Balfour ? « Avant », au sens de l'Israël biblique ? « Avant », au sens du Talmud ? J'ai souvent cité la signature, par Sartre, avec Malraux et Ionesco, du fameux texte condamnant les résolutions de l'Unesco assimilant le sionisme à une forme de racisme. J'ai évoqué aussi, ailleurs, le passage de *On a raison de se révolter*, ce recueil d'entretiens avec ses copains maos Michel Le Bris, Philippe Gavi et Benny Lévy qui s'appelait encore Pierre Victor, où, interrogé sur le communisme nouveau, les communes populaires chinoises, l'encerclement des villes par les campagnes, la science rouge, les experts rouges, et ainsi de suite, il répond à ses camarades éberlués qu'il y a mieux, beaucoup mieux, qu'il y a, quelque part, un autre exemple de socialisme réalisé, de socialisme paysan, de paysans experts, et que ce sont les kibboutz israéliens. Mais je dois dire que ce texte-ci, cette déclaration d'amour à Israël pris avant même sa naissance, ce sionisme présenté comme un sionisme des limbes et de gestation, est encore plus spectaculaire…

Donc les choses sont compliquées. Elles le sont sur la question du soviétisme, sur la question de Cuba, sur l'Algérie et, donc, sur Israël. Et elles le sont également sur une question très importante qui est celle du fascisme français. S'il y a une question sur laquelle Sartre ne s'est pas trompé, en 1940-1942, à l'époque du groupe *Sous la botte*, puis de *Socialisme et liberté*, quand les Desanti l'accueillaient, lui et quelques autres, dans leur groupe, c'est bien, comme vous le savez, cette question de la nature du fascisme français. Eh bien cette lucidité ne s'est jamais démentie. On peut diviser l'œuvre de Sartre tant qu'on voudra. On peut distinguer un Sartre libertaire et un Sartre totalitaire. Le second – celui, mettons, des années 60 ou 70 – n'a pas été moins lucide que le premier quant à la saloperie fasciste française. Il aura eu, tout au long de sa vie, le même radar, le même détecteur infaillible, pour repérer le retour du « gros animal » français qui est une autre version de celui dont il parle ailleurs, dans un autre texte, *Les Séquestrés d'Altona*.

Car voici un deuxième élément qui complique le partage entre les deux Sartre.

Dans le deuxième, dans le « mauvais » Sartre, il y a sans arrêt des retours de flamme, des résurgences, du premier, c'est-à-dire du « bon » Sartre.

Quelques exemples.

La préface au *Portrait de l'aventurier*, le livre de Roger Stéphane : on est en pleine période militante sartrienne, on est en pleine période née du stalag, de la découverte de la communauté et Sartre, très logiquement, écrit cette préface pour enfoncer le clou et faire l'éloge du militant contre l'aventurier. L'aventurier, cet homme qui ne songe qu'à préparer ses funérailles futures, cet idéaliste, cet homme des nuées, doit céder la place au militant qui, dit-il, « a raison en tout point ». Sauf que… Oui, sauf que le texte, bizarrement, change, à un moment donné, de ton. Sartre vient de faire l'éloge du socialisme de Hoederer contre les états d'âme d'Hugo. Il vient de décréter la victoire de la brute léniniste sur la belle âme romantique et hégélienne. Et, tout à coup, il se ravise et dit : mais un monde socialiste où un Lawrence deviendrait impossible serait irrespirable et voué à la stérilité. Et il va plus loin encore puisqu'il conclut (et là, tout à coup, c'est l'ancien Poulou qui parle, le petit Pardaillan épris de panache et de chevalerie) : « c'est l'aventurier et l'aventurier seul que, si j'avais à choisir, je suivrais dans sa solitude. » C'est l'époque la plus grise, la plus glacée, de la vie de Sartre et il trouve encore le moyen, à ce moment-là, de nous faire l'éloge de l'aventurier !

Autre exemple, le *Flaubert*. Reprenez, à l'époque mao, ses dialogues avec Pierre Victor et les autres. Reprenez le petit volume où je rappelais, à l'instant, qu'il faisait l'éloge du kibboutz et du sionisme. Il y a une chose qui, dans ce livre et à cette époque, ne passe pas aux yeux des maos. Il y a une chose que les jeunes camarades de Sartre ne parviennent pas à encaisser. C'est le *Flaubert.* Tu nous fatigues avec ton *Flaubert* ! Que ne nous écris-tu un grand roman populaire ? Un nouveau *Bariona* ? Refais du théâtre, oui ! C'est ça, la vraie littérature militante ! C'est ça, la lettre en tant qu'elle est vraiment engagée. Sartre les laisse dire. Il répond simplement : « je suis trop vieux, maintenant ; c'est comme une manie ; ou une maladie ; j'ai la maladie de l'écriture ; je ne peux pas m'en empêcher ; ce n'est pas moi, c'est ma main ; ce n'est pas mon désir, ça se fait tout seul ; il ne faut pas m'en vouloir, il ne faut surtout pas m'en vouloir, je suis comme ça. » Or la vérité est tout autre. Et elle éclate, évidemment, quand paraît enfin *L'Idiot de la famille.* Le démontage, le décorticage de cette chose qu'est la langue et l'âme de Flaubert, le désossage du machin-Flaubert, est une histoire d'une importance extrême, qui le passionne au plus haut point, où il jette toutes ses forces, où il invente rien moins qu'un genre, celui de la « psychanalyse existentielle » et qu'il ne peut pas faire autrement, en effet, que de mener à terme. Donc il y a un Sartre diurne et un Sartre nocturne. Le Sartre diurne fait la révolution avec les maos et le Sartre nocturne est un Sartre presque proustien qui persévère dans cette folie lucide qu'est l'écriture de son *Flaubert.*

Autre exemple encore. J'évoquais *Les Mains sales.* J'évoquais le débat, le duel, entre Hoederer et Hugo. Or il y a une histoire extraordinaire dans cette histoire de duel entre Hoederer et Hugo. On est en 1952, au moment du Congrès du Mouvement mondial de la paix, qui se tient à Vienne. Sartre vient y représenter la France et se faire applaudir par l'internationale stalinienne, à quelques semaines du procès Slansky. Il est devant celui-là même – Fadeev – qui, quelques années plus tôt, l'avait traité de « hyène dactylographe » ou de « chacal armé d'un stylo ». Il vient donc faire le beau au Congrès mondial des écrivains. Or, au même moment, hasard du calendrier, voilà qu'on représente *Les Mains sales* dans un théâtre de la ville. Et voilà que la presse autrichienne, au lendemain de la générale, dit que *Les Mains sales* sont une ode à Hugo, une dénonciation du stalinisme, de sa mécanique implacable, de ses monstres froids – voilà que, dans ce duel de l'aventurier romantique et du militant pragmatique et cynique, la presse fait comme si Sartre avait choisi, sans ambiguïté, le parti du premier contre celui du second. Affolement de Sartre qui, alors, fait quoi ? Eh bien il interdit sa propre pièce. Il arrête complètement les représentations. Et, non content d'arrêter les représentations, il fait savoir à son secrétariat, ses agents, Jean Cau, Gallimard, que *Les Mains sales* posent un problème ; que le problème vient de ce salopard de sous-Lorenzaccio de Hugo ; et que toute représentation des *Mains sales*, dans n'importe quel théâtre européen, devra être désormais soumise à l'approbation du Parti communiste local. Il y a d'ailleurs un épisode encore plus inouï qui a lieu, un peu plus tard, alors que la pièce va être représentée à Turin. Sartre, là, donne une interview à un journaliste italien. Et c'est une interview tout à fait étrange où l'on sent plus que jamais, dans l'œuvre même, ce déchirement intérieur, ces deux Sartre qui se parasitent l'un l'autre, se contredisent, s'entre-déchirent, se minent : Sartre dit qu'il donne l'autorisation de représenter la pièce à Turin mais que c'est la dernière chance des *Mains sales*, la dernière chance qu'il leur laisse de démontrer qu'elles ne sont pas cette machine anticommuniste qui lui a échappé des mains en 1952 et qui l'a nargué de la façon que l'on sait. La chose, chez Sartre, n'est pas exceptionnelle. Sartre – c'est lié à l'idée qu'il se faisait de la subjectivité – avait tendance à penser que tous ses livres, par principe, lui appartenaient à peine. Il poussait le goût de l'infidélité à soi, et celui de la métamorphose, jusqu'à ne plus être tout à fait l'auteur de ses propres textes. Mais, là, dans l'affaire des *Mains sales*, la chose prend des proportions énormes. Un personnage d'un de ses textes devient un gêneur, un rebelle, presque un ennemi qui lui pourrit la vie. On est au cœur du problème. On a là un texte qui est, littéralement, le théâtre du déchirement entre les deux Sartre.

Et puis il y a enfin les derniers dialogues avec celui qui, entre temps, a repris son nom de Benny Lévy et où reviennent toutes les questions du premier Sartre, toutes les problématiques qu'il a produites puis laissées en souffrance – à commencer, vous le savez, par la question de la Morale. J'en ai souvent parlé. Je n'y reviens pas. Mais c'est un autre signe du fait que ce partage entre les deux Sartre est problématique, fragile, incertain.

Alors, dernière remarque. S'il est si incertain et si fragile, je pense aujourd'hui que c'est parce qu'il y a un certain nombre d'intuitions fondamentales (j'entends ici intuition au sens quasi bergsonien du mot) qui sont communes aux deux Sartre, qui perdurent de l'un à l'autre, qui les soutiennent tous les deux et qui sont, mieux que des ponts ou des passerelles, le socle commun aux deux. Ces grandes intuitions, je les énumérerai de la sorte : antihumanisme, antinaturalisme, antihistoricisme et pessimisme historique. S'il y a des thèmes communs à tous les Sartre, des grandes coulées de sens anté-discursives qui unifient l'aventure sartrienne et qui sont présentes d'un bout à l'autre, ce sont celles-là. Je les reprends, très vite, une à une.

L'antihumanisme. Cela surprendra peut-être ceux d'entre vous qui voient Sartre comme le dernier des philosophes classiques, comme un cartésien attardé, un métaphysicien du sujet. Cela ne surprendra pas ceux qui se souviennent de *La Nausée* et de l'inventaire à la Prévert, expressément ridicule, de toutes les catégories d'humanisme dont Sartre se dissocie. Cela n'étonnera pas les lecteurs du *Saint Genet* qui, dans son exploration non psychologique, non personnologique, des grouillements qui constituent les soubassements d'une âme, dans sa façon de partir à la recherche, non du « moi » de Genet, de son « petit tas de secrets », mais de cette chose mystérieuse qui a emprunté son nom et s'en est parée, est un texte qui, à sa manière, récuse les postulats de l'humanisme philosophique. La surprise, elle est plutôt, après la guerre, chez les jeunes sartriens qui, comme Deleuze et Tournier, entendent Sartre venir raconter, tout à coup, que l'existentialisme « est un humanisme », ce qui est l'exact contraire de ce qu'ils avaient compris jusque-là et que Sartre leur avait dit. Car la dominante philosophique, ce dont l'importance a été, à mon sens, complètement sous-estimée depuis ces temps de l'après-guerre, le thème dont on mesure mal à quel point les modernes et postmodernes se sont inspirés c'est quelque chose qui ressemble, bel et bien, à de l'antihumanisme. La refente du sujet, sa déconstruction, sa désubstantialisation : autant de gestes que Foucault, Lacan ou Althusser emprunteront à Sartre ou que Sartre, en tout cas, avait largement préfigurés et entamés.

L'antinaturalisme. Là encore, les exemples abondent. Et les variations autour de ces exemples. La façon dont Sartre parle de la chair. Son érotique si particulière et d'inspiration baudelairienne. Son obsession génophobe. Et puis, du *Saint Genet* au tombeau pour Paul Nizan, du *Flaubert* au *Baudelaire*, toute une réflexion sur l'enfance, le rapport d'un homme à son enfance, le concept même d'enfance qui, pour moi, a une importance cardinale dans l'œuvre. De la question de l'enfance dépendent, vous le savez, beaucoup de choses. C'est Baudelaire qui disait (Baudelaire, auteur sartrien s'il en est ! Sartre, auteur baudelairien entre tous !) que les pires personnages de son époque (George Sand, par exemple) avaient « intérêt », 1. à ne pas croire à l'enfer (car c'est là, et ils le savent, qu'ils doivent finir), et 2. à croire à l'enfance (c'est-à-dire à l'innocence qui est le contraire de ce Mal dont ils ne veulent à aucun prix parler ni entendre parler). Il disait que, pour comprendre quelque chose à l'humain parlant et vivant, il faut se débarrasser du concept d'enfance et d'innocence, il faut se défaire de l'idée idiote qu'il y aurait un état de l'humanité antérieur à son marquage par la négativité, le manque, le mal. Eh bien la musique de fond de l'œuvre sartrienne va dans ce sens. Pas seulement, comme le disait Aron, parce qu'il ne s'intéresse pas aux enfants. Pas seulement parce qu'il cite saint Jean de la Croix dans le *Saint Genet* et que saint Jean de la Croix est l'un de ceux qui, dans la discussion autour du péché des enfants morts sans baptême, est allé le plus loin dans l'affirmation de l'existence dudit péché. Mais parce qu'il y a, chez Sartre, un antinaturalisme profond. Mais parce qu'il y a, chez Sartre, l'idée que la nature n'est pas le Bien. Mais parce qu'il y a, chez Sartre, l'idée que la nature n'est pas un matin du monde avec lequel il faudrait renouer. Cette idée, l'idée que la nature c'est le négatif, le mal, la face sombre des choses, fait, elle aussi, socle commun entre « les deux Sartre ».

Son antihistoricisme, troisièmement. Le refus, catégorique, de l'idée hégélienne de dialectique. Cela commence avec *L'Etre et le Néant*. Il semble reculer un petit peu dans la *Critique de la raison dialectique*. Mais, en réalité, non. Il ne renonce, en réalité, jamais tout à fait à ce refus. Et je suis convaincu que ce livre, la *Critique de la raison dialectique*, qui consistait, comme il l'a lui-même dit, en une « mise en bière » de ses « petits cadavres » d'idées, n'a pas remis en cause le programme fondamental. Il continue, après la *Critique de la raison dialectique*, de parler de « dialectique » ? Il conserve, à tout le moins, le mot et, parfois, même le schéma ? Il continue de croire, apparemment du moins, à cette idée d'un progrès de l'esprit humain qui, sautant de contradiction en contradiction, irait tout naturellement vers un état de félicité et de perfection ? Oui. Mais c'est une dialectique bizarre. La dialectique qui est encore à l'œuvre dans le *Flaubert* par exemple, cette dialectique à deux temps, en spirale, sans happy end, sans « aufhebung », donc sans « relève », donc « tragique », n'a absolument plus rien à voir avec ce que le mot signifiait encore chez Hegel. Et c'est même le plus juste, le plus fin et le plus efficace des démentis à l'historicisme hégélien – cette image de la contradiction insoluble, cette idée de deux contraires qui s'opposent sans se résoudre ni fusionner, est la meilleure critique en acte du providentialisme hégélien, de cette idée selon laquelle toutes les figures de l'Histoire universelle seraient voués à apparaître puis disparaître, à faire trois petits tours et puis à s'en aller. Donc, un refus de la dialectique qui, vraiment, traverse toute l'œuvre et qui, comme l'antinaturalisme et l'antihumanisme, reviendra avec une force redoublée dans le dernier Sartre, ce Sartre juif qu'est le Sartre des derniers dialogues avec Benny Lévy. Un refus de la dialectique, donc un refus de la philosophie de l'Histoire. Un refus de la dialectique, donc un refus de l'historicisme. C'est le troisième « pont » entre les deux Sartre.

Et puis enfin, lié aux précédents, le tout dernier thème. C'est le pessimisme historique. C'est vrai du « premier » Sartre, bien sûr. Mais c'est vrai, aussi, du Sartre révolutionnaire. C'est vrai, aussi, du Sartre apparemment optimiste qui pense que le marxisme est l'horizon indépassable de notre temps mais qui ne renonce, étrangement, pas à l'idée qu'il y a, dans l'histoire des sociétés, de l'incurable, quelque chose qui ne se réconcilie jamais, une part de maléfice, de dissentiment insurmontable, de boiterie définitive, de divergence, de désaccord, de désaccordement dont l'humanité ne viendra jamais à bout. C'est toute l'histoire de la « laideur » de Sartre ou de son rapport, plus exactement, à sa supposée laideur. C'est toute l'histoire de sa relation à Camus, de son débat avec Camus – c'est tout le sens de l'opposition du grand « non » sartrien au « oui » de la noce, de l'été, de la communion camusienne. On insiste toujours sur le côté politique de leur désaccord puis de leur querelle. On fait comme si tout s'était joué autour de la question du soviétisme, des camps, des dissidents, de l'accueil réservé à Kravchenko, des avatars catastrophiques de l'idée de révolution – tous thèmes sur lesquels c'est Camus, bien entendu, qui avait raison ; Camus qui incarnait le point de vue de l'honneur et du courage ; et Sartre qui était dans l'égarement. Mais il y a aussi cette dimension-ci. Il y a aussi cette scène, que je dirai métaphysique. Il y a cette opposition entre les harmoniques, les bucoliques, les liturgies camusiennes et la grande colère sartrienne. Et, sur cette scène-là, je ne crains pas de le dire : c'est Sartre qui reprend l'avantage ; c'est lui qui représente le point de vue antitotalitaire strict ; et c'est de lui, de ce pessimisme fécond et magnifique, que je me sens, bien sûr, le plus proche.

Je lisais récemment un texte de Kojève, dans son commentaire de la *Phénoménologie de l'esprit* de Hegel, où il dit qu'il y a deux grandes manières de faire de la philosophie. Ceux qui pensent que faire de la philosophie c'est se mettre d'accord avec le monde, lui donner son assentiment, se concilier ses forces noires. Et ceux qui pensent que faire de la philosophie, c'est se révolter contre lui, lui dire non, lui déclarer une guerre sans merci et donc – ce n'est plus lui, Kojève, qui parle, ce ne sont plus ses mots, mais il me semble que ce que je vais dire est raccord avec sa pensée – lui résister, refuser de collaborer, décider de juger l'Histoire au lieu d'accepter d'être continuellement jugé par elle. Eh bien je me disais, en lisant ces lignes, que Sartre, tout Sartre, le premier et le second Sartre, est du « bon » côté de ce partage. Et je me disais aussi qu'il est, pour cette raison, parce qu'il plaide pour la discorde d'avec le monde, un vrai apôtre de la liberté et, si les mots ont un sens, un antitotalitaire conséquent. C'est bien pourquoi, malgré tout, malgré tous ses textes désespérants, malgré tant de prises de parti qui furent autant de gifles données aux dissidents de Moscou, de Prague ou de Varsovie, malgré les énormes erreurs de cet homme qui a pensé énormément et s'est, aussi, énormément trompé, je pense que ce Sartre-un reste l'un des meilleurs maîtres que nous ayons pour nous guider sur les chemins de la liberté.

6

Deux Sartre... ou trois ?[1]

Il y a une chose qui, pour moi, reste, aujourd'hui encore, énigmatique, c'est ma relation personnelle à Sartre et l'histoire de ce livre que vous venez, à l'instant, d'évoquer, *Le Siècle de Sartre*. Lorsque j'ai commencé à y songer, au début des années 80, puis lorsque j'en ai entrepris l'écriture, au milieu des

1. Colloque de Baltimore, organisé par Christian Delacampagne, « Sartre et son siècle ». 15 et 16 octobre 2004.

années 90, le moins que l'on puisse dire est que je n'étais pas programmé pour cette entreprise. A tous égards, je me sentais loin de ce massif sartrien dont je commençais d'approcher, non moins que de cette famille sartrienne que vous êtes nombreux, dans cette salle, à représenter et qui allait un peu, et indirectement, devenir la mienne.

Philosophiquement, j'étais venu à l'âge d'homme dans un climat intellectuel marqué par ce que l'on a appelé depuis, d'une bien méchante expression, la « pensée 68 » – laquelle n'était franchement pas, du moins en apparence, un courant de pensée compatible avec la pensée Sartre : les maîtres de ma jeunesse, lorsqu'en 1971 je pars pour le Bangladesh en lutte contre le Pakistan, s'appellent Louis Althusser, Michel Foucault et Jacques Lacan – et ils sont aux antipodes, c'est au moins ce que dit la doxa, de cet « humanisme théorique » auquel Althusser réduisait alors la pensée de Sartre.

Ma définition de l'intellectuel, l'idée que je me faisais, en ce temps-là, d'une vie d'intellectuel réussie ou, tout simplement, d'une vie qui, intellectuelle ou non, fût digne d'être vécue, c'était moins la vie de Sartre qui l'incarnait que celle, mettons, de Malraux : si j'avais dû choisir, me désigner une parentèle rêvée, c'est sans le moindre doute de ce côté-là, celui de Malraux, que je l'aurais trouvée, et non du côté Sartre.

Et quant au philosophe, enfin, qui s'exprime à travers *La Barbarie à visage humain* et quelques autres livres, quant au militant des droits de l'homme que j'essaie alors d'être et dont je tente d'assurer quelques fondements, il est évident qu'il prenait ses leçons et prescriptions davantage chez Camus que, de nouveau, chez Sartre.

Pour dire les choses autrement, il allait de soi pour moi, lorsque j'avais vingt ou trente ans, que, dans le débat célèbre entre Sartre et Camus, c'est du côté de Camus que je me situais, et je n'avais pas de mots assez durs pour qualifier la cruauté de Sartre dans ce débat, ainsi que son égarement.

Sans parler enfin de cette autre référence majeure qui, dès la fin des années 70, advient dans mon itinéraire et qui me relie à une certaine vision de la pensée juive laïque, issue de Buber, de Rosenzweig et de Levinas, et qui est bien étrangère, elle aussi, malgré les *Réflexions sur la question juive*, à la réflexion sartrienne.

Voilà d'où je suis parti. Voilà comment, à la façon, d'ailleurs, de nombre d'hommes et de femmes de ma génération, j'étais parti pour n'être *d'aucune façon sartrien*.

Et puis il s'est produit quelque chose. Une sorte, sinon d'aventure, du moins d'événement de pensée. Un événement qui a fait que, à petits pas, parfois à petits sauts, par ruptures discrètes, je me suis, sur tous ces points, « brisé les os de la tête » et ai commencé de découvrir que les choses étaient, chaque fois, moins tranchées qu'elles ne le paraissaient.

En entreprenant de lire Sartre, mais vraiment le lire, ce que ma génération souvent ne faisait pas (je me rappelle encore ces années d'après-68 durant lesquelles Sartre allait vers les maos, acceptait de diriger *J'accuse* ou *La Cause du peuple* d'une manière qui n'était d'ailleurs pas seulement formelle, alors que l'inverse n'était pas vrai : je ne pense pas que les maos soient venus à Sartre autant que lui venait à eux ni que, en ce temps-là, ils l'aient lu, ce qui s'appelle lire, autant que lui les lisait), en entreprenant donc de lire Sartre, en me mettant à le lire sérieusement, j'ai découvert que le rapport de sa pensée à cette pensée dont j'avais longtemps cru qu'elle s'était instituée en rupture radicale avec la sienne, était beaucoup moins simple qu'il n'y paraissait.

Sa philosophie du sujet, par exemple, m'est apparue assez tôt comme pas si disjointe que cela de celle dont je m'étais instruit auprès de Louis Althusser. La conception du sujet sartrien, l'élision et l'économie du Je transcendantal husserlien, la pulvérisation des schèmes cartésiens, l'idée d'une subjectivité sans fond et sans intimité, l'idée d'une conscience intermittente et sans stabilité, le goût du désaveu de soi, tout cela m'est apparu très vite comme beaucoup plus proche que nous ne le pensions, en tout cas que je ne le pensais, de ce procès de subjectivation que nous avait enseigné Althusser, de cette conscience sans substance sur le chemin de laquelle le premier Deleuze, jusqu'à l'*Anti-Œdipe*, nous avait placés. Et quant à Lacan (dont Sartre lui-même, nous induisant manifestement sur une fausse piste, avait dit, je crois, à Michel Contat qu'il ne le « connaissait pas bien »), quant à ce Lacan qui me semblait être, vers 1966-1967, le comble de la modernité et l'anti-Sartre par excellence, combien de textes sartriens que je découvrais, que j'apprenais à lire dans l'émotion, le ravissement ou l'euphorie, depuis *La Nausée* jusqu'à *La Reine Albemarle* ou à ce texte sur Venise où il est question des deux rives du Grand Canal comme d'une métaphore de la conscience, combien de textes, oui, qui me semblaient anticiper, au contraire, la doctrine de la « refente », la théorie de la constitution du sujet par le manque, les textes lacaniens sur le stade du miroir... Voilà quelques points décisifs. Voilà quelques images de ce moment où j'ai appris à comprendre combien ce vieux Sartre, ce vieux bonhomme, ce penseur que nous avions, pour nombre d'entre nous, remisé au magasin des horreurs bergsoniennes ou cartésiennes, était au contraire d'une modernité philosophique radicale.

Prenons encore la question de l'engagement de l'intellectuel. Lorsque je me suis mis, quelques années après la mort de Sartre, à vraiment lire *Qu'est-ce que la littérature ?*, quand j'ai repris ce texte dont j'avais, comme tout le monde ou presque, mû par la pensée qui pense quand on ne pense pas, c'est-à-dire par le cliché, pris l'habitude de penser qu'il était une sorte de manifeste de la pensée militante, de la littérature à la botte, d'un engagement conçu comme un caporalisme des idées, « écrivains, vos papiers ! », « poètes, au rapport ! », quand j'ai, donc, réellement plongé dans le dossier, j'ai découvert dans ce texte une machinerie bien moins banale que l'image qu'il avait pu laisser : une définition de l'intellectuel engagé, bien sûr ; mais aussi une conception de la littérature *dégagée*, précisément, de l'impératif politique au sens caporaliste ou policier du terme ; une machinerie, en tout cas, que j'ai essayé de détailler dans mon livre et qui est beaucoup plus complexe, subtile, amie de la vraie littérature, ennemie de sa mise au pas, que ne le veut la doxa.

Autre exemple : le débat Sartre-Camus. Là encore, révolution pour moi. Chambardement. Ebranlement en tout cas. Car je vais, non seulement au script, ou aux pièces, du débat, mais à ce qui les fonde, à leur soubassement philosophique et métaphysique. Et ce qui m'apparaît très vite, dès le début de l'écriture du *Siècle*, c'est que, sur ce théâtre-là, la distribution des rôles n'est pas non plus celle que la pensée qui ne pense pas, à commencer par la mienne, s'était figurée jusque-là. L'idée conventionnelle d'un Camus antitotalitaire, faisant face à un Sartre compagnon de route à la botte du Parti communiste, n'épuisait pas, si vous préférez, la vérité de la situation. Il y a, certes, la cruauté de Sartre dont je parlais tout à l'heure et celle des siens à l'endroit de Camus. Mais il y a aussi la métaphysique implicite des uns et des autres. La *philosophie du oui* du Camus de ce temps-là et la *philosophie du non* du Sartre de la même époque. La philosophie des *Noces* et de *L'Eté* camusiens, la philosophie bénisseuse, de fusion et de communion avec la nature, de Camus, sa philosophie du raccord et de la transsubstantiation générale, sa philosophie des épousailles avec la matière, la nature et les choses – et puis, de l'autre côté, cette philosophie du non, cette philosophie du discord, du malentendu, de l'interruption, de la rupture, cette philosophie de la guerre aux choses ou de l'étrangeté radicale des choses, cette philosophie de la grande colère des choses et de la colère réciproque de la conscience, cette philosophie boiteuse, cette philosophie de la laideur constitutive aux rapports de la conscience avec les choses, cette philosophie *tragique*, en un mot, qu'était la philosophie de Sartre et qui m'est apparue, bien plus que l'autre, propre à fonder ce qui, philosophiquement, me semblait être la seule position tenable : une position de révolte, de résistance, de non-accord, de désaccord avec le monde. Bref, jusque dans ce débat Sartre-Camus, dès lors que j'ai commencé d'entrer véritablement dans les textes, quelque chose est venu contredire l'idée reçue, le cliché. En gros, la pensée de Camus allait plutôt dans le sens d'une philosophie qui aurait pu être, au moins autant que la philosophie sartrienne, la caution d'une attitude ou d'une posture totalitaire, s'il est vrai que le totalitarisme commence – comme je le crois après Rosenzweig et Levinas – par un totalitarisme ontologique, un rapport de l'être à lui-même, une saturation de l'être par lui-même, un bouchage, qui sont autant de façons de rendre impossible l'apparition, l'émergence, le pari sur une parole exorbitante à l'ordre du monde. Et la pensée de Sartre, en revanche… Cette pensée qui avait programmé tant de faux pas sur l'URSS, la Chine, Cuba… Eh bien la pensée de Sartre, c'était l'inverse : une étrange, inattendue, machine de résistance !

Le judaïsme, enfin. La question de la pensée juive telle que, depuis la fin des années 70, elle commence de me préoccuper. Je relis les *Réflexions sur la question juive*, bien sûr, à cause de ce que certains d'entre vous, ici, ont écrit ou dit et sur quoi je ne reviens pas – je le relis à cause, en un mot, de la très grande finesse de ce texte, beaucoup plus surprenant que la sotte idée, qui nous en est restée, d'un judaïsme négatif n'existant que dans le regard de l'autre ; je le relis, et je l'aime, à cause de tout ce qui se lit dans ce livre et qui, à cause du dernier Sartre et de son dialogue final avec Benny Lévy, me semble, là encore, compliquer singulièrement le jeu. Et puis je relis d'autres textes – je vais y revenir…

Bref, c'est ainsi que, lorsque je commence de me plonger dans cette aventure, parce que c'en était quand même une, lorsque j'entame ce voyage dans cet homme-siècle et sa pensée immense, j'arrive à la conclusion – et c'est le thème que Christian Delacampagne m'a suggéré d'évoquer aujourd'hui – j'arrive à la conclusion, un peu facile certes, mais qui m'a servi d'hypothèse de travail, qu'il y a *deux* Sartre. D'un côté, bien sûr, le Sartre de la vulgate ; le Sartre du cliché (qui existe aussi) ; le Sartre qui désespère les étudiants de l'université Charles à Prague en 1966-1967 ; le Sartre qui, en 1956, désavoue du bout des lèvres l'intervention soviétique à Budapest mais en même temps se refuse à condamner le modèle soviétique ; le Sartre qui se rendra encore sept ou huit fois en Union soviétique dans les années suivantes ; le Sartre qui reçoit avec beaucoup de circonspection le rapport Khrouchtchev ; le Sartre qui voyage à Cuba (vrai moment de littérature à mon sens mais aussi grand moment d'égarement politique) ; et, enfin, le Sartre de l'époque mao dont je suis le contemporain, le Sartre qui accepte de cautionner des articles ignobles parus dans les journaux qu'il dirige, le Sartre cautionnant des textes de *J'accuse* proposant de kidnapper les enfants des patrons afin de faire rendre gorge à ceux-ci, le Sartre couvrant (il n'aurait jamais écrit cela lui-même mais il a accepté de le couvrir de son grand et beau nom) des textes où l'on disait qu'un patron séquestré pissant dans son pantalon, urinant dans le tiroir de son bureau, c'est une revanche de la classe ouvrière ou bien des textes où l'on se réjouissait de voir les patrons connaître enfin l'horreur du cul trempé de pisse… Tout cela, donc, existe. De même que, signé de sa propre main cette fois, le texte célèbre publié quelques jours après le massacre des athlètes israéliens à Munich.

Donc il y a ce Sartre-là, incontestablement. Et puis en même temps il y en a un autre, que j'ai appris à découvrir de mes yeux d'ignorant, de naïf – il y a un autre Sartre pensant à l'opposé de tout cela et que je découvre. Pour aller très vite, le Sartre de *La Nausée.* Le Sartre des premiers tomes des *Chemins de la liberté* – admirable. Un Sartre stendhalien – bouleversant. Un Sartre nietzschéen – surprenant. Un Sartre qui s'ingénie à renverser méthodiquement quelques-uns des signes qui seront l'index de sa future pensée. Un Sartre qui écrit, dans les *Réflexions sur la question juive,* que le modèle du groupe en fusion, connoté pour le coup d'une valeur absolument négative, se trouve être le modèle de lynchage. Un Sartre qui, dans ce beau texte qu'est « Qu'est-ce qu'un collaborateur ? », décrit pour le démonter, tout le mécanisme historiciste, tout le mécanisme d'acceptation de la vérité historique, de soumission à la force ou à la loi des vainqueurs, qui est déjà, et qui sera encore, le modèle de la soumission au totalitarisme soviétique.

Faites l'expérience. Dans « Qu'est-ce qu'un collaborateur ? », remplacez « Allemagne nazie » par « Union soviétique ». Vous retrouverez, impeccablement décrit, le schéma, le mécanisme, la perversion de l'âme et de l'intelligence, qui ont créé le compagnonnage de route. Et puis un Sartre, enfin, dont les thèses philosophiques essentielles, notamment dans *L'Etre et le Néant*, fournissent les bases, les conditions nécessaires et presque suffisantes, à l'élaboration d'un antiracisme conséquent. Encore aujourd'hui, je ne vois pas que l'on puisse être conséquemment antiraciste sans en passer plus ou moins explicitement, en le sachant ou pas, par la définition de l'identité, de la subjectivité, du processus de subjectivation, y compris dans ses formes les plus plates et les convenues – l'existence, l'essence, etc. – telles qu'elles se trouvent pensées dans ce massif du premier Sartre.

Et venons-en maintenant à l'idée même dont j'ai toujours pensé qu'elle était à la source du totalitarisme, c'est-à-dire l'idée du *médicalisme* politique. Je crois, depuis *La Barbarie à visage humain*, que le cœur du totalitarisme, le cœur des barbaries contemporaines jusqu'aujourd'hui et, donc, jusqu'à l'islamisme politique, c'est l'idée qu'on peut guérir le genre humain, c'est la substitution à la question théologique du mal de la question clinique de la maladie. Je crois depuis *La Barbarie* que cette tournure-là de l'âme, cette volonté de pureté, cette façon de prendre, non Le Pirée pour un homme, mais la figure politique du mal pour l'histoire d'une maladie qui peut être guérie pourvu que l'on y applique les remèdes appropriés, je pense que ce tour-là de l'esprit, celui qui confond l'histoire de la politique et l'histoire de la clinique, est la racine même de cette histoire sombre et terrible qu'est l'histoire des totalitarismes. Eh bien je découvre, dans ces années, maints textes de Sartre qui vont dans ce sens. Je découvre maints textes qui me paraissent propres à instruire la critique la plus radicale de cette confusion de la politique et de la clinique, de ce médicalisme politique, et, d'une certaine manière, de ce progressisme, c'est-à-dire de cette idée selon laquelle une dialectique historique bien menée pourrait permettre à l'humanité de se débarrasser de sa part maudite. Il y a en tout cas, dans celui que j'appelle le premier Sartre, tout ce qui est requis pour penser – et pour résister à – cette effroyable pente qui pousse la pensée à accepter le totalitarisme.

Et puis il y a d'autres textes encore. Des textes bien connus. Des textes dont j'étais familier mais sans les entendre ou sans les comprendre tout à fait. La définition du salaud, par exemple. Celle de l'esprit de sérieux. Celle du bourgeois, du bouvillois. Au fond, qu'est-ce que tout cela, qu'est-ce que c'est que cet esprit de sérieux, cette mentalité bourgeoise, cette saloperie, ce bouvillisme, sinon la volonté de faire l'économie du désaccord, du malentendu ontologique entre soi et les choses – qu'est-ce que tout cela sinon la conviction que l'on est à sa place, juste à sa place, dans le monde ? Et est-ce que, enfin, ce salaud ou ce bouvillois, ce type bien installé dans son être, ce type qui ne doute de rien et surtout pas de sa place en ce monde, est-ce que cet être-là, et bien là, cet être imbu de sa présence à soi et de sa prétendue authenticité, est-ce qu'il n'est pas toujours, nécessairement, en chemin vers un rapport à autrui qui sera, au minimum, marqué par la méfiance, le pousse-toi de là que je m'y mette ou, mieux, le pousse-toi de là puisque j'y suis, qui n'est pas le meilleur chemin de la reconnaissance et de l'ouverture à l'altérité ? Sartre contre la bêtise. Sartre contre la barbarie. Un Sartre antitotalitaire. Un Sartre qui m'apparaît comme le doctrinaire le plus conséquent de l'antitotalitarisme contemporain.

Donc voilà bien deux Sartre : un Sartre compromis dans la pensée totalitaire, et un Sartre antitotalitaire conséquent. Avec la complexité supplémentaire, la difficulté supplémentaire, que les deux Sartre ne sont pas comme les deux Céline ou les deux Aragon ou même les deux Althusser. Ils ne sont pas étanches. Ce ne sont pas deux moments de la pensée, deux périodes de la pensée, période rose, période bleue, etc. Ce n'est pas Mondrian figuratif et Mondrian abstrait. Ou Matisse période ceci et Matisse période cela. Complication supplémentaire qui tient au fait que ces deux histoires sont extraordinairement imbriquées, intriquées, entrelacées – vous connaissez tous, n'est-ce pas, des exemples de cette imbrication…

Prenons le texte « Qu'est-ce qu'un collaborateur ? » que j'évoquais à l'instant. C'est, pour moi, l'un des grands textes contemporains de philosophie politique. C'est un texte que je n'avais pas lu mais qui m'inspirait, sans le savoir, lorsque j'écrivais *Le Testament de Dieu* ou *L'Idéologie française*. Eh bien on y trouve, néanmoins, un paragraphe intolérable. On trouve dans cet océan de lucidité un point d'obscurité : Sartre expliquant – je résume – que la résistance était à gauche et le pétainisme à droite, et qu'il y avait entre la classe ouvrière et l'esprit de résistance une affinité native… Dans ce vrai texte antitotalitaire, dans ce texte qu'on devrait enseigner dans les écoles de guerre antitotalitaire, dans ces pages que devraient méditer tous ceux qui font de la fidélité au « sens de l'Histoire » la grande excuse de leur lâcheté, voici que fait irruption quelque chose de sombre, de terrible, qui est comme une anticipation des égarements ultérieurs.

Inversement, en 1950 ou 1951, au moment même où Sartre consomme son grand virage politique, au moment où le deuxième Sartre est en train de naître, juste avant « Les communistes et la paix », il y a la préface au livre de Roger Stéphane, *Portrait d'un aventurier*, qui est un texte incroyable de grâce, de juvénilité et d'incorrection politique. *Portrait d'un aventurier*, vous le savez, se présente officiellement comme un éloge du militant au détriment de l'aventurier. Or c'est, en réalité, le contraire. C'est une glorification romantique de l'aventurier au détriment du militant. C'est comme si le sens avait échappé, s'était échappé des mains de l'auteur – comme si le texte signifiait, malgré lui, ce que Sartre n'aurait jamais voulu qu'il signifie. C'est comme ça.

Donc une bizarre alchimie qui fait que ces deux Sartre cohabitent l'un avec l'autre et puis se cannibalisent, se parasitent l'un l'autre dans une logique totalement incontrôlable par la pensée diurne de l'auteur. Jusqu'à cet épisode qui est, sans doute, le plus beau. L'épisode du *Flaubert*. Le *Flaubert* écrit, si j'ose dire, la nuit et en fraude. Le *Flaubert* écrit au cœur des années mao. Le *Flaubert* écrit en cachette du premier Benny Lévy, de Philippe Gavi, de Jean-Pierre Le Dantec, qui l'exhortent à refaire le coup de *Bariona*, à écrire une grande pièce militante, à écrire un grand roman populaire, à laisser tomber ce *Flaubert* absurde, cette dissection d'un grand esprit bourgeois déjà condamné par l'Histoire, jeté dans ses poubelles, poubellisé. Et Sartre qui les laisse parler, qui leur donne apparemment raison et qui, dès qu'ils ont le dos tourné, se remet à son bureau pour écrire ce livre magnifique, écrit de la plus belle encre sartrienne, *L'Idiot de la famille*.

Donc une relation très bizarre entre ces deux Sartre. Une relation à basculements. Une série de basculements et, aussi, d'oscillations. La chronique de ces oscillations n'est évidemment pas inconnue. Mais ce qui, en revanche, l'est, ce qui est beaucoup moins connu c'est le principe de la bascule, son ressort ou ses ressorts.

Un ressort, déjà. Un premier ressort. Denis Hollier a été, à ma connaissance, le premier à la pointer. C'est le « devenir autodidacte » de Sartre. C'est-à-dire l'épisode du Stalag. Ou, plus exactement, l'extraordinaire anticipation – figurée, dans *La Nausée*, mais sur le mode négatif, par le hangar à prisonniers de la Première Guerre mondiale – de ce qui allait lui arriver, lui, beaucoup plus tard, dans le vrai Stalag de Trèves. L'extraordinaire prémonition, si vous préférez, la prémonition littéraire, à travers un livre de littérature, de sa conversion à l'humanisme et de sa rupture avec l'antihumaniste radical de sa période dandy, nietzschéenne, antibouvilloise. Car le premier Sartre, j'y insiste, est antihumaniste. Il l'est à tous égards. Il l'est, en tout cas, à deux égards. Le premier Sartre est antihumaniste parce qu'il croit que faire l'impasse sur l'inhumain dans l'humain, c'est une absurdité, car cette part-là, la part du déchet et de la bestialité dans l'humain, est une part dont on ne peut pas faire l'économie. Et puis il est antihumaniste parce qu'il pense, ce premier

Sartre, le Sartre de la conscience ouverte et transparente, il pense que la pensée, ce n'est pas la psychologie, que ce n'est pas l'âme qui est le sujet de la pensée, il pense qu'il y a *plus* dans la pensée que dans la psyché. Et puis voilà que, soudain, tout change. Il est dans le vrai Stalag. Il fait l'expérience de la « fraternité » avec ses coprisonniers. Il se met à aimer les humains. Il se met à se sentir un humain parmi d'autres humains. Il se met à raisonner comme l'« Autodidacte » de *La Nausée.* Et c'est ce « devenir autodidacte » qui marque sa conversion de l'antihumanisme à l'humanisme.

Un autre ressort : l'épisode *Bariona* – cette pièce de théâtre, *Bariona*, que j'ai lue, sur les conseils de Michel Rybalka, dans une version qu'il m'avait communiquée quelques mois avant sa publication dans l'édition de la Pléiade. Je l'ai lue très attentivement. Et j'ai essayé de montrer dans *Le Siècle* qu'elle était le deuxième moment de ce basculement – j'ai essayé de prouver que *Bariona* n'est pas seulement une pièce montée sur une scène mais que c'est la vraie scène, la propre scène, où a continué de se jouer cette extraordinaire aventure intérieure. C'est l'histoire même que raconte la pièce. C'est l'histoire d'un homme, le Bariona du premier acte, qui démarre dans un pessimisme fondamental et qui va vers une sorte d'épiphanie, d'adoration de l'enfance, de génuflexion un peu grotesque devant cette merveille des merveilles qu'est l'enfant-roi de la fin, porteur de toutes les promesses d'un monde réconcilié. Passage de la génophobie à la génophilie. Sortie d'un monde damné pour entrer dans un monde enchanté. Idée que l'homme est une espèce ratée, que sa condition est sans issue et puis reprise, remords – non, non, ce n'est pas si sûr, il y a une lumière au bout de la nuit, une issue à la condition sans issue, un remède à la maladie qu'est l'homme. Deuxième basculement, oui, du Sartre I au Sartre II.

Et puis la philosophie. J'ai souvent dit que Sartre fut le dernier grand philosophe à tenter de relever le seul défi qui tienne, et qui consiste à se mesurer à Hegel, à tenter de penser *après Hegel* : on ne le répétera jamais assez, le grand enjeu de la modernité… Penser après Auschwitz, on peut ! D'une certaine façon, on doit ! C'est bien parce qu'il y a eu Auschwitz et qu'il faut tenter de le penser, qu'il y aura encore, après Auschwitz, de la pensée ! Mais Hegel… C'est une affaire beaucoup plus compliquée, Hegel… Et c'est cette complication-là, ce défi, que Sartre s'est employé à relever, et puis il a renoncé… Il y avait cette radicalité-là dans *L'Etre et le Néant.* Il y avait ce désir de briser la clôture hégélienne, de penser *après* la définition du savoir absolu, *après* la fin de l'histoire et *après* la fin de la philosophie. Et il y a l'échec de cette tentative – signé par un livre dans lequel, personnellement, je me reconnais beaucoup moins et qui est cofondateur du deuxième Sartre, la *Critique de la raison dialectique*.

Et puis, enfin, l'histoire des *Mots*, les adieux à la littérature et toute la suite de cette histoire que vous connaissez, ici, si bien.

Donc, deux Sartre avec une série de points de bascule entre l'un et l'autre (des points de bascule philosophiques et littéraires) et, par-delà les points de bascule, des vraies interférences (pour ne pas dire une alchimie complexe), voilà ce que j'ai essayé de penser.

Un dernier mot. Cette façon d'être plus de deux à penser dans la même tête est une question qui, d'une manière générale, me passionne. Deux dans la même tête, c'est l'histoire d'Althusser. Deux dans la même tête, c'est l'histoire de Heidegger dont le duel se loge, non pas, contrairement à ce qui se dit parfois, dans l'intervalle entre les textes, mais dans les textes eux-mêmes, puisque c'est la même page, la même sentence de Heidegger qui se trouve être porteuse de la plus haute philosophie et de la plus grande abjection. C'est aussi l'histoire de Pessoa et de sa folie des hétéronymes. C'est celle de Céline, romancier génial du *Voyage* et abject pamphlétaire de *Bagatelles* et des *Beaux Draps*. C'est même, d'une certaine façon, Stendhal dont nous savons combien Sartre, le premier Sartre, l'a aimé. Mais enfin, il me semble, et c'est pour cela que son aventure m'a à ce point passionné, que, de toutes ces duplications, de toutes ces histoires de cohabitation de deux âmes dans un seul corps, de plusieurs âmes jetées dans la même dépouille charnelle – le cas sartrien est le plus extraordinaire.

Il y a deux métaphores possibles pour penser cela, deux métaphores évidemment très insuffisantes pour aller au bout de ce que cette affaire a d'étrange et de fou. La métaphore de la fréquence radio : deux fréquences radio très proches l'une de l'autre, qui émettraient en principe séparément mais qui, en fait, se chevaucheraient. Et puis une autre métaphore qui n'aurait peut-être pas déplu à Sartre, la métaphore de la baleine de *Moby Dick*, qui avait les yeux écartés, très écartés et qui avait donc deux visions du monde distinctes s'inscrivant en même temps sur son écran mental. En tout cas, et de quelque manière qu'on la métaphorise, il y a là une « doublitude » sans exemple dans l'histoire de la philosophie, sans exemple dans l'histoire de la littérature, et beaucoup plus complexe que toutes les autres histoires du même genre. Il y a un moment, n'est-ce pas, où Céline cesse d'être Céline pour redevenir le docteur Destouches et écrire *Bagatelles pour un massacre* ? Il y a un moment où Aragon écrit *Hourra l'Oural* et puis il y a un autre moment où il écrit *La Défense de l'infini* ? Tandis que, chez Sartre, l'aventure est beaucoup plus vertigineuse… D'autant plus vertigineuse – et je terminerai, vraiment, là-dessus – qu'au fond du fond, à la fin des fins, à la toute fin de toute cette folle histoire, comme pour mettre les deux Sartre définitivement en désaccord, advient… un troisième Sartre.

Ce troisième Sartre, vous vous rappelez son histoire : le fameux texte du *Nouvel Observateur*, le scandale dans la maison sartrienne, le directeur du *Nouvel Observateur*, Jean Daniel, voulant entendre de la voix même de Sartre qu'il avait vraiment dit qu'il n'avait jamais ressenti d'angoisse et que sa philosophie était à jeter au panier… et ainsi de suite. L'histoire très étrange de ce jeune homme devenu, depuis, mon ami, Benny Lévy, qui, sortant de sa grande saison de folie, tel Lénine franchissant la Neva avec *Le Capital* dans une poche et un browning dans l'autre, traversait tous les matins la Seine avec *Difficile Liberté* dans une poche et la *Critique de la raison dialectique* dans l'autre. La greffe Levinas sur Sartre. La greffe Sartre sur Levinas. Le plus grand complot philosophique de l'histoire du XXe siècle. De cette histoire, et de cette hypothèse, je me suis, en son temps, entretenu avec Levinas. Je le revois, un peu effrayé par ce que je lui racontais. Je le revois, un peu inquiet d'apprendre qu'il pourrait avoir été pour quelque chose dans ce complot bennylévien, d'y avoir participé, d'en avoir été l'agent actif. Je revois Levinas qui était, dans l'ordre de la pensée, l'audace même, le courage intellectuel absolu, mais qui, là, confronté à ce méfait béni auquel il avait contribué, préférait parler d'autre chose… Et voilà, en tout cas, ce troisième Sartre, ce Sartre incroyablement jeune, ce Sartre aveugle qui a soudain le sentiment de voir clair, un Sartre qui – au contact de la pensée juive, au contact de ce que Benny Lévy entendait, d'après Levinas, de la pensée juive – voyait s'ouvrir devant lui quelques-unes des impasses majeures de son propre itinéraire.

Ce troisième Sartre est celui qui, pour la première fois, entrevoit la possibilité de l'écrire enfin, cette morale à la poursuite de laquelle il s'était lancé depuis les années lointaines de la fin de la guerre.

Ce troisième Sartre, c'est celui qui sent et dit – il le dit en propres termes, dans des mots incroyablement précis et lumineux – que sa revanche philosophique sur l'hégélianisme, il la tient enfin, elle est là, grâce à ce petit peuple juif dont Benny Lévy découvre en même temps que lui qu'il était l'os dans la machine hégélienne.

Ce troisième Sartre c'est celui, encore, qui, face aux impasses de ce que l'on appelait alors la pensée de révolution, face aux apories de ce désir de révolution dont venait de parler, à l'époque, mon ami Jean-Paul Dollé, voit dans la pensée juive un recours, une manière d'entrouvrir l'impasse, d'aller au-delà, d'enjamber le mur, d'avancer.

Et puis enfin voici, écrit par l'un et par l'autre, *L'Espoir maintenant*, un brouillon si vous voulez, un texte programmatique, l'idée d'une idée bien sûr, et voici, dans ce dernier livre, l'apparition du messianisme juif tel que le pense Levinas, tel que l'avait pensé Rosenzweig avant lui, et tel qu'il reste à l'opposer à l'historicisme dont la philosophie française, à travers ses propres avatars de l'hégélianisme, à travers la descendance de Victor Cousin et de quelques autres, était, avec des nuances, restée prisonnière jusqu'à Sartre. Messianisme juif ? Une histoire sans fin. Un Messie sans visage. Une histoire et une fin de l'histoire qui se jouent à chaque instant, ici et maintenant, dans la figure de chaque sujet singulier. Un messianisme qui nous dit qu'il y a, en chacun de nous, en chaque sujet, en chaque aventure de subjectivation, une passe vers ce que les juifs appellent le Messie… Cette problématique-là, ce dispositif de mots apporté par Lévy de chez Levinas apparaît à Sartre comme une manière de dynamiter cette machine à ne plus penser qu'était devenue, à ses yeux, la pensée du premier et du deuxième Sartre.

Voici ce troisième Sartre. Le voici, très bouleversant, très beau, très jeune surtout, de la seule vraie jeunesse qui soit et qui est celle de la pensée. La voici cette aventure qui s'annonce, s'esquisse et ne fait, pour le moment, qu'énoncer ses premières promesses. Jamais deux sans trois. Le troisième for ever. Le troisième, pour faire sauter les ponts et les rétablir. Pour abolir les passerelles et les relancer autrement. Voici un troisième Sartre qui résout la contradiction des deux premiers, qui ne la relève pas mais la résout – et résoudre sans relever, chez Sartre, chez ce juif de Sartre, chez cet antihégélien qu'est résolument devenu Sartre, cela veut concrètement dire casser la machine, renverser la table, passer ailleurs, complètement ailleurs. Voici ce troisième Sartre, dorénavant et quoi qu'il arrive, comme un raté de génie dans le dialogue arrêté des deux premiers. Et puis la mort qui le fait taire. Et qui les fige tous les trois. Fin de partie.

7

Sartre est un bloc[1]

Il faut tout relire de Sartre. Tout. Je sais que c'est peu courant pour un écrivain dont on fête le centenaire et dont une partie de l'œuvre a eu, par définition, le temps de vieillir. Et je conçois que cela semble plus étrange encore à qui se souviendrait que l'auteur de cette recommandation a commis un essai dont la thèse principale était celle d'un duel, donc d'une contradiction, entre deux, ou même trois Sartre. Mais c'est ainsi. Tout est bon. Tout, oui, est à relire ou à lire dans cette œuvre mal aimée, mal famée et dont la réputation est très en dessous de ses mérites. Les textes canoniques, bien sûr. Les grands livres philosophiques qui, comme *L'Etre et le Néant*, sont enseignés dans les écoles. Les textes libertaires et pessimistes, stendhaliens et nietzschéens, constitutifs de celui que j'appelais le « premier Sartre » et qui est, évidemment, et de loin, celui qui m'est aujourd'hui le plus cher. Le célébrissime *Les Mots*, encore que je lui préfère *La Nausée*. L'admirable *Nausée*, à lire en regard du *Voyage* et de *Mort à crédit*, ces romans du premier Céline avec lesquels, vous verrez, il soutient fort bien la comparaison. La préface à *Aden Arabie*, ce traité de savoir-vivre et de savoir-haïr à l'usage des jeunes gens en colère. La préface au *Portrait de l'aventurier* où il pensait avoir donné une défense et illustration

1. Préface au *Catalogue Sartre*, coédité par la Bibliothèque nationale de France et Gallimard, en février 2005.

de l'esprit du militant alors que non ! quelle erreur ! c'est l'autre, le disciple de Malraux et de Lawrence, l'aventurier mystique et romantique, qui, par le miracle de la rhétorique, l'emporte sur Henri Martin ou Hoederer. Mais voilà. Le reste aussi. Les textes réputés mineurs qui, comme l'essai sur le Tintoret, enchanteront les amoureux de Venise. Les textes mal entendus comme *Qu'est-ce que la littérature ?* qui, contrairement à ce que, depuis cinquante ans, nous répètent les ignorants, plaide pour un engagement des écrivains et un dégagement de leurs romans. L'anticipation, dans ses premiers essais sur Husserl, des intuitions antihumanistes de la série des penseurs postmodernes – Althusser, Lacan, Foucault – que ma génération, en son ignorance, croira malin de lui opposer. Le « stade du miroir » de Lacan trente ans avant. Le sujet énergumène de Deleuze encore plus tôt. Des textes politiques qui n'avaient de sens, en principe, qu'ancrés dans la circonstance – Sartre dit la « situation » – et qui, directement ou indirectement, littéralement ou en écho, continuent de nous parler. Les *Situations*, oui, ces textes disparates, ces miettes philosophiques et politiques, où Sartre revendique jusqu'au vertige le droit, réclamé par son frère ennemi, son double désavoué, Charles Baudelaire, de se contredire, de s'en aller, de n'être jamais tout à fait raccord, ni avec son âme, ni avec le corps de sa pensée – ces *Situations* qui, malgré cela, malgré cet art réglé de la palinodie et de la fuite qui n'est pas le moindre charme de l'auteur des *Carnets de la drôle de guerre*, malgré cette volonté de « se casser les os de la tête » et de se les casser, donc, aussi méthodiquement que possible, sont restées presque toutes lisibles et recèlent d'incroyables bijoux. Le texte sur Castro, « Ouragan sur le sucre », politiquement terrible, mais très beau. L'essai sur Dos Passos, véritable art du roman dont je ne suis pas sûr que toutes les leçons aient été entendues. *Les Chemins de la liberté*, justement. L'admirable trilogie, presque toujours présentée comme lourde, indigeste, rendue compacte et didactique par le souci de mettre en scène des personnages conceptuels alors que c'est exactement le contraire et que c'est la part philosophique qui allège leurs deux mille pages – la trilogie donc et même le quatrième volume, *La Dernière Chance*, où je me demande par quel bizarre tour de l'esprit on s'obstine à voir du Dos Passos adapté, donc de l'Amérique en moins bien, alors que je connais peu de romans américains aussi réussis. *L'Idiot de la famille* parce que s'y invente un genre. La *Critique de la raison dialectique* parce que c'est la faillite la plus retentissante de l'histoire de la philosophie et que ça aussi c'est intéressant. *Les Mouches*, ce texte antipétainiste que Leiris et *Les Lettres françaises* saluèrent, en leur temps, comme tel. « Qu'est-ce qu'un collaborateur ? », ce manifeste antifasciste qui vaut vade-mecum pour tous les mouvements antitotalitaires d'aujourd'hui et de demain. Les entretiens avec Benny Lévy, enfin, où Sartre est un très vieux Sartre, aveugle, incapable de lire et d'écrire, presque impotent, et dont une étrange doxa a voulu qu'il n'ait, là, soudain, plus sa tête : je pense, moi, que quelque chose se joue ou, plus exactement, se rejoue dans ce contact avec le nom juif et que ce quelque chose lui aurait permis, s'il avait vécu, de naître une nouvelle fois, de tout recommencer à zéro et de lever quelques-unes des hypothèques qui grevaient sa pensée depuis le début. Tout Sartre donc. Sartre comme un tout ou comme un bloc parce qu'on peut, certes, distinguer entre deux Sartre mais pas le saucissonner ni l'épurer. Jusqu'aux textes insupportables et faux. Jusqu'à la « Réponse à Claude Lefort » où c'est Lefort qui a raison et la théorie du groupe en fusion qui commence de dérouler ses conséquences les plus funestes (celles que Sartre lui-même avait, d'ailleurs, dénoncées dans des pages, admirables de prescience, des *Réflexions sur la question juive*). Jusqu'aux « Communistes et la paix » (sans lesquels il n'y a pas *La Reine Albemarle*). Jusqu'aux textes maos (sans lesquels il n'y a pas le livre sur Flaubert). Jusqu'à cet autre Sartre, le second Sartre, celui de la *Critique*, dont j'ai montré qu'il désavoue, philosophiquement, les percées géniales du premier (mais grâce auquel on pourrait soutenir aussi que l'autre, le premier, continue paradoxalement de résister et de vivre). Après, on peut l'attaquer. Après, on peut le haïr. Après, une fois qu'on a tout pris, l'avers et le revers, les deux visages jumeaux, les deux regards qui, comme les yeux de la baleine de *Moby Dick*, envoient deux visions du monde qui n'ont rien à voir, on peut pleurer de rage à la lecture de l'oraison funèbre de Camus ou de tel texte sinistre où ce fou de liberté se compromet avec l'internationale soviétique. Mais il faut d'abord tout prendre. Il faut considérer l'entièreté d'une aventure qui est l'une des plus déraisonnables mais aussi, parce que déraisonnable, des plus fortes, des plus fécondes de l'histoire de la pensée française. La dernière aventure philosophique du XXe siècle. La dernière tentative sérieuse de sortir de l'impasse hégélienne et de la fin, par Hegel décrétée, de la métaphysique et de l'Histoire. Une façon de répondre du siècle où la quantité d'erreurs proférées aura été à la mesure des risques encourus, les vrais, qui sont ceux de la grande pensée. Sartre et son siècle. Le siècle de Sartre.

8

Et Beauvoir ?[1]

Quand et comment avez-vous découvert l'œuvre de Simone de Beauvoir ?

Oh, il y a très longtemps. A travers ma mère qui venait elle-même de découvrir, dans l'éblouissement, *Le Deuxième Sexe*. C'était le début des années 60. J'avais 13 ou 14 ans. Et j'ai tout

1. Entretien avec Liliane Lazar, in Liliane Lazar, *L'Empreinte Beauvoir*, Paris, L'Harmattan, 2009.

de suite compris l'enjeu colossal qu'il y avait dans cette affaire. Ma mère m'y a aidé, à n'en pas douter. Elle n'était pas exactement féministe. Mais c'était, comment dire ? une femme émancipée qui recevait cinq sur cinq le discours d'émancipation beauvoirien. Je lui dois cela. Je lui dois beaucoup de choses, beaucoup de découvertes littéraires ou philosophiques – mais, en particulier, celle-là. Je ne vais pas vous faire de dessin : on pouvait me dire ce qu'on voulait, après cela ; on pouvait démolir Beauvoir ; dépasser Beauvoir ; on pouvait juger sa philosophie ridiculement humaniste et périmée par les grands gestes déconstructeurs ; Beauvoir était, pour moi, indéboulonnable car imprégnée, à jamais, de ce parfum de tendresse maternelle.

Est-ce l'œuvre ou la vie de Simone de Beauvoir (le fait d'avoir échappé, par exemple, au carcan du mariage et de la maternité) qui vous semble le plus important pour l'indépendance des femmes ?

L'un et l'autre. Car l'un ne va pas sans l'autre. La vie nourrissait l'œuvre. Mais l'œuvre, en retour, programmait la vie. Et encore… Je ne sais si j'ai raison de dire « en retour ». Car j'ai l'air de poser, ce faisant, une stricte symétrie entre l'œuvre et la vie. Alors que, chez les gens de l'espèce et de la trempe de Beauvoir, chez les vivants qui s'engagent, comme elle, dans ce double jeu constitutif de ce que j'appellerai une *vie philosophique*, c'est la philosophie qui est aux commandes, la philosophie qui décide de tout – c'est parce qu'elle avait écrit *Le Deuxième Sexe* que Beauvoir pouvait vivre, comme elle le faisait, en marge de la convention bourgeoise et, non contente de vivre ainsi, d'entraîner dans cette marge une part croissante de ses contemporaines. Bref. Si le thème de la « mauvaise mère » tend à disparaître du bestiaire moderne, si la maternité n'est plus perçue comme une obligation à quoi une femme ne saurait se soustraire sans faire gravement injure à son destin, si les pratiques amoureuses des amantes d'aujourd'hui ont pu se disjoindre de l'objectif et impératif d'aider à la seule perpétuation de l'espèce, c'est à Beauvoir que nous le devons – et, quand je dis Beauvoir, je pense à son œuvre, à son livre, davantage encore qu'à son exemple et à sa vie.

Pensez-vous que Le Deuxième Sexe, *publié en 1949, est toujours d'actualité ?*

Oui, bien sûr. A cause du fait, d'abord, qu'une pensée d'émancipation ne vieillit jamais tout à fait. Les servitudes qui l'ont suscitée tendent à disparaître, bien sûr. Elles sont vaincues par le développement même de la pensée en question et, parfois, par sa victoire. Mais, en même temps, vaincues… Je ne sais pas si, de la misère, de l'oppression, de l'injustice, on peut jamais dire qu'elles sont « vaincues »… N'est-il pas dans leur vocation de tendre à renaître, constamment, de leurs mauvaises cendres ? C'est la première raison de l'actualité du *Deuxième Sexe*. Et puis il y a autre chose. Il y avait, dans le livre, une hypothèse au moins qui était géniale et qui était l'hypothèse selon laquelle les natures les plus stables, les mieux apparemment inscrites dans l'ordre éternel des choses, sont celles qui le sont parfois le moins et qui doivent tout, au contraire, à l'historicité. Ainsi de l'idée de nature féminine. Ainsi de cette façon d'historiciser la prétendue nature féminine, de la décrire comme liée à un stock de clichés, de préjugés et de choix et non plus comme existant, telle qu'en elle-même, de toute éternité. Quoi de plus moderne que cette démarche beauvoirienne ? Les néo-heideggériens, quand ils historicisent jusqu'aux paysages de la supposée nature, ont-ils rien fait d'autre ? Et les structuralistes qui, dans les années 60 puis 70, prétendront incarner le fin du fin de la modernité n'auront-ils pas, comme premier article de foi, cette idée que la nature n'existe pas et que ce que l'on appelle ainsi est toujours traversé, travaillé, tenaillé, par une historicité ? Je vous parle là, non plus conjoncture, mais philosophie. Je traite Beauvoir, en disant cela, non pas en militante mais en métaphysicienne de première importance. Et ma thèse est bien celle-ci. Beauvoir, avec son affaire de nature féminine, faisait œuvre de précurseur. Beauvoir, quand elle lançait son fameux « on ne naît pas femme, on le devient » inaugurait le grand déniaisement antinaturaliste qui sera l'esprit même de la modernité la plus avancée. « Toujours d'actualité », en d'autres termes, c'est trop peu dire s'agissant de pareille *intempestivité...*

Autrement dit, Beauvoir est la mère, à vos yeux, du féminisme contemporain ?

Incontestablement. A cause du geste, d'abord, que fut *Le Deuxième Sexe* et dont je viens de parler. Mais à cause aussi du fait que tous les débats dont le féminisme s'est nourri depuis trente ou quarante ans, toutes les querelles qui l'ont déchiré et, au fond, fait progresser, tous les grands partages, par exemple, qui se sont organisés autour de la revendication d'égalité ou du droit à la différence, tout l'énorme clivage, en d'autres termes, entre celles qui pensent que la femme est un homme comme les autres et celles qui, au contraire, pensaient et pensent toujours qu'il y a là deux genres distincts, deux manières distinctes d'être un humain, deux accès symétriques à l'aventure d'humanité – tout cela, donc, est déjà *dans* Simone de Beauvoir.

Oui. Mais le féminisme beauvoirien est un féminisme égalitaire, humaniste, pour lequel la maternité, par exemple, est un choix. Alors que les féministes de l'après-Beauvoir (Cixoux, Irigaray) sont cataloguées comme des féministes différentialistes n'hésitant pas à revendiquer l'importance et la nécessité de la maternité – et considérant la position de Beauvoir comme une position dépassée ou une dérobade. Quel est votre point de vue ?

Peu importe mon point de vue. Je suis de l'avis de Beauvoir, mais ce n'est pas ça qui est important. L'important c'est que l'avis de celles que vous appelez les différentialistes est *compris* dans le grand œuvre beauvoirien. Il y a sa place. Il y est inscrit et discuté. Il y est comme un moment – un moment seulement, mais un moment quand même – d'une dialectique épousée pas à pas, dans le livre. Je n'emploie pas le mot de « dialectique » au hasard. Et j'assume pleinement, en le faisant, sa connotation hégélienne. Car Beauvoir, pour moi, est le Hegel du féminisme. *Le Deuxième Sexe* est sa *Phénoménologie de l'esprit*. C'est comme si elle nous avait donné, avec ce livre, une bonne et grosse machine avaleuse et digéreuse de dissentiments. Thèses… Antithèses… Déchirements… Contradictions… Et contradictions qui, comme chez Hegel toujours, ne perdent rien, quand elles sont « relevées », de leur tragique mordant… Voilà ce qu'est *Le Deuxième Sexe*. Voilà la forme, et la force, d'un livre qui fonctionne comme une table où chacune des positions qu'a prises, et que prendra, le féminisme trouve sa position singulière, c'est-à-dire sa nécessité en même temps que sa limite. Et voilà pourquoi aucune des œuvres dont vous me parlez ne peut se targuer d'avoir « dépassé » ou « périmé » l'œuvre beauvoirienne. Beauvoir les voit venir. Beauvoir les attend au tournant. Il n'y a pas de féminisme sérieux dont Beauvoir n'ait, jusqu'à présent, anticipé le geste et même la protestation. Pas fréquentes, les œuvres qui ont cette force, qui « tiennent » et qui « résistent » à ce point…

Est-ce cette œuvre, Le Deuxième Sexe, *que vous avez préférée chez elle ?*

Peut-être, oui. Parce que c'est un livre fort. Parce que c'est un livre qui, en tous les sens, résiste. Et parce que c'est un livre qui, pour les raisons que je viens de dire, est très profondément inscrit dans ma biographie intellectuelle personnelle. Cela dit… Il n'y a pas que *Le Deuxième Sexe*… Il y a *Les Mandarins*, par exemple, que j'ai dû lire dans la foulée, toujours sous l'influence de ma mère et qui, encore que pour d'autres raisons, ne m'a pas moins impressionné. J'y trouvais l'idée de ce que peut être une vie digne d'être vécue, une vraie vie, une grande vie. J'y voyais se déployer l'existence d'une écrivaine libre et, peut-être plus important encore, d'un couple d'écrivains vivant leur aventure amoureuse et littéraire comme une aventure d'éminente liberté. On les a tellement caricaturés ! Tellement vilipendés ! Pour parler comme deux autres écrivains, mais contemporains ces deux-là, et qui se trouvent être mes amis, Catherine Millet et Jacques Henric, on a tellement fait comme si leur amour « était une ordure » ! Je ne crois pas, moi, qu'il ait été cette ordure. Je crois qu'il fut une belle et haute chose, animée d'une belle morale – transparence et ambiguïté mêlées. Et je crois qu'ils ne sont pas si fréquents ceux qui inventent un discours, un modèle, un paradigme amoureux nouveau, pour que l'on puisse ainsi cracher sur un livre qui porte témoignage de cette invention et qui est donc *Les Mandarins.*

Je pose la question autrement : quel aspect de l'œuvre de Simone de Beauvoir va-t-il, selon vous, le mieux survivre au XXIe siècle ? Sa philosophie ? Ses romans ? Ses mémoires ? Sa correspondance ?

Je ne sais pas. Comme pour Sartre, je ne sais pas. Tout cela est beaucoup trop récent… Ces œuvres sont trop fraîches, trop vivantes ou, cela revient au même, trop puissamment hantées par leurs propres fantômes, pour que l'on puisse se mettre à sa table et se demander comme ça, posément, qu'est-ce qui va survivre, etc.

Quelle a été l'influence de Sartre sur l'œuvre de Simone de Beauvoir et vice versa ?

Pas facile, là non plus, de répondre en quelques mots, et dans le cadre d'une conversation. Mais j'ai le sentiment, en gros, que leurs deux œuvres se sont écrites et, si j'ose dire, vécues comme imbriquées l'une dans l'autre, articulées, indissociables. *L'Etre et le Néant*, par exemple, est clairement un programme philosophique qui vaut pour l'un comme pour l'autre et pour l'autre autant que pour l'un. *Les Mandarins* déjà cités, ou l'œuvre autobiographique de Beauvoir en général, comment ne pas se dire que ce sont les Mémoires que Sartre n'a jamais donnés et que, compte tenu de sa structure psychologique et névrotique personnelle (cf. *Les Mots*), il ne pouvait sans doute pas donner ? Et, quant à *Pour une morale de l'ambiguïté*, c'est un autre livre de Beauvoir – mais si proche d'une métaphysique que l'on sait commune aux deux qu'il est difficile de ne pas se poser au moins la question : et si elle était là, cette fameuse « Morale » toujours annoncée par Sartre et jamais publiée ? et s'il était revenu à Beauvoir de présenter la Morale que Sartre, pour des raisons théoriques très précises, ne pouvait pas expliciter ? Beauvoir et son beau-voir… Le beau-voir d'une femme qui aurait décidé, dans certains champs, de voir à la place de son compagnon… La cécité de Sartre et le don de seconde vue du Castor… Voilà ma réponse. Dont le principe est donc : deux œuvres, non seulement complémentaires, mais inintelligibles l'une sans l'autre.

Vous étiez proche de Benny Lévy. Vous a-t-il jamais parlé de Simone de Beauvoir ou de la relation Beauvoir-Sartre ?

Ah, Benny Lévy… Vous touchez là, j'imagine que vous le savez, à un point particulièrement douloureux de cette histoire. Sartre est vieux. Presque aveugle. Incapable d'écrire et même de lire. Et voici que, dans ce désert qui se fait autour de lui, surgit un tout jeune homme qui s'appelle Benny Lévy et qu'il a connu à l'époque où il était, sous le nom d'emprunt de Pierre Victor, le chef charismatique des maoïstes français. Ensemble, ils lisent. Ensemble, dans le même éblouissement, ils découvrent Levinas et, au-delà de Levinas, la pensée juive. Ensemble encore, ils pensent et remettent sur les rails une pensée Sartre fossilisée, pétrifiée ou, en tout cas, immobilisée depuis au moins vingt ans. Et de cette expérience, de cette interlocution sans exemple dans la vie d'un Sartre qui, comme vous le savez aussi, n'aimait pas discuter et prétendait que la pensée n'a jamais, au grand jamais, avancé par le dialogue, finit par sortir ce dernier livre qui s'appelle *L'Espoir maintenant* et dont Sartre dit : primo, que c'est un vrai livre ; secundo, qu'il ruine toutes ses philosophies antérieures ; tertio qu'il est, non pas un testament, ou un livre crépusculaire, mais une nouvelle aurore et le commencement d'une aventure de pensée inouïe. Le seul problème c'est que, de cette nouvelle aventure de pensée, Beauvoir n'est pas. Mieux : non contente de savoir qu'elle n'en est pas, Beauvoir sent, à la seconde même, qu'il y a là une percée philosophique dont la première cible est ce qu'ils ont, tous les deux, elle et lui, pensé, solidifié, pendant des décennies. Et le fait est qu'elle aura, contre *L'Espoir maintenant* et la place qui lui revient dans le corpus définitif de l'œuvre sartrienne, des mots définitifs et d'une extrême violence. Elle ira moins loin dans le dépit que d'autres sartriens historiques, de moindre importance, comme Olivier Todd ou John Gerassi. Mais elle dira quand même des choses épouvantables. Elle polémiquera avec la fille adoptive de Sartre, Arlette Elkaïm, qui avait pris, elle, fait et cause pour Benny. Et alors, que se passe-t-il ? Il est clair que Benny lui-même a vécu tout cet épisode, les attaques dont il a été l'objet, le lynchage qui a suivi, son départ quasi forcé pour Strasbourg, comme une séquence assez douloureuse dont une part de la responsabilité pouvait, à bon droit, être imputée aux gardiens du temple et, en particulier, à Simone de Beauvoir. En clair, il ne l'aimait pas. Je ne l'ai jamais entendu prononcer, sur elle, de propos blessants – mais, clairement, il ne l'aimait pas. Tant pis.

9

Eh oui, Voltaire[1]

La place de Voltaire dans l'itinéraire philosophique de ma génération et dans le mien ? Peu de place au commencement. Très très peu de place dans un panthéon architecturé par le

1. Préface à Voltaire, *Le Philosophe ignorant*, Paris, Biblio-Essais, Hachette, 2008.

lacanisme, l'althussérisme et les piliers austères de l'antihumanisme théorique. Demi-philosophe, pensions-nous. Métaphysicien du dimanche. Aujourd'hui encore, quand je vois, ici même, dans ce *Philosophe ignorant*, les analyses pour le moins sommaires des systèmes leibnizien ou aristotélicien (sans parler de Spinoza dont il n'avait qu'une connaissance de seconde main, à travers la *Réfutation* de Boulainvilliers), il m'arrive de me dire que nous n'avions peut-être pas absolument tort. Et puis ce parti pris, enfin, de tenir la métaphysique tout entière comme un « roman », une « fiction », dont il convenait de révoquer en doute, non seulement les réponses, mais les questions : définition de l'humain, nature de l'âme, attributs de Dieu, etc. On acceptait cela de Nietzsche. De Heidegger. Pas de Voltaire…

Alors, un écrivain immense, certes. Une prose étincelante. Un alliage rare d'élégance et d'alacrité, de beauté formelle et d'efficacité – cette écriture « sans vase » dont parlera Hugo. Mais, justement, presque trop grand. Trop gigantesque. Un écrivain éclipsé par l'énormité de son nom propre, devenu quasiment un nom commun – et un nom commun que, par parenthèse, il s'employait lui-même à fuir en s'inventant des pseudonymes. Ah, la fatalité des œuvres perçues, à tort ou à raison, comme moins éclatantes que leurs auteurs ! La misérable gloire des écrivains, des penseurs, qui écrasent leurs propres livres sous le poids de leur réputation et du fracas qu'elle fait ! Pauvre Voltaire… Pauvre *Candide*… Pauvres *Lettres philosophiques*… Inconnu au bataillon, tout cela, de la « pensée 68 » et de ses grands référents…

Et puis, au fil des ans, contre les clichés, les idées toutes faites, l'obscurité de cette gloire trop vaste, la conjuration des non-lisants, le hideux sourire (Musset), la méconnaissance et le mépris (Hegel), s'impose la double découverte – pour moi, en tout cas, à la fin des années 1970 – d'une aventure de vie et de pensée qui va, soudain, beaucoup compter.

Vie ? Mobilité. Lucidité. Energie indomptable. Impertinence. Gaieté. Génie de la facétie et du jeu. Courage physique et moral.

Stratégie. Guerre. Oui, le fait même d'exister et d'écrire conçu comme une guerre de tous les instants. « Je fais la guerre », dit-il à ceux qui lui reprochent de s'acharner contre le mauvais dramaturge Crébillon. Je suis une armée à moi tout seul. Je suis un parti. Un Etat. Je suis ce réseau d'amis, cette inavouable constellation d'alliés, d'émissaires ambigus et plus ou moins fidèles, je suis cette machine militaro-littéraire qui me permet de m'allier aux puissants puis de leur résister, de m'appuyer sur l'un pour interpeller et foudroyer l'autre, de « courir de roi en roi » pour, ensuite, reprendre ma liberté, de jouer les femmes, de leur survivre et de contre-attaquer, de ruser sur l'accessoire et de ne rien céder sur l'essentiel. Je suis ce voltigeur, ce bretteur, ce mitrailleur des imbécillités d'autrui, cet indomptable qui ne recule, jamais, devant les risques d'aucun combat. Un type d'homme, une physiologie, qui annoncent ce qui, bien plus tard, deviendra l'Intellectuel et que je retrouverai dans l'aventure et le cas de Sartre.

Pensée ? Eh oui. La pensée de Voltaire. Son système. C'est-à-dire son pessimisme. Son antinaturalisme. Sa lumineuse noirceur. Sa conviction que la civilisation est un mince, très mince vernis, qu'abolira toujours un désastre de Lisbonne. Son refus des consolations, théodicées, enchantements, que fournissent les théologiens mais que ne dédaignent pas, hélas, les philosophes patentés. Voltaire contre Leibniz, ce « romancier », ce « charlatan », ce « Gascon de l'Allemagne ». Voltaire contre la terrible illusion d'un Mal soluble dans le meilleur des mondes et contre l'idée, non moins terrible, d'une souffrance humaine inscrite, de toute éternité, dans l'ordre et le tableau d'une monadologie providentielle. Optimiste ? Si l'on veut ; mais au sens où il oppose un monde « optimum » à ce monde « maximum », doté de la plus grande quantité d'ordre et de jouissance, qu'imaginent les croyants au Souverain Bien. Pessimiste ? Oui, plutôt ; car convaincu, à la fin des fins, que « l'optimisme est désespérant », qu'il est une « insulte » à ceux qui « souffrent » (lettre à Elie Bertrand, du 18 février 1756). Voltaire contre l'« harmonie » et la « pureté ». Voltaire comme un formidable antidote à l'universelle volonté de guérir. Lire Voltaire.

Alors, aujourd'hui, ce texte. S'il me fallait, aujourd'hui, désigner un texte de Voltaire, un seul, et le recommander à qui en serait encore au point où j'en étais il y a trente ou quarante ans, s'il me fallait convaincre un lecteur qui n'aurait pas compris l'urgence de se plonger dans ce flot de mots dont, comme l'enfer selon saint Bonaventure, on ne sait jamais s'il est trop brûlant ou trop glacé, c'est ce petit texte que je choisirais – peu connu ou, plus exactement, oublié (l'édition critique proposée, il y a sept ans, par Roland Mortier aux éditions Voltaire Foundation est épuisée) mais qui eut, sur le moment, en 1766 et 1767, à travers ses six rééditions, puis son intégration, sous un autre titre (« Les questions d'un homme qui ne sait rien »), dans les *Nouveaux Mélanges*, un succès non négligeable : *Le Philosophe ignorant*.

C'est donc un livre court. Quelques dizaines de pages à peine. Rédigé, pour l'essentiel, en janvier et février 1766, il est construit en 56 « questions », ou « ignorances », ou « doutes », qui ne font parfois que deux lignes – la « table des doutes », en fin de volume, est déjà, à soi seule, un régal d'ironie, de mordant, de style.

Tout Voltaire est là. L'incrédulité. La haine de la sottise et du fanatisme. La guerre contre tous les « sophistes » de tous les « pays » et de toutes les « sectes ». Le commandement d'« écraser l'infâme ». Le scepticisme sans le désespoir. La question des animaux et de leur prétendu fonctionnement machinique. Celle de la liberté et de ses bornes. Les thèmes de la *Philosophie de l'Histoire* par « Feu l'Abbé Bazin », parue l'année précédente. Les formes a priori de la sensibilité obscurantiste. Les catégories de l'entendement, et de la raison, terroristes. L'infini et ses modes. L'apologie de ce que nous appellerions, aujourd'hui, le libéralisme et qui trouverait, dans les mots de Voltaire, renforts et munitions. Un abrégé d'anti-Rousseau et, encore une fois, d'anti-Leibniz. L'idée – c'est le thème du dernier « doute », celui qui s'intitule *Commencement de la raison* – qu'il ne faut pas plus « rester oisif dans les ténèbres » qu'il ne faut « s'abstenir de prendre de la nourriture dans la crainte d'être empoisonné » et que le pessimisme théologique, non seulement n'empêche pas, mais prescrit une forme de volontarisme politique. Mais aussi cette autre idée qu'il y a un second combat à mener, parallèle en quelque sorte, symétrique et complémentaire, contre ce qu'il nomme, ici, le « moderne spinozisme ».

Qui sont les modernes spinozistes ? Grimm. La Mettrie. Les athées professionnels. Les enragés de la haine de Dieu. Tous ces gens qui ne comprennent pas, ou qui ne lui pardonnent pas, sa théorie du « grand horloger ». Tous ces acharnés contre l'idée même d'une « Lettre » dont il est certes le premier – mais justement ! la complexification, la reprise, ce qu'il appelle lui-même « l'esprit de contradiction », n'en ont que plus de prix ! – à insulter, dans telles ou telles pages, insupportables d'antisémitisme, du *Dictionnaire philosophique*, l'éclatante généalogie. Reviennent certes, ici ou là, notamment quand, après la question Thalès, ou Empédocle, ou Epicure, arrive la question Spinoza, des pointes de cet antisémitisme qui fut la grande ombre jetée sur cette œuvre colossale. Mais à peine. A demi-mot, pour une fois. Car le problème, ici, n'est plus d'aller chercher, au plus profond, donc au plus haut, donc dans le mosaïsme et le mécanisme de l'élection, les racines de « l'infâme » chrétien. Il est de lutter, je le répète, sur l'autre front, contre les « exagérés » d'un athéisme dont l'homme de Ferney n'a jamais sous-estimé les dangers qu'il pouvait aussi receler. *Le Philosophe ignorant* ? Un petit livre qui nous dit l'erreur de l'autre fanatisme. La laïcité ? La rupture du théologico-politique ? La disjonction des deux ordres ? Le droit imprescriptible à l'incrédulité, à l'incroyance ? Oui. Cent fois oui. Mille fois oui. Tel est, à l'évidence, la grande leçon voltairienne. Mais sans que cela impliquât un barrage contre la croyance pacifique, le testament de Dieu, le symbolique ou même, simplement, la foi.

Grand horloger… La nécessité selon Locke… Les fondements de la morale… L'infini, encore… Le temps et l'éternité… La part d'« incompréhensibilité » qui fait barrage à la « vaine curiosité »… L'« Etre éternel » d'où, plus que des

« objets », je tiens la plupart de mes « idées »… Le refus de ce qu'il appelle le « manichéisme » et qui n'est que l'autre nom du dualisme… Tout est là. L'autre Voltaire et le même.

On utilisera ce petit livre avec profit dans la lutte contre les fanatismes, *tous* les fanatismes, modernes et anciens.

On l'utilisera dans la juste lutte contre ce fléau moderne, ce fascisme, car c'en est un, qui s'appelle l'islamisme radical.

Pas l'islam, naturellement, l'islamisme.

Pas la majorité du monde musulman qui aspire silencieusement, comme les femmes d'Algérie par exemple, ou comme les musulmans de Bosnie-Herzégovine, à la liberté de jugement et de croyance, à la démocratie, au libre exercice du droit au blasphème, à l'égalité des sexes, bref, aux valeurs prônées par Voltaire – mais cette minorité, criminelle et bruyante, qui ne veut pas de Voltaire et qui a déclaré une guerre totale aux valeurs du *Philosophe ignorant*.

Autrement dit encore : rien à dire, cela va de soi, contre la lecture, l'amour, la passion même du Coran lorsqu'il est conçu, voulu, comme un livre de miséricorde, de paix, de foi – mais non à la folie meurtrière de ceux qui, comme les tortionnaires du Chevalier de La Barre, dans des termes finalement voisins des leurs et dans un état d'esprit qui est le même, le transforment en un livre des supplices et martyrisent ou tuent en son nom.

Voltaire a puissamment contribué à ce que soit écrasé « l'infâme » de son époque – c'est-à-dire le visage inquisitorial, intolérant, cruel, barbare, des religions de son temps (son *Mahomet*, par parenthèse, mériterait, lui aussi, d'être lu, relu, voire joué et rejoué, à la lumière des luttes d'aujourd'hui).

Le même Voltaire nous aidera à terrasser l'infâme contemporain, c'est-à-dire le parti, à la fois très vaste et indécis, de ceux qui, confondant le saint et le sacré, le divin et l'idole, voient dans les livres de prière la trace d'une Lettre impeccable, intouchable, dont les prescriptions seraient sans recours ni merci (et dont le non-respect exposerait celui qui s'en rendrait coupable aux pires sévices et châtiments).

Il a, ce voltairianisme contemporain, le visage de Salman Rushdie quand il réclame, au moment des *Versets sataniques*, le droit à la fiction jusques et y compris dans sa lecture d'un épisode de la geste de Mahomet.

Il a celui de l'écrivaine bangladeshie Taslima Nasreen revendiquant le droit, conquis par les héritiers des autres religions monothéistes et qui, soit dit en passant, allait de soi dans le Bangladesh que j'ai connu, il y a maintenant presque quarante ans, de quitter la foi de ses pères et de se choisir elle-même, librement, un destin – au lieu de quoi cette fuite éperdue, cette vie cachée, la mort aux trousses.

Et il a celui d'Ayaan Hirsi Ali, cette jeune Hollandaise d'origine somalienne, condamnée à mort par les islamistes, pourchassée elle aussi, vouée à une impossible vie, lâchée par les siens, je veux dire par ses compatriotes, ses frères et sœurs en destin, ceux dont elle a embrassé les valeurs et qui l'ont indignement rejetée – et tout cela pourquoi ? parce qu'elle croit, premièrement, que l'on peut être né en islam mais ne pas vouloir y demeurer ; et parce qu'elle pense, deuxièmement, que l'on peut y rester, que l'on peut choisir (ce qui n'est pas son cas, mais enfin...) l'appartenance et la fidélité mais sans s'interdire, pour autant, de réviser, moderniser, démocratiser, certains usages ou prescriptions (mariages forcés, mutilations subies ou consenties, crimes dit d'honneur, viols, femmes brûlées vives parce qu'elles ont osé lever les yeux sur un homme qui n'était pas leur époux, primat de la règle communautaire sur le désir des sujets – la liste n'est pas exhaustive).

Ayaan Hirsi Ali n'est pas Voltaire. Mais c'est Voltaire qui l'inspire. C'est Voltaire qu'on veut assassiner à travers elle. Ils sont, ses assassins possibles, comme le pétainiste Abel Bonnard livrant aux nazis la statue de bronze de Voltaire afin qu'ils en fassent des obus – ou comme, déjà, les tortionnaires d'Abbeville qui brûlèrent le *Dictionnaire philosophique* sur le bûcher même où se consumait le cadavre supplicié, écartelé, mutilé du Chevalier de La Barre.

Défendre Salman Rushdie, Taslima Narseen ou Ayaan Hirsi Ali c'est défendre la statue, la mémoire, l'héritage de Voltaire. Et c'est lire ce *Philosophe ignorant.*

10

Flash-back[1]

Bernard-Henri Lévy, je voudrais profiter de cet entretien pour tenter un pas de côté par rapport à l'actualité médiatique et vous interroger sur votre trajet philosophique, c'est-à-dire vous demander quelles ont été, depuis La Barbarie à visage humain *jusqu'au* Sartre *et à* Récidives, *les lignes de force ou du moins les croisements, et s'il y a une cohérence, dans vos engagements ça ne fait aucun doute, mais aussi dans votre évolution philosophique. Je commencerai par une référence au* Contre Sainte-Beuve *: y a-t-il plusieurs moi de Bernard-Henri Lévy ? Est-ce qu'on peut parler du Bernard-Henri Lévy philosophe indépendamment de son moi social ? Est-ce qu'on peut jouer le jeu du moi philosophe et vous questionner sur votre itinéraire philosophique indépendamment du reste ?*

Je n'en sais rien. Je l'ai longtemps pensé. J'ai d'ailleurs fait un livre qui ne parlait que de cela, *Comédie.* C'était un livre sur la pluralité des sujets dans un sujet. C'était, certes, une adresse à Jacques Derrida, une rencontre imaginaire avec lui. Mais c'était aussi une espèce de variation, parfois un peu échevelée, autour

1. Entretien avec François Noudelmann, *La Revue littéraire*, Editions Léo Scheer, février 2005.

de mon patronyme. Lévy… Les vies… Une vie ou plusieurs vies… J'ai longtemps cru que, dans une vie et dans un imaginaire, il y a des couches sédimentaires, des cloisons étanches, des compartiments. Alors, votre question tombe bien car c'est un des problèmes que je me pose, à nouveau, en ce moment. Et le fait est que je suis de moins en moins convaincu de ce compartimentage étanche. Je me demande aujourd'hui si le fait de penser ainsi n'a pas été, pour moi, une stratégie de défense, à la fois vis-à-vis de l'extérieur et vis-à-vis de moi-même, mais une stratégie qui ne tient pas tellement. Je suis beaucoup moins « proustien », aujourd'hui, sur cette question. Pour Proust aussi, notez bien, c'était une stratégie de défense. Peut-être l'est-ce, d'ailleurs, pour tous ceux qui croient à ça, qui pensent comme ça, pour tous ceux qui croient en cette séparation – Mallarmé, d'autres, et donc, modestement, pour votre serviteur. Aujourd'hui, il me semble que les choses sont plus compliquées, que les Moi communiquent plus, beaucoup plus – notamment toute la partie de moi, de soi, que l'on ne maîtrise pas…

J'aimerais justement qu'on revienne sur une querelle générationnelle qui a marqué votre nom en l'associant à la « nouvelle philosophie ». Pour ceux qui n'ont pas vécu ce moment, il est important de se dégager de ces démarquages soit médiatiques soit scolaires (Sartre peut aujourd'hui être lu sans l'existentialisme, et Foucault sans le structuralisme). Mais il faut quand même revenir sur ce qui s'est passé, sur ce qui s'est joué avec votre premier livre, La Barbarie à visage humain, *cette critique du marxisme, de l'hégélianisme. Comment revoyez-vous aujourd'hui ce grand débat de l'époque, cette sorte de crépuscule des idoles où vous pourfendiez l'optimisme, le progressisme, le marxisme, toutes sortes de schémas en vogue à l'époque, mais en vous opposant à une génération qui était pourtant, elle aussi, en rupture avec ces schémas-là ? Comment revoyez-vous ces enjeux à la lumière des développements de votre propre pensée et de la pensée de ceux qui ont participé à ces débats ?*

D'abord, un point d'ordre. *La Barbarie à visage humain* (tout cela est bien ancien : c'était il y a vingt-sept ans !) est un livre que je revendique, évidemment, toujours. Mais c'est un livre que je n'aime plus tellement. Il y a quelque chose dans sa forme, dans son romantisme, dans son lyrisme, qui n'est plus contemporain de celui que je suis aujourd'hui et de celui qui s'exprime quand je m'exprime ou qui pense quand je pense. Lorsqu'il m'arrive de retomber dessus, il me plonge dans un sentiment de malaise, d'embarras. Cela dit, j'ai aussi, bien sûr, le sentiment d'avoir eu raison, profondément raison – et c'est important. Mais il y a ce malaise.

Deuxième point. Vous parlez de génération. Je n'avais pas le sentiment, à l'époque, et je n'ai toujours pas le sentiment, d'avoir écrit un manifeste générationnel ni, encore moins, une déclaration de guerre à la génération précédente. Ce n'est pas cela que dit le livre. Ce n'est pas cela que j'avais conscience de faire en l'écrivant. C'est un livre qui était placé sous le parrainage de Louis Althusser, explicitement, dès les premières pages (« Louis Althusser parce que j'ai bien failli tout lui devoir »). C'est un livre qui revendiquait constamment, passionnément, la référence et le parrainage lacaniens. C'est un livre où l'on sentait, d'un bout à l'autre, le fil foucaldien. Ces trois noms-là, Althusser, Lacan, Foucault, étaient présents, plus que présents, tutélaires pour ainsi dire – en sorte que ce livre était un livre de disciple plus que de rebelle générationnel.

Alors, après, il y avait une cible, c'est vrai. Et cette cible c'était Deleuze. Il y en avait une autre, en filigrane, qui était la pensée naissante d'Alain Badiou, bien qu'à l'époque elle fût encore très ésotérique : les vrais livres n'étaient pas encore parus. Mais l'essentiel c'était, bien sûr, Deleuze. Alors, est-ce que cela suffit à accréditer l'idée d'un commencement philosophique se faisant dans le fracas d'une colère contre la génération précédente ? Je ne sais pas. Je ne crois pas. C'est moi qui, là, pose la question.

Avec le recul, je suis frappé par cette agression continuelle contre Deleuze, qui semble associé, peut-être pour des raisons stratégiques, à cette pensée gauchiste elle-même curieusement assimilée aux théo-

ries du pouvoir et de la domination, alors qu'aujourd'hui on sait bien que c'est tout un trajet spinoziste qui a amené Deleuze à ses analyses des puissances, avec des références à Nietzsche sur les devenirs plus importants que l'histoire, qui ne sont pas pour vous déplaire. Pourquoi vous en êtes-vous pris à Deleuze ? Et comment relisez-vous ces attaques à la lumière de ce qui a été écrit par Deleuze depuis, et au regard de l'utilisation que font aujourd'hui de ses textes ceux qui ne veulent justement pas passer par les concepts simplistes de pouvoir ou de lutte des classes mais qui essaient de penser autrement les puissances constituantes ?

Dans mon souvenir (ça a beau faire vingt-sept ans, je me souviens quand même assez bien de ce livre et de ce temps-là…), l'angle d'attaque sur Deleuze c'était *L'Anti-Œdipe* et mon problème, dans *L'Anti-Œdipe,* ce n'était pas « le pouvoir » mais, si j'ose dire, « la vie ». Le procès que je lui faisais était un procès en vitalisme, ou un procès en progressisme – ce qui, pour moi, à l'époque, dans le contexte de l'époque et du livre, revenait à peu près au même. Quant à la « lutte des classes », je vous signale quand même, au passage, que je ne crois pas que ce soit un concept si « simpliste » que cela – et j'ajoute que, dégagé de sa gangue marxiste (je devrais dire : de son détournement, de son instrumentalisation, par un marxisme qui est, comme vous savez, l'inventeur du concept de « classe rédemptrice » et de « prolétariat », mais certainement pas de celui de « lutte des classes » qui apparaît, dans l'histoire des idées, bien avant), je continue, dans *La Pureté dangereuse* par exemple, de m'en servir abondamment. Mais bon. Sur Deleuze, d'accord…

Deleuze, et Lyotard en même temps…

Deleuze et Lyotard, oui. Car Lyotard, pour moi, n'était intéressant qu'en tant qu'il explicitait un certain non-dit de la pensée deleuzienne, une sorte de politique deleuzienne si vous préférez… Cela dit, je crois que je rendais justice, en même temps, et d'une certaine manière, à l'importance de Deleuze. Je pensais, et je pense toujours, que le « penseur de tête » c'était lui ; que celui qui ouvrait le plus grand nombre de pistes, celui dont la fécondité était la plus évidente, celui dans l'ouverture de qui d'autres, même plus notoires, comme Foucault, venaient s'inscrire, c'était lui ; je lui reconnaissais cette importance séminale et cette importance d'ouverture, y compris, donc, par rapport à Foucault... Il y avait un autre Foucault, sans doute. Il y avait le Foucault de *L'Archéologie du savoir* et de *Les Mots et les Choses*, dont je me réclamais. Mais il y avait le Foucault des biopouvoirs et du premier tome de l'*Histoire de la sexualité*, dont je pensais qu'il avait été métamorphosé par l'apparition du Deleuze des livres écrits avec Guattari. En somme, je crois que, dans *La Barbarie à visage humain*, il y avait une reconnaissance de l'importance de Deleuze, du caractère très spectaculaire de sa rencontre avec l'époque (s'il y a bien un penseur qui a été en phase avec ce qui s'est vécu et dit durant ces années-là dans l'art, dans le cinéma, dans la vie, dans la rue, c'est lui). Et il est clair, aussi, qu'il y a eu un débat très violent – de mon côté, d'abord, puis du sien – sur deux points, à mes yeux essentiels, qui étaient le point du progressisme et celui du vitalisme.

Je pensais, et je n'ai pas changé d'avis, même si je le dirais aujourd'hui autrement, et même s'il m'est arrivé cent fois de lire des textes de Deleuze qui m'ont impressionné par leur puissance ou leur style, que l'économie du désir telle qu'elle se manifestait dans *L'Anti-Œdipe* et telle qu'elle se manifestera dans *Mille Plateaux* était parente de l'économie progressiste dont je faisais le procès par ailleurs. Je pensais, et je pense toujours, qu'il y avait dans cette façon de parier sur une plénitude et une fécondité de l'être quelque chose qui venait évidemment de la positivité spinoziste, mais aussi quelque chose qui ratifiait les grands présupposés du progressisme politique avec lequel, d'ailleurs, il avait des convergences tactiques, puis stratégiques et, au fil des années, de plus en plus essentielles.

Et puis il y avait un deuxième front qui était la question du vitalisme. Pour moi toutes ces histoires de « plans d'immanence » et de « consistance », de « lignes de fuite », de « pli », de « corps sans organes », de « rhizome », relevaient d'un vitalisme qui prenait ses sources dans une philosophie, la philosophie bergsonienne, qui, primo, m'était très étrangère et dont, deuzio, j'allais, quelques années plus tard, dans *L'Idéologie française*, instruire le procès. Mon problème avec le bergsonisme – et, donc, avec son succédané deleuzien – c'est qu'il est incapable de produire les distinctions philosophiques auxquelles je tiens et qui, surtout, à mes yeux, rendent la vie vivable et les sociétés à peu près respirables : l'opposition entre la nature et la loi ; le partage entre l'humain et l'animal ; les grandes distinctions heideggériennes – type « l'animal a un milieu » et « l'homme a un monde » – j'en passe. Tout cela me semblait pulvérisé par le geste deleuzien. Grand geste philosophique, d'accord – mais pulvérisateur de ces partages auxquels je tiens, donc dangereux, et donc nourricier de ce gauchisme philosophique que j'avais, à l'époque déjà, en ligne de mire.

Bref, je crois, avec le recul, que *La Barbarie* était un livre qui était bien plus dirigé, en effet, contre Deleuze que contre le marxisme. Je ne parlais pas tellement du marxisme dans *La Barbarie*. C'est ce que les gens retenaient à l'époque. Et c'est, encore, ce qu'on retient aujourd'hui quand on se souvient de ce livre. Mais c'est une erreur de perspective. C'était un livre qui était beaucoup plus dirigé contre le vitalisme, l'idéologie du désir, le spinozo-nietzschéisme. D'ailleurs lorsque, vingt ans après, dans mon *Sartre*, je mobilise ce que j'appelle la triade Descartes-Husserl-Sartre contre la triade Spinoza-Bergson-Merleau-Ponty, j'en suis au même point ; je tire le dernier fil de ce que j'avais mis en place à l'époque de *La Barbarie* ; c'est la même histoire qui se poursuit et la cohérence est totale.

Ce qui est frappant quand on vous lit c'est qu'il y a une écriture, pas simplement au sens d'une ornementation ou d'un supplément, mais un geste ou un style au sens nietzschéen. Je voudrais vous interroger sur cette importance de l'écriture dans la réflexion philosophique, sur cette place de l'écriture, au regard de la pensée. D'abord, quand dans La Barbarie *vous évoquez les « temps de catastrophe », vous semblez prendre le ton apocalyptique ou celui de la philippique un peu déclamatoire. Ce style-là, ce geste-là, avec des phrases nominales, des questions, des réponses, un rythme très haletant, ce ton d'orateur, de conviction, est-ce que c'est aussi un geste de pensée ? Pouvez-vous vous expliquer, tout simplement, sur l'écriture philosophique ? On sait depuis Nietzsche qu'un philosophe se tient tout entier dans ses métaphores, dans sa syntaxe, dans sa grammaire, dans cette architecture conceptuelle : on pense à partir de là. Comment analysez-vous cet investissement langagier de la pensée philosophique et peut-être en comparaison à d'autres styles aujourd'hui en vigueur ?*

Ce qui est vrai c'est qu'un philosophe se tient d'abord dans son souffle. On écrit avec la poitrine autant qu'avec la main. Donc avec un style autant qu'avec des concepts. Il y a un texte de Sartre, dans son *Flaubert* il me semble, sur la façon dont il écrit : il y explique qu'un écrivain de sa sorte commence toujours à partir des pieds et que l'écriture investit ensuite, mais ensuite seulement, de proche en proche, le corps, tout le corps, la tête, l'œil, le cerveau. Eh bien oui. On écrit comme ça. On écrit, plus qu'avec n'importe quoi, avec le souffle et la respiration. Il y a une physiologie de l'écriture et c'est ne rien comprendre au travail de la pensée que de faire l'impasse sur cette physiologie. Il y a une physiologie de l'écriture et c'est pour cela qu'il n'y a pas de philosophe qui ne soit, aussi, un écrivain.

D'ailleurs, j'ai l'air de raisonner, d'argumenter. Mais ce n'est même pas la peine. Car ce n'est même pas conscient. On ne peut juste pas faire autrement. Dans mon cas, c'est quasi pathologique. Mes textes ne partent pas d'une forme *x* que je retravaillerais pour les mener à un forme *y*. Ils ne progressent pas, d'étape en étape, vers un degré de maturité de plus en plus « achevée ». Ils n'ont pas de forme de tout, ou ils ont leur forme définitive. Il n'y a pas de forme intermédiaire. Il n'y a pas de brouillon à partir duquel j'ajouterais du style, du « supplément » comme vous dites. Mes éditeurs me demandent souvent de leur donner une version intermédiaire, non définitive. Mais elle n'existe pas ! Elle n'est pas formée du tout ! Il y a autant de différence entre un texte provisoire et un texte définitif, un texte commençant et celui qui aura sa voix bien timbrée, qu'entre l'eau à 99° et l'eau en ébullition. Pas de calcul, de la physiologie. Pas de stratégie, c'est juste comme ça.

D'accord, ce n'est pas un calcul stratégique, c'est une voix, mais c'est quand même une voix qui s'adresse à quelqu'un, donc il y a aussi la présence de l'interlocuteur dans cette voix.

Oui, bien sûr. C'est une voix de rhétoricien. Donc de séduction. Forcément.

Est-ce qu'il n'y a pas un risque, le risque sophistique en quelque sorte, dans cette nécessité de séduire pour convaincre ? Comment évaluez-vous ce risque-là ?

Le risque existe, bien sûr. Mais il n'y a pas moyen de faire autrement. Pourquoi ? Parce que les résistances d'un lecteur à un texte philosophique sont considérables. La résistance est première. La volonté de ne pas entendre est première. Un philosophe-écrivain c'est quelqu'un qui, parce qu'il sait que tout est fait pour que sa parole ne soit ni reçue ni entendue, s'emploie à séduire, donc à tourner autour et à entrer. Voilà : tourner autour et entrer – la définition même de la séduction et la tâche même d'une écriture. Alors, bien sûr, l'inconvénient c'est qu'une écriture ainsi conçue n'épouse pas toujours l'ordre de l'être. Ni même, forcément, l'ordre des raisons. Et il y a là un danger que je vois bien. Le danger du charme. Le danger de la tactique. Le danger, donc, de la sophistique – vous avez raison.

Même si on sait qu'à l'inverse le refus de la sophistique est une posture qui peut aussi être celle d'un sophiste.

Absolument. Le sophiste d'aujourd'hui, le vrai sophiste, joue le jeu de la parole vive, de l'authenticité, du cœur sur la main, donc de la haine de la sophistique. Mais bon. Pour l'heure, c'est sur la mienne que vous m'interrogez, sur ce que vous appelez « ma » posture, même si je n'aime pas trop le mot. Et je vous réponds que, quand on donne de l'importance au style, ce danger de la séduction existe, donc de la sophistique. Alors il faut distinguer. Dans les situations d'urgence (car il y a des situations d'urgence philosophique), je pense qu'il faut passer outre et ne pas craindre d'utiliser, en effet, quelques-unes des ressources de la sophistique. Dans les situations autres que les situations d'urgence, il faut faire attention, très attention, et éviter de prendre le risque.

Quel est le statut du « je » dans l'énonciation philosophique ? Parler à la première personne implique de réfléchir, quand on est philosophe, sur le statut du sujet qui pense, et qui parle, sans nécessairement entrer tout de suite dans la question de l'auteur, de ce qu'est l'auteur, que vous avez, je pense, discutée par rapport à Foucault, mais il y a déjà, simplement, la question de l'énonciation, de celui qui parle. Sartre écrit que quand on dit je, c'est aussi qu'on se voit penser : c'est ce qu'il appelait la réflexion complice. Est-ce que, notamment dans l'effort de conviction, il n'y a pas une mise en scène du je qui fait qu'on risque d'être dans la réflexion complice ? Sartre parle aussi de réflexion impure et de réflexion pure (ce sont d'ailleurs des termes qu'on pourrait contester parce qu'ils font référence à la notion d'authenticité). La réflexion est dite impure quand la conscience se projette dans un projet, donc projette d'être en-soi, et que d'un coup elle abdique en quelque sorte sa liberté d'être pour-soi et se réifie dans l'idée qu'elle se fait d'elle-même en train d'atteindre ses buts. Utilisant un je qui parle et assume clairement, sans peut-être l'hypocrisie d'une universalité ou d'une généralité du il, sans cette illusion-là, comment échappe-t-on, comment échappez-vous, dans l'écriture philosophique, à ces types de réflexion complice ou « impure » ?

Je crois surtout qu'il y a chez ceux qui emploient le « je », en tout cas chez moi, une forme de modestie. Pour les gens de ma génération, pour les lecteurs des *Idéalités mathématiques* de Desanti (et d'un certain nombre d'autres textes de ces années-là), le vrai orgueil consistait à dire « nous » et à l'imaginer, ce « nous », en prise directe avec l'Universel et l'Idée. Alors que dire « je », juste « je », signifier que ce que l'on est en train de dire est la vérité de ce « je », et peut-être juste de ce « je », est un acte de prudence et, encore une fois, de modestie. Car j'insiste : l'alternative au « je » c'est quoi ? C'est la mathesis, le mathème, l'universalité proclamée. C'est la pensée « mallarméo-kafkao-badiouiste ». Et je crois que, dans le fait d'affirmer au contraire sa singularité, la singularité d'un énonciateur précisément situé, il y a une très grande réserve par rapport à cette prétention, une vraie distance prise vis-à-vis de cette ubris platonicienne, de cette prétention à accéder à une pensée mathématisable, universalisable, intelligible par tous. Bien sûr, on ne sait pas toujours très bien qui est ce « je ». Est-ce le même que celui de la vie ? Est-ce le même d'un bout à l'autre du livre ? La langue est pauvre donc on dit « je » dans tous les cas alors que ce n'est, évidemment, pas le même « je ». Mais cette pauvreté est aussi le signe, je vous le répète, d'une vraie humilité – l'humilité de qui entend annoncer la couleur : c'est moi qui pense cela, juste moi, avec les limites de mon entendement et de ce qui le situe… Regardez le Talmud. Voyez l'insistance des commentaires à toujours bien nous dire qui parle, au nom de qui, transmettant la parole de quel troisième. J'aime cette façon, alors qu'on est en présence d'une Vérité « révélée », et même « sainte », de toujours bien nous préciser quel est le sujet qui s'exprime, portant quel nom, logé dans quel corps, de quel âge, ayant combien de cheveux blancs, quelle histoire personnelle, quelles filiation et généalogie, etc. Il faut choisir. Ou bien le mathème – et la vérité froide, aseptisée, anonyme. Ou bien le Talmud – et une vérité brûlante, située, personnalisée mais non moins vraie…

Une dernière question sur l'écriture, à propos des différents registres que vous employez. Je voulais vous demander si vous aviez une référence dans cette approche de genres très différents, le roman, le théâtre, le cinéma, la télévision, les écrits sur l'art, des textes de circonstance, de situation. Est-ce que vous faites une séparation entre ces différents modes d'écriture, ou est-ce un même je qui utilise des syntaxes ou des verbes différents à travers ces écrits ? Avez-vous en tête une référence, pas un modèle mais une référence d'écrivains ou de philosophes, on va peut-être parler de Sartre, qui ont séparé les genres ou au contraire qui ont rendu leur écriture perméable à d'autres registres, littéraires, théâtraux ou autres ?

Ma référence secrète, elle va peut-être vous surprendre, mais c'est justement une référence à Deleuze, à l'entretien de Deleuze et Foucault dans *L'Arc*, en 1971 : la métaphore du relais de poste. Je ne sais pas si vous connaissez ce texte. C'est un dialogue donc, important, sur les rapports entre les pratiques et les discours, où apparaît l'idée selon laquelle les pratiques militantes et les livres sont en vérité taillés dans la même étoffe ; que c'est du même matériau qu'il s'agit quand on fait le « Groupe Information Prisons » et quand on écrit *Surveiller et punir* ; que c'est la même chose, les mêmes affects, les mêmes gestes, la même texture, qui sont à l'œuvre dans les deux cas. Simplement, on passe de l'un à l'autre comme quand un cheval est épuisé et qu'on en prend un autre au relais de poste suivant.

Eh bien c'est comme ça que, depuis mes 20 ans, probablement depuis la lecture de ce texte qui m'a beaucoup, beaucoup marqué à l'époque (je l'avais d'ailleurs longuement commenté, et critiqué, dans *Combat*, le journal de Philippe Tesson, à travers un texte que j'ai complètement perdu et que j'avais cosigné, si ma mémoire est bonne, avec un ami qui est devenu, entre-temps, un grand professeur de philosophie, Alexandre Delamarre), c'est comme ça, dis-je, que je conçois le passage d'un genre à l'autre. Je n'ai pas le sentiment de passer une frontière. J'ai l'impression de changer de cheval. Et de même que je vous disais, à l'instant, que ce n'est pas toujours le même « je » qui parle quand on dit « je », de même je vous dis, là, que la ligne de partage n'est évidemment pas entre un genre et un autre. Il y a beaucoup plus de proximité, du moins en ce qui me concerne, entre le « je » qui s'exprime dans un film de fiction comme *Le Jour et la Nuit*, et le « je » qui s'exprime dans tel livre de philosophie, qu'entre les deux « je » de deux livres de philosophie et parfois du même. Ce n'est pas parce que c'est du cinéma et parce que c'est de la philosophie que c'est différent. Il se peut que ce soit la même chose, et il se peut que ce soit différent ; mais s'il y a différence elle ne tient pas nécessairement aux genres.

Et puis je vais vous dire encore une chose. Ce qui, chaque fois que je me suis risqué dans un nouveau genre, m'a toujours frappé, c'est à quel point c'est pareil, à quel point c'est la même chose, à quel point c'est la même technique et, même, la même voix. Ce n'est pas pour autant que je fais du bon cinéma, ni du bon théâtre – ça, c'est une autre affaire. Mais, en tout cas, la technique d'écriture, la conception des choses, le type de fécondité de l'écriture par rapport à ce qui la précède, sont du même ordre. Le souffle est le même. Que j'écrive un scénario, une pièce de théâtre, un traité ou un bout de traité philosophique, un article, j'écris de la même manière. Les procédures sont les mêmes, la vitesse du poignet, l'accélération ou le ralentissement du souffle, le rapport du corps à l'écriture sont les mêmes.

Le livre que vous avez consacré à Sartre a beaucoup surpris parce qu'on ne s'attendait pas à cette référence chez vous et, je crois pouvoir le dire, il a ravi beaucoup de sartriens. Or, à la relecture, je suis frappé de voir que plusieurs titres de vos livres sont des clins d'œil à Sartre : Le Diable en tête, *l'*Eloge des intellectuels, *le* Baudelaire, *les* Questions de principe, Les Aventures de la liberté *; peut-être que je force un peu, mais on a tout d'un coup l'impression qu'il y a un fil qu'on n'avait pas vu parce que votre opposition au progressisme, au marxisme, semblait vous ranger du côté de Camus ou peut-être d'Aron. Il semble que ce soit là une référence qui se déclare enfin. Est-ce que vous diriez qu'en effet il avait toujours été là, malgré des formules dont on peut penser qu'elles sont pour vous peu admissibles, par exemple sur le marxisme « horizon indépassable de notre temps » (même s'il dit qu'une philosophie de la liberté viendra, quand les conditions auront disparu qui faisaient du marxisme la philosophie nécessaire pour accéder à l'intelligibilité de l'histoire) ? Sartre a-t-il toujours été présent, alors même qu'il écrivait cela, ou bien est-ce que cela a* *été le fruit d'une évolution ? Autrement dit, Sartre était-il là en veilleuse ou bien n'est-il devenu que peu à peu une référence importante, au point de lui consacrer ce beau livre ?*

Mettons que j'avais, depuis les années 1980, une relation clandestine avec le « massif » Sartre. Vous avez mis le doigt dessus et ça me fait plaisir. Evidemment, comme dans toutes les liaisons clandestines, on ne peut pas s'empêcher de laisser des traces, et en même temps de les dissimuler. Les amoureux sont comme ça. Ils ont toujours la tentation, comme les criminels, de laisser des traces, mais pas trop, pour ne pas être découverts : c'est de cet ordre. Dans la préface du *Siècle de Sartre*, je dis que je cuvais ce livre en secret et que, voulant l'écrire en paix, j'affichais la référence camusienne, ou la référence malrucienne, tout en sachant bien que le vrai rendez-vous était là, avec Sartre. C'est vrai. C'est exactement cela. Et, de cela, j'avais conscience depuis très longtemps. Alors, telles ou telles formules « peu admissibles », celles auxquelles vous faites allusion, ces formulations politiques à l'emporte-pièce qui sont, chez les sots, tout ce qui reste de Sartre, cela n'avait, dans cette perspective, plus tellement d'importance. J'ai toujours su cela. Depuis l'*Eloge des intellectuels*, en 1987, j'ai toujours su et cette proximité et cette distance par rapport à Sartre. C'est à ce moment-là d'ailleurs, au milieu des années 1980, que j'ai vraiment commencé à le lire, d'abord en amateur, en dilettante, et puis de plus en plus sérieusement.

Alors qu'il était au purgatoire…

Plus personne ne le lisait, à part quelques-uns d'entre vous, les sartriens, des érudits ou des philosophes, mais vous étiez peu nombreux. J'avais le sentiment, déjà, d'une grande injustice, d'une disgrâce. Et ce, alors que je me sentais, avec cet homme et cette œuvre, une affinité forte, secrète et que je tenais à garder secrète, mais néanmoins très forte. Car je ne vous ai pas encore dit l'essentiel. *Contre Sainte-Beuve*, d'accord. Mais, d'abord, « penser comme on fait la guerre ». C'est ma maxime. Je crois, vraiment, cela. Je pense, vraiment, en termes de leurres, de stratégies de diversion, d'offensives larvées ou frontales, bref, de guerre. Peut-être suis-je légèrement paranoïaque, mais c'est ainsi. Et j'ai donc passé quinze ans avec mon *Sartre* dans un coin, aussi peu public que possible, en disposant des petits cailloux, en dispersant des aveux cryptés, et en me disant que, plus tard, beaucoup plus tard, je tracerais les lignes de cohérence – celles que vous avez perçues, et d'autres.

Je voudrais vous poser un certain nombre de questions qui, concernant ces lignes de cohérence, me paraissent un peu délicates, par exemple sur la place que Sartre accorde à la liberté dans l'histoire, sur son idée du conditionnement réciproque des hommes et de l'histoire, sur son progressisme, qui est quand même toujours là. Vous disiez dans La Barbarie *: on n'échappe pas au pouvoir, il y a de l'illusion à vouloir l'attaquer ; vous vous prononciez pour une philosophie pessimiste. La question centrale est celle du pari sur l'histoire. Ce qui est un peu paradoxal dans votre style et dans votre pensée, c'est un ton de grande conviction, quelquefois lyrique, le ton du pari, mais au service d'une philosophie souvent pessimiste, voire apocalyptique. Pensez-vous qu'il faut parier sur l'histoire, comme Sartre l'a toujours fait, à l'intérieur de l'histoire, parier sur quelque chose qui va advenir dans l'histoire ? Quelle place faites-vous à la notion de résistance, qui est aussi un enjeu que vous discutez depuis longtemps ? Qu'est-ce que c'est que résister, si on ne croit pas à l'histoire ? Qu'est-ce que résister sans illusions, sans s'engager vers un avenir radieux. Tenez-vous quand même au pari de la résistance et sur quoi ?*

D'abord en ce qui concerne le rapport philosophique de Sartre au progressisme, il faut y regarder à deux fois. C'est une chose que je disais un peu dans mon *Siècle de Sartre*, mais peut-être pas suffisamment, et sur laquelle j'ai un peu avancé depuis : le concept même de dialectique – cette dialectique décapitée qui est à l'œuvre, par exemple, dans *L'Idiot de la famille* et dont la propriété, essentielle, est qu'elle déplace les contradictions mais ne les « résout » pas – me semble être l'une des machines à briser les illusions du progressisme les plus efficaces qui soient, même si Sartre a été le premier à être aveugle aux conséquences de sa propre philosophie – cela arrive ; c'est classique.

Il y a quand même une sorte de volontarisme chez Sartre.

Il y a un volontarisme, oui. Mais volontarisme ne veut pas dire progressisme. Et je dirai même, si vous voulez le fond de ma pensée, que le progressisme est le contraire du volontarisme. Le progressisme, c'est une pensée paresseuse, parente du providentialisme qui est, lui-même, parent du laisser-faire. Il y a une complicité évidente, si vous préférez, évidente et obscène, entre les ultralibéraux et les progressistes. Le « laissez faire, laissez aller, ça ne peut qu'aller et tourner vers le mieux » est la matrice de l'économie politique en général, qu'elle soit marxiste, prémarxiste ou libérale. Le volontarisme, c'est autre chose. Vous êtes « volontariste » quand vous récusez le confort d'une Histoire universelle qui se dirige, de toute façon, vers son terme et quand, donc, vous comprenez que les hommes ne peuvent compter, pour avancer, que sur leurs propres forces. A la limite, d'ailleurs, les penseurs dont nous parlions en commençant, les Althusser, les Foucault, ces gens qui passent pour les apôtres de grandes structures immobiles et glacées, ces gens qui sont supposés faire l'impasse sur l'Histoire, nous donnaient plus de leçons de volontarisme que ne nous en donnaient les marxistes.

Je vais poser la question autrement : faut-il renoncer à l'idée d'émancipation ?

Bien sûr que non ! Il faut renoncer à l'idée de révolution, certainement pas à l'idée d'émancipation ! L'idée de révolution telle qu'elle a été articulée par la tradition occidentale, c'est une idée à laquelle il faut renoncer, c'est une idée qu'il faut s'exercer à ne plus désirer – il faut résister au désir que l'on peut avoir de ce désir de révolution. L'idée d'émancipation – libération des tutelles, autonomie du sujet, jusques et y compris autonomie par rapport à l'Histoire et à ses diktats – c'est autre chose, c'est une idée qui est fille des Lumières et il n'est pas question d'y renoncer. Dit autrement, il faut disjoindre l'émancipation de la révolution. Il faut dire et répéter, par exemple, que l'émancipation ne peut jamais être collective. Il faut dire et répéter que ce qui se fantasme comme émancipation collective est une forme inarticulée de désir du maître et de désir de servitude – et que cela ne peut que conduire au pire, c'est-à-dire au contraire de l'émancipation, ou à une comédie d'émancipation.

Quel est pour vous le sens du témoignage ? Est-ce que témoigner, c'est parler pour ceux qui ne peuvent pas parler, parler à la place de, leur faire place ? Je crois qu'aussi bien philosophiquement que dans tous vos récits d'intellectuel il y a quelque chose qui est de l'ordre du témoignage, j'aimerais donc vous entendre sur cette notion d'un point de vue philosophique : qu'est-ce qu'un témoin ? Qu'est-ce que témoigner ?

C'est parler pour les autres, ça c'est clair. Et c'est parler à la place des autres, parce qu'ils en sont empêchés, c'est clair aussi. Témoigner, c'est croire à la médiation, à la parole détournée, à la parole médiée et non à l'immédiateté de l'expérience, à la sainteté de la parole vive – y compris, bien entendu, à la sainteté de la parole des victimes juste parce qu'elles sont des victimes… On retrouve là une vieille polémique que ma génération a connue et dans lequel elle s'est beaucoup débattue. Dans les années 1970, il y avait un interdit porté sur le témoignage. On faisait des journaux entiers pour dire qu'on devait en finir avec l'ère du témoin. Ou alors il fallait que le témoin le fût au sens étymologique : un martyr. Mais la parole prêtée, la parole portée, était toujours, et par définition, une parole volée, violée, confisquée. Personnellement, je n'ai jamais pensé cela. D'abord il y a des cas d'empêchement de parole, il y a vraiment des sans-voix – et j'en ai fait, souvent, l'expérience. Il y a des humains que leur expérience concrète de la vie, le rapport qu'ils ont à leur propre corps, leur proximité avec la mort, le recouvrement de leurs désirs par leurs besoins, rendent interdits de parole. Dans ce que j'ai appelé les guerres oubliées, par exemple, vous avez des hommes et des femmes qui sont confrontés à un risque très précis qui est le risque d'effacement de leur propre visage, ou dont le corps est en train de mourir, entièrement, par morceaux, et qui, pour toutes ces raisons, n'ont, littéralement, plus de voix. Je connais, encore une fois, ces situations. Je connais ces situations d'empêchement de parole. Je pense, je *sais*, que le monde est organisé pour empêcher les Burundais, ou les Sud-Soudanais, les Angolais, les paysans rescapés de la guerre oubliée qui a déchiré la Colombie pendant vingt ans, de parler. Et je pense que c'est un devoir de remédier à ce défaut de parole. C'est ce que je veux dire quand je parle de la nécessité de la médiation.

Est-ce qu'il y a de mauvaises médiations et de bonnes médiations ? Et quels sont les critères qui permettent de définir la bonne médiation ?

C'est évidemment la question. Je dirais l'endurance, la patience et l'humilité.

Vous définissez là les qualités du témoin ?

Non. Les qualités du *discours* témoin. L'endurance d'une parole, la patience d'un concept et l'humilité d'un point de vue. Une parole endurante ? Celle qui a sympathisé avec ce dont elle parle, qui a éprouvé un peu de la passion, du pâtir, du sujet mortifié – qui a souffert, ou tenté de souffrir, un peu, avec lui. La patience ? Un discours qui ne soit pas de l'ordre de la seule élocution ; un discours qu'il faut problématiser, élaborer, complexifier. L'humilité ? Dire « je » – il faut, comme je vous le disais tout à l'heure, que le discours s'avise de qui est son énonciateur et qu'il intègre ce savoir, cette conscience, à son énoncé. Ce sont les trois conditions. A l'inverse, vous avez les anticonditions. Un discours émotif et non pas endurant. Un discours jaculatoire et non pas patient. Et un discours arrogant, se prétendant en prise directe avec « la » vérité et ployant, s'ils y résistent, les corps réels à cette idée de vérité. Il m'est arrivé de parler sous le coup de l'émotion : à mon retour, par exemple, de mon premier voyage à Sarajevo ; je suis trop bouleversé ;

donc émotif ; et ce n'est pas mon meilleur témoignage. Deux ans plus tard, en revanche, dans *Bosna !*, le témoignage respecte un peu mieux, il me semble, les trois conditions et, du coup, il est meilleur : plus juste, plus efficace, plus convaincant.

Quelle est la part de l'intelligibilité politique et historique dans le témoignage ? Parce que évidemment le témoin, même s'il n'explique pas, comprend la situation en se fondant sur une analyse : il ne part pas de rien. Ça m'amène à vous poser la question du politique dans le témoignage : au nom de quoi témoigner ? Est-ce au nom d'une conception de l'humain ? D'où aussi la question d'une politique de résistance, de rupture, de refus, ou bien d'un engagement – je ne dis pas que c'est le vôtre mais je voudrais vous entendre là-dessus – au nom des droits de l'homme, qui fait suite un peu à la grande rhétorique du progressisme : on a beaucoup parlé d'un retour au sujet de droit, au sujet de la morale, mais on voit bien que quelquefois le témoignage est pris dans une rhétorique de ce qu'on a appelé le droits-de-l'hommisme, rhétorique parfois complètement diluée dans du médiatique. Alors, comment garantir les conditions d'une bonne intelligibilité du témoignage sans participer à une espèce de discours plat, qui satisfait la bonne conscience de tout le monde en donnant l'impression d'accéder à une vérité par une sorte de compassion ou de projection ?

Je suis d'autant plus d'accord avec vous sur le droits-de-l'hommisme que je suis, à ma connaissance, celui qui a employé l'expression pour la première fois, il y a très très longtemps, dans un texte paru dans *Le Matin de Paris*. Je suis pour les droits de l'homme, bien sûr. C'est même le cœur de ma politique et de ma vie – là n'est pas la question. Mais à condition que la définition qu'ils se donnent de l'humain prenne en compte quelques-unes des avancées de la pensée de la seconde moitié du XXe siècle ; à condition, autrement dit, qu'ils ne se réduisent pas au bêlement de la conscience outragée. Ensuite, la compassion, la politique de la compassion… Je suis d'accord, là aussi. Un chapitre de *La Pureté dangereuse* s'intitule « Humanitaire trop humanitaire » et j'y instruis le procès de l'idéologie humanitaire et notamment, une fois de plus, de la façon dont elle conçoit l'humain. Là, ce n'est plus la définition abstraite, précritique, de l'humain qui est en jeu ; ce n'est plus seulement le fait que l'on se contente d'une définition de l'humain qui, faisant l'impasse sur les avancées récentes de l'anthropologie, de la psychanalyse et même de la philosophie, ne comprend rien à rien ; ce n'est plus cet ancrage du droits-de-l'hommisme dans le paysage d'un humanisme faible, bavard mais faible, et, de ce fait, impotent ; non, dans l'humanitaire contemporain, ce qui me révolte, ce qui me fait parfois horreur et peine, c'est à nouveau son vitalisme, c'est cette façon de réduire l'humain à un corps et ce corps à des organes, qu'implique toujours le vitalisme. La compassion vécue comme une vivisection passionnée... L'humain comme un laboratoire du vivant... Le sujet souffrant réduit à des besoins élémentaires que l'aide va satisfaire – et qu'il ne s'avise surtout pas de demander plus ! qu'il n'essaie pas de réclamer des droits par exemple ! ou la fin de son martyre ! ou la punition de ses bourreaux ! ce serait entrer en politique ; or, des purs « corps », des organes, de la vie réduite à elle-même, de la plainte de la bête blessée ou à l'agonie, la politique n'a rien à dire. Tout cela me semble totalement dégueulasse. Et j'ai vu assez de ces pratiques à l'œuvre pour les reconnaître de loin, pour les deviner, les anticiper.

Je me souviens, d'ailleurs, d'un autre texte, écrit au moment de la famine en Ethiopie de 1986. Il est aussi dans un de mes *Questions de principe.* Et c'est un texte où je dénonce ce qu'il peut y avoir de philosophiquement régressif, de politiquement dangereux et d'humainement humiliant dans l'humanitarisme. C'est un texte, non pas sur les détournements de l'aide humanitaire, mais sur la conception de l'humain qu'elle implique. Bon. Tout cela étant dit, à condition de déprendre la notion de droits de l'homme de ces deux écueils symétriques, l'écueil de l'humanisme abstrait et l'écueil de l'animalisation de l'humain, je suis, je vous le répète, farouchement favorable à une politique des droits de l'homme.

Mais il faut la travailler. Il faut l'élaborer. Il faut se souvenir de la leçon de Foucault, d'un côté – et de la leçon de Levinas de l'autre. Foucault, contre un humanisme cartésien ridicule, précritique. Et Levinas pour aider à passer de l'humanisme du même homme à l'humanisme de l'autre homme – pour aider, surtout, à considérer qu'il y a autre chose dans l'humain que de la matière et de la vie. Avoir en tête ces deux distinctions, les faire travailler, et les faire travailler dans ce que vous appelez le témoignage : voilà ce que j'essaie de faire, avec plus ou moins de succès, quand je pars en reportage ou quand je tourne un film sur la Bosnie en guerre. J'essaie de mobiliser ces distinctions. Et là, quand j'y parviens, je n'ai plus aucune gêne à faire une politique des droits de l'homme, à défendre une certaine conception des droits de l'homme, à dire que les droits de l'homme ont leur lieu de naissance, leur source, dans le site de l'Europe et de sa métaphysique.

Vous avez cité Levinas. On sait qu'un des passeurs de Levinas auprès de Sartre a été Benny Lévy, et je crois que pour vous aussi ça a été une rencontre importante mais je voudrais la situer dans le contexte philosophique et intellectuel de ces dernières années, qui a pu paraître surprenant. En effet, à travers la figure de Benny Lévy et la participation aux séminaires de l'Institut d'études lévinassiennes d'Alain Finkielkraut, de Jean-Claude Milner et de vous-même, on a eu l'impression qu'une remise en cause de l'intégration du judaïsme en France mais aussi de l'Europe des Lumières se faisait jour ; ce n'était pas nouveau pour vous, puisque vous aviez déjà écrit L'Idéologie française *pour montrer la persistance de l'antijudaïsme. Ce qui semble plus étonnant, c'est que, dans cette rupture, est apparue une sorte de tentation de l'exode, qui s'exprime dans le dernier livre de Benny Lévy mais aussi dans celui de Jean-Claude Milner sur l'Europe démocratique. Certes on comprend bien qu'il puisse y avoir une critique de l'universalisme abstrait que vous évoquiez tout à l'heure, celui des grands défenseurs des valeurs républicaines, d'un Benda, mais la singularité juive peut aussi s'exprimer dans le cadre de la République. Or, on a l'impression que la rupture va au-delà, en s'appuyant sur une lecture de Levinas pour le moins discutable, nous y reviendrons. Mais je voudrais d'abord vous entendre sur cette importance qu'a eue Benny Lévy ces dernières années et sur cette radicalisation, ou cette sortie, dans tous les sens du terme, de ceux qui ont dialogué avec Benny Lévy dans son trajet ultime.*

Ma dernière rencontre avec Benny Lévy, c'est celle qui a suivi mon *Siècle de Sartre*, puisque nous nous sommes retrouvés grâce à une lettre qu'il m'a écrite après l'avoir lu, où il me disait combien il était heureux que quelqu'un se soit penché sur cette vieille histoire que fut son ultime débat avec Sartre et lui ait, un peu, rendu justice. Nous nous étions connus il y a très longtemps, mais nous nous sommes retrouvés là et nous ne nous sommes, ensuite, plus quittés. Alors ce dialogue avec lui a eu, pour moi, une vertu : me rappeler des textes que j'avais oubliés ou que je ne connaissais pas, ou que j'avais négligé d'approfondir à l'époque du *Testament de Dieu*, vingt ans plus tôt. Benny, en d'autres termes, a été un professeur de lecture juive, de lecture de penseurs juifs et, là, sur ce point, il m'a fait avancer, incontestablement avancer, et je lui dois beaucoup.

Après, nous n'étions pas d'accord sur tout, évidemment ; il y avait des discussions, des empoignades ; notre dernière rencontre, notamment, a eu lieu autour d'un texte que j'ai prononcé à l'Institut d'études lévinassiennes et qui s'intitulait « Comment je suis juif » ; il faut imaginer Benny assis à côté de moi ; il faut imaginer tous les amis de l'Institut, qui étaient souvent des disciples de Benny, assis autour de nous ; et il faut essayer de se figurer moi exposant en cinquante pages tout ce qui séparait mon judaïsme du sien, du leur. La question de l'hébreu… La question des femmes et du mariage mixte (dont je faisais l'éloge !)… Mon rapport à Israël… Nous avions, depuis trois ans, une discussion interminable là-dessus. Une discussion à la fois théorique et pratique. Car quand deux juifs qui s'intéressent à la question juive parlent du judaïsme, très vite, ce ne sont pas des questions philosophiques qui surgissent, mais, comme dans le Talmud, des questions concrètes : le mariage, les femmes, l'éducation des enfants, l'hébreu, le français, qu'est-ce qu'on fait en France, qu'est-ce qu'on fait à Jérusalem, l'articulation des deux.

Pourquoi je vous dis ça ? Pour bien vous faire comprendre trois choses. Un : je ne crois pas que l'on puisse caricaturer ainsi les positions du dernier Benny ; je ne crois pas qu'il ait jamais dit qu'il faille se préparer à un nouvel exode, à une nouvelle sortie d'Egypte. Deux : nous avions un débat, en revanche ; un débat extrêmement vif sur des questions capitales et qui touchaient aux modalités distinctes et respectives de notre « être-juif ». Trois : ce débat, pour vif qu'il fût, n'en était pas moins fraternel ; je vais vous dire comment, concrètement, les choses pouvaient se passer ; un jour, dans la chaleur de l'échange, j'avais dû lui dire quelque chose comme : « écoute, tu ne vas quand même pas m'apprendre comment je suis juif » ; et il m'avait répondu, du tac au tac, en riant : « eh bien, précisément ; je ne vais peut-être pas te l'apprendre ; mais je vais te le demander ; alors, au lieu de rester dans l'imprécision, prends trois mois, mets-toi au boulot et dis-nous ça » ; et c'est ainsi, quasi à sa demande, que j'ai donc écrit ce texte, qui est un long texte, dont la principale vertu est peut-être la sincérité, mais dont l'une des vertus secondaires fut de marquer nettement les différences entre nous deux – et les différences, notamment, sur cette question de l'Europe et des Lumières.

Sur cette affaire des Lumières, d'ailleurs, soyons précis. J'en ai marre des bêtises que l'on entend à propos de Milner et de son livre. Et je veux donc être précis. Je crois, moi aussi, qu'il y a une face d'ombre des Lumières. Je pense, depuis *La Barbarie*, qu'il y a (c'était ma formule) une « grande ombre des Lumières ». Et je trouve que, très franchement, entre Milner et les petits esprits qui caricaturent ses propos, ou même entre Milner et Badiou, il n'y a pas photo : c'est évidemment Milner qui a raison. Cela étant dit, nous ne sommes pas d'accord sur tout. Pour moi, cette autre face des Lumières n'épuise en aucune manière tout ce qui peut être tiré des

Lumières. J'ai ma lecture des *Penchants criminels* de Jean-Claude Milner. Le texte est dans *Récidives*. Il est issu d'une intervention, quelques jours après la mort de Benny Lévy, au Théâtre Hébertot, lors d'une rencontre organisée par *La Règle du Jeu* [1]. Là aussi, un débat amical. Là aussi, des dissentiments. Mais il est, Milner, de ceux, rares, qui m'aident aujourd'hui à penser et cela n'est pas rien. Un dernier mot. Je ne sais pas si je vous ai bien compris, mais il me semble que vous parliez d'une « filiation » entre Milner et Levinas. Je me permets de vous reprendre sur ce point : *Les Penchants criminels* ne se placent pas, que je sache, sous l'autorité de Levinas.

C'est certain, mais il reprend des distinctions qui sont celles de Benny Lévy : juif de négation/juif d'affirmation ; il y introduit heureusement le juif d'interrogation.

Juif de négation/juif d'affirmation, ce sont des distinctions de Jean-Claude Milner reprises par Benny Lévy : c'est dans ce sens-là que ça s'est passé. Lorsque Benny Lévy les invoquait, c'était un peu comme Badiou citant des thèses « ésotériques » de Lazarus : il le faisait toujours en référence à une thèse, ésotérique à l'époque, de Jean-Claude. Mais ce que je suis en train de vous dire c'est que, chez Jean-Claude, ce n'est pas une thèse lévinassienne, mais une thèse milnérienne.

Je voudrais terminer sur Levinas, ce qui d'ailleurs nous permet de retrouver la question du pari sur l'histoire, à travers son interprétation du messianisme, que vous connaissez bien. Pour Levinas, la sensibilité messianique suppose que « c'est pour l'humanité entière que le judaïsme et venu ». J'aimerais vous entendre sur cette phrase qu'évidemment Benny Lévy ne pouvait accepter, sur le sens que vous donnez au messianisme, et je reviens à la question que je vous ai posée tout à l'heure : qu'est-ce que ça veut dire parier sur l'Histoire ? Au nom de qui, pourquoi et pour qui ? Est-ce que vous reprenez l'idée lévinassienne du

1. « Vive le judaïsme des Lumières », *Récidives*, *op. cit.*, p. 445.

messianisme et dans quel sens, qui n'est assurément pas un sens politique ? Est-ce que vous assumez aussi cette idée que s'il y a une puissance ou une vertu ou un avenir du judaïsme c'est toujours au regard de l'universel et non pas d'un exode ?

Le pari sur l'Histoire, je vous fais à nouveau remarquer que, pour Levinas, c'est toujours un pari *contre* l'Histoire.

Mais Levinas dit qu'il faut négocier, collaborer, s'accommoder à l'Histoire. Il faut être antihégélien, mais dialoguer avec l'Histoire. On n'est pas dans l'Histoire mais il faut quand même y être, même par le retrait.

Oui, il faut y entrer, il faut s'en mêler, il faut y accomplir sa vocation d'homme, il faut y faire de belles et bonnes actions. Levinas savait, comme Scholem, le prix payé par le peuple juif à cause de cette sortie de l'Histoire et il entendait bien en finir avec cela – et donc, comme vous dîtes, avec l'exode. Mais « s'accommoder de », c'est autre chose. Et s'il y a bien un geste lévinassien c'est le geste de résistance à l'Histoire. S'il y a bien un pari, chez Levinas, c'est le pari que l'Histoire n'a pas de sens, que l'idée de sens de l'histoire est une idée de vainqueur et qu'il faut résister, de toutes ses forces, à la force de cette idée. Vous connaissez ces textes, ceux de *Difficile Liberté*, de *Noms propres*, d'*Autrement qu'être.* Vous connaissez toutes ces pages où il est dit que la première forme du totalitarisme, sa forme primitive, matricielle, séminale, est toujours ontologique. Vous savez que la vraie collaboration, pour lui, ce n'est pas la collaboration avec un Etat, mais la collaboration avec l'idée que l'Histoire marche dans les pas des vainqueurs. Parier sur l'Histoire c'est donc parier contre l'idée qu'elle a un sens, contre l'idée que ce sens est déchiffrable, et contre l'idée que quelques-uns ont le pouvoir de ce déchiffrement et que les autres n'ont qu'à se soumettre. Avec cette idée-là, avec cette idée d'un pari sur l'Histoire qui consiste à refuser les schémas historicistes, je suis complètement d'accord. Je l'ai trouvée dans Levinas. Et c'est même la source première de mon émerveillement de 1979 lorsque j'ai lu, puis rencontré, Levinas – et cela, étrangement, au même moment que Benny Lévy, de manière assez parallèle. C'est ça qui m'a émerveillé et c'est ça qui m'a aidé. Je terminais *La Barbarie* dans un état de grande démunition : une fois qu'on a dit tout ça, une fois qu'on a dit que le progressisme est obscène, qu'on fabrique des camps de concentration avec le projet de faire la Cité bonne, qu'est-ce qu'on fait ? Eh bien la réponse est venue de Levinas, de la lecture de Levinas. Et puis il y a, enfin, ce que vous me dîtes de l'universalisme… « Ce n'est pas pour vous que je suis venu mais pour tous ceux qui ne sont pas ici aujourd'hui avec nous. » C'est le verset que Levinas cite le plus volontiers et c'est, vous l'imaginez bien, une formule que je fais mienne. Je crois à cette vocation historiale et universelle de l'être-juif. Etre juif, pour moi, ça n'a même de sens qu'ainsi. Cela étant dit, je ne crois pas non plus que les déclarations de Benny Lévy que vous évoquez doivent être entendues aussi radicalement que vous le faites.

Mais déjà, dans Visage continu, *il disait combien il avait été lui-même dupe de l'universalisme.*

De son universalisme de chef révolutionnaire, oui. L'avenir du prolétariat et tout ce qui s'ensuit – voilà ce qu'était, pour lui, la vraie duperie. Mais je ne pense pas qu'il ait jamais tourné le dos à l'idée que le peuple juif soit venu pour racheter l'humanité. Je ne le dirais pas, moi, dans ces termes parce que je ne suis pas un théologien, mais je partage l'idée selon laquelle les valeurs juives ont été données à l'humanité comme une contribution à son émancipation. Alors, maintenant, nous avions aussi, bien sûr, et à partir de ce « tronc commun », une vraie discussion – et, peut-être, un vrai malentendu. Je me rappelle, quand j'ai rapporté mes reportages sur les guerres oubliées et que j'en ai fait les *Réflexions sur la Guerre, le Mal et la fin de l'Histoire…* Il y avait là quelque chose qui, pour lui, était quasi inintelligible. Qu'est-ce que j'allais faire avec les Noubas du Sud-Soudan ? Est-ce qu'il était vraiment nécessaire d'aller s'occuper de l'Angola ? Est-ce que c'était vraiment là le théâtre, le lieu d'élaboration, le lieu de mise en pratique, d'une pensée juive ? Pour moi, oui. Pour moi être juif c'est aller témoigner de la disparition des visages dans les faubourgs de Bujumbura. Pour moi, être lévinassien c'est aller témoigner pour ceux qui résistent à l'idée que l'Histoire a un sens et que ce sens c'est la disparition virtuelle de la surface de la planète parlante de tout un continent ou de zones entières de l'humanité. Pour moi, c'est ça être lévinassien, c'est ça être rosenzweigien, c'est ça être juif : c'est résister, en gros, à l'inhumanité.

N'est-ce pas tout simplement, à partir de Sartre, un messianisme athée ?

Pourquoi athée ? C'est un messianisme tout court. Car ce que Levinas, Rosenzweig et Buber disent du messianisme, c'est bien cela : ce messie sans visage, sans date d'avènement, sans histoire, ce messie de chaque instant, ce messie qui est vous, moi, un troisième, pour autant que nous soyons habités par le souci messianique. Telle est vraiment la leçon de Levinas : le messie peut être en chacun, il y a une passe messianique possible en chaque sujet à tout instant dès lors qu'il est habité par le souci du vrai et du bien. Et il ne faut pas attendre : le messie n'est plus celui qui vient à la fin des temps, celui qui aura un jour un visage et qu'il faudrait chercher, fébrilement, dès aujourd'hui, pour ne pas manquer le jour de ce surgissement. Ce messianisme de l'instant, cette idée de l'étincelle messianique présente en chaque instant, je crois en être assez proche. En tout cas c'est ainsi que j'entends les textes messianiques, c'est à cette lumière-là. Et j'ai le sentiment, ce faisant, d'être fidèle et mon judaïsme et, bizarrement, à la pensée Sartre.

11

Pour le droit au secret[1]

Je ne vais pas, cher Jacques-Alain Miller, parler en médecin, ou en praticien de quelque sorte que ce soit – mais en philosophe. Je vais proposer quelques remarques de philosophe autour de cette question du secret, et du droit au secret, qui vous rassemble aujourd'hui.

Première remarque. Je vais peut-être vous décevoir. Mais je ne pense pas qu'on puisse, sans nuance, sans précaution et sans tenter au moins de complexifier un peu la notion, réclamer « le » droit au secret. Car enfin le droit au secret c'est aussi, tout de même, un droit que revendiquent les gouvernants. C'est un droit, ce droit au secret, qui veut aussi dire le droit à l'étouffement de la vérité, le droit à la clandestinité de l'action publique. C'est un droit qui est inscrit dans tous les traités de gouvernementalité, les meilleurs et les plus honorables comme les pires et les plus effroyables. Je pense, par exemple, à un traité du XVIIIe siècle que Michel Foucault a commenté, le traité de l'Abbé Dinouart, de 1771, qui s'appelle *L'Art de se taire.* Eh oui… L'art de se taire, l'art d'étouffer la vérité, l'art de créer des secrets et de s'y tenir, cet authentique art du secret s'inscrit au cœur même de l'action du bon mais aussi du mauvais gouvernement. Et c'est d'ailleurs la raison pour laquelle, je

1. Palais de la Mutualité, 5 février 2005, Forum des psys, « Le droit au secret, un enjeu pour le nouveau siècle ».

vous le rappelle quand même, la dernière en date des révolutions démocratiques du XXe siècle s'est faite sous le chef de la *glasnost*, de la transparence, de l'ouverture de la boîte à secrets. Ne pas oublier cela, jamais.

Autre remarque préliminaire. Il ne faut pas perdre de vue que cette affaire de secret, cette notion, ce mot même, de secret, cette thématique du secret, c'est une thématique qui, dans la pensée française, dans la culture européenne en général, est une thématique pour le moins radioactive. Philippe Muray a montré, jadis, dans un livre qui s'appelait *Le XIXe siècle à travers les âges*, comment l'obsession du secret, c'est-à-dire l'obsession de l'occulte, c'est-à-dire la réflexion sur l'Histoire pensée en termes de secret, d'occulte et de complot, a fini par nourrir quelques-unes des pages les plus sombres du XIXe siècle, puis du XXe siècle, occidentaux. C'est vrai aujourd'hui encore. Et ce n'est pas à vous que j'apprendrai comment cette obsession fut perçue par l'inventeur de la psychanalyse. Il lui est arrivé, notamment dans ses *Nouvelles conférences*, d'avouer sa « secrète inclination » – je crois que c'est sa formule – pour l'occulte. Il s'est trouvé entouré par toute une série d'hommes qui sont allés au-delà de la secrète inclination et ont été fortement impliqués dans cette thématique. Je pense évidemment à Jung, mais pas seulement. Je pense à Fliess, à Jones, à Ferenczi, dont les premiers textes portent sur ces questions du spiritisme et de la magie. Donc ce n'est pas à vous que j'apprendrai avec quelle énergie Freud assène sa mise en garde contre « la marée noire de l'occultisme » et insiste sur le fait que l'inconscient ce n'est pas le secret ; que le refoulé, ce n'est pas l'occulté ; que l'inconscient c'est du crypté dans de l'énoncé, du caché dans du texte, mais que ce n'est pas du secret au sens où l'entendent Jung ou le premier Ferenczi. Donc mise en garde encore, me semble-t-il, face à cette thématique-là et à ce qu'elle peut avoir d'éminemment toxique. Mise en garde absolument nécessaire, si l'on veut parler de tout cela sérieusement.

Et puis enfin la dernière raison qui me rend prudent et qui fait qu'il faut tout de même s'armer d'un peu de méfiance par rapport à cette affaire de secret, c'est ce que j'ai retenu de la fréquentation de la pensée de Sartre. Vous savez avec quelle insistance il dit que la liberté d'un homme ne se joue pas dans la fidélité à ce qu'il est ; qu'elle ne se joue pas non plus dans la fidélité à ce qu'il cache – ce qu'un autre de ses contemporains appelait le misérable tas de secrets… ; mais qu'elle se joue dans la facticité de ce qu'il fait, dans l'actualité, toujours vive et toujours réinventée, de son acte et de la rencontre de son être pour soi et de son être dans le monde. Sartre qui déclarait, avec l'insolence que vous savez, sa joie d'être « délivré de la vie intérieure »… Sartre clamant qu'il était enfin libéré des sortilèges d'une pensée Proust qu'il n'était pas loin de confondre avec celle de Paul Bourget… Sartre qui avait peut-être un peu tendance, donc, à confondre Proust et Bourget mais qui m'a légué – et j'y tiens – cette méfiance redoublée, réitérée, à l'endroit de cette thématique du secret.

Donc, pour commencer, ces réserves.

Alors il est évident, bien sûr, que le contraire est au moins aussi vrai. Il est évident que le contraire est même, tout bien considéré, encore plus vrai et que c'est même, présentement, à l'heure où nous parlons, ce qui nous menace le plus.

Si les gouvernants gardent le secret sur leurs forfaits, ils se renseignent en revanche sur nos activités. Le secret pour eux, l'intelligence pour les autres. Le secret pour leurs menées, la lumière pour leurs gouvernés. Tout ce qui vient d'être dit depuis un moment que je suis là, tout ce que j'ai entendu, en témoigne avec beaucoup de précision et d'éloquence. Et c'est incontestable.

Plus précisément, plus profondément, nous savons aujourd'hui, après les expériences effroyables du XXe siècle, que le totalitarisme a à voir avec la transparence, avec la lumière, la toute lumière, autant qu'avec l'opacité et l'ombre. Le totalitarisme a à voir avec ce désir de lumière dans les âmes. Il est une torche mise, ou supposée mise, dans les âmes et dans leurs secrets. C'est une des thèses qui, dans *La Barbarie à visage humain*, il y a trente ans, m'ont probablement coûté le plus cher. C'est l'histoire fameuse de ce député conventionnel qui, le 8 thermidor au soir, sur son banc, à l'instant où paraît Robespierre à la tribune, sursaute. Son voisin lui demande : « pourquoi diable sursautes-tu ? » Et le député de répondre : « parce que Robespierre est là et qu'il va penser que je pense quelque chose ». L'histoire est terrible mais elle est récurrente. Des histoires comme celle-ci, je pourrais en raconter dix. Au cœur de tous les projets totalitaires, il y a cette traque à l'intime, au for intérieur, au secret. Au cœur des fascismes, il y a ce que Bernanos, citant *L'Espoir* de Malraux, appelait la « conspiration contre la vie intérieure ». Pas de totalitarisme, quelle qu'en soit la couleur, pas de despotisme, jusque dans ses formes les plus barbares et les plus récentes, qui ne passent par cette conspiration contre la vie intérieure, par cette conspiration contre la confidence ou la confidentialité. Il y a quelqu'un d'ailleurs à cette tribune, je pense à Edwy Plenel, qui a fait, si j'ose dire, l'expérience du secret sur les deux versants de son rapport au pouvoir, ou au surpouvoir, ou au pouvoir en chemin vers le surpouvoir. Il a fait l'expérience du premier quand il menait, pour *Le Monde*, ses investigations sur l'affaire du *Rainbow Warrior* et sur quelques autres affaires du même tonneau : il a eu affaire, alors, avec cette volonté d'étouffement des affaires, avec cette volonté de mise au secret des secrets d'Etat qui est le premier versant de la mauvaise gouvernementalité. Et puis il a eu à faire face, et il a encore à faire face aujourd'hui, à cette indiscrétion monstrueuse qui est aussi le propre de l'Etat lorsqu'il prétend traquer, faire lumière sur l'intimité de chacun ou de quelques-uns, de quelques-uns pour l'instant et de tous, ce qu'à Dieu ne plaise, un jour. La France des « écoutes » est une France qui fait la chasse au secret – c'est tout aussi incontestable.

Alors, bon. Si ces deux choses sont vraies, si les deux aspects de ce droit au secret sont exacts, alors il me semble et je voudrais le dire en quelques mots très brefs, il me semble que nous sommes invités à un petit travail conceptuel, à un petit travail de refonte épistémologique sur cette idée même de secret. Il me semble que, pour que votre mot d'ordre, pour que votre combat pour le droit au secret, soient valides et échappent aux possibles écueils que j'ai évoqués pour commencer, il faut quelques opérations conceptuelles. On ne va pas les détailler aujourd'hui, naturellement. Mais on peut donner une ou deux indications.

Par exemple, il me semble qu'il faut essayer de sortir du face-à-face, conceptuellement absurde et politiquement ruineux, entre le « tout dire » et le « ne rien dire ». Et, sur ce front-là, je pense que vous êtes particulièrement bien équipés, vous, les freudiens, et notamment les lacaniens, avec le concept de « mi-dire ».

Par exemple aussi, il me semble que, pour poser cette question du droit au secret dans des conditions épistémologiquement convenables, il faut sortir du face-à-face dont se nourrissent, et cette bascule entre les deux conceptions du secret, et la façon dont les gouvernants ou les tyrans parviennent à s'en emparer – il faut sortir du face-à-face entre le voilement et le dévoilement. Il y a un texte de Heidegger qui se trouve dans *Question III* et qui s'appelle « Sérénité ». Il pose cette question du secret et il dit, en gros : la question du secret, c'est-à-dire la question du rapport entre son voilement et son dévoilement, est analogue à – et doit être posée dans les mêmes termes que – la question du rapport entre l'oubli et le découvrement, le Léthé et l'Aléthéia. Liquidation de l'oubli : position sophistique. Fixation à l'oubli, à l'ineffable d'un être qui s'effacerait à jamais dans un retrait ontologique : position métaphysique. Si on ne veut tomber ni dans la position sophistique ni dans la position métaphysique, insiste Heidegger, alors il faut voir l'apparaître comme un mode d'être du secret, l'oubli comme un mode d'être de l'alétheia, et vice versa, à l'infini.

Et puis, je crois surtout, et c'est ça le plus important, que si on veut échapper à cette bascule, le vrai travail à faire est un travail qui *désontologiserait* cette affaire de secret. Il y a eu un livre de Pierre Boutang, il y a trente ans, qui s'appelait *Ontologie du secret*. Pierre Boutang était un grand intellectuel. Mais c'était par ailleurs un maurassien et quelqu'un avec qui je ne me sentais – c'est peu dire – guère d'affinités. Il écrit donc ce livre qui s'appelle *Ontologie du secret*. Et il nous donne, ce faisant, et comme a contrario, la voie à suivre. Un troisième travail conceptuel qui consisterait à désontologiser cette question du secret ; un travail qui nous dirait comment, au fond, le vrai secret dans cette affaire de secret c'est qu'il n'y a pas de fond et pas de secret ; un travail dépassant, dans l'analyse de la question du secret, cette verticalité dont Sartre et, après lui, l'antihumanisme théorique des années 60 et 70, nous ont appris à faire justice ; un travail qui substituerait à cette verticalité de la relation entre une surface et une profondeur qui peu à peu affleurerait et reviendrait à la surface, un tout autre dispositif que j'ai envie de qualifier d'horizontal et qui verrait coexister des poches de singularité, des poches de subjectivité, qui, quelle que soit leur définition, quelle que soit la profondeur dont elles sont dotées ou non, quelle que soit l'obédience philosophique de chacun, auraient pour propriété d'être bien isolées, bien distinguées, de toutes les autres. Au fond, parler du droit au secret et en parler d'une manière opératoire consisterait à revenir à l'étymologie même du mot. Secret veut dire discret, veut dire *discernere*, veut donc dire séparer, distinguer. Oui, voilà, séparer en unités discrètes, distinguer des unités isolées les unes des autres et n'accédant les unes aux autres que lorsque s'opère une expérience de visage à visage et que les singularités décident de communiquer, de faire connaissance. Droit au secret, dans cette perspective, ne veut plus dire s'enivrer d'une espèce de profondeur mystique et ineffable. Mais : supposer, autour de chacun, une sorte de sphère invisible et inviolable qui fait de lui un être discerné, un être séparé, par conséquent un être secret.

Et puis enfin, dernière remarque. Comme il ne suffit pas de créer autour de chacun un espace séparé, il faut veiller sur cette séparation et il faut, pour cela, des institutions ou, plus exactement, des veilleurs, des gardiens, oui, des gardiens du secret, des gardiens de cette sphère invisible et inviolable autour de chacun – ces gardiens vous les avez nommés, ils sont représentés autour de cette tribune : ces gardiens du secret, ce sont les avocats, ce sont les journalistes, ce sont les médecins et il ne nous manque, aujourd'hui, qu'un représentant de la quatrième catégorie de gardiens du secret – les prêtres, les confesseurs.

Voilà. Nous y sommes. Ce qui apparaît aujourd'hui et ce qui fait que nous sommes rassemblés, c'est qu'il y a péril sur chacune de ces maisons du secret.

Péril sur la maison des avocats ? Il suffit – je ne sais pas si mon ami Thierry Lévy en a déjà parlé, mais j'imagine que oui – que pointe le soupçon d'une complicité éventuelle entre l'avocat et son prévenu pour que soit mise en cause l'inviolabilité du secret dont il est le porteur.

Péril sur la maison des journalistes ? Le journal auquel je collabore chaque semaine, *Le Point*, en est témoin : des journalistes, parce qu'ils refusent de céder sur ce droit imprescriptible qu'est, pour un journaliste, le secret de ses sources risquent aujourd'hui de lourdes sanctions pénales.

Péril sur la maison des médecins ? Nous l'avons vu, ô combien, l'année dernière au cours de ce combat que nous avons mené ensemble et que nous sommes encore en train de mener : c'est le risque que Jacques-Alain Miller indiquait tout à l'heure ; c'est le risque de ce que Michel Foucault appelait, parodiant le titre de Fichte, l'« Etat médical ouvert ». Oui, il y aujourd'hui des projets d'Etat médical ouvert qui créent un troisième péril sur la maison du secret.

Et puis enfin une affaire dont les hasards de la vie m'ont permis d'approcher et qui me semble être plus caractéristique encore que l'affaire islandaise, l'affaire du peuple cobaye en Islande, dont on nous a si drôlement et si affreusement parlé tout à l'heure. C'est un arrêt de la Cour de cassation de décembre 2002 portant sur une affaire de pédophilie dans l'Eglise. Un prêtre accusé de pédophilie est traduit devant l'officialité diocésaine de Lyon. Le plaignant estime que la procédure ne va pas assez vite et qu'elle s'enlise. Il saisit un tribunal civil. Il saisit plus exactement un juge d'instruction de Nanterre. Le juge d'instruction confisque à l'officialité diocésaine les disquettes plus ou moins liées à cette affaire et, au passage, fait main basse sur des informations touchant à l'intime de personnes impliquées ou non dans l'affaire. Et la Cour de cassation rend alors un arrêt, en décembre 2002, qui dit que la question du secret dans le face-à-face auriculaire entre le prêtre et son fidèle, cette question qui est presque aussi ancienne, à quelques siècles près, que la question du serment d'Hippocrate, la question de ce secret-ci est à la discrétion du juge.

Il y a aujourd'hui, sur ces quatre fronts-là, sur le front des prêtres et de la confession, des malades et de leur médecin, des avocats et de leur client, des journalistes enfin et de leur devoir d'informer, un véritable combat qui se mène. Un combat contre tous ceux-là, d'abord. Un combat contre la discrétion et pour l'indiscrétion. Un vent d'indiscrétion féroce qui souffle sur nos sociétés. Et, face à cela, un autre combat qu'il faut livrer, une contre-offensive qu'il faut mener et qui doit absolument l'emporter. Pour tous ceux qui, à la question de savoir s'il faut défendre la société ou s'il faut défendre les sujets qui la composent, pour tous ceux qui, quelque définition qu'ils se donnent du sujet, qu'ils s'en donnent une définition humaniste traditionnelle ou une définition différente et plus moderne, répondent, sans hésiter, que c'est les sujets qu'il faut défendre et qu'il faut les défendre contre l'indiscrétion de la société, pour tous ceux qui, ici et ailleurs, s'inquiètent de ce renversement du Panoptique auquel nous sommes en train d'assister et qui fait que la règle (la menace ?) n'est plus, comme chez Bentham, le regard du Prince sur ses sujets, mais celui de chaque sujet sur le Prince et sur chacun des autres sujets, pour tous ceux-là s'impose aujourd'hui un devoir : la même ardeur que vous avez mise, cher Jacques-Alain Miller et vous tous, l'an dernier, à vous battre, contre le plan Cléry-Melin et l'amendement

Accoyer, il faut la mettre à défendre les avocats, les journalistes, les médecins et les prêtres dans ce devoir de conservation du secret.

12

Contre la « politique de civilisation », vive l'axe Lacan-Canguilhem-Lautréamont[1]

Je vais commencer par un aveu.

Quand Jacques-Alain Miller m'a appelé, quand j'ai compris qu'il se remettait en mouvement, quand j'ai réalisé que, pour la seconde fois depuis quarante ans que je connais son existence, il sortait de son silence studieux pour appeler à la mobilisation générale et quand j'ai réalisé, enfin, qu'il s'agissait de partir en guerre, cette fois, contre le « chiffrage », le règne de la « quantité » et de la « bureaucratie », le triomphe sans partage d'une « technique » qui serait en train d'achever son travail d'« arraisonnement » du monde au sens de Heidegger, en un mot le « cognitivisme », je n'ai pas tout de suite compris – et j'ai même eu une petite, toute petite, réticence.

Car je vais être franc.

Je n'ai rien, en soi, contre la technique.

Je pense même, comme Levinas, que, dans le vieux débat entre la nature et la technique, c'est la technique qui a raison ;

1. Palais de la Mutualité, 10 février 2008, Forum des psys ; repris dans *Le Nouvel Ane*, 9 septembre 2008.

c'est la technique qui, en tout cas, libère ; et elle libère, d'abord, de cet esprit des lieux, de ce goût de l'enracinement et de la magie, de cette fixation aux sources, de ce mystère, de ce paganisme, que Freud, votre Freud, appelait aussi l'occultisme et qui est un autre nom de la servitude.

Sur la question Heidegger, j'ai une position plus nuancée que mon ami Sollers : bravo à lui, naturellement, d'avoir tenu bon contre la part de haine de la pensée qu'implique, le plus souvent, l'antiheideggérisme ; mais il y a dans la vulgate adverse, il y a dans l'heideggérisme irréfléchi, il y a dans la nostalgie de la présence et du lieu, dans l'image d'un monde désenchanté, démystifié, dépoétisé par l'arraisonnement technicien, quelque chose qui, à mes oreilles, a toujours consoné avec le pire.

Sur le mot même de raison… Je sais, bien sûr, quels monstres la raison peut engendrer. Je connais, comme tout le monde ici, la face d'ombre de ces Lumières dont, dès mes premiers livres, dès *La Barbarie à visage humain*, j'instruisais moi-même le procès. Mais, face à la montée des obscurantismes, face au déchaînement des fanatismes, face à ceux qui condamnent Ayaan Hirsi Ali à mort parce qu'elle plaide pour la laïcité et entend mener sa vie selon les seuls préceptes que lui dicte sa propre raison, c'est vrai que, comme le dernier Foucault, comme ce Foucault un brin dégrisé qui signe et prononce les fameuses leçons de 1979 sur la « gouvernementalité libérale », j'en arrive à dire : « la déraison, croyez-moi, peut être aussi oppressive que la raison. »

Sur l'idée même de bureaucratie, sur l'idée que la bureaucratie serait devenue, comme telle, le plus terrible de nos ennemis, sur cette idée d'un combat pour la liberté qui serait, par nature, un combat contre les bureaux, le vieil hégélien en moi, ce qui subsiste en moi d'hégélianisme, a aussi d'expresses réserves – est-ce que la bureaucratie ce n'est pas l'Etat ? et est-ce que l'Etat n'est pas, dans certaines circonstances, ce qui fait obstacle à la barbarie ? et est-ce qu'il n'y a pas, à l'inverse, et pour parler encore comme le même dernier Foucault, une « phobie d'Etat » qui serait le mauvais réflexe ou, ce qui revient au même, le mauvais concept par excellence (un concept dont le principal et plus nuisible effet serait de créer l'illusion d'une « parenté génétique » – c'est toujours Foucault qui parle – entre les diverses formes d'Etat, despotique et libéral, fasciste et social-démocrate, Etat-providence et Etat totalitaire, qu'il deviendrait impossible de distinguer) ?

Je connais bien ces périls.

Je connais, dans l'espace français au moins, le type de configuration discursive qu'ils induisent.

Je sais comment ces motifs conjoints, ou croisés, de la guerre au quantitatif, de la critique de la bureaucratie ou de la réduction de tous nos maux à la domination par la technique, peuvent se résumer, et exploser, dans ce que j'ai appelé « l'Idéologie française ».

Je sais, autrement dit, qu'on touche là à une matière hautement fissile, instable, inflammable, à manier avec précaution et qui, en un clin d'œil, sans que l'on y prenne garde, peut exploser à la figure des meilleurs d'entre nous en les ramenant dans les zones éminemment suspectes de ce que l'on a appelé, par exemple, le « non-conformisme des années 30 ».

Bref, ma première réaction fut un mixte de surprise, d'incompréhension et de méfiance.

J'ai commencé par me dire : attention à ne pas tomber dans je ne sais quel bergsonisme politique, ou péguysme, ou sorélisme, qui sont mes ennemis de toujours et dont la postérité est toujours très équivoque.

Et puis, j'ai réfléchi.

Je savais bien que ce n'était pas cela, que ce ne pouvait être cela, que Jacques-Alain Miller avait en tête en me conviant à ce nouveau forum.

Je le connais trop, et depuis trop longtemps, pour imaginer que l'auteur du *Neveu de Lacan*, l'inventeur du concept de « suture », l'un des intellectuels que, depuis quarante ans, j'observe avec le plus de curiosité puisse tomber dans ce piège grossier.

Donc, j'ai repris son interview dans *Libération* contre l'imposture cognitiviste.

J'ai lu attentivement la dernière livraison du *Nouvel Ane* qu'il a conçue, sur le même thème, avec Agnès Aflalo.

Et je les ai lus comme il faut lire – à la lumière de la conjoncture et, dans cette conjoncture, d'un certain nombre d'événements ou de traits d'époque qui m'avaient, comme vous tous, et sur le moment, frappé mais qui prennent, à cet instant, un relief et un sens particuliers.

L'affaire, par exemple, de l'évaluation des ministres. Cette proposition sortie droit d'*Ubu Roi* et qui, pourtant, n'a pas fait rire grand monde et, surtout, n'a suscité, de la part des intéressés, aucune espèce de réaction : pas un pour protester ! pas un pour refuser ! pas un, pas une, pour dire : « on n'est pas à l'école maternelle ! on n'est ni des cancres ni des fayots ! on est des serviteurs de l'Etat et le seul juge habilité à évaluer les serviteurs de l'Etat c'est, tous les cinq ans, les électeurs ! »

Moins drôle, mais non moins significatif, ce spectre de l'évaluation généralisée que nous pensions avoir terrassé avec l'amendement Accoyer mais dont nous découvrons qu'il revient, légion cette fois, Gorgone, Méduse, Hydre à mille têtes – plus vigoureux, mieux ramifié, avec des institutions ad hoc, des agences spécialisées, une surtout, une en particulier, cette « Agence d'évaluation de la recherche et de l'enseignement supérieur » (l'Aeres), créée par la loi du 18 avril 2006 et dont l'objectif est, véritablement, de faire de la santé mentale une affaire d'Etat.

Moins drôle encore, et dépassant le cas des seuls praticiens ou usagers de la clinique freudienne, cette obsession de l'évaluation qu'est la pratique permanente, l'obsession, la manie, du sondage : vieille idée, d'accord ; mais parvenue, chacun le sent bien, au terme de sa folie ; et produisant, en cette fin de parcours, une image quand même assez spéciale de ce que l'on appelait jadis le peuple – les Anciens avaient un mot pour cet autre peuple ; ils avaient le mot de *turba* chez les Latins, ou de *laos* chez les Grecs, pour désigner ce mauvais peuple, cette caricature de peuple, cette pure addition, ce pur nombre qui ne forme plus cette belle chose que la démocratie appelle le peuple, ce ramassis d'« idiots », à la lettre d'« idiots », qui ne sont pas encore, ou qui ne sont plus, rassemblés dans le *populus*, ou dans le *demos*, c'est-à-dire dans le corps politique ; nous n'avons, nous, pas l'équivalent de cette distinction entre le bon *demos* et le mauvais *laos*, le bon *populus* et la hideuse *turba* ; nous n'avons pas de mot pour cette insulte au peuple qu'est l'opinion prétendument exprimée par les sondages ; il y a là quelque chose, un désastre quotidien, une honte qui dure, une cochonnerie qui n'a, comme on dit, pas de nom.

Pas de mot non plus, pas de nom, pour cette affaire hallucinante que fut l'affaire des comptes de Monsieur Hortefeux : cette directive, inédite dans l'histoire de la République, qui, voici quelques mois, assigna aux préfets des objectifs chiffrés en matière d'expulsion d'immigrés en situation illégale ; ce rappel à l'ordre, sous autorité présidentielle, et lors d'une réunion, sinon secrète, du moins honteuse et tenue en catimini, de ceux des préfets qui n'avaient pas atteint les objectifs – de nouveau, peu de protestations ! de nouveau, tout le monde, ou presque, pour trouver apparemment normal que l'on puisse traiter des êtres humains comme des bestiaux, des grands nombres ! et, de nouveau, un processus qui est en cours, là, à cet instant, pendant que nous sommes en train de colloquer !

Je passe, dans le genre inédit, sur les élucubrations d'Etat à propos du dépistage précoce de la violence et des troubles de conduite, de la prévention de la délinquance ou du caractère inné, quasi génétique, de telle ou telle « déviance » – grotesque, là aussi ! on se frotte les yeux, on n'y croit pas et pourtant si, c'est bien cela, c'est bien ainsi que l'on s'exprime au plus haut niveau de l'Etat et ce serait grotesque, cela prêterait à rire ou à sourire si ce n'était d'abord redoutable car reposant sur un déterminisme biologisant, prétendument scientifique lui aussi, aux connotations sinistres et aux conséquences déjà catastrophiques : voyez l'affaire, qui repose sur les mêmes prémisses, de la « détention de sûreté ».

Je passe aussi, puisque j'en suis au Président de la République, sur ces deux autres traits inédits, ces deux autres événements, oui, ce sont bien des événements, ce sont des événements politiques et idéologiques à part entière – je passe donc, premièrement, sur l'apparition de ce qu'il faut bien appeler un anti-intellectualisme d'Etat dont j'ai été l'un des premiers, au moment de la visite de Kadhafi à Paris, à faire personnellement, et nommément, les frais et je passe, deuxièmement, sur la tentative sans précédent, ce matin même, à la suite de la publication par un hebdomadaire qui, par parenthèse, aurait été mieux inspiré de s'abstenir et de s'en tenir à ses règles déontologiques habituelles, d'un SMS douteux et touchant à la zone inviolable pour chacun et donc, aussi, pour un Président, de la vie privée et du secret (cf., cher Jacques-Alain, l'un de nos précédents colloques, ici même, il y a deux ou trois ans), je passe, dis-je, sur la tentative d'intimidation, de chantage, que constitue le fait de traîner le journaliste fautif devant la justice pénale c'est-à-dire, en termes clairs, de demander à ce qu'il soit jeté en prison.

Je passe sur tout cela et me concentre sur les histoires de chiffre, de comptes et d'évaluation. Mais, puisqu'il est question, ces temps derniers, de « politique de civilisation », puisque d'aucuns semblent n'avoir qu'elle à la bouche et à l'esprit, je dis que nous sommes peut-être en train de pénétrer, en effet, dans une sorte de civilisation nouvelle, fondée sur une nouveau rapport à la science produisant des aberrations de ce genre – je dis que, exactement comme le prévoyait Freud quand, dans les *Considérations actuelles sur la guerre et sur la mort*, il diagnostiquait une prise de contrôle par la science des pratiques de sociabilité et, issue de cette prise de contrôle, opérée, justifiée, légitimée par elle, l'apparition de pratiques despotiques, voire terroristes et meurtrières, dont on n'aurait pas eu l'idée sans cela, je dis, donc, que, comme l'annonçait Freud, nous sommes peut-être à l'orée de quelque chose de complètement nouveau : l'homme deviendrait une chose meuble, docile, évaluable et manipulable à volonté, contrôlable ; on commencerait, à force d'évaluations et de mises en équations, de rêver de lui implanter des affects, de lui en délocaliser d'autres, de détourner les troisièmes de leur fonction traditionnelle, de faire de son cerveau l'équivalent d'un terminal électronique dont on ferait ce que l'on veut ; l'heure serait venue où des savants, pas totalement fous, envisageraient de le télécommander à distance, de le boguer, déboguer, hacker, hijacker, parasiter ; nous serions à l'aube d'une civilisation caractérisée par la mobilisation de la science au service d'un programme qu'il ne faudrait plus craindre de dire, au moins en intention, tendanciellement totalitaire ; et, là encore, c'est Foucault qui avait raison quand il prévoyait le triomphe d'un Etat médical fermé qui ferait son affaire de la gestion des âmes et des consciences – ou quand il annonçait un nouvel Hôpital Général mais dont nous serions tous les patients.

Alors, quelles ripostes ?

Face au péril, quel contre-feu ?

Face à ce déferlement de techniques dont on ne voit pas bien ce qui pourrait l'empêcher d'aller, spontanément, au bout de ses possibles, quelles digues, quelles résistances ?

Face à ces perspectives qui peuvent paraître relever de la science-fiction mais dont des signes, de plus en plus nombreux, attestent que, pour la première fois, elles sont devenues plausibles, quelle sorte de réplique ?

C'est pour répondre à cette question que vous êtes, aujourd'hui, réunis.

Et je voudrais participer de cet effort de réflexion partagée en proposant, comme il y a cinq ans, au moment de la bataille contre l'amendement Accoyer, quelques pistes, quelques idées simples mais auxquelles je tiens – je voudrais énoncer les propositions (il y en a sept !) sur lesquelles, comme en 2003, j'engage à ne pas céder si l'on veut se donner les moyens de résister pour de bon.

Première proposition. L'âme n'a pas de siège. On ne peut pas la contrôler. On ne peut pas aller y dépister ceci ou en éradiquer cela. On ne peut pas envisager d'y implanter tel affect ou d'en télécommander tel autre. Ça ne sert à rien de se pencher sur ses prétendues prédispositions à telle infraction ou déviance. Et ça ne sert à rien non plus de s'inquiéter de ceux qui élucubrent sur le caractère inné de la pédophilie. Car il n'y a pas de « in » où serait l'« inné ». Il n'y a pas de « lieu » où l'on pourrait aller fourrer les doigts. Et c'est une illusion de croire – pour l'investir ou pour, au contraire, le sanctuariser – en l'existence d'un espace qui serait le siège de l'âme. Il faut revenir, sur ce point, aux classiques. C'est-à-dire, si vous le voulez bien, à la préface à la cinquième partie de l'*Ethique* où Spinoza détruit l'hypothèse cartésienne d'une âme logée dans la « glande pinéale ». On arrête avec les glandes, dit Spinoza ! On arrête avec les localisations burlesques et, même, avec les localisations tout court ! On cesse, une fois pour toutes, de croire que l'âme serait ce petit lieu, bien ou mal fortifié, que les uns voudraient arraisonner et les autres soustraire à l'arraisonnement. Spinoza prévoyait-il le temps des préfets de l'âme ? Des policiers des affects et des mauvaises névroses ? Evidemment pas. Mais il nous donne le premier principe qui permet de les mettre en échec : l'âme est comme l'Eglise catholique – sans territoire.

Deuxième principe. Le corps n'est pas un organisme. Le corps, mon corps, n'est pas cette articulation de matières, de cellules, de neurones, d'ADN, de ce que vous voudrez, dont on pourrait prévoir, calculer, maîtriser le fonctionnement et sur lequel il serait possible et souhaitable, possible donc souhaitable, qu'interviennent les ingénieurs du vivant. Là aussi, les arguments existent. Les armes. Toutes les armes. Et elles sont là, disponibles, à la portée de qui veut bien nous accompagner dans cette guerre. C'est Diderot contre La Mettrie. C'est « l'homme machine » de La Mettrie, d'un côté. Et c'est, de l'autre, le génial *Rêve de d'Alembert* où Diderot oppose à l'horrible image de la machine celle du clavecin. Ah ! le clavecin… Lisons Diderot. Lisons Crevel lisant Diderot et en tirant son merveilleux *Clavecin de Diderot*. Ce qui est bien, avec un clavecin, c'est qu'il fait de la musique. Ce qui est bien avec la musique c'est que, même quand la note est juste, elle n'est jamais deux fois la même. Ce qui est bien avec les notes justes c'est qu'il leur arrive, même chez les meilleurs musiciens, d'être coupées par une fausse note. Diderot, ne l'oubliez pas, est aussi un merveilleux critique d'art. Eh bien je vous propose d'opposer sa jouissance de l'art à l'art de jouir selon La Mettrie. Et vous verrez que vous aurez là une deuxième belle et bonne digue contre la ruée des crétins qui veulent réduire notre corps, notre chair, notre désir, à de la matière évaluable et machinisée.

Troisième principe. Ce qui est intéressant, de toute façon, ce n'est pas le corps. Ce n'est pas l'âme. C'est leur mixte. Leur bâtard. Leur rencontre improbable. Leur nouage. Leur capture l'un par l'autre. Leur nouage dans ce bassin de capture (Desanti) qu'est la langue. Le coup de dés permanent (Mallarmé) qu'est la naissance, chaque fois, de ce que l'on appelle un sujet. Or ce nouage est un accident, toujours un accident ; et nous savons, depuis Aristote, qu'il n'y a de science que des substances, jamais des accidents – nous savons que le sujet c'est cela même qui, par conséquent, résiste à la science du vivant. Un coup de dés jamais, absolument jamais, n'abolit le hasard ; et nous savons qu'un sujet est toujours, par conséquent, un événement, un miracle, une trouée incalculable, un tracé imprévisible, une occurrence non quantifiable, un innombrable – pas de science possible, là non plus. A supposer même que la science parvienne à bafouiller un énoncé adéquat à mon fonctionnement génomique ou neuronal, à supposer que, de mon corps ou de mon âme, elle réussisse à dire quelque chose de sensé – de leur articulation improbable, de leur enfant naturel, de leur mixte, elle n'a, par définition, rien à dire.

Principe numéro 4. Plus intéressant encore que « le » sujet, est le « entre-deux-sujets ». Oui, ce qui compte, ce à quoi nous avons, dans la vie, réellement et concrètement affaire, ce qui marche, ce qui foire, ce à quoi, d'ailleurs, tous ces gens, tous ces cognitivistes, s'intéressent et qui leur donnerait, s'ils y avaient accès, une vraie maîtrise du vivant, c'est cette zone intermédiaire, ce territoire interstitiel, dont Levinas, encore lui, faisait le territoire même de l'éthique. Or qu'est-ce que l'éthique, selon Levinas ? C'est l'autrement qu'être. C'est l'au-delà de l'être. C'est ce « contre-être » qui, seul, explique-t-il, donne accès à ce qu'il appelle le visage – lequel visage n'est jamais, comme vous savez, réductible à cette somme de traits, cette addition de bouche, nez, et autres phénoménalités, bref, cet étant composé avec d'autres étants, que l'on qualifie ordinairement ainsi. En sorte que, de cela non plus, il ne saurait y avoir science – de ce non-être, de ce contre-être, de ce mixte de visible et d'invisible, de cette expérience métaphysique et des troubles qui s'y produisent, de ce faux face-à-face de deux ou de plusieurs visages qui est la trame même, l'intrigue, de l'aventure interhumaine et des ratés qui la menacent, il ne peut, par définition, pas y avoir non plus de science…

Parlons-en, de ces troubles. Parlons-en, de ces ratés. Et parlons de ce trouble, notamment, que vous appelez, vous, les analystes, une névrose. La cinquième thèse sur laquelle il convient de tenir, le cinquième principe sur lequel il est essentiel de s'arc-bouter, le cinquième énoncé qui sera en mesure, si vous ne cédez pas, de tenir à distance les cognitivistes et les canailles qui s'en inspirent, c'est l'énoncé selon lequel la névrose n'est pas une maladie et que ce n'est pas la peine qu'ils viennent faire les malins avec leurs fébrifuges, leurs remèdes, leurs diagnostics impeccables ou fautifs, leurs protocoles thérapeutiques, leur arsenal médico-légal, puisque le malaise que l'on appelle névrose n'est pas du ressort de tout ça. Il faut, là-dessus, que les choses soient claires. Il faut, plus exactement, que nous donnions clairement le choix à ce que Jacques-Alain Miller appelait naguère l'opinion éclairée et qui, en la matière, arbitrera. Le médicalisme – nous le savons, ici aussi, depuis Foucault – est l'essence même du totalitarisme. La transformation du mal en maladie – c'est mon dada depuis *La Barbarie à visage humain* – est une façon de dire : « ça va pas, la société ? c'est pas grave ; c'est pas fatal ; c'est juste une idiotie de microbe qui s'est mis au mauvais endroit et qu'on va localiser, identifier, éliminer, expurger. » Le moment où Céline par exemple devient vraiment nazi c'est le moment – ça, c'est Philippe Muray qui l'a découvert – où il se souvient que, avant d'être Céline, il s'appelait Destouches ; que Destouches n'était pas écrivain mais médecin ; et qu'il suffit à Céline de redevenir un peu, un tout petit peu, Destouches pour comprendre que bon sang mais c'est bien sûr, la société est malade des juifs, c'est des juifs qu'il faut la guérir et c'est les juifs qu'il faut exterminer pour la sauver… Donnons le choix, donc. Mettons aux gens le marché en main. Ou bien vous tirez toutes les leçons de la révolution totalitaire et aussi, naturellement, de la résistance antitotalitaire que nous sommes un certain nombre à avoir menée avec énergie – et vous prenez vos jambes à votre cou dès que vous entendez un dingue vous ressortir ce couplet sur le malaise qui n'est pas un malaise mais juste une maladie que de bons guérisseurs vont vous traiter vite fait. Ou bien vous consentez à ce que la névrose soit une maladie ; vous laissez transformer le malaise, le malentendu consubstantiel à la rencontre entre deux parlêtres, le manque, le mal, en une forme de maladie ; et alors, bonjour les dégâts, vous ouvrez les vannes à la prophylaxie sociale, aux épurations diverses et variées, et, de proche en proche, à la catastrophe.

Sixième principe. Les psys ne sont pas des psys. Il faut en finir avec cette catégorie fourre-tout qu'est la catégorie des psys et dont vous seriez, vous, praticiens d'obédience freudienne, une sorte de sous-groupe. C'était le sens du combat à l'époque de la lutte contre l'amendement Accoyer. C'était tout l'effort de ceux qui, ici même, souvent les mêmes qu'aujourd'hui, travaillaient à élucider ce qui distingue la pratique freudienne de tout ce avec quoi on a tendance à la confondre. Je croyais qu'on avait gagné. Je pensais qu'on avait renvoyé ces apprentis sorciers à leurs moutons électoraux. Eh bien non. Pas du tout. Ou, plus exactement, pas tout à fait. Car c'est cette sottise qui revient par la fenêtre avec l'idée que la névrose est une maladie évaluable qu'on va essayer de calculer, mettre en équation et, à terme, guérir. C'est ce mythe du bon thérapeute qui fait retour quand on se laisse glisser sur la pente du médicalisme politique, c'est-à-dire de cette transformation du Mal en maladie dont je viens de vous rappeler à quel point elle est dangereuse. Alors, l'inverse est vrai. Si on ne veut plus le médicalisme, si on veut en finir une bonne fois avec l'idée que la névrose est une maladie, si on veut être bien certain de ne plus tomber dans le piège qui fait loger l'âme dans une glande et transformer le corps en machine, si on veut rompre avec tout cela et avec la « civilisation » qui va avec, alors il faut et il suffit de tenir bon, contre le confusionnisme ambiant, sur la spécificité d'une pratique, la vôtre, dont l'originalité est, justement, qu'elle refuse la loi de la série, du comptage, du nombre et de la prophylaxie guérisseuse – il suffit de dire et répéter, que vous n'êtes pas des « psys », qu'il y a aussi peu de rapport entre « les » psychanalystes et vous qu'entre, selon Spinoza de nouveau, le chien animal aboyant et le chien constellation céleste.

Et puis, dernier principe enfin : la science ce n'est pas le chiffre. C'est le point essentiel. C'est celui dont dépendent tous les autres. Car si on arrive à montrer que ces gens que nous avons en face de nous, ces cognitivistes, ces ennemis du clavecin et du coup de dés, ces évaluateurs forcenés, ne sont pas des gens de science, que ce sont des charlatans, que leur religion du chiffre et leur façon de tout mettre en équation est le contraire même de l'esprit scientifique, alors on aura gagné ! Eh bien on a gagné, chers amis. Car, d'abord, je suis désolé, mais le chiffre, jusqu'à nouvel ordre, c'est le principe des sectes, des occultismes, des suggestions spirites, des ésotérismes, des théosophies, en un mot, de l'antiscience. Et puis, surtout, nous avons eu les mêmes maîtres, Jacques-Alain Miller, Jean-Claude Milner et moi – et, parmi ces maîtres, il y en avait un qui s'appelait Georges Canguilhem et dont l'enseignement tenait en trois thèses. Première thèse : il n'y a aucune raison, franchement, de faire aveuglément confiance aux savants (c'est ce fameux chapitre 72 du volume I de *L'Homme sans qualités* de Musil, intitulé « La science sourit dans sa barbe » : il y a là, réunis chez Diotime, un groupe de scientifiques dont l'auteur nous dit qu'ils sont « des hommes chez qui grondait une terrible tendance au mal » – Canguilhem adorait citer cette histoire ; il y voyait l'illustration du peu d'estime où il tenait certains savants). Deuxième thèse : la science est une machine bizarre qui ne repose pas sur le lien que l'on croit, simple, impeccable, toujours égal à lui-même, assuré de soi, mécanique, entre la vérité et l'erreur (l'erreur, enseignait-il, peut être l'ancêtre de la vérité ; la vérité, à l'inverse, peut être une forme déguisée de l'erreur ; il arrive que le faux soit le fruit de la volonté de vérité ; il arrive que le vrai, à l'inverse, ne soit pas issu, du tout, de la volonté de vérité). Et puis troisième thèse enfin – la plus importante et celle qui, en tout cas, nous touche aujourd'hui de plus près : les savants, les vrais, ne sont pas des hommes qui ont le fétichisme du chiffre ; la science, la vraie, est affaire de poème, oui, je dis bien de poème, autant que de mathème et de théorème.

Ah ! la formation du concept de réflexe, dans le premier grand livre de Canguilhem… Toutes ces histoires de feu, briquets à feu, nerfs conçus comme des cordeaux Bickford, embrasements, explosions, toutes ces métaphores invitant à penser la vie comme de la lumière et son mouvement comme une optique, sans quoi, prétendait-il, l'inventeur du concept, Thomas Willis, serait resté enfermé dans les clichés préscientifiques des iatromécaniciens italiens et, au fond, dans Descartes… Et la théorie cellulaire ! Et cet autre livre génial, *La Connaissance de la vie*, montrant que, si la théorie cellulaire est née, si des savants ont fini par comprendre, primo que le corps est fait de cellules, secundo qu'il n'est fait *que* de cellules, c'est parce qu'il y a eu un homme, Lorenz Oken, qui, au début du XIXe siècle, en pleine époque Novalis, alors que les romantiques allemands tenaient le haut du pavé politique avec leur théorie de la société « organique » et « holiste », a pris le contrepied de ladite théorie, a posé au démocrate fidèle à l'idéal contractualiste de la Révolution française et a eu l'intuition folle, farfelue, a priori complètement antiscientifique, d'appliquer sa théorie contre-pied, son obsession contractualiste et démocrate, à ses recherches biologiques en cours et de comparer le corps humain à une société faite d'éléments, d'atomes, de *petites cellules*, toutes identiques les unes aux autres ! Et ces « études d'histoire et de philosophie des sciences » (autre titre, encore, d'un autre livre de Canguilhem) dont la leçon était, presque toujours, que ce qui fait progresser la science c'est l'imagination, la fantaisie, les idées loufoques, le rêve… !

Cette science dont je vous parle, et dont parlait Georges Canguilhem avec un brio inégalé, c'est celle qu'invoque Isidore Ducasse, comte de Lautréamont, dans son ode aux « mathématiques sévères » dont les « savantes leçons » sont « plus douces que le miel » et semblables à une « onde rafraîchissante » qui vous entraîne « vers la voûte sphérique des cieux ».

C'est celle à laquelle songe Jacques Lacan quand il s'intéresse à Cantor, à Gödel, à Soury le suicidé, à Guilbaud, et quand, avec eux, après eux, dans leur langue qui est devenue la sienne, il s'intéresse à l'image du ruban de Möbius et y trouve le levier qui lui permet de soulever, sinon le monde, du moins la chape que font peser, sur la définition du sujet, tous les siècles de métaphysique avec leurs oppositions binaires entre l'intime et l'extime, le dedans et le dehors.

C'est celle qu'il a en tête quand, à la toute fin, dans un moment de sa pensée trop souvent sous-estimé, il nous livre, sur fond, lui aussi, de mathématiques « sévères » et « rafraîchissantes », son « testament borroméen » et ses trois, puis quatre, « nœuds » du même nom – et c'est celle, par parenthèse, qu'avait déjà en tête son contemporain et ami Roman Jakobson quand il reconnaissait des « affinités fondamentales », des « convergences », entre les arts, les sciences de la nature et la nouvelle science linguistique dont il était, après Saussure, le continuateur fécond.

Vous aurez compris que, à la manière d'un autre de nos maîtres communs, Louis Althusser, plaidant, dans un célèbre « Cours » de 1967, pour une unité rêvée des « scientifiques » et des « philosophes », je suis venu, ici, plaider, contre les charlatans, contre les scientistes et leurs élucubrations redoutables, contre une politique de civilisation dont il apparaît, chaque jour plus clairement, qu'elle n'est qu'un autre visage de ce néopositivisme épais, niais, qui a toujours été l'ennemi juré de la civilisation véritable et de ses pratiques de liberté – vous aurez compris, dis-je, que je suis venu plaider pour la grande alliance des poètes, des psychanalystes et des vrais savants.

13

Où l'on tente de réconcilier, enfin, Camus et Sartre[1]

Le 4 janvier 1960, quand la Facel-Vega de Michel Gallimard percute un platane entre Champigny-sur-Yonne et Villeneuve-la-Guyard, Albert Camus n'a que 46 ans. On oublie toujours à quel point Camus meurt jeune. On oublie toujours à quel point Camus *est* jeune. Il lui restait, en 1960, à vivre le triomphe et l'agonie du gaullisme. Il lui restait à voir Mai 68 où il n'aurait eu que 55 ans et tout le loisir d'assister à la revanche sans partage des thèses de *L'Homme révolté*. C'est lui, et sans doute pas Raymond Aron, qui aurait, dix ans plus tard, accompagné Sartre à l'Elysée plaider, auprès de Giscard d'Estaing, la cause des boat people vietnamiens. Il aurait encore été là, lors de l'élection de François Mitterrand, et aurait dit ce qu'il pensait – lui, pas son fils – de l'étrange religion civique qu'est la religion du Panthéon. Il aurait eu

1. *Le Monde*, Hors série, 5 janvier 2010.

76 ans au moment de la chute d'un communisme qui n'aura pas eu, au XXe siècle, d'adversaire plus acharné ni plus constant que lui. 79, au début de la guerre de Bosnie et de ses affrontements fratricides : aurait-il songé à lancer, comme au moment de la guerre d'Algérie, l'un de ces appels à la trêve civile dont il avait le secret, ou aurait-il été, sans nuances, aux côtés de ceux qui soutenaient, contre les tueurs serbes, les assiégés de Sarajevo ? On rêve de ce que le pourfendeur inlassable de la « politique du crime », l'analyste des mécaniques infernales qui unissent, dans le « temps des meurtriers », les « crimes de passion » et les « crimes de logique », le « terrorisme d'Etat » et la « terreur irrationnelle », aurait trouvé à dire, au même moment, du génocide rwandais. Aujourd'hui encore... Je n'ignore pas que René Lehmann, son médecin, trouvait ses poumons trop abîmés pour qu'il puisse espérer vivre très vieux, mais qui sait ? Il aurait, aujourd'hui, sept ans de plus que son ami Jean Daniel. Trois de moins que Claude Lévi-Strauss. Et il pourrait très bien être là pour rendre publique une belle déclaration, au lendemain de l'échec du sommet de Copenhague, sur le thème « sauver les corps, c'est désormais sauver la terre ». Mais bon. Il est bel bien mort, hélas, le 4 janvier 1960, sur cette route, avec le manuscrit du *Premier Homme* et *Le Gai Savoir* dans sa serviette. Et le grand débat du moment, le seul, est celui de la guerre d'Algérie.

Ah ! la guerre d'Algérie. Je sais que c'est rageant, quand on est un immense écrivain, l'auteur génial de *L'Etranger* ou de *La Peste*, l'un des derniers à avoir estimé – et prouvé – qu'un intellectuel a, non seulement le droit, mais le devoir de prendre part à tous les grands combats (Résistance, militantisme antistalinien, lutte contre les dictatures, toutes les dictatures, quels qu'en soient la couleur ou l'étendard) qu'impose son époque, je sais que c'est rageant, oui, d'être toujours renvoyé à cette affaire algérienne. Mais qu'y faire ? C'est vrai qu'un mort est, à jamais, contemporain de ses derniers gestes, de ses derniers mots. C'est vrai – c'est navrant, mais c'est vrai – qu'on est de sa mort comme de son enfance. Et la mort d'Albert Camus est ce qu'elle est : contemporaine de cette maudite guerre d'Algérie. Et le dernier mot d'Albert Camus – je veux dire : le dernier dont on se souvienne, le dernier qui lui colle à la légende – c'est, qu'on le veuille ou non, cette fameuse phrase sur la justice et sa mère prononcée à Stockholm, dans une vague conférence de presse donnée l'après-midi du jour où il va recevoir son prix Nobel ? J'ai longtemps pensé que c'était le genre de petite phrase qui vous échappe un jour de lassitude, parce qu'on n'en peut plus de la bêtise des questions que l'on vous pose et parce qu'on n'a pas pris la mesure de l'écho que la circonstance confère, soudain, à votre voix. Je n'en suis plus très sûr aujourd'hui. Car il la prononce, en vérité, deux fois, cette phrase. Il y a la fois, donc, du Nobel. Et puis il y a cette lettre à Amrouche, publiée en appendice aux *Carnets*, où, calmement, posément, sans qu'il y ait eu un crétin pour le faire sortir de ses gonds, il écrit : « aucune cause, même si elle était restée innocente et juste, ne me désolidarisera jamais de ma mère, qui est la plus grande cause que je connaisse au monde. » Albert Camus, là, ratifie la phrase. Il la pense en profondeur. Albert Camus, dans ce texte, fait bel et bien le deuil de cette Justice en soi, donc de cette transcendance des valeurs et, pour le dire d'un mot, de cet universalisme qu'il a passé sa vie à essayer de fonder. « Agis comme si la maxime de ton action pouvait être érigée par ta volonté en loi universelle de la nature. » C'était la position de Camus. Le camusisme, et c'était sa vertu, se voulait un kantisme pratique. Là, avec la guerre d'Algérie, rien ne va plus. C'est le premier platane que se prend Albert Camus. Et c'est, quoi qu'on en dise, sa première vraie grosse erreur politique.

Je vais revenir à cette affaire de guerre d'Algérie. Mais puisque je fais un *portrait* d'Albert Camus, je veux en profiter pour ouvrir une parenthèse sur la mère d'Albert Camus. Il y a quelques portraits de mères, bien typés, dans l'histoire de la littérature. Chaque mère est unique, bien entendu. Pour les écrivains, comme pour les autres, aucune mère ne ressemble à aucune autre. Mais enfin, la mauvaise mère est, quand même, un type assez répandu (Folcoche, Vitalie Cuif alias « la Rimbe »...). La bonne mère, idem – aimante, merveilleuse (Romain Gary, Albert Cohen...). La mère proustienne, idem aussi (Proust lui-même, Roland Barthes...). Sauf que, avec Camus, on a affaire à un type spécial, exemplaire unique, bête sans espèce : la mère de grand écrivain, qui, non seulement n'écrit pas, mais ne parle pas, n'entend pas – la mère taiseuse et silencieuse, la mère dont le vocabulaire est réduit à quatre cents mots, la mère dont le propre fils n'a jamais très bien su si c'était une typhoïde de jeunesse qui lui causait cet embarras de parole, ou un typhus, ou une commotion cérébrale à la suite de l'annonce de la mort de son mari, le père du petit Albert, le 11 octobre 1914, sur un champ de bataille en Bretagne. Il faut bien entendre ce que dit là, de son propre embarras, le futur Prix Nobel de littérature, Albert Camus. Il faut essayer de se figurer le petit garçon, puis le jeune homme, se levant avant l'aube pour courir à l'Ecole de la République où il découvre les ressources du Savoir et celles des Livres. Et il faut imaginer, au retour, dans le petit appartement de la rue d'Alger où la mère et ses fils couchent à trois dans la même chambre, cette mère aimée d'un amour absolu alors que, quelle qu'en soit la raison, on ne peut ni lui parler, ni entendre ce qu'elle a à dire, ni donc communiquer avec elle. On peut tourner la chose dans le sens que l'on voudra. Il y a là le principe d'un rapport au langage fait de foi et de méfiance, de gratitude et de scepticisme, qui sera l'une des signatures du camusisme. Et il y a là une situation qui est, soit dit en passant, et je vais aussi y venir, l'exact contraire de la situation d'un Sartre – l'enfant merveilleux et né, lui, comme on sait, dans un véritable « bain de mots ».

Mais je reviens d'abord à l'affaire algérienne. Après la phrase terrible, Camus choisit de se taire. Et il y a, pour interpréter ce fameux silence de Camus, deux grandes explications classiques. Si on est anti-Camus, on dit : « c'est sa situation justement, sa Mère et sa situation de pied-noir, qui l'empêchent de rien entendre à ce qui est en train de se produire ; il passe donc à côté, complètement à côté, de ce fait majeur de l'histoire du XXe siècle qu'est la révolte des peuples colonisés ; s'il ne parle pas c'est qu'il est vaincu, juste vaincu, dépassé par une Histoire à laquelle il devient soudain étranger, balayé. » Si on est pro-Camus, on dit : « il a tout compris, au contraire ; absolument tout ; avec, même, un coup d'avance sur le reste de l'intelligentsia car il a appris, lui, en plus, à sortir du manichéisme, à compter jusqu'à trois – il sait que cette décolonisation inévitable accouchera, non moins inévitablement, de régimes aussi dictatoriaux, parfois plus, que ceux qu'ils auront remplacés, en sorte que, s'il ne parle pas, si son tout dernier article dans *L'Express* est, en pleine guerre d'Algérie, un étrange « Remerciement à Mozart » qui semble la seule façon qu'il ait trouvée de dire, pour la dernière fois, sa « résistance », ses « luttes » et comment sa vie « s'en trouve justifiée », c'est, non parce qu'il est dépassé, mais parce qu'il est en avance, un pas devant ses contemporains, et que ce qu'il prévoit n'a pas, alors, de mots pour se dire.

La proposition numéro 1 est injuste, naturellement : car comment transformer en militant de l'Algérie française ou, comme Albert Memmi dans un article de *La Nef*, en « colonisateur humaniste », l'auteur des admirables reportages sur la misère en Kabylie qui sont ce qui s'est écrit de plus puissant, avec le *Voyage au Congo* de Gide, en matière d'anticolonialisme ? Mais la proposition numéro 2 n'est pas juste non plus : car elle fait bon marché, elle, d'une foule de déclarations où il explique – en méconnaissance radicale, pour le coup, de ce qui, dans le colonialisme, faisait système – comment les seuls vrais bénéficiaires du colonialisme, les seuls à mériter l'épithète infamante de colonialistes, ce sont les « gros » colons, ou leurs « correspondants » en Métropole, bref les deux cents et quelques familles qui, en Algérie et en France, tirent les gros bénéfices du régime. Alors ? Alors la vérité est entre les deux. Et je crois, surtout, qu'il y avait dans le rêve camusien d'une fraternité entre « indigènes » et « petits Blancs », c'est-à-dire d'un Etat binational qui ferait l'économie des souffrances et des drames de l'indépendance, la marque d'une naïveté, c'est-à-dire d'un optimisme, c'est-à-dire d'un défaut de sens du Tragique, qui est une autre marque de l'esprit Camus.

Quoi ? Camus, pas le sens du Tragique ? Comment pouvez-vous dire cela alors que s'il y a bien un philosophe, au XXe siècle, qui a été sensible à l'Absurde, donc à la Finitude, et donc, si les mots ont un sens, au Tragique de la condition humaine, s'il y en a bien un qui, du *Mythe de Sisyphe* à *La Chute*, n'a cessé d'insister sur l'insoluble contradiction entre le désir humain de « transparence » et le « silence déraisonnable du monde », s'il y a un écrivain pour, face aux ruines de Tipasa, face à leur beauté en principe apaisée, face à ses arches inclinées et en train de sombrer doucement, voir une déchirure irrémédiable, et qui blesse, et qui révolte, c'est lui, Albert Camus ? Eh bien oui, pourtant. Car Absurde, d'abord, n'est pas Tragique. Et, surtout, il y a, tout de suite, vraiment tout de suite, un autre Camus ; il y a, dès *Noces* et dès, en particulier, *Noces à Tipasa*, un Camus qui se reprend et qui forme le pari que, justement, la déchirure n'est pas sans remède, ni le silence du monde éternel, ni la contradiction indépassable ; il y a un second Camus, coextensif au premier, logé dans les mêmes textes, qui parie sur l'unité, la fusion – il dira, dans *Le Premier Homme*, l'« innocence » de toutes choses. Un Camus solaire. Un Camus de lumière et de chaleur. Un Camus philosophant sur le « corps nu », encore « tout parfumé des essences de la terre », qui s'en va « plonger dans la mer » tiède afin de « laver » les premières dans le cristal de la seconde. Un Camus rêvant d'une étreinte, d'une harmonie quasi charnelle, des éléments. Un Camus projetant de réunir « lèvres à lèvres » cette « terre », et cette « mer », et, tant qu'à faire, ce « ciel », qui « soupirent » l'un après l'autre, et depuis si longtemps. Un Camus adepte, en un mot, de ce qu'il appelle la pensée du Midi et qui, dans l'ordre de l'humain comme dans celui de la nature, ne constate le Tragique que pour, aussitôt, le surmonter et poser qu'il y a un point de l'esprit d'où les contradictions du monde, ses incompossibilités, ses mésintelligences et conflits, apparaissent miraculeusement résolus. Optimisme ontologique. Naturalisme lyrique. Embrasements qui sont toujours des embrassements et tournent toujours dans le sens du meilleur et même du Bien. Ce pour quoi, soit dit en passant, Camus s'est, tout de suite, c'est-à-dire bien plus tôt qu'on ne le croit et qu'il ne l'a sans doute pensé lui-même lorsqu'il rendit compte, dans *L'Alger Républicain,* de la parution de *La Nausée*, engagé dans une lutte à mort avec un certain Jean-Paul Sartre.

Car j'en viens à la séquence Sartre. Là aussi, c'est un peu injuste. Là aussi, c'est un peu bizarre. Je trouve qu'on pourrait s'intéresser un peu plus, par exemple, aux rapports de Camus avec Mauriac : cette polémique superbe, à la Libération, par *Figaro* et *Combat* interposés, entre le tenant de la Charité et celui de la Justice qui, peu à peu, et non sans probité, inclinera vers la Charité. Ou avec Breton : l'étrange attaque, dans *L'Homme révolté*, puis dans les « Compléments à la deuxième réponse à Breton », contre un surréalisme réduit, ou quasiment, à la fameuse phrase sur « l'acte surréaliste le plus simple » consistant à « descendre dans la rue, revolver au poing, et à tirer au hasard dans la foule ». Ou avec Malraux : leur rencontre en 1938, dans un cinéma du quartier Belcourt où le « colonel rouge » vient tenir meeting antifasciste ; la façon qu'eut Camus, dès l'époque de la brigade Alsace-Lorraine, de mettre humblement *Combat*, le journal qu'il anime avec Pascal Pia, au service de son glorieux aîné ; ou la fameuse phrase, murmurée à la petite Américaine, Patricia Blake, le jour de l'annonce du Nobel, « c'est Malraux qui aurait dû l'avoir... tu sais bien, Malraux... ». Je trouve qu'on devrait, quand on veut brosser un portrait exact du premier grand intellectuel français à avoir instruit le procès sans réserves de la violence révolutionnaire et de son messianisme assassin, s'intéresser davantage à ses rapports avec Merleau-Ponty : car c'est avec lui qu'est, sur ce point, et à partir d'*Humanisme et Terreur*, l'essentiel du désaccord ; c'est avec lui, plus qu'avec Sartre, qu'est le vrai conflit sans retour ; et c'est lui, Merleau-

Ponty, dès 1946, quand *Les Temps modernes* publient *Le Yogi et le Commissaire*, c'est-à-dire le premier chapitre du livre, qui est à l'origine du tout premier orage et de la toute première colère d'un Camus que l'on verra, un soir, chez les Vian, en venir presque aux mains avec l'auteur d'un texte où il ne parvient pas à lire autre chose qu'une justification cauteleuse, laborieuse, et d'autant plus misérable, des sinistres procès de Moscou. Mais bon. C'est comme ça. La vie des écrivains s'écrit, aussi, dans leur dos. Et c'est un fait que, quand on dit Camus, c'est d'abord à Sartre que l'on songe ; et que cette brouille, leur brouille, cette « autre façon de vivre ensemble sans se perdre de vue » que l'on appelle une brouille, est la seule brouille d'écrivains qui ait, en tant que telle, la dignité d'un événement à part entière de l'histoire philosophique et littéraire – si bien qu'elle est aussi, par la force des choses, et pour le meilleur et le pire, un élément constitutif du portrait d'Albert Camus.

Le meilleur ? Ce qu'elle nous dit, d'une part, de la férocité, de la mauvaise foi de ses adversaires – mais aussi, et d'autre part, de la personnalité merveilleuse d'Albert Camus. La façon dont les amis de Merleau le traitent... Leur condescendance mandarinale... Leur mépris, à peine déguisé, pour le « petit voyou d'Alger, très marrant, très truand » (Sartre, *Situations X*)... Le fait que Sartre, son ami, n'ait même pas daigné prendre tout de suite la plume et ait chargé de l'exécution un Francis Jeanson qui, à l'époque, et quelque respect qu'inspirent ses engagements futurs, n'est encore qu'un second couteau... La brutalité de Jeanson lui-même qui, quarante ans après encore, quand j'irai l'interroger, à Bordeaux, pour un film sur l'histoire des intellectuels, persistera, signera et en rajoutera même une louche sur cette « manière de juger les choses à partir d'une certaine indifférence méditerranéenne »... Les phrases blessantes de Sartre quand, après la réponse de Camus, il se décidera enfin à descendre dans l'arène – mais avec quelle cruauté (« je n'ose vous proposer de vous reporter à *L'Être et le Néant*, la lecture vous en paraîtra inutilement ardue »), quelle perfidie (« il se peut que vous ayez été pauvre »), quel sens de ce qui va faire mal (tout le passage sur les connaissances « de seconde main » et cette « manie » « de n'aller pas aux sources »)... Et puis, de son côté à lui, Camus, cette candeur, cette noblesse, cette incrédulité blessée – cette façon, dira Maria Casarès à Octavio Paz, d'errer dans la maison comme un taureau blessé. Le texte de Sartre, de fait, le laisse sans voix. Littéralement sans voix. Un mot, dans ses *Carnets*, sur la « déloyauté » de l'ancien « copain ». Un autre sur sa « coquinerie » de grand seigneur méchant homme le faisant rosser par son valet comme le duc de Rohan Voltaire. Un autre encore sur cette « dénonciation du frère » qui, des années après, le suffoque encore. Et puis *La Chute* où il répond enfin, mais des années après – mais sur le mode de la fiction, à travers le portrait de Clamence, le juge-pénitent qui a mis le mot « liberté » au service de ses « désirs » et de sa « puissance ». Noblesse de Camus. Bonté de Camus. Désespoir d'un Camus qui n'aime qu'admirer, qui a toujours vu dans l'exercice d'admiration l'équivalent d'un séjour au paradis terrestre et qui découvre, là, soudain, la force d'une haine dont il ne comprend, sur l'instant, et comme toujours, ni les raisons ni les vrais enjeux.

Le meilleur encore. C'est l'aspect idéologique de l'affaire. Son sous-jacent proprement politique. Car on a beau dire qu'il y a eu, dans cette brouille, tout un côté personnel, passionnel, d'homme à homme. Sartre lui-même a beau avoir écrit, dans ses *Lettres au Castor* par exemple, qu'il en avait marre de voir ce petit « voyou algérien » plaire à toutes les femmes qui croisaient son chemin et séduire, donc, Wanda, la sœur d'Olga, au point de quasiment la lui « souffler ». On a beau imaginer, entre les deux hommes, toutes les figures imposées du grand ballet phallique auquel les intellectuels n'échappent pas plus que les autres et pour lequel Camus a toujours été un peu trop doué. Il y a un sous-jacent politique à l'affaire. Et, dans l'ordre du sous-jacent, le sartien en moi souffre d'avoir à en convenir et Sartre lui-même, d'ailleurs, n'en disconviendra finalement pas : c'est Camus qui a raison ; c'est Camus qui est dans le vrai ; c'est du côté de Camus que sont, cette fois, la rigueur, le courage et, aussi, la prescience... Pour le dire d'un mot, ou de deux, c'est Sartre qui, alors, invente la terrible théorie du Billancourt qu'il ne faut pas désespérer en lui inoculant une dose trop forte, et mortelle, de vérité. Et c'est Camus qui, au contraire, produit les concepts et formules sur lesquels va pouvoir compter, en Europe en général et en France en particulier, l'antitotalitarisme des années 50 et suivantes. Assez, tonne-t-il en substance, des terribles théories distinguant entre « bons » et « mauvais » morts. Assez de l'obscénité qui permet à des « consciences » qui ne se sont jamais donné d'autre mal que de « mettre leur fauteuil dans le sens de l'Histoire », de désigner des « victimes suspectes » et des « bourreaux privilégiés ». Et, contre le socialisme césarien, contre la race méprisante des Grands Ducs de la Révolution, contre l'idée même de Révolution et les paranoïaques qui s'en sont faits les servants, vive l'humilité ou, mieux, l'esprit de responsabilité de celui qui s'avise, là aussi, comme il l'avait déjà dit dans *La Peste*, qu'il y a plus à « admirer » qu'à « mépriser » chez les humains et qu'on peut donc tenter de les changer mais sans prendre le risque, jamais, au grand jamais, de les briser. Que diront d'autre, quinze ans plus tard, les nouveaux philosophes ? Que dit d'autre Czeslaw Milosz quand il sort de Pologne communiste et qu'il est d'ailleurs le seul, lui, Camus, à lui tendre une main secourable ? Et n'est-ce pas toute la philosophie des droits de l'homme, n'est-ce pas le principe même d'une gauche moderne, dégrisée et, pourquoi pas, mélancolique, qui se trouvent ainsi annoncés et, pour partie, fondés ?

Mais, hélas, il y a le pire. Ou, plus exactement, il y a le côté métaphysique des choses, où c'est Sartre qui reprend l'avantage et Camus, donc, qui s'égare. Il y a un texte de Kojève – un autre de ces contemporains capitaux avec qui il aura poursuivi, sa vie durant, et peut-être davantage qu'avec Sartre, un vrai dialogue silencieux – il y a un texte de Kojève donc, qui est contemporain de *Noces* puisqu'il se trouve dans l'*Introduction à la lecture de Hegel* et qui dit qu'il n'existe, au fond, que deux grands tempéraments philosophiques. Il y a les philosophes qui pensent que la Nature est, sinon mauvaise, du moins hostile ; que le rôle du discours philosophique est de renverser, donc, cette hostilité en disant lui-même non à la nature ; il y a les philosophes qui, en d'autres termes, se séparent du monde, lui déclarent une sorte de guerre et opposent à son ordre muet une parole qui le surplombe et, en le surplombant, le dérange et le dément. Et il y a les philosophes qui, en face, disent oui à la Nature ; il y a les philosophies dont le premier et le dernier mot consistent à la bénir ; il y a toute une tradition de pensée qui assure que la nature est bonne, très bonne, qu'il faut la suivre pour être heureux et qu'un homme se définit, d'abord, par la place qu'il y occupe ainsi que par l'intensité de l'acquiescement qu'il met à l'occuper. Je ne sais pas à qui pensait Kojève en écrivant ces lignes. Mais, pour moi, c'est évident. Le symbole de la première attitude, c'est le protestant Jean-Paul Sartre engagé dans son corps-à-corps magnifique, qu'il sait perdu d'avance, contre le Mal en ce monde. Et le prototype de la seconde, c'est le bénisseur Albert Camus avec sa croyance dans cette « bonne nature » qui finissait, à la fin de *L'Etranger*, après le dialogue avec l'aumônier, par entrer en Meursault comme une merveilleuse et paisible « marée ». Camus le grec. Camus le païen. Camus qui a parfois dit qu'il ne se consolait pas qu'il n'y ait plus de Delphes où se faire initier. Camus qui a souvent dit qu'il n'acceptait pas, dans le christianisme, l'hypothèse du péché originel et donc du Mal radical. Camus qui, dès son premier texte, « Métaphysique chrétienne et néoplatonisme », consacré à la relation entre ces deux grands « Africains » que sont, à ses yeux, Plotin et saint Augustin, prend parti pour le premier ou, plus exactement, pour ce qui, dans le second, va subsister du premier. Cette métaphysique est respectable. Mais est-elle la mieux ajustée à l'esprit de révolte ? Un antitotalitarisme conséquent peut-il se passer de se désaccorder avec le Tout ? Et ne faut-il pas, pour sauver les corps, commencer par prendre ses distances avec ce monde qui les tourmente ? On peut avoir la juste politique, mais sans la philosophie qui va avec. On peut voir juste sur le Goulag, mais sans les instruments théoriques qui permettraient d'aller au bout de sa vision. Souvent, j'ai rêvé au couple Camus-Sartre comme à une sorte d'aigle à deux têtes où l'un fournirait à l'autre la philosophie qui lui manquait – et l'autre au premier la politique qu'il aurait pu fonder.

Alors, philosophe pour classes terminales ? C'est la fâcheuse réputation qui poursuit Camus depuis, précisément, l'anathème jeté par Sartre et les sartriens. Mais je ne la pense pas, pour autant, fondée... Car c'est une chose de dire qu'il n'a pas la philosophie de sa politique et que c'est Sartre qui, paradoxalement, disposait peut-être de cette philosophie. Mais c'en est une autre de dire qu'il n'a pas de philosophie du tout ; et je trouve proprement consternante, chez tant et tant d'ignorants qui n'ont aucune espèce d'idée de ce que philosophie veut dire, la répétition pavlovienne de la scie – sonnant comme un supplice éternel, une dégradation posthume, une volonté d'humilier que la mort même n'a pas lassée : « philosophe pour classes terminales ! philosophe pour classes terminales ! » Camus est philosophe de formation, déjà. S'il n'est pas agrégé, s'il n'a pas, à Alger, passé la fameuse Agrégation qui aurait peut-être tenu en respect les Messieurs de la rue de Condé, c'est parce que, rongé par la tuberculose, il n'a pu obtenir le certificat de bonne santé que la République, à l'époque, exigeait de ses futurs professeurs. Et quant aux connaissances « de seconde main », quant à la « superficialité » supposée de ses lectures, la plus élémentaire des honnêtetés oblige à dire, quand même, deux choses. Primo : ce n'est pas plus vrai de lui que de Sartre dont le moins que l'on puisse dire est qu'il se pose là, lui aussi, dans le genre lecteur pirate, parfois pillard, survolant les textes, les arraisonnant, y prélevant les armes dont il avait besoin, et elles seulement, dans sa guerre de longue durée contre l'injustice, l'oppression, le Mal – un certain Heidegger ne le lui a pas envoyé dire le jour où il comprit, en 1946, l'usage pour le moins cavalier qu'il était en train de faire de sa *Lettre sur l'humanisme*... Et puis, secundo, une lecture, même cursive de ses carnets, de ses notes, de telle lettre à Francine, ou à Brisville, ou à Claude de Fréminville, demandant l'envoi en urgence, à Lourmarin ou ailleurs, d'une édition de Hegel, ou de Spinoza, montre qu'il n'avait pas moins qu'un autre le souci d'en venir toujours aux textes mêmes. On peut, encore une fois, discuter sa philosophie. On peut trouver pour le moins rapide, dans *L'Homme révolté* par exemple, le raccourci qui lui fait voir, dans les jeunes inventeurs russes du « terrorisme individuel », les « frères des lycéens tragiques de Lautréamont » s'emparant de « la pensée allemande » pour en « incarner, dans le sang, les conséquences ». Et on peut observer, enfin, qu'il ne fut pas le dernier à confier, par exemple à *Servir*, en 1945 : « je ne suis pas philosophe ; je ne crois pas assez à la raison pour croire à un système. » J'ai la conviction que, philosophe, il l'est ni plus ni moins, justement, et de la même façon, que Sartre.

D'ailleurs, soyons précis. Un philosophe, c'est quelqu'un qui – définition minimale – fabrique, usine, agence des concepts. Or on ne peut pas refuser ce souci à Camus. On ne peut lui dénier ni ce talent ni cette technicité. Et j'en prendrai un seul exemple : celui de cet « historisme » dont il fait le procès dans *L'Homme révolté*, puis dans *Défense de l'Homme révolté* et, de-ci de-là, dans sa réponse à Francis Jeanson. Qu'est ce que l'« historisme » ? C'est l'état d'esprit, dit-il, de celui qui dit oui à l'Histoire. Ou mieux : c'est l'attitude de cette catégorie très particulière d'esclaves qui voient dans l'Histoire leur maître, la figure même de l'Absolu et de la Loi. Ou mieux encore : c'est la métaphysique, implicite ou explicite, de qui se résout à un monde où les « repères » deviennent des « buts » ; où on remplace l'« au-delà » par le « plus tard » ; et où les valeurs ne valent – c'est toujours Camus qui parle – que lorsqu'elles ont triomphé. Jean Daniel, dans son *Avec Camus*, raconte la colère de son ami un jour où il lui avait, lui, Jean Daniel, fait valoir que l'indépendance de l'Algérie était inéluctable. Quoi ? avait protesté Camus. Vous dites inéluctable ? Comment ce mot, inéluctable, peut-il même franchir les lèvres d'un journaliste, ou d'un intellectuel, épris de vérité ? Et la tâche de la pensée ne commence-t-elle pas, précisément, avec l'effort pour opposer à la prétendue inéluctabilité des choses la sainte liberté des hommes ? Que cette protestation témoigne aussi, hélas, de son défaut de sens du tragique et de la bévue qui, en la circonstance, en fut le corrélat, c'est évident. Que Camus se trompe quand, dans d'autres textes de la même eau, il attribue au judéo-christianisme cette vision d'une Histoire imposant ses inéluctables décrets, j'en suis le premier convaincu. Et que cette condamnation de l'historisme ne soit pas toujours raccord avec sa propre métaphysique des noces de l'homme et de la terre, c'est encore vrai – et c'est sans doute même *la* contradiction majeure qui traverse et déchire son œuvre. Mais qu'on ait affaire, là, à un concept ne me semble pas douteux. Et franchement... Est-il tellement moins bien formé, ce concept, que celui d'« historicisme » dans le fameux « Qu'est-ce qu'un collaborateur ? » où Sartre oublie juste d'étendre au stalinisme cette manie de collaborer avec l'Histoire qu'il pointe et décrit admirablement ? Est-il moins puissant, opérateur de moins de vérité, que ce concept de « dictature de l'Histoire » où Levinas, au même moment lui aussi, voit le premier et le dernier mot du totalitarisme – mais sans en tirer les mêmes conséquences pratiques, les mêmes maximes, que Camus ? Et l'usage, enfin, qu'il fait de Heidegger pour, dans *Le Mythe de Sisyphe*, tenter de sortir de la contradiction (constitutive de son concept d'« historisme ») qui lui fait résister au diktat de l'Histoire mais consentir à celui de la Nature, est-il tellement moins instruit que celui de la plupart de ses contemporains ?

Un philosophe c'est quelqu'un qui – autre définition minimale – opère des gestes philosophiques. Or on ne peut pas dénier, là non plus, ce goût à Camus. Ni, davantage, le pouvoir, le savoir-faire, lui permettant de mettre ce goût en œuvre. Et je n'en prendrai, de nouveau, qu'un exemple : le travail qu'il opère, du *Mythe* à *La Chute*, sur la figure de Nietzsche. Quel est ce travail ? C'est le travail qui part d'une fascination pour l'œuvre et pour le nom ; qui commence, par exemple, à Turin, via Carlo Alberto, où, le 24 novembre 1954, il se rend en pèlerinage et se remémore, le cœur serré, la visite d'Overbeck à son ami « fou de délire » et « se jetant dans ses bras en pleurant » ; et c'est le travail qui, alors, consiste à reconstruire un Nietzsche *blanchi de sa folie* (car ramené à la mesure grecque), *rectifié de sa cruauté* (car partant de la fidélité à la terre pour conclure qu'il ne faut pas ajouter aux injustices de la Nature celles que fabrique la perversité des hommes), *positivé* (cf. le « bon nihilisme » dont il dit, dans la lettre à Francis Ponge du 23 janvier 1943, qu'il est ce qui viendra « après l'Absurde » et « au-delà » de lui), ou encore *mis en pratique* (cf. cet « amor fati mis en mouvement » qui est la grande leçon des notes du Cahier VIII des *Carnets* sur la dernière visite à Turin). On peut, de nouveau, discuter ce travail sur le nom de Nietzsche. On peut – et c'est mon cas – trouver qu'il participe de la tentation païenne qui apparaît dans *Noces* et reste une constante de l'œuvre. Techniquement parlant, ce n'est pas un travail moins bien mené que le travail, à nouveau, de Sartre forgeant à son propre usage, du temps de *La Nausée*, un nietzschéisme synonyme d'individualisme, de romantisme, de solitude hautaine. Ni que le geste de Bataille et de ses amis du Collège de sociologie quand, à l'époque de *Contre-attaque* et d'*Acéphale*, ils proposent une *Réparation à Nietzsche* censée l'arracher aux nazis – mais non sans prendre le risque, parfois, d'un périlleux bord-à-bord avec eux. On aimerait, là encore, éviter le ton défensif de la « réparation à Camus » : mais le préjugé est si profondément ancré, le cliché si vivant, l'opprobre si durable, qu'on ne résiste pas à la tentation de faire observer que, dans l'auberge espagnole qu'est, dans la seconde moitié du XXe siècle, le nom de Nietzsche, le ragoût camusien n'a pas moins bonne allure, ni saveur, que les autres.

Ce qui est vrai, en revanche, c'est que Camus est, de son propre aveu, un philosophe d'un genre particulier. C'est un philosophe qui, déjà, se moque des philosophes quand ils cèdent à l'académisme, la pompe, l'obscurité (cf., dans la nouvelle édition, en Pléiade, des *Œuvres complètes*, cette pièce inédite, signée du pseudonyme d'Antoine Bailly et datant, vraisemblablement, de 1947, qui s'intitule *L'Impromptu des philosophes* et qui consiste en un long dialogue moliéresque et, au demeurant, drôlissime entre Monsieur Vigne et Monsieur Néant). C'est un philosophe qui, ensuite, considère depuis le tout premier jour, c'est-à-dire depuis sa collaboration à *L'Alger Républicain*, que le journalisme est un genre philosophique à part entière (il ne l'exprime pas en propres termes – mais que dit-il d'autre quand, dans *Combat* du 8 septembre 1944, il propose la formule de « journalisme critique » ?, et quand, huit jours plus tôt, le 1er septembre, il qualifie le journaliste « critique » d'« historien au jour le jour » dont « le premier souci doit être de vérité » ?). C'est un philosophe qui fait du théâtre et qui, dans « cette histoire de grandeur racontée par deux corps » où tient, selon lui, l'essence même de ce théâtre, voit une autre manière de poursuivre la même aventure de pensée (aurait-il fait du théâtre, en aurait-il écrit et mis en scène, sans la présence constante, en lui, et là aussi, de son cher Nietzsche ?). Et c'est un philosophe qui, non content d'écrire, enfin, des romans, voit dans l'écriture romanesque la voie royale, pour le coup, de la philosophie (« on ne pense que par images – si tu veux être philosophe, écris des romans », dit-il, en 1936, dans le Cahier I des *Carnets* ; puis, dans son article de 1938 sur *La Nausée* : « un roman n'est jamais qu'une philosophie mise en images » – en sorte que, « dans un bon roman, toute la philosophie est passée dans les images » ; et puis, plus tard encore, dans le Cahier V des *Carnets* : je suis d'abord un « artiste » ; c'est l'artiste en moi qui philosophe ; et cela pour la simple raison que « je pense selon les mots et non selon les idées »)... Un philosophe artiste. Un philosophe qui prend, à tous les râteliers, les armes dont il a besoin. Un philosophe qui, de surcroît, n'a jamais séparé sa vie de son aventure de pensée et a toujours joué, donc, le double jeu d'une vie écrite et de livres intensément vécus. Ce type de philosophe invente une attitude en même temps qu'il produit une œuvre. Il est l'auteur d'un style avant que d'un système. Mais n'est-ce pas, selon ses chers Grecs, la définition même de la philosophie ? N'est-ce pas l'image la plus haute d'une discipline qui ne s'assignait, alors, d'autre but que de bien dire comment bien vivre et comment vivre selon le Bien ? Ce Camus-là, ce moraliste dont Sartre lui-même saluera, après sa mort, « l'humanisme têtu, étroit et pur, austère et sensuel », on l'aime comme un frère, un jeune frère – jeune à jamais depuis ce jour de janvier 1950 où la Facel-Vega heurta, pour de bon, un platane qui n'était plus, tout à coup, un platane de papier. Energie et probité. Vérité et, quand il le faut, colère. Un autre maître. Un très jeune maître. Impossible, même et surtout quand on est sartrien, d'avoir raison contre Camus.

V

POUR L'AMOUR DE L'ART

L'art et la vie ▪ Que la peinture n'a pas affaire avec le beau ▪ Qu'est-ce qu'une nature morte ? ▪ L'écrivain, l'artiste et le philosophe ▪ Fleurs du Mal (à propos d'Ingres et de Martial Raysse) ▪ Sortir de Platon par Pirandello et Marcel Duchamp.

1

L'art et la vie[1]

Seul dans le grand atelier d'Arcueil, ayant fini de regarder chacune de ces quinze toiles, j'ai d'abord pensé : « autoportrait ». Ou, mieux, « autobiographie ». Une autobiographie de peintre, naturellement. Une autobiographie sans phrases ni mots. Sans emphase ni rhétorique. Pas ces autobiographies bavardes, littéraires, que pratique un certain art contemporain et qui ne font, le plus souvent, qu'ajouter à la confusion des langues. Non. Autobiographie en peinture. C'est-à-dire en lignes et couleurs. C'est-à-dire en espace, vraiment en espace, mais un espace réel, pas le moins du monde imaginaire, où une vie nous fait savoir qu'elle ne se comprend pas sans l'art ni sans l'histoire de l'art. Un peintre, donc, se raconte. Il nous dit qui il est et ce qu'il croit. Il décline son état civil. Il nous fait part, surtout, de ce qu'il vit et de la façon dont il le vit : un songe à Compostelle ; une station à Port-Bou, sur les traces du dernier Walter Benjamin ; une femme, à Turin, endormie et qui s'est retournée ; la lutte avec l'ange de Van Gogh, revisitée par un

1. Catalogue de l'exposition « Jacques Martinez, Cinc Estacions », Galerie du Génie, Paris, septembre 2007.

disciple infidèle ; un clair de lune à Collioure ; un dîner à Saint-Paul où ni Yves, ni César, ni Yvonne, ni Simone, ne sont plus là ou alors, oui, peut-être, mais silhouettés en ombres claires, si claires qu'on les distingue à peine, entre le plafond du ciel et le bord de la toile – à moins qu'ils ne revivent dans l'œil des survivants qui, eux, sont bien ici, la compagnie au grand complet, jusqu'à l'auteur de ces lignes, dans le cadre de ce « Repas » saint-paulois.

Il y a des artistes dont la vie ne nous dit rien. Il y en a qui, semblables à ce philosophe grec dont on disait que l'entière biographie pouvait se résumer à « il naquit, il écrivit, il mourut », ont su, dans le calme d'une vie sans heurts, construire une œuvre remarquable. Et il y a ceux qui, tel Manet selon Bataille commentant son *Olympia*, s'emploient à ce que leur existence s'élide, se vide de son excès de sens et, même en présence d'un nu aussi glorieux, fasse comme si de rien n'avait été. Martinez, c'est l'inverse. Une vraie vie, haute en couleur. Un grand vivant, qui assume sa grande vie et le lien qu'elle a avec son œuvre. Des accidents. Des événements. Une Olympia non moins somptueuse, mariée sans célibataires, chevelure d'argent, châle hispanique qui la cache à demi mais ne cache pas ce qui la lie à la vie de l'artiste. Le goût de la chair et des livres. Celui de paix et de la querelle. L'amour de la solitude ou, selon les circonstances, de la foule. L'art du mouvement. Celui du voyage et des lentes traversées. Mais attention ! Dans l'espace et dans le temps. Dans les âges de l'art comme dans ceux de la planète. Une rue de New York, vite. Une *Descente de Croix* du Rosso Fiorentino, à Volterra, à laquelle je le soupçonne d'avoir volé la teinte de ce rouge dont Vasari, dans *Le Vite*, disait qu'il n'appartenait qu'au Florentin. L'Espagne, pour *Les Femmes de Séville*. Tanger, comme Delacroix. Marrakech, mais hors orientalisme. L'Italie, sa patrie de cœur. L'Espagne encore, mais sans espagnolades. Nice, à quoi tout le ramène, toujours, depuis le commencement. Un autoportrait ? Oui. Mais qui est aussi un itinéraire. Un franchissement des temps. Et un franchissement qui se raconte à travers des toiles.

La plupart des artistes ont un atelier. Martinez en a plusieurs. Et il en improvise encore d'autres, beaucoup d'autres, au gré de ses passages. Une chambre d'hôtel en Suisse. Une terrasse sur les hauteurs de Grasse. Un garage prêté, dans une maison de village près de Collioure. Paris. New York, jadis. Nice, bientôt, j'en suis sûr. All the world is a stage. Le monde est son atelier. Une aube qui se lève sur un coin de désert du Sud marocain, les lignes trop nettes d'un coteau des confins de l'Andalousie, un geste inhabituel à l'entrée du café-tabac de Saint-Paul, un dîner qui se prolonge au bord d'un lac suisse italien, une « femme nue le bras droit replié » qui lui rappelle, forcément, l'étude quasi éponyme de Watteau – et le voilà à l'œuvre ! et voilà la machine à voir, peindre, figurer, défigurer, qui se remet en branle ! et voilà Martinez qui pose là son atelier comme d'autres un campement et, de cet atelier-bivouac, fait, un instant, le centre du monde. Depuis que je connais Jacques, j'entends les amis, les ennemis, les critiques, les curieux, qui interrogent : « travaille-t-il suffisamment ? et quand ? et à quel rythme ? et pourquoi ces plages de silence entre deux expositions ? » Je pourrais répondre : parce qu'il a peint, entre-temps, une chapelle ; parce qu'il a honoré la commande d'un conservatoire, d'un collège, d'un palais de justice, d'un Palais tout court ; je pourrais dire qu'il a travaillé avec Nouvel, Portzampac, Wilmotte ; je pourrais expliquer qu'il est plus seul que d'autres, plus en dehors des modes, des courants dominants, des écoles et que, parfois, il peint sans que l'époque s'en avise aussitôt ; je pourrais ajouter que, s'il produit cette impression de rareté, si son œuvre semble à certains laconique et lacunaire, c'est qu'il choisit, pour la montrer, des lieux aussi étranges que ce Prieuré de Serrabonne où il donna, il y a dix ans, sa version des dernières paroles du Christ. La vraie vérité c'est que Jacques travaille tout le temps. Il travaille comme il respire. Il travaille comme il vit.

« La vie est art », disait Duchamp après Apollinaire. L'art est la vie, dit Martinez après eux deux. L'art qui vit. L'art vivant. L'art d'un vivant heureux dont je sais comme il hait, dans sa vie, le sot préjugé, qui a fait tant de mal à son art et a si puissamment contribué à sa fameuse « décrépitude » (Baudelaire, dans son adresse à Manet), de l'artiste « maudit », drapé dans la pose de sa malédiction et de son désir sépulcral. L'art contre la mort ? Le grand tintamarre de la peinture pour, comme disait Malraux, résister à la mort et lui riposter ? Mais non, répond Martinez. Pour vivre, au contraire. Pour continuer de vivre et vivre, si j'ose dire, plus haut et plus grand encore. La mort est là, sans doute. Elle rôde dans ses paysages d'Espagne, gorgés du noir vermillon d'un sang républicain dont je sais qu'il habite, non moins que la mienne, sa mémoire d'artiste. Elle rôde dans les rues de Turin, à cause de la folie de Nietzsche, alias Dionysos, alias le Crucifié, dont je n'ignore pas non plus qu'il a fait, le temps d'une saison, un autre de ses compagnons. La voici même remise en scène dans la chambre d'hôtel de Port-Bou où Benjamin passa, n'est-ce pas, les dernières heures de sa trop courte vie et où Martinez s'attarde le temps d'une autre saison. Mais elle n'est pas niée. Elle n'est ni ripostée, ni résistée, ni rien de tout cela. Elle est juste là, jouée, surjouée, prise et reprise dans le rigodon d'une vie que l'on sent attentive à ne rien manquer, ni de ce qui l'anime, ni de ce qui en figure l'infime et ultime limite. Contagieuse et contenue, la mort. Enigmatique et, pourtant, familière. Au cœur de la vie, elle aussi. Et n'invalidant pas, quand il s'en empare, le théorème qui veut que l'artiste n'est personne s'il n'est un vivant définitif.

Ce qui m'est apparu non moins saisissant c'est la variété, la diversité, la richesse, des dispositifs de ces « Saisons ». Des toiles en un morceau, deux morceaux, douze morceaux. Des toiles en surface et des toiles en volume. Des toiles rassemblées, toutes nouées sur elles-mêmes et d'autres qui se projettent au-delà des murs de l'atelier. Des toiles qui prennent leur temps et des toiles qui surgissent. Des qui languissent et des qui fulgurent. Des qui se dispersent et semblent se vaporiser comme ce chapelet de gouttes, on dirait presque des larmes, puisées au « Puits du temps » de Saint Louis de Minorque (les « aiguilles solides » de Duchamp, son « gaz givré », les « paillettes » pulvérisées de sa *Sculpture de gouttes*) et des qui, au contraire, comme l'arbre renversé de Mojacar, ni rouge ni noir, simplement sombre, en train de triompher de ses racines, paraissent concentrées, corsées de force et de saveur (on croirait un alcool fort, ou un rêve trop intense et, comme disent les analystes, excessivement condensé). L'inquiétante lenteur d'un hiver à Venise ou la vertigineuse vitesse des étés colorés de l'arrière-pays niçois. Mosaïques. Carrés sans fond. Lavis et vernis. Totalisations. Fragmentations. « Je est un autre » (Rimbaud). « Si j'existe vraiment, je ne suis pas un autre » (Lautréamont). Et, entre les deux, entre le « Je suis un » de celui-ci et le « Je suis un autre » de celui-là, la sensualité des matières ; la variété des procédés d'exposition et des formats ; l'audace d'un prédateur qui n'est pas loin de croire, lui aussi, que le monde et ses débris sont faits pour aboutir à de beaux tableaux… Peinture-peinture. Peinture-gravure. Peinture bromure, collure, coupure, épure, cassures. Peinture-miroirs. Photos vernies mat, enduites, coupées, reconstituées, redécoupées. Dessins et photos de dessins. Déchets d'images. Images sans reflet. Reflets sans image. Images aux confins de l'inimaginable. Extension du domaine de la lutte entre le réel de l'art et l'art qui résiste au réel.

Ce qui saute aux yeux c'est, plus précisément, ce qu'il faut bien appeler la virtuosité de cet artiste hors normes que je regarde travailler depuis si longtemps mais qui ne m'avait jamais semblé si près de son grand-œuvre – l'œuvre, la sienne, toute entière ramassée là, en cette saison de sa vie et de son art. Ces femmes de Séville avec leur tiare peinte… Cette *Nuit d'Ouchy* en deux fragments qui semblent s'opposer alors qu'ils se répondent… Ce *Septiembre n° 2*, où je ne peux m'empêcher de voir une variation autour de ces derniers Mondrian, jazzés, que nous avons, si souvent, ensemble, admirés… Ou encore l'ironie facétieuse de cette *Oreille de Van Gogh* sectionnée et reconstituée… Il y a là quinze pièces qu'il m'annonçait depuis tant d'années, frémissantes du désir qui les a portées, qui les fait encore vibrer et qui les rend, à mes yeux mais aussi, j'en suis sûr, à ceux de quiconque entrera dans le Grand Jeu de leur auteur, si profondément émouvantes. Il y a là quinze stations de l'âme et de la vie où, pour la première fois peut-être, je retrouve mon ami tout entier : physique et savant ; subtil et violent ; infiniment raffiné et, parfois, enragé ; sensuel et cérébral ; peignant avec les mains, le corps, le sexe, les yeux et donc, à l'arrivée, avec un précipité d'idée ; ou bien, à l'inverse, à partir d'une idée mais qui grince, crie, se disloque et désagrège, se résout en surface et matière et, à la lettre, perd connaissance... Existences mixtes. Croisement de corps et de pensées. Réalités anxieuses. Abstractions figurées. Couleurs saturées ou subtilement déconstruites. Matières soyeuses, vernissées ou, au contraire, étouffées. Jeux de lumières. Ivresse du pinceau. Précision de la brosse qui vient après le pinceau. Parfois, l'outil tremble. Parfois, l'on sent l'ombre de ce doute sans quoi l'œuvre n'aurait pas commencé. Mais, toujours, le peintre se reprend. Il ramasse ses forces et, de sa brève stupeur, de ce tremblé léger, fait un atout de plus dans son jeu. Et encore le désir, et toujours le désir – le désir du monde et de l'œuvre, le désir d'elle-même de la peinture et celui, fou, du peintre qui est comme le « néant parti » du poète... « On n'est pas peintre si l'on n'aime pas la peinture plus que tout », disait Manet. C'est l'avis de Martinez. C'est sa vie. Fiat lux. Fiat opus. Chefs-d'œuvre.

Car prenons-y garde. Ce qui se peint là, ce qui se donne à voir sur ces surfaces de couleurs en un certain ordre assemblées, n'a plus grand-chose à voir avec la touche pâteuse, nihiliste, des « métiers » postmodernes – et affirme, bien plutôt, une modernité têtue, intraitable, insensible au dépressionnisme ambiant et ne jouant avec les codes que pour mieux les subvertir. Tout cela, autrement dit, ne tient qu'à préserver, répéter et, au fond, prolonger la plus célèbre prescription de l'Almanach Dada de 1920, à Berlin, louant Hans Arp d'avoir considéré, dans son œuvre et sa vie, « le métier lui-même comme un problème » et les œuvres qu'il engendre comme des objets périssables à l'adresse des mémoires à venir... Tout Martinez est là. Et ce n'est évidemment pas pour rien qu'il publia, naguère, un livre qui s'intitulait *Moderne for ever* et qui devint l'un des livres cultes des années 1970 et 1980… Il prend des dessins pour en faire des photos. Il reprend des photos, traitées ou non traitées, pour en faire de la peinture. Il met ses bois dorés au service d'impressions laser qu'il fait entrer dans le canon de son art comme Matisse, jadis, les papiers collés. Et il ne comprend les gravures sur cuivre que dans leur face-à-face avec des matières plastiques qui semblent de la lumière décomposée. Cet enchevêtrement de lignes usant de tous les matériaux, ce désordre calculé de formes divisées en des segments dont les dessins semblent plus proches, tout à coup, des hublots des avions caravelles de notre enfance que des *tondos* du Quattrocento, ces transferts de chaleur, ces trompe-l'œil, ces surcharges et surimpressions syntaxiques, cette façon, comme Manet encore, mais selon Pissarro, de « faire de la lumière avec du noir », c'est très exactement ce que, à l'âge d'or de l'art contemporain, on appelait la modernité.

Quinze toiles toutes différentes, donc, au service d'un projet unique. Quinze facettes aux mille feux, pour une seule et même pierre. Quinze reflets pour un éblouissement concerté, raisonné et qui ne se divise pas. Quinze variations étincelantes autour d'une question, sinon simple, du moins singulière puisque c'est celle du temps et de ses saisons. J'ai dit « biographie ». Mais il faudrait dire « anthologie ». A la lettre choix de fleurs, au premier rang desquelles ces coloquintes bien réelles, transplantées du désert où elles poussent d'habitude pour venir se retrouver dans ces toiles luxuriantes – équivalent martinézien des *Légumes et Gibier* de Sánchez Cotán, des citrons de Zurbarán ou des « natures mortes aux poissons » de Giorgio de Chirico. Et qui dit anthologie ne peut pas ne pas se poser la question du principe qui préside au choix, du lien entre ces fleurs, de l'ordre dans leur aléa – il ne peut pas éviter la question de ce qui fait que tant de diversité, de richesse, d'ambiguïtés assumées, de registres brisés, de désastres annoncés et conjurés, d'emprunts, d'inventions et réinventions, de citations cryptées ou de trouées, n'est pas synonyme de chaos… Le regard de Martinez, en somme ? L'unité de son parti pris ? Ce qui signe ces quinze œuvres, aussi souverainement qu'étaient signées, il y a dix-sept ans, ses œuvres exposées au château de Jau, à Perpignan ? Son style ? C'est l'autre problème.

Traité du style. Je me rappelle une conversation, au tout début, à Saint-Paul-de-Vence, avec l'ami Arman. C'était une nuit de printemps, à la Colombe d'Or, l'un des premiers soirs de la saison où l'on « sortait les tables ». Il faisait doux. Les femmes avaient des châles. On entendait décroître, autour de soi, les voix des dîneurs qui s'en allaient. Et il ne restait que notre groupe, à la plus longue table, au bord du parapet d'où Zelda, un jour, s'était jetée dans le vide pour, disait-elle, dans le même élan, mourir et punir Scott – nous étions dix, peut-être douze, engagés dans l'une de ces conversations dont l'époque avait le secret et où chacun (écrivains, philosophes, juste dandys ou, comme on disait alors, plasticiens, surtout pas peintres !) faisait assaut de radicalité pour mieux expédier l'autre dans l'enfer des pratiques anciennes ou des réflexes réactionnaires. Un artiste doit avoir un « statement », disait Arman. Plusieurs fois, il répéta, peut-être un peu ivre, ses yeux couleur de zinc bleuté ne regardant plus personne et plongeant dans la pénombre du vide du parapet de Zelda comme s'il pensait y trouver un sens additionnel à son obsession du jour – plusieurs fois, oui, il répéta : « un statement… il faut un statement… » Et Martinez, soudain, s'est mis à rire. Il est parti de l'un de ces grands rires de Colombe qui ponctuent, sur la même note, depuis que je le connais, ses propositions de vie et ses jugements sur l'art. Et, non sans insolence – il était, nous étions, très jeunes et Arman était déjà le maître, l'immense artiste, qu'il est devenu – il lança à la cantonade : « qu'est-ce que c'est que cette histoire de statement ? la seule chose qu'un artiste soit tenu d'avoir, c'est du génie ! »

Ce qu'Arman voulait dire, ce soir-là, c'est qu'une œuvre qui compte est une œuvre que l'on peut reconnaître. Ce qu'il était en train de nous expliquer c'est qu'il y a, pour tout artiste, je ne dirai pas un truc, mais une touche, un concept, une figure récurrente et aussitôt identifiée, une idée moyenne qui le caractérise et dont il doit le moins possible s'éloigner : dans son cas, les accumulations ou les colères ; dans celui de son ami-ennemi César, les compressions ou symétriques expansions ; les « antiformes » de Robert Morris ; les ferrailles de Jacques Tinguely ; les « emballages » de Christo ; j'en passe. . Et ce que Martinez lui répondait c'est que non ; bien sûr que non ; aucun peintre au monde n'a jamais fonctionné de cette façon ; aucun, de Poussin à Monet, de Giotto à Turner, ne s'est jamais plié à pareille règle ; quoi de commun entre les Picasso impressionnistes de Barcelone, les couleurs de ses premières années parisiennes, le désordre noir et blanc de *Guernica* et l'expressionnisme de sa dernière exposition au Palais des Papes en Avignon ? quel « statement » partagé, quelle « idée fixe », quel « concept », unifieraient-ils les premières toiles pointillistes de Matisse à Collioure et les grands papiers découpés dans l'atelier de Cimiez ? et toi, Arman, toi-même, ton génie n'est-il pas dans ce goût que tu as, et dans cet art où tu es maître, de déjouer tes procédés, tes ruses, tes signes de distinction, tes manières de voir et tes manières de peindre ?

Longtemps, très longtemps après, Martinez reviendra sur tout cela. J'ignore s'il le fera à dessein, dans le souvenir clair et conscient de cette conversation ancienne. Mais il le fera dans un livre, son second livre, dont je fus, comme du premier, l'hôte, c'est-à-dire l'éditeur, et qui, dans l'un de ses meilleurs chapitres, reprendra à fond cette question du style. Il y cite, pour commencer, un texte de Lacan caractérisant le style comme une « pathologie ». Puis une page de Barthes dont il « retient », dit-il, qu'elle définit le « style » comme « quelque chose de brut », une « forme sans destination », une « poussée », jamais une « intention », encore moins « le produit d'un choix ». Admettons, conclut-il, que ce soit cela le style. Posons que Barthes et Lacan ont raison dans cette définition-disqualification du style entendu comme la part la moins consciente, la moins savante et la moins maîtrisée du travail d'un créateur (et s'il y a bien, dans ma génération, quelqu'un qui croit que ces deux-là, Lacan et Barthes, ainsi que quelques autres du même calibre, ont, en effet, toujours plus ou moins raison, s'il y en a bien un pour penser qu'ils ont raison, oui, sinon sur toute la ligne, du moins sur l'essentiel de ce qui, aujourd'hui encore, permet de tracer la ligne entre les artistes d'un côté et, de l'autre, les imposteurs, canailles, et autres tenants de l'art veule, c'est bien lui, Jacques Martinez…). On voit bien, conclut-il, que ces histoires de « statement », si l'on pose cela, ne tiennent pas. On voit bien, si l'on fait ne serait-ce qu'un peu crédit à la parole de Barthes ou de Lacan, que l'artiste au plus grand style serait, à la limite, l'artiste naïf, innocent de ses intentions, ignorant non seulement de son art mais du monde auquel il s'ajoute – le fameux malade de génie cher à ce que l'on appelait jadis l'« art brut »… Pour Martinez, il l'a cent fois dit, l'artiste n'est pas un malade. La maladie n'est pas ce qui fait l'art et lui donne sa dignité. Et c'est pourquoi il conclut qu'il ne suffit pas d'un style pour faire, ni un homme, ni, moins encore, un artiste…

C'est lui qui, avec le recul, était évidemment dans le vrai. Et il serait facile de démontrer qu'il est même, d'une certaine façon, de plus en plus dans le vrai à mesure que la modernité nous livre ses derniers tours. Les « périodes » de Picasso ? Les « époques » de Cézanne ? Mais nous n'en sommes plus là ! Nous sommes, désormais, tellement au-delà ! Ce principe d'écart et même de contradiction, cette *différance* des œuvres comme eût dit un autre des maîtres de notre jeunesse, cette façon qu'elles ont, chez les plus grands, de se *dissembler* avec méthode, n'est-ce pas dans chaque période, dans chaque époque, presque dans chaque œuvre et dans chaque tableau, que tout cela opère maintenant ? Voyez, chez Gerhard Richter, comment, dans une même séquence, on passe d'un portrait classique à une abstraction ou une photo. Voyez le cas Urs Fischer : cette « installation » immense du Palazzo Grassi et, quelques mètres plus loin, dans l'église San Stae, ces grandes toiles abstraites qui ressemblent, a priori, si peu à ce que l'on vient d'admirer à Grassi. Ou encore, dans la même église, le cas Rondinone : je ne connaissais de lui que des images peintes et voilà qu'il y présente, avec quatre objets-arbres blancs dans des odeurs d'encens, une grande et forte « installation ». Ou encore, chez Damien Hirst, le passage, sans vraie commune mesure, des cadavres d'animaux dans le formol du début des années 90 aux monochromes noirs de 2003 ou à la collaboration avec David Bowie. Et lui, enfin, Jacques Martinez – la série continue de ruptures qui scandent son travail depuis le début et sont peut-être, par parenthèse, une autre des raisons qui le rendent, parfois, méconnaissable. Révolution ininterrompue. Tout remis en jeu, tout, à chaque nouveau coup de dés. Au lieu du style, l'aventure. Et, au cœur de l'aventure, un intarissable dialogue avec le monde, l'époque, les contemporains.

Car que dit, au fond, Martinez ? A ce point de ma réflexion, ce jour-là, dans l'atelier d'Arcueil à nouveau, j'ai repensé au texte que j'avais, quelques années plus tôt, donné à Tadeusz Ropac en préface à une exposition qu'il faisait des collages d'Andy Warhol. J'y rappelais cette évidence que jamais aucun artiste n'a, ni n'aura, affaire à la virginité du monde. J'y expliquais comment jamais un artiste, un vrai, n'a eu, en face de lui, à l'instant où se prend la décision de peindre, je ne sais quel silence des choses à qui il ne manquerait, comme aux chiens, que la parole. Et j'y plaidais, contre Warhol lui-même et contre certaines de ses déclarations-provocations, que la toile n'est pas plus blanche que ne l'est la page : ces fantômes qui hantent l'artiste, ces faits d'âme et de corps qui sont toujours déjà là avant qu'il ne se présente, ces humeurs qui l'inspirent ou le paralysent, ces rumeurs qui l'assourdissent et interdisent, d'abord, à sa voix de se poser, ces clichés enfin, ce donné à tête d'hydre qui est son legs comme il est le nôtre mais qu'il lui appartient, lui, de traiter et transformer – tout cela est comme une écriture invisible qui encombre le support et contraint l'aventure de l'œuvre, non pas au déchiffrement, pas davantage à la pure invention, mais à la rature, au palimpseste et au corps à corps avec sa matière... Alors, certes, Martinez n'est pas Warhol. Plus physique, déjà. Moins puritain. Moins « église uniate » que le fils de mineur de Pittsburgh qui, presque chaque jour, en pleine gloire, allait distribuer de la soupe (Campbell ?)

aux pauvres de la paroisse de Saint Vincent Ferrer. Mais, sur ce point, les deux s'accordent. Et tout ce que je disais de l'un, je pourrais, aujourd'hui, le reprendre s'agissant de l'autre.

Tant de choses dans ma tête, semble dire mon ami. Tant de têtes et tant de gens, là, devant lui, à l'instant où il s'empare de ses couleurs. Il y a des vivants et des morts. Des simples et des artistes. Des femmes. Une femme, la sienne, à la nuque de champagne et à la peau ivoirine. Il y a là des gestes anciens. Des rires et des sanglots. La plainte d'un enfant d'Europe, dans le wagon du train qui le déporte. Le bruit du monde en fureur dans un village d'Andalousie. Le charme électrique des grandes villes. Les cigales cigalant de son village élu. L'Europe, sa patrie (oh ! sa joie, si visible, et qui explose dans ses couleurs, d'appartenir à ce que d'aucuns appellent – les sots ! – la vieille Europe). La Méditerranée, sa matrie (mais sans nostalgie ! sans noces façon Camus ! je ne suis même pas certain que sa cinquième saison soit un été !), le monde encore, qui s'est remis au sombre et dont la poigne invisible ne le laisse, pas plus que moi, en repos. Et la mémoire toujours, et le temps couleur d'oubli, et leur double moteur qui ronfle, s'emballe, nous tire à hue et à dia, tels les deux chevaux de l'âme selon le philosophe. Vous vous souvenez ? Non ? C'était l'autre saison… Tournez juste un peu la tête… Pas comme ceci, comme cela, vers le haut, non, encore plus haut, vous verrez…

Car Martinez est de ceux qui, dans cette vieille histoire de haut et de bas, de rapport entre les deux (où êtes-vous le plus à l'aise ? dans le ciel ou sur la terre ? dans les nuages ou dans la souche ?) il est de ceux qui, dans cet éternel débat de savoir si un homme est homme par la fleur ou par la racine, par la coloquinte ou par le bulbe, le tronc, le sang, la race et le reste, ont pris parti depuis longtemps – et ont pris le parti, autant le dire, de la Loi et de l'Idée contre l'idiotie de la fixation au sol. Alors une histoire, sûrement. Une généalogie, naturellement. Et une exposition qui, je le répète, est comme un long voyage vers soi-même, avec armes, bagages, boussoles, étoiles fixes, quelques livres, un horizon. Mais un voyage qui ne sera jamais une odyssée. Une généalogie qui n'a plus grand-chose à voir avec ces vieilles histoires de racines, recherche identitaire, repli sur l'origine, pourquoi pas patois tant que l'on y est. Et une histoire qui, du coup, se peint en catalan, anglais, castillan, italien, latin – et, pourquoi pas, dans la saison de Port-Bou, en allemand... Ici, Hippo Regius et son *Dernier Noël* dont les aplats gris et noirs font penser au *Christ portant la croix* de Louis Soutter. Là, l'Hippone de saint Augustin et cette façon qu'a l'œuvre de pointer une source pour, dans le même mouvement, la détourner et s'en séparer. Là, l'arbre de Mojacar avec ses racines encore trop fortes mais que l'on sent aspirées, tirées vers le haut, ventousées, par cette frondaison énorme qui ne s'applique à leur ressembler que pour mieux les leurrer et les arracher à leur mortel repos. Et puis, j'y reviens une dernière fois tant la pièce est centrale dans l'ensemble du dispositif, la dernière scène de la vie de Walter Benjamin : cadre torturé ; formes renversées ; lumière indécise, prise déjà dans l'étreinte de l'ombre ; la nuit qui tombe – là, soudain, on baisse la tête ; on ne regarde plus, on écoute ; et montent les sanglots, que la beauté de l'œuvre étouffe.

Un dernier mot. Je dis les branches contre les racines. L'idée, toujours l'idée, contre les sorcelleries du sol et des matières. Mais idée ne veut pas dire abstraction. Ni, encore moins, platonisme. Ni aucune de ces tentations, au fond néoplatoniciennes, qui font que l'art moderne nous a si souvent habitués, en fait de fleur, à l'absente de tout bouquet. C'était Warhol, en fin de compte, le platonicien. C'est chez lui, chez ce « nabab de la passivité » décrit par Stephen Koch, chez cet iconophile, ami des clichés et de leur fluo, que perdure, fût-ce dans la dénégation, la dérision, l'ironisation, l'obsession d'un platonisme sans caverne ni cosmos. Martinez n'en est plus là. Sans doute y est-il passé mais je crois qu'il n'y est plus. Et c'est pourquoi il peut, au bout du compte, se permettre aussi de prendre à bras-le-corps la chair, le gras, la matérialité, la colère des choses et du monde. Sensations. Perceptions. Dépressions fuligineuses. Conceptions glorieuses ou cendrées. Joie de vivre. Chagrins profonds. Nostalgies sans retour. Vigueur des hommes. Matin sans fin de la beauté de la femme aimée. Tout y est. Tout.

Jusqu'aux dernières nouvelles, si vous écoutez bien, de cette Europe de la liberté de l'esprit dont la langueur nouvelle lui arrache, il me semble, ses autres larmes d'artiste. La peinture, ici, redevient principe d'interpellation et de protestation. Lasse d'interpréter le monde, elle se prend à rêver, elle aussi, de le transformer. Depuis le temps qu'on nous annonçait sa mort ! Depuis le temps que Cézanne, le premier, lançait son fameux : « c'est David – c'est-à-dire la vertu – qui a tué la peinture ! » Martinez n'est pas un vertueux, c'est un artiste. Et c'est pourquoi il est de ceux qui, sous nos yeux, sont en train de faire mentir les nouvelles chouettes de Minerve qui, après la fin de l'Histoire, après la fin de la philosophie, prophétisent la fin de la peinture. Un spectre hante le monde – c'est celui, ici et ailleurs, ici *comme* ailleurs, de l'éternelle jeunesse de l'art.

2

Que la peinture n'a pas affaire avec le beau[1]

Vous avez écrit deux monographies, sur Piero della Francesca et Mondrian, publié nombre d'articles sur des artistes aussi divers que Warhol, Frank Stella, César. Pourquoi, écrivain-philosophe, vous égaillez-vous à l'occasion dans le champ de la peinture ?

Je ne m'y égaille pas, quelle drôle d'idée ! Je m'y retrouve. Et j'y retrouve, en tout cas, les préoccupations qui sont les miennes dans mes autres champs d'écriture. Prenez les deux

1. *Arts Passion,* décembre 2005, conversation avec Gilles Hertzog.

textes sur Piero della Francesca et Stella. J'ai le sentiment, vraiment, d'y poursuivre par d'autres moyens la même vieille guerre que toujours, les mêmes obsessions fondamentales.

Lesquelles ?

La guerre contre mes trois « ismes », ceux que je n'ai cessé de dénoncer et de combattre dans mon travail philosophique comme dans mes engagements politiques : naturalisme, organicisme, optimisme.

Disons, alors, la chose autrement. Pourquoi ce passage par la peinture ? Est-ce qu'un écrivain a besoin, pour mener sa partie, d'en passer aussi par là ?

Voyez vous-même. C'est toute l'histoire de la littérature (et de la peinture) qui est là pour témoigner que oui. Diderot et ses Salons… Stendhal sur la peinture italienne… Le Frenhofer de Balzac… Baudelaire et ses *Phares*… Les surréalistes… Apollinaire… Proust et Vermeer… Sartre sur le Tintoret et Deleuze sur Bacon… Ou encore l'admirable leçon de Foucault dans son commentaire des *Ménines* de Vélasquez au début des *Mots et les choses* ou enfin, du même Foucault, ce que nous savons de son commentaire de *L'Exécution de Maximilien* de Manet dans sa conférence de 1971 à Tunis… De quoi il s'agit chaque fois ? Evidemment pas de « faire parler » les peintres. Moins encore de révéler, comme le prônait Chesterton, « des vérités à l'artiste qui l'auraient fait sauter en l'air ». Mais la poursuite, chaque fois, de la guerre par d'autres moyens.

Ce qui veut dire…

Ce qui veut dire qu'il faut se débarrasser de la vision trop explicative, commentatrice, des rapports de la littérature et de la peinture. Quand un écrivain (ou un philosophe) rencontre un peintre, cela n'a rien à voir avec un travail d'« élucidation » travaillant sur une peinture supposée muette et ignorante d'elle-même – une manière de dire des peintres, comme pour les bêtes, « il ne leur manque que la parole ». Il s'agit de tout autre chose. Il s'agit de se servir de la peinture pour avancer dans la pensée. L'enjeu est, comme toujours, quoiqu'au prétexte d'une toile, de produire un discours spécifique et qui n'aurait pas eu lieu sans cela.

Commençons par Piero della Francesca, dont l'impassibilité des figures, la disposition géométrique des corps, l'axe des regards, l'architecture de ses fresques vous fascine et vous pousse à en faire un quasi-précurseur des cubistes, leur grand contemporain par-delà les siècles ! C'est assez audacieux comme thèse…

Je dis surtout qu'il est invisible avant les cubistes. Proprement invisible. Ce que vous constaterez d'ailleurs en voyant comment son nom a été occulté, presque effacé, du discours pictural et des histoires de la peinture pendant tout le XIXe siècle. Voyez l'*Histoire de la peinture en Italie* de Stendhal : deux lignes sur Piero. Les trente-neuf volumes de Ruskin : une demi-ligne. Comme s'il y avait, en effet, dans son goût des lignes et de la géométrie, dans l'inexpressivité de ses visages, dans les cubes, cercles et trapèzes qui structurent son *Invention et preuve de la vraie Croix* ou la *Conversation sacrée* du retable de Brera, quelque chose qui ne pouvait être lu, entendu, vu, qu'avec les modernes en général et les cubistes en particulier.

Vous parlez de cette impénétrabilité des visages chez Piero della Francesca comme d'une grande chose. Mais un visage habité, quel mal y a-t-il à cela ? N'a-t-on pas là, avec pareil hiératisme, et aussi admirable soit-il, affaire à un manque ? Pourquoi l'ellipse plutôt que l'émoi ?

Un mal, sûrement pas. Voyez d'ailleurs ce que j'écrivais autrefois, dans *Le Testament de Dieu*, sur la naissance du portrait dans la peinture italienne de la Renaissance, sur la naissance de l'Uomo Singolare, sur Giotto. Mais bon. Ne pas être insensible à l'image d'un visage habité n'empêche pas de trouver de l'intérêt à cette tout autre entreprise, cette hygiène de la vision, ce calcul de l'image et des formes, que je trouve chez Piero. J'aime cette idée d'un art sans sacré et presque sans dieu. J'aime, jusques et y compris dans les scènes religieuses de Piero, jusques et y compris dans telle *Résurrection*, telle *Victoire de Constantin sur Maxence* ou tel *Sigismond Pandolphe Malatesta agenouillé devant saint Sigismond*, ce côté désacralisé et même – le mot va vous sembler énorme, mais tant pis – presque *laïque*.

Une peinture qui tend vers l'abstrait, dites-vous…

Je préfère dire : une peinture qui procure un autre type de jouissance, une jouissance de pensée.

Passons à l'autre bout du prisme et de l'histoire, à Mondrian, votre autre grand esprit de la peinture « de tête », et un des grands héros de la peinture, disons, intellectuelle.

Oui, la révolution Mondrian. Et d'abord, comme vous savez, une révolution contre soi-même, contre le premier Mondrian, ce paysagiste hollandais à mi-chemin de Van Gogh et de Munch, cet auteur de l'*Arbres au bord du Gein* de 1908 ou des *Eglise de Domburg* de 1910-1911, auquel le « grand » Mondrian, celui qui fonde l'abstraction contemporaine, ce pur platonicien, commence par s'arracher.

Platoniciens vraiment, ces lignes noires, ces rectangles, ces carrés blancs ?

Je crois, oui. Mondrian pense que le monde réel est un leurre et que la mimésis, la vraisemblance en art, est, au mieux redondante, au pire, trompeuse, fallacieuse. Il pense, ce second Mondrian, celui qui, au tournant des années 20, rompt avec le monde sombre, désenchanté, de ses premiers paysages pour porter le désenchantement à son comble et en faire cet univers de lignes noires délimitant des carrés ou des triangles, des couleurs et des anticouleurs, il pense, donc, ce Mondrian que la beauté n'est pas de ce monde, qu'elle est une essence spirituelle, le reflet des Idées divines – que l'art est le reflet imparfait d'un monde imparfait, pâle reflet du monde divin.

Le platonisme c'est autre chose.

Oui. Et, en même temps, c'est cela. L'artiste, pour autant qu'il doit exister (l'Académie portait en fronton le fameux : « Nul n'entre ici s'il n'est géomètre »), doit exhumer les principes éternels enfouis sous le réel, prisonniers de la matière. Quand Mondrian, à 40 ans, rompt avec le paysagiste qu'il était, quand il enlève un *a* de son nom (le *a* de abstraction ?), quand il devient, avec Malevitch, le Mondrian qui invente l'abstraction, il ne fait rien d'autre que ce que je vous dis là.

Non content d'être platonicien, Mondrian était en sus théosophe ! Cela, aujourd'hui encore, en fait sursauter plus d'un.

Bien sûr. Il l'est depuis ce jour de mai 1909 où il adhère à la très officielle Société théosophique hollandaise. Alors, moi aussi, ça me fait sursauter. Moi non plus, je n'ai pas une passion pour cette mystique spéculative à base de magie et de cosmogonie. Mais je crois en même temps que c'est – au même titre que son recours à la mathématique – un élément essentiel de l'édifice.

La chose saute encore moins aux yeux que le platonisme que vous lui prêtez. La théosophie, pour ce que j'en sais, relève de l'occultisme. Qu'y a-t-il d'occulte dans ces œuvres implacablement rectilignes, infiniment répétées, à une variante près, qu'on dirait d'un pur géomètre ?

La géométrie, précisément. Même si, à être si parfaitement exhibée, elle vous semble tout sauf occulte. Et puis la théosophie ne se résume pas à l'occultisme, au sens de sciences secrètes, pratiques magiques pour agir sur l'univers, mysticisme, croyances en une réalité supra-humaine ou suprasensible. La théosophie, chez Mondrian, ce pur géomètre, est aussi une quête de l'absolu. C'est aussi une métaphysique. C'est aussi – sur fond de ce système d'analogies et de parentés qui gouverneraient le monde, relieraient matière et esprit – un culte de la mathématique et du nombre. L'univers est un jeu fini, pense Mondrian. C'est un système impeccablement réglé. Sa doctrine, ou plutôt son axiomatique, ramène le monde à une série étroitement limitée de lignes, de volumes, de couleurs. D'où *Victory Boogie-Woogie*.

Vous avez écrit à son sujet qu'il était « l'ange noir d'une apocalypse blanche et sèche. Un pas de plus, et c'est le silence ». On y est, non ? Et si oui, faut-il s'en louer ? Il y a eu la mort de Dieu, la mort de l'homme ; est-ce désormais la mort de l'art ? Mondrian fossoyeur ?

C'est la tentation crépusculaire de Mondrian. C'est son côté peintre maudit et maudissant le monde après lui. C'est cette hypothèse d'un tableau final en quoi se résumerait, si d'aventure on le peignait, l'entière trajectoire. Toutes les années 20 rôdent autour de cette idée d'un imaginaire « dernier tableau ». Tous les artistes de l'époque nourrissent le désir de cette œuvre ultime, à la fois inaccessible et proche. Eh bien c'est Mondrian qui pousse l'idée le plus loin, c'est lui qui la radicalise.

Votre éloge d'un art froid, sans sujet, ou aux sujets sans intériorité, sans pathos ni tragique, antinaturaliste, antiromantique, abstrait, a-t-il un rapport avec l'interdit biblique de faire des images, de figurer Dieu et, a fortiori, les hommes ?

Peut-être, oui. Je ne sais pas… Levinas dit de belles choses là-dessus. Il dit pourquoi la peinture, qu'il assimile à l'idolâtrie, est toujours du côté de la fermeture, du devenir empêché, du mourir. En sorte qu'il y a forcément la tentation, quand on est un disciple de Levinas, d'aller au bout de cette idée – et c'est, alors, l'abstraction. Je ne dis pas que j'en suis là. Mais que ce soit une tentation, oui, c'est incontestable.

Non, dites-vous, à la narration, à l'émotion, à la nature. Quid, alors, de Masaccio, Bosch, Michel-Ange, Titien, Vélasquez, Rembrandt, Goya, Delacroix, Turner, Manet, Van Gogh, Klimt, Picasso, pour ne citer qu'eux ? Les bannissez-vous de votre panthéon privé ? J'ai peine à le croire.

Et vous avez raison. Car j'aime tout cela, bien sûr. Je ne me lasse pas du contact avec ces œuvres. Je ne me lasse pas du Musée Picasso d'Antibes, ni des Vélasquez de l'Escurial et du Prado, ni de tout le reste. Et quant aux peintres contemporains que j'apprécie – je pense à quelqu'un comme Jacques Martinez – ils sont complètement dans ce corps-à-corps avec les grands classiques. Cela dit, ne confondez pas. Quand j'écris sur Mondrian – comme, d'ailleurs, sur Stella ou sur d'autres – il ne s'agit pas de plaisir mais d'écriture. Je poursuis, je vous le répète, mon aventure intellectuelle personnelle. Et, là, j'ai envie de vous citer Barnett Newman soutenant, que « qui appartient au peuple du Livre ne peut devenir peintre qu'à condition d'essayer de peindre l'impossible ».

Quid de l'expression des passions humaines, de ces peintres de la grâce, de l'amour ou du tumulte intérieur et des drames de la condition humaine, tout au long des temps modernes ?

Ma réponse c'est que c'est très bien, évidemment. Très beau. Mais qu'avec Newman, ou Rothko, ou Motherwell, c'est d'autre chose qu'il s'agit, d'un autre type d'informations sur le monde ou la condition humaine – et que cela m'intéresse plus encore.

Le concept de beauté, grand critère de la peinture, avec celui de vérité, jusqu'à Picasso et ses Demoiselles d'Avignon *(« On le retrouvera un jour pendu derrière son tableau », prophétisait Derain...), a quasiment disparu.*

C'est cette jolie histoire de Paulhan, que vous connaissez sûrement – je crois qu'elle est dans *Braque le Patron*. Il apporte à Braque un faux Braque absolument parfait. Braque admire.

Braque approuve. Braque trouve ça très très bien, très très impressionnant. Sauf qu'il sent, chez lui, Braque, une obscure réticence. « Vous n'auriez pas pu le peindre, il lui demande ? » Réponse : « Non ! » Question suivante : « Pourquoi ? Que lui reprochez-vous ? » Et seconde réponse du Maître : « Je vais vous le dire : il est beau. »

Même chose pour la figure humaine, le portrait. Depuis Picasso, Giacometti et, en un sens, Bacon, ils sont disparus corps et âme, si je puis dire, du paysage. Même chose pour celui-ci, d'ailleurs, le paysage, disparu depuis Balthus.

C'est vrai. Regardez par exemple l'autoportrait, ce must séculaire des artistes. Vous en connaissez beaucoup qui s'y livrent ? Seul Warhol, avec ses icônes-clichés de lui-même… Et là encore, comme chez Mondrian, degré zéro du sens. Nihilisme satirique parfait. Inébranlable résolution, comme disait Baudelaire, cet autre dandy contre son siècle, de n'être jamais ému et de ne pas émouvoir non plus. Les autoportraits de Warhol sont impressionnants, mais pas lyriques. Ni romantiques. C'est le moins que l'on puisse dire…

Il n'y a que les crétins, écrivez-vous à propos de Warhol, pour, face à cette ascèse moderne, dire : « ère du vide, triomphe du kitsch ». Je dois être un brin crétin…

Mais non… Mais non… Pas assez kantien, ça, en revanche, peut-être. Car le contraire du Beau, selon Kant, ce n'est pas le Vide mais le Sublime. Ce que Levinas encore, dans *De Dieu qui vient à l'idée*, appelle la « verticalité ». C'est tout ce que j'ai voulu dire dans le passage auquel vous faites allusion.

Vous louez Mondrian d'avoir porté à son comble le désenchantement du monde, par et dans sa peinture. Mais face à la culture de masse et sa vulgarité, face au brutalisme des villes modernes, face à la violence des rapports sociaux, le monde n'a-t-il pas besoin d'être réenchanté ? Mozart versus Mondrian ?

Réhabilité, oui. Réécrit. Arraché à ses clichés (le mot d'ordre de Cézanne). Mais pourquoi ré-enchanté ? Je crois que le désenchantement démocratique du monde, la victoire sur le « petit sacré » dont parle une fois de plus Levinas, le discrédit porté sur la mystagogie, font partie des acquis les moins contestables de la modernité et je ne vois pourquoi, là, on ferait marche arrière.

Vous dites « Marche arrière »... Vous ne croyez tout de même pas, encore, aux fables du progressisme en art ?

Il faut croire que si, un peu. Il faut croire, oui, que je n'ai pas complètement renoncé à ce que nous ont enseigné les grandes avant-gardes du XXe siècle. C'est drôle, d'ailleurs. Je pense, vraiment, que l'art est le domaine de l'Intemporel, que tel masque africain peut voisiner dans un musée imaginaire avec tel visage moderne ou telle composition de Picasso – en quoi je suis hyper-malrucien. Et puis, en même temps, une part de moi ne renonce pas tout à fait à cette vieille idée, non pas évidemment du « progrès », mais de la « modernité » en art. Je résoudrai cela en disant que l'art a une histoire, un temps, qui, pour n'être pas ceux du monde, n'en ont pas moins leur être, leur consistance, leur ordre de conséquence. Le temps de l'art n'est pas le Temps. Mais il existe. Il a ses lois. Et ses effets.

3

Qu'est-ce qu'une nature morte ?[1]

« Ceci n'est pas une pipe », disait Magritte en légende de sa fameuse *Trahison d'une image*.

Eh bien j'ai envie de dire, de la même façon, face à telle ou telle de ces œuvres que présente aujourd'hui Rafael Cidoncha : ceci n'est pas une nature morte.

A cause des portraits, fort nombreux ?

A cause de tous ces visages, si présents, incarnés, chemins de lumière de l'exposition, repères pour l'esprit, pierres d'angle de son architecture invisible – et, par définition, bien vivants ?

Oui, bien sûr ; à cause des portraits, déjà ; mais à cause, aussi, des fleurs, des arbres, des toits de la ville, des colonnades ; à cause du service à thé sur les zelliges, des compotiers, cactées, palmiers plus vrais que nature, labyrinthes dans le coucher de soleil, mosaïques, drapés de tissu, fontaines ; à cause des choses mêmes et à cause de la manière qu'il a, lui, Cidoncha, de coucher les choses mêmes sur la toile.

Le contraire des « cose naturale » de Vasari.

Le contraire des natures « illuminées » de Diderot ou « silencieuses » de Chirico.

L'inverse, j'y insiste, de la convention des natures mortes.

1. *Naturalezas vivas*, Catalogue de l'exposition de Rafael Cidoncha, du 10 janvier au 3 février 2007, Galerie Marlborough, Madrid.

Pour commencer, ses toiles parlent.

Oui, cela peut surprendre, mais je crois vraiment qu'elles parlent.

Tendez l'oreille, vous verrez. Ou plutôt vous entendrez. Il y a des peintres qui vous en mettent plein la vue. Lui, Cidoncha, nous en met plein les oreilles. Les voix de Marrakech. Les voix de ces humains qui vous ont précédés, là, dans ces murs, sur ces terrasses qui n'ont pas changé et qui sont toujours, telles qu'en elles-mêmes, les terrasses de la très ancienne maison Getty.

Patrick Lichfield les a photographiées. Cidoncha les a peintes. Mais ses peintures sont des trompe-l'œil qui trompent sur cela même que l'œil, d'habitude, fixe et identifie : les années qui passent ou non, le temps perdu et retrouvé, l'irréversible, l'inconséquent…

On the road, for ever.

Soft Machine, toujours là.

Talitha dans son manteau de zibeline, un soir de grand froid, sur le toit le plus haut.

La Nadja pop des âges surréalistes américains errant, j'en jurerais, dans l'allée centrale entre les arbres.

Les trois J. ressuscités ; les trois mêmes J., oui – J comme Janis (Joplin), Jimi (Hendrix), Jim (Morrison) – dont, entre mille, au bout de la passerelle qui surplombe les jardins, dans la dernière fente du rideau blanc où joue la lumière de midi, j'ai reconnu l'ombre furtive.

Brando, bien entendu, dans la chambre du même nom.

Black is black que, d'époque en époque, siffle un merle du Maroc.

Bill Willis et ses yeux passés au khôl – déjà réincarné en… il est là, devinez qui.

Et puis le vieux Wazani – celui qui a tout vu et tout entendu, le vrai passeur des bonheurs d'autrefois vers le bel et vivace aujourd'hui, l'ange du lieu.

Ce n'est pas une expo c'est un roman.

Ce n'est pas une succession de toiles, c'est une comédie humaine, un récit muet, une saga.

C'est l'histoire en creux d'une génération, la beat, si mal nommée, car pas si beat que cela, ni si génération, ni si passée, ni si révolue.

Une maison hantée, d'accord ; mais rien de plus présent, ni vivant, que cette hantise-là, croyez-moi…

Cidoncha, ensuite, refroidit ses toiles.

Les peintres de natures mortes, d'habitude, se croient obligés de chauffer la colle, pardon : la toile, et de nous donner à voir et penser une nature, morte c'est vraie, mais pas complètement, bruissante de magie, pleine de mystères et de présages en tous genres et toutes langues, sacralité diffuse, prodiges en suspension, thaumaturgie, arcanes.

Objets inanimés avez-vous donc une âme ?

Oh oui, répond le peintre !

Plus qu'une âme, un esprit !

Plus qu'un esprit, un secret !

Toute cette vieille histoire, qui mettait Baudelaire en fureur, de « légumes sanctifiés » ou, comme disaient ses maîtres lointains, de bosquets sacrés idolâtrés !

Cidoncha dit l'inverse. Il peint des légumes athées. Des bosquets vides et des festins nus. Il donne des feuilles de bananiers qui sont des feuilles de bananiers. Des sols de céramique dont l'âme tient, tout entière, dans la touche compacte, serrée de la couleur qui les compose et les sature. Il peint des fleurs, belles comme les tulipes de Kant, complètes parce que coupées sans fin, formes parfaites et qui ne faneront plus.

Talitha Getty, oui. Le petit sacré, le mystère, la confidence tue des choses, leur promesse entrevue, scellée dans l'éther de l'indicible, fantasmagorique – occulte, non. Et encore moins, comme dit un autre philosophe, le soulier que l'on confondrait avec une oreille et qui ferait de l'amour de l'art je ne sais quel art de la sorcellerie, de la nostalgie ou de la gnose…

Fin de la géomancie et de ses prestiges.

Commencement de la lumière humaine et de la beauté vraie, qui parle des âmes et aux âmes.

Triomphe de l'art sur la nature, de l'illusion sur l'enchantement et du réel tel qu'il est, avec sa part de matérialité, d'épaisseur obscène, d'imperfection, voire de péché, sur un surréel transfiguré et anobli par le passage au chevalet : voilà des toiles qui, je le répète, ne rivalisent pas avec la photo mais la surjouent – voilà une peinture virile, aux arêtes vives, presque sèches, qui dit l'évidence des choses, leur parti pris têtu, contre la tentation du sens caché et exhumé.

Delacroix, si l'on veut, mais qui serait passé par Juan Grís.

Chassériau, mais qui aurait connu les figures de Georges Braque.

Un orientalisme dessiné, géométrique, où chaque ligne lutterait pour sa propre survie – et pour la nôtre.

Car je regarde, enfin, Cidoncha.

Je le vois à l'œuvre, là, debout, des journées entières, au milieu du riad principal, visage fermé et regard acéré, bloc d'énergie concentrée, farouche, dur, comme s'il livrait bataille.

Je l'observe, des heures sans prononcer un mot, sourd au bruit qui l'entoure, pinceau sec comme une plume, chaos de couleurs sur sa palette, et le sourire qui lui revient quand, tard, très tard, après des heures d'ébauche et de dessins, commence d'apparaître un peu d'ordre sur sa toile.

Je le soupçonne, à cet instant, de nourrir un rêve étrange et qu'il n'avouera pas.

Comme si les ombres, les lumières, les objets autour de lui, les feuilles sur les arbres, leurs branches, leur écorce, étaient sur le point de disparaître et que, par le pinceau, il les retenait.

Comme si le monde lui-même n'était plus, tout à coup, ni si stable ni si sûr qu'il y paraît et qu'il lui revenait, lui, peintre, par le geste de le peindre, de le réassurer dans son évidence, sa force, peut-être sa gloire.

Comme si l'être, oui, pouvait cesser d'être ; comme s'il pouvait, comme un corps, s'arrêter de respirer ; comme si des forces mal connues le tiraient vers le néant et qu'il était de la responsabilité de l'artiste de résister à ces forces et d'en conjurer le charme mauvais.

Ces arêtes de couleur vive.

Ces lignes, presque trop nettes, qui sont comme des nerfs en attente de leur chair.

Ces poches de lumière qui semblent des aimants autour desquels formes et matières continueraient de s'agréger.

Vocation métaphysique de la peinture.

Responsabilité du peintre à l'égard des choses qui, sans lui, pourraient s'effondrer.

Peindre, oui, contre la mort, c'est-à-dire contre le temps, désastre et désêtre mêlés, précarité, néant.

Cidoncha, là, me fait penser à ces kabbalistes qui pensent que tient à eux la consistance des mondes.

Il me rappelle ces Sages des maisons d'étude d'Europe centrale qui disaient : « Dieu a créé le monde mais a laissé aux hommes et, éminemment, à quelques-uns d'entre eux le soin de faire qu'il ne se décrée pas. »

Telle est la noblesse de son art.

Telle est la beauté extrême, et ultime, de ces tableaux.

Pari contre la mort *et* contre la nature, la joie – Zahia – de peindre.

4

L'écrivain, l'artiste et le philosophe

Comment vous êtes-vous retrouvé dans ce projet ?[1]

C'est Francesco Vezzoli qui est venu me trouver. Il venait de lire *American Vertigo*. Et il a demandé à François Pinault, le célèbre collectionneur et propriétaire du Palazzo Grassi, à Venise, d'organiser le contact. Au début, j'ai trouvé l'idée étrange. Et puis elle m'a séduit, comme une sorte de prolongement de ma propre réflexion sur les ressorts de la démocratie américaine.

Avez-vous été impliqué dans la conception, l'écriture, de ce film ?

Dans la conception, non. Dans le texte que je prononce, en revanche, oui. L'équipe de professionnels qui sont venus me voir, qui ont fait, comme vous savez, la campagne de John Kerry et qui feront, selon toute vraisemblance, la campagne du prochain candidat démocrate, m'ont proposé un texte qui ne me convenait pas et que j'ai donc complètement récrit. Sous leur contrôle, certes. Mais complètement récrit.

1. *New York Magazine*. Entretien avec Carl Swanson, le 9 juin 2007, à propos de *Democrazy*, cette art-video où Sharon Stone et l'auteur jouaient le rôle, pour Francesco Vezzoli, de deux faux candidats à une élection présidentielle américaine.

Pourquoi il ne me convenait pas ? Le ton, où j'avais du mal à entrer. Et, aussi, le contenu qui, dans mon souvenir, était presque exclusivement consacré à l'Irak. Alors que je souhaitais, moi, parler aussi de la peine de mort, des armes de guerre en vente libre, du système de santé et du système des prisons.

Le personnage de Sharon Stone est assez hillary-clintonesque. Pensez-vous que c'était là le modèle ? Ou, peut-être, Ségolène Royal ? Ou Nancy Pelosi ?

J'ai l'impression, oui, que le modèle était Hillary. Une Hillary républicaine, mais une Hillary quand même. Est-ce que cela veut dire que, pour Vezzoli, Hillary est une républicaine qui s'ignore, une républicaine à visage démocrate ? Peut-être. Je ne sais pas. Si c'est ce qu'il pense, il n'a pas forcément tort.

Et vous, jouez-vous votre personnage en songeant à un candidat américain particulier ? Ou à Sarkozy ? Votre prestation est-elle une sorte de commentaire de l'américanisation de la vie politique en Europe ?

Le candidat que je joue est, comme vous savez, supposé être démocrate. Alors, non, je n'avais pas Sarkozy en tête. Pas du tout. Ni d'ailleurs aucun candidat français. Ce que je peux vous dire, par contre, c'est qu'il y a eu cette coïncidence : au moment même où je faisais ce film, je voyais assez souvent Ségolène Royal et nous parlions de sa propre campagne. Et ma réflexion a plutôt été celle-ci : quel dommage que Madame Royal n'ait pas eu, pour l'aider, la conseiller, la piloter, des hommes et des femmes du niveau de ceux que m'a amenés Vezzoli et qui sont au cœur de la vie politique américaine ! Dit autrement : je ne serais pas contre un peu d'américanisation de la vie politique de mon pays ! Quand je vois l'amateurisme des conseillers de nos candidats, quand je vois la médiocre qualité de l'entourage de Royal (qui était, elle, une bonne candidate), je me dis : vivement un peu d'américanisation !

A quoi sert une œuvre comme celle-ci ? Politiquement ? Quel est son public ?

Le public de cette œuvre, c'est d'abord les collectionneurs et amateurs d'art. Mais je pense en même temps que cette œuvre, comme toute œuvre d'art, nous dit des choses sur ce dont elle traite, c'est-à-dire, en l'occurrence, sur la chose politique. Par la parodie et l'ironie, elle en explore la coulisse. Elle nous raconte l'envers du décor. Elle montre comment marche une campagne, quels en sont les ressorts secrets. Et, du coup, elle a une vraie puissance de subversion. C'est la force des grands artistes.

Allez-vous vous investir dans l'élection en cours ? Ecrire dessus ?

M'investir ? Certes non. Ecrire. Sûrement. Peut-être aussi revoir Barack Obama que j'avais rencontré, comme vous savez, pour *American Vertigo*.

Dans ce film, vous portez une cravate. Quand cela vous était-il arrivé pour la dernière fois ?

Il n'y a pas de dernière fois. Je n'ai jamais, de ma vie, porté de cravate. Ni pour mes mariages, ni pour des enterrements, ni pour aller voir le pape, ni pour déjeuner à l'Elysée, ni pour rien – ce fut vraiment, là, la vraie de vraie première fois. Au point, d'ailleurs, que quand, au milieu de cette fameuse journée, les gens de Charvet – qui font mes chemises – ont reçu la visite d'une assistante venant chercher « des cravates pour Bernard-Henri Lévy », ils ont cru à une blague, à une émission de la caméra cachée, que sais-je ? et ont commencé par refuser de les donner… Est-ce que cela veut dire qu'un grand artiste peut me faire faire des choses qu'un président de la République n'obtiendrait pas de moi ? Il faut croire.

5

Fleurs du Mal (à propos d'Ingres et de Martial Raysse)[1]

Au fond, il y a deux écoles.

Celle de *L'Origine du monde* (Courbet) et celle du *Bain turc* (Ingres et, ici, Raysse).

D'où vient que la seconde œuvre – l'œuvre proprement dite, celle d'Ingres, « homme audacieux par excellence » (Baudelaire) non moins que cette œuvre-ci, revisitée par Martial Raysse (peintre de sang froid, de couleurs froides, donc baudelairien par éminence) – m'a toujours semblé plus émouvante, plus érotique, que la première ?

L'une en dit trop et, ce faisant, expose le corps désiré, le sature de visibilité et transforme la chair en objet (exactement l'inverse de ce dont Eros se nourrit) ; l'autre en dit peu, très peu et ne révèle, en réalité, comme dans la vie, que ce qui va exciter, aiguiser, intriguer le désir (or l'intrigue c'est le désir ; c'est même, comme l'étymologie l'atteste, sa trame et son récit secret).

L'une montre tout, réellement tout, jusqu'à cette part génitale de la chair redevenue corps qui, pour bouleversante qu'elle soit, n'a, comme on sait depuis Bataille, jamais suffi au trouble d'un amoureux des femmes ; l'autre ne montre qu'à demi, de

1. *Beaux Arts Magazine*, septembre 2007.

dos, de biais, bras pudiques ou repliés, sexe deviné, croupes callipyges rendues à leur mystère, silhouettes de près et de loin, et les gestes eux-mêmes qui restent à l'état d'esquisse, de promesse, de caresse – qui dit mieux ?

Alors, bien sûr, il y a les couleurs. Et ces couleurs sont si vives, si criardes, elles annoncent à ce point la couleur, qu'on est tenté de se demander : est-ce que ça ne fiche pas tout par terre ? est-ce que cette surexposition, ce goût assumé du mauvais goût et de l'artifice, cette mise en scène fluo, néo, néon, n'est pas comme un acide qui va dissoudre le désir ?

Eh bien non, justement.

Car l'ennemi du désir ce n'est pas la scène, c'est l'obscène.

Ce n'est pas l'artifice, c'est la nature – vous savez bien : cette nature qui ne ment pas puisqu'à la violence du surgissement d'autrui, elle substitue l'évidente et, à la fin, lassante persévérance de l'être dans son état.

L'ennemi d'Eros, c'est bien, je le répète, la transformation de la chair en corps et du corps en objet.

Mon ennemi c'est la vérité en peinture, l'objectalité d'une âme réduite à ses organes, leur mécanique solide, leur verdict.

Là, pas de risque.

Jamais, dans la vraie vie, nul n'a vu épaules, nuques, seins, ainsi acidulés.

Jamais, dans aucun jeu amoureux, nulle n'a offert son ventre, ou ses cuisses, sur cet air de bazar.

Et c'est pourquoi ces femmes sont des femmes de chair – des femmes que je peux regarder, caresser du regard, sans me lasser et sans que, sous ce regard, elles prennent la triste vérité de l'objet.

Il y a de l'obscur dans les couleurs synthétiques de Raysse.

Comme Manet qui, selon Pissarro, faisait de la couleur avec du noir, lui fait de l'ombre avec du flashy.

La vérité c'est qu'il ne déshabille qu'à demi ses baigneuses : il les rhabille, un peu, de couleur – et c'est en quoi il eût mérité, comme son maître, d'être sacré par le poète « peintre des voluptés profondes ».

6

Sortir de Platon par Pirandello et Marcel Duchamp[1]

La fiction n'est pas la copie du monde, mais son double.

Le monde n'est pas le double de la fiction, mais son effet.

Le réel ? L'irréel ? Apparemment le contraire. En réalité la même chose. Presque la même chose. Juste un fil ténu, de plus en plus insaisissable, qui les distingue et les sépare.

Vezzoli ne « critique » pas la modernité, le cirque médiatique, le parti pris des choses, le règne du rien, il les expose.

Vezzoli ne « parodie » pas la télé-réalité, la démocratie devenue folle, la culture de la célébrité, il en montre les ressorts, les exhibe.

Vezzoli ne dénonce rien ; ne se plaint de rien ; ne récrimine en rien ; parfaitement éloigné de lui est le ressentiment bien-pensant du « Grand Réformateur » social qui en appelle à un « autre monde » venant en lieu et place de celui-ci où régneraient, hélas, l'illusion, le leurre, l'absence du sens et de la présence ; je ne suis même pas certain qu'il soit si inspiré qu'il lui arrive de le prétendre par le vertueux entretien de Pasolini, publié au début des années 70, dans lequel l'auteur de *Salo* tonnait que les interviews télévisées, par exemple, sont « la forme d'humiliation la plus basse » pour un humain ; Vezzoli

1. *Süddeutsche Zeitung Magazin*, n° 46, novembre 2007 ; texte initialement publié sous le titre : « Thèses de Francesco Vezzoli ».

ne tonne pas ; Vezzoli ne proteste pas ; Vezzoli n'est pas vertueux ; Vezzoli n'accuse rien ni personne – il déconstruit.

Connaît-il Derrida ? A-t-il réfléchi, de *L'Origine de la Géométrie* aux textes suivant le 11 Septembre, aux théories dites « déconstructionnistes » ? Je n'ai jamais parlé de cela avec lui. Mais je n'imagine pas qu'il en soit autrement. Je n'imagine pas qu'il soit complètement étranger aux thèses de celui des philosophes modernes qui a le plus clairement établi qu'il n'y a, à jamais, qu'un seul monde : cœur et marges confondus, centre et périphérie définitivement cohérents, pas d'extériorité, pas d'altérité radicale, une sorte de dedans fatal qui aurait définitivement intégré son dehors – ensemble, le réel et la fiction, le monde et ses possibles, la voix et son écho, l'écho interminable et que ne soutient plus même la voix.

Connaît-il Baudrillard ? Est-il, d'une manière ou d'une autre, passé par le théoricien de l'hyperréalité, le dénonciateur de la bêtise réaliste, le commentateur implacable mais lucide du règne sans fin du simulacre ? Jamais parlé non plus de cela avec lui. Jamais parlé de grand-chose, d'ailleurs, même quand nous préparions *Democrazy*, cette fable politique, présentée à la dernière Biennale de Venise et qui se proposait d'explorer rien moins que l'envers de l'histoire politique américaine contemporaine, l'autre côté de son miroir, les coulisses d'une campagne présidentielle jouée par Sharon Stone et moi – mais attention ! un envers qui était une doublure ! un autre côté qui n'était pas une altérité ! un verso si l'on veut, ou un recto peu importe, mais la même surface en tout cas ; la première, juste retournée ; jamais la face cachée ; jamais l'ordre secret ; en aucun cas l'une de ces « profondeurs » qui n'en finissent pas de relancer l'interminable spéculation, toujours conspirationniste, sur la trame invisible régissant l'ordre visible. Nous n'avons jamais discuté de cela, non, tandis qu'il m'observait débattant pied à pied, mot à mot, avec l'équipe de « stratégistes » venus exprès de Washington pour me briefer et faire de moi un candidat crédible, donc impossible, à la reconquête, par les Démocrates, de la Maison-Blanche. Mais, qu'il le sache ou non, je sens bien, moi, la marque de cette grande pensée de l'annihilation du réel et de la réalité du néant – je sens bien, je vois bien, qu'il est le contemporain de Jean Baudrillard, ce théoricien contestable, mais fort, de l'extase du réel et du système des objets.

Il a lu Pirandello, en revanche. Lui, il l'a évidemment lu puisque sa dernière œuvre, installée au Guggenheim de New York, est une mise en espace, me dit-on, de l'une des premières pièces du futur auteur des *Six Personnages en quête d'auteur*. Et, de Pirandello, de ce premier Pirandello menaçant si sa pièce ne marchait pas de renoncer définitivement au théâtre, il a retenu la thèse de la vérité indistincte, remise en perspective, indéfiniment approximative et incertaine, fragile et discutable – toujours le même fil insaisissable, la même très mince frontière entre l'erreur et la vérité, la même indistinction de structure entre mensonge et réalité. Qui dit vrai, de Monsieur Ponza, de sa femme, de sa belle-mère ? Qui est l'être de raison ayant revêtu le masque de la folie ? Qui, le fou déguisé en être de raison ? Bruit et fureur… Théâtre de l'ambiguïté… Spectacle à tous les étages… All the world is a stage… Pas d'autre monde que cette scène… La pièce de Pirandello s'appelle *Cosi è (se vi pare)*… En français, *A chacun sa vérité*… En anglais, quelque chose du genre : « Comme il vous plaira… » Autrement dit, et sous l'apparente dérision du déconstructeur sauvage, une tonalité shakespearienne qui est une autre dimension du vezzolisme.

Car il y a du désespoir chez Vezzoli.

Il y a du pessimisme ontologique chez Vezzoli.

La caverne sans les Idées.

Les ombres sans la Lumière.

Last exit avant la presque inévitable hypothèse du ciel.

L'un des rares artistes d'aujourd'hui à être sorti, vraiment sorti, du platonisme.

Rien, nulle part, sous quelque forme que ce soit, qui nous suggère : « telles sont les figures visibles de ce monde – derrière elles, une figure invisible. »

Pas de centre. Pas de bord. Des surfaces.

Pas d'épaisseur. Pas de volume. Des lignes, des mouvements, des sons.

Les clichés… Le jeu avec les clichés… L'invasion de l'espace, de la tête, de ma tête, de la sienne, par un cliché devenu roi, donc obscène et occupant, qu'on le veuille ou non, le devant de la scène… A l'origine est le cliché… Au commencement était, non le verbe, mais son ironie, sa dérision, son cliché… Si cette idée paraît, de prime abord, légère, amusante, gaie, elle est, en réalité, la plus lourde à supporter, presque tragique.

Presque ? Oui, naturellement. Car c'est le mot fameux de Marx sur Napoléon III et ces séquences temporelles qui se répètent toujours deux fois : tragédie d'abord, puis comédie, voire farce, avatar grotesque d'un précédent légendaire sur lequel il spécule.

Tristesse de Vezzoli.

Mélancolie de celui qui a compris que le monde est un tombeau et que l'artiste est son gardien.

Tristesse est-il le mot ?

Et mélancolie ?

Peut-être pas, finalement.

Car trop de sentiment dans la mélancolie et la tristesse. Trop de romantisme et de roman. Et nul n'est moins romantique que l'homme qui a mêlé, dans son sac à malices parodique, le plus grand écrivain américain vivant, les stars amphétaminées de la mauvaise télé-réalité, Hollywood, l'Italie préfasciste et berlusconienne, les empires américain et romain, j'en passe.

J'ai travaillé, donc, avec Vezzoli. Nous avons fait ensemble, avec Sharon Stone depuis Los Angeles, ce fameux *Democrazy*. Et ce qui m'a frappé, pendant ces semaines, c'est l'absence d'affect, justement, dans son œuvre. L'évacuation de l'émoi, du trouble, de l'émotion. Le rouge n'était pas chaud. Le bleu n'était pas froid. Sharon Stone n'était plus la Stone de chair. BHL n'était plus ni la marionnette ni la mise en abyme de Bernard-Henri Lévy. Une œuvre qui n'avait plus rien à nous dire, non, de la vérité de ses visages ou du mensonge de leurs copies. Degré zéro du sens. Minimum de conscience et d'éloquence. Ni ressentiment ni célébration. Ni expression ni impression. Des clichés.

Catherine Deneuve, Marianne Faithfull, Jeanne Moreau, Gore Vidal, Caligula et, maintenant, Patricia et Patrick Hill, ces bienheureux de l'église vezzolienne : s'agit-il de recomposer les idoles ? de les décomposer ? dans quel ordre ?

Non plus, comme dans la grande tradition biblique : « tu ne feras pas d'images peintes. » Mais : « tu ne feras plus que cela ; de chaque idole tu feras une icône – et vice versa. » Sauf que… Cet ecclésiaste-là n'encense pas ses icônes. Il les banalise. Il les prend au piège de leur platitude. Ce sont les premières figures de l'art sacré à n'être pas glorifiées, mais ironisées, moquées.

Ce « nabab de la passivité », disait Stephen Koch de Warhol : il aurait pu le dire de Vezzoli.

L' « inébranlable résolution de ne pas être ému », disait déjà Baudelaire, cet autre frère en esprit – Dandy Warhol… Brummell ou Des Esseintes… ces grands frères de Vezzoli…

L'avidité maussade de l'ex-collectionneur dont les premières œuvres, il y a quinze ou vingt ans, consistaient en broderies magnifiques, monotones, obsessionnelles, un peu folles…

Ou le mot de Martial Raysse, sur Andy Warhol encore, à l'époque de son *Hygiène de la vision* sur l'extraordinaire « sang-froid » émanant de ses séries sérigraphiées : « des œuvres qui portent en elles la sereine évidence d'un réfrigérateur de série : neuves, aseptisées, inaltérables » – ne s'applique-t-il pas, ce mot, de nouveau, à Vezzoli ?

Il n'y aura que les philistins pour faire de ce flou fluo le symbole de la décadence et du kitsch.

Il n'y a que les crétins pour, face à cette ascèse moderne, dire : ère du vide, du nihilisme satirique, du frivole.

Contemporain, Vezzoli ? Oui, sans doute. Encore que… Relisez les textes d'un autre philosophe, Michel Foucault, sur la peinture « photogénique ». Relisez ce qu'il disait, Foucault, de la façon de travailler de Lake, Cameron, Rejlander, Emerson, Heinrich Kühn. On dirait déjà Vezzoli. On croirait un ancien usage des clichés qui, un siècle plus tard, resurgirait avec Vezzoli.

La photo, dit-on, a avalé la figuration ? Elle aurait libéré l'art de sa tentation figurative ? Et, après elle, après la photo et mieux encore que la photo, ce serait le vrai rôle de l'image en mouvement – cinéma, vidéo, images numériques et de synthèse ? C'est l'art qui, ici, avale le numérique et la synthèse. Il absorbe ce qui l'a absorbé. Non que Vezzoli « réhabilite » la vidéo ou, une fois de plus, le cliché. Non qu'il les « élève », comme on dit, au rang d'un art majeur. Il les intègre. Les engloutit. Il fait de l'imagerie moderne une province de son empire, de son art.

Une sorte de Marcel Duchamp de la première moitié du XXIe siècle.

Non pas le ready made ni, encore moins, la junk culture – mais la vérité de l'art défaite par l'art de la vérité.

Non pas l'urinoir fameux où viendraient encore pisser les éternels célibataires d'une non moins éternelle Rose Sélavy – mais les catacombes, les greniers, les poubelles magnifiques et glorieuses de la modernité.

VI

MADE IN USA

Ma campagne américaine ▪ *Campagne américaine, suite* ▪ *Lettre ouverte à la gauche américaine* ▪ *Comme un immense 21 avril…* ▪ *Et si Tocqueville, comme Marx, s'était trompé de pays ?* ▪ *Et si l'Amérique renouait avec la France – et, ainsi, avec elle-même ?* ▪ *Quand l'Amérique tourne le dos à la France et, encore, à elle-même* ▪ *À la Bastille !* ▪ *Think in USA* ▪ *La culotte de Sarah Palin* ▪ *Lettre ouverte au prochain président des États-Unis* ▪ *Ce que j'aimerais dire, aujourd'hui, à Barack Obama* ▪ *Quand Obama sera élu* ▪ *Obama, enfin* ▪ *Obama avant Obama* ▪ *Eh oui, Barack Obama tient ses promesses* ▪ *Bien sûr, Obama mérite le prix Nobel* ▪ *L'Amérique, et après* ▪ American Vertigo, *le film.*

1

Ma campagne américaine[1]

L'Amérique était une très ancienne maîtresse. J'ai voulu savoir si elle pouvait devenir une épouse. Et c'est pour cela que j'ai passé près d'une année à tenter, comme dans les histoires d'amour, de partager le pire et le meilleur de la vraie vie quotidienne avec elle. L'image, lâchée dans le feu d'une interview, n'était peut-être pas idéale. Mais de là à me faire dire que j'ai eu un « great fuck » avec les Etats-Unis… La phrase est dans le *New York Magazine* de cette semaine. Et c'est par là que, bien entendu, commencent tous les autres entretiens depuis mon arrivée.

Les Français les méprisent (« néocons »…). Les Américains les détestent (« princes des ténèbres » et compagnie…). Voyant, moi, dans l'apparition de ce phénomène néoconservateur l'un des événements majeurs de la scène idéologique américaine, donc mondiale, depuis trente ans, je suis plutôt content, au

1. *Le Monde 2*, 4 mars 2006. « Journal » du lancement d'*American Vertigo,* sorti aux Etats-Unis, avant la France, dans les tout premiers jours de l'année 2006.

contraire, de ce débat public avec Bill Kristol, l'un de leurs chefs de file et hérauts. Notre généalogie parfois commune. Notre identique ancrage dans l'antitotalitarisme des années 70 et 80. Ce moment bosniaque qui nous a, des deux côtés de l'Atlantique, également révoltés et inspirés. Mais nos désaccords, à partir de là. Le divorce idéologique qu'a sanctionné le dissentiment sur la légitimité de la guerre en Irak. Et le malentendu affectant l'idée même que nous nous faisons, les uns et les autres, de l'intellectuel et de son rôle. Supposons – ce que je ne crois pas – que l'Histoire vous donne finalement raison, cher Kristol, sur l'affaire irakienne. Fallait-il, parce que vous souteniez cette Administration sur un point, la soutenir sur les autres ? Fallait-il, sous prétexte de politique étrangère, endosser la peine de mort, le créationnisme, les armes de guerre en vente libre, l'interdiction constitutionnelle des mariages gays, la restriction du droit à l'avortement, le fondamentalisme religieux ? Quand, avec Bush ou avec un autre, vous allez au restaurant, prenez-vous tout le menu ? La salle rit. Fukuyama, qui arbitre le débat, se tait. Le néoconservatisme se meurt, mais il laisse un héritage : peut-être l'auteur du *Dernier Homme et la Fin de l'Histoire* songe-t-il, à cet instant, qu'il faudra bien quelqu'un pour, le jour venu, prendre en charge et faire fructifier l'héritage…

Mariane Pearl venue au dîner que donne Diane von Fürstenberg, dans son Studio du bas de la ville, à l'occasion de la sortie de mon livre. Il y a là des écrivains. Des journalistes. Felix Rohatyn qui doit m'introduire, demain, dans ce saint des saints de la géostratégie américaine qu'est le « Council for Foreign Relations ». Il y a les vieux copains de l'époque, il y a vingt-cinq ans, où je testais, devant les étudiants de la New York University, les thèmes de ce qui allait devenir *L'Idéologie française*. Et il y a elle donc, Mariane, qui, par sa seule et lumineuse présence, réunit symboliquement mes deux livres, mes deux moments américains : *Qui a tué Daniel Pearl ?* et *American Vertigo*… Mes deux enquêtes qui, somme toute, se répondent.

Ce sont les deux « shows » télévisés qui permettent, paraît-il, de véritablement lancer un livre. Le plus classique d'abord, le plus sérieux, sorte de Pivot américain dont nous n'avons plus l'équivalent et qui demeure telle une aberration, ou un îlot d'intelligence et de parole, dans la Société du Spectacle généralisé : l'intervieweur à l'ancienne, Charlie Rose. Et le plus neuf ensuite, en même temps que le plus dingue : six minutes, parfois sept, ou huit, face à un clown au grand cœur, « Guignols de l'info » à lui tout seul, dont s'est entichée l'Amérique et qui réussit, par parenthèse, à dire haut ce que la gauche n'ose plus dire qu'à voix très basse – Jon Stewart. Pendant ces six minutes-là, j'essaie de rire. De faire rire. J'essaie de dire à l'homme le plus rigolo d'Amérique qu'il a trouvé son maître, mais dans le genre comique involontaire, en la personne de ce Président Bush que je n'ai jamais entendu faire un discours sans se prendre les pieds dans ses statistiques, qui n'arrive pas à dire « stem cells », cellules souches, sans se tromper et qui, lorsqu'il prononce le mot « Amérique », ou « Armée », a cette façon si ridicule de se raidir comme au son d'un invisible clairon. Mais, des questions de Stewart lui-même, de ses blagues et, plus encore, de son objection sur les églises qu'il me reproche de juger trop sévèrement, la vérité m'oblige à dire que je ne comprends, sur le moment, pas un mot et que j'en suis réduit, pour répondre, à piloter aux instruments, dans le brouillard…

Né à Paris, d'un père uzétien et d'une mère normande, où voulez-vous que je m'enracine, demandait Gide à Barrès ? Né au Texas, de parents autrichiens émigrés à Haïti et de grands-parents russes et roumains, élevé en Belgique puis au Mexique, parlant français avec un accent allemand et anglais avec un accent français, où voulait-on que s'enracinât Paul Holdengraber, directeur de la New York Public Library et organisateur, à ce titre, de mon débat de ce soir avec Tina Brown ? Eh bien ici, justement, à New York, dans cette ville dont son cosmopolitisme est comme la quintessence et où il réussit, aujourd'hui encore, comme pour ses débats sur l'art, l'avenir du droit d'auteur à l'ère du tout-puissant Google, la dissidence iranienne, le triomphe mondial de la vulgarité, le cinéma de Patrice Chéreau, à déplacer des foules que l'on ne voit, d'habitude, que pour les meetings politiques. D'une certaine façon, d'ailleurs, c'en est un. Il règne dans la salle une belle et bonne fièvre de meeting qui ne dit pas son nom. On commence avec Tocqueville. Mais les questions m'amènent vite sur Guantanamo, le Patriot Act, l'espionnage des citoyens, l'escroquerie des armes de destruction massive de l'Irak : on a parlé d'impeachment pour les mensonges de Nixon ; on a reparlé d'impeachment pour les mensonges, bien véniels, de Clinton ; d'où vient que, face aux mensonges autrement plus conséquents de l'hôte actuel de la Maison-Blanche, plus personne ne parle plus de rien ? faudra-t-il, pour que l'on songe à empêcher George W. Bush, qu'une ou un Lewinsky se dévoue pour lui infliger un blow job ?

Stewart encore. Peut-être n'y a-t-on vu que du feu, après tout. Oui, si j'en crois le nombre de gens qui, ce dimanche, au terme de cette autre discussion, avec Adam Gopnik celle-là, à la « 92e Rue » qui est le haut lieu du judaïsme new-yorkais, sont venus me trouver pour me dire : « hi ! I saw you on Jon Stewart ! », personne ne semble avoir réellement senti que je flottais complètement dans l'interview de l'autre jour. Un sur deux m'a vu chez Rose. Et un sur deux chez lui, Stewart. Le compte est bon. Et il en dit long, de nouveau, sur l'état présent des forces dans l'industrie du livre américaine. Gopnik, lui, plus grand style que jamais, plus New Yorker que moi tu meurs, mettra son point d'honneur à ce que la moitié, ou presque, de notre échange porte sur ce dont l'industrie ne nous aurait, par elle-même, sûrement jamais laissé parler : Levinas, son œuvre, son héritage, son centenaire.

Il faut imaginer Jean-Pierre Pernaut chroniquant, pour *Le Monde des Livres*, l'ouvrage d'un intellectuel américain. C'est le tour que m'a joué Sam Tanenhaus en publiant à la une de la « Book Review » du *New York Times* la descente en flammes de mon livre par le plus populaire des animateurs de radio américains, l'amuseur que des millions d'Américains écoutent, tous les samedis, depuis quarante ans, en direct du Minnesota, l'inventeur du « Prairie Home Companion Show », la légende dont Robert Altman vient de s'inspirer pour le scénario de son dernier film – Garrison Keillor lui-même. La voix de l'Amérique profonde ? La réaction du Midwest face à un intellectuel, qui plus est étranger, venant expliquer ce qu'est un Américain, d'où il vient et ce qu'il lui est permis d'espérer ? Ce gros symptôme de francophobie que j'ai passé un an à chercher sans le trouver et qui me serait servi là, sur un plateau, mais trop tard, le livre fini ? Ou bien – c'est l'opinion de Will Murphy, mon éditeur, chez Random House – le parfum de scandale qui nous manquait et sans lequel, en Amérique encore plus qu'ailleurs, un livre tarde à percer les blindages de l'indifférence et de la volonté de ne pas lire ?

Arrière-salle de « Politics and Prose », la librairie mythique de Washington que Rushdie, Auster ou Tony Kushner ont marquée de leur présence. Foule de mal-pensants. Foule de mal-votants. Foule d'Américains ordinaires qui ne semblent pas mécontents, eux, de voir un Français venir leur dire qu'il aime l'Amérique ; qu'il déteste l'antiaméricanisme, cet attracteur du pire, ce géométral des passions françaises et mondiales les plus douteuses ; mais que bon, voilà, cette passion de l'Amérique et cette détestation de ceux qui la détestent ne l'empêchent pas, bien au contraire, de dire ce qui, dans le pays d'aujourd'hui, est en train de tourner le dos aux valeurs fondatrices de la démocratie selon Thoreau, Emerson et Thomas Paine.

Boston où il a fallu, au dernier moment, à deux reprises dans la même journée, et pour cause d'affluence ingérable, se transporter, de l'autre côté de la rue, dans l'église baptiste du quartier. Est-ce l'austérité du lieu ? La banalité, à laquelle je ne me ferai décidément jamais, de ces temples protestants ? Est-ce leur ressemblance si frappante avec des banques, des salles de concert ou de conférence, des musées, des stades ? Est-ce le naturel implacablement souriant et finalement assez gênant avec lequel ces gens semblent se faire à l'idée d'un agnostique montant en chaire pour y prononcer des mots qui ne lui sont pas destinés et qui, parfois, l'offensent ? Moi qui ai été si ému chaque fois qu'il m'est arrivé (il est vrai que c'était, toujours, dans des circonstances douloureuses) de prendre la parole dans une église catholique, je ne ressens, là, rien de semblable – ou alors un trouble, oui, mais c'est celui de cet excès de prose où, à la fin, se perdent les âmes.

Chicago. Catherine Hamilton, présidente de la société des « American Friends of Versailles », a réuni là, chez elle, dans cet appartement orné de boiseries rapportées de quelques-uns des plus beaux châteaux français, tout ce que la ville compte de milliardaires éclairés, philanthropes et, m'assure-t-elle, « tocquevilliens ». S'en trouvera-t-il un, un seul, pour avoir véritablement lu le livre et être tombé sur la page où je décrivais, à Chicago donc, le soir de l'inauguration du Parc du Millénium, la procession, aux côtés du maire Dailey, de ces tycoons momifiés que j'imaginais descendus en droite ligne des dynasties mafieuses du temps d'Al Capone et du Green Mill ? Bien entendu non. Mais, devant la gentillesse de mes hôtes, devant l'élégance, la curiosité, la culture de leurs invités, devant la qualité, enfin, du débat qui s'engage à l'initiative du président de la Franco-American Foundation, Nicholas Dungan, je me surprends presque à regretter ce trait qui les blessera si, un jour, ils s'en avisent.

Epuisé ce matin. Epuisé d'avoir à répondre, dix fois par jour, aux mêmes éternelles questions sur Tocqueville, les prisons, ma plus grande surprise, ma plus forte déception ou la scène que je choisirais pour résumer, s'il n'en restait qu'une, ce livre et ce voyage. Et au bord de m'endormir tandis que je commence, au téléphone, depuis ma chambre d'hôtel, cette énième interview en direct, et qui doit durer une heure, avec une radio du Middle West. Alors, pour me désennuyer, je mets CNN sans le son. Puis, sur mon ordinateur, Amazon.com dont un ami m'avait averti que, parce qu'on peut y suivre en direct l'évolution de la liste des best-sellers, c'est devenu la drogue des auteurs américains en même temps que leur cauchemar. Et je me rends compte, très vite, de ce détail fort distrayant pour un écrivain coutumier de nos bonnes vieilles listes à la française qui bougent au rythme lent des semaines : ici, ça bouge tout le temps ; j'ai l'impression que ça clignote, au moins pour les premiers titres, presque aussi vite que les indices boursiers dans le coin gauche de l'écran de LCI ; en sorte qu'à l'idée – sûrement imaginaire, mais peu importe – du fermier du Wisconsin cliquant sur sa commande de téléachat pendant qu'il écoute sa radio, je me réveille et me prends au jeu.

Supposez encore un livre qu'il faudrait défendre, *en même temps*, à Paris et à Varsovie, à Stockholm et à Lisbonne, à Prague, à Milan, à Londres, à Budapest, à Málaga. C'est le principe de ces « book tours » américains. C'est toute l'idée de ce second voyage qui me fait refaire en accéléré le voyage que j'ai eu tant de bonheur, l'année dernière, à accomplir dans la patience et l'étirement du temps. Aujourd'hui Seattle. Hier Portland. Demain San Francisco, Houston, Des Moines, Los Angeles. L'ubiquité, soudain, comme un cauchemar.

Coup de téléphone de l'AFP. L'article de Keillor provoque, apparemment, des réactions en chaîne. Des pour. Des contre. Des journaux pour qui deviennent contre. Des contre, qui deviennent pour. Des journaux, oui, qui se croient tenus de publier deux critiques contradictoires. Et là, Marty Peretz, directeur du *New Republic*, le vieil hebdomadaire de la gauche intellectuelle dont on murmure, à Washington, que son refus du fascislamisme et sa solidarité avec Israël, son soutien au concept de guerre juste et ses grandes options géopolitiques, l'auraient fait évoluer vers le côté droit, Marty Peretz donc qui, aux dernières nouvelles, a pris lui-même la plume pour, dans le prochain numéro, défendre *American Vertigo*. Pas de débat, vraiment, en Amérique ?

Encore une église. Mais à Berkeley, faubourg de San Francisco, face à une assemblée de gauchistes me reprochant ce que je dis, dans le livre, de MoveOn.org, cette organisation ultradémocrate née au moment de l'affaire Lewinsky sur des bases qui, selon moi, ne rompaient guère avec le puritanisme de l'idéologie républicaine. Du débat qui s'ensuit, rien ne ressort vraiment qui infirme mon hypothèse. Oui, dit en quelque sorte la salle, les procureurs anti-Clinton étaient des chasseurs de sorcières. Mais, non, Clinton n'était pas innocent pour autant et aucun droit au secret n'explique ni n'excuse la faute, le crime, le péché qu'il a commis.

The Stranger, le journal underground de Seattle qui tire à près de cent mille exemplaires et que l'on trouve dans les lieux branchés de First Avenue, du Waterfront et de Redmond. Nous parlons, plus que du livre, de Kerouac et de Ginsberg, les bons fantômes de la ville. Nous parlons d'Althusser et de sa folie. De ce qui reste de Derrida et de sa déconstruction. De Bourdieu. De Deleuze. Des thèses de Foucault sur les prisons et de ce qui les confirme dans le système carcéral américain. Nous parlons de tous les jeunes artistes que le journal défend et dont les noms, hélas, ne me disent rien. La nouvelle contre-culture US ? Seattle sera-t-elle, à l'époque qui commence, ce que fut, à la révolution culturelle des sixties, un San Francisco désormais glacé ?

A Houston, contrairement à Chicago, les gens ont eu le temps de lire le livre. Et ils ont lu, notamment, ce que j'y dis de l'admirable réflexe de solidarité qui les a fait accueillir, après Katrina, les survivants de New Orleans. Coup de chance. Car m'évite les huées qu'aurait pu me valoir, sinon, ce que je dis, par ailleurs, de la présence de reliques nazies à la « Guns Fair » de Fort Worth ou de ces parties de chasse à la caille qui ne sont ni le meilleur ni le moins périlleux – n'est-ce pas Monsieur le vice-président Dick Cheney ? – de la vieille culture sudiste…

Un autre effet de l'immensité du pays : quand, comme ici, à Miami, un livre est « sold out » et quand, de surcroît, comme aujourd'hui, les aéroports et gares de la côte Est sont bloqués par la tempête et la neige, il faut huit jours, quand ce n'est pas quinze, pour réapprovisionner les librairies ; et, en attendant, le patron des achats des Barnes and Noble de la ville en est réduit au système D – un distributeur de Portland qui dépanne de quelques exemplaires ; le Canada qui peut en livrer quelques autres ; Amazon ; un grossiste de Kansas City ; l'appareil commercial supposé le plus performant du monde tout à coup paralysé et condamné à bricoler…

Signer ses livres en blanc. Je veux dire : après la conférence, après le jeu des Q/A, c'est-à-dire des questions/réponses, après la signature personnalisée pour les lecteurs à qui vous le dédicacez face à face, signer des dizaines et des dizaines de livres sans nom, juste mon nom, parfois même pas, juste un gribouillis tant il faut aller vite et débiter de la signature. L'étape suivante, c'est la signature automatique. Le cachet, comme pour une société. Mais oui ! Il paraît que l'on y est déjà… Il paraît qu'il y a des auteurs qui, déjà, ne se déplacent qu'avec leur tampon…

Hitchens. C'est au tour de Christopher Hitchens d'entrer dans la polémique et de s'en prendre, avec son insolence et sa véhémence coutumières, à l'article du *New York Times*. Trois raisons pour que cela fasse du bruit et s'entende. Il est, depuis son film sur les crimes de guerre de Kissinger au Vietnam, l'un des rares « public intellectuals » d'Amérique. Il a eu, au moment de son ralliement à la ligne néoconservatrice sur l'Irak, une saison antifrançaise qui rend d'autant plus remarquable sa charge contre la francophobie de Keillor. Et puis surtout, l'article paraît dans *Slate*, ce journal sur Internet dont l'influence, me dit-on, commencerait de faire jeu égal avec celle des grands journaux. Je parle au conditionnel. Car c'est la partie de l'histoire dont j'ai le plus de mal, je l'avoue, à me convaincre. Trop habitué à la presse papier. Trop dérouté par cette nouvelle presse dont je ne comprends pas bien, par exemple, comment elle hiérarchise ses informations et ses titres. Je m'aperçois, maintenant que j'y pense, que je n'ai cessé, depuis un mois, de rencontrer des gens qui me parlaient de tel article paru dans le *LA Times*, ou de tel autre dans le *Boston Globe*, mais qui ne l'avaient lu que dans sa version électronique – comme si les vrais journaux n'étaient plus que le référent, l'étalon-or, l'encaisse, de cette prodigieuse inflation de non-papier que devient la presse de demain.

Finir cette tournée à Philadelphie, berceau de la démocratie américaine et l'un des derniers chapitres d'*American Vertigo*. Répéter là ce que j'ai dit partout, à savoir que l'Amérique a l'une des administrations les plus navrantes de son Histoire mais que l'esprit, les principes, les ressorts de sa démocratie sont infiniment plus vivants, plus sains, qu'il n'y paraît. Et m'apercevoir que ce témoignage d'espérance, cette critique de ce qui est et cette foi en ce qui sera, il n'était pas dénué de sens qu'ils viennent d'un Français : moi ou un autre, peu importe – l'essentiel était dans ce lien très ancien, brisé, et qu'il faut renouer.

2

Campagne américaine, suite[1]

Tocqueville, aux Etats-Unis, c'est comme Rushmore. Comme *Naissance d'une nation* de Griffith. Comme les grands westerns de Ford et de Hawks. Comme le Bill of Rights. C'est, au minimum, un miroir où ce peuple contemple, depuis presque deux siècles, l'image anticipée de ses vertus, de ses vices, des heureuses ou fâcheuses tentations qui le guettent, de sa naissance providentielle, de son destin. Et c'est, dans les Collèges d'Austin et à la télévision, sur les lèvres de George W. Bush et sur celles de ses adversaires, au cœur de l'Amérique cultivée comme au bout de cet Interstate 94 où je trouve un policier qui renonce à me verbaliser quand il apprend que je m'intéresse à l'auteur de *De la démocratie en Amérique*, son idole – c'est, partout, une référence, un leitmotiv, un lieu commun, un manuel, un bréviaire, un monument de papier et de mots et, au bout du compte, un élément à part entière de ce qui constitue le pays. Tocqueville ? Un mythe fondateur de l'Amérique. La Constitution américaine ? Tocqueville. Pendant que nous en étions, nous, en France, à ruminer notre marxisme (ou notre maurrassisme), les Américains, eux, nous empruntaient Tocqueville, l'adoptaient, en faisaient l'un de leurs mythes d'origine et de fondation. Voilà pour Tocqueville.

---

1. *Elle,* 6 mars 2006, propos recueillis par Philippe Tretiack.

Début des années 60. Avoir quinze ans dans cette France qui, pas encore tout à fait réveillée de son cauchemar vichyste, entre dans sa saison gaulliste d'Etat. La liberté, en ce temps-là, a trois visages. Ou trois voix. Celle d'une poignée d'écrivains – au premier rang desquels Hemingway – qui jazzent, comme dit l'autre, la langue française. Des cinéastes – Ford, Hawks – dont on ne se lasse pas de voir et revoir les chefs-d'œuvre dans les cinémas du Quartier latin. Et puis une guitare, celle de Presley, ou d'Eddie Cochrane, ou de Gene Vincent – qui est, en 1964, l'arche perdue de ma première aventure américaine.

Est-ce le trafic qui fait la route ou la route qui fait le trafic, demande, dans le *Ulysse* de Joyce, Leopold Bloom à Dedalus ? Eh bien, autre version du même paradoxe dont je fais, dans *American Vertigo*, le principe de la décision de ne voyager que par la route : est-ce l'Amérique qui a fait le western ou le western qui a fait l'Amérique ? lequel, du désert réel de l'Arizona et de celui que filme John Ford dans *Rio Grande*, a inspiré et modelé l'autre ? est-ce le réel, ou l'art, qui fait le mythe ?

Pourquoi Rushmore à Rushmore ? Je veux dire : pourquoi ici, au cœur de ces Black Hills qui sont, depuis des siècles, des terres sacrées pour les Indiens ? Il y avait tant de lieux possibles... Il y avait, dans les Rocheuses, tant de sites magnifiques où l'on aurait pu sculpter les mêmes visages de granit. Pourquoi, alors, ce choix ? Pourquoi, pour cet hommage à ce qui, à l'époque, était clairement une Amérique blanche, le choix de ce lieu vécu comme une terrible provocation ? C'est la première question. La seconde : ce nom, Rushmore ; ce nom, oui, du mont Rushmore dont je découvre qu'il est celui de Charles E. Rushmore, un avocat qui, en pleine ruée vers l'or, à l'époque où l'on cherchait tous les moyens militaires et légaux d'exproprier les derniers Indiens, sillonnait les Black Hills pour le compte des grandes compagnies et découvre ce sommet innommé. Et puis la troisième enfin, la pire, la plus douloureuse : l'architecte lui-même ; ce fameux Gutzon de la Motte Borglum à qui l'on doit la conception, puis l'essentiel de la construction, des quatre visages de pierre et dont je découvre qu'il fut un membre éminent du Ku Klux Klan et que son premier projet – après quoi il se rabattit là, sur Rushmore – fut, en Géorgie, à la demande du Klan, un mémorial confédéré à la gloire de trois héros sudistes de la guerre de Sécession. Envers et vérité du mythe.

Sur Marilyn, c'est bien simple : un livre à lire, un seul – celui de Joyce Carol Oates. Il y a Mailer et Oates. Il y a les notes éparses de Mailer et le portrait craché (vérité et fiction mêlées) de *Blonde* de Joyce Carol Oates. La folie de la mère… Les clichés de la célébrité… La femme-enfant projetée, du jour au lendemain, sur les toboggans de la gloire qui exalte et qui tue… Happy birthday Mister President… Comme une pute, oui, traitée comme une pauvre petite pute par les messieurs du Klan Kennedy… Guerre des mythes. Sur l'Olympe américain – qui n'a, pour le coup, plus rien à voir avec Rushmore – la guerre des demi-dieux.

McDonald's ? Bon. Si vous tenez à McDonald's. Mais l'autre Amérique, alors. La folle. La mauvaise. La qui fait des corps obèses. La qui explose ses propres limites et qui, du coup, s'étend, prolifère et multiplie, telles de mauvaises cellules, ses inventions les moins heureuses. L'Amérique pleine d'ubris. L'Amérique ivre d'elle-même. La qui, parce qu'elle a perdu le sens de sa propre limite, ne sait plus ni où elle est ni comment se tenir. D'où ces machines à nourrir, toujours les mêmes, à l'infini. D'où ces temples de la malbouffe semés, partout, sur les routes de légende américaines.

Plus personne, aux Etats-Unis, ne croit à la légende Kennedy. Plus personne n'est dupe de la légende pieuse du grand président exemplaire. Tout le monde, si l'on préfère, a fini par savoir que le jeune héros bronzé, respirant l'optimisme et la santé, était un immense malade, drogué à la testostérone et dont la joie de vivre était un leurre. Or, malgré cela, malgré cette face cachée qui n'est plus cachée pour à peu près personne, il suffit d'une image de lui dans sa gloire, il suffit d'une de ses photos de jeune prince souriant et charmant, American tabloïd, from Washington to the moon, opulence, bonheur, nouvelle frontière, insouciance, il suffit d'une image de Jackie en robe d'Oleg Cassini au temps de leur grand mensonge médiatisé, puis d'une autre, le jour du drame, tailleur rose taché de sang, pour qu'un trouble vous gagne, et gagne surtout les Américains. Alors, qu'est-ce qu'un mensonge qui marche ainsi ? Qu'est-ce qu'une légende à laquelle on ne croit pas et qui, pourtant, fonctionne ? Eh bien voilà. Un mythe. C'est très exactement ce que les spécialistes de l'Histoire ancienne appelle un mythe quand ils demandent, avec une ingénuité feinte, si les Grecs « croyaient ou non à leurs mythes ». Et c'est ce qui fait des Kennedy les frères en destin d'Œdipe, Achille, Thésée, Narcisse ou Prométhée – les Grecs des Américains.

Mailer ? Le patron. Oui, au sens où Paulhan disait de Braque qu'il était le « patron » de la peinture de son époque, Mailer est, non seulement le maître des lettres américaines, non seulement le plus grand de leurs écrivains vivants, mais, à la lettre, le modèle, l'étalon et presque l'inventeur de toute une part de l'Amérique contemporaine. Parfois, je me dis que Gilmore et Marilyn, Oswald et Mohammed Ali, John Kennedy à Hyannis Port, Castro lui-même, n'ont existé que pour que Mailer en fasse des personnages de ses romans. Parfois, en l'écoutant, j'ai eu le sentiment que l'Amérique elle-même – celle, en tout cas, dont j'ai la nostalgie et dont le petit homme de la Maison-Blanche organise la démolition – est comme sortie d'un songe de Norman Mailer.

3

Lettre ouverte à la gauche américaine[1]

Rien ne m'a plus impressionné, pendant ce voyage, que l'état de quasi-coma où j'ai trouvé la gauche américaine.

Oh ! je sais bien que le mot n'a pas le même sens ici qu'en France.

Et combien de fois ne m'a-t-on pas dit qu'il n'y a jamais eu, aux Etats-Unis, de vraie « gauche » au sens de l'Europe.

Mais enfin vous pouvez, amis progressistes, appeler les choses du nom que vous voudrez.

Le fait est que vous avez une droite.

Le fait est que cette droite a accompli, avec les néoconservateurs, une mutation idéologique à la fois considérable et passionnante.

Et le fait est que rien de comparable ne se dessine de l'autre côté – une sorte de désert au contraire, un silence assourdissant, un vide idéologique sidéral qui, pour un lecteur de Whitman et de Thoreau, est tout à fait énigmatique.

Ces « jeunes » démocrates de 60 ans qui en sont restés aux vieilles recettes de l'ère Kennedy…

Ces néopuritains de MoveOn.org que j'ai entendus, à Berkeley, renvoyer dos à dos les péchés d'un président libertin et le néomaccarthysme de ses adversaires…

Ces stratèges antirépublicains m'avouant n'avoir jamais mis les pieds dans une de ces megachurches néo-évangéliques où

1. *The Nation,* 27 février 2006.

sont les vrais laboratoires de l'ennemi et me regardant avec des yeux ronds quand je leur dis y avoir, moi, passé du temps…

L'ex-candidat Kerry, croisé à Washington, quelques semaines après sa défaite, hagard, fantomatique, et me confiant dans un souffle : « si vous entendez parler de cinquante mille voix dans l'Ohio, faites-moi signe… »

Ces partisans du sénateur Hillary Clinton qui, lorsque je les interroge sur la façon dont ils comptent regagner la bataille des idées, me répondent qu'ils doivent gagner d'abord la bataille de l'argent et qui, lorsque je leur demande à quoi bon cet argent, pour quel projet, me répondent comme les robots d'un fund-raising devenu fou : « pour lever plus d'argent encore… »

Et puis, surtout, surtout, du côté des forces vives de la gauche, chez les écrivains, les artistes, les leaders d'opinion, les intellectuels, une atonie, parfois une timidité ou une gêne, face à tant et tant de questions brûlantes qui, non moins que la guerre en Irak, non moins que la dénonciation populiste des aventures internationales de Bush, non moins que cette dénonciation dévote de l'« Empire » qui est tout ce qui reste quand on n'a plus rien à dire, devraient les tenir mobilisés.

Pour un observateur extérieur il est étrange, par exemple, que nombre de progressistes aient dû, de leur propre aveu, attendre l'ouragan Katrina pour s'indigner, et parfois s'aviser, de la terrible pauvreté qui gangrène les villes américaines.

Pour un intellectuel européen habitué aux grandes querelles d'idées, il est incompréhensible que davantage de voix ne se soient pas levées, depuis longtemps déjà, pour dénoncer, au nom des Lumières, l'escroquerie des antidarwiniens partisans du « dessein intelligent ».

Et la peine de mort ? D'où vient qu'il n'y ait pas, en marge des partis et en marge, notamment, d'un Parti démocrate dont tout le monde sait qu'il ne bougera jamais, sur la question, sans une forte pression de la base, un vrai mouvement d'opinion appelant à l'abolition de cette barbarie civilisée qu'est la peine de mort ?

Et Guantanamo ? Et Abou Ghraïb ? Et les prisons spéciales d'Europe centrale, ces zones de non-droit, indignes d'une démocratie ? Je sais, naturellement, que la presse les a dénoncées. Je sais que vous avez des journalistes qui ont fait, en quelques jours, le travail que notre presse, à nous, Français, n'a pas encore fini de faire quarante ans après la guerre d'Algérie. Mais depuis quand la presse exonère-t-elle les citoyens de leurs devoirs ? Pourquoi, depuis Susan Sontag, n'entend-on pas davantage les clercs sur le sujet ? Et que penser de ces consciences qui, après le 11 Septembre, dans *Dissent Magazine* et ailleurs, se lancèrent dans un débat oiseux sur les circonstances – *sic* – dans lesquelles le recours à la torture serait soudain justifié ?

Et je ne parle pas de Bush lui-même. Je n'évoque que pour mémoire le mensonge de Bush sur les armes de destruction massive irakiennes. Je sais, bien sûr, que vous le dénoncez. Mais mollement. Mécaniquement. J'allais presque dire rituellement. Les Etats-Unis ont « empêché » Nixon parce qu'il avait espionné ses adversaires et menti. Ils ont failli « empêcher » Clinton pour un mensonge véniel sur une conduite « inappropriée ». D'où vient que nul ne fasse le parallèle avec un mensonge dont le moins que l'on puisse dire est que les conséquences ne furent pas vénielles ? D'où vient qu'il ne se soit trouvé aucun « intellectuel public » pour, dans cette démocratie assoupie que devient trop souvent la démocratie américaine, lancer, au moins lancer, l'idée d'un « empêchement » de George Bush pour mensonge ?

D'aucuns répondront que l'« intellectuel public » est une spécialité européenne et qu'on ne peut reprocher aux Américains leur infidélité à une tradition qui n'est pas la leur : que font-ils, ceux-là, du Mailer des années 60 ? du Miller des *Sorcières de Salem* ? que font-ils de cet âge d'or de la conscience civique où de grands écrivains disaient le juste, le bon, le vrai ?

D'autres objecteront que la mobilisation massive, bruyante, de la société civile n'est pas une habitude américaine : inexact encore ! absolument inexact ! et il suffit, pour s'en convaincre, de se rappeler les années 60 encore, et le mouvement pour les droits civiques, puis pour les droits des minorités en général, qui furent l'honneur du pays et ne provinrent pas, que l'on sache, des grands partis de gouvernement.

D'autres encore ironiseront sur la maladie de la pétition qui est une spécialité française et dont il n'est pas mauvais que le pragmatisme américain conjure les égarements : l'objection est déjà plus sérieuse ; et je sais la part de frivolité qu'il peut y avoir, en effet, dans la manie de l'engagement permanent, tous azimuts ; mais n'êtes-vous pas affectés, amis Américains, du mal rigoureusement inverse ? l'éthique de responsabilité n'a-t-elle pas remporté une victoire de trop, chez vous, sur l'éthique de conviction ? et comment ne pas rêver de pétitions qui, ce matin par exemple, à l'heure où j'écris ces lignes, feraient connaître notre commune nausée face au spectacle de ce vieillard diabétique, aveugle, quasi sourd, et poussé dans son fauteuil d'infirme jusqu'à la salle d'exécution de la prison de San Quentin en Californie ?

Je peux me tromper, naturellement.

Et je ne m'avance, sur ce point, qu'avec la plus extrême prudence.

Mais une grande partie du pays, il me semble, attend cela.

Partout, dans l'Amérique profonde, l'on rencontre des hommes et des femmes qui espèrent de grandes voix capables de se faire l'écho, grandement, de leurs impatiences.

Si j'étais vous, j'y serais attentif.

Si j'étais un écrivain américain, je crois que j'essaierais de penser ensemble, dans le même souffle et la même exigence, les leçons du siècle totalitaire et celles de la démocratie façon Tocqueville.

4

Comme un immense 21 avril...[1]

Cela faisait plusieurs semaines que les observateurs de l'élection, parodiant le titre d'un livre à succès des années 80, nous annonçaient une « surprise d'octobre ».

Mais ils pensaient à Al-Qaïda s'invitant dans la campagne par attentat interposé.

Ils pensaient à la CIA sortant Ben Laden de son chapeau.

Ce qu'aucun d'entre eux n'avait prévu c'est cette élection record, ce quasi-plébiscite.

Et ce que personne, surtout, ne semble avoir imaginé c'est que la partie ne se jouerait ni sur le bilan de Bush (désastreux) ni sur son programme (incohérent) mais sur ce que lui et Karl Rove depuis le premier jour, s'époumonaient à appeler leurs « valeurs » et que leurs adversaires, étrangement, s'obstinaient à traiter comme s'il s'agissait de questions secondaires, de caprices, de folklore.

Les élites démocrates pensaient qu'une élection se gagne ou se perd sur le terrain des destructions d'emploi, des déficits, de la politique fiscale inégale.

Ils voulaient bien admettre, à la rigueur, qu'elle se joue sur la guerre et la paix et, donc, sur le fiasco irakien, les mensonges qui l'ont nourri, ses morts, ses impasses.

Ce qu'ils étaient loin de concevoir c'est que, pendant qu'ils battaient les estrades de l'Ohio pour expliquer cela à des

1. *Le Monde*, 10 novembre 2004.

électeurs supposés éclairés, pendant qu'ils plaidaient inlassablement que la politique républicaine ne promettait à l'Amérique ni la sécurité ni la prospérité, pendant qu'ils en appelaient à l'intelligence politique de citoyens dont ils croyaient sincèrement qu'un discours de vérité leur indiquerait l'intérêt bien compris du pays, l'élection se décidait sur une question (le mariage gay) qui ne concernait, par définition, qu'une minorité ; sur une autre (l'avortement) que l'on pensait arbitrée depuis les grands mouvements civiques des années 60 et 70 ; sur une autre encore (le droit, dans les écoles, de critiquer le darwinisme et d'enseigner ce que les néo-évangélistes appellent le créationnisme) dont le moins que l'on puisse dire est qu'elle ne pèse pas lourd non plus dans la vie quotidienne des gens traumatisés par le chômage et le terrorisme ; ce que n'avaient vu venir aucun de ces rationalistes invétérés qui peuplent les salles de rédaction de New York et de Californie, ni aucun des conseillers de John Kerry que j'entendais, depuis des mois, rêver à voix haute de leur nouveau New Deal, c'est l'ampleur de la vague conservatrice et religieuse, partie des années Reagan, montée en puissance sous Clinton et contre lui, et qui, avec ses megachurches et ses prédicateurs, avec ses sites Internet et son business de la foi, avec ses réseaux de fidèles enrégimentés derrière la bannière du « vrai message », était en train de donner forme à une nouvelle et redoutable machine de guerre.

La surprise ne venait pas de l'extérieur mais de l'intérieur.

La surprise ce n'était pas Ben Laden mais l'Amérique elle-même.

La surprise ce n'était même pas ces fameux « néoconservateurs » sur lesquels la presse internationale mais aussi américaine s'était polarisée pendant des années et dont nous voyons bien, aujourd'hui, qu'ils étaient l'arbre qui cache la forêt, une illusion d'optique, un leurre.

Il y avait là toute une Amérique profonde qui était en train, sans que nul y prenne garde, de sortir de son lit, d'occuper tout l'espace disponible, de repousser ses adversaires jusque vers les côtes et les franges du pays – il y avait, il y a, une

Amérique des profondeurs que les intellectuels démocrates ont, jusqu'au tout dernier moment, commis l'erreur de traiter comme un archaïsme, une folie de culs-terreux, une fantaisie dominicale circonscrite aux nouvelles Eglises, alors que c'était, depuis longtemps déjà, dimanche tous les jours et dans plus de la moitié du pays : prodigieuse lettre volée à l'échelle d'un continent ; terrible colis piégé venu des profondeurs de la « Bible Belt » et dont nul, ou presque, ne supposait qu'il allait exploser à la figure de l'autre Amérique.

Cet aveuglement, pour un Français, ne peut pas ne pas faire écho à celui qui, chez nous, il y a deux ans, empêcha de voir venir la montée en puissance du lepénisme et la défaite annoncée du candidat Jospin.

Non que, bien entendu, puissent se comparer nos provinciales catastrophes électorales avec cette élection mondiale qu'est l'élection américaine. Ni que, surtout, le républicain George Bush doive être assimilé à ce que peut représenter, dans l'Europe des fascismes, un homme comme Jean-Marie Le Pen.

Mais quand on a vécu, en étant français, cette soirée de débâcle et de désolation, quand on a vu, à Boston, les visages se décomposer à l'instant où les networks ont annoncé la perte de la Floride, quand on a vu John Kerry K-O debout, quand on a vu son état-major pétrifié et ses amis fondre en larmes, quand on a côtoyé tous ces gens passant en quelques heures, parfois quelques minutes, de la certitude de la victoire à l'évidence de la déroute, on ne peut pas ne pas penser à l'incrédulité stupéfiée de ceux qui, le 21 avril 2002, vécurent sans l'avoir vue venir l'élimination surprise de Lionel Jospin.

Pour les démocrates américains que j'écoute depuis huit jours, pour Hillary Clinton et Barack Obama, pour les têtes d'œuf des think tanks de George et Jonathan Soros, pour les militants déçus de l'Ohio, pour les internautes de MoveOn.org, cette organisation citoyenne de Berkeley qui a aidé des millions de jeunes Américains à s'inscrire sur les listes électorales et qui entend continuer le combat, il y a, à partir de là, deux attitudes possibles.

Persister dans l'aveuglement ; continuer, quand les autres parlent valeurs, de répondre politique ; ne pas bouger ; ne rien changer ; laisser le vieux Parti glisser dans le long sommeil d'où il ne sortira, comme d'habitude, qu'à la prochaine élection, dans quatre ans ; faire le pari, aussi, d'un Bush raisonnable qui aurait, Dieu sait pourquoi, le vertueux souci de réconcilier les deux Amériques ; et alors, disent les militants les plus lucides, le réveil sera brutal et la victoire de la semaine dernière ne tardera pas à apparaître comme le prélude à une longue saison de régression, un maccarthysme moral et culturel, une nouvelle croisade – mais intérieure celle-là et qui ira, dans le pays même, chercher son « axe du Mal ».

Ou bien, au contraire, se décider à voir ce que l'on s'est, pendant des décennies, employé à ignorer ; identifier cette Atlantide qu'est l'Amérique conservatrice et religieuse qui vient de s'emparer du pouvoir ; la prendre au sérieux ; écouter ce qu'elle dit et veut ; envisager l'hypothèse selon laquelle un Bush bien élu et qui, fort de cette élection, aura le sentiment d'être enfin libre des influences diverses (son père, sa femme, Colin Powell, les lobbies, les néocons...) dont il n'a cessé d'entendre, depuis son entrée en politique, qu'elles lui dictent sa conduite, envisager l'hypothèse, oui, d'un Bush qui, se mettant à croire qu'il ne doit sa victoire qu'à lui-même et à Dieu, en tirerait la conclusion qu'il a, pour la première fois, les mains libres pour imposer ses valeurs, remodeler le pays à sa guise et prendre, au passage, sa revanche sur les beaux esprits qui, depuis Yale, le voient comme un petit garçon sous tutelle ; répondre, alors, sur le même terrain ; opposer aux valeurs de la croisade bushiste celles du nouveau pacte républicain prôné, depuis mardi dernier, par tout ce que le camp démocrate compte d'esprits libres et combatifs ; s'opposer, dans les écoles, à ceux qui veulent interdire Darwin ; résister, dans les églises, à ceux qui voudraient oublier le principe constitutionnel de séparation d'avec l'Etat ; rappeler que l'avortement est un droit ; répéter que l'homophobie est un délit ; changer, aussi, de méthodes ; se doter de nouveaux instruments ; s'inspirer, pourquoi pas, du prodigieux savoir-faire accumulé en la matière par un adversaire si durablement et absurdement méprisé ; tisser, comme lui, des nouveaux réseaux ; tirer, comme lui aussi, profit des ressources qu'offre Internet ; inventer, qui sait, un nouveau parti ; bref travailler à la refondation d'une Amérique différente, et qui n'a pas encore de nom, mais dont l'étrange défaite d'aujourd'hui serait alors l'accoucheuse.

5

Et si Tocqueville, comme Marx, s'était trompé de pays ?[1]

Dans American Vertigo, *vous écrivez que l'Amérique est une « idée qui libère », un « arrachement programmé au démon des sources et des racines ».*

Oui, ce qui me fascine, aux Etats-Unis, ce sont les ressources d'une nation qui est, à la fois, une idée et un artefact. Ce qui me captive, c'est ce projet d'un corps politique qui, en vertu du « principe d'endurance » cher à Thomas Paine, parvient à maintenir ensemble des personnes qui, au départ, n'ont rien en commun et se sentent des frères alors qu'ils ne sont pas fils de la même matrice. Ce qui m'enthousiasme, si vous préférez, c'est cette audace de rassembler des hommes, non sur la vénération d'un sol ou même d'une mémoire, mais sur l'attachement aux articles d'un Bill of Rights. L'Amérique, c'est la victoire de

1. *Le Figaro,* 15 mars 2006, propos recueillis par Alexis Lacroix.

Rousseau et de Benda sur Charles Maurras. C'est la revanche du *Contrat social* et de *La Trahison des clercs* sur les titres de propriété d'une nation organique. C'est un « pari d'antinature », une idée quasi kantienne…

Justement, vous êtes revenu des Etats-Unis impressionné par la vigueur et la richesse du débat public. Serait-ce que l'avenir de l'intellectuel est… américain ?

L'intellectuel est une invention française, nous savons tous cela. Sauf qu'aujourd'hui, par l'effet d'une mystérieuse inversion, c'est en effet aux Etats-Unis qu'existe un espace public à la fois plus actif, plus fécond, plus imprévisible aussi, que dans le Vieux Continent. Et c'est aussi là-bas, dans le Nouveau Monde, que les « hommes de pensée » dont parlait Clemenceau à propos des défenseurs de Dreyfus, bénéficient paradoxalement de la plus large audience. Voyez l'importance prise par le courant néoconservateur. Voyez la façon dont ces hommes de gauche qui, selon le mot d'Irving Kristol, « se sont fait casser la gueule par la réalité », ont réintroduit le goût de la controverse et de la discussion dans l'espace public. C'est un exemple parmi d'autres.

Vous n'êtes pourtant pas tendre pour la figure de l'intellectuel néoconservateur : « un platonicien sans les idées, un conseiller des princes sans recul ni réserve… »

C'est vrai. Je critique leur façon, sous prétexte qu'ils sont d'accord avec la politique étrangère de Bush, de se croire obligés d'endosser tout le reste : avortement, peine de mort, armes de guerre en vente libre, dureté envers les plus pauvres. Et je dénonce aussi, deuxièmement, ce mélange bizarre de moralisme et de messianisme qui les fait tenir en mépris la chose politique même et qui est, soit dit en passant, la vraie source de leur erreur irakienne : quand vous ne croyez pas au Politique *at home,* comment pourriez-vous y croire *abroad* ? quand, en champion du *minimal state,* vous pensez que la pauvreté va être résorbée par le seul secours de la philanthropie, comment ne pas commettre la même erreur sur la scène internationale en croyant qu'il suffit d'abattre un tyran, puis de proclamer le « fiat lux » de la démocratie, sans passer par l'étape si indispensable du nation building ? Bon. Cela étant dit, je me refuse à diaboliser ces gens. Et je crois qu'il y a, dans leur courant de pensée, un noyau rationnel qui n'est pas indigne.

Et que vous définiriez comment ?

La plupart viennent de l'antitotalitarisme des années 70. C'est-à-dire, pour parler clair, de la révolte qu'inspirait aux esprits libres de cette époque la résignation du monde libre à l'asservissement d'une moitié de l'Europe. Eh bien de cela, ils ont gardé trois choses au moins qui me semblent précieuses. Le souci, contre les realpoliticiens façon Kissinger, de faire de la géopolitique avec des idées et pas seulement avec des intérêts. Une haine salubre du relativisme mortifère selon lequel toute une partie de la planète ne serait pas mûre, ou pas prête, ou pas faite, pour la démocratie. Un détecteur du pire, enfin, qui semble assez sophistiqué pour offrir le bon diagnostic sur, par exemple, le fascislamisme contemporain. Voilà ce que j'appelle le noyau rationnel du néoconservatisme. Et voilà pourquoi il me semble urgent de faire justice des insinuations, à la fois ineptes et injurieuses, selon lesquelles un « gang » d'intellectuels new-yorkais – rebaptisés « princes des ténèbres » et supposés au service exclusif des intérêts d'Israël – auraient accompli le *hijacking* du cerveau du Président…

Face à ces néoconservateurs qui défendent le droit d'ingérence, les isolationnistes vont-ils prendre leur revanche, et entraîner l'Amérique à se replier sur elle-même ?

C'est le danger, naturellement. Avec, comme souvent dans l'histoire des Etats-Unis, la sainte alliance des deux isolationnismes, car il y en a bien deux, qui sont prêts à s'engouffrer dans la brèche que va ouvrir le désormais probable échec des néoconservateurs. Ce sera l'alliance de Huntington et de Michael Moore. Ce sera la convergence des tenants de la théorie du choc des civilisations et des idéologues tiers-mondistes et conspiratifs pour lesquels l'Amérique a commis le crime originel de la domination. Car que disait Moore dans son film *Fahrenheit 451* ? Que la faute de l'Amérique, ce n'est pas d'avoir raté le nation building, mais de s'être ingérée dans une région du monde où l'« hyperpuissance » n'avait, à l'en croire, « rien à faire ». Il accréditait, en la repeignant d'une vernis d'ultra-gauche, la vision huntingtonienne d'une planète fragmentée en blocs de civilisation homogènes, incomposibles et immiscibles. Entre le professeur bostonien et le cinéaste populiste, la convergence n'est pas fortuite : ils représentent les deux pôles magnétiques de l'« idéologie américaine » – et ces pôles se répondent et se renforcent tels saint Georges et le Dragon.

A Dearborne, au Michigan, vous avez constaté la réussite de l'intégration des Arabes américains. Est-ce parce que « la question de la double allégeance ne se pose en aucune façon » aux Etats-Unis ?

Il y a deux facteurs, en réalité. Le fait que l'Amérique, contrairement à notre modèle robespierriste et jacobin, n'exige pas de ses minorités qu'elles fassent abandon de ce qui les distingue. Et le fait que les minorités, en retour, n'ont aucune espèce de problème pour se réclamer du patriotisme américain. Cette dialectique heureuse, ce bon réglage des deux fréquences et des deux appartenances, cela donne l'anti-Clichy-sous-Bois. Ou l'anti-Bagneux. Et c'est un bon contrepoids à cette fameuse compétition des victimes, cette guerre des mémoires et des deuils, cette façon de faire comme si ce que l'on donne à telle communauté souffrante était autant que l'on retire aux autres, bref, cette perversion nouvelle des esprits dont je pense, personnellement, qu'elle est la vraie source, plus encore que l'antisionisme, du néo-antisémitisme…

Cette « concurrence des victimes » est aussi un produit d'importation de la « political correctness » américaine !

Oui et non. Ce combat pour la captation du capital victimaire est un phénomène beaucoup plus large dont je vois davantage la source du côté de l'islamisme radical, ou de la conférence soi-disant antiraciste de Durban, ou du tiers-mondisme. Et je ne suis pas loin de penser que, face à ça, face à cette lèpre de l'esprit et du cœur, face à ces gens qui pensent que pleurer Ilan Halimi empêche de pleurer la petite Sohane Benziane, brûlée vive, il y a quatre ans, par les mêmes barbares des mêmes banlieues, la « political correctness » américaine va plutôt, au contraire, dans le bon sens : celui de la solidarité des victimes ou, comme disait Patocka, de la solidarité des ébranlés…

La polémique fait rage en France sur les « déclinologues » et leurs sombres alertes. Qu'en pensez-vous ?

Chacun son tableau de bord, n'est-ce pas ? Moi, ce qui m'inquiète c'est l'étrange tonalité d'*appeasement* avec laquelle on a accueilli, jusqu'aux sommets de l'Etat, la colère islamiste déchaînée par les caricatures du Prophète… C'est le purgatoire dans lequel le vocable « libéral » est désormais relégué… C'est la banalisation de la rhétorique dieudonniste et de sa dénonciation du « juif-riche-et-sioniste »… Face à ces mauvais présages, je ne me demande pas si la France « décline » – mais si notre pays n'est pas la vraie terre d'élection, au fond, des analyses de Tocqueville.

En quel sens ?

De la démocratie en Amérique pronostiquait, comme vous le savez, l'inévitable disjonction de la liberté et de l'égalité sous les auspices d'un « pouvoir absolu, détaillé, régulier, prévoyant et doux ». Eh bien il m'arrive de me demander si, à la façon de Marx annonçant en Allemagne ce qui allait, en fait, arriver en Russie, Tocqueville ne se serait pas, lui aussi, trompé de lieu en voyant venir en Amérique ces formes nécrosées de la démocratie qui sont en train, hélas, de triompher en France. L'idéologie française avait deux moteurs, deux aimants noirs et complices, dont l'action conjuguée nous a parfois attirés vers le gouffre : le jacobinisme et le maurrassisme. A bien des égards, nous en sommes là.

6

Et si l'Amérique renouait avec la France – et, ainsi, avec elle-même ?[1]

L'image de l'Amérique en France ? Ce qui l'a déterminée, façonnée ? Tout commence, à la fin du XVIIIe siècle, au moment de la guerre de libération américaine face à l'empire de l'époque qui était, comme vous savez, l'Empire britannique. Ne jamais oublier cela. Ne jamais oublier ce passé anti-empire de l'Amérique. Ne jamais oublier – surtout quand on fait, chez vous comme en Europe, le procès du trop fameux « impérialisme américain » – que le geste constitutif de ce bizarre pays que vont devenir les Etats-Unis d'Amérique est un geste de « libération nationale » au sens le plus moderne de la formule. Et ne jamais oublier non plus que la France fut, au moment de ce geste, la meilleure, la plus proche, la plus efficace aussi, des alliées de l'Amérique – ne jamais oublier que la France, non seulement de La Fayette, mais de Louis XVI et de Beaumarchais (ah ! les armes de Beaumarchais… !), se tint aux côtés des Américains dans ce qui reste donc, au regard de l'Histoire universelle, la première et la mieux aboutie des guerres de décolonisation réussies. Les Français savent cela. Même s'ils ne le savent pas, ils s'en souviennent. De même qu'ils se souviennent aussi, naturellement, de l'autre grande libération : celle de leur propre pays

1. New York. Eté 2006, réponse à des questions de *American Interest.*

délivré de ce Mal absolu qu'était le nazisme – et délivré grâce à vous, Américains de 1945. Tel est le décor. Tel est le socle lourd et scellé dans les plus belles pierres – anticolonialisme, d'un côté ; antifascisme de l'autre – qu'il ne faut pas perdre de vue quand on parle des relations entre nos deux pays. Sauf que, sur ce fond, sur ce socle, est venu se poser autre chose et que cet autre chose s'appelle l'antiaméricanisme français.

C'est quoi, l'antiaméricanisme ? Et de quelle manière s'inscrit-il dans le tissu de notre idéologie nationale ? Contrairement au préjugé courant, l'antiaméricanisme français ne naît pas comme une idée de gauche. Il est *devenu* une idée de gauche. Il est *devenu* l'arme favorite de tous les néoprogressistes, altermondialistes et autres compagnons de route de l'islamisme politique. Mais il l'est devenu, tard, très tard, au terme d'un long voyage commencé à l'autre bord du spectre politique et culturel. L'antiaméricanisme, pour le dire crûment, naît comme une idée de droite. Voire une idée d'extrême droite. L'antiaméricanisme naît de cette intuition – au demeurant pas fausse – que l'Amérique est l'incarnation, la concrétisation, de ce qui, depuis toujours et depuis, en particulier, les premières décennies du XXe siècle, inspire la plus grande terreur à l'extrême droite française et, notamment, aux maurrassiens. Ils ont une chose en horreur, les maurrassiens. Il y a une chose au monde qui les met dans un état de fureur totale. Et cette chose c'est l'idée d'une nation abstraite, sans racines ni vraie mémoire, artificielle, désincarnée, qui ne tiendrait son être que d'une libre volonté, d'un pacte, d'un contrat. Or regardez bien, disent-ils. Cette nation de cauchemar, cette nation cosmopolite, sans race commune et sans racines, cette nation-pari fondée sur la seule décision de vivre ensemble, voilà qu'elle échappe au statut de chimère qu'elle avait chez, par exemple, Jean-Jacques Rousseau et qu'elle trouve un lieu, en ce monde, où prendre une vraie forme. Ce lieu c'est les Etats-Unis. Ils sont, les Etats-Unis, l'image même de ce que tous ces braves gens espéraient éternellement rivé à son statut de pure image. En sorte qu'ils les haïssent, ces Etats-Unis, parce qu'ils sont une région, non seulement du monde, mais de l'esprit – parce qu'ils sont une catégorie, non seulement géographique, mais ontologique : la part qui, dans l'humain socialisé, échappe au démon de la racine, de la racialité.

Cette image a-t-elle changé dans les cinq dernières années ? Et, si oui, comment ? Je vais peut-être vous décevoir. Mais je ne crois pas qu'il y ait un tel changement. La personnalité de Bush, son cynisme, ses manières de « bad boy » inculte, en phase avec le pire de l'Amérique profonde, n'ont, sans doute, pas arrangé les choses. Ni, non plus, la venue au-devant de la scène d'intellectuels néoconservateurs dont le principal défaut fut, aux yeux des Français, de jouer franc, cartes sur table, en n'hésitant plus à dire : « nous sommes forts ; très forts ; nous sommes, de très loin, la plus grande et plus forte puissance de la planète ; la seule question que nous nous posons est de savoir comment faire bon usage de cette puissance. » Ni, enfin, cette absurde, inutile et contreproductive guerre en Irak où l'on a vu se mettre en scène toute la part d'arrogance autiste d'un pays qui semblait s'ingénier, là, à se faire détester, non seulement de ses adversaires, mais de ses propres alliés. Mais bon. L'antiaméricanisme est ce qu'il est. Comme toutes les fortes passions politiques, il se nourrit d'images plus que de réalités. Plus qu'à l'Amérique telle qu'elle est, c'est, je vous le répète, à une Amérique imaginée, rêvée, fantasmée, à une Amérique muée en une catégorie de l'âme et de l'être, qu'il en a la plupart du temps. On est, là, dans la tendance lourde. On est au contact d'un inconscient politique qui, à la limite, n'a que faire des péripéties d'une conjoncture. En sorte que l'image, non, n'a pas tellement changé. Kerry, ou un autre, aurait été élu, que la situation n'eût pas été très différente. Et l'antiaméricanisme n'est pas plus renforcé par les fautes éventuelles de l'Amérique qu'il ne serait réduit par son éventuelle repentance.

Si l'Amérique peut améliorer son image ? Et, si elle le peut, comment le fera-t-elle ? Même réponse. Même problème – et, donc, même réponse. Une part de moi est tentée de répondre, à nouveau, sur le ton du même pessimisme. Ne rêvez pas, amis américains ! Ne vous méprenez pas et ne rêvez pas. L'antiaméricanisme partage avec l'antisémitisme le redoutable privilège de n'avoir pas besoin de prétexte pour s'enflammer ni de matière pour continuer de brûler. La partie est perdue, autrement dit. Quoi que vous fassiez, vous avez perdu. Soyez mauvais, vous serez haïs. Soyez bons, vous serez encore haïs. Vos vrais adversaires ne s'y trompent pas : ils ne prennent pas la peine de haïr ce que vous avez de détestable (votre résignation à la pauvreté, votre cruauté à l'endroit des faibles, vos résidus de racisme, vos crimes fondateurs – toutes choses dont je ne sache pas que l'on trouve la moindre trace dans la littérature de Al-Qaïda) ; ils vont droit, au contraire, à ce que vous avez de plus respectable (le goût de la démocratie et de la liberté, la pratique du débat civique, la tolérance idéologique et religieuse, le droit des femmes à aller dévoilées, la passion de l'égalité – toutes belles et grandes choses qui étaient au cœur même de la cible visée le 11 Septembre). Et puis il y a l'autre part de moi, qui ne se résigne pas à pareil constat – il y a cette part de moi qui se demande, quand même, si l'image de l'Amérique ne serait pas un peu modifiée si vous apparaissiez plus souvent du côté du Juste, du Vrai, du Bien, c'est-à-dire, pour parler comme Julien Benda, du côté des valeurs « désintéressées ». Je ne dis pas qu'il faille le faire *pour* cela. Je ne dis pas qu'il faille se bien conduire *pour* avoir une meilleure image. Mais tout de même… Imaginez une seconde ce qui se passerait si le monde vous voyait intervenir « gratuitement » au Darfour. Ou si vous usiez de votre formidable puissance pour séparer, au moins pour un temps, les factions qui s'entre-déchirent dans cette lointaine Afrique des Grands Lacs dont le nom même est inconnu à un grand nombre de citoyens américains. Ou si, sans avoir d'intérêts « stratégiques » à défendre dans ce coin perdu du monde, vous commenciez à vous soucier de la terrible guerre qui, depuis des décennies, oppose l'armée cinghalaise aux Tigres Noirs tamouls. Ce sont trois exemples de ces « guerres oubliées » dont j'ai traité dans un de mes précédents livres. Ce sont quelques-uns de ces « trous noirs » où le pire s'ajoute au pire sans que les grandes puissances, aucune grande puissance, en aient le moindre souci. Quitte à se penser en gendarme du monde, pourquoi ne pas aller faire un tour du côté de ces bas quartiers de la planète ? Quitte à lutter contre le relativisme et pour une destinée manifeste dont la tâche serait de répandre les valeurs universelles, pourquoi ne pas aller le faire, aussi, dans les endroits où cela ne sert à rien ? Voilà, peut-être, une façon de faire. Voilà l'une des voies possibles pour étonner, à nouveau, le monde.

7

Quand l'Amérique tourne le dos à la France et, encore, à elle-même[1]

Je connaissais l'antiaméricanisme français.

Je savais, pour l'avoir maintes fois combattu, qu'il y a, au cœur de la culture de mon pays, une haine phobique de l'Amérique tenue pour une région, non du monde, mais de l'Etre et presque de l'âme.

Ce que je savais moins c'est que la même chose, le même dispositif discursif ou fantasmatique, la même façon de trans-

1. *New York Times Book Review*, 4 décembre 2004, compte rendu du livre de John J. Miller et Mark Molesky, *Our Oldest Enemy*, Doubleday.

former un autre pays en une sorte d'attracteur du pire amalgamant ce qu'il peut y avoir de pire dans sa propre idéologie nationale, fonctionnait ici aussi – ce que j'ignorais, et que je découvre à la lecture du livre de John J. Miller et Mark Molesky, c'est l'existence, en Amérique, tel un double parodique, d'une francophobie aussi absurde, systématique, hystérique, que peut donc l'être, à Paris, l'antiaméricanisme de l'extrême gauche et de l'extrême droite.

Le livre part de l'idée, nullement scandaleuse en son principe, de remettre en mouvement le vieux cliché d'une amitié franco-américaine qui aurait l'âge de La Fayette et dont seule la guerre en Irak aurait troublé la belle harmonie.

Sauf que, partant de la réévaluation plutôt juste de tel ou tel épisode de l'histoire diplomatique de nos deux pays (l'ambivalence de la France de Louis XVI à l'endroit de la jeune république nouvellement émancipée de l'Angleterre), exhumant des événements occultés de la préhistoire américaine (le massacre, en 1704, par une colonne de soldats indiens et français, d'une cinquantaine de civils à Deerfield, dans le Massachusetts), revenant, à juste titre, sur les mauvais penchants du général de Gaulle (le retrait de nos troupes de l'Otan ; l'indulgence navrante pour les Soviétiques et leur régime ; la méfiance obsessionnelle à l'endroit d'une « américanité » où son maurrassisme nourricier lui avait appris à voir comme un concentré de tout ce qu'il haïssait le plus en ce monde), il dérape malheureusement assez vite et, tout à sa volonté d'opposer une France noire à la vertueuse et lumineuse Amérique, nous offre un florilège d'arguments, tantôt extravagants, tantôt nauséabonds, qui sont tous censés prouver la perversité du génie français...

C'est telle citation, absurde car hors de son contexte, qui fait dire, peu avant sa mort, au plus atlantiste des Présidents français, François Mitterrand, que la France est « en guerre avec l'Amérique ».

C'est telle page, ridicule car sans le moindre fondement, elle, dans quelque texte que ce soit, où l'on voit son successeur, Jacques Chirac, applaudir comme le premier « vandale » venu à la destruction d'un McDonald's par les bandes de José Bové.

Ce sont toute une série de collages, de citations trafiquées ou détournées, qui prêtent à Clemenceau l'idée que l'Amérique serait une nation passée « directement de la barbarie à la décadence sans le passage habituel par la civilisation », ou au philosophe Jean Baudrillard que la destruction du World Trade Center était un « rêve français » exaucé par Ben Laden.

Ce sont des pages véritablement grotesques où Voltaire se voit réduit au rôle d'un arnaqueur abusant Louis XV sur l'« énormité de la défaite française » ; Rousseau à celui d'un penseur totalitaire dont l'« idéalisme détaché » aurait engendré rien de moins que « Pol Pot et les Khmers rouges » ; Rimbaud à celui d'un « abolitionniste français » dont la « vulgarité de langage » serait à l'origine d'un « voyou » nommé Alfred Jarry ; ou encore Jacques Derrida ramené au rang d'un vague symptôme d'une France à la dérive réagissant à la perte de son influence par l'invention de cette « peste académique » que fut le « déconstructionnisme ».

Ce sont des clichés, d'autres clichés, énoncés sur le ton de l'évidence et du sérieux les plus extrêmes, qui présentent les compatriotes de Robespierre et Villepin comme des crétins à « béret » et « col roulé noir » (!) dont la mentalité à la fois guerrière et sanguinaire, versatile et corrompue, sournoise, insidieuse, amoureuse de la luxure, radine, maligne, serait à l'origine des excès du traité de Versailles, donc d'Hitler, donc de la guerre.

Bref, c'est, tout au long du livre, une charge folle, dont je ne connais d'équivalent que dans la littérature fasciste française des années 30, contre une nation diabolique, incarnation du Mal absolu et portant, jusque dans le corps et l'âme de ses ressortissants, les stigmates d'une volonté mauvaise dont le seul but serait, au fil des siècles, l'humiliation de la grande Amérique.

Cette façon de figer l'entière culture d'un pays dans une caricature présentée comme éternelle et naturelle a un nom : l'essentialisme.

L'essentialisme, poussé à un tel degré et culminant dans la profonde question de savoir si « les Français, à la fin des fins, pourront continuer à être les Français », est lui-même l'autre nom d'une tentation à laquelle l'on s'étonne de voir céder des esprits apparemment éminents : le racisme.

Et le fait est, oui, qu'il y a une forme de racisme dans cette façon de s'appuyer sur un texte de Mark Twain qui contient, nous dit-on, « plus qu'un peu de vérité » pour s'écrier : « grattez l'homme français », allez chercher un peu sous cet être incertain, intermédiaire « entre l'homme et le singe », vous trouverez un « sauvage » si c'est un homme, une « pute » si c'est une femme, vous trouverez une bestialité, dans tous les cas, « inconnue en terre civilisée ».

La France et l'Amérique méritent mieux que cette opposition de deux délires apparemment antithétiques et, en réalité, symétriques.

La France de Tocqueville et l'Amérique de la Génération perdue, ces deux nations également littéraires et pareillement convaincues de l'exceptionnalité de leur lien à l'Universel, ne peuvent se contenter de ce mimétisme noir où tout l'enjeu est de savoir qui emportera la palme de la bêtise.

La publication de ce livre, cette accumulation de stéréotypes et de vulgarités, cette ignorance épaisse et heureuse dont on ne sait plus, à force, s'il vaut mieux rire ou s'indigner, cette version américaine, en un mot, de ce que j'ai appelé naguère « l'idéologie française » et qui, dans un cas comme dans l'autre, fait horreur, me renforcent dans l'idée qu'il y a une urgence et une seule : renouer le lien brisé et, par-delà les deux chauvinismes, contre les irresponsables des deux bords enlacés dans la même étreinte mortelle, reprendre le dialogue des esprits.

8

À la Bastille ![1]

On ignore qui, de Bush ou de Sarkozy, a eu l'idée de tenir leur première réunion de travail dans la maison de George Washington, à Mount Vernon. Mais l'information laisse rêveur. D'abord parce que la demeure historique du premier président des Etats-Unis se trouve être le lieu où sont conservées, depuis La Fayette, les clefs de la Bastille. Et, ensuite, parce qu'on ne peut pas ne pas songer, par extrapolation, aux autres Bastilles françaises, idéologiques celles-là, mentales, dont la clef est en Amérique. La question des banlieues, avec ce mixte d'universalisme et de respect des différences qui est la marque de fabrique, là-bas, de la citoyenneté et dont notre modèle jacobin serait bien venu de s'inspirer. La question de l'immigration, noyau dur du pacte social, avec ces douze millions de sans-papiers – douze ! – que les Etats-Unis absorbent sans avoir besoin ni d'un Hortefeux ni de tests ADN. La pratique d'une repentance qui a de plus en plus mauvaise presse chez nous (trois jours, dans l'affaire d'Abou Ghraïb, pour prendre acte de crimes que nous n'avons, quarante ans après, toujours pas vraiment reconnus en Algérie). Sans parler de ces dérives du système financier dont les USA sont, certes, l'épicentre mais qu'ils sont aussi les premiers à traiter de manière implacable : imagine-t-on, dans notre capitalisme de connivence, la mise en

1. *The Huffington Post* et *Libération*, 8 novembre 2007.

faillite d'Enron ? la « rich and beautiful » Martha Stewart en prison pour délit d'initié ? et imagine-t-on, à l'inverse, le quotidien économique de référence racheté par quelqu'un dont ce n'est pas le métier et qui est, par ailleurs, l'homme le plus riche du pays ? Les USA n'ont naturellement pas *toutes* les clefs (écologie, santé, extrême pauvreté…). Mais enfin ils ont celles-là. Puisse notre Président s'en aviser. Et nous revenir de ses noces franco-américaines avec un trousseau bien garni.

9

Think in USA[1]

C'est vrai que je partage de plus en plus mon temps entre les Etats-Unis et la France. Quel accueil les Américains me réservent ? Pas trop mauvais, il me semble. Là, en ce moment, il y a un petit débat autour de mon avant-dernier livre, *Ce grand cadavre à la renverse,* qui a été traduit sous le titre *Left in dark times* et qui commence, comme vous le savez peut-être, par une conversation téléphonique avec Nicolas Sarkozy. Cette seule idée sidère les Américains. L'idée qu'un candidat à la présidence puisse téléphoner à un écrivain pour solliciter son soutien est, là-bas, impensable. Et l'idée, inversement, qu'un intellectuel puisse donner son avis, en permanence, sur les affaires du monde, l'idée qu'il puisse se mêler (n'est-ce pas, chez nous, depuis Sartre, la définition même de

1. *Tribune Magazine*, entretien avec Isabelle Lefort, décembre 2008, au lendemain de la victoire de Barack Obama.

l'intellectuel ?) de ce qui ne le regarde pas, est proprement surréaliste. Inversement, bien sûr, cela provoque une certaine curiosité. Et, donc, un certain intérêt. Le livre marche. Et il génère une discussion, qui n'est pas sans intérêt, sur la différence de perception, dans les deux pays, de cette figure du « public intellectual »... C'est comme cela que l'on appelle les gens comme moi : des « public intellectuals ». Mais sans que l'on sache très bien ce qu'est cet animal ni comment il fonctionne.

Comment s'explique, maintenant, cette différence ? Par des raisons historiques, tout simplement. Car c'est quoi, au juste, un intellectuel ? C'est un écrivain – ou un artiste – qui, primo, interrompt son travail d'écrivain pour se mêler de ce qui ne le regarde pas ; et qui, secundo, le fait au nom de ce qu'il croit être des valeurs universelles. Or pour que ce modèle advienne, il faut l'affaire Dreyfus. Il faut la grande bataille entre les tenants de la justice universelle et ceux de la raison d'Etat. Et il faut aussi, prenez-y garde, la séparation de l'Eglise et de l'Etat – l'intellectuel prenant la place de cet autre « clerc » qu'était le prêtre. Rien de tout cela n'existe aux USA. Je ne vous parle même pas de la laïcité – si française, si peu américaine ou si différente, en tout cas, aux Etats-Unis et en France. Mais cette histoire d'Universel, cette idée qu'il y a des valeurs qui sont plus hautes que toutes les raisons particulières, que toutes les circonstances et contingences, cette idée d'un horizon politique surplombant la société depuis sa quasi-transcendance, tout cela fonctionne en France depuis, en gros, la révolution française. Alors qu'aux Etats-Unis... Les Etats-Unis, les pays anglo-saxons en général, sont tellement plus pragmatiques... Et, donc, tellement moins politiques... La différence vient de là.

Dans mes rapports avec les Etats-Unis, il y a eu plusieurs périodes. Il y a eu une première période, entre 1977 et 1980, quand mes tout premiers livres ont été traduits. Mon nom, alors, a un peu circulé. J'ai fait la une de *Time Magazine* autour du thème « Marx is dead ». Marty Peretz, le propriétaire et directeur du prestigieux *New Republic* a, non seulement salué *La Barbarie* mais organisé une véritable campagne, *coast to coast*, autour des thèses que j'y développais. Et puis est arrivée une éclipse de vingt ans qui s'est interrompue avec la sortie de mon livre sur Daniel Pearl. Je crois qu'un certain nombre d'Américains ont été surpris et touchés, à ce moment-là, qu'un Français se soit attelé à cette enquête, soit entré dans la peau de ce personnage et l'ait, si j'ose dire, célébré. Nous étions en pleine guerre d'Irak. La francophobie était à son comble. Et voilà donc un écrivain français qui dresse un petit monument de papier en l'honneur d'un héros américain… C'est là, oui, que tout commence ou, plus exactement, recommence. Je vis à New York, certes. Mais pas seulement. Il y a tant d'Européens qui disent aimer les Etats-Unis alors qu'ils ne bougent pas de la côte Est. Moi j'aime Chicago, San Francisco, Seattle – j'aime, vraiment, les Etats-Unis.

Mon prochain livre sera *Ennemis publics,* ma correspondance avec Michel Houellebecq, qui est en cours de traduction. L'industrie américaine du livre a un fonctionnement très lourd, très différent de la France. Des délais à la mesure de la taille du pays… Une distribution effroyablement complexe… Une forme de rigidité aussi… Tout cela fait que le livre ne sortira pas, j'imagine, avant un an ou un an et demi.

Si la polémique lancée par *Time* sur la fin de l'intellectualisme français fait toujours du bruit outre-Atlantique ? Ça a fait beaucoup plus de bruit en France qu'aux Etats-Unis, où l'article est passé inaperçu. Les Américains ne sont pas aveugles, vous savez. Ils voient bien que la France a eu, coup sur coup, la Palme d'or du Festival de Cannes pour le film *Entre les murs* de Laurent Cantet ; l'Oscar avec Marion Cotillard pour *La Môme* ; et le Nobel de littérature avec Le Clézio. Comme « déclin », ça se pose là – vous ne trouvez pas ? Alors, la question c'est, bien sûr, de savoir si les Américains traduisent autant de livres qu'ils le devraient. Là, c'est moins certain. Car, pour un livre (*Ennemis publics*) qui fait l'objet, d'ores et déjà, à l'heure même où nous parlons, de prépublications dans les magazines type *Harper's*, combien d'autres dont les Américains se désintéressent, hélas, complètement ! Il y a, c'est vrai, une forme d'isolationnisme culturel qui contribue à la face sombre de ce pays.

Contrairement aux idées reçues, le débat intellectuel est vif et plutôt intense à New York. Vous avez des joutes politiques. Des grandes querelles. Des affrontements philosophiques d'une intensité au moins aussi forte qu'en Europe. Toutes les questions, par exemple, autour de l'avenir du capitalisme… Le concept de guerre des civilisations… Le phénomène néoconservateur… Le débat sur le futur de la démocratie, sur l'universalisation de ses valeurs, sur la critique ou non du relativisme culturel… Ce sont, chaque fois, des querelles américaines. Avec des grandes figures comme Fukuyama ou Huntington qui portent la discussion à un point d'intensité exceptionnelle. Et avec des revues type *Bomb*, ou *Salmagundi*, ou *Foreign Policy* et *Foreign Affairs*, ou encore *American Interest* (c'est la revue lancée par Francis Fukuyama et je siège d'ailleurs, avec quelques autres non-Américains, au comité de rédaction) qui proposent des textes sur un format, une longueur, qui n'existent pas tellement en France…

A quoi j'attribue, là encore, cette différence ? Soyons pragmatiques, pour le coup. Et matérialistes. Il y a ce fameux système des « Fondations » qui fait qu'il y a, concrètement, beaucoup de gens qui sont payés pour réfléchir et produire de la connaissance. Cela n'existe pas en France. Sauf peut-être le CNRS. Alors que, là-bas, vous avez ce nombre incroyable de think tanks où les gens sont payés, je vous le répète, pour penser… Cela n'empêche pas l'anti-intellectualisme, naturellement. Cela n'empêche pas le populisme avec son cortège de mauvais sentiments et d'équations diaboliques (intellectualité = abstraction = commerce = argent, je ne vais pas vous faire un dessin…). Mais bon. D'abord, c'est vrai partout ; je ne connais pas de société moderne qui ne soit traversée, aujourd'hui, par un populisme enragé. Et puis, ensuite, cet anti-intellectualisme a peut-être empêché, il y a quatre ans, l'élection de John Kerry ; il n'a pas empêché, cette fois-ci, celle de Barack Obama…

J'ai vécu les élections américaines comme un moment passionnant. Avec, je le répète, d'intenses débats idéologiques. Seuls les ignorants et les anti-Américains peuvent encore croire que les Etats-Unis sont le pays de la fin des idéologies, où les deux partis penseraient de façon identique et où le show-business et le spectacle régneraient en maîtres. La vérité c'est que s'il y a bien, pour parler comme Huntington, un lieu du monde où un choc des civilisations s'est produit, c'est là, aux Etats-Unis, avec le choc entre, mettons, la vision du monde de Sarah Palin et celle de Barack Obama. Deux systèmes de valeurs. Deux façons de voir le monde, d'envisager le rapport entre les hommes et les femmes, d'appréhender le temps. J'ai vu des gens, pendant la campagne, au bord d'en venir aux mains. Comme en France, au temps de l'affaire Dreyfus ou de la guerre d'Algérie. Sauf que, là, c'était sur les questions d'avortement, de créationnisme, de racisme, d'urbanisme, de rôle ou non de l'Etat.

Les Français ont été heureusement surpris, in fine, du résultat de l'élection américaine car ils avaient une idée fausse, je vous le répète, de ce pays. L'antiaméricanisme, encore. Cette idée que, comme à l'époque de Sartre, l'Amérique aurait « la rage ». L'image d'une Amérique « bushisée », penchant de plus en plus vers la droite, voire l'extrême droite. C'était juste une erreur de perspective. Car quand on était un tant soit peu « braudélien », quand on voulait bien changer de perspective et prendre le point de vue de la longue durée, quand on acceptait de juger l'épisode Bush, non plus de manière myope, mais à l'aune de la longue histoire et donc des cinquante dernières années, ce qui apparaissait très clairement, c'était l'inverse. Une tendance lourde en faveur de l'égalité des « races » et des « sexes ». Un courant très profond tendant à la multiplication des libertés et des droits. Cette fameuse révolution des droits civiques, commencée dans les années 60 et sur les acquis de laquelle chacun savait bien qu'on ne reviendrait plus. Et, face à tout ça, huit années Bush qu'il fallait voir, non plus comme la vérité de l'Amérique, mais comme un combat d'arrière-garde, un baroud d'honneur, la convulsion de la part réactionnaire du pays qui ne veut pas rendre les armes sans avoir livré sa dernière bataille. C'est ça que dit la victoire de Barack Obama. Et c'est comme ça que, dans un siècle, on verra l'histoire de l'Amérique. Une grande et longue révolution qui s'achève avec la victoire d'Obama avec, au milieu, une parenthèse Bush.

Si j'ai vu le film *W.* d'Oliver Stone ? Oui. Et je l'ai trouvé mauvais. Car n'allant pas assez loin. Restant au bord de ses propres hypothèses. C'est vrai que Bush aura été le plus médiocre des présidents américains depuis longtemps. Mais, d'abord, ce n'est pas non plus le diable. Et, surtout, il reste à comprendre comment ce personnage médiocre, sans envergure, a pu, non seulement l'emporter, mais rester au pouvoir si longtemps. Il y a un mystère Bush. Et ce mystère, Stone ne fait que l'effleurer.

Le capitalisme est, assurément, et pour parodier la formule de Churchill sur la démocratie, le pire des systèmes à l'exception de tous les autres. Sauf qu'il était affecté, depuis longtemps, par des dysfonctionnements terribles et que personne n'avait le courage de dénoncer. Alors, la réalité s'est chargée de faire le procès. La voracité des acteurs, la folie de la spéculation, l'intelligence diabolique de certains produits financiers qui échappaient à leurs propres acteurs – tout cela a implosé… Car j'insiste : l'une des caractéristiques du système c'est qu'il était devenu inintelligible aux yeux mêmes de ses opérateurs. Vous connaissez l'histoire du Golem, cette créature diabolique qui échappe aux mains de son inventeur et qui se met à vivre d'une vie autonome ? Eh bien il y a de cela dans la crise. Les financiers ont fabriqué des Golems qui ont échappé à leur contrôle, dont ils ont perdu le code et qui sont en train d'exploser sous leurs yeux, en plein vol. Tout cela va coûter très cher. Aux riches, d'abord – ce qui n'est pas très grave. Mais aussi aux pauvres – ce qui l'est davantage. Cela dit, et au final, je pense que c'est une crise qui sera salubre. Car le système était en train de devenir fou. Il fallait que cela s'arrête.

Je pense que l'on s'achemine vers une crise d'une amplitude aussi forte que celle des années 30. Avec cette circonstance aggravante que les opinions et les responsables y sont encore moins préparés. On a perdu le sens du tragique. Le lien social peut se déliter plus encore que dans les années 30. Et je ne vous parle pas des peurs, des recherches de boucs émissaires, qui n'en sont qu'à leur début…

Si la crise peut favoriser un rapprochement franco-américain ? La crise est mondiale. Mais, heureusement, la réaction l'est aussi. Cela dit, il y a deux attitudes possibles face à cette crise. Soit le chacun pour soi, le retour du protectionnisme, les souverainismes – et ça, c'est la catastrophe assurée, non seulement dans le rapport avec les Etats-Unis, mais à l'intérieur même de l'Europe. Soit une solidarité vraie des réactions concertées, le refus des facilités nationalistes et populistes, et là, on en sortira. Il y a deux choses qui vont dans le bon sens. L'obamania en France. Et, aux Etats-Unis, le coefficient de sympathie dont jouit Nicolas Sarkozy. Le personnage intéresse. Son amitié pour l'Amérique ne fait pas de doute. Son énergie, son dynamisme, sa réactivité, sa capacité à prendre l'événement à la crinière, plaisent. Ce n'est pas forcément mon sentiment. Mais c'est ce qu'on dit là-bas – et c'est l'essentiel.

On me demande parfois : allons-nous assister à un retour du puritanisme et une perte d'une certaine forme de légèreté ? Je réponds toujours : légèreté pour qui ? Pour les traders de Wall Street ? de la City ? de la Finance parisienne ? Pour les croqueurs de bonus ? les parachutistes dorés ? Pour les partisans de la socialisation des pertes et de la privatisation des profits ? Tous ceux-là, oui, vont avoir l'impression de « perdre de la légèreté ». Mais, franchement, ce n'est pas un mal. Il y avait un tel sentiment d'injustice. Il y avait une vraie révolte qui grondait face aux nouveaux privilèges induits par cette deuxième économie financière. Alors, que tout cela explose, et se réforme, ne sera pas un mal. Cela dit, attention ! Tout le monde, y compris moi, accuse les traders de Wall Street. Soit. Mais il n'y a pas qu'eux. Il y a d'autres responsables à la crise. Les pétro-dictateurs qui ont fait monter les prix du pétrole... Le super spéculateur Poutine... Hugo Chávez... Ahmadinejad... Dans la folie qui s'est emparée du monde, ces trois-là ont pesé d'un vrai poids. Ils ont pesé comme un régiment de traders. Sans parler de la Chine qui, dans la flambée puis dans la chute tout aussi vertigineuse des matières premières, a eu une responsabilité considérable. Par son usage pirate et prédateur de ces marchés de matières premières, elle a contribué à l'irrationalité générale.

C'est aussi pourquoi je suis finalement assez réservé sur le thème à la mode du rééquilibrage des forces au profit des pays émergents. Car tout dépend de quels pays émergents on parle. Si l'Amérique perdait de sa puissance au profit de la Chine et de la Russie, je ne crois pas que le monde gagnerait au change... Cela dit, soyons sérieux. Je pense, moi, que la crise aura des conséquences plus graves encore dans les pays à structure lourde, à régime d'information sclérosée, que dans les démocraties. C'est vrai qu'on commence à voir, aux Etats-

Unis, des files de chômeurs, des scènes de misère, etc. Mais le système va s'adapter. Il va produire des anticorps et des réformes. Alors que la Russie de Poutine… Je ne donne pas six mois pour que les oligarques russes, rangés derrière Poutine, avouent qu'ils sont frappés de plein fouet et remettent en vente les villas de la Côte d'Azur qu'ils se sont offertes à prix d'or. On gère mieux une crise de cette nature dans les démocraties que dans les dictatures. On s'y adapte mieux. On y réagit mieux. Je connais la théorie selon laquelle les Chinois et les Russes seraient en train d'inventer un nouveau despo-capitalisme. Eh bien on va voir. Rira bien qui rira le dernier. Je n'exclus pas que la crise, parce qu'elle aura des conséquences encore plus brutales dans ces pays, ne rééquilibre les choses. Le capitalisme marche à la crise, c'est bien connu. La crise est son régime normal, son carburant, son stimulant. Que l'on se décide à interdire, par exemple, les ventes d'actions à découvert, que l'on admette que certains produits financiers ne servent rigoureusement à rien et ne créent aucune valeur réelle, que l'on réglemente pour de bon les hedge funds qui se sont installés dans les paradis fiscaux, bref que le politique reprenne ses droits, et vous verrez comment l'horizon s'éclaircira. C'est ce que disait Obama pendant sa campagne. C'est ce qui faisait que McCain le traitait de « socialiste ». Eh bien c'est Obama qui avait raison. Il parlait en vrai libéral. C'est-à-dire en vrai disciple de Tocqueville ou Adam Smith – ces théoriciens qui savaient qu'être libéral n'a jamais voulu dire croire dans la loi de la jungle. La main invisible ne suffit pas, elle n'est pas le dernier mot du libéralisme : cette vérité, bien connue de Benjamin Constant et de quelques autres, on est en train de la redécouvrir. Tant mieux.

10

La culotte de Sarah Palin[1]

Pour moi, l'une des images les plus fortes – et les moins commentées – de cette campagne c'est Sarah Palin se présentant à Joe Biden le jour du débat des vice-présidents. Tout le monde a remarqué son look. Son sourire. Son joli tailleur noir moulant. La simplicité désarmante avec laquelle elle commença par saluer son adversaire. Ce que peu de gens ont vu, ou ce qu'ils ont vu sans le voir, ou en feignant de ne pas l'avoir vu, ou en croyant qu'ils ne l'avaient pas vu alors qu'ils ne voyaient que ça, c'est la culotte de Sarah Palin. Eh oui. Ce qui creva les yeux à cet instant – juste un instant, mais quel instant ! – c'est, sous la jupe sexy, moulante à souhait, ravissante, de l'ex-reine de beauté, la grosse culotte bien visible, montant haut sur les hanches, descendant bas sur les cuisses et dont on pouvait presque suivre le dessin, le tracé de l'élastique, son bourrelet, sous le délicat tissu de la jupe. Les femmes modernes, quand elles portent une jupe de ce genre, veillent à ce que rien ne vienne déranger l'impeccable tracé, la ligne, de la silhouette. Mais Sarah Palin, justement, n'est pas une femme moderne. Le message, à cet instant, était qu'elle n'était pas l'une de ces femmes modernes, coquettes, coquines, attentives à ce genre de détail. Peut-être y a-t-il des

1. *The Village Voice*, 29 octobre 2008, veille de la victoire de Barack Obama.

femmes, semblait-elle dire, qui portent des panties, des collants. Peut-être même y en a-t-il qui – vade retro satanas ! – ne portent pas de culotte du tout. Elle oui. Elle porte une culotte. Elle porte, et veut que cela se sache, une bonne grosse culotte de laine bien solide. Elle porte, et ne laissera personne en douter, une culotte à l'ancienne, made in Alaska, sex-proof, confortable, pas sexy, républicaine. Ces salopes de démocrates sont des sans-culottes. Elles le sont au sens propre, c'est-à-dire au sens français, qui veut dire « libérales » ou « révolutionnaires ». Elle non. Grands dieux non. Ré-pu-bli-cai-ne, elle nous dit. Cu-lot-tée, elle insiste. Et ce côté ostensiblement culottée était, à soi seul, le résumé de tout un programme.

11

Lettre ouverte au prochain président des États-Unis[1]

Dans cinquante jours à peine vous serez, en principe, l'homme le plus puissant du monde.

Je dis « en principe » car le premier défi auquel vous aurez à faire face sera celui, justement, du déclin de la puissance de votre pays. Depuis le temps qu'on nous l'annonce, ce déclin ! Eh bien, cette fois, il est là. Et la montée en force de l'Asie, le réveil de l'Inde et, surtout, de la Chine ont bel et bien fini par créer une nouvelle donne planétaire. Votre réponse, alors, à

1. *Washington Post,* 5 septembre 2008.

cela ? La réaction de la nouvelle Amérique à ce nouvel ordre mondial ? Nul ne regagnera jamais le terrain perdu par les usines de l'Ohio et du Michigan. Mais une Amérique ambitieuse peut, en revanche, trois choses – qui, dans le monde de demain, compteront au moins autant. Primo, faire que les *brevets* sur lesquels travailleront les nouveaux capitalistes d'Asie continuent d'être made in USA. Secundo, faire que l'on continue de penser, en Asie et ailleurs, que c'est à Yale ou à Princeton que sont les meilleurs centres de formation pour les *leaders* et *managers* du monde. Et faire enfin – tertio – que les profits engrangés continuent de trouver dans les banques américaines les *produits financiers* les plus sophistiqués et les plus sûrs. Tant que l'Amérique gardera la haute main sur ces trois secteurs, elle aura les clefs du vrai pouvoir. Tant que la planète s'en remettra à elle en matière d'innovation scientifique, de fabrique de ses élites et d'allocation de ses actifs, l'essentiel sera sauf. Telle est, dès lors, votre tâche. Et telle votre toute première priorité. Ou bien les Etats-Unis, sous votre mandat, engagent une vraie politique de la Recherche, aident réellement leurs Universités à conserver leur avance et réforment en profondeur un système financier sinistré. Ou bien ils n'en font rien ; ils laissent faire la main invisible du marché ; ils tardent, par exemple, à engager la réforme intellectuelle, morale, technique, dont leur système bancaire a besoin – et ils céderont la place à d'autres. D'un mot, Monsieur le futur Président, c'est par l'immatériel, au sens large *par la culture*, qu'il faudra que vous commenciez.

Le deuxième défi auquel vous serez confronté sera, dans l'ordre des relations internationales, celui des ambitions de la Russie telles qu'elles viennent d'apparaître à l'occasion de la crise en Géorgie. Là non plus, votre prédécesseur n'a pas pris la mesure de l'enjeu. Il n'a pas entendu l'avertissement, pourtant clair, que lui avait lancé Vladimir Poutine lorsque, dans une adresse, en avril 2005, à l'assemblée fédérale de Russie, il avait déclaré que l'effondrement de l'Empire soviétique était « la plus grande catastrophe du XXe siècle ». La plus grande, vraiment ? Plus grande, donc, que les deux guerres mondiales ? Qu'Auschwitz ? Qu'Hiroshima ? Que les génocides du Cambodge, du Rwanda, du Darfour ? Oui. C'est cela. C'est bien cela qu'il a dit. Et c'est ce dont il vous appartiendra, une fois élu, d'évaluer les conséquences. Car un homme qui dit cela ne peut pas en rester là. Un homme qui pense, en son âme et conscience, que l'émancipation des anciennes colonies russes est un cataclysme plus grand qu'Auschwitz ne peut pas, s'il est conséquent, ne pas tout faire, vraiment tout, pour réparer les dégâts du cataclysme. En Géorgie. Mais aussi en Moldavie. En Ukraine. Un jour, dans les pays baltes. Sans parler du Kazakhstan ou de l'Azerbaïdjan dont dépend la sécurité de l'approvisionnement en énergie de l'Europe et qui, voyant avec quelle mollesse nous réagissons au coup de Tbilissi, choisiront eux-mêmes leur camp et iront se mettre tout seuls, avant d'y être forcés, sous la protection des mafieux postsoviétiques. Nouvelle guerre froide. Nouveau visage d'un partenaire qu'il faudra apprendre à traiter, aussi, en adversaire. Et, pour cela, des nouveaux codes, des nouveaux signaux, ainsi qu'une nouvelle langue de la pression et de la sanction. Le Président sortant croyait encore, par exemple, que c'est avec de vagues gesticulations militaires au large de Sotchi qu'on effraie les oligarques du Kremlin. Le nouveau Président devra comprendre que, dans le monde qui se prépare, la seule langue que ce type de gens comprenne est la langue de l'intimidation commerciale, du chantage économique voire de la pression par les mécanismes du marché.

Au-delà du cas de la Russie, la bataille pour la promotion, dans le monde, des valeurs et des pratiques démocratiques sera un autre enjeu de votre mandat. Non que votre prédécesseur ne l'ait pas menée, cette bataille. Mais il l'a mal menée. Il s'est emparé de ce grand et beau thème qu'est le thème de l'exceptionnalisme d'une nation ayant reçu mandat d'encourager les peuples à se débarrasser, comme elle, de ses tyrans – mais pour en offrir, en Irak notamment, une version caricaturale et inepte. En sorte que la tâche qui vous incombe sera de vous réemparer de ce thème, de le remettre sur ses pieds, de lui rendre son sens et son honneur – votre responsabilité sera, en corrigeant les erreurs de Bush, de ne surtout pas être tenté de prendre l'autre voie, symétrique, qui est celle de l'isolationnisme et qui a trop souvent été la ligne de plus grande pente de la politique américaine. Comment, alors ? Quelle différence entre l'approche « néocon » de l'exceptionnalisme et la vôtre ? C'est, en fin de compte, assez simple. Le néocon estimait que la démocratie se décrète ; vous expliquerez qu'elle se construit. Il croyait qu'il suffit de dire : « que la lumière démocratique soit » pour que cette lumière, en effet, soit ; vous répondrez que la démocratie est affaire de temps, de volonté, de patience. Le néocon n'avait pas rompu avec ce préjugé messianique que les pionniers du mouvement avaient eux-mêmes hérité de leur passé d'extrême gauche (cette foi, bien paresseuse, en un sens de l'Histoire censé accoucher seul, sans effort ni intervention des hommes, jadis de la société sans classes, aujourd'hui de la démocratie) ; vous conserverez l'objectif mais en posant la question des moyens concrets, c'est-à-dire politiques, franchement et clairement politiques, de mettre en œuvre cet objectif (votre futur Secrétaire d'Etat aura affaire, en France, à un certain Bernard Kouchner qui est l'un des meilleurs experts mondiaux de ce nation building démocratique – je recommande d'entrer en contact avec lui, vivement et sans délai...).

Prenons la question par l'autre bout. Quelle fut, à la fin des fins, la source de l'illusion des néocons ? La politique, justement. Le discrédit où, sous leur règne, est tombé le souci même du politique. Le fait, pour être précis, qu'un homme qui n'y croit pas *at home* ne peut pas y croire non plus *abroad.* Ou le fait, pour être plus précis encore, qu'à force de répéter que l'Etat n'a rien à objecter, sur le territoire même des Etats-Unis, aux inégalités sociales, à la grande pauvreté ou aux problèmes de santé publique, on en vient très logiquement à penser qu'il n'a rien à dire non plus de la façon dont, en Irak, on bâtit une armée, une administration, des écoles. Eh bien supposons, un instant, que vous entendiez ma recommandation. Et supposons que vous preniez au sérieux cet enchaînement causal que je décris. Vous ferez le même chemin, mais à l'envers. Vous tirerez les mêmes conclusions, mais dans l'autre sens. Et au lieu de penser : « parce que je ne veux pas de politique de santé dans les quartiers déshérités de Buffalo ou de Los Angeles, j'amène un corps expéditionnaire à Bagdad sans avoir la moindre idée de ce que je vais, le lendemain, m'employer à y mettre en place », vous direz : « parce que je ne veux plus envoyer de troupes où que ce soit sans avoir une image claire de la nation qu'il convient d'y bâtir, je commence à comprendre que mon rôle est aussi, à Buffalo, de protéger les plus démunis ou, à New Orleans, de réparer les digues sans attendre le prochain ouragan. » Vous romprez, ce faisant, avec un abaissement du « gouvernement » qui a commencé bien avant les années Bush. D'un wilsonisme rectifié, vous glisserez, insensiblement mais clairement, vers un rooseveltisme revisité. Démocrate ou républicain, vous serez un président *politique* renouant – c'est une autre recommandation – avec ceux des Pères fondateurs qui, sans évidemment renoncer au sacro-saint principe de liberté individuelle, ont tout de même posé que le rôle des gouvernants est *aussi* d'assister, secourir, protéger, leurs gouvernés.

Vous aurez à définir enfin une position à l'endroit d'un monde musulman devenu, depuis le 11 Septembre, le lieu de toutes les interrogations. Je passe sur le caractère souvent liberticide – Guantanamo, la torture, telles clauses du Patriot Act à abolir dès votre prise de fonction – de la « guerre contre la terreur ». Je passe aussi sur la colossale erreur stratégique – à corriger, elle aussi, d'entrée de jeu – qui consista à s'allier avec un Pakistan jouant les meilleurs élèves de la classe antiterroriste dans le moment même où il fournissait aux assassins leurs sanctuaires les plus solides. Il y a, quant au fond, deux attitudes possibles et deux seulement. Il y a l'attitude négative, guerrière, plus ou moins inspirée par les mauvais prophètes du clash des civilisations entre l'Occident dans son ensemble et un monde de l'Islam pris, lui aussi, comme un bloc : impasse, désastre. Et puis il y a une autre attitude qui partirait du principe que le seul vrai clash, le seul affrontement sérieux et qui compte, est celui qui divise l'Islam d'avec lui-même et oppose, en Islam, les partisans du fanatisme et les apôtres des Lumières musulmanes : nul ne s'y est vraiment essayé – pourquoi pas vous ? Qu'il faille combattre les premiers et le faire sans leur trouver ni circonstances atténuantes ni excuses, nul, en effet, n'en doute. Mais il faut, aussi, parler aux seconds. Il faut leur dire et leur montrer qu'ils sont moins seuls qu'ils ne le redoutent. Il faut les aider, les financer, leur donner le courage de tenir et de lutter, les saluer. C'est ce que nous fîmes, dans les années 1970 et 80, avec les dissidents du soviétisme. Pourquoi ne ferions-nous pas de même avec ces femmes, ces esprits libres, ces intellectuels persécutés, qui sont à l'Islam totalitaire ce que ces dissidents étaient au fascisme rouge ? Pourquoi pas, en direction de ces nouveaux héros de la démocratie, le même type de chaîne de la solidarité et de l'espoir qui s'organisa, naguère, autour des amis de Soljenitsyne et de Sakharov ?

L'antiaméricanisme, Monsieur le futur Président, est devenu une nouvelle religion planétaire. Et l'on n'en finit malheureusement pas, ni en quatre ans ni en huit, avec une religion. Mais enfin, si vous faisiez déjà cela, si vous consentiez, sur ces quelques terrains sensibles, à tenir le langage de la vérité et du courage, vous donneriez à votre pays un visage qui, déjà, ne serait plus tout à fait le même. C'est cela, aussi, l'exceptionnalisme. C'est cela, aussi, que le monde attend de la « shining house upon the hill ».

12

Ce que j'aimerais dire, aujourd'hui, à Barack Obama[1]

J'aimerais lui rappeler, d'abord, la première chose qu'il m'a dite, lui-même, il y a quatre ans, à Boston, lors de notre toute première rencontre : « l'Amérique est le pays des météores, next month somebody else will be the story » ; et j'aimerais le lui rappeler parce que la nouvelle story, la story de ce mois-ci, est clairement devenue la colistière de son adversaire, l'ancienne reine de beauté et ultraconservatrice Sarah Palin.

Si j'étais le conseiller de Barack Obama, je lui conseillerais de cibler donc Sarah Palin. McCain, bien sûr. McCain, par définition. Mais Palin, d'abord. Palin, de toute urgence. Car Palin est le point fort, mais peut devenir le point faible, le fardeau, le boulet, de John McCain.

Je ciblerais les mensonges de Palin.

Je ciblerais la singulière idée que se fait, et de la vérité, et de la famille, cette femme qui se prétend la grande avocate de l'une et de l'autre et qui a été pourtant capable, pour dissimuler la grossesse de sa fille, de simuler elle-même une grossesse.

Je demanderais aux électeurs s'ils sont prêts à remettre les clefs de la Maison-Blanche à une femme sans expérience qui se disait décidée, en 2006, quand elle était candidate au poste

1. *New York Magazine*, 16 septembre 2008.

de gouverneur de l'Alaska, à faire enseigner dans les écoles, comme si c'était la même chose, cette *science* qu'est le darwinisme et cette *escroquerie* qu'est le « créationnisme ».

Si j'étais le conseiller de Barack Obama je l'adjurerais de s'adresser, solennellement, gravement, aux femmes de ce pays pour leur demander si elles sont prêtes à se reconnaître dans cette caricature de femme libre qui prétend dénier à ses semblables l'un de leurs droits les plus chèrement acquis, le droit à l'avortement.

Je soulignerais le cynisme, l'absence de cœur et de sentiment, dont il faut être habitée pour venir exhiber, non seulement devant les délégués de la Convention de son Parti, mais devant les caméras du monde entier, ce qu'une femme, et une mère, a sans doute de plus cher, de plus secrètement et douloureusement précieux : un enfant malade et, en la circonstance, trisomique.

Si j'étais le conseiller d'Obama, je lui conseillerais de charger de cette tâche Hillary.

Peut-être irais-je même tenter de la convaincre, Hillary, de rendre ce dernier service à un candidat qu'elle ne porte pas dans son cœur mais dont elle est bien forcée, si elle veut préserver son avenir, de hisser sans trop d'ambiguïtés les couleurs : « je suis une femme ; je suis une mère ; jamais, si mon enfant avait été malade, je ne l'aurais exposé à cette torture, cette horreur, qu'est une exposition médiatique de cette ampleur. »

Si j'étais le conseiller d'Obama, je lui conseillerais aussi d'oublier le story-telling et de revenir, vite, aux fondamentaux de sa campagne.

Quelle Amérique il défend…

Ce que veut dire être un Américain…

Comment il est le seul, parce qu'il est le représentant d'une minorité visible mais n'en défend pas moins le grand idéal citoyen héritier de la Convention de Philadelphie, à pouvoir arracher l'Amérique au mauvais démon de la guerre des minorités, de l'enfermement, du ghetto des communautés (alors que le slogan de Palin est moins, on le sait, « La nation d'abord » que « L'Alaska aux Alaskais »)...

Comment il est le seul, parce qu'il est noir sans l'être et que sa part noire ne vient pas de l'Alabama mais du Kenya, à pouvoir s'adresser aux Blancs sur un autre mode que celui du reproche, de la culpabilisation, de la mauvaise conscience – il est le seul dont l'image et le visage ne renvoient pas automatiquement la majorité américaine à son passé criminel (alors que McCain... ah ! le côté revanche des petits Blancs que signifierait l'élection de John McCain...)

Comment il est le seul – c'est un exemple – à pouvoir résorber la fracture qui s'annonce et qui, si elle se creusait, serait une catastrophe culturelle, métaphysique, donc politique pour l'Amérique : cette fracture entre Juifs et Noirs, dont je parlerai, jeudi prochain, au « Y »[1], et qui serait, pour ce pays, une si navrante régression.

Je ne suis pas le conseiller d'Obama.

Je ne serai jamais, au maximum, que son double de parodie comme ce jour où, avec Sharon Stone, nous avons accepté d'incarner, pour la Biennale d'art contemporain de Venise, elle un John McCain en jupons, moi un faux Barack Obama.

Mais je dois être l'un des premiers, en revanche, à avoir, dans un hebdomadaire français, puis dans l'*Atlantic Monthly* américain, tenu à imprimer son nom.

Je dois même être le premier à avoir dans le titre même de cet article – « Un Clinton noir » – sérieusement envisagé l'hypothèse de son élection et de la chance qu'elle serait pour l'Amérique.

C'est au nom de cela que je lui dis, aujourd'hui, ceci : allez, Barack, encore un effort et tu seras président des Etats-Unis.

---

1. « 92nd Street Y », conférence intitulée « L'état du monde juif ». Cf. ci-dessus, pp. 273 et sq.

13

Quand Obama sera élu[1]

Je n'ai qu'un privilège pour parler de cette nouvelle Amérique : c'est d'avoir été l'un des tout premiers Européens à avoir rencontré Barack Obama, à avoir imprimé son nom et à avoir annoncé qu'il serait, un jour, président des Etats-Unis.

C'était le 27 juillet 2004, à Boston, lors de la Convention qui investissait John Kerry.

La soirée s'achevait.

Les Princes-Abbés du Parti, les Clinton, les Kennedy, les Howard Dean, avaient tous déjà parlé.

La salle, sachant que les gros discours, ceux que l'on cale, à la seconde près, entre deux coupures publicitaires de CNN, étaient passés, commençait de se vider.

Et c'est alors que surgit, dansant plus qu'il ne marchait, incroyablement libre de son corps et de ses gestes, charismatique, un jeune inconnu au nom bizarre qui venait juste d'être élu sénateur de l'Illinois et qui électrise ce qui reste d'assistance.

Je l'intercepte, sitôt sa performance achevée.

Nous passons, le lendemain, une partie de la journée ensemble.

Et je n'ai jamais douté ni, donc, de son destin présidentiel (je l'ai écrit, sur-le-champ, dans le magazine *Atlantic Monthly*)

1. *Le Journal du Dimanche*, 2 novembre 2008.

ni du fait qu'il changerait, s'il était élu, le visage de l'Amérique (je vais dire, ici, en quelques mots, pourquoi).

Barack Obama, d'abord, ce sera un virage décisif dans ce que l'on appelle, aux Etats-Unis, la « question raciale ».

Ses adversaires républicains prennent un malin plaisir à le présenter comme un « angry black man » dont l'élection relancera la guerre des races dans le pays.

C'est le contraire, en réalité.

Ce sera, très exactement, le contraire.

Parce qu'il est métis, parce qu'il descend, non d'une famille d'esclaves, mais d'un Kenyan et qu'il ne renvoie donc pas l'Amérique blanche à sa culpabilité, parce qu'il est intimement convaincu, surtout, que ces affaires de races appartiennent à un âge révolu de l'humanité US, il est le seul politique capable de mettre un terme à la longue marche commencée, il y a un demi-siècle, par un certain Martin Luther King.

Il donnera un coup d'arrêt, par conséquent, au communautarisme caricatural qui continue de ronger la société américaine.

Il rétablira la grande alliance, nouée au temps de la bataille pour les droits civiques, entre les minorités juive et noire.

Il contribuera aussi, bien sûr, à réconcilier l'Amérique avec le monde.

Il n'effacera pas, comme par enchantement, cet anti-américanisme pavlovisé qui est en passe de devenir la religion de l'humanité ; mais il le réduira ; il le contiendra ; avec l'Europe, il rétablira les liens de confiance que les huit années de bushisme avaient brisés ; et, avec les autres, avec le monde musulman notamment, il rompra avec le discours simpliste et bête de la « guerre des civilisations » en tendant la main, contre les extrémistes et, pour ainsi dire, par-dessus leur tête, à l'opinion éclairée, modérée, en attente de droits de l'homme et de démocratie.

Sans doute n'est-il pas le meilleur économiste du pays.

Mais ce que je sais des hommes et femmes dont il a déjà commencé de s'entourer, ce que je devine du choix qu'il fera pour le poste de Secrétaire au Trésor, ce que, surtout, annonce explicitement son programme économique et financier, fait qu'il est le mieux armé pour aider l'Amérique à surmonter la crise sans précédent où elle est entrée et où elle a précipité le monde.

Relance par la demande…

Minimum santé sur le modèle européen…

Aide aux familles modestes, contraintes de renoncer à cette incarnation du rêve américain qu'est la possession d'une maison…

Redéfinition des missions d'un Etat fédéral qui devrait, s'il est élu, commencer de considérer qu'il est *aussi* de sa responsabilité d'empêcher la ville de Detroit de tomber en ruines, de consolider les digues du Mississippi à New Orleans et, demain, à Baton Rouge ou de se soucier des infrastructures routières, des ponts, des ports, des systèmes d'alerte antiouragan, en Floride…

L'Amérique, sous Obama, ne deviendra pas ce pays exemplaire dont rêvent, un peu naïvement, les plus enthousiastes de ses partisans.

Mais elle renouera avec ses valeurs.

Elle retrouvera le meilleur de son héritage.

Elle se réinscrira dans la tradition, et de Roosevelt, et de Kennedy.

L'Amérique, la vraie, celle qu'aiment et admirent les démocrates du monde entier, sera de retour.

14

Obama, enfin[1]

La présidence Obama sera une date décisive, d'abord, dans l'histoire de ce que l'on persiste, aux Etats-Unis, à appeler la « question raciale ». Non que le racisme, bien entendu, soit appelé à disparaître de leur imaginaire national. Et il suffit, d'ailleurs, de se déplacer à l'intérieur du pays pour voir que la montée en puissance du candidat « noir » a eu pour corollaire une remontée symétrique de toute une ultra-droite nostalgique de la suprématie blanche et du bon temps ségrégationniste. Mais il faut entendre ce que dit Obama de ce clivage et de la façon dramatique dont il structure, depuis trois siècles, la société américaine. Il faut l'écouter quand, dans chacun de ses discours, il cite le « *E pluribus unum* » de Virgile d'où la devise du pays est tirée et qu'il traduit : « notre nation est plus que les parties qui la composent. » Et il faut mesurer le tabou qu'il brise, enfin, quand il s'adresse aux Noirs eux-mêmes pour les inviter à ne plus imputer au seul racisme la source de leurs maux. Là aussi, c'est un propos nouveau. C'est le message du dernier King, celui des années 1967-1968 ; mais c'est un propos nouveau par rapport à tous les discours faisant de l'appartenance à la « race » le dernier mot de l'identité de chacun – et son impasse.

1. *Financial Times*, 6 novembre 2008.

La présidence Obama rendra espoir, ensuite, à une Amérique que les huit années de présidence Bush avaient fait douter d'elle-même et de cette fameuse « mission » dont on oublie à quel point elle lui est, toutes tendances politiques confondues, consubstantielle. Là non plus, Obama ne fera pas de miracle. Et nul ne s'attend, ici, à le voir effacer en quelques jours les dégâts de ces années de dérive « ultralibérale ». Mais qu'il soit l'homme du nécessaire retour de balancier en direction d'un « rooseveltisme » plus attentif au sort des laissés-pour-compte, nul, en revanche, n'en doute. Pas plus que l'on ne doute de sa sincérité quand il déclare, inlassablement encore, qu'il ne sera jamais le Président d'une Amérique (bleue, progressiste…) contre une autre (rouge, conservatrice…) mais qu'il essaiera de rendre son sens à la beauté étrange du nom de ce pays sans nom, mais non sans vocation, que sont les Etats *unis* d'Amérique. Le duo McCain-Palin voyait l'« American dream » comme un âge d'or à retrouver. Lui, Obama, le voit comme un âge nouveau à inventer, un modèle à jamais sur le métier, un projet : pour parler comme Philip Roth, non pas une « pastorale » mais une invention sociale et politique, une frontière qui se déplace et qu'il faut tracer à nouveau – et il est bien plus fidèle, ce faisant, à cet esprit pionnier qui fit la grandeur de son pays. Et quant aux rapports, enfin, avec le reste de la planète, les sceptiques peuvent répéter jusqu'à la nausée qu'une présidence Obama ne changera rien à l'hyperpuissance américaine et à la réprobation qu'elle suscite. Il faut essayer de se figurer le visage qu'elle se donne en portant à la Présidence le représentant d'une minorité qui, hier encore, ne votait pas. Il faut essayer de le voir, ce visage, avec les yeux d'un Congolais qui avait fini par se convaincre qu'il y a, non pas une, mais deux humanités. Il faut le voir avec les yeux d'un Soudanais qui, quand les Etats-Unis demandent à son gouvernement d'arrêter le massacre au Darfour, a pris l'habitude d'y entendre la manifestation d'un racisme de petit Blanc néocolonialiste. Il faut imaginer un discours d'Obama à Kaboul. Ou une adresse à la nation irakienne persuadée, à tort ou à raison, que la Maison-

Blanche était aux mains d'une clique de Texans venue lui piller son pétrole. Il faut essayer de le regarder comme on le regardera dans ces pays métis que sont le Brésil, la Bolivie, le Venezuela. L'antiaméricanisme ne disparaîtra pas, là non plus, par enchantement. Mais il aura la vie plus dure. Il devra réviser son argumentaire. Onde de choc planétaire ? Autre new deal, géopolitique celui-là ? Une chose est sûre – qui fait peser sur les épaules du nouveau Président une responsabilité, pour le coup, *métahistorique* : jamais élection américaine n'aura suscité, dans le reste du monde, une espérance à la fois si folle et si raisonnée.

15

Obama avant Obama[1]

Ces quatre photos sont déjà des documents. Combien de temps s'est-il écoulé entre le moment où elles ont été prises et l'entrée effective de leur modèle dans le Bureau Ovale de la Maison-Blanche ? Quelques mois, à peine. Peut-être quelques semaines. Mais c'est comme si c'était un siècle. Ou, en tout cas, une vie. Car cet Obama-ci est, vraiment, un autre Obama. Badin. Charmant. Une nuance de désinvolture dans l'attitude. Rieur. Bizarrement détaché. Jeune aussi. Oui, incroyablement plus jeune que dans les images officielles dont nous arrosent désormais les agences de presse et qui n'ont, je le répète, que quelques semaines de plus. Insouciant, encore. Incertain de son

1. *Purple Magazine*, janvier 2009. Ce petit texte commentait cinq clichés exceptionnels de Barack Obama par Terry Richardson.

étoile. Pas complètement certain, non plus, d'être à l'heure du rendez-vous que l'époque est en train de lui fixer et qu'il a l'air de vérifier, fébrilement, sur sa montre. Léger, enfin. Léger en ce sens très précis, presque physique, qu'il n'a pas encore, sur les épaules, le poids de ce monde qui, même s'il ne le sait pas, a commencé de se donner à lui. J'aime ce visage. J'aime cet Obama d'avant Obama. J'aime cet instant d'anxiété heureuse qu'a su saisir l'objectif et où l'on sent que l'Histoire hésite encore, qu'elle ne sait ni ce qu'elle veut ni où elle va. Et puis je l'aime – pourquoi ne pas le dire ? – parce que c'est le visage de *mon* Obama, de celui que j'ai rencontré et dont j'ai tout de suite écrit qu'il était un Kennedy ou, plutôt, un Clinton noir. Y croyais-je complètement, à ce moment-là ? Etais-je réellement convaincu que ce jeune homme en bras de chemise, sage comme une image, riant aux éclats, serait cet autre Clinton ou Kennedy ? Ni plus ni moins que lui, après tout. Ni plus ni moins que ce que je devine de lui, ici, dans ces clichés de Terry Richardson et dans ce qu'ils ont su capter de lui : la fragile vérité d'un moment, d'un suspens et d'un destin.

16

Eh oui, Barack Obama tient ses promesses ![1]

J'ai rencontré Barack Obama il y a exactement cinq ans.

Et je suis si impressionné par cette rencontre, si frappé par ce qu'il me dit ainsi que par ce ton à la fois consensuel et tran-

1. *Paris-Match*, 12 juin 2009 ; *The Huffington Post*, 13 juin 2009.

chant, pacificateur et sans concession, dont nous savons désormais qu'il est sa signature, que j'en tire un portrait que j'intitule « Un Kennedy noir » avant que les éditeurs du magazine auquel je le destine ne me signifient, gentiment mais fermement : vous pouvez faire les prédictions que vous voulez ; vous êtes libre de vous ridiculiser en allant pêcher un parfait inconnu ; mais, de grâce, pas touche à l'icône ; hands off le saint patronyme des Kennedy ; en sorte que je change, effectivement, mon titre qui devient, non plus « Un Kennedy », mais « Un Clinton » noir – je ne me le suis jamais tout à fait pardonné…

Car, dès ce jour-là, tout était dit.

Cet homme avait la trempe, non seulement d'un président, mais d'un réformateur de haut vol.

Cet intellectuel appartenait à une tradition qui, dans le débat qui a toujours divisé l'Amérique et qui consiste à savoir si elle invente une civilisation nouvelle ou si elle reste spirituellement européenne, plaide pour l'Europe, l'ancrage européen, la fidélité du Nouveau Monde à l'Ancien et à ses valeurs.

Ce fils de père musulman qui tint à me raconter, ce jour-là, comment l'image du peuple d'Israël revenant sur sa terre après des siècles d'exil est de celles qui, dans l'enfance, ont forgé son caractère et son âme, était le seul de tous les leaders américains que je rencontrais capable de prendre à bras-le-corps l'insoluble problème posé par le conflit israélo-palestinien.

Et s'il y avait bien quelqu'un enfin qui, parce qu'il appartenait à l'une de ces minorités visibles qui composent le peuple américain, était en mesure d'adresser à la planète un message de fraternité et d'espoir, c'était encore et toujours lui – d'autant que, n'étant ni fils ni descendant d'esclaves, il pouvait faire cela sans rallumer, aux Etats-Unis même, la guerre des races et des cultures.

Telle était l'équation existentielle de celui qui est devenu, entre-temps, le 44ᵉ président des Etats-Unis.

L'antiaméricanisme étant la formule sacramentelle de la religion des temps modernes, je ne voyais que lui pour allumer le contre-feu.

Cinq ans plus tard, nous en sommes là.

Je ne parle pas de la fermeture de Guantanamo, retardée mais annoncée, et qui est un des messages forts que le monde attendait.

Je ne parle pas de la colossale erreur irakienne qu'il a commencé, sans délai, de conjurer – faudra-t-il seize ou dix-neuf mois pour rapatrier les derniers GI's ? le symbole, en tout cas, est là ; et, pour ce Président-symbole, pour cet homme qui parle par symboles comme d'autres par signes, concepts ou images, c'est, évidemment, l'essentiel.

Je ne parle même pas de cette question pakistanaise sur laquelle il m'interrogea ce matin d'il y a cinq ans (je venais de publier mon enquête sur Daniel Pearl) et dont nous convînmes qu'elle était la plus brûlante du moment (je retrouve, dans mes notes, une blague de ce très jeune Obama sur le renversement « pakistanais » de la formule léniniste célèbre – non plus « les soviets plus l'électricité » mais « le jihad plus le nucléaire militaire ») : il l'a tout de suite prise en compte, cette question – récoltant, en retour, la haine sans merci de toutes les branches constitutives d'Al-Qaïda.

Le plus fort c'est la façon dont il a, en quelques heures et quelques mots prononcés, ce samedi, face aux 9387 croix blanches du cimetière américain de Colleville, mis fin au malentendu qui empoisonnait, depuis huit ans, les relations de l'Amérique avec l'Europe.

Le plus spectaculaire c'est ce discours de 55 minutes prononcé, l'avant-veille, dans l'enceinte de l'Université du Caire, et qui a mis fin à l'enseignement du mépris en vigueur, depuis le 11 Septembre au moins, dans les rapports avec l'Islam et avec ce qu'il a appelé – grande première dans la bouche d'un chef d'Etat occidental – le « saint Coran ».

Et puis il y a eu enfin Buchenwald où, sous l'œil d'Elie Wiesel, il a prononcé les mots que l'on attendait au lendemain de ce discours d'hommage au monde musulman : pour l'équilibre ? non, pas pour l'équilibre ; car s'il y a bien une volonté qui m'a tout de suite frappé, lors de notre rencontre d'il y a cinq ans, c'est la volonté de rompre avec cette saloperie, cette gale, cette lèpre des âmes et des cœurs, qu'est la concurrence des victimes, et donc l'équilibre des mémoires, et donc l'obligation que l'on se fait de donner à celui-ci une dose de compassion égale, exactement égale, à celle que l'on a donnée à celui-là ; rien de tel chez Obama ; rien de tel dans le discours de Buchenwald ; rien qui s'apparente à ce souci apothicaire de doser, peser, répartir, la compassion ; la vérité ; juste la vérité ; et l'invitation faite au gourou mondial de la secte négationniste, Ahmadinejad, de faire, lui aussi, le voyage de Buchenwald – ce fut la fin de la séquence et c'était parfait.

Alors, on peut débattre de tel ou tel point.

On peut – c'est mon cas – non seulement discuter mais regretter ce qui a été dit, au Caire, du port du voile en Occident : Obama, en refusant qu'un gouvernement « dicte les vêtements » (sic) qu'une femme « doit porter », s'oppose aux principes de la laïcité à la française ; il déçoit les femmes qui, au-delà de la France, luttent pour l'égalité des conditions et des droits ; et il est en retrait, ce qui est un comble, par rapport à la position de Cheikh Mohammed Sayyed Tantaoui, imam de la mosquée al-Azhar et plus haute autorité, à ce titre, de l'Islam sunnite.

Mais il y a trois choses dont on peut et doit se réjouir au terme de cette tournée diplomatique.

La restauration de l'axe transatlantique que les années Bush avaient si fortement entamé : il l'a fait comme il est, avec le style qui lui est propre et qui est un style cool, à la fois élégant et décontracté, sans complaisance mais sans emphase non plus – une réconciliation froide, sans lyrisme, qui évite d'en rajouter dans la psychologie, la dramatisation des relations personnelles, le pathos ; quel repos !

L'enterrement de la hache de guerre de ce que Huntington avait appelé le clash des civilisations : il n'y a qu'un clash, a dit en substance Obama, et c'est le clash, interne à l'islam, qui oppose l'islam à l'islam – l'islam des assassins, des dictateurs, des fanatiques, d'un côté ; et l'islam de ceux qui, en face, se battent pour les droits de l'homme, la démocratie, les Lumières et le font à la façon dont, toutes proportions gardées, se battaient les dissidents du communisme ; enfin !

Et puis le fait que cet homme qui n'a jamais transigé et qui, à mon sens, ne transigera pas sur la sécurité d'Israël ne ménagera pas non plus sa peine, nous dit-il, pour aider à la naissance de ce second Etat, palestinien, que l'on attend depuis soixante ans et dont nous sommes nombreux à penser qu'il est la seule vraie garantie de sécurité, à long terme, pour l'Etat hébreu : il ne dit, à proprement parler, rien de très nouveau sur le sujet ; les mots, si on s'en tient aux mots, ne sont pas différents de ceux prononcés par ses prédécesseurs ; sauf que le ton est neuf, et l'enthousiasme, et le sentiment qu'il n'attendra pas, lui, comme Bush et Clinton, la dernière année de son deuxième mandat pour se souvenir de ses intentions.

Barack Obama a posé, en quatre jours, les paramètres d'une paix qui n'a jamais semblé à la fois si proche et si lointaine.

Et, pour les peuples, tous les peuples, de la région, il y a là une bonne et grande nouvelle, une source d'espoir, le début d'une ère nouvelle.

Je pèse mes mots.

Je suis, plus que quiconque, attaché à la cause d'Israël et, plus que quiconque aussi, soucieux de sa solitude, voire de sa vulnérabilité – en sorte que, oui, je pèse mes mots et ne peux les écrire, ces mots, sans avoir la plume qui tremble un peu.

Mais n'empêche.

Je pense que la solution des deux Etats est, pour les deux peuples, la moins mauvaise des solutions.

Et ce que je sais d'Obama, ce que je sais de sa biographie personnelle et de l'historique de ses positions sur la question, ce que je sais ou devine de celles et ceux qui l'entourent, ce que je sais d'un Daniel Axelrod qui portait, pendant la campagne, un badge Obama écrit en hébreu, ce que je sais, enfin, des promesses faites, le 4 juin 2008, devant les représentants de la puissante AIPAC, tout cela fait que j'ai confiance dans la volonté bonne du Président.

Peut-être le jour viendra-t-il où l'alliance historique des Etats-Unis et d'Israël se verra fragilisée.

Peut-être le moment finira-t-il par venir où le lobby antisioniste qui est, contrairement à la légende, aussi puissant aux Etats-Unis qu'en Europe, couvrira la voix des défenseurs de la fragile démocratie israélienne.

Mais nous n'en sommes pas là.

Et ce jour, s'il advient, n'adviendra pas sous Obama.

17

Bien sûr, Obama mérite le prix Nobel[1]

Obama reçoit le prix Nobel alors qu'il n'a rien accompli...

Bien sûr que si ! Il n'a cessé au contraire, depuis huit mois qu'il est aux affaires, d'œuvrer pour la paix et de le faire concrètement. Un exemple. La question raciale aux Etats-Unis. Cette plaie lancinante, purulente et, réellement, fauteuse de guerre qu'est la question raciale aux Etats-Unis. Eh bien depuis la veille de son élection (le discours de Philadelphie) jusqu'à ces derniers jours (sa réaction apaisée, apaisante, aux propos alarmistes de Jimmy Carter évoquant la persistance de la guerre des races dans le Sud profond) il ne cesse de réparer, cautériser, cicatriser, bref, apaiser...

1. 11 octobre 2009, *Le Journal du Dimanche*, propos recueillis par Claude Askolovitch.

Mais ses actes restent des mots !

Oui et non. Pas toujours. Quand l'homme le plus puissant de la planète rallie, par exemple, le Conseil de sécurité des Nations unies à l'idée de dénucléarisation, est-ce que vous croyez vraiment que ce ne sont que des mots ? Autre exemple : la main tendue à l'Islam lors du fameux discours du Caire. D'accord, c'est un discours. Mais c'est un discours qui, parce qu'il met un terme aux huit années de bêtise bushiste, parce qu'il sonne le glas du discours sur le choc des civilisations qui était, jusqu'à présent, la réponse américaine à la guerre lancée par Ben Laden, est également beaucoup plus qu'un discours. Le président des Etats-Unis d'Amérique qui tend la main aux musulmans modérés et qui leur dit que l'Amérique n'est pas leur ennemie mais leur alliée, ce ne sont pas des mots, c'est un événement historique et un événement qui, je le répète, va clairement dans le sens de la paix.

Obama le faisait-il en Occidental, ou en citoyen du monde, voire en musulman ?

En Occidental, voyons ! Obama est, pleinement, un Occidental. Et ce discours du Caire, n'en déplaise aux dingues qui veulent sa peau aux Etats-Unis mêmes, est un discours de grand président « kennedyen » qui dit juste au monde arabo-musulman : nous sommes vos amis, vos frères ; mais il vous reste à accomplir ce que l'Occident a réalisé dans la douleur et que vous êtes la seule partie du monde à n'avoir pas encore réalisé – à savoir conjurer, en vous, chez vous, dans vos mémoires et dans vos cœurs, cette mémoire du fascisme dans lequel vous avez autrefois, non moins que les Occidentaux, trempé et dont les mouvements type Hamas, Hezbollah, Frères Musulmans, sont, aujourd'hui, les continuateurs…

Mais que donne-t-il aux musulmans en attendant ? La Palestine reste colonisée, Israël est inflexible…

Ce n'est pas un donnant-donnant. C'est une construction commune, celle de la paix et du dialogue. Et là aussi, Obama a fait, je dis bien fait, une chose absolument énorme. Ses prédécesseurs – Bush mais aussi Clinton – attendaient la dernière année de leur dernier mandat pour s'aviser de l'existence de cette guerre israélo-palestinienne et concocter à toute vitesse, donc avec légèreté et frivolité, une vague solution dont leur « legacy » puisse se prévaloir. Lui, Obama, a fait le contraire. Il s'est mis en mouvement dès le premier jour de son premier mandat. Il a commencé tout de suite à prendre à bras-le-corps les paramètres de cette paix et de cette guerre. Et il l'a fait à l'unisson de ces citoyens israéliens et palestiniens qui, tous ensemble, d'une même voix, s'écrient : « la paix maintenant ».

Encore une fois, on est dans la posture, pas dans la réalisation... Sur le dossier iranien, la France – Nicolas Sarkozy l'a dit nettement – constate que Téhéran poursuit sa nucléarisation à l'abri du dialogue...

Oui. Mais moi je constate aussi qu'El Baradei et ses équipes vont pouvoir visiter le nouveau site nucléaire iranien, celui de Qom. Or à quoi devons-nous ce soudain accès de « sagesse » de la part de dirigeants iraniens que l'on a connus plus arrogants ? A ce mélange de fermeté et de dialogue à quoi tient toute la ligne « Obama » et qui est la seule façon, je crois, d'être pris au sérieux à Téhéran. Dit autrement, jamais la perspective de la guerre n'a semblé si crédible qu'aujourd'hui aux dirigeants de Téhéran et jamais n'a été si ouverte, non plus, la « porte de sortie » d'une solution diplomatique. C'est parce qu'il a rendu possible cette combinaison, c'est parce qu'il a habilement monté la double mâchoire de ce piège diplomatico-militaire qu'Obama commence, je dis bien commence, à faire reculer les fous de Dieu.

Et en Afghanistan ?

Même chose. Il est à l'origine d'une nouvelle stratégie qui dépasse l'alternative idiote du retrait ou de l'enlisement et dont nous verrons, je pense, assez vite les résultats.

Le principe même de donner un prix Nobel à un chef d'Etat en exercice, qui fait la guerre et peut se tromper, est étrange…

Non, si on pense, comme moi, que la guerre en Afghanistan est une guerre juste et dont la seule visée est la paix… Cela dit, bien sûr que je suis triste pour la féministe afghane Sima Samar, le dissident chinois emprisonné Hu Jia, ou la Colombienne Piedad Córdoba, qui méritaient, eux aussi, amplement le prix. Mais n'y a-t-il pas, cela dit, un point par lequel, paradoxalement, Obama les rejoint ? Tout président qu'il est, il est, lui aussi, un homme clairement, concrètement, physiquement menacé…

Un président, et un dissident ?

Non, bien sûr. Mais un homme qu'une part de l'Amérique a, littéralement, condamné à mort. Et un homme qui, du coup, appartient, si j'ose dire, aux deux familles. Celle des hommes et femmes seuls que leur combat pour la paix met en danger de mort. Et celle de ces autres grands chefs d'Etat qui ont eu le Nobel avant lui et dont deux (Rabin, Sadate…) ont, soit dit en passant, fini assassinés… Disons que le Nobel, de ce point de vue, contribue à le « sanctuariser ».

Le jury du Nobel a littéralement sanctifié Obama. Comment débattre dorénavant avec lui ? Comment argumenter, comment faire de la politique, face à un saint ?

Si c'est Ahmadinejad, ou les dirigeants de Corée du Nord, qui trouvent plus difficile d'argumenter avec lui, alors, franchement, ce n'est pas moi qui m'en plaindrai.

Mais il peut avoir tort sur le réchauffement climatique, ou sur la régulation mondiale… et un Sarkozy ou un Lula peuvent avoir raison contre lui quand on parle de régulation financière ?

Naturellement. Mais je vous répète que mon vrai souci c'est comment il arrivera à son inévitable rendez-vous avec Ahmadinejad, ou les dirigeants syriens, ou les Coréens. Et je vous répète que, là, ce que vous appelez une sanctification sera surtout un formidable atout et une chance.

18

L'Amérique, et après[1]

Pour écrire American Vertigo, *vous avez repris la route d'Alexis de Tocqueville aux Etats-Unis. Et vous y avez multiplié les rencontres avec des acteurs hollywoodiens, des stratèges néo-conservateurs ou de simples citoyens. Avant d'engager une conversation, comment vous présentiez-vous ?*

Comment cela ? Je ne me présentais pas. C'est difficile de se présenter. On dit quoi ? Je suis français ? européen ? juif ? athée quand on arrive dans une megachurch ? philosophe chez les politiques ? écrivain chez les écrivains ? journaliste ? tocquevillien ? Non. Ce n'est pas comme ça que ça se passe. Ou alors on se présente peut-être. Mais au sens de Levinas. Je suis là. Voilà. Comme partout. Comme dans la vie.

De ces entretiens avec John Kerry, Richard Perle, Jim Harrison et les autres, vous retenez des impressions entremêlées de citations qui vont sillonner les pages de votre odyssée. Comment questionnez-vous les grandes bêtes médiatiques, sans verser dans leur plan de communication ?

C'est toujours la même chose, vous le savez bien. Devant

1. Entretien avec Olivier Bouchara et Jean-Baptiste Roques, *Médias*, mars 2006.

un discours figé, une langue de bois, un personnage, il suffit le plus souvent d'une question un peu déroutante, bizarre, pour commencer de pulvériser ce que Sartre appelait « la pierre des idées ». Un soupçon de candeur ou d'insolence, une seconde de liberté, un mot à côté, un lapsus calculé, et hop, ça se désagrège, ça se défait, l'interview peut commencer ! Là, aux Etats-Unis, mon ignorance était ma chance. A ces grands acteurs d'Hollywood ou du Congrès, à ces futurs ou anciens candidats à l'élection la plus lourde d'enjeux de la planète, je posais des questions de débutant. Je les accommodais à des préoccupations plus personnelles qui n'avaient plus grand-chose à voir, tout à coup, avec les problèmes qu'on leur soumet en général. Et cela marchait assez bien. Prenez John Kerry. Plutôt que de l'interroger sur ses souvenirs de vacances avec son cousin Brice Lalonde, je l'aborde avec Montesquieu, Voltaire et Dante. Et c'est ainsi qu'il va se livrer sur l'héritage des Lumières, l'Europe ou le choc des civilisations façon Samuel Huntington. Voyez Sharon Stone. Loin du chapelet de questions habituelles sur sa carrière et à distance, aussi, du puritanisme de ses interviewers américains, je lui pose juste une question : « auriez-vous pu coucher avec George Bush ? » Elle rit. On plaisante. Elle évoque quelques souvenirs. Elle me raconte cette histoire du jeune GI, rencontré sur une base de Marines, qui se met à pleurer devant elle parce qu'il n'a jamais voulu être soldat. Et elle enchaîne avec ce président qui n'a jamais voulu non plus, au fond, devenir président des Etats-Unis et à qui personne n'a jamais dit « Tu n'es pas obligé, voyons, pas du tout obligé, personne n'est jamais obligé d'être président des Etats-Unis. » Et, à partir de là, suivent de beaux propos sur cet enfant mal grandi qui dirige aujourd'hui le pays le plus puissant du monde.

Vous vous êtes prononcé contre la guerre en Irak. Et sitôt franchi l'Atlantique, de même que Tocqueville avait entrepris d'étudier le système pénitentiaire du nouveau continent, vous vous rendez à

Guantanamo. Qu'avez-vous découvert là-bas que vous n'ayez lu auparavant dans les journaux ?

Que vous dire ? Que Guantanamo, d'abord, c'est vraiment Cuba. Cela n'a l'air de rien, dit comme ça. D'autant qu'on le sait tous, n'est-ce pas ? On l'a tous lu quelque part ? Bon. On a beau l'avoir lu. Il faut se le figurer. Il faut voir, vraiment voir, l'incroyable paradoxe que cette mâchoire du supposé empire fichée dans la gueule de ce résidu de l'Empire soviétique. Avec ce que cela suppose d'absurde. Avec ce que cela suppose de mélange de « Désert des Tartares » et de « Rivage des Syrtes ». Avec cette rémanence bizarre d'une menace ancienne, éventée, conjurée et refroidie.

Et puis ?

Et puis, seconde surprise, le fait que ce n'est pas le goulag. C'est affreux. C'est terrible. C'est une zone d'extraterritorialité et de non-droit qui n'est évidemment pas digne de la démocratie américaine. Ce sont des prisonniers qui n'ont de statut dans aucun code pénal, qui ne relèvent d'aucune juridiction, et cela non plus n'est pas acceptable. De même que n'est pas non plus acceptable le système de ces « Administrative Review Board » auxquels j'ai pu assister et qui sont des parodies de justice où trois officiers américains sont chargés de juger, sans vrais juges ni vrais avocats, si leurs détenus constituent toujours un danger pour les Etats-Unis. De même, encore, qu'il est évident que nombre des détenus qui y sont, nombre de ces supposés gros poissons du terrorisme, nombre de ces supposés cerveaux d'Al-Qaïda, font quand même très menu fretin, vagues talibans capturés sur le champ de bataille de la guerre d'Afghanistan, des pauvres types, des ignorants, des types enrôlés de force par une milice, qui ont fait le coup de feu contre l'alliance du Nord et qui se retrouvent maintenant là, encagés dans ce lieu irréel dont on ne voit pas bien à quoi il sert. Ils sont dans leurs cellules. Ils pourraient ne pas y être. Ils pourraient y rester pour l'éternité. Ils ont des noms, mais leurs noms ne sont inscrits nulle part, nul ne se soucie de leur sort. Mais, encore une fois, ce n'est pas le Goulag. C'est terrible, abominable, inacceptable, mais il est faux, idiot, de dire, comme on l'a entendu ici ou là, que c'est un Goulag américain. Et puis il y a cette troisième surprise enfin, pour moi la principale : ayant eu l'occasion, avant Guantanamo, de visiter toute une série d'autres prisons américaines, je me rends compte que Guantanamo emprunte des traits à chacune d'elles ; je me rends compte que c'est comme un puzzle dont chacune des pièces viendrait d'une prison normale pour, ensemble, constituer le visage de cette super prison contemporaine ; je me rends compte, autrement dit, que, pour exceptionnelle que soit cette prison d'exception, ce n'est pas une aberration, ce n'est pas un aérolithe chu d'on ne sait quel désastre obscur, ce n'est pas un truc qui tombe du ciel, c'est un pur produit, c'est un produit logique et presque mécanique du système général des prisons américaines… C'est, de mon point de vue, le point essentiel. Et l'aspect le plus navrant, et le plus problématique, de toute cette histoire.

A l'occasion de ce séjour, vous relevez que les corans sont enveloppés « dans des pochettes de gaze blanche accrochée aux grillages des cellules ».

Oui. C'est un fait. Et ce fait me conduit à accueillir avec prudence les informations selon lesquelles des corans auraient été systématiquement profanés par les militaires américains. Je ne dis pas que ce ne fut pas le cas. Mais je serais surpris que cela fût la règle. A mon sens, il y a plutôt là une sorte de sainte alliance des clergés. Autant il y a une grande violence dans le traitement des corps, autant les Américains font sans doute assez attention à ce qu'ils définissent comme les « besoins spirituels » de leurs détenus. L'un ne sauve pas l'autre. Ni, encore moins, ne l'excuse. Mais c'est comme ça. A Guantanamo, il y a des imams. Des appels à la prière. De la nourriture hallal. On torture les corps mais on prend soin, ou feint de prendre soin, des âmes. On humilie les détenus mais les geôliers continuent d'afficher et, peut-être, de cultiver un respect superstitieux de la foi de l'Autre. Vous avez vu la réaction de l'administration américaine à l'affaire des cartoons danois ? Eh bien voilà. C'est cela. La sainte alliance des clergés. Le côté « Dieu est partout, on ne sait jamais »…

A Tocqueville, on a souvent reproché de passer sous silence la pauvreté dans ses récits de voyage. Ce n'est pas votre cas. Comment expliquez-vous que les médias américains aient dû attendre le passage de l'ouragan Katrina en Louisiane pour découvrir leurs pauvres ?

Je ne pense pas que l'on puisse dire cela. Bon. C'est vrai qu'aux Etats-Unis comme ailleurs, on s'intéresse en priorité à ce que le faisceau de l'Histoire universelle nous désigne comme essentiel à un moment donné, à ce qui fait événement, à ce qui est arrivé hier et ne se produira pas demain. Mais on ne peut pas dire ça pour autant. La société américaine, et donc son système médiatique, s'intéresse de longue date à la pauvreté qui la ronge. Du chairman d'une grande entreprise à l'aumônier de quartier, tous ceux qui constituent ce maillage serré de petites associations décrit par Tocqueville au XIXe siècle n'ont pas renoncé au souci des plus démunis. Curieuse société qui ne s'exprime que dans le paradoxe. Impitoyable et compassionnelle, la société US. Vorace et morale. Sauvage et solidaire. Une société où la vertu se mesure tout à la fois à la quantité de victoires que vous remportez en ce bas monde et au soin que vous apportez à soulager la détresse de votre prochain.

Des bars gays de San Francisco au village amish reconstitué dans l'Ohio, vous avez décidé de filmer votre périple. Pourquoi ajouter l'image au texte ?

Ce n'est pas mon film. C'est Gilles Hertzog, mon ami Gilles Hertzog, qui en est l'auteur avec Michko Netchak. Je ne sais pas ce qu'ils montreront. Je ne sais même pas très bien ce qu'ils ont filmé. On verra bien. Ce qui est vrai c'est que ce livre était déjà, d'emblée, découpé comme une sorte de film. Effet de génération, sans doute. J'appartiens à une génération qui écrit un peu comme on fait du cinéma. Zooms. Ralentis.

Changements de focale. Moteur. Action. On refait la prise. In et off. Voix in et voix off. « Fantômes du permanent » comme disait Daney. Le fait est que, pour le meilleur ou pour le pire, je n'ai pas été dérouté en tournant *Le Jour et la Nuit*. Ou *Bosna !*. Je n'ai pas eu trop de mal, chaque fois, à changer d'encre ni de voix. Et je ne serai pas non plus dérouté quand je verrai le film de Hertzog et Netchak. Ils m'ont filmé. Ils ont filmé les gens que je voyais. Pas tous d'ailleurs. Il y a ceux qui n'ont pas été filmés parce qu'ils n'ont pas voulu l'être. Sharon Stone, par exemple.

Warren Beatty s'est montré plus conciliant, semble-t-il…

Oui. Et, surtout, incroyablement brillant, et utile, dans les analyses qu'il m'a apportées. Je vais d'ailleurs vous dire la vérité. Je l'avais vu, une première fois, la veille. C'était la grande cérémonie des « Kennedy Awards », à Washington. Il était là, avec son air de vieux crooner entré trop vite dans sa légende, ostensiblement entouré de sa femme et de ses enfants, au milieu de la bien-pensance américaine et de son barnum hollywoodien en tournée. Et il y avait là, dans ce spectacle, quelque chose de pathétique. Seulement voilà. Je l'ai revu le lendemain, dans une salle de réunion de l'AFL CIO, au milieu d'une assemblée de militants réfléchissant au sens de la victoire de Bush et aux moyens de reprendre, dans les quatre ans qui viennent, l'initiative idéologique. Et, là, autre tableau. Un militant démocrate parmi d'autres. Disert. Aimable. Doué d'une formidable intelligence politique. Et me disant des choses formidables sur le surmoi de John Kerry, sur sa statue intérieure ou sur cette inversion du panoptique qui est la vraie source, selon lui, du grand malaise politique américain d'aujourd'hui.

Voulez-vous dire que l'image, parfois, ne dit rien du personnage ?

A l'évidence.

Pour vous comme pour Beatty ?

Forcément, oui. C'est vrai pour tous les personnages publics sans exception. Etrangers à eux-mêmes, comme dit Kristeva. Méconnaissables, même à leurs propres yeux. Marionnettisés. Pantinisés. C'était, je vous le signale, le thème de *Comédie*...

Ce masque médiatique, dont vous parliez en effet dans Comédie, *quel usage allez-vous en faire pour la promotion de votre* American Vertigo *?*

L'usage habituel, j'imagine. On va le chercher au magasin des accessoires. On le dépoussière. On le vérifie. Et voilà. On y va...

Vous avez fait votre première apparition chez Bernard Pivot sous le qualificatif de « nouveau philosophe » en 1977. Près de trente ans plus tard, les plateaux de télévision vous amusent-ils toujours autant ?

Aux Etats-Unis, beaucoup. En France, un peu moins. Il faut dire que le climat a changé et qu'une part de l'excitation d'autrefois a mécaniquement disparu. Dans les années 70, il n'y avait que trois chaînes. Et quand Clavel, Glucksmann et moi poussions un bon coup de gueule face à la caméra de Pivot, ça avait un certain écho, un effet direct dans le réel, un côté flipper géant, grand jeu politique, intrusion dans les consciences et les inconscients, échos quasi immédiats. En sommes-nous toujours là ? Qui peut, aujourd'hui, se targuer de ce type d'efficacité médiatico-politique ? Qui peut prétendre au quart du rôle qu'a eu, donc, Bernard Pivot ? Je me souviens d'une émission, à la télévision espagnole, en 1978 ou 1979. J'avais débattu en direct avec le leader communiste Santiago Carrillo. Le lendemain, la presse titrait : « El que puso KO a Carrillo[1] ». Impossible aujourd'hui. La télévision se contente de débiter un flot d'images ininterrompues, souvent banalisées,

1. « Celui qui mit Carrillo KO ».

où quasiment plus rien ne fait événement. Changement d'époque.

Alors pourquoi aller chez Ardisson ?

Parce que c'est encore, dans la configuration nouvelle, l'un des meilleurs. Vous direz ce que vous voudrez d'Ardisson. Vous direz ce que vous voudrez de ses lubies, de ses bizarreries, de ses obsessions uchroniques, historiques, royalistes, etc… Reste qu'il est ainsi fabriqué que ça le passionne d'avoir un type qui vient lui parler des guerres oubliées au Soudan, au Sri Lanka ou au Cachemire. Il est cultivé. Informé. Les choses, les débats intellectuels et politiques le passionnent et ça se voit. Je vais sur son plateau pour cette raison très simple : il produit et anime une émission de grande écoute où je peux parler pendant 25 minutes de Daniel Pearl, ou pendant 25 minutes des monts Nouba, ou maintenant d'*American Vertigo*.

Thierry Meyssan en sait quelque chose, lui qui a bénéficié de la même antenne pour expliquer que les attentats du 11 Septembre « n'ont pas eu lieu »…

Oui, d'accord. C'était une connerie. Mais qui ne fait pas de connerie ? L'avantage avec lui c'est que, quand ça lui arrive, il le dit tout de suite, il reconnaît publiquement son erreur. Comme, d'ailleurs, Fogiel dans l'affaire des textos sur Dieudonné. Ce n'est pas si mal. C'est même très bien.

Vous nous accordez là votre première interview depuis la publication d'une série de portraits à charge contre vous, dont l'imposante « biographie » écrite par le journaliste Philippe Cohen. Avez-vous lu ces enquêtes ?

Je les ai parcourues. En diagonale, très vite, pour aller aux endroits sensibles qui sont, en général, ceux qui concernent les gens que j'aime, mes proches, ou les disparus. Le reste, les 95 % du contenu de ces livres, les propos qui me visent directement, les bêtises qui s'écrivent, les erreurs monstrueuses, les désinformations méthodiques et qui spéculent toujours sur le fait que je ne poursuivrai pas, je m'en fiche un peu. En tout cas pour le moment.

Vous n'êtes pas davantage coutumier des démentis par voie de presse. Comment réagissez-vous devant cette anecdote relatée par Philippe Boggio[1] *– et reprise par l'AFP*[2] *– selon laquelle, à la suite d'un entretien avec Dominique de Villepin qui vous aurait déclaré « Vous êtes un Christ sans plaies », des « sillons de sang » seraient apparus sur vos paumes ?*

Ah quelle affaire ! Villepin en roi thaumaturge, quelle histoire ! Je me rappelle les radios, au moment de la sortie du livre, m'appelant fébrilement pour vérifier l'information. No comment.

Avez-vous rencontré les auteurs de vos supposées « faces cachées » ?

Oui, bien sûr. Tous. Pour essayer, parce que je suis optimiste, de les décourager d'écrire trop de bêtises. Et puis pour leur indiquer la frontière à partir de laquelle je ne laisserais rien passer. Jusqu'ici, j'ai le sentiment qu'ils en ont tenu compte[3].

Ces livres n'ont pas connu de succès en librairie. Avez-vous été déçu ?

Pourquoi déçu ? Ces livres, à l'exception de celui de Boggio, étaient des livres bâclés, bourrés d'erreurs, franchouillards et sensationnalistes, bêtement haineux, bêtement fascinés, donnant de moi un portrait terriblement désobligeant et, encore une fois, totalement idiot. Je ne vais pas, en plus, pleurer sur leur peu de succès ! Le vrai mystère d'ailleurs, à mes yeux, c'est que ce petit manège continue quand même, malgré les échecs.

---

1. 2004, *Bernard-Henri Lévy, une vie*, éditions La Table ronde, 549 pages.

2. 6 juin 2005, « L'étonnante rencontre entre Bernard-Henri Lévy et Dominique de Villepin », AFP.

3. Cette interview a été réalisée avant la publication du livre cosigné par Olivier Toscer et Nicolas Beau, aux éditions Les Arènes.

Pourquoi ? En vertu de quelle logique ou de quel désir ? Comment expliquer que l'on continue de publier des choses sur moi comme si cela se vendait alors que chacun sait que cela ne se vend pas ? Je suis éditeur. Je sais qu'une maison d'édition n'a aucun intérêt à publier une chose dont elle sait qu'elle n'a pas de marché. Alors pourquoi ? Quel ressort ? Quel motif secret et non commercial ? Quelle haine, quelle passion à l'état brut, quelle inimitié si radicale qu'elle aille à ce point contre les intérêts les plus élémentaires des éditeurs ? Franchement, je ne comprends pas. Sans fausse coquetterie, je ne comprends pas.

Aux auteurs du B.A.-BA du BHL, *Pierre Vidal-Naquet aurait déclaré : « Je pensais avoir tué BHL. Je ne l'ai pas tué. (…) Pour moi, c'est une défaite. »*

Eh bien, pour moi, c'est une phrase terrible. Et qui me glace. Quelle haine faut-il, ou quelle douleur, pour qu'un homme d'éthique et d'intelligence, un historien de son niveau, en arrive à une formulation pareille ? Je n'aurai pas la cruauté de la commenter davantage.

Qu'avez-vous pensé de Procès, *le dernier livre d'Edwy Plenel, qui semble inspiré par une certaine colère à l'égard de Jean-Marie Colombani ?*

Je l'ai lu dans mon microclimat américain. Sans trop voir, donc, la colère dont vous parlez. Ce que j'ai vu, c'est le livre. Le tressage du fil autobiographique, du fil politique, du fil professionnel – genre dans lequel Plenel excelle.

N'écrit-il pas que l'on ne saurait être à la fois « patron d'un groupe médiatique et directeur de la rédaction » ?

Eh bien, s'il dit cela, j'ai l'impression qu'il a tort. Je n'ai pas un avis spécialement autorisé sur la question. Mais, de loin, et de l'extérieur, j'ai l'impression qu'il a tort et que Colombani réussit au contraire très bien cette combinaison. Est-ce que ce n'est pas, d'ailleurs, l'esprit du *Monde* ? Et, sinon le secret, du moins l'un des secrets, à la fois de son indépendance, et de son succès toujours pas démenti ?

Vous avez rédigé une série de reportages sur les « Guerres oubliées » pour Le Monde. *Disposez-vous d'un statut spécial au sein du quotidien du soir ?*

Non, bien sûr. Aucun statut spécial. Pas plus, en tout cas, que Vargas Llosa, Rondeau, Maspero, ou les autres écrivains qui y collaborent.

Vous collaborez également au Point, *où vous poursuivez la tradition du « Bloc-notes » de François Mauriac. À l'occasion de la controverse sur la loi de 23 février 2005, vous avez notamment rendu hommage à ce bourgeois gaulliste, qui, écrivez-vous, « contre toute raison, contre les préjugés de sa classe et de son milieu, contre lui-même enfin, choisit la décolonisation ». Et vous, quel est votre camp ? Vous arrive-t-il de penser contre celui-ci ?*

Mon camp, c'est la Gauche. Depuis 1977, je n'ai jamais pensé qu'avec elle et contre elle. Depuis elle, et en contradiction avec elle. C'est ma famille, ma querelle, ma cible. C'est à elle que je m'adresse en permanence. Prenez *L'Idéologie française*. Contrairement à ce que pensent ceux qui l'ont mal lue, ce n'est pas la Droite que j'y visais mais la Droite dans la Gauche, la Droiche, la mauvaise gauche, la gauche nationale, déjà souverainiste, pétainoïde, chevènementiste, mes vrais ennemis de toujours. Je me souviens d'une interview que je donne à *Paris-Match* à l'été 1981. Je suis, à l'époque, encore lié à Mitterrand. J'ai été longtemps membre de son « comité des experts ». J'ai été convoqué, le 21 mai, par Pierre Bérégovoy qui me propose je ne sais quel hochet. Mais il y a le programme commun. Il y a, presque plus grave, le poujadisme populiste de Chevènement et Pierre Mauroy. Alors, je donne une interview à l'hebdomadaire de Roger Thérond où je déclare, en gros, que nous sommes rentrés dans « le régime le plus pétainiste de France depuis cinquante ans ». C'est un peu raide, je le reconnais. Un peu injuste aussi pour des hommes qui valaient évidemment mieux que cela. Mais bon. A quoi bon penser si on ne pense pas contre soi et contre les siens ? Si on ne croit pas qu'il y a un devoir, non seulement de vérité, mais, comme dit Pasolini, d'abjuration ? Bizarrement, d'ailleurs, Mitterrand comprenait assez bien ça. Même après ça, après *L'Idéologie française* et après ça, il n'a jamais cessé de me défendre. Jusqu'à la Bosnie au moins, qui est le moment où nous avons rompu.

La Gauche antitotalitaire de ces années-là a bien changé. N'a-t-elle pas produit aux Etats-Unis ce courant de pensée dit « néo-conservateur » ?

Oui, c'est vrai. C'est même assez troublant. Quand je regarde l'histoire de ces gens, quand je regarde l'histoire de certains des faucons de la Maison-Blanche, j'ai l'impression de feuilleter quelques-unes des pages de ma propre histoire. Ils viennent, pour certains, du marxisme. Puis, dans les années 1970, leur progressisme se heurte à cette première évidence que le communisme des pays de l'Est n'est pas un communisme trahi mais un communisme abouti. Puis il y a la deuxième secousse qu'est la chute du mur de Berlin. Puis l'évidence de ces démocraties impuissantes face à des tragédies qui échappent au grand déterminisme du schéma hégélien (la Bosnie… le Rwanda…) Il y a leur révolte contre la faillite des systèmes de sécurité collective. Il y a leur lutte contre l'islamofascisme. Leur refus du relativisme. Sur tous ces points, vous avez raison, ils sont les fils du courant lancé par la gauche antitotalitaire des années 70 et 80. Le problème c'est que, à partir de là, ça se gâte. Et que là commencent les divergences, parfois assez radicales et frontales. La guerre en Irak… Le messianisme démocratique qui fonctionne comme un marxisme retourné… Le darwinisme social… Des positions inacceptables en matière de politique intérieure… Etc… Etc…

Lors de votre séjour outre-Atlantique, avez-vous pressenti que ces néoconservateurs allaient remporter une seconde victoire à l'élection présidentielle ?

Ce qui est vrai c'est que j'ai été le témoin, je crois, des élections américaines les plus intensément idéologiques depuis le New Deal. Avec un débat d'une grande violence. Avec des arguments d'une grande sophistication. Et à ceux qui s'étonnent que des ouvriers du Michigan puissent voter pour des Républicains qui vont les appauvrir encore davantage, à ceux qui s'indignent de les voir sacrifier leurs intérêts immédiats à cause d'un éventuel amendement sur des mariages gays qui ne les concernent, très franchement, que de loin, j'ai envie de répondre et, de fait, je réponds : « eh oui… l'Amérique est juste en train de redécouvrir les charmes, les ivresses, les passions, les folies de ce que nous appelons, en Europe, l'idéologie… »

Croyez-vous que cette droitisation des masses en Amérique laisse présager un phénomène similaire en France avec Nicolas Sarkozy ?

Je ne sais pas. Je ne suis pas d'accord, de toute façon, avec cette façon que l'on a, ces temps-ci, de diaboliser Sarkozy. Ce n'est pas mon candidat. Je ne voterai pas pour lui. Mais le présenter comme un lepéniste sans Le Pen, comme un homme de la droite dure, ce n'est pas juste, ce n'est pas vrai.

En décembre dernier, Nicolas Sarkozy a découvert en Alain Finkielkraut « un intellectuel qui fait honneur à l'intelligence française », en dépit de ses déclarations controversées au quotidien israélien Haaretz…

Que voulez-vous que je vous dise ? C'est vrai qu'il fait honneur à l'intelligence française. C'est vrai aussi que, pour ma part, bien des choses m'ont rapproché ou me rapprochent encore de lui – l'héritage philosophique de Levinas ; l'amitié partagée, jadis, avec Benny Lévy ; la fidélité à Israël ; la lutte contre l'antisémitisme, notamment dans ses versions négationnistes ou de rivalité victimaire. Mais bon. Ce n'est pas un secret pour vous, je suppose, que, même si je ne l'ai pas dit sur le moment, même si je n'ai pas voulu mêler ma voix à la meute, je désapprouve les propos en question.

Vous avez témoigné moins d'indulgence à Régis Debray. Près de huit ans après lui avoir dit « Adieu » dans une célèbre tribune annoncée à la une du Monde, *vous lui souhaitez dans votre premier « Bloc-notes » publié en 2006 d'écrire « un grand livre ». Faut-il y déceler le début de la réconciliation ?*

Non. Trop de choses nous séparent. Je le respecte, lui aussi. Je garde un profond respect, oui, pour son passé ainsi que, aujourd'hui, pour son talent de prosateur, pour son courage intellectuel, pour cette façon qu'il a, comme Finkielkraut d'ailleurs, de braver la réprobation de ses contemporains, de les décevoir avec méthode. Mais, je vous le répète, trop de choses nous séparent. Et une réconciliation me semble impensable.

Serait-il votre dernier ennemi en activité ? A la publication de votre livre sur Daniel Pearl, vous avez eu droit à l'éloge unanime de la grande presse. Vous arrive-t-il de vous inquiéter de compter autant d'amis ?

N'allez pas trop vite en besogne. Et allez plutôt voir du côté de Ramadan, Dieudonné, *Le Monde diplomatique*, Serge Halimi, José Bové. Je doute que ceux-là deviennent un jour mes amis.

Dans son livre intitulé A Mighty Heart, *Mariane Pearl s'en prend violemment aux patrons de CNN qui ont choisi de diffuser les images de décapitation de son époux. Croyez-vous qu'il fallait montrer cette scène ?*

La question se pose, évidemment. Je comprends la réaction de Mariane. Je comprends l'indignation des parents, Judea et Ruth Pearl. Et, en même temps, ces images existent, elles sont insoutenables mais elles existent et elles en disent plus long que tous les beaux discours sur la sauvagerie sans limites des islamistes radicaux. Alors ? Alors, pour ma part, je m'en suis tiré en réécrivant, si j'ose dire, la scène. Et en en donnant une version littéraire qui ne soit plus le point de vue des bourreaux, mais qui donne un autre point de vue. C'est le point de vue du romanquête. Je suis content d'avoir, en m'inspirant des grands romanciers américains, en m'inspirant de Mailer, de Capote, de quelques autres, inventé ce mot, le romanquête.

19

American Vertigo, *le film*[1]

Premières chimères.

C'est ici, à Newport, sur cette côte Est des Etats-Unis, qu'un matin de 1831 débarque Alexis de Tocqueville. Je suis là, à mon tour, 170 ans plus tard, au seuil d'une aventure qui va durer, elle aussi, presque un an. Dans ma tête, des images. Des paysages. Les souvenirs de quelques grands livres, ou films, ou musiques, qui ont si puissamment façonné les hommes et femmes de ma génération. Et puis un amour, un grand amour de principe pour ce pays décrié, vilipendé, bouc émissaire si facile des erreurs, insuffisances, inconséquences des autres nations et, finalement, si mal connu. L'antiaméricanisme de principe n'est-il pas l'une des

1. *American Vertigo*, le film adapté du livre éponyme par Michko Netchak et Gilles Hertzog, sortit sur les écrans au début de l'été 2007. Ce texte – inédit – est le texte de la voix off, dite par Jean-Pierre Kalfon, mais écrite par Bernard-Henri Lévy spécialement pour ce film. *(NdE).*

grandes bêtises contemporaines ? La haine de l'Amérique comme telle n'est-elle pas, en France, en Europe, partout, l'un des attracteurs du pire les plus indétectables et donc les plus redoutables. Un voyage contre l'ignorance. Un voyage pour conjurer le pire.

New York ! New York !

Comme Tocqueville et son compagnon Gustave de Beaumont à bord du vaisseau à vapeur *Président*, je file aussitôt sur New York. Plus tout à fait les mêmes bateaux. Ni le même « océan de voiles » décrit par le voyageur d'autrefois. Ni, encore moins, la même ville « bizarre » seulement constituée, disait-il, de « maisons de campagne grandes comme des bonbonnières ». La même émotion, pourtant, quand la ville sort de la brume et se dessine sous le regard. Les mêmes rivages hautement découpés. Le même monde nouveau, comme au travers d'une lanterne magique. New York.

Dis-moi ce que sont tes prisons…

Tocqueville et Beaumont avaient une mission qui était d'enquêter, pour le gouvernement français, sur le système pénitentiaire américain. Pas de mission dans mon cas. Pas d'enquête systématique ni, encore moins, officielle. Mais ce bon vieux principe que je tiens de mes maîtres des années 60 et qui, pour comprendre une société, pour pénétrer son code et son chiffre secret, prescrit d'en explorer les bords, les marges occultées, ce qu'elle élude autant que ce qu'elle montre, ce qu'elle soustrait aux regards non moins que ce qu'elle offre, bref, sa part maudite. Caméra cachée. Images volées, dans le dos du chef Mark Cranston et de ses sbires. Et, dans cette ville dans la ville qu'est la prison de Rickers Island, dans cette île à la fois lointaine et toute proche, dans cette forteresse barbelée dont les matons me diront fièrement qu'elle fut une décharge d'ordures avant de devenir un dépotoir à humains et que cela, n'est-ce pas, représente un indéniable progrès, quelque chose de la vérité d'une société qui a fâcheusement tendance, parfois, à traiter ses exclus comme des déchets.

Vivre juif à New York.

Et puis, tout à coup, Brooklyn. Non pas l'autre face de New York – car, après tout, quel rapport ? Mais sa part bénie, oui, sûrement. Sa face d'intemporalité. Cette image mobile de l'éternité que sont ces corps pieux, ces âmes lévitées. Le paradoxe d'une ville qui passe pour le temple de la modernité, du matérialisme, de la marchandise fétichisée et qui l'est – et qui, en même temps, rend possibles ces visages inspirés, ces hommes-livres, cette lettre et cet esprit multiplement faits chair. New York, l'un des derniers endroits au monde où l'on peut, en plein XXIe siècle, vivre comme au temps du Gaon de Vilna ou du Maharal de Prague – New York, ville promise.

En route !

Est-ce la route qui fait le trafic ou le trafic qui fait la route ? C'est la route qui, en tout cas, aura fait et ce livre et ce film. Le parti de la route, oui, vraiment… Contre le parti de l'avion et sa pensée des surplombs, contre la tentation du transport à grande vitesse qui fait, comme disait Proust, se compénétrer et confondre les points de départ et d'arrivée, le sentiment que ce n'est que comme ça, par la route, en restant bien collé à cette réalité physique de la route, que l'on a une petite, toute petite, chance de comprendre quelque chose à ce pays…

Le faux comme volonté et représentation.

Etape de Cooperstown, cette minuscule bourgade, à 200 kilomètres de New York, dont on dit partout et dont il se confirme ici, dans ce musée, que ce fut la Jérusalem, la Mecque, le lieu sacré de la naissance de ce grand sport national, de cet élément constitutif de la religion civile américaine, que fut et demeure le base-ball – n'ai-je pas trouvé des visiteurs de ce musée pour sincèrement croire, et dire, que c'est ici, sous leurs pieds, dans ces murs, que sont enterrés, comme dans une crypte, ou comme à Westminster, quelques-uns des plus grands joueurs du pays ? Manque de chance, et après enquête, c'est absurde. C'est un mythe. Un mensonge. Le base-ball étant né en Angleterre, peut-être même dans l'ancienne Egypte, force est de constater que les Américains viennent ici par millions, chaque année, célébrer une mémoire trafiquée…

On achève bien les grandes villes.

Où suis-je ? A Buffalo, vraiment, ou à Sarajevo ? A Cleveland, Lackawanna, Detroit, ces métropoles industrielles, ces incarnations du rêve américain, ces cités magiques, poétiques, qui ont inventé les gratte-ciel, donné à la démocratie ses arsenaux, constitué le poumon en même temps que la vitrine de l'Amérique triomphante – ou dans la capitale bosniaque assiégée, ravagée par les bombardements, où j'ai passé tant de jours à l'époque où je tournais *Bosna !* et dont les images ne m'ont jamais quitté ? Confusion des sentiments et des temps. Chaos des perceptions. Ma propre mémoire à l'envers, en folie, tandis que, là, par exemple, je traverse ce quartier ruiné qui fut le cœur battant de la ville et dont ne restent que ces bâtiments délabrés, ces jardins abandonnés qu'ont investis les sans-abri, ces maisons que leurs propriétaires, parce qu'ils ne pouvaient ni les payer ni les revendre, ont préféré brûler pour toucher au moins l'assurance ou encore, au-dessus de ma tête, des vols de corbeaux. Et puis ma stupeur, il faudrait dire ma nausée et, en tout cas, ma réprobation face à ce désamour des villes, cet urbicide doux, ce darwinisme urbain qui fait qu'en Amérique on achève bien, non seulement les chevaux, mais les villes. Urbicide… Urbicide… C'est eux, les amis de la Bosnie martyre, qui inventaient, à l'époque, cette notion d'urbicide. Et voilà qu'elle me revient, là, dans cette Babylone immense et désertée, cette cité du futur qui n'en finit pas d'agoniser, ce décor déjà pétrifié dont j'ai peine à déterminer, oui, s'il est celui de Detroit, Buffalo, ou Sarajevo.

Citoyen…

L'autre Amérique, la revoici, à Dearborne, Michigan, où le marché s'appelle Al Jezira, où le club de strip-tease jouxte une mosquée, où les McDonald's sont hallal – mais où cet ancrage communautaire, loin de distendre le lien à l'idée américaine, loin, comme dans mon pays, d'affaiblir le sentiment patriotique, vient au contraire le renforcer. Etre soi-même tout en étant un autre. Etre fidèle à sa source sans être infidèle à son destin. Belle dialectique ! Beau modèle d'intégration ! Et quelle leçon pour ces banlieues françaises où, au même moment, on hue l'hymne national, conchie le drapeau citoyen et brûle la voiture du voisin…

Algèbre secrète.

Et ici encore, à Chicago, l'anti-Detroit – la ville lumière, ouverte sur le lac. Clarté des formes. Boîtes de verre Sagacité de la volute et de l'arête. Poésie du calcul. Acier devenu pensée. Béton devenu texture. Textes de pierre. Squelettes apparents comme dans la grande littérature, la vraie, celle qui exhibe ses procédés. Equerres de la langue. Cubisme colossal. Pesanteur et grâce. Intelligence. Légèreté. Paris dans la prairie disaient ses premiers architectes. Mais non ! Mieux que Paris ! Musée de l'architecture. Musée du siècle. Parade des surfaces. Murs comme des algorithmes. Volonté de forme comme on dit volonté de puissance. La ville à l'assaut du ciel : c'était le slogan des Chinois ; c'est, je m'en aperçois, l'esprit de Chicago.

La place du témoin.

Et puis la grande Amérique, elle est encore ici, chez les Amish, cette secte étrange, vaguement anabaptiste, où l'on roule en carriole, où l'on refuse l'électricité, les outils modernes, les élections, les journaux, l'école, les impôts, les caméras et les images, l'idée même de l'Amérique et des Américains que l'on appelle d'ailleurs encore « les Anglais ». Grandeur d'un pays qui consent à cela ! Noblesse d'une démocratie qui tolère ce reste, cette sécession, cette contre-société où l'on se prétend, par-dessus le marché, les témoins d'une pureté perdue, la vérité du rêve des pionniers, leur conservatoire, leur remords. J'imagine les Amish en France… J'imagine, dans mon vieux pays jacobin, une chouannerie de cette sorte qui, en plus de camper à l'écart, viendrait dire : « c'est nous, les vrais Français ; nous les seuls et authentiques témoins de la religion nationale défigurée... » Inimaginable, évidemment. Et supériorité, là, du modèle américain.

Le sens du tragique façon Knoxville.

Ça, en revanche, j'aime moins... Ouais, j'ai beau écrire : « ces courses automobiles, c'est Achille et Hector tournant devant les remparts de Troie, c'est une sorte de joute sacrée, un tournoi épique et sans merci, une ordalie » – je n'aime pas trop cette image-ci de l'Amérique...

Kojève à Minneapolis.

Ni celle-là, d'ailleurs. Ce bloc de cinq cents magasins à l'entrée de Minneapolis... Ce temple de la consommation aux allures de Lunapark... Cette accumulation de faux biens, de non-désirs... Ces grands volumes sans fenêtres, sans air pur, truffés de chiens espions et de caméras de surveillance... Ce tombeau heureux... Cette serre... Je songe au visage grégaire, presque animalisé, dont Kojève disait qu'il serait celui de l'humanité au temps de la fin de l'Histoire. Je songe aussi à ce « pouvoir absolu, minutieux, régulier, attentif et doux » annoncé par Tocqueville et dont le trait dominant devait être un état de « perpétuelle enfance ». Et je suis saisi, dans les deux cas, d'une épouvante obscure. Comme si, face à ceci par exemple, face à cette prétention de vendre jusqu'au bonheur nuptial, se découvrait le vrai visage de Big Brother : enveloppant et doux, pur amour – et, peut-être, d'autant plus dangereux.

Qui a peur de papa ?

Ni, encore, celle-là. Non, je n'aime pas non plus cette clinique Mayo, à Rochester, Minnesota, dans les archives de laquelle je ne cherche la trace que d'un malade, un seul, Ernest Hemingway, admis fin 1960, peu avant son suicide et dont je ne trouve pas une évocation, même pas une mention – pas plus, d'ailleurs, que de Howard Rome, son médecin, dont les hemingwayens ont toujours soupçonné qu'il ait pu être de mèche avec le FBI d'Edgar Hoover. Bizarre, non, ces galeries du souvenir où il ne manque qu'un nom, le sien ? Bizarre, ce pays qui fait musée de tout et qui, là, soudain, n'a escamoté qu'une photo, ou plutôt deux, la sienne et celle du bon docteur qui l'électrochoqua pendant des mois : « le dossier Hemingway ? l'ancien de la guerre d'Espagne, le Rouge, trépané, tourmenté, peut-être détruit, au cœur de ce Plummer Building ? oh ! vieille histoire ! affaire classée ! rideau ! »

Danse avec un loup.

Et encore moins celle-ci, au fond du fond du Sud-Dakota, à mi-chemin de Sioux Falls et de Rapid City, dans cette réserve indienne de Lower Brule infestée de moustiques et de pauvreté où l'on pense irrésistiblement aux pages navrées de Tocqueville et déjà, d'ailleurs, de son oncle Chateaubriand sur l'effondrement moral, presque physique, de ces peuples de guerriers clochardisés ; encore moins, oui, cette image de pow-wow, de danse sacrée, qui, en soi, eût été belle ou, en tout cas, émouvante ; la danse de Crazy Horse ; le chant de Kills Enemy, de Sitting Bull, de Burgess Red Cloud ; celui de ces milliers d'Indiens, héros et martyrs mêlés, dont le seul crime fut de danser et psalmodier cela et qui, pour cela, furent exterminés – mais voici que survient le grand invité du jour, voici que se mêle à la cérémonie, flanqué de femme et enfants se trémoussant à contre-rythme, le sénateur et candidat Tom Daschle dont la présence même, la façon de poser et de serrer les mains, l'électoralisme obscène, le côté pain et jeux, font que tout cela tourne à la mascarade…

Un héros indien antisémite ?

Et puis ici, trois heures de route encore, entre Potatoe Creek et Porcupine, ce personnage légendaire, ce héros, à qui je suis venu soumettre mon idée d'un Mémorial de la douleur indienne construit sur le modèle du mémorial juif de Yad

Vashem et qui, au fil de la conversation, s'échauffant, versera dans les pires poncifs de la compétition victimaire, quand ce ne sera pas du pur antisémitisme – Russell Means…

Les secrets de Rushmore.

Et puis, ici enfin, au cœur des Black Hills, le célébrissime Mont Rushmore, symbole de la démocratie américaine, dont je découvre : primo qu'on a élu, pour l'installer, l'un des lieux les plus sacrés, presque un lieu saint, de la mémoire indienne ; secundo que s'il s'appelle Rushmore, c'est à cause de Charles Rushmore, un sale avocat de l'époque de la ruée vers l'or qui travaillait pour les compagnies et les aidait à voler les terres indiennes ; tertio que son architecte fut un ancien du Ku Klux Klan qui n'a jamais vraiment renoncé à ses idées sur la suprématie de la race blanche – les Américains le savent-ils ? ont-ils compris, tous ces pèlerins de l'Idée, que ce bouquet d'icônes est un outrage en même temps qu'un mémorial et que leurs pères fondateurs sont ici des pères profanateurs ? Je le sais, moi, désormais. Et cela achève de me troubler.

Dissent.

C'est un écrivain, Jim Harrison, qui va me redonner le moral. Le rendez-vous est ici, dans ce bar à vins de Livingstone, au cœur du Montana, et c'est lui, l'auteur de *Dalva* et de *Légendes d'automne*, qui va paraître, soudain, l'antithèse vivante de ce mauvais rêve de pierre.

Road book ? Road movie…

« En route vers l'Ouest », comme dirait Jim Harrison. Ces longues routes du Middle West. Ces sillons d'asphalte et de feu qui sont les lignes de chance et de vie de l'Amérique. Ces routes mythiques et oubliées, lassantes et chaque fois différentes. Ces routes dont il n'y a que les ignorants pour croire qu'elles sont toujours les mêmes, toutes balisées et normalisées, alors qu'elles ne cessent, au contraire, de réinventer, redessiner, improviser leur paysage. La route de Whitman et de Thoreau.

De Hitchcock et de Wenders. La route d'*Easy Rider* ou de *Vanishing Point*. Cette route dont un autre écrivain, Jack Kerouac, disait qu'à condition de la parcourir comme lui, à condition de se placer dans la même disposition spirituelle et physique que lui, à condition de bien se tenir à la droite du conducteur et d'adhérer charnellement, presque sensuellement, à ce ruban de bitume qui défile sous les roues, à condition de manger les kilomètres comme les prophètes bibliques recommandaient de manger la langue (route et langue ne sont-elles pas, après tout, sœurs en humanité ? ne sont-elles pas synonymes de commerce et de civilisation ?), la route, donc, qui est – c'est de plus en plus clair dans mon esprit – la bonne voie d'accès à la réalité américaine. Ode à la route. La route comme méthode. L'ode, donc, ma méthode.

Les pionniers sont toujours là.

La route encore. Lenteur. Patience. Sens retrouvé de la distance et de la gravité des lieux. Tectonique de l'espace et donc du temps redevenue, dans le vertige, parfois l'ennui et même la torpeur, donnée de la conscience et du monde. La route, aux Etats-Unis, n'est pas seulement la route. C'est une catégorie de l'être. Une disposition de l'âme. C'est *la* disposition de l'âme la mieux ajustée à cet être indissolublement physique et métaphysique qu'est l'infini américain. Voilà. Si j'ai voulu cette expérience, si j'aime l'idée de ce long et endurant voyage par la route, c'est qu'il offre la réminiscence vécue des mythes fondateurs de la nation américaine : terre promise et refusée, lignes de fuite, frontière qui se dérobe et horizons qui se rapprochent, mémoire tremblée et, à l'arrivée, les lumières de Seattle, peut-être ma ville préférée – la dernière chance, en ce monde, d'avoir ne serait-ce que le parfum de cette expérience initiatique que fut, pendant des siècles, la découverte, par chacun, de l'Amérique.

Pères et fils.

A Seattle, donc, ce visage familier, celui d'un danseur de ballet nommé Ronald Reagan, oui, Ronald Reagan, le fils bien entendu, évoquant les obsèques de son père et l'étrange conduite, là, d'un autre fils – Monsieur Bush Junior.

Retour à Alcatraz.

Surveiller ? Punir ? Réhabiliter ? Réparer ? Un jour, réinsérer ? Non. Rien de tel, à Alcatraz. Juste le geste d'isoler. Juste l'eau glaciale, le vent, la violence des courants contre la grève indentée. Une sorte de Styx séparant le monde des vivants de cette maison des morts qu'était le pénitencier de San Francisco. Non qu'Alcatraz soit la seule île prison au monde. Non que j'oublie Solovki pour la Russie, Lipari pour l'Italie, l'île du Diable, le Château d'If. Mais Edmond Dantès finit par s'évader. Le confino italien, si extrême soit-il, relève de la géographie commune. Alors que je découvre ici un dédoublement de l'espace qui change tout et fait de la prison le cœur d'un autre monde. La prison comme léproserie. Enfermer comme on trace un cercle sacré. Non plus les évadés, mais les damnés, d'Alcatraz et, au-delà d'Alcatraz, du système pénitentiaire tout entier. Alcatraz a beau être fermée, abandonnée, muséifiée. C'est la forme achevée de ce que j'ai vu s'esquisser à Rickers Island. Le fait même qu'elle ait existé confirme cette conception de la prison comme machine à repousser, rejeter et, d'une certaine façon, refouler.

Le Mur du Pacifique.

La route toujours. La fameuse route 101 que j'ai tant vue dans les livres et les films que j'ai l'impression de la connaître avant de l'avoir empruntée. Chaleur et vitesse… Désert… Ciel de mer, écrasant… Un mémorial Henry Miller à Big Sur… L'ombre de Citizen Kane et de sa forteresse solitude… Puis l'océan, de nouveau… Le « vieil océan aux vagues de cristal » de Lautréamont… Le « vieil océan, ô grand célibataire » qui crée ce décor, non de fin, mais de commencement d'un monde où un Dieu étourdi, ou farceur, aurait oublié de programmer les hommes… Le Mur du Pacifique, dit-on… Mais est-ce la montagne qui est le mur ? Ou l'à-pic sur le sable ? Ou ces vagues blanches qui tombent de haut sur la plage ? Soudain, les cocotiers de Santa Barbara. Les cascades de fleurs de Santa Monica. Des palmiers mélancoliques dans un paysage de Riviera. Et, très vite, sans préavis, des grandes avenues rectilignes et cossues d'où je déduis que j'entre, enfin, à Los Angeles.

Frontière.

San Diego. Seconde ville de Californie. La frontière avec l'autre monde, où des centaines, peut-être des milliers, de Mexicains sans papiers viennent, chaque jour, tenter leur chance…

Les chasses de San Diego.

Mais la vraie frontière, la voici. Le Mur d'abord. Ce fameux Mur que tous les progressistes américains que j'ai rencontrés, tous les représentants des ONG défendant les droits des immigrants, m'avaient décrit comme un nouveau mur de la honte et de la mort, une réplique du Rideau de fer du temps de la guerre froide, une plaie, une cicatrice de sang au cœur de la terre mexaméricaine, mais dont je découvre, à ma vive surprise, que le dispositif s'arrête ici, très vite, quarante kilomètres à peine – après quoi 4 200 autres kilomètres de désert et de montagne où ils sont nombreux, chaque année, à tenter par conséquent de passer et nombreux à périr là, dans ce no man's land, de la mort la plus inhumaine – déshydratés, la peau brûlée, le cerveau cuit et liquéfié, rampant dans le sable bouillant pour y trouver un endroit frais où rendre l'âme. Perversité du système… Cynisme… Ce côté *Chasses du Comte Zaroff* où l'on dirait au gibier hispanique : « allez-y ; tentez le coup ; on vous a laissé une petite chance, trouvez-la et, si vous la trouvez, saisissez-la. »

Le plus beau désert du monde.

La route encore. Reprendre la route du désert, celle qui monte vers le Nevada et va le mener à Las Vegas. Tranchant de la lumière. Empire et tremblement des nuages. Architecture parfaite de la roche sculptée par des siècles de vent. Pas un village. Sur des dizaines, des centaines de kilomètres, pas âme qui vive. La nature nue. Le monde silencieux de la pierre. Un océan incrédule, asséché, où tout semble fait, derechef, pour humilier les humains. Juste les « cattle guards », ces fosses creusées au milieu de la route et couvertes de grilles aux barres très espacées qui piègent le bétail s'il tente de traverser. Je pense à Zarathoustra, Wittgenstein, les saints et les prophètes, Michel Foucault et ses extases ultimes. Je pense à l'Amérique, non seulement des pionniers, mais des westerns dont on dirait que les plus belles images se sont, là, soudain, minéralisées.

Que demande le peuple ?

Vous ne pouvez pas aimer l'Amérique si vous n'aimez pas Las Vegas, m'avait dit Francis Fukuyama. Car Las Vegas c'est le peuple, le vrai, les vraies passions et la vraie énergie de la vraie middle class de ce pays. Ouais. Il y a peuple et peuple, je me dis. Les Anciens avaient deux mots (le *demos* et le *laos* pour les Grecs ; le *populus* et la *turba* chez les Latins) pour être sûrs de bien faire la différence entre le peuple-roi démocratique et la plèbe informe qui en est la caricature. Et ici, j'ai beau faire. J'ai beau me raisonner. J'ai beau me dire et me redire qu'il faut me garder en effet de l'aristocratisme trop facile et méprisant des contempteurs de l'esprit Vegas. Je n'arrive pas à croire que la grande culture américaine, l'énergie qui l'a nourrie, l'esprit pionnier qui l'a portée, la prodigieuse invention de formes en quoi elle s'est résolue et se résout encore, que tout cela serait en train de finir ici, dans cette ville folle, cette foire, ce monde suroxygéné et factice, cet empire du simulacre, ce triomphe du kitsch et du faux – je ne veux pas penser que John Ford soit soluble dans le Caesars Palace ni *Que la lumière soit* de Huston dans la lumière permanente et sans repos du Strip…

Ni surveiller ni punir.

Là, tout à coup, je ne sais plus. De cette prison pour femmes de Las Vegas qui, jusqu'il y a quelques semaines, était une prison privée, je ne sais plus ce que je dois penser.

D'un côté une forme d'indolence et de laisser-aller, presque de liberté : on devine les actionnaires de la Kentucky Fried Chicken calculant que nourrir et distraire la bête humaine, lui lâcher un peu la bride, lui offrir un environnement moins sinistre que celui, punitif, des prisons d'Etat traditionnelles, est un moyen peu coûteux de la tenir tranquille et de la dresser.

Mais, de l'autre, ces cellules qu'on ne prend plus la peine d'ouvrir ; ces détenues qui ne sortent plus, tant on les a abruties de médicaments ; le comble du délaissement ; la déréliction la plus absolue ; corps nourris mais moralement matraqués ; âmes perdues dans l'ombre claire de ces culs-de-basse-fosse acidulés ; fin de la lumière humaine ; sous-humanité résiduelle : achèvement, au fond, du geste d'exclusion et élimination qui commençait à Rickers, que j'ai retrouvé à Alcatraz, et qui voit là, dans ce retrait de la puissance publique, dans cette indifférence programmée de la communauté à ses propres délinquants, sa forme achevée.

Dieu aux manettes.

Deux théories… Tout est dit ! C'est le coup de génie de ce créationnisme new look qui n'exige plus de chasser Darwin des écoles mais d'y faire juste entrer, au nom de la tolérance et de la liberté de pensée, les constructions adverses. Le délire mis sur le même plan que la raison, égal en dignité, légitimé : c'est un obscurantisme éclairé, un révisionnisme à visage libéral – la dernière ruse du fondamentalisme religieux…

Au bordel !

Pour les bordels, j'ai dû sortir de Las Vegas et même du comté, où ils sont complètement interdits ; prendre, vers l'ouest, la direction de la Vallée de la Mort ; me perdre ; me tromper ; m'arrêter dans un ranch abandonné qui, dans une autre vie, peut-être un roman de Nabokov, a dû être, en effet, une sorte de maison close ; reprendre la route alors ; suivre – il suffisait d'y penser ! marché oblige ! – les panneaux publicitaires qui ne font pas mystère de cette très grande gloire qu'est, pour le comté voisin, la présence des bordels les plus ceci, les plus cela – en l'occurrence, ici, le Chicken Ranch, le plus ancien, le plus cool, le plus écolo, le plus féerique et lyrique, le plus bonbonnière, le plus patriotique, le plus religieux, le plus politiquement correct, le plus ouvert aux handicapés et aux nains, le plus Blanche-Neige, le plus garanti sans sida ni péché, sans tabac, sans spécialités, le plus sympa et le plus fraternel, le mieux surveillé, la meilleure qualité-prix, le plus sain, le plus safe, propre comme l'argent blanchi, pur comme l'enfant qui vient de naître, vertueux, cartes de crédit acceptées – un bordel made in USA…

Golden apartheid.

A Sun City, la règle est simple. Personne au-dessous de 55 ans. Enfants admis seulement en cas de visite. Une cité de vieux, par conséquent. Une ville privée, réservée aux retraités, et coupée du reste du monde tant par cette règle de fer que par un mur, un vrai, doté de postes de contrôle et la séparant des faubourgs de Phoenix.

Une part de moi se dit : « bon… pourquoi pas… pourquoi ne pas admettre, après tout, que des vieillards se regroupent, se fassent une vie plus facile et jouent, comme ici, à ces remakes des bals d'*Autant en emporte le vent* ? »

Mais l'autre part ne peut pas ne pas voir dans ce faux espace urbain, dans ce jardin d'enfants pour troisième âge, dans cette utopie bourgeoise, ce rêve pavillonnaire, cette réserve, la toute dernière étape d'un processus de destruction de l'espace public dont j'avais, à Los Angeles, observé quelques prémices et qui, ne parvenant pas à complètement rejeter les pauvres aux lisières de la ville, se serait résolu, de guerre lasse, à déplacer les riches.

Si l'on accepte cela, si l'on entérine le principe de ce ghetto doré, au nom de quoi empêchera-t-on, demain, la constitution de villes interdites, cette fois, aux vieux ? ou aux gays ? ou aux Juifs ? au nom de quoi résistera-t-on à la balkanisation définitive de l'espace américain ? et qu'adviendra-t-il alors de la tradition, non pas même de compassion, mais de civisme qui a fait, et fait encore, la grandeur de ce pays ?

Le coup des Mormons.

Là, franchement, je suis bluffé. Depuis le temps que l'on sait que la grande affaire du monde reste, en dépit de tout, l'histoire des religions ! Depuis le temps que je dis et répète : « les guerres de demain seront les guerres de religion ; le vrai, le seul moteur de l'Histoire c'est l'affrontement, le corps-à-corps des religions ! » Eh bien en voilà une, de religion, qui a trouvé l'arme absolue et qui, en allant, dans le monde entier, recenser, pour les stocker, les noms de tous les humains qui se sont, au fil des siècles, succédé sur cette terre, en envoyant ses émissaires ramasser tout ce qu'ils peuvent trouver dans le genre certificats de naissance, actes de mariage et de décès, journaux, vieilles lettres, photos, registres civils et paroissiaux, papiers militaires, arbres généalogiques, tables ancestrales, recensements, cadastres, listes d'immigration et émigration, comptes rendus d'audience des tribunaux, est en train de constituer une banque de données, donc un outil de puissance, unique au monde. Qu'opposer à une église qui règne, non seulement sur les vivants, mais sur les morts ? Qui rivalisera avec ces gens qui, non contents de prendre possession des corps et des âmes, mettent sous scellés la mémoire de l'humanité ?

Go East !

Le désert encore. Enfin… Désert n'est peut-être pas le mot vu qu'on est plutôt, maintenant, dans un paysage de montagne. Mais sorte de désert. Même sentiment de dépouillement, de désolation, d'infini, que dans les déserts de Californie et du Nevada. Hauts plateaux de grès. Lits caillouteux d'anciens cours d'eau asséchés qui me rappellent le Panchir. Les plus vieux arbres du monde, mais qui n'en ont pas l'air. Le ciel, plus grand qu'ailleurs. Le « Big Sky », oui, de *La Captive aux yeux clairs*, soudain au-dessus de ma tête. Un vent se lève, qui fait frémir la pointe des Cottonwoods en fleurs. La température baisse, dix degrés, peut-être plus, qui me fait grelotter. Et voici qu'à l'approche d'Aspen, au bout d'une piste qui monte, sur la droite, dans la montagne, surgit le spectre d'une ville…

Ghost town.

Ce fut, j'imagine, une ville de chercheurs d'or. Ce fut, à la fin du XIXe siècle, l'une de ces boom towns, sorties de terre en quelques mois, comme les villes chinoises d'aujourd'hui. Un jour un villageois est rentré et a dit : « il n'y a plus d'or. » Un autre a repris : « il n'y a plus d'or ! il n'y a plus d'or ! » Et, la rumeur s'amplifiant, l'écho se répercutant, la ville s'est vidée aussi vite qu'elle s'était bâtie. Ne restent que ces chalets posés dans la clairière, ces planches mal jointes et gelées, ces maisons hantées, ces pierres et ces rondins fendus, cette rue principale revenue au grand anonymat de l'espace américain et puis ce silence épais, solide, où le moindre souffle, le moindre frisson dans les sous-bois, un bruit de branche cassée, jusqu'à l'écho des paroles d'antan pétrifié comme la voix de la nymphe, suffisent à faire sursauter. Poésie de ces ruines. Beauté de ces épaves montées sur pilotis. Et beauté, une fois de plus, de ce nomadisme méthodique – prodigieuse liberté de ce peuple par rapport, non seulement à ses racines, mais à ses lieux.

Cool metal jacket.

Je me souviens de la façon dont on diabolisait, dans ma jeunesse, l'armée américaine. Je me souviens de cette image que j'avais du GI tendance My Laï, graine de brute et de fasciste. Et je me souviens, il y a quelques mois encore, de la fièvre avec laquelle les Européens en général et les Français en particulier s'emparèrent des photos révélant les terribles crimes de guerre commis à Abou Ghraïb. Alors je sais, bien entendu, que l'Académie de Colorado Springs censée former ses pilotes d'élite, n'est pas le poste d'observation idéal pour juger l'appareil militaire US. Mais enfin… Ces garçons au visage poupin… Ces filles qui m'avouent, dans le feu d'un débat étonnamment libre, qu'elles n'étaient pas favorables à la guerre en Irak… Tous ces jeunes gens qui, à la question : « pourquoi vous engagez-vous ? » me répondent : « pour défendre mon pays », « pour l'amour de la Constitution », parfois même « pour faire du sport », ou « pour piloter les plus beaux avions du monde »… Est-ce là l'armée américaine « impériale » ? Là, les barbares civilisés imposant, à coups de bombes à fragmentation et de napalm, la loi du nouvel empire ? Et si c'était l'idée même d'empire qui révélait, ici, sa fragilité ?

Tocqueville au Texas.

Même surprise à la Lyndon Johnson University d'Austin, capitale du Texas qui est censé être, n'est-ce pas, l'Etat républicain, archiconservateur par excellence et où les étudiants que je surprends en plein cours sur Tocqueville s'avèrent être, dans leur majorité, favorables au mariage gay, à la séparation des églises et de l'Etat, à l'avortement, au Welfare State.

Tout le monde, depuis des mois, me serine la même histoire des « valeurs morales triomphantes ».

Tout le monde n'a à la bouche que ce fameux « raz-de-marée » monté des profondeurs du Sud pour inonder, jusqu'aux côtes, l'ensemble des terres américaines.

Et si c'était l'inverse ? Et si le mouvement de fond, le vrai, celui que la jeunesse incarne même si elle ne l'exprime pas toujours, allait dans le sens de la liberté des mœurs, des conduites, des esprits ? Et si le deuxième vote Bush, loin d'être l'expression d'une tendance lourde, loin de nous annoncer le visage d'une Amérique reniant l'héritage des Kennedy, était un baroud d'honneur ? Et si c'était, rageur mais désespéré, déterminé mais sans illusions, le dernier combat d'une majorité qui sait qu'elle ne sera pas toujours majoritaire et que l'Amérique a tellement changé qu'il y sera de moins en moins facile d'afficher sa haine des Blacks, des Juifs, des Indiens, des minorités ?

Un mythe américain.

Kennedy, justement. Le vrai mystère Kennedy est là, dans ce petit musée, au sixième étage du bâtiment d'où Oswald a tiré. Il est dans l'émotion qui me submerge et qui submerge, je le vois bien, tout le monde autour de moi face à ces images archiconnues et dont nul n'ignore, par-dessus le marché, qu'elles étaient la plupart du temps mensongères, publicitaires, fabriquées.

Qu'est-ce, alors, qu'un cliché qui fait pleurer ?

Qu'est-ce qu'un mythe auquel on ne croit pas et qui, pourtant, fonctionne encore ?

C'est la question posée par les amoureux de l'Antiquité lorsqu'ils se demandent si les Grecs croyaient, ou non, à leurs mythes. Et le fait est que, dans les grands sentiments simples que mobilise la saga des Kennedy, dans cette mort en direct que l'on revit sans se lasser, dans cette proximité de la souffrance et de l'amour, de la chute et de la rédemption, dans cette histoire de jeunesse foudroyée, dans ce roman vrai d'une famille illustre et maudite, bénie des dieux et poursuivie par la fatalité, c'est tout le Tragique éternel qui se rejoue. Les Kennedy ne sont pas, comme on le dit parfois, l'équivalent d'une famille royale américaine. Ils sont les frères en destin d'Œdipe, Achille, Narcisse ou Prométhée. Ils sont les Grecs des Américains.

Armés comme des nazis.

« De Dallas, allez jusqu'à Fort Worth où se tient une grande exposition d'armes de guerre », m'avait conseillé, à Austin, la contrôleur d'Etat Carole Keeton Strayhorn. « Vous verrez le climat. Vous verrez l'adhésion populaire. Vous constaterez que c'est le cœur du Texas, c'est-à-dire de l'Amérique, qui bat dans ces lieux. Et vous comprendrez pourquoi porter une arme est, ici, un droit de l'homme, oui, un vrai droit de l'homme, inspiré du Bill of Rights anglais, lui-même lié au droit de résistance à la tyrannie et garanti, à ce titre, par le Deuxième Amendement de la Constitution. » Oui, oui, je comprends… Pour comprendre, je comprends… Et ce que je comprends c'est surtout que, derrière les grands mots, derrière les arguments électoraux, derrière les professions de foi de ces gens revendiquant le libre droit de s'armer avec la même énergie que d'autres le droit à éduquer librement leurs enfants, ce que je comprends c'est qu'il y a, derrière tout cela – horizon de cette logorrhée, vérité secrète de cette passion –, ce jeu morbide avec l'horreur, ce kitsch, ce désir tout bête de se déguiser librement en nazi…

Se souvenir de New Orleans…

C'est bien comme ça, finalement, qu'il fallait découvrir New Orleans. Au large, d'abord. En haute mer. Puis le Mississippi prenant ses aises, semblable à une autre mer. Ses bras, tantôt énormes, tantôt grêles et pareils à un écheveau de fils clairs jetés sur la terre limoneuse. La lutte des flots et de la terre. Des rectangles de terre sauvés des eaux. Puis la ville elle-même, mais dont on voyait bien qu'elle était construite, non seulement sur des marécages, mais dans les eaux, sous les eaux, plusieurs mètres sous le niveau des eaux, avec digues, pilotis, pompes et aspirateurs supposés, quand le fleuve déborderait, l'empêcher de se noyer – est-ce pour cela que les cimetières, à New Orleans, étaient sur les hauteurs, dans des grottes, à ciel ouvert ? est-ce de-là que venait cette impression de ville hantée, un peu morbide, que ni la musique ni la danse ne parvenaient à égayer ? et ce sentiment de danger diffus ? et la certitude, qui ne vous quittait jamais, que l'eau, un jour, serait la plus forte et que New Orleans, nouvelle Ninive, sombrerait dans un nouveau Déluge ? et ces alligators qui l'encerclaient et dont nul ne savait dire s'ils veillaient ou s'ils attendaient leur heure ?

L'enfer doit ressembler à cela.

A première vue, c'est une prison. Et c'est même, apparemment, une sorte de prison modèle. Le côté existence en plein air sur cette ancienne plantation, au sud de New Orleans. La boucle du Mississippi qui fait, sur trois côtés, office de barrière naturelle et évite le lourd appareil des miradors, des barbelés. Les « trustees », autrement dit les condamnés à qui l'on fait confiance et qui se baladent sans surveillance, presque libres, à l'intérieur de ces deux mille hectares de verdure que l'on appelle, dans la région, « La Ferme ».

Sauf… Oui, sauf ce double et minuscule détail qui change tout… Angola étant un établissement réservé à des condamnés à la peine capitale ou à perpétuité, et la loi de la Louisiane ayant la particularité, par ailleurs, d'avoir supprimé le principe même de la libération conditionnelle pour cause, par exemple, de bonne conduite, les hommes qui entrent ici savent qu'ils n'en sortiront jamais et qu'ils sont condamnés à vivre sans cette perspective, même vague, de libération qui est, dans toutes les prisons du monde, l'ultime ressource du détenu.

Comment vit-on quand il n'y a plus d'espoir du tout ? Comment s'arrange-t-on de la prison quand on sait que, quoi que l'on fasse, il n'y aura pas d'autre issue que ce couloir de la mort dont on me montre avec fierté la décoration, la boutique de souvenirs, l'organisation, l'intendance, les repas au foie gras et les gratins exquis servis aux futurs exécutés ? Une vie infime. Une contre-vie. Un laboratoire de l'inhumain. L'enfer.

Ceux qui croyaient au Sud et ceux qui n'y croient plus.

De la chasse aux cailles et de son importance dans la culture du Sud, je savais ce qu'en dit Tom Wolfe dans la scène d'ouverture de *Un homme, un vrai*. Or si le scénario, ici, est bien le même, si ce sont bien les mêmes chiens, les mêmes maîtres-chiens, les mêmes rites, le même raffut, le même fracas d'ailes et d'herbes mêlées quand, les chiens s'étant arrêtés, la nichée jaillit et s'envole, il y a, entre cette scène réelle et la scène de papier, une nuance qui change tout. Ces chasseurs-ci font les bons gestes, d'accord. Ils se conforment au cérémonial, o.k. Mais on sent, dans cette conformité, une distance légère, un soupçon de désinvolture et d'étrangeté, on sent une réserve, presque une ironie, qui font qu'ils n'ont pas l'air d'y croire tout à fait. C'est l'esprit qui n'est pas là. Le cœur qui n'y est plus. C'est toute l'âme sudiste qui semble sur la défensive et ne s'assumant qu'à demi. C'est comme si l'esprit moderne, comme si la grande révolution démocratique des années 60, comme si le rêve de Martin Luther King, l'avaient emporté, à la fin, sur la culture blanche, machiste, tueuse, traditionnelle. Amen.

Gospel et compagnie.

Au début, ce matin-là, j'ai pensé que c'étaient ces actrices pour une reconstitution du bon vieux temps du Tennessee. Puis, comme elles arrivaient de toutes parts et envahissaient la ville, j'ai pensé que c'était un carnaval, comme à Venise, ou à Rio. « Est-ce qu'il y a un carnaval à Memphis », ai-je fini par demander à l'une de ces dames, tailleur long virginal, ceinture de perles et cristal aux oreilles, croisée non loin de la kitschissime Maison d'Elvis ? « Mais non, a-t-elle répondu ! Pourquoi un carnaval ? Nous sommes juste les fidèles de l'Eglise de Dieu dans le Christ qui tient sa 97e Convention. Nous y allons, d'ailleurs. Voulez-vous nous accompagner ? » J'ai sauté sur l'occasion. Et c'est ainsi que je me suis retrouvé là, à l'autre bout de la ville, dans cet auditorium démesuré où convergeaient, cérémonieuses, fatales, marchant comme pour une procession, à la fois rivales et complices dans leur beau désir d'offrir au Tout-puissant le spectacle de leurs ors, les milliers de déléguées. Cette joie. Cette foi. Cet esprit de communion et de recueillement, que je n'ai vus dans aucune église blanche. Et cette façon surtout de dire : « belles du Seigneur ; fiancées de Dieu ; longtemps, les Noirs ont été à l'église en haillons ; eh bien ce temps est révolu ; le jour de gloire est arrivé ; et il commence comme cela, dans le faste, en s'habillant… » – cette fierté, oui, qui est un beau défi au puritanisme ambiant.

Bal tragique à Little Rock.

C'était le grand jour de Bill Clinton. C'était le moment, tant attendu, où les anciens présidents, en inaugurant leur

« Library », prennent le monde à témoin de ce que fut la gloire de leur règne. Las ! C'était compter sans trois grains de sable qui vont tout dérégler… Sa santé, d'abord. Cette fichue opération cardiaque dont on voit tout de suite qu'il n'est pas complètement remis. Les élections ensuite. Cette défaite toute récente et qui a, pour l'heure, cette conséquence concrète : le protocole prévoyant la présence, à ses côtés, non seulement du Président en exercice mais des autres ex-Présidents encore en vie, le voilà encadré (outre Jimmy Carter) par deux Bush eux-mêmes accompagnés, chacun, par leur Dame Bush, soit un total de quatre Bush, quatre ! dont l'insolente et triomphante santé ne fait que souligner sa propre nouvelle fragilité. Et puis la météo, enfin. C'est idiot la météo. Sauf qu'on n'a pas vu, depuis longtemps, un orage aussi violent que celui qui, depuis la veille, s'est abattu sur l'Arkansas. Et voilà donc le peuple des clintoniens qui se retrouve sous une pluie glaciale. Ce n'est pas une apothéose, c'est une débâcle. Ce n'est pas une glorification, c'est un cauchemar. Ce n'est même pas cette belle et bonne réunion de famille qu'espéraient les nouveaux démocrates ; ce n'est pas ce « temps retrouvé » des différentes générations venant se reconnaître avant de repartir à la conquête du pouvoir ; ou alors oui ; mais au sens de Proust, à l'image du terrible bal des Guermantes où chacun a pris vingt ans et a l'air de ses propres grimaces… Car tel est l'ultime effet de ce ballet lugubre qu'il rétroagit sur la scène qu'il devait célébrer : un peu comme dans ces anamorphoses où il suffit d'un reflet, ou d'un changement de l'axe du regard, pour déformer l'ensemble du tableau, c'est toute l'époque Clinton, tout son fameux « héritage », qui apparaissent soudain altérés dans la lumière réfléchie de cette journée crépusculaire et sans grâce.

Les cocus de la guerre froide.

Miami. Voilà une communauté d'hommes et de femmes qui avaient toujours entendu dire qu'ils étaient le sel de la terre ; qui, lorsqu'ils mettaient le pied, jadis, sur le sol américain entendaient la voix du Président leur annoncer, dans un haut-parleur, qu'ils étaient l'avant-garde du monde libre dans sa guerre contre la dictature ; et qui, quarante ans après, le communisme s'étant effondré, découvrent qu'ils ne servent plus à rien. Alors il n'y a pas trente-six solutions, quand on est Cubain de Miami et que l'on se sent ainsi destitué. On nie la réalité. On rêve. Et c'est le spectacle donné par cette « Calle Ocho » où, jamais, depuis l'arrivée des premiers exilés, l'on n'avait poussé si loin, jusqu'au vertige, le goût de s'enfoncer dans son propre passé. Ces chapeliers qui ne vendent que des modèles copiés des années 40… Ces ateliers de cigares retrouvant les techniques de fabrication des « puros » d'avant la révolution… Ces bars où les annuaires téléphoniques sont ceux de 1959… Jusqu'à ce vieillard diaphane, ce spectre, vétéran des combats de la Sierra Maestra et compagnon-rival d'un Fidel Castro dont il n'attend plus que le Ramón Mercader – Hubert Matos.

A nous deux, Nature !

Homestead. Au retour de la réserve naturelle des Everglades, près de Miami, le cas de Homestead, cette ville dévastée, il y a douze ans, par l'ouragan Andrew et que tous les ouragans suivants ont régulièrement re-dévastée. Ce qui surprend, à Homestead, c'est la vulnérabilité des maisons. Ce qui surprend, ce qui sidère, c'est que l'on a tout reconstruit, chaque fois, à l'identique, avec les mêmes préfabriqués qui s'envoleront de la même façon quand surviendra le prochain ouragan. L'Amérique a les moyens de mettre Homestead à l'abri. L'Amérique de la guerre des étoiles dispose des systèmes d'alerte et de prévention des catastrophes les plus performants du monde. Or, bizarrement, elle ne le fait pas et n'utilise pas, à Homestead, le dixième de son pouvoir. Pourquoi ? Il y a la culture du risque, plus forte que la culture sécuritaire. Il y a les vestiges d'un esprit pionnier qui s'est accommodé, pendant des siècles, de cet habitat provisoire, posé sur le bord des routes, progressant avec la frontière. Mais sans doute y a-t-il aussi, ancrée dans l'ethos du pays, une relation magique, superstitieuse, à ce que les

Américains, même laïques, appellent la « Mère nature » : comme si leur toute-puissance devait trouver ici sa limite ; comme si la volonté prométhéenne d'avoir raison de toutes choses s'était imposé là une borne de principe et de sagesse ; pas de pitié pour nos ennemis ; pas de quartier ni pour les terroristes ni pour les islamistes ; mais on laisse une chance, une vraie, à la nature.

Tombeau pour Scott Fitzgerald.

J'imagine Zelda, à Asheville, ville des cendres, dans cet asile où elle a brûlé vive et dont il ne reste rien, pas une plaque, pas un mot – et, pour que l'oubli soit total, une autre clinique reconstruite, sans le dire, sur l'exact emplacement de son mouroir incendié : crime parfait.

J'imagine Scott dans cet affreux « Grove Park Inn » qui, lui, existe toujours... Scott ? Mais oui. Voyez. Rien n'a bougé. Jusqu'à l'entrée de la chambre où il passait ses journées, enfermé, à rêver, et lire des manuels de psychiatrie.

Je l'imagine, à la clinique, dans la chambre de sa muse détruite : souvenir des temps heureux ; Antibes ; Murphy ; disputes sans fin où elle lui reproche de l'avoir pillée, stérilisée, tuée à petit feu, fait enfermer.

Et puis je l'imagine, à la sortie de la ville, rôdant autour de la maison des Vanderbilt qui passait, à l'époque, pour la plus belle maison d'Amérique. Il a tant aimé les riches ! Il y a des écrivains qui écrivent pour séduire les femmes ; lui, l'auteur de *Tendre est la nuit*, a toujours écrit pour approcher les riches et vivre un peu comme eux. Alors ces riches-là ! On ne peut pas imaginer, non, que, vivant ici, à Asheville, il n'ait tout fait pour, comme en ses belles heures, tenter de se faire inviter.

Et puis je sais en même temps, pour l'avoir appris dans ses livres, qu'il n'y a jamais de deuxième chance pour les héros américains ; et je sais que le plus vraisemblable est qu'on l'ait donc ignoré, éconduit : qui ? Scott Fitzgerald ? ah... l'écrivain déchu... l'ancien nabab... le mari de la folle... le pestiféré... du balai !

Mars versus Vénus.

Que se passe-t-il dans la tête d'un officier de la base navale de Norfolk qui vous initie aux secrets d'un sous-marin de science-fiction ?

La démocratie américaine encore ? Ce goût de la transparence, déjà chanté par Tocqueville ? Ou bien une façon, pour Mars, de parader devant Vénus en lui signifiant, mine de rien : « voilà qui nous sommes et de quoi nous sommes capables – prendre la mesure de la force de son allié avant de se prétendre son rival, voilà, chers Français, qui serait de bonne politique… »

Mauvais sentiments.

J'ai fait, trois jours durant, la chasse au jeune démocrate, cette race naissante dont on m'avait dit que je trouverais, à Washington, tous les brillants spécimens que je voudrais.

Al From, ce jeune espoir de 60 ans qui a passé deux heures à ne rien me dire.

Will Marshall cet idéologue admirable qui m'a parlé, non pas « ligne politique », mais marketing, fund raising, mérites comparés des pompes à finances républicaines et démocrates, rôle d'Internet.

Al From encore : oui, oui, la bataille de l'argent, la seule qui vaille.

Et John Ickle, cette étoile de la gauche renaissante à qui je n'ai pu arracher une idée originale, une seule, sur la lutte contre la pauvreté, les ravages du créationnisme ou les abus de droit en Irak.

Circonstance, aggravante : j'ai le sentiment de n'avoir rencontré, dans tout Washington, qu'un progressiste authentique – sauf qu'il n'a, celui-là, comme de juste, pas droit du tout à la parole.

Mauvais sentiments, encore.

D'autant que la droite, pendant ce temps, ne se porte, elle, hélas, pas si mal.

Richard Perle, qui ne dit pas que des sottises sur la démocratie dans le monde arabe.

Ni, sur le terrorisme, James Woolsey, patron de la CIA sous Clinton rallié maintenant à Bush.

Ni Bill Kristol, directeur du *Weekly Standard*, théorisant sur le troisième fascisme, le vert, le fascisme à visage islamiste.

Alors il y a le reste, bien entendu, qui est odieux. Tout le reste. A commencer par les positions de ces gens sur la peine de mort, l'avortement, le fondamentalisme protestant, j'en passe.

Il y a ce besoin, quand on soutient une politique par un bout, de la soutenir par tous les bouts.

Il y a cette façon idiote, au restaurant, de se croire obligé de commander tout le menu.

Mais en même temps… Je pense, en même temps, qu'il y a plus d'idées, malheureusement, chez les néocons que chez les faux malins de la gauche officielle.

Flash-back.

Trois mois plus tôt. Preuve par Pittsburgh. On annonce, à Pittsburgh, une conférence de Kissinger. Et voici que s'organise, quelques blocs plus loin, dans un cinéma branché de la ville, une contre-conférence de Christopher Hitchens, l'auteur du film terrible sur les crimes de Kissinger au Vietnam et au Chili qui le suit partout comme un remords – voici la contre-conférence de cet enfant terrible de l'intelligentsia rallié, sur la question du jihadisme, aux positions néoconservatrices… Alors, franchement : entre le vieux realpoliticien cynique, sans scrupules, qui se fout de la démocratie dans le monde et ne se soucie que des intérêts de l'Amérique et le néocon qui croit juste que le combat contre Ben Laden ou Saddam est la suite du combat contre Pinochet et Milosevic – on choisit qui ?

La prison modèle de Tocqueville.

Philadelphie. Ma dernière prison, je me dis. La toute dernière. Avec cette double particularité, primo d'avoir été la première prison au monde à se construire sur le modèle du fameux panoptique de Bentham avec tour centrale à partir de laquelle rayonnaient, en une géométrie parfaite, sept galeries de cellules toutes, donc, dans l'axe du regard des gardiens – et secundo d'avoir été pensée par des philanthropes quakers qui, croyant que le but de la prison n'était ni de punir, ni d'exclure, ni même de réparer, mais plutôt de réhabiliter moralement, spirituellement, le détenu, ont conçu un système fou fondé sur l'idée que rien, vraiment rien, ne devait venir troubler le face-à-face de l'âme damnée et de son seigneur. Pas de visites naturellement. Pas de contact entre détenus. Les repas, les services religieux, la douche bimensuelle, réglés de telle manière que l'on soit bien certain que personne ne croise jamais personne. Le silence. Le silence absolu. Une phobie si totale du bruit que l'on va jusqu'à envelopper de linges les essieux des chariots qui, au moment des repas, s'arrêtent à la porte des cellules. Et, dans la bouche des fortes têtes qui ne peuvent se guérir de parler, l'introduction d'une pièce de fonte reliée à un mécanisme qui, à chaque mouvement de la langue et de la glotte, l'enfonce un peu plus profond dans la gorge et finit par l'étouffer.

Delenda est *Guantanamo*.

Et pourtant non. Il en restait une dernière. Et, pour qui a eu le redoutable privilège de visiter, donc, d'autres prisons américaines, des traits immédiatement familiers. Sa violence, déjà, qui rappelle aussitôt Rickers. Son régime d'insularité et de bannissement semblable à celui d'Alcatraz. Cette indifférence programmée au droit qui n'était sans doute pensable que dans un pays qui, au Nevada et ailleurs, a inventé la monstruosité juridique qu'est l'idée même de prison privée. Cette absence de perspective et d'horizon, cet état d'incertitude quant à leur sort où l'on place les détenus, qui me font immanquablement songer au désespoir programmé des prisonniers d'Angola. Et dans la façon, enfin, dont on me recommande de ne pas porter de chemise à manches relevées pour ne pas offenser leur pudeur, dans l'insistance des matons à expliquer que chaque nouvel arrivant se voit offrir un coran rangé dans une pochette de gaze blanche accrochée au grillage de sa cellule et pareille à un masque chirurgical, dans cette comédie culturaliste, dans cette affectation de prendre soin des besoins « spirituels » d'autrui alors même qu'on le traite comme une bête enragée, quelque chose qui ne peut pas ne pas rappeler la tartufferie des éleveurs d'âme quakers du pénitencier de Philadelphie.

Bref, on peut débattre de la pertinence, pour qualifier cet enfer off shore, de l'emploi du mot Goulag (je le crois, moi, inapproprié). On peut discuter s'il faut ou non, comme le veut une part croissante de l'opinion, fermer Guantanamo (j'ai toujours pensé, là, que oui, sans hésiter, car il y va de l'honneur et de la santé de la démocratie américaine). Ce que l'on ne peut malheureusement pas dire c'est que Guantanamo soit un ovni, chu d'on ne sait quel désastre obscur – ce qu'il faut se tenir pour dit c'est qu'il est un résumé, un condensé, du système pénitentiaire tout entier.

Epilogue.

Printemps 2005. Fin du voyage. L'heure de regagner l'Europe et ses anciens parapets. L'Amérique, c'est vrai, m'a donné le vertige. Vertige des yeux. Vertige de l'âme. Vertige d'une altérité bizarre, qui ne cesse de nous parler de nous. Vertige d'un monde follement étranger mais qui aurait toujours l'obscure familiarité ou, ce qui revient au même, l'inquiétante étrangeté des caricatures et des miroirs. Comme si je n'avais fait cette longue route que pour aller à la rencontre, non seulement des Américains, mais de nous. Comme si ce désir d'Amérique avait pris la forme d'une odyssée mentale. Extase moderne. Laboratoire des temps qui viennent. Scènes de la vie future et paysages d'aube du monde. Eden et Géhenne. Courts-circuits du pire et du meilleur. Traversée des âges d'or et de plomb de l'humanité. Merci du voyage. Bonne route l'Amérique ?

VII

CONVERSATIONS ET CORRESPONDANCES

Conversation avec Michel Houellebecq (Malaise dans la littérature) ▪ Lettres à Bob Geldof (à propos de l'Afrique et de son destin) ▪ Ségo ? Sarko ? (débat avec André Glucksmann) ▪ Débat avec Alain Finkielkraut (Quand la politique s'empare des intellectuels) ▪ Lettres à Francis Fukuyama ▪ Conversation avec Norman Mailer (Les derniers mots d'un géant) ▪ Lettres à Anatol Lieven (à propos du néoconservatisme et de ses impasses) ▪ Conversation avec Frédéric Beigbeder (Comment je vis) ▪ Lettres à Frederic Tuten ▪ Quatre lettres au directeur général de la Croix-Rouge française à propos de l'humanitaire, de son histoire et de la misère sociale en France.

1

Conversation avec Michel Houellebecq (Malaise dans la littérature)[1]

Nous avons été frappés lors de votre passage à l'émission de Daniel Picouly « Le Café littéraire »[2]*, notamment après les interventions de quelques délégués de la « meute », comme vous l'appelez, qui vous poursuit l'un et l'autre depuis des années, de votre calme, votre sérénité. Seriez-vous dans l'esprit de deux combattants, habituellement pugnaces, se rendant compte, après la publication de votre correspondance et l'écho qu'elle suscite, que vous avez gagné, sinon la guerre, du moins une bataille décisive ? Le ton de cette émission était d'ailleurs celui de votre échange écrit, qui semble obéir à une sorte de principe de délicatesse entre vous.*

Michel Houellebecq : L'estime que nous avions l'un pour l'autre, littéraire au début, s'est muée au cours de cette correspondance en estime morale. Je dirais qu'on écrit pour être estimé, non par tout le monde, mais par les gens qu'on estime soi-même. Et en ce moment, c'est vrai, nous sommes assez sereins.

---

1. *Art Press*, décembre 2008, conversation menée par Catherine Millet et Jacques Henric.

2. Sur France 2, le vendredi 10 octobre.

Bernard-Henri Lévy : C'est vrai, oui, que cette correspondance a été une sorte de miracle. S'écrire ainsi, avec gravité, dans le silence et le secret, crée un espace de parole tout à fait singulier qui déborde les frontières du livre. Est-ce que nous avons gagné une bataille ? Je ne sais pas. Ce que nous avons gagné, c'est cet espace dont je vous parle et qui, à mes yeux, est mille fois plus important.

Ajoutons que la nature de votre dialogue a eu de l'effet sur la télévision elle-même. Une émission d'une heure et demie, où deux auteurs discutent entre eux de manière aussi tranquille, c'est exceptionnel. C'est intéressant de constater qu'un livre qui a souvent pour cible les médias a le pouvoir de les transformer.

MH : Si on est optimiste, on peut dire ça. L'émission a fait une grosse impression sur la presse étrangère.

BHL : On le doit à Daniel Picouly. Il s'est passé quelque chose hier soir, vraiment, et on le lui doit : professionnalisme, écoute et respect des écrivains – il était parfait.

MH : Et puis il a travaillé, tout simplement. Il a lu le livre.

BHL : Je précise que ce livre aura eu, quoi qu'il arrive, une vraie importance dans ma vie. Parce qu'il m'a permis une liberté que je me suis rarement autorisée. Parce qu'il a débloqué, peut-être aussi, un désir de roman qui était gelé, en moi, depuis vingt ans. Michel a ce talent de provoquer la confidence. Il l'a avec les touristes sexuels en Thaïlande. Eh bien il l'a eu, aussi, avec moi !

MH : Une question, Bernard, sur le judaïsme. Parce que, dans le livre, je ne vous ai pas vraiment poussé dans vos retranchements. Votre judaïsme sans Dieu est-il bien orthodoxe ? Qu'en pensent les autorités ?

BHL : Ce n'est pas une question de judaïsme sans Dieu. C'est la question même de Dieu, la définition de Dieu comme objet d'ontologie, qui n'est pas une question juive. Le judaïsme n'est pas une religion. La question que le juif pose à Dieu n'est pas celle de son existence. Et quand vous regardez, d'ailleurs, la modernité juive, c'est-à-dire les courants qui apparaissent au

XVIIIe siècle, vous en distinguez trois. D'abord, bien sûr, les lumières juives. Ensuite le hassidisme, avec sa communion joyeuse, extatique, avec l'Unique – mais avec, aussi, les effets pervers, parfois terrifiants, qu'il va avoir : je pense à ces sous-produits du hassidisme que sont les messianismes fous du type Sabbataï Zevi. Et puis vous avez enfin, en réaction à ces mouvements erratiques, apocalyptiques, violents, une tout autre école qui est celle du Gaon de Vilna, puis de Rabbi Haïm de Volozine et qui, en gros, en *très* gros, nous dit que s'il fallait absolument choisir entre l'esprit et la lettre, entre la foi et l'étude, entre un ignorant qui a la foi et un savant qui ne l'a pas, c'est le savant, l'homme d'étude et de lettres qu'il faudrait, à l'extrême limite, choisir.

MH : Bon, bon, j'ai ma réponse. Les lettres que je préfère dans ce livre, ce sont moi aussi celles où je raconte des choses que je n'ai jamais racontées, notamment ma tentative de conversion au catholicisme ; ce sont même des choses dont je ne me souvenais pas et auxquelles, en tout cas, je ne pensais plus jamais avant d'entamer cette correspondance. La question de l'existence de Dieu est pour moi indépassable. Si Pascal me bouleverse, c'est que je le sens par moments athée. Il est, comme écrivain, le premier parmi les grands à avoir pensé l'athéisme comme possible, le premier à avoir entrevu une vision du monde dont Dieu était absent. Peut-être est-ce là le tournant décisif de la culture occidentale. Si je réfléchis sur ma tentation catholique, il y avait pour une part les effets d'une émotion collective. Je croyais en Dieu pendant cinq minutes, à chaque messe. Ce primat de l'émotion peut avoir des conséquences dangereuses, il peut conduire à ce qui ressemble au hassidisme, à savoir les charismatiques – un enthousiasme incontrôlé, qui ramène à la folie. Mais, d'autre part, ce qui peut marcher aussi est une identification à la figure du Christ. Le fait de sentir son propre destin, et celui de tout homme, comme pouvant s'identifier à celui du Christ. Je parvenais ainsi à être chrétien, pendant une heure au maximum. J'ai un souvenir fort d'un pèlerinage de Chartres auquel j'ai participé. Là, j'ai vraiment cru en Dieu, deux ou trois heures.

Ce que vous décrivez, l'un et l'autre, du phénomène de la meute qui s'en prend à un bouc émissaire n'est pas sans rappeler la logique christique. Vos souvenirs d'enfance respectifs laissent entendre que vous avez compris très tôt comment fonctionne toute société...

MH : En tout cas, le positif, c'est que ça m'a beaucoup rapproché des filles. Ça a l'air plus gentil, les filles. Bon, dans un internat de filles, on peut constater des choses désagréables, des moqueries du genre : « Ah, t'as vu la grosse sous la douche ! » Mais c'est tout de même moins violent que chez les garçons, les humiliations à base d'excréments qui les amusent tant. Ça vous laisse une sale image de l'humanité.

BHL : J'ai eu l'occasion d'observer, au moment de mes reportages sur les guerres oubliées, le phénomène des enfants soldats. Et j'ai été vraiment frappé par le fait que la cruauté, la violence, l'absence de limite et de censure dans le déchaînement barbare ne sont jamais aussi nettes que dans cette humanité à l'état naissant. Pas besoin de droguer les enfants soldats pour qu'ils montent aux extrêmes. Même pas besoin de les endoctriner, de leur laver le cerveau, pour qu'ils aillent éventrer leurs adversaires ou se faire sauter dans un champ de mines. C'est un peu le cas limite de la « meute », c'est vrai. Mais c'est un cas d'autant plus éloquent. Et c'est pour comprendre des choses comme ça que, au fond, je suis devenu philosophe.

MH : Curieusement, des expériences proches m'ont conduit, moi, vers la biologie. J'ai passé beaucoup de temps à étudier ce qui se passait dans les sociétés animales, comment se réglaient les conflits, les problèmes de dominance. La lecture du livre de Pérez-Reverte, *Le Peintre de batailles,* m'a passionné parce qu'il posait la question de savoir pourquoi l'homme pouvait être si cruel – chez les animaux, les conflits débouchent plus rarement sur le meurtre, et la torture y est inconnue (à l'exception, peut-être, de certains singes). C'est que l'homme est intelligent, conclut Pérez-Reverte, et qu'il y a un grand rapport entre l'intelligence et le mal.

Revenons sur les attaques dont vous avez été l'objet l'un et l'autre. Vous évoquez les images stéréotypées, caricaturales qu'une certaine presse véhicule de vous, de vos personnages publics, mais vous parlez peu des raisons de fond de cette hostilité massive, à savoir le contenu de vos livres. Qu'est-ce qui, selon vous, dans vos romans, vos essais, dérange à ce point ? Parce que ce ne sont pas que ces besogneux du journalisme qui vous aboient aux chausses depuis des décennies et que vous étrillez dans Ennemis publics, *c'est aussi un certain clergé intellectuel, littéraire ou philosophique. Faut-il rappeler ce phénomène, rarissime dans le débat intellectuel dont la France est coutumière, de l'existence d'une pétition de grands intellectuels destinés à disqualifier Bernard ? Même question à l'adresse de Michel.*

MH : Première réponse : les tirages, la reconnaissance internationale provoquent de la jalousie… Ce n'est pas une raison de fond, et c'est toujours déplaisant et immodeste de l'évoquer, mais il faut le reconnaître : ça joue. Sur le fond, en ce qui me concerne, il me semble que tout remonte à *Extension du domaine de la lutte* : je crois que ce livre ne serait tout simplement pas publié aujourd'hui. Il l'avait été déjà difficilement à l'époque. Je n'étais pourtant pas un inconnu, j'avais publié trois livres, mais j'ai mis deux ans à trouver un éditeur pour celui-ci. Sans Maurice Nadeau, il n'aurait pas vu le jour… Mes livres contiennent un message déprimant sur l'époque, et c'est le dernier moment où on a accepté de l'entendre. Quand ça va mal, les gens acceptent du déprimant, mais quand ça va encore plus mal ils exigent des bons sentiments, des fins heureuses, du rêve. Quand la France était en expansion économique, à l'époque des Trente Glorieuses, on consommait du Beckett sans problème. Il y a une limite à ce qu'un pays, à un moment donné, peut supporter de ses écrivains, parce que ce sont toujours eux, évidemment, qui vont le plus loin dans l'analyse des causes du malaise.

BHL : La pétition à laquelle vous faites allusion allait très loin. Il ne s'agissait pas seulement de me disqualifier mais de m'écarter du débat public, de m'exclure. Ne demandait-elle pas instamment aux modernes directeurs de conscience (sic) qu'étaient Pivot, Revel, Jean Daniel et quelques autres de m'éliminer, moi et mes livres, de la scène intellectuelle ? Alors, l'origine de ça ce sont les questions de jalousie, sans doute. Mais il y a aussi, en amont, des vrais crimes de pensée. Dans mon cas, il y en a eu trois, correspondant à mes trois premiers livres – et dont je suis, je dois dire, assez fier. Premier crime : *La Barbarie à visage humain* et ses thèses, difficilement audibles à l'époque, sur la misère du progressisme. Second crime : *Le Testament de Dieu,* qui parlait de la Bible et du grand avantage qu'il y aurait à en traiter les énoncés comme des énoncés philosophiques de plein régime et de plein droit. Et troisième crime enfin, peut-être le pire : *L'Idéologie française* qui montrait que Vichy avait commencé cinquante ans avant Vichy, qu'il continuait trente ans après et que c'était une tendance lourde de la pensée française. Quand, très jeune, vous commettez ces trois crimes-là, vous le payez toute votre vie.

MH : Ce que je trouve intéressant et assez récent, c'est la convergence de nos ennemis, notamment ceux qui appartiennent à cette ultra-gauche antisémite, qui nous haïssent tous les deux, pour de très bonnes raisons d'ailleurs, et nous en avons autant à leur service. Siné en est un bon exemple, oui, oui – je m'étais dit qu'il ne fallait pas que j'oublie d'insulter Siné ! Il faut lire Taguieff sur ce nouvel antisémitisme, c'est très instructif.

On oublie en France que l'antisémitisme n'a pas son origine que dans la droite et l'extrême droite mais aussi dans la gauche et l'extrême gauche. La fin du XIXe siècle est intéressante de ce point de vue et il y a des symptômes actuels, qui sont, sous le couvert de l'antisionisme, l'altermondialisme, Le Monde diplomatique…

BHL : On l'oublie peut-être. Mais on ne l'oubliera pas longtemps. Car c'est une proposition que j'ai énoncée, pour la première fois, il y a maintenant vingt-sept ans et dont l'actualité n'a cessé, depuis, de se préciser : l'antisémitisme n'a d'avenir qu'à gauche… Il y a un antisémitisme de droite, bien sûr. Mais il est résiduel. Sectaire. Aussi pittoresque qu'abject. Et ce n'est, en tout cas, pas de là que viendront, s'ils doivent un jour revenir, des phénomènes de masse du type de ceux que l'on a connus dans la première moitié du XXe siècle ou la seconde du XIXe. L'antisémitisme qui me dérange, celui qui m'inquiète, celui qui peut, demain, cristalliser à nouveau en meute c'est celui qui s'organise autour de thèmes « porteurs » comme l'antisionisme, la concurrence des victimes ou la déploration bien-pensante du malheur palestinien. Certains sites Internet. Le torchon que vient de lancer Siné après son éviction de *Charlie-Hebdo*. Tels textes, pour le moment isolés, dans *Le Monde diplomatique*. Ce que dit Michel est juste. Nous avons deux sortes d'ennemis. Ceux avec lesquels il y a malentendu : on ne s'est pas compris, c'est dommage, ça s'arrangera. Et ceux dont on se dit que c'est bien comme ça, que c'est dans l'ordre. Est-ce que vous avez encore beaucoup d'ennemis du type « malentendu », vous, Michel ?

MH : De moins en moins. Les malentendus se dissipent, et je pense qu'à votre âge, je n'en aurai plus du tout *(rires)*.

BHL : Pour moi, il n'y en a plus *(rires)*.

MH : Ça ne m'étonne pas.

BHL : C'est la raison pour laquelle, à ce stade, il ne s'agit plus de séduire mais de vaincre. Vaincre *Le Monde diplomatique*. Vaincre les épigones de Bourdieu. Marginaliser, autant que faire se peut, les souverainistes et autres chevènementistes. Mais sûrement pas, sûrement plus, chercher à s'en faire aimer…

Oublions-les et venons-en à de beaux moments de votre échange épistolaire : l'évocation de vos pères. Il est souvent question, chez les écrivains hommes, du lien à la mère, plus rarement de celui au père. Avec votre père, Michel, avez-vous le sentiment d'avoir développé un œdipe négatif ? On a le sentiment que vous avez peu d'atomes crochus avec la génération de Mai 68. Or votre père était plutôt de gauche, proche des communistes...

MH : Non, mon père, politiquement, ne croyait plus à rien. On a du mal à se représenter aujourd'hui que le parti communiste était alors un mode de vie, des loisirs, un magazine pour enfants, toute une vie sociale ; pour mes grands-parents, il représentait tout à fait autre chose qu'une idéologie. Il faut dire, en prenant les choses un peu différemment, que *L'Archipel du Goulag* a porté un coup très dur au Parti communiste, mais que la rupture définitive s'est produite avec Solidarnosc, à cause de la tête de ce type, Lech Walesa, qui avait tellement l'air de ce qu'il était : un ouvrier des chantiers navals de Gdansk. Alors, si la classe ouvrière elle-même commençait à rejeter le communisme... Les votes de mes grands-parents étaient des votes de classe purs, qui n'impliquaient aucune idéologie. Du coup, mon père a très vite été dépolitisé. C'était quelqu'un de vraiment bizarre ; je me suis rendu compte en écrivant ce livre que je l'aimais beaucoup. Je crois que si les portraits de nos pères sont réussis, c'est qu'ils manifestent de l'affection, mais expriment aussi un mystère. Ce livre est peut-être pour nous deux l'occasion de se pencher sur ce mystère.

Michel a une remarque sur son père – un détail apparemment insignifiant : il note la façon qu'il a de descendre de son camping-car – qui est vraiment le fait d'un écrivain. On en apprend plus sur lui qu'un développement de plusieurs pages.

BHL : Ce détail est si frappant que c'est lui qui m'ouvre les vannes de ma propre mémoire. Je n'avais jamais parlé de mon père, de mes grands-parents, de l'Algérie, de la pauvreté. Et la baguette de sourcier, le coup de pioche dans ma nappe phréatique à moi, l'instrument par lequel je suis allé me crocheter moi-même l'inconscient, c'est cette confidence de Michel sur son père. Je pars de là. Je rebondis sur ce détail. Et aussitôt ça embraye, et arrivent des choses dont je ne savais pas, moi non plus, que je me les rappelais. Je croyais que je n'avais pas de souvenirs d'enfance. C'était même un point de doctrine que je vous autorise à tenir pour un point de névrose. Eh bien voilà qu'un épisode de cette correspondance pulvérise le point de doctrine.

MH : Ah oui ! parce qu'il y en a, des souvenirs d'enfance !

BHL : C'est vrai. Et pourtant, je vous le répète, j'ai vraiment écrit, dans *Comédie*, que ma mémoire ne commençait que vers l'âge de 10 ans… A propos de Solidarnosc, maintenant, ce que vous en dites est exact. Et la chose est d'autant plus remarquable que c'est la première fois, au fond, que la sacro-sainte classe ouvrière aura eu ce rôle historique. Marx disait : le prolétariat est le moteur de l'Histoire. Or pas du tout. Il ne l'a, en fait, jamais été. Peut-être parce que l'usine était, comme la caserne, un lieu de discipline et de soumission, il n'a jamais joué ce rôle que les marxistes lui prêtaient. Sauf une fois, en effet. Une seule. Cette Pologne dont vous parlez et qui fut celle de Solidarnosc. Et sauf que, paradoxe des paradoxes, ce moment est aussi celui où, comme par hasard, finit d'agoniser le vieux rêve de révolution qui était associé au mythe ouvrier. La classe ouvrière, c'était la révolution. Or c'est quand s'éteint le désir de révolution que la classe ouvrière, de classe impossible qu'elle était, se mue en acteur et moteur de l'Histoire.

Vos goûts littéraires. Vous en avez de communs. Aragon pour le XX*e siècle, Baudelaire pour le* XIX*e, auquel Bernard a consacré un roman. Ton optimisme historique, Bernard, qui te pousse à t'engager dans des combats politiques, ne devrait pourtant pas te conduire vers Baudelaire, ce pessimiste de fond, plutôt réactionnaire sur le plan politique.*

BHL : Oui ? Je ne sais pas. L'optimisme politique, l'activisme, sont une chose. Le pessimisme historique, philosophique, en est une autre – parfaitement compatible avec la première. Pour moi, en tout cas, telle est l'équation. Un goût de la guerre, de la résistance, jamais découragé. Mais, en arrière-fond, un pessimisme sur la condition humaine dont je puise la doctrine, en particulier, chez Baudelaire. Le Baudelaire métaphysicien. Le Baudelaire du péché originel, de la réflexion sur le Mal et l'Histoire, le noir secret des communautés, etc…

MH : Avec Baudelaire, déjà, je partage les mêmes goûts en matière de femmes, une vision identique d'un paradis sensoriel : la pénombre, les soieries… J'ai eu cette chance que ce poète que je considère comme le plus grand de la littérature française, je m'en sentais humainement si proche que ce n'en était même plus écrasant.

Vous marquez l'un et l'autre une grande défiance à l'égard de la biographie et plus encore de l'autobiographie, de la littérature de « l'aveu ».

MH : La seule tentative d'autobiographie que j'ai faite, et arrêtée assez vite, c'était *Mourir*, paru sur Internet. J'avais senti la nécessité de me donner un cadre conceptuel comme le font certains artistes, en l'occurrence : prendre une photo tous les jours, à la même heure, écrire et ne pas corriger ; j'en ai eu assez rapidement. Finalement, sans cadre, comme dans ce livre, ça me convient mieux. Je ne suis pas fait pour la méthode, je crois.

BHL : Quant à moi, je tiens un journal. Mais dont le principe est qu'il ne doit *surtout pas* être publié…

Dans l'émission télévisée, tu parlais, Bernard, des masques de l'écrivain qu'on tente indûment de lui arracher. C'est tout autre chose que le geste qui peut être le sien d'ôter lui-même ses masques, non pour atteindre une problématique vérité de l'être, mais pour tenter une parole de vérité sur soi-même, sans doute toujours repoussée, à reprendre.

MH : Il faut distinguer biographie et autobiographie. Les *Confessions* de Rousseau sont une des grandes lectures de ma vie. On peut avec l'autobiographie obtenir des résultats extraordinaires. Je suis plus réservé sur la biographie, je n'ai jamais pu en terminer une.

BHL : Moi, si. Je lis des biographies. Mais en en mesurant les limites. Je ne crois pas qu'il y ait une vérité ultime d'un écrivain. Or, tournez la question dans le sens que vous voudrez : le biographe est quand même, par principe, celui qui croit qu'il va arriver à cette vérité ultime, qu'il va percer le secret de l'écrivain. Peut-être faudrait-il imaginer une biographie d'une autre sorte. Peut-être une biographie, non de la vie, mais de l'œuvre – une biographie dont le *bios* serait le livre, le grand corps du corpus des livres eux-mêmes. C'est ce que Sartre, avec son *Flaubert*, a fait. C'est ce que j'ai moi-même, avec mon *Baudelaire*, tenté de faire… Quant à l'autobiographie, maintenant, je changerai peut-être d'avis un jour. Mais, existentiellement, ça ne me dit rien. Je ne m'intéresse pas à ce que je suis, je m'intéresse à ce que je deviens. Alors…

Peut-on dire, Bernard, combien on trouverait dommage que ce journal de milliers de pages que tu écris toutes les nuits disparaisse, comme tu en as le projet au cas où tu ne serais pas en mesure de le relire.

BHL : Ça m'a amusé de raconter cette histoire, née d'une rencontre avec Olivier Corpet, le patron de l'Imec. Mais l'affaire est plus sérieuse qu'elle n'en a l'air. Pas tellement, d'ailleurs, à cause des gens que j'évoque et que je craindrais de blesser. Mais à cause de moi, vraiment de moi, et de l'idée que je me fais de l'écriture. Ce journal est dicté. Donc bâclé. Pas assez élaboré. Et, pour cette raison, pas publiable.

MH : Je suis comme Bernard. L'idée qu'on retrouve un manuscrit de moi pas fini, c'est la terreur.

BHL : J'avais inventé un Baudelaire vieilli, malade, à la limite de l'aphasie et trouvant encore la force de courir Paris pour récupérer des poèmes inachevés, des brouillons, des lettres – tout ce tremblé de l'œuvre qu'il faut effacer comme le criminel les traces de son forfait.

N'est-ce pas une sacralisation excessive de l'écriture ?

MH : Ça l'est.

BHL : Ça l'est, oui. Et alors ? L'écriture est un régime de parole spécifique. Et il faut lui laisser cette spécificité. C'est tout le problème, aujourd'hui, de l'interview. Je réécris mes interviews. Car je sais que les lecteurs font de moins en moins la différence, dans le corpus d'un écrivain, entre les deux régimes. Ils les mettent sur le même plan. Ils mélangent tout.

MH : Jusqu'à présent, je m'efforce de détruire ce qui me paraît faible, et que je ne parviens pas à améliorer. Je suis un peu orgueilleux, il n'y a pas de doute. Je me souviens, Catherine, qu'au cours d'une de nos rencontres, vous m'aviez choqué. Nous parlions de littérature et de peinture et vous m'aviez dit que si l'on pouvait concevoir un tableau comme un objet parfait, cela vous paraissait plus problématique pour un livre. Peut-être que vous étiez un peu déprimée quand vous m'avez dit ça ? Je suis sûr, moi, qu'on peut faire quelque chose de parfait avec un livre.

BHL : Pour résumer, si on est baudelairien, on est contre la variante. J'espère n'en laisser aucune.

Alors, prends bien garde au disque dur de ton ordinateur.

BHL : Justement, je voudrais qu'on prenne un engagement aujourd'hui, ici, à *Art Press*, Michel et moi, et l'un à l'égard de l'autre : nous avons sur nos ordinateurs des variantes de nos lettres ; eh bien il faut les détruire. Je détruis les vôtres et vous vous engagez à détruire les miennes.

MH : Sans problème, dans la soirée.

BHL : Eh bien, cet engagement sera l'un des événements de cette interview *(rire général).*

2

Lettres à Bob Geldof (à propos de l'Afrique et de son destin)[1]

Première lettre.

J'aime l'idée, cher Bob, que nous reprenions le dialogue ici. Car, la dernière fois c'était quand ? Il y a dix ans ? Quinze ? Vingt ? Je ne sais plus. Nous nous étions engueulés, si ma mémoire est bonne, sur l'affaire de l'Ethiopie. Le régime éthiopien, celui du Négus rouge, Mengistu, était en train d'affamer son pays, de liquider en douceur toute une partie de sa population et de remodeler jusqu'au visage de l'Ethiopie. Et il y avait, à l'époque, deux positions. L'une qui disait : « il faut aider coûte que coûte » – et c'était votre position. L'autre qui disait : « attention, en aidant, de ne pas faciliter la tâche des assassins et de ne pas leur donner l'argent dont ils ont besoin pour déplacer leurs populations » – et c'était, au fond, la mienne. Aujourd'hui, le temps a passé. On est loin, très loin, de tout ça. Quand je repense à cette période, je me dis que vous aviez raison dans votre côté « urgence, action à tout prix, pas une minute à

1. C'est Franca Sozzani, directrice du magazine italien *Uomo Vogue,* qui avait suggéré cet échange – publié dans son numéro de janvier 2008, spécialement consacré à l'Afrique. Vingt ans plus tôt une vive polémique, suivie d'un procès, avait opposé, sur fond de massacres en Ethiopie, les protagonistes de ce bref débat.

perdre ». Et je crois que j'avais raison, moi, en posant la question des rapports entre l'humanitaire et le politique. En un mot, il faut marcher sur les deux jambes. Plus que jamais, sur les deux jambes. Comme je le fais au Burundi où j'ai créé une radio qui est l'exact contraire de l'abjecte Radio Mille Collines qui fut à l'origine du génocide au Rwanda. Ou comme nous le faisons, vous comme moi, au Darfour où nous tentons de sauver ce qui peut encore l'être des populations survivantes du massacre tout en faisant pression sur la communauté internationale pour qu'elle fasse elle-même pression sur le Président Al-Béchir…

Deuxième lettre.

Ce qui m'effraie, quand je vais en Afrique, c'est le sentiment d'un continent en train, comment vous dire ? de sortir purement et simplement de l'Histoire. C'est pire encore que la faim. Pire encore que la misère. C'est pire que ce que nous redoutions, dans notre jeunesse, quand nous décrivions l'Afrique comme étant au (mauvais) bout de l'horrible chaîne de l'exploitation et de l'oppression. Le sentiment, là, c'est celui d'un continent qui a lâché la corde. Ou, plus exactement, d'un continent que le reste du monde est en train d'abandonner. C'est frappant pour le Darfour où se produit, sous nos yeux, un massacre de masse d'une ampleur hallucinante et qui, à part nous et quelques autres, n'arrive à intéresser personne. Cela m'a frappé, l'autre semaine, au Burundi, ce pays jumeau du Rwanda où j'ai eu la sensation, tout à coup, d'une terre désolée, absolument désolée, abandonnée des dieux et des hommes et dont le sort n'importait plus à quiconque. Il y a là des gens extraordinaires. Des intellectuels de premier ordre. Des paysages magnifiques. Une culture très belle. Et, soudain, l'idée suivante m'a traversé : imaginons, ce qu'à Dieu ne plaise, qu'un cataclysme détruise tout cela ; imaginons (hypothèse absurde, mais imaginons-la quand même) que tout cela, que j'avais sous les yeux, disparaisse brusquement par on ne sait quel décret diabolique ; eh bien aucun équilibre, ni économique, ni démographique, ni financier, ni même écologique n'en serait modifié sur la planète ; j'ai réalisé qu'il y avait là une portion du monde dont le monde avait fait en sorte de pouvoir, littéralement, se passer… C'est rare de se dire ça. C'est rare et c'est terrible. Et c'est pourtant bien ce qu'on se dit quand, comme vous ou moi, on connaît un peu l'Afrique et qu'on l'aime. Vous me trouvez pessimiste ? Peut-être. Mais je pense, vraiment, que c'est contre ça qu'il faut lutter. Contre ça d'abord. La première tâche, autrement dit, devrait être de faire rentrer dans l'Histoire cette Afrique martyre.

Troisième lettre.

Bien sûr, Fukuyama a tort ! J'ai consacré des pages et des pages, presque des livres, à démontrer qu'il avait tort, philosophiquement tort, et que son rêve d'une Histoire achevée était un rêve absurde, complètement chimérique, comme l'était d'ailleurs le même rêve quand il était porté par ses grands prédécesseurs Kojève et Hegel. Vous n'allez donc pas m'apprendre cela. A mes yeux, lui et Huntington, le théoricien du clash des civilisations, incarnent, au même titre ou presque, les deux pensées auxquelles il faut s'opposer et contre lesquelles il faut penser. On est d'accord, donc, là-dessus. Ce que je vous ai dit c'est autre chose. A savoir qu'il y a une sorte d'ironie, ou de ruse, de l'Histoire présente qui fait que cette sortie de l'Histoire qui était supposée arriver dans les grands pays démocratiques et développés est en train d'arriver en Afrique – mais sous une forme terrible, tragique, forcée, sanglante et, parfois, génocidaire. Afropessimisme ? Peut-être. J'espère. J'espère, oui, que vous avez raison quand vous dites que l'Afrique est le prochain continent, le continent du prochain siècle, etc… Mais, pour l'instant, nous n'y sommes pas. Et ce que je vois, moi, dans mes voyages, c'est le crime à grande échelle, les milices d'enfants soldats, les armées perdues avec leurs stocks d'armes colossaux qui se perdent dans la brousse et ressortent dans des guerres d'une violence inouïe.

Vous me parlez du Nigeria. J'ai fait, il y a quelques années, un reportage à Lagos. Je suis allé voir de près cette non-ville, en train de mourir sur pied, presque de pourrir, avec son peuple de déshérités absolus. Pétrole ou pas, qu'est-ce que ça change quand tout est organisé pour tenir 90 % de la population aux lisières de la vie et de la survie humaines ? A quoi bon être l'un des plus grands producteurs de brut au monde, quand on est dirigé par une caste qui n'est pas loin de considérer, avec l'assentiment de l'Occident, que le pays utile se réduit au tracé des pipelines et que le reste peut aller en enfer ?

Vous me parlez de l'Angola. Et vous avez raison de dire que c'est là, aussi, que nous irons chercher notre pétrole le jour où nous aurons compris que notre dépendance à la Russie et au monde arabe est totalement suicidaire. Mais je suis allé, également, en Angola. Et l'Angola est, en même temps, dans un état tellement désespéré... Un parti pseudo-marxiste au pouvoir... Un régime parfaitement despotique... Des zones entières qui ont été pillées, détruites, brûlées jusqu'à la dernière herbe de brousse par la guerre fratricide qui a opposé, pendant si longtemps, les troupes du MPLA à celles de Savimbi. Et, là aussi, un « pays utile », celui des réserves pétrolières, qui se réduit à une zone infime, une sorte de pays offshore, extérieur à lui-même et à sa propre géographie...

Je pourrais multiplier les exemples. Le Rwanda, bien sûr. Le Soudan, cher à notre cœur. Le Zimbabwe. Le Congo Kinshasa. Je veux juste dire qu'il y a encore du chemin à faire, beaucoup de chemin, avant de voir l'Afrique rejoindre le destin que vous lui prêtez et qui devrait être en effet le sien. Quand ? A quelle échéance ? A quel prix ? Et moyennant, en Europe, quelle révolution intellectuelle et morale ? C'est la question. Et c'est, pour le coup, notre combat commun.

3

Ségo ? Sarko ? (débat avec André Glucksmann)[1]

Pour commencer, pouvez-vous nous donner chacun trois raisons de choisir Ségolène Royal ou Nicolas Sarkozy ?

Bernard-Henri Lévy : Vous savez – je m'en suis expliqué dans vos colonnes – que Ségolène Royal n'était pas, au départ, ma candidate idéale puisque j'étais partisan de Dominique Strauss-Kahn. Mais au point où nous en sommes, et puisque vous nous demandez trois raisons, voici les miennes. Primo, parce que c'est une femme et que dans ce vieux pays machiste et misogyne qui n'est jamais sorti de la loi salique et qui a les problèmes que vous savez avec la parité, ce serait un vrai bond en avant. Secundo parce que son style, sa souplesse, son côté démocratie participative, voire son tropisme girondin, font qu'elle me paraît mieux placée que son adversaire pour faire passer les réformes dont la France a besoin. Et puis il y a, enfin, ce qu'elle dit sur un certain nombre de grands sujets de politique internationale qui me paraissent cruciaux : l'Iran, face à quoi elle manifeste une fermeté constante ; ou encore le Darfour, avec la courageuse position qu'elle a prise, comme Bayrou, sur l'éventuel boycott des Jeux olympiques de Pékin…

1. Organisé et publié par *Le Nouvel Observateur*, à la veille du second tour de l'élection présidentielle de mai 2007 ; propos recueillis par Marie-France Etchégoin.

André Glucksmann : Nicolas Sarkozy a le mérite d'effectuer un constat radical et courageux qui met en cause ses adversaires comme son propre camp : le mal-être de la France ne date pas des cinq mais des trente dernières années. Trois décennies d'absence de réformes claires ont plongé notre pays dans une stagnation pire que celle de ses voisins. Croissance faible, chômage record, accumulation des frustrations : la France n'a pas pu, pas su, prendre le train européen en marche. De ce constat découlent trois ambitions. Premièrement, Nicolas Sarkozy ose une rupture nécessaire avec un modèle socio-économique franco-français qui laisse tant de nos compatriotes sur la touche, il veut débloquer un marché du travail sclérosé. Deuxièmement, la France a mis en panne l'Europe, notamment avec la victoire du « non » en 2005. Assumer la construction européenne, c'est oser dire qu'un nouveau référendum risque de briser l'Union européenne. Sa promesse totalement antidémagogique d'adopter rapidement un traité constitutionnel minimal par voie parlementaire permet une reprise de l'élan européen. Enfin, troisièmement, Nicolas Sarkozy a, et cela depuis longtemps, mené une critique de fond de la realpolitik française en matière de relations internationales. Il a le premier, au sujet de la Tchétchénie ou de la « Françafrique », remis les droits de l'homme au cœur du débat français. Au prix d'une rupture totale avec les conceptions de Jacques Chirac, Dominique de Villepin, d'Hubert Védrine ou de Jean-Pierre Chevènement. Ces trois ambitions témoignent d'une démarche qui réhabilité la volonté politique et assume des clivages essentiels à la démocratie.

Sommes-nous, à la veille de ce deuxième tour, face à un choix véritablement historique ?

AG : Nous sommes à une croisée des chemins. Ces élections représentent une sorte de *« kairos »*, d'instant à saisir. Les récentes émeutes de banlieue signalent que nous ne pouvons plus attendre. 20 % de jeunes sans emploi, 40 % dans les quartiers « défavorisés », telle est la principale cause du malaise français. Quand les pères sont au chômage, quand le frère, à bac + 4, enchaîne CDD et périodes de galère, comment croire en l'avenir ? La France ne peut s'offrir cinq ans d'immobilisme supplémentaires. Sous peine d'une explosion des frustrations, d'un rejet accru de la politique, d'un repli sur soi généralisé. Dès 1984, Edmond Maire, leader de la CFDT, reprochait au gouvernement socialiste de ne pas s'attaquer à la source de toutes les inégalités dans la société moderne : le chômage. Vingt-trois ans plus tard, le temps est venu de s'inspirer de pays comme l'Angleterre, l'Espagne, le Danemark ou même l'Allemagne (laquelle a su absorber 17 millions d'Allemands de l'Est en moins de vingt ans). C'est crucial pour la France et, enjeu des enjeux, c'est décisif pour l'Europe.

BHL : Moi non, je ne suis pas certain qu'il faille parler de « choix historique ». Car aucun des deux candidats n'incarne « le » Mal. Ni aucun, symétriquement, « le » Bien. On est dans le domaine de la politique. C'est-à-dire du compromis. Ou, si vous préférez, du moindre mal. Et il faut être, donc, bien plus modestes, plus pragmatiques, que cela – il faut éviter de tomber dans le mythe de l'homme (ou de la femme) providentiel qui viendrait tout résoudre par un coup de baguette magique. C'est le fond, d'ailleurs, de mon désaccord avec André. Qu'il choisisse Sarkozy, c'est son droit. Mais j'ai été surpris par l'emphase, le lyrisme, qu'il y a mis. Je pense, moi, juste, qu'une Royal rétablissant la police de proximité dans les banlieues sera plus capable de résoudre le problème que le ministre de l'Intérieur qui l'a supprimée pour la remplacer par des compagnies de CRS. Et, pour prendre la question de l'Europe qui est, naturellement, essentielle, il me semble que la démarche de Royal organisant un nouveau référendum, réexpliquant les choses et convainquant ceux des partisans du Non qui se trouvent être dans son camp, a plus de chances de marcher que celle d'un Sarkozy faisant repasser le Traité en catimini par un acte parlementaire…

AG : « Catimini » ! Tu exagères doublement. D'une part, c'est une proposition formulée devant le corps électoral avant le second tour. Elle n'a rien de dissimulé. Deuxièmement, un acte parlementaire ne relève du « catimini » qu'aux yeux d'un populiste que tu n'es pas. Quant à la femme ou l'homme providentiels, Bernard, je n'y crois pas plus que toi. Nous vivons en démocratie, le choix n'oppose pas une sainte et un diable ou vice versa. Voter n'est pas entrer en religion. Je reste, comme Stendhal, athée en politique. Je n'approuve pas Nicolas Sarkozy sur tout, je constate simplement qu'il re-politise la France en la clivant autour de questions brûlantes et propose un programme audacieux. Toi et moi, nous ne voterons pas pour le même candidat, mais cela ne remet pas en cause le fait que nous partagions les mêmes répulsions, le même héritage antitotalitaire et un nombre d'engagements moraux et mondiaux (l'Europe, la Tchétchénie, le Darfour, le Rwanda et l'Iran)... L'alternative totalitaire/antitotalitaire, terrorisme/antiterrorisme ou cosmopolite/antimondialiste transcende le clivage droite/gauche.

Bernard-Henri Lévy, quand vous critiquez l'emphase d'André Glucksmann, faites-vous notamment allusion à cette phrase de sa tribune au Monde *: « Nicolas Sarkozy est le seul candidat aujourd'hui à s'être engagé dans le sillage de la France du cœur. »*

BHL : Oui, bien sûr. Je connais l'absolue sincérité d'André. Mais je découvre aussi là, qu'il me pardonne, une forme de naïveté. Car enfin, c'est vrai que le discours de candidature de Sarkozy était un beau discours. Mais ce n'était qu'un discours. Et un discours dont on peut facilement imaginer qu'il a été écrit par l'un quelconque de ses speech writers. Alors, s'engager ainsi, avec un tel enthousiasme, sur la seule foi d'un seul discours, ça me semble franchement problématique. Et problématique, j'y insiste, au regard même de l'éthique de prudence, de minimalisme éthique, de défiance, que nous avons bâtie ensemble pendant les dernières décennies. Je ne nie pas que Sarkozy ait du cœur. Mais quand je le vois, il y a trois semaines, devant une assemblée de sportifs, trouver « ridicule » l'idée d'utiliser l'arme du boycott des Jeux de Pékin pour contraindre les Chinois à bouger sur le Darfour, quand je le vois, à ce moment-là, revenir sur l'engagement qu'il avait lui-même pris de ne pas traiter, s'il était élu, la tragédie du Darfour comme « un détail de l'Histoire », il y a quelque chose qui ne passe pas. Et c'est moi qui, pour le coup, en ai le cœur serré…

AG : Naïveté pour naïveté, cher Bernard, je crois moins naïf de juger sur des discours publics qui valent engagements publics que de juger sur rumeurs ou propos rapportés. Sur quoi évalues-tu Ségolène sinon sur ses déclarations ? A nous et à chaque citoyen de rappeler plus tard à l'élu(e) promesses et engagements.

BHL : Sur quoi j'« évalue » Royal et Sarkozy ? C'est très simple. Prends cette question, par exemple, du Darfour. L'un a un discours à géométrie variable selon le public auquel il s'adresse. L'autre n'a, à ma connaissance, pas varié d'un iota depuis ses engagements pris à la Mutualité.

Bernard-Henri Lévy, vous semblez avoir du mal à comprendre la trajectoire d'André Glucksmann, de Mai 68 à Sarko.

BHL : Je viens de vous le dire. Le problème ce n'est pas tellement cet engagement en soi. Ce qui m'a surpris c'est qu'il le fasse si tôt, avant même que la campagne n'ait commencé. Et c'est aussi qu'il y mette tant de flamme – une flamme que nous étions d'accord, depuis trente ans justement, pour réserver aux résistants bosniaques, aux martyrs tchétchènes ou aux dissidents soviétiques qui nous réapprenaient le sens et le goût de la liberté. J'ajoute qu'il y a quand même eu, depuis, la proposition d'un ministère de l'Identité nationale et de l'Immigration. Les déclarations sur le caractère inné de la pédophilie. Ou encore les provocations répétées sur les « racines chrétiennes de la France » ou sur le fait que la France n'a jamais « commis de génocide » (ce qui est, à la lettre, faux puisque arrêter et déporter sont, selon la définition de Nuremberg, constitutifs du crime de génocide). J'ai beau dire qu'il ne faut pas diaboliser Sarkozy. J'ai eu beau dire et répéter que « Sarko = Facho » est un mot d'ordre débile. Il a vraiment, là, et à plusieurs reprises, franchi la ligne jaune. Et il a pris le risque de déculpabiliser, voire d'encourager, des réflexes terribles dans ce pays. C'est Robert Badinter, n'est-ce pas, qui parlait de lepénisation des esprits ? Eh bien nous y sommes en plein. Et je vois mal comment on peut s'accommoder de cela.

AG : Soyons sérieux, se prononcer pour la candidature Sarkozy et s'effrayer d'une capitale rasée par l'armée russe (Grozny, 400 000 habitants jadis) ça fait deux. Mon article dans *Le Monde* a fait du bruit, il a choqué ceux qui considèrent la gauche comme l'unique choix possible pour un intellectuel humaniste. Je n'ai ensuite accepté aucun passage à la télé ou à la radio pour justement ne pas avoir à m'enflammer face à la bêtise des dévots et des sectaires. Les opinions de Nicolas Sarkozy sur le caractère inné de la pédophilie sont les siennes, pas les miennes (je laisse aux scientifiques la discussion sempiternelle sur les rôles respectifs de l'inné et de l'acquis). Mais en quoi est-ce plus rédhibitoire que l'apologie de la justice chinoise – plusieurs milliers d'exécutions capitales chaque année ? Pourquoi ne pas s'émouvoir qu'un intellectuel puisse incliner pour Ségolène Royal après ces propos ? Pourquoi pas de franchissement de ligne jaune lorsqu'elle approuve les propos d'un dignitaire du Hezbollah ? Je ne fais pas passer à Sarkozy l'agrégation de philosophie. Nous portons des jugements politiques. Touchant le fameux « ministère », tu le sais comme moi : sa conception de l'identité nationale n'est pas ethnique mais républicaine, fondée sur l'intégration de vagues successives d'immigration dont sa famille a fait partie. Il a levé l'hypothèque que faisait peser le FN sur la vie démocratique française. Il fallait voir l'émotion de Simone Veil au soir des résultats, l'embrassant pour avoir réussi ce que personne n'avait fait avant. Surtout pas Mitterrand…

BHL : Attends. On mélange tout. Sur la Tchétchénie, nous sommes évidemment d'accord. Sur Royal et la justice chinoise ou le Hezbollah, il est établi, le feu de la polémique passé, que c'étaient des malentendus – et on a d'ailleurs vu, dès le lendemain, qu'elle n'était pas moins l'amie d'Israël que ses principaux adversaires. Maintenant, il y a deux questions de fond. L'identité nationale : on dira ce qu'on voudra, mais faire le lien entre l'identité nationale et l'immigration c'est considérer que la seconde est la principale menace qui pèse sur la première ; et, puisque tu parles de Simone Veil, parlons-en – on a tous vu, non pas son « émotion », mais son extrême embarras quand son candidat s'est aventuré sur ce terrain. Et quant au FN, c'est vrai que Sarkozy est pour beaucoup dans le fait que l'hypothèque soit levée. Mais es-tu sûr qu'il en soit seul responsable ? Le fait que Royal arrive en tête dans certaines des catégories sociales qui votèrent Le Pen en 2002 ne suggère-t-il pas qu'elle y est aussi pour quelque chose ? Rappelle-toi comment nous réagissions quand Mitterrand se targuait d'avoir levé l'hypothèque communiste en France. Nous disions – et nous avions raison – que les choses étaient bien plus compliquées que cela. Et que l'Eglise catholique, les dissidents, le mouvement des idées, avaient aussi eu leur part à cette fantastique libération. Eh bien c'est pareil pour le FN. C'est une illusion d'attribuer à tel ou tel, seul ou principalement, la responsabilité de son déclin. Surtout quand ce tel ou tel-là a pris le risque de le faire en surfant sur les thèmes qu'il entendait combattre…

AG : Le recul du FN est, certes, dû à un sursaut de la société dans son ensemble. Sarkozy, en restituant la franchise du débat politique a largement contribué à ce réveil démocratique. Un « ministère » de l'immigration ET de l'identité nationale n'est pas un ministère de l'identité nationale CONTRE l'immigration. La lepénisation qui installe un rapport d'exclusion entre l'immigration et la nation est une maladie de l'esprit. Le malveillant de gauche qui insinue que ce rapport va de soi lepénise à son insu, par volonté de dénigrer. La nation n'est pas une ethnie, l'immigration n'est pas majoritairement communautariste, dans un monde bouffé par les guerres de religion, la France doit donner un exemple de laïcité et de tolérance qu'elle porte dans sa culture depuis au moins Montaigne. La discrimination positive prônée par Sarkozy va dans ce sens.

André Glucksmann, vous aussi, vous avez vu votre ami évoluer. Comment jugez-vous le soutien de l'auteur de L'Idéologie française *à celle qui voudrait voir un drapeau tricolore dans chaque foyer ?*

AG : Le drapeau ne me pose pas problème, bien que cette réplique au débat lancé par Sarkozy sur l'identité nationale me semble faible. Ce qui m'interpelle, ce qui me gêne, c'est la réponse tous azimuts : « mon programme, c'est vous », « je pense ce que vous pensez »... Ce narcissique renvoi de miroir n'est pas ma conception de la politique.

BHL : Royal ne dit pas exactement cela. Le fond de sa position est plutôt : « il faut faire bouger la France ; il faut casser les dogmes, les privilèges, qui la sclérosent ; mais il faut le faire, non pas contre, mais avec les Français et en prenant soin, avant, de les consulter et de les écouter. » Franchement, qu'avons-nous à dire contre ça ? Est-ce que ce n'est pas la moins mauvaise des façons de faire de la politique ? Et est-ce qu'il n'y a pas là une manière intéressante, au contraire, de faire évoluer la gouvernance démocratique ? Il y a aujourd'hui tout un courant qui, tu le sais, est en train d'essayer de nous refiler en douce, sous prétexte de « Politique » avec un grand « P », le « décisionnisme » schmittien. Ce courant, cette façon de se gargariser de « grande politique » à partir d'un penseur qui fut un penseur nazi, c'est une chose qui vient de gens comme Balibar, Negri, Badiou, bref, de l'extrême gauche. Eh bien je trouve que Royal, avec sa « démocratie participative », est un assez bon antidote à cela. De même que, d'une façon générale, elle est en train de faire un travail intéressant par rapport aux archaïsmes qui minent la gauche française. De cela aussi, il faut la louer. Et ce n'est pas la moindre des raisons de voter pour elle... L'affaire du drapeau, c'est encore autre chose ; j'aurais évidemment préféré qu'elle y ajoute le drapeau européen.

AG : Excuse-moi, Bernard. Les démêlés possibles de Royal avec une ultra-gauche qui s'inspire d'un penseur plus ou moins nazi ne m'intéressent pas. Le décisionnisme de Carl Schmitt consiste dictatorialement à décider (définir) un état d'urgence. Au contraire la décision démocratique se prend *devant* un état d'urgence perçu par les électeurs. Vouloir éviter le « décisionnisme » schmittéen en récusant les décisions démocratiquement proposées et votées me paraît dérisoire. Si Sarkozy inquiète en proposant des choix, comment ne pas s'inquiéter davantage du goût immodéré de Royal pour les moratoires qui remettent les décisions cruciales à plus tard. Elle a des partisans qui dirent « oui » au référendum sur l'Europe et d'autres qui firent triompher le « non », ceux qu'on dénonce comme « social-libéraux » et ceux qui invoquent une « autre société » ou un bouleversement radical, les pro-nucléaires et les anti, les pro-palestiniens et les amis d'Israël, les laïcs et les islamophiles, ceux qui fêtent et ceux qui déplorent les 35 heures, etc. Rien n'y fait, le « pacte présidentiel » qu'elle propose saute allègrement au-dessus des risques, des difficultés, des options urgentes. Surréaliste ce « Pacte » se profère « d'un certain point de l'esprit d'où la vie et la mort, le réel et l'imaginaire, le passé et le futur, le communicatif et l'incommunicable, le haut et le bas cessent d'être perçus contradictoirement », comme le dit André Breton.

Sarko aurait les pieds sur terre, et le ségolisme serait une chimère ?

BHL : Le problème, c'est ce qu'André appelle les « démêlés » de la gauche avec elle-même. Ils m'intéressent, moi, au contraire. Et je dirai même qu'intervenir là-dessus, aider ce qu'on appelle la gauche à penser, pour s'en défaire, son insistante compromission avec l'esprit totalitaire, a été et reste, depuis trente ans, l'un de mes combats essentiels. Par ailleurs, surréalisme pour surréalisme, à mon tour de dire qu'il faut essayer d'être sérieux. Car que penser, alors, de la grande alliance proposée par Sarkozy et où sont censés cohabiter les disciples de Jaurès et les déçus de Le Pen, les héritiers de Jean Moulin et ceux de Barrès, l'esprit de la Résistance et celui qui considère que la France de 1940 ne s'est finalement pas si mal conduite ? Aux dernières nouvelles, la famille vient même de s'ouvrir à l'inénarrable Monsieur Besson qui aura réussi cette grande première, dans l'histoire de la République, de commencer une campagne dans un camp et de la finir dans l'autre ! Non. Il y a un moment où il faut en revenir à des questions simples. Qui, des deux, aura les moyens politiques de remettre la France à la table de l'Europe ? Réponse : plutôt Royal – précisément parce qu'elle peut parler aux gens du non. Qui, des deux, réussira à réduire, et non à radicaliser, la fameuse fracture sociale ? Réponse : plutôt Royal – parce qu'elle jouera les syndicats, les associations, les régions et, encore une fois, ce dialogue social sans quoi rien ne se fait. Qui, des deux, aura la politique étrangère que nous appelons de nos vœux et qui fera avancer – un peu – la cause des droits de l'homme ? Réponse : ne soyons pas trop ingénus car nous savons comment les promesses de campagne cèdent devant les exigences de la realpolitik – mais enfin c'est vrai que, là aussi, je préfère l'entêtement de Royal sur, par exemple, le nucléaire iranien à l'attitude d'un Sarkozy qui va négocier, à Alger, un contrat « gaz contre nucléaire » qui laisse pantois quand on connaît la légendaire stabilité politique de l'Algérie !

Bernard-Henri Lévy, vous avez pris la parole le premier dans ce débat. André Glucksmann, à vous de conclure…

AG : Trois remarques. 1/Les présidentielles se décident fifty-fifty à quelques unités près. Il est donc évident que 50 % des gens se retrouvent ici et les autres là. Ils ne s'aiment pas tous et tu ne les aimes pas tous. Mais ce n'est pas la guerre. Arrêtons. 2/On peut être ému par Guy Mocquet, se réclamer de Jaurès, de Blum à droite, de De Gaulle et de Jeanne d'Arc à gauche sans être pilleur de sépulture. 3/Par contre, on ne peut proposer des politiques antinomiques (nucléaire/antinucléaire etc.) sans offenser le principe de non-contradiction et s'emberlificoter dans les moratoires qui remettent la décision aux calendes grecques. Assez d'une pathologie unanimiste qui prétend d'emblée représenter deux Français sur trois (Giscard) ou réconcilier définitivement le pays réel et sa représentation politique (Mitterrand). Le paroxysme d'une pareille aboulie emporta Chirac qui ne se remit jamais d'un 82 % accidentel. Agir implique choisir. Agir démocratiquement suppose que les alternatives soient présentées devant l'électeur et non négociées après coup, derrière son dos, dans les dîners et les conciliabules de militants exaltés. Donc, plutôt Sarkozy.

C'était votre mot de la fin…

BHL : Arrêtons, en effet. Je crois que quelque chose de clair, de digne, sans trop de conciliabules ni de manœuvres, est en train de se dessiner entre l'aile réformiste du vieux Parti socialiste et ce fameux « centre », réputé introuvable, et qui émerge pour la première fois grâce à Bayrou. Déclin du FN, mort du PC et, sur leurs ruines, dans les décombres de ce qui fut l'exception française, l'apparition d'une vraie majorité arc-en-ciel : c'est mon vœu depuis si longtemps – ce n'est pas aujourd'hui que je vais changer d'avis !

AG : Inch Allah ! Que ton vœu soit exaucé ! Préparons de nouvelles alternances, j'espère que la gauche va enfin commencer sa mue, laquelle prendra plus de dix jours. Le temps, lui, n'attend pas. L'instabilité planétaire croît. Quand l'Europe n'avance pas, elle recule. Ses populations retrouvent les xénophobies de jadis et les gouvernements la tentation munichoise de céder aux chantages terroristes ou énergétiques. Il faut choisir le 6 mai, pour les cinq ans à venir, entre principe de réalité et principe de surréalité.

4

Débat avec Alain Finkielkraut (Quand la politique s'empare des intellectuels)[1]

Comment peut-on être à gauche ? Vous, Alain Finkielkraut, vous ne vous posez plus guère la question. Pourtant vous l'avez été...

Alain Finkielkraut : Pour moi, à la différence de Bernard-Henri Lévy, la gauche n'a jamais été une famille ni un album. C'était une « splendide promesse faite au Tiers Etat » et comme disait Péguy, l'accès au vrai nécessaire, le pain et le livre. Or la gauche a contribué, par une politique scolaire effrayante, à la destitution du livre. Elle s'est trahie en se faisant la messagère enthousiaste du n'importe quoi. Bien sûr, j'ai été attaché à la gauche. J'ai une dette à l'égard d'une de ses grandes réalisations, l'école républicaine. Mais la gauche l'a tuée. Elle s'est déliée de sa promesse originelle, et aujourd'hui, je revendique mon inappartenance.

Nicolas Sarkozy vous a-t-il approché pendant la présidentielle ?

AF : Non à la différence de Bernard-Henri Lévy, il ne m'a pas appelé. Pourtant, on a raconté partout que j'étais devenu

1. Débat organisé puis publié, après les élections, le 4 octobre 2007, par *Le Nouvel Observateur* et, à nouveau, par Marie-France Etchégoin, à l'occasion de la publication de *Ce grand cadavre à la renverse* (Grasset).

sarkozyste. Ce n'est pas ainsi que je conçois mon rôle d'intellectuel. Je ne suis attaché à personne.

Bernard-Henri Lévy, vos ennemis ou même certains de vos amis disent que vous avez tout pour être sarkozyste et pourtant vous n'avez pas basculé…

Bernard-Henri Lévy : Ce qui est vrai c'est que je me suis toujours insurgé contre le slogan idiot qui consistait à présenter Sarkozy comme le diable ou comme un fasciste. Mais, à part ça, j'ai toujours été de gauche. Je reste fermement attaché à la gauche. Et Sarkozy a tenu, pendant la campagne, assez de propos inacceptables pour me conforter, s'il était besoin, dans cette position. Il y trois sujets clés pour un Français d'aujourd'hui. Vichy, la colonisation et, aussi, Mai 68. Sur ces trois sujets, Sarkozy a dit des choses que je trouve, personnellement, terribles.

Les premiers mois de son mandat confortent-ils ce jugement ?

BHL : Oui, hélas. Sa politique en matière d'immigration, par exemple. L'affaire des tests ADN. De même que cette façon d'inciter les préfets à « faire du chiffre » pour les expulsions de sans-papiers. De même encore que ces quotas dits « géographiques » qui sont en réalité des quotas ethniques et qui violent un principe constitutionnel fondamental. Tout cela est indigne. Pour le reste, il y a des bonnes choses bien sûr. Mais prenez, par exemple, la libération des infirmières bulgares. Est-ce qu'il fallait payer cette libération si cher ? Est-ce qu'il fallait aller, en si grande pompe, voir Kadhafi ? Est-ce qu'il fallait lui faire les cadeaux qu'on lui a faits ? Et pour Ingrid Betancourt, qui est une héroïne magnifique, est-ce qu'on va se contenter de recevoir Hugo Chávez ou est-ce qu'on va lui offrir, lui aussi, sa petite centrale nucléaire ? Il y a, dans tout cela, une part de désinvolture vibrionnante et cynique que je ne trouve digne ni de la France ni des enjeux…

Revenons aux divergences de fond qui vous opposent aujourd'hui tous les deux. BHL voit dans les émeutes de banlieue de 2005 une crise sociale, et reproche à la droite et aussi à vous, Alain Finkielkraut, de ne pas l'avoir compris...

AF : Je m'insurge contre un certain type de discours. Dans la sociologie qui sert de système d'explication du monde à gauche, le véritable agent de tout acte délictueux commis par un dominé, c'est le système de domination. Si les émeutiers détruisent leurs cités c'est parce que ce sont des ghettos, s'ils brûlent des écoles c'est parce que l'ascenseur social est en panne, si les émeutes ont eu un caractère racial – car on a bien été obligé de s'en apercevoir – c'est en réponse au racisme de notre société. Ce transfert d'imputation qui est le progressisme en acte est tellement automatique qu'il en devient comique. En tendant à ces jeunes le miroir embellissant de la révolte, on les enfonce dans leur marasme. Alors qu'il faudrait avant tout leur donner des repères, c'est-à-dire leur faire honte. Ça ne signifie pas les stigmatiser à jamais mais rendre possible leur réintégration dans la communauté nationale.

BHL : Bien sûr qu'il faut faire honte aux émeutiers qui brûlent leurs propres écoles. Mais, pour avoir le droit de faire honte aux autres, il faut commencer par se faire honte à soi-même. J'ai honte, moi, d'une société qui a accepté que se créent ces ghettos de la misère. J'ai honte de ces forteresses de chômage, de ces territoires perdus de la loi. C'est trop facile de hurler à la barbarie quand des gamins brûlent des bibliothèques – et de ne pas se poser une seconde la question de savoir pourquoi les élites, c'est-à-dire nous, n'avons pas réussi à leur en donner le goût.

AF : Avoir honte en effet. Mais de quoi ? De l'abandon de la langue par les élites qui sont chargées de la transmettre. De cette confusion entre l'autorité et la domination qui a blessé l'école à mort. De la culture Canal+... Car je veux bien, moi aussi, qu'on envisage les causes de la violence des émeutiers. Mais est-ce sous la forme de la domination que notre société est coupable ou ne serait-ce pas, plus justement, à cause de sa logique de consommation insatiable ? Quand un groupe de rap répond au nom de « 50 Cent » et chante : « *Get rich or die trying*» (enrichis-toi ou meurs en essayant), que les people du « Grand Journal » étalent leur prospérité et leur nullité, il est absolument clair que les professeurs qui gagnent 1500 euros par mois sont l'objet d'un mépris définitif. Ce télescopage entre les people et les jeunes de banlieue nous fait oublier ceux qui dans les cités ne sont pas jeunes et subissent de plein fouet les incivilités. La grande revendication des jeunes de banlieue, c'est de dire qu'on ne parle jamais d'eux alors qu'on ne parle que d'eux.

BHL : Ce n'est pas vrai. Ces banlieues sont le grand trou noir de la réflexion politique contemporaine. C'est « cachez ces sauvages que l'on ne saurait voir ». On en parle peut-être. Mais depuis peu…

AF : Non, depuis très longtemps ! Les ouvriers qui se retrouvent à terre à cause des délocalisations qui en parle vraiment ? Tout le monde s'en fout. Parce qu'ils ne sont victimes d'aucune discrimination. Parce qu'ils sont dignes et ne brûlent rien. Parce que l'antiracisme est devenu une idéologie. Alors moi oui, j'ai honte aujourd'hui de ça et j'ai d'autant plus honte que l'idéalisation de ces jeunes est la pire chose qu'on peut faire contre eux.

BHL : Eh bien nous ne sommes décidément pas d'accord. Le pire, pour moi, c'est quand Hélène Carrère d'Encausse, Secrétaire perpétuelle de l'Académie française, va dire à la télévision russe : « l'origine de la crise des banlieues, c'est la polygamie ». C'est quand les policiers français osent, avec les jeunes des banlieues, un tutoiement qu'ils ne se permettraient avec aucun d'entre nous. Le pire, ce n'est pas l'antiracisme, c'est le racisme, c'est toujours le racisme – et il demeure, hélas, une tendance lourde de la société française.

BHL, vous défendez Mai 68 dans votre livre. Vous, Alain Finkielkraut, vous y voyez l'origine de tous les maux de la société…

AF : J'ai gardé de très beaux souvenirs de Mai 68 : les rues libérées des voitures, la présence électrisante des femmes dans les manifestations, la décrispation de la sexualité. Mais cette émancipation s'est accompagnée d'une attaque généralisée – dont nous payons encore le prix aujourd'hui – contre la bienséance. Pour preuve cette phrase récente de Daniel Cohn-Bendit : « Ségolène Royal est une soixante-huitarde. Elle dit : "quand je me fais chier, je m'en vais". En ce sens-là, je ne suis plus soixante-huitard. Moi je ne « me fais jamais chier », je m'ennuie, parfois. Et quand je m'ennuie, je prends mon mal en patience… 68 a voulu supprimer la honte. Eh bien, la honte, c'est la prise de conscience d'autrui. Et son absence, c'est le triomphe de la muflerie.

Pendant la campagne, pourtant, Ségolène Royal n'est pas apparue comme l'incarnation de l'esprit de Mai…

BHL : Détrompez-vous, elle a rendu hommage à Mai 68 et elle s'est inscrite en faux, surtout, contre les propos idiots, dictés par le dangereux Guaino, sur le thème : « il nous reste deux jours pour liquider l'héritage de Mai 68 »… Alors, maintenant, qu'il y ait eu, en Mai 68, une crise de l'autorité, c'est vrai. Mais tant mieux ! La bienséance, la politesse, etc., ne sont quand même pas des valeurs politiques cardinales ! D'ailleurs, moi, quand je m'ennuie, je m'en vais…

AF : Alors je m'en vais !… Bon sérieusement, je voudrais revenir à 68. Il y a eu deux printemps. Celui de Paris et celui de Prague. On a voulu les confondre, avec générosité d'ailleurs. Or il y avait d'un côté une vague de lyrisme révolutionnaire, de l'autre un moment de scepticisme post-révolutionnaire que Kundera caractérise comme la « révolte populaire des modérés ». J'ai été un combattant grégaire de 68, mais au fil des années, j'ai changé d'héritage, j'ai choisi Prague contre Paris. La pensée d'Europe centrale contre la radicalité progressiste et radoteuse.

BHL : Moi qui n'ai jamais été un combattant grégaire de quoi que ce soit, permettez-moi une petite suggestion. Est-ce qu'on ne pourrait pas, pour une fois, essayer de penser deux choses à la fois ? Prague *et* Paris… Havel *et* Cohn-Bendit… D'autant que, lorsqu'on y regarde de près, ce n'était, *en effet*, pas le contraire. Le lyrisme, en politique, me fait peur moi aussi. Et je sais bien qu'il est le fourrier des plus grandes irresponsabilités et par conséquent des plus grands crimes… Mais plus le temps passe – et plus je pense que Mai 68 a été un moment *apparemment* lyrique qui a joué, en réalité, un rôle considérable dans le dégrisement collectif qui a donné naissance à l'antitotalitarisme d'aujourd'hui. C'est parce qu'il y a eu Mai 68 qu'on a appris à entendre Vaclav Havel et Alexandre Soljenitsyne.

C'est assez paradoxal, dans ce moment d'exaltation qu'a été Mai 68…

BHL : Ça s'appelle une ruse de l'Histoire. Et l'histoire des idées est familière de ce type de ruses, de montées aux extrêmes, qui préludent à un retournement. Mais 68, en réalité, se termine en 1976, avec la fin de la révolution culturelle chinoise et le Cambodge. Or cette séquence de temps, c'est le moment où, dans l'histoire du monde, on est sans doute allé le plus loin dans la radicalité. C'est le moment où on a pris le plus au sérieux l'idée d'aller extirper, au fond des âmes, les racines du « vieil homme » pour permettre la naissance d'un homme nouveau. Et l'expérience étant allée au bout d'elle-même, le laboratoire ayant fonctionné à plein régime, la preuve n'en a été que plus éclatante : quand on tue le « vieil homme », quand on casse l'histoire en deux, quand on fait de l'âme une page blanche, on accouche de la barbarie. Jusqu'alors, on disait toujours : « les révolutions échouent parce qu'elles ne vont pas assez loin, mais on fera mieux la prochaine fois ». Là, on est allé au bout et on a vu que ce bout c'était l'horreur… Michel Foucault l'a très bien dit, à ce moment-là, dans vos colonnes, dans un entretien qu'il m'a donné : « jusqu'à présent on se demandait si la révolution était possible ; aujourd'hui, la question c'est est-elle désirable ? et la réponse, c'est non »…

AF : Pourtant, l'un de mes sujets d'inquiétude aujourd'hui, c'est la fermeture de cette parenthèse antitotalitaire. Le progressisme et le mélodrame sont de retour. Le parti du bien s'est reconstitué. Lisez Alain Badiou. Comme Bourdieu en son temps, il ne fait que dénoncer les scélérats. Et les imbéciles, forcément, puisque, eux, ont la vérité et la justice de leur côté.

BHL : J'ai relu, hélas, Alain Badiou pendant l'écriture de *Ce grand cadavre à la renverse* ! Et Bourdieu ! Et ma thèse est un peu plus complexe. Je pense que, contre l'ancien totalitarisme, nous avons, en gros, gagné la bataille. Je pense que même Badiou ne croit plus tellement à ces histoires d'homme nouveau. Mais je crois, en revanche, qu'une nouvelle tentation totalitaire est en train de s'installer sur les ruines de l'ancienne. Et une tentation totalitaire dont les thèmes viennent, cette fois, de l'autre bord, c'est-à-dire de l'extrême droite. Je le montre à propos du nationalisme. Ou de l'idéologie souverainiste. Ou encore à propos de cet antiaméricanisme pavlovien qui est passé avec armes et bagages, sans avoir pris ni le temps ni la peine de se reformuler, de l'extrême droite à l'extrême gauche. Regardez, dans *Le Monde diplomatique*, le procès, soi-disant « anti-impérialiste », des « synarchies américaines » censées mener le monde : c'est, à peine amendée, la bonne vieille théorie complotiste et conspirationniste.

Sur ce thème, vous n'y allez pas de main morte dans votre livre. Vous écrivez : « L'antiaméricanisme est une métaphore de l'antisémitisme. »

BHL : Une métaphore, oui, je le pense.

AF : Moi, je ne suis pas sûr qu'il faille confondre l'hostilité de la droite et de l'extrême droite du XIXe siècle et du début du XXe et l'antiaméricanisme contemporain. Ce que la pensée réactionnaire n'aimait pas dans l'Amérique, c'est la vulgarité démocratique. Aujourd'hui, les antiaméricains dénoncent la « patrie de la domination ». Et moi, je vois surtout ressurgir, là, la logique totalitaire, c'est-à-dire la réduction de la complexité du monde à l'affrontement de deux forces, les dominants et les dominés. Une lecture que l'on retrouve justement dans certaines analyses sur la crise des banlieues.

BHL : Je crois, moi, que cet affrontement entre dominants et dominés existe et qu'il est juste, bon, et même excellent, de continuer d'en faire une grille de lecture pour le monde d'aujourd'hui. Le reproche que je fais à la gauche radicale c'est justement de ne pas le faire. Car enfin, quand on est obsédé, voire aveuglé, par le complot « américano-sioniste », quid de la Bosnie ? quid des guerres oubliées d'Afrique ? quid de tous ces damnés dont la damnation n'a pas pour cause la perversité des pétroliers texans ? Si vraiment le monde c'est Bush contre Chávez, que fait-on des génocidés du Rwanda ? des bonzes de Rangoon ? Eh bien c'est très simple et c'est Badiou qui le dit dans un texte terrible que je cite et commente dans mon livre : « on les laisse à leur arène… »

Sur la repentance et le devoir de mémoire, Alain Finkielkraut, vous semblez en phase avec l'approche décomplexée de Sarkozy…

AF : Nicolas Sarkozy nous invite à nous inspirer des héros (Guy Mocquet) plutôt qu'à nourrir notre imagination avec les méfaits des salauds. On peut discuter de cette inflexion, je ne la crois pas dangereuse. Quand une institution fait un lourd travail de mémoire, comme par exemple l'Eglise, je suis ému. Mais je n'ai aucune tendresse pour des générations qui ont tout fait à blanc, même 68, et qui s'instaurent en juges du passé et de sa grande noirceur. Les Français d'aujourd'hui, qui font le procès de Vichy, de l'esclavage, de la colonisation, ne se repentent pas, ils se gargarisent, ils se décernent un satisfecit.

BHL : Eh bien je n'ai aucune tendresse pour les générations amnésiques qui décident de se laver les mains de ces blessures dont Levinas disait qu'elles saigneront jusqu'à la fin des temps. Je suis pour la repentance. Pour le devoir de mémoire. Et, loin d'y voir une école d'innocence, j'y trouve, au contraire, une propédeutique de la vigilance face au pire. Prenez, encore, la Bosnie. Ou le Rwanda. Ou, aujourd'hui, le Darfour. Ce sont les partisans et artisans du devoir de mémoire qui, chaque fois, comprennent les premiers. C'est les gens ayant en tête la honte des crimes des générations antérieures qui captent, tout de suite, le parfum caractéristique des crimes de masse. C'est la repentance, en un mot, qui fonctionne comme ce que Walter Benjamin appelait un « avertisseur d'incendie ».

AF : Bien sûr, nous ne devons pas esquiver le face-à-face avec le passé colonial. Mais sa criminalisation ne doit pas servir d'alibi aux régimes actuels ou à ceux qui les défendent pour se défausser de leurs torts. Le FLN a commis des crimes abominables, cela n'exonère pas l'OAS et cela n'excuse pas non plus l'aventure coloniale viciée depuis le départ. Mais nous ne devons pas alimenter cette stratégie épouvantable du bouc émissaire car elle contribue à la stagnation de ce monde.

BHL : Est-ce qu'être de gauche, en ce début du XXIe siècle, ce n'est pas, là aussi, essayer de penser tout cela *à la fois* ? Anticolonialisme *et* antitotalitarisme… Crimes du FLN, *et* crimes de l'OAS… Les crimes des autres d'accord, *mais aussi* les nôtres et, déjà, ceux de nos aînés… C'est à cela, en tout cas, que je m'efforce dans ce livre.

La construction européenne est selon vous la meilleure manière de mener ce combat…

BHL : En effet. Je suis un cosmopolite résolu. J'aime le métissage et je déteste le nationalisme sous toutes ses formes. Je ne vibre pas à la *Marseillaise*. J'espère que le cadre national sera un jour dépassé. Et l'un des principaux mérites de l'Europe, à mes yeux, est de fonctionner comme une machine à refroidir cette passion nationale.

AF : Si l'organisation de l'Europe doit être payée du prix de l'effacement des nations alors je pense que l'Europe risque de se défaire en se faisant et qu'elle y perdrait une grande part de son âme. La mondialisation acceptée par Bernard-Henri Lévy pose le même type de problèmes.

Justement, Bernard-Henri Lévy, que répondez-vous à ceux qui vous reprochent de privilégier une définition sentimentale et philosophique de la gauche au détriment de la question sociale ?

BHL : Je leur réponds, comme Althusser, que l'économie n'existe pas. Ou, plus exactement, que c'est une fausse science qui est, et qui doit être, tout entière soumise à des choix qui la précèdent. Je crois à la politique. Aux idées et à la politique. L'économie c'est comme l'intendance – elle suit.

5

Lettres à Francis Fukuyama[1]

Lettre 1.

Je m'attendais à tout, cher Francis, sauf à voir l'auteur du *Dernier Homme et la Fin de l'Histoire* ouvrir ce débat en me parlant, comme vous venez de le faire, de Las Vegas ! Mais, après tout, pourquoi pas…

Il y a trois choses dans ce que vous me dites.

Il y a le fait que Las Vegas, contrairement à l'idée que l'on s'en fait en Europe est une vraie ville avec de vrais gens, de vrais quartiers, une vraie activité, de vrais retraités. Vous avez raison. Et si cela ne ressort pas de mon récit, si je ne donne pas

1. Ces lettres ont été écrites entre le 2 décembre 2005 et le 3 janvier 2006 ; elles ont été publiées, avec les réponses de leur destinataire, dans le numéro de mars 2006 d'*American Interest*.

à voir la normalité de cette ville, si je ne dis pas que c'est par exemple, avec Los Angeles, l'une des métropoles américaines où l'on trouve *aussi* le plus grand nombre de pauvres, d'exclus, de sans-logis, eh bien c'est mon erreur et c'est bien que vous la releviez.

Il y a le fait, plus général, que j'y serais arrivé la tête bourrée d'idées reçues sur la Cité du Crime, du Sexe et du Péché et que je n'y aurais trouvé – ô déception ! – qu'une bien plus prosaïque capitale du loisir de masse. Cela aussi, je veux bien l'accepter. J'ai tout fait, dans ce voyage, pour résister à l'énorme paquet de clichés qui sont, dans la tête d'un écrivain, le premier matériau, presque le premier « donné », auquel il a affaire quand il s'intéresse à un pays. Mais c'est, comme vous savez, la tâche toujours la plus difficile. Elle est, cette entreprise de liquidation, de pulvérisation, de remise en question du cliché en soi, le défi le plus rude et, au fond, le plus interminable qu'il nous soit donné de relever. Et je veux bien admettre que je n'aie pas réussi, comme disait Sartre, à « me casser les os de la tête » – je veux bien admettre que je sois un peu tombé dans le piège classique du Français guettant les ombres conjointes de Bugsy Siegel et de Georges Bataille, et ne trouvant, à leur place, que des petits bourgeois en goguette…

Là où je ne peux vous suivre, en revanche, c'est quand vous concluez en disant que mon peu de goût pour cette ville renverrait à je ne sais quels mépris, ou détestation, du peuple américain lui-même. Je vois bien ce qui, dans votre raisonnement, peut se raccorder à des choses que vous avez dites naguère, dans le fil du commentaire kojévien de Hegel, sur l'état d'animalité heureuse qui sera le lot de l'humanité post-historique. Je reconnais bien la jubilation du philosophe qui voit se confirmer ses spéculations et hypothèses, même dans ce qu'elles ont de cauchemardesque : c'est ainsi que fonctionnait Kojève ; c'est sûrement ainsi que devait fonctionner Hegel ; et vous leur emboîtez très logiquement le pas. Mais hégélianisme pour hégélianisme, je préfère former l'hypothèse, moi, certes quelque peu idéaliste (mais puisque nous en sommes là, allons-y gaiement !), d'une sorte d'« autre » peuple qui ne se confondrait pas avec celui-ci et serait porteur d'autres valeurs.

Voilà, oui. C'est ça, la question de fond. Est-ce qu'on est obligé, pour lutter, comme je le fais, contre cette saloperie qu'est l'antiaméricanisme de prendre l'Amérique en bloc ? Est-ce qu'il faut, quand on aime un pays et qu'on le défend, aimer son peuple tel qu'il est et, si j'ose dire, tout entier ? Je ne le pense pas. Et puisque vous parlez de *demos*, je me permettrai de vous rappeler, comme je le fais souvent pour opposer la collectivité des citoyens à la plèbe du plébiscite, du césarisme et de la démocratie défigurée, que les Anciens avaient deux mots : le *demos* et le *laos* pour les Grecs ; le *populus* et la *turba* chez les Latins.

Lettre 2[1].

Ah ça, ce n'est pas moi qui regretterai l'époque où c'est l'Europe qui avait le leadership et faisait la pluie et le beau temps entre les Nations ! Car sa ligne de plus grande pente, je la connais mieux que personne. Et, aussi, le terrible bilan de ce que le Français Jean-Claude Milner appelle ses « penchants criminels ». Prenez le génocide arménien. Prenez la montée des fascismes, puis la guerre d'Espagne. Prenez la mise en place, au même moment, de la solution finale de la supposée « question » juive. Prenez même la période suivante, celle de l'endiguement du communisme, puis du soutien qu'il fallait apporter, dans les pays de l'Europe captive, aux premiers mouvements démocratiques antitotalitaires. Chaque fois elle a trahi. Chaque fois elle a renié, bafoué, ses propres valeurs. Chaque fois elle était prête, en effet, à tous les deals les plus cyniques pour préserver ses intérêts. C'est terrible. C'est navrant. Mais c'est ainsi.

Même chose, au demeurant, pour les organisations supranationales à l'endroit desquelles je partage les vives réserves que

1. Francis Fukuyama a répondu en évoquant l'« énergie » de l'Amérique, l'« élan créateur » de ses habitants, leur capacité à toujours tout recommencer « de zéro » et en opposant leur type d'hégémonie sur le monde à celle qu'a pu, ou que pourrait à nouveau, exercer l'Europe.

formulent nombre d'intellectuels américains. La SDN était nulle. L'ONU est encore plus nulle. Et chaque fois, ou presque, que la communauté internationale s'en est remise à elles pour essayer de faire triompher, dans une situation donnée, les valeurs de liberté ou simplement de droit, ça a été la catastrophe. Vous avez l'exemple des guerres africaines où elle a été, et est encore, au-dessous de tout. Celui de Timor Oriental où les forces onusiennes ont réalisé le prodige de se sauver juste avant que les massacreurs ne commencent leur besogne. Et vous avez enfin celui de la Bosnie que je connais bien et où j'ai vu, de mes yeux vu, comment, loin d'être, comme on l'a dit, « impuissants » à arrêter le carnage, les casques bleus de l'ONU l'ont, par leur présence même, et du fait de l'absurdité de leur mandat, grandement facilité.

Dans ce cas de la Bosnie, il a fallu les Etats-Unis pour arrêter les massacreurs. Il y a fallu, comme pour la Seconde Guerre mondiale et comme, de manière plus soft, et plus lente, pour la lutte contre le communisme, ce drôle de pays qui, du fait de son passé, du fait de sa culture profonde, du fait de tout cet ethos que vous décrivez et que j'admire autant que vous, est capable, en effet, d'interventions militaires gratuites, éthiques et déconnectées de la considération de l'intérêt national étroit et immédiat. Gloire, donc, à cet aspect de la culture US. Gloire à cette capacité qu'elle a de programmer des comportements qui seraient, en pure logique de puissance, incompréhensibles. Et gloire – c'est l'un des thèmes récurrents d'*American Vertigo* – à un universalisme politique que je relie, moi aussi, comme vous, à cette énergie, cette foi en l'avenir, ce goût de repousser la frontière et de recommencer à zéro, cette façon de construire des communautés qui doivent peu aux prestiges mortifères, et qui ont fait tant de mal à l'Europe, du sol, de la race, des racines etc…

Seulement voilà. La question que l'on ne peut pas, à partir de là, ne pas aussi se poser c'est celle de l'état de santé de cette culture démocratique américaine. Je ne vous parle plus, là, de Vegas. Je ne parle pas non plus de la guerre en Irak qui est évidemment au cœur du problème mais ne le résume pas. Je ne vous parle même pas – encore que… – du malaise qu'ont ressenti, dans le monde entier, les amis de l'Amérique en voyant qu'elle réagissait si peu, et si tard, et si mal, aux révélations par la presse du scandale, par exemple, de Guantanamo et Abou Ghraïb. Non. Je vous parle du reste. Tout le reste. C'est-à-dire, pêle-mêle, le fondamentalisme religieux ; le retour, à droite et à gauche, des courants isolationnistes ; la montée d'un nationalisme qui n'est pas sans rappeler, parfois, les plus mauvaises tendances du national-chauvinisme européen ; la poussée d'un communautarisme contraire à ce déracinement programmé où nous voyons, vous comme moi, la condition de possibilité de l'être américain ; les menaces que font peser la culture et la consommation de masse – voyez le Mall de Minneapolis – sur la forme individu comme telle ; la mémoire, oui, l'hypermnésie nouvelle et folle dont je décris maints symptômes et qui dément la « forme particulière d'amnésie » dont vous avez raison de dire qu'elle a fait la grandeur de ce pays…

Je pourrai continuer longtemps comme ça. Mais ma question, au fond, est simple : c'est celle de *l'état de santé* de la démocratie américaine. Ma réponse, vous la connaissez. C'est qu'il y a, là aussi, deux Amérique. Deux cultures américaines. Et qu'entre ces deux cultures, entre la grande et l'autre, entre celle que nous aimons tous deux et celle dont je n'ai cessé, dans mon voyage, de croiser les mauvais personnages, entre la grande Amérique démocratique, universaliste, ouverte au nouveau venu, à l'étranger, et cette Amérique des megachurches, des foires aux armes du Texas, des centres commerciaux géants qui est la source en même temps que la conséquence de ce que j'appelle un « vertige » et où je ne suis pas loin, par parenthèse (c'est un comble, mais c'est comme ça !) de voir, moi, contrairement à vous, le triomphe de ce que vous avez appelé le « dernier homme » – ma réponse c'est qu'entre ces deux cultures, donc, il y a une guerre sans merci et dont ni vous ni moi ne pouvons prédire aujourd'hui l'issue. Mais partagerez-vous mon anxiété ? et, surtout, mon « dualisme » ?

Lettre 3[1].

Vous soulignez là l'un des points qui m'ont le plus frappé pendant cette année d'enquête et que je résumerai de la manière suivante – c'est, encore, l'un des fils qui parcourent *American Vertigo.*

Premier point. Oui, l'Amérique est divisée. Elle l'est plus qu'elle ne le croit et plus que ne le croient les observateurs européens. On pense, de loin, qu'elle est le pays de la pensée unique, du consensus, de l'intérêt bien compris de chacun et des passions bien calculées. Mais non ! C'est un pays scindé. Déchiré. C'est un pays où deux, voire plus de deux, modèles de société s'affrontent et s'articulent l'un contre l'autre. C'est un pays où, en d'autres termes, et contrairement à une idée trop répandue, l'idéologie revient très fort. Dans mon esprit ce n'est pas une critique. Au contraire. C'est un signe de vitalité démocratique. Je suis, là-dessus, sur la ligne de Montesquieu – ou de Machiavel – estimant que lorsque, dans une société, on « n'entend plus le bruit d'aucun tumulte », lorsque la clameur du débat s'est apaisée, on n'est pas loin de la « dictature ».

Second point. Non, cette division ne se fait pas sur les lignes de fracture convenues et liées à l'existence des grands partis. Elle est plus subtile. Elle est dure, impitoyable, mais, en même temps, plus subtile. Et la vérité c'est qu'elle traverse, de part en part, les deux partis. Vraiment les deux. A commencer par le Parti républicain où vous voyez cohabiter – si vous prenez vos « Jacksoniens » par exemple, et que vous les comparez aux « Wilsoniens » – des gens qui ont moins en commun que, en France, un social-démocrate et un UMP, un ancien stalinien

1. Dans sa réponse, Francis Fukuyama déplaçait les termes du débat et évoquait les paradoxes du jeu politique américain : le fait, par exemple, que la majorité qui soutint George W. Bush pendant huit ans recruta aussi bien chez les « Jacksoniens » isolationnistes et nostalgiques des vieilles valeurs conservatrices sudistes que chez les néoconservateurs internationalistes et partisans, dans les années 1990, d'intervenir au Kosovo et en Bosnie.

ou un démocrate-chrétien. Quelles sont ces lignes de fracture ? Sont-elles plus intérieures qu'internationales ? Concernent-elles au premier chef, comme vous le dites, les grands enjeux culturels ? Ou bien la question essentielle est-elle la place de l'Amérique dans le monde ? Peu importe. Je suis plutôt, personnellement, de l'avis de Walter Russell Mead et j'ai tendance à croire que le partage, par exemple, sur les questions internationales est totalement déterminant. Mais, à la limite, peu importe. Ce qui compte c'est que ces lignes de fracture existent, qu'elles sont profondes et que la politique institutionnelle n'en rend absolument plus compte. Ce qui compte c'est que vous avez, en Amérique, une crise de la représentation, c'est-à-dire un retard des partis sur les sensibilités qu'ils devraient exprimer, plus grands encore qu'en Europe et en France.

Mais j'en viens, alors, à mon troisième point qui est mon grand thème de désaccord avec vos amis néoconservateurs et, peut-être, avec vous. Je comprends que des intellectuels indépendants se rallient à tel ou tel aspect de la politique d'un président et, notamment, à sa politique internationale. Mieux, je comprends que, non contents d'approuver, ils se donnent pour but d'infléchir, inspirer, souffler la politique d'une Administration dont tout, jusque-là, les séparait (c'est ce que j'ai moi-même fait, après tout, au moment de la Bosnie). Et je ne trouve rien de choquant – même si, cette fois, ce n'était pas mon choix personnel – que des gens comme Wolfowitz, Perle ou Kristol qui sont, en gros, des Wilsoniens se soient trouvés depuis quelques années, sur cette affaire d'Irak, sur la ligne des Jacksoniens qui entourent George W. Bush. Mais ce que je ne comprends pas c'est qu'ils aient, ce faisant, décidé d'accepter tout le reste. Ce que je ne comprends pas, et qui me navre, c'est que, sous prétexte qu'ils se retrouvaient sur un point, certes essentiel, ils se sont crus obligés de s'aligner sur tous les autres points et d'endosser l'entier programme de l'Administration. Ce que je n'admets pas, et qui me semble une grande faute, c'est cette façon, parce qu'on est d'accord sur la Bosnie, ou l'Afghanistan, ou l'Irak, de décider qu'il faut être d'accord, aussi, sur la philosophie de la peine de mort, l'avortement, les armes de guerre en vente libre, la fixation névrotique sur le mariage des homosexuels, j'en passe. « Si vous allez dans un restaurant, ai-je demandé à Bill Kristol, quand nous nous sommes vus à Washington, est-ce que vous choisissez un plat ou est-ce que vous prenez toute la carte ? » Il m'a regardé d'un air interloqué. Et, pourtant, c'est bien là le problème. Moi, au restaurant, je choisis un plat. A la rigueur deux. Lui il prend tout le menu. Et c'est absurde, et même dangereux, pour au moins trois raisons.

Primo parce que c'est une injure à la liberté intellectuelle. Un intellectuel c'est quelqu'un qui ne se met jamais au service. Jamais à la botte. Jamais en position d'être un clerc organique et aligné. Il accepte de rejoindre le Pouvoir sur un dossier précis. Mais il n'en continue pas moins, sur le reste, de défendre, non seulement ses couleurs, mais les nuances de ses couleurs.

Secundo parce que les intellectuels néoconservateurs ont pris le risque, ce faisant, de compromettre un beau concept que nous avions en commun et dont je ne sais pas dans quel état il sortira de cette aventure : le concept de « droit d'ingérence » ou de « devoir d'intervention ». C'est un concept clé. C'est un vrai enrichissement de la philosophie pratique et politique occidentale. Sauf que le voir ainsi mêlé à des attaques minables contre la vie privée de Clinton, ou à des croisades religieuses absurdes, ou à des mensonges d'Etat, fait pitié – et fait craindre, surtout, qu'il ne sorte de tout cela très profondément corrompu.

Et puis, tertio, parce qu'en s'alignant ainsi, en achetant tout le menu, en se croyant obligés de se renier parce qu'ils se rallient, ils restreignent le champ des possibles, ils appauvrissent la vie intellectuelle et politique américaine, ils réduisent ce qu'elle pouvait avoir de chatoyant, de divers, de conflictuel, de contradictoire. La diversité se rappellera à leur bon souvenir le jour – qui, d'après moi, arrivera très vite – où le malentendu éclatera et où les vrais Bushistes se rendront compte qu'ils ont peu à voir avec ces néoconservateurs idéalistes et aventureux – et les chasseront. Mais, pour l'instant, on en est là. Et le néoconservatisme qui, d'un côté, a vivifié le débat idéologique dans ce pays est en train, de l'autre côté, de le raréfier et de le simplifier.

Lettre 4.

Je crois qu'on arrive là au cœur de ce qui nous sépare[1].

Oublions Kristol, sur le compte duquel vous avez sûrement plus d'informations que moi.

Oublions, également, SOS Racisme que je connais, moi, en revanche, mieux que vous et dont je veux juste vous signaler qu'il est l'une des forces qui, en France, contrairement à ce que vous semblez penser, dénoncent aujourd'hui avec le plus de fermeté les ravages du communautarisme, de l'islamisme politique et de l'antisémitisme qui va avec.

Le problème est celui de la définition de ce que nous appelons, vous et moi, un intellectuel ; et, au-delà de sa définition, le problème de sa fonction.

A la différence de vous, je ne crois pas que cette fonction soit de faire marcher la Rand Corporation ni aucune autre institution de cette espèce.

Pas parce que je méprise la Rand.

Ni parce que je crois au portrait caricatural qui en a été fait par Kubrick.

Non. Je crois juste qu'il faut des gens qui, en effet, fassent marcher la Rand ; mais je crois qu'il en faut d'autres, ni plus ni moins dignes que les premiers, ni plus ni moins méritants, juste différents, et dont la spécificité est de ne s'occuper ni de la Rand ni de rien de ressemblant – mais, disons, de la vérité.

Une démocratie c'est les deux.

C'est absolument et impérativement les deux.

---

1. Frank Fukuyama a suggéré que Bill Kristol était peut-être, après tout, un partisan sincère de la peine de mort ; il a accusé SOS Racisme d'avoir été plus vigilant contre le racisme venu de la droite que contre celui venu de la gauche ; et il a esquissé une typologie différentielle de « l'Intellectuel » aux Etats-Unis et en Europe.

C'est ce que vous appelez des intellectuels « réalistes », c'est-à-dire des opérateurs du monde, des gens qui font marcher la Chose – et qui le font, pourquoi pas, au mépris de la nuance, de la liberté d'esprit et de la complexité. Et ce sont des intellectuels mettons « idéalistes », c'est-à-dire des opérateurs de vérité, des gens qui servent, ou prétendent au moins servir, ce que l'on appelait jadis le vrai ou le bien ; et qui le font sans nécessairement prendre en compte les exigences de la responsabilité et de son éthique.

Et quand je dis que c'est « les deux », je veux dire que l'existence même de cette catégorie de gens, mieux : l'existence même de cette fonction qu'ils incarnent, le fait que l'on reconnaisse à cette fonction une place à l'intérieur de la société, le fait que ladite société ait l'air d'attacher du prix à ce que quelques-uns, à la limite un seul, aient, en son sein, ce souci désintéressé du sens, de la complexité, de la vérité, est aussi indispensable à son équilibre, voire à son éthique et donc à sa bonne santé que l'existence du suffrage universel ou la séparation des pouvoirs à la Montesquieu.

Ce n'est pas vous, d'ailleurs, qui me démentirez vu le cheminement qui est le vôtre depuis votre retour à l'université.

Et ce n'est pas à l'hégélien que vous êtes que j'apprendrai que, pour être « idéalistes », les intellectuels en ce sens-là ne sont ni moins en prise sur le réel ni moins soucieux de politique.

6

Conversation avec Norman Mailer (Les derniers mots d'un géant)[1]

Bernard-Henri Lévy : Donc, vous connaissez l'idée. C'est, en gros, de parcourir l'Amérique à la façon de Tocqueville et dans ses pas. J'ai rencontré, pour cela, toutes sortes de gens. Des gens ordinaires et des gens célèbres. Le président Bush, le sénateur Kerry, des politiciens, des juges, des acteurs de cinéma, des Américains moyens, beaucoup d'Américains moyens. Mais depuis le début, voyez-vous, depuis le tout début, j'avais un désir qui était de vous rencontrer.

Norman Mailer : Vous me mettez dans une situation difficile. Parce que, dès que vous devenez l'objet d'un tel désir, vous devez quelque chose, vous devez des richesses spirituelles, à celui qui vous a mis dans cette situation.

BHL : Mais non, vous n'y êtes pour rien. Pour rien. C'est juste moi qui, lorsque j'ai écrit mon livre sur Daniel Pearl et donc sur son exécuteur, le Britannique d'origine pakistanaise Omar Sheikh, ai choisi pour modèle votre enquête sur Oswald, le meurtrier de Kennedy. Votre façon de mêler fiction et

1. Cette longue conversation s'est tenue à Cape Cod, chez l'écrivain, le 20 janvier 2005. J'en ai confié une vingtaine de secondes à Michko Netchak et Gilles Hertzog qui en ont fait le « final » de la version cinéma d'*American Vertigo*. L'intégralité de la conversation a été publiée dans le numéro de mai 2006 de *La Règle du Jeu*, quelques mois avant la mort de Mailer.

réalité... Le croisement du roman et des rapports de la CIA... De même, d'ailleurs, que votre *Chant du bourreau*, cet autre livre qui m'a inspiré... Dès le début, pour cette raison et d'autres, j'ai essayé d'entrer en contact avec vous...

NM : Je sais. Mais il faut que vous sachiez que je dis « non » aux interviews, à tous les interviews, depuis longtemps. Car je travaille, en ce moment, à ce qui risque d'être mon dernier roman. Un projet ambitieux. Un roman, pour moi, très important. Quand on vieillit, de nombreux éléments de votre personnalité changent. Vos centres d'intérêt se modifient. Ce qui vous importait vous devient égal. Et, là où vous étiez négligent, ou désinvolte, vous vous montrez soudain très attentif. Donc, plus d'interviews. Quand je donne une interview, le temps prend une importance terrible, je perds une demi-journée. Ou une journée. Je me demande : combien de jours me reste-t-il ? cent ? mille ? cinq mille ? A mon âge, on n'en sait rien et, par conséquent, je dis non aux interviews. Mais votre persistance et votre réputation, au mieux excellente, au pire très intéressante, ont fait que j'ai, finalement, dû accepter.

BHL : Merci. Car pour moi, je vous le répète, il était inconcevable de terminer ce livre sans vous avoir vu.

NM : Des gens très bien ont plaidé en votre faveur. Attendez que je me rappelle... Ah ! c'est ça le problème, quand on vieillit. On n'a presque plus de mémoire. Enfin, plus de mémoire du court terme. Vous devenez comme un psychopathe. Vous vivez dans un présent colossal. Vous êtes très réel pour vous. Tout le monde est aussi réel que vous l'êtes vous-même. Mais voilà... Demain... Vous reverrez, demain la fille que vous avez vue hier... « Comment allez-vous, Rosy ? », lui direz-vous – et voilà, c'est une erreur, ce n'est pas Rosy qu'elle s'appelle... C'est terrible de ne même plus se souvenir du nom des jolies filles. C'est incroyable, et terrible.

BHL : Et, en même temps, vous semblez en excellente forme.

NM : Oui, ça va. Mais j'ai 81 ans. Et c'est un âge bizarre. Vous ne savez pas si vous allez vivre un ou quinze ans.

BHL : Vous comptez les jours, dites-vous ?

NM : Non. Pas vraiment. Mais je ne veux pas gâcher mes journées. Et c'est pour ça que je refuse les interviews. Sinon, ça devient une manière d'exister. En Amérique, on devient des joueurs sur un échiquier. Comme si les journaux ne pouvaient pas vivre sans les cinquante, cent, cinq cents personnes qu'ils connaissent bien, qui leur sont familières et qui sont des joueurs sur leur échiquier. J'ai été une de ces marionnettes pendant de longues années. Votre nom même, dans ces cas-là, devient une marionnette. Il inspire certaines réponses. Il fait que l'on attend de vous que vous réagissiez de telle façon ou de telle autre. Quand vous vieillissez, les marionnettes de votre génération meurent. Et celles qui ne meurent pas, celles qui restent, sont assiégées pour de nouvelles interviews. Voilà pourquoi mon assistante est devenue une experte du refus.

BHL : Je m'en suis rendu compte. Elle est très efficace.

NM : Oui, cela m'aide énormément.

BHL : Mais est-ce que, parfois, rester seul, ici, à Cape Cod, ne devient pas très ennuyeux ?

NM : Seul ? Non. Jamais. Ce n'est jamais ennuyeux d'être seul. Et puis je ne suis pas seul : ma femme est là…

BHL : Rencontrer d'autres gens, des gens de l'extérieur, cela ne vous manque pas ?

NM : C'est trop tard. Quand on a écrit toute sa vie, certains thèmes prennent de l'importance, ce sont ceux qui ont survécu et rencontrer des gens nouveaux présente, par rapport à ces thèmes, peu d'intérêt. C'est cela. Les thèmes demeurent. Et aussi la famille. J'ai neuf enfants. Tous très différents. J'ai été marié six fois. Et un des avantages de cet état de fait, qui pose aussi beaucoup de problèmes, c'est que les enfants sont très différents et s'intéressent les uns aux autres. C'est une famille très vivante, donc. Très diverse, très vivante et qui suffit à occuper une bonne partie de mon temps libre.

BHL : De quoi parlera votre prochain roman ?

NM : Je n'aime pas trop parler du sujet de mon prochain roman. Si je commence, ça risque de durer une heure. Nous savons tous cela, n'est-ce pas ? C'est tellement plus facile de parler d'un roman plutôt que de l'écrire ! Cela fait maintenant des années, en réalité, que je ne parle plus de mon travail en cours. J'essaye de garder le secret. Je vous confierai simplement… C'est difficile à expliquer… Très difficile… Je vous confierai simplement que le principe de départ est assez osé, et que c'est peut-être même le roman le plus osé que j'aie jamais tenté d'écrire. En dire plus serait contre-productif.

BHL : C'est une vraie fiction ?

NM : Non.

BHL : Et pourquoi dites-vous que c'est le dernier ? Vous n'en savez rien.

NM : Parce que c'est le dernier. Si je vis encore pendant vingt ans et que je continue à pouvoir écrire, eh bien il fera trois mille pages. Si je vis moins longtemps, il sera plus court. Mais ce sera le même roman. C'est un roman sans fin, je ne sais pas comment il finira – et c'est pour ça que je dis que c'est le dernier.

BHL : Vous comptez rester attelé à ce roman jusqu'à la fin de vos jours – c'est bien cela que vous êtes en train de me dire ?

NM : Oui, oui, je crois. Et, en même temps, je n'en sais rien. A chaque fois que je tente d'expliquer mon travail en cours, il s'avère que mes explications sont fausses. Je ne fais jamais ce que j'annonce. Il est parfaitement possible, autrement dit, que… Par exemple, il y a environ trois ans, j'allais écrire la suite de *Harlot's Ghost*. J'allais me lancer dans le deuxième volume. Et comme je crois aux muses, comme je crois que, quand on écrit un livre qui vous tient à cœur, on a une muse, je choisis donc, pour ce livre, Carl Jung – je choisis de penser que mon personnage, Howard, sera fasciné par Carl Jung et que c'est là ce qui expliquera une bonne partie de son comportement. C'est la promesse d'un roman très excitant. J'ai passé beaucoup de temps à le préparer et je m'apprête donc à me lancer. J'ai ma muse et je m'apprête à l'épouser. Et voilà que, le jour du mariage, une autre muse arrive, je laisse alors tomber ce roman pour un autre et je sais, à cet instant, que jamais je n'y reviendrai.

BHL : Comment quitte-t-on une muse pour une autre ?

NM : Toutes les deux m'obsèdent pendant longtemps. Et voici que l'une d'elles se développe de façon sous-cutanée, prend corps au fond de mes pensées et, le moment venu, je la choisis sans regrets.

BHL : Le nouveau roman se développe donc en secret. Il ne tombe pas du ciel, il se développe en secret…

NM : Nous sommes d'accord. Il y a une chose que j'ai apprise, vous savez. Une toute petite chose. J'ai beaucoup lu, dernièrement, sur l'inconscient. J'ai écrit un livre que je vais vous donner, qui s'appelle *The Spook Arts* et où je parle beaucoup de l'inconscient. Et mon sentiment c'est que nous ne sommes pas propriétaires de notre inconscient. C'est comme si le conscient était le maître et l'inconscient l'esclave grec, le confident. Je n'ai pas trop d'affection pour l'esclave. Mais enfin… C'est l'inconscient qui prépare le matériau. Et c'est lui qui, de ce point de vue, devient le maître de son maître. Je ne donnerais, à tout prendre, qu'un seul conseil à de jeunes écrivains cherchant les règles de l'écriture : allez vous coucher et remettez-vous au travail, sans faute, le lendemain matin ; sans faute, oui ; car c'est l'inconscient qui prépare le matériau et, si vous n'obéissez pas à l'injonction, si vous ne travaillez pas avec le matériau qu'il vous a donné, vous faites attendre vos troupes sous la pluie et tout est gâché. Dans ce sens-là, je suis d'accord avec vous. Pendant des mois et peut-être des années ce roman caché s'est élaboré en silence dans l'inconscient avant d'oser émerger. Car l'inconscient est méfiant, vous savez. Il se protège. Il a été trop souvent maltraité, donc il se protège. Trop souvent nous avons méprisé ses richesses que nous avons dispersées aux quatre vents, alors il est sur ses gardes, il se défend – c'est comme si le conscient et l'inconscient jouaient à cache-cache.

BHL : D'accord. Mais pourquoi Jung ?

NM : Parce que j'ai toujours trouvé Freud insatisfaisant. Je vais prendre une comparaison qui, sur un plan intellectuel, va vous sembler un peu sommaire mais tant pis. Freud est un grand plombier. Il sait toujours d'où viennent les bruits et les fuites dans la tuyauterie mentale. Et si le système de quelqu'un ne fonctionne pas, il a un bon diagnostic, et de bons outils, pour le réparer sans tarder. Mais il n'a pas la profondeur de Jung. Il n'a pas, il n'a jamais eu, l'intelligence théorique de Jung. Ce commentaire fabuleux, par exemple, selon lequel – je paraphrase – personne n'est jamais guéri de sa névrose avant d'avoir élaboré sa propre conception de Dieu : ça m'a fait un choc, d'entendre ça ; j'ai toujours pensé que quelqu'un d'intelligent c'est quelqu'un qui travaille à élaborer sa propre conception de Dieu ; oui, les idées toutes faites sur Dieu ne fonctionnant pas, le type intelligent doit partir de ce qui a été accompli pour aller plus haut, plus loin et fournir sa propre conception ; eh bien lire l'équivalent de cette idée chez Jung, quel choc !

BHL : Mais il y a d'autres différences entre Jung et Freud ! A commencer par la question, non de Dieu, mais de l'inconscient justement. Freud pense, en gros, que l'inconscient est individuel, que chaque homme possède son propre inconscient et que c'est même l'une des choses qui contribuent à ce bien si précieux qu'est sa singularité. Jung croit l'inverse. Il croit à l'inconscient collectif.

NM : Vous avez raison. Mais jusqu'à un certain point seulement. Certains éléments sont universels. Et ils sont, pour moi, aussi importants que l'inconscient individuel. Je répugne à penser, voyez-vous, que nous sommes totalement individualisés, conçus séparément et parfaitement isolés dans notre coquille, sous notre surface, à l'intérieur de notre corps. J'aime me dire au contraire qu'il y a des éléments que nous partageons et que ce qui nous rassemble est, philosophiquement, aussi important que ce qui nous sépare. Pour le conscient, bien sûr, nous sommes tous des individus séparés. Mais, pour l'inconscient, nous sommes connectés. C'est pour ce genre d'idées que je suis devenu un adepte de Jung. Il est difficile à lire. Il est ennuyeux. Mais c'est pour ce genre d'idées qu'il mérite d'être étudié. C'est pour ce genre d'idées, à cause d'elles, que j'ai lu tout ce qu'il a écrit et que je le rejoins sur certaines notions fondamentales. Je souscris davantage à sa vision de l'inconscient qu'à celle de Freud.

BHL : De votre part, j'aurais plutôt cru le contraire. La conception freudienne de l'inconscient est plus proche de l'individualisme, donc du libéralisme et de la démocratie. Je crois vraiment que l'idée de Freud selon laquelle chaque individu possède un inconscient propre est plus proche des idées démocratiques et libérales. Alors que Jung, avec son idée d'un inconscient matriciel, nourricier, océanique, peut mener à des choses terribles, vous le savez fort bien.

NM : Tout est réversible. Je pourrais me faire l'avocat du diable et vous prouver par a plus b que, sur bien des points, c'est Freud qui est formel, rigoureux, inflexible et, donc, pas si démocratique que cela. Et je pourrais vous démontrer à l'inverse, tout en reconnaissant les éléments dangereux contenus dans Jung, que ce que la démocratie comporte de liberté, de libération, d'ouverture, de progrès, se rattache plus facilement à lui, Jung, qu'à Freud. Mais non. Pour moi c'est une discussion vaine parce qu'elle est trop ouverte, et je ne veux pas m'y aventurer. D'autant que, vous vous en doutez, j'ai davantage lu Freud que Jung au cours des années. Surtout quand j'étais plus jeune ! Comme la plupart des jeunes écrivains de ma génération, j'étais fasciné par Freud. C'est Freud qui dominait nos existences. Freud, encore, qui nous inspirait. Comment osions-nous être écrivains ? A quoi cela servait-il d'être un romancier ? Réponse chez Freud. Il en savait plus, Freud, sur la nature humaine que nous tous. Donc nous avons dû nous confronter à Freud et c'était particulièrement déplaisant. Nous devions le respecter pour nous avoir libérés et c'était très intéressant.

BHL : Pourquoi « déplaisant » ? Freud a amené votre génération et la mienne à se défaire d'un certain nombre de conceptions naïves de la subjectivité et de la vie. Il nous a fait gagner un temps fou !

NM : Dans l'histoire des idées, on ne pourra jamais se débarrasser de Freud. Mais il était limité. Il nous a aidés jusqu'à un certain point mais, après, il y avait un mur. On ne pouvait pas le dépasser, ce mur, sur le plan de la pensée. Et la plupart des freudiens s'y sont retrouvés enfermés, comme penseurs. J'ai une fille qui est freudienne. C'est ma fille aînée. Elle est freudienne. Psychanalyste. Et secrétaire d'une société psychanalytique. Elle est charmante.

BHL : Lacanienne ?

NM : Non, non. J'ignorais que Lacan était freudien.

BHL : Oui, bien sûr. C'est même lui qui, dans les années 60, en France, a lancé le slogan du « retour à Freud ». C'est *le* continuateur de Freud. A la fois son exégète et celui qui poursuit l'aventure.

NM : J'en ai entendu parler mais je le confonds avec l'homme, en France, qui voulait que les femmes accouchent avec des lumières tamisées… L'apôtre, vous savez, de l'accouchement naturel… Je ne me rappelle pas son nom, je croyais que c'était Lacan…

BHL : Non. Je ne vois pas bien le rapport avec Lacan.

NM : Plus tard. Je retrouverai son nom plus tard. J'appellerai ma fille et elle nous le donnera. J'ai lu ça, dans le temps. Tout ce dont je me souviens c'est qu'il pensait qu'accoucher dans les hôpitaux avec des lumières aveuglantes était très pénible et troublait le psychisme des femmes. Il préférait des méthodes plus douces.

BHL : Vous lisez toujours beaucoup ?

NM : Autant que mes yeux me le permettent. Mais pas autant qu'autrefois. Voilà une dizaine d'années que je souffre de fatigue visuelle et, aussi, de maux de tête. Alors, je fais attention. Je préserve mes yeux pour l'essentiel, c'est-à-dire pour l'écriture.

BHL : Soit. Mais il faut lire pour écrire, non ? Ou bien, est-ce que vous vivez sur vos réserves, en tant qu'écrivain, pour vos romans ?

NM : Non, je lis tout le temps. Des textes en rapport avec ce que je suis en train d'écrire, avec mes romans. Mais je ne peux plus me permettre de perdre mon temps sur certains livres. Car, maintenant, je paye un prix pour les lire. C'est comme si je prenais une partie de ma substance et que je la posais sur la table pour lire un livre. C'est pour ça que je fais beaucoup plus attention. Vous commencez à lire un livre, c'est assez bon, amusant, intéressant, mais vous savez que ça ne va pas changer votre vie, alors vous arrêtez. Vous vous concentrez sur les livres qui comptent.

BHL : Autrement dit, vous ne lisez plus guère les autres romanciers ?

NM : Pas souvent, non. Car j'ajoute une autre raison encore. S'ils sont bons c'est trop stimulant. Et s'ils sont mauvais je perds réellement mon temps.

BHL : Et les journaux ? Vous lisez les journaux ?

NM : Ça, oui. Tout le temps.

BHL : Ça vous plaît encore ? Ça vous nourrit ? Vous en avez besoin ?

NM : Au cours des quatre années qui viennent de s'écouler et, plus encore, les trois dernières, avec Bush et l'Irak, j'ai beaucoup lu les journaux. Peut-être trop. Alors que ce n'était pas dans mes habitudes, maintenant je lis le *Times* en me levant.

BHL : J'aurais pensé l'inverse. Que vous avez toute votre vie, comme Gore Vidal, un papivore acharné. Vous pensez, cela dit, que Bush sera aussi nuisible que ce qu'imaginaient les démocrates avant les élections ? Ou bien va-t-on s'apercevoir qu'il n'est pas si monstrueux qu'on le pensait ?

NM : Je ne suis pas sûr qu'il le sache lui-même… C'est un phénomène, Bush, vous savez. Sur le plan intellectuel il est l'équivalent de Mister Magoo. Vous connaissez Mister Magoo ? Mister Magoo est complètement bigleux. Et Bush, comme lui, avance à l'aveuglette. Il prend des décisions à l'aveugle, mais qui vont avoir des conséquences épouvantables. Il traverse la rue et provoque des accidents de voiture. Etc etc.

BHL : Il a l'air d'être un personnage plutôt sympathique, votre Mister Magoo...

NM : Oui. Mais il n'y a pas que ça. Il y a aussi son côté « Dieu me parle ». Vous savez : ces gens qui pensent entendre la parole de Jésus tous les soirs... Pour moi, ce n'est pas Jésus qui leur parle mais le démon. J'ai toujours pensé cela, oui, que démon est le meilleur imitateur possible de Jésus. En sorte que, dans mes mauvais jours, je pense que Bush est une présence diabolique. C'est ça la question que je me pose en tant que romancier : est-ce qu'il est une présence diabolique ou un bouffon exceptionnel ? Ça n'empêche évidemment pas qu'il soit un type de bon niveau. Ni qu'il soit entouré d'hommes qui, comme Cheyney et Rove, sont loin d'être tous des idiots et sont même des génies à leur manière – des mauvais génies, mais des génies. C'est comme Nixon. C'était un génie. Il avait une personnalité détestable et, pourtant, il a gagné les élections présidentielles avec une majorité plus large que tous les candidats de notre histoire. Et vous savez pourquoi ? Parce qu'il était un génie, il n'y a pas d'autre réponse. Il comprenait la politique, il savait parler aux électeurs et les manipuler d'une façon inédite. Bush est l'illustration du même phénomène. Il a des méthodes qui sont incroyablement lisses, subtiles et les gens autour de lui, je pense plus particulièrement à Rove et Cheyney, sont des génies. Que vont-ils faire, maintenant, jusqu'à la fin de ce second mandat ? Ils sont dans le laboratoire de l'histoire. On va bien voir...

BHL : Je comprends. Je trouve absurde, moi aussi, cette façon qu'ont ses adversaires de sous-estimer Bush et de le traiter comme un crétin. Vous l'avez déjà rencontré ?

NM : Non. Mais j'ai rencontré sa mère. Vous avez rencontré sa mère ?

BHL : Non.

NM : Je vais vous raconter une histoire sur sa mère. Ça se passe en 1983. Je suis... Comment vous expliquer ça ? Ici, la réputation littéraire de quelqu'un est comme la Bourse. Parfois vos actions grimpent et parfois elles descendent. Cette année-là, mes actions sont à la hausse. J'assiste à un dîner, qui s'appelle le Literary Lions. C'est une manifestation très importante pour collecter des fonds pour la New York Public Library. Je suis donc magnifiquement placé, ce soir-là, entre Brooke Astor et Barbara Bush, qui est là en tant qu'épouse du vice-président George Bush. Tout cela se passe sous Reagan, et cette femme un peu lourde, mais nerveuse, s'assied et me dit avec cet accent exagérément « upper class » : « Oh monsieur Mailer, c'est un tel plaisir d'être assise à côté de vous… » Un accent vraiment snob ! Moi, je suis en grande forme. J'ai bu un ou deux verres. Je me suis un peu moqué d'elle et elle a répondu sur le même ton. On n'a pas arrêté, en fait, de se taquiner pendant tout le dîner. C'est un dîner agréable, franchement, en compagnie de deux dames sympathiques, Brooke Astor et elle. Et, vers la fin du repas, un photographe arrive et Barbara Bush reprend son accent snob pour me dire : « j'aimerais tellement que l'on nous prenne en photo. » Moi, je lui réponds : « cela m'étonnerait, j'ai dit des choses horribles sur votre mari. » Et elle me fixe droit dans les yeux, comme ça, il s'écoule environ vingt secondes et, toujours me fixant, elle dit : « On s'en fout ; on la prend cette photo ? » Depuis, je lui garde une certaine sympathie. Je crois que toutes sortes de pensées lui sont passées par la tête au cours de ces vingt secondes, c'était comme un bluff au poker.

BHL : Que voulait-elle dire ? Qu'elle s'en foutait, vraiment ?

NM : Elle avait plusieurs options. Se dire : ce type est un con, un sale insolent. Ou : qu'est-ce que vous attendez de moi ? que je vous dise « très bien, je refuse que l'on nous prenne en photo, vous, espèce de juif new-yorkais mal élevé » ? Ou alors : on va la faire, la photo, et on empêchera les journaux de l'imprimer. Ou bien : ils ne l'utiliseront pas, de toute façon, cette photo. Ou ce que vous voulez. Je crois qu'elle a envisagé trois, quatre, cinq options. Il n'y avait pas de réponse claire et, par fierté, elle a juste dit : « bon, alors, on la prend cette photo ? » Je lisais dans son regard que c'était une femme forte. Et donc on a pris la photo. Depuis lors, elle m'est assez sympathique. Et, lors d'un autre dîner pour la bibliothèque, on s'est à nouveau retrouvés placés côte à côte, et on s'est à nouveau très bien entendus. Elle n'est pas mal, je vous assure.

BHL : Evidemment, oui. Un instant de défi. De transgression délicieuse. La révolte de la potiche. Classique. Et son mari ? George Bush senior ?

NM : Lui, je ne l'ai jamais rencontré. Mais je ne pense pas qu'il soit, lui non plus, si mal que ça. D'accord ce n'était pas une lumière. Mais le fils est très en dessous. Je ne voudrais pas me livrer à une analyse trop facile mais vous avez quand même, là, le thème du fils plus faible que le père. Son histoire est encore à raconter. On ignore la vérité.

BHL : Facile ou pas, c'est là que les choses se jouent. Lui, le fils, je l'ai rencontré en revanche. Pour ce livre que je suis en train de finir et pour lequel nous nous voyons, je l'ai rencontré. Et on sent bien que c'est là, dans ce rapport à Bush le grand, que tout s'est joué – y compris dans la décision de « revenir » en Irak, de « finir » la guerre que le père avait laissée en plan. Pour le venger ou pour faire mieux ? Je ne sais pas. Qu'avez-vous fait aux dernières élections ? Vous avez soutenu Kerry ?

NM : Oui, il ne me plaisait pas trop mais je l'ai soutenu.

BHL : Vous l'avez appuyé publiquement ? Vous avez écrit un article, par exemple ?

NM : Oui, plus ou moins. C'est vrai que je ne me suis pas donné beaucoup de mal. Je me suis prononcé en sa faveur, mais en passant.

BHL : Vous avez une explication de son échec ?

NM : Je crois qu'il a perdu parce qu'il ne s'est pas battu contre la guerre en Irak. Il aurait peut-être perdu de toute façon et, s'il avait condamné la guerre en Irak, peut-être cela n'aurait-il rien changé. Mais...

BHL : Il aurait perdu avec les honneurs... Au lieu de quoi cette façon de faire le mariole avec ses « swift boat veterans » débarquant à Boston, au garde-à-vous, le jour de l'investiture...

NM : Oui, c'est cela. Or il a fait, comme vous le savez, l'exact contraire. En sorte que c'est un souvenir déplaisant de plus. Rien d'autre qu'un souvenir déplaisant de plus. Songez qu'il est allé jusqu'à déclarer que si c'était à refaire il le referait et voterait, sur cette question de l'entrée en guerre, de la même façon aujourd'hui qu'hier…

BHL : D'autant que l'opinion a l'air de bouger, sur la question…

NM : Oui. Mais cela ne veut rien dire. Tout le monde passe un temps fou à se demander, ces temps-ci, pourquoi Bush a été élu, pourquoi l'Amérique a voté pour lui. Et, maintenant qu'il est passé, tout le monde s'accorde à dire que « cette guerre est abominable », qu'il faut « en finir avec cette guerre ». Or ce n'était pas vraiment le cas avant les élections. Et cela parce qu'en Amérique, vous avez cette incroyable loyauté envers les soldats. Vous ne pouvez pas, sans risquer d'être tenu pour terriblement immoral, vous retourner contre vos troupes. Environ dix pour cent des votes venaient de gens qui n'avaient pas envie de voter Bush mais qui estimaient qu'ils ne pouvaient pas désavouer l'armée. Ils auraient juste considéré comme une trahison de voter pour Kerry. Maintenant qu'il a été reconduit, la situation et l'état du débat reviennent à la normale.

BHL : Pourquoi, ayant un jugement si dur sur l'homme, l'avoir quand même soutenu ? Par réflexe ? Par habitude ?

NM : On me pose souvent la question. On me demande : pourquoi, s'il ne valait pas mieux que Bush en ce qui concerne la guerre, lui avoir apporté votre caution. Et ma réponse, c'est en général : parce qu'il manie bien la langue ; cela ne nous aurait pas fait de mal d'avoir un président qui parle bien l'anglais ; pour moi c'est important ; oui, c'est important pour la démocratie que le président parle bien ; Churchill en est un merveilleux exemple ; et aussi Roosevelt ; si vous avez un président qui parle mal, le pays est tiré vers le bas.

BHL : Kennedy ?

NM : Kennedy parlait bien. Clinton ne parle pas trop mal, il a un phrasé un peu relâché mais ça passe. Mais Bush parle mal. Très mal.

BHL : Comment se fait-il que vous vous intéressiez encore à la politique ? Cela a l'air de continuer de vous passionner. Or, quand nous avons commencé cette conversation, vous m'avez dit « maintenant je suis un vieil homme… plus rien ne m'intéresse que le livre en cours… »

NM : C'est vrai. Mais la politique est l'une des dernières choses qui continuent de m'intéresser. En dehors de mon prochain roman, le seul sujet sur lequel je me sois exprimé (je lui ai consacré cinq ou six textes, essentiellement pour la *New York Review of Books*) c'est cette affaire de guerre en Irak. Le roman et la politique. La politique et le roman. Mettez-les dans l'ordre que vous voudrez. Ce sont les deux sujets qui me restent. Je ne m'intéresse plus, en revanche, ni au sport en général, ni à la boxe en particulier, ni aux autres romanciers…

BHL : Je reviens à Kerry. Ou plutôt, au-delà du cas Kerry, à l'état de la gauche américaine. J'ai été frappé, vraiment, par le vide de ses idées…

NM : C'est le moins que l'on puisse dire !

BHL : Ainsi que par la bizarre tendance qu'elle a à épouser les valeurs de l'adversaire. Prenez l'exemple de MoveOn. C'est ce qui se fait de mieux à gauche, non ? Eh bien j'ai été sidéré le jour où j'ai compris (en l'apprenant de la bouche même de ses fondateurs) que le vrai nom du mouvement était « Censor the President but move on to the real problems ». Alors, move on to the real problems, passons aux vrais problèmes sérieux, d'accord. Mais pourquoi « Censor the President » ? En quoi le Président aurait-il dû être « censuré » pour un écart qui, après tout, ne regardait que lui et l'intimité de sa vie privée ? Pour moi, c'est incroyable.

NM : Je ne peux pas vous aider là-dessus parce que, pour moi aussi, c'est incroyable. Enfin non, d'ailleurs, ce n'est pas incroyable. Cela me fiche en colère, dans une colère sans limites, mais je vois bien de quelle logique, hélas, ça procède. D'ailleurs, avez-vous remarqué une chose ? Les gens de gauche sont souvent des emmerdeurs. Si vous avez envie de passer du bon temps à une réception, eh bien vous vous amuserez davantage à une soirée républicaine qu'à une soirée démocrate. Les républicains sont très pieux, moralistes, ils se targuent de rectitude morale, etc… Mais bon. Soyons sérieux. Ils baisent comme des malades. Ils sont bien plus immoraux que les démocrates. Bref, ils font tout, absolument tout – sauf qu'ils le font en se cachant…

BHL : La gauche, donc, plus puritaine que la droite ?

NM : Disons la chose autrement. Les républicains sont des gens qui, bien souvent, comprennent le besoin d'une double vie. Ce sont même des types qui, individuellement, s'emploient à mener une vraie double vie. Sauf qu'ils le font en prenant leurs précautions. Ils sont souvent beaucoup plus tordus que les démocrates, si vous préférez. Ils font des trucs pas nets. Ils acceptent de l'argent auquel ils ne devraient pas toucher. Etc. Mais voilà. Ils sont habiles. Hypocrites. Ils prononcent de pieux discours et ne parlent jamais avec des mots, mais avec des expressions toutes faites, genre « Our-good-loyal-noble-honest-patriotic-soldiers » en un seul mot – ce qui ne les empêche pas de chercher du regard, dans la pièce, la fille avec laquelle ils pourraient bien finir la soirée.

BHL : Chose que ne font pas les démocrates ?

NM : Si. Sans doute. Mais les républicains ont un avantage décisif. Ils disposent de ce thème formidable qu'est le thème du « born again ». Vous savez : les fidèles qui ont rencontré Jésus. Ils peuvent, ceux-là, avoir commis tous les péchés. Il suffit qu'ils entrent dans une nouvelle vie où ils n'en commettront plus et la faute sera effacée. Il y a là une comédie, typiquement républicaine, qui aurait inspiré Molière mais qui dit bien ce rapport tordu, et malin, au puritanisme. Il vous faudrait remonter trois ou quatre siècles en arrière dans l'histoire de France pour trouver l'équivalent. Peut-être les mousquetaires d'Alexandre Dumas : d'un côté vertueux et, de l'autre, non pas exactement immoraux, mais parfaitement incontrôlables. Pour un républicain américain, en tout cas, la cause est entendue : il peut faire toutes les cochonneries possibles et imaginables – il sait qu'il a, avec cette affaire de « born again », une session de rattrapage…

BHL : Restons un peu, si vous le voulez bien, sur cette question du puritanisme américain. Pour vous, quelle en est la source ?

NM : C'est une bonne question. Car c'est vrai que ce n'est pas évident de savoir pourquoi, ici, en Amérique, aussi tardivement dans l'histoire du monde, dans un pays aussi avancé, il y a autant de puritanisme... Je pense, au fond de moi, que cela a à voir avec le fait que nous n'avons pas de racines. La première fois que je suis allé en France, juste après la guerre, nous vivions dans un appartement et nous avons sympathisé avec notre vieille concierge. Elle parlait du prêtre de son village natal. Et elle disait : « C'est un charmant garçon ». Cette femme française était croyante. Catholique. Elle voulait mourir dans la religion etc. Or elle trouvait naturel que le curé du village soit un « charmant garçon ». Eh bien vous voyez, nous n'avons pas cette sophistication. Nous avons une église catholique qui est très moralisante, très guindée et avec qui nous avons des rapports ultra guindés. Si bien que cette simple formulation « C'est un charmant garçon » est quelque chose qui n'est pas pensable en Amérique. Et ce n'est pas pensable parce qu'on n'a pas cette familiarité délicieuse, évidente, que vous avez, vous, Français, avec ces gens qui, même prêtres, partagent les mêmes racines que vous.

BHL : Je ne comprends pas ce que vous dites quand vous dites que vous manquez de sophistication.

NM : Notre pays est tellement ouvert, il offre, parfois, si peu de plaisir pour les yeux, il se déploie sur de si longues distances avec un si grand vide qui est aussi, forcément, un vide dans la vie américaine, il y a un tel ennui qui suinte de la vie américaine et il y a, enfin, un manque si criant de spécificités et d'intensités culturelles, il y a (au contraire de l'Europe où chaque mètre carré a une histoire) un tel défaut de mémoire, nous sommes, en d'autres termes encore, si neufs et si modernes, que notre pays manque, en effet, totalement de sophistication. Nous sommes de la mauvaise herbe. Les gens qui, jadis, arrivaient ici quittaient un pays qui ne les aimait pas, qui les avait rejetés ou dont ils s'étaient arrachés, et ils étaient donc comme des mauvaises herbes. Mais alors, une fois transplantés, ils en rajoutent tellement dans la raideur ! dans l'esprit de sérieux ! Le Français ou l'Anglais moyen, et même l'Allemand moyen, et bien sûr l'Italien moyen, prend un certain plaisir dans les ironies, les corruptions, les idioties de son gouvernement, de ses administrations. Il s'amuse de la dégénérescence constante, et presque normale, naturelle, de ses idéaux. Il considère comme allant de soi que toute noble entreprise, toute institution, soit nécessairement empêtrée dans la corruption et les scandales. Tout cela fait presque partie des plaisirs de la vie. Ici, non. Nous n'avons pas du tout ça. Nous ne parvenons pas à dire « il faut laisser les gens vivre leur vie, il faut laisser la vie se déployer comme se déploie la vie ». Et ça peut mener ce pays au désastre.

BHL : Au moment du Watergate, par exemple ? Que pensiez-vous au moment du Watergate ? Quand Nixon a été pris la main dans le sac, pensiez-vous que la corruption est inhérente à la politique ? Ou que Nixon devait être condamné et fichu dehors ?

NM : Nous étions tous, alors, tellement contre Nixon ! Nous étions contents de ce qui lui arrivait ! Nous aimions le Watergate ! Mais nous avons surtout montré, à ce moment-là, notre côté malsain, notre esprit vengeur, notre ressentiment. Et nous étions de fieffés imbéciles, voilà la vérité. Car, après le Watergate, nous sommes entrés dans l'âge du politiquement correct. Oui, l'ironie c'est que le Watergate a fait, somme toute, plus de mal au parti démocrate qu'au parti républicain. Et le parti démocrate est, du coup, devenu très « politically correct ». Au point que, maintenant, dans le parti démocrate, tous ceux qui ont des idées n'osent plus ou osent à peine s'exprimer.

BHL : Quel type de parole la correction politique empêche-t-elle de proférer ? Qu'aimeriez-vous entendre, qui est interdit par la correction politique ?

NM : Des choses évidentes. Nous parlons des 2 000 soldats morts en Irak. Mais combien d'Irakiens sont morts ? Certains étaient des ennemis, soit ; mais combien, parmi eux, étaient des spectateurs innocents ? Leurs vies sont-elles moins importantes que les nôtres ? La vie d'un Américain vaut-elle deux fois, trois fois, dix fois celle d'un Irakien ? C'est odieux. Mais mon sentiment c'est que la moralité dans ce pays va à vau-l'eau. De plus en plus de puritanisme et de moins en moins de moralité – c'est logique.

BHL : Qu'entendez-vous par « moralité » ?

NM : Je vous donne un exemple. Un des énormes problèmes de la société si on envisage l'avenir, c'est la notion de sécurité. Et c'est un problème qui, vous le savez, a été rendu plus aigu encore depuis le 11 Septembre. Or regardez comment se conduisent, dans les aéroports et ailleurs, les types qui sont responsables de la sécurité. Regardez les délais, retards, barrières, obstacles, qu'ils créent. Cela crève les yeux, primo, qu'ils se fichent complètement de la sécurité réelle des gens réels. Et secundo qu'ils se fichent, encore plus, des conséquences entraînées par leur excès de zèle – tout ce qu'ils pensent c'est : « je ne veux pas que ça se passe pendant mon tour de garde ; si je suis confronté à un désastre et que j'en suis tenu responsable, je suis fichu. »

BHL : Soit. Mais tant mieux si cela réduit le nombre des attentats, non ?

NM : Prenons un autre exemple. Celui des ceintures de sécurité dans les voitures. Mon sentiment, moi, c'est que si je suis victime d'un grave accident, la ceinture n'y changera pas grand-chose. Mais, que je le veuille ou non, je suis obligé, absolument obligé, d'avoir un air bag. Et ce que je sais c'est aussi que, si je suis obligé de mettre cette ceinture de sécurité, ma vie privée, mon corps, seront violés, un tout petit peu d'accord, mais c'est quand même un viol et cela me gêne chaque fois que je monte dans une voiture, cela me met de mauvaise humeur, cela me perturbe. Bref, je devrais avoir le droit de ne pas mettre ma ceinture de sécurité. Vous me direz : « oui ; mais vos enfants ? il faut prendre soin de vos enfants etc. » Ouais... Mettons... Ce que je veux dire c'est que céder un peu de liberté pour acquérir davantage de sécurité va poser des problèmes de plus en plus importants dans les âges où nous entrons.

BHL : Et la peine de mort ? La correction politique pèse-t-elle sur la façon, disons timide, avec laquelle la gauche traite de cette question de la peine de mort ?

NM : Retournons à ce que sont vraiment les êtres humains. Nous sommes beaucoup plus laids, sales, rancuniers, cruels, cupides, stupides, que nous ne le prétendons. La société ne peut pas fonctionner si elle ne reconnaît pas d'abord cela – si elle ne s'accorde pas, si vous préférez, sur cette part de la laideur dans la nature humaine. Alors, d'accord, la peine de mort représente, d'un point de vue social, un des aspects les plus déplaisants de la société. D'accord, 99 pour 100 des exécutions ne devraient pas avoir lieu du tout. Mais enfin… Occasionnellement, il arrive qu'une personne commette un crime tellement abominable qu'il est dangereux qu'elle ne soit pas exécutée. C'est mon point de vue. J'ai essayé d'écrire sur ce sujet, il y a longtemps de cela. Et j'ai découvert, en fait, que cela n'intéressait personne…

BHL : Vous ne pensez pas qu'il y a là, dans quelque peine capitale que ce soit, un côté « vengeance de la société », ou droit « de vie ou de mort » sur mon semblable, qui est toujours intolérable ?

NM : Attendez ! J'ai découvert une autre chose très intéressante pendant que j'écrivais *The Executioner's Song*. C'est à quel point les juges et les jurés souffrent quand ils condamnent à mort. Ils en font des cauchemars. Ils en deviennent insomniaques. J'ai réalisé pour la première fois à quel point il est difficile, pour des gens, de décréter que quelqu'un d'autre doit mourir. Je m'imaginais qu'ils se disaient : « c'est formidable, on va pendre ces salopards ». Mais, au contraire, ils souffrent. Dans ce sens, la peine de mort n'est pas gratuite pour les gens qui prononcent le verdict. C'est le second paradoxe de la peine de mort. Le premier tenant au fait que la perspective de passer toute sa vie en prison est une horreur et fait que beaucoup sont comme Gary Gilmore qui a dit : « je n'ai pas envie de passer ma vie en prison c'est pire que d'être exécuté. » Bon. Tout cela étant dit, j'insiste sur ce point : la peine de mort devrait être réservée aux pires crimes, particulièrement hideux. Elle ne devrait pas concerner, jamais, les crimes ordinaires.

BHL : J'ai visité une prison, la prison d'Angola, en Louisiane, près de La Nouvelle-Orléans, où la plupart des prisonniers sont condamnés à perpétuité et où, vu que la loi en vigueur dans cet Etat proscrit le principe même de la libération conditionnelle pour bonne conduite, on peut considérer que les gens qui entrent là y sont pour le restant de leurs jours et n'en sortiront que dans un cercueil. Ils disent, comme Gilmore, que c'est la pire des punitions possibles.

NM : Je le pense aussi.

BHL : Mais moi je n'en suis pas convaincu.

NM : Ce qui me tourmente c'est : qu'est-ce qu'on peut faire pour les pires des détenus, si on considère que la prison n'est pas seulement une punition mais un moyen de permettre aux criminels de devenir meilleurs en détention ? Et il m'est venu une idée particulièrement incongrue, qu'aucune nation ne devrait jamais appliquer mais que je vous livre quand même. J'ai songé à une prison où on accorderait une chance de s'échapper à tous ceux qui sont dans le couloir de la mort. On construirait un mur très haut, pratiquement impossible à franchir et toute personne qui le franchirait recouvrerait la liberté. Le mur est tellement difficile à escalader que les prisonniers passent des années à essayer de trouver un moyen de le franchir et ceux qui seraient parvenus à franchir l'obstacle auraient, je vous le répète, gagné la liberté. Ce serait un genre de pardon socialement acceptable. Ce serait comme si les criminels s'étaient transcendés. Ils ne seraient plus, tout à coup, juste ces types qui ont commis des crimes abominables. Et l'idée même de trouver une solution pour réussir à sauver leur misérable personne pourrie, leur donnerait une fonction, offrirait un but à leur vie – c'est déjà ça, vous ne croyez pas ?

BHL : Je ne sais pas… Qu'est-ce qui fait que, selon vous, la société ne pourra jamais organiser un tel dispositif ?

NM : C'est qu'une fois le type dehors, son exploit lui monterait à la tête et il pourrait réunir un gang et se lancer dans une série de meurtres qui signerait la fin du mur.

BHL : Je crois que les prisons américaines posent un autre problème encore. Elles ont, traditionnellement, deux buts. Un, punir. Deux, réhabiliter. Sauf que, en Amérique, elles en ont un troisième : non seulement punir et réhabiliter mais exclure, mettre les gens de l'autre côté d'une barrière, enfermer dans une sorte de cercle sacré.

NM : Oui, nous appelons cela « warehousing ». On enferme tous les méchants dans un entrepôt et on jette la clé. Les lois sur la drogue en sont un parfait exemple. Si vous êtes pris avec une certaine quantité de haschich, on peut vous jeter en prison pour dix, vingt, trente ans. Tout dépend de la quantité. Ce sont des lois très cruelles. On a, comme ça, des gamins qui sont emprisonnés pour le restant de leurs jours.

BHL : Est-ce que c'est une conception démocratique de la prison ?

NM : Non. Mais la démocratie aujourd'hui... Tout le monde en a une conception partielle ! La démocratie est un concept noble puisqu'elle assume qu'il y a davantage de gens bons que de gens mauvais sur cette terre et que, donc, si on accorde la liberté de choix aux gens, les bonnes choses l'emporteront sur les mauvaises. Après tout, avant l'avènement de la démocratie, on pensait le contraire. Seuls les sages et les puissants pouvaient juger de la façon dont l'humanité devait vivre. La démocratie est un pari. On ne sait pas comment ça va tourner, mais on parie.

BHL : Etes-vous devenu plus pessimiste en vieillissant ?

NM : Oui, absolument. Bien plus qu'auparavant. J'ai toujours été assez pessimiste. Cela fait cinquante ans que je m'inquiète d'un avènement du fascisme en Amérique. Mais jusqu'à présent j'ai eu tort et je suis, aujourd'hui, plus inquiet que jamais à ce sujet. Le fascisme, en d'autres termes, me semble menacer pour de bon et être plus proche qu'il ne l'a été dans les années 50 ou 60. Le fond du problème c'est que je ne pense pas que l'Amérique soit en mesure d'affronter les problèmes soulevés par la démocratie. Je ne parle pas pour les démocraties française, anglaise, allemande, italienne – elles représentent des univers différents. Mais, pour ce qui est de la démocratie américaine, il faut bien avouer qu'elle a développé de bien mauvaises tendances. Mon diagnostic à long terme n'est pas bon. Et bien sûr le terrorisme ne fait, et ne fera, qu'aggraver les choses.

BHL : D'un autre côté j'ai voyagé dans le sud des Etats-Unis, en Alabama, dans le Tennessee, l'Arkansas. J'avais l'image d'un pays raciste, intolérant, fanatique. J'avais en tête tous les fichus clichés sur le vieux Sud. Or j'ai eu l'impression, au contraire, d'un progrès colossal. J'ai eu le sentiment, si vous voulez, non pas que les gens ont complètement surmonté leur racisme, leur haine des Noirs, mais qu'ils se sont éduqués à ne plus les formuler – ce qui, franchement, n'est déjà pas si mal…

NM : C'est possible, oui.

BHL : Et la vieille culture raciste est acculée, de ce fait, à une position défensive. J'ai participé, par exemple, à une chasse à la caille. Les gens qui étaient là étaient clairement les héritiers de la vieille culture sudiste et raciste dominante dans les clichés. Sauf qu'ils n'osaient pas me le dire en face. Il y a vingt ans, ils auraient été fiers de leur fascisme. Là, soudain, ils en avaient honte.

NM : Je veux bien le croire. Ça, oui, je veux bien le croire. Ça veut dire, au moins, que ma génération ne s'est pas battue pour rien.

BHL : Oui. Mais, alors, ça change tout. Car prenez la dernière élection présidentielle. Il y a deux interprétations possibles, finalement, de ce qui s'est passé. Ou bien on pense qu'on assiste au déferlement d'une formidable vague conservatrice qui monte des profondeurs du Sud, arrive presque jusqu'aux côtes et représente la volonté obscure de ce pays. Ou bien on voit ça – et c'est plutôt mon cas – comme une réaction, presque un baroud d'honneur, en tout cas une crispation, face à un mouvement de démocratisation qui est la vraie tendance lourde de l'histoire américaine récente et dont ces gens savent qu'il est irréversible.

NM : La question reste ouverte. Ce pays va-t-il s'orienter un peu plus vers la gauche ou vers la droite ? Je ne sais pas quoi répondre à cette question. Il est encore trop tôt. Et trop de choses dépendent d'événements imprévisibles.

BHL : D'accord. Mais que répondez-vous à cette hypothèse d'un fondamentalisme, ou d'une lutte pour les valeurs morales, qui seraient la dernière convulsion de la bête blessée ?

NM : Voyez-vous, la raison pour laquelle je suis un pessimiste à long terme a à voir avec cette affaire de fondamentalisme. Car revenons à Jung. Tant que nous n'aurons pas affronté la notion de Dieu, tant que chacun d'entre nous n'aura pas, pour lui-même, élaboré une notion de Dieu ou de ce qu'il pourrait être, tant que nous croirons, si vous préférez, en un Dieu qui, à un moment donné, a demandé à un certain nombre de ses adeptes d'écrire un livre qui était Son livre et qui allait être désormais le même, inchangé, sans extrapolation d'aucune sorte, pour tous les hommes, vraiment tous (en sorte que, si on accepte de le suivre jusqu'à la fin de ses jours, on est tranquille, on n'a plus besoin de penser), tant qu'on se conduira ainsi, on n'aura pas de démocratie. Cette croyance dans le Livre, cette croyance que Dieu est entièrement bon et tout-puissant, est, pour moi, un anathème. Mais c'est, surtout, le principal obstacle à la démocratie. Je crois qu'il y a un Dieu. Je crois en ce Dieu. Mais c'est un Dieu existentiel. Un Dieu créateur. Et un créateur que je vois comme un artiste. Pas quelqu'un qui apporte la loi, mais un artiste. Et un artiste qui, comme tout artiste, quoique à un niveau beaucoup plus élevé, cherche, oui, cherche des réponses. Et nous qui sommes le projet de Dieu, nous qui sommes sa création, nous lui… apportons quelques-unes de ces réponses.

BHL : Comment cela ?

NM : De la même façon que les enfants donnent des réponses à leurs parents. Un bon père ou une bonne mère ne prétendent jamais qu'ils connaissent leurs enfants par cœur. Ils savent qu'ils apprennent de leurs enfants. Ils savent que leurs enfants vont les surprendre, confirmer leur intelligence ou la nier. Ils s'imaginaient, par exemple, que leur enfant allait évoluer de telle ou telle façon et il évolue différemment. Les « mauvais » parents dominent les enfants. Les « bons » parents se mettent aussi, parfois, à l'école et à l'écoute de leurs enfants. Tout cela pour dire que Dieu fait du mieux qu'Il ou Elle peut. Nous sommes ses jouets, ses instruments. Mais il n'a pas les réponses et nous non plus. Donc, nous cherchons. Voilà l'idée qui peut contrer le plus efficacement les dérives fondamentalistes…

BHL : A propos de fondamentalisme, j'ai été également frappé par le développement de ce courant « créationniste » qui a l'air de vouloir relever la tête avec sa théorie des deux théories. Il dit, en gros, ce courant : il y a la vérité darwinienne d'un côté et il y en a une autre, non moins vraie, non moins scientifique et ornée, non moins que l'autre, de beaux oripeaux scientifiques – en sorte que, disant cela, c'est comme si l'obscurantisme prenait l'habit de la science et des Lumières…

NM : Je comprends que cela vous trouble. Car les Européens sont suffisamment sophistiqués pour accepter la variété des religions comme allant de soi. Ici, c'est différent. La Bible est le Livre. Elle contient le Verbe. Et vous avez intérêt à y croire parce que, si tu n'y crois pas, fils, un jour tu t'en souviendras et du devras payer. Good Lord, Jésus veut te sauver… Il veut te protéger… Dieu est beaucoup plus intelligent, plus puissant, plus amical aussi, que les paroles de Jésus, ou celles de la Bible juive, ne le laissent supposer… Mais voilà, c'est ta faute, tu ne le laisses pas faire…

BHL : Votre position, vous, par rapport à ça ?

NM : J'ai tendance à voir l'évolution comme un énorme laboratoire où certaines choses ont bien tourné et d'autres mal – par exemple les dinosaures dont l'apparition sur la terre était peut-être une énorme erreur… Ce qui est sûr, en tout cas, c'est que cette notion d'une évolution qui verrait le triomphe des plus forts est trop facile. Je vois davantage cela d'un point de vue artistique. Certaines œuvres sont meilleures que d'autres. Et certaines se sont éloignées de Dieu. Je ne suis pas certain, par exemple, que Dieu voulait que les mouches se multiplient pour infester les plages en été.

BHL : Vous venez d'évoquer la Bible juive. Pour vous, être juif, c'est quoi ?

NM : Ça représente beaucoup de choses. Mais, comme vous pouvez l'imaginer, je ne suis ni pratiquant ni religieux. Mon grand-père, comme le vôtre, était un rabbin.

BHL : C'est mon arrière-grand-père qui était rabbin…

NM : Bon. Lui, en tout cas, à ce que j'en sais, était un vrai rabbin. Tandis que le mien, du côté de ma mère, a étudié pour le devenir et puis, quand il est arrivé en Amérique, a dû travailler comme boucher. Mais il était très pieux, très croyant. Il lui arrivait de remplacer le rabbin officiel quand celui-ci était indisponible. Je l'ai à peine connu. Il est mort quand j'avais quatre ans et je l'ai donc à peine connu. Mais ma mère, à cause de lui sans doute, respectait les pratiques religieuses. Elle m'a fait aller à l'école hébraïque, ce qui m'était intolérable mais qui m'a, sans aucun doute, formé au-delà de l'imaginable. C'était un endroit très triste, très déplaisant, où nous étions très grossiers avec les enseignants. C'était un vrai chaos. Et je dois vous dire que tout cela m'a prodigieusement ennuyé.

BHL : Et ensuite ?

NM : Ensuite, parvenu à l'âge adulte, il me semble que je ne me suis plus tellement intéressé à tout cela. Sauf que, d'un autre côté, à cause d'Hitler, la pensée qu'être juif n'avait pas d'importance ne pouvait pas être la mienne. Je savais que j'étais juif. Et je savais ce que cela signifiait. Cela signifiait, en gros, que mon sang était différent du sang des autres. Que ça me plaise ou non, que ce soit vrai ou faux sur le plan scientifique, j'estimais que, sur le plan pratique, du sang juif coulait dans mes veines. Voilà. Etre juif est un état d'esprit. Nous avons des qualités et des défauts qui, par bien des aspects, nous distinguent des autres. Non que ces profondes différences soient faciles à définir. Et on répugne d'ailleurs à le faire à cause de l'héritage d'Hitler et du fait qu'on ne peut plus parler de races. Mais enfin, je ne pourrais pas, en ce qui me concerne, vous dire que je ne me sens pas juif. Ce serait faux. Je suis juif, très juif, voilà le vrai. Même si, naturellement, cela ne signifie pas non plus que je sois un patriote juif.

BHL : Avez-vous des liens avec Israël ?

NM : Non, pas vraiment. Et je vais même vous avouer une chose. Je n'y suis jamais allé. Jamais. Et vous savez pourquoi ? Pour une très bonne raison. Je savais que, si je m'y rendais, cela bouleverserait ma vie. Or j'avais des livres en chantier. Aujourd'hui encore, je veux en avoir fini avec mon livre. Je sais lequel. Je sais exactement quel livre je veux écrire avant de mourir. J'ai peut-être tort mais c'est pour cette raison que je n'y suis pas allé. Je ne voulais pas qu'on m'embête en me disant : « il faut que vous écriviez quelque chose sur la question, comment pouvez-vous venir, ici, voir ce que nous traversons, sans témoigner » ? Pour moi, c'eût été comme une visite à ma famille que je n'aurais pas eu envie de faire. Cela étant dit, la situation en Israël m'inquiète beaucoup.

BHL : Pourquoi ?

NM : A cause, notamment, de la guerre en Irak. J'ai peur que les néocons aient déclenché une tempête de grêle sur les juifs. Car les Américains ne font pas mystère, n'est-ce pas, qu'ils participent à cette guerre à cause des néocons et les néocons, de leur côté, ne font pas mystère non plus que la cause d'Israël est une des raisons qui les a fait se lancer dans cette guerre. Si ça tourne très mal, qui blâmera-t-on ? A qui en fera-t-on porter la responsabilité ? Aux juifs en général et à Israël en particulier. Dans mon esprit, il n'y a jamais eu aucune raison d'aller en Irak. C'est un endroit horrible et les endroits horribles doivent élaborer leurs propres solutions. On ne peut pas injecter la démocratie dans un pays.

BHL : Même pour renverser un dictateur ?

NM : Saddam Hussein était un homme abominable. On ne peut, certes, pas le comparer à Hitler car il n'avait pas l'importance d'Hitler. Mais je veux bien admettre, personnellement, qu'il était aussi horrible qu'Hitler et peut-être même davantage. Mais bon. C'était aux Irakiens de trouver la solution. Il n'était pas une menace pour nous. Et tout ce que nous avons fait, là, c'est de créer des menaces nouvelles.

BHL : L'Amérique ne doit combattre que les menaces qui la visent directement ? Hitler n'était pas une menace pour l'Amérique, il était une menace pour l'Europe, et l'Amérique, pourtant, l'a combattu et a libéré la France.

NM : Il était une menace pour la civilisation. Hussein était un monstre mais il n'était pas une menace pour la civilisation. Il n'avait même pas une grande importance géopolitique. On s'en serait mieux tiré avec des musulmans divisés. Alors que, là, maintenant, nous les avons unis. Ce que je vous dis là est sujet à discussion, naturellement. Et je suis certain que vous ne pensez pas la même chose que moi sur ce sujet.

BHL : Non, ce n'est pas évident. J'étais contre, moi aussi, cette guerre en Irak. Même si ce n'était pas avec les mêmes arguments que vous.

NM : C'était une énorme erreur. Et une erreur qui est venue de l'ignorance et de l'arrogance. Pour une raison que j'ignore, l'arrogance et l'ignorance semblent être une voie royale pour le pouvoir en Amérique. Si vous avez d'autres qualités, si vous êtes beau, bien né, brillant, avec des gens détestables et puissants qui vous apportent leur soutien, alors il suffit d'y ajouter l'ignorance et l'arrogance – et vous serez élu.

7

Lettres à Anatol Lieven (à propos du néoconservatisme et de ses impasses)[1]

Lettre 1.

Je n'avais vraiment, mais alors vraiment pas, envie de commencer cet échange en me faisant l'avocat de Bush et des néoconservateurs[2].

Vous avez lu mon livre n'est-ce pas ?

Vous avez lu le portrait que je brosse de ce pauvre Bush en enfant bernanosien, dépassé par ce qui lui arrive, apeuré par le monde et tentant de l'apeurer en retour ?

Vous avez lu mon chapitre intitulé « La Revanche du petit homme » ainsi que les nombreux chapitres où je dis ma nostalgie de la vraie grande Amérique, celle de Kennedy, celle de Clinton même, celle dont un Kerry ou un Obama pourraient être les continuateurs ?

1. C'est Michael Tomasky, de la revue américaine *Prospect,* qui suggéra cet échange en janvier 2006 ; il publia ces lettres ainsi que, naturellement, les réponses de Lieven dans la livraison d'avril de la revue.

2. C'est Lieven qui avait « ouvert le feu » en commençant, dès le début de cette première lettre, par une mise en cause d'*American Vertigo* en ces termes : « we disagree quite strongly on the subject of the neo-conservative movement, its historical meaning, and above all its moral quality. »

Il ne vous a pas échappé non plus, j'imagine, que je suis un opposant de la première heure à cette foutue guerre en Irak dont le principal effet a été, pour le moment, d'accroître le nombre de terroristes dans la région et d'intensifier cette guerre des civilisations dont les fondamentalistes musulmans, et Huntington, sont les avocats également intéressés et fervents ?

Et quant aux néoconservateurs eux-mêmes, quant à Kristol, Perle et les autres, puis-je être plus clair que dans les pages où je leur reproche leur ralliement inconditionnel à la croisade bushiste pour les valeurs morales, leur adhésion au credo créationniste et à la peine de mort, leurs ambiguïtés sur le droit à l'avortement, leurs campagnes infectes sur la vie privée de l'ex-président Clinton, leur goût de l'ordre moral, etc. etc. ?

Bref, ce ne sont pas mes amis.

Ce n'est pas l'Amérique dans laquelle je me reconnais.

Mais, en même temps, il y a des choses, dans ce que vous et vos amis écrivez, que je ne peux pas non plus laisser passer.

Quelque antipathie que l'on ait, par exemple, pour Chalabi et pour la tentative dérisoire de le mettre en selle à Bagdad, je ne crois pas que l'on puisse le présenter comme un « US-backed dictator » dont on aurait tenté d'imposer à toute force, à coups de canons, la position.

Quoi que l'on pense de la stratégie et de l'attitude de l'armée américaine, quoi que l'on pense d'un événement comme celui d'Abou Ghraïb (et je suis de ceux qui l'ont vécu, faut-il le préciser ? comme un moment d'horreur et de honte), je ne crois pas qu'il soit sérieux de faire comme si l'essentiel de la responsabilité des morts irakiens d'aujourd'hui était à mettre sur son dos et comme si l'on pouvait mettre entre parenthèses les bombes humaines, les voitures piégées, les fusillades aveugles, bref le terrorisme irakien (islamiste ou ex-baassiste) et son incommensurable mépris, lui, pour le coup, de la vie des civils musulmans.

Et puis dernier exemple : quoi que l'on pense de cette guerre idiote, quelque conviction que l'on ait – et je vous répète que c'est mon cas – de son inutilité et de ses effets pervers, il n'est juste pas honnête de nier les effets positifs qu'elle a aussi et qui sont, par exemple, la liberté de la presse, la fin de la dictature, la tenue d'élections libres et le fait qu'un nombre croissant d'Irakiens commencent d'entrer dans cette culture démocratique dont je trouve que la gauche américaine fait bon marché...

Alors maintenant, compte tenu de cela, compte tenu des reproches que je leur fais et de ce crédit que je leur fais aussi d'injecter un peu de démocratie dans un pays qui sort de la dictature, je fais et je dis quoi du phénomène néoconservateur ?

Eh bien j'essaie d'être honnête, tout simplement.

J'essaie de traiter ces gens sans le dogmatisme dont ils font montre, eux, avec leurs adversaires.

Et, l'Histoire étant ce qu'elle est, c'est-à-dire une cacophonie, un concert de voix mêlées et de sens incertains, une nuit où nul n'est jamais, sauf cas extrême, tout à fait ange ou tout à fait diable, il est vrai que je leur reconnais deux ou trois mérites réels.

Un mérite. Faire de la politique avec des idées. Ou réintroduire, si vous préférez, la vieille considération philosophique des « types de régime » dans la conduite d'une politique internationale. Vous direz ce que vous voudrez. Mais, entre un realpoliticien sans scrupules et un lecteur de Leo Strauss ou d'Aristote injectant des considérations morales dans sa pratique de la politique, mon cœur penche pour le second.

Un autre mérite. Privilégier, parmi lesdites idées, celles qui consistent à promouvoir les principes démocratiques et à répandre, en effet, l'universalisme d'origine occidentale dans les pays de l'espace musulman. Je ne dis pas, là non plus, que le programme soit respecté. Je ne nie pas qu'il soit pour le moins étrange, quand on se dit démocrate, d'accepter Guantanamo ou les prisons secrètes. Mais que ce soit le programme n'est pas niable. Que ces gens aient dans la tête qu'un Irak où l'on vote est préférable à un Irak sous la botte est une évidence que l'on ne peut refuser sans mauvaise foi. Et entre cette droite et la droite d'autrefois, entre des gens qui, fût-ce maladroitement, fût-ce en commettant des fautes ou des crimes, pensent que le rôle de l'Amérique est de travailler à l'universalisation de la démocratie et ceux qui, comme jadis Kissinger, estiment que sa place est aux côtés et en renfort de toutes les dictatures de la planète, je préfère, à nouveau, les premiers – je préfère l'Amérique qui défend les héritiers de Massoud à celle qui mettait Pinochet au pouvoir.

Et puis un troisième mérite encore. Celui de prendre au sérieux, comment dire ? la dimension tragique de l'Histoire contemporaine. Ou celui, plus exactement, de prendre la mesure de cette figure du Tragique moderne qu'est le défi adressé à tous les démocrates – et pas seulement à ceux d'Amérique ! – par les radicaux et intégristes musulmans. Tout le monde parle de l'Iran. Et j'entends, ici et là, qu'il faudrait une détente avec l'Iran. D'accord. Je ne demande pas mieux. Mais je crois qu'il faut, d'abord, prendre en considération le tragique de la situation. Et quand je dis tragique, je veux dire une situation où c'est tout l'establishment iranien qui, Rafsandjani compris, plaide pour la reprise des essais et donc pour la ligne d'un Président qui a dit son intention ou, plutôt, son rêve de rayer Israël de la carte. Pour dire et voir cela, pour observer qu'il y a là un péril extrême et que les démocrates du monde ont affaire à un défi qui, toutes choses égales, n'est pas moins redoutable que celui que leur adressèrent naguère les communistes et les nazis, que voulez-vous que je vous dise ? je ne vois guère, pour l'heure, que ces néo-conservateurs.

Alors je ne vous dis pas que ma position soit confortable.

J'aimerais mille fois mieux que le langage de fermeté vis-à-vis de l'Iran soit tenu par d'autres.

J'aimerais que l'autre camp, celui de l'Amérique humaniste, soit plus empressé à reprendre les thèmes, chers à un Michael Walzer, du refus de la culture de l'excuse à l'endroit du nouveau terrorisme.

Bref, j'aimerais qu'il se passe en Amérique ce qui s'est passé en Europe il y a trente ans c'est-à-dire l'émergence d'une gauche, d'une vraie gauche, qui, sans renoncer à être la gauche, sans renoncer à rien de son héritage moral ni de ses positions sur les questions dites de société, se convertisse à un antitotalitarisme véritable.

Mais nous n'y sommes pas.

Et tout le problème, me semble-t-il, vient de là – tout ce champ libre, laissé aux néocons, du fait de la démission idéologique de la gauche…

Lettre 2.

On est évidemment d'accord sur le colonialisme et sa prétendue mission « civilisatrice[1] » : on a eu, récemment, ce débat en France ; on a eu toute une discussion sur les prétendus « aspects positifs » du geste colonial ; et j'ai dit que, pour moi, le seul aspect positif en question c'était François Mauriac, Jean-Paul Sartre ou n'importe lesquels des autres Français qui, intellectuels ou non, ont pris, à l'époque, le parti de la justice – ce n'est pas aux USA que je vais changer d'avis…

On est d'accord aussi sur Napoléon, et même sur Robespierre, ces deux personnages terribles, ces deux taches sur l'histoire de mon pays : ils ont été, pour moi, les inventeurs de la Terreur ; deux Terreurs différentes, d'accord ; mais la Terreur dans les deux cas et l'origine, d'une certaine façon, de ce que nous appelons aujourd'hui le terrorisme ; je dis cela en France ; je ne vais pas dire, là non plus, le contraire aux Etats-Unis ; et donc, je vous le répète, on est d'accord.

Et quant aux néoconservateurs, quant à l'histoire personnelle de ces gens qu'on appelle ainsi, quant au fait qu'il n'y aurait pas de différence de nature entre leur position et celle des réalistes kissingériens, je vous trouve excessivement sévère : mais bon ; c'est une histoire suffisamment complexe, avec des personnages suffisamment différents les uns des autres, pour

---

1. Tel était, de nouveau, le début de la lettre (la 2e lettre) à laquelle je réponds ici : Lieven m'exhortait à me « souvenir » des « méthodes sauvages » de cet impérialisme prétendument « démocratique » que pratiquèrent jadis nos deux pays d'origine, la Grande-Bretagne et la France.

qu'on y trouve en effet de tout ; et je ne me battrai pas là-dessus – je vous concède que, dans cette mouvance si disparate, on trouve sûrement des gens qui étaient partisans de napalmiser, jadis, jusqu'au dernier Cambodgien ou Vietnamien.

Non. Le désaccord est ailleurs. Et, si je devais le cerner, je dirais qu'il tient en trois ou, peut-être, quatre points.

Cette affaire, d'abord, de communisme. Vous avez l'air de vous gausser de ceux qui, jadis, mettaient dans le même sac les différents communismes « soviétique, chinois, vietnamien, cambodgien, latino-américain ». Je n'étais pas loin, moi, de cette position. J'étais assez marxiste, bien entendu, et assez familier de l'histoire de ce qu'on appelait le « mouvement ouvrier international », pour saisir les nuances, voire les querelles, et parfois les luttes à mort, entre ces différents communismes. Mais cela ne m'empêchait pas de percevoir aussi ce qui les rapprochait. Cela ne m'interdisait pas, comme Sakharov et les dissidents, de saisir aussi l'essence qu'ils avaient en commun et qui allait d'ailleurs, le moment venu, imploser et disparaître en bloc.

La question, ensuite, de l'Iran. Je ne dis pas qu'il y ait une « identité absolue de vues entre des gens comme Rafsandjani et Ahmadinejad ». Je dis qu'il y a identité de vues sur un point qui est essentiel et qui, compte tenu de l'antisémitisme, de l'anti-américanisme et de la haine de la démocratie en général qui sévissent au sein de l'establishment de Téhéran, n'est pas un point négligeable. Ce point c'est le point nucléaire. Et, sur ce point nucléaire, je pense en effet qu'il n'y a pas de vraie alternative au sein de cet establishment. Alors ça veut dire quoi ? Et est-ce que ça veut dire que je prône la guerre contre le régime ? Non, bien entendu. Je ne prône pas plus la guerre que je ne prône le compromis. Et cela parce qu'entre la guerre et le compromis, il y a un troisième terme dont je m'étonne que vous n'ayez pas l'air de l'envisager : c'est le soutien aux femmes iraniennes, aux jeunes, aux intellectuels – c'est le soutien à cette énorme proportion de la population du pays qui ne se reconnaît dans aucune des factions officielles mais dans le combat démocratique. Voilà, oui. Ma position sur l'Iran ce n'est pas de renforcer untel ou de permettre à tel autre de sauver la face. Mais c'est de défendre les gamines de seize ans qui se sont, elles, dévoilé la face et qui sont pendues sur les places publiques du nouvel empire Achéménide qu'appellent de leurs vœux nos géostratèges. Entre Ahmedinejad et Rafsandjani, il y a les femmes en lutte pour leur liberté, et qui attendent de nous soutien moral et espoir.

La question des deux islams. Bien sûr, je sais les différences entre chiisme et sunnisme. J'ai assez fréquenté le Pakistan pour savoir qu'il y a là un conflit d'autant plus sanglant qu'il recouvre à la fois un clivage théologique et des affiliations géopolitiques. De même que je sais, rassurez-vous, ce qui les sépare, tous les deux, du baassisme athée des héritiers de Saddam Hussein. Mais je dis juste deux choses. Je dis d'abord qu'il leur arrive, justement, d'oublier ces différences et ces différends pour faire alliance dans la haine de l'ennemi commun qu'est l'Amérique, Israël, et l'Occident : c'est toute l'histoire d'Al-Qaïda dans les années de son repli au Soudan ; c'est toute la chronique des relations entre le Hezbollah et le Hamas ; c'est tout ce qui a filtré des aveux de Khalid Shaikh Mohammed sur le soutien de Téhéran aux Saoudiens du 11 septembre ; bref, c'est ce moment de synthèse, prodigieusement intéressant et qui devient, du coup, objet de réflexion à part entière ; dans ces moments-là, on a affaire au chiisme certes, au sunnisme certes, mais aussi à ce troisième terme qu'ils constituent en fusionnant et qui devient aussi énigmatique que pouvait l'être, après la fusion des « révolutionnaires conservateurs » et des « nationaux bolcheviks » allemands, la synthèse national-socialiste des années 20 du dernier siècle ; cette synthèse incroyable, ce presque impensable moment, le spectacle hallucinant de Saddam Hussein invoquant le Coran à son procès, c'est en effet ce que, faute de mieux, j'appelle « fascislamisme ». Et puis je dis une deuxième chose : quelle que soit la radicalité du clivage entre sunnites et chiites, que l'on insiste sur ce qui les oppose ou sur ce qui, parfois, dans l'opposition commune au diable juif ou croisé, parvient à les unir et quelque importance que l'on attache, enfin, à ce qui les oppose, tous aux athées baassistes, il existe un second clivage auquel vous n'avez pas l'air de penser mais que j'ai la faiblesse de croire, moi, plus essentiel, plus radical et, pour les hommes et femmes concrets qui peuplent ce monde de l'islam, de bien plus grande conséquence – et ce clivage c'est celui qui oppose les fondamentalistes et les démocrates, les intégristes et les humanistes, les héritiers des Lumières musulmanes et ceux qui se reconnaissent dans les courants sombres, non seulement de la théologie, mais de la politique islamiques traditionnelles ; on parle beaucoup, depuis quelques années, de « guerre des civilisations » : eh bien quand on prend, comme j'essaie de le faire, le point de vue des peuples et des hommes concrets, voilà la seule guerre des civilisations qui tienne – voilà, dans ce partage politique, exclusivement politique, entre ces deux versions de l'islam, le clash civilisationnel le plus important de notre temps.

Et puis la question enfin, qui se déduit de ce qui précède, de ce que peut être, pour les démocraties, une politique internationale digne de ce nom. Vous dites ne pas être « porté à prendre des positions radicales dans les affaires de politique internationale ». Ce n'est, vous l'aurez compris, pas mon cas. Je continue, comme dans ma jeunesse, de croire à ce que, avec Bernard Kouchner et quelques autres, nous appelions le devoir d'ingérence. Je pense, plus que jamais, qu'il fallait intervenir en Bosnie. Je regrette, plus que jamais, que l'on n'ait pas soutenu Massoud en Afghanistan. J'estimais, et j'estime toujours, que nous avions, au Rwanda, face à la menace puis à la réalité du génocide, le devoir de nous interposer. Je crois, aujourd'hui encore, à l'heure même où nous parlons, que nous sommes coupables de non-assistance à peuples en danger dans ces régions que je ne connais pas trop mal et qui sont le Soudan et les monts Nouba. Je déteste, en d'autres termes, l'idée selon laquelle le droit des peuples à disposer d'eux-mêmes devrait impliquer le droit des Etats à disposer de leurs peuples. Je continue de rêver, pour mon pays et pour le vôtre, d'une politique étrangère ambitieuse qui vienne au secours des simples hommes et femmes martyrisés par leurs Etats dans des cas comme celui de l'Iran ou même, il y a quelques années, l'Irak. Et c'est peut-être même, au fond, LE grand reproche que j'ai envie de faire aux néoconservateurs : avoir, avec leur mauvaise guerre, leur mauvaise politique, leur messianisme démocratique absurde, leurs erreurs de perspective et de jugement, compromis, gâché, peut-être même discrédité, ce devoir d'ingérence magnifique et nécessaire – et nous avoir, de ce point de vue, fait faire un gigantesque pas en arrière.

Lettre 3.

Je ne suis pas certain, cher Anatol Lieven, que notre désaccord se réduise tant que cela[1].

Sur l'Iran déjà, je vous trouve trop optimiste et, pour tout dire, bien imprudent quand vous parlez de ce régime comme d'un « mélange complexe de théocratie et de démocratie limitée » qui n'aurait plus grand-chose à voir avec le modèle des « dictatures totalitaires ». Moi, je vois la multiplication des exécutions publiques. Je vois le terrible document diffusé à Londres l'été dernier et montrant ces trois fameuses pendaisons dans le nord du pays. Je vois le nombre de journalistes emprisonnés. Les femmes lapidées pour adultère. Les homosexuels pendus, comme à Machad, dans le Nord-Est. Je vois ces violations constantes, et sur grande échelle, des droits de l'homme à travers tous les changements de gouvernement depuis vingt-cinq ans. Et j'avoue que cela m'enlève l'envie, et de ratiociner sur les nuances entre les différents courants, et de gloser sur les différences subtiles entre autocratie et totalitarisme, et de parler de « semi-démocratie ».

Sur Massoud, je crois également que vous vous trompez. Bien sûr, oui, il y a eu une tentation islamiste de Massoud.

---

1. Lieven vient de se « réjouir » de voir que nos différences « have narrowed to such an extent » et que « our long term hopes are indeed very close ».

Bien sûr, il a été, dans sa jeunesse, proche d'une mouvance assez « Frères Musulmans ». Mais dans sa jeunesse seulement. Après quoi il a connu une évolution extrêmement rapide qui l'a mené aux antipodes. Sur le plan spirituel, son maître à penser n'est pas Sayyed Qotb (qu'il n'a probablement jamais lu) mais Abu Hamid al-Ghazali (l'Algazel des scolastiques latins, le théoricien d'une « ascèse » qui inspira le « cogito » de Descartes, l'auteur de l'admirable *Alchimie du bonheur* qui fut, jusqu'au bout, son vrai livre de chevet et dont la haute spiritualité n'avait rien à voir avec le pharisaïsme ultra-ritualisé des intégristes). Et sur le plan politique, vous pouvez dire ce que vous voudrez des terribles années 1992-1996, des jeux d'alliance tortueux qu'il a accepté de mener ou même du rapprochement tactique avec Dostom ou, à la toute fin, avec Heykmatiar – vous pouvez dire ce que vous voulez de ses erreurs politiques d'alors (encore que parler du « bilan terriblement sanglant des forces de Massoud » me semble historiquement exagéré) : il reste que son action consista aussi à défendre, dans la capitale bombardée par le Hezbollah puis les talibans, l'ordre constitutionnel laïque de l'ancienne monarchie afghane. Restèrent à leur poste, sans voile, les présentatrices du journal télévisé. Restèrent toutes les femmes professeurs, directrices d'hôpitaux, fonctionnaires. Alors que, dans les villes contrôlées par les talibans on coupait allègrement pieds et poings des petits et grands délinquants, il suspendit, pendant quatre ans, dans la zone qu'il contrôlait, l'application des châtiments prévus par la charia. Et je ne parle pas des années suivantes, celles de son repli dans le Panshir, où il ne dévia jamais, sur la question des femmes encore, de cette ligne simple qu'il réaffirma par exemple en signant, en 2000, la charte de l'organisation féministe Negâr : « la tradition est ce qu'elle est ; on ne peut pas plus forcer les femmes à retirer leur burqa que les forcer à la porter ; mais mes sœurs n'ont jamais porté le voile ; mes cinq filles étudient ou étudieront ; je suis partisan du droit absolu des femmes à travailler, voter, voire être députés ou gouverner… » Comme « islamiste radical », on a fait mieux !

Et puis, surtout, surtout, il y a de nouveau le débat de fond qui concerne notre droit, ou non, à prêcher, dans le monde en général et dans le monde musulman en particulier, ce que vous appelez l'« universalisme occidental » : et là je crains que nous ne soyons, plus que jamais, sur deux longueurs d'onde différentes.

Car enfin vous dites quoi ?

Si vous nous dites qu'il faut plaider sans humilier et défendre nos valeurs en évitant de braquer, insulter, déconsidérer celles des autres, bien sûr, on est d'accord.

Si vous dites qu'il eût été plus intelligent, au lieu d'unir le reste du monde contre les Etats-Unis et l'Occident, de le désunir, de jouer de ses contradictions internes et, par exemple, de « ramener vers nous les nationalismes locaux », c'est l'évidence.

Si vous dites, surtout, que le premier principe qui doit dicter une politique digne de ce nom est le respect de l'adversaire, la science du terrain idéologique et culturel où il opère, la connaissance des traditions sur lesquelles il s'appuie et qui ne sont jamais tout à fait monolithiques, cela va de soi (et je pense que, là-dessus, je serais encore plus sévère que vous sur l'ignorance crasse des néoconservateurs en matière de culture musulmane ou sur la colossale bévue de la CIA que j'ai vue, de mes yeux vue, au début des années 80, à Peshawar, confondre allègrement durs et modérés, « massoudiens » et « hezbistes », tous mis dans le même sac d'une vague « Résistance »).

Bref, si votre recommandation est d'être premièrement plus savant et plus informé, et, deuxièmement, plus habile, plus malin, meilleur tacticien, meilleur stratège, si vous pensez que, dans le corps-à-corps qui l'oppose à ses ennemis, la démocratie doit jouer au plus fin, tirer parti de toutes les failles ou défauts de la cuirasse de l'adversaire, « jouer les différentes forces les unes contre les autres » et, au lieu, par exemple, de faire l'unité autour des terroristes, d'isoler au contraire ces derniers, alors bon, c'est le B.A.-BA de l'art de la guerre, ce n'est pas moi qui vais vous dire le contraire.

La question, en revanche, est de savoir si on parle tactique ou principes.

La question est de savoir s'il y a là l'énoncé d'une sagesse pratique qui laisserait ouverte la question des fins – ou si vous croyez vraiment, par exemple, à votre « choix de mélancolie » qui ne nous laisserait d'autre alternative, dans le monde musulman, que celle de Rafsandjani et Ahmadinejad, au régime d'Assad ou des islamistes radicaux syriens ou encore, en Irak, des populistes conservateurs chiites ou de l'insurrection sunnite soutenue par Al-Qaïda.

Je crois moi qu'il y a, dans chacune de ces trois situations, une troisième solution qui est celle de la démocratie.

Je crois qu'il y a toujours, partout, et même si ce n'est qu'un horizon, des gens qui croient, non seulement à la possibilité, mais à la meilleure qualité du choix démocratique.

Et je crois que le devoir des Etats démocratiques en général et des Etats-Unis en particulier – ainsi que, par parenthèse, le devoir des intellectuels – est de défendre les gens qui, même minoritaires, même désavoués par les forces vives de leur pays, même et surtout défaits, ont fait ce choix courageux.

Je récuse, en d'autres termes, l'expression même de « universalisme occidental ».

J'ai très peur de ce que vous appelez, à propos du monde arabo-musulman, votre « choix de mélancolie ».

Je refuse absolument l'idée selon laquelle, sous prétexte qu'ils y sont nés, les droits de l'homme, les principes de laïcité et ceux de la démocratie parlementaire, seraient ontologiquement et fatalement liés au sol de la culture occidentale.

Je pense, pour dire les choses brutalement, qu'il y a une vraie supériorité des modes de pensée qui reconnaissent à une âme le droit de ne pas se soumettre, à un corps celui de n'être pas blessé, à une société celui de se voir représentée selon des formes et des médiations rompant avec les règles communautaristes.

Tout le reste est différentialisme.

C'est-à-dire mépris déguisé en respect – ou violence parée des atours d'une altérophilie mensongère et suspecte.

Lettre 4.

Nous ne parviendrons pas à nous quitter sur cet accord que nous souhaitions tous les deux.

Je passe sur l'Afghanistan que vous connaissez, mais moi aussi – et si je vous concède tout ce que vous voulez sur ces histoires de trafic de drogue dont, par parenthèse, je ne vous avais pas parlé, je maintiens que Massoud fut, jusqu'au bout, l'incarnation de cet Islam modéré, ouvert aux femmes, plutôt démocratique, constitutionnaliste, dont ne voulaient pas les Talibans et qui lui a, au demeurant, coûté la vie.

Je passe sur ce que vous dites des inévitables lenteurs de la construction d'une démocratie dans un pays qui émerge de la nuit du totalitarisme ou de la misère : je discutais de cela, l'autre jour, à Washington DC, avec Kristol et Fukuyama ; il se trouve que c'est l'une des raisons de mon désaccord de fond avec les néoconservateurs ; et je suis, je crois, plus que conscient (comme, d'ailleurs, Fukuyama) des terribles dangers que peut présenter, pour une société, le messianisme démocratique des néocons, leur manière de progressisme idéologique, leur idée qu'il suffit de laisser aller, pousser un peu, pour que le miracle se produise.

Et quant à l'idée selon laquelle, comme le montre « l'histoire de l'Inde », il vaut mieux, pour que ça marche, une « connexion entre démocratie et nationalisme », quant à l'idée d'une nécessaire synthèse entre des « institutions » lointainement issues de l'empire et les valeurs créées par la « lutte nationaliste » contre les règles de l'empire, quant à ce besoin d'une synthèse entre la démocratie en question et le sentiment d'un « intérêt national » et d'une « fierté » dans le pays où elle va s'enraciner, tout cela va évidemment de soi et j'ai passé assez de temps, moi aussi, en Inde, j'aime assez ce pays, son peuple, sa destinée, pour prendre l'exacte mesure de cela.

Il y a dans votre position, cela dit, trois idées, ou trois présupposés, qui me semblent vraiment problématiques et dont je m'aperçois qu'ils condensent assez bien nos dissentiments des derniers jours.

1. Mener de front, dites-vous, c'est-à-dire « séparément et sur les deux niveaux », ces deux objectifs distincts que seraient « la promotion de la démocratie » et « la promotion de nos intérêts stratégiques »... Combiner autrement dit l'utopie interventionniste et wilsonienne dont les néoconservateurs ne donnent qu'une idée bien pâle et les prudences d'une diplomatie réaliste prenant les Etats comme ils sont et entreprenant de « dealer » avec eux... Je ne crois pas que cela marche. Je crois que c'est, soit l'un, soit l'autre, et que la complaisance à l'égard des Etats assassins se retourne toujours contre leurs peuples. Vous citez l'exemple de l'ancienne URSS. Vous dites, à l'appui de votre thèse : on a bien réussi, à l'époque, à établir une série de « deals pratiques avec feu le régime soviétique » sans pour autant abandonner « la promotion de la démocratie dans le bloc de l'Est ». Mais justement ! Je ne vois pas où vous prenez que l'on a continué, malgré nos « deals », à s'occuper de promouvoir la démocratie en Europe de l'Est. Car la réalité de l'époque c'est, vous le savez bien, qu'on a abandonné comme des chiens les peuples soviétisés et que l'on s'est résignés, vraiment résignés, à leur mauvais destin. On faisait des grâces à leurs dirigeants. On glosait sur leurs querelles de tendances et on spéculait sur les vertus déstabilisatrices qu'allait y avoir le commerce international. Mais les vraies gens, les vraies victimes, les dissidents qui débarquaient en Occident et venaient frapper à nos portes, on les passait aux pertes et profits. Idem aujourd'hui. Je vous garantis que, si nous décidons de prendre l'Iran tel qu'il est et de négocier avec lui ce qui peut l'être en attendant les jours meilleurs de la démocratie, c'est la société qui en fera les frais et ses éléments réformateurs que nous abandonnerons à leur sort. C'est la loi. C'est comme ça que ça s'est passé hier. Et c'est comme ça que ça se passera demain.

2. Commencer, avant de les promouvoir, à renforcer, chez nous, les principes démocratiques. Veiller à ce qu'il soit bien clair qu'ils servent à « défendre la liberté at home », à « garantir à la population de base une sécurité économique élémentaire » et à protéger « les éléments les plus faibles de la société »... Personne, et surtout pas moi, ne peut être en désaccord avec ça. Et plus il y a de démocratie, même dans nos pays, et mieux nous nous en porterons. Mais vous avez l'air de dire cela comme si nous étions loin du compte. Vous avez l'air de dire : « attendez, avant de songer à l'exporter, que votre propre démocratie soit bien au point. » Vous faites comme si les démocraties devaient, avant de « promouvoir la paix, la coopération et le développement à l'étranger » et avant, surtout, de voir les peuples esclaves tomber en extase devant les supériorités de leur système, être bien certains que le laboratoire est impeccable. C'est une blague, j'espère. Car la démocratie étant ce qu'elle est, c'est-à-dire un régime social et politique interminable et au perfectionnement littéralement infini, on peut attendre longtemps si on attend qu'elle soit parfaite. Et, surtout, j'espère qu'il est bien clair, dans votre esprit comme dans le mien, que, même dans la plus imparfaite, la plus inachevée, voire la plus égoïste, la moins compassionnelle, la plus bushiste des démocraties, le souci des « plus démunis » et la volonté de défendre « la liberté chez nous » sont d'ores et déjà un milliard de fois plus aboutis que chez les Soudanais, les Syriens ou les Chinois – en sorte que si ceux-ci n'en veulent pas aujourd'hui, c'est qu'ils n'en veulent pas du tout et que, si les esprits n'évoluent pas, ils n'en voudront pas davantage quand nous aurons encore perfectionné notre système. Mon objection, en d'autres termes, c'est que vous péchez, là, par optimisme. Mon objection c'est que vous êtes en train de passer à côté de cette vraie passion antidémocratique qui, hélas, anime parfois les peuples et qui est un autre obstacle à la diffusion des Droits de l'homme. Passion de l'ignorance. Servitude volontaire. Ivresses de la soumission et fardeau de la liberté. Cette vraie religion, positive et consistante, qui est la religion totalitaire et qui est ce

contre quoi, aussi, il faut se battre. Cela n'est pas l'apanage de l'Occident. En Irak aussi, il faut relire La Boétie et Spinoza.

3. Et puis enfin je ne peux pas accepter votre histoire de démocratie qui devrait éviter d'intégrer dans son paquet-cadeau des exigences aussi humiliantes pour l'orgueil national que celle de renoncer à se doter, par exemple, d'un arsenal d'armes de destruction massive. Car cette exigence, cher Anatol Lieven, fait évidemment partie du paquet. Le renoncement, en Iran, à la volonté de rayer Israël de la carte est partie intégrante de sa culture démocratique en formation. La compréhension, par les Pakistanais, que la réforme de leurs services secrets gangrenés par l'islamisme et par l'idéologie nucléariste est la condition sine qua non de la construction, fût-elle à peine ébauchée, d'un Etat de droit sérieux, et un point de passage obligé pour que le pays où est mort Daniel Pearl rejoigne la communauté des nations civilisées. Et je ne parle même pas des Palestiniens à qui je suis absolument convaincu qu'il faut dire, clairement dire, qu'ils se sont eux-mêmes mis dans l'impasse en portant à leur tête des hommes qui croient à la violence terroriste, pratiquent l'action kamikaze et inscrivent dans leur charte de gouvernement nos bons vieux « Protocoles des Sages de Sion ». Restons un instant sur ce cas des Palestiniens. Vous avez deux attitudes possibles face à la récente victoire du Hamas. Celle qui, en effet, consisterait à dire : « c'est déjà bien beau qu'ils aient voté ; nous n'allons pas, en plus, leur demander de s'adapter à nos standards en récusant, par exemple, la folie antisémite de leurs éléments les plus radicaux. » Ou bien celle, et c'est la mienne, qui dit qu'en raisonnant ainsi on méprise les Palestiniens, on les tient pour des crétins ou des sujets de non-droit définitifs et on accepte, par-dessus le marché, que se ferme, en face d'Israël, le troisième sommet d'un triangle de la mort dont les deux autres sommets sont l'Iran et la Syrie : si on raisonne comme ça, alors il faut tout de suite dire aux gens de Cisjordanie et de Gaza, sans attendre, qu'ils se sont mis dans une impasse, qu'il n'y a pas de démocratie pensable sur des bases aussi putrides et qu'ils doivent prendre leurs responsabilités en se débarrassant, au plus

vite, de ces mauvais maîtres qui sont aussi des sortes de nazis. Il ne s'agit pas « d'imposer aux Arabes l'idée d'une démocratie qui impliquerait nécessairement l'acceptation d'un accord-diktat avec Israël ». Mais il s'agit d'établir bien clairement que la volonté de détruire Israël, la volonté, d'une manière générale, de prendre le contrôle d'un Etat pour en détruire un autre, l'antisémitisme d'Etat, sont partout et toujours condamnables. La démocratie c'est le contraire du nazisme, voilà ce qu'il faut dire sans tarder. On ne peut pas être à moitié démocrate et à moitié nazi, voilà le message que la communauté internationale, les intellectuels, les peuples, doivent émettre sans perdre de temps. Cela va encore ralentir le processus ? Peut-être à court terme. Mais probablement pas à long terme. Car l'éthique de vérité est le meilleur allié, au fond, de la volonté démocratique.

8

Conversation avec Frédéric Beigbeder (Comment je vis)[1]

FB : Vous partez où ?

BHL : Nager. A l'île Maurice.

FB : Ce n'est pas un pays en guerre.

BHL : Certes. Encore que je lisais, l'autre jour, qu'on y a empêché Enrico Macias de chanter.

FB : Pourquoi, qu'est-ce qu'il a fait ?

1. *GQ*, février 2009.

BHL : Rien. Il est juste juif. Comme Arthur. Vous avez vu qu'Arthur, le showman, a été empêché de se produire, à deux reprises, et, cette fois, en France ? C'était juste après la guerre de Gaza. Et, comme Dieudonné a dit, un jour, que les recettes de ses shows servaient à financer Tsahal, vous avez des cons qui sont venus, à l'entrée du théâtre, crier : « Israël assassin, Arthur complice. » C'est n'importe quoi, naturellement. Mais ça fait froid dans le dos. Même chose pour Macias.

FB : C'est un proche de Sarkozy, il a soutenu Sarkozy.

BHL : Oui, et alors ? Ça change quoi ? Enfin, bref : l'île Maurice, j'y vais pour me reposer, nager et travailler.

FB : Quel hôtel ?

BHL : Le même depuis vingt ans, le Royal Palm

FB : Moi j'aime bien le Prince Maurice. Mais la dernière fois que j'y suis allé, il pleuvait.

BHL : Le Royal Palm a un avantage : ce lagon, cette mer chaude. Nous avons l'habitude, avec Arielle, d'y nager longtemps, très longtemps. Et ça, c'est formidable.

FB : C'est le secret de votre silhouette si svelte.

BHL : C'est l'un des secrets de fabrication de mes livres : je les commence en nageant – c'est en nageant, longuement, que je réfléchis le mieux.

FB : Il faut que je vous explique. On va faire un entretien d'une légèreté atroce. Je me disais… j'aimerais comprendre la vie que vous menez. [Frédéric Beigbeder se lève et arpente le bureau.] Pardon, je marche parce que vous savez ce que dit Montaigne : « Mes pensées dorment si je les assieds. »

BHL : C'est aussi un truc d'ancien taulard. On reconnaît quelqu'un qui a fait de la prison au fait qu'en pleine conversation, il se lève et se met à marcher. J'ai un ou deux amis dans ce cas : c'est une règle.

FB : Vous n'avez jamais fait de taule ?

BHL : Si. En Inde, il y a trente-cinq ans. Au Pakistan, il y a vingt-cinq ans. En Argentine, aussi, à la fin des années 70, sous le régime des généraux fascistes. Mais, chaque fois, brièvement. Et vous ?

FB : J'ai fait deux nuits. Première nuit au commissariat du VIIIe et deuxième nuit au dépôt.

BHL : L'histoire des mains sur la voiture et tout ça, c'était deux nuits ?

FB : Ce n'étaient pas des mains sur la voiture, c'était autre chose ! J'ai été déféré au dépôt à l'île de la Cité.

BHL : Ouais, je me souviens. Je vous avais même envoyé un petit SMS d'amitié, vu l'épreuve abominable que vous traversiez.

FB : Oui, donc c'est pour ça que je me lève, je suis un repris de justice. Bon, c'est quoi votre vie quotidienne ? Là vous étiez où ? Vous revenez de Gaza ?

BHL : D'Israël. De Ramallah, en territoire palestinien. Et, brièvement, de Gaza.

FB : C'est fascinant parce qu'on se dit : « il va à Gaza sous les bombes et puis à l'île Maurice juste après. » Et ça, c'est quand même un bon résumé de votre vie, non ? La plupart des gens qui vont au Royal Palm ne vont pas faire la guerre et la plupart des gens qui font des guerres, ne vont pas au Royal Palm. Vous êtes le seul à avoir accès à ces deux univers simultanément. Qu'est-ce que ça fait ?

BHL : A moi, rien. Mais aux autres, enfin : à certains autres, ça fait apparemment quelque chose. Et même, je crois, ça énerve. Mais que voulez-vous que je vous dise ? Je fais mon métier d'intellectuel d'un côté. Et j'aime la vie, de l'autre. C'est d'une simplicité absolue.

FB : Le métier d'intellectuel, c'est pas forcément d'aller sous les bombes. C'est très admirable d'aller en Bosnie, en Afghanistan, et tout, mais on pourrait aussi dire qu'un intellectuel, ça reste dans son lit.

BHL : Oui, absolument. Et c'est tout à fait respectable. Moi, il se trouve que ce n'est pas ça. Mon tempérament… Mes admirations… Les hasards de la vie… Je veux dire par là que ce n'est évidemment pas un « système ». Je ne me suis pas réveillé, à 20 ans, en me disant que j'allais passer ma vie à aller en Afghanistan. Mais voilà. Ça s'est passé comme ça. Quand la guerre de Bosnie éclate, en 1992, j'écris, je manifeste – mais j'ai, aussi, envie d'aller y voir et d'en parler en connaissance de cause.

FB : D'accord, mais je récapitule. Tout commence en 1971 avec votre engagement au Bangladesh. Et je respecte cette tradition, depuis Voltaire, de l'intellectuel engagé, très bien, qui se mêle de politique. Mais maintenant, vous êtes né en 1948, vous avez 60 ans. Vous pourriez très bien vous dire : « je ne vais m'engager qu'au Royal Palm, dans ma maison à Marrakech, et je vais écrire des textes qui parleront des nuages, de ma femme, de mes enfants. »

BHL : Mouais…

FB : Non mais c'est vrai, sans blaguer. Je ne dis pas que c'est un ordre que je vous donne. Mais on peut se dire que dans la jeunesse on a envie d'être fougueux et qu'après… Il faut accepter son grand âge mon cher. Qu'est-ce que vous pensez de ça ? La bougeotte ne vous quittera jamais ?

BHL : Si, peut-être. Le problème c'est le grand âge qui n'a pas l'air de m'accepter dans son règne implacable. C'est vrai que j'ai 60 ans. Mais, comment vous dire…

FB : Ce n'est pas tout à fait l'âge de la retraite, mais…

BHL : La vérité est que je n'y pense jamais. Et quand j'y pense, comme là, à cause de vous, ça me semble assez improbable, ça me semble une des choses les plus saugrenues qui soient.

FB : Donc ?

BHL : Donc, avoir 60 ans n'a pas beaucoup d'importance. Je ne l'intègre pas dans ma définition de moi-même. Et je ne fonctionne pas de manière tellement différente que lorsque je ne les avais pas. A 20 ans, j'entends l'appel de Malraux, je prends un billet d'avion et je vais au Bangladesh. A 45, je vois les snipers qui tirent sur Sarajevo, je prends une voiture, je franchis les lignes serbes, j'entre dans la ville assiégée. A 60 ans, j'apprends que les Russes marchent sur Tbilissi…

FB : Et je vais en Ossétie.

BHL : Non, en Géorgie. Ce que je veux vous dire c'est que le temps n'a pas tellement prise sur tout ça.

FB : Est-ce que ce n'est pas justement une manière de lutter contre le temps, de rester toujours aussi fringant et vivant, que de sortir de temps en temps de son ghetto doré pour aller dans la poussière et le sang ?

BHL : Là, vous inversez. Ce n'est pas *pour* rester vivant que je sors de ce que vous appelez mon ghetto doré. C'est *parce que* je suis vivant que…

FB : [*Rires.*]

BHL : Non, mais c'est vrai ! Il y a de moins en moins de gens vivants, autour de nous. Y compris chez les gens jeunes, il y a de plus en plus de morts vivants – des gens qui croient être vivants mais dont des pans entiers de l'être sont comme morts. Moi je suis enthousiaste. Je suis heureux de vivre. J'aime la volupté. L'action. J'aime écrire. Je travaille comme une brute, je m'épuise, je cisèle mes livres presque indéfiniment. Bref, je suis vivant. Aussi vivant qu'il est possible de l'être.

FB : Il y a deux choses que vous ne dites pas maintenant et comme vous les avez écrites dans des e-mails récemment, adressés à un écrivain concurrent et néanmoins ami, je vais donc les ressortir. Premièrement, au lycée Pasteur de Neuilly, vous faisiez vos études secondaires, il y avait un souffre-douleur officiel qui s'appelait « Mallah », qui se faisait péter la gueule, qui était persécuté, et vous avez pris sa défense. Et d'ailleurs, je voulais savoir si, après le livre, il s'était manifesté.

BHL : Non.

FB : Donc, peut-être qu'il y aurait ici l'origine de vouloir prendre la défense des opprimés, depuis le lycée. Deuxièmement, et c'est plus important, vous avez évoqué votre père, engagé auprès de l'Espagne républicaine puis dans les Forces françaises libres. Donc finalement votre goût pour l'action serait une manière d'imiter ce père mystérieux, silencieux, solitaire. Voilà les deux choses que vous ne venez pas de me dire.

BHL : Eh bien je vous les dis. C'est d'ailleurs la conclusion que tire Houellebecq dans sa lettre à lui, celle qui suit juste la mienne : « on n'échappe pas à l'empreinte du modèle paternel. » Lui, Michel, trouve ça un peu navrant. Il dit : c'est quand même con qu'on en revienne toujours là et que même des gens...

FB :... aussi intelligents que nous.

BHL :... aussi singuliers que deux écrivains en reviennent toujours, finalement, à cette loi vieille comme l'espèce : on n'échappe pas au modèle paternel. Bon. Il a raison, bien sûr. C'est vrai que, moi, par exemple, je vis sous la tutelle invisible d'un modèle paternel très fort. C'était vrai de son vivant et...

FB : Votre père je ne l'ai rencontré qu'une fois. C'était en 1993 à votre mariage à Saint-Paul-de-Vence. J'étais en train de monter le son de la musique et il m'a pris pour le DJ. Il m'a dit « Mais mettez le son moins fort ! » Il était très autoritaire. Donc j'avoue que ça ne devait pas être facile.

BHL : Si. Parce que c'était quelqu'un, en même temps, de doux, de bon...

FB : Toujours sur l'engagement, il y a quand même un portrait très drôle de vous dans le dernier roman de Jean-Paul Enthoven, texte sous-estimé, intitulé *Ce que nous avons eu de meilleur*. Je ne résiste pas au plaisir de vous en lire quelques extraits que vous connaissez. Evidemment, vous n'êtes pas le personnage, c'est un roman, dans le livre il s'appelle Lewis, ça n'a rien à voir...

BHL : Ecoutez. Ça va comme ça. Ça, c'était la comédie qu'on jouait, au moment de la sortie du livre, pour tromper les radars des critiques les plus malveillants. Mais, maintenant, on peut révéler la terrible, l'atroce, l'insoutenable vérité : Lewis c'est moi.

FB : Alors je cite : « Il écrit des livres retentissants, aime la gloire et la pleine lumière, se sent concerné par le sort de l'humanité. » Et après, ça devient beaucoup plus marrant. Il dit que votre vrai modèle ce n'est pas Malraux mais le Prince Malko Linge, le héros de SAS de Gérard de Villiers. Est-ce que c'est vrai ?

BHL : Non, ce n'est pas vrai. Mais attention. Soyons précis. Un, ce n'est pas vrai. Deux, c'est drôle. Et trois, ce qui est exact c'est que je suis un lecteur de SAS.

FB : Donc quand vous allez à l'autre bout de la planète, vous avez déjà toutes les bonnes adresses de Gérard de Villiers ?

BHL : Sérieusement, il m'est arrivé de passer par des endroits où il était passé. Et j'ai vérifié, chaque fois, qu'il était un plutôt bon journaliste. Travail de documentation excellent. Enquêtes solides. Bonne vision géopolitique. Au Pakistan par exemple, lors de mon enquête sur la mort de Daniel Pearl, j'ai eu, une fois, le même fixeur que lui…

FB : C'est quand même marrant.

BHL : On peut dire ça comme ça, oui. En tout cas, le fait est là : quand Jean-Paul me situe entre Sartre et Malko, il y a un fond de vérité.

FB : Il écrit aussi : « Entre mon champion mélancolique et celui de *Gâchis à Karachi*, des correspondances inattendues s'établirent finalement. » [*Rires.*]

BHL : Ecoutez. Contrairement à ce qu'ont pu dire ou déduire quelques imbéciles, j'aime le livre de Jean-Paul et j'aime le portrait qu'il y fait de moi.

FB : Mais c'est ce qu'on vient de dire ! Il vous a bien observé, en train d'aller en Israël pendant la guerre puis ensuite au Royal Palm à Maurice. Voici le passage que je préfère de tout le livre : « Quant à Lewis, qui se voulait indifférent aux humeurs du ciel, il s'était réfugié dans son bureau afin d'étudier les *Rétractations* de saint Augustin, tout en rédigeant un article véhément pour le *Calcutta Daily*. »

BHL : [*Rires.*]

FB : J'ai dîné avec Jean-Paul, qui est votre meilleur ami, et nous en sommes venus à la conclusion que votre modèle ne serait ni Malraux, ni SAS, mais Paul Morand. Même fascination pour les voyages, la vitesse, l'envie de vivre, la littérature bien sûr, et puis un certain luxe, l'appartement où nous nous trouvons en témoigne. Il y a une différence : vous n'auriez peut-être pas épousé une antisémite.

BHL : Il y a deux choses que je trouve insupportables chez Morand. L'antisémitisme, bien sûr – pas seulement celui de sa femme, le sien. Mais aussi sa pingrerie, ce quelque chose d'étriqué qu'il avait et qui contredisait sa vision du monde. Cela étant dit, vivre vite, vivre sur plusieurs registres à la fois, ne pas dissimuler le plaisir que l'on éprouve à vivre ainsi, j'aime cela chez Morand. Beaucoup. Je pense, moi aussi, que la vitesse est une vertu. Je pense, moi aussi, qu'avoir plusieurs vies à la fois, éventuellement cloisonnées, est un bien. Et je pense, enfin, qu'il faut arrêter avec l'hypocrisie et que le goût de la vie n'est pas incompatible avec le travail d'écrivain. C'est peut-être l'un des rares points où les années qui passent m'ont un peu changé : je ne suis plus mal à l'aise avec ça : j'ai acquis, par rapport à ça, une liberté beaucoup plus grande.

FB : Alors là, pardon, mais ce n'est pas comme ça que votre dernier livre a été perçu. Peut-être à cause de son titre *Ennemis publics*, il a donné l'impression d'une lamentation et d'une plainte face à des « meutes » de journalistes haineux. Ce livre a été mal compris ?

BHL : Par vous, là, sûrement. Car ce livre a deux auteurs, je vous le rappelle. L'un, Michel, dont on peut dire en effet, et à l'extrême rigueur, qu'il « se lamente ». Et l'autre, moi, qui lui dis en substance : « pas de quoi se lamenter ; un, tout ça n'est pas grave ; deux, ces gens sont des nains ; trois, c'est vous qui, à l'arrivée, l'emporterez parce que vous êtes un grand écrivain. » C'est, littéralement, ce que je lui réponds. Et me plaindre, me lamenter, réclamer justice, etc., non, franchement, ça n'a jamais été ni mon genre ni mon cas.

FB : Vous ne pensez pas que c'était une erreur de lui donner ce titre ? Personne ne vous considère comme un ennemi public. Mesrine est un ennemi public, pas vous.

BHL : Depuis quand un titre serait-il une erreur ou pas une erreur ? C'est le titre, voilà tout.

FB : Parce que moi je trouve le livre bien meilleur que son titre.

BHL : Eh bien tant mieux. Ce qui peut arriver de mieux à un écrivain c'est que ses livres soient plus intelligents que lui. Et ce qui peut arriver de mieux à un livre c'est qu'il soit meilleur que son titre.

FB : Est-ce qu'il n'y a pas eu aussi ce lancement secret qui a pu agacer aussi ?

BHL : Agacer ? Mais c'est parfait ! Quel bonheur et quelle chance ! Cela étant dit, soyons sérieux une demi-seconde et rétablissons les faits tels qu'ils sont. S'il y a eu « secret » c'est d'abord parce que, pendant longtemps, nous n'étions pas certains, Michel et moi, de vouloir publier ce livre. On l'a démarré quand ? A la Noël 2007, il me semble. Eh bien jusqu'en mai, peut-être juin, on était contents, c'était une vraie correspondance d'écrivains, sincère, en profondeur, et on ne se posait pas tellement la question de savoir si on publierait ou non. Et puis ensuite... Oui, ensuite, quand la décision a été prise, quand il a été clair que ça deviendrait un livre, il y a eu le film de Michel qui allait sortir et qu'il ne fallait pas gêner, auquel il fallait laisser toutes ses chances et que l'annonce du livre, si elle venait trop tôt, allait parasiter... Teresa Cremisi ne l'a jamais dit comme je vous le dis là. Et elle a accepté d'encaisser – ce qui est à son honneur – son lot d'insultes et de bassesses. La vérité est pourtant celle-là. Elle est aussi simple que cela.

FB : C'est toujours louche le secret... Récemment il y a eu un film qui n'a pas été montré à la presse, c'est le film d'Etienne Chatiliez, *Agathe Cléry*, et c'est toujours suspect quand un livre ou un film n'est pas montré. On se dit que ça doit être nul.

BHL : Oui. Sauf que le film de Michel était magnifique et que les critiques de cinéma ont été, comme souvent, grotesques. Cela dit, je vous le répète : où est le problème ? Etre « suspect », qu'est-ce qu'on peut rêver de mieux pour un écrivain ?

FB : Le livre a été plutôt bien accueilli, mais mal compris.

BHL : Bien accueilli, oui. Mais pas trop mal compris, non plus. Après il y a eu, sur Internet, un énervement général… Mais ce n'est pas si grave.

FB : Ce livre est de ma faute puisque je vous ai présenté Michel Houellebecq lors d'un dîner mémorable à l'Esplanade. Je suis le principal coupable.

BHL : Voilà, oui. Vous êtes à l'origine de tout ça. Allez donc vous dénoncer à Bakchich.com.

FB : Continuons la chronologie. Après l'expédition au Bangladesh, le 27 mai 1977 à « Apostrophes », vous devenez le symbole de l'intellectuel médiatique, avec cette fameuse émission qui lance les nouveaux philosophes, qui lance votre deuxième, mais premier vrai essai, *La Barbarie à visage humain*, et les gens découvrent un type beau, jeune, excellent à l'oral, fils de riche, qui devient une célébrité instantanée. Je vous interdis de vous plaindre lors de notre entretien, mais c'est vrai que vous avez immédiatement suscité les jalousies.

BHL : Sur quel ton faut-il vous dire que je ne me plains jamais, absolument jamais, et par principe ? Cela étant dit, c'est vrai qu'il faut sans doute une vie pour payer ce que vous venez de décrire. Plus, peut-être, la deuxième vie, celle qui vient après la mort et où je continuerai, si cela se trouve, à solder mes derniers comptes…

FB : Vous auriez pu choisir de disparaître, de vous cacher, de faire comme Salinger. Là vous êtes devenu l'écrivain audiovisuel, l'écrivain qu'on voit, qu'on entend et qui s'agite. Et cela depuis 1977, ça fait trente-deux ans.

BHL : J'aurais « pu », comme vous dites. Mais cela ne m'amuse pas. Et puis, comment vous dire ? Les écrivains qui se cachent ont, par définition, quelque chose à cacher. Moi, c'est peut-être embêtant mais c'est comme ça : il se trouve que je n'ai *rien à cacher*… J'ajoute une chose. C'est vrai que je suis devenu ce que vous dites. Mais c'est vrai, aussi, que je suis un écrivain qui travaille, et qui travaille même beaucoup, seul au fond de sa mine, au bout de sa catacombe intérieure, et sans média pour enregistrer la performance ! Mes livres, on les aime ou on ne les aime pas. Mais ils sont là. Il y en a une trentaine. Ils avancent. Ils ne répètent pas trop. C'est un fait.

FB : Comme dans toute œuvre, c'est inégal, mais il y a certains livres incontestables. Par exemple, *Les Derniers Jours de Charles Baudelaire* et *Le Siècle de Sartre*. Je pense que ce sont les deux titres que les gens respectent le plus, et curieusement, deux livres écrits sur quelqu'un d'autre. Est-ce qu'aujourd'hui, en regardant votre bibliographie, vous avez le sentiment d'avoir plus travaillé ces deux-là ou est-ce que vous avez d'autres préférences ?

BHL : J'ai des préférences, oui. Mais ce ne sont pas ces deux-là. Je dirais plutôt, mon journal de la guerre de Bosnie, *Le Lys et la Cendre* ou encore…

FB : Pourquoi ? Parce que c'est du nouveau journalisme ? C'est subjectif ?

BHL : Mettons, oui. Du journalisme subjectif. Encore que la formule s'applique mieux à un autre de mes livres : celui sur les guerres oubliées. C'est peut-être lui, à tout prendre, le livre que je préfère.

FB : Pour la même raison ?

BHL : Oui. Et parce que c'est un livre pieux dont l'ambition est d'essayer de réparer l'irréparable même, c'est-à-dire ces hécatombes de morts sans nombre, sans nom, sans tombe, sans visage. C'est ça, l'objet de ce livre. C'est de donner une petite tombe de papier aux morts du Burundi, du Sud-Soudan, de Colombie. C'est de rendre leurs noms à quelques-uns de ces gens qui sont morts sans trace, sans la moindre archive consignée où que ce soit. Voyez-vous : cette situation-là, la situation de pays où les morts se comptent à cent mille près, où on ne connaît pas leurs visages, où leurs noms mêmes ne sont inscrits nulle part et où il n'y a pas de lieux où les vivants puissent se recueillir et pleurer, c'est, pour moi, la damnation absolue. « Je suis le tombeau de mon père », disait Baudelaire dont le père, comme vous savez, était un prêtre défroqué jeté à la fosse commune. Eh bien les gens auxquels je m'intéresse dans ce livre, ce sont des millions de François

Baudelaire, des millions… Et puis il y a un troisième livre encore que j'aime, peut-être pour la même raison, c'est mon livre sur Daniel Pearl…

FB : Ce sont trois livres que vous avez appelés ces « romanquêtes », mais en fait c'est du « non fiction novel ». C'est ce qu'a fait Truman Capote avec *De sang-froid* en 1966…

BHL : Oui et non. Le Pearl est d'abord une enquête – fouillée, serrée et obéissant (sauf dans un chapitre – celui où j'imagine le monologue intérieur de Pearl avant la mise à mort) aux canons du journalisme le plus exigeant. Le livre sur la Bosnie est un journal, vraiment un journal, le journal que j'ai tenu pendant les quatre années terribles de la guerre de Bosnie, avec juste ablation des pages les plus intimes. Et quant au livre sur les guerres oubliées, c'est un livre construit un peu à la manière de Nabokov dans *Feu pâle* : un long texte principal, hérissé d'appels de notes qui renvoient aux 300 et quelques pages suivantes.

FB : Et vous ne citez pas *Le Diable en tête* qui a eu le prix Médicis en 1984, ni *Les Derniers Jours de Charles Baudelaire*, qui a eu le prix Interallié en 1988.

BHL : En effet, non. Pas aujourd'hui. Revenez demain. Je suis parfois capricieux, vous savez

FB : Et pas *Le Siècle de Sartre* ? Je me souviens très bien que c'était votre grand retour en l'an 2000, la dernière fois qu'il y a eu vraiment complète unanimité sur un de vos livres…

BHL : Justement !

FB : Justement, pas besoin de s'en occuper, Sartre n'a pas besoin d'aide ?

BHL : Non. Justement, ce genre d'unanimité me semble, pour le coup, bizarre.

FB : La récompense de la sueur, parce qu'on sentait que vous aviez bossé ?

BHL : Peut-être, oui. 500 pages… Des chapitres sur Heidegger… Une relecture de la *Critique de la raison dialectique*… C'est vrai que les gens étaient contents. Surtout après l'aventure du *Jour et la Nuit*, mon film avec Alain Delon, qui m'avait laminé...

FB : *La Barbarie à visage humain* et ce mouvement des nouveaux philosophes, c'était une critique du communisme. En 1989 et 1991 le communisme a chuté à part en Chine, en Corée du Nord et à Cuba, mais maintenant ça n'existe quasiment plus, et vous auriez pu, à ce tournant-là, essayer de critiquer le capitalisme, essayer de voir ce qui n'allait pas dans notre système à nous et qui est démontré aujourd'hui. Au lieu de ça, vous avez trouvé un nouvel ennemi qui est le terrorisme islamiste que vous avez baptisé « fascislamisme ». Pourquoi ne pas avoir eu envie d'analyser ce qui n'allait pas dans notre système occidental ? Vous qui allez souvent aux Etats-Unis, vous avez dû en croiser de ces traders complètement cocaïnés qui ont ruiné la planète !

BHL : Vous avez raison. Mais, d'abord, la vie est courte et on ne peut pas tout faire.

FB : [*Rires.*]

BHL : Et puis, ensuite, qu'est-ce que vous voulez que je vous dise ? Le « fascislamisme » me semble un danger quand même plus sérieux que l'ultra-libéralisme.

FB : Notre propre système est en train de s'effondrer, quand même.

BHL : Je ne crois pas. Il est en train de se réformer, de se réguler, de se débarrasser de ses escrocs, de les clouer au pilori, de se donner des systèmes d'alerte plus sophistiqués et à la hauteur de l'extraordinaire sophistication à laquelle étaient parvenus les « traders » dont vous parlez. Mais que le capitalisme soit en train de s'effondrer – là, non, ne rêvez pas...

FB : Ça, c'est quelque chose dont on n'a jamais parlé tous les deux. Moi, j'ai senti quand j'ai écrit contre la pub que vous vous en foutiez carrément. Vous pensez que c'est une fausse menace, que l'on vit dans des pays complètement libres, démocratiques ?

BHL : Non, bien sûr. Je crois juste que la société idéale n'existe pas, qu'il faut renoncer à la viser et même à l'espérer et que la politique la moins criminelle est celle qui s'en tient au moindre mal. Alors voilà. La dictature de l'image, la tyrannie de la marchandise, la pub, peut-être que c'est mal ; mais c'est un moindre mal. Peut-être qu'il faut éviter de se prosterner devant ces idoles ; mais ce n'est pas non plus le fascisme. Peut-être qu'il faut les critiquer et j'ai d'ailleurs écrit trente-six mille textes plaidant pour la taxe Tobin, contre le capitalisme prédateur, etc. ; mais…

FB :… mais vous êtes davantage préoccupé par la montée d'un nouveau fascisme intégriste.

BHL : Oui. Je pense que l'humanité contemporaine a eu à faire face à trois menaces mortelles : le nazisme, le communisme et, maintenant, la version intégriste de l'Islam, qui est une version arabe du fascisme. Vous m'avez bien entendu, n'est-ce pas ? Dans « fascislamisme », le mot important ce n'est pas « islam », c'est « fascisme ». L'affaire, autrement dit, n'est pas religieuse mais politique – et il faut la traiter politiquement.

FB : Quelle est la dernière fois que vous avez vu Barack Obama ?

BHL : Il y a deux ans et demi à Chicago.

FB : Quand vous avez écrit *American Vertigo* ?

BHL : Non, ça c'est la première fois, deux ans plus tôt, le soir de la Convention de Boston et de son tout premier grand discours. Je vais encore avoir l'air de la ramener. Mais que voulez-vous ? C'est la stricte vérité. Je dois être le premier à avoir imprimé, dans un journal américain, que cet homme finirait président des Etats-Unis. L'article s'appelait « A black Clinton ». A l'origine, et pour être exact, il devait s'appeler « A black Kennedy ». Et ce sont les éditeurs du journal qui m'ont dit : « vos marottes, d'accord ; mais là, vous charriez ; pas touche à Kennedy… »

FB : Vous ne l'avez pas eu au téléphone depuis ? Il faut le lui rappeler, ça !

BHL : Peut-être qu'il s'en souvient, qui sait ? Quand l'artiste italien Francesco Vezzoli a fait, pour la Biennale de Venise, sa fameuse installation où nous jouions, Sharon Stone et moi, deux faux candidats disputant une fausse campagne présidentielle, il voulait que nous soyons aussi crédibles que possible et a fait venir, à Los Angeles, pour Sharon, les conseillers de Bush et à Paris, pour moi, quelques-uns des futurs conseillers d'Obama qui, à l'époque, il faut bien le dire, n'avaient pas encore grand-chose à faire…

FB : Il faut rétablir le contact avec ce monsieur pour lui dire de contribuer à créer un Etat palestinien de toute urgence. Ce que peu de gens savent, car tout le monde vous imagine soutenant Israël inconditionnellement, c'est que vous êtes pour un Etat palestinien.

BHL : Je soutiens absolument Israël. Mais c'est vrai que, depuis plus de quarante ans maintenant, je milite pour que justice soit faite au peuple palestinien. La seule chose c'est : pas n'importe quel Etat palestinien… Pas un Etat palestinien qui serait une base avancée de l'Iran… Pas un Etat palestinien qui serait une rampe de lancement de missiles contre l'Etat juif… Pas un Etat non plus qui, en Egypte, et par contagion, imposerait la loi des Frères Musulmans et ferait de l'Egypte un équivalent, en zone sunnite, de ce qu'est l'Iran en zone chiite… C'est ça l'enjeu stratégique de cette affaire. C'est ça qui, par-delà Israël, se joue dans ce drame. Est ce que l'Egypte deviendra au sunnisme ce que l'Iran est au chiisme ?

FB : [*Rires.*] Pardonnez-moi mais je n'y comprends rien… Moi je suis plus sensible à d'autres questions, je trouve dingue qu'un écrivain se sente obligé d'être super calé en géopolitique internationale.

BHL : Tant mieux pour vous. Mais pour les femmes égyptiennes à qui on demandera peut-être, un jour, de se revoiler, pour celles qu'on recommencera de lapider parce qu'elles auront regardé un autre homme, pour les petites filles qu'on enterrera vivantes, comme au Pakistan, parce qu'elles auront refusé d'être mariées de force à l'âge de 8 ans, la chose, malheureusement, n'est ni « calée » ni « marrante » : elle est juste terrible – et c'est autre chose, croyez-moi, que la dictature de la marchandise.

FB : Je pense que maintenant il est temps pour vous de devenir Cioran. Vous devez n'écrire que des aphorismes glacés et nihilistes, et arrêter de parler du chiisme et du sunnisme. Vous n'êtes pas d'accord ?

BHL : [*Rires.*] Je crois qu'il est surtout temps de faire ce qui me chante. Je ne calcule pas ces choses. Je n'ai pas de stratégie. Je ne suis pas un mauvais tacticien, mais je ne fais pas de stratégie.

FB : Ce que vous dites c'est que vous faites ce qui vous plaît, et puis c'est tout. On ne va donc pas vous forcer.

BHL : Voilà. Un écrivain se doit d'être, un peu, tacticien car sinon il serait balayé, marginalisé, enseveli sous les tombereaux d'ordures qu'on lui balance sur la tête. Mais, pour le reste, il faut faire comme ça vient.

FB : Pas de retour au roman ?

BHL : Si, bien sûr. J'ai un roman en chantier depuis des années et des années, mais perpétuellement différé. C'est vrai que c'est le mauvais côté de ma vie : je suis toujours pris par autre chose.

FB : Vous écrivez un roman depuis si longtemps ?! Il va être volumineux !

BHL : Ou, au contraire, complètement émincé, réduit au minimum – qui sait ?

FB : Oui, mais regardez, on pourrait vous dire qu'un vrai romancier doit faire passer son roman avant tout le reste. Moi si j'écris un roman, il peut y avoir la guerre en Afghanistan, je continue à écrire mon roman sur « ma femme, cette grosse pute ».

BHL : D'accord. Sauf que, pour moi, les livres qui sont venus à la place sont, aussi, des livres qui me paraissaient importants.

FB : Le roman passe après.

BHL : Si vous voulez. Mais on pourrait dire aussi que c'est comme ça que les choses doivent se passer, que les livres viennent à leur heure et que ce troisième roman viendra quand il sera mûr. Est-ce qu'on sait quand c'est le moment et quand ça ne l'est pas ? Est-ce qu'on ne s'invente pas des tas de raisons de différer un livre, juste parce qu'il n'est pas prêt, que la vie n'a pas achevé de faire son travail ?

FB : Il y a quand même une évolution, c'est que vous avez toujours refusé de parler de vous-même, sauf dans un texte que j'aime beaucoup qui s'appelle *Comédie*, mais qui est une fausse confession. C'est vous qui le dites : dans *Ennemis publics* vous expliquez que *Comédie* n'est pas vraiment sincère, que c'était un nouveau masque sur le masque. Et pour la première fois dans *Ennemis publics*, il y a une vraie autobiographie, il y a des scènes personnelles, ce qu'on ne trouvait jamais chez vous. Donc, quand même vous évoluez, allez-vous devenir un écrivain autofictif, une sorte de mélange de Chateaubriand et d'Annie Ernaux ?

BHL : *Ennemis publics* est un livre auquel je tiens énormément. Mais ne vous méprenez pas. Et n'en tirez pas de conclusions hâtives. Il ne tient que par le face-à-face avec Houellebecq. Jamais sans lui, Michel, je n'aurais dit – et jamais je ne dirai plus – ce que j'y dis.

FB : Pourquoi ce refus ?

BHL : Parce que ça ne m'intéresse pas. Parler de moi m'ennuie.

FB : C'est étrange, on peut même se dire que c'est paradoxal. Parce que vous avez quand même un certain exhibitionnisme public et en même temps une pudeur littéraire.

BHL : Oui. Mais c'est l'aspect littéraire qui compte – vous ne croyez pas ? Ma loi, en littérature, c'est : « après vous. »

FB : Après vous qui ? Lecteurs ?

BHL : Non. Vous, c'est Sartre, c'est Baudelaire, c'est Daniel Pearl, c'est les anti-héros des guerres oubliées, c'est les Bosniaques, c'est mon voisin, mon prochain, mon ennemi, mon ami – c'est n'importe qui, en fait, sauf moi. C'est ainsi.

FB : Vous dites « je » quand même.

BHL : Oui. Mais ça, c'est une question de simple honnêteté. Il est important de savoir qui parle, quel corps, quelle âme incarnée, quel sujet. Il y a des philosophes qui font comme s'ils étaient des purs esprits, désincarnés, vivant dans un ciel d'idées platoniciennes. Ils ont tort. Et la probité exige que l'on dise : « voilà ; c'est moi qui parle ; ce corps étroitement situé, déterminé, névrosé ; et il est important de le préciser. »

FB : Oui, enfin moi je pourrais vous donner une autre hypothèse que je suis en train d'élaborer. C'est que vous manqueriez de confiance en vous, et que vous auriez ce besoin de vous tenir chaud en compagnie de Charles Baudelaire, de Jean-Paul Sartre, de Daniel Pearl, par peur de vraiment affronter Bernard-Henri. Là, on est dans du Jacques Chancel, énorme !

BHL : Oui. Peut-être peut-on dire ça. Mais, franchement, je ne le crois pas. Ce n'est pas une question de confiance, c'est une question de curiosité. Et je n'ai pas la curiosité de moi, voilà tout. Les choses sont finalement assez cohérentes, vous savez. Je n'ai jamais fait de psychanalyse. Je n'écris jamais de lettres. A part à Houellebecq, je n'écris quasiment jamais à personne. Et j'ajoute que, si j'ai des états d'âme, des petits secrets, des chagrins, je n'embête jamais personne avec ça, je ne les confie à personne – même pas à mes meilleurs amis et encore moins à moi-même…

FB : Mais vous tenez votre journal.

BHL : Oui. Mais c'est un journal. Et il sera instantanément détruit si je meurs demain matin.

FB : C'est étonnant quelqu'un qui arrive à parler de lui sans parler de lui. Vous devez quand même dire des choses dans votre journal.

BHL : Tout, oui. Tout ce qu'il est possible de dire.

FB : Il sera publié ?

BHL : Justement non. Et c'est pour ça, je vous le répète, c'est parce que je sais cela, que je peux le tenir.

FB : Alors ça sert à quoi ? A clarifier les choses sur le papier ?

BHL : Ça sert à faire *Le Lys et la Cendre*. Ça a servi de matière première, jadis, à mes romans. C'est un gisement, si vous voulez, où je puise régulièrement et où je puiserai peut-être, un jour, la matière d'un livre ultime. Mais c'est ce que je raconte à Houellebecq : le rendre public en l'état, il n'en est tout simplement pas question. Et c'est pourquoi j'ai mis au point tout un dispositif, un peu complexe mais sûr, de destruction en cas de pépin…

FB : Cela va être du boulot pour votre secrétaire de passer tout ça au broyeur. Est-ce que notre entretien sera dans ce journal ?

BHL : Tout y est. Tous les jours. Religieusement. Le matin très tôt. Le soir très tard. Sur le répondeur téléphonique de la jeune femme que vous avez vue et qui, en arrivant, le matin, tape… Alors pourquoi pas notre conversation ?

FB : C'est la méthode Andy Warhol. C'est comme ça qu'Andy Warhol a tenu son journal, par téléphone.

BHL : Warhol dictait à Pat Hackett. Moi, c'est un peu différent. Je dicte à un répondeur que ma Pat Hackett à moi, qui s'appelle Joëlle Habert, débobinera chaque matin, mais sans jamais m'en parler, sans jamais m'en faire commentaire. Trois lignes, dix pages, ça dépend – mais par le truchement, toujours, de la machine.

FB : Il y a beaucoup de choses de votre vie privée.

BHL : Oui, bien sûr. La mienne. Mais aussi celle des autres. Sans parler des quelques univers que les quarante dernières années m'ont permis de traverser ou côtoyer. Beaucoup d'informations. Beaucoup de conversations. Beaucoup d'« envers de l'histoire contemporaine ». Mais, pour cette raison même, impubliable. La règle, autrement dit, ne bouge pas : après vous… misérable tas de secrets… le moi est haïssable, etc…

FB : Enfin, vous ne pouvez pas dire que vous n'aimez pas Montaigne, Proust, Benjamin Constant ou Jean-Jacques Rousseau !

BHL : Justement. Ce ne sont pas mes écrivains préférés. Je lis plus volontiers Montesquieu, Malraux, Baudelaire ou Voltaire. Sans parler du Hemingway qui raconte la guerre d'Espagne et ne se met jamais au centre du tableau. Sans parler de Malaparte et de ce *Kaputt* qui est, pour moi, un des plus grands livres du XXe siècle. Et sans parler, enfin, et pour en rester au même XXe siècle, du plus sous-estimé de ses écrivains : l'Aragon des *Cloches de Bâle* ou des *Voyageurs de l'impériale*. J'en suis là. Peut-être dans vingt ans vous dirai-je le contraire. Mais, pour l'heure, j'en suis là.

FB : Bien, le magazine *GQ* fête ses un an avec un numéro spécial élégance. Quelle est votre définition de l'élégance ?

BHL : Pour un homme ou pour une femme ?

FB : Pour un homme.

BHL : Qu'elle ne se voie pas, qu'elle soit aussi peu bavarde, aussi peu explicite, que possible.

FB : C'est une des définitions du dandysme. Vous faites partie des très rares personnes connues en France, peut-être avec Thierry Ardisson, qui portent un uniforme. Vous le portez aujourd'hui. C'est cette chemise blanche un peu ouverte, parfois très ouverte, ça dépend de l'heure et de l'endroit. Vous la portiez déjà dans l'émission de 1977. Quand est-ce que vous avez opté pour la chemise blanche ?

BHL : Je ne sais pas. Toujours.

FB : Se vêtir toujours de la même façon est-il une manière d'arrêter de réfléchir à cette question ?

BHL : Naturellement.

FB : La question est réglée depuis quarante ans ?

BHL : Ça doit être ça, oui. A 20 ans, je devais détester les chemises à carreaux, les chemises de couleur, etc. – donc voilà…

FB : Et pas de cravate, jamais.

BHL : Non, jamais. Mais ça c'est de l'ordre de la névrose. La cravate m'étrangle. Elle me donne l'impression d'étouffer.

FB : C'est peut-être une manière de vous souvenir de vos origines ensoleillées.

BHL : Peut-être. J'aime le soleil. Et j'aime, comme tous les gens qui aiment le soleil, être habillé le moins possible. Je vais d'ailleurs vous faire une confidence qui n'a, quand j'y pense, pas grand-chose à voir avec mes origines ensoleillées puisque c'est aussi, sauf erreur, le cas de Jean d'Ormesson : quand je travaille, quand j'écris, c'est généralement nu.

FB : Vous savez que vous nous formulez le gros titre de l'article : « BHL : Je travaille généralement nu ! » C'est trop tard, tant pis pour vous. Vous êtes souvent en costume noir.

Là, vous portez un costume en velours lisse. Et la chemise vient d'où ?

BHL : Je ne sais pas... Comme toutes mes chemises, je pense : de chez Charvet.

FB : C'est marrant. Parce que moi, tous les matins, je suis obligé de me demander comment je vais m'habiller. Je perds un temps fou. Je ne dis pas que j'y passe la matinée, mais... Par exemple aujourd'hui j'ai mis ce pull et ce polo, je me pose des questions emmerdantes mais parfois amusantes.

BHL : Vous voulez dire que vous avez beaucoup réfléchi pour vous habiller... comme ça ?

FB : [*Rires.*] Salaud ! Les lecteurs vont être étonnés : tiens, BHL balance des vannes ! Là, nous faisons un entretien au mois de janvier, il fait 0 degré, vous allez vous balader dans la rue avec une chemise ouverte, quasiment torse nu. Vous ne prenez pas froid ?

BHL : Rarement.

FB : Vous êtes un mystère de la science.

BHL : J'ai un drôle de rapport à la température, c'est vrai.

FB : Vous avez chaud même quand vous crapahutez dans la neige en Géorgie ?

BHL : Je ne suis pas sûr qu'il y ait tellement de neige en Géorgie. Mais c'est vrai, aussi, que je porte rarement un manteau.

FB : Vous êtes une sorte d'animal à sang chaud. C'est étrange.

BHL : Chambres froides... J'aime dormir dans des chambres froides... Relisez Baudelaire !

FB : Ah, et beaucoup d'air conditionné ?

BHL : Ah oui, j'aime bien l'air conditionné.

FB : Comme Johnny Hallyday. Johnny il veut toujours l'air conditionné glacé.

BHL : Eh bien voilà une raison de plus, et que j'ignorais, de trouver Johnny Hallyday sympathique.

FB : Sinon, est-ce que vous avez des bonnes adresses dans les endroits où vous allez. Il y a New York, Paris, Marrakech...

BHL : Marrakech, je n'y vais plus tellement.

FB : Pourquoi ? Vous aviez racheté la maison d'Alain Delon. Vous l'avez toujours ?

BHL : Naturellement.

FB : Et vous n'y allez plus quand même.

BHL : Non. Je passe du temps à New York. Et dans le Midi de la France, à Saint-Paul.

FB : Vous avez une maison ou vous allez à la Colombe d'Or ?

BHL : Les deux, mon capitaine.

FB : Et Tanger ? Il y a eu un documentaire sur une maison à Tanger construite par Andrée Putman…

BHL : Oui. Mais, là, c'est vraiment ridicule : j'y suis allé une fois trois jours.

FB : [*Rires.*] Mais pourquoi ?

BHL : Je ne sais pas… Pas le temps, je suppose…

FB : Vous êtes comme Cadet Rousselle, vous avez des maisons extraordinaires sur lesquelles on fait des films, et vous n'y allez pas.

BHL : J'irai un jour. Elles sont là.

FB : Et les bonnes adresses à New York ?

BHL : Pardon. Mais, là aussi, je suis nul. Quand je suis à New York, je ne bouge quasiment pas. J'ai un endroit…

FB : C'est là où je vous ai croisé ?

BHL : C'est là où j'habite, oui, à l'hôtel Carlyle et…

FB : Je vous ai aussi croisé au Waverly Inn, le restaurant de Graydon Carter.

BHL : Ah oui. Ça, c'est autre chose. Mais c'est rare que je bouge du Carlyle.

FB : Je dis ça, parce que nous sommes dans un magazine de Conde Nast et il faut rendre hommage au patron de *Vanity Fair* qui est votre ami.

BHL : Même si ce n'était pas un ami, et même si nous ne parlions pas pour un magazine de Conde Nast, je rendrais hommage à Graydon qui fait un des meilleurs magazines au monde.

FB : Et à Paris vous allez où ?

BHL : Vous voulez dire quoi ? Quels restaurants ? Tout dépend de ce dont j'ai envie. Car c'est comme pour les chemises. J'ai réglé le problème une fois pour toutes. Je ne regarde pas la carte pour savoir ce que je vais manger, je décide du restaurant en fonction de ce que je sais que j'ai envie de manger. Selon que j'ai envie de lentilles, d'un soufflé, de poisson, d'une salade de soja, je vais au Mathis, au Récamier, chez Gaya ou au chinois en bas de chez moi. Voilà. Ça évite de s'embêter à lire des menus en général chichiteux. Autrefois, d'ailleurs, j'avais un test que j'appelais « le test de la pouffiasse » : si je dînais avec une fille qui hésitait pendant des plombes avant de décider ce qu'elle allait prendre, c'était assez mal barré. Et si je lui disais « prenez donc de la morue aux épinards » et qu'elle s'abîmait dans une contemplation encore plus sidérée de la carte en me demandant d'une voix éteinte « ouchais, j'voispas », ça devenait carrément rédhibitoire.

FB : Et Arielle Dombasle, elle choisit vite alors ?

BHL : Très.

FB : Je finis toujours mes entretiens par une question sur les drogues. C'est amusant. Par exemple j'ai appris, comme ça, que Houellebecq avait essayé l'héro, Finkielkraut le LSD… Vous, vous avez souvent raconté que vous prenez des amphétamines pour écrire.

BHL : Plus maintenant. Les effets secondaires sont trop dangereux. Je me suis plutôt mis, du coup, à la cortisone. Quant à l'héro, au LSD, tout ça, j'ai toujours évité. La seule chose c'est, au Mexique, il y a quarante ans, un peu de champignons hallucinogènes…

FB : Comme Le Clézio !

BHL : Ça a un avantage : on discute avec les morts. C'est vrai : on change complètement de coordonnées temporelles et on se met à être contemporain de tout un monde de morts et de spectres. Mais je n'aime pas parler de ça. Ça choque mes enfants.

FB : Cela dit, vos maîtres Malraux et Sartre ne se gênaient pas… Captagon pour l'un, cocaïne pour l'autre.

BHL : Je sais. Et ils ont eu raison. Car ils ont ruiné leur santé, d'accord. Mais ça leur a permis de nous laisser des chefs-d'œuvre. Ils servent à quoi, les écrivains ? A ménager leur santé ou à écrire des grands livres ?

FB : A propos de santé, et pour conclure notre entrevue, n'êtes-vous pas choqué par toutes les mesures de protection de la santé publique ? On ne peut plus fumer nulle part, on met en prison les consommateurs de drogue, tout devient interdit…

BHL : C'est vrai, oui, ce n'est pas bon. Il y a là une obsession hygiéniste qui est de mauvais aloi. C'est d'ailleurs une des thèses que j'ai développées depuis trente ans : s'il y a bien une source commune à toutes les tentations totalitaires, c'est cet hygiénisme, cette volonté de guérir. Alors, nous n'en sommes pas là, bien sûr. Nous en sommes même très loin. Mais bon. Arrière, la volonté de guérir !

FB : Je suis heureux de cette conclusion. Nous avons enfin trouvé une grande cause commune.

9

Lettres à Frederic Tuten[1]

Lettre 1.

Je ne crois pas, cher Frederic Tuten, que cette ligne de vie, cette persistance de l'autre Amérique, cette lumière que je n'ai cessé, toute ma vie, d'invoquer car, de fait, je la sentais, j'en

1. New York. *Bomb Magazine*, mars 2006.

sentais la présence diffuse et confuse, je ne crois pas, non, qu'elle soit comparable à cette lumière des étoiles mortes qui continue de nous atteindre lors même que l'étoile elle-même a, depuis longtemps, fini de briller[1].

Je crois vraiment que la démocratie américaine est vivante. Je suis d'accord pour dire qu'elle est en crise. Je suis d'accord pour dire qu'elle est menée par de mauvais bergers. Je crois aussi que, comme l'avait très bien dit Tocqueville, la marge est étroite entre la démocratie et la tyrannie et qu'elle est peut-être, là, tandis que nous parlons, avec la torture, Guantanamo, l'état des prisons et du système pénitentiaire, les révélations récentes sur l'espionnage des citoyens par l'administration, je crois qu'elle est en train de devenir, oui, plus étroite et plus fragile encore. Mais je sens cette démocratie vivante, néanmoins. Vibrante. Je la sens qui continue d'inspirer, sinon vos institutions, du moins votre société civile et ce fameux tissu d'« associations » dont Tocqueville, encore, soulignait qu'il était, par rapport à l'Europe, une de ses grandes originalités – je vous accorde que le système est parfois défaillant mais je veux que vous m'accordiez (car c'est, vraiment, l'un des acquis les moins douteux de mon voyage, de mon enquête), que les ressorts sont sains.

Il faudrait, en vérité, des exemples.

Il faudrait, non pas cette invocation générale, cette déclaration de principe, mais des cas concrets, précis.

Ces femmes de Los Angeles qui créent un groupe de lobbying afin d'empêcher l'implantation d'un nouveau Wal-Mart dans leur quartier et qui, contre toute attente, et aux dernières nouvelles, y sont parvenues. L'horrible Wal-Mart, hein ? Le monstre écraseur de salaires et créateur de désert commercial ? L'incarnation de ce mauvais marché, de ce capitalisme sans vertu, de cette « obésité socio-politique » où je vois, moi aussi, l'une des menaces qui pèsent sur la démocratie américaine et

1. C'est Frederic Tuten qui a commencé l'échange. Avec une lettre « mélancolique » sur l'état de la démocratie américaine.

l'une des sources, en tout cas, de son hubris grandissante et absurde ? Eh bien il n'a pas le dernier mot. Il n'est pas si irrésistible que cela. Voilà un groupe de simples gens, voilà trois femmes de rien du tout, qui se souviennent du « small is beautiful » qui faisait slogan dans les années 60 – et le small a raison du Mall. Voilà une association post-tocquevillienne de femmes en colère et elles font reculer le monstre – elles montrent que c'est le peuple qui, lorsqu'il s'associe et qu'il le veut, continue d'avoir le dernier mot.

Cette histoire de home schooling à laquelle, vous vous en souvenez peut-être, je consacre un chapitre au moment de mon passage par le Texas. C'est impensable en France, cette affaire de home schooling. On a, chez nous, un système éducatif à peine mieux portant que celui de l'Amérique mais voilà, on croise les bras, on reste passifs, on se dit « bon, il n'y a rien à faire qu'à attendre que ça se passe, que ça achève de se décomposer ou qu'un Etat mieux inspiré fasse une intervention miraculeuse ». Et, de toute façon, l'idée même de reprendre ses enfants et de les éduquer chez soi, l'idée même de les sortir du mainstream et de les sauver du désastre, est interdite par la loi. Ici, aux Etats-Unis, c'est permis. Ici, aux Etats-Unis, vous avez ce recours du home schooling qui change quand même les choses. Ici, aux Etats-Unis, vous avez cette possible prise en main, par les citoyens eux-mêmes, du destin de leurs enfants et donc du leur. Bref, ici, aux Etats-Unis, vous avez cette espèce de sursaut, de résistance toujours possible à la bêtise programmée : « le système veut mourir ; eh bien qu'il meure, s'il le veut ; mais ce sera sans nous et, surtout, sans nos enfants ; notre tâche première est de sauver les enfants. » J'ai mis un peu de temps, moi-même, à comprendre ce phénomène. J'ai même commencé, avec mes restes de tempérament jacobin, par me demander si cette façon de faire sans l'Etat, cette façon de se sauver tout seul en désertant le champ du combat collectif, n'était pas un tantinet réactionnaire. Aujourd'hui, et avec le recul, je crois qu'on a là un vrai exemple, au contraire, de vitalité démocratique. Je pense que ces gens qui sont des gens de droite et de gauche, des tempéraments religieux mais aussi des athées, des gens de toutes sortes en un mot, des gens dont la seule vraie ligne est de ne pas se résigner à la fatalité programmée de l'abrutissement, je pense que ces gens sont le signe que le ressort n'est pas cassé.

Ou bien encore Katrina. C'est la toute fin du livre et c'est un des chapitres auxquels, je vous l'ai dit l'autre jour, lors de notre première rencontre, j'attache le plus d'importance. Il y a la mauvaise leçon de Katrina, sans doute. Il y a cette révélation, avec Katrina, de ce véritable continent qu'est la pauvreté américaine et du fait que l'Etat, qu'il soit local ou fédéral, s'en fiche éperdument et manque à ses devoirs. Il y a cette idée d'un anti-11 Septembre qui, contrairement à l'autre, a choisi ses morts, a fait ses listes et a frappé, en priorité, les pauvres et les Noirs. Mais attention ! Il y a aussi l'autre leçon. Il y a l'extraordinaire spectacle des Etats voisins ou, plutôt, de la population des Etats voisins réagissant à cette carence des institutions en prenant en main l'organisation concrète des secours aux réfugiés fuyant New Orleans. Il y a cette leçon, que la première ne doit pas faire oublier, de l'incroyable sursaut citoyen dont cette catastrophe a été, également, l'occasion. Le Texas n'est pas un Etat particulièrement démocrate n'est-ce pas ? Et, encore moins, progressiste ? Eh bien la leçon heureuse de Katrina, la bonne surprise, ce sont ces habitants du Texas ouvrant les portes de leurs hôpitaux, de leurs écoles, de leurs maisons, ouvrant les bras, ouvrant leur cœur, ouvrant leur portefeuille, pour aider, sans considération politique aucune, sans acception des différences politiques, sociales, religieuses ni, naturellement ethniques, les pauvres gens en quête d'un abri et d'un réconfort. Eh bien ça, vous direz ce que vous voudrez, cher Frederic. C'est quelque chose d'inouï. C'est un élan de solidarité dont je ne connais pas tellement d'autre exemple. C'est une réaction populaire dont je ne suis pas sûr, vraiment, qu'on l'aurait eue, en France, si un ouragan avait frappé Toulouse et que les victimes avaient tenté de trouver refuge à Lille ou à Roubaix – et je ne parle même pas de ce qui se serait passé pour une catastrophe frappant, par exemple, l'Allemagne et pour des victimes tentant de trouver refuge en France. Et c'est, pour moi, un autre signe incontestable de vitalité démocratique.

Je pourrais vous citer maints exemples de ce type.

Il y en a, dans le livre, des foules et j'en ai, depuis, encore relevé des tas.

Alors, il faut rester prudent, bien entendu.

Et il n'est pas question de tomber dans je ne sais quelle opposition populiste d'une Amérique « réelle » demeurée saine et vertueuse face à une Amérique « officielle » qui, gauche et droite confondues, tournerait le dos à ses valeurs : on connaît ça, en France ; on connaît la ritournelle du « pays réel » opposé au « pays légal » ; et je ne vais certainement pas vous faire le coup…

Mais enfin, reconnaître que l'Amérique des pères pèlerins et des pères fondateurs, reconnaître que la grande Amérique du Credo puis de Thoreau et Emerson, reconnaître que l'Amérique analysée et célébrée par Tocqueville lui-même avec sa glorification des fameuses « associations », reconnaître que tout cela n'est pas fini, que c'est encore vivant, que c'est la vraie ressource de votre système et la chance de votre futur, quel mal y a-t-il à cela ? Et est-ce pécher par optimisme que d'en relever, partout, les traits ?

C'est vrai, je garde espoir.

C'est vrai, le rêve américain me semble – vu d'en bas – encore de nature à orienter votre avenir et le nôtre.

Lettre 2.

Vous avez en partie raison, mon cher Frederic.

Et sans doute y a-t-il une part de mythe, ou de songe, dans la façon dont je vois, moi aussi, l'Amérique réelle d'aujourd'hui : pêle-mêle Kennedy ; Ellis Island ; le rêve de Martin Luther King ; la lutte pour les droits civiques dont je vais, en Alabama, pieusement recueillir les moindres témoignages et vestiges ; Daniel Pearl et Norman Mailer, mêlés ; les Juifs de Brooklyn vus comme des personnages de Bashevis Singer ; Roosevelt, ce héros ; Clinton, ce grand président ; ce fameux optimisme américain qui n'est peut-être, au fond, qu'un cliché de plus et dans le panneau duquel je tombe ; New Orleans ; oui, mon chant d'amour à New Orleans dont vous aurez beau jeu de m'objecter, et dont je m'objecte d'ailleurs à moi-même, que la preuve est faite, depuis Katrina, que l'Amérique profonde s'en fichait, la détestait, l'avait depuis longtemps maudite et la tenait pour ce en quoi elle s'est finalement transformée, à savoir une Ninive inondée ; la Beat generation prenant la relève de l'esprit pionnier ; etc… etc…

Mais je ne suis pas complètement d'accord, néanmoins.

Je ne suis pas d'accord, non, avec ce que vous supposez du rapport de ma génération – celle, en gros, des baby-boomers nés après la Seconde Guerre mondiale – avec la réalité de votre pays.

Et je voudrais vous faire, à ce propos, deux observations d'ordre – comment dire ? – biographico-politiques.

Première observation. La guerre justement. Le souvenir de cette Seconde Guerre mondiale et du nazisme. L'idée, comme vous dites, des Américains libérateurs de l'Europe. Bien sûr que ce fut l'affaire, d'abord, de la génération d'avant. Mais comment nier que ce fut aussi la nôtre ? Comment prétendre que nous ayons pu, nous, Français nés au lendemain de Vichy et, plus encore, Français et Juifs nés après la Shoah et donc, d'une certaine façon, miraculés d'un désastre qui avait prétendu ni plus ni moins que nous interdire de naître, comment prétendre que nous ayons pu échapper à cette grande ombre bénéfique que fut l'image de l'armée américaine détruisant, ou contribuant à détruire, la machine à tuer hitlérienne ? Mon père était un Français libre de la première heure. Il fut engagé volontaire, à 18 ans, dans les rangs de la République espagnole puis, tout de suite après, engagé volontaire contre l'Allemagne, puis, après la défaite, combattant dans les Forces françaises libres – Armée d'Afrique, Monte Cassino, libération de Paris etc. Eh bien cette idée de l'Amérique, cet attachement à l'Amérique libératrice et antifasciste, cette idée que, même avant la guerre, dès les terribles années 30, elle avait été le refuge de tant d'antifascistes de son espèce, et de Juifs fuyant la catastrophe annoncée, et d'écrivains, et d'artistes, voilà l'une des premières choses qu'il m'ait, dans mon souvenir, enseignées.

J'ai grandi dans cette idée. J'ai grandi dans cette légende. J'ai été élevé dans une famille où ce thème de l'Amérique libératrice était un quasi-objet de culte. Sans même parler de ma mère, ma charmante mère, qui, jusqu'à la fin de sa vie, la toute fin, partait, chaque été, avec une amie, je pense pour les mêmes raisons, passer quelques semaines de vacances en Amérique, comme ça, juste des vacances, pour mieux découvrir ce pays qu'elle adorait et auquel elle avait le sentiment de tout devoir : là où d'autres partaient prendre le soleil aux Bahamas, ou dans des îles lointaines et tropicales, ou sur la Côte d'Azur, ou n'importe où ailleurs, elle allait, elle, chaque année, découvrir une ville nouvelle, un Etat nouveau de cette Amérique qui la fascinait et dont elle m'a transmis le merveilleux virus. Vous me demandez ce qui m'a conduit à accepter la proposition de *The Atlantic* et de Murphy, son directeur ? Eh bien peut-être cela aussi. Peut-être la présence muette de cette mère par ailleurs admirable. Peut-être un hommage discret (mais qui, à partir de cet instant où je vous l'écris, le sera soudain un peu moins !) à une mère aimée et folle d'Amérique qui a fait ce voyage avant moi, qui l'a en quelque sorte « repéré » pour moi et dont je n'ai fait que suivre, autant que celles de Tocqueville, les traces. Bref, cela pour vous dire qu'il ne faut pas trop simplifier ces affaires de génération et que la transmission, en l'espèce, l'a emporté sur la rupture. N'oubliez d'ailleurs pas non plus comment, jusque chez les plus gauchistes d'entre nous, chez les plus enragés, les plus radicaux et, notamment, chez les maoïstes, le schème de l'opposition fascisme versus antifascisme continua, jusqu'en Mai 68, de structurer notre vision du monde et des luttes que nous y menions. N'oubliez pas combien nous avons été nombreux à halluciner, parfois jusqu'au délire, que nous étions les nouveaux partisans d'une nouvelle guerre antifasciste qui était l'accomplissement de celle menée par nos aînés. Cette vision des choses, que nous le voulions ou non, ne pouvait pas ne pas impliquer, fût-ce à titre de souvenir, de nostalgie ou, comme vous dites, de rêve, une vision enchantée de l'Amérique. Elle ne pouvait pas faire de nous ce que sont hélas devenus, bien souvent, les héritiers modernes de ce gauchisme – à savoir des anti-américains enragés.

L'Amérique, me répondrez-vous, était l'ennemie de cette nouvelle guerre de partisans ? L'armée américaine de l'époque, celle de la guerre du Vietnam et de ses crimes, celle que l'on voyait, dans *Le fond de l'air est rouge* de Chris Marker, napalmiser les populations civiles du Nord-Vietnam reprenait, dans notre bestiaire idéologique, très exactement le rôle des armées qu'elle avait jadis défaites ? Justement non. Ou, plutôt, oui et non. Et je crois vraiment que nous avions – c'est, cher Frederic, ma seconde observation – des garde-fous anti-anti-américains dont sont précisément dépourvus nos héritiers de l'extrême gauche d'aujourd'hui. Je prends mon cas personnel. Je ne sais pas si ce que je vais vous dire s'appliquerait à tous les jeunes hommes et femmes de ce temps-là. Mais, pour nombre d'entre nous et, en tout cas, pour moi ce fut une certitude inentamable et très précoce. L'antiaméricanisme était politiquement à gauche, d'accord. Il se disait dans la langue politique du bel et bon anti-impérialisme, o.k. Mais pour qui avait, non seulement de l'oreille, mais de la mémoire, pour qui avait une idée un peu précise de l'histoire idéologique de son pays, pour qui avait notamment grandi dans la tradition familiale dont je viens de vous parler, il avait des sources culturelles, des dynasties idéologiques et philosophiques, qui n'avaient rien, mais alors vraiment rien à voir avec la gauche. Il venait de l'autre bord, nous le savions. Il sentait non seulement la droite mais l'extrême droite française des années 50, 30, et même avant, c'était évident. Il puait ce que nous haïssions le plus au monde et qui s'appelait le pétainisme – ce mixte de racisme, antisémitisme, nationalisme crispé, chauvinisme, haine de la démocratie et du cosmopolitisme, peur phobique de ce « contrat social » rousseauiste, de cette idée d'une communauté fondée sur un pur « acte de volonté », un « credo », dont les pétainistes ont toujours obscurément deviné que l'Amérique, réelle ou rêvée peu importe, était la première incarnation en ce monde. J'ai écrit cela, il y a vingt-cinq ans. J'ai démontré, en 1981, dans un livre qui s'appelait *L'Idéologie française* et dont les toutes dernières pages traitaient de cette affaire d'anti-américanisme et de sa généalogie, que cette passion française n'avait migré que tardivement dans le discours de la gauche et que son lieu de naissance réel, son site d'origine véritable, le point de sa première incandescence, étaient à chercher plutôt du côté de Drieu La Rochelle, Brasillach, les maurrassiens, déjà Barrès, notre longue et fétide tradition d'anglophobie nationale – encore une fois, le pire. Je crois que cela, qui allait devenir un livre, je l'ai toujours confusément senti. Je pense que cette certitude, dont j'allais faire une thèse, a été, d'emblée, absolument d'emblée, une intuition, un réflexe. Je n'ai jamais été vraiment antiaméricain. De même que je n'ai jamais été vraiment antisioniste. Parce que j'appartiens à une génération qui a senti, très tôt, que cette affaire d'antiaméricanisme a toujours eu, en Europe, partie liée avec le fascisme.

Alors cela ne m'empêche pas, naturellement, de voir ou, au moins, d'essayer de voir cette Amérique d'aujourd'hui comme elle est. Cela ne m'empêche pas de dire à mes amis américains tout ce qui, dans leur Amérique, j'allais dire dans *notre* Amérique d'aujourd'hui, est indigne de cette idée que je ne me lasse pas et ne me lasserai sans doute jamais d'opposer à cette idée adverse qui est celle des antiaméricains. Je leur parle de leurs prisons, atroces. Je leur parle de leurs Malls, absurdes et mortifères. De leurs Gun Fairs, douteuses. De leur police si brutale quand il s'agit de se rendre maîtres d'une émeute urbaine. Je leur parle de la peine de mort, inacceptable quand on est une grande démocratie. Je leur parle de Guantanamo où j'ai eu la chance de pouvoir travailler plusieurs jours et dont je suis sorti convaincu que ce n'était certes pas le Goulag mais que c'était néanmoins une honte. Je leur parle, vous avez raison, de ce débat immonde sur les conditions dans lesquelles – sic – l'usage de la torture peut éventuellement se justifier. Je leur parle du massacre des Indiens et du fait qu'il restera une plaie béante au flanc de la nation tant qu'un vrai lieu de deuil et de mémoire, une sorte de Yad Vashem de la souffrance des premiers habitants du pays, ne lui aura pas été consacré. Je leur parle même de Rushmore, le mont Rushmore, ce monument tellement emblématique de la démocratie américaine et dont je démontre : 1. qu'on le dirait fiché, posé exprès, en une sorte de provocation colossale, sur un lieu qui était, pour les communautés indiennes, l'un des plus vénérables, des plus sacrés, du pays ; 2. que son architecte, son sculpteur, l'auteur de ces icônes qui, dans le monde entier, signifient cette démocratie US est un ancien militant du Ku Klux Klan qui n'a jamais renié les idées de sa jeunesse ; 3. qu'il s'appelle « Rushmore » à cause d'un avocat du même nom, un sale avocat, un voleur, employé par les grands chercheurs d'or et chargé par eux de trouver les bons moyens juridiques d'exproprier au moindre coût les propriétaires terriens indiens. Mais bon. Le petit détail qui change tout et dont je vous sais gré de l'avoir vu c'est que tout cela, tous ces chapitres sombres, ce procès que je devais à la probité d'instruire et qui occupe, à la fin, une bonne partie du livre, il procède de ce sentiment fondamental, fondateur du livre lui-même, qui est l'amour de l'Amérique et du peuple américain. Vous vous rappelez l'apostrophe de Gershom Scholem à Hannah Arendt après son livre sur la passivité des communautés juives d'Europe face à la déportation ? Vous pouviez dire ce que vous vouliez de votre peuple, lui reproche-t-il en substance. L'accabler plus encore que vous ne l'avez fait. Le sentiment qui vous a fait défaut et dont le défaut suffit, hélas, à entacher et peut-être ruiner votre entreprise c'est ce vieux sentiment que la tradition appelle l'« amour du peuple juif »... Mutatis mutandis, je crois qu'on ne peut critiquer l'Amérique que lorsqu'on est animé d'un amour sincère de son peuple et de son Idée. Et c'est de cet amour que j'espère n'avoir pas manqué.

Lettre 3.

Cher, cher Frederic. C'est mon tour, en vous lisant, d'avoir envie de me précipiter à la fenêtre. Pas pour chanter l'hymne américain. Mais pour respirer un bon coup après le tableau d'apocalypse que vous faites de votre propre pays. Car je suis d'accord, bien sûr, avec ce que vous dites des libertés que prend ce pouvoir avec les libertés. Je pense, moi aussi, qu'il faut prendre très au sérieux, et le Patriot Act, et le wire tapping, et la surveillance systématique de la Toile par le FBI, et le reste. Mais enfin… Sans me faire l'avocat du diable – d'autant que ce diable-là, franchement, celui que j'appelle « le petit homme » et dont je décris la triste « revanche » à Detroit et ailleurs, je n'ai vraiment, mais alors vraiment, pas envie de prendre sa défense ! – sans me faire l'avocat du diable, donc, me permettrez-vous quand même d'observer que le Patriot Act est, jusqu'à plus ample informé, quelque chose de provisoire ? Qu'il a soulevé, dans tout le pays, un tollé spectaculaire ? Que l'Administration a rencontré les résistances les plus vives au moment de le proroger et de faire voter son « Patriot Act II » ? Dois-je vous rappeler qu'il s'est trouvé des Républicains, oui, des Républicains, pour, au Sénat, au nom de la tradition libertarienne qui est la leur et qui, malgré toutes les dérives, reste vivante, s'opposer à l'éternisation d'un dispositif dont ils savent qu'il ne pourrait, à terme, qu'aller contre le sacro-saint Bill of Rights ? Dois-je vous rappeler que la presse, c'est-à-dire à la fois les grands journaux et les networks télévisuels en principe soumis aux grands lobbies de la Foi, de l'Argent et de l'Autorité, a réagi avec une célérité sidérante aux révélations par Seymour Hersh, il y a deux ans, des sévices commis sur les Irakiens d'Abou Ghraïb ? Et l'affaire des prisons spéciales ? Et la question de Guantanamo ? Et ce vrai débat public qui, quoique nous en disions, traverse le pays à propos de ces zones de non-droit, voire de pur illégalisme, qu'autorise la « guerre contre la Terreur » ? Tout cela, franchement, n'est pas le signe d'une tyrannie en train de s'installer. Nous savons, nous, en France, ce que peut être la tentation tyrannique. Nous avons connu, pendant la guerre d'Algérie et après, la tentation de l'étouffement, et des libertés, et de la vérité, et de la presse. Et, de ce point de vue, croyez-moi : un pays qui, pour ne prendre, encore une fois, que le cas d'Abou Ghraïb et de la bonne épidémie de vérité qui s'est emparée, alors, de l'ensemble des médias, Fox News compris, un pays qui, donc, a su faire en quarante-huit heures le chemin que nous avons mis, nous, quarante-huit ans à *ne toujours pas faire* à propos des actes barbares commis par l'armée française avant le retour au pouvoir du général de Gaulle, ce pays-là est peut-être en crise, malade, saisi de vertige, etc., mais ce n'est pas un pays « fasciste », et ce n'est pas une « tyrannie »…

J'ai une hypothèse, vous le savez, dans le livre. Je suis à Austin, capitale du Texas, le jour de la seconde victoire de Bush. J'interviens dans une classe où le professeur Paul Burka donne un cours sur Tocqueville. Je m'aperçois, de fil en aiguille, qu'une large majorité des étudiants en face de moi auraient, s'ils avaient été en âge de voter, voté contre le président réélu et sont, sur des questions comme l'avortement, les mariages gays, le créationnisme, la peine de mort, sur des positions contraires aux siennes et où nous pourrions, vous comme moi, très bien nous reconnaître. Et je formule donc, à ce moment-là, l'hypothèse selon laquelle la fameuse vague rouge qui vient de s'abattre sur le pays, la déferlante des valeurs morales qui ont donné le sentiment d'embraser les âmes dans les derniers jours de la campagne, cette montée, partout décrite comme irrésistible, des grands thèmes conservateurs, cette frénésie, cette fièvre bizarre et, parfois, bizarrement désespérée à prôner le retour à un ordre ancien et fondamental que la modernité aurait battu en brèche et condamné, que tout cela pourrait peut-être se lire complètement à l'envers : sinon comme une illusion d'optique, du moins comme le baroud d'honneur d'une vieille, très vieille, droite qui sait que le monde a changé ; que le bon temps ne reviendra plus ; que les libertés fondamentales conquises dans les Sixties ne seront plus jamais remises en question par les forces vives du pays ; que la jeunesse n'y est pas prête ; qu'elle a basculé du bon côté de la grande révolution culturelle américaine ; et qu'il est temps, pour les autres forces, les forces contre-révolutionnaires, de tirer leurs dernières cartouches…

C'est mon impression, ce jour-là, à Austin. Mais c'est, plus encore, le sentiment qui s'impose à moi, quelques jours plus tard, lorsque je traverse ces vrais Etats du Sud que sont le Tennessee, l'Arkansas et surtout l'Alabama. Le Sud, ça ? La vieille culture sudiste, cette partie de chasse à la caille dont les rituels sont toujours là, mais vides, privés de sens ? Atlanta, cette ville noire et, en même temps, prospère où l'on ne trouve plus trace de Rhett Butler ou de Scarlett O'Hara ? Et le racisme ? Où est-il passé, ce franc racisme anti-Noirs dont je pensais, en bon Français drogué au préjugé, qu'il était partie prenante de la mentalité profonde du Sud profond et dont je découvre qu'il est, comme ailleurs, comme dans le reste du pays, devenu, sinon minoritaire, du moins indicible, inexprimable et – thanks to Morris Dees, le chasseur de fascistes de Montgomery ! thanks to Jim Carrier, l'historiographe des grandes luttes antiracistes d'il y a trente ans ! – littéralement censuré par une révolution qui, une fois n'est pas coutume, a réussi ? C'est cela. Quelque chose s'est passé, là, qui n'est pas près de passer. Quelque chose s'est produit qui ne va pas s'effacer ni revenir en arrière. Et la vague conservatrice actuelle ne doit pas faire oublier l'autre vague, de bien plus longue durée, qui a commencé, dans les années 60, avec Rosa Parks, Martin Luther King, etc., et qui a durablement métamorphosé le visage et le paysage culturel du pays...

Alors maintenant, bien sûr, il y a l'autre question qui est celle de l'atonie de l'opinion d'aujourd'hui et celle, en particulier, d'une gauche intellectuelle et politique dont je conviens bien volontiers qu'elle n'est pas à la hauteur de ses glorieux aînés. Là, oui, vous avez raison. Et c'est vrai qu'il y a quelque chose de troublant, pour un intellectuel français, dans ce spectacle d'un camp « progressiste » si timoré face aux grandes et brûlantes questions qui devraient le requérir. Je vous passe les moments les plus pathétiques de ma plongée dans les grands fonds de la supposée nouvelle gauche américaine. Je vous passe mes rencontres avec ces rescapés de l'ère Clinton plus puritains que les plus puritains ou avec ces hillaryens qui, à la question de savoir comment ils comptaient gagner la bataille des idées, ne savaient que me répondre en invoquant la nécessité de gagner d'abord la bataille de l'argent. Quid, en revanche, du débat sur la torture ?

Quid du créationnisme et de la bataille qu'il faudrait mener, au nom de l'héritage des Lumières, contre les escrocs qui se réclament de la tolérance, donc aussi, d'une certaine façon, des Lumières, pour imposer l'enseignement de cette « deuxième » théorie qu'est la théorie du dessein intelligent ? Quid du Welfare State ? De la croissance, partout, des zones de pauvreté ? Quid de ce pur scandale qu'est la présence de la peine de mort en clé de voûte du système pénal américain ? Et comment se peut-il qu'il ne se trouve pas plus de voix, de grandes voix, pour s'élever contre cette barbarie civilisée indigne d'une grande démocratie ? La réponse la plus communément admise est que l'opinion publique serait contre. D'abord ce n'est pas une raison – d'abord, oui, il fut un temps où l'intelligentsia américaine (car il y a eu une intelligentsia américaine ! il y a eu, comme en France, des grands intellectuels prophétiques plaidant pour le Juste, le Vrai, le Bien !) savait prendre des positions impopulaires, voire à contre-courant. Et puis, ensuite, ce n'est pas si sûr – je prends l'exemple de la peine de mort et je ne suis pas si sûr, non, que l'Amérique profonde soit si définitivement braquée qu'on nous le dit contre l'idée même de revenir sur cette affaire de peine de mort (ayant parlé du sujet des dizaines et des dizaines de fois avec mes interlocuteurs croisés au gré du voyage, ayant parlé avec des conservateurs conscients du nombre d'erreurs judiciaires reconnues par la Justice, ayant discuté avec des chrétiens à qui j'objectais qu'il me semblait difficile, pour un chrétien, de consentir à ce que la vie d'autrui puisse être à la merci de quiconque excepté de Dieu, j'ai plutôt le sentiment que l'Amérique est, peu ou prou, dans la situation où nous étions, en France, il y a très exactement vingt-cinq ans, au moment où un candidat, puis un président de la République, courageux, décida de tenter le coup de l'abolition et y parvint…). Non. L'opinion a trop bon dos. Et c'est chez les politiques, chez ces soi-disant opposants terrorisés à l'idée de tenter le moindre écart ou d'élever la voix, c'est dans ces think tanks prétendument pourvoyeurs d'idées mais dont je crois, moi, qu'ils ne connaissent pas vraiment leur pays, c'est dans la sphère des idées, autrement dit chez les intellectuels, qu'il y a, très clairement, un problème et que le problème doit être, non seulement posé, mais résolu. Appelons ça, pour aller vite, une trahison des clercs. Mettons, qu'il y ait là une nouvelle trahison des clercs, mais aux couleurs de l'Amérique. Nous connaissons le phénomène, nous, les Français. Nous sommes même un peu experts. Et donc prêts, s'il le faut, à vous faire partager notre expertise. Mais là, amis, c'est votre tour. Et c'est, pour l'essentiel, à vous de jouer.

10

Quatre lettres au directeur général de la Croix-Rouge française à propos de l'humanitaire, de son histoire, et de la misère sociale en France[1]

Lettre 1.

Je suis d'accord, cher Jean-François Mattéi, avec l'essentiel de vos remarques.

D'accord sur le diagnostic.

D'accord sur la nouveauté que constitue le nombre grandissant, et terrifiant, de pauvres « non précaires ».

1. Cette correspondance a eu lieu entre la mi-décembre 2008 et la fin février 2009 ; elle a été publiée dans un tiré à part de la revue *Autrement.*

Et d'accord avec l'idée que nous n'avons encore rien vu et que l'année qui commence et où l'on verra tous les Madoff, tous les traders fous ou, même, pas forcément fous, tous les esprits faux ou maladivement sophistiqués qui ont fait que la finance s'est mise à marcher sur la tête, d'accord donc avec l'idée qu'elle sera, cette année, l'année de tous les dangers, vraisemblablement plus terrible encore, plus désastreuse, que celle qui s'est achevée.

Ce qui, cela dit, m'a le plus frappé dans votre lettre c'est peut-être le ton de légère amertume que je vous sens quand vous parlez de l'humanitaire, du mot mais aussi de la chose, et de leur destin, à tous deux, dans les sociétés capitalistes avancées telles que nous les voyons, vous et moi, se développer et, peut-être, se défaire.

Cela fait longtemps, pour ne rien vous cacher, que je sens les choses un peu comme ça.

Et longtemps que j'ai le sentiment d'un humanitaire fonctionnant comme une sorte d'humain au rabais venant juste après le désastre, réparer les phénomènes de déshumanisation trop criants et trop ouvertement scandaleux.

Est-ce qu'il n'y a pas un truc, d'ailleurs, qui s'appelle le Samu Social et qu'a fondé, il y a quinze ou vingt ans, mon vieux copain de la Marche pour la Survie au Cambodge, le Dr Emmanuelli ?

Et est-ce que ce n'est pas là, dans cette idée de Samu, d'hôpital qui fait la charité, de cautérisation des maux inévitablement induits par l'ordre du monde comme il va, est-ce que ce n'est pas dans cette idée de réparation de l'irréparable, qu'est toute la philosophie de l'humanitaire contemporain ?

C'est un beau mot, notez bien, « réparer ».

C'est le mot de Camus, dans *L'Homme révolté*, quand il refuse de céder aux prestiges sartriens de la révolution, donc de la régénération.

C'est le mot de tous les humanistes qui savent combien est périlleuse l'idée, alternative, d'une réinvention de l'humain, d'une histoire de l'humain quasiment coupée en deux et qu'on ne « répare » pas puisqu'on la « recommence ».

C'est celui de ces rabbins d'Europe centrale qui, au XIXe siècle, à la suite du Gaon de Vilna, puis du Rabbi Haïm de Volozine, et en réaction à tous les faux Messies qui, tels Sabbataï Zevi ou Jacob Frank, avaient embrasé et failli emporter le judaïsme européen, donnent leur vision d'une étude qui doit juste empêcher le monde, créé par Dieu, de se décréer et de retourner à la poussière et au néant.

Et c'est même, soit dit en passant, le mot de ce grand juif ignorant de ces textes et de sa tradition qu'est Walter Benjamin quand il parle de la traduction, oui, juste de la traduction, de la traduction proprement dite d'un texte, par exemple, de Baudelaire traduit vers allemand – processus qu'il appelle, étrangement, un processus de « réparation ».

Mais, si le mot est beau, il est quand même très faible.

Et elle n'est pas trop brillante cette idée d'une politique qui pourrait faire tous les dégâts qu'elle veut, tuer et détruire comme elle l'entend, ramener le monde quasiment à l'état de ruine – les humanitaires sont là pour, à la lettre, payer les pots cassés.

J'ai vu cela en Bosnie.

Je l'ai vu, partout ou presque, en Afrique.

J'ai vu les humanitaires eux-mêmes accepter la règle du jeu et dire aux seigneurs de la guerre, aux dictateurs, aux assassins : « après vous, messieurs les bourreaux ; commettez vos exactions ; accomplissez vos forfaits ; nous sommes là, nous serons toujours là, qui passerons toujours derrière vous pour sauver ce qui peut l'être – tuez, nous ferons le reste… »

Et j'ai même vu, il y a vingt-cinq ans, en Ethiopie, le mécanisme lancé lors de la grande crise, il faudrait dire la grande famine, organisée par un dictateur fou qui s'appelait Mengistu et qu'on avait rebaptisé le Négus rouge. Le processus était d'une simplicité désarmante. Mengistu décide, dans un de ces grands délires paranoïaques dont furent coutumiers les dictateurs de son siècle et dont je ne suis pas sûr, qu'ils appartiennent définitivement au passé, de transporter les Ethiopiens du sud vers le nord, du nord vers le sud, de l'ouest vers l'est et vice versa, bref, il procède à une déportation généralisée, un remaniement de fond en comble, une refonte, de son espace social. Il fait ça dans des Antonov gigantesques chargés comme des camions à bestiaux. Il le fait dans des conditions d'hygiène dont je n'ai pas besoin de vous dire qu'elles sont tragiquement déplorables. Et il le fait avec une conséquence immédiate qui est que tout ce monde déporté, arraché à ses villages pour aller s'installer dans des villages nouveaux, flambant neufs, des sortes de villages Potemkine qui seront l'orgueil de l'Ethiopie moderne, socialiste et quasi soviétique, tous ces paysans réinstallés de force dans des ensembles de maisons construits exprès pour l'occasion, tout ce monde, donc, abandonne les champs, les laisse en jachère, cesse par la force des choses de produire et plonge le pays dans un état de disette jamais vue. Que font, alors, les humanitaires ? Ils n'ont, à quelques exceptions près, pas un mot contre les déportations. Ils évoquent, du bout des lèvres, ce qu'on appelait alors la « villagisation ». Mais ils se précipitent à Addis-Abeba pour proposer, qui de la farine, qui des aliments pour bébé, qui du manioc ou du soja – ils se précipitent pour combler le vide, remplacer les récoltes sacrifiées, fournir aux gens, mais aussi au régime, de quoi remédier au manque à produire dû à la campagne féroce de déconstruction-reconstruction de l'Ethiopie. On voit – je vois de mes yeux – les grandes ONG, les Oxfam, les WFP, j'en passe, faire servilement la queue devant les portes de ce qui devait s'appeler le ministère de l'Aide humanitaire, supplier que l'on accepte ou que l'on privilégie leur aide et, poussées, je suppose, par leurs mandants, harcelées depuis Londres ou New York par des gens gentils ou généreux qui voulaient savoir où allait leur argent et s'il avait bien toute l'efficacité requise et rêvée, se battre pour optimiser leur part de marché – oui, oui, on disait bien la « part de marché » – dans la gestion du désastre.

Alors, vous avez, derrière cette attitude, beaucoup d'aveuglement, naturellement.

Vous avez, parfois, chez certains, un vrai désir de ne pas voir et, donc, une forme de lâcheté.

Mais vous avez aussi, derrière ce raisonnement, une conception bassement matérialiste de l'humain.

Vous avez cette idée, abominable, que le sujet n'est plus tout à fait un sujet mais juste un tas d'organes et de matière qu'il faut empêcher de tomber en lambeaux.

Et c'est évidemment, là, le pire reproche qu'on peut lui faire – ainsi que la grande impasse où s'est laissé enfermer l'humanitaire depuis vingt ans.

Alors, la solution ?

Réintégrer l'humain dans l'humanitaire.

Retrouver un concept d'humain dont l'humanitaire puisse être le corrélat.

Définir, à l'inverse, un concept d'humanitaire qui n'ait pas pour corrélat cette vision purement vitaliste de l'humain.

Et, si on ne peut pas retrouver cette idée de l'humain, si retrouver n'est pas le mot, si vous n'avez pas l'idée d'un lieu où il serait, sagement, tranquillement, en train de vous attendre, eh bien trouvez-le, produisez-le, oui, rien ne vous interdit de vous donner, à la Croix-Rouge ou ailleurs, en même temps que vos procédures, les instruments conceptuels permettant de concevoir un type de sujet auquel lesdites procédures puissent valablement s'appliquer.

C'est à un travail philosophique que je vous invite là.

Mais pourquoi pas ?

Pourquoi la philosophie ne se ferait-elle pas, hors des chapelles et des bibliothèques, dans le champ des batailles et leur fureur tragique ?

C'est Lénine qui disait que, « sans théorie révolutionnaire, pas de pratique révolutionnaire ».

Eh bien ce ne sera ni la première ni la dernière fois que le vieux Lénine aura eu raison.

Et je ne saurais trop vous exhorter, pour fonder vos pratiques humanitaires, à vous doter d'une vraie théorie de l'humain.

Besoin d'un conseil ?

D'un coup de main amical ?

Suis là pour ça.

Suis bon qu'à ça.
A vous.

Lettre 2.
En fait c'est un peu plus compliqué encore.

Car il y a l'« idéologie humanitaire » dont il faut tout faire, donc, pour conjurer les impasses : ce vitalisme dont je parle ; cette idée d'une humanité définie par ses seuls besoins ; cette image (dont nous nous sommes trop souvent contentés, nous autres, les humanitaires) de l'individu réduit à une bouche – mais attention ! pas la bouche pour parler ! pas la bouche pour crier, penser et décrire sa misère, protester ! la bouche pour manger… juste pour être nourrie et manger… la bouche démunie, remplie à petites bouchées ou gavée, et, de ce fait, déshumanisée… la bouche de l'urgence… la bouche propre à ce drôle de temps qui est le nôtre – ce temps sans durée, ce temps sans vraie temporalité, ce temps que, dans la novlangue des ONG, nous appelons le temps de l'extrême urgence… il a eu ses mérites, ce temps… il n'est pas notre fait, d'abord, mais le fait des bourreaux et il est donc méritoire, pour la conscience contemporaine, d'avoir su s'y adapter et y répondre par des protocoles d'action qui soulageaient la misère des hommes… mais il a, aussi, ses effets pervers – à commencer par cet effet de priver les sujets de cette forme de temps, qui les constitue vraiment comme sujets, et qui s'appelle le destin ou l'espérance… nous sommes plus ou moins d'accord là-dessus, nous sommes plus ou moins d'accord sur le fait que cet humanitaire-ci nie l'humain et ne saurait donc suffire, je n'insiste pas…

Mais il faut prendre garde, à l'inverse, à ce que le concept d'humain lui-même peut avoir, à son tour, de problématique : car n'est-ce pas en son nom, après tout, que se sont perpétrés quelques-uns des crimes totalitaires ? n'est-ce pas l'idée d'humanité générale, générique, programmatique, qui a engendré les grandes utopies du XXe siècle et les catastrophes qui allèrent avec ? n'est-ce pas au nom de cette humanité majuscule, de cet humain en majesté, n'est-ce pas au nom de cet Homme qui sonnait fier (Maxime Gorki), de cette humanité perdue et retrouvée ou, plus exactement, à retrouver (thème de tous les messianismes révolutionnaires modernes) que l'on a sacrifié des générations d'hommes et de femmes concrets ? est-ce qu'elle n'a pas, cette idée d'« humain », charrié, en d'autres termes, le meilleur mais aussi le pire – jusqu'au « matériau le plus précieux » de Staline et des staliniens ? J'appartiens à une génération qui a appris à se méfier de cet « humanisme » incritiqué. Je viens d'une tradition philosophique (Althusser, Foucault, Lacan, Lévi-Strauss) qui a fait de l'« anti-humanisme théorique » la pierre angulaire de sa pensée. Et, aujourd'hui encore, je ne renie pas cet héritage – et, si je ne le renie pas, si une part de moi ne se résigne pas à croire que notre vieux maître Louis Althusser délirait quand il tonnait, au grand scandale de la philosophie universitaire de l'époque et des bien-pensants en général, que le stalinisme était un humanisme, c'est parce que de deux choses l'une : ou bien on prend ce concept d'humanisme au sérieux, on le leste d'un contenu et, au bout de ce contenu, il y a toujours cette vieille distinction entre l'humanité-fin et l'humanité-moyens, la seconde au service de la première, la seconde sacrifiée à la première, la trop fameuse opposition de l'humanité réelle et idéelle, provisoire et définitive, la trop fameuse (et abominable) image de l'omelette qui ne se fait jamais sans avoir cassé des œufs ; ou bien on se détache de cette « métaphysique » humaniste, on s'avise de ses dangers et on s'en détache, et alors le concept d'Homme devient un concept qui taille trop grand, un mot ronflant et qui sonne creux, un signifiant sans signifié et qui ne nous est plus d'aucun secours quand il s'agit de penser les hommes de chair et de sang, les hommes souffrants et pensants, les hommes concrets.

Alors ? Alors, les hommes concrets justement. Entre l'humanitaire et l'humain, il y a cette troisième voie que sont les hommes, juste les hommes – l'humanité, d'accord, mais dans sa pluralité, diversité, singularité innombrable et, pourtant, chaque fois nommée. Entre l'humanitaire et l'humain, il y a la pure dispersion des corps et des âmes, chacun irréductible à tous les autres, chacun composant à sa façon ce mixte de parole et de chair qui fait la spécificité d'un sujet – et chacun faisant l'objet, du coup, nonobstant la condition humaine dont ils sont également les représentants, d'un souci et d'un traitement spécifiques. Emmanuel Levinas a écrit de belles pages sur cette obligation de retrouver, sous le masque de l'humanité abstraite, la bouleversante concrétude du visage de chacun. Foucault, Michel Foucault, le Foucault anti-humaniste, le Foucault qui annonçait, à la fin des *Mots et les choses* la mort imminente de l'homme, a voué toute une partie de sa vie – mettons, la partie militante de sa vie – à chercher et trouver, sur les ruines de l'Homme abstrait, la bouleversante présence d'hommes et de femmes concrets qu'il fallait aller chercher dans leur prison, leur usine, leur désespoir ou leur misère, le Goulag où ils pourrissaient, la mer de Chine où ils se noyaient et auxquels il entreprenait, alors, et alors seulement, de porter secours. Ce que je veux dire par là, cher Mattei, c'est qu'il y a tout un mouvement de pensée à l'origine de ce que nous pouvons appeler, par provision, l'humanitaire moderne. Il y a des hommes, bien sûr, comme Bernard Kouchner. Il y a des événements fondateurs, comme le Biafra. Il y a des actes majeurs comme l'invention, en 1979, du Bateau pour le Vietnam. Mais il y a, *aussi*, un mouvement de pensée dont le premier principe fut de déconstruire, pulvériser, révoquer en doute, les trop faciles illusions de l'humanisme traditionnel – je prétends, oui, que le Bateau pour le Vietnam par exemple n'aurait pas été possible dans une époque qui n'eût pas été marquée, au fer, par l'empreinte du foucaldisme et de l'impératif qu'il posait, pour chacun, de faire face à la pluralité intotalisée des sujets en souffrance.

Henri Dunant, le fondateur de votre Croix-Rouge, a dit, lui aussi, des choses comme ça.

Il n'est pas toujours ma tasse de thé et il y a, dans les règles qu'il a posées (neutralité) comme dans certaines des conséquences qu'elles ont pu avoir après lui (silence sur Auschwitz ;

silence, avant cela, sur le génocide des Arméniens) des choses qui, vous vous en doutez, me consternent.

Mais il y a dans ses lettres à la comtesse de Gasparin, puis dans *Un souvenir de Solferino,* des pages fort belles dans lesquelles je suis tout prêt à me reconnaître et qui méritent encore d'être, à mon avis, au cœur de notre réflexion tant elles vont dans le sens de cette micro-attention aux micro-malheurs d'un monde délivré du mauvais fantasme de la totalité – quand Foucault parle d'une philosophie qui doit désormais s'écrire « dans le sang des batailles », qui sait si, lui aussi, ne se souvient pas obscurément de ces 38 000 morts et blessés laissés sans sépulture ni secours, de ce chaos né de l'affrontement entre troupes piémontaises et françaises d'une part, et armée autrichienne de l'autre ?

Un dernier mot.

La seule organisation humanitaire à laquelle je me sois intéressé réellement, et de près, fut fondée sur cette idée. C'était en 1979. L'organisation s'appelait Action internationale contre la faim. Nous l'avion créée avec Jacques Attali, Marek Halter, Maria Antonietta Macciocchi, Gilles Hertzog. Et je dis que je m'y suis intéressé de près car il se trouve que c'est moi qui, à l'époque, en ai rédigé la charte. Or elle disait quoi, cette charte ? Elle disait qu'il fallait rompre avec l'humanitaire global autant qu'avec l'humain général. Elle disait que ce à quoi nos militants auraient affaire ne serait plus ni l'humain comme tel, ni les démunis pris en bloc, mais quelques démunis, chaque fois quelques-uns et quelques-uns seulement. Elle était basée sur l'idée, en gros, d'un groupe spécifié de Français, d'une ville par exemple, ou d'un village, ou d'une entreprise, ou d'un groupe de citoyens autoconstitué pour la circonstance et qui « adoptait », ou « parrainait », un groupe correspondant dans un lieu sinistré du monde que l'on appelait alors le Tiers-Monde. Le groupe de citoyens allait sur place. Il s'adjoignait des nutritionnistes, hydrologistes, géographes, de la région. Quand il y avait, pas loin, une université dotée d'un département d'agronomie un peu pointu, on associait l'université. Quand il y avait une maternité pilote, on associait la maternité. Le journal local suivait l'affaire. Il rendait compte, régulièrement, des résultats de la mission. C'était comme un petit feuilleton qui permettait de rendre des comptes mais qui, surtout, avait le mérite de faire que les gens que l'on aidait avaient très vite des noms, des visages, une maladie que l'on soignait, une mort que l'on déplorait, bref une biographie qui les arrachait tant au « tas » de l'humanitaire qu'au « vide » de l'humain générique. Je ne suis pas sûr que l'association, trente ans après, soit restée fidèle à ce programme. Et je suis même, pour être franc, persuadé, hélas, du contraire. Mais c'est bien ainsi que cela a démarré. Et il y a eu là, l'espace d'un instant, c'est-à-dire, en fait, de quelques années, une assez bonne illustration de ce que peut être une action caritative sachant échapper à ses deux écueils jumeaux.

Trente ans après, j'en suis là.

Lettre 3.

Est-ce le Biafra ou le péché d'Auschwitz qui suscita la rupture ?

Je n'en sais rien.

Car je crois, au fond, que c'est les deux : le Biafra et Auschwitz ; le Biafra parce que Auschwitz ; le Biafra non pas à cause du Biafra lui-même (les dirigeants sécessionnistes n'étaient pas tellement plus sympathiques, tout compte fait, que leurs ennemis nigérians) mais à cause du fait que les jeunes médecins de la Croix-Rouge qui ont rompu à cette occasion et s'en sont allés fonder Médecins sans Frontières puis Médecins du Monde, ces militants des droits de l'homme nés, pour la plupart, après Auschwitz et qui arrivaient alors à l'âge d'homme, ne voulaient juste plus que se reproduise ce terrible péché de neutralité et de silence qui s'installa au milieu des années 30 et dura, à de rares exceptions près, jusqu'à la fin de la guerre (c'est tombé, si j'ose dire, sur le Biafra ; mais ç'aurait pu être n'importe quoi d'autre ; la même partie aurait pu, et devait même, se jouer à partir de n'importe quel autre massacre ou sécession, par exemple le Bangladesh ; et nous savons d'ailleurs, aujourd'hui, qu'ils se trompaient, que nous nous trompions tous, en criant au « génocide » à propos des morts du Biafra).

Bref, Biafra ou pas, la vraie question c'est cette idéologie de la neutralité qui était au cœur de la pensée d'Henri Dunant ; qui a eu, nul ne le nie, une vraie grandeur jusque, mettons, la Première Guerre mondiale ; qui a longtemps été et qui reste, vous avez raison de le souligner, la seule solution pour accéder aux victimes, rendre visite aux prisonniers, négocier des solutions de survie ; mais dont il revient à notre génération d'avoir mesuré, non seulement les limites, les effets pervers, mais la possible infamie.

Alors, à ce propos, je voudrais faire deux remarques.

La première concerne la Croix-Rouge elle-même ; et c'est pour vous dire que je ne suis pas certain qu'elle ait fait tout le travail qu'elle devait faire pour prendre la mesure de cette part d'ombre ou – je reprends vos termes – de ces « temps maudits » qui sont, qu'on le veuille ou non, au cœur de son histoire.

Certes, le sujet n'est plus tabou.

Et je prends d'ailleurs votre lettre comme un signe de plus de ce que le tabou est levé – je prends ce que vous me dites, vous, président en exercice de la Croix-Rouge française, du « mal » que cela vous fait d'avoir à évoquer ces « sombres temps » et de l'« ardente obligation » que c'est de savoir, « dans certaines circonstances », transgresser l'impératif de neutralité comme un bel aveu, et une non moins belle preuve, de cette prise de conscience.

Mais la question que je pose est la suivante.

La Croix-Rouge elle-même – pas seulement son président, *la* Croix-Rouge – est-elle allée au bout de ce travail de mémoire et de deuil ?

Votre « réseau mondial sans égal » est-il informé – et jusqu'à quel point – du fait que les ancêtres de ses militants poussèrent la volonté de rester en « speaking terms » avec le régime nazi jusqu'à suivre les cours de raciologie organisés par le Reich ou accepter que le président et le directeur de la Croix-Rouge allemande soient des officiers supérieurs de la SS ?

Et puisque vous allez fêter vos cent cinquante ans, êtes-vous prêt – et, là encore, dans quelle mesure – à intégrer ce savoir dans le dispositif commémoratif auquel, j'imagine, vous songez ?

Je prends un seul exemple : celui de la France.

On commence à connaître les liens étroits que la Croix-Rouge française entretint avec Vichy.

On commence à savoir qu'elle se plia, dans la gestion de son personnel non bénévole, aux exigences des décrets d'octobre 1940 ou qu'elle ne dédaigna pas de profiter de tel ou tel effet d'aubaine offert par les lois d'aryanisation des biens juifs mises en place par la puissance occupante.

Nul n'ignore plus vraiment, non plus, comment, dans le petit bras de fer qui se livra, parfois, entre la puissance occupante et les dirigeants français d'une zone sud qui tenaient bien fort à leur projet d'une version française du fascisme, vos prédécesseurs Blazy ou De Mun ne dédaignèrent pas de jouer au plus fin – tantôt interlocuteurs privilégiés de Vichy dans la gestion, par exemple, des rapports avec les prisonniers de guerre, tantôt interlocuteurs des nazis eux-mêmes qui voyaient dans la « neutralité » de la Croix-Rouge la source d'une « autonomie relative » qui était elle-même garantie de « liberté » vis-à-vis de Pétain et de ses propres et misérables velléités d'« indépendance ».

Je pense, moi, qu'il est toujours bon que ce genre de choses soit su.

Je pense qu'il est essentiel à toutes les institutions – politiques, religieuses, civiles – de se mettre publiquement au clair avec ce type de sales souvenirs.

Et si j'étais à votre place, si j'avais la charge de porter l'héritage glorieux et ambigu d'Henri Dunant, je pense que je m'interrogerais *aussi* sur cette coïncidence étrange et peut-être dénuée de sens – je ne sais pas : c'est de Vichy que date la professionnalisation de l'institution ; c'est sous Vichy qu'est née sa très grande notoriété ; et c'est à l'initiative de Vichy que s'est faite la fusion en un organisme unique des trois associations (Société de secours aux blessés militaires ; Association des Dames de France ; Union des femmes de France) qui, jusqu'en août 1940, ne faisaient que cohabiter.

Le pensez-vous aussi ?

Etes-vous prêt à aller jusque-là et, pour parler clair, à crever l'abcès ?

C'est ma première question.

La seconde concerne l'humanitaire en général.

Car, au fond, tout le monde parle de la Croix-Rouge.

Tout le monde, y compris moi à l'instant, tombe à bras raccourcis sur le silence de la Croix-Rouge, l'idéal de neutralité de la Croix-Rouge ainsi que leurs conséquences que je viens de dire.

Mais personne n'a l'air de se rendre compte que cette idéologie et les illusions qui vont avec, cet impératif d'accès inconditionnel aux blessés, aux prisonniers, aux affamés, cette idée qu'il faut accepter toutes les compromissions avec les bourreaux si c'est le prix à payer pour pouvoir soulager, un peu, un tout petit peu, la souffrance de leurs victimes, personne n'a l'air de se rendre compte, non, que c'est très exactement ce qui a triomphé, depuis la Croix-Rouge et après elle, dans l'ensemble du mouvement humanitaire – y compris, naturellement, chez celles et ceux qui, médecins ou non, pensaient rompre avec l'héritage et inventer quelque chose de complètement nouveau.

L'Ethiopie, nous en avons parlé : les humanitaires, en Ethiopie, étaient si « neutres », ils parvenaient si bien à « garder le contact » avec les meurtriers, qu'ils ne parvinrent, en réalité, qu'à mettre un peu d'huile dans les rouages et pistons de la machine à déporter.

La Bosnie : la plupart des ONG étaient prêtes à tout, vraiment à tout, pour être autorisées par les Serbes à acheminer leur aide – et quand je dis « prêtes à tout » je pense à la part de cette aide dont on acceptait, en détournant pudiquement les yeux, qu'elle soit prélevée par les miliciens de Mladic qui tenaient, à l'époque, et l'aéroport de Sarajevo et ses hauteurs.

Le Rwanda, enfin, la preuve par le Rwanda où le même idéal de neutralité conduisit, non plus seulement à traiter avec les assassins, mais, quand vint leur tour de se trouver vaincus, acculés, parqués dans des camps, à leur venir en aide, à les nourrir et, à la fin des fins, à leur sauver la mise et à les remettre en selle : nous savons, vous comme moi, que l'énorme opération humanitaire montée, *après* le génocide, par la France et à laquelle participèrent un nombre incalculable d'ONG eut aussi pour effet d'aider le Hutu Power à se reconstituer dans les camps du Kivu et à réinstaurer la mainmise des génocideurs sur leurs anciennes troupes, abruties de haine et de folie, hébétées, perdues – imaginez une Croix-Rouge qui, non contente d'avoir négocié avec les hitlériens pour distribuer ses colis à Auschwitz, serait réintervenue, après la guerre, pour distribuer de nouveaux colis, mais cette fois dans les hôtels de Sigmaringen ou dans les prisons de Nuremberg ; c'est, toutes proportions gardées, ce qui s'est passé au Rwanda…

Alors, je vais vous dire.

Comparé à ces péchés, celui de la Croix-Rouge n'est évidemment pas le plus véniel puisqu'il s'agit d'Auschwitz et qu'Auschwitz c'est le pire.

Mais neutralité pour neutralité, je ne suis pas sûr, premièrement, que votre organisation soit celle qui soit allée le plus loin dans le déroulé des conséquences funestes de la démarche.

Et je suis persuadé, deuxièmement, que c'est elle qui, à tout prendre, a fait le plus de chemin dans la prise en compte de ce déroulé, de ses enchaînements fatals, de ses pièges : je pense, par exemple, à cette époque des années 1980 où vous avez décidé d'ouvrir vos archives aux historiens et, en particulier, à l'historien suisse Jean-Claude Favret qui en tira son maître livre, sans concessions, terrible, *Une mission impossible : la Croix-Rouge et les camps de la mort* – je pense à cette période et j'en suis presque à me dire que c'est vous, je veux dire votre organisation, qui avez montré, ce faisant, et même si, encore une fois, vous n'en êtes qu'au début de ce travail de vérité, le plus de courage intellectuel.

Ma seconde remarque, ma seconde question, est donc celle-ci.

Et si tel était, non seulement votre mérite, mais votre rôle ?

Et s'il vous appartenait, pour votre compte mais aussi pour celui d'autrui, d'aller au bout du bout du processus ?

Et si, après avoir été aux origines de l'idéal humanitaire, après avoir été aux premières loges du funeste spectacle offert, non par son dévoiement, mais par la suite implacable de ses effets, il vous revenait, dans cette troisième période, de prendre l'initiative de la grande refondation critique dont le XXIe siècle a tant besoin ?

Cela s'appelle la dialectique.

Et c'est un peu l'idée que j'avais en tête lorsque j'ai accepté le principe de ce débat.

J'avais en tête, naturellement, ce nouveau vent de misère qui a commencé de souffler, avec la crise, sur nos contrées dites développées et dont nous n'avons, je m'en avise, pas encore réellement parlé ; mais j'avais aussi en tête ce grand trou noir idéologique, cette dépression conceptuelle et spirituelle, ce déficit de pensée, sur quoi rien de bon ne pourra jamais se dire ni construire.

Lettre 4.

Oh ! sûrement pas un tuteur, non…

Juste quelqu'un qui, comme vous, essaie d'y voir un peu clair dans cette affaire à partir de sa double expérience d'homme mêlé à la grande aventure des XXe et XXIe siècles que fut aussi l'humanitaire – et, en effet, de philosophe…

Vous me posez, d'abord, une question : pourquoi ai-je l'air de limiter mon engagement aux seuls terrains de conflit militaire ? et pourquoi ne m'entend-on pas plus souvent quand la misère frappe, non pas au bout du monde, mais au coin de la rue, à nos portes ?

Vous avez raison.

J'ai cette tentation, je le sais bien.

Et j'ai même eu l'imprudence, un jour, dans un entretien avec *Libération*, de dire que la « question sociale » ne m'intéressait pas tant que cela. Sur le moment, quand l'article est paru, je me suis dit : « ce n'est pas possible ; je n'ai pas pu dire une chose pareille ». Et puis j'ai réfléchi, je me suis repassé le fil de l'interview, j'ai reparlé avec Eric Aeschimann, le journaliste, et j'ai dû finir par m'y résoudre : j'avais bel et bien proféré cette redoutable absurdité.

Donc, vous avez raison. C'est mon erreur. Peut-être mon point aveugle. Et j'ai – puisque c'est la question que vous posez – sinon deux excuses du moins deux explications.

La première c'est que je suis comme ça. Je ne m'en vante pas, mais je suis comme ça. Un goût pour l'aventure ; une valorisation, sans doute excessive, des grandes valeurs héroïques ; un reste de romantisme ; une nostalgie, peut-être, de ce que Segalen appelait l'exote et dont l'attirance a été l'une des passions fixes de ma vie ; agitez le cocktail dans le sens que vous voudrez ; le résultat est là ; je m'en suis souvent expliqué, il est là – et c'est la première explication.

La seconde est un tout petit peu plus avouable et permettez-moi d'y faire droit une demi-seconde. J'ai toujours pensé qu'il fallait, quand on le pouvait, s'occuper de ce dont les autres ne s'occupent pas ou ne s'occupent, en tout cas, pas assez. L'Afghanistan plus que la France parce qu'il n'y a pas grand monde, à l'époque, pour se donner la peine de créer un vrai journal en Afghanistan. Le Pakistan plus que l'Afghanistan parce qu'il y a encore moins de monde, au même moment, pour refaire l'itinéraire de Daniel Pearl, retrouver la piste de ses tueurs et finir l'enquête qu'il avait commencée au moment où on l'a kidnappé. Et puis, plus même que le Pakistan, infiniment plus difficiles d'accès, donc encore moins commentés et, pour moi, encore plus essentiels à traiter, ces terribles monts Nouba, enclavés au cœur du Sud-Soudan, auxquels je suis fier d'avoir, en 2001, dans ma série sur les guerres oubliées, consacré un reportage pour *Le*

Monde. Une petite échelle du Mal, en quelque sorte. Une échelle à mon usage et sans prétention à la vérité. Et une échelle dont les degrés sont indexés sur la plus ou moins grande difficulté, donc utilité, de mon intervention. C'est la seconde règle qui préside à mes choix. Et c'est la seconde raison qui explique qu'on m'ait, jusqu'à présent, peu entendu sur la « question sociale » – j'espère que c'est clair.

Après, vous avancez une affirmation, j'allais dire une thèse – et, là, pardonnez-moi, mais je crains que ce ne soit vous qui ayez tort.

Il n'y a pas tellement de différence, écrivez-vous, entre « la problématique » à l'œuvre chez les « nourrissons dénutris » du Niger et dans les zones de guerre où j'ai pris l'habitude d'aller voir et témoigner ; pas davantage entre les « demandes d'aide alimentaire » dans les « épiceries sociales » de la Croix-Rouge française et dans les « situations de crises alimentaires » qui sévissent au Sahel ; ni, non plus, entre le « sans-abrisme » qui se développe dans tel ou tel pays développé et les « problèmes de logement » posés à ceux qui ont perdu leur toit après un cyclone au Cachemire ; ni, peut-être encore moins, entre la situation de précarité d'un détenu dans une prison française et celle du même détenu, mais au Zimbabwe ; ou entre la femme seule, enfin, « souvent enceinte ou avec un enfant en bas âge » que vous essayez de « rendre autonome » et une femme confrontée aux exactions qui sont la règle dans ce que, pudiquement, vous appelez « d'autres pays ».

Vous affirmez cela, donc. Et, quelques points que je sois prêt à vous rendre quant à la nécessité de ne pas mettre de borne à l'extension du domaine de l'aide humanitaire, quelque autocritique que je sois disposé à faire quant au peu de goût que j'ai eu, jusqu'ici, pour l'action caritative domestique, bref, aussi résolu que je sois à vous suivre dans la tentative de redéfinir les critères d'un activisme authentique dans les frontières de l'Hexagone, je ne peux pas, non, vous laisser dire qu'il n'y aurait « pas de différence » entre ces situations que vous évoquez.

Pour le Niger, passe encore.

Mais les femmes pakistanaises qu'on enterre vivantes, au nom de la Charia, parce qu'elles ont refusé un mariage forcé et dont les bourreaux, ou l'avocat des bourreaux, deviennent, comme cela s'est vu, il y a quelques semaines, à Islamabad, ministres d'un gouvernement en principe plus « libéral » que celui de Musharraf, croyez-vous qu'on puisse les comparer, vraiment, aux femmes battues françaises ?

La situation du détenu au Zimbabwe qui est arrivé là sans procès, sans crime parfois, et qui vit dans des conditions de dénuement telles que tout le monde, à commencer par lui, sait qu'il va mourir là, comme un chien, sans merci ni recours, oublié de tous, sans soins, qu'a-t-elle de commun avec celle du plus maltraité des détenus dans la plus insalubre des prisons françaises ?

La pauvreté elle-même, ses critères, les seuils qui, dans les nations riches, la définissent et à partir desquels il est à la fois urgent et – je vais y venir – moralement légitime d'agir, croyez-vous réellement que tout cela ne soit « pas différent » de ce qui se passe dans les pays où mourir de faim n'est ni un mot, ni une image, mais le destin concret de millions d'hommes, femmes et enfants qui, au sens propre, crèvent de n'avoir rien à manger ni à boire ?

Différence de degré, chaque fois. Donc, comme souvent, de nature. Et cette différence de degré puis de nature, ce passage hégélien de la quantité à la qualité, cette différence essentielle – philosophiquement essentielle – entre la situation d'un SDF et celle d'un déshérité burundais, darfouri ou pakistanais, je crois qu'il est très périlleux de les manquer.

Pourquoi ? Je ne veux pas chercher midi à quatorze heures, cher Mattéi. Ni comparer l'incomparable. Mais rappelez-vous l'époque, non pas exactement du stalinisme, mais du post-stalinisme ou du stalinisme parvenu en son âge défensif. C'était quoi, un stalinien en phase défensive ? Il s'exprimait comment, le stalinien aux abois, en phase terminale et, donc, aux abois ? Eh bien comme ça. C'était quelqu'un qui, littéralement, tenait ce type de discours. « Vous êtes pour les droits de l'homme généralisés ? Vous nous avez dit et répété qu'il n'y avait pas de bons et de mauvais morts, de victimes suspectes et de bourreaux privilégiés ? Eh bien soyez cohérents. Ne venez pas nous dire, dans ce cas, qu'il y a une hiérarchie entre les morts du Goulag et ceux dus à un accident du travail particulièrement spectaculaire dans une usine européenne. Ne venez pas nous parler d'on ne sait quelle exceptionnalité, ou spécificité, ou sommet dans l'horreur, que le totalitarisme incarnerait. Le totalitarisme est juste un cas particulier de la barbarie libérale. C'est juste le capitalisme, parvenu au stade suprême de son développement maléfique et pervers ». Le droits-de-l'hommisme comme dernier rempart du totalitarisme… La vulgate droits de l'homme, le refus de distinguer entre un mort de froid à Paris et un mort de la Kolyma, comme dernière digue de défense rhétorique de la plus grande barbarie… Nous avons connu ce paradoxe, il y a trente ans. Nous avons erré dans cette nuit où toutes les vaches étaient grises et où rien ne permettait plus de spécifier, donc de caractériser, donc de condamner, les régimes concentrationnaires. Alors, attention à ne pas revenir à tout ça au nom des intentions les plus louables. Attention, au nom de la légitime attention requise, et par les SDF parisiens morts de froid, et par tels ouvriers licenciés qui n'ont jamais retrouvé d'emploi et sont venus grossir l'armée de réserve des nouveaux pauvres, de ne pas renouer avec cette sorte de démarche. Vous n'en avez pas besoin. *Nous* n'en avons pas besoin pour secourir un nouveau pauvre qui sait bien, lui, ce qui le distingue d'un mort-vivant du Zimbabwe ou du Soudan. Et nous paierions l'erreur, si nous y cédions, au prix où se paient, toujours, les erreurs philosophiques : le prix fort de l'aveuglement théorique sur les causes ; sans compter cet autre prix, induit, que sera la confusion des solutions politiques et des remèdes.

Car j'en viens à ce qui semble être, à vos yeux, *le* problème désormais central, celui que vous regrettez que nous n'ayons pas évoqué plus tôt (et là, de nouveau, je vous rejoins ; et je crois d'ailleurs vous avoir dit, dans ma dernière ou avant-dernière lettre je ne sais plus, que c'est dans l'espoir, moi aussi, de voir ce problème abordé que j'ai accepté le principe de ce dialogue) – j'en viens au problème clef qui est celui de cette nouvelle pauvreté, de cette misère grandissante et même exponentielle que nous voyons se déployer sous nos yeux et que la crise va aggraver, tant aux Etats-Unis qu'en Europe (trois millions de nouveaux démunis prévus, par l'administration Obama, pour la seule année 2009) : pistes de réflexion, là encore ? d'action ? y a-t-il nouvelle donne et pourquoi ? nouveaux paramètres, et en quoi ? que font les Etats et que peuvent-ils ? que peut une organisation comme la vôtre et que doit-elle croire pour pouvoir agir ? telles sont quelques-unes des questions qui se posent et auxquelles je vous propose, les points précédents étant admis, les embryons de réponse suivants.

Un constat, d'abord. Une fois qu'on a bien dit, et admis, que la situation d'un nouveau pauvre dans une capitale européenne ou à New York et Los Angeles est fondamentalement différente de celle d'un démuni burundais ou darfouri ; une fois qu'on a tracé la ligne de démarcation qui s'impose entre, d'un côté, la déréliction, le désespoir, l'obscénité de la misère, tout ce que vous voudrez, et, de l'autre, la mort annoncée ; une fois, en d'autres termes, qu'on s'est bien prémuni contre le risque de confusion philosophique précédemment pointé et contre, par conséquent, le risque d'erreur sur les politiques et les méthodes – il reste que la situation du nouveau pauvre est, quand même, une situation limite, absolument et radicalement limite, et génératrice, par cela même, d'une expérience sociale sans repères et quasi impensable, j'en suis sûr, pour qui n'y est pas personnellement passé… Etre pauvre, au sens moderne, ce n'est plus avoir *moins* mais *n'avoir plus.* Ce n'est plus être à *telle place* dans un paysage structuré autour de ses riches et de ses moins riches, c'est n'avoir *plus de place du tout.* Ce n'est plus être relégué au bas de l'échelle sociale avec possibilité, sinon de rédemption, du moins de remontée par la vertu d'une lutte sociale ou politique ; c'est être tombé de l'échelle, ne plus être en contact du tout avec l'échelle, c'est avoir renoncé à toute lutte autre que la lutte pour la survie – c'est, comme au Moyen Age, être relégué dans un autre espace, *mis au ban*. Pire, plus troublant encore, c'est un état qui n'est pas un état économique, issu d'une catastrophe économique, et justiciable d'un traitement lui-même économique (c'est ce que l'on a pensé, en gros, de Napoléon III et son *Extinction du paupérisme* aux Trente Glorieuses et à leur rêve d'une « nouvelle société » inventant la pierre philosophale capable de liquider, guérir, la pauvreté) ; c'est un état moral, c'est un état de l'âme et de l'esprit, c'est une expérience qui, partie de la misère matérielle, monte aux extrêmes de la misère spirituelle et provoque, chez le sujet, des dégâts intimes, des lésions qui ne sont pas toujours visibles, une ruine de la confiance en soi, une perte du sentiment de l'avenir et du temps, une inaptitude durable à redevenir animal social ou même socialisable (et il faudrait, pour traiter de cette chute, des psychologues autant que des sociologues, des anthropologues autant que des psychologues – et, autant même que des anthropologues, des métaphysiciens sachant scruter cette énigme, ce scandale, constitués par l'existence même de ceux que l'on appelait jadis, et le mot disait bien ce qu'il voulait dire, les *gens de rien*)… La société française vit, depuis la fin 2005, dans la peur de ses banlieues ; la vérité c'est que le vrai lieu du ban ce n'est pas la banlieue mais la pauvreté (parfois, bien sûr, c'est la même chose). Toutes les sociétés vivent, depuis qu'il y a des sociétés, dans la hantise du lien social qui se défait ; la vérité c'est qu'il s'est déjà défait et que le lieu de cette défection c'est cet espace indécis qui traverse toutes les villes et où les nouveaux « sans feu ni lieu » tracent leurs parcours paradoxaux : l'espace de la (très grande) pauvreté… Ce n'est pas le Zimbabwe ; mais c'est, *tout de même*, un être-au-monde que j'imagine abominable.

Un autre constat. Face à cette expérience, on assiste, de la part des Etats, à un double mouvement contradictoire. D'un côté, ils prennent acte de la déchirure ; ils tentent, vaille que vaille, de réparer ce qui peut l'être de ce tissu social en passe de craquer ; et c'est, par exemple, ce RSA mis en place, en France, par le gouvernement Fillon et qui, à première vue, va évidemment dans le bon sens, constitue une avancée. Mais, de l'autre, ils sont, avec ces solutions économiques et sociales pures, avec ce traitement uniquement budgétaire d'un drame dont la racine est, je vous le répète, métaphysique, très loin du compte ; et, non contents d'être loin du compte, non contents de ne pas prendre en considération ce que la situation a d'extrême et que je viens d'essayer de vous décrire, non contents de ne rien comprendre à ce que cette tragédie présente de nouveauté dans l'horizon, en tout cas, du rêve et de l'illusion modernes, ils assortissent ce premier geste d'un second – ou, plutôt, d'un double second geste qui l'annule. Primo, ils travaillent à chasser les nouveaux pauvres de notre vie, à les rendre littéralement invisibles et, comme au Moyen Age encore, comme au temps de ce que Foucault appela le Grand Renfermement et dont le stade terminal était l'Hôpital Général, à les reléguer à la périphérie de l'espace habité : c'est le sens des arrêtés municipaux pris depuis l'abolition du délit de vagabondage en 1995 et visant à interdire les centres-villes aux SDF (ces arrêtés de la honte sont, le plus souvent, cassés par la justice administrative mais le fait même que l'on y songe, que l'on en discute, que l'on s'y résolve et que, dans certains cas, ils soient appliqués en dit long sur l'état d'esprit qui a fini par régner). Et, secundo, ils enrobent l'affaire de toute une sauce moralisatrice qui ne devrait pas avoir sa place quand on prétend vouloir s'en tenir à des diagnostics purement économiques mais qui, hélas, est bien présente dans l'insistance, par exemple, à se demander si les chômeurs de longue durée ne seraient pas un peu, beaucoup, passionnément responsables de la précarité dont ils ne sortent plus : c'est tout le sens des discussions qui ont présidé à l'invention du RSA et qui, sous couvert de combler les lacunes des systèmes anciens, revenaient toujours à la même question – comment faire pour que le chômeur ait financièrement *intérêt* à se remettre au travail ? quel salaire, quelle indemnité, quel jeu de compensations et de retenues, pour *l'inciter* à revenir dans le circuit ? manière élégante de sous-entendre que l'exclusion est un choix, que l'exclu s'est installé dans la précarité, que les pauvres sont aussi des calculateurs qui ont compris qu'il était plus rentable d'être assisté que de travailler ; et manière, dont je ne dirai certainement pas qu'elle est élégante tant la ficelle me paraît grosse, de les exclure une deuxième fois, de les convaincre d'immoralité après les avoir frappés de précarité, d'en faire des déchets au carré, définitivement perdus pour le lien social – une fois de plus, la distinction médiévale, étudiée par Geremek dans son classique *La Potence ou la Pitié*, entre bons mendiants (orphelins, infirmes, vieillards, qui accédaient de plein droit à l'« hospitalitas » des Eglises et des Etats naissants) et mauvais (hommes valides mais paresseux, responsables de leur vagabondage et justiciables, non de la même gracieuse « hospitalitas », mais d'une « liberalitas » dont la caractéristique est d'être vague, fragile, révocable à tout instant). Inacceptable, naturellement. L'image même de la régression. Cela même à quoi une ONG – la vôtre, les autres – se doit de résister.

Alors, face à ces constats, quelles pistes ? J'en vois, pour ma part, trois – que je déduis, strictement, de ce qui précède et que je vous résume en quelques mots.

D'abord rendre visible ce que l'on tente, à toute force, de rendre invisible. Cachez ces pauvres que je ne saurais voir ? Nourrissez-les, financez-les, mais cachez-les ? Eh bien non, justement. Je les montre, au contraire. Je retourne comme un gant cet envers qu'ils sont de la société. Je les laisse au centre des villes. Je les sors de l'ombre où ils végétaient. Je commandite des études, des enquêtes ou, mieux, qui sait ? des œuvres, dont ils seront le sujet et qui obligeront à les regarder en face. Vous connaissez le cas de James Agee partant, en 1936, à la demande d'un magazine, s'immerger, en compagnie du photographe Walker Evans, au sein de trois familles de métayers de l'Alabama ? Il en rapporta, après six semaines, l'admirable *Louons maintenant les grands hommes* qui est le grand document, non seulement sur la crise, mais sur la première génération de nouveaux pauvres du XXe siècle. J'imagine la Croix-Rouge répéter le geste de ce magazine (il me semble que c'était *Life*). Je la vois bien commanditer, trois quarts de siècle plus tard, et en France, une opération du même type que cette opération Agee. Je *vous* vois bien commissionner un Raymond Depardon pour que, flanqué d'un journaliste, il nous rapporte une image forte de cette vraie France d'en bas et de ses drames tus. Ce serait un beau geste. Ce serait un grand pas. Et il servirait, ce pas, à deux choses. Troubler, d'abord, le sommeil des braves gens qui, à mon sens, dorment trop bien et n'ont pas l'air, moi y compris, de prendre la mesure de la détresse à leur porte. Et faire en sorte que les intéressés n'aient plus le sentiment d'être ces laissés-pour-compte définitifs, ces rebuts, cette part inavouable et maudite, ce trou noir, encore une fois ces déchets, qu'ils sont de plus en plus clairement. Affaire de représentation, sans doute. Juste de représentation. Mais rien n'est plus important, dans une histoire comme celle-là, que de commencer par représenter avec probité.

Ensuite renverser, *transvaluer*, le discours moralisateur tenu autour de cette affaire et qui consiste, je le répète, à opposer les bons pauvres, les méritants, les qui cherchent sérieusement un emploi, qui le trouvent, qui se donnent du mal pour cela – et, en face, les fainéants, les parasites, les qui profitent du système, qui ne songent qu'à vivre à nos crochets et qui sont en dette, par conséquent, vis-à-vis de la société qui consent à les nourrir : « qu'ils nous lâchent, ceux-là ! grognent les moralisateurs, qu'ils ne viennent pas, en plus, nous réclamer des droits – à commencer par le droit à la dignité ! » Dette… Dette… Vous avez dit dette ? Eh bien non, justement. Pas de dette. Ou alors oui, si l'on y tient, mais en un sens rigoureusement inverse. Non pas la dette des « profiteurs » à l'endroit de la société qu'ils cannibalisent et qui les tolère. Mais la dette de la société à l'endroit de ces pauvres, de tous ces pauvres, que le système a produits et dont il faudra bien, d'une manière ou d'une autre, qu'il accepte de prendre en compte la souffrance. Non qu'il l'ait fait exprès, le système. Non qu'une intention maligne ait, comme dans le grand récit marxiste, présidé à la paupérisation. Mais qu'une mécanique ait fait cela, qu'un concours de forces et de circonstances ait divisé la société d'avec elle-même et ait rejeté aux marges certains de ses membres, voilà qui est probable et qui, même si l'on n'en est pas certain, doit être cru, j'allais presque dire *parié*, si l'on ne veut pas ajouter le malheur au malheur et la stigmatisation morale à la déchéance matérielle et physique. C'est très simple, vous savez. Ou bien les pauvres sont coupables ou, tout au moins, responsables de leur misère ; on leur applique le nouveau grand motif – après le grand récit, le grand motif… – qui exige des gens qu'ils se prennent en main, qu'ils comptent sur leurs forces propres, qu'ils cessent de toujours incriminer le grand méchant Autre qu'est l'Etat, bref, qu'ils s'en veuillent d'abord à eux-mêmes de la misère qui les accable ; et alors, je vous le dis tout net, cela sera vécu comme une stigmatisation redoublée, une mise au ban rejouée – et ces hommes et femmes, perdant le peu d'estime de soi qui leur restait, perdront leur dernière chance d'être, un jour, réintégrés. Ou bien c'est nous qui sommes coupables ou, au moins, responsables ; nous acceptons de prendre notre part du désastre qui s'est produit ; nous nous sentons comptables, vraiment comptables, de ce pan d'humanité qui, par la faute d'une mécanique qui a fait notre prospérité, a sombré dans le néant social ; et alors nous rendons aux nouveaux pauvres ce minimum de confiance (en soi et en l'humanité) sans lequel il n'y a de futur pour personne – et, sur cette image de soi et des hommes, sur cette dignité retrouvée jusque dans le malheur extrême, pourra peut-être se reconstruire, un jour, un commencement d'identité citoyenne. L'aide, dans ce cas, n'est plus une grâce mais un dû. Un cadeau mais un devoir. C'est un acte, non de charité mais de justice. Et, pour penser cela, pour penser cette dette absolue, sans expropriation préalable ni vraie cause, pour penser cette dette inconditionnée, indiscutée et qui ne s'embarrasse pas de cas particuliers, il faudrait un nouveau Levinas.

Et puis, troisièmement, il faut des moyens. Là, cher Mattéi, je n'ai plus trop de compétence. Et ce serait à vous, si le temps ne nous était compté, de prendre le relais – ce sera à vous, de fait, et dans les faits, de prendre le relais et d'avancer. Car la vérité est que le problème est en train de devenir colossal. Je me rappelle les théoriciens qui, dans ma jeunesse, croyaient en une société qui éliminerait, un jour, la pauvreté. Je me rappelle ceux qui, plus réalistes, objectaient, comme dans le Deutéronome, que jamais la pauvreté ne disparaîtra de la surface de la terre – mais qu'au moins pouvons-nous compter sur une sorte de taux-plancher qui ne bouge jamais beaucoup et que l'on évaluait alors, dans la pire des hypothèses, à 10 ou 15 % d'une population active. Aujourd'hui, le temps a passé. La crise, la plus grave que nous ayons connue depuis 1929, est passée, aussi, par là. Et nul ne se hasarderait plus à tabler – ni en France ni, je crois, ailleurs – sur quelque taux-plancher que ce soit. 15 %, vraiment ? 20 ? Davantage ? Personne, aujourd'hui, n'en sait plus rien. Chacun, ou presque, se sent menacé. Pas une vie, ou presque, qui ne se sache guettée par cette déroute qu'est la très grande misère. Il y a là une situation nouvelle. Et, face à cette situation nouvelle, face à ces millions de nouveaux pauvres supplémentaires que risque de compter l'Europe et face à cette exigence nouvelle, surtout, de les secourir inconditionnellement, fraternellement et sans compter, il est clair qu'il faudra des outils d'intervention sans commune mesure avec ceux que supposait la lutte contre la pauvreté en temps de paix. Qui les apportera, ces moyens ? L'Etat ? Les collectivités territoriales ? La Croix-Rouge ? Les autres associations ? Les Enfants de Don Quichotte ? Les Restos du cœur ? Je me souviens de Coluche inventant, quelques mois avant de mourir, cette grande institution que sont les Restos du cœur. Je me souviens du « mec » qui aimait dire aux imbéciles qu'il n'était pas un « nouveau riche » mais un « ancien pauvre » et que, de cet ancien pauvre, il restait le contemporain. Je me souviens de sa salopette façon Emmaüs. Je me souviens de son idée géniale d'une grande cantine pour tous où tous seraient traités avec honneur et comptés parmi les humains. Je me souviens de sa façon de dire, encore, que le problème, pour un pauvre, ce n'est pas seulement de s'assurer qu'il a quelqu'un sur qui compter mais que lui, le pauvre, compte aussi pour des quelqu'uns et qu'il n'est plus cet être minuscule et dérisoire, ce vermisseau, ce corps infime et cette âme exsangue, dont on trouve tant d'exemplaires dans le moderne Hôpital Général qui fait si bon ménage avec la moderne Charité. Et, me souvenant de tout cela, je songe que ce qu'il nous faut là, ce qui manque le plus cruellement mais qui, on ne sait jamais, finira peut-être par surgir en mémoire et dans l'urgence, ce n'est plus ni un Agee, ni un Levinas, mais bel et bien un nouveau Coluche.

VIII

J'ABATS MON JEU (POSITIONS)

Pourquoi un type comme moi ne pouvait pas voter Sarkozy ▪ Les deux destins de Ségolène Royal ▪ Vers un berlusconisme aux couleurs de la France ▪ Un dîner avec Ségolène ▪ Comment peut-on être – encore – de gauche ? ▪ Avez-vous déjà ressuscité un mort ? ▪ La gauche et ses fantômes ▪ Il faut dissoudre le Parti socialiste ▪ Réponse à Jean Daniel ▪ Prolégomènes à toute laïcité future ▪ Bienvenue à Ayaan Hirsi Ali ▪ Ils ont tué Benazir ▪ Appel pour la Birmanie ▪ Second appel pour la Birmanie ▪ Appel pour le Darfour ▪ Justice pour le Darfour ▪ Comment aider les Iraniens ? ▪ Si l'Europe était à refaire… ▪ L'Europe emmerde le monde ▪ Monsieur Besson, l'Europe et Martin Heidegger ▪ L'Ukraine et la Géorgie dans l'OTAN ? ▪ SOS Géorgie ? SOS Europe ! ▪ Où en sommes-nous avec le monde ? ▪ Pourquoi je défends Cesare Battisti ▪ Visite à Cesare Battisti dans sa prison brésilienne ▪ Lettre ouverte au Président Lula sur le cas de Cesare Battisti ▪ Contre l'idéologie de l'évaluation ▪ Réponse aux négationnistes du génocide arménien ▪ Unesco : la honte d'un naufrage annoncé ▪ La bataille de l'Unesco, suite ▪ Unesco, encore ▪ La bataille de l'Unesco, fin ▪ Unesco, après la victoire ▪ La triste fin de Jimmy Carter ▪ Suggestions pour servir à la mémoire de Madame Anna Politkovskaïa ▪ Un Rushdie français ? ▪ Qui sont les vrais insulteurs du Coran ? ▪ Victoire pour Philippe Val ▪ De quoi Siné est-il le nom ? ▪ Pourquoi je défends Polanski ▪ Pour Roman Polanski ▪ Et si on inculpait Léon Blum ?

1

Pourquoi un type comme moi ne pouvait pas voter Sarkozy[1]

C'est une vraie spécialité française.

Je ne connais pas, chez nous, un homme politique de premier plan qui n'ait, à un moment ou un autre de son existence, considéré qu'écrire un livre était un passage obligé de sa carrière.

Est-ce le prestige, plus vif qu'ailleurs, du livre et de la chose littéraire ?

Est-ce le lien, particulièrement étroit depuis les Encyclopédistes et la Révolution française, entre la plume et l'épée, la politique et la littérature ?

Seraient-ce les écrivains qui auraient donné l'exemple en rêvant, comme Chateaubriand, d'être ministre ? ou, comme Malraux, de s'illustrer par les armes autant que par la littérature ? ou, à l'inverse, le syndrome Stendhal se lamentant de Waterloo qui l'empêche, à huit jours près, d'être nommé « préfet du Mans » ?

1. *New York Times Book Review*, 17 juillet 2007 ; compte rendu de Nicolas Sarkozy, *Testimony : France in the 21st Century*.

Le fait, en tout cas, est là.

De Richelieu se voulant auteur de théâtre à de Gaulle fasciné, justement, par Malraux, de Clemenceau écrivant pour l'opéra à François Mitterrand que j'ai entendu dire, à maintes reprises, que rien ne lui semblait plus enviable en ce monde que d'avoir écrit *La Chartreuse de Parme*, nous sommes ce pays bizarre où, si les écrivains sont souvent des hommes d'action manqués, les hommes d'action sont toujours, eux, des écrivains ratés.

Ici, aux Etats-Unis, les Présidents écrivent leurs mémoires après coup, quand vient l'heure de se justifier et de raconter la geste de leur règne ; la France est ce pays étrange où ils les écrivent avant, dans l'élan de la conquête – ainsi que l'a encore fait, comme les autres avant lui, celui qui passait pour le moins littéraire de tous, Nicolas Sarkozy…

De ce livre – ou plutôt de ces deux livres, compilés en un seul pour les besoins de cette publication américaine – j'imagine que l'intention première était de faire une sorte de programme présentant, avant la bataille, une certaine idée de la France et de son avenir.

Mais dans la perspective créée, maintenant, par la victoire et par l'accession à l'Elysée de ce Bonaparte new-look, il prend un autre sens et une coloration toute différente – un autoportrait en pied et en mouvement, d'autant plus précis et précieux qu'il n'était pas fait pour cela.

On y découvre le premier président de la République qui, lorsqu'il évoque ses relations tumultueuses avec celle qui est devenue, entre-temps, la première dame de France, ose parler d'amour, vraiment d'amour : orages, transports, femme de ma vie, désir, souffrance – et si cette passion-là comptait plus, à la fin, que la passion de la puissance et du pouvoir ?

On y découvre un homme jeune, apparemment heureux et qui, de cette bonne humeur affichée, semble vouloir faire un élément de son programme : on a beaucoup dit de son escapade à Malte, au lendemain de son élection, sur le yacht trop cossu d'un milliardaire français, qu'elle était sa première faute politique – et si c'était l'inverse ? et si le geste s'accordait avec cette part de son projet qui est de déculpabiliser à l'extrême, c'est-à-dire jusqu'au kitsch et au mauvais goût, le luxe, la réussite, l'argent ? et s'il y avait, chez ce jeune Président, la volonté de réconcilier la France, sinon avec le bonheur, du moins avec ceux de ses signes que notre puritanisme, notre dépressionnisme, notre phobie de l'éclat et du succès, ont longtemps déconsidérés ?

On y découvre un personnage qui parle de tout, absolument de tout, sans langue de bois ni tabous, sans l'ombre d'une gêne ni d'une censure, vie publique et vie privée, sujets nobles et sujets moins nobles, doutes, certitudes, jugements à l'emporte-pièce sur tel adversaire ou partenaire, reparties cinglantes, insolences, tout y passe, rien ne nous est épargné de ce qui lui traverse le cerveau : souvent, dans les relations que j'ai eues avec lui dans le passé, j'ai noté ce trait de son caractère qui veut qu'il n'y ait pas d'idée qui lui passe par la tête sans qu'il éprouve le besoin de s'en libérer aussi vite en la claironnant à la cantonade ; Sarkozy ou le seul exemple que je connaisse de « sujet sartrien » parfait ; Sarkozy ou le prototype de cette subjectivité dont l'auteur de *L'Etre et le Néant* notait qu'elle tire sa force et, surtout, sa liberté du fait qu'elle est sans for intérieur, sans réserve ni intimité, sorte de lieu vide, ou de pur lieu de transit, où les informations, impressions, émotions, circulent sans jamais vraiment s'arrêter.

Et puis on y découvre enfin – les Américains, notamment, y découvriront – le premier de nos Présidents dont le rapport au reste du monde semble imprégné de ce que le mouvement antitotalitaire des années 1970 et 1980 a su produire de meilleur : fidélité à un Israël dont le sort ne saurait dépendre des « soubresauts de nos intérêts dans les sociétés arabes » ; sensibilité aux génocides et, en particulier, à la Shoah, cette « tache sur le XXe siècle et, au-delà, sur toute l'histoire humaine » ; refus d'un « relativisme culturel » qui ferait considérer le « drame tchétchène » ou le « sort des prisonniers politiques » en Chine avec d'autres yeux que s'il s'agissait de tragédies européennes ; souci des droits de l'homme dans les rapports entre les Etats et entre, notamment, les démocraties et les dictatures ; sans parler de l'Amérique elle-même à laquelle, dès la préface, il déclare une admiration, un amour, dont on sent qu'il ne sont pas feints et qui tranchent avec l'antiaméricanisme de principe qui, pendant des décennies, fit office de programme commun à l'essentiel de la classe politique française.

Alors, pourquoi, compte tenu de cela, n'ai-je pas voté pour cet homme ?

Et d'où vient que j'aie même, tout au long de la bataille électorale, et à la différence de la plupart de mes camarades de combat idéologique depuis trente ans, fermement combattu celui qui se décrit là sous un jour aussi aimable ?

Je m'en expliquerai ailleurs, autrement, le moment venu [1].

Je dirai comment tel propos sur l'identité nationale et le moyen de la préserver m'ont fortement éloigné de lui.

Je dirai pourquoi être un Français du XXIe siècle c'est se déterminer par rapport à quelques événements majeurs et, d'une certaine façon, séminaux comme, par exemple, Vichy, le colonialisme ou les événements de Mai 1968.

Et je dirai comment, en prenant sur ces trois questions les positions qu'il a prises, en disant et répétant que Vichy n'avait pas été partie prenante du « génocide », en martelant que la France n'avait pas à rougir de son œuvre « civilisatrice » en Algérie ou en promettant, dans le cas où il serait élu, de « liquider » cet « héritage » de Mai 68 qui est, depuis quarante ans, la blessure secrète, le tourment, parfois le cauchemar, de la frange la plus réactionnaire de la droite de mon pays, Nicolas Sarkozy s'est coupé d'hommes comme moi.

1. *Left in dark times*, Random House, à paraître courant 2008 (version US de *Ce grand cadavre à la renverse*, à paraître, en français, chez Grasset).

Mais, dans ce livre déjà, l'essentiel avait été dit.

Dans ce livre que je n'avais, je l'avoue, pas lu lors de sa parution française, je découvre aujourd'hui que le logiciel était en place.

Ces pages sur la repentance, par exemple. Ou ces pages, plus exactement, sur l'amour d'une France qui devrait être « fière de son passé » et qu'il faudrait aimer « en bloc », sans nuances, loin de ce « dénigrement systématique » où le possible futur Président voyait déjà une forme de maladie. Je ne suis pas, moi, contre un peu de dénigrement. Je ne suis pas contre l'idée de responsables politiques et, donc, de citoyens disant le chagrin, la pitié, parfois l'horreur, que leur inspirent telles pages plus ou moins noires de leur histoire nationale. Je pense, en d'autres termes, qu'il y a un bon usage de la honte en politique et que ne pas faire usage de ce bon usage, ne pas se sentir, comme disait Levinas, « comptable », ou même « otage », des crimes que l'on n'a pas commis et, à plus forte raison, de ceux où l'on a, soi ou les siens, un peu trempé, c'est faire ce que Sartre – encore lui – appelait une politique de « salaud ». Où en seraient les Etats-Unis s'ils n'avaient pas honte de leur passé esclavagiste, puis raciste ? Où en serait la France si, au prétexte que nous n'avons, comme dit Sarkozy, enfanté « ni Hitler » (ce qui est exact), « ni Staline » (ce qui est moins certain, vu la part prise par l'intelligentsia française à la fabrication de la vulgate stalinienne), « ni Pol Pot » (ce qui, pour le coup, est carrément douteux étant donné que Pol Pot et les siens ont tous été formés, précisément, dans la patrie des droits de l'homme, à Paris) – où en serions-nous, donc, si nous entonnions en chœur ce sinistre « fiers d'être français » que fredonne le nouveau Président et qui revient à faire l'impasse sur, par exemple, l'antisémitisme massif de l'époque de l'affaire Dreyfus, ou l'enthousiasme collaborationniste des élites administratives et culturelles des sombres années Vichy, ou la pratique de la torture d'Etat dans les dernières années de la guerre d'Algérie ?

Ces pages sur la crise des banlieues qui, à l'automne 2005, alors qu'il n'était encore que ministre de l'Intérieur, faillit embraser la France et emporter, dans la tourmente, son propre destin politique. Nicolas Sarkozy, dans ce livre, revient en détail sur l'affaire. Il rappelle – et il a raison de le faire – dans quelles circonstances exactes il prononça la fameuse phrase (« je vais vous débarrasser de cette racaille ») qui contribua si fortement, dans toute une partie de l'opinion, à sa diabolisation. Il explique – et il est, là encore, convaincant – comment l'idée même de « racisme » ou de « xénophobie » ne peut qu'être insupportable au fils d'immigré qu'il est lui-même et qui croit en une France « devenue multiple » et riche de sa « diversité ». Là où il dérape, en revanche, là où il se trahit et trahit, surtout, en lui le conservateur définitif, c'est quand il ne veut voir dans ces mini-émeutes que des accès de violence insensés, nihilistes, justiciables d'un pur traitement policier et où seul l'indécrottable conformisme intellectuel de ce qu'il appelle la « pensée unique » peut continuer de voir l'ombre d'un « mouvement social »… Je ne suis pas sarkozyste, je ne *peux pas* être sarkozyste, parce que j'ai vu, moi, en effet, dans ces émeutes, cette ombre d'un mouvement social. Un mouvement terrible, certes. Un mouvement brutal et sauvage, sans aucun doute. Un mouvement qui, pour la première fois dans l'histoire de ce type de mouvements, pouvait apparaître, en effet, comme muet, aphasique, brûleur d'écoles et de dispensaires, au sens propre barbare, voire idiot (encore que… la rage des Communards incendiant jusqu'à la bibliothèque des Tuileries… était-elle, cette rage, tellement plus articulée que celle des jeunes chômeurs en détresse qui incendient, aujourd'hui, la maternelle de leurs enfants ou la voiture de leur papa ?). Mais enfin un mouvement social quand même. Et un mouvement auquel il fallait – auquel il faut toujours – appliquer un traitement, non seulement pénal, mais social.

Et puis il y a ce pragmatisme, il faudrait dire cet opportunisme et, à la fin, ce cynisme dont on a vu les effets au lendemain de la victoire quand il s'est trouvé placé, tel un enfant vorace au milieu du magasin de friandises ou de jouets – avec une voix qui lui susurrait : « voilà ; ça y est ; tout cela, maintenant, est à toi ; c'est gratuit ; sers-toi »... Il s'est servi, en effet. Il a pour ainsi dire raflé, à chaque étage du magasin, les proies les plus désirables. L'icône Kouchner. Le sage Védrine. Les chevaliers du Saint-Graal mitterrandien dont il nous dit, dans le livre, combien il les a, jeune ministre, admirés. Les totems de la gauche. Les légendes de la littérature et du spectacle. Qui est le saint patron des socialistes ? Léon Blum ? Eh bien qu'on m'amène Léon Blum ! Le Christ des communistes ? Guy Mocquet ? Eh bien qu'on m'amène, non pas certes Guy Mocquet, ce résistant de 17 ans, fusillé par les nazis, mais sa dernière lettre à ses parents, si belle, si déchirante ! Et la reine des victimes d'aujourd'hui ? A qui la sombre couronne du martyre et de la souffrance contemporains ? Ingrid Betancourt, dites-vous ? Mais qu'on aille donc chercher, sans tarder, la famille Betancourt au grand complet et qu'on la conduise à l'Elysée !

Je ne nie pas que tout cela puisse avoir des bons côtés. Ni que, précisément du fait de cet appétit, Nicolas Sarkozy puisse nous réserver d'heureuses surprises – comme d'ordonner, en effet, que l'on donne lecture dans les écoles, à chaque rentrée scolaire, de la lettre de Guy Mocquet ; ou de finir par obtenir, à force d'énergie et de volonté, la libération effective d'Ingrid Betancourt aux mains des FARC depuis quatre ans ; ou encore – qui sait ? – de faire plier les Chinois sur le terrible dossier du Darfour dont ils ont, comme chacun sait, la clef car ils sont les tuteurs du régime assassin de Khartoum.

Je dis juste qu'il y a là un rapport à la mémoire qui, de nouveau, trouble et gêne. Les hommes, d'habitude, ont une mémoire. Elle peut être complexe, contradictoire, paradoxale, confuse. Mais enfin c'est la leur. C'est le fondement de ce qu'ils sont et de l'identité qu'ils se sont donnée. Lui est un flibustier des identités. Un mercenaire de la mémoire des autres. Il prétend à toutes les mémoires c'est-à-dire, en fin de compte, à aucune. C'est notre premier Président sans mémoire. C'est le premier de nos Présidents qui veut bien de toutes les idées car elles lui sont indifférentes. Et c'est la raison pour laquelle, s'il y a bien un homme qui, dans la France d'aujourd'hui, incarne – ou prétend incarner – cette fameuse fin des idéologies à laquelle, pour ma part, je ne peux me résoudre à croire, c'est lui, encore lui, Nicolas Sarkozy, le sixième président de la Cinquième République française.

Cela fait un drôle d'effet d'avoir un Président dont tant de choses (sa politique étrangère) vous rapprochent et dont tant d'autres (sa sensibilité, son style, ce cynisme dont je parle, ce rapport à la mémoire) vous séparent irrévocablement. Ce sera mon lot dans les cinq ou dix ans qui viennent. Mais pourquoi pas ? C'est très bien.

2

Les deux destins de Ségolène Royal[1]

N'étant pas membre, grâce au ciel, de cette amicale d'internautes en folie qu'est en train de devenir le Parti socialiste français et n'étant nullement astreint, donc, à cet art de la langue de bois et de l'avalement de couleuvres en tout genre que l'on y appelle discipline de parti, je me sens parfaitement à l'aise pour dire les sentiments mêlés que m'inspire le triomphe, dans son propre camp, en vue de l'élection présidentielle française, de Ségolène Royal.

Je passe sur le cas de Dominique Strauss-Kahn, dont je persiste à penser, n'en déplaise à ceux qui ont déjà retourné leur veste, qu'il eût été le meilleur pour réinventer la gauche de gouvernement.

1. *The Huffington Post,* 16 janvier 2007.

Je passe sur le sort de Laurent Fabius, shooté à bout portant par le sourire au laser de la chasseuse d'éléphants – méritait-il cela ? n'était-il pas, en dépit de ses erreurs, l'un des rares hommes d'Etat de la galaxie socialiste ?

Je passe sur le personnage de Ségolène Royal elle-même, ce mixte instable de démagogie et de caractère, de narcissisme extrême et de vraie audace politique – je passe sur ce côté Blanche-Neige et Dame Blanche, Jeanne d'Arc pour âge cathodique et Immaculée Conception néosocialiste, je passe sur ce « ralliez-vous à mon tailleur crème ! inscrivez-y vos rêves, doléances et désirs d'avenir ! » que décrit l'écrivain Marc Lambron dans un portrait qui paraît ces jours-ci (*Mignonne, allons voir*..., Grasset) et dont je recommande vivement la lecture à ceux de mes lecteurs que les affaires françaises intéressent.

Non. Le problème est politique. Centralement et fondamentalement politique. Et il tient à ce nœud gordien d'idées et de réflexes que la candidate désignée a moins de six mois, maintenant, pour trancher.

De deux choses l'une, en effet.

Ou bien elle va de l'avant dans ce qu'elle a, visiblement, de meilleur ; elle profite du mouvement qu'elle a créé et de la prodigieuse liberté qu'il lui donne pour continuer son bon travail de briseuse d'idoles, tabous et autres totems qui étouffent le discours progressiste depuis tant et tant d'années ; elle continue de tordre le cou, par exemple, à ce qui reste de robespierrisme dans le parti de Jules Guesde et du cacique régional Georges Frêche ; elle dit l'horreur que lui inspirent, au passage, les derniers propos racistes dudit Frêche et, en dépit, voire à cause, du fait qu'il a contribué à la faire reine, elle invite son parti à exclure, cette fois pour de bon, le pourfendeur des « sous-hommes » et autres footballeurs trop « blacks » pour être tout à fait français ; elle liquide les résidus de conformisme marxiste qui n'en finissent pas de coller à la soi-disant gauche de la gauche ; elle finit de nous réconcilier avec le marché ; elle invente un blairisme à la française où le mot même de libéralisme cesserait d'être une insulte et un gros mot ; bref, elle modernise ; elle rénove ; la première femme de l'histoire de la gauche à postuler à la succession de Jean Jaurès et Léon Blum devient – quel beau symbole ! – l'agente de la providence ou, mieux, la ruse de l'Histoire qu'appelait de ses vœux Maurice Clavel quand, il y a presque quarante ans, il exhortait à « casser la gauche » pour « vaincre un jour, vraiment, la droite » ; et alors, oui, à la condition supplémentaire mais non négligeable qu'elle nous dise aussi à quoi devra, selon elle, ressembler une planète dont l'horizon ne s'arrête pas aux frontières du Poitou-Charentes, son plébiscite d'aujourd'hui, puis sa victoire de demain, seront une bonne nouvelle pour la France.

Ou bien elle suit, au contraire, l'autre pente – elle sort, en effet, des robespierrismes, marxismes, etc., mais en suivant cette deuxième pente qu'elle appelle la nostalgie de l'« ordre juste » et qui lui a fait commettre, déjà, ses premiers faux pas : les professeurs, tous cupides et paresseux ; les intellectuels transformés au mieux en « experts », au pire en « personnes-ressources » ; l'affaire des jeunes délinquants encadrés militairement ; celle des élus qu'il conviendra, au nom de la nouvelle « démocratie participative », de faire surveiller de près par des jurys tirés au sort ; sans parler de toutes les questions difficiles, type entrée de la Turquie en Europe, dont elle ne craint pas de nous dire que ce sera à l'Opinion, c'est-à-dire aux Sondages, de décider le moment venu la façon dont on les arbitrera ; Mme Royal croit-elle vraiment cela ? est-elle cette opinionomane résolue ? cette girouette de l'idéologie tournant au gré de l'air du temps ? aurait-elle attendu de savoir ce que disaient les sondages avant de légiférer, comme Simone Veil, sur l'avortement ou, comme Robert Badinter, sur la peine de mort ? pense-t-elle, comme son conseiller Arnaud Montebourg, que nous entrons dans un temps de turbulence où compétence et expérience peuvent devenir, sic, de sérieux handicaps ? si elle le croit, c'est terrible ; si elle ne le croit pas mais croit seulement que c'est ce que ses futurs électeurs entendent et veulent qu'elle croie, c'est presque plus terrible encore ; car il y a dans tout cela un côté « l'œil du Poitou voit juste et le terrain, lui, ne ment pas » qui, pour le coup, ne rassure guère ; il flotte autour de ce royalisme-là, garanti province contre Paris et 100 % tradition française, un parfum de « travail, famille, matrie » qui n'augure, réellement, rien de bon.

Gauche moderne ou populisme ? Pragmatisme ou pureté dangereuse sur fond d'idéologie française et de défense du chabichou – un excellent fromage français, au demeurant ? Nous en sommes là.

3

Vers un berlusconisme aux couleurs de la France[1]

Quels sentiments vous inspire, en l'état, la campagne présidentielle ?

Un sentiment d'abattement. De ma vie, je n'ai vu campagne aussi médiocre. Non qu'il n'y ait « plus de débats », comme le répètent les perroquets de la pensée conforme. Il y a des débats, au contraire. Le Parti socialiste, par exemple, a organisé effectivement, lors de la désignation de sa candidate, un débat de haute tenue. Sauf – et c'est ça, l'élément nouveau – que tout le monde s'en est fichu ; les gens, quand

1. *Le Parisien,* entretien avec Dominique de Montvalon, 27 janvier 2007.

Fabius, Royal et Strauss-Kahn débattaient, ne s'intéressaient qu'à leurs attitudes, leurs postures, leurs regards, leurs visages ; c'est, autrement dit, le vrai triomphe de la société du spectacle.

Changement de génération, vieillissement de la population, chômage, endettement du pays : on dit que cette présidentielle est un rendez-vous capital...

Evidemment oui. Sauf que ce n'est pas là-dessus que les gens sont en train de se déterminer. Les uns disent qu'ils vont voter Royal par habitude et parce que c'est leur tribu. Les autres, Sarkozy parce c'est leur camp et qu'on doit, par réflexe pavlovien, voter en faveur de son camp. Dans d'autres cas, on se décide sur la gueule, l'aura, du candidat. Mais quant à ce qu'il pense des questions où se joue l'avenir du pays, je crois vraiment que, pour le moment, tout le monde s'en moque.

2007, est-ce pour vous un tournant aussi crucial que l'a été 1981 ?

Davantage. Car c'est le moment de vérité où l'on va enfin savoir si, oui ou non, les déclinistes avaient raison. Ou bien le prochain Président a la force et la grâce de faire les réformes qui s'imposent : et la France garde, sur la scène de l'Europe et du monde, la place qui a longtemps été la sienne. Ou bien ce n'est pas le cas, et nous devenons une sorte d'autre Suisse – vérifiant par là (mais, hélas, sur notre propre cas !) le diagnostic des théoriciens de la Fin de l'Histoire.

Compte tenu de votre diagnostic, n'est-il pas déjà trop tard ?

Non, il est encore temps. Mais il faudrait, déjà, que les candidats se découvrent. Sarkozy l'a fait. On attend, maintenant, Royal. Elle a fait lever de vrais espoirs. J'ai été parmi les premiers, dans vos colonnes d'ailleurs, à saluer son surgissement, à me réjouir de ce qu'une femme fasse ainsi événement et à dénoncer les réactions sexistes misérables qui ont, tout de suite, tenté de la déstabiliser. Mais c'est vrai que, six mois après, et avec la meilleure des bonnes volontés, il est difficile de ne pas se poser de très sérieuses questions. Que veut-elle ? Quel est son projet ? Quelle vision du monde faut-il pour traiter avec tant de désinvolture la question de la souveraineté nationale sur la Corse ou pour louer, en Chine, la « rapidité » de la justice chinoise ? Une candidate à la Présidence peut-elle raisonnablement ignorer, comme il semble que ce soit le cas, le nombre de sous-marins nucléaires dont elle aura le commandement suprême ?

Dans un scénario noir, vous arrive-t-il d'imaginer qu'elle ne parvienne pas à répondre aux espoirs que vous évoquiez ?

C'est une candidate tellement atypique que tout peut arriver, vraiment tout. Un redressement spectaculaire, car elle a du caractère et du cran. Ou bien une sorte d'extinction soudaine des lumières autour d'elle et en elle, qui la ferait plonger. Je sais que certains, au PS, spéculent sur cet effondrement précoce. Ils imaginent, en février, en mars, face à des sondages catastrophiques, une sorte d'appel de grands élus, de sénateurs, de députés, de présidents de région, etc., exhortant la candidate à se sacrifier sur l'autel d'un Congrès extraordinaire qui désignerait… François Hollande ! Peut-être.

Comment décririez-vous l'état d'esprit actuel des Français ?

Je vous l'ai dit. Apparemment passionnés par la campagne. Mais ne s'intéressant, en réalité, qu'aux lapsus de l'un, aux postures de l'autre et à la vie privée des deux. La faute aux candidats sans doute qui ont joué à outrance « la cause du people ». Mais la responsabilité des Français aussi qui, encore une fois, s'intéressent plus à ce qui se passe dans les chambres à coucher de Cécilia ou de Ségolène qu'à ce qui s'écrit dans les programmes.

C'est une fuite devant une réalité douloureuse et qui fait peur ?

Oui, sans doute. Mais avec une dimension de plus. C'est assez exactement ce que, nous, les philosophes, en tout cas après Nietzsche, appelons le « nihilisme ». C'est quoi, le nihilisme dans une campagne électorale ? C'est ça. C'est cette course à l'Oscar de la platitude. C'est le festival des bourdes qui n'ont l'air de gêner personne. C'est ce sentiment diffus, mais insistant, que ce qui est dit n'a, dès lors qu'il s'agit du « fond », strictement plus d'importance. Et c'est, je vous le répète, une bataille électorale qui fonctionne comme les jeux du cirque. Ou comme une finale de la Coupe du monde de football. Ou comme la « Star Academy ». Ce phénomène est général. Il y a même des pays qui, comme l'Italie avec Berlusconi, ont été frappés avant nous. Mais voilà. Nous y sommes. C'est le berlusconisme aux couleurs de la France.

Croyez-vous à la « démocratie participative » ?

Voilà, typiquement, le genre de concept qui, ou bien ne veut rien dire, ou bien devient terriblement dangereux. Que la démocratie soit « participative » dans son principe, c'est un truisme puisqu'elle est, par définition, le pouvoir du peuple exprimé par un vote. Mais si on va au-delà de ça, si on entend par « participatif » le fait que le peuple doive se mêler de tout et à tout instant, si on sous-entend qu'un président ou une présidente de la République ne peut rien décider qui ne lui ait été soufflé par la grande sagesse, habituellement muette, de la France d'en bas qui, elle, ne ment pas, alors, je n'ai pas besoin d'insister outre mesure : cela veut dire qu'on a décidé de confondre démocratie et démagogie, citoyenneté et populisme – cela veut dire qu'on est passé du « coup d'Etat permanent » dénoncé jadis par Mitterrand au « coup de sondage permanent » orchestré aujourd'hui par les bateleurs…

Quand la France est dans un tel état, le risque n'existe-t-il pas d'une mauvaise surprise ?

Oui, bien sûr. Il y a un homme auquel on s'intéresse bizarrement moins que d'habitude et qui, pourtant, risque de faire son meilleur score : c'est Jean-Marie Le Pen. J'aimerais tant, et pour des tas de raisons, que le troisième homme de cette campagne, celui qui créera la surprise, soit François Bayrou. Mais j'ai peur que ce ne soit pas le cas et que nous nous réveillions, au lendemain du premier tour, avec un Le Pen au plus haut.

Jacques Chirac a-t-il encore un rôle à jouer ?

Pour le romancier qu'il m'arrive d'être, il y a deux choses à ne pas oublier quand on parle de Chirac. D'abord, qu'il se fiche éperdument de savoir s'il fera une belle « sortie » ou pas : Raymond Aron disait de Giscard qu'il n'avait « pas le sens du tragique » ; eh bien je pense, moi, que Chirac n'a pas le sens de l'Histoire – ce n'est ni bien ni mal, c'est comme ça et c'est la raison pour laquelle je ne crois absolument pas que le risque d'une défaite cuisante, humiliante, soit propre à le décourager de quoi que ce soit. Et puis, ensuite, ce mot sublime d'Oscar Wilde dont il est, à 74 ans, la parfaite illustration : « le drame quand on vieillit, ce n'est pas qu'on devient vieux mais c'est qu'on reste jeune. »

4

Un dîner avec Ségolène[1]

Elle savait, avant de me rencontrer, que je n'ai pas été, loin s'en faut, un chaud partisan de sa candidature. Mais cela n'a pas l'air de la gêner. Et si je perçois bien, dans les premiers instants, au fond de cette salle à manger d'hôtel presque vide et sans doute trop solennelle où a été fixé le rendez-vous, un peu de réticence, voire de

1. *Wall Street Journal*, 8 février 2007.

méfiance, ce qui me frappe c'est, très vite, l'étonnante fraîcheur, la liberté de ton, du personnage.

Ses gaffes par exemple... Ces fameuses gaffes dont tout Paris se gausse et qui vont de ses déclarations sur le Québec à ses incertitudes sur le nombre de sous-marins nucléaires de l'armée française...

Elle éclate d'un bon rire, sans coquetterie, juvénile.

« Ce n'est pas moi qui ai parlé, que je sache, de vitrifier Téhéran ; c'est le président de la République, Jacques Chirac. »

Le maître d'hôtel nous interrompt pour prendre la commande – salade, filets de sole, vin blanc sec. Elle enchaîne :

« Car est-ce que ce n'est pas drôle, à la fin ? Quand les autres font une gaffe on dit que c'est un lapsus. Quand c'est moi, ça devient une bourde ou une bêtise. Deux poids, deux mesures ! »

Puis, plus sérieuse, lueur froide dans le regard, le cerne autour des yeux se plissant légèrement.

« De toute façon ils me traquent. Mes collaborateurs, mes enfants, cette amie qu'ils viennent de barrer au Conseil supérieur de l'Audiovisuel, moi-même et mes supposées bourdes : tout leur est bon ; ce sont des flics ; ils me harcèlent. »

Je lui fais observer qu'il n'y a pas que les bourdes et que sa phrase sur la justice chinoise, par exemple, dont elle a vanté, à Pékin, la merveilleuse rapidité...

« Cette phrase a été tirée de son contexte ! Je parlais de la justice commerciale. Pas de la justice pénale.

— Soit. Mais ce qui a troublé c'est que vous étiez très en retrait, en même temps, sur la question des droits de l'homme. Et ce, alors que Sarkozy prenait des positions fortes sur le Darfour, la Tchétchénie, les dictatures...

— Oh, Sarkozy et les dictatures ! »

Elle pouffe, juvénile à nouveau, presque gamine.

« La droite et les dictatures, je demande à voir... Mais, quant à ce voyage en Chine, je vous le répète : avec chacun de mes interlocuteurs, vraiment chacun, j'ai insisté, au contraire, sur le non-respect des droits humains.

— Justement, venons-y : pourquoi dites-vous droits humains par exemple et pas, comme tout le monde, droits de l'homme ? On a l'impression que cela vous écorche la langue de dire juste droits de l'homme… »

S'engage alors un dialogue de sourds, très étrange, parfois surréaliste, où je lui explique que, pour la gauche antitotalitaire en train de se détourner d'elle, « droits de l'homme » n'est pas une formule mais un concept et que ce concept est chargé d'une mémoire de souffrances, de résistances, avec laquelle on ne joue pas – et où elle, raisonneuse, intraitable, quelque chose d'aigu, presque d'osseux, qui s'imprime dans le haut du visage, m'oppose que non, c'est le contraire, et que, quand on lui dit droits de l'homme, elle ne peut pas ne pas entendre droits de l'homme au sens étroit, droits du mâle contre la femme, droits de son père face à sa mère, et que c'est pour cela qu'elle préfère dire droits humains.

« Un jour, insiste-t-elle, j'ai parlé de cela avec une villageoise malienne. Pour elle, c'est aussi simple que ça : si vous lui dites “droits de l'homme”, elle comprend automatiquement les droits de la horde mâle qui dicte sa loi depuis des siècles. Alors, je prends le point de vue de la Malienne. Lequel est aussi, soit dit en passant, celui de n'importe quel enfant que vous interrogerez dans la rue. Et c'est pourquoi, oui, je tiens à élargir les choses et à dire “droits humains”. »

Sentant que le malentendu est maximal et que, dans cinq minutes, elle plaidera, comme les féministes américaines dures, qu'il faudrait essayer de dire « herstory » plutôt qu'« history » et qu'elle ne comprend pas pourquoi, dans les cours de catéchisme de son enfance catholique, on ne disait pas « Dieu le Père-Mère » au lieu de l'hyper-machiste « Dieu le Père », je préfère changer de sujet.

Où en est-elle, avec ses rivaux ? Que se passe-t-il avec ce Parti socialiste dont on ne sait plus, à force, si c'est elle qui n'en veut pas ou lui qui, face aux sondages catastrophiques, se met aux abris et l'abandonne ?

« J'ai proposé une mission à Dominique Strauss-Kahn, lâche-t-elle, comme pour se justifier. Une mission sur la question fiscale. Et quant à Jospin… »

Le sommelier nous ressert. J'observe qu'elle mange de bon appétit, qu'elle boit bien : quelque chose de la bonne nature de Mitterrand avant sa maladie ; quelque chose, aussi, du coup de fourchette de Chirac – un signe ?

« Quant à Jospin, je lui ai téléphoné pour l'inviter le 11 et lui dire que sa place était là, à mes côtés. »

Elle a montré une chaise, près de nous, en retrait, que le maître d'hôtel a retirée quand nous sommes arrivés.

« Mais non. Il a dit non. Il avait mieux à faire, apparemment, ce jour-là. Et… »

Un homme, à la table voisine, s'est levé pour venir lui dire qu'il l'admirait. Elle s'est levée aussi, bizarrement émue, plus rose que le rose de son tailleur, contente, son long et joli cou semblant s'allonger encore sous l'effet du contentement.

« Remarquez, reprend-elle en se rasseyant, je comprends Jospin. Qu'une fille comme moi, une Bécassine, lui passe devant pour l'investiture puis réussisse des choses où il s'est, lui, cassé les dents, je conçois que ça le fasse rager.

— Des choses comme quoi, par exemple ?

— Comme Chevènement… Jospin n'arrive toujours pas à comprendre comment j'ai pu avoir Chevènement alors qu'il pense, lui, que c'est de ne pas avoir eu Chevènement, et de l'avoir même eu contre lui, qui est la vraie raison de sa défaite. »

Je suis sur le point de lui rétorquer que ce n'est pas une telle affaire, non plus, d'avoir ou non dans son jeu le très souverainiste, très anti-européen et très populiste Chevènement. Mais elle poursuit – songeuse.

« D'ailleurs, oui… Il a perdu pourquoi, selon vous ? Vous avez une explication, vous, sur l'échec de Jospin, il y a cinq ans, face à Chirac et même à Le Pen ? »

Puis, comme je lui réponds, à tout hasard, que c'est une forme d'élitisme politique qui, peut-être, ne passe plus et fut, alors, sanctionné :

« C'est cela, oui ; c'est probablement cela ; et ce qui les énerve c'est ma volonté, justement, de rompre avec cet élitisme, cette arrogance ; prenez la démocratie participative ; je n'ai jamais dit que c'était la panacée ; ni qu'il fallait gouverner l'œil fixé sur l'opinion et en l'interrogeant à tout bout de champ avant de prendre les décisions ; mais écouter les gens, juste les écouter pour savoir ce qu'ils ont dans la tête alors que, depuis tant d'années, on leur assène nos vérités, ça oui, il fallait le faire et je suis fière de l'avoir fait. »

Nous parlons de sa vision de l'Europe ou de l'Iran – sujets où elle m'apparaît bien moins incompétente, franchement, qu'on ne l'a écrit ; n'aurait-elle pas, au demeurant, face aux échéances qui s'annoncent, et par rapport à tous ses concurrents, l'avantage non négligeable de pouvoir rallier, sinon à son panache, du moins à son tailleur blanc, une part des électeurs qui votèrent non, il y a deux ans, lors du référendum sur le projet de Constitution ?

Elle me dit, au passage, qu'il est sans doute fini le temps de ces fameux tailleurs blancs que l'on a tellement commentés et associés à son image : le blanc de l'attente ; le blanc de la page blanche où il fallait que le peuple de France vienne écrire ses doléances en même temps que ses désirs d'avenir ; le peuple, maintenant, s'est exprimé ; elle va, dimanche prochain, traduire ce qu'elle a compris de ce qu'il lui a dit ; ce jour-là, me révèle-t-elle, sans doute parlera-t-elle même devant un mur constellé des photos de ces innombrables hommes et femmes qu'elle a rencontrés ces dernières semaines et elle ne sera, face à ce mur de visages, sûrement plus vêtue de blanc…

Elle est certaine de gagner, dit-elle encore ; elle a un peu peur de cette échéance du 11 février où on l'attend tellement qu'une déception est toujours possible – mais comme Hillary Clinton, qu'elle admire, elle est certaine, oui, de l'emporter sur ce camp conservateur, figé dans ses certitudes et incapable d'affronter les défis qui s'annoncent : « les banlieues, par exemple ? n'y a-t-il pas d'autre politique, face aux banlieues qui brûlent, que cette politique de pure répression qui fait considérer les émeutiers comme des sauvages, à la lettre des barbares, exclus de la Cité ? comme chez les anciens Grecs nous qualifions de barbares ceux qui n'ont pas, à la parole, le même accès que nous ; et cette attitude est folle ; cette attitude est suicidaire… ».

Je lui dis encore, moi, pourquoi le rôle d'un intellectuel n'est pas de se rallier mais d'interpeller, poser des questions, voire des conditions, pour, à la fin, le plus tard possible, vraiment le plus tard, se prononcer – et elle écoute avec un air d'humilité qui tranche, lui aussi, avec sa réputation de maîtresse d'école autoritaire et glacée.

Il est minuit passé.

Le restaurant s'est vidé.

Un tout dernier mot sur ses lectures : un livre sur les femmes et le travail d'une certaine Dominique Méda dont elle semble surprise que je ne la connaisse pas ; le volume des *Contemplations* de Victor Hugo dont, me confie-t-elle, elle ne se sépare pas depuis quelque temps.

Je la quitte, toujours perplexe, mais avec le sentiment qu'on a peut-être été injuste – moi le premier – avec cette femme ; et qu'elle ne ressemble guère, en tout cas, à la statue – un peu gauche – qu'elle s'est sculptée.

5

Comment peut-on être – encore – de gauche ?[1]

Vous êtes toujours de gauche ?

Oui, naturellement. La gauche est mon univers fondateur. Mon père a été jeune communiste. Il s'est engagé pour l'Espagne républicaine. On ne renie pas, si facilement, des choses comme cela. Alors, bien sûr, je dialogue avec la gauche. J'ai passé ma vie à batailler pour une gauche libérale, antitotalitaire. Mais bon. On ne se dispute vraiment qu'avec les siens. Mon rapport avec la gauche, c'est trente ans de guerres continuelles doublés d'une fidélité inentamée.

Des guerres ?

Bien sûr. Contre la gauche antilibérale qui sacrifie la liberté à l'égalité. Contre la gauche qui, dans les années 70, tenait les dissidents pour des complices de la réaction et expliquait que les chars de Brejnev venaient sauver les Afghans du Moyen Age. Contre cette gauche qui, aujourd'hui, voit Israël comme un cancer et les Etats-Unis comme la maison du diable. Contre cette gauche qui accueille Tariq Ramadan et courtise les islamistes. Contre la gauche nationaliste et anti-européenne. Contre ces maurrassiens déguisés en hommes de gauche, tel

1. Entretien avec Claude Askolovitch, *Le Nouvel Observateur*, 15 février 2007.

Chevènement que je dénonçais déjà, en 1981, dans *Le Matin de Paris*, et que je retrouve, hélas, près de Ségolène Royal, fustigeant le « capitalisme mondialisé » qu'incarnerait Sarkozy…

Vous comprenez le sarkozysme d'André Glucksmann ?

André Glucksmann est un ami. Et nous avons partagé trop de combats pour que je puisse traiter son acte avec désinvolture. Mais non, je ne le comprends pas bien. Sarko n'est ni un salaud, ni un facho – ça, c'est ce que dit la gauche quand elle n'a rien à dire. Mais, pour moi, l'engagement des intellectuels dans une campagne électorale suppose trois principes. Primo, on n'est pas des suiveurs, des godillots – on laisse ça à Doc Gynéco. Secundo, on s'engage par défaut, faute de mieux, et avec méfiance : je n'imagine pas Sartre sacrant un candidat avec la ferveur de ceux qui, aujourd'hui, rejoignent Sarkozy. Et puis, il y a le timing : les intellectuels sont des flibustiers, des braqueurs, des gens qui posent des conditions, qui exercent une pression maximale et qui doivent se prononcer le plus tard possible, après avoir obtenu leur maximum de butin : des gestes forts et des engagements sur l'essentiel. Nicolas Hulot a très bien compris ce principe.

Que demandez-vous aux candidats ?

Par exemple, remettre la France au cœur de l'Europe. Et des engagements forts sur la laïcité. L'assurance d'une fermeté absolue envers l'islamisme radical et l'Iran.

C'est un programme « néoconservateur » à la française ?

C'est un programme de gauche minimum. Sauf si l'on trouve « progressiste » la complaisance envers l'islamisme, ou prometteuse l'alliance entre Chávez et Ahmadinejad…

Glucksmann peut avoir raison de parier sur une droite moderne et atlantiste ?

Le Sarkozy ministre de l'Intérieur qui a notabilisé l'UOIF, n'était pas d'une laïcité irréprochable… Et, d'une manière générale, je crois qu'un héritier de Blum comprendra mieux l'absolue priorité des droits de l'homme qu'un disciple d'Adam Smith, pour qui la loi du commerce prime sur la politique et sur la défense des persécutés. Je reconnais à Nicolas Sarkozy ses propos forts sur le Darfour ou la Tchétchénie. Mais Royal, à Villepinte, n'a pas été en reste et quand elle a évoqué l'assassinat, à Moscou, d'Anna Politkovskaïa, c'était un vrai moment d'émotion. Et puis, comment dire ? J'ai de la mémoire. Au moment de la Bosnie, j'avais deux adversaires : Mitterrand sans doute mais, plus encore, Balladur et Juppé.

Y a-t-il une continuité entre la naissance des nouveaux philosophes, leur critique du communisme, et le virage à droite d'un Glucksmann ?

Attendez ! Pour moi, la vraie gauche c'est aussi le combat contre le communisme. C'est d'abord l'antitotalitarisme. Et *Le Nouvel Observateur* a été à nos côtés dans ce combat. Alors, après, il y a les trajectoires, les inquiétudes individuelles… Je vais vous donner un exemple : les banlieues incendiées de novembre 2005. J'ai des amis qui n'ont voulu y voir qu'un soulèvement de barbares sous-tendu par l'islamisme. Je ne les ai pas suivis. Oui, il y avait de la violence dans ces émeutes. Oui, il y avait de la barbarie. Mais pas tellement plus – et même, finalement, beaucoup moins ! – que dans d'autres mouvements insurrectionnels type Commune de Paris où je vous rappelle quand même qu'on a incendié, non pas la bagnole du voisin ou la maternelle du coin, mais la bibliothèque des Tuileries et ses 250 000 ouvrages ! Les mouvements sociaux ne prennent pas leurs ordres à la Fondation Saint-Simon. Ils n'en portent pas moins un vrai message.

On vous a reproché votre silence social. Votre existence d'aristocrate des idées, insensible à la misère du monde.

Qui m'a reproché cela ? Les amis de Monsieur Bourdieu et du *Monde diplomatique* ? Alain Badiou ? Je ne les ai pas entendus, eux, quand on massacrait les Bosniaques, ou les Tchétchènes, ou les femmes algériennes, ou les irakiens anti-

Saddam. Comme si la misère du monde, hors des frontières de la France, ou hors des cadres rassurants de l'antiaméricanisme, ne les concernait plus.

Vous allez accompagner Ségolène Royal ?

Je vous le répète : un intellectuel est là pour interpeller, pas pour accompagner. Mais j'ai rencontré Ségolène Royal. Longuement. Les médias, après l'avoir idolâtrée, sont devenus très injustes à son endroit, et parfois même insultants. Cette phrase sur la justice chinoise par exemple, tirée de son contexte, alors qu'elle s'est démenée pour mettre en avant la question des dissidents. Elle vaut mieux que sa caricature. Même si, naturellement, je reste circonspect, perplexe face à son discours.

Pourquoi perplexe ?

Parce qu'il y a deux Ségolène. Prenez cette question des droits de l'homme, justement. Ce qui m'a frappé, quand je l'ai vue, c'est son obstination à parler des « droits humains » pour ne pas dire « droits de l'homme »... Or ce n'est pas une simple question de vocabulaire. Les droits de l'homme, c'est l'étendard de la gauche antitotalitaire. C'est notre drapeau. Et tout le blabla, dans une partie de son entourage, sur ces droits de l'homme qui seraient les droits d'un Occident repu qui chercherait à imposer ses lumières au reste de la planète, sent son relativisme culturel, son tiers-mondisme rance, son altermondialisme et, au total, sa méconnaissance de cette grande avancée que fut, dans l'histoire de la gauche, l'antitotalitarisme. Mais, là aussi, elle s'est démarquée de cela à Villepinte en prononçant des mots forts – à propos de la Russie et de la Chine, notamment – sur l'universalité des valeurs démocratiques.

On voit plus Ségolène comme une « conservatrice » que comme une gauchiste...

On peut être « conservatrice » et « gauchiste » à la fois. L'un des thèmes qui font le lien, c'est l'opposition entre le « vrai peuple » et « les élites ». Ou la tonalité nauséabonde du texte du député PS Besson qui présente Sarkozy comme un « néo-conservateur américain avec un passeport français ». Là encore, Chevènement n'est pas loin. On est au bord de l'« idéologie française », tout près de la matrice où s'enfantent les deux pétainismes de gauche et de droite… De deux choses l'une. Ou bien Ségolène Royal se sert de cette ambiguïté pour ramener l'électorat noniste vers la gauche moderne et vers l'Europe – et alors bravo, c'est de bonne guerre et c'est, surtout, de la bonne politique ! Ou bien elle est dupe et adopte, au nom du PS, la vision du monde des antilibéraux et, alors, elle fera perdre à la gauche l'acquis de trente ans de combat.

Comment conjurer ce risque ?

Ne rien laisser passer. Et jusqu'au bout, de l'intérieur, harceler cette gauche qui balance entre ses deux identités.

6

Avez-vous déjà ressuscité un mort ?[1]

Que faites-vous à gauche, vous que beaucoup décrivaient comme « sarko-compatible » ?

Ce que je fais ? Eh bien, ce que j'ai toujours fait depuis trente ans : à savoir critiquer la gauche depuis la gauche, dénoncer ses mauvais démons, l'encourager à les conjurer, l'aider à se poser

1. *Le Parisien,* 7 octobre 2007, propos recueillis (à l'occasion de la parution, chez Grasset, de *Ce grand cadavre à la renverse*) par François Vey.

les questions qu'elle ne veut apparemment pas se poser. Quant à ma « sarko-compatibilité », il faut distinguer. Il y a l'homme, que je connais et pour lequel j'ai de la sympathie. Mais il y a les idées : et là, ça ne va plus – je viens encore de le vérifier avec l'affaire des tests ADN et de l'exclusion des immigrés de l'hébergement d'urgence.

Dans votre livre, vous dressez de la gauche un tableau presque terrifiant...

C'est la réalité... Comme en 1960, quand Sartre, dans sa préface à *Aden Arabie* parlait déjà de la gauche comme d'un « grand cadavre à la renverse ». Comme en 1977, quand j'ai publié *La Barbarie à visage humain*. Mais, vous savez, on peut être de la famille, et décrire sans complaisance l'état d'abaissement où elle se trouve. C'est mon cas. Comme Camus, je suis né à gauche, et je mourrai sans doute à gauche. Mais non sans lui avoir dit et répété, ma vie durant, quand et pourquoi, à mon sens, elle se déshonore.

A vous lire, on a le sentiment que la situation de la gauche s'est extraordinairement dégradée, et que la présidentielle en a été le révélateur.

J'ai fait un livre d'idées. Pas un livre sur la présidentielle. La thèse de mon livre est que la gauche française a connu ses heures de gloire mais aussi ses heures sombres. Exemple d'heures sombres : la tentation totalitaire qui émanait de l'extrême gauche et qui, pendant des décennies, pesa comme une sorte de sortilège sur la gauche de gouvernement. Je parle au passé. Car l'une des thèses du livre est, aussi, que cette tentation totalitaire (le communisme, le désir de révolution, le refus du réel) a été, grosso modo, conjuré sur une séquence de temps qui commence avec 1968 et s'achève, en 1976, avec le génocide cambodgien. Tout le monde comprend, à ce moment-là, que la radicalité révolutionnaire est une impasse et une tragédie. La gauche fait, alors, une sorte de Bad Godesberg honteux, non-dit et qui prétend jeter aux oubliettes toutes les séquelles du vieux totalitarisme rouge.

Et ce n'était pas le cas ?

Oui et non. Car, à force de rester dans le non-dit, à force de ne pas assumer ce qu'elle est, à savoir une gauche de gouvernement, responsable, moderne, libérale, compatible avec l'économie de marché, la gauche s'est laissé gagner par une nouvelle tentation totalitaire, insidieuse, terrible, et dont je fais le procès. Car, pour un intellectuel, il y a deux attitudes possibles, n'est-ce pas ? Soit dire : « c'est ma famille et, à sa famille, on dit la vérité, toute la vérité, et jusqu'à son dernier souffle ». Soit, et c'est l'attitude d'un Camus à la fin de sa vie, ou, aujourd'hui, de mes amis Glucksmann ou Kouchner : « marre, ras le bol, quarante ans que ça dure, ces gens sont décidément inguérissables, vestiaire, addition, merci ! »... Cette tentation de la lassitude, je peux la comprendre. Elle n'est pas basse. Mais ce n'est pas la mienne. Ma position, moi, c'est de dire qu'il n'y a aucune raison de laisser les clés de la maison de la Gauche à des connards qui passent juste d'une tentation totalitaire à une autre.

Et qui peut la sauver, cette gauche mal en point ?

Il n'y a pas d'homme, ni de femme, providentiels. L'ancienne tentation totalitaire a mis soixante ans à se dissoudre. La nouvelle, celle que je dépeins dans le livre, mettra aussi un certain temps. Qui prouvera à la gauche que son antilibéralisme, sa haine de l'Europe, son antiaméricanisme, sa complaisance vis-à-vis d'un certain islamisme, sa timidité sur les valeurs de laïcité, sont porteurs de mort et d'échec ? Je ne sais pas.

Pendant la présidentielle, n'y a-t-il pas eu des tentatives de la part de Ségolène Royal ?

Si, bien sûr. Cette élection a été le théâtre de deux choses. D'abord, le vrai Bad Godesberg a eu lieu à ce moment-là, et c'est Ségolène Royal qui l'a porté. Pour la première fois, un candidat socialiste à la présidentielle a affirmé qu'il fallait arrêter avec l'idée d'une grande famille dont Besancenot et Jacques Delors seraient les deux ailes. Devant les caméras de télévision, elle a déclaré qu'elle se sentait plus proche de François Bayrou que d'Arlette Laguiller ou de Marie-George Buffet. C'est une date. C'est de ses vrais grands mérites. Et c'est l'une des raisons qui font que je l'ai soutenue. Elle l'a dit tard ? D'accord. J'admets volontiers qu'il y a eu un conflit, dans son discours, entre cette gauche moderne et l'autre, la gauche souverainiste, chauvine, réac, dont je fais le procès dans livre et qui a eu, pour moi, le visage de Chevènement – ce maurrassien de gauche, ce soi-disant homme de gauche qui fut un des suppôts de Saddam Hussein et dont maintes positions sont assez indiscernables de celles de l'extrême droite. Bon. Je dis juste que ce conflit, elle l'a plutôt arbitré dans le bon sens. Et, sur l'affaire, en particulier, de l'alliance avec le centre, je vous donne une information : je crois que, dès le premier jour, je dis bien le premier jour, Royal savait que cette alliance était la seule solution et que la stratégie dite d'union de la gauche était morte.

Avez-vous cru en Ségolène Royal ?

Quelle question ! Bien sûr que j'y ai cru ! Et je crois toujours à sa compétence. Je crois toujours qu'elle a la stature pour le job. Et je suis indigné du traitement dont elle est l'objet de la part de ses plus proches camarades.

Dans quelle lignée l'inscrivez-vous ? Celle des Mendès, de Rocard, de Delors ?

Plutôt, oui.

Pour se redonner un avenir, la gauche doit-elle s'amputer ?

Le mot n'est pas sympathique. Mais oui, on peut dire ça. Mettre dehors, d'un côté, les néoradicaux qui n'ont toujours pas compris, par exemple, que Che Guevara était un assassin. Et se séparer, de l'autre, de cette gauche droitière, voire extrême-droitière, qui fustige le libéralisme, l'Europe, la gauche dite américaine, etc. A tout prendre, je vais vous dire : je préfère la gauche américaine à la gauche souverainiste. Elle au moins a le courage de se dire « libérale ». Elle au moins ne considère pas le mot même de libéral comme un gros mot et une insulte. Que Chevènement aille au diable avec ses fantasmes maurrassiens ! Et José Bové quand il dit que les attentats antisémites à Paris sont le fait du Mossad ! Et cette part des altermondialistes qui sont prêts, par « antilibéralisme », à jeter par-dessus bord la moitié de la mémoire ouvrière : Gavroche, Delacroix, le peuple de Paris sur les barricades de 1848, etc… La gauche doit se décomplexer. Elle doit rompre avec les vieilles chimères.

Est-elle prête à entendre ce discours ?

J'espère. Mais il faut, pour cela, se mettre au travail. Et le faire d'une manière qui ne soit pas de pure incantation. Cette affaire de libéralisme, par exemple : j'attends le responsable socialiste qui produira un texte, un seul, qui, au lieu de tout brader, expliquerait la différence entre le « mauvais » et le « bon » libéralisme, celui qui produit les délits d'initiés et celui qui les empêche, celui qui signifie la loi de la jungle et celui qui signifie la liberté. Même chose sur l'Amérique…

Sur les Etats-Unis, vous êtes en phase avec Nicolas Sarkozy…

Sur la détestation de l'antiaméricanisme, sûrement. Pour le reste… Je pense probablement plus de mal que lui de Bush. C'est l'un des pires présidents que les Etats-Unis aient eu.

Comprenez-vous les socialistes qui ont rejoint Nicolas Sarkozy ?

Certains – je pense à Bernard Kouchner – sont des amis. Et je ne mets pas une seconde en cause leur sincérité quand ils disent qu'ils ont fait cela parce qu'ils voulaient être utiles, faire avancer les choses, etc. Deux questions, simplement. La première : est-ce qu'ils n'étaient pas plus utiles dehors que dedans ? est-ce que la grande gueule de Kouchner n'a pas manqué quand il s'est agi de dire notre horreur face à la persécution des hommes de prière en Birmanie ? et celle de Fadela Amara pour dénoncer la saloperie de cette affaire de tests ADN ? Et puis, deuxième question : qu'est-ce que ça fait de siéger, tous les mercredis, aux côtés d'un ministre, Brice Hortefeux, qui convoque en catimini les préfets pour leur demander de « faire du chiffre » avec les sans-papiers ? comment mes amis peuvent-ils accepter cette série de signes adressés à ce gros monstre endormi qu'est l'électorat du Front national ?

Mais Sarkozy n'a-t-il pas réussi à « réduire » le FN, comme Mitterrand naguère l'avait fait avec le PC ?

Oui, c'est vrai. Il leur a donné, comme Mitterrand aux communistes, une sorte de baiser de la mort. Mais, d'abord, est-ce que ça suffira ? est-ce que, dans le cas de Mitterrand, il n'y a pas surtout eu tout le mouvement de l'Histoire, des idées, etc., qui est venu en renfort ? Et puis, ensuite, est-ce que Sarkozy n'en a pas trop fait ? est-ce qu'il n'a pas ouvert des vannes qu'il a du mal, aujourd'hui, à refermer ? la part de moi-même qui a de l'amitié pour lui, et qui le connaît bien, sait qu'il est, à titre personnel, insoupçonnable de racisme et de tout ça – mais est-ce qu'il saura arrêter la machine infernale qu'il a mise en marche dans certains de ses discours de campagne ? Je ne sais pas... Le fait, en tout cas, est là. Il y a eu, dans cette campagne, un personnage un peu effrayant qui s'appelle Henri Guaino, qui fut un peu le Chevènement de Sarkozy et qui fut encore, après la victoire, l'inspirateur du discours catastrophique, et clairement raciste, de Dakar. Et ce fil politique-là, cette inspiration, est celle qui nuit à Sarkozy – et peut le perdre.

7

La gauche et ses fantômes[1]

Plutôt que de dire « La gauche » ne devrions-nous pas parler des gauches ? C'est le point de départ de Ce grand cadavre à la renverse.

Vous avez raison. Il y en a au moins quatre. La gauche dreyfusarde, la gauche antifasciste, la gauche anticoloniale, et la gauche antitotalitaire. La gauche selon mon vœu serait un mélange de toutes les quatre. La dreyfusarde défend l'individu contre l'institution ou la meute qui l'accable : c'est la gauche qui se déclare en faveur de Redeker ou de Rushdie. La gauche antifasciste rejette l'esprit de Vichy, l'antisémitisme, le racisme : elle naît dans les années 30, elle n'est pas morte et il lui reste, hélas, bien des occasions de se manifester.

Et les deux autres ?

La gauche anticoloniale apparaît dans les années 50 ; elle est attentive aux déséquilibres Nord-Sud et croit que la soumission d'un peuple par un autre est, toujours, un crime sans excuses ; c'est celle de Sartre, de Francis Jeanson, des porteurs de valises pendant la guerre l'Algérie. La gauche antitotalitaire enfin : elle prend toute son ampleur dans les années 70 ; elle se

1. Propos recueillis (à l'occasion de la parution, chez Grasset, de *Ce grand cadavre à la renverse*) par Jérôme Béglé, *Paris-Match*, 11 octobre 2007.

défie de la radicalité révolutionnaire ; elle oppose aux mirages meurtriers de la radicalité la mesure de ceux qui ne prétendent plus refaire le monde mais empêcher juste qu'il ne se défasse. Une gauche moderne devrait emprunter à chacune de ces quatre familles.

La dérive antiaméricaine de la gauche française vous inquiète-t-elle ?

Oui. Car elle nous entraîne loin, très loin, de l'épure dont je vous parle. Pour vous dire la vérité, cet antiaméricanisme est surtout un vieux thème d'extrême droite dont les leaders de l'ultragauche sont devenus les ventriloques. C'est l'un des signes de cette contamination de la gauche par l'extrême droite qui est le vrai sujet du livre. Vieux débat, vous me direz ! C'est sûr. Vieux comme la fâcheuse victoire, au début du XXe siècle, de Jules Guesde sur Jean Jaurès – de l'esprit national-républicain, jacobin, anticosmopolite du premier sur l'internationalisme du fondateur de *L'Humanité*. Les souverainistes, chevènementistes, altermondialistes et autres nationaux-bolcheviks d'aujourd'hui sont les héritiers du guesdisme.

Comment en 2007 une partie de la gauche peut-elle encore hésiter entre le marxisme et le libéralisme ?

Et surtout comment peut-on jeter par-dessus bord cet acquis patrimonial de la gauche qu'est le libéralisme ? Le libéralisme c'est la liberté guidant le peuple. C'est Gavroche. C'est les lois contre le travail des enfants dans les usines. A tout cela, voici que l'intelligentsia parisienne de ce début du XXIe siècle oppose l'antilibéralisme d'un théoricien des lois raciales nazies qui s'appelle Carl Schmitt. Navrant !

La gauche a-t-elle peur en se convertissant au libéralisme d'importer des valeurs anglo-saxonnes ?

Peut-être. Mais c'est idiot. Car les fondements du libéralisme c'est autant Rousseau et son « contrat social » qu'Adam Smith ou John Locke. J'ajoute que le vrai libéralisme n'a jamais plaidé pour la loi de la jungle, le marché dérégulé, etc., mais, au contraire, pour des règles, des pactes, des contraintes qui engagent et encadrent le fameux libre jeu des forces économiques. Le libéralisme, ce n'est pas le marché, c'est le contrat.

Pourquoi, après s'être revendiquée de Tony Blair, Ségolène Royal l'a-t-elle renié au chant du coq ?

Je n'en sais rien. Ce qui est sûr c'est que, pour toute la frange un peu radicale de la gauche, le blairisme est devenu un repoussoir. C'est toujours la même histoire : l'esprit européen, le mondialisme, le goût de la liberté, toutes ces valeurs qui étaient si essentielles pour la gauche sont devenues des épouvantails.

La participation de quelques socialistes au gouvernement Fillon ne va-t-elle pas obliger le parti à ouvrir les yeux ?

Ou l'inverse ! Car si les meilleurs partent, il restera qui ? Mélenchon… Emmanuelli… Autrement dit, le moins bon… Ceux dont le rêve est de voir la famille social-démocrate ravalée au rang d'une secte définitivement minoritaire…

Le souverainisme, incarné par Jean-Pierre Chevènement et ses amis, peut-il devenir une des mamelles de la gauche ?

Oui, naturellement. Et, là aussi, ce serait un désastre. Car enfin… Moi aussi, j'aime la France. Je suis, au moins autant qu'eux, pétri de culture française. Sauf que je déteste l'esprit de clocher. Et encore plus le chauvinisme. Et, encore plus, ce maurrassisme mâtiné de jacobinisme qui est le cocktail préféré de ces Messieurs.

Que faut-il faire pour que la gauche reparte de l'avant ?

Se mettre autour d'une table pour discuter. Arrêter de taper sur Ségolène Royal. Demander à Lionel Jospin de faire ce pour quoi il est fait : produire des idées. Bref, en finir avec ces chamailleries d'appareil minables. Et puis, aussi, oser se battre sur ses propres valeurs. Quand François Hollande, à propos de l'affaire des quotas, a pour premier réflexe de dire : « pourquoi pas ? faut voir », ce n'est pas digne et ce n'est pas comme ça qu'il battra, un jour, Sarkozy. Qui dit quotas géographiques dit forcément quotas ethniques. Et parler de quotas ethniques c'est, qu'on le veuille ou non, franchir la ligne jaune.

Quels sont les thèmes sur lesquels la gauche devrait faire entendre une voix forte mais différente ?

Réconcilier le libéralisme avec le projet égalitaire, affaiblir la passion nationale, renouer avec l'Europe.

Mais ces propositions ne sont pas très différentes des discours et des intentions de Nicolas Sarkozy.

Peut-être. Mais Sarkozy dit d'autres choses avec lesquelles on ne peut être d'accord. Sa haine de Mai 68, par exemple. Ou son refus de la repentance. Moi, je suis pour la repentance. Je pense qu'il est, ce principe de repentance, l'honneur de l'Europe et de sa civilisation.

Votre fidélité à la gauche n'est-elle pas avant tout une fidélité à votre père ?

Peut-être. Pourquoi pas ? C'est un homme qui est né pauvre, qui a été jeune communiste, qui a combattu en Espagne – et qui, quoi que le destin ait fait de lui, n'a jamais renié les valeurs de sa jeunesse.

Avez-vous écrit ce livre pour lui ?

Je ne sais pas… Mais peut-être, oui… Comme tous mes autres livres…

Que tenez-vous de lui ?

L'essentiel, j'imagine. Et notamment ce souci, qui fut le sien, de ne jamais transiger avec les valeurs antifascistes. Il y avait, après la guerre, deux types de familles juives en France. Ou, plus exactement, il y avait deux tentations, deux postulations, dans chaque famille juive française. La mémoire des victimes, d'un côté. Le souvenir du combat, l'esprit de résistance, le goût de rendre coup pour coup et de n'être, justement, plus jamais victime, d'un autre côté. Dans ma famille, c'est vers ce second côté que l'on penchait très clairement…

Que penserait-il de vous aujourd'hui ? Qu'est-ce qui l'exaspérerait chez vous ?

Pourquoi l'aurais-je exaspéré ? Nous étions très proches. Et j'aime l'idée d'être, par-delà les années, fidèle à ce qu'il a été et pour quoi il s'est battu.

8

Il faut dissoudre le Parti socialiste[1]

L'homme de gauche Bernard-Henri Lévy est-il triste quand il regarde le PS ?

Naturellement, je suis triste. J'ai rarement vu des politiques mettre autant d'énergie à s'autodétruire. Si ça ne concernait qu'eux, ce ne serait pas trop grave. Mais il s'agit de l'alternative à Nicolas Sarkozy, de l'espérance des gens. Or ce PS-là n'incarne plus l'espérance de qui que ce soit. Il ne provoque plus que la colère et l'exaspération.

1. Entretien avec Claude Askolovitch, *Le Journal du Dimanche*, 19 juillet 2009.

Qu'avez-vous voté aux européennes ?

Socialiste, bien sûr. Qu'est-ce que je pouvais faire d'autre ?

Générationnellement, on vous aurait attendu chez Cohn-Bendit…

Oui, j'aurais pu voter pour Dany. Mais il y avait cette alliance, que je trouvais contre nature, avec l'antilibéral Bové. Donc j'ai voté PS. Mais comme tout le monde : par habitude, sans y croire, et en ayant le sentiment qu'on essayait de réanimer un cadavre…

Ce « grand cadavre à la renverse » ?

Exactement. Le livre a deux ans. Mais la situation ne s'est, en deux ans, pas arrangée. Le cadavre, toujours. Mais en décomposition. Exactement la situation décrite par Sartre dans la préface à *Aden Arabie* à laquelle j'avais emprunté mon titre.

C'est morbide !

Non. C'est juste la situation. Car à quoi bon se voiler la face ? On est à la fin d'un cycle. Le PS est dans la situation du PC de la fin des années 70, quand la désintégration s'amorçait et qu'on tentait de la conjurer par des formules incantatoires sur – déjà – la « refondation », la « rénovation ».

Et Martine Aubry joue le rôle de Georges Marchais ?

Aubry est sûrement quelqu'un de très bien. Mais il ne s'agit plus, à ce stade, des qualités de tel ou tel. Elle est dans le rôle de gardien de la maison morte et elle n'y peut rien. Les mots, d'ailleurs, disent tout. On parle du « rappel à l'ordre » de Manuel Valls. Rappel à l'ordre… Le socialisme termine en caporalisation…

Donc, le PS va mourir ?

Non. Il *est* mort. Personne, ou presque, n'ose le dire. Mais tout le monde, ou presque, le sait. Il est comme le cycliste d'Alfred Jarry qui pédalait alors qu'il était déjà mort. Ou comme le chevalier d'Italo Calvino dont l'armure était vide. Il est mort.

Et vous vous en réjouissez ?

Je pense surtout qu'il faut dire les choses. Que cela plaise ou non, il faut les dire, en prendre acte, dresser l'acte de décès – et faire sauter cette chape de plomb qui empêche de penser, d'imaginer, de respirer et, évidemment, de reconstruire. Il y a une figure de la gauche morale dont vos jeunes lecteurs ont peut-être oublié le nom. C'est Maurice Clavel. Il disait : pour vaincre la droite, il faut d'abord briser la gauche. On en est là.

Pour beaucoup de gens, le PS est quand même le parti qui les protège, qui administre les régions…

C'est vrai. Et il vaut mieux, c'est évident, que les régions soient bien gérées, et par des militants qui protègent les faibles plutôt que par des darwiniens. Mais la politique, ce n'est pas que cela. C'est aussi la volonté de changer, un peu, le monde. Or, de cette volonté, il n'y a plus trace chez les rhinocéros d'un parti qui ne semble là que pour gérer, outre les régions, ce qu'Hannah Arendt appelait la « déréliction du politique ».

Donc, pour vous, il faut achever le PS ?

Il faut accélérer le mouvement, oui, sûrement. En finir, le plus vite possible maintenant, avec ce grand corps malade qui ne paraît ironiquement occupé, comme le prolétariat de jadis, qu'à « se nier en tant que tel ».

Et comment l'achever ?

L'histoire, disait Marx, a plus d'imagination que les hommes. Donc tous les scénarios sont possibles. Tous. La seule chose sûre c'est que ce parti qui fut celui de Blum et de Jaurès est en train de perdre ce qui lui restait d'âme – et doit mourir.

Et quid de ces leaders qui ne pensent plus qu'à eux-mêmes et à leur carrière ?

Ce n'est pas ce qui choque le plus. A la limite même, ce choc des egos a au moins pour vertu de faire éclater les contradictions qui, seules, génèrent le débat. La politique, c'est aussi des corps. Des mémoires, des idées – mais incarnées. Ce qui tue le PS ce n'est pas l'excès, mais le défaut de guerre intestine.

Nicolas Sarkozy dit que le PS ne disparaîtra pas…

Quelle cruauté !

Parce que qu'il porte une responsabilité dans la situation ?

Qu'il en tire parti, c'est évident. Mais il faut arrêter de chercher la paille dans l'œil du voisin quand on a une poutre dans le sien. Ce n'est pas parce que Sarkozy débauche des socialistes que le socialisme se meurt. C'est parce que le socialisme se meurt que Sarkozy peut débaucher.

La question du nom, socialiste, est importante ?

Evidemment. N'importe quel nominaliste vous le dira : un nom, c'est plus qu'un nom. Et, sur ce point, Valls a raison : il faut, de toute urgence, changer ce nom.

Juste le nom ?

Le nom dit le reste. Mal nommer les choses, disait Camus, c'est ajouter à la misère du monde. Mieux les nommer c'est, à l'inverse, diminuer la confusion, renouer avec l'essentiel. Or c'est quoi, l'essentiel ? Trois grands refus, qu'il faut penser ensemble, non contradictoirement, car ils sont l'identité même de la gauche. L'antifascisme. L'anticolonialisme. L'antitotalitarisme.

Et l'égalité ?

C'est le point de recoupement des trois. Evidemment, l'égalité.

Ce déclin dont vous parlez, il date de quand ?

Il y a deux choses qui ont masqué le phénomène. La victoire de Mitterrand, et l'exaltation qui a suivi. Et puis la montée du Front national qui nourrissait l'illusion d'une identité « facile ». Mais, en réalité, le mal était là.

Depuis quand ?

Tout a commencé avec le déclin du communisme. On était pour. On était contre. Mais on se déterminait par rapport à lui. En sorte que, quand l'astre s'est éteint, quand il n'a plus brillé que de l'éclat des étoiles mortes, c'est toute la gauche, toute la galaxie, qui a commencé de pâlir à son tour.

Le PS n'a pas été dans le camp des ennemis de la liberté !

Non. Mais, quand son surmoi marxiste s'est écaillé, il s'est laissé infiltrer par une idéologie réactionnaire, littéralement réactionnaire, dont il ne guérit pas.

En quoi ?

Cette affaire d'Europe où d'aucuns ont renoué avec le chauvinisme de l'époque Jules Guesde. Ou cet antilibéralisme pavlovien, cette incapacité, comme la gauche italienne par exemple, à distinguer entre le bon « libéralisme » (celui des autonomies ouvrières, de Gavroche, des luttes pour plus de liberté) et le mauvais « libérisme » (la loi du marché appliquée à tout, y compris à la culture, à la vie privée, à la part de secret de chacun, etc.). Ou encore la haine phobique de l'Amérique qui est, elle aussi, un marqueur infaillible de la plongée dans les anti-Lumières.

Mais le PS suit Obama ?

Il le fétichise, c'est différent. Et il se garde bien d'intégrer ce qu'il apporte vraiment : un retour aux valeurs mêmes du progressisme.

L'idée des primaires, pour désigner le candidat ?

Sans les primaires, jamais Obama n'aurait été désigné. Sans des primaires à la française, sans une vaste consultation ouverte, populaire, jamais ne s'enclenchera le processus aboutissant à ce nouveau parti de gauche qui rompra avec la machine à perdre.

Vous avez été le conseiller de Ségolène Royal. Elle aurait pu sauver le PS ?

Ou peut-être, au contraire, le PS n'aurait-il pas survécu à sa victoire.

Et Valls ?

Il fait partie, comme Royal, comme Strauss-Kahn, comme d'autres, de ceux qui peuvent être à l'origine du big-bang et reconstruire sur les ruines.

Valls revendique la fin du PS, mais il est dans la machine depuis si longtemps… Royal, Strauss-Kahn ont été ministres sous Mitterrand…

Peu importe. Il y a un vieux machin qui s'appelle la dialectique et qui a la bonne habitude de faire ses enfants dans le dos des acteurs de l'Histoire. Eh bien la dialectique, en la circonstance, est à l'œuvre. La gauche de demain, la gauche moderne et réinventée, est encore invisible – mais elle est là.

9

Réponse à Jean Daniel[1]

Comme vous, cher Jean Daniel, je suis nostalgique du « monde d'hier ».

Comme vous, je pense que la politique se fait avec de la mémoire autant qu'avec des programmes.

Et, vous lisant assidûment, je ne crois pas me tromper en disant que nous avons, vous et moi, des mémoires assez voisines : le Front populaire, la Résistance, le dreyfusisme et Mai 1968, les luttes de libération du Tiers-Monde, les batailles pour la justice sociale en France, j'en passe.

Simplement – et c'est là que nous divergeons – je crois qu'il y a des moments, dans l'histoire d'une famille politique, où un parti qui a eu son heure de gloire se fige, se sclérose et devient une sorte de mauvais obstacle à ce jaillissement de bonne mémoire où se trempent les justes politiques.

C'est ce qui est arrivé au Parti radical qui fut un grand parti ; qui fut à l'origine, en autres choses, de cette authentique révolution que fut l'invention de la laïcité ; et qui n'est plus qu'une forme vide, un tremplin pour aventuriers, un arbre sec.

C'est ce qui est arrivé au Parti communiste qui, lorsqu'il a permis à sa mémoire morte (celle qui, en gros, consentit au

1. *Le Nouvel Observateur*, 6 août 2009 ; *The Huffington Post*, 6 août 2009 ; ce texte répond à une critique adressée par lui, Jean Daniel, à ma proposition de dissolution du Parti socialiste.

système concentrationnaire) d'étouffer sa mémoire vive (car elle exista, elle aussi : combats antifascistes, Brigades internationales, luttes anticoloniales), entra dans l'âge d'un déclin que rien n'a pu, ensuite, enrayer.

Et ma conviction est, alors, celle-ci : les noms politiques étant ce qu'ils sont, leur mort étant inscrite dans leur destin non moins nécessairement que leur naissance, ce nom-ci, le nom socialiste, étant le siège, de surcroît, d'une guerre tout aussi acharnée entre deux mémoires concurrentes (Jaurès, Blum, le mendésisme, d'un côté – et, de l'autre, l'antidreyfusisme des guesdistes, l'assemblée du Front populaire votant les pleins pouvoirs à Pétain, Guy Mollet pacifiant l'Algérie au lance-flammes) il était inévitable que lui aussi, un jour ou l'autre, subisse le sort commun et dépérisse.

Ce jour est-il arrivé ?

Et ai-je raison de dire du Parti socialiste d'aujourd'hui qu'il est ce « grand cadavre à la renverse » que diagnostiquait déjà le plus prestigieux de vos collaborateurs – Jean-Paul Sartre ?

La preuve que non, dites-vous, c'est que ses adversaires lui prennent ce qui lui reste d'idées : soit ; mais depuis quand l'empressement des détrousseurs du cadavre plaide-t-il contre l'évidence de sa décomposition ?

La preuve qu'il ne *faut pas* qu'il meure, ajoutez-vous, c'est que la droite est trop dépendante des « grands groupes financiers » pour pouvoir donner à ces idées volées le relief qu'elles mériteraient : l'argument est pour le moins fragile – surtout dans un journal qui fut, grâce à vous, celui du dernier Sartre, de Foucault, ainsi que d'autres qui, après eux, tordirent le cou à ce type de cliché – pour le coup, très monde d'hier... – sur la droite-empêchée-car-prisonnière-du-grand-capital.

La source du malaise, dites-vous encore, n'est pas à gauche mais à droite – cette droite devenue folle, privée de cap, et qui aurait, par contagion, précipité son adversaire dans le même vertige identitaire : le raisonnement est séduisant ; mais ne résiste pas, lui non plus, à l'examen ; car cadre mal avec la réalité d'un sarkozysme sûr de lui, décomplexé, idéologiquement réarmé, pugnace.

Non.

Je vous propose, cher Jean Daniel, de renverser les termes de la question.

Que faut-il à la gauche pour affronter, d'égal à égal, cette droite qui a su relever le gant et se moderniser ?

Que lui manque-t-il pour penser, et réformer, un capitalisme qui n'est plus, depuis longtemps, celui des groupes financiers nationaux ?

Qu'attend-elle pour lancer l'assaut contre ces instruments spéculatifs – hedge funds, ventes d'actions à découvert, options à effet de levier – dont il serait aisément démontrable qu'ils détruisent plus de valeur qu'ils n'en créent et sont générateurs d'un regain de misère sociale ?

D'où vient, en un mot, qu'elle soit si étrangement paralysée face aux précarités nées d'un capitalisme mondialisé que n'avaient prévu ni le socialisme allemand, ni le français, ni aucun autre – d'où vient qu'elle soit incapable de dire que le RSA, par exemple, est sans doute un progrès, mais pas assez, car ne rompant pas suffisamment avec la vieille idée moralisatrice de l'exclu qui a intérêt à son exclusion et qu'il faut juste convaincre qu'il a tout à gagner à travailler ?

Eh bien, cher Jean Daniel, il faudrait, pour suivre ces pistes et d'autres, que la gauche commence déjà par oublier Engels – puisque vous le citez.

Il faudrait qu'elle oublie – c'est vous, aussi, qui le citez – un Guesde dont le socialisme national n'était, à son époque déjà, pas à la hauteur des enjeux.

Il faut qu'elle oublie – je vous cite toujours – l'idée même d'un « parti ouvrier » dont votre collaborateur André Gorz a dressé, ici même, il y a longtemps, l'acte de décès.

Il faut qu'elle oublie ce nom de « socialiste » dont un autre de vos amis, Albert Camus, disait qu'il était une brûlure pour la moitié de l'humanité et dont j'ajoute que les concepts sont devenus inopérants pour penser les formes nouvelles de la question sociale et, à plus forte raison, y porter remède.

Il faut tout reprendre.

Dissoudre pour mieux recommencer.

Il faut, sans égards pour cette avarice d'appareil (mon parti ! mon parti !) non plus que pour ce narcissisme individuel et collectif (nos petites querelles, le sel de la terre !), oser le geste iconoclaste qui, seul, donnera à la gauche les moyens de sa renaissance et, très vite, d'un élan retrouvé.

Cette idée n'est pas « morbide », mais joyeuse.

Ce n'est pas « piétiner un cadavre », mais nourrir les mêmes rêves, rester fidèle au meilleur de la même mémoire – sauf que sur des bases neuves d'où l'on puisse enfin riposter aux formes neuves de l'injustice.

Proposant cela, enfin, je ne me fais pas l'écho du seul murmure de tel ou tel « courant » dans le PS – j'écris à haute voix ce que des millions d'électeurs (voyez le phénomène Cohn-Bendit) désespèrent d'avoir à penser tout bas.

C'est un défi immense, je le sais. Mais qui mieux que ce journal, le vôtre, qui s'est toujours voulu celui de toutes les gauches et du débat entre ces gauches, pour s'en aviser – et, sans délai, ouvrir le chantier ?

10

Prolégomènes à toute laïcité future[1]

Il y a eu le discours du président de la République au Vatican. Puis ses déclarations de Riyad. Puis telle petite phrase suggérant la possible révision de la loi de séparation de

1. Conférence prononcée au Grand Orient de France, le 19 février 2008.

1905 ou telle déclaration d'une conseillère sur le nécessaire assouplissement de la législation antisectaire. Alors ce n'est pas le lieu, ici, de la polémique. Mais je ne suis pas fâché, c'est vrai, que l'occasion me soit donnée de revenir au fond des choses et d'énoncer, devant vous, sans être, comme vous le savez, des vôtres, les quelques grands principes que je tiens pour les prolégomènes de toute laïcité passée, présente ou à venir.

La première chose que je veux dire c'est que la laïcité est un principe chrétien. Oui, cela peut sembler bizarre de dire cela ici. Et j'imagine que sursauteront tous ceux qu'encombrent les lieux communs sur le laïque bouffeur de curés, athée, haïsseur de toutes les religions ou, comme disait Joseph de Maistre, théophobe. Mais c'est, pourtant, la réalité. Le principe fondateur c'est un chrétien qui l'a posé. C'est même le fondateur du christianisme. C'est saint Paul qui, dans un dialogue avec sa foi d'origine, dans son corps-à-corps avec un judaïsme où c'est le même personnage, David, qui, selon lui (je dis bien « selon lui » car je ne crois pas du tout que ce soit là ce que dit vraiment le judaïsme – mais passons…), joue le double rôle du prince et du prophète, lance son fameux « rendre à César ce qui est à César, rendre à Dieu ce qui est à Dieu ». Le fait, oui, est là. Le principe de base est celui-là. Il y a toute une part des besoins des hommes (mettons, ses besoins spirituels) dont César n'a pas à connaître. Il y a toute une part de nous-mêmes (la part qui s'en remet, pour répondre à ces besoins, à tel ou tel pourvoyeur) dont il n'a rien à nous dire et à laquelle, surtout, il n'a pas à s'adresser, jamais, nulle part, en nulle circonstance. Les religions en parlent tant qu'elles veulent. Les fidèles ont le droit de croire comme ils l'entendent et autant qu'ils le souhaitent. Le Prince lui-même a le droit, comme n'importe quel citoyen, d'avoir ses doutes, ses certitudes, ses choix. Et j'insiste sur le fait que la laïcité n'a rien à avoir avec l'athéisme et n'implique aucunement le refus, le mépris, la disqualification des religions. Simplement, des choix religieux du Prince nous n'avons rien à savoir. Il n'a, lui-même, rien à savoir de notre rapport, à chacun, à la transcendance et à la foi. Ce n'est pas l'affaire de l'Etat. L'affaire ne regarde, en rien, l'Etat. Tel est le principe, chrétien donc, de séparation des deux ordres qui est la première pierre de l'édifice laïque.

Le deuxième principe, c'est qu'entre les différents pourvoyeurs de sens, entre ceux à qui le soin est délégué de parler aux hommes de l'au-delà, de Dieu, de l'espérance ultime, etc., bref, entre toutes ces Eglises dans la vie et le discours desquels l'Etat n'a pas à entrer, il a à établir – l'Etat – une stricte et impeccable égalité. Un Etat arbitre. Un Etat impartial. Un Etat qui ne doit, à aucun prix, donner le sentiment qu'il penche, institutionnellement, vers l'un ou l'autre des pourvoyeurs. Un Etat qui s'abstient. Un Etat impassible. Un Etat muet d'accord, vide de sens, mais qui a pour rôle, du coup, de créer les conditions où les pourvoyeurs vont coexister et, s'ils le veulent, rivaliser. Ce principe d'équidistance, il y a un pays où il est très bien respecté : c'est les Etats-Unis – eh oui ! bien malin qui, lorsqu'un président américain dit Dieu, est capable de nous dire s'il s'agit du Dieu des baptistes, des catholiques, des juifs, des néo-évangélistes, des musulmans ! Il y a des pays où le principe d'équidistance n'est pas du tout, ou pas assez, respecté, même si l'on y a fait des progrès : la plupart des pays à majorité musulmane – en Arabie Saoudite ou en Malaisie, il ne ferait pas bon être chrétien pratiquant ou juif ! Dans notre pays, en France, il est au cœur du dispositif puisqu'il constitue l'article 1 de la loi de 1905, celui qui prévoit le respect de la liberté de conscience : mais c'est lui qui est en cause, c'est cette impartialité de l'Etat qui se trouve menacée, quand le Président nous parle des « racines chrétiennes de la France » ou quand il reprend à son compte, comme si ce pouvait être une parole d'Etat, la formule du cardinal Langénieux, en 1896, sur la France « fille aînée de l'Eglise ». Un archevêque est dans son rôle quand il baptise ainsi la France. Un président de la République n'a pas ce droit. Il insulte, lorsqu'il s'exprime ainsi, tous ceux qui, sans être chrétiens, n'en ont pas moins fait la France : les autres religions, bien entendu ; mais aussi les agnostiques, les athées, les tenants de l'esprit des Lumières, les inventeurs des droits de l'homme de 1789, les humanistes sans la foi, les sceptiques.

Troisième principe. Si ce qui précède est exact, si l'on consent à prendre au sérieux la loi de séparation d'une part, la loi d'équidistance d'autre part, alors il faut cesser de faire comme s'il y avait, d'un côté, les laïques et, de l'autre, ceux qui ne le sont pas. « Laïque » ça n'est pas une croyance, mais un cadre. Ce n'est pas une des croyances en compétition, mais c'est la non-croyance qui rend, entre les croyances, la compétition possible, loyale et, surtout, pacifique. C'est le nom d'un espace, juste d'un espace, pas de ce qui se distribue à l'intérieur dudit espace. C'est le nom d'un principe, juste d'un principe, qui a pour seule et unique vertu de contenir les religions dans les limites, non de la simple raison, mais de la conscience. Il n'existe pas, en conséquence, de « parti » laïque : on ne peut pas dire « les laïques » comme on dit « les catholiques », ou « les juifs », ou « les agnostiques » ; on peut être catholique et laïque ; on peut être protestant et laïque ; on peut être (je suis, moi, par exemple) juif et laïque, profondément attaché au judaïsme et, néanmoins, profondément laïque ; et c'est même là l'unique façon, en République, d'être catholique, protestant, juif. Il n'existe pas non plus – autre conséquence – d'« intégrisme laïque » : on ne peut pas parler d'un « intégrisme laïque » comme on parle d'un intégrisme catholique, juif, musulman ; on ne peut pas dire « fondamentalisme laïque » – la formule même n'a pas de sens, attendu que laïque n'est rien d'autre que l'autre nom de la belle et bonne machine à refroidir, amoindrir, pulvériser toutes les prétentions de toutes les religions à imposer leur hégémonie, à briser la loi d'équidistance et faire fond sur leur fond propre pour disqualifier les religions rivales ; ou alors oui, d'accord, on le peut ; mais c'est confondre l'espace et ce qui est dedans ; la loi et ce qu'elle règle ; les catégories de l'entendement et les énoncés qu'elles permettent de formuler ; erreur de débutant ; confusion.

Cela dit, équidistance, vraiment ? La laïcité est-elle, vraiment, cette balance égale entre toutes les croyances sans exception ? Oui et non. On ne peut pas, non plus, dire les choses exactement comme cela. Car voici le quatrième principe. Cet Etat qui s'est déchargé du soin des âmes a la charge, en revanche, des corps (veiller à ce qu'il ne soit pas porté atteinte à leur intégrité) et des consciences (encourager le déploiement de consciences libres, dotées de jugement et autorisées à s'en servir). Or on est bien obligé de constater que, si les religions ont aidé à la définition de ce corps intègre (cf. la naissance, sur une base chrétienne, de l'habeas corpus lockien), si elles ont contribué à la constitution de cette conscience libre et autonome (on n'insistera jamais assez sur le rôle, dans la constitution du sujet moderne, de l'idée juive et chrétienne de « créature faite à l'image de Dieu »), elles ont aussi travaillé, et elles travaillent hélas encore, à ruiner ce dont elles ont accouché. Pensez, hier, à l'Inquisition ainsi qu'aux blasphémateurs et parjures condamnés, avec la bénédiction des prêtres, au supplice de la roue. Pensez, aujourd'hui, en Islam, aux néo-inquisiteurs qui pensent qu'il est juste, soit d'exciser les petites filles, soit de punir de mort les apostats. La laïcité refuse cela. La laïcité refuse d'accueillir, au nom de l'équivalence des croyances, celles de ces croyances qui attentent à la sécurité des corps et à la liberté des consciences. L'Etat laïque, autrement dit, tient la balance égale entre toutes les religions – à l'exception de celles qui, soit essentiellement (les sectes), soit accidentellement, à travers certaines de leurs pratiques (l'islam), mortifient ou humilient le sujet. La laïcité n'est pas la tolérance. C'est la tolérance qui fait dire : « rien à dire d'un imam, d'un docteur, d'une autorité religieuse, qui lance une fatwa contre le Français Robert Redeker ou la Hollandaise Ayaan Hirsi Ali – il y a là une expression et la liberté d'expression est un principe sacré. » Mais, à la laïcité, il revient d'objecter : « la liberté d'expression est sacrée, oui ; sauf quand elle a la torture, le meurtre, l'abaissement des hommes et des femmes pour corrélat – auquel cas il devient juste d'y opposer la loi. » Herbert Marcuse, en 1969, publiait un petit texte intitulé *Critique de la tolérance pure*. Nous y sommes. Cette soumission de la tolérance pure au transcendantal des droits de l'homme, c'est la laïcité.

Supposons réglée cette question et exclues, donc, de l'espace laïque ces pratiques meurtrières ou délétères. Le problème est-il réglé ? Les autres pratiques, les pratiques religieuses ordinaires, les signes attestant de l'appartenance des libres sujets à telle libre confession, ont-ils le droit, vraiment, de se manifester partout et à volonté ? Oui et non. Car, là aussi, il faut distinguer. Dans la sphère privée, oui, bien sûr. Dans les lieux de culte, oui, par définition. Dans l'espace public, la rue par exemple, dans les lieux où les libres sujets vaquent à leurs libres occupations, naturellement aussi. Mais attention ! Il y a, en démocratie, un quatrième type d'espace où je suis à la fois moins et plus que cet « être-là », déjà subjectifié, déjà doté du droit de vaquer et déjà fondé à exiger de l'Etat qu'il veille au respect de ce droit – il y a, en démocratie, un espace spécial, intermédiaire en quelque sorte, où ces « être-là » eux-mêmes sont en voie d'être formés (l'Ecole), en train d'être reconnus comme tels (les administrations) ou confrontés à cet Etat dont il leur appartient de valider, ou non, la légitimité (l'isoloir, les jours d'élection). Je ne sais comment le qualifier, cet espace. Je le nomme, pour simplifier, l'espace « plus que public ». Mais je suis sûr de trois choses. Primo : le propre de cet espace c'est qu'il suppose, sollicite, mobilise, une région de l'âme qui lui est adéquate et qui s'appelle la citoyenneté. Secundo : cette part citoyenne en chacun, cette qualité additionnelle sur laquelle l'âme prend appui pour justifier que les sujets soient traités en équité et se voient reconnaître, en particulier, un droit égal à jouir de leurs droits religieux, est une qualité fragile, abstraite, presque inconsistante, invisible. Tertio : elle est si fragile, cette qualité, si ténue, si prompte à s'évaporer, qu'il faut, dans les lieux et moments où elle se produit, suspendre toutes les « grosses » qualités premières, toutes les appartenances visibles et, parfois, aveuglantes dont l'effet sera de faire obstacle à sa manifestation – origine, couleur de peau, métier et, naturellement, confession. J'appelle laïcité ce principe de suspension. J'appelle laïcité l'obligation, dans l'espace plus que public, d'oublier ce qui particularise. J'appelle laïcité le principe selon lequel il faut, dans une administration, un isoloir, une école, vaquer à visage découvert.

Supposons réglés les deux problèmes précédents. Supposons, comme c'est le cas avec les juifs et les catholiques, et comme ce le sera, j'espère, très bientôt avec l'islam, que les pratiques mortifères soient tombées en déshérence et qu'il soit admis par tous qu'on entre nu dans l'espace de citoyenneté. Cet Etat impartial, cet Etat qui n'a rien à nous dire de ce qui est du ressort des religions et qui, dans les limites susdites, leur laisse libre carrière, n'a-t-il pas, néanmoins, à traiter avec elles, voire à s'appuyer sur elles, pour fabriquer de la société ? Oui et non, là encore. Oui parce qu'il doit assurer l'équidistance ; veiller à l'équité ; définir leur régime fiscal ; faire, surtout, que la loi y soit respectée. Mais attention ! Il ne doit pas traiter avec elles. Il ne doit pas contracter avec les Eglises. Elles ne sont pas, les Eglises, ses interlocuteurs, ni principaux ni secondaires, lorsqu'il s'agit de ficeler les nœuds du lien social. L'erreur, la grande erreur, c'est de croire qu'on va intégrer, par exemple, les Français d'origine musulmane en organisant l'islam de France ou que, lorsque l'émeute gronde, comme en novembre 2005, dans les banlieues, il suffit de se mettre d'accord avec les imams et de les envoyer, en lieu et place des travailleurs sociaux et de la police, restaurer la loi et l'ordre. L'erreur, la grande erreur, c'est de prétendre, comme l'a fait Sarkozy, que les prêtres sont mieux placés que les instituteurs pour fabriquer de l'espérance, des semonces et du vivre-ensemble. Et si je dis que c'est une erreur, c'est pour une première raison très simple, qui se déduit de ce qui précède : s'il est vrai que le sujet devient citoyen en suspendant, entre autres, son appartenance confessionnelle, s'il est exact qu'il n'entre en démocratie qu'à partir de l'instant où il fait un pas, ce pas, hors du rang de ses paroissiens, si les juifs, pour ne prendre que ce cas, doivent leur émancipation au geste qui leur donna, jadis, et selon la formule consacrée, tous les droits comme individus et aucun comme communauté, eh bien traiter avec les paroisses, aller chercher les hommes dans les églises, les synagogues, les mosquées, afin de les mettre en société, organiser l'islam de France, par exemple, en pensant intégrer ainsi les Français issus de l'immigration ou s'adresser au curé pour diffuser la morale civique, c'est, apparemment, du temps gagné (on traite en bloc, par masses, au lieu de traiter un à un) mais c'est, en réalité, la définition même du temps perdu, du gâchis (on efface le geste, on suspend la suspension, on fait un pas, mais en arrière, en direction de la communauté dont la citoyenneté a fait sortir – quelle misère !). Cette erreur a un nom : le communautarisme. Cette façon de jouer la religion sans y croire, cette conception utilitaire de la religion, a, en France, un autre nom : le maurrassisme. Ils sont, ce communautarisme et ce maurrassisme, les ennemis numéro un de l'esprit laïque.

Il y a une deuxième raison de ne pas traiter avec les Eglises au-delà de ce qui est strictement requis par le principe d'équidistance, de neutralité et de respect de la loi. Une raison plus simple encore. Evidente. A savoir le fait qu'il y a des foules de gens qui n'ont pas fait seulement un pas, mais plusieurs pas, tous les pas, hors du rang de leurs paroissiens – il y a une communauté de sujets qui ne sont plus des sujets religieux du tout, qui sont sortis pour de bon du cercle des Eglises et qu'une laïcité digne de ce nom se doit, non seulement de représenter, mais de défendre. Voyez, aux Etats-Unis, ces gens, de plus en plus nombreux, qui n'osent se dire athées face à un Etat, certes neutre et équidistant, mais – c'est la limite du modèle laïque américain – qui n'est jamais si bien lui-même que lorsqu'il traite avec les paroisses. Voyez, en France, ces centaines de milliers de jeunes gens que l'on continue, par habitude, paresse, racisme, de qualifier de musulmans alors qu'ils n'ont, depuis belle lurette, plus rien à voir avec l'islam. Voyez, en Hollande, le cas d'Ayaan Hirsi Ali, cette jeune femme condamnée à mort parce qu'elle a juste dit qu'elle ne se reconnaissait plus dans la religion de ses ancêtres et qu'elle voulait en sortir. Laïque, l'Etat qui fait droit aux nouveaux athées américains. Laïque la société qui donne un horizon à tous les jeunes Français, issus de l'islam, mais à qui l'islam ne dit plus rien. Laïque la culture qui met le respect de la vie d'Ayaan Hirsi Ali au-dessus du respect dû aux croyances de ceux qu'elle a offensés et qui, pour cela, veulent la tuer. Quelle est la place des incroyants dans le lien social nouveau ? demandent les précurseurs des Lumières. Nulle, dit l'inventeur de la laïcité à l'anglaise, John Locke – car les mécréants sont des méchants et ils vont instiller dans la société le mauvais venin de leur méchanceté. Considérable, répond l'inventeur de la laïcité à la française, Pierre Bayle – car, justement parce qu'ils ne croient plus en aucun Dieu, ils vont reporter leur reste de foi sur la société et faire de bons citoyens. C'est Bayle, naturellement, qui a raison. La pierre de touche de la laïcité c'est cette question de l'incroyance. On mesure la qualité d'une laïcité à la qualité de sa défense, non pas de la liberté de culte, mais de la liberté de pensée et, s'il le faut, de blasphémer. En quoi le concept d'islamophobie par exemple, la criminalisation du geste qui fait se moquer d'un imam comme on se moque d'un abbé ou d'un rabbin, signe la défaite de l'esprit laïque.

Que cet esprit laïque requière de l'Etat qu'il n'ait avec les religions qu'un lien ténu, minimal, certes. Mais quid, alors, de l'Etat lui-même ? Ne va-t-il pas être, du coup, et en tant que tel, source et objet de religion ? Il n'est pas catholique, ni musulman, ni juif, ni rien, d'accord – mais n'est-ce pas parce que, à toutes ces religions, il substitue la sienne ? Et si tel est le cas, si la laïcité ne consiste qu'à substituer à la chaleur du Dieu Un la dureté du monstre froid, est-il si évident que l'humanité gagne au change ? C'est une vraie question. C'est même un vrai risque. Et c'est, pour tout dire, l'écueil qui, depuis le tout début, guette les pensées laïques et leur fait frôler le totalitarisme ou y sombrer. C'est l'histoire de Robespierre épouvanté par cette société décapitée, athée, que lui et les siens viennent d'inventer – et bricolant alors, à la diable, histoire de suturer la plaie, son culte de l'Etre Suprême. C'est le drame de Rousseau ouvrant son *Contrat social* sur le pari génial, follement audacieux, d'une volonté générale ne tenant son ressort que de la libre initiative des sujets – et puis se reprenant, se repentant de sa propre audace, doutant, et terminant, lui aussi, sur la triste hypothèse d'une religion civile nécessaire à la réussite du pacte. Ce sont, chez Ernst Kantorowicz, chez Pierre Legendre, chez d'autres, tous ces exemples de sociétés apparemment laïques mais où, en réalité, le religieux n'en finit pas de réinvestir l'ordre profane et de lui dicter sa loi… Sauf que c'est là que la laïcité, la vraie, a justement son mot à dire. C'est là qu'on attend d'elle qu'elle aille au bout de sa logique et de son pari. Robespierre ? Rousseau ? Le double corps du roi ? Le droit canon à l'œuvre dans nos lois prétendument civiles ? A tout cela, il y a un nom à opposer. Un seul. Celui du grand intellectuel des Lumières, de l'inventeur génial de la mathématique sociale – celui de l'auteur du projet de constitution du 16 février 1793, repoussé par les montagnards au motif qu'il ne faisait aucune part, précisément, à leur idée d'Etre Suprême. Ce nom c'est Condorcet. Oui, Condorcet, ce martyr des Lumières qui – cf. Elisabeth Badinter, cf. Catherine Kintzler – fut emprisonné, torturé, mourut au fond de sa geôle, parce qu'il prétendait inventer un lien social qui, pour la première fois, ne ressemblait en rien au lien religieux – la laïcité même.

Car lisons Condorcet. Lisons ce projet de constitution que les historiens ont pris l'habitude de nommer « Constitution girondine » et dont il fut, avec Gensonné, Barbaroux, Pétion, Vergniaud et quelques autres, le rédacteur principal. Que le lien ne soit plus un lien religieux, qu'il existe un lien social qui ne « relie » plus au sens du *religere* des religions, qu'il soit possible de penser un *religere* qui ne soit plus celui des Eglises et qui échappe donc, pour de bon, au théologico-politique, c'était une idée neuve, entrevue par Spinoza, mais qui, ainsi mise en forme, coulée dans la lettre d'un projet de constitution, impliquait plusieurs conséquences dont je ne saurais dire laquelle, pour les robespierristes d'hier et d'aujourd'hui, apparaît la plus périlleuse. Primo, c'est un lien léger (qui, contrairement au lien religieux, laisse tout un pan des âmes hors de ses nœuds – quelle liberté !). Secundo c'est un lien discutable (c'est Benny Lévy qui, citant Jean-Pierre Vernant, rappelait comment la toute première laïcité arrive, chez les Grecs, quand la parole n'est plus ce dit tonitruant, tombé, comme la foudre, depuis l'Olympe, mais une parole offerte aux humains pour qu'ils la partagent, l'échangent et en fassent un objet de commerce – mauvaise nouvelle pour les despotes ! évangile pour les libres sujets !). Tertio, c'est un lien incertain qui, si bien noué soit-il, peut être dénoué, ou à demi dénoué, ou dénoué puis renoué, et cela à tout instant, en tout point, à tout propos (sans doute rassemble-t-il en un Tout les pièces du jeu social ; mais c'est un Tout qui joue ; c'est un Tout qui n'est pas saturé ; c'est l'incroyable histoire, aux Etats-Unis encore, des Amish, ces Américains non Américains, cette anti-Amérique en Amérique – ce cas, unique mais ô combien symbolique, d'une communauté a-communautaire, campant à part, séparée, et dont la séparation même est partie au contrat social).

J'en viens au dixième point. Le fait que le lien laïque ne soit plus un lien de facture religieuse a une autre conséquence encore. Il n'a rien au-dessus de lui. Il n'y a plus de transcendance qui le surplombe et l'assure de lui-même. Il se monnaie en lois, mais qui ne sont plus, elles-mêmes, soumises à une Loi. Il croit au Juste, au Vrai, au Bien, mais sans que rien lui garantisse que c'est à eux, pas à leurs simulacres, qu'il a affaire. Il est le premier Ordre qui, autrement dit, se scelle sans se poser la question de son fondement – c'est la première fois que l'on dit : « cet ordre que je propose n'est pas, n'est plus, l'écho assourdi d'autre chose... » C'est le point le plus difficile. C'est celui qui fait reculer Rousseau et aussi, à l'autre bord, Voltaire. C'est celui qui plonge dans l'effroi les inventeurs grecs de l'idée de laïcité quand, comme Platon dans *Le Politique*, ils prennent acte de la détresse qui est le lot de cette humanité abandonnée des dieux, rendue à elle-même, damnée – et quand, en un sursaut ultime, un redressement de dernière minute, ils réintroduisent l'hypothèse du divin pasteur. Eh bien le laïque c'est celui qui refuse le redressement de dernière minute. C'est celui qui s'en tient au délaissement et à l'absence du divin pasteur. C'est ce tenant d'un *héroïsme de la raison* qui accepte que le ciel soit vide, le sol mal assuré et que, dans cette défaite du Haut et du Bas, du Surplomb et du Fondement, la République ait son destin. Plus de ciel ? Plus de sol ? Vacillement, donc, des certitudes ? C'est la définition de la démocratie. C'est ce qui la distingue, irrévocablement, de ses contraires totalitaires. Manière de dire que la laïcité *c'est* la démocratie. Manière de dire qu'elle n'est pas un élément, mais le cœur battant de la culture démocratique.

11

Bienvenue à Ayaan Hirsi Ali[1]

Pardonnez-moi, chers amis. Mais par-delà ceux qui sont ici, par-delà celles et ceux qui sont venus, en si grand nombre, témoigner à Ayaan Hirsi Ali leur fervente solidarité, je voudrais

1. Meeting de soutien à Ayaan Hirsi Ali, organisé à l'Ecole normale supérieure de la rue d'Ulm, le 10 février 2008, par *Charlie-Hebdo*, *Libération*, SOS Racisme et *La Règle du Jeu*.

m'adresser, ce soir, au président Nicolas Sarkozy. Je n'ai pas voté pour lui. Mais je l'ai écouté. Et, comme tous ceux qui sont ici, j'ai entendu l'engagement qu'il a pris lorsqu'il a déclaré, pendant sa campagne, que « chaque fois qu'une femme est martyrisée dans le monde, la France doit se porter à ses côtés ». Je suis là parce que j'ai pris, ce jour-là, le président de la République au mot. Je suis là, nous sommes tous là, pour lui dire que cette promesse nous est allée au cœur et que nous souhaitons, plus que jamais, la lui rappeler.

Car, outre le respect de la parole donnée, il y a plusieurs vraies raisons, pour la France, de se « porter aux côtés » d'Ayaan Hirsi Ali.

La première c'est qu'Ayaan Hirsi Ali est un peu plus que « martyrisée » : la lâcheté du gouvernement hollandais, la veulerie de l'opinion publique dans son pays, la décision récente, surtout, de ne plus assurer sa protection lors de ses déplacements hors des frontières des Pays-Bas, font qu'elle ne peut plus vivre ni en Hollande (où elle risque, à tout instant, d'être poignardée comme le fut Theo Van Gogh), ni hors de Hollande (où elle n'est plus protégée que par la grâce d'une poignée de donateurs privés et de militants) – pire que Salman Rushdie qui, lui au moins, avait la redoutable chance, où qu'il aille, de n'être jamais lâché par Scotland Yard, elle est condamnée, elle, à une impossible vie.

La seconde, c'est que la recueillir, lui accorder soit l'asile, soit la nationalité française, soit un statut à inventer pour elle et pour toutes celles et ceux qui se trouvent, et se trouveront, dans la même situation qu'elle, bref, adopter d'une manière ou d'une autre celle que la Hollande a laissée tomber, serait fidélité, en effet, à ce que la France a eu de meilleur : la France qui accueillit les exilés de Pologne et les garibaldiens d'après l'unité italienne ; la France, pays refuge des Russes d'avant et après octobre 1917 ; la France qui abrita Trotski, les antifascistes italiens et les premiers antinazis ; la France accueillante, jusqu'aux dissidents soviétiques compris, à tous les proscrits d'Europe, d'Amérique latine et d'ailleurs ; c'est cette France-là qui reviendrait si nous tendions la main à Ayaan Hirsi Ali ; la France serait, ô combien, dans sa vocation si elle donnait asile à cette grande dame, cette insoumise, condamnée à mort pour avoir défendu les valeurs de la liberté de l'esprit.

La troisième, c'est qu'Ayaan Hirsi Ali est déjà française et qu'elle l'est par le cœur, les valeurs et, justement, l'esprit : car enfin, que dit-elle d'autre quand, interrogée sur le sens qu'elle donnait, et qu'elle donne encore, au combat qui lui a valu de quitter la Hollande sous les injures, elle dit et répète, avec une insistance magnifique, qu'elle luttait, et qu'elle lutte, pour le triomphe, non seulement de la laïcité, mais de la laïcité *à la française* ? n'est-ce pas ce qu'elle exprime quand la grande intellectuelle qu'elle est aussi dit et répète, partout, qu'elle n'est évidemment pas Voltaire mais qu'elle se réclame de Voltaire, qu'elle plaide pour les mêmes valeurs de tolérance que Voltaire et que le modèle qu'elle veut voir opposer à celui du communautarisme qui, partout en Europe, a fait faillite c'est le modèle de citoyenneté tel que l'ont inventé, avec Voltaire, les promoteurs des Lumières françaises ?

La quatrième, c'est qu'elle est européenne, si j'ose dire, par excellence et quintessence : car que dit-elle d'autre, là encore, quand elle se bat pour cette liberté de penser, de juger, de croire ou de ne pas croire, d'avoir la foi ou de ne pas l'avoir ? n'est-ce pas l'âme de l'Europe, son identité profonde, son héritage, qui sont en jeu quand elle plaide, après Voltaire, après son compatriote Spinoza, après d'autres, pour une société où serait rompu, pour de bon, ce lien théologico-politique contre lequel l'Europe moderne s'est construite ? Il est difficile de trouver plus européen, aujourd'hui, qu'Ayaan Hirsi Ali. Et il est difficile, encore plus difficile, de se faire à l'idée de cette grande Européenne définitivement reniée par sa patrie spirituelle : voir cette Européenne qui entend poursuivre, en Europe, le combat pour les valeurs fondatrices de l'Europe contrainte de quitter l'Europe et de s'exiler, pour toujours, aux Etats-Unis, cela serait, plus que paradoxal, absurde – et, plus qu'absurde, de mauvais augure.

Et puis la cinquième raison, Monsieur le Président, c'est que le cas d'Ayaan Hirsi Ali soulève une question que posent ou, plus exactement, que n'osent poser un nombre grandissant de nos concitoyens – je pense à ceux d'entre eux que l'on dit, pour aller vite, trop vite, « d'origine musulmane ». Car quel est, encore une fois, son crime ? Son crime, son vrai crime, celui qui lui vaut d'avoir la mort aux trousses, c'est d'avoir dit qu'elle est née dans l'islam mais qu'elle ne souhaite pas y demeurer – le geste décisif, celui qui ne lui est pas pardonné et qui ne lui sera jamais pardonné si un pays européen, un au moins, ne lui manifeste pas très vite une solidarité sans faille, c'est d'avoir affirmé qu'être musulman est un choix, pas un destin, et que, de toute façon, tout homme et, en l'occurrence, toute femme a droit à la libre maîtrise de son destin.

C'est ce droit, Monsieur le Président, qui se voit mis en question par ceux qui la pourchassent.

C'est ce droit que vous reconnaîtrez à toutes les femmes de France en accordant la protection de la République à Ayaan Hirsi Ali.

Ni putes ni soumises, libres citoyennes.

Musulmanes si elles le veulent, pas parce que les frères, les pères, la tradition, les caïds en ont décidé à leur place.

L'islam, pas plus que les autres religions, n'est une prison, c'est une option et, de même qu'il est possible d'y entrer, il doit être possible d'en sortir : voilà le message que, au-delà même de la France, vous enverriez à toutes les jeunes Européennes qui vivent leur incroyance dans la honte, le non-dit, le double discours, la terreur ; voilà le message d'espérance que vous adresseriez à celles qui, dans les banlieues des villes d'Europe, n'ont ni la science, ni les moyens, ni la combativité d'Ayaan Hirsi Ali et n'ont d'autre recours, parfois, que la défenestration et la mort.

La France, dans quelques mois maintenant, prendra la présidence de l'Union européenne.

Quel beau symbole ce serait si vous inauguriez cette autre présidence en rappelant à l'Europe ces clauses constitutives de notre pacte citoyen !

Quelle fierté ce serait si, à la façon de la Hollande abritant, il y a trois siècles, le Français René Descartes, la France du XXIe siècle venait en aide à Ayaan Hirsi Ali, la Hollandaise !

En vérité, nous n'avons pas vraiment le choix : ne pas lui ouvrir les portes de notre pays ce serait, non seulement la renier, mais renier nos principes et nous renier nous-mêmes.

12

Ils ont tué Benazir[1]

C'est une femme, d'abord, qu'ils ont tuée.

Une femme belle.

Une femme visible, et même ostensiblement, spectaculairement visible. Une femme qui mettait son point d'honneur, non seulement à tenir meeting dans l'un des pays les plus dangereux du monde, mais à le faire à visage découvert, dévoilé – l'exact contraire de ces femmes honteuses, cachées, créatures de Satan et donc damnées, qui sont les seules femmes que tolèrent ces apôtres d'un monde sans femmes.

Ils ont tué un juif avec Daniel Pearl.

---

1. « Grieving for Benazir », *Wall Street Journal*, 29 décembre 2007.

Ils ont tué un musulman modéré, un lettré, un esprit libre, avec le commandant Massoud.

Ils ont tenté, avec Salman Rushdie, de tuer, pendant des années, un homme qui osait dire qu'être homme c'est aussi, parfois, choisir de choisir son destin.

Eh bien, avec BB, Benazir Bhutto, ils ont tué un peu tout cela ; mais ils ont aussi tué une femme, cette femme, ils ont éteint cette intolérable provocation qu'était l'éclat de ce visage montré, juste montré, exposé dans sa nudité sans défense et magnifiquement éloquente – ils ont tué celle qui, parce qu'elle était cette femme, parce qu'elle était ce visage de femme à la fois démuni et d'une force sans réplique, parce qu'elle vivait son destin de femme en refusant cette malédiction qui pèse, selon ces nouveaux fascistes que sont les jihadistes, sur le visage humain des femmes, ils ont tué, donc, celle qui était l'incarnation même de l'espoir, de l'esprit et de la volonté de démocratie, non seulement au Pakistan, mais en terre d'islam en général.

Pervez Musharraf était un faux adversaire d'Al-Qaïda. Il feignait de les combattre alors que, par son double jeu, ses alliances occultes, sa façon de tenir sous le coude son stock de terroristes et de les lâcher un à un, au compte-gouttes, selon les besoins de son alliance compliquée avec son grand ami américain, il faisait leur jeu en sous-main.

Benazir, si elle avait gagné, que dis-je ? si elle avait vécu, simplement vécu, n'aurait cessé de dire, par sa vie même, son être, sa présence, bref, son témoignage, qu'elle était leur adversaire résolue, absolue, irréductible : elle était, pour ces gens, une menace, mieux que politique, ontologique ; elle ne leur aurait pas fait de quartier, ils le savaient, ils l'ont tuée.

Je repense à elle, cet après-midi de décembre 2002, à Londres, à l'époque où j'enquêtais sur la mort de Daniel Pearl et, donc, sur cette poudrière, cette base arrière d'Al-Qaïda, parfois même cette base avancée qu'était déjà le Pakistan : belle, oui ; incroyablement courageuse dans sa volonté, coûte que coûte, de revenir dans ce pays qui lui avait déjà arraché, dans un parfum de tragédie shakespearienne, ses deux jeunes frères et son père.

Je revois son père, Zulfikar Ali Bhutto, il y a trente-cinq ans maintenant, juste avant la libération du Bangladesh et l'éclatement de ce Pakistan dont il était déjà le Premier ministre – je le revois tel qu'il était alors, ignorant du destin qui l'attendait, élégant, raffiné, pakistanais et anglophile, musulman et occidental, croisée vivante des deux cultures, enfant naturel et réussi de deux grands lignages culturels dont nul, en ce temps-là, n'imaginait que tant de forces allaient, si vite, tenter de les opposer.

Ils étaient, ces gens, le sel de la terre pakistanaise

Ils étaient de ceux qui pouvaient empêcher, non seulement ce pays, mais cette région du monde de sombrer dans le chaos.

Benazir Bhutto est morte et, un peu comme le 9 septembre 2001, jour de la mort de Massoud, je ne peux m'empêcher de m'interroger sur le scénario macabre qu'ont, forcément, en tête ses assassins – je ne peux m'empêcher de me demander de quoi cet événement énorme, cet autre coup de tonnerre, peut bien être le prélude.

La meilleure façon de répondre c'est d'agir, et d'agir vite. La meilleure, la seule façon de répliquer à ce nouveau et terrible défi c'est de donner, tout de suite, toute son importance symbolique à l'événement.

Mme Bhutto sera inhumée dans les tout prochains jours dans ce pays martyr qu'est, plus que jamais, le Pakistan.

Il faut que soient là, pour l'accompagner dans ce voyage ultime, Angela Merkel, George Bush, Gordon Brown, les autres.

Il faut que notre président, Nicolas Sarkozy, consente à interrompre ses vacances pour aller dire, au cœur de cette fournaise où une religion devenue folle nourrit de plus en plus souvent le crime, que l'espérance des peuples est moins, comme il l'a imprudemment déclaré il y a quelques jours, dans la foi que dans la démocratie et le droit.

Il faut que derrière la dépouille de cette grande dame, comme jadis derrière celle d'Anouar al-Sadate ou de Yitzhak

Rabin, soit présent le plus grand nombre possible de chefs de gouvernement et d'Etat, faisant de cette célébration funèbre une manifestation silencieuse et mondiale en faveur des valeurs de la démocratie et de la paix.

Benazir Bhutto n'était chef ni de gouvernement ni d'Etat ? C'est vrai. Mais elle était davantage. Elle était un symbole. Et elle est, désormais, un étendard. Derrière son nom vont désormais se ranger tous ceux qui n'ont pas fait leur deuil de la liberté en terre d'islam. Et derrière son linceul doivent, d'ores et déjà, se tenir et se recueillir tous ceux qui croient encore que l'emportera, en Islam, le bon génie des Lumières sur celui du fanatisme et du crime.

13

Appel pour la Birmanie[1]

Monsieur le Président,

En 2003, quelques mois après l'embuscade tendue par la junte à Aung San Suu Kyi et qui a failli lui coûter la vie, un Birman anonyme remettait une lettre à un jeune voyageur. De ce Birman, le voyageur ne savait qu'une seule chose : il était étudiant en 1988, l'année où lui et ses condisciples, animés par la volonté de vivre et par l'espoir, avaient défié pacifiquement la junte en manifestant dans les rues de Rangoon. La répression fit 3 000 morts.

1. Lettre ouverte au président de la République française, *Libération*, 11 octobre 2007. Texte cosigné avec Christophe Ono-dit-Biot, Pascal Bruckner, André Glucksmann.

« Notre gouvernement est un chien enragé qui mord tout ce qu'il peut, disait cette lettre, en anglais. A ce chien, malade et fou, vous ne pouvez enseigner la loi de Bouddha. Le seul moyen de l'arrêter est de le tuer avant qu'il ne morde tout le monde. Nous pouvons agir de l'intérieur, mais nous avons besoin que vous aussi, vous agissiez de l'extérieur. Nous avons besoin de vous. »

Vingt ans après cette première répression sanglante, porté par la foi et le courage de ses bonzes, le peuple birman a défié, à nouveau, le régime. Pacifiquement, toujours. Et, comme la fois précédente, la junte a réprimé. A coups de matraque de bambou, d'abord. Puis, très vite, à balles réelles. Sur quels ennemis ? Des moines et des civils. Des hommes et des femmes qui n'aspirent qu'à vivre plus libres. Vivre libres.

Vingt ans après cette première répression, trois mois après une deuxième répression, nous sommes venus vous voir à l'Elysée samedi dernier, Monsieur le Président, pour que vous puissiez faire entendre en Chine la voix de la France, et que cette voix soit assez puissante pour casser ce rythme insensé, ce refrain sanglant, qui fait que tous les vingt ans, un peuple se soulève avant d'être broyé.

Vous vous êtes donc rendu en Chine, principal allié et partenaire commercial de la junte, dans un contexte d'impuissance internationale. Juste après un sommet de l'ASEAN qui aura vu les généraux de la junte demander, et obtenir, le silence d'un envoyé de l'ONU qui devait y parler de sa mission en Birmanie. Juste après une condamnation de la répression par l'ONU, qui n'aura arraché au représentant de la junte que ce commentaire, d'une arrogance qui laisse sans voix : « nous ne sommes ni surpris, ni découragés. »

Vous vous êtes rendu en Chine au moment où la junte arrête et interroge les principaux leaders politiques des mouvements ethniques, qui luttent eux aussi pour le changement. Leur crime ? Avoir refusé de diffamer Aung San Suu Kyi. Au moment aussi où le généralissime Than Shwe, l'homme fort de la junte, consulte les astres et les esprits pour neutraliser les pouvoirs de celle que tous les Birmans appellent « la Dame de Rangoon ». Cette façon de gouverner comme on tire les cartes serait plaisante si la junte ne jouait pas avec la vie de 700 prisonniers politiques qui croupissent dans ses geôles, ou de milliers d'enfants qu'elle arrache à leurs parents, enrôle dans son armée haïe, et envoie exploser sur les mines des sentiers de la guérilla.

Vous vous êtes rendu en Chine, Monsieur le Président, et vous avez tenu parole. Sur deux initiatives que la France, dans cette situation d'impuissance des institutions internationales, peut prendre seule. D'abord, en validant notre proposition de constituer une commission d'enquête parlementaire afin de faire la lumière sur les 350 millions d'euros versés à l'Etat birman, chaque année, nul ne sait pourquoi ni comment, par l'entreprise française Total. Certes, la carte des gisements de pétrole ou de gaz naturel coïncide rarement avec celle de la démocratie. Mais il serait inacceptable qu'une de nos très grandes entreprises accepte qu'une partie de cette somme soit versée à des tortionnaires, à des assassins et des voleurs, dont on sait désormais que, non contents d'avoir pillé, profané, dévasté les monastères, ils ont battu à mort les moines qui y résidaient ou qui y trouvaient refuge.

Vous avez tenu parole en évoquant la Birmanie avec votre homologue chinois Hu Jintao, et en demandant l'aide de sa diplomatie pour qu'un représentant de l'Etat français puisse se rendre très vite en Birmanie. Et y rencontrer, comme nous vous l'avons suggéré, le Prix Nobel de la paix Aung San Suu Kyi. Une telle rencontre aurait un retentissement planétaire. Montrerait au monde que la France, berceau des Droits de l'homme, n'abandonne pas ses principes. Et donnerait aux Birmans, à ces hommes et à ces femmes qui ont, au péril de leur vie, défié ce régime aliénant, un peu de cet oxygène mental dont chaque être humain a besoin pour ne pas mourir et qui s'appelle l'espoir. Pour, enfin, montrer à ce boucher bardé de médailles, le généralissime Than Shwe, que quoi que disent les astres, le régime inique qu'il incarne n'est peut-être pas éternel.

Nous croyons, Monsieur le Président, qu'une transition démocratique est encore possible en Birmanie. Mais que ce changement ne pourra se faire sans un geste fort de la communauté internationale. *Nous avons besoin de vous,* disait la lettre. Votre avion a su trouver le chemin de Tripoli et de N'Djamena. Pourquoi ne pourrait-il pas trouver celui de l'ambassade de France à Rangoon ? Nous y verrions bien Aung San Suu Kyi, « la Dame de Rangoon », y parler avec vous, dans ce petit coin de France, mais sous les yeux du monde entier. De l'avenir de son pays. De la démocratie. Du bonheur simple, mais essentiel, de respirer après quarante-cinq ans d'étouffement. Monsieur le Président, nous vous attendons au 102, Pyidaungsu Yeithka Road, à Rangoon. *Nous avons besoin de vous.*

14

Second appel pour la Birmanie[1]

La junte militaire birmane est en train de gagner son pari : réinstaller le silence, l'oubli et la mort après la « preuve de vie » lancée à la face du monde, il y a quelques semaines, par son peuple et par ses moines.

La junte militaire birmane est en train de gagner son pari : nous constatons chaque jour, partout ou presque, une démobilisation des énergies, des émotions et des protestations – et ce alors même qu'un millier d'opposants politiques, au moins, endurent probablement le pire dans des prisons infectes.

1. Lettre ouverte au président de la République française et à son ministre des Affaires étrangères, mêmes signataires que l'appel précédemment cité, *Le Monde,* 1er novembre 2007.

Nous ne connaissons même pas le lieu de détention du plus emblématique de ces opposants martyrs : Min Ko Naing, arrêté en 1988, à 26 ans, libéré en 2004 après seize années de torture et arrêté de nouveau le 22 août 2007, dès le début des manifestations. « Disparu », nous dit-on. Juste « disparu ». Et nul ne bronche, nulle chancellerie ne proteste ni ne s'interroge plus avant, quand on annonce que Min Ko Naing, cette autre incarnation de l'esprit de résistance en Birmanie, aurait « disparu »...

Il y a quinze jours, dans ces colonnes, nous nous sommes déjà adressés à vous.

Il y a quinze jours, ici même, nous vous adjurions d'appuyer auprès des autorités birmanes la demande de visa d'une délégation de parlementaires français décidés à aller enquêter, autant que faire se peut, sur les violations des droits de l'homme massives dont la Birmanie est le théâtre.

Les pourparlers que vous avez engagés en ce sens avec les autorités consulaires birmanes sont à ce jour restés lettre morte.

Nous nous interrogeons : le président de la République française, son ministre des Affaires étrangères, peuvent-ils en rester là ?

Peuvent-ils demeurer sans réaction devant cette fin de non-recevoir adressée, à travers quelques-uns de ses parlementaires, à notre pays tout entier ?

La France peut-elle, alors même que la police birmane se redéploie dans les rues de Rangoon, cautionner « par omission » le renforcement d'une dictature dont les méthodes soulèvent le cœur ?

Nous ne pouvons croire à un pareil renoncement.

Nous ne pouvons imaginer que la patrie des Droits de l'homme soit durablement sourde aux appels au secours d'un peuple si durement asservi.

C'est pourquoi, Monsieur Kouchner, nous vous demandons de remettre aux interlocuteurs politiques, notamment chinois, que vous devez rencontrer dans les tout prochains jours la liste de prisonniers politiques birmans que nous vous avons remise juste avant votre départ en voyage officiel pour l'Asie : vous vous y êtes engagé et nous vous en savons gré ; nous est-il permis d'ajouter que nous attendons aussi de vous que vous exigiez, le plus vite possible, l'accès du Comité international de la Croix-Rouge (CICR) aux lieux de détention de ces prisonniers politiques, ainsi que la non-répression, par la police thaïlandaise, des réfugiés politiques birmans à la frontière des deux pays ?

C'est aussi pourquoi, Monsieur le président de la République, nous vous demandons solennellement de rompre le silence et de dire, à haute et intelligible voix, la répulsion qu'inspirent à tant et tant de Français les crimes qui se commettent, en ce moment même, à Rangoon : ce silence, en effet, est en train de devenir, en France et ailleurs, de plus en plus assourdissant.

15

Appel pour le Darfour[1]

Vous êtes les militants de la première heure de la cause du Darfour.

Vous êtes ceux qui, depuis quatre ans, et alors que le monde entier se lave les mains de ces morts darfouris, s'époumonent pour donner l'alerte.

---

1. Palais de la Mutualité, 20 mars 2007. « Adresse » aux amis de la cause darfourie, dans le cadre d'un grand rassemblement organisé par SOS Darfour, Urgence Darfour ainsi que la revue *La Règle du Jeu.* C'est dans le cadre de ce rassemblement, à la veille de l'élection présidentielle de mai 2007, que François Bayrou, Ségolène Royal ainsi qu'une représentante de Nicolas Sarkozy vinrent signer une « charte » comportant un certain nombre d'engagements concrets que le futur président de la République ne respecta jamais.

Et je voudrais juste ajouter mon témoignage à ce que vous venez d'entendre – je veux essayer de raconter ce que j'ai vu, de mes yeux vu, pendant ces huit jours terribles que j'ai passés, dans les camps de réfugiés d'abord, puis à l'intérieur même du Darfour ; et, comme vous le savez, pas n'importe quel Darfour puisque j'y suis entré, non pas via Khartoum, avec visas, accompagnateurs en civil, villages Potemkine, mais clandestinement, par le Tchad, avec une unité de notre ami Abdul Wahid Al-Nour, le patron du Mouvement pour la libération du Soudan.

J'ai vu des villages brûlés, naturellement.

J'ai vu des dizaines, puis, à mesure que je m'éloignais de la frontière et m'enfonçais dans le pays, des centaines de ces fameux villages brûlés, détruits par les janjawids, ces terribles cavaliers à cheval qui surgissent en général à l'aube, tournent autour des huttes avec des cris terribles, jettent des torches sur les toits de chaume, des bidons empoisonnés dans les puits, détruisent la petite mosquée, puis rassemblent les hommes, les mitraillent, violent leurs femmes et jettent leurs enfants dans les brasiers.

J'ai vu, sur 400 kilomètres, un pays devenu désert, proprement annihilé – jamais, nulle part, ne m'avait paru si parfaitement appropriée la formule convenue de « terre brûlée » : j'ai traversé 400 kilomètres sans voir d'autre trace de présence humaine que des décombres parfois fumants ; des cercles de suie noire indiquant l'emplacement d'anciennes maisons ; des hautes jarres à mil brisées et calcinées ; des blocs de sorgho durcis et noircis par les flammes comme des galets de lave ou des galettes énormes ; parfois un soulier d'enfant ; parfois un morceau de jouet qui a échappé aux flammes ; et, parfois, figé de terreur dans un bouquet d'arbres ou d'épineux, un reste de troupeau que les janjawids n'ont pas razzié.

J'ai vu, au terme de ce chemin, dans un village tenu par la guérilla dans la zone d'Amarai, un cratère immense, plein de clous et de ferrailles énormes dispersés sur des centaines de mètres alentour, puant la vieille essence : ce sont les vestiges d'une bombe lâchée, quelques jours plus tôt, au mépris de toutes les interdictions de survol décrétées par les Nations unies, par un Antonov de l'armée soudanaise.

J'ai vu, à demi détruits ou pris de vive force par les rebelles, des transports de troupe, des véhicules militaires, un camion Giad de fabrication soudanaise et, m'ont-ils dit, franco-soudanaise, qui confirment l'implication directe, et de moins en moins dissimulée, des Soudanais dans ce qu'ils nous présentent comme une guerre tribale, héritière d'un conflit ethnique sans âge, entre nomades arabes et tribus sédentaires d'origine Four, Masalit et Zaghawa : non ! j'ai la preuve, là, de l'implication directe, dans les massacres, de l'Etat terroriste du Soudan ! nous avons, avec Alexis Duclos, des images (une image, en tout cas – celle du camion Giad, dûment immatriculé à Khartoum) que nous tenons à la disposition des juridictions pénales internationales et qui attestent de cette responsabilité directe du criminel d'Etat Al-Béchir !

J'ai vu des survivants, bien sûr.

J'ai interrogé des hommes et des femmes qui ont tout perdu ; vraiment tout ; leurs biens ; leurs villages ; souvent leurs familles et les êtres les plus chers ; et aussi, au bout de tout cela, leur raison de vivre et de survivre, leur inscription dans le monde des vivants ; leur mort même, qu'ils attendent à tout instant et dont ils savent que, d'elle aussi, de cette mort, de ce mourir, qui, pour chacun d'entre nous, devrait être, selon le mot d'un philosophe qui fut mon maître, le point le plus secret et sacré de l'existence, ils seront et sont déjà dépossédés – tous ces futurs morts sans nom, sans nombre, sans visage ; tous ces morts dont aucune organisation de défense des droits de l'homme, aucun onusien, aucun d'entre nous, ici, n'est en mesure de dire s'ils sont 200 000, 300 000, peut-être 400 000 et qu'il faudrait, pour les compter, pouvoir déterrer des charniers où ils ont été jetés en vrac et qu'Alexis Duclos a photographiés, pour moi, avec moi, dans la région de Beirmezza.

J'ai vu une femme violée et que l'on avait tatouée comme une bête.

J'ai vu Samir Faudel, ce compagnon d'Abdul Wahid, battu à mort, torturé, dans le coma, que j'ai tenté de faire transporter en France avec la complicité, je dois le dire, d'un grand monsieur du Haut Commissariat pour les Réfugiés – mais il était trop tard, il est mort avant que nous n'ayons pu organiser son exfiltration.

J'ai vu des hommes et des femmes qui, mourant de faim, rongés par le paludisme, le regard trouble déjà, ce regard affreusement trouble que je connais si bien et qui est celui des déjà-spectres qui ont, comme tous les spectres, un pied dans l'autre monde et l'autre dans celui-ci, le nôtre, celui des vivants, pour leur rappeler, nous rappeler, notre dette inacquittée – j'ai vu ces morts-vivants hantés par une question, une seule : vous passez, vous, c'est bien ? mais les autres ? vos gouvernements ? pourquoi nous abandonnent-ils ? pourquoi tolèrent-ils que ces milices arabes surarmées, suréquipées, débarquent dans nos villages et nous disent : « vous êtes Masalit, Four, Zaghawa ; vous êtes de la race noire ; vous n'avez, pour cela, pas de place sur cette terre ; vous n'avez pas de place à nos côtés » ? pourquoi, oui, vous, Français, qui avez fait la Révolution pour les droits de l'homme et contre le racisme, ne faites-vous rien pour arrêter cette guerre purement raciste ?

J'ai entendu tout cela, oui.

Et je suis bien obligé de vous dire que je me sentais envahi, pendant que j'écoutais, d'une honte du même genre que celle que j'ai connue pendant le siège de Sarajevo, puis au moment du Rwanda, puis dans cette autre partie du Soudan, les monts Nouba, où je me suis également rendu, il y a sept ans, pour le journal *Le Monde* et où se déroule, dans une indifférence, par parenthèse, presque plus terrible encore, un autre crime au long cours, une autre extermination lente – je dois vous dire que, au-dedans de moi, tandis que j'écoutais les commandants Rocco, Nimeiry ou Tarada m'expliquer que le Soudan n'était pas non plus un Etat si redoutable et qu'il n'en faudrait pas tant que cela pour l'intimider, le tenir en respect ou le faire reculer, je croyais entendre mes amis bosniaques ; littéralement, je les entendais, les Divjak, les Landzo, les combattants de Stup et de Donji Vakuf, les copains du Cercle 92, me dire, avec, dans le regard, le même désespoir stupéfié, très précisément les mêmes mots ; et je dois dire que, au fond de moi, je savais qu'ils avaient raison.

Car, de ces massacres d'une cruauté terrifiante, nous avons peu d'images mais nous savons tout.

Car, pas plus qu'au Rwanda, en Bosnie, au Cambodge, nous ne pouvons dire : « c'est terrible, mais nous ne savions pas. »

Car, plus même qu'au Rwanda où les choses sont allées si vite, où le génocide est tombé comme la foudre et où la communauté internationale peut, à l'extrême rigueur, invoquer l'excuse de ce temps court, de cette mort qui a pris le temps d'un éclair – c'est mon ami André Glucksmann qui a parlé, n'est-ce pas, à propos du génocide des Tutsis au Rwanda, du record du monde horaire du génocide – à la différence, donc, du Rwanda, le massacre, là, dure depuis quatre ans ! quatre ans ! l'esprit malin du génocide, ce Diable, nous a laissé quatre longues années pour nous retourner, prendre la mesure de la catastrophe, agir ; et nous n'avons, pourtant, pas bougé.

Car la France par exemple (cela aussi, avec Laurent Fabius, nous l'avons vu) dispose, à la frontière du Tchad et du Soudan, de moyens d'information satellitaires qui lui permettent d'être informée, en temps réel, et dans un périmètre assez conséquent, du moindre mouvement militaire, de la moindre colonne suspecte, de chaque caillou que l'on déplace, de chaque hutte brûlée ; j'ai même cru comprendre, à mon retour, que nos moyens d'intelligence avaient aussitôt repéré une colonne de janjawids faisant mouvement en direction du corridor où nous étions, avec Duclos et Hertzog, censés passer et qu'Abdul Wahid, tel un nouveau Kurtz, tapi je ne sais où au cœur de ces ténèbres, à des centaines de kilomètres de là, était informé, lui aussi, de tout et, merveilleux ange tutélaire, muni de cette nouvelle arme de guérilla dont sont équipés ses meilleurs commandants et qui s'appelle le téléphone thuraya, modifiait en temps réel, à distance, l'itinéraire de notre pick-up – rusant avec l'ennemi, jouant au plus fin, le leurrant, c'est bien le seul moment de cette aventure qui, rétrospectivement, me fasse un peu sourire.

Bref, ces survivants des massacres rassemblés eux-mêmes comme des troupeaux et attendant la mort, je savais qu'ils avaient raison, car nous savons tout et ne faisons rien.

Il y a là un génocide annoncé et nous ne levons pas le petit doigt pour l'empêcher.

Il y a là des crimes contre l'humanité massifs, documentés par les ONG, définis comme tels par la Cour pénale internationale, et nous restons, depuis quatre ans, les bras croisés.

Et, quand je dis cela, je ne parle d'ailleurs pas seulement de la France ; ni seulement des Etats en général ; mais je parle des opinions, des gens, de nous tous : où sont les militants qui luttèrent contre l'apartheid et en eurent, à la fin, raison ? où sont les pacifistes qui, il y a trois ans, défilaient par centaines de milliers contre la guerre de Bush en Irak ? où sont les professionnels de l'indignation ? où sont les intellectuels si prompts à dénoncer « l'Empire » et qui, là, tout à coup, face à ces carnages sans nom, sont si peu à s'exprimer ? serait-ce que, quand « l'Empire », justement, n'est pas en cause, quand on ne peut pas lui mettre le crime sur le dos ou quand, pire encore, il s'en mêle mais, si j'ose dire, dans le bon sens avec ce grand mouvement d'indignation qui est en train de s'amplifier aux Etats-Unis, la cause devienne suspecte ? et n'ont-ils rien d'autre à dire, vraiment, ceux-là, qu'à ratiociner sur la question de savoir si ces crimes « méritent » ou non la qualification de génocide ?

La vérité c'est que, au point où nous en sommes, il n'y a que deux solutions.

Ou bien sort de notre rassemblement d'aujourd'hui un élan, une détermination ; s'organisent, dès demain, dès ce soir, dans tous les quartiers de Paris, dans toutes les villes de France, des comités Urgence Darfour, ou SOS Darfour, qui feront pression sur leurs élus comme nous faisons pression, nous, ce soir, sur les candidats à l'élection présidentielle ; ou bien, donc, s'enclenche un mouvement d'opinion qui, de proche en proche, fera pression sur nos gouvernants, et sur les partenaires de nos gouvernants, pour que, comme pour la Bosnie, on finisse tout de même, au bout du compte, par arrêter les massacreurs et les contraindre de revenir à la table des négociations : les solutions, comme en Bosnie, existent ; le Soudan est un pays important, mais vulnérable aux pressions économiques et financières que François Zimeray vous a détaillées ; cela ne prendrait que quelques heures, oui, François Bayrou l'a très bien dit tout à l'heure, de convaincre les Soudanais que leur intérêt est de se calmer ; et quant à leur alliée, la Chine, quant à ce gouvernement chinois qui bloque systématiquement, au Conseil de sécurité des Nations unies, toutes les résolutions visant à protéger les civils du Darfour et à mettre par exemple, entre eux et leurs bourreaux, une force d'interposition digne de ce nom, quant à la Chine donc, je m'associe à la proposition que vient, également, de lancer Bayrou et dont je crois savoir (elle nous le dira tout à l'heure) que c'est aussi la position de Ségolène Royal – je m'associe à cette idée d'envisager une grande campagne internationale et démocratique sur le thème : « non aux Olympiades du sang et de la honte ! boycottons des Jeux olympiques qui se tiendraient dans un pays où l'on continuerait de protéger, encourager et bénir l'un des Etats les plus criminels du moment. »

Ou bien nous n'y parvenons pas ; la France essaie mais ne peut rien ; l'opinion américaine se mobilise mais est impuissante à renverser le cours des choses ; les nations, plus exactement, grondent mais se gardent de sévir ; elles font semblant de se fâcher mais évitent soigneusement de passer aux actes ; nous laissons – parce que c'est cela que cela voudra dire – la loi du pétrole dicter sa loi aux droits de l'homme ; nous laissons les grandes compagnies, affamées des matières premières que recèle le sous-sol soudanais et, sans doute aussi, ce malheureux Darfour, dealer avec le régime de Khartoum ; et alors, si vraiment, oui, on en est là, si vraiment, oui, l'esprit munichois trouve là une nouvelle occasion de se réexposer dans sa veulerie et son cynisme, si vraiment, oui, nous ne sommes même pas capables de ce minimum minimorum que serait l'envoi d'une force de Casques bleus et si, par conséquent, le massacre continue avec, laissés en première ligne et pris en otage, une poignée d'humanitaires courageux – alors, il faudra se résigner à cette solution de toute dernière extrémité qui sera d'armer les hommes qui, eux, au moins protègent les survivants, les défendent et qui sont les hommes de la SLA.

Je dis cela avec scrupule.

Je le dis en homme de paix qui a trop vu de guerres pour ne pas savoir que c'est toujours un terrible échec quand on se résout aux armes.

Je dis et répète que ce serait la dernière, la toute dernière, des extrémités.

Mais je me souviens, à nouveau, de la Bosnie.

Je me souviens de ce fameux embargo sur les armes frappant, en principe, les deux camps mais favorisant, par principe aussi, ceux qui avaient déjà des armes et exposant du coup, encore plus, ceux qui n'en avaient pas.

Et je me dis que la situation est, hélas, comparable et qu'en renvoyant dos à dos ceux que l'on appelle, en langage de chancellerie, les « belligérants », en parlant de « guerre civile » alors qu'on a là un nouvel exemple de cette guerre contre les civils qui est devenu, depuis quelques dizaines d'années, l'état d'urgence permanent d'un partie croissante de la planète, en campant sur des positions « pacifistes » qui ont pour seul résultat de laisser les uns massacrer en paix les autres, on prête la main aux assassins et l'on désespère encore plus les assassinés.

Car je voudrais dire, encore, un dernier mot.

J'ai vu les gens de la SLA à l'œuvre.

Je les ai vus à l'entraînement et, un peu, à la manœuvre.

J'ai vu avec quel scrupule, au quotidien, ils organisent la défense civile des pauvres gens qu'ils protègent des janjawids.

J'ai vu leurs commandants payer, dans les marchés, les vivres qu'ils achetaient.

Je les entendus me dire, et j'ai tendance à les croire, comment, avant une attaque, l'un de leurs soucis était d'épargner au maximum, en face, les vies civiles.

Et quant aux allégations portant sur les exactions qu'ils auraient commises dans les zones qu'ils contrôlent, tout est possible, naturellement ; je revois, pour revenir une dernière fois à la Bosnie, le visage bouleversé, au bord des larmes, du président Izetbegovic à l'instant, juste avant son entrevue, à Rome, avec le pape Jean-Paul II, où il a appris que quelques-uns de ses hommes, des soudards, des soldats perdus, venaient de se rendre coupables, en Bosnie centrale, de crimes de guerre ; mais, sans faire d'angélisme, sans sanctifier quiconque, en sachant bien qu'il n'y a jamais, dans aucune guerre, de petits saints et de prix de vertu, en sachant et en disant très haut que jamais, dans aucune circonstance, il n'y a tout le Mal d'un côté et tout le Bien de l'autre, je crois Abdul Wahid Al-Nour quand il s'élève contre les accusations portées contre lui ; je le crois quand il me dit, dans la conversation qu'a publiée *Libération* ce matin, que ses prisonniers sont sous le contrôle de la Croix-Rouge et qu'il est prêt à répondre à toute enquête diligentée par quelque institution internationale que ce soit ; je crois, vraiment, que l'homme que vous allez entendre tout à l'heure, cet avocat devenu chef de guerre, cet homme qui fait la guerre sans l'aimer et sur la tête de qui elle est tombée, cette guerre, comme un mauvais destin, mérite le soutien des démocrates de France.

D'autant qu'il y a une toute dernière chose encore.

Je connais, aussi, son programme pour, non seulement le Darfour, mais le Soudan.

Je sais, pour en avoir parlé, non seulement avec vous, Abdul Wahid, mais, sur le terrain même, avec vos commandants les plus modestes, que vous vous battez pour un Soudan démocratique, unifié, basé sur la citoyenneté et laïque.

Oui, laïque !

Oui, en pays d'islam, chez des musulmans sincères, parfois très pieux, une revendication de laïcité !

Oui, au cœur de l'Afrique, dans l'horreur de cette guerre qui pourrait pousser au pire des désespoirs des musulmans qui continuent de plaider, et avec quelle conviction pour cet islam laïque, modéré, tolérant.

Oui, une guerre, autrement dit, qui voit s'opposer (c'est presque trop beau pour être vrai, mais c'est, pourtant, la réalité !) d'un côté le régime islamiste de Khartoum, celui que financent les pétrodollars saoudiens, qu'inspirent les Frères Musulmans et qui, par parenthèse, a hébergé Ben Laden et Al-Qaïda, avant le 11 Septembre – et, de l'autre côté, ces musulmans modérés et laïques que le monde entier prétend appeler de ses vœux et qu'il a là, si j'ose dire, sous la main et le regard.

La situation, donc, est celle-là.

Et nous ne ferions rien ?

Et nous ne prendrions pas parti ?

Et nous renverrions dos à dos les partisans de la dictature et les combattants de la liberté ?

Non, chers amis.

Nous ne pouvons pas faire cela.

Le Darfour, ce sont des souffrances sans nom.

Ce sont les portes de l'enfer.

Mais c'est aussi l'une des lignes de front où se joue l'une des batailles les plus importantes de notre époque : celle entre l'islam de la charia et du jihad, entre l'islam où l'on brûle vives les femmes qui contreviennent aux règles de leur soumission – et cet islam éclairé, lumineux, dont la tradition remonte au plus haut Moyen Age et dont les Darfouris sont aujourd'hui les héritiers.

Pour cela aussi, il faut leur porter secours

Il faut défendre les Darfouris parce qu'ils défendent nos valeurs.

Il faut les aider dans leur combat parce que leur combat est notre combat.

16

Justice pour le Darfour[1]

Ainsi donc, ça y est.

La Cour pénale internationale vient enfin de délivrer son mandat d'arrêt contre le président soudanais Omar Al-Béchir.

Et cette décision est une grande nouvelle pour tous ceux qui, depuis des années, assistaient impuissants aux massacres du Darfour.

Elle confirme, avec toute l'autorité de la Loi, et à l'exception de l'accusation de génocide proprement dit, les terribles présomptions qui pesaient sur le régime.

Elle stigmatise, isole et, par conséquent, affaiblit un Etat qui n'était fort que de notre faiblesse, de notre indifférence aux souffrances qu'il infligeait et, au fond, de notre lâcheté par rapport au pouvoir (pétrole, etc.) qu'on lui prêtait.

Sur le plan interne, enfin, elle modifie le rapport de forces en faveur de ceux des Soudanais qui désapprouvaient en silence la fuite en avant d'une dictature puisant dans le climat de terreur qu'elle instaurait l'oxygène nécessaire à sa survie – et qui devra, désormais, composer ou même céder la place (coup d'Etat de l'armée ? putsch au sein du parti majoritaire ? nouvelle offensive du Mouvement pour la justice et l'égalité qui s'était résigné, à contrecœur, au cessez-le-feu ? tout est possible

1. Editorial du *Corriere della Sera*, 5 mars 2009 ; *Wall Steet Journal*, 6 mars 2009.

à partir d'aujourd'hui, réellement tout – à l'exception du maintien, en l'état, de la dictature).

Alors sans doute la première réaction de l'accusé sera-t-elle de surenchérir dans la rodomontade, d'intensifier ses opérations sur le terrain, de menacer les ONG « complices » de la décision de justice : ce sera un baroud d'honneur ; le sursaut d'une bête politique blessée à mort et qui sait que ses jours sont comptés ; ce ne sera certainement pas pire que la logique de guerre totale dont j'ai été, avec d'autres, pour ce journal, le témoin – et qui a, déjà, transformé le Darfour en un champ de désolation et de ruines.

Sans doute se trouvera-t-il, en Europe, des bonnes âmes pour s'écrier qu'il ne fallait pas prendre ces gens de front, qu'il fallait éviter de les pousser dans leurs retranchements car nous avons, ce faisant, ruiné ce qui restait d'espoir dans les chances d'une paix négociée : l'argument n'a pas de sens ; il est même, pour qui connaît un peu la réalité du terrain, franchement obscène et odieux ; car la paix, pour Monsieur Al-Béchir, n'a jamais été rien d'autre qu'une paix de cendres et de cimetières ; il n'a jamais été question, pour lui, d'envisager quelque paix que ce soit avant que ne soit réduite à néant la résistance des Darfouris ; s'il y avait une chance de faire la paix, une seule, elle passait, au contraire, par ce soutien, fût-il tardif, aux derniers survivants des massacres.

Et quant à l'argument, enfin, de ceux qui voient dans la décision de la CPI une ingérence néocoloniale et qui estiment que c'est aux Africains qu'il appartenait de régler ce drame africain, il rappelle tant de mauvais souvenirs qu'on rougit d'avoir à s'y attarder : n'était-ce pas le raisonnement de Goebbels plaidant, en 1938, sans l'affaire des Sudètes, que « charbonnier est maître chez soi » ? celui des staliniens sommant l'Occident de fermer les yeux sur les violations massives des droits de l'homme, voire les carnages, opérés dans ce que l'on osait appeler leur « zone d'influence » ? qu'est-il d'autre, ce raisonnement, qu'une façon d'habiller de rhétorique anti-impérialiste, tiers-mondiste, altermondialiste, le soutien sans vergogne et cynique à une machine de terreur implacable et sans pitié ?

Non. Cette décision de la CPI est, sans conteste, une décision heureuse. C'était, pour tous ceux qui croient à l'unité du genre humain et qui refusent la démarche selon laquelle il y aurait des victimes dignes d'intérêt (par exemple palestiniennes) et d'autres qui devraient nous laisser froids (non les milliers, mais les *millions* de morts sans nom des guerres oubliées d'Afrique), la seule attitude courageuse et sage. Il reste à espérer que la communauté internationale saura la prendre au sérieux, se montrer à la hauteur de l'événement et signifier donc au criminel de guerre Al-Béchir qu'il est désormais, concrètement, mis au ban des nations.

17

Comment aider les Iraniens ?[1]

Pourquoi ce message adressé à la jeunesse iranienne ?

C'est le texte d'un bloc-notes. Lu, et donc posté, à l'attention de ceux qui n'ont, comme vous pouvez l'imaginer, pas accès à nos journaux. Je l'ai fait en français mais aussi en anglais, ce qui n'est pas une mauvaise chose si on veut être entendu à Téhéran. L'idée étant, je vous le répète, d'envoyer un message de solidarité, d'amitié, à cette jeunesse iranienne qui défile contre

1. Interview recueillie par *L'Express.fr*, le 26 juin 2009, et reprise, le 29 juin, à Washington, par *The New Republic*, à la suite de la mise sur le site Internet de Liliane Lazar (bernard-henri-levy.com) de deux vidéos en soutien au peuple iranien en révolte.

Mahmoud Ahmadinejad et contre la confiscation de l'élection. A eux comme, d'ailleurs, à ceux qui restent aveuglément fidèles au régime, je dis la même chose : ce n'est que le début…

La révolution est en marche…

Si vous voulez, oui. Car on oublie que la première révolution iranienne, la national-socialiste, celle qui a porté Khomeyni au pouvoir, a duré une année. Là, cela peut très bien être pareil. Un régime discrédité, fissuré, agonisant, et qui fait face à une protestation populaire impossible à endiguer. Difficile de dire, bien sûr, sur quoi tout cela débouchera. Mais le processus, je vous le répète, est irréversible.

Que pensez-vous de Mir Hossein Moussavi, érigé en leader de l'opposition « verte » ?

Je suis moins pessimiste qu'au début des manifestations. Moussavi est un apparatchik, naturellement. Un homme du sérail. Un homme qui a servi sous Khomeyni et Khamenei. Mais voilà. Les circonstances le grandissent. Elles le hissent au-dessus de lui-même. Comme dans toutes les révolutions, au fond.

Vous évoquez Twitter dans votre message. A-t-on surestimé son rôle dans la mobilisation iranienne ?

Non. Son rôle, comme celui d'Internet en général, a été capital. Les Iraniens communiquent sur Twitter comme les résistants anti-Haider se parlaient par SMS en 2000. Parole vive. Communication instantanée. Ce n'est pas seulement le médium qui a changé. Mais aussi, par ce canal, la nature même du message.

La plupart des messages de 140 signes maximum sont pro-Moussavi… Twitter n'aurait-il pas tendance à déformer l'image que nous avons de la situation globale en Iran ?

Jusqu'à nouvel ordre, la seule « déformation », c'est le comptage frauduleux des votes par le régime, le truquage et le vol des élections.

La réponse à votre message, sur Twitter ou les blogs, est assez ironique : on vous présente en « sauveur de l'Iran ». Que répondez-vous ?

Ce message était moins adressé aux commentateurs parisiens qu'aux twitteurs iraniens. Et je sais que, pour ceux-là, dans l'état de solitude, de désespoir, où ils se trouvent, tous les soutiens sont les bienvenus.

Vous avez posté une autre vidéo sur Daily Motion. Celle-ci montre « Mahmoud Ahmadinejad, à Qom, en compagnie de son mentor, l'ayatollah Mesbah Yazdi, ainsi que d'un cénacle d'élèves et de fidèles » le 13 juin dernier, d'après la description que vous avez associée à ce document filmé à l'insu de ces derniers, semble-t-il. Quel a été votre sentiment lorsque vous l'avez visionné ?

Le ton, le propos d'Ahmadinejad m'ont glacé. Il y a quelque chose de terrible dans sa voix, dans son regard ainsi que dans le jeu étrange de déférence réciproque entre les religieux qui l'entourent et lui. Le contenu aussi est effrayant. Ne serait-ce que parce qu'il confirme qu'on a affaire, là, à un illuminé, un fanatique.

Comment avez-vous obtenu ce document ?

Par Fariba Hachtroudi, l'écrivaine iranienne qui a notamment publié un beau *Le douzième imam est une femme*. C'est elle qui, à son retour de Téhéran où elle vient de faire un nouveau et long séjour, l'a reçu, puis traduit et sous-titré. Elle désespérait de voir la presse s'y intéresser. Une version non sous-titrée avait été postée sur YouTube, mais sans réactions. Elle me l'a donc confié, hier, mercredi. Je l'ai moi-même, et aussitôt, envoyé aux amis américains qui tiennent ma page Facebook. Et ils l'ont mis en ligne. Voilà. Mon rôle a été bien modeste. Mais je suis heureux, très heureux, d'avoir pu faire cela.

Vous évoquez le début d'une révolution… Lui évoque le début de « grands bouleversements », en Iran ou au-delà.

Le rapprochement s'arrête là. Car ce que cet illuminé annonce c'est le début de la fin du monde. Ce que décrivent les démocrates iraniens est exactement le contraire : le début fragile, incertain, à tâtons, de la démocratie. Cet homme est dangereux pour son peuple. Mais il l'est aussi pour le monde.

Vous appelez la communauté internationale à soutenir cette aspiration démocratique. N'y a-t-il pas un risque que ce soutien soit contre-productif ?

On se posait la même question pour l'Union soviétique… Mais c'est une fausse question. Partout, toujours, il faut encourager les démocrates.

18

Si l'Europe était à refaire… [1]

Je ne recommencerais pas par la culture.

Toujours commencer par ce que l'Europe, pour bien faire, doit s'employer à *ne pas être*.

Une nation de plus, par exemple.

Une nation supplémentaire et au carré.

1. *Financial Times and Agora Projects* : « European Union : the next fifty years » ; mars 2007.

Une sorte de grosse nation s'ajoutant aux petites, les coiffant ou les remplaçant, et se contentant d'en reproduire, au niveau et à l'exposant supérieurs, les traits, les tares ou les méfaits.

Vouloir et faire l'Europe, c'est rompre avec cela

Se vouloir, se sentir européen, c'est un sentiment d'une nature qui n'a plus rien à voir, soudain, avec ce qui s'éprouve dans les appartenances nationales traditionnelles.

A quoi bon l'Europe si c'est pour accoucher d'un sentiment national plus vaste, plus moderne, mais de même nature que l'autre et qui aurait pour seul avantage d'être mieux adapté aux exigences ou circonstances de la conjoncture et de l'époque ?

A quoi bon l'effort de se vivre, non plus « Français », mais « Européen d'origine française » (ou allemande, ou anglaise, ou italienne, ou luxembourgeoise, peu importe) si ce n'est pour en finir avec le schème, le modèle, le mode de penser, national en tant que tel ?

Exemple, le patriotisme. Je connais le patriotisme français (ou allemand, ou anglais, ou italien, ou luxembourgeois, peu importe). Je ne connais pas (ni ne veux connaître, car ce serait l'échec même du projet) de patriotisme européen. Ou alors, oui. Mais homonyme. Le même nom, si l'on y tient, mais pour une réalité différente. Un patriotisme, à l'extrême rigueur, mais « constitutionnel » au sens de Dolf Sternberger, puis de Jürgen Habermas et, avant eux, de Julien Benda dans son *Discours à la nation européenne*. Etre européen, c'est inventer cette idée neuve qu'est, en Europe, l'amour, non d'une terre, mais d'un texte ; non d'un terroir, mais d'une loi ; non d'une racine ou, pire, d'une race – mais d'un ciel de principes et idées mis en commun. Je suis européen *pour* en finir avec le schème national et nationaliste.

Exemple, l'identité. Un peuple a une identité. Il croit, à tout le moins, qu'il en a une. Et c'est même là l'essentiel de sa passion, à la lettre de sa religion, communautaire et des délires qui vont avec. L'Europe, elle, n'en a pas. Et si elle en a, ou croit en avoir, une, il faut la décevoir, tordre le cou à sa croyance et, au sens strict, la *désidentifier*. Unifier l'Europe ? L'union, en

Europe comme ailleurs, ferait la force ? Oui et non. Pas forcément vrai, justement, dans le cas précis. Et certainement pas, en tout cas, une unité conçue sur le mode de cette fusion, de ce mauvais Universel fonctionnant comme un rouleau compresseur arasant les singularités, liquidant les noms distincts de chacun, rassemblant le divers du monde européen sous le drapeau commun d'une somme d'autant mieux partagée qu'elle serait vaine et sans contenu. Il y a un texte de David Hume, paru en 1742, intitulé *De la naissance et du progrès des arts et des sciences* et qui dit très explicitement cela. D'un côté la Chine, explique-t-il, qui est un vaste empire, doté d'une langue unique, de lois partout identiques et d'une même façon de vivre. De l'autre l'Europe avec ses peuples, ses us et coutumes, ses lois, irréductiblement, jalousement, définitivement, divers et singuliers. Eh bien c'est en Europe, observe Hume, qu'est le progrès. C'est en Europe, insiste Hume, qu'est l'invention. Car c'est l'Europe, et l'Europe seule, qui invente ce miracle qu'est une communauté fédérant des diversités irréductibles. On l'appellera, cette communauté, « inavouée », ou « imaginaire », ou « paradoxale ». On donnera, selon le goût ou la philosophie de chacun, le nom que l'on voudra à son intranquillité constitutive. Reste qu'elle n'est pas identitaire. Reste qu'elle n'a plus son principe dans les philosophies du même ou du propre. Etre européen c'est avoir conscience d'un rassemblement énigmatique où ce qui distingue reste aussi vif que ce qui relie.

Exemple, encore : la frontière. Toutes les communautés humaines ont une frontière. Toutes sont des touts dotés d'une limite qui, à la lettre, les constitue. Fait exception l'Europe. Seule elle, l'Europe, échappe à cette fatalité frontalière des rassemblements d'hommes et de femmes que nous avons connus, dans l'Histoire, avant l'Europe. Et elle y échappe forcément, par principe et définition, pour la raison même que je viens de dire – dès lors qu'elle est cette communauté inavouée, inorganique, insubstantielle, dès lors qu'elle a sa source dans les têtes davantage que sous les souliers, dès lors qu'elle est cette communauté a-communautaire, athée, incrédule quant à ce qui, d'habitude, sanctifie les communautés et leur donne un sens, elle ne peut qu'être étrangère à la langue de la frontière… Pas de patrie, pas de frontière. Pas d'identité, pas de démarcation ni de lisière. Est européen quiconque se reconnaît dans une certaine conception du vivre-ensemble, du droit, des limites du théologico-politique, de la laïcité, de la tolérance ? Eh bien impossible, dans ce cas, de tracer la ligne en question. Impossible, une fois pour toutes, de dire qui est dedans et qui dehors. Impossible, pour cette Europe devenue région de l'Etre avant que région du monde et de la planète, de venir dire : « ici est ma borne ; ici ce qui me limite et, du coup, contient mon continent. » Les Grecs le savaient. Les inventeurs – grecs – du mot ne racontaient rien d'autre quand ils donnaient le nom d'Europe à une déesse et que, de cette déesse, ils faisaient le symbole, non d'une terre, mais d'un passage, presque d'une transgression et, en tout cas, de la traversée d'une mer joignant une terre à une autre terre. Et c'est la raison pour laquelle, par parenthèse, il ne peut y avoir d'objection de principe à l'entrée d'une Turquie qui s'affirmerait fidèle aux principes fondateurs de l'âme européenne : qu'Istanbul se mette en règle avec les Droits de l'homme, qu'elle se mette au clair avec sa mémoire génocidaire, qu'elle donne un coup d'arrêt réel à la marée noire de l'antisémitisme qui revient – et l'Europe n'aura, sauf à se renier, aucune raison de l'exclure de son espace métaphysique et, partant, physique.

Je résume. Si l'Europe n'est pas une patrie, si elle n'a pas plus de frontière qu'elle n'a d'identité, c'est qu'elle est un objet politique. Un objet étrange, certes. Un objet nouveau, inconnu dans les bestiaires et les traités. Un objet politique non identifié, au sens strict une chimère, qu'il nous appartient, naturellement, de construire. Mais un objet politique, c'est certain. A opposer à ce « projet de civilisation », vaseux et souvent douteux, dont nous saoulent les mauvais Européens. Si c'était à refaire, je ne recommencerais certainement pas par la culture.

19

L'Europe emmerde le monde[1]

Qu'est-ce qui distingue, selon Valéry (et l'auteur), une emmerdeuse, d'une emmerderesse, d'une emmerdante ?

Vieille ou ancienne, l'Europe ?

Irrésistible ou périssable – et, si périssable, d'où vient que nul ne semble en avoir pris vraiment conscience ?

Derniers jours de l'humanité ou non – et d'où vient que nul ne semble, là non plus, s'aviser de ce que le « dernier homme » est à la fois la plus terrible prophétie de Nietzsche, le visage des hommes d'Europe aux temps de la Fin de l'Histoire selon les néo-hégéliens et le premier titre auquel avait songé Orwell pour son terrible *1984* ?

Mars ou Vénus ? Et comment, quand on fait le choix de Vénus et que, comme l'auteur, on n'a jamais eu la moindre complaisance pour l'esprit et la culture de la guerre, continuer de voir Munich, le signifiant « Munich », comme une catégorie constitutive – pour le pire ! – de l'être européen ?

Pourquoi l'Europe ne peut-elle être que la synthèse, sur la voie romaine, de Jérusalem et d'Athènes ?

Saviez-vous que, entendu d'une oreille grecque, *europeos* veut dire aussi celui qui « se tient droit », voire – mais oui ! – qui « bande dur » ?

1. Préface à Daniel Riot, *L'Europe cette emmerdeuse*, conversations avec Sandrine Kauffer, City Editions, 2008.

Et Troie ? Ne faudrait-il pas, à tous les lycéens d'Europe, enseigner la guerre de Troie, c'est-à-dire *à la fois* l'extermination des fils de Priam par les compagnons d'Agamemnon et, parmi les premiers, l'énigme de ce « reste » qui, comme disent et la Bible et Virgile, ira jeter les bases des cités fondatrices de l'Europe ?

Qu'a voulu dire le plus français des écrivains français, l'un des rares qui, à bon droit, puisse dire que sa patrie c'est sa langue, qu'a voulu dire Philippe Sollers quand, dans un mot jamais démenti, il a déclaré souhaiter voir inscrit sur sa tombe : « Ecrivain européen d'origine française » ?

Que le souverainisme bien compris implique, non pas de se méfier de l'Europe, mais de l'aimer – seule voie de souveraineté possible.

Que l'idée de République, de la même façon, est une idée morte, inévitablement morte, si elle ne se ressource, comme le savait déjà Hugo, dans les eaux mêlées de l'esprit d'Europe.

Que la souveraineté, la République, donc l'Europe, n'ont, au fond, qu'un ennemi : le « on », le « il y a », le *Es gibt* de Heidegger et des bureaucraties chiffreuses qui ont pris l'Europe en otage – et que la seule façon de « faire » l'Europe serait de recommencer donc, non pas exactement par la culture, mais par la chair même du social.

Quid des institutions européennes ?

Quid du Conseil de l'Europe, si mal traité, si profondément sous-évalué ?

Où est la Marianne européenne ?

Qui est prêt à la désirer, la chérir, l'étreindre ?

Où sont passés les taureaux ailés ?

Pourquoi, comme l'a tout de suite souligné le père de la géographie moderne, Hérodote, Europe est-elle une déesse « asiate » qui s'est arrêtée à Tyr et n'a, pas plus que Moïse à ceux de la Terre promise, abordé aux rivages de ce que nous appelons aujourd'hui, géographiquement, « l'Europe » ?

A quoi sert la géographie ? A faire la guerre ou la paix ?

D'où vient que la question turque suscite, en France au moins, un si étrange malaise ?

Faites, chacun, l'expérience : où, dans quel pays, dans quelle circonstance, quelle compagnie, vous êtes-vous senti *vraiment* européen ? Les uns diront Jérusalem… D'autres Athènes… D'autres, encore, Sarajevo… L'auteur, lui, dit Beyrouth ; mais c'est comme s'il disait, à la fois, Jérusalem, Athènes, Sarajevo.

Telles sont quelques-unes des questions posées dans ce beau livre de colère, ardent comme sont les livres des jeunes gens, grave comme on l'est quand, au fil d'une vie déjà longue, on a touché du doigt, et de l'âme, la périssabilité vraie, sans phrases ni chiqué, des civilisations.

Telles sont quelques-unes des obsessions d'un journaliste qui a appris son métier, nous dit-il, au contact de la colère des choses (Beyrouth, Belfast) non moins que des leçons de « journalisme transcendantal » administrées par un philosophe qui se voulait, et français, et européen (Maurice Clavel).

Ce sont autant de raisons de lire ce livre, et de le lire comme il a été écrit – dans la fièvre et la patience.

20

Monsieur Besson, l'Europe et Martin Heidegger[1]

Le paradoxe est phénoménal.

Et vu d'ici, à New York, dans les quelques journaux qui s'intéressent encore à mon pays, il confine au grotesque.

1. *Libération* du 19 novembre 2009.

D'un côté, on nous parle d'une identité française en péril.

On a un ministre de l'Identité nationale et de l'Immigration (ah ! ce « et »... le temps a beau passer, je ne parviens pas à voir dans ce « et », dans cette « copule » entre « identité » et « immigration », autre chose qu'une crapulerie...) qui, comme si la patrie était en danger, comme s'il y avait le feu dans la maison de l'Identité, charge le « corps préfectoral » d'organiser ce grand débat, ces états généraux, des valeurs fondatrices de la « douce France » chère, nous dit-on, à Charles Trenet.

Et voici même un député qui, ivre du climat ainsi créé, s'engouffrant dans la brèche ouverte par le ministre et confondant, au passage, prix Goncourt et Légion d'honneur, tance un écrivaine pour une interview jugée nuisible à l'« image du pays » et l'exhorte à un « devoir de réserve » qui devrait être, selon lui, requis des lauréats des prix littéraires (j'ai beau, là aussi, tourner le problème dans tous les sens : non seulement ce député est sot, mais je ne vois pas de plus noble fonction à un grand prix que de permettre à qui le reçoit d'ouvrir, justement, sa grande gueule, de se servir de cette distinction comme d'un porte-voix supplémentaire et de briser, justement, *tous* les devoirs de réserve que lui imposait sa situation antérieure...).

Or, dans le même temps, tandis que tout ce petit monde amuse la galerie avec son débat lamentable, pendant que, de gauche à droite, chacun croit bon de montrer patte blanche et de protester bien comme il faut de la fermeté de son patriotisme, pendant qu'on nous refait, d'un bord à l'autre de l'échiquier, le vieux coup bien tartuffe de la juste-question-qu'il-ne-faut-pas-laisser-au-Front-national, il y en a une, d'identité, qui est, elle, en vrai péril et dont, selon la classique logique de la lettre volée (Poe) ou au rebut (Melville), selon l'inusable principe qui veut que rien ne vaille une diversion, un bon lapsus bien articulé ou, tout simplement, un nuage d'encre, pour occulter une question embarrassante, nul ne semble s'en aviser – et c'est l'identité européenne.

Je ne doute pas des qualités de celles et ceux qui se sont présentés, ce jeudi, aux suffrages des vingt-sept chefs d'Etat et de gouvernement chargés d'élire leur président.

Mais je doute du mode de désignation, en catimini, opaque, sans audition des candidats.

Je doute des pouvoirs dont, fort d'une légitimité d'avance aussi mal trempée, le nouveau président pourra se prévaloir quand il s'agira de contrer les visées russes sur l'Ukraine et la Géorgie ou de faire avancer le dossier climatique.

Et l'on ne voit que trop, en revanche, comment s'est mise en place la pitoyable machine à perdre : que les meilleurs soient écartés ; que les plus médiocres, les plus ternes, ceux qui feront le moins d'ombre aux chefs de gouvernement et d'Etat montés sur leurs ergots nationaux, emportent le morceau ; avec cet effet mécanique que la construction européenne se voit alors privée, en cette heure critique de son histoire, de ses avocats les plus charismatiques et, parfois, les plus ardents (ah ! Tony Blair… Jacques Delors… et, surtout, Felipe González…).

Ma génération a vécu dans l'illusion d'une Europe inévitable et qui, parce qu'elle était censée aller dans le « sens de l'Histoire », se ferait quoi qu'il arrive.

Elle vivait dans l'idée – progressiste, littéralement progressiste, même si c'était un progressisme libéral – que l'Europe se bâtirait toute seule, en douce, dans notre dos, sans que les sujets s'en aperçoivent ni, encore moins, s'en donnent le mal.

C'est cette illusion qui vole en éclats.

C'est ce rêve d'une Europe facile qui est en train de se dissiper.

Et l'actualité du jour c'est bien, qu'on le veuille ou non, l'effritement, l'épuisement, bientôt le démantèlement d'un projet qui avait à son actif rien moins qu'une victoire sur le fascisme (Espagne, Grèce, Portugal), une autre sur le totalitarisme (la libération des nations constitutives de ce que Kundera appela naguère « l'Europe captive »), sans parler de la prodigieuse capacité à fomenter de la paix entre ennemis que l'on pensait héréditaires (France et Allemagne).

Alors, à partir de là, il faut choisir.

Ou bien on fait taire le ministre de l'Identité nationale, Monsieur Eric Besson, ou bien on enterre définitivement l'Europe.

Ou bien on consent à la diversion nationaliste, ou bien on renonce au beau projet de cet objet politique de type nouveau, de cette chimère institutionnelle et idéologique, qu'était la construction européenne.

On ne peut pas, en tout cas, faire les deux : lancer, d'un côté, l'inutile débat sur une identité dont chacun sait qu'elle ne se porte pas plus mal aujourd'hui qu'il y a dix, vingt ou trente ans – et alimenter, relancer, faire avancer, l'autre débat qui, lui, pour le coup, est vital et qui porte sur une Europe qui sait de moins en moins ce qu'elle est, ce qu'elle veut et ce qui lui est permis d'espérer.

Il n'y a, aujourd'hui, et en ces matières, pas trente-six manières d'envisager l'avenir : il y en a deux – et qui s'excluent.

Renouer avec la terre qui ne ment pas, reprendre racine parmi les morts – ou entreprendre, comme disait Kleist dans la célèbre page commentée par Heidegger dans *Acheminement vers la parole,* de « s'effacer » devant des vivants qui ne sont pas encore tout à fait là et « s'incliner, un millénaire à l'avance, devant leur esprit ».

La nostalgie d'un nationalisme remis sur le métier des rhétoriques populistes et rances, ou l'audace d'une Europe à venir, pas dans mille ans mais demain car le temps presse – tel est le choix.

21

L'Ukraine et la Géorgie dans l'OTAN ? (Lettre ouverte à Angela Merkel et Nicolas Sarkozy)[1]

Madame la Chancelière, Monsieur le Président,

Il y a bientôt vingt ans, nous assistions avec enthousiasme à l'événement le plus extraordinaire de la fin du XXe siècle : la chute du mur de Berlin. L'Allemagne réunifiée ouvrait la voie à la résurrection de notre continent. Une vague de « révolutions de velours » emportait, une à une, les dictatures communistes. Combattant sans relâche ces régimes iniques depuis le temps déjà lointain de la « Nouvelle Philosophie », nous nous réjouissions de cette fête de la liberté magnifique. N'en déplaise aux âmes aigres et blasées, nous nous accordions à voir là, dans cet événement sans vrai présage, le commencement d'une ère nouvelle.

Un peu plus d'une décennie plus tard, le mouvement se poursuit. Loin de n'avoir été qu'un moment de grâce, énigmatique et éphémère, c'est une longue poussée qui se prolonge puisque, à l'orée du XXIe siècle, la « révolution des roses » en Géorgie, puis la « révolution orange » en Ukraine, ont marqué

1. Article cosigné avec André Glucksmann et publié, entre le 2 et le 5 avril 2008, dans *Le Monde, The Huffington Post,* le *Corriere della Sera* et la *Frankfurter Allgemeine Zeitung.*

le triomphe dans ces pays des mêmes idées démocratiques. Libérations collectives, joyeuses et pacifiques, ces deux insurrections prouvèrent une nouvelle fois que l'histoire humaine était plus qu'une accumulation de mauvaises nouvelles. Marx était mort dans les têtes, mais la volonté d'émancipation lui survivait, se nourrissant même de sa disparition.

Si nous nous adressons aujourd'hui à vous, Madame la Chancelière, Monsieur le Président, c'est que s'ouvre, demain, à Bucarest, le sommet de l'OTAN le plus important depuis la fin de la guerre froide et que nous souhaitons que l'on s'y souvienne des centaines de milliers d'étudiants, paysans et ouvriers qui envahirent les rues de Tbilissi et de Kiev en 2002 et 2004, brandissant des drapeaux européens, français, allemands, anglais ou américains. Ces hommes et ces femmes désarmés étaient les dignes héritiers de Vaclav Havel et de Lech Walesa, des pasteurs est-allemands et des intellectuels hongrois ou roumains. Ils incarnaient l'Europe, cette grande aventure de notre temps dont nous peinons si souvent, depuis Paris ou Berlin, à saisir l'aspect exaltant et profondément révolutionnaire. Ils demandent aujourd'hui à être associés à l'organisation qui assure la sécurité de nos démocraties depuis près de soixante ans. Au nom de quoi le leur refuserions-nous ? Qui osera assumer devant les générations futures de leur avoir claqué la porte au nez en ce moment si décisif de leur histoire et de la nôtre ?

A Bucarest, il sera question de l'Afghanistan, du Kosovo, de la Macédoine, et donc, qu'on le veuille ou non, de la Géorgie et de l'Ukraine. Et il sera question de savoir si l'Occident démocratique assume ses valeurs de liberté et de tolérance, soutient ses alliés naturels et tend ou pas la main à ceux qui, en Europe ou sur ses marges, célèbrent avec ferveur ses idéaux constitutifs. Refuser à l'Ukraine et la Géorgie le MAP (*Membership Action Plan* : non pas l'adhésion à l'OTAN, mais l'ouverture d'un processus réversible qui *peut* y conduire d'ici dix ou quinze ans) serait une erreur dramatique. Le monde nous est-il si favorable aujourd'hui que nous puissions baisser ainsi pavillon et refuser d'ouvrir les bras aux rares pays qui, à leurs risques et périls, assument leur adhésion à notre modèle politique ?

Depuis des dizaines d'années, l'un comme l'autre, souvent l'un avec l'autre, nous avons soutenu les combattants des droits de l'homme et les démocrates persécutés à travers le monde. De la Bosnie à l'Afghanistan et au Pakistan, du Darfour à la Tchétchénie ou au Tibet, de Pékin à Minsk, nous constatons ce qu'il en coûte d'être l'ami d'un Occident si réticent à aider ses partisans et si prompt à céder à ses ennemis. Pour une fois, à Bucarest, il ne s'agit pas de condamner une dictature ou de boycotter une tyrannie (ce que les realpoliticiens rechignent naturellement à faire), mais de reconnaître le parcours et la volonté de peuples souverains en les intégrant à notre famille politico-militaire. Cela ne coûtera aucun emploi à nos économies. Cela ne nous privera d'aucun baril de pétrole. Nous n'avons pas à choisir, comme l'ambassadeur Claudel fustigé par les surréalistes, entre des livraisons de gaz et la liberté pour nos amis. Non. Ce qui nous est demandé est très simple. Et cela s'avère, pourtant, étrangement compliqué.

Le problème est que, une fois de plus, notre communauté de nations et de peuples se divise et se recroqueville sur elle-même. Par souci, réitéré jusqu'à l'obsession, de ne pas froisser la Russie, certains gouvernements renâclent, quand ils ne s'y opposent pas, à ce geste peu coûteux mais ô combien symbolique que serait le soutien aux jeunes démocraties ukrainienne et géorgienne. Cette opposition, si elle se confirmait, signifierait une terrible faillite morale. Ce serait, aussi, une faute politique doublée d'une grave erreur de jugement et de calcul stratégique.

Car enfin, puisque nous semblons décidés à juger avec les yeux de Moscou tout ce qui touche à l'Europe centrale et orientale, regardons-y de plus près. Vladimir Poutine, en bon agent du KGB, et son successeur Dmitri Medvedev, architecte du mastodonte Gasprom, ne sont pas des idéologues fanatiques. Ce sont des autocrates madrés, réalistes, rompus à la logique des rapports de forces. Si la Géorgie et l'Ukraine obtenaient le MAP, le Kremlin protesterait, menacerait, pointerait peut-être, s'il ne l'a déjà fait, un missile ou deux sur Kiev ou Tbilissi. Mais il ne mènerait aucune action inconsidérée contre ces pays et ne romprait aucune de ses relations, ni avec l'OTAN, ni avec l'Union européenne. Notre décision sanctuariserait les deux territoires géorgien et ukrainien. Le gaz continuerait d'arriver. Et la « logique de guerre », qui effraie tant nos Norpois, s'enrayerait aussitôt.

A l'inverse, nous sommes convaincus que c'est notre refus qui enverrait un signal désastreux aux nouveaux tsars de la Russie national-capitaliste. Il leur montrerait que nous sommes faibles et veules, que la Géorgie et l'Ukraine sont des terres à conquérir et que nous les immolons de bon cœur sur l'autel de leurs ambitions impériales revenues. Ne pas intégrer ou, plus exactement, ne pas *envisager* d'intégrer ces pays à l'espace de civilisation européen déstabiliserait la région. Bref, c'est en cédant à Vladimir Poutine, c'est en lui sacrifiant nos principes, c'est en déclarant forfait avant d'avoir rien essayé, que nous renforcerions, à Moscou, le nationalisme le plus agressif.

Prenons la Géorgie : ce petit pays du Caucase est sous embargo russe depuis de longues années. Son territoire a été bombardé à plusieurs reprises par des avions de l'ex-Armée rouge. Deux de ses régions (l'Abkhazie et l'Ossétie du Sud) y sont gouvernées par des séparatistes stipendiés et encadrés par Moscou. « Une bonne raison pour ne rien faire » soufflent, mi-honteux, mi-enivrés par leur propre subtilité, nos stratèges ès realpolitik. Oublient-ils la Tchécoslovaquie et les Sudètes, la capitulation et les sacrifices de Munich ? Ne se souviennent-ils pas de l'intégration de la RFA dans l'OTAN, malgré le blocus de Berlin, malgré la division du pays, malgré les menaces soviétiques ? De la stratégie du renoncement et de celle du courage, laquelle a le mieux fonctionné ? Laquelle a fait progresser, sur le continent européen, la paix, la prospérité, le goût et la pratique de la démocratie ?

Prenons le cas de l'Ukraine. « Kiev est le berceau symbolique de l'Empire russe, l'Histoire parle d'elle-même » assurent, péremptoires, des diplomates prompts à se référer au passé pour ne pas avoir à agir dans le présent. Mais que savent-ils, ceux-là, de l'histoire du XXe siècle ? Ne voient-ils pas que les six millions de morts ukrainiens de la grande famine et des répressions staliniennes ont définitivement cassé l'Empire dont les leaders russes prétendent entretenir la sanglante nostalgie ? Ont-ils déjà oublié les slogans des manifestants de 2004 proclamant, scandant : « nous sommes libres et indépendants ; nous sommes européens » ?

Les signataires de cette lettre n'ont ni fonction ni mandat. Ils s'efforcent juste de penser le monde tel qu'il est, en ne renonçant à rien de ce qui fit, et fait encore, la grandeur de la civilisation européenne. Et ils se refusent à l'idée de voir l'Occident sacrifier, à nouveau, sur l'autel d'intérêts mal compris, ses amis en démocratie et frères en liberté. Ne laissons pas au Kremlin un droit de veto sur les relations que l'Europe et l'Amérique entendent nouer avec leurs alliés naturels. Ouvrons les portes de l'OTAN à l'Ukraine et à la Géorgie.

Madame la Chancelière, Monsieur le Président, votre responsabilité en ce jour est immense. Ecoutez votre cœur, votre destin et celui de vos peuples. Ne cédez ni aux sirènes du renoncement ni aux commodités de l'apaisement. L'avenir – proche – vous observe et nous juge.

22

SOS Géorgie ? SOS Europe ![1]

N'allez pas croire à une affaire simplement locale : il s'agit probablement du tournant le plus décisif de l'histoire européenne depuis la chute du mur de Berlin. Ecoutez Moscou donner de la voix : « génocide ! », accuse Poutine qui n'avait pas daigné prononcé le mot lors du 50e anniversaire d'Auschwitz ; « Munich ! », évoque le tendre Medvedev, insinuant que la Géorgie, avec ses 4,5 millions d'habitants, est la réincarnation du IIIe Reich. Nous nous garderons bien de sous-estimer les capacités mentales de ces deux dirigeants. Aussi devinons-nous qu'en feignant l'indignation, et en la surjouant, ils manifestent leur volonté de frapper un très grand coup. Visiblement les *spin doctors* du Kremlin ont révisé les classiques de la propagande totalitaire : plus mon mensonge est gros, mieux je cogne.

Qui a tiré, cette semaine, le premier ? La question est obsolète. Les Géorgiens se sont retirés d'Ossétie du Sud, territoire que la loi internationale place – rappelons-le tout de même – sous leur juridiction. Ils se sont retirés des villes avoisinantes. Convient-il qu'ils se retirent aussi de leur capitale ? La vérité est que l'intervention de l'armée russe hors de ses frontières, contre un pays indépendant, membre de l'ONU est une grande première depuis plusieurs décennies – très précisément, depuis

1. Avec André Glucksmann, encore. Paru, entre les 12 et 18 août 2008, dans *Libération, The Huffington Post* et le *Corriere della Sera*.

l'invasion de l'Afghanistan. En 1989, Gorbatchev avait refusé d'envoyer les tanks soviétiques contre la Pologne de Solidarnosc. Eltsine s'est bien gardé, cinq ans plus tard, de permettre aux divisions russes d'entrer en Yougoslavie pour soutenir Milosevic. Poutine lui-même n'a pas pris le risque de faire donner ses troupes contre la « révolution des roses » (Géorgie, 2002) puis la « révolution orange » (Ukraine, 2004). Aujourd'hui tout bascule. Et c'est un monde nouveau, avec de nouvelles règles, qui risque d'apparaître sous nos yeux.

Qu'attendent l'Union européenne et les Etats-Unis pour bloquer l'invasion de la Géorgie, leur amie ? Verra-t-on Mikhaïl Saakachvili, leader pro-occidental, démocratiquement élu, viré, exilé, remplacé par un fantoche ou pendu au bout d'une corde ? L'ordre va-t-il régner à Tbilissi comme il a régné à Budapest en 1956 et à Prague en 1968 ? A ces questions simples, une réponse, une seule, s'impose. Il faut sauver, ici, une démocratie menacée de mort. Car il n'en va pas seulement de la Géorgie. Il en va aussi de l'Ukraine, de l'Azerbaïdjan, de l'Asie centrale, de l'Europe de l'Est, donc de l'Europe. Si nous laissons les tanks et les bombardiers casser la Géorgie, nous signifions à tous les voisins proches et moins proches de la Grande Russie que nous ne les défendrons jamais, que nos promesses sont des chiffons de papier, nos bons sentiments du vent et qu'ils n'ont rien à attendre de nous.

Il reste peu de temps. Commençons donc par énoncer clairement qui est l'agresseur : la Russie de Vladimir Poutine et de Dmitri Medvedev, ce « libéral » fameux et inconnu censé pondérer le nationalisme du premier. Rompons, ensuite, avec le régime de la tergiversation et des vessies prises pour lanternes : les 200 000 tués de Tchétchénie, des « terroristes » ; le sort du Caucase Nord, une « affaire intérieure » ; Anna Politkovskaïa, une suicidaire ; Litvinenko, un ovni... Et admettons enfin que l'autocratie poutinienne, née par la grâce des attentats obscurs qui ensanglantèrent Moscou en 1999, n'est pas un partenaire fiable, encore moins une puissance amie. De quel droit cette Russie-là, agressive, menaçante et de mauvaise foi, est-elle encore membre du G8 ? Pourquoi siège-t-elle au Conseil de l'Europe, institution vouée à défendre les valeurs de notre continent ? A quoi bon maintenir les lourds investissements, notamment allemands, du gazoduc sous la Baltique pour le seul avantage – russe – de court-circuiter les tuyaux qui passent par l'Ukraine et la Pologne ? Si le Kremlin persiste dans son agression caucasienne, ne convient-il pas que l'Union européenne reconsidère l'ensemble de ses relations avec son grand voisin ? Il a autant besoin de vendre son pétrole que nous de l'acheter. Il n'est pas toujours impossible de faire chanter un maître chanteur. L'Europe, si elle trouve l'audace et la lucidité de relever le défi, est forte. Sinon elle est morte.

Les deux signataires de cet article adjuraient publiquement, dans une lettre datée du 29 mars 2008, Angela Merkel et Nicolas Sarkozy de ne pas bloquer le rapprochement de la Géorgie et de l'Ukraine avec l'OTAN. Une décision positive, écrivions-nous, « sanctuariserait les deux territoires géorgien et ukrainien. Le gaz continuerait d'arriver. Et la « logique de guerre », qui effraie tant nos Norpois, s'enrayerait aussitôt. A l'inverse, nous sommes convaincus que c'est notre refus qui enverrait un signal désastreux aux nouveaux tsars de la Russie national-capitaliste. Il leur montrerait que nous sommes faibles et veules, que la Géorgie et l'Ukraine sont des terres à conquérir et que nous les immolons de bon cœur sur l'autel de leurs ambitions impériales revenues. Ne pas intégrer ou, plus exactement, ne pas *envisager* d'intégrer ces pays à l'espace de civilisation européen déstabiliserait la région. Bref, c'est en cédant à Vladimir Poutine, c'est en lui sacrifiant nos principes, c'est en déclarant forfait avant d'avoir rien essayé, que nous renforcerions, à Moscou, le nationalisme le plus agressif ». C'était envisager le pire, sans vouloir trop y croire. Mais le pire est advenu. Pour ne pas froisser Moscou, la France et l'Allemagne ont mis leur veto à cette perspective d'intégration. Poutine a si bien reçu le message qu'il a déclenché son offensive en guise de remerciement.

Il est temps de changer de méthode. Les Européens ont assisté, impuissants parce que divisés, au siège de Sarajevo. Ils ont vu s'opérer, impuissants parce qu'aveugles, la mise en pièces de

Grozny. La lâcheté va-t-elle nous obliger, cette fois, à contempler, passifs et poussifs, la capitulation de la démocratie à Tbilissi ? L'Etat-Major du Kremlin n'a jamais cru en l'existence d'une « Union européenne ». Il professe que, sous les belles paroles dont Bruxelles est prodigue, grouillent les rivalités séculaires entre souverainetés nationales, manipulables à merci et se paralysant l'une l'autre. Le test géorgien vaut preuve d'existence ou de non-existence ; l'Europe telle qu'elle s'est construite contre le rideau de fer, contre les fascismes d'antan et d'aujourd'hui, contre ses propres guerres coloniales, l'Europe qui a fêté la chute du Mur et salué les révolutions de velours, se retrouve au bord du coma. 1945-2008… Verra-t-on la fin de notre brève histoire commune se sceller dans les olympiades de l'horreur au Caucase ?

23

Où en sommes-nous avec le monde ?[1]

Dans Qui a tué Daniel Pearl ?, *votre livre précédent, vous parliez de la guerre en Irak comme d'une « absurde, tragique erreur de calcul historique ». Maintenez-vous ce jugement ?*

Oui, bien sûr. Je rentrais, à l'époque, du Pakistan. J'avais vu, là-bas, des menaces autrement plus terrifiantes en train de se mettre en place dans l'indifférence quasi générale. J'étais tombé, notamment, sur la piste d'Abdul Kader Khan, ce père

1. Entretien avec Joseph Macé-Scaron et Alexis Lacroix, *Le Figaro-Magazine,* 15 mai 2004.

de la bombe atomique pakistanaise dont on a fini, au bout d'un an, par admettre officiellement ce que je criais, alors, dans le désert, à savoir qu'il était à l'origine d'un gigantesque trafic en direction des Etats voyous. Alors, face à cela, face à la protection donnée à Khan par l'armée et le services secrets de son pays, face à ses liens avec Al-Qaïda dont, par parenthèse, la presse ne parle pas encore mais dont j'avais, moi, après Daniel Pearl, apporté les premières preuves, il est vrai que la menace irakienne me semblait, comment dire ? un peu légère…

La chute du totalitarisme soviétique aurait pu inaugurer une ère nouvelle consacrant le retour de la morale dans les affaires internationales. La guerre en Irak ne marque-t-elle pas surtout une défaite de la morale ?

Non. Du point de vue de la morale, cette guerre était plutôt juste. C'est politiquement qu'elle était désastreuse. Regardez, un an après, la situation. Embrasement général du pays. Les chiites basculant massivement dans le jihad. Al-Qaïda prenant pied dans une zone où il n'était guère implanté. Le fanatisme usurpant le beau nom de résistance pour martyriser les cadavres des GI's. Rarement guerre d'ingérence aura débouché sur une débâcle aussi massive. Rarement si cruel démenti aura été infligé aux buts avoués d'une intervention. Les Américains en Irak ? Une situation exemplaire d'ange qui fait la bête. Le cas d'école d'une moralité inattaquable rattrapée par ses effets induits. Je me méfie toujours, voyez-vous, des discours qui exhortent les dirigeants politiques à la morale. Et, depuis déjà bien longtemps, je préfère qu'un homme politique, plutôt que de plagier les moralistes, agisse en bon politique. En Irak, les néoconservateurs américains, enivrés par la justesse de leur cause morale, ont négligé de prêter attention aux conséquences involontaires, c'est-à-dire proprement politiques, de leurs entreprises. Comme il eût été préférable que l'administration Bush, avant de se lancer dans cette aventure absurde, fît, vraiment, de la politique !

Pouvez-vous préciser ?

La question de l'islam, par exemple. Vous connaissez mon avis sur la question. Il n'y a pas de guerre des civilisations qui oppose l'Occident et l'islam. La ligne de fracture, la vraie, passe ailleurs, à l'intérieur de chaque aire civilisationnelle, séparant ceux qui parient sur la démocratie et les droits de l'homme et ceux pour qui ces idéaux ne signifient rien ou pas grand-chose. Alors, voilà. Parce qu'ils ont adopté une conception vulgaire et frontale du choc des civilisations, les néoconservateurs de Washington ont été incapables d'entendre les voix de tous ces musulmans, plus nombreux qu'on ne le croit, qui se battent pour l'instauration de l'Etat de droit. Ils ont été aveugles à l'existence de cette frontière intérieure à l'islam qui partage un islam de ténèbres et l'islam lumineux des enfants de Massoud. En sorte que, là non plus, la grande démocratie américaine n'a pas failli à la morale, mais a échoué par moralisme : si elle s'est enlisée dans les sables du désert irakien, c'est parce qu'elle a placé la pureté de son éthique de conviction dans la cabine de pilotage ; la faute des néoconservateurs, leur erreur impardonnable, c'est de s'être montrés, en l'espèce, de piètres stratèges.

Et l'Europe ? Où est sa faute ?

L'Europe a certes placé la politique au poste de commande. Mais elle l'a fait dans le mépris de la liberté des peuples du Moyen-Orient et dans l'indifférence la plus cynique au sort du plus martyrisé d'entre eux, le peuple irakien. Je suppose que, pour faire de la bonne politique, il faut se situer à mi-chemin entre l'amoralisme européen et le moralisme des néoconservateurs.

Aurait-il été possible, dans cette affaire, de garder le juste milieu, alors que, sur les deux rives de l'Atlantique, on ne tolérait que des opinions enrôlées ?

Attendez. Que les Américains se soient trompés est une chose. Leur coller tous les péchés du monde sur le dos et, notamment, cette histoire de peuple enrôlé, drogué à la propagande et prêt à pratiquer une sorte de croisade à l'envers, c'en est une autre qui, personnellement, me semble très dangereuse. Attention à l'antiaméricanisme. Attention à cette vieille passion française et, désormais, planétaire qui fédère ce qu'il y a de pire dans les inconscients politiques, extrême gauche et extrême droite confondues. Qui a enrôlé qui dans cette affaire ? Qui a déclaré la guerre à l'autre ? N'en déplaise aux champions de l'« apaisement », c'est Ben Laden qui a foudroyé l'Occident en déclarant une guerre totale à tous les démocrates de la terre. Ce sont les séides d'Al-Qaïda qui attisent la guerre des cultures, en donnant à cette notion une dimension planétaire et prescriptive. Les Occidentaux se sont contentés de mener, de conserve ou dans la division, des ripostes plus ou moins habiles, plus ou moins rusées, mais des ripostes.

Le grand clivage transatlantique ne se reconstruit-il pas sur la définition même du terrorisme ?

Peut-être. Mais, alors, quel leurre ! Et quelle folie ! C'est le piège que tend aux Européens le chantage jihadiste. C'est tout le sens de ces déclarations récentes, attribuées au numéro 1 ou 2 d'Al-Qaïda, selon lesquelles une attitude conciliante, ou des concessions, à l'égard de l'islamisme suffiraient à déjouer la rage des terroristes. Et ils sont nombreux, les Européens, à être disposés à le croire – ils sont nombreux à penser, de bonne foi, que tout crime commis contre l'Occident est une réponse au « scandale » de son hégémonie. Le problème c'est que c'est faux. Idiot et faux. Si le nouveau Premier ministre espagnol, José Luis Zapatero, confirme le retrait du terrain irakien des troupes espagnoles et multiplie les déclarations lénifiantes, il ne détournera pas la foudre des terroristes : son attitude, nouvel avatar du munichisme européen, ne servira qu'à désarmer ses compatriotes.

L'Europe peut-elle se réveiller ?

Tant qu'ils croient leurs intérêts vitaux préservés, les peuples n'inclinent guère à la bravoure. Quand, en 1941, les Américains ont compris que le nazisme étendrait ses ailes noires jusqu'à eux, ils ont décidé, en un sursaut de lucidité, d'en découdre avec ce que Léon Blum appelait le « fanatisme idolâtre ». L'Europe se réveillera symétriquement le jour où elle prendra conscience du fait qu'elle n'est pas à l'abri de la rage des jihadistes et que les fatwas de ces derniers la concernent autant que les Etats-Unis. En attendant, la vérité doit être dite aux peuples européens. Pour un activiste d'Al-Qaïda, pour les militants des groupes islamistes pakistanais que j'ai croisés, le monde est ainsi structuré que Madrid est une ville des Etats-Unis et la France, quelles que soient ses prudences, une province de l'empire du Mal. Il faut tout notre nombrilisme ethnocentrique pour croire le contraire. Il faut tout notre provincialisme pour croire que, depuis Karachi, ce type de distinguo subtil entre adversaires plus ou moins résolus de la secte puisse avoir le moindre sens.

L'Europe, qui a son « Monsieur Terrorisme », le Néerlandais Gijs de Vries, peut-elle avoir une ligne de défense commune ? Ou doit-elle, au contraire, apporter sa contribution à la lutte internationale contre le terrorisme ?

Les deux, bien sûr. Sauf qu'en ce qui concerne la ligne de défense commune européenne j'ai, hélas, les plus vives craintes. Je suis de ceux qui, vous vous en doutez, s'enchantent de voir les anciennes nations captives d'Europe centrale et orientale rejoindre enfin leur famille naturelle. Nous le leur devions. C'était une terrible dette contractée du temps – et il dura si longtemps ! – où nous nous accommodions sans états d'âme de ce partage de l'Europe en deux aires de civilisation, presque deux temporalités, séparées par un quasi-décret du destin. Et, cette dette, il était donc essentiel de l'acquitter en opérant cet élargissement communautaire. Cela étant dit, l'élargissement change aussi la donne politique. Et nous n'allons pas tarder à découvrir qu'on ne fait pas l'Europe à vingt-cinq comme on la faisait à quinze et que l'identité politique de l'Europe aura, au moins en un premier temps, tendance à se diluer.

Comment prévenir cette dilution annoncée ?

Je ne crois pas à des progrès foudroyants du côté des institutions proprement politiques. Je suis également assez sceptique sur ces histoires de « culture européenne » qu'on nous exhorte régulièrement à « construire » et dont, à part Arte dont je préside toujours, avec beaucoup de fierté, le conseil de surveillance, je ne vois pas tellement de manifestations. Le levier, en revanche, c'est peut-être la politique étrangère. Et je vois assez bien des chefs d'Etat européens ambitieux, et fidèles aux pères fondateurs, portant sur les fonts baptismaux une véritable instance de pilotage d'une politique étrangère commune. Cela a si cruellement manqué au moment du Kosovo ! Et de la Bosnie ! Et, aujourd'hui, face à la guerre en Tchétchénie, face à la destruction méthodique de Grozny et à tous ces massacres de civils que l'on nous fait avaler au nom d'une alliance antiterroriste qui a bon dos… !

Vous évoquez le danger d'une dilution de l'identité politique de l'Europe. Quelle est votre position sur la candidature de la Turquie ?

Je n'ai pas d'objection de principe. L'adhésion à l'Union européenne d'un pays musulman laïque et moderne, d'un pays qui offre, qui plus est, un exemple d'islam démocratique, serait même une bonne chose. Mais cette intégration me paraît, pour l'heure, inenvisageable. Pour plusieurs raisons. A commencer par le fait que la guerre des deux islams sévit aussi là-bas et que nul ne peut aujourd'hui affirmer que le rapport de force soit destiné à demeurer, à court terme au moins, favorable à l'islam kémaliste.

Les Européens ont souvent le sentiment d'être emportés par un processus d'intégration qui reste indifférent à la question de l'identité…

C'est vrai. Mais voilà, justement, un domaine où nos nouveaux partenaires de l'autre Europe anciennement captive ont beaucoup à nous apprendre. L'Europe est-elle chrétienne, juive, grecque, latine ? A-t-elle une part musulmane ? Sera-t-elle politique ? Morale ? Ces questions, qui font bâiller les Européens de l'Ouest, animent chez nos voisins d'Europe centrale des débats enflammés. De même, d'ailleurs, qu'une autre question encore qui fut posée par Joschka Fischer, il y a quelques années, lors d'une conversation dont j'avais publié la substance dans *Le Monde* et qui est en train de rebondir, ces jours-ci, à Prague, Budapest et Varsovie. Quelle devrait être la constitution de l'Europe ? demandait Fischer. Sa vraie constitution. Celle, non pas exactement juridique, mais ontologique, qui sera, le jour venu, son sol, son socle, son *grund*. Et il répondait : cela ne pourra être qu'un pan de notre mémoire commune ; un événement à la signification non réversible d'un pays à l'autre ; un événement, si vous préférez, qui ait pour particularité d'avoir la même signification sur tout le continent ; et cet événement, concluait-il, il n'en existe qu'un et c'est Auschwitz – pourquoi ne pas armer notre future constitution de l'injonction du « plus jamais ça » d'Auschwitz ?

Comment expliquez-vous qu'aucun dirigeant politique européen ne se soit emparé de l'initiative de Genève sur la paix au Proche-Orient ?

Par manque d'ambition, sans doute. Je me dis souvent qu'il y a, au fond, deux sortes de pessimisme. Le bon pessimisme est inséparable d'une forme de lucidité et il a toujours partie liée avec la conscience qu'au cœur de la nature humaine, un monstre est tapi qu'il importe, vaille que vaille, d'amadouer, de désarmer, de civiliser. Nos démocraties sont dominées par l'autre pessimisme, le mauvais, celui qui détourne de l'action, stérilise l'imagination et prive de l'espérance – un pessimisme anesthésique qui, lorsque tout indique le contraire, vous persuade que le destin de l'Europe se joue dans les futures cantonales ; une inintelligence de l'histoire, une cécité au tragique qui, il y a trois ans, nous fit semblablement refuser d'entendre les paroles prophétiques d'un soldat du Panchir, le commandant Massoud, venu nous alerter, quelques semaines avant la catastrophe, sur le danger majeur du siècle qui commençait.

L'initiative de Genève aura-t-elle été vaine ?

Non. Aux Etats-Unis, en Europe, en Israël même, elle a contribué à faire bouger les lignes. Et puis, même si Yossi Beilin et Yasser Abed Rabbo n'ont été reçus par aucun chef d'Etat européen, leur plan de paix a tout de même forcé Sharon à sortir de son inertie : voilà le Premier ministre israélien forcé d'adjoindre à sa riposte militaire un embryon d'issue politique ; aurait-il, sans la pression créée par cette initiative, présenté son plan de retrait de Gaza ?

Il reste une incertitude sur la marge de manœuvre personnelle du Premier ministre israélien. Ariel Sharon est-il, à vos yeux, le Georges Bidault ou le de Gaulle israélien ?

Je connais un peu Ariel Sharon. C'est un bon militaire et un petit politique, dépourvu d'imagination autant que de vision. Une grande politique consisterait, dans son cas, à prendre le camp adverse à contre-pied, à prendre Arafat de vitesse, à le contraindre à accepter enfin cet Etat dont rien ne dit que le vieux raïs palestinien l'ait jamais réellement voulu… Sharon aura-t-il l'audace d'aller au-delà du retrait annoncé de Gaza ? Deviendra-t-il, un jour, ce de Gaulle qu'appellent de leurs vœux tant d'Israéliens ? Je l'espère, mais j'en doute. L'opération par laquelle un Georges Bidault devient un de Gaulle, c'est un geste de rupture, d'insolence et de liberté par rapport à toutes les pesanteurs. Nous n'y sommes pas.

En parcourant ces Récidives, *on mesure à quel point l'intellectuel que vous êtes n'a cessé, ces deux dernières décennies, d'avoir mal à Israël…*

Oui. Parce que je sais aussi qu'à l'heure de vérité, si elle advient un jour, Israël sera seul. L'injustice faite à ce pays, sa diabolisation, l'incompréhension totale dont il est victime et, je vous le répète, son esseulement, ses vrais ennemis et ses faux amis, ces antisionistes des chancelleries et ces néo-évangélistes américains qui se proclament ses alliés mais qui le lâcheront un jour ou l'autre, tout cela me bouleverse.

« Le sionisme n'est pas un prénom, c'est un nom de famille », a coutume d'expliquer Amos Oz. Mais justement : dans la famille sioniste, reste-t-il encore une place pour les partisans d'une solution de compromis ?

Bien sûr. Le sionisme de Scholem, de Buber et de Benjamin, le sionisme anti-annexionniste, le sionisme qui se reconnaissait Yitzhak Rabin pour guide et qui, aujourd'hui, se reconnaît dans les propositions du plan de Genève, n'est pas parvenu, contrairement à ce qui se dit, à la fin de sa trajectoire. Je rencontre, dans le cadre de l'Institut d'études lévinassiennes que nous avons fondé, à Jérusalem, avec Benny Lévy et Alain Finkielkraut, des Israéliens d'horizons et de sensibilités très divers. Et, à mon grand réconfort, tous m'expliquent, comme Amos Oz, que rien n'est plus urgent qu'un « divorce honnête » d'avec les Palestiniens. Ces hommes et ces femmes qui enragent de voir l'interminable occupation des Territoires par Tsahal corrompre la démocratie israélienne, ternir sa légendaire pureté des armes, peser sur les esprits, sont le visage du sionisme de demain. Tous parient sur une « paix sèche ».

Une paix sèche, c'est-à-dire ?

C'est une formule que j'ai lancée dans mon discours de réception de docteur honoris causa de l'université de Tel-Aviv et qu'ont reprise mes amis du camp de la paix israélien. J'entendais par là une paix fondée sur cette idée simple que, pour signer un armistice, il n'est pas besoin de s'aimer et de fraterniser. J'avais en tête une paix qui, une fois n'est pas coutume, prendrait acte de la disjonction de la morale et de la politique. Une démarche qui se fonderait sur l'exigence lévinassienne de la « séparation des biens » et imposerait aux Israéliens ainsi que, bien sûr, aux Palestiniens une séparation franche, sans lyrisme, sans pathos et, surtout, sans étapes ni petits pas. Après, viendra le temps de la reconnaissance éthique réciproque.

La disjonction de la morale et de la politique court comme un fil rouge dans Récidives. *Le paysage politique et intellectuel français n'est-il pas envahi par des prises de position inspirées par la seule morale ?*

C'est vrai. Sauf que, en même temps, les choses sont, comme toujours, plus compliquées. C'est quand même, en effet, dans l'ordre de la morale que certains des intellectuels auxquels vous pensez se sont le plus gravement déshonorés, en novembre dernier, au Forum social européen, lorsqu'ils ont réservé un accueil enthousiaste à Tariq Ramadan. Cette date, pour moi, est une date noire. C'est comme un mauvais poison aux effets lents. Et je ne suis pas sûr que les altermondialistes mesurent encore vraiment ce qu'il peut, à terme, coûter à une cause – celle des exclus de la mondialisation, des oubliés et des incomptés du monde – qui est, par ailleurs, une cause si juste.

Ce qui frappe, c'est que, depuis la publication de votre essai du même nom, l'« idéologie française » semble avoir totalement changé de camp : c'est à gauche, désormais, qu'elle fait des ravages…

Non, non. Les ravages continuent de se faire, hélas, dans les deux camps. Cela dit, il y a un événement récent qui va dans votre sens. C'est la fameuse pétition des « intelligents » contre Jean-Pierre Raffarin, accusé d'avoir déclaré la « guerre à l'intelligence »…

Pouvez-vous préciser ?

Il y a un léger détail que l'on a, me semble-t-il, peu vu. C'est la connotation maurrassienne de cette histoire de « parti des intelligents ». Vous avez les deux choses, bien sûr, chez Maurras. Vous avez le réquisitoire contre la philosophie spéculative, le kantisme, le péché d'abstraction, etc. Mais vous avez aussi le Maurras d'*Anthinéa*, celui de *Mademoiselle Monk* et, surtout, de *L'Avenir de l'intelligence* qui, dans sa guerre à mort contre le romantisme, joue à fond sur cette idée d'un « parti de l'intelligence » – en fait l'« Action française » – qu'il conviendrait de protéger des assauts que lui livrent, entre autres, les puissances d'argent et le pouvoir politique. Je ne vaux pas faire d'amalgame. Mais l'inconscient des langues, des idéologies, existe. Et « l'idéologie française », dans cette petite séquence, était incontestablement des deux côtés : celui de Raffarin glorifiant « l'intelligence de la main » et celui des amnésiques des *Inrocks* convoquant, sans le savoir, les mânes du maurrassisme.

Vous sentez-vous encore proche d'une gauche dont tout montre que son inventaire du totalitarisme reste encore à faire ?

Oui, bien sûr. Car je ne crois pas du tout, grâce au ciel, que ce soit « la » gauche qui, dans son ensemble, se refuse à cet inventaire. Ce qui est vrai, en revanche, c'est que vous avez une ultra-gauche qui va des altermondialistes dévoyés aux islamo-progressistes, aux contempteurs du néolibéralisme « américano-sioniste » ou aux gens du *Monde diplomatique* et qui, n'a elle, rien compris à rien. Ce qui me gêne chez ces gens ce n'est pas tant leur chantage à la pureté que, encore une fois, leur amnésie, leur inculture et même, dans certains cas, l'extraordinaire recul dont ils témoignent par rapport à des aînés dont la radicalité – voyez, aujourd'hui encore, Badiou ! – avait tout de même une autre tenue.

Que voulez-vous dire ?

Je repense aux *Inrocks*. Ce drôle de texte fourre-tout qui rassemblait sous une même bannière des revendications aussi diverses que celles des infirmières, des professeurs d'éducation physique et des intermittents du spectacle… Ma génération a eu un maître qui s'appelait Michel Foucault et qui nous a notamment appris la nécessité de déserter les généralités, de nous méfier des coalitions de luttes hétéroclites et, surtout, de leur préférer le forage dans des questions circonscrites, chacune justiciable, disait-il, d'une excavation spécifique. Cette nouvelle génération de néogauchistes a joyeusement oublié tout cela. Ils ont zappé sans remords la grande effervescence philosophique des années 70.

N'est-ce pas la preuve que la gauche antitotalitaire est soumise à la surenchère d'un extrémisme qui finit par s'imposer même à ses intellectuels les plus modérés ?

Non, je ne crois pas. Je ne crois vraiment pas du tout que cet extrémisme sans mémoire tienne tant que cela le haut du pavé. Il faut être vigilant, bien sûr. Ne rien laisser passer quand certains dérapent, par exemple, dans l'antisémitisme relooké progressiste. Mais il ne faut pas non plus baisser les bras. Ni leur céder un pouce de terrain. Pour ma part, je suis plus que jamais fidèle, par exemple, au programme de ce *journalisme transcendantal* dont parlait mon ami Clavel. Je suis plus que jamais décidé à ne pas céder sur le souci de ce que Rosenzweig appelait les « angoisses de la terre ». Ces gens parlent. Ils dissertent aimablement sur la misère du monde. Mais combien sont-ils à s'y colleter réellement, sur le terrain, là où la défense des damnés, des oubliés, se joue en vrai, sans polémiques de salon, et se paie parfois au prix fort – voir Daniel Pearl ?

24

Pourquoi je défends Cesare Battisti[1]

J'ai croisé, quelquefois, Cesare Battisti.

J'aime ses livres – à commencer par *Le Cargo sentimental*, ou *Dernières Cartouches*.

Mais faut-il le préciser ?

1. Préface à Cesare Battisti, *Ma cavale*, Grasset/Rivages, 2006.

Je n'ai ni sympathie ni antipathie particulières pour la figure qu'il est devenu.

Je n'ai pas d'idée arrêtée sur son implication, ou non, dans les deux crimes dont il a été jugé coupable et qu'il nie.

Et quant au terrorisme, c'est peu de dire qu'il me fait horreur : il n'a jamais, selon moi, ni circonstances atténuantes ni excuses ; il n'y a jamais, nulle part, de situation qui justifie que l'on tue, de sang-froid, un civil ; c'est vrai au Pakistan ; c'est vrai au Proche-Orient ; et c'était vrai, de la même façon, dans cette Italie des années de plomb où je disais déjà, à l'époque, face à des assemblées d'« autonomes » de Milan ou d'« extraparlementaires » de Bologne tentés de basculer, que le choix de la « lutte armée » était un choix infâme, inscrit dans l'histoire infâme des fascismes et n'ayant plus qu'un très lointain rapport avec les idéaux d'émancipation.

C'est dire que si j'ai, il y a quelques mois, pris fermement parti contre la décision d'extrader l'ancien militant des « Prolétaires armés pour le communisme » et si, aujourd'hui, non content de persister et de signer, je prends la responsabilité de présenter au lecteur français le nouveau livre qu'il nous adresse, cette fois depuis sa cavale, c'est pour des raisons, de forme et de fond, qui n'ont rien à voir avec je ne sais quelle complaisance, ni pour ce qu'il est réputé être ni, bien sûr, pour ce qu'il est accusé d'avoir fait.

Il y a des raisons, d'abord, qui touchent à l'état de l'Etat de droit en France.

Peut-être François Mitterrand a-t-il eu tort de donner asile à tous les anciens terroristes ou présumés tels, condamnés en Italie, mais qui ont renoncé à la violence.

Et peut-être eût-il été plus sage de s'en tenir à la première version de sa désormais fameuse « doctrine » – celle qu'il avait formulée, le 22 février 1985, face au Premier ministre italien du moment, Bettino Craxi, et qui excluait du principe de cet asile ceux des anciens brigadistes dont un « dossier sérieusement étayé » indiquerait qu'ils s'étaient rendus coupables de « crimes de sang ».

Mais voilà.

Les choses sont ce qu'elles sont.

Et ce sont neuf gouvernements successifs, de droite comme de gauche, qui ont entériné la décision d'accueillir sans exception, pour peu qu'ils aient déposé les armes, tous les anciens tenants de la « guerre révolutionnaire » en Italie.

Le problème, à partir de là, est simple.

On ne peut pas, quand on est un Etat de droit, instaurer une règle, la confirmer au fil des décennies et, un beau jour, sans crier gare, annoncer qu'elle ne vaut plus.

On ne peut pas dire à un homme : « vous pouvez nous faire confiance car les lois, la jurisprudence, la tradition françaises vous protègent », on ne peut pas lui donner l'hospitalité, le laisser s'installer chez soi, se marier, faire des enfants, avoir son nom dans l'annuaire, vivre à visage découvert, on ne peut pas lui donner une carte de séjour, le laisser publier ses romans, participer à des Salons du livre, des émissions de télévision, de radio – et puis, tout à coup, sans élément nouveau, lui signifier qu'on s'est trompé et qu'il retourne à la case prison.

Battisti eût-il trahi son engagement de renoncer à la terreur que la situation eût, naturellement, été différente.

Aurait-on eu la preuve que, sous ses dehors de père tranquille et d'auteur de fictions policières, il continuait de faire des braquages, d'entretenir un réseau clandestin ou d'être lié à tel groupe renouant avec le terrorisme – je comprendrais le revirement.

Mais tel n'est pas le cas.

Personne, ni en Italie ni en France, ne dit rien de semblable.

Personne, nulle part, ne conteste le fait qu'il ait, sinon changé son âme (ce qui se passe dans l'intimité des cœurs ne regarde pas les tribunaux), du moins réformé sa conduite et tourné la page (la seule chose dont, en démocratie, la justice ait à connaître).

Et c'est pourquoi il est choquant de venir lui dire, du jour au lendemain, que c'est nous qui changeons d'avis et que sa place est en Italie.

Question de principe.

Première question de principe qui – pardon, amis italiens, qui reprochez aux intellectuels français de « se mêler de ce qui ne les regarde pas » et de vous « donner des leçons » – nous concerne justement, nous, Français, citoyens d'un Etat de droit dont il n'est pas pensable que les règles puissent varier au gré des gouvernements.

Je comprends qu'un ancien garde des Sceaux, partisan de l'extradition, puisse se sentir « ému » – *sic* – chaque fois que viennent à sa conscience les images des victimes des PAC.

Mais la justice se fait avec des règles, pas avec des émotions.

Elle s'appuie sur une jurisprudence, pas sur les états d'âme de tel ou tel, fût-il ministre.

Et elles sont précisément faites, ces règles et ces jurisprudences, pour refroidir les passions – fussent-elles vertueuses et compassionnelles.

Il y a les raisons qui, ensuite, tiennent à l'Italie et aux particularités de sa justice pénale.

Je n'ai jamais prétendu que l'Italie ne fût pas un pays démocratique.

Je crois juste qu'il arrive à toutes les bonnes justices de commettre des erreurs et que le risque est redoublé quand existent, dans un code pénal, des failles qui, exposées à une situation exceptionnelle, produisent des effets eux-mêmes exceptionnels.

Dans le cas de l'affaire Battisti, je vois deux failles de cette sorte.

Le statut des repentis, d'abord, c'est-à-dire de ces criminels qui, non contents de rompre avec leur passé, décident de se mettre à table et, en échange des informations qu'ils détiennent ou prétendent détenir, pour prix des noms d'anciens complices qu'ils donnent à la justice et qui permettront à l'enquête d'avancer, obtiennent, pour eux-mêmes, des remises ou des suppressions de peine.

Non que le principe soit incompréhensible.

Et tant mieux si, par ce biais, l'on brise la loi du silence qui est au cœur de toutes les menées mafieuses et, en particulier, des menées terroristes.

Mais peut-on bâtir un réquisitoire sur des témoignages qui, si précieux soient-ils, sont d'une fiabilité relative ?

Peut-on envoyer un homme finir ses jours en prison sur la seule foi d'un criminel dont on sait que le châtiment sera inversement proportionnel à la quantité de crimes qu'il aura mis sur le dos d'autrui ?

C'est très exactement ce qui s'est passé dans le cas de Battisti comme d'ailleurs, ultérieurement, dans celui d'Adriano Sofri.

Le dossier comporte d'autres éléments, sans doute. Il contient des témoignages de gens qui, présents à proximité des lieux des meurtres d'Antonio Santoro et Andrea Campagna, jurent l'avoir reconnu, sans en être vraiment certains, tout en le prétendant quand même. Mais ce sont des témoignages fragiles. Ce sont des témoignages de mineurs ou de déséquilibrés. En sorte que le seul élément solide, la seule déposition clairement à charge, la seule pièce du dossier sur la base de laquelle le décret d'extradition a pu être prononcé, c'est la parole de ce fameux Pietro Mutti dont on lira, ici, dans ces pages, le talentueux et édifiant portrait – et dont je répète qu'il achète son propre salut en accablant son ancien camarade.

Cela est-il juste ?

Peut-on accepter pareil marché sans, au moins, quelques réserves et précautions ?

Et la première des précautions ne serait-elle pas d'entendre, juste entendre, d'abord à travers ce livre, puis dans l'enceinte d'un tribunal où il comparaîtrait en personne, la parole de celui qui, face à ces accusations terribles, ne cesse de répéter : « eh bien non, justement… j'ai été membre d'une bande armée… j'ai appelé à la violence… mais il se trouve que tuer, de mes mains vraiment tuer, cela non, je ne l'ai pas fait… » ?

Car c'est là qu'apparaît la seconde faille – c'est là que le droit italien révèle sa seconde zone problématique et, en la circonstance, catastrophique : le régime de la contumace et le fait qu'un individu condamné, comme Battisti, en son absence n'aura, s'il finit par se livrer ou par être capturé, pas droit à un nouveau procès où il puisse, cette fois, s'expliquer.

Je sais, bien entendu, que cette règle est une règle ancienne qui n'a rien à voir avec les lois d'exception promulguées dans les années 70.

Je sais qu'elle résulte d'une tradition qui, à l'inverse de la France où l'on traîne, s'il le faut, les prévenus de force en cour d'assises, leur laisse le choix, s'ils le veulent, de ne pas se défendre eux-mêmes.

Et je sais surtout comment, en réponse à un arrêt de la Cour européenne des droits de l'homme stigmatisant ce principe ancien mais jugé, à juste raison, non conforme à la pratique judiciaire en vigueur dans les autres pays de l'Union, un décret-loi de février 2005 a proposé que ladite règle ne vaille que pour autant : 1. que le condamné ait eu « connaissance des poursuites engagées contre lui » ; 2. qu'il ait « renoncé de manière claire à son droit à comparaître » ; et 3. qu'il ait été « représenté par un avocat de son choix ».

Mais justement.

Outre que cet arrêt prouve bien que le régime italien de la contumace n'était pas conforme aux normes de la Cour des droits de l'homme de Strasbourg, outre qu'il donne raison à ceux des adversaires de l'extradition qui, tel François Bayrou, s'inquiétaient de ce qu'un homme puisse, en Europe, passer le restant de ses jours en prison sans avoir eu la possibilité de répondre des faits qui lui sont reprochés, il n'en pose que mieux la question de fond.

Cesare Battisti ayant toujours déclaré qu'il n'avait pas été informé des procès engagés contre lui, son avocat Giuseppe Pelazza ayant témoigné devant la chambre de l'instruction de Paris qu'il n'avait pas eu de contacts avec lui entre 1982 et 1991, ses avocats français d'aujourd'hui prétendant enfin, non sans arguments, que les documents produits par les juges et censés démontrer qu'il avait désigné, depuis le Mexique, ses défenseurs, étaient des faux, que se serait-il passé s'il avait été extradé ? que se passerait-il, maintenant, s'il était appréhendé et livré ? tomberait-il dans la catégorie heureuse des condamnés qui ont droit à un nouveau procès ? ou considérerait-on qu'il ment, qu'il a eu connaissance de tout, qu'il a défini lui-même, à distance, sa ligne de défense et qu'il n'entre donc toujours pas dans l'épure de la loi revue et corrigée ? Tant qu'une réponse claire n'aura pas été apportée à ces questions, je me réjouirai de ce que Cesare Battisti ait échappé à ses juges.

Car repenti plus contumace...

Un homme accusé sur la seule foi d'un ancien complice qui achète, en l'accusant, sa propre liberté – et un homme qui, s'il est rattrapé, n'a pas le droit élémentaire d'être confronté à son délateur...

Il y a là quelque chose qui ne va pas.

Il y a là une injure au sens commun à laquelle il est difficile de se résoudre.

Je ne demande pas le pardon pour Battisti : ces crimes, s'il les avait commis (ce qui, je le répète, reste à prouver), seraient des crimes terribles ; et seuls les survivants, ou les ayants droit des victimes, seraient fondés à pardonner.

Je ne demanderais, dans cette hypothèse, même pas l'amnistie : encore que trente ans après... une démocratie ne peut-elle, trente ans après, quand un homme a refait sa vie, considérer l'hypothèse de l'amnistie ? la France qui, quatre ans après, quatre ans ! amnistia les criminels de l'OAS peut-elle vraiment se draper, sur ce point, dans la posture de l'intransigeance ?

Je plaide juste pour un procès équitable, dépassionné, conforme aux principes du droit européen et du bon sens – je plaide, et c'est le sens de cette préface, pour que Cesare Battisti soit assuré de pouvoir faire face, en personne, à son passé et son destin.

Et puis il y a les questions, enfin, liées à l'histoire du terrorisme.

Car dire que le terrorisme n'a pas d'excuse ne veut pas dire qu'il n'a pas d'histoire.

Et tous les observateurs de la scène italienne, tous les témoins, les rescapés, tous ceux qui, comme Alberto Franceschini dans ses conversations avec Giovanni Fasanella [1], ont commencé de nous livrer leur part de vérité, savent que, pour une histoire, ce fut une sacrée histoire : lourde ; complexe ; pleine, non seulement de bruit et de fureur, mais d'ambiguïtés, de chassés-croisés d'hommes et d'idées, de complicités vertigineuses – tous savent qu'il y eut là un nœud de causalités et de surdéterminations qui, même s'il ne change rien à la nature de ce qui s'est produit, même s'il n'atténue nullement la responsabilité personnelle de ceux qui prirent les armes ou exhortèrent d'autres à les prendre, fait, qu'on le veuille ou non, partie du tableau d'ensemble et doit être pris en compte si l'on veut, réellement, changer d'époque.

Le rôle des services secrets dans le déploiement de ce que l'on a appelé la stratégie de la tension…

La part, du côté de l'Etat, de la condamnation et de la provocation, de la résistance démocratique à la violence et de la décision, parfois, de la laisser monter pour mieux la réduire…

Les mystères de l'affaire Moro…

Ceux de la Piazza Fontana…

Le rôle trouble, du début à la fin de l'aventure, de certains éléments du Parti communiste italien…

Le mythe – dont nous sommes loin d'être débarrassés – du « vrai » communisme et de la Révolution trahie mais ressuscitée…

L'autre grand mythe, si étrange, et dont nous eûmes, avec la Gauche prolétarienne, une version hexagonale, de la Résistance interrompue, avortée, renouée – l'hallucination, presque le délire, qui vit tant de jeunes gens, nés trop tard dans un monde qui n'avait pas eu le temps de vieillir (c'est-à-dire, en clair, de faire le deuil, tout le deuil, de ses illusions, de ses rêves inaboutis, de ses espoirs de rédemption, de ses crimes aussi),

1. *Brigades Rouges : l'histoire secrète des BR racontée par leur fondateur*, Editions du Panama, 2005.

l'hallucination, donc, qui les fit, dès la fin des années 60, s'instituer les héritiers des résistants de 1940 et de leur geste inachevée…

Ces histoires de pères coupables et de fils pénitents…

Ces caches d'armes, dans les montagnes, où d'anciens Partisans conduisaient de jeunes émules qui allaient – mais le savait-on ? – si cruellement les bafouer…

Ces chrétiens aussi – tel ancien de l'Action catholique, tel ambassadeur itinérant du Vatican en Amérique du Sud – qui, au moment où Cesare Battisti et les siens s'enthousiasment pour Guevara, découvrent, eux, Camillo Torres, le prêtre guérillero colombien…

Les liens avec l'extrême droite…

Le nœud, connivence et rivalité mêlées, avec des groupuscules fascisants du type d'Avanguardia nazionale : n'y a-t-il pas des magistrats qui croient, aujourd'hui encore, en l'existence d'une technostructure occulte, et jamais démantelée, qui aurait manipulé les deux terrorismes noir et rouge ?

Qui a instrumentalisé qui ?

Qui, dans cette cacophonie, a soufflé quoi ?

D'où venait l'argent ?

Quels liens avec les services de l'Est ?

Avec les organisations palestiniennes radicales ?

Avec la RAF allemande ? l'IRA irlandaise ? l'ETA basque ?

Et Silvano Girotto, alias Frère Mitraillette ? Et Cesare Mondini ? Et Feltrinelli, alias Osvaldo, l'agent de La Havane et l'homme des liens avec ce que l'on appelait encore (autres temps ! autre monde !) le camp socialiste ? N'est-il pas, Giangiacomo Feltrinelli, l'un des personnages les plus troubles, les plus énigmatiques, les plus décisifs, de ces années ? Et quid de Günter, le mystérieux artificier Günter, qui était probablement là, dans les parages du pylône fatal, quand l'éditeur milliardaire s'est électrocuté et dont nul, bizarrement, n'a plus jamais entendu parler ? Et Paris ? On nous rebat les oreilles avec le Paris de la doctrine Mitterrand et de l'époque où le terrorisme avait déjà entamé son reflux : mais que ne nous parle-t-on de la plaque tournante que fut Paris au pic des années de plomb ? que ne fait-on le procès, au lieu du lampiste Battisti, de tel Institut officiellement basé en France, et dont le général Dalla Chiesa croyait, au moment de sa mort, qu'il était le vrai QG stratégique clandestin des organisations terroristes opérant en Italie ? Tous ces hommes ont disparu. Morts, ou juste disparus. Mais comment, sans eux, raconter l'aventure ? Comment, sans retrouver leur trace, donner une image juste de ces années ? Que vaudrait une histoire du terrorisme où Cesare Battisti tiendrait le premier rôle et d'où serait absent un Giangiacomo Feltrinelli ?

Alors rien, bien sûr, ne devrait, en théorie, empêcher de faire les deux.

Il faudrait, idéalement, se mettre en situation de juger et les premiers et les seconds rôles.

Mais ce n'est pas ce que l'on fait.

Et j'observe que la façon dont on procède, cette façon de prendre un homme, d'en faire une sorte de monstre, de lui coudre dans le corps tout le paquet de crimes de son organisation et, de proche en proche, du terrorisme en général, est le plus sûr moyen de ne pas raconter, vraiment, toute cette histoire – tragique, complexe, pleine de doubles fonds, de leurres, de cadavres dans les placards, de fausses évidences, de vrais coupables et d'innocents professionnels échangeant leurs crimes et leurs mobiles.

Qu'on le pende et qu'on n'en parle plus, disaient, à en croire Gershom Scholem dans son échange avec Hannah Arendt, ceux qui voulaient faire d'un grand et fameux procès des années 60 le point final du travail de remémoration et de deuil.

Les crimes imputés à Battisti ne sont pas, loin s'en faut, des crimes contre l'humanité. Et, de ces crimes eux-mêmes, des meurtres du gardien de prison Santoro et du policier Campagna, il est, je le redis une dernière fois, parfaitement possible qu'il soit innocent. Mais dans la diabolisation dont il est l'objet, dans le ton sur lequel on nous dit « qu'on l'extrade et qu'on en finisse ! qu'on le mette en prison et qu'on tourne enfin la page ! », il y a quelque chose de la même logique oublieuse et perverse.

Je crois, moi aussi, qu'un homme qui a fauté doit payer sa dette à la société (encore que ce genre de règle ne devrait pas connaître d'exception et que l'on s'étonne de voir les assassins – membres d'un groupe d'extrême droite – de la Piazza Fontana bénéficier, eux, d'une clémence dont il n'est pas question pour Battisti).

Mais je crois que cette dette-là ne peut ni ne doit s'acquitter au détriment de l'autre dette, non moins essentielle, et non moins impayable, qui est la dette de vérité (et dont chacun sent bien qu'elle est en train, en Italie comme en France, de passer aux pertes et profits de ce que l'on nous présente, déjà, comme le solde des années de plomb).

C'est un autre principe.

Et c'est une autre raison, la dernière, de préfacer un livre qui, par le récit minutieux qu'il nous donne de l'histoire des « Prolétaires armés pour le communisme », contribue, lui, au moins, à ce travail de vérité.

Dira-t-on que cela fait beaucoup de principes pour un seul homme ?

Et pour un homme dont, de surcroît, les « braves gens » de la grande presse ne cessent de nous seriner qu'il n'est pas particulièrement sympathique ?

Eh bien oui.

Précisément.

Car les principes ne se divisent pas.

Ils ne font, surtout, pas acception de personnes.

Et je dirai même, pour être tout à fait franc, qu'aurais-je douté, aurais-je hésité à préfacer ces pages, aurais-je été tenté de me dérober, de passer discrètement mon tour, aurais-je été, tout simplement, requis par d'autres urgences, qu'il y a dans la façon même dont on me répète, partout, « les principes, d'accord ! mais pas là ! pas lui ! pas cette sale tête de sale type ! »

quelque chose de franchement nauséabond qui aurait fini de me convaincre.

Défendre un principe quand l'affaire est incontestable et le héros flatteur, je l'ai maintes fois fait et c'est facile.

Défendre le même principe quand la cause est difficile, que le héros n'a ni « bonne tête » ni « bonne presse », et que vous sentez, par-dessus le marché, que sa vision du monde et la votre demeurent aux antipodes, voilà qui est plus difficile mais, selon moi, non moins nécessaire.

Que vaudraient les principes de cohérence du droit (en France), de présomption d'innocence et de responsabilité personnelle d'un condamné par contumace (en Italie), que vaudrait (dans nos deux pays, donc en Europe) le principe d'historisation nécessaire des grandes déraisons collectives, que vaudrait la loi, hélas jamais démentie, qui veut qu'en ces matières l'amnésie soit mère de la répétition et que la production d'un bouc émissaire ouvre toujours, nécessairement, la voie au retour compulsif des fautes dont on se décharge en les lui imputant, que vaudraient ces régularités et ces règles si elles devaient ne pas résister à l'épreuve du miroir que leur tend ce galeux, ce pelé, cet infréquentable Battisti – que vaudraient des principes qui, en un mot, se révéleraient incapables de soutenir l'éclat de l'inquiétant, terrifiant, mais passionnant récit que l'on va lire ?

25

Visite à Cesare Battisti dans sa prison brésilienne[1]

Il est amaigri. Le cheveu ras. Une barbiche qui lui allonge le visage. Et l'œil qui, ce matin-là, me semble étonnamment brillant, presque joyeux.

La conversation n'est pas facile vu que nous sommes, dans cette prison haute sécurité de la banlieue de Brasília, séparés par une vitre blindée et obligés de nous parler à travers une sorte de téléphone – les autres visiteurs procédant de même avec les autres détenus, et le tout faisant un terrible vacarme.

Je lui pose, sans attendre, la question qui me brûle les lèvres depuis mon départ de Paris : on a dit qu'il était, au moment de son arrestation, pisté depuis plusieurs mois par les polices brésilienne et, sans doute, française – est-ce vrai ?

« Oui. Depuis un an, je pense. Je louais un appartement – ils louaient l'appartement du dessus. J'allais au restaurant – ils avaient réservé la table à côté. J'étais dans ma salle de bains – je les voyais, suspendus par un harnais et se balançant, dans le vide, devant ma fenêtre. Je changeais de ville, d'Etat, je faisais des milliers de kilomètres dans ce pays grand comme quinze fois la France : chaque fois, ils étaient là ; chaque fois, je les retrouvais ; tantôt se contentant de me suivre, de me

1. *Corriere della Sera*, 15 mai 2007.

narguer, de m'observer de loin ; tantôt venant, au milieu de la nuit, sonner ou cogner à ma porte – et, quand j'allais ouvrir, il n'y avait évidemment personne… Au bout d'un moment, ça rend fou. Vous vous demandez si vous ne rêvez pas ; si ce n'est pas vous, à force, qui êtes en train de les filer ; si vous n'êtes pas devenu complètement paranoïaque – et, de fait, vous le devenez un peu…

— Jusqu'à… ?

— Jusqu'à ce fameux matin, juste avant vos élections, où on a décidé de me vendre à Berlusconi. Les types, alors, ont reçu l'ordre d'intervenir. Ils m'ont accosté. Courtoisement. Sans histoire. Alors, Cesare, on y va ? On y va, j'ai répondu. Désolé pour les menottes, ils ont ajouté, mais c'est le règlement. Pas de problème, j'ai rétorqué – de toute façon, je vous attendais. Voilà. C'était fini. Je n'avais pas complètement rêvé. »

Il raconte son histoire en souriant, sans émotion particulière, un peu comme dans ces romans – les siens – où arrive toujours le moment où la vie du fugitif, le souci de se cacher, l'obligation de se tenir sur ses gardes, de mentir, de bien penser à ne jamais trahir son identité d'emprunt, deviennent littéralement intenables et où l'arrestation semble, du coup, et en comparaison, une forme de délivrance. Je change de sujet.

« Et sinon ? Les prisons brésiliennes ? Comment sont les prisons brésiliennes ?

— Cela va à peu près. Le vrai problème c'est la taille des cellules et leur surpopulation. Quinze mètres carrés pour, en ce moment, sept détenus. On est obligés de coller les matelas les uns contre les autres.

— Quel genre de détenus ?

— Des jeunes. D'habitude, dans ces trucs-là, j'étais toujours le plus gamin. Là, non. Je suis le plus vieux. Une sorte d'ancien. Considéré et respecté comme tel. »

Il rit. D'un bon rire – qui le fait paraître, au contraire, enfantin.

« Mais encore ? Plutôt des droit commun ? Ou plutôt des politiques ?

— Des fédéraux. Vous êtes, ici, dans une prison fédérale. Donc ce sont plutôt des gros bonnets du crime. Avec, pourtant, ce détail absurde : des petits délinquants, parfois des clochards, qui vont, dans les chantiers, sur les poteaux téléphoniques, dans les gares, les installations électriques, voler des fils de cuivre. Or le cuivre étant considéré, au Brésil, comme propriété de l'Etat, on les retrouve parmi les fédéraux… »

J'essaie de plaisanter sur *L'Achat du cuivre*, cette pièce de Bertolt Brecht que lisaient, autrefois, les jeunes marxistes-léninistes et j'enchaîne sur ses lectures d'aujourd'hui. Est-ce qu'il arrive à lire, dans ces conditions ? Et quoi ?

« Oh oui ! rit-il à nouveau. Bon qu'à ça, comme dit Beckett. Et, en plus, rien d'autre à faire. Le problème c'est que le règlement ne me donne droit qu'à un livre par semaine et que je lis vite. Dites donc bien à notre amie Fred Vargas qu'il faut m'envoyer des gros livres, bien copieux, genre Pléiade, papier bible, etc. La semaine dernière, c'était bien : j'ai eu tout Kafka, sauf *Le Château*. Et là, cette semaine, les œuvres complètes de Dostoïevski dans la nouvelle traduction, géniale, d'André Markowicz. Vous la connaissez ? »

Puis, sans attendre ma réponse et un éclair d'inquiétude – le premier – dans le regard :

« Mais attendez. Votre permis de visite n'est que d'une heure. Et j'ai tant de choses à vous dire. D'abord ça – si vous pouvez noter et transmettre, également, à Fred ainsi qu'à Tatiana, la jeune visiteuse qui fait le lien entre mon avocat et moi. »

Il me montre, à travers la vitre, un papier d'écolier où il a dressé la liste, en portugais, de ses menus besoins : savon en poudre ; briquet ; timbres-poste et enveloppes ; un Bic compact, et tout d'un bloc, car l'habitude de la maison est de désosser les stylos pour ne leur laisser que le réservoir d'encre sans l'enveloppe ni le capuchon de plastique – comment écrire dans ces conditions ?

Puis, un autre papier avec le nom d'Angelo Gioia, le *delegado*, on dirait en français le « chef maton », avec lequel il faudrait entrer en contact car lui seul est capable, semble-t-il, de prendre une décision qui changerait tout : le faire accéder, au moins quelques heures par jour, à cette autre cellule que l'on appelle « l'Ecole » et qui est, à l'étage, une cellule un peu plus grande, plus lumineuse et avec l'immense avantage de disposer d'une table.

« Car enfin, enchaîne-t-il, il y a l'essentiel : le roman dont je suis en train de terminer le tout dernier chapitre et que j'écris, cette fois, en français… »

Il voit mon air surpris.

« Oui. Car il s'est passé, à partir de l'instant où j'ai posé le pied dans ce pays, une chose très bizarre et même extraordinaire. Je pense toujours à l'Italie, naturellement. Je pense aux victimes, par exemple, des groupes terroristes en Italie. Et c'est même la première fois que j'y pense vraiment, profondément, pas juste pour me disculper, dire et répéter que je n'ai pas tué, le prouver. Mais écrire en italien, ça, non, je n'y arrive plus ; c'est plus fort que moi ; c'est comme une porte qui se serait fermée ; et c'est la raison pour laquelle je me suis mis, donc, au français. Bref. Ceci pour dire que je termine le livre ici mais que tout le début est dans mon ordinateur et que mon ordinateur est resté dans mon dernier appartement, sans doute saisi par la police. Ma question est : croyez-vous qu'il y ait un moyen de le récupérer ?

— Peut-être, dis-je. Oui, il y a peut-être une solution. J'ai vu, avant-hier, le nouveau ministre brésilien de la Justice et…

— Le ministre lui-même ? Tarso Genro ? »

A mon tour d'être surpris de sa surprise. Le contenu de la rencontre étant, depuis hier, du fait du ministre lui-même qui a tenu à convoquer la presse, relaté dans tous les grands journaux du pays, il faut croire qu'il a droit à Dostoïevski mais pas aux journaux.

« Oui, Genro. J'étais à Porto Alegre, sa ville, pour une conférence sur l'Amérique. Et j'ai profité de la circonstance pour lui demander un rendez-vous et venir lui dire ce que je dis, partout, depuis le début de votre affaire. A savoir que le terrorisme est, pour moi, le mal absolu et n'a, naturellement, aucune espèce d'excuse, jamais. Mais que l'hypothèse de votre innocence me semble être une hypothèse plus que sérieuse. Et que vous extrader vers un pays, l'Italie, qui ne rejuge pas les contumaces équivaudrait à vous envoyer, sans vrai procès et sur la seule foi des accusations du repenti Pietro Mutti, à la case prison à vie...

— Et alors ? »

Je sens une telle attente dans cet « et alors » que j'hésite, cette fois, à lui répondre.

« Alors, je ne sais pas. Il m'a semblé attentif. Amical. Par moments, presque encourageant. Et me citant le cas, notamment, de ces Colombiens des FARC qui sont, eux, contrairement à vous, des assassins et que la Cour suprême a décidé, pourtant, de ne pas extrader. D'autant...

— Oui ?

— D'autant que les Brésiliens sont des gens sérieux qui ne plaisantent pas avec le droit et qui, selon mes informations, n'ont pas tellement aimé la façon dont Rome a essayé de les rouler dans la farine. Savez-vous que le ministre italien de la Justice, sachant que le Brésil a supprimé de son droit pénal la peine de prison à vie et risquait donc, ne serait-ce que pour cette raison, de refuser l'extradition, a cru malin d'écrire puis de téléphoner à son homologue brésilien pour lui dire “ne vous faites pas de souci ; il ne fera pas sa perpétuité ; on aménagera sa peine et il sortira, bien sûr, au bout de quelques années” ? Et ce, alors que, dans le même temps, il fanfaronnait dans la presse de son pays – et à l'adresse, cette fois, des familles de victimes et de l'opinion – en déclarant très exactement l'inverse “non, non ; ne craignez rien ; si Battisti est extradé, on ne lui fera aucun cadeau ; il purgera jusqu'au bout, c'est-à-dire jusqu'à son dernier souffle, la peine à laquelle il a été condamné...”

— Oui, d'accord, m'interrompt-il, une pointe d'impatience dans la voix, et se rapprochant de la vitre blindée comme si, ce qu'il avait à me dire maintenant, il voulait me le chuchoter à l'oreille. D'accord, j'ai bien compris cela. Mais mon ordinateur ? Est-ce que vous pensez qu'on peut lui parler, aussi, de mon ordinateur ? »

Cesare Battisti joue sa liberté et, au sens propre, sa vie. Mais il est d'abord, à cet instant, un écrivain emprisonné.

26

Lettre ouverte au Président Lula sur le cas de Cesare Battisti[1]

Monsieur le Président,

Je sais que le débat autour du cas de Cesare Battisti, cet ancien militant des « Prolétaires armés pour le communisme » accusé d'actes de terrorisme dans l'Italie des années 70, fait rage dans votre pays.

Et je sais aussi que le jeu des institutions brésiliennes, l'épuisement des procédures prévues dans votre démocratie, le partage des voix au sein de la Cour suprême puis sa décision, à une voix de majorité, de laisser faire l'extradition, font que c'est désormais à vous, et à vous seul, qu'il appartient de décider si l'ancien militant, devenu écrivain à succès, doit ou non être livré à l'Italie.

Je voudrais vous dire d'abord, Monsieur le Président, que nul n'a plus que moi le terrorisme en horreur.

1. *Folha de São Paulo*. Lettre ouverte au président du Brésil, publiée le 3 décembre 2009, au moment du débat sur l'extradition vers l'Italie de Cesare Battisti.

Et je voudrais qu'il soit clair que la lutte contre ce terrorisme, la lutte contre le droit que s'arrogent certains, en démocratie, de faire eux-mêmes la loi et de recourir aux armes pour faire entendre leur voix, est l'une des constantes, peut-être la constante, de ma vie d'homme et d'intellectuel.

Si je m'adresse néanmoins à vous c'est parce qu'il n'est justement pas établi que Cesare Battisti soit ce terroriste que dépeint une partie de la presse italienne et dont les crimes, s'il les avait commis, ne mériteraient aucune indulgence.

Il a été condamné comme tel, je le sais bien, par un tribunal régulier, dans un pays dont je ne songe pas un instant à mettre en doute le caractère démocratique.

Mais les meilleures démocraties (la France en sait quelque chose qui, pendant la guerre d'Algérie, prit des libertés avec la liberté ; et les Etats-Unis de Bush, au lendemain du 11 Septembre…) peuvent connaître des ratés et commettre des injustices.

Et le procès de Cesare Battisti, ce procès qui l'a reconnu coupable, il y a vingt et un ans, des meurtres de Santoro et de Campagna soulève, en la circonstance, trois questions au moins – auxquelles un homme épris, comme vous, de justice et de droit ne peut pas être insensible.

La première touche aux témoignages et aux preuves qu'a produits l'accusation et sur la foi desquels Battisti a été condamné : ce sont, je l'ai souvent dit, les témoignages d'un repenti, c'est-à-dire d'un vrai criminel qui a troqué, à l'époque, sa propre impunité en échange de la dénonciation de certains de ses camarades – Cesare Battisti avait fui au Mexique, puis en France ; et le repenti, Pietro Mutti, lui a mis sur le dos la totalité des crimes de l'organisation dont ils étaient, tous deux, les militants – ce qui, tous les observateurs en conviennent, n'est ni particulièrement moral ni même très vraisemblable s'agissant d'un garçon qui avait, alors, à peine 20 ans.

La seconde touche à un point de principe de la justice italienne et au fait que, contrairement à ce qui se passe dans votre pays ou dans le mien, les condamnés par contumace n'ont pas, s'ils sont rattrapés, ou s'ils se rendent, ou si on les extrade, droit à un nouveau procès où ils pourront réellement s'expliquer : aussi, si vous décidiez de refuser à Cesare Battisti le statut de réfugié auquel il a droit et si vous laissiez donc se faire la procédure d'extradition, il irait, sitôt rentré en Italie, droit en prison pour le reste de ses jours (puisque telle est la peine, sans appel, qui fut prononcée dans le procès de contumace) et serait le seul condamné à la prison à vie qui n'aurait jamais eu le loisir de rencontrer ses juges, de leur être physiquement confronté et de pouvoir répondre en personne, de visage à visage, des crimes qui lui sont imputés.

Et puis j'ajoute enfin ce détail dont le moins que l'on puisse dire est qu'il n'en est pas un : Cesare Battisti nie les crimes qui lui sont imputés ; nombreux sont ses collègues écrivains et nombreux sont les juristes qui, après examen du dossier, estiment plausible, je dis bien plausible, son innocence ; en sorte que nous courons le risque de voir envoyer en prison pour le reste de son existence un homme dont le seul crime serait, dans ce cas, d'avoir cru, dans sa jeunesse, dans les théories de la violence révolutionnaire.

J'aime le Brésil, Monsieur le Président.

J'aime l'exemple qu'il donne au monde d'une politique fidèle aux idéaux du progressisme en même temps qu'aux principes de mesure et de sagesse.

Et je serais consterné – nous sommes nombreux, dans le monde, qui serions consternés – de voir « notre » Lula écorner une tradition d'accueil aux réfugiés qui est l'honneur de votre pays.

Extrader Battisti créerait un dangereux précédent.

Ne pas l'extrader, en revanche, montrerait au monde, qui a les yeux fixés sur le Brésil et sur vous, qu'il y a des principes que n'achètent ni la raison d'Etat ni la logique des monstres froids.

Je vous prie d'accepter, Monsieur le Président, l'expression de ma sympathie, de mon admiration et de mon espérance.

27

Contre l'idéologie de l'évaluation[1]

Il fallait que ce livre fût écrit.

D'abord parce qu'il relate une bataille d'idées qui s'est livrée, en France, il y a maintenant quelques années et dont je ne suis pas sûr que l'on ait mesuré toute l'importance.

Mais ensuite parce qu'il pointe, par-delà les particularités de cette bataille, par-delà sa logique propre et les enjeux qu'elle se donna, une idéologie en formation dont je suis encore moins persuadé que l'on mesure la nocivité.

Sur le premier point, c'est assez simple.

Agnès Aflalo est la première à retracer l'histoire de ces quelques mois très étranges où l'on assista, comme elle le dit, à une tentative d'assassinat de la psychanalyse comme telle.

Tout commença le 8 octobre 2003 avec un amendement déposé, au Parlement, par un député alors complètement inconnu, Bernard Accoyer, qui prétendait « réglementer » la profession de psychanalyste.

Un mouvement d'opinion lui emboîta le pas qui, s'appuyant sur un stock de préjugés qui avaient l'âge de la psychanalyse elle-même, entreprit de nous expliquer qu'il n'était pas normal d'accepter de confier sa santé mentale à des gens mal formés,

1. Préface à Agnès Aflalo, *L'Assassinat manqué de la psychanalyse,* Cécile Defaut, 2009.

ou pas formés du tout, et dont la pratique n'était pas soumise à des règles connues de tous et transparentes.

Il se trouva des praticiens pour, entrevoyant là l'occasion rêvée de solder de très vieux comptes, d'arbitrer des querelles anciennes et, tel un Daniel Wildöcher, de laisser exploser à l'air libre la haine qu'ils avaient toujours secrètement nourrie pour un certain docteur Jacques Lacan, pour sa fidélité géniale à l'héritage, pour sa rigueur scientifique dénuée de tout scientisme – il se trouva des praticiens, donc, pour cautionner une tentative de bourrage de crâne dont l'issue ne pouvait être que la transformation des psys en un corps de préfets de l'âme, formés par l'Etat, rendant compte à l'Etat et participant d'une gestion des corps, des âmes et, d'une manière générale, du corps social voulue et mise en œuvre par l'Etat.

En sorte que l'idée fut bien, pendant ces mois, d'effacer la singularité de la pratique et du discours analytiques ; de les réintégrer dans le champ d'un savoir médical dont Freud et, justement, Lacan les avait explicitement et heureusement tirés ; d'oublier, par exemple, que les notions de santé mentale, de guérison, de pathologie n'ont, pour un freudien de stricte obédience, rigoureusement pas de sens ; et tout cela, encore une fois, pour le plus grand bonheur d'un pouvoir qui tenait là le moyen d'étendre son empire sur une région de l'Etre qui, parce qu'elle coïncidait avait les zones les plus intimes, parce qu'elle recouvrait ce rapport spécifique à la vérité et à la douleur de la vérité qui est le propre du sujet parlant, parce que son intrigue, enfin, n'a d'autre fil où se tisser que l'énigmatique relation engagée, dans le secret des âmes, entre un sujet et son prochain, était une des rares à avoir su demeurer hors de ses rets.

Il s'en fallut de peu, raconte Agnès Aflalo, pour que cette offensive triomphe.

Il s'en fallut de *très* peu pour que l'opinion éclairée fût submergée par ce populisme mâtiné de positivisme et de haine de la pensée.

Ce peu ?

La résistance d'une poignée de psychanalyses refusant de céder sur l'idée simple que l'inconscient est structuré comme un langage et n'a pas grand-chose à voir avec les chimies moléculaires ou cérébrales auxquelles les néocognitivistes prétendaient alors le réduire.

Le renfort de quelques intellectuels – Philippe Sollers, Jean-Claude Milner, Catherine Clément, moi-même – comprenant que ce qui se jouait là, dans cette tentative de résorption de la psychanalyse dans la psychologie et dans cette volonté de réduire le corps et ses symptômes à un pur paquet de matière vulgairement nommé organisme, allait très au-delà de la corporation analytique et touchait à l'idée même que l'on se faisait de l'humain et de sa possible liberté.

Un ministre de la Santé courageux, Philippe Douste-Blazy, venant, en février 2005, lors d'un de ces Forums des psys qui se multiplièrent dans cette période et où l'on fit justice de l'imposture, désavouer un rapport de l'Inserm qui présentait la souffrance psychique comme une donnée mesurable, une grandeur évaluable, un trouble que l'universelle volonté de guérir allait savoir faire rentrer dans le rang, réduire et, partant, « guérir ».

Et puis un homme enfin, grande figure de ma génération, qui, depuis des décennies, ne nous donnait plus de nouvelles que de loin en loin, discrètement, à travers l'édition de l'œuvre d'un autre, Jacques Lacan encore, à qui il semblait avoir voué sa vie avec un dévouement, une abnégation et, au fond, une humilité qui m'avaient toujours paru énigmatiques – un homme qui, voyant dans ces manœuvres un nouvel épisode de la guerre de longue durée lancée par les mécaniciens de l'âme contre le freudisme et par nombre de supposés freudiens contre l'enseignement de l'auteur du *Séminaire*, retrouva l'esprit de colère et de révolte, ainsi que le sens politique, de sa jeunesse maoïste pour se dresser contre l'infamie ; sonner le tocsin dans la ville et par-delà la ville ; impulser, animer, multiplier ces fameux Forums qui furent autant de démonstrations de masse et d'intelligence où se démontra, entre autres, la puissance de ressentiment à l'œuvre chez des gens qui ne rêvaient que de mettre hors la loi, littéralement hors la loi, ce freudisme conséquent (le seul ?) qu'est le lacanisme.

L'histoire, parfois, tient à un fil.

Il n'est pas exclu que le fil, dans cette affaire, ait porté le nom de cet homme : Jacques-Alain Miller.

Mais le second point est plus essentiel encore.

Et le mérite de ce livre est, là aussi, de l'exposer avec puissance et clarté.

Est-ce par cette tentative de mise à mort que tout a commencé ? Ou cet attentat manqué était-il déjà, lui-même, le signe d'un malaise qui ne disait pas son nom ? Je n'en sais rien. Mais il fallait être sourd – et le moins que l'on puisse dire est qu'Agnès Aflalo n'est pas sourde ! – pour ne pas voir se mettre en place ici, sous la guise de ce cognitivisme et de ses sous-produits, à l'abri d'une langue à la fois très neuve et très vieillotte où le scientisme le plus obtus le disputait au bon sens le plus niais, toute une nouvelle idéologie dont la psychanalyse était la première, mais certainement pas la seule, victime.

Cette idéologie, Agnès Aflalo l'appelle, après d'autres, l'idéologie de l'évaluation.

Elle repose sur un postulat : que l'homme est calculable, tout entier objet de mesure, âme et corps au même titre, souffrances physiques et psychiques au même sens, toute l'aventure de la pensée et, au-delà, de la subjectivation, réduite à une machinerie réifiée et aux rouages sans mystère – une sorte d'herméneutique devenue folle car fondée sur l'utopie d'un sens total, sans reste, purgé de toute notre part d'ombre, d'opacité, de non-sens.

Ce postulat suppose lui-même une régression qui eût, dix ou vingt plus tôt, semblé impensable à n'importe quel esprit même modérément éclairé : l'oubli du geste, constitutif de la modernité, par quoi la science a) renonce à rien savoir, contrairement à ce qu'elle ambitionnait au temps d'Aristote et de Platon, des « qualités » de l'Etre ; b) choisit de se concentrer sur ce qui, dans cet Etre, relève de la « quantité » et souffre de se laisser réduire à une combinatoire bien agencée de chiffres et de lettres ; c) ménage un site, comme chez Kant dans le fameux geste critique fondateur qui limitait le savoir pour laisser place à la foi, à une connaissance d'un second genre qui pourra être la métaphysique, la poésie ou pourquoi pas ? la psychanalyse – une sorte de galiléisme hystérisé, devenu fou lui aussi, car gagné par le démon du canon, du commensurable intégral, de l'échange généralisé.

Et cette régression a elle-même une conséquence constitutive, pour le coup, de l'idéologie de l'évaluation : la transformation du sujet en objet ; la réduction de l'infinie diversité des sujets en une masse, non pas exactement indifférenciée, mais où l'on ne diffère plus que par d'insensibles degrés ; le triomphe, autrement dit, de cet homme sans qualité, ou plutôt sans *qualités* puisqu'il n'est plus que *quantités*, qu'avait annoncé Robert Musil mais dont il revient à notre époque d'avoir, un siècle après, précipité la naissance et le règne.

C'est cette idéologie qui est à l'œuvre chez ceux qui évaluent le « coût » de la Santé dans une démocratie et concluent, par exemple, qu'il vaut mieux pensionner un grand malade que le soigner.

C'est elle qui opère dans les pratiques pédagogiques qui apparaissent ici ou là et assigne pour tâche à l'Ecole de détecter, dès le plus jeune âge, le potentiel délinquant de l'enfant, son possible devenir criminel, et de le traiter.

C'est contre elle que se battent, à l'heure où j'écris ces lignes, les chercheurs et universitaires français en lutte contre la réforme Pécresse, c'est-à-dire, pour être clair, contre la volonté de classer les discours et, en particulier, les discours de vérité en fonction du nombre d'articles publiés par le chercheur, du nombre de leurs pages, du nombre de citations ou de citations de citations dont ces articles ont été l'objet, ou du nombre de copies en circulation des revues où sont apparues ces citations – la méthode Google appliquée à la vie de l'esprit ; le discours d'un révisionniste du 11 Septembre mieux placé, si l'on n'y prend garde, que celui d'un savant en sciences sociales moins cliqué et visité que le sien ; le mort du dénombrement, du classement, du « ranking », se saisissant du vif de la recherche en acte et l'assujettissant – le logiciel qui permet de remplir les fiches de données bibliométriques requis, désormais, des chercheurs ne s'appelle-t-il pas « publish or perish » ? ne devient-il pas, le chercheur, une sorte d'automate à qui l'on demande de produire pour produire, en série, à la chaîne, sans autre souci que celui d'émettre la quantité de savoir, original ou non, exigé par des évaluateurs tout-puissants et qui ne sont, soit dit en passant, jamais eux-mêmes évalués ?

Car le moindre mérite du livre n'est pas de donner, de toutes ces pratiques évaluatrices, à la fois la matrice théorique et le fruit.

La matrice : une hystérie du chiffre ; une idolâtrie du nombre ; l'intrusion de la technique dans les derniers domaines qui lui résistaient encore ; bref, et pour le dire d'un mot, le triomphe du nihilisme et peut-être, qui sait ? son stade suprême.

Le résultat : une humanité indexée sur cette vision technique du monde ; une extension sans limites de cet impératif de pureté, de transparence donc de pureté, où j'ai diagnostiqué depuis longtemps l'ultime visée des pouvoirs modernes ; l'apparition de machines de gouvernement qui, s'appuyant sur le bien qu'elles sont supposées faire aux sujets en les rendant ainsi transparents à eux-mêmes ainsi qu'au regard de l'autre, forcent tout doucement leur consentement et, s'il le faut, s'en passent ; bref, l'avènement d'une forme de servitude, volontaire ou pas, qui se nourrit du charlatanisme et ne cesse d'y revenir.

Parce qu'il trouve les mots, et les gestes, pour démasquer cette imposture, ce livre est un livre libérateur.

Parce qu'il nous livre, en même temps que le code de la nouvelle machine, quelques-uns des bons outils permettant de le brouiller, c'est un bréviaire de résistance.

Puissent y venir tous ceux qui, les yeux fixés sur les modes anciens de tyrannie, prennent le risque de manquer le visage décidément humain qu'elle est en train de se donner : ils y trouveront un bel et bon arsenal plein des armes nécessaires à la contre offensive qui, maintenant, s'impose.

28

Réponse aux négationnistes du génocide arménien[1]

On dit : « ce n'est pas à la loi d'écrire l'Histoire... » Absurde. Car l'Histoire est déjà écrite. L'Histoire de cette histoire a été faite, cent fois faite, par tous les témoins dignes de foi. Que les Arméniens aient été victimes, au sens strict, précis, du terme, d'une tentative de génocide, c'est-à-dire d'une entreprise planifiée d'annihilation systématique, Churchill l'a dit. Jaurès l'a crié dès les débuts du processus, en 1894. Péguy, au moment même où il s'engage pour Dreyfus, parle de ce commencement de génocide comme du « plus grand massacre du siècle ». Les Turcs eux-mêmes l'admettent. Oui, c'est une chose que l'on ne sait pas assez et qu'il faut inlassablement rappeler : dès les lendemains de la guerre mondiale, dès 1918, Mustapha Kemal reconnaît les tueries perpétrées par le gouvernement Jeunes-Turcs ; des cours martiales sont instituées, qui prononcent des

1. Palais de la Mutualité, à Paris. Discours prononcé le 27 janvier 2007, à l'invitation du CCAF.

centaines de sentences de mort ; les pires artisans du crime, des gens comme Hodja Ilyas Sami qui est un peu le Eichmann des Arméniens, passent clairement, distinctement, aux aveux. Et je ne parle pas des historiens ni des théoriciens du génocide, je ne parle pas des chercheurs de Yad Vashem, ni de Yehuda Bauer, ni de Raoul Hilberg, je ne parle pas de tous ces savants pour qui, à l'exception de Bernard Lewis, la question de savoir s'il y a eu, ou pas, génocide ne s'est jamais posée et ne se pose pas. Il ne s'agit pas de « dire l'Histoire », donc. L'Histoire a été dite, redite et archi-dite. Ce dont il est question, aujourd'hui, c'est d'empêcher sa négation. Ce dont le Sénat va discuter c'est de compliquer, un peu, la vie aux insulteurs. Il y a des lois, en France, contre l'insulte. Il y a des lois contre la diffamation. N'est-ce pas la moindre des choses d'avoir une loi qui pénalise cette insulte absolue, cet outrage qui passe tous les outrages, et qui consiste à outrager la mémoire des morts ?

On dit : « oui, d'accord ; mais vous allez, tout de même, gêner les historiens ; la loi n'a pas à se mêler, si peu que ce soit, de l'établissement de la vérité car elle l'enferme, lorsqu'elle le fait, dans un corset qui empêche les historiens de travailler. » Faux. C'est le contraire. Ce sont les négationnistes qui empêchent les historiens de travailler. Ce sont les négationnistes qui, avec leurs truquages et leurs folies, brouillent les pistes et compliquent les choses. Et c'est la loi qui, au contraire, protège les chercheurs et les met à l'abri. Prenez la loi Gayssot. Citez-moi un cas d'historien, un seul, que la loi Gayssot, sanctionnant la négation de la destruction des juifs, ait empêché de travailler. C'est une loi qui empêche Le Pen ou Gollnisch de trop déraper. C'est une loi qui met des limites à l'expression d'un Faurisson. C'est une loi qui gêne les incendiaires des âmes type Dieudonné. C'est une loi qui, par parenthèse, nous évite des mascarades du type de ce procès du super-négationniste David Irving qui eut lieu à Londres, il y a sept ans, et où, précisément parce qu'il n'y avait pas de loi, l'on vit juges, procureurs, avocats, journalistes à scandale, batteurs d'estrades télévisuelles, occupés, pendant des mois, à se substituer aux historiens, à s'improviser chercheurs de vérité et à semer, pour de bon, le trouble dans les esprits. Et c'est une loi qui, par parenthèse encore, et pour prendre un tout autre exemple, dans un tout autre champ, a le mérite de nous épargner le type de prétendus débats qui font rage aux Etats-Unis entre partisans de ces deux « thèses » soi-disant « adverses » que sont le darwinisme et le créationnisme. Mais c'est une loi qui, je le répète, ne s'est jamais mise en travers de la route d'un seul historien digne de ce nom. C'est une loi qui, contrairement à ce que tiennent à nous dire, je n'arrive pas à comprendre pourquoi, un certain nombre d'historiens « pétitionnaires », les protège, oui, oui, les protège, de la pollution négationniste. Et il en ira de même, j'en suis profondément convaincu, avec l'extension de cette loi Gayssot à la négation du génocide arménien.

On dit : « où s'arrêtera-t-on ? pourquoi pas, tant qu'on y est, des lois sur le colonialisme, la Vendée, la Saint-Barthélemy, les caricatures de Mahomet, le délit de blasphème ? est-ce qu'on ne va pas vers le triomphe d'un politiquement correct interdisant l'expression des opinions non conformes ? est-ce qu'on ne s'oriente pas vers des dizaines, voire des centaines, de lois mémorielles dont le seul résultat sera de judiciariser l'espace du discours et de la pensée ? » Autre erreur. Autre piège. Et ce, pour deux raisons très simples. D'abord, il n'est pas question de « lois mémorielles » mais de génocide ; il n'est pas question de légiférer sur tout et n'importe quoi, mais sur les génocides et les génocides seulement ; et des génocides, c'est-à-dire des entreprises où l'on prétend décider, comme disait Hannah Arendt, qui a le droit, et qui n'a pas le droit, d'habiter cette terre, il n'y en a pas cent, ni dix – il y en a trois, peut-être quatre, au maximum cinq, avec le Rwanda, le Cambodge et le Darfour et c'est une escroquerie intellectuelle de brandir l'épouvantail de cette multiplication de nouvelles lois attentatoires à la liberté de pensée. Et puis, ensuite, soyons sérieux : il n'est pas question, dans cette affaire, d'opinions non conformes, incorrectes, etc. ;

il est question de négationnisme, seulement de négationnisme, c'est-à-dire de ce tour d'esprit très particulier dont j'observe, au demeurant, qu'on ne le voit jamais s'exprimer qu'à propos des génocides et qui consiste, non pas à avoir une certaine opinion quant aux raisons de la victoire d'Hitler, ou quant à celles du triomphe des Jeunes-Turcs en 1908, ou quant aux mécanismes déclencheurs de la solution finale à la question tutsi ou arménienne – il est question, là, non pas de tel ou tel jugement, mais de ce tour d'esprit très spécial, très étrange, qui n'a rien à voir avec le fait d'opiner ceci ou cela et qui consiste à dire que le réel *n'a pas eu lieu*. Pas de chantage, donc, à la tyrannie de la pénitence ! Arrêtons avec le faux argument de la boîte de Pandore ouvrant la voie à une inquisition généralisée ! Le fait que cette loi soit votée, le fait que l'on punisse le négationnisme anti-arménien, n'implique en aucune façon cette fameuse prolifération, en métastase, de lois politiquement correctes.

On dit encore : « trois génocides, d'accord ; peut-être quatre, soit ; mais attention à ne pas tout mélanger ; il ne faut pas prendre le risque de banaliser la Shoah. » Ma réponse, là-dessus, est très claire. Il est vrai que ce n'est pas pareil. Il est vrai que, et le nombre de ses morts, et le degré de démence, d'irrationalité absolue, atteint par ses auteurs, et le type très particulier de rapport à la technique qu'implique l'invention de la chambre à gaz, il est vrai, oui, que tout cela confère à la Shoah une irréductible singularité. Mais, à cette évidence, j'ajoute aussitôt deux remarques. Primo, ce n'est peut-être pas « pareil » mais le moins que l'on puisse dire est que cela se ressemble diablement. Et le premier à le savoir, le premier à en prendre acte, fut un certain Adolf Hitler dont on ne dira jamais assez combien le génocide anti-arménien l'a frappé, fait réfléchir et, si j'ose dire, inspiré. Vous connaissez tous la fameuse phrase, prononcée devant ses généraux, en août 1939, juste avant l'invasion de la Pologne : « qui parle encore aujourd'hui de l'extermination des Arméniens ? » La vérité c'est qu'il a fallu l'exemple arménien pour le convaincre, très tôt, de la possibilité, dans un contexte de guerre mondiale et totale, de venir à bout d'une question du type « question juive ». Et la vérité c'est que ce génocide arménien, ce premier génocide, le fut – « premier » – à tous les sens du terme : un génocide exemplaire et presque séminal ; un génocide banc d'essai ; un laboratoire du génocide considéré comme tel par les nazis ; un génocide qui, très logiquement, et pour cette raison même, fut ce à partir de quoi, dans le mémorandum allié de mai 1915, se formula pour la première fois la notion même de crime contre l'humanité ; et un génocide enfin – c'est évidemment le point décisif – qui fut l'un des deux champs de référence (le second étant, bien entendu, la Shoah) qui, après la Seconde Guerre mondiale, permirent au juriste juif polonais Rafaël Lemkin d'inventer le concept moderne de génocide et de faire qu'il soit inscrit dans la Convention de 1948 pour la prévention et la répression du génocide…

Et puis j'ajoute, secundo, cette autre observation. Les besoins de cette soirée font que je me suis plongé, depuis quelques jours, sans plaisir je dois l'avouer, dans la littérature négationniste touchant les Arméniens. Or quelle n'a été ma surprise lorsque j'ai découvert que c'est la même littérature, littéralement la même, que celle que je connaissais et qui vise la destruction des juifs. Même rhétorique. Mêmes arguments. Même façon, tantôt de minimiser (des morts, d'accord, mais pas tant qu'on nous le dit), tantôt de rationaliser (des massacres qui ne furent ni déments ni gratuits mais s'inscrivaient dans une logique qui était celle d'une situation de guerre), tantôt de renverser les rôles (de même que Céline faisait des juifs les vrais responsables de la guerre et donc de leur propre martyre, de même les négationnistes turcs expliquent que ce sont les Arméniens qui, par leur double jeu, leur traîtrise, leur propension à faire alliance avec les Russes et à frapper les troupes ottomanes dans le dos, ont scellé leur propre destin), tantôt, enfin, de relativiser (quelle différence entre Auschwitz et Hiroshima ou Dresde ? quelle différence entre les Arméniens morts de faim dans le désert de Syrie et les victimes turques du terrorisme mené par les « bandes armées » arméniennes ?). Bref. A ceux qui seraient tentés de jouer au sale petit jeu qu'est le jeu de la guerre des mémoires et de la rivalité victimaire, je veux répondre, ce soir, en plaidant pour la solidarité des génocidés. C'est la position du philosophe tchèque Jan Patocka quand il invente la formule magnifique de « solidarité des ébranlés ». C'était, concernant spécifiquement les Arméniens, la position des pionniers d'Israël, des premiers habitants du Yishouv, qui, tous, se sentaient un destin commun avec les Arméniens naufragés. Ne nous y trompons pas : la lutte contre le négationnisme ne se divise pas ; les deux mécanismes sont si voisins, la tentative de les nier est, dans les deux cas, si incroyablement semblable, que laisser une chance à l'une équivaudrait à ouvrir une brèche à l'autre…

On dit enfin – et cela se veut l'argument définitif, l'argument massue : « pourquoi ne pas laisser la vérité se défendre seule ? n'est-elle pas assez forte, la vérité, pour s'opposer, s'imposer, faire mentir les négationnistes ? » Eh bien non, justement. J'ai peur, précisément, que non. Et ce, de nouveau, pour deux raisons. D'abord parce que ce négationnisme anti-arménien a une particularité que l'on ne trouve pas, pour le coup, dans le négationnisme judéocide : c'est un négationnisme d'Etat ; c'est un négationnisme qui s'appuie sur les ressources, la force, la diplomatie, la capacité de chantage, d'un grand et puissant Etat ; imaginez un instant ce qu'eût été la situation des survivants de la Shoah si l'Etat allemand avait été, après la guerre, un Etat négationniste ! imaginez leur surcroît de détresse s'ils avaient eu, face à eux, non pas ces Faurisson et autres Rassinier qui, pour nocifs qu'ils aient été, n'en étaient pas moins des chefs de secte assez hurluberlus, mais une Allemagne non repentante faisant pression sur ses partenaires et les menaçant de rétorsions s'ils qualifiaient de génocide la tragédie des hommes, femmes et enfants triés sur la rampe d'Auschwitz ! c'est votre situation, amis arméniens ; et il y a là une adversité qui n'a, cette fois, pas d'équivalent et à laquelle je ne suis pas sûr que la vérité, dans sa belle nudité, ait assez de force pour s'opposer. Et puis, ensuite, il y a le fait qu'il ne s'agit plus, dans cette affaire, de « vérité » et de « démenti » : car enfin qu'y a-t-il dans la tête d'un négationniste ? quelle est cette passion bizarre dont je vous disais, tout à l'heure, qu'elle ne se manifeste jamais que pour offenser les génocidés et jamais pour, par exemple, nier que la Terre est ronde ou que Mozart est un musicien autrichien ? de quoi s'agit-il quand on s'acharne à dire à des hommes : « non, vous n'êtes pas morts ; vos parents, vos grands-parents et arrière-grands-parents, ne sont pas morts comme vous le prétendez ; et pour que vous le prétendiez ainsi, pour que vous teniez si fort à nous le faire accroire, il faut que vous soyez de beaux truqueurs, de fieffés trafiquants du malheur – il faut que vous y ayez un bien inavouable intérêt » ? Il y a là, chacun le sent bien, une qualité de haine sans pareille. Il y a là une volonté d'offenser si totale qu'elle ne se peut rapporter qu'à la haine antisémite ou raciste. Et, contre cette haine-là, chacun sait bien, hélas, que la vérité est sans ressource.

Un tout dernier mot. Vous vous souvenez de Himmler créant, en juin 1942, un commando spécial, le commando 1005, chargé de déterrer les corps, de les brûler et d'en faire disparaître les cendres. Vous connaissez l'histoire du SS lançant à Primo Levi – je cite de mémoire – qu'il ne resterait pas un juif pour témoigner et que, si d'aventure il en restait un, tout serait fait, de toute façon, pour que son témoignage ne soit pas cru. Vous connaissez les euphémismes utilisés – « évacuation, traitement spécial, réinstallation à l'Est », etc. – pour ne pas avoir à dire « meurtre de masse » et pour effacer, jusque dans le discours, la marque de ce qui était en train de s'opérer. Eh bien cette loi qui est celle de la Shoah, ce théorème que j'appelle le théorème de Claude Lanzmann et qui veut que le crime parfait soit un crime sans traces et que l'effacement de la trace soit partie intégrante du crime lui-même, cette évidence d'un négationnisme qui n'est pas la suite mais un moment du génocide et qui lui est consubstantiel, tout cela vaut pour tous les génocides et donc aussi, naturellement, pour le génocide du peuple arménien. On croit que ces gens expriment une opinion : ils perpétuent le crime. Ils se veulent libres penseurs, apôtres du doute et du soupçon : ils parachèvent l'œuvre de mort. Il faut une loi contre le négationnisme parce que le négationnisme est, au sens strict, le stade suprême du génocide.

29

Unesco : la honte d'un naufrage annoncé[1]

Qui a déclaré en avril 2001 : « Israël n'a jamais contribué à la civilisation à quelque époque que ce soit car il n'a jamais fait que s'approprier le bien des autres » – et a remis ça presque deux mois plus tard : « la culture israélienne est une culture inhumaine ; c'est une culture agressive, raciste, prétentieuse, qui se base sur un principe tout simple : voler ce qui ne lui appartient pas pour prétendre ensuite se l'approprier » ?

Qui a expliqué en 1997, et l'a répété ensuite sur tous les tons, qu'il était « l'ennemi acharné » de tout tentative de normalisation des rapports de son pays avec Israël ?

Ou encore, tout récemment, en 2008, qui a répondu à un député du Parlement égyptien qui s'alarmait que des livres

1. *Le Monde, Corriere della Sera, El Mundo, Expressen, Aftenposten, The Huffington Post, Frankfurter Allgemeine Zeitung,* 21-27 mai 2009. Texte coécrit avec Claude Lanzmann et Elie Wiesel.

israéliens puissent être introduits à la Bibliothèque d'Alexandrie : « brûlons ces livres ; s'il s'en trouve, je les brûlerai moi-même devant vous » ?

Qui, en 2001, dans le journal *Ruz al-Yusuf*, a dit qu'Israël était « aidé », dans ses sombres menées, par « l'infiltration des juifs dans les médias internationaux » et par leur habileté diabolique à « répandre des mensonges » ?

A qui devons-nous, oui, ces déclarations insensées, ce florilège de la haine, de la bêtise et du conspirationnisme le plus échevelé ?

A Farouk Hosni, ministre de la Culture d'Egypte depuis plus de quinze ans et, à coup sûr, le prochain directeur général de l'Unesco si rien n'est fait avant le 30 mai, date de clôture des candidatures, pour arrêter sa marche apparemment irrésistible vers l'un des postes de responsabilité culturelle les plus importants de la planète.

Pire : les phrases que nous venons de citer ne sont que quelques-unes – et pas les plus nauséabondes – des innombrables déclarations de même teneur qui jalonnent la carrière de Monsieur Farouk Hosni depuis une quinzaine d'années et qui, par conséquent, le précèdent lorsqu'il prétend, comme aujourd'hui, à un rôle culturel fédérateur à l'échelle du monde contemporain.

L'évidence est donc là : Monsieur Farouk Hosni n'est pas digne de ce rôle ; Monsieur Farouk Hosni est le contraire d'un homme de paix, de dialogue et de culture ; Monsieur Farouk Hosni est un homme dangereux, un incendiaire des cœurs et des esprits ; il ne reste que peu, très peu de temps pour éviter de commettre la faute majeure que serait l'élévation de Monsieur Farouk Hosni à ce poste éminent entre tous.

Nous appelons donc la communauté internationale à s'épargner la honte que serait la désignation, déjà donnée pour quasiment acquise par l'intéressé lui-même, de Monsieur Farouk Hosni au poste de directeur général de l'Unesco.

Nous invitons tous les pays épris de liberté et de culture à prendre les initiatives qui s'imposent afin de conjurer cette menace et d'éviter à l'Unesco le naufrage que constituerait cette nomination.

Nous invitons le Président égyptien lui-même, en souvenir de son compatriote Naguib Mahfouz, prix Nobel de littérature, qui doit, à l'heure qu'il est, se retourner dans sa tombe, nous l'invitons, pour l'honneur de son pays et de la haute civilisation dont il est l'héritier, à prendre conscience de la situation, à désavouer de toute urgence son ministre et à retirer sa candidature.

L'Unesco a, certes, commis d'autres fautes dans le passé – mais cette forfaiture-ci serait si énorme, si odieuse, si incompréhensible, ce serait une provocation si manifeste et si manifestement contraire aux idéaux proclamés de l'Organisation qu'elle ne s'en relèverait pas.

Il n'y a pas une minute à perdre pour empêcher que soit commis l'irréparable.

Il faut, sans délai, en appeler à la conscience de chacun pour éviter que l'Unesco ne tombe aux mains d'un homme qui, lorsqu'il entend le mot culture, répond par l'autodafé.

30

La bataille de l'Unesco, suite[1]

L'article de Nathalie Nougayrède (voir *Le Monde* daté du mercredi 2 septembre) nous apprend qu'Henri Guaino, la plume universelle du président de la République, aurait sinon

1. *Corriere della Sera, El Mundo, Expressen, The Huffington Post, Le Monde*, 3-7 septembre 2009. Texte coécrit avec Claude Lanzmann.

rédigé lui-même, tout au moins « lu avant publication » la réponse de Farouk Hosni, ministre de la Culture du gouvernement égyptien, à la dénonciation que nous avions faite de sa nomination probable comme directeur général de l'Unesco avec le soutien militant de la France (*Le Monde*, 22 mai 2009).

Nous rappelions, dans notre tribune, que Farouk Hosni était l'auteur d'une série de déclarations clairement et odieusement antisémites égrenées au fil des années, la plus récente étant celle où, en réponse à une question d'un élu des Frères Musulmans, il se proposait de brûler lui-même les livres israéliens qui, d'aventure, se seraient clandestinement glissés sur les rayons de la Bibliothèque d'Alexandrie.

Entre Farouk Hosni et la direction générale de l'Unesco, il y avait selon nous – et selon beaucoup – une scandaleuse incompatibilité.

Ecrite dans un français impeccable, la réponse de Farouk Hosni ne nie rien des faits dont on l'incrimine, imputables, laisse-t-il entendre, à de regrettables erreurs de jeunesse, mais surtout au sang chaud qui bout dans ses artères devant l'oppression à laquelle Israël soumet le peuple palestinien. Nicolas Sarkozy n'a jamais caché qu'Henri Guaino est le rédacteur principal de ses discours et celui-ci, homme d'une rare capacité de travail, ne renâclant sur aucun sujet, même le plus aride, occupe une place essentielle dans l'organigramme gouvernemental, semble peser fortement sur la politique française et s'est vu, en particulier, chargé de mettre en œuvre, ès qualités, le projet d'Union pour la Méditerranée voulu par le Président. Tout cela va de soi.

Pourtant, ce qui vient de se produire relève d'un véritable saut qualitatif et cela nous semble pour le moins étonnant. Si les rumeurs selon lesquelles l'idée d'une réponse de Farouk Hosni dans *Le Monde* a été suggérée par Henri Guaino sont fondées, si le texte du ministre égyptien est effectivement sorti de la plume du conseiller français ou « a été “lu par lui avant publication” au cas où il eût fallu le modifier », alors Henri Guaino passe du statut de plume française à celui de plume mondialisée ! Mais après tout, il y a peut-être là un effet collatéral de la logique sous-jacente à toute l'action du Président et qui est celle de l'« hyperprésidence » : Henri Guaino accédera peut-être ainsi à l'universalité véritable et sans frein, en devenant la plume de tous les grands de ce monde sur les cinq continents et en préfigurant la plus radieuse des fusions interhumaines ; et c'est lui qui, alors, mériterait le poste prestigieux de directeur général de l'Unesco !

31

Unesco, encore[1]

C'est donc jeudi 17 septembre, que les 58 pays votants diront s'ils désignent ou non, à la tête de l'Unesco, un homme désormais célèbre pour avoir promis de brûler de ses mains les livres écrits en hébreu qui pourraient s'être glissés, malgré la vigilance des islamistes, dans les rayons de la Bibliothèque d'Alexandrie.

Cet homme s'appelle Farouk Hosni.

Nous avons, avec Claude Lanzmann et Elie Wiesel, porté à la connaissance de l'opinion européenne (*Le Monde* du 22 mai 2009) puis américaine (*The Huffington Post* du surlendemain) ses déclarations nauséabondes.

Et cet incendiaire de livres et d'âmes s'étant lancé, depuis cette date, dans une campagne électorale dont la frénésie n'a d'égale que l'habileté à désinformer, je veux répondre ici, avant

1. *The Huffington Post*, 8 septembre 2009.

qu'il ne soit trop tard, à quelques-uns des arguments développés, peut-être de bonne foi, par ceux qui se résignent à son élection.

Premier argument. Farouk Hosni se serait « excusé » de ses propos. C'est faux. Car outre que son texte de contrition a été, comme nous le savons aujourd'hui (*Le Monde* du 2 septembre), en partie rédigé par un autre (le Français Henri Guaino), il ne retirait rien des mots incriminés et les mettait juste au compte d'un tempérament trop bouillant.

Deuxième argument. Farouk Hosni est un tacticien jouant au plus fin avec son vrai ennemi qui serait le parti des Frères Musulmans. C'est une plaisanterie. Car outre que l'Egypte dont il est le ministre de la Culture depuis vingt-deux ans est un pays où aucune œuvre de l'esprit ne peut être rendue publique sans avoir reçu le visa préalable des religieux de l'Institut théologique d'Al-Azhar, il y a une multitude de cas où c'est lui, le ministre, qui, prenant les devants, a plaidé l'« offense à l'islam » pour sanctionner un film (*L'Immeuble Yacoubian*), un livre (l'autobiographie, en 2001, de Nawal el-Saadawi), des poèmes (l'affaire, en 2007, de la revue *Ibdaa* dont le retrait de la vente a réussi à provoquer une mise au point embarrassée des religieux d'Al-Azhar qui n'en demandaient pas tant !).

Troisième argument. Farouk Hosni est égyptien et on fâcherait, en le récusant, ce grand pays qu'est l'Egypte. On atteint là les sommets de la mauvaise foi. Car s'il est exact que l'homme est soutenu par l'autocrate dont il chante servilement la gloire depuis des décennies, il ne l'est évidemment pas par l'autre Egypte, la seule qui compte, puisque c'est celle des créateurs et des artistes. Que ceux qui en douteraient songent au réalisateur Khaled Youssef dont le scénario du dernier film *Moment de faiblesse*, vient d'être censuré au motif qu'il traitait de la virginité avant le mariage. Qu'ils se procurent la bande dessinée de Magdy el-Shafee que les « Brigades du vice » chargées de sévir contre les « atteintes à la morale » ont retirée du marché sous prétexte qu'elle contenait une vignette où l'on lisait : « dans ce pays, ce sont les pauvres qui vont en prison. » Que les représentants des Etats qui voteront lundi prochain se penchent, avant de fixer leur choix, sur le cas de quelques-uns, seulement quelques-uns, des innombrables auteurs que Farouk Hosni et ses services ont persécutés ces dernières années et dont je tiens la liste à la disposition de qui veut – Messieurs Kouchner et Sarkozy par exemple.

Car la question, dorénavant, est simple.

Va-t-on confier les rênes de l'agence culturelle mondiale à un homme qui, lorsqu'il entend le mot culture, sort ses ciseaux ou son briquet ?

Peut-on mettre à la tête d'une organisation vouée à défendre les principes de liberté d'opinion et d'expression le ministre d'un pays qui a réussi à se classer, sous son règne, 146e sur 173 au (sombre) palmarès de Reporters sans frontières – et qui, comme si ce n'était pas assez, vient juste de se lancer dans une chasse aux blogueurs, facebookers et autres internautes aussi bête que sauvage (le hasard des calendriers ferait que son entrée dans ses nouvelles fonctions coïnciderait avec la promulgation, en Egypte, d'une loi qu'il a voulue et qui prévoit des peines de prison en cas d'« abus d'utilisation d'Internet » – *sic*) ?

Et puis va-t-on, sous prétexte qu'il représenterait le Sud ou le Monde arabe, donner le « Comité du patrimoine mondial » à un responsable qui, lorsqu'il avait la charge de son propre patrimoine national, a vu trois de ses collaborateurs directs, plus un ancien chef de cabinet, lourdement condamnés pour avoir trempé dans le trafic des trésors archéologiques de l'Egypte ?

Je me fais une trop haute idée du pays de Naguib Mahfouz et des temples d'Abou-Simbel – je mets, aussi, trop haut les exigences du dialogue Nord-Sud – pour accepter que l'on raisonne de la sorte.

Alors, sans doute est-il *déjà* tard.

Peut-être eût-il fallu que le Maroc maintienne la candidature d'Aziza Bennani, le Brésil celle de Gilberto Gil, ou que le juriste algérien Mohamed Bedjaoui soit soutenu par son pays.

Mais l'heure n'est plus aux regrets stériles. Et, au point où nous en sommes, il n'y a, pour ceux qui, en Europe et ailleurs, ne veulent pas voir dévoyé le bel impératif de dialogue des civilisations et des cultures (et pour ceux qui, aussi, se réjouissaient de voir l'image de l'Unesco peu ou prou restaurée), qu'une urgence : barrer la route à un homme dont tout le passé plaide contre les idéaux de l'institution.

32

La bataille de l'Unesco, fin[1]

L'élection du directeur général de l'Unesco est entrée dans sa phase ultime.

Et la désignation de Farouk Hosni donnée, il y a quelques semaines encore, pour acquise semble plus difficile que prévu puisque trois tours de scrutin n'ont pas suffi à lui apporter l'écrasante majorité que lui promettaient ses partisans.

Nous ne commenterons pas à nouveau les inacceptables déclarations que nous avions rapportées ici même (*Le Monde* du 22 mai 2009) et où cet homme qui a été, deux décennies durant, ministre de la Culture promettait de brûler de ses propres mains les livres écrits en hébreu qui se seraient subrepticement glissés entre les rayons de la Bibliothèque d'Alexandrie.

Et nous ne reviendrons également que pour mémoire sur le fait que celui que l'on nous présente comme le candidat du

1. *Corriere della Sera, Expressen, The Huffington Post, Le Monde*, des 21 et 22 septembre 2009. Texte coécrit avec Claude Lanzmann.

dialogue et de la paix est de ceux qui, dans son pays, toutes ces dernières années, ont exprimé la plus vive et la plus constante hostilité à l'endroit de toute forme de normalisation entre Israël et ses voisins.

Ce qui est nouveau, en revanche, ce sont les mises en garde d'organisations non gouvernementales soulignant le paradoxe qu'il y aurait à élire à un poste supposé garant, à l'échelle mondiale, des valeurs de liberté d'expression le ministre d'un pays qui a réussi à se classer, sous son règne, au 146e rang (sur 173) du palmarès de Reporters sans frontières en matière de liberté de la presse.

Ce sont toutes les voix d'artistes et d'intellectuels qui, en Egypte même, nous adjurent d'entendre que ce prétendu « rempart » contre l'islamisme radical s'est comporté, pendant vingt-deux ans, comme un inlassable allié des fanatiques, entérinant leurs décisions, parfois les devançant, et agissant, en tout cas, comme un censeur implacable de la pensée libre et de la culture.

Et puis l'élément nouveau c'est, enfin, que ces semaines de débat feutré, puis les éliminatoires des premiers tours de scrutin, ont vu se dégager deux autres candidatures qui ont au moins le mérite de n'être pas entachées des mêmes possibilités de soupçon : celle de la Bulgare Irina Bokova, ambassadrice de son pays en France et partie prenante, il y a vingt ans, au processus de transition démocratique à Sofia ; et celle de l'Equatorienne Ivonne Baki dont l'élection signifierait, au moins autant que celle de Farouk Hosni, un hommage rendu au Sud dans son dialogue, plus que jamais nécessaire, avec le Nord.

Les 58 votants qui, ce lundi, peut-être aussi ce mardi, départageront pour de bon les finalistes auront le choix entre deux candidates honorables et un troisième.

Ils auront à arbitrer entre deux femmes que rien ne disqualifie et un homme dont tout le passé plaide contre les idéaux de l'institution mais dont on nous demande de parier, sur la foi de vagues et hâtifs repentirs, qu'il aurait miraculeusement changé.

Le choix, le vrai choix, sera entre les tractations d'une realpolitik qui se prétend l'amie de la culture égyptienne alors qu'elle ne se soucie, en réalité, que de complaire à un autocrate – et la fidélité à des principes qui sont ceux de l'Unesco et auxquels l'Unesco a été trop souvent infidèle pour que l'on prenne le risque de les voir à nouveau foulés aux pieds.

Faut-il ajouter que l'élection, pour la première fois, d'une femme à ce poste prestigieux serait aussi, en tant que telle, un beau signal ?

C'est il y a presque exactement soixante ans que Simone de Beauvoir, dans *Le Deuxième Sexe*, annonçait : « la femme libre est seulement en train de naître. »

33

Unesco, après la victoire[1]

C'est la victoire de la morale sur le calcul politique. Un certain nombre des 58 délégués ont compris, en conscience, que l'Unesco ne pouvait pas être laissé entre les mains de cet homme, et ce sursaut moral l'a emporté sur les pressions de certains grands pays, qui étaient devenues insupportables. C'est la preuve que la realpolitik n'a pas toujours le dernier mot. Et

1. Publié le 22 septembre 2009, par le quotidien en ligne *Slate*. Propos recueillis par Grégoire Fleurot.

je vais vous dire : ce genre d'événement, la victoire de la morale et de la conscience, est suffisamment rare pour qu'on ne boude pas sa satisfaction et sa joie.

Le soutien de la France à la candidature d'Hosni tenait du pur calcul géopolitique. Nicolas Sarkozy et, derrière lui, le Quai d'Orsay vivent dans l'idée que la diplomatie française doit s'appuyer sur un certain nombre de grands pays – nommément le Brésil, l'Inde et l'Egypte – et que tout doit être subordonné à ce « grand dessein » géopolitique. Eh bien moi je ne suis pas d'accord avec cela. Nous sommes nombreux, très nombreux, à ne pas accepter ce type de logique froide qui traite avec les Etats sans s'interroger sur la nature de leur régime. Et nous sommes nombreux à ne pas comprendre, non plus, pourquoi le projet d'Union pour la Méditerranée, en soi parfaitement respectable et même très profondément désirable, devrait nous conduire à nous coucher devant un autocrate et devant ses flics culturels. On peut, quand même, essayer d'apprendre à compter jusqu'à deux. On peut, on doit, à la fois vouloir l'Union pour la Méditerranée et défendre, en même temps, la liberté de pensée et de presse. En vérité, deux logiques se sont affrontées dans cette affaire. Celle des monstres froids contre celle des artistes et des citoyens. C'est la deuxième qui l'a emporté.

D'ailleurs, je vais vous dire encore autre chose. Si je me suis ainsi mobilisé c'est aussi à cause de tous les messages qui nous arrivaient des hommes de culture égyptiens et qui nous décrivaient un censeur impitoyable avec la pensée libre, avec la presse libre, avec les internautes coupables d'« abus d'Internet » (eh oui !!), pourchassant les blogueurs, caviardant les scenarii et les films, interdisant des œuvres de poésie pour « atteinte à l'islam », prenant parfois les devants par rapport aux éventuelles foudres des islamistes radicaux, etc.

Et puis l'Egypte, ce n'est pas que Moubarak. Il y a d'un côté un appareil d'Etat autocratique en fin de règne qui soutenait Farouk Hosni et, de l'autre, les artistes et les hommes de culture dont il était supposé défendre les intérêts, mais qui nous disaient que cet homme n'était pas des leurs, qu'il ne les représentait pas et qu'il n'était pas du tout certain qu'il fût digne de diriger la grande agence culturelle mondiale qu'est l'Unesco.

D'autres soupçons planent également sur Hosni. Liliane Lazar, professeure à l'université de Long Island, a publié sur le site Internet qu'elle consacre à mon travail des articles de la presse arabe assez accablants. Il y apparaît que cet homme a aussi été un homme de l'ombre qui, quand il a été en poste à Paris, a fait la chasse aux étudiants contestataires et, quand il s'est retrouvé à Rome, au milieu des années 80, a travaillé à l'exfiltration des terroristes égyptiens mêlés à l'affaire de l'*Achille Lauro*. La presse italienne a repris ces informations. L'agence de presse italienne Ansa en a fait une dépêche. Et tout cela est parti, très vite, sur le Net. Car il y a eu, encore, cette dimension. Les diplomates face au Net. Les internautes contre le monstre froid. On a essayé de nous faire avaler cette candidature sans se poser de questions : avec le Net, c'est impossible ; on se pose toutes les questions.

Il y a trois bonnes raisons, au moins, de se réjouir de l'élection d'Irina Bokova. D'abord, c'est une femme, la première à diriger l'Unesco. Ensuite, elle vient d'un petit pays qui n'entre pas dans les grandes logiques de ce que Proust appelait, pour s'en moquer, « les stratégies d'état-major ». Et puis, la Bulgarie ayant quand même vécu des décennies d'enfer totalitaire, c'est quelqu'un qui a l'expérience de ce qu'est une culture persécutée, opprimée et de la façon dont elle s'en sort. Irina Bokova représente tout cela.

34

La triste fin de Jimmy Carter[1]

Le problème n'est évidemment pas de discuter, ou non, avec les Syriens – tous, peu ou prou, le font.

Il n'est pas d'aller rencontrer, à Damas, le chef en exil du Hamas – les mêmes, Israéliens compris, finiront un jour ou l'autre par s'y résoudre en vertu du vieux principe selon lequel c'est avec ses ennemis, pas avec ses amis, qu'il faut, à la fin des fins, dialoguer, faire la paix et s'entendre.

Non.

Le problème c'est la façon dont l'ex-président Carter s'y est pris.

Le problème c'est l'inutile et spectaculaire accolade donnée, à Ramallah, au dignitaire du Hamas Nasser Shaer.

Le problème c'est cette gerbe pieusement déposée sur la tombe d'un Yasser Arafat dont il sait, mieux que quiconque, l'obstacle qu'il fut à la paix.

Le problème c'est, au Caire, et à en croire un autre responsable du Hamas, Mahmoud al-Zahar, qui n'a pas été démenti, le fait qu'il ait pu qualifier de « mouvement de libération nationale » un parti, le Hamas donc, qui a fait du culte de la mort, de la mythologie du sang et de la race, de l'antisémitisme version *Protocoles des Sages de Sion*, les piliers de son idéologie.

Le problème c'est, encore, le formidable pied de nez que lui a adressé le chef en exil du parti, Khaled Mechaal, en lançant,

1. *The Wall Street Journal*, 24 avril 2008.

à Keren Shalom, alors même qu'il le recevait, son premier gros attentat à la voiture piégée depuis plusieurs mois – et le problème c'est que l'événement n'arracha au pauvre Carter, tout empêtré dans ses calculs de médiateur au petit pied, pas un mot d'émotion ni de réprobation.

L'ex-président, dira-t-on, est coutumier du fait.

Et ce n'est pas d'hier que date l'étrange dérive de celui qui fut, il y a trente ans, l'un des artisans de la paix avec l'Egypte et qui n'a cessé, depuis, de vilipender Israël, de comparer son système politique à celui de l'Afrique du Sud à l'époque de l'apartheid, d'ignorer son désir de paix non moins réel que ses erreurs, de nier jusqu'à ses souffrances (entre autres exemples, cette intervention, il y a un an, sur la chaîne de télévision CBS où il déclarait que son cher Hamas n'avait plus commis, depuis des années, le moindre attentat ayant coûté la vie à des civils – et cela, à quelques mois du meurtre de six personnes au terminal de Karni et de celui, le 30 août 2004, de 16 occupants de deux bus à Beer-Sheva).

Une chose est, pourtant, de parler à CBS ; une autre est de prononcer les mêmes mots, sans mandat, mais fort d'une indiscutable autorité morale, au plus près des belligérants.

Une chose est de dire, à Dublin, le 19 juin 2007, que les vrais criminels ne sont pas ceux qui claironnent comme Mechaal qu'Israël doit, « avant de mourir », être « humilié et dégradé » mais ceux qui préféreraient voir ces sympathiques personnages écartés tôt ou tard (et, si possible, plus tôt que tard) des cercles du pouvoir – une autre est de venir, sur place, appuyer de tout son poids les éléments les plus radicaux, les plus hostiles à la paix, les plus profondément nihilistes, du camp palestinien.

La vérité est que, voudrait-on déconsidérer l'autre bord, voudrait-on achever d'humilier et ridiculiser le seul dirigeant palestinien – Mahmoud Abbas – qui continue, au péril de sa vie, de croire à la solution des deux Etats, voudrait-on, en un mot, ruiner les derniers rêves des hommes et femmes de bonne volonté qui croient encore à la paix, que l'on ne s'y prendrait pas autrement.

Alors, qu'est-il arrivé à l'ancien Prix Nobel de la paix ?

Est-ce la vanité de celui qui n'est plus rien et qui veut, avant de quitter définitivement la scène, un dernier quart d'heure de lumière ?

Est-ce la sénilité d'un politique qui a perdu le contact avec le réel et, au passage, avec son parti (Barack Obama, plus nettement encore que sa rivale, vient de rappeler qu'il n'est possible de « s'asseoir » avec les gens du Hamas que s'ils « renoncent au terrorisme, reconnaissent le droit d'Israël à exister, et respectent les accords passés ») ?

Serait-ce une variante de la haine de soi et, en l'espèce, la haine de son propre passé de grand faiseur de paix ?

Toutes les hypothèses sont permises.

Mais ce qui est sûr c'est que l'ex-président Carter avait un point commun avec le bientôt ex-président Bush : ce sont deux *born again*, deux chrétiens « nés une deuxième fois », avec tout ce que cette mystique, fréquente dans les Eglises évangéliques, suppose d'obscurantisme.

Il en avait un autre, que ne dément, hélas, pas la fin du mandat du second : ils resteront, l'un comme l'autre, dans un ordre que l'Histoire saura déterminer, comme deux des plus mauvais présidents qu'auront connus les Etats-Unis.

Eh bien en voici un troisième, lié aux deux premiers et dont le cas de Jimmy Carter apprend qu'il survit, hélas, et pour longtemps, à l'exercice du pouvoir (avis à ceux qui s'imaginent être, dans six mois, définitivement débarrassés de Bush !) : une identique capacité à transformer une erreur politique en une désastreuse faute morale[1].

---

1. Alors que ce livre était sous presse, le 23 décembre 2009, Jimmy Carter adressait à la Jewish Telegraphic Agency une lettre de regrets concernant la « stigmatisation d'Israël » qu'il reconnaissait avoir « amplifiée ». Dont acte. Mais la règle du jeu est, là aussi, intangible, et je reproduis ce texte sans retouches ni vrai regret.

35

Suggestions pour servir à la mémoire de Madame Anna Politkovskaïa[1]

L'urgence, maintenant, c'est de ne pas oublier.

Car c'est là-dessus qu'ils comptent, n'est-ce pas ?

C'est là-dessus, sur notre capacité à oublier, à effacer, à passer l'éponge, c'est sur notre terrible propension à tourner la page et passer à autre chose, que comptaient, et comptent encore, les assassins d'Anna Politkovskaïa.

Eh bien justement.

Je ne sais pas qui ils sont, ces assassins.

Je ne connais pas – personne, en fait, ne connaît – le degré d'implication des autorités russes, et de Monsieur Poutine en particulier, dans ce meurtre, en plein Moscou, c'est-à-dire dans une ville où rien, ou presque rien, ne se fait à l'insu de l'ex-KGB et de ses hommes, d'une personnalité aussi connue, emblématique et surveillée.

Mais je sais que la dernière arme qui nous reste, c'est de faire mentir, qui qu'ils soient, les assassins.

Mais je sais que le dernier petit, tout petit, hommage que nous puissions encore rendre à cette grande dame de la presse

1. Contribution à *Hommage à Anna Politkovskaïa,* Buchet-Chastel, 2007.

russe et internationale, c'est de refuser de passer à autre chose comme tout, et tout le monde, nous y invite.

Et je sais enfin qu'à l'endroit de cette femme d'honneur et d'exception, à l'endroit de cette apôtre de la vérité qui est tombée en cherchant cette vérité, à l'endroit de cette militante des droits de l'homme qui a vécu et qui est morte, debout, pour que la cause du droit ne soit pas impunément foulée aux pieds et qu'un événement aussi colossal que la destruction de la ville de Grozny ne soit pas passée aux pertes et profits du siècle qui commence, à l'endroit, donc, de cette héroïne et, à la lettre, de cette martyre, il nous reste un devoir qui s'appelle le devoir de mémoire.

Que faut-il faire, dans ce cas ?

Quel type d'hommage concret, avec qui, et comment ?

Et quelle forme doit prendre, aujourd'hui, un tel impératif du souvenir ?

En vrac, quelques idées.

Il faut publier ses textes, naturellement

Il faut les publier, et les republier, dans toutes les langues, sans se lasser.

Il faut donner à ses reportages sur la guerre de Tchétchénie plus de publicité encore qu'ils n'en avaient de son vivant et qu'elle n'entendait elle-même leur donner.

II faudrait que le maximum de villes, en France et hors de France, songent à attribuer son nom à l'une de leurs rues, de leurs avenues ou de leurs places.

Il faudrait que des grands journaux européens, ou des consciences morales du journalisme, aient l'idée de donner le nom d'Anna Politkovskaïa à un prix qui, chaque année, couronnerait un journaliste s'étant signalé, comme elle, et après elle, par son courage et son indépendance d'esprit.

Il conviendrait qu'aucun sommet international auquel participe le pouvoir russe, aucun G8 où G autre chose, aucune visite d'un chef d'Etat ou de gouvernement à Moscou, aucune visite de Poutine dans une capitale occidentale, n'aient lieu sans que la question soit inlassablement posée du point où l'on en est de l'enquête sur mort, à ce jour si mystérieuse, d'Anna Politkovskaïa.

Il faut que chaque rencontre internationale où siègent un ou plusieurs officiels russes commence ou s'achève – et de manière publique ! – par cette question toute simple, et qui devrait devenir, à force, comme une hantise pour Vladimir Poutine : « et Anna Politkovskaïa ? quelles nouvelles avons-nous de la mort d'Anna Politkovskaïa ? l'enquête est en cours, nous le savons, mais où en est-elle ? à quel point en êtes-vous ? que faites-vous pour en savoir davantage ? bref, que fait votre police ? »

Et puis il faudrait enfin que le chef de l'Etat français, ce nouveau président qui n'a pas craint, avant son élection, de dire qu'il avait moins de scrupules à serrer la main de Bush qu'à serrer celle de Poutine, il faudrait que Nicolas Sarkozy revienne sur une décision pour le moins malheureuse que prit, à la fin de son second mandat, son prédécesseur Jacques Chirac : il faudrait que, le temps, justement, de l'enquête, le temps d'en savoir plus et de s'assurer que les services de Monsieur Poutine font ce qui est en leur pouvoir pour en savoir le maximum, il retire à ce dernier les insignes de grand-croix dans l'ordre de la Légion d'honneur qui lui ont été inconsidérément conférés.

Est-il digne de la France d'élever au plus haut grade de son plus bel ordre républicain un homme sur lequel pèsent, concernant une telle affaire, de si lourdes présomptions de culpabilité, de complicité ou, à tout le moins, d'indifférence ?

36

Un Rushdie français ?[1]

Lorsque toute cette histoire est arrivée, ça a été une question de réflexe. Voilà un homme, un intellectuel, voilà un bon intellectuel et un bon écrivain (je vous recommande tout particulièrement son dernier livre, *Nouvelles Figures de l'homme*), qui donne un article à un journal. On pense ce que l'on veut de cet article. On pouvait, ce jour-là, être plus ou moins d'accord, ou plus ou moins en désaccord, avec le contenu de ce qu'il disait. Mais voilà que, quelques heures après sa parution, un prédicateur islamiste s'exprimant sur la chaîne Al-Jazira, prononce le nom de l'auteur de cet article et porte sur lui une sorte de fatwa, une malédiction, une condamnation, appelez ça comme vous voudrez.

Le fait est là. Aussitôt, les blogs se multiplient. Aussitôt, la planète Internet s'enflamme. Aussitôt, des condamnations à mort, des vraies, fusent de toutes parts et le visent. Les uns donnent son adresse. Les autres diffusent les plans de sa maison et les moyens d'y arriver. Et, à ce moment-là, il se passe quoi ? Eh bien on croit rêver. Mais non. On ne rêve pas. C'est le MRAP qui explique que, s'il arrive un jour malheur à Robert Redeker, il faut que le monde sache que c'est lui qui l'aura cherché et voulu. C'est un islamologue qui est, au demeurant,

---

1. Prononcé le 15 novembre 2006, à Toulouse, dans le cadre d'un meeting de soutien à Robert Redeker.

un vieux camarade à moi et qui lui reproche d'avoir – je le cite, les bras m'en tombent – « chatouillé la fatwa ». Ce sont des journalistes qui prennent leur air le plus docte pour demander : « Mais, après tout, est-ce que c'est vraiment une fatwa ? Est-ce qu'on n'en rajoute pas un peu beaucoup en parlant de fatwa ? Et d'ailleurs… oui, d'ailleurs, ce mauvais philosophe, ce philosophe autodidacte, est-ce qu'il ne serait pas un peu mythomane sur les bords, par hasard ? » Ou ce sont, encore, ces faux malins qui nous disent : « ouais, ouais, on a compris… c'était un coup monté… son but, son seul but, était de se faire de la publicité avec un article exprès provocateur… »

Nous avons entendu tout cela, oui. Jusqu'au ministre de tutelle de Redeker, Gilles de Robien, qui a eu le culot de dire qu'un enseignant est tenu à un devoir de réserve et de modération et que c'est de cela, de cette modération et de cette réserve, que le professeur Redeker a manqué. Quelqu'un a dit, tout à l'heure, que la Gendarmerie nationale a correctement fait son travail. D'accord. Il ne manquerait plus qu'elle ne le fît pas ! Mais quid de l'Education nationale ? Est-ce que l'Education nationale n'a pas scandaleusement failli à ses devoirs lorsque, par la voix de son ministre, elle a ainsi lâché l'un de ses professeurs ? Je vais vous dire. Je suis là, moi, comme vous tous, pour soutenir l'écrivain Robert Redeker, l'intellectuel, le professeur, l'homme. Eh bien je dis qu'il y a une question, déjà, qu'un ministre digne de ce nom aurait dû depuis longtemps se poser. Robert Redeker est en danger à Toulouse, d'accord. Il est entré dans une saison de sa vie où il fera peut-être moins bon qu'autrefois, pour lui, vivre dans cette belle ville de Toulouse. Mais est-ce qu'il n'y a pas d'autres villes, en France, que Toulouse ? Est-ce qu'il n'y a pas des pays francophones où la pensée et la langue françaises gagneraient à être, grâce à lui, illustrées et défendues ? Est-ce que, au lieu de l'exhorter à plus de « modération », le ministre Robien ne ferait pas mieux, autrement dit, de lui trouver un poste et de l'aider à réorganiser sa vie familiale et professionnelle ? Voilà une première chose que j'ai envie de dire ce soir. Voilà une première chose que nous devrions tous, ce soir, exiger. Un poste pour Robert Redeker !

Et puis on a entendu une autre chose encore. On a entendu partout, comme une sorte d'évidence, que Redeker est allé trop loin et que la liberté de penser s'arrête, en réalité, là où commence la liberté d'autrui de penser d'une autre manière. Non mais, depuis quand la liberté de penser s'arrête-t-elle à la pensée d'en face ? Depuis quand ne serait-il permis de penser que des choses dont on soit sûr qu'elles ne heurteront pas la liberté de notre voisin ? Cette idée est idiote. Cette idée, prise à la lettre, voudrait dire qu'il ne faudrait parler que de choses sur lesquelles on est tous, d'avance, à peu près d'accord. Cette idée signifie que le débat démocratique se limite, et doit absolument se limiter, aux sujets de strict consensus et que, par conséquent, il devrait y avoir le moins de débat démocratique possible en démocratie. C'est absurde, naturellement. C'est absurde et, surtout, faux. Jamais un démocrate sérieux n'a dit cela. Il y a, en démocratie, outre l'appel au meurtre pur et simple, trois limites, et trois seulement, à la liberté d'opiner. La première limite s'appelle le racisme. La deuxième s'appelle l'antisémitisme. Et la troisième s'appelle la négation du génocide, c'est-à-dire, comme l'a dit Lanzmann, le fait de tuer une deuxième fois les victimes du génocide. L'article de Robert Redeker ne relevant d'aucune de ces trois catégories, il est évident que nous devons le soutenir sans réserve, sans nuance, sans réticence. L'article de Redeker n'entrant dans aucune de ces trois cases, il faut le soutenir au nom : primo de la liberté d'expression ; mais, secundo, et ce n'est pas tout à fait la même chose, au nom de ce vrai fondement des démocraties qu'est le choc légitime des opinions.

Alors, je sais que certains s'interrogent. Est-ce que cette liberté absolue d'opiner doit aller jusqu'à offenser ce que les sujets chrétiens, juifs et musulmans ont, parfois, de plus sacré – à savoir la religion ? Est-ce que la question de la religion ne devrait pas être une autre limite, s'ajoutant aux trois premières, à la liberté absolue d'opiner ? Là aussi, il faut être net. Dans les trois grandes révolutions démocratiques qui ont forgé la modernité, dans la grande révolution démocratique anglaise, dans l'américaine puis, surtout, dans la française, il y a un autre principe encore. C'est ce que les Américains appellent le principe de *secularism*. C'est ce que les Français appellent la « laïcité ». Et il dit, ce principe, une chose très simple. Un énoncé touchant à la croyance a toujours, par définition, deux faces. L'une, qui touche à l'intime. L'autre, qui touche au public. Eh bien, ce bord par lequel il touche au public, il faut affirmer, sans l'ombre d'une hésitation, qu'il est, dans un régime démocratique, légitimement sujet à la confrontation, au sarcasme, à l'attaque éventuellement injuste ou caricaturale. On peut le déplorer. On peut penser qu'il vaudrait mieux vivre dans un Etat théocratique. On peut rêver, comme le Front national ou tels députés obscurs de l'UMP, de réintroduire carrément dans la loi française le délit de blasphème. Mais, si l'on est vraiment démocrate et vraiment républicain, alors il faut accepter que cette liberté absolue d'opiner s'étende jusqu'à cette question de la foi et de la croyance.

D'ailleurs de quoi parle-t-on ? Quelqu'un, tout à l'heure, a cité Voltaire. Or je ne ferai pas injure à Robert Redeker en lui disant que ce qu'il a écrit dans *Le Figaro* reste, malgré tout, très en retrait par rapport à ce que Voltaire a pu écrire sur le même sujet – sur le christianisme, sur le judaïsme, sur l'islam, sur les religions en général… Je ne l'offenserai pas, j'espère, si je lui dis et vous dis que l'article pour lequel il se trouve aujourd'hui attaqué, traqué et condamné à mort, c'est de la roupie de sansonnet à côté de ce par quoi les Lumières, au XVIIIe siècle, se sont illustrées. C'est un fait. Relisez le *Mahomet* de Voltaire. Vous verrez ce que je veux dire. Et je dois vous avouer que l'idée que nous soyons revenus au temps, non pas de Voltaire mais, donc, d'avant Voltaire n'est pas non plus pour me rassurer quant à l'état de santé de nos mœurs démocratiques. Et ce n'est pas non plus fait, je vous le signale en passant, pour rassurer tous ceux qui, de par le monde, comptent sur la voix de la

France pour les encourager dans leur propre choix de la démocratie, du choc des opinions et de la laïcité.

Robert Redeker condamné à mort en France… Robert Redeker, interdit d'opiner et interdit d'exercer son métier en France… Robert Redeker interdit, dans la France des droits de l'homme, de mener une vie normale et ce sans que cela choque outre mesure une bonne part de notre classe politique et de nos leaders d'opinion… Voilà une terrible nouvelle pour les femmes algériennes qui se battent contre l'islamisme, pour les femmes pakistanaises qui luttent contre les crimes d'honneur, pour les femmes et les hommes afghans qui luttent contre le néotalibanisme, voilà un coup de tonnerre pour tous ceux qui, en Islam, comptent sur nous pour que nous tenions bon et les aidions ainsi, eux aussi, à tenir bon. On a lu, ici ou là, que l'affaire Redeker c'était l'affaire de l'Occident contre l'islam. Mais non ! Ce n'est évidemment pas l'Occident qui, avec Redeker, injurie l'islam. C'est l'islam qui régresse. C'est, dans l'autre affrontement, le seul qui compte, celui qui se joue à l'intérieur de l'islam et qui oppose les fondamentalistes aux démocrates, les démocrates qui perdent du terrain. Car c'est à eux que l'article de Redeker s'adressait. C'est pour eux, pour ceux qui attendent de la France un message de laïcité, de tolérance et de démocratie, qu'il était d'abord fait. Ou, plus exactement, non. Il n'était pas « fait » pour eux. Mais le fait que l'affaire Redeker se soit déclenchée, le fait que nous ayons été si peu pressés de défendre l'un de nos bons professeurs et philosophes, voilà une très mauvaise nouvelle pour les démocrates du monde islamique.

Depuis que je suis arrivé ici, on m'a demandé vingt fois si j'étais d'accord ou pas avec l'article de Robert Redeker. Je refuse qu'on me pose cette question. Je refuse, moi, en tout cas, de me la poser. Et je refuserai catégoriquement d'y répondre tant que Robert Redeker sera le symbole de l'affaire Redeker. Le jour où Robert Redeker sera redevenu un homme libre, alors je reviendrai à Toulouse et, là, nous discuterons sérieusement. Et nous le ferons avec le Coran, la Bible, le Nouveau Testament et

Voltaire entre les mains. Tant qu'on n'en est pas là, tant que Robert Redeker vit claquemuré, voué à cette précarité terrible, coupé de sa famille et interdit d'enseigner, tant qu'il sera dans cette situation, alors je ne peux lui dire que ma très profonde et totale fraternité.

37

Qui sont les vrais insulteurs du Coran ?[1]

On peut trouver ces caricatures médiocres.

On peut, et c'est mon cas, leur trouver un air de famille avec les caricatures antisémites ou racistes des années 30 ou 50.

On peut, et ce serait toujours vrai, juger que montrer ainsi le Prophète et le montrer, qui plus est, sous ce visage bête et odieux n'était pas la meilleure idée dans le contexte du moment et équivalait à jeter une allumette dans une flaque d'essence.

Il reste que c'est une chose de publier des caricatures idiotes dans un journal dont nul n'avait entendu parler en dehors du royaume du Danemark.

Et c'en est une autre de voir, quatre mois après, ces caricatures faire le tour du monde et, d'abord, du monde musulman où elles sont en train de déclencher une sorte d'Intifada planétaire : manifestations monstres ; ambassades et consulats incendiés ; un prêtre chrétien tué par balles en Turquie ; quatre

1. *Frankfurter Allgemeine Zeitung*, 12 février 2006.

morts à Mazar-i-Sharif, en Afghanistan ; sans parler de la transformation de tous les ressortissants occidentaux présents en terre d'islam en cibles virtuelles, ennemis mortels eux-mêmes promis à la mort – victimes expiatoires offertes à la foule folle du groupe en fusion radicalisé et préalablement chauffé à blanc.

Ce qui s'est passé, alors, entre les deux ?

Ce qui a rendu possible cette mondialisation soudaine, cet esclandre planétaire et sidérant ?

On tournera le problème dans le sens que l'on voudra.

Il est évident que jamais la publication dans le journal danois d'origine n'aurait eu, en tant que telle, cette puissance de contamination et de feu.

Il est clair, autrement dit, qu'il a fallu des relais locaux d'une détermination et d'une puissance non moins considérables pour aller chercher ces caricatures, les tirer des limbes de l'obscur Jyllands-Posten de Copenhague et les porter à la connaissance de millions et de millions de musulmans qui n'en auraient, sans cela, jamais, au grand jamais, entendu parler.

Et il est difficile enfin de ne pas lier cette opération, cette manœuvre, ce calcul d'un cynisme et d'une brutalité sans pareilles, il est difficile de ne pas lier cette mise à disposition et quasi-livraison à domicile d'un journal inconnu mais dont on savait bien qu'il ne pouvait, une fois connu, qu'indigner en effet, littéralement priver de dignité, ceux à qui on allait l'adresser, il est difficile de ne pas relier cette provocation, cette offense (en un mot, oui, ce blasphème – mais un blasphème dont, on n'y insistera jamais assez, les vrais auteurs furent moins les caricaturistes pyromanes que ces autres incendiaires des esprits qui ont choisi de mettre les dessins sous le nez de tous les musulmans du monde), il est difficile de ne pas relier tout ceci à une nouvelle configuration planétaire elle-même déterminée par trois événements récents majeurs.

La fuite en avant d'une Syrie que l'on n'avait jamais vue si sourcilleuse sur les affaires de religion mais qui s'avère prête à tout (y compris, en l'occurrence, à infiltrer des agents au Liban et à commanditer, sur son propre sol, des manifestations antidanoises dont chacun sait qu'elles n'auraient jamais pu s'organiser sans l'assentiment exprès du pouvoir) pour retrouver son rôle de grand agitateur régional et faire oublier, au passage, l'implication de ses services dans le meurtre d'Hariri.

Le durcissement d'une République islamique d'Iran décidée, elle aussi, à toutes les alliances (y compris cette grande alliance historique des Chiites et des Sunnites dont les experts nous répètent, depuis des décennies, qu'elle est contre nature alors qu'elle est bel et bien en train, là, sous nos yeux, et contre l'ennemi commun, de s'opérer et de se souder) pour prendre la tête, dans le monde musulman et arabe, de la croisade antichrétienne, antisémite et antidémocratique.

Et puis cette tragédie qu'est enfin, dans les territoires palestiniens, la victoire d'une idéologie dont les thèmes (l'appel, sur fond de négationnisme, à la destruction pure et simple d'Israël et des juifs) n'étaient au pouvoir, jusqu'ici, que dans des Etats clairement dictatoriaux, voire fascistes, et dont il faut bien admettre qu'ils viennent de s'imposer, pour la première fois depuis longtemps, par la voie sacrée des urnes et de la décision démocratique : aurait-on vu, sans ce sacre électoral du Hamas, la foule de Hébron si sûre de son droit à tenir tout Européen présent en Cisjordanie pour comptable de l'offense ? verrait-on, sans la volonté de défier le Hamas sur le terrain où il l'a emporté, tant de militants et responsables du Fatah surenchérir dans la haine et dans la dénonciation grotesque de la « position française » telle que l'aurait manifestée la republication des dessins par *France-Soir* ?

Il y a, entre ces trois événements, un rapport triangulaire évident.

Il y a là, entre ces trois pôles, un triangle de la mort qui est en train de se fermer à l'occasion de cette affaire des caricatures et qui, s'il y parvient, s'il se ferme et se soude, dégagera une chaleur symbolique voire, demain, avec la bombe iranienne, une chaleur réelle et fissile sans commune mesure avec ce que nous connaissions du temps du bon vieil « axe du Mal ».

Et, face à ce triangle en formation, face à cette machine à créer de la haine et de la mort, face à cette « bombe atomique morale » dont on sait, depuis Mao Zedong, qu'elle n'a pas besoin de bombe réelle pour jeter le feu dans les âmes, nous n'avons d'autre solution que d'opposer un autre triangle, un triangle de vie et de raison – celui qui, plus que jamais, devrait unir les Etats-Unis, l'Europe et Israël dans le refus d'une guerre des civilisations voulue par les extrémistes du monde arabo-musulman et par eux seuls.

Le cœur de ce second triangle ?

L'affirmation, d'abord, des principes.

L'affirmation, au lieu de ces actes de repentance qui furent le premier réflexe d'un trop grand nombre de dirigeants européens ou américains et qui ne pouvaient qu'entretenir la rue arabe dans l'illusion qu'un Etat démocratique aurait plein pouvoir sur sa presse, l'affirmation, donc, du libre droit de ladite presse à l'expression des bêtises de son choix.

Et puis, dans le même souffle, la réaffirmation de notre soutien à ces musulmans modérés, éclairés, qui savent bien, eux, que l'honneur de l'islam est infiniment plus insulté, bafoué, foulé aux pieds, quand des terroristes irakiens bombardent une mosquée de Bagdad, ou quand des jihadistes pakistanais décapitent Daniel Pearl au nom de Dieu et filment leur forfait, ou encore quand un émir fondamentaliste algérien éventre, en récitant un verset du Coran, une femme algérienne dont le seul crime est d'avoir osé montrer son beau visage : ils sont, ces musulmans modérés, bien seuls par les temps qui courent ; et ils ont, dans leur solitude, plus que jamais besoin de reconnaissance et d'espoir.

38

Victoire pour Philippe Val[1]

Eh bien voilà une bonne nouvelle

La justice a tenu bon.

Elle n'a cédé à aucune des pressions, intimidations, intoxications, dont elle était assaillie depuis des mois.

Elle a refusé d'entrer dans les raisons de ceux qui arguaient de la prétendue offense faite aux croyants pour tenter de limiter la liberté de penser, critiquer, dessiner, opiner.

Et elle a, ce faisant, rendu un jugement qui, par-delà l'affaire des caricatures, par-delà le cas de Val, Cabu et tous nos amis de *Charlie-Hebdo*, est un jugement qui fera date.

Il sera difficile, après cet arrêt, de continuer de confondre la critique de l'islamisme (doctrine politique) avec celle de l'islam (doctrine religieuse).

Il sera difficile, dans l'Islam en général, de continuer de nous faire le coup que nous ont longtemps fait (et que nous font encore) les bigots des autres religions : « en vous riant des dogmes, vous portez atteinte aux personnes, vous les blessez, vous les humiliez. »

Il sera impossible, en tout cas devant un prétoire, de revenir nous bassiner avec cette fameuse « islamophobie » qui, à en croire les plaignants anti-*Charlie*, serait « une forme de racisme » : l'islam n'est pas une race, a répondu, en substance,

1. *Libération*, 13 mars 2008.

ce très voltairien tribunal ; on peut s'en prendre à ses articles de foi comme à ceux de n'importe quelle autre religion ; on peut rire de son prophète comme de ceux de l'Ancien et du Nouveau Testament ; on peut en faire des caricatures éventuellement vulgaires, de mauvais goût, ratées – cela n'est, en aucune façon, assimilable à un racisme.

Il y a là un arrêt qui donne, à proprement parler, un *coup d'arrêt* à une dérive que l'on sentait, en France comme ailleurs, depuis quelques années et qui consistait à limiter tout doucement, mine de rien, mais par les forces coalisées d'une nouvelle et très inquiétante sainte alliance des clergés, ce libre droit à la satire, à l'irrévérence, voire au blasphème, qui est un des plus beaux acquis des Lumières.

C'est une victoire de l'esprit laïque.

C'est un salut à cette liberté de conscience dont l'imprescriptibilité est, au même titre que le suffrage universel ou le principe de séparation des pouvoirs, un pilier des démocraties.

Pour tous les hommes et femmes qui sont, comme on dit, « issus de l'islam », pour nos compatriotes qui « viennent » de l'islam mais qui ne veulent plus le voir, cet islam, comme un destin ou une prison, pour ceux des musulmans qui revendiquent, mais sans oser le dire, le droit, comme les juifs et les chrétiens, de croire ou de ne pas croire, d'adorer ou de renier, d'exercer ou non leur libre examen, de faire un pas hors du cercle de l'origine, de changer de religion, de n'en avoir aucune, c'est un renfort inestimable, une bénédiction, un soulagement.

Et quant aux organisations plaignantes et, à dater d'aujourd'hui, définitivement déboutées, elles ont appris à leurs dépens qu'à mêler trop étroitement la religion et la Cité, à la faire sortir des lieux de culte et des consciences pour tenter d'en imposer la loi à tous et à tout instant, on l'expose à la polémique, à la brutalité du débat public ou, comme aujourd'hui, à la défaite – et ça aussi c'est une bonne nouvelle.

39

De quoi Siné est-il le nom ?[1]

Cette affaire est tout de même extraordinaire.

Voilà un humoriste – Siné – qui donne à son journal une chronique où il dit, en substance, que la conversion au judaïsme est, dans la France de Sarkozy, un moyen de réussite sociale et qu'il préfère « une musulmane en tchador » à « une juive rasée » (*sic*).

Voilà un directeur – Philippe Val – qui rappelle au chroniqueur le pacte fondateur qu'est, pour *Charlie-Hebdo*, leur journal, le refus catégorique de toute forme d'antisémitisme ou de racisme et qui lui demande, en conséquence, de s'excuser ou de s'en aller.

Et voilà la blogosphère, puis la presse, qui, au terme d'un renversement des rôles ahurissant, transforment l'affaire Siné en affaire Val et, au lieu de pointer, analyser, stigmatiser, le dérapage du premier ne s'intéressent plus, soudain, qu'aux « vraies » raisons, forcément cachées, nécessairement obscures et douteuses, qui ont bien pu pousser le second, voltairien notoire, apôtre déclaré de la liberté de critique et de pensée, défenseur en particulier des caricaturistes de Mahomet, à réagir, cette fois, en censeur offusqué (la main du « lobby » ? celle de Sarkozy lui-même ? un règlement de comptes inavoué et dont l'humoriste ferait les frais ? tout y est passé, jusqu'à la nausée…).

1. *Le Monde*, 21 juillet 2008.

A ce degré de confusion, la mise au point s'impose – et, *sine ira et studio*, sans colère ni enthousiasme, le rappel des principes simples que l'on a, dans cette empoignade, tendance à perdre de vue.

1. La critique voltairienne des religions, de toutes les religions, est une chose – saine, bienvenue, utile à tous et, en particulier peut-être, aux croyants eux-mêmes. Le racisme, l'antisémitisme en sont une autre – odieuse, inexcusable, mortelle pour tout le monde et que l'on ne saurait, en aucun cas, confondre avec la première. La distinction n'était pas si nette chez Voltaire qui était, comme chacun sait, raciste et antisémite. Elle l'est depuis Voltaire, chez les meilleurs de ses héritiers et, en particulier, dans le journal de Philippe Val. Les *vraies* Lumières ? Les Lumières de *notre* temps ? Critiquer les dogmes, pas les personnes. Bouffer du curé, du rabbin, de l'imam – jamais du « juif » ou de l'« Arabe ». Etre solidaire, bien entendu, de caricaturistes qui se moquent du fanatisme et le dénoncent – mais s'interdire, fût-ce au prétexte de la satire, la moindre complaisance avec les âmes glauques qui tripatouillent dans les histoires de sang, d'ADN, de génie des peuples, de race. C'est une ligne de démarcation. Soit, à la lettre, un principe critique. Et c'est là, dans le strict respect de cette ligne, qu'est, au sens propre, la pensée critique.

2. La question n'est pas de savoir si tel ou tel – en l'occurrence Siné – « est » ou « n'est pas » antisémite. Et l'on se moque bien des brevets de moralité que croient bon de lui octroyer ceux qui, comme jadis pour Dieudonné ou, plus tôt encore, pour Le Pen, disent le connaître « de longue date » et savoir « de source sûre » que l'antisémitisme lui est étranger. Ce qui compte ce sont les mots. Et ce qui compte, au-delà des mots, c'est l'histoire, la mémoire, l'imaginaire qu'ils véhiculent et qui les hantent. Derrière ces mots-là, une oreille française ne pouvait pas ne pas entendre l'écho de l'antisémitisme le plus rance. Derrière cette image d'un judaïsme tout-puissant auquel un Rastignac contemporain se devrait de faire allégeance, elle ne pouvait pas ne pas reconnaître l'ombre de

notre premier best-seller antisémite national : *Les Juifs, rois de l'époque*, d'Alphonse de Toussenel (1845). C'est ainsi. C'est affaire, non de psychologie, mais d'acoustique, donc de physique, de mécanique. Et quand on est face à ça, quand on voit un vieil humoriste – qui, en effet, ne sait sans doute pas vraiment ce qu'il dit – manipuler des chaînes signifiantes qui ont toujours, partout, avec une régularité implacable, mis le feu dans les esprits, la juste attitude n'est pas de minimiser, ratiociner, discuter à perte de vue des dosages respectifs, dans l'énoncé incriminé, du poison de la haine et de l'excipient gentiment ricaneur – elle est de déclencher, sans attendre, ce que Walter Benjamin appelait les « avertisseurs d'incendie ».

3. L'antisémitisme – comme, naturellement, le racisme – est un délit qui ne souffre ni circonstances atténuantes ni excuses. La chose devrait aller de soi. Hélas, ce n'est pas le cas. Car il y a une excuse au moins qui, depuis l'affaire Dreyfus, semble marcher à tous les coups et instaurer une sorte de clause de la haine la mieux autorisée. C'est celle qui consiste à dire : non à l'antisémitisme, sauf s'il s'agit d'un grand bourgeois, officier supérieur de l'armée française. Ou : non à l'antisémitisme sauf si l'enjeu est un symbole du Grand Capital, un banquier juif, un ploutocrate, un Rothschild. Ou : sus à l'antisémitisme, cette peste des âges anciens que le progressisme a terrassée – sauf s'il peut se parer des habits neufs d'un antisarkozysme qui, lui non plus, ne fait pas de détail et ne recule devant rien pour l'emporter. Ainsi parlait Alain Badiou quand, dans un livre récent, *De quoi Sarkozy est-il le nom ?*, il s'autorisait de sa juste lutte contre l'« immonde » pour réintroduire dans le lexique politique des métaphores zoologiques (« les rats »… « l'homme aux rats… ») dont le Sartre de la préface aux *Damnés de la terre* avait pourtant démontré, sans appel, qu'elles sont toujours la marque du fascisme. Et ainsi pensent aujourd'hui, non seulement les « amis » de Siné pétitionnant à tour de bras en sa faveur, mais tous ceux qui, sous prétexte que le Rastignac qu'il avait en ligne de mire était le propre fils du Président honni, sont comme tétanisés et interdits d'indignation – vieux reste d'antidreyfusisme ;

dernière perle lâchée par l'huître d'un guesdisme dont la doctrine était qu'il y a un bon usage, oui, des pires maladies de l'esprit ; misère.

4. S'il y a bien un argument que l'on a honte d'avoir à entendre encore dans la bouche de ceux qui trouvent qu'on fait à Siné un mauvais procès, c'est celui qui plaide : « Siné est un vieux libertaire, un attardé de l'anarchisme, un rebelle – comment voudrait-on que cet homme-là trempe dans cette saloperie ? comment ose-t-on confondre sa révolte tous azimuts avec cette passion ciblée qu'est la fureur antisémite ? » Eh bien justement. Cet argument est lamentable car il ignore tout des ambiguïtés d'une tradition dont une des spécialités a toujours été, justement, de passer de la rage tous azimuts à sa concentration antisémite : les anarcho-syndicalistes du début du XXe siècle ; les partisans de l'action directe proposant, soixante-dix ans plus tard, de « jeter » les juifs sur « le fumier de l'Europe » (Ulrike Meinhoff, dirigeante de la Bande à Baader)… Cet argument est pitoyable car il fait, ou feint de faire, comme si l'esprit de révolte, le non-conformisme, étaient un imparable vaccin contre ces tentations funestes : c'est faire bon marché du courant dit, précisément, des « non-conformistes des années 30 » et de l'énergie qu'il mit à fournir à l'antisémitisme de son temps ses armes et ses raisons (il convient, sur le sujet, de lire et de relire le classique de Jean-Louis Loubet del Bayle)… Cet argument est dénué de sens, enfin, car il laisse supposer qu'un homme de gauche, un progressiste, serait immunisé, par nature, contre le pire : or on sait que, s'il n'avait, ce pire, qu'une vertu, ce serait de brouiller, pulvériser ce type de frontière et de provoquer, de gauche à droite, un chassé-croisé sémantique permanent, vertigineux, terrible (des fameuses « sections beefsteak », brunes dehors, rouges dedans, nées de l'entrisme communiste dans les organisations de masse hitlériennes jusqu'au recyclage, par l'islamo-gauchisme d'aujourd'hui, des scies de l'ultra-droite, les exemples, hélas, abondent)…

5. Un tout dernier mot. Il faudrait, ânonne l'opinion, veiller à ne pas tomber dans le conformisme d'un politiquement correct, voire d'une police de la pensée et du rire, dont le seul effet sera d'empêcher les humoristes d'exercer leur libre droit de se moquer de tout et de tous. Soit. Sauf que, là aussi, il faut s'entendre. Et oser, surtout, poser la question. Et si « politiquement correct » était *aussi* le prédicat d'un discours et, en la circonstance, d'un humour qui s'interdirait le racisme, l'antisémitisme, l'appel au meurtre ? Et si cette volonté de rire de tout et de tous, tranquillement, sans entrave, exprimait *juste* la nostalgie du bon temps de la blague à l'ancienne, bien grasse, bien salace, quand personne ne venait vous chercher noise si l'envie vous prenait de vous lâcher contre les « ratons », les « youpins », les « pédés », les femmes ? Et si les temps, *précisément*, avaient changé et qu'il appartenait aux humoristes, non moins qu'aux écrivains, aux artistes, de prendre acte de ce changement en admettant qu'on ne rit plus aujourd'hui, ni tout à fait des mêmes choses, ni tout à fait de la même manière, qu'au temps des années 30 ou 50 ? Allons, Siné. Tu as *encore* le choix. Ou bien la répétition, le stéréotype, le même éternel retour du même humour de cabaret qui ne te fait, j'en suis sûr, plus rire toi-même – mécanique plaquée sur du vivant, ignominie couplée avec du cliché, gâtisme assuré. Ou bien changer de disque, inventer, te libérer et faire de ton humour l'aventure d'une liberté retrouvée et ajustée aux libertés du jour – jeunesse à volonté, talent, modernité.

Je ne pense pas qu'on en ait « trop fait » sur cette affaire Siné. Aussi minuscule qu'elle semble, c'est une de ces « sécrétions du temps » dont Michel Foucault disait qu'elles n'ont pas leur pareil pour refléter, condenser, *télescoper* l'esprit et le malaise d'une époque.

40

Pourquoi je défends Polanski[1]

Abuser d'une fille de 13 ans est, évidemment, un crime grave.

Et être un artiste de génie n'a jamais constitué, pour quelque crime que ce soit, une circonstance atténuante.

Cela étant dit, et vu le vent de folie qui est en train de souffler sur les esprits, il convient aussi de rappeler les évidences suivantes.

1. Le « unlawful sexual intercourse » – en français, détournement de mineure – dont Roman Polanski s'est reconnu coupable il y a trente-deux ans n'est pas, pour autant, le crime de sang, voire le crime contre l'humanité, que dénoncent, depuis dix jours, les vengeurs lâchés à ses trousses. C'est un crime, oui. Mais il y a des degrés dans l'échelle du crime. Et vouloir tout mélanger, essayer de nous faire croire qu'un viol serait un crime de même nature que celui, par exemple, dont fut victime Sharon Tate, sa femme, éventrée quelques années plus tôt, prendre le risque, autrement dit, car c'est bien de cela qu'il s'agit, de voir Roman Polanski rejoindre Charles Manson dans le pénitencier dont celui-ci aura, au même instant, dès le 1er janvier 2010, la possibilité légale de demander à sortir, c'est une insulte au bon sens, une atteinte à la raison, la porte ouverte à toutes les confusions.

1. *The Huffington Post*, 8 octobre 2009 (une version abrégée de ce texte, ainsi que du suivant, est parue dans *Le Point*).

2. Cette affaire est d'autant plus insensée que la principale intéressée a choisi de pardonner, de tourner la page et, si possible, d'oublier. « Laissez-moi tranquille, supplie-t-elle chaque fois que la Justice-Spectacle, ou le Spectacle tout court, reviennent braquer leurs projecteurs sur ce pan de son passé ! Laissez-moi tranquille et oubliez, par la même occasion, cet homme dont je considère, moi, sa victime, qu'il a assez payé ! » Mais non. On a là des défenseurs des droits des victimes qui savent mieux que la victime ce qu'elle veut et ce qu'elle ressent. On est là face à des gens qui lui passeraient bien sur le corps, à la victime, plutôt que de lâcher leur proie et de renoncer à la délicate ivresse de punir. C'est honteux.

3. Quand la victime se désiste, n'appartient-il pas à la société, c'est-à-dire au juge, de poursuivre ? Oui, sans doute. D'un point de vue judiciaire strict, c'est en effet le droit de la société. Mais ce ne sera ni la première ni la dernière fois que le point de vie judiciaire strict manquera, et aux exigences de la compassion, et à celles de l'intelligence. Et de même que je ne me suis jamais privé de pointer, dans le Droit de cette Amérique que j'aime, des usages ou des peines qui, comme dans tous les systèmes de droit, font entorse à la pure idée démocratique, de même il n'y a aucune raison de ne pas le dire : arrêter aujourd'hui un homme dont on a conclu, jadis, au terme de 42 jours de prison, qu'il n'était pas un pédophile, le traquer comme un terroriste, l'extrader comme un ancien nazi, est peut-être conforme à la loi mais certainement pas à la justice.

4. Serait-ce, comme on l'entend partout, que sa célébrité sanctuarise Monsieur Polanski ? Non, bien entendu. J'ai passé mon existence à tenter de tirer de l'oubli des vies minuscules, des victimes sans visage et sans nom – et je tiendrais donc le même discours, exactement le même, si Monsieur Polanski n'était pas Monsieur Polanski. Sauf que… Je n'aurais pas à le tenir, justement. Car il n'aurait pas été arrêté. Son dossier aurait été enterré depuis des années. Et il ne se serait pas trouvé de juge pour, à la veille d'une élection (car les juges américains sont des élus du peuple, comme les maires et les shérifs),

décider cette arrestation médiatisée. La célébrité ne protège pas Roman Polanski, elle le dessert. Loin que Roman Polanski se cache derrière son nom c'est lui, son nom, qui le désigne. Et s'il y a bien un « deux poids deux mesures » dans cette affaire, c'est celui qui fait de lui, Polanski, non pas un justiciable ordinaire, mais un symbole – et de son éventuelle comparution un « grand bazar » politico-cathodique davantage qu'un procès équitable.

5. Car le fond de l'affaire est bien dans le parfum de justice populaire qui flotte autour de tout cela et transforme les commentateurs, les blogueurs, les citoyens, en autant de juges assermentés au grand tribunal de l'Opinion – les uns pesant le crime ; les autres, le châtiment ; on a même vu l'un de ces vertueux, apparemment expert en castration chimique, proposer, pour ce nouveau Dutroux (*sic*), un traitement définitif... Etranges enragés qui ne trouvent rien à redire quand c'est un vrai puissant qui, sous nos yeux, se conduit en prédateur de mineures (ah les « frasques » de Monsieur Berlusconi...) mais qui deviennent implacables quand c'est un faux puissant qui n'a, comme Polanski, d'autre arme que son talent... Singuliers moralistes qui prennent un malin plaisir à se passer en boucle les détails de cette affaire sordide pour, ensuite, jeter la pierre...

Ce lynchage est un trouble à l'ordre public autrement plus grave que le maintien en liberté de Roman Polanski.

Cet acharnement de tricoteuses et de tricoteurs, cette volonté de voir au bout d'une pique la tête d'un artiste, sont l'immoralité même.

De deux choses l'une, messieurs les justiciers. Ou bien Polanski était ce monstre – et il ne fallait pas lui donner d'Oscar ni de César ; il fallait boycotter ses films ; il fallait le dénoncer aux autorités chaque fois qu'il venait, en famille, passer ses vacances dans sa maison de Suisse. Ou bien vous n'avez rien trouvé à redire, jamais, à ses apparitions annoncées sur tous les tapis rouges de tous les festivals du monde ; vous sentez bien, comme moi, la formidable hypocrisie de ce juge affamé de reconnaissance qui se réveille un beau matin pour le livrer, tel un trophée, à la vindicte d'électeurs chauffés à blanc – et il faut, comme sa victime, prier pour qu'on le laisse, enfin, en paix.

41

Pour Roman Polanski[1]

Les jours passent. Et Roman Polanski est toujours en prison, se couche et se réveille en prison, voit sa femme une heure par semaine au parloir d'une prison – tandis que ses enfants de 11 et 16 ans, quand ils ont le courage d'aller encore à l'école, doivent affronter le regard des copains qui ont entendu, à la maison, que le papa des petits P., le monsieur qu'on frétillait de côtoyer par enfants interposés, le parent d'élève qu'on était grisé, les soirs de Césars, de reconnaître à la télé, était finalement un criminel, un violeur, un sodomite, un pédophile.

Alors, puisqu'on en est là, puisque les jours passent et que tout le monde a l'air de trouver la situation normale, puisque les soutiens de Roman Polanski perdent courage et, parfois, doutent, puisque la meute des tricoteurs et tricoteuses a même réussi, semble-t-il, à convaincre le ministre de la Culture français qu'il a parlé trop vite, sous l'empire de l'émotion, alors qu'il n'a fait que son devoir, je veux redire ici, une fois encore, pourquoi toute cette affaire est honteuse.

Il est honteux de jeter en prison un homme de 76 ans pour un détournement de mineure – la seule charge retenue,

1. *The Huffington Post,* 28 octobre 2009.

aujourd'hui comme à l'époque, par la justice californienne – commis il y a trente-deux ans.

Il est honteux que, dans des pays où, comme en Europe, l'on peut trucider une vieille dame, torturer son prochain, le mutiler, et savoir que son crime sera, comme tous les crimes de sang, prescriptible au bout de dix ou quinze ans, tout le monde fasse comme si ce crime-ci, celui de Polanski, devait jouir d'une imprescriptibilité de fait.

Il est honteux de voir les habitués du Café du Commerce planétaire, antiaméricains pavlovisés qui ne sont jamais à court de mots pour fustiger l'Amérique sur tout et n'importe quoi, rester brusquement sans voix, devenir doux comme des agneaux et, quand il s'agit de lui, Polanski, juste répéter : « ah, c'est l'Amérique… pas touche à la loi américaine… *dura lex sed lex…* ».

Il est honteux d'entendre une militante des droits de l'homme qui, comme l'avocate française Gisèle Halimi, a passé sa vie à sortir des gens de prison pour des crimes autrement plus lourds que celui que l'on reproche à l'auteur du *Pianiste*, hurler avec les loups : « un crime a été commis, la justice est la même pour tous, Polanski doit être jugé. »

Il est honteux de voir des intellectuels dont le rôle devrait être de calmer le jeu et de refroidir les emportements populaires, emboîter le pas, comme Michel Onfray, dans *Libération*, au troupeau des « ignorants enthousiastes » (Joyce) et se livrer, au nom de la défense de l'enfance outragée, aux amalgames les plus odieux (que ne les entend-on, ceux-là, dénoncer avec autant d'ardeur l'outrage, pour le coup, sans limite qu'est le martyre des enfants soldats en Afrique, ou des enfants esclaves en Asie, ou des centaines de millions d'enfants morts de faim, selon les estimations de la FAO, depuis… trente-deux ans ?).

Il est honteux de voir un Luc Besson se ruer à la télévision pour, vêtu de probité candide, crier haro sur le baudet et, comme à la pire époque des chasseurs de sorcières maccarthystes, dénoncer son camarade.

Il est honteux de continuer à répéter, comme font les uns et les autres, que la justice doit être « égale pour tous » alors que, s'il y a bien une « inégalité », s'il y a un « deux poids deux mesures », c'est au détriment, pas en faveur, de Polanski. J'ai fait le test. Le 2 octobre dernier, sur NPR, dans l'émission de radio « On Point » où j'affrontais une Geraldine Ferraro répétant en boucle, jusqu'à la nausée : « Polanski a eu une *lovely life* ; maintenant, il faut qu'il paie », j'ai lancé un appel aux auditeurs : « qu'on me signale un cas, un seul, d'un anonyme, coupable de la même faute, et que l'on serait venu chercher trente ans après les faits. » On ne m'en a, à ce jour, pas trouvé un. Et on ne m'en a pas trouvé car il fallait être Polanski justement, il fallait être un artiste de renommée mondiale, pour qu'un juge élu, bientôt en campagne électorale, assoiffé de publicité, fasse remonter le cas des oubliettes où la sagesse des peuples range, même aux Etats-Unis, les très anciens dossiers des délinquants qui n'ont pas récidivé.

Il est étrange – honteux, *et étrange* – de voir comment les mêmes qui, drogués au soupçon et voyant des complots partout, passent leur temps à s'interroger sur les agendas secrets des Etats, ne semblent pas le moins du monde gênés par ce timing, pourtant, extrêmement bizarre : un homme qui a une maison en Suisse ; qui y passe, depuis des années, toutes les vacances scolaires en famille ; et qui, soudain, sans élément nouveau, renoue avec le cauchemar qui a été le lot de sa vie.

Car il est honteux, enfin, que l'on ne puisse, quand on parle de cette vie, évoquer l'enfance au ghetto, la mort de la mère à Auschwitz, le meurtre de la jeune épouse éventrée avec l'enfant qu'elle portait, sans que hurlent au chantage (?) les braillards de la nouvelle justice populaire : du plus abominable *serial killer*, la « culture de l'excuse » ambiante veut bien scruter l'enfance difficile, la famille à problèmes, les traumatismes – mais Roman Polanski serait le seul justiciable au monde à n'avoir droit à aucune circonstance atténuante…

C'est l'ensemble de l'affaire, en réalité, qui est honteux.

C'est le débat qui est nauséabond et où il faudrait pouvoir ne pas entrer du tout.

Je ne connais guère Roman Polanski. Mais je sais que tous ceux qui, de près ou de loin, trempent dans ce lynchage se réveilleront bientôt, horrifiés par ce qu'ils ont fait, honteux.

42

Et si on inculpait Léon Blum ?[1]

Marine Le Pen n'y suffisait pas : il a fallu que la jeune garde socialiste, Benoît Hamon en chef de file, vole au secours du nouvel ordre moral qui, depuis quinze jours, semble tourner des têtes que l'on croyait immunisées contre le moralement correct cher à nos Pères et Mères la Pudeur, type Christine Boutin ou Philippe de Villiers.

Et voici donc un événement considérable, et qui semblait impensable à ceux qui, comme moi, avaient mis leur espoir dans ce groupe de quadras – Benoît Hamon donc, mais aussi Manuel Valls, Arnaud Montebourg… – qui portaient, avec d'autres, les couleurs de la rénovation à gauche : l'alliance folle, profondément contre nature, suicidaire, entre des héritiers de Jaurès et le parti d'un homme qui, jadis, à Alger, fit du tourisme parachutiste autrement plus olé olé que celui dont Frédéric Mitterrand a fait lui-même, il y a quelques années, dans un livre unanimement salué par la critique, l'aveu public et désolé.

1. *Libération,* 12 octobre 2009. *The Huffington Post,* 13 octobre 2009.

Une fois de plus, et comme dans l'affaire Polanski dont cette affaire-ci est, hélas, la suite à la fois logique et délirante, il ne s'agit pas d'excuser des pratiques que leur auteur a eu la franchise de révéler en son temps, et à son entier détriment.

Mais il s'agit, premièrement, d'observer le spectacle navrant de cet escadron de vertueux, estampillé socialiste, qui fonce droit dans le piège tendu par ses pires adversaires.

Et il s'agit, deuxièmement, de savoir si l'on va, désormais, devoir fouiller dans la vie de chacun d'entre nous pour évaluer, dans notre passé, pourquoi pas dans notre adolescence, ou même dans notre prime enfance, notre degré de « moralité ».

Responsables, ou futurs responsables, qui, dans vos écrits ou confessions, aurez pris le risque de rapporter telle ou telle histoire, passion, bonne ou mauvaise action, apprenez désormais à vous taire ou sachez, à défaut, que vous serez du gibier de média et d'agora.

Artistes, romanciers, diaristes, journalistes, qui, dans vos fictions et vos autofictions, croiriez bon de nous instruire de telle ou telle tentation, perdition, perversion, turpitude, regardez-y à deux fois car vous devez savoir qu'à gauche comme à droite, au nom de la défense des bonnes mœurs, on vous jettera en pâture à l'opinion et l'on sonnera contre vous l'hallali.

André Malraux qui fit publiquement l'aveu d'un penchant pour les paradis artificiels contracté dans sa jeunesse et jamais véritablement conjuré ne resterait, aujourd'hui, pas ministre cinq minutes.

Blum à qui il arriva, au temps de *La Revue blanche*, de faire l'éloge de l'adultère et de l'extrême liberté de mœurs pour les jeunes filles emprisonnées dans le carcan des familles, devrait se tenir à carreau de peur d'être dénoncé comme pédophile par les Benoît Hamon de service.

Gide ne publierait pas *Corydon* ou ne prendrait plus, s'il l'avait fait, la présidence des Comités antifascistes de 1934 ; Jean-Jacques juge de Rousseau finirait avec ses *Confessions* pendues autour du cou ; et ne parlons pas de Jean Genet dont le *Journal d'un voleur* ne trouverait tout simplement plus éditeur.

La nouvelle Brigade des mœurs veille.

Triste époque.

IX

JE CACHE MON JEU (SITUATIONS)

Considérations sur le désastre des Abruzzes ▪ *Beauté de Beaubourg* ▪ *Adieu à Françoise Verny* ▪ *Retour à Sarajevo* ▪ *Un rendez-vous avec des héros* ▪ *Monsieur Spock et l'*Odyssée ▪ *Jean-Paul II et* Zarathoustra ▪ *Pour saluer Simone Veil* ▪ *Si le 11 Septembre n'avait pas eu lieu ?* ▪ *Il était une fois* Libération ▪ *Vivre au Carlyle* ▪ *Les filles de Venise* ▪ *En Afrique, qui a raison ?* ▪ *Connaissez-vous Francis Bueb ?* ▪ *Politique d'Andrée Putman* ▪ *Réponse à* Time Magazine *sur le prétendu déclin de la culture française* ▪ *Le marché, c'est le crime ?* ▪ *Qui corrompt quoi ?* ▪ *Rushdie, un homme dans les sombres temps* ▪ *Avedon et Rushdie* ▪ *Sacré ou profane ?* ▪ *Ne rien céder sur l'idéologie française* ▪ *Plaidoyer pour un journalisme engagé* ▪ *Vingt ans après,* La Règle du Jeu

1

Considérations sur le désastre des Abruzzes[1]

Je voudrais vous parler du désastre des Abruzzes.

Je veux vous en parler « en soi », car je ne conçois pas de prendre la parole, aujourd'hui, en Italie, sans commencer par rendre hommage à ces trois cents victimes, ces dizaines de milliers de sans-abri, qu'a faits le tremblement de terre.

Mais je veux aussi vous en parler parce que vous nous avez réunis, Monsieur le Ministre des biens culturels, cher Frédéric Mitterrand, pour parler de « la crise » et que je me suis aperçu, ce matin, en rassemblant ces quelques notes, que je n'ai pas de meilleur « angle » pour aborder cette question.

Il y a toute une tradition, comme vous savez, de réflexion philosophique sur les désastres naturels et, en particulier, les tremblements de terre.

Il y a ce dialogue de Platon où on voit le poète Simonide qui a été prévenu par un ange, en plein banquet, de l'imminence d'un séisme et qui, parce qu'il a réussi, à la toute

1. Rome, Villa Médicis, 18 avril 2009. Intervention au colloque franco-italien « Pensare la crisi ».

dernière seconde, à s'échapper, sera seul en mesure d'identifier les morts et de les honorer.

Il y a Benedetto Croce, natif des Abruzzes, et qui a souvent dit, notamment dans son *Curriculum,* que toute une part de sa philosophie provient de l'expérience véritablement initiatique qu'il connut, à 17 ans, lors du tremblement de terre qui engloutit, sous ses yeux, et sous ceux des sauveteurs impuissants, l'essentiel de sa famille et, d'abord, son père.

Et puis vous avez, entre les deux, en novembre 1755, le fameux « désastre de Lisbonne » qui inspira à Goethe une pièce de théâtre ; à Kant, trois de ses textes de jeunesse les plus importants ; et à Voltaire son célébrissime *Poème sur le désastre de Lisbonne* qui est l'une des formulations les plus cohérentes de sa métaphysique et le vrai coup d'envoi, au passage, de sa polémique avec Rousseau.

Je voudrais, modestement, m'inscrire dans les pas de ces très grands et vous livrer, à partir de trois observations simples, et qui n'ont pas échappé aux commentateurs italiens et européens, les trois leçons philosophiques que je tire du désastre des Abruzzes.

La première observation, la toute première chose qui a stupéfié et terrifié le monde, c'est la brutalité de la catastrophe, sa rapidité foudroyante – le fait qu'une ville entière, L'Aquila, ait pu, en en un temps si court, devenir ce tas de ruines où d'héroïques secouristes cherchent, aujourd'hui encore, comme à l'époque de Benedetto Croce, les dernières traces de vie.

C'est le cas de tous les tremblements de terre, vous me direz.

C'est vrai.

Sauf que nous parlons d'un pays qui a un rapport particulier aux ruines.

Sauf que nous parlons de l'Italie, c'est-à-dire du pays qui a généré, chez tous les écrivains du monde et, en particulier, de France (je pense, entre autres, à Chateaubriand), un type spécial de méditation sur le concept de ruine : la ruine lente ; la ruine qui prend son temps ; la poétique d'une ruine pensée comme promesse ou, si vous préférez, comme monition d'une décadence que l'on envisage avec tendresse et mélancolie.

Or là, soudain, tout se renverse.

La ruine, d'abord, n'est plus du tout poétique.

La ruine, ensuite, n'est plus affaire de futur mais de présent et même de présent très immédiat.

Et le présent, inversement, devient le temps, non plus où la ruine s'annonce et se rêve, mais où elle se produit.

C'est la défaite de Chateaubriand, si l'on veut, et de son « secret attrait » pour des ruines de pierre qui sont toujours, pour lui, l'analogue des ruines de l'âme.

Et c'est comme si triomphait, sur Chateaubriand, et sur le Diderot des *Salons*, et sur le Hubert Robert du *Temple d'Antonin et de Faustine*, un écrivain qui a révolutionné notre regard sur les ruines et qui s'appelle Walter Benjamin.

Je parle du Benjamin des *Thèses sur la philosophie de l'Histoire*.

Et je parle, en particulier, de la neuvième de ces *Thèses* – le Benjamin qui met en scène son fameux ange de l'Histoire, inspiré de l'*Angelus Novus* de Klee et avançant vers le futur à reculons, le regard tourné vers le passé, les ailes gonflées par un vent qui l'aspire inexorablement vers l'arrière et voyant s'amonceler, à ses pieds, sous ses pas, un tas de ruines qui monte, dit-il, vers le ciel et qui est ce en quoi se transforme, constamment, incessamment, j'ai presque envie de dire *à jet continu*, ce que l'on a coutume d'appeler le présent.

C'est Walter Benjamin qui a raison, nous dit le désastre des Abruzzes,

Car le présent, c'est la ruine.

Car le présent ne s'accumule que dans la forme de la ruine.

Car nous vivons sous un régime nouveau du temps qui fait que le présent ne parvient plus à se produire que comme monstrueux empilement de ruines.

Le vent du futur ? Tu parles ! Le vent de la ruine. Le souffle de la catastrophe. Cette idée réactionnaire du progrès que je fustigeais, dès mon premier livre, il y a trente ans, et qui est en train de trouver, aux temps modernes, son incarnation définitive. Ou encore ce désastre ontologique, ce *désêtre,* dont un des pensionnaires de cette maison, Yannick Haenel, dirait qu'il traduit le triomphe sans partage du nihilisme. Nous en sommes là. C'est la première leçon de ce désastre qui vient d'endeuiller l'Italie et, au-delà de l'Italie, l'Europe.

La deuxième chose qui a frappé les observateurs c'est que le devenir-ruine, le désastre, n'a pas frappé tout à fait à l'aveugle.

Il a choisi ses cibles.

Il en a épargné certaines autres.

Il a évité, grosso modo, je dis bien grosso modo, les palais les plus anciens de L'Aquila, ses antiques demeures, ses portes de la Renaissance, ses églises médiévales comme l'église Anime Sante, la basilique Santa Maria di Collemaggio qui n'a perdu que des morceaux de toit et vu se lézarder quelques piliers, ses tombeaux de papes, ses remparts.

Et, à L'Aquila donc, mais aussi dans les villages voisins qui, comme Onna, ont été complètement rasés et ont vu ensevelis un cinquième ou un quart de leurs habitants, il a fait disparaître, en trente secondes, comme autant de châteaux de cartes, les architectures orgueilleuses et fragiles, futuristes mais qui se sont révélées terriblement précaires, des bâtiments construits dans les années 60 et 70.

Comme s'il nous était dit, là, que le futur est plus dépassé que le passé.

Comme si nous était signifié, à L'Aquila, que c'est la modernité, pas l'archaïsme, qui est le vrai passé.

Comme si se voyait instruit, dans les ruines, le procès à ciel ouvert d'une modernité imbécile, c'est-à-dire non seulement sotte, non seulement sans force et faible d'esprit – mais *in-bacillum* ; proprement, sans *bacillum* ; au sens étymologique (le vrai...), sans bâton : le bon bâton qui protège, qui défend et qui est le bâton du passé bien pensé.

Cette critique de la modernité, cette idée d'une modernité qui ne doit plus être le nec plus ultra de notre représentation, de notre volonté et de notre goût, elle ne peut pas ne pas éveiller un écho familier à des oreilles comme les vôtres.

Car elle est l'écho, en vérité, de la pensée d'un autre écrivain, mais italien celui-là, et qui a passé toute la dernière période de son existence à dire ce dégoût d'un temps sans mémoire et qui, parce qu'il est sans mémoire, ne peut qu'engendrer absence de style et laideur.

Cet écrivain c'est Pier Paolo Pasolini.

C'est le Pasolini amoureux des argots romains, des parlers frioulans et des corps qui vont avec.

C'est le Pasolini qui, en 1965, dans un beau film produit par Rossellini et projeté à l'Unesco, appelle à sauver « les murs de Sanaa », la capitale historique du Yémen.

Et c'est le Pasolini qui, en Italie même, voit progresser avec terreur cet abominable esprit de « spéculation immobilière néo-capitaliste » qui défigure le monde et produit, dit-il, une forme de « génocide culturel ».

Eh bien le désastre des Abruzzes c'est la preuve que Pasolini avait raison.

C'est la victoire posthume du poète, parti en guerre contre l'idolâtrie du moderne.

C'est la confirmation que seules peuvent faire échec à ce règne du mauvais moderne ce qu'il appelle dans son film sur Sanaa la « grâce des siècles obscurs » et la « scandaleuse force révolutionnaire du passé ».

Triomphe de la technique ou vertu des siècles obscurs ? C'est la question pasolinienne. C'est la question, plus que jamais, qui se pose au monde postmoderne. Et c'est à quoi répond, deuxièmement, le désastre des Abruzzes – en opposant donc, j'y insiste, la mémoire de l'obscur à la transparence du moderne.

Et puis troisième leçon.

Si ces immeubles se sont effondrés c'est parce qu'ils étaient mal construits.

S'ils étaient mal construits, c'est parce qu'on les avait faits, bien souvent, avec du béton mal armé et composé, lui-même, d'un mélange mal dosé de sable et de ciment.

Et si on a pu imposer un pareil béton, si on a pu aller chercher, pour le composer, du mauvais sable de mer ou pioché dans le Volturno, si tout le monde, enfin, a choisi de laisser faire et de n'y voir que du feu, c'est en vertu d'un sale pacte scellé entre des donneurs d'ordre peu regardants et des entrepreneurs peu scrupuleux.

Ce pacte, de nouveau, ne peut pas ne pas vous rappeler quelque chose.

Et vous avez un écrivain, un autre écrivain italien, à qui ça a, tout de suite, en effet, rappelé quelque chose.

Cet écrivain, c'est Roberto Saviano.

Et il l'a dit dans un texte retentissant qui a suivi une visite à L'Aquila dévasté et dont le thème était, en gros : ce qui a frappé L'Aquila, ce qui menace toujours la ville aujourd'hui et qui, en vérité, la menacera davantage encore quand il s'agira de reconstruire, ce ne sont pas les légions du diable des tremblements de terre – c'est le parti du béton.

Le parti du béton ?

Un nom de code, naturellement.

Une manière littéraire de suggérer l'emprise sur la région de gens que Saviano connaît bien et qui le connaissent, eux aussi, fort bien.

Un euphémisme pour ces familles que l'on avait déjà vues à l'œuvre, il y a presque trente ans, lorsqu'il fallut évaluer les sinistres liés au tremblement de terre de l'Irpinia, près de Naples, puis déblayer les décombres, puis reconstruire – et qui ne sont autres que les familles de la Mafia.

Saviano ne veut pas dire, naturellement, que tous les promoteurs coupables de n'avoir pas respecté, à L'Aquila, les normes antisismiques étaient des mafiosi.

Mais il veut certainement dire, en revanche, que les familles de la Camorra et de la N'Draghetta ont achevé leur lente montée vers le Nord, commencée au début des années 60.

Il veut attirer notre attention sur le fait que le phénomène mafieux qui fut longtemps cantonné aux zones rurales du pays a terminé la mue qui lui a permis d'investir ses zones industrielles.

Et il met le doigt sur le changement de paradigme qui s'est opéré depuis que la Mafia, qui a longtemps prospéré aux marges du système, en a investi le centre et participe pleinement, désormais, de son développement.

Le désastre des Abruzzes dit cela.

Il dit l'apparition d'un nouvel esprit du capitalisme qui n'est plus celui de Schumpeter mais celui des Familles.

Il dit son triomphe tranquille, non seulement en Italie, mais dans l'ensemble de l'Europe et, peut-être, qui sait ? du monde.

Et il le dit à la fois au sens réel et, ce qui est peut-être plus grave encore, au sens métaphorique.

Au sens réel : voyez, au-delà des Abruzzes, au-delà même de l'Italie et de l'Europe, la place qu'ont prise, dans l'économie contemporaine, les paradis fiscaux ; voyez, dans les flux financiers planétaires, dans les masses d'argent qui se sont déversées, depuis vingt ans, sur les bourses mondiales, l'importance de l'argent sale blanchi ; et voyez le cas de ces nouveaux acteurs, Poutine par exemple, qui sont incontestablement au cœur de la machine et qui sont, non moins incontestablement les représentants d'une machine purement mafieuse.

Au sens métaphorique ou, si vous préférez, symbolique : posez-vous la question de savoir ce que sont les caractéristiques du nouveau système ; interrogez-vous sur ce qui, pour être précis, le distingue du système ancien et, donc, le spécifie ; et pensez surtout, puisque c'est, aussi bien, le thème de ces Rencontres, aux grands dysfonctionnements dont chacun s'accorde à dire qu'ils l'ont mené à la crise et, même, au bord du gouffre.

Vous avez la dérégulation d'une économie ne se reconnaissant plus aucune loi et transgressant les pauvres règles qu'avaient tenté de fixer les gendarmes du monde d'hier – c'est-à-dire, en fait, les Etats : n'est-ce pas l'un des traits de la Mafia ?

Vous avez le primat, sur l'économie réelle, d'une économie que l'on appelle, au choix, financière, virtuelle, immatérielle ou titrisée mais qui est, dans tous les cas, une économie parasitaire et qui ne produit rien : c'est un autre trait de la Mafia.

Et vous avez ces centres de décision hors d'atteinte, dérobés aux regards, soustraits à toute espèce de contrôle démocratique ou autre, opaques – à la lettre, inassignables : c'est une autre des caractéristiques de la Mafia et c'est une autre preuve du caractère structurellement mafieux de l'économie contemporaine.

Telle est, de nouveau, la leçon du désastre des Abruzzes.

Et c'est une leçon qui – là aussi, j'y insiste – dépasse infiniment le cadre de L'Aquila martyre et devenue, depuis le 6 avril 2009, si tout ce qui précède est exact, l'épicentre des désordres du monde.

Quand le président de la République, Giorgio Napolitano, exhorte chacun à faire son « examen de conscience », quand le pape Benoît XVI retrouve les mêmes mots pour, debout au milieu des ruines de la caserne de Coppito où se réunira, en juillet prochain, le Sommet du G8, formuler un appel identique, il faut en être conscient : ils s'adressent, non pas à l'Italie, mais au monde.

2

Beauté de Beaubourg[1]

Le plus incroyable, pour moi qui ai vécu la construction du Centre Beaubourg, c'est qu'il ait été voulu par le plus conservateur de nos Présidents, à savoir Georges Pompidou.

1. *The Guardian,* 9 octobre 2007.

Le plus étrange, le plus incompréhensible (mais n'est-ce pas le même mystère qui s'attache à toutes les grandes œuvres ?) c'est que, lorsque je repense à ceux qui, après lui, Pompidou, ont porté l'œuvre et l'ont fait surgir de terre, lorsque je repense à Robert Bordaz par exemple, son premier directeur, que j'ai assez bien connu et avec qui je me rappelle avoir arpenté, casques de mineur sur la tête, dans un brouillard glacé, les ruines du quartier où allait s'élever ce monument d'audace et de modernité, c'est que tout cela a été fait par des gens raisonnables et sages, des grands commis de l'Etat, des hommes à la culture classique, sans fantaisie apparente, sans goût particulier ni pour la révolution ni pour le désordre – et que rien ne prédestinait à cette folie…

Savaient-ils ce qu'ils faisaient ? Avaient-ils conscience, en ouvrant ce chantier, de créer un scandale énorme, de déclencher une polémique, d'écrire une page de l'histoire de l'architecture qui allait compter, dans son genre, autant que, dans les arts plastiques, les premiers ready-made de Duchamp ou, en littérature, le *Ulysse* de James Joyce ? Je n'en suis pas sûr. Non, plus j'y pense et moins je crois qu'ils aient pris la mesure, sur le moment, du monstre dont ils accouchaient, de ce Golem, ni du court-circuit qu'ils allaient créer dans l'esthétique et dans les têtes.

« Le projet lauréat frappe par sa simplicité », déclare le président du jury qui, en 1972, choisit le projet de Renzo Piano et de Michael Rogers. Oui, il a bien dit « simplicité ». On croit rêver mais on ne rêve pas. Et il l'oppose, cette « simplicité » du futur Beaubourg, à la « complexité » des 680 « autres recherches » qui lui ont été proposées…

C'est ainsi.

C'est la règle.

Depuis quand les contemporains d'une grande œuvre savent-ils de quoi ils sont les contemporains ?

Baudelaire, en revanche, aurait aimé Beaubourg, ce monstre d'artifice et d'industrie.

Apollinaire, chantre d'une tour Eiffel qui produisit, en son temps, le même type de scandale, aurait aimé cet autre défi au siècle et aux canons de la bienséance.

De même qu'Aragon, l'auteur du *Paysan de Paris,* qui aurait adoré les passages, les passerelles, le dédale insolite et baroque de cette construction futuriste, fichée au cœur du Paris où il aura passé sa vie à déambuler.

D'ailleurs, non… Je parle au conditionnel. J'ai tort. Car Aragon a vu Beaubourg achevé. Il a aimé Beaubourg achevé. Il l'a *réellement* aimé, je crois. Comme en témoigne, dans mon souvenir, une belle scène du film tourné, à la fin de sa vie, par Jean Ristat et Raoul Sangla et où on le voit, peut-être masqué de blanc, errer sur l'esplanade face au Centre.

Et puis César encore… Oui j'entends César, l'un de nos plus grands sculpteurs, l'héritier de Maillol et de Rodin, je l'entends encore, un jour que nous allions, ensemble, voir des œuvres de Malevitch qui y étaient exposées, me dire qu'il aurait rêvé de « compresser » Beaubourg mais que non, c'était trop tard, Beaubourg était si beau, Beaubourg était si réussi, Beaubourg était, contrairement à ce que disaient ses adversaires, une telle merveille, que c'était *déjà* comme une compression réalisée.

Car il faut se souvenir de la façon dont l'œuvre fut accueillie à ses débuts.

Il faut se souvenir de ce cri de haine, de rage et, sans doute, d'effroi qui salua son inauguration.

Il faut se rappeler ces mauvais écrivains (René Fallet) parlant d'« invasion des chacals » et donnant ainsi la main à ces bons journaux (*Le Monde*) fustigeant une « anthologie de la laideur ».

Il faut imaginer Baudrillard appelant, non pas certes à « incendier » le Centre mais à le « démonter », le « kidnapper », le « faire disparaître » dès le lendemain de son apparition – il faut se figurer un Baudrillard trouvant déjà les accents qui seront les siens, bien plus tard, au moment de son article sur la destruction des Twin Towers de New York, pour appeler à l'« implosion » de cette machine à tuer la culture.

C'est que Beaubourg, en fait, n'est pas un musée mais une église. C'est, probablement même, la première cathédrale culturelle telle que l'avait rêvée André Malraux. Lieu de recueillement plus que de consommation culturelle. Lieu de prière, au sens où Hegel disait que la lecture du journal est la prière matinale du philosophe. Pas un musée, non.

C'est que Beaubourg, à la fin des fins, n'est pas un monument ; ou, en tout cas, ce n'est pas un monument parmi d'autres et au sens où on l'entend d'habitude ; c'est la vraie date d'entrée du vieux Paris classique, du Paris de Walter Benjamin et, justement, de Baudelaire, dans cette modernité monumentale qu'ils annoncèrent mais sans la voir ; c'est la fin de la France d'Haussmann et le début de celle qui, pour le pire et, ici, le meilleur, s'apprête à réinventer ses villes.

C'est que Beaubourg est, encore une fois, le symbole du XXIe siècle comme la tour Eiffel fut celui du XXe.

J'aime, moi, dans Beaubourg, ce que les autres n'y aiment pas.

J'aime ses façades dissuasives de la monumentalité traditionnelle.

J'aime ses espaces immenses, sans cloisonnements, ni piliers, ni vraies séparations.

J'aime ses poutrelles, ses tubulures, ses échafaudages éternels, ses ferrailles apparentes, son chaos de tuyaux et de carcasses.

J'aime son côté machine et machin.

J'aime qu'il ressemble à une raffinerie de pétrole.

J'aime qu'il montre, en fait, tout ce que tous les monuments du monde se sont évertués à cacher : câbles électriques, circuits d'air et de chaleur, salles des machines, dispositifs anti-incendie, escalators géants et labyrinthiques, infra- et superstructures, excréments de pierre et de métal, matières en tout genre.

Je me souviens d'un texte de Danilo Kis, l'un des plus grands écrivains européens du XXe siècle, expliquant qu'il en avait assez de cette hypocrisie littéraire, de cette tartufferie, qui font dissimuler au regard du lecteur, retirer tel un objet de honte, le processus de fabrication de l'œuvre.

Grande, disait-il, est l'œuvre qui a le courage d'exhiber ses procédés.

Grande, celle qui se fait gloire et honneur de ce dont les autres se font honte.

Eh bien c'est cela Beaubourg – une œuvre d'acier, de verre et de pierre qui se regarde comme un livre.

3

Adieu à Françoise Verny[1]

Je ne crois pas qu'ait disparu, avec Françoise Verny, une façon d'être éditeur à l'ancienne.

Je crois que Françoise fut un grand éditeur tout court.

Je crois qu'elle eut, comme Paulhan, comme Rivière, comme d'autres, ce singulier talent, qui est de tous les temps, de révéler à eux-mêmes des écrivains.

Ayant eu le privilège d'être des siens, ayant eu la chance immense de rencontrer Françoise à 20 ans (elle en avait 40, elle était blonde alors, elle était belle, je la revois, la toute première fois, dans la force de sa jeunesse, robe d'été, œil noir et précis, en haut de l'escalier de Grasset, m'expliquant, d'entrée de jeu, que rien n'est, en ce monde, plus grand qu'un grand roman), ayant eu ce privilège de la voir pour ainsi dire à l'œuvre, je

1. Hommage prononcé à l'occasion des obsèques de Françoise Verny, à l'église Saint-Augustin, le 17 décembre 2004.

voudrais, puisque vous l'avez souhaité, chère Martine, cher Jean-Pierre, témoigner en quelques mots de cela.

Françoise était une extraordinaire pêcheuse d'âmes et de talents, un radar, qui, plus encore que les écrivains, savait reconnaître ce moment où un livre n'est encore qu'une promesse, une rêverie, une violence indistincte et qui tarde.

Françoise, si j'essaie de me souvenir, si j'essaie de revivre en pensée le ton de ces matinées, rue de Naples, où elle convoquait ses auteurs au point du jour pour leur parler du manuscrit qu'elle avait dévoré dès six heures, c'était l'intuition du livre à venir, du désir informulé qui le porte, de sa lente retombée inutile et qu'elle savait aussi reconnaître.

Françoise ne dictait rien, elle n'obligeait à rien, souvent elle parlait à peine, elle écrivait d'ailleurs peu de choses dans les marges de nos textes ; mais, à la façon d'un analyste, à la façon de Jacques Lacan que nous étions allés, une fois, entreprendre pour lui demander un *Ce que je crois* et qui lui avait répondu, malicieux et superbe, qu'il ne croyait à rien et qu'elle en savait d'ailleurs, elle, aussi long, elle avait cette vertu, par son silence même, en son art extrême de l'écoute, de nous faire dire le désir impérieux, mais secret, incertain de lui-même, presque honteux, qui nous menait à elle.

Françoise était une accoucheuse, mais au sens socratique, de libérer l'animal littéraire prisonnier des filets de la société.

Françoise c'était une force, mais très douce, mélange d'impatience et d'endurance, d'injonction et de bonté, qui faisait courber autrement la ligne de la pensée.

Françoise était brutale, impérieuse, violente quand nous la décevions et qu'elle feignait d'être hors d'elle pour mieux nous ramener à nous, mais c'était aussi une Euménide, une bienveillante, elle aimait ses auteurs plus que soi, et leurs livres plus que ses auteurs.

Françoise savait que le monde n'est pas fait pour aboutir à de beaux livres ; elle était bien placée, cette guerrière, cette stratège que Mauriac, vous le savez, appelait plaisamment Miss Ficelle, elle était mieux placée que quiconque pour savoir les efforts qu'il déploie, le monde, pour décourager la naissance des livres ; alors voilà : elle donnait courage ; elle émancipait les écrivains et leur rendait confiance ; elle les libérait, oui, et d'abord, bien entendu, de leur peur.

Il y a des êtres qui vous aident à être vous-même : elle vous autorisait, elle, à devenir cet autre qu'est l'auteur d'un livre qui vous change.

Il y a des hommes, ou des femmes, qui font oser se révolter ; son injonction, elle, était d'oser écrire, écrire encore, ne jamais céder sur ce désir secret et trouble d'écrire.

Il y avait la souffrance de Françoise, bien entendu ; il y avait le désespoir de Françoise, ses perditions, ses alcools ; il y avait sa première blessure, si tant est que l'on puisse ainsi compter, dont les livres ne l'avaient pas guérie.

Il y avait l'autre Françoise, si tant est que l'on puisse ainsi distinguer ; il y avait la tourmentée de Dieu ; il y avait la Françoise qui pensait que Dieu n'a pas fait la mort et que le Christ est là, mais absent, introuvable, Jésus du tombeau vide et du ciel trop souvent muet ; il y a eu l'embellie tardive de ces bouleversants livres de vie et de foi où elle prendra le risque étrange de s'exposer, à son tour, un peu.

Mais voilà. J'ai aimé ce grand éditeur, ce passeur. Je dois tant, nous sommes si nombreux, ce matin, à tant devoir à cette jeune intellectuelle qui a fait le choix, un jour, pour l'essentiel, d'écrire son œuvre propre dans les marges de la nôtre. C'est elle que pleure, ce matin, sa compagnie d'écrivains : la tendre complice vouée, sa vie durant, avec un désintéressement sans limite, à les affranchir et les servir. Jusqu'à la toute fin, n'est-ce pas. Jusqu'à ce dernier silence, plus grave, terrible, chargé de tout ce qu'elle ne pouvait plus dire, mais qui la faisait, paraît-il, et de loin, veiller encore sur nous.

4

Retour à Sarajevo[1]

Enfin un lieu où on ne m'appelle pas « BHL » mais « Bernard-Henri Lévy ». Ou bien où on m'appelle quand même « BHL », mais pour dire autre chose, un clin d'œil, un signe de reconnaissance, de connivence et d'amitié, et quel signe ! « BHL » comme Bosnie-Herzégovine libre ! Mes initiales comme celles de la Bosnie ! Je me souviens, cher Jovan, du jour où vous vous étiez avisé de cette coïncidence et de l'état d'hilarité où cela vous avait mis. Je me souviens de la légère stupeur de vos hommes quand vous le leur aviez dit. Moi, ça me faisait un plaisir infini. Et ça me fait toujours un plaisir infini. Et j'ai une telle émotion à être là, cet après-midi, dans cette circonstance bizarre, un peu plus de dix ans après. Je suis toujours ému, notez bien, quand je reviens à Sarajevo. Je suis venu dans les temps difficiles. J'ai essayé de venir aussi souvent que possible dans ces autres temps difficiles que connaît la Bosnie depuis qu'elle est supposée être en paix. Et c'est, chaque fois, un grand bonheur, chaque fois une grande émotion et, chaque fois, oui, le sentiment d'être un peu chez moi dans cette BHL, cette Bosnie-Herzégovine libre, ce petit pays magnifique que j'ai connu sous les bombes, alors qu'il se voyait menacé dans son existence même et dans celle de ses enfants – et je ne me

1. Centre André-Malraux de Sarajevo, propos tenus le 22 mai 2005, à l'occasion de la parution de la traduction bosniaque du *Lys et la Cendre*.

lasse pas de le revoir ainsi, libre donc, presque normal, rendu à la vie normale de tous les pays en paix, quoique avec ce souvenir, partout présent, d'avoir frôlé l'abîme et de s'en être sorti. Mais, encore une fois, j'éprouve aujourd'hui une émotion particulière…

Dans la vie d'un écrivain, d'un intellectuel, il y a beaucoup d'épisodes, beaucoup de choses, qui n'ont pas tant d'importance que cela et dont on se dit, avec le recul, qu'on aurait pu en faire l'économie. Il y a tant d'incidents, d'événements, voire d'engagements, dont on sent bien – et dont on sentait d'ailleurs déjà, sur le moment, sur le vif, dans l'instant où on les vivait – qu'ils ont beau occuper de la place, faire du bruit, être visibles et populaires, ils ne sont pas le cœur battant de votre existence. Alors, quand, dans la vie d'un écrivain, il y a au moins un épisode, au moins une saison de la vie, au moins un moment, dont on se dit que l'essentiel y était, que la substance de soi s'y jouait, qu'on en est inconditionnellement fier, qu'on n'en regrette rien et que, si c'était à refaire, on le referait exactement de la même façon, eh bien, quand cela arrive, la vie de cet écrivain est justifiée. C'est très exactement ce qui m'arrive lorsque je pense à ces années bosniaques. C'est, très précisément, ce qui se passe lorsque je repense – car j'y repense souvent, ce ne sont pas des choses que l'on oublie, ce ne sont pas des années qui s'effacent comme cela de l'ardoise magique de la vie – à ces trois années, dont *Le Lys et la Cendre* donne la chronique et dont vous allez, grâce à cette traduction, lire enfin la version bosniaque.

Oh ! ce n'est pas grand-chose non plus. Et quand je dis que je suis fier, que ce fut un moment important, inoubliable, de ma vie d'homme et d'écrivain, je me rends bien compte que, rapporté aux souffrances inouïes que vous avez dû endurer, à votre patience, votre endurance, parfois votre héroïsme, ce ne fut pas non plus le bout du monde. Mais bon, je suis fier d'être venu. Je suis fier d'avoir essayé de témoigner, de dire la vérité et de me faire le porte-voix de ce qui se disait ici, dans les caves de Sarajevo, dans ses tranchées, ses cercles de citoyens, ses casernes ou ses état-majors, au seuil des mouroirs de Srebrenica, dans ses rues ou dans celles de Tuzla ou Zenica.

J'ai fait des choses folles dans ces années. Des choses qui, en tout cas, n'étaient pas au programme de ma conception, sinon de la vie, du moins de ce que l'on appelle le rôle de l'intellectuel. Des exemples ? Oh ! Mettons quelques-uns des épisodes auxquels songeait Samir Landzo tout à l'heure. Je n'étais vraiment pas fait pour les vivre et pourtant je les ai vécus. Je me demande encore pourquoi et surtout comment, mais enfin, c'est ainsi, ils font désormais partie de ma vie. Tenez : mon service militaire. Je n'ai pas fait mon service militaire. Je n'ai jamais eu le moindre goût pour les armes et les armées. Je suis, par tradition, filiation intellectuelle et familiale, d'un tempérament plutôt antimilitariste et « crosse en l'air ». Et c'est vrai que de m'être trouvé avec Samir à Donji Vakuf, en Bosnie centrale, d'avoir eu à partager pendant deux jours, huit, quelques semaines, la vie des soldats, des hommes de troupe, des défenseurs de la Bosnie-Herzégovine, de nous être trouvés, moi avec ma caméra, eux avec leurs armes de mort, sur la même ligne de front, j'avoue que, pour moi, pour l'écrivain que je suis, c'était à la limite de l'absurde, à la limite de l'inconcevable. Si on me l'avait dit quelques années plus tôt, si on m'avait annoncé que je pourrais passer tant de temps dans des situations pareilles (je ne parle même pas des risques, je parle de la vie quotidienne, de la succession des instants), je ne l'aurais pas cru. Je l'ai fait pour la Bosnie et pour les valeurs qu'elle défendait.

Autre chose. Dans un tout autre ordre d'idées, et pour aller de l'essentiel à l'accessoire, il se trouve que, pour des raisons qui m'appartiennent, je ne porte pas de décoration. Je ne m'en vante pas. Je ne dis pas que c'est particulièrement bien ou méritoire. Je ne méprise d'ailleurs pas les décorations en tant que telles. J'ai des amis très chers qui en ont, qui en sont couverts, qui les portent et qui les méritent, et c'est tant mieux. Mais voilà. C'est comme ça. Il se trouve que, moi, je n'en ai pas. Il se trouve que je n'ai jamais reçu, dans mon propre pays, la moindre décoration. On me l'a proposé, bien sûr. Il y en a une, célèbre, que l'on m'a proposée pour des raisons de pure automaticité. C'est la Légion d'honneur. Il se trouve que je suis président du conseil de surveillance d'une chaîne de télévision de service public qui s'appelle Arte et que, quand, en France, on est président du conseil de surveillance d'une chaîne de télévision de service public, on a quasi automatiquement la Légion d'honneur. Alors, chaque année, à la même époque, un fonctionnaire très gentil s'aperçoit que je ne l'ai pas et s'empresse de réparer l'outrage. Et, chaque année, tout aussi régulièrement, pour des raisons qui m'appartiennent, peu importe lesquelles, je réponds poliment que non, je ne le souhaite pas. Eh bien, la seule décoration que j'aie jamais reçue, la seule que j'aie acceptée sans la moindre hésitation et avec un immense enthousiasme, c'est une décoration que j'ai reçue ici, à Sarajevo, au lendemain de la guerre, des mains de votre Président, mon ami Alija Izetbegovic, et qui s'appelle le Blason. Voilà. J'ai 56 ans. Et, à part un doctorat honoris causa de l'université de Tel-Aviv, la seule médaille que j'aie reçue de ma vie, la seule qui m'ait fait plaisir et que je revendique, c'est une médaille bosniaque…

Izetbegovic, justement. J'ai passé ma vie (je ne suis plus tellement jeune, cela fait trente ans que j'écris, dont cinq sur et avec la Bosnie) à dire que les intellectuels devaient être libres et que la liberté passait aussi par le fait de ne jamais se mettre au service d'un prince, de ne jamais se mettre à la disposition d'un pouvoir, quel qu'il soit ; j'ai passé ma vie à dire que l'insubordination, en tout cas la liberté, par rapport à tous les pouvoirs, tous sans exception, était le principe numéro 1 de l'éthique d'un écrivain ; et, vraiment, je crois que je n'y ai jamais dérogé ; et, vraiment, je pense que j'ai tenu bon dans ce choix, formulé dès *La Barbarie à visage humain*, de n'être jamais, au grand jamais, le « conseiller des princes ». Eh bien, à cette règle je n'ai, de nouveau, fait qu'une exception. Et je l'ai faite pour un président étranger avec lequel je n'étais pas toujours d'accord, dont la vision du monde n'était souvent pas la même que la mienne, qui appartenait à une famille spirituelle qui n'était pas non plus la mienne et avec qui, si j'avais été citoyen de son pays en temps de paix, j'aurais sûrement été en débat ou en querelle. Ce Président c'est lui, Alija Izetbegovic, président de Bosnie-Herzégovine. Parce que je l'aimais. Parce qu'il incarnait la Bosnie debout et combattante. Parce qu'il était le de Gaulle bosniaque. Parce que, dès le premier jour où je l'ai vu, j'ai été bouleversé par le courage, par l allure de cet homme qui n'était pas fait pour la guerre et qui, néanmoins, la menait. Parce que j'étais sidéré, chaque fois que je le revoyais, par ce personnage hors du commun qui avouait en privé qu'il n'était pas taillé pour le rôle mais qu'il l'assumait quand même et faisait face. Pour toutes ces raisons, oui, Izetbegovic m'a semblé immédiatement admirable. Et comme, par-dessus le marché, la cause à laquelle il s'identifiait me semblait être la cause même pour laquelle un Européen conséquent se devait de se mobiliser, je me suis mis à son service, pendant trois ans. Littéralement à son service. J'ai fait le secrétaire. J'ai fait le petit télégraphiste. J'ai écrit des dizaines et des dizaines d'articles. J'ai donné des conférences dans le monde entier. J'ai tourné un film. J'ai fait office de conseiller. Je suis devenu un mercenaire de l'esprit. J'ai rédigé des communiqués et des discours. J'ai fait le *tour operator* pour ses voyages à Paris. Je me suis transformé en agence de location d'avions, pour, avec Kemal Muftic, l'accompagner chez Jean-Paul II.

C'était extravagant, ce rendez-vous avec Jean-Paul II ! C'est Gilles Hertzog, mon compagnon tout au long de cette aventure, qui l'avait organisé. Il se trouve être le petit-fils de Marcel Cachin, le fondateur du Parti communiste français. Or ce parti avait été fondé également par un autre homme, Ludovic Frossard, dont le fils, André Frossard, qui est mort maintenant, était un écrivain catholique, proche de Jean-Paul II. Alors Gilles Hertzog a appelé André Frossard et lui a dit : « voilà, écoutez, au nom des vieilles connexions communistes… » et c'est comme ça qu'on s'est retrouvés, un président musulman, le descendant d'un fondateur du Parti communiste et un intellectuel juif que rien, encore une fois, ne prédisposait à tout ça, en audience privée devant Sa Sainteté le pape Jean-Paul II…

Dix ans ont passé. Ce livre, qui raconte tout ça et bien d'autres choses encore, est paru en France et il paraît, maintenant, dans votre pays. Ce journal d'un écrivain français au temps de la guerre de Bosnie est en train de revenir, enfin, avec tant de retard – mais mieux vaut tard que jamais – à ceux qui l'ont inspiré. Et vous êtes là, tous les cinq, pour cette manière de second baptême. Et je suis si heureux que vous soyez là, que vous soyez tous venus accompagner la sortie de ce livre. Et je ne peux pas vous voir, là, à cette table, à mes côtés, sans que se pressent, avec vous tous, avec chacun de vous, tant et tant de souvenirs…

Vous, Asaf Dzanic, mon traducteur. Enfin : aujourd'hui, mon traducteur. Car l'autre image de vous qui me reste, la dernière, celle de notre tout dernier jour, alors que, comme chaque fois, j'ignorais si je vous reverrais jamais, c'est celle de vous en uniforme. Vous avez déjà votre tête d'intello mais vous êtes en uniforme. Le soir, on a des discussions littéraires ou philosophiques du type de celles que nous pourrions avoir aujourd'hui mais vous êtes, pour l'heure, un vaillant officier affecté, je crois, aux questions idéologiques pour le 1er corps. Je ne sais pas très bien à quoi ça rimait de m'affecter un officier chargé des questions idéologiques… Il faudra que vous me le disiez, maintenant. Bon, pas tout de suite, d'accord, mais un de ces jours… Vous êtes là, en tout cas. Vous ne me quittez pas. Nous allons, ensemble, en Bosnie centrale. Nous allons, ensemble, à Travnik. Nous nous lions, dans l'action, au milieu de cette aventure qu'est le tournage d'un film en temps de guerre, d'une vraie amitié. Et c'est une telle chance, pour moi, que ce soit à vous que l'on ait confié la traduction du livre que j'ai finalement tiré de ces mois et de ces années.

Vous, madame, mon éditrice donc, celle qui a fait que ce livre est traduit, et ici. Quelle surprise, là encore ! Car nous aussi, nous nous connaissons ! C'était la deuxième année de la guerre, en novembre, peut-être décembre. J'avais, à Sarajevo, été invité à faire une conférence. Le sujet devait être quelque chose comme « L'histoire de la philosophie et la fin de l'Europe ». Je suis en train de parler. Je fais mon boulot d'intellectuel et, donc, je parle de choses normales qui ne sont pas nécessairement liées à cette guerre et qui nous donnent, à tous, l'illusion que Sarajevo est encore cette grande capitale universitaire et intellectuelle qu'elle était avant le drame et qu'elle est, je le sais, en train de redevenir ces jours-ci. Et vous êtes là, dans la salle, avec une centaine d'autres intellectuels de la ville. Vous êtes tous venus à pied, à travers les petites rues derrière Sniper Alley pour éviter les tirs. Vous êtes venus dans le froid. Vous êtes venus la peur au ventre car vous savez que, à Sarajevo, dans ces jours, sortir à l'air libre pour aller écouter une conférence est une entreprise qui s'apparente à la roulette russe. Et voilà que, soudain, au beau milieu de la conférence, une énorme explosion retentit, très proche, assourdissante, qui casse les derniers carreaux de la pièce. On se regarde. On se demande ce qu'on va faire. Je pense moi-même, à cet instant, qu'il va falloir sans doute tout arrêter. Et, à ce moment-là, je ne sais plus très bien quel est votre rôle, je ne sais plus – vous allez me le rappeler – si vous êtes ou non l'organisatrice de la réunion, mais je vous vois, à ce moment-là, avec une étrange autorité, jeter un œil vers le recteur de l'université, un autre vers moi, un autre vers je ne sais plus qui et décider qu'on ne va pas se laisser intimider pour si peu, ni céder au chantage des barbares, et qu'on va continuer comme si de rien n'était. Alors on continue. Grâce à vous, à votre exemple, et à celui de vos amis, je continue ma conférence. Je recevrai, naturellement, d'autres leçons de courage dans ces années. Beaucoup d'autres. Mais vous m'en donnez une, ce jour-là, assez extraordinaire.

Vous, Samir. Samir Landzo. Vous êtes l'homme, ou l'un des hommes qu'Alija Izetbegovic avait désignés pour m'aider dans la fabrication, le tournage et surtout, la part d'archives de *Bosna !* Car *Bosna !*, vous le savez, est un film original. C'est un film que j'ai tourné (et tourné dans des conditions dont le livre porte également témoignage). Mais je voulais aussi que ce soit un mémorial de cette guerre, un mémorial de ce qui s'y est passé et de l'esprit de résistance qui a finalement triomphé. Et donc, à cause de cela, on y trouvait également une part d'archives dont Samir s'est chargé avec moi. Je revois, comme si c'était hier, la salle aux archives de l'armée bosniaque et celle de la télévision nationale. Je revois ces trésors, cette source de mémoire extraordinaire qu'étaient les archives militaires et dans laquelle j'aurai eu la très grande chance, grâce au Président, grâce à l'état-major et à Jovan Divjak, de pouvoir puiser comme je l'entendais. Et c'est là que je rencontre Samir. Il est devenu, après cela, pour Gilles Hertzog, Alain Ferrari et moi, non seulement un ami mais notre principal collaborateur. Et on a fait tout le film, on a mené toute l'aventure, tournage compris, ensemble, tous les trois. Je nous revois à Sarajevo et hors de Sarajevo. A l'école bombardée d'Alipacino Polje et dans les tranchées de Stup et de Grondj. Je me souviens de vous, cher Samir, le petit matin de la prise de Donji Vakuf. Je me rappelle comment vous pleuriez devant les ruines, ou les quasi-ruines, de la ville. Moi, je n'étais pas loin non plus de craquer. Mais vous pleuriez, vous, vraiment, devant ce spectacle navrant, devant ce que les milices serbes, les barbares serbes, avaient fait de Donji Vakuf, devant l'état de désolation dans lequel les Serbes avaient laissé la ville. Et puis, notre grande surprise, notre grande émotion, lorsque nous avons vu – là encore, je revois les images, elles sont restées si vivantes en moi – la façon dont les Bosniaques, qui venaient, la veille, de reprendre la ville, avaient, eux, laissé les églises intactes. Vous vous souvenez, Samir ? La façon dont les uns avaient vandalisé Donji Vakuf et dont les autres avaient pris soin de son urbanité. Les deux modèles, successifs mais opposés, de rapport à la ville, donc à la civilisation. Nous avons vécu cela, et tellement d'autres choses ! Vous êtes si profondément associé, pour moi, pour nous, à toute cette aventure ! Jusqu'à l'intime de la vie, n'est-ce pas ? Jusqu'à Suzanne, la directrice de production de *Bosna !*, qui tombe amoureuse (et réciproquement) du personnage du film que vous êtes aussi – et que vous épousez… Jusqu'à Benjamin, votre fils, enfant naturel de *Bosna !* Comme tout cela est étrange. Et beau.

Jovan Divjak. Il est présent, lui aussi, à chaque page de ce livre. Il est l'un des tout premiers personnages que j'ai rencontrés et il est, du coup, l'un des personnages récurrents du film et donc du récit. Il m'énervait, au début, parce qu'il avait trop de succès avec les femmes. Et puis ce qui était terriblement impressionnant, quand on marchait ensemble dans les rues de Sarajevo, c'était, d'abord, son incroyable popularité, puis le fait que, dès que ça commençait à bombarder un peu dur, il en rajoutait, il s'attardait, il disait qu'il fallait donner du courage à la population, montrer qu'on ne cédait pas, là non plus, au chantage, et il en rajoutait dans le côté cool, cow-boy tranquille et courageux. Je me rappelle Jovan Divjak parmi les siens. Je me rappelle Jovan Divjak sur la colline de Grondj, au lieu dit des Sept-Forêts, où se trouvait l'une des premières lignes de défense de la ville et où nous étions allés filmer. Il nous explique les choses. Il est là, tête nue, dans la casemate la plus avancée, et il nous montre ses positions, celles des Serbes, les batailles qui ont eu lieu là, le terrain qu'il a fallu reconquérir pied à pied, mètre par mètre, au prix de pertes importantes. Mais voilà, il y a là, tout près, un artilleur serbe qui a dû finir par nous repérer et qui commence à nous tirer dessus. Qu'à cela ne tienne. Jovan continue, ne se laisse pas intimider pour si peu. Il poursuit son récit, ses explications, alors que le tireur, en face, commence à s'énerver, tire de plus belle, est rejoint par d'autres qui tirent aussi. Et nous, bien obligés, on filme.

Je me rappelle une autre chose à votre propos, Jovan. Cela aussi, je le raconte dans ce livre. C'est une scène qui se déroule à Paris. Mais le livre se passe, n'est-ce pas, sur les deux scènes, Sarajevo et Paris, Sarajevo et l'Europe. Je venais à Sarajevo pour des séjours courts, huit jours, quinze jours, trois semaines, trois jours, puis je revenais à Paris et j'essayais de faire mon boulot, c'est-à-dire alerter l'opinion, faire campagne, convaincre les dirigeants, crier, en appeler à la conscience universelle, m'indigner. Et je me souviens d'un jour où je suis allé m'indigner auprès de François Mitterrand. Ce n'est pas la première fois. J'étais déjà allé le voir dès le lendemain de mon tout premier séjour ici, afin de lui apporter le premier message du président Izetbegovic. Vous connaissez ce message, bien sûr : « Nous sommes les héritiers des combattants du ghetto de Varsovie. Allez-vous laisser les héritiers des combattants du ghetto de Varsovie mourir une seconde fois ? » J'ai vu François Mitterrand de nombreuses fois ensuite. Il avait les préjugés que vous savez. Il avait condamné la Bosnie-Herzégovine dès le premier jour, très certainement. Je l'ai compris beaucoup plus tard, mais cela, d'une certaine façon, sautait déjà aux yeux et c'est même incroyable que je ne l'aie pas compris plus tôt. Il avait cette vieille culture début de siècle, cette idée que la Serbie était l'alliée naturelle de la France. Il y avait une chose curieuse et assez agaçante. Il disait toujours : « les Serbes » et « les Musulmans ». Il n'arrivait pas à dire « les Bosniaques » ; pour lui c'étaient « les Musulmans ». Bref, je le vois un jour. Nous discutons. Il me sert son habituel couplet sur « les » Serbes et « mes » Musulmans. Et, avec tout le respect que je dois à la fonction, avec toute l'amitié ancienne que j'ai pour l'homme, je lui dis : « Enfin, Monsieur le Président, arrêtez de dire "les" Serbes ; arrêtez de dire "les" Musulmans ; d'abord, côté serbe, il y a des démocrates, il y a des gens qui luttent contre Milosevic et on ne peut pas mettre tout le monde dans le même panier en disant juste "les" Serbes ; et puis, surtout, dans le côté que vous appelez "musulman", il y a justement des Serbes, oui, des Serbes vrais de vrais qui ont choisi le camp de la justice et de la culture et je vais, si vous me le permettez, vous en citer un ; il y en a beaucoup d'autres, mais je vais vous en citer un, c'est un héros ; c'est le héros de la ville de Sarajevo ; c'est l'homme que cette population d'origine en effet majoritairement musulmane a choisi pour la défendre ; il s'appelle Jovan Divjak et, selon vos catégories, Monsieur le Président, il devrait être un Serbe. »

Je me rappellerai toujours, chers amis, la stupeur, l'incrédulité et, au fond, je crois, l'incompréhension de François Mitterrand quand je lui ai dit cela. Je crois qu'il ne m'a pas cru, tout simplement. « Quoi ? Un Serbe chez les Musulmans ! Un Serbe contre les Serbes ! », s'est-il exclamé. Et je lui ai alors répondu (tout le dialogue est dans le livre que vous avez entre les mains) : « C'est la magie même de ce pays, Monsieur le Président ; c'est sa vertu et son génie ; la vertu de Sarajevo c'est que l'on y transcende ses appartenances ; sa force, c'est que c'est une ville qui est, depuis des siècles, pluriculturelle et pluriethnique ; c'est comme si, face aux armées nazies, vous aviez eu, chargé de la défense de Paris, un officier français d'origine allemande ; c'est la même chose ; c'est la même situation ; c'est la gloire de Sarajevo. » Et je me rappelle, à ce moment-là, l'incrédulité absolue de François Mitterrand. Je crois même, si vous voulez le fond de ma pensée, qu'il ne m'a pas totalement cru ou qu'il a pensé que c'était une exception (ce que ça n'était pas, bien sûr ! Jovan comme tel était une exception mais les Serbes à Sarajevo, ça ne l'était pas !). Voilà. C'est une anecdote. Mais elle dit bien, à l'inverse, l'importance qu'a eue Jovan à nos yeux. Elle dit bien le symbole qu'il a représenté.

Et puis, enfin, Kemal. Kemal, c'est une des premières personnes que j'ai rencontrées en arrivant dans cette ville. C'est mon premier séjour. Nous sommes, avec Gilles et Philippe Douste-Blazy, en train de découvrir la ville ravagée. Nous sommes avenue du Maréchal-Tito, roulant à tombeau ouvert, zigzaguant, pour éviter les tirs de snipers. Et voilà que se déclenche, venu des collines, un bombardement particulièrement nourri. L'avenue, où il n'y avait déjà pas grand monde, se vide complètement. On laisse la voiture parce qu'on sent bien qu'il faut se mettre à couvert. On court. On prend une rue latérale. On cherche une porte ouverte où s'engouffrer. Miracle, en voilà une. La seule de la rue. Une grande bâtisse habsbourgeoise, très belle, témoignage de cette mémoire multiculturelle de la ville dont je n'ai pas trop, pour le moment, le loisir de prendre conscience. Il y a des sacs de sable à l'entrée. Des soldats, affolés. Un officier, donnant des ordres contradictoires. Des gardes, qui se sont mis à l'abri. A l'intérieur, il fait très sombre. L'électricité, comme dans toutes les maisons du quartier, a sauté. On est dans un grand hall, puis un couloir, éclairés par des lanternes. Des hommes courent en tous sens. Des hommes en armes. Des civils. Il règne une atmosphère bizarre, mélange de fièvre extrême et de sang-froid inattendu. Et apparaît alors un jeune homme, très élégant, très flegmatique, parlant un français impeccable, qui nous apprend que nous sommes entrés, sans le savoir, à la présidence de la République de Bosnie-Herzégovine. « Vous êtes français ? – Oui. – Qu'est-ce que vous faites là ? – On vient d'entrer dans la ville, par la route, depuis Belgrade, et on est là pour… » A ce moment-là, Gilles me coupe. Il a, dans ce genre de circonstances, un culot insensé et il me coupe pour, sur un ton sans réplique, préciser : « Nous sommes là pour rencontrer le président Izetbegovic. » A quoi le jeune homme flegmatique répond, sur le ton du plus grand sérieux : « Mais oui, pourquoi pas, il n'y a pas de problème, venez. » Et il nous entraîne à travers des couloirs dont je ne saurais dire aujourd'hui s'ils sont éclairés à la bougie ou avec des lampes tempête, jusqu'à ce bureau où j'aurai tant d'autres occasions, dans les trois années suivantes, de revenir ; et je me trouve, pour la première fois, face à ce personnage qui va occuper une si grande place dans ma vie et qui est Izetbegovic. Ce jeune homme c'est toi, Kemal. On apprendra ensuite à mieux se connaître. Je découvrirai que tu es le principal conseiller du « vieux bonhomme ». J'apprendrai, je comprendrai, que tu parles le chinois presque aussi bien que le français. Je m'aviserai, comme pour Divjak, comme pour tous les amis de Sarajevo, de ton courage tranquille. Et on deviendra amis. Tu es dans ce livre, de bout en bout. Tu accompagneras, jusqu'au bout, l'aventure vivante de ce livre.

Bref, il paraît, ce livre, en Bosnie. Il paraît enfin. Je ne sais pas comment vous allez le recevoir. Je ne sais même pas si vous avez envie, si vous aurez envie, de le recevoir. Je ne sais pas si un peuple qui a enduré ce que le peuple bosniaque a enduré, peut avoir envie de lire ça. Peut-être pas. Moi qui suis, d'une certaine manière, l'héritier d'une autre douleur et d'une autre tragédie, moi qui ai appris à vivre avec le souvenir d'une barbarie sans équivalent (je pense à ce projet d'extermination absolue, celui des juifs par les nazis, je pense à la Shoah), je sais combien tout cela est difficile – je sais, par exemple, que les juifs, au sortir des ténèbres, dix ans, vingt ans après, ne voulaient pas toujours entendre parler de tout ça, ne pouvaient parfois pas en entendre parler ni en parler eux-mêmes. Ils se taisaient. Ils faisaient leur deuil en silence. Ce génocide, cette Shoah, était comme un bœuf sur la langue de chaque juif survivant. Il y a le fait, sans doute, que les autres ne voulaient pas entendre. Il y a le fait que, se sentant coupables, ils avaient honte et préféraient qu'on ne vienne pas trop leur rappeler leur infamie. Mais les juifs eux-mêmes étaient embarrassés. Eux-mêmes ne parvenaient pas nécessairement à dire leur si grande douleur. Et ils n'étaient pas forcément contents quand un livre venait raviver les souvenirs et les plaies. Alors voilà. Je comprendrais que vous ayez – provisoirement – envie de tourner la page. Je comprendrais que vous vous disiez : « Qu'on nous fiche la paix avec cette guerre ; qu'on vienne en Bosnie pour nous parler, enfin, d'autre chose. » D'autant qu'il y a, également, nouée à l'autre, la question de l'avenir et de la paix. Il y a eu la guerre ; il y a maintenant la bataille de la paix. Il y a eu la chronique de la désolation ; il y a maintenant, depuis dix ans, cette chronique de l'après-Dayton dont je comprendrais qu'elle mange votre énergie, qu'elle vous mobilise tout entiers, et qu'elle vous dissuade, pour un temps, de vous pencher sur le passé…

L'Europe, je l'ai dit, redit et je suis prêt à le redire, a une dette immense, inextinguible, vis-à-vis de la Bosnie-Herzégovine. Elle est, la Bosnie, une plaie au flanc de l'Europe d'aujourd'hui. Cette plaie saigne. Elle saigne infiniment. Et je pense même que, dans le très grand malaise qui affecte l'Europe contemporaine, dans le ton bizarre de nos débats sur, par exemple, le traité constitutionnel européen, dans l'affaire du référendum français, dans cette affaire de « oui » ou de « non », dans cette affaire bizarre, un peu spectrale, de la montée des souverainismes et des nationalismes, dans ce malaise indéfinissable, dans cette impression que donnent les gens, souvent, d'être en train de se battre pour des valeurs auxquelles ils ne croient pas vraiment, dans cette scène-là, dans ce malaise, je crois que l'affaire bosniaque a sa part. Cela fait tout de même dix ans, c'est-à-dire hier matin, que nous prétendions défendre les valeurs de l'Europe alors même que nous les laissions fouler aux pieds ici, dans cette partie de l'Europe. Cela fait tout de même dix ans que nous disions « l'Europe est en train de mourir à Sarajevo » et que nous laissions se faire l'œuvre de mort. Alors, comment vit-on avec cela ? Comment vit-on avec le cadavre de la Bosnie dans le corps ? Puisque la Bosnie, depuis les accords de Dayton, n'est plus que l'ombre de ce qu'elle a été et puisque nous avons, avant Dayton, laissé se faire l'interminable siège de Sarajevo et le massacre de Srebrenica, comment est-ce qu'on s'arrange de la situation ? Comment est-ce qu'on s'accommode de tant de lâcheté et d'infamie ? Eh bien peut-être vit-on avec un débat où les dés sont pipés. Peut-être vit-on sur un théâtre d'ombres où nul ne sait plus très bien comment il se bat ni pour quoi.

Je vais dire la chose autrement. Je suis un ardent partisan du « oui » au référendum européen des prochains jours, en France. Mais je crois qu'il y aurait une raison de voter « non ». Or c'est la seule qui – bizarrerie supplémentaire – n'est jamais évoquée dans les débats actuels. C'est la seule que je crois n'avoir jamais entendue – par aucun des deux partis – dans aucun des débats qui amusent la galerie depuis des semaines. J'ai entendu qu'on avait trop de plombiers polonais. J'ai entendu que, si on ne faisait pas attention, les produits agricoles roumains allaient faire concurrence aux betteraves françaises. J'ai entendu que les travailleurs bulgares risquaient de nous pomper nos systèmes de prestations sociales. Le seul argument sérieux de voter « non », je ne l'ai jamais entendu. Cet argument, c'est que cette Europe-là, qu'il est question de « constituer », a d'une certaine manière laissé mourir le lieu même où s'incarnaient ses valeurs, la Bosnie-Herzégovine. Sans parler de cet autre scandale, le même, celui de l'impunité des criminels de guerre. On s'apprête à commémorer – j'y serai aussi, je reviendrai pour cela – le massacre de Srebrenica. Et il y a tout à parier que, le 11 juillet, lorsque sera célébré ce dixième anniversaire, ses responsables directs, c'est-à-dire le général Mladic et son maître ou valet Karadzic, seront toujours en liberté. Et qu'ils soient encore en liberté, c'est une honte pour la communauté internationale, c'est la honte de la honte pour l'Europe et son avenir.

Tel est notre futur. Et tel est, lié au nôtre, le futur de la Bosnie-Herzégovine. Est-ce que nous arriverons à nous délivrer des spectres ? Ces accords de Dayton iniques, ces accords de Dayton auxquels la Bosnie combattante a consenti la mort dans l'âme en sachant que c'étaient de mauvais accords, cette signature dont j'entends encore Izetbegovic – cela aussi est dans le livre – me dire qu'il l'avait donnée avec un pistolet sur la tempe, jusqu'à quand dureront-ils ? Est-ce qu'il y aura, en Bosnie-Herzégovine, est-ce qu'il y aura en Europe, un mouvement pour les réviser ? Est-ce qu'on rendra justice, rétrospectivement, posthumement, tard, très tard, mais justice quand même, à la Bosnie ? Ça, c'est la question de l'avenir. Avec l'autre question qui est, encore une fois, la question de la place de la Bosnie en Europe. Je voyais, l'autre jour, que la Serbie et le Monténégro sont mieux placés que la Bosnie sur le chemin de l'adhésion à l'Union européenne. Tant mieux pour la Serbie. Tant mieux pour le Monténégro. D'autant qu'il y a dans ces deux pays une vraie bataille démocratique en cours. D'autant que la Serbie et le Monténégro sont en train de faire leur travail de deuil, de mémoire et de repentance. Mais que la Bosnie-Herzégovine soit le seul de tous les pays de l'ancienne Yougoslavie – la Slovénie est déjà associée ; la Croatie est en bonne voie – à être laissé, non seulement à l'écart, mais très loin, que ce pays qui, parce que multiethnique, pluriconfessionnel et cosmopolite, incarne plus qu'aucun autre le meilleur de l'esprit européen, soit à nouveau rejeté hors de l'Europe, que cette Bosnie dont les principes sont ceux de la plus ancienne et de la plus future Europe (telle était, au fond, ma thèse dans *Le Lys et la Cendre*, telle est l'autre raison pour laquelle je me suis battu à vos côtés pendant ces trois ans), que ce pays où bat le cœur du génie européen reste banni de ce que nous appelons la construction européenne, est-ce raisonnable ? Est-ce qu'on n'est pas encore en train d'ajouter la honte à la honte ? Cela aussi, c'est le futur.

5

Un rendez-vous avec des héros[1]

Vous voici, de nouveau, à Sarajevo. Quant à votre engagement personnel en Bosnie-Herzégovine, on peut dire que vous avez bouleversé le public français et que, grâce à vous, les informations sont parvenues à la majorité des gens, aux endroits importants. Que pensez-vous aujourd'hui du « cas Bosna *» et quelles émotions provoque, en vous, votre retour à Sarajevo ?*

C'est toujours, pour moi, une très grande émotion. J'ai des amis, ici. Beaucoup d'amis. Il y a ce Kid's Festival que j'ai aidé à naître, que je soutiens plus que jamais et auquel je tiens beaucoup. Et il y a aussi ces souvenirs, tous ces souvenirs, parfois très bouleversants, qui me reviennent dès que je mets les pieds ici. Alors, oui, je serai ému, ce mardi. Et heureux. Sarajevo, cela vous surprendra peut-être, est un des lieux en ce monde où je me sens le plus heureux, tout simplement heureux… Le cas *Bosna* ? C'est difficile, pour moi, de juger. Et encore plus difficile de savoir si le film est allé, comme vous dites, aux « endroits

1. Sarajevo. Réponse à des questions de la rédaction d'*Oslobodjene*, le 8 juin 2008, jour de la projection, dans un cinéma de la ville, et en présence des survivants, de *Bosna !* et *Un jour dans la mort de Sarajevo.*

importants ». Ce que je sais c'est que j'ai fait de mon mieux. Onze voyages à Sarajevo, entre le déclenchement de la guerre et les accords de Dayton. Des textes innombrables. Des conférences. Votre Président exfiltré de la ville bombardée pour venir voir Mitterrand, le pape, le roi d'Espagne, les dirigeants anglais, allemands. Et, donc, ce film que je viens présenter ce soir et que j'ai été – c'est un fait – le seul à prendre le temps de réaliser. J'ai fait tout cela. J'ai vécu, trois ans durant, avec la Bosnie au cœur. Et, plus encore que la Bosnie, j'avais au cœur l'effroyable injustice qui lui était faite et qui me rendait malade.

Evidemment, certaines choses ont changé ici. Mais la partie libérale des citoyens est frustrée par le statu quo. La guerre est terminée depuis treize ans et la Bosnie-Herzégovine n'a pas beaucoup progressé. Quelques-uns de vos héros de l'époque, que vous amadouez (« les yeux d'Alija Izetbegovic » ou « la barbe cirée » de son fils Bakir) sont, soit partis (le cas d'Alija), soit représentent la force de régression…

C'est vrai que j'ai aimé Alija. Je savais tout ce qu'il y avait à savoir sur lui. Je connaissais son passé fondamentaliste. Je n'ignorais pas que, si j'avais été bosniaque, et si la Bosnie avait été en paix, j'aurais été son adversaire politique. Mais, cela étant dit, j'ai vécu tant de choses avec lui, et si fortes, que je l'ai en effet aimé. L'homme avait, par ailleurs, des qualités de caractère rares, très rares, et qui en ont fait, que vous le vouliez ou non, une sorte de De Gaulle bosniaque. Et puis arrêtons, s'il vous plaît, avec le « fondamentalisme » d'Izetbegovic ! Qu'il ait trempé là-dedans dans sa jeunesse, nul, et surtout pas lui, n'en a jamais fait mystère. Mais il avait bougé. Il n'était plus cet homme-là. Il était devenu un conservateur bon teint. Je ne vous dis pas que ce soit ma tendance politique. Mais ça n'a rien à voir avec l'islamisme. Et je vous signale, au demeurant, que j'ai tout de même eu l'occasion d'avoir, avec lui, des conversations pour le moins sensibles. Sur Israël, par exemple. Ou sur Salman Rushdie qui était au premier rang, vous le savez, des défenseurs anglais de Sarajevo. Eh bien je peux vous dire que, sur aucun de ces sujets, il ne réagissait en fondamentaliste de l'islam… Je raconte une partie de cela dans mon journal de guerre qui s'appelle *Le Lys et la Cendre* et qui est paru en bosniaque il y a trois ans. Pour le reste, j'attends un peu mais, un jour, je dirai tout et je pense que vous serez surpris. Pour l'heure, je vous répète ceci : son caractère ; son courage ; des images de lui, aux heures des bombardements les plus durs, où il mettait son point d'honneur à sortir, à montrer qu'il osait sortir et qu'il ne craignait pas de partager la vie, et le sort, de ses compatriotes ; et puis ce film que je n'aurais pas fait sans lui – s'il ne m'avait pas fait confiance, s'il n'avait personnellement fait en sorte que l'on me donne accès à toutes vos premières lignes, à vos opérations militaires et de résistance, à quelques-uns des secrets de l'armée bosniaque en formation. Comment voulez-vous que j'oublie cela ? Comment voulez-vous que je ne sois pas reconnaissant à cet homme-là ?

Apparemment vous avez besoin d'être sur les lieux de guerre ou de catastrophe, ce que prouvent votre engagement en Afghanistan ainsi que votre livre Qui a tué Daniel Pearl ? *où vous accusez le gouvernement pakistanais du meurtre de l'homme qui en savait trop sur les relations entre les scientifiques nucléaires, le gouvernement et Al-Qaïda. Pensez-vous que ce type d'engagement peut aider vu que le monde n'a jamais été plus près d'une grande catastrophe ?*

Je ne sais pas ce qui peut « aider ». Mais je sais que c'est comme ça que, moi, en tout cas, je fonctionne. Je suis un écrivain. D'abord un écrivain. Mais ayant besoin du contact avec les choses. Et ayant beaucoup de mal à en parler, de ces choses, complètement in abstracto. Qu'il y ait un régime de la théorie, c'est évident. Que la philosophie, par exemple, ait des outils et une langue spécifiques, je suis le premier à le reconnaître. Mais cela ne m'empêche pas d'avoir cette particularité de ne jamais mieux penser que quand j'ai eu, aussi, le parfum des choses mêmes. A part ça, l'injustice me révolte. Et la plus grande injustice au monde c'est le fait de mourir, de souffrir et de mourir, dans l'indifférence du monde. C'est pourquoi je me suis intéressé, toute ma vie, à ce que j'appelle les guerres oubliées, c'est-à-dire les guerres où on meurt en grand nombre et où les morts n'ont, à la limite, plus de nom, plus de visage et, parfois, plus de sépulture. Ce n'était pas le cas à Sarajevo. Mais cela a failli être le cas. Et c'est vrai que si je reconnais un mérite à la poignée d'intellectuels qui sont venus, et revenus, témoigner du martyre de cette ville c'est celui-là : empêcher que cette guerre soit une guerre oubliée – ce qui était quand même, je vous le rappelle, le programme commun de quasiment toutes les nations occidentales. C'est vous dire, par parenthèse, si je suis heureux de retrouver, ce soir, grâce à Francis Bueb et au Centre André-Malraux, les gens qui apparaissent dans mes deux films et qui sont aujourd'hui encore vivants. Il y aura deux temps forts dans ma visite. La visite au Kid's Festival de Suzanne Prahl et Samir Landzo. Et puis ces retrouvailles avec ces visages que je n'ai pas oubliés et que je n'oublierai, je crois, jamais – les combattants de la Bosnie libre qui sont aussi des « personnages » de ces deux films auxquels je tiens si fort. J'ai un peu d'appréhension à l'idée de les revoir. Je sais que certains ne sont pas sortis de cette guerre intacts et que le temps n'a certainement rien arrangé. Mais je suis, en même temps, si content, si ému – et si impatient ; ce sera, c'est déjà, pour moi un des rendez-vous importants de mon existence.

Vous avez écrit sur la culture de la victime comme si c'était l'un des modèles dominants de l'Ouest par rapport à l'Est. Comment voyez-vous ces deux parties du monde vu que l'Ouest est sans exception vécu comme le synonyme de la domination américaine, alors que l'hétérogénéité de l'Est est prise sous le prisme des militants islamistes. Où est la fin de tout cela ?

La fin, je n'en sais rien. Mais je sais, par contre, qu'il y a une bataille sérieuse qui se joue, en effet, sous nos yeux. Est-ce que c'est la bataille de l'Ouest contre l'Est ? Autrement dit – car c'est cela, je suppose, que vous voulez dire… –, de l'Occident contre l'islam ? Je ne crois pas. Ma thèse, je le répète souvent, c'est que la bataille qui se livre est une bataille, au sein de l'islam, entre les forces éclairées et la tentation fondamentaliste. Vous avez une bataille, en Occident, entre les nostalgiques de la culture totalitaire et les tenants de la culture antitotalitaire. Mais vous avez aussi cette bataille entre l'islam et l'islam – entre ceux qui, en gros, conçoivent l'islam comme une prison et ceux qui entendent le concilier avec l'esprit de la démocratie et des Lumières. C'est une bataille terrible. C'est la bataille clef de ce début de siècle. Et je vous signale, au passage, que c'était un de mes arguments, et non le moindre, quand je plaidais, il y a quinze ans, dans mon pays, la cause de la Bosnie. « Vous voulez un islam ouvert ? disais-je. Modéré ? Anti-obscurantiste ? Eh bien voilà. Il est là et vous êtes en train de le laisser mourir. Quels cons ! »

Vous faites partie d'un petit groupe d'intellectuels français qui a tout de suite compris la question du démantèlement de la Yougoslavie ; vous vous êtes rangé au côté de la Bosnie-Herzégovine et contre le régime de Milosevic. Vos collègues (Finkielkraut, Glucksmann) ont relativisé leur opinion à cause de certains événements (les attentats de New York, la nouvelle guerre du Liban). Peut-on dire la même chose pour vous ? Qui a (avait) raison ?

Je ne sais pas ce qui vous fait dire que ceux que vous citez ont « relativisé » leur opinion. Je n'ai pas du tout ce sentiment. Ce serait à eux de répondre, bien sûr, mais d'aucun des deux je n'ai le sentiment qu'ils manifestent le moindre retrait par rapport à leur engagement d'il y a quinze ans. Maintenant, pour ce qui me concerne, moi, il n'en est tout simplement pas question. S'il y a bien une chose dont je suis fier, une cause que j'ai eu raison d'embrasser, s'il y a bien un combat que je mènerais de la même façon, exactement de la même façon, s'il était à mener à nouveau, c'est le combat contre Milosevic et pour les civils de Sarajevo et de Bosnie centrale. Pas discutable. Pas négociable. Et je ne vois pas ce que la guerre du Liban et le 11 Septembre auraient à voir avec ça. Ni, d'ailleurs, la religion de la victime qui n'est pas ma religion. Quand j'ai tourné *Bosna !* l'idée était, précisément, de sortir du victimisme et de la martyrologie. L'idée, la première idée, celle d'où le film est sorti et la raison pour laquelle, au fond, je l'ai fait est bien celle-là : les Bosniaques ne sont pas un peuple de veaux menés à l'abattoir, c'est un peuple debout, c'est un peuple combattant, et je veux filmer cette Bosnie debout et combattante.

Pour un écrivain et philosophe, vous êtes très populaire et avez beaucoup d'influence. Mais, il y a ceux qui vous critiquent : on vous reproche de faire une sorte de pop-philosophie ; d'insérer votre autobiographie dans les textes philosophiques ; de détourner l'engagement intellectuel vers le domaine des médias et de la pop-culture. Comment Bernard-Henri Lévy voit-il BHL ?

Bernard-Henri Lévy ne connaît pas très bien BHL. Et, en plus, il s'en fout. Il y a mes livres. Mes actes. Mes engagements. Mes films. Il y a *Bosna !* et *Un jour dans la mort de Sarajevo* qu'on va revoir tous ensemble et qu'on va pouvoir juger sur pièces. Le reste ne compte pas. Cette marionnette qui s'agite sur l'autre scène, je n'ai franchement rien à en battre. A bon entendeur, salut.

6

*Monsieur Spock et l'*Odyssée[1]

Il y a un coup de génie de *Star Trek* – celui-là même que Proust salue dans *La Comédie humaine* de Balzac et dont il s'inspirera, du reste, dans sa propre *Comédie humaine,* c'est-à-dire dans *A la Recherche du temps perdu* : le retour des personnages, leur récurrence romanesque, la façon qu'a cette récurrence de tisser et nouer la trame de l'intrigue.

1. *Esquire*, mai 2009.

Il y a une tradition narrative dans laquelle s'inscrit *Star Trek* et qui explique, sans aucun doute possible, la solidité, la durée de son succès – celle qui commence avec *Voyage dans la Lune* de Lucien de Samosate (au IIe siècle de notre ère, le tout premier récit dit de science-fiction) et qui va jusqu'aux *Voyages en Utopie* de Thomas More ou aux fables géniales de Jonathan Swift ou encore au *Frankenstein* de Mary Shelley.

Et puis il y a un message, enfin, de *Star Trek* – un questionnement proprement métaphysique auquel le philosophe que je suis ne peut pas être insensible : univers fini ou infini ? unité ou pluralité des mondes ? frontière des possibles ? le réel est-il réel ? est-il le seul mode d'être réel ? quid de l'Homme ? est-il le dernier mot de l'Histoire ? le surhumain, s'il advient, sera-t-il une variété de l'humain, une chute dans l'inhumain, un progrès en humanité ? qui, de Nietzsche ou de Darwin, autrement dit, avait raison ? ou, peut-être, Leibniz dans sa *Monadologie* ? ou Spinoza et sa théorie de la Substance ? ou, encore, leurs héritiers ultimes, Gilles Deleuze et Michel Foucault, pariant sur la « mort de l'Homme » et qui auraient aimé, eux aussi, *Star Trek* ? qu'en est-il enfin, dans *Star Trek* toujours, de l'esprit ? de ses rapports avec la matière ? faut-il se résigner à les voir à jamais séparés ? la raison est-elle compatible avec l'intuition ? où s'arrête la première ? où commence la seconde ? passerelles entre les deux ? barrières ?

J'aime ces fictions spéculatives.

J'aime cette mise en abyme du réel qui va de film en film.

J'aime cette odyssée interstellaire qui dure depuis... combien de temps, au juste ? je ne sais pas... j'ai grandi avec *Star Trek*... j'ai vieilli avec *Star Trek*... j'ai, d'année en année, accompagné les aventures de ce nouvel Ulysse qu'est Spock... je l'ai vu, au gaillard d'avant du grand vaisseau *Enterprise*, posté en ce point très précis du navire qu'on appelle le « Scruteur », nous rappeler que la première fonction de l'intelligence n'est pas de raisonner mais de voir... j'ai vu et accompagné tout cela et la vérité est que je n'ai, comme il se doit, pas vu le temps passer...

La question, aujourd'hui, est de savoir ce qui reste de cela.

Elle est de savoir, pour être précis, si cette philosophie en apesanteur, cette foi dans l'avenir, cette projection vécue dans les siècles futurs, convient aux temps de crise où nous sommes entrés – peut-être pour longtemps.

Avons-nous trop à faire avec les humains pour nous préoccuper des Vulcains ?

Trop de soucis avec ce monde-ci pour nous interroger sur ce qui se cache au-delà de ses frontières ?

La société réelle, ce pauvre corps social cannibalisé, dévoré, réduit en pièces par les traders fous de Wall Street et de la City, par les hedge-funders irresponsables, par leur âpreté au gain et leur intelligence proprement diabolique, est-elle encore en état de tolérer ce genre de divagation délicieuse ?

Spock a vieilli : est-ce à dire qu'il va mourir ?

Spock revient : est-ce pour un chant du cygne ?

Réponse le 17 mai prochain.

J'ai, personnellement, ma réponse – que je donne, ici, à mes risques et périls : comme pour les personnages de Proust et de Balzac, je crois à l'*éternel retour* de Monsieur Spock.

7

Jean-Paul II et Zarathoustra[1]

Svelte. Sportif. Infatigable randonneur. Skieur. Ame de saint dans un corps d'athlète. Grande santé nietzschéenne au service d'une foi de prédicateur. On a peine à imaginer cela,

1. *Corriere della Sera*, 3 avril 2005.

aujourd'hui. On a peine, quand on n'a connu que le pape souffrant et blême, luttant contre la maladie, des derniers temps, à se le figurer jeune, glorieux, corps souverain, puissance physique. C'est lui, pourtant, dont je me souviens. C'est de lui que les hommes et femmes de ma génération, ceux qui l'ont vu surgir, au début des années 80, garderont aussi l'image. Je me rappelle les premières chroniques de Maurice Clavel, au lendemain de son élection, s'émerveillant de cette force de la nature succédant au vieux Jean-Paul Ier. Je me rappelle ma propre stupeur devant les premières photos de lui, si étonnamment vaillant, sur les pistes de Courmayeur ou les aéroports de ses villes de mission. Un jeune pape. Un pape qui, avant d'être ce mort-vivant dont le monde a vécu la dernière agonie, a d'abord signifié la jeunesse retrouvée de l'Eglise.

Je cite Nietzsche à dessein. Car, pour les gens de ma génération, pour ceux qui, parmi nous, ont appris la philosophie dans les livres de Nietzsche ou Heidegger, Jean-Paul II aura d'abord été le pape de l'époque de la mort de Dieu. Il a été le pape du combat contre le communisme, d'accord. Il aura eu le mérite d'être le grand artisan de la chute dudit communisme, bien sûr. Mais il a été, avant cela, le grand pape contemporain de l'idéologie de la mort de Dieu. Il a été le premier pape, mieux : le premier responsable de toutes les Eglises contemporaines, à comprendre que le communisme, comme d'ailleurs le nazisme, ne fut à bien des égards qu'une péripétie de cette longue histoire qu'est l'histoire de la mort de Dieu. Emanuele Sanseverino, ici même, disait : « les fils légitimes de la philosophie du Mal » ; je préfère dire, moi : les inévitables conséquences de l'événement annoncé dans le *Zarathoustra*. C'est à cet événement que Jean-Paul II s'est affronté. C'est contre cette histoire qu'il s'est insurgé. Lisez ses livres. Tous ses livres. Et souvenez-vous du terrible prix que faillit lui coûter – et coûter à l'humanité européenne – son audace métaphysique : Mehmet Ali Ağca, KGB, une balle dans l'abdomen, peut-être le commencement du calvaire.

Car sait-on même ce que l'on dit quand on dit qu'il fut l'artisan de la chute du communisme ? Il faut se replacer par la pensée dans le monde de cette époque. Non pas une Europe, mais deux. Non pas une, mais deux histoires. Une sorte de manichéisme noir posant qu'il y aurait, dans ces deux Europe, deux humanités distinctes, aux destinées et espérances divergentes, inscrites dans des temporalités qui ne se rejoindraient jamais plus. Eh bien il se trouva un responsable politique et spirituel pour refuser ce postulat. Il se trouva un responsable politique et spirituel pour trouver immédiatement monstrueuse l'idée qu'une moitié de l'Europe serait vouée à la servitude. Ce visionnaire, cet inventeur de l'Europe moderne, cet homme de grand courage auquel le continent doit son unité retrouvée, c'est, qu'on le veuille ou non, que l'on soit chrétien ou qu'on ne le soit pas, le chef de l'Eglise catholique. Rien que pour cela, rien que pour ce rôle dans les aventures modernes de la liberté, grâces soient rendues à Wojtyla.

Un souvenir personnel. Il date d'il y a dix ans. Mai 1994. Sommet de la guerre de Bosnie. J'ai pu, par André Frossard, et grâce à Gilles Hertzog, obtenir une audience, au Vatican, pour le Président bosniaque et musulman Izetbegovic… La jeunesse du pape, encore. Sa présence étonnamment incarnée. Sa façon aussi, en peu de temps, de trouver les mots pour dire à la fois l'exigence œcuménique (« je sais qu'islam veut dire paix »), la curiosité théologique (« de quels moyens disposez-vous pour désarmer, en vous, la violence ? ») et la révolte de la conscience universelle, enfin, face à ce que l'on faisait endurer aux populations civiles de Sarajevo (aussitôt notées, puis rapportées dans *Le Lys et la Cendre*, des phrases qui ne pouvaient sonner que comme une distance prise, chez cet homme de paix, avec le pacifisme dominant). Jean-Paul II, ce jour-là, sauva l'honneur. Jean-Paul II, tandis qu'agonisait la capitale d'une Europe qui n'avait même plus la sinistre excuse d'être, comme on disait jadis, une « autre » Europe, fut bien la seule grande voix à dénoncer l'intolérable.

Une dernière image. Celle de son plus long voyage. Le plus court et, en même temps, le plus long. Celui qui, un beau jour d'avril 1986, lui fit traverser le Tibre et pousser la porte de la synagogue de Rome. Il s'est trouvé des petits esprits pour trouver que Jean-Paul II, ce jour-là, en avait fait trop ou pas assez. Souvent, par parenthèse, ce sont les mêmes qui, jusqu'au dernier moment, se sont offusqués de le voir, sur telles questions touchant à la liberté des corps, refuser de céder au chantage moderne, tenir bon sur ses dogmes et rappeler à qui voulait l'entendre (et aussi, éventuellement, les enfreindre) l'existence des interdits catholiques. Pour moi, pour beaucoup d'autres, ce voyage fut une très grande date. Pour moi, pour beaucoup d'autres, c'était le dernier pas, mais le plus difficile, d'un cheminement commencé au moment du Concile de Trente. Courage, à nouveau. Endurance de la mémoire. Repentance. C'était, entre juifs et chrétiens, la fin de l'enseignement du mépris.

8

Pour saluer Simone Veil[1]

Je suis conscient de l'honneur que vous m'avez fait, Monsieur le Président, Madame Lili Safra, cher Yoham Cohen, en me demandant de prononcer aujourd'hui l'éloge de celle qui me succède au palmarès du prix Scopus.

Et j'en suis d'autant plus ému que, depuis le premier jour où je l'ai vue, depuis ce jour d'octobre 1979 où j'ai prononcé, pour la première fois, rue Geoffroy-l'Asnier, l'hommage rituel

1. Discours prononcé le 18 novembre 2007, à Paris, à l'occasion de la remise, à Simone Veil, du prix Scopus de l'Université hébraïque de Jérusalem.

au mémorial du judaïsme martyr, depuis ce jour que je n'oublierai jamais et où je l'ai vue, debout, devant moi, grave et belle, très belle, très lumineuse, Simone Veil est, pour moi, un pôle, une conscience, une sorte d'étoile fixe – je ne le lui ai peut-être jamais dit comme je le lui dis aujourd'hui ; eh bien voilà, c'est fait ; je l'ai dit ; et je voudrais même essayer de lui dire, précisément, pourquoi.

Simone Veil, pour moi, c'est, d'abord, la Française qui, avec Claude Lanzmann, a tenu bon sur l'idée de singularité de la Shoah.

Je dis « tenu bon » parce que c'est une idée qui ne va évidemment pas de soi et qui, répétons-le une fois encore, n'est *jamais* allée de soi.

Je dis « tenu bon » parce que tout, depuis le sens commun le plus trivial jusqu'aux sciences sociales les plus sophistiquées, depuis la bonne grosse sagesse des nations jusqu'à telle observation fameuse d'un Claude Lévi-Strauss concluant que, à l'échelle de l'histoire de l'humanité et de l'histoire de ses massacres, la Shoah n'est peut-être qu'un épisode, un pli, un carnage un peu plus terrible que d'autres, un sommet, mais certainement pas un événement exorbitant de la loi réglée des événements et de leur éternelle et tragique succession, tout, dis-je, va contre cette idée qu'un crime, quel qu'il soit, puisse avoir cette irréductible, incomparable, singularité.

Eh bien Simone Veil tient ferme sur cette idée.

Et, dans le beau livre, à la fois pudique et terrible, qu'elle vient de publier et où elle raconte ce qu'elle appelle elle-même sa descente en enfer, elle donne à cette idée un sens très précis.

Je vais le dire dans mes mots mais je pense, par ces mots, l'exprimer un peu.

Ce que ce crime-là a d'absolument incomparable c'est qu'il a, au fond, cinq traits caractéristiques.

C'est un crime *sans traces* : pas d'ordre écrit, vous le savez ; jamais, nulle part, de directive officielle ; mais, au contraire, le mot du SS lançant à Primo Levi son fameux (je cite de mémoire) « nous avons déjà gagné la guerre car, si quelques-uns d'entre vous survivent, en réchappent, et tentent de raconter ce que nous avons fait, personne ne les croira ».

Sans tombes : votre père, Madame Veil, votre frère, votre mère, ces pauvres corps suppliciés, partis en cendres et en fumée, sans autre tombe que votre mémoire et, aujourd'hui, vos Mémoires – le dispositif même de la mise à mort faisait que les corps se sont volatilisés, ils sont comme s'ils n'avaient pas été.

Sans ruines : Auschwitz, quand vous y revenez, n'est-il pas ce lieu apaisé, neutralisé, blanchi en quelque sorte de ce qui s'y est produit – comme si, à nouveau, le crime n'avait pas eu lieu ; comme s'il s'agissait, à nouveau, comme l'a écrit Gérard Wajcman, d'une sorte de crime parfait produisant à la fois des cadavres et du néant.

Sans reste : un Tutsi avait, au moins théoriquement, la possibilité de quitter le Rwanda ; un Cambodgien, le Cambodge ; un Arménien, la Turquie ; ils ne le firent pas toujours, naturellement ; ils ne le firent, même, presque jamais ; sauf qu'ils le pouvaient et que le projet de leurs assassins n'était, en tout cas, pas de venir les poursuivre où qu'ils puissent se retrouver ; le propre de cette extermination-ci, le propre de la Shoah, c'est qu'il n'y avait plus, nulle part, le moindre lieu où fuir, c'est que le monde même était devenu un piège.

Sans raison, avec des zones entières d'irrationalité radicale : chez les Cambodgiens, il y avait l'idée, démente, mais l'idée quand même d'une vague rationalité ; chez les Turcs il y avait la très très vague idée, stupide certes, et ajoutant la stupidité au crime, que les Arméniens étaient une cinquième colonne les affaiblissant dans leur guerre contre les Russes ; là, rien ; on ne fait même pas semblant ; quand on a le choix entre faire passer un train d'armes qui doivent aller ravitailler le front ou un train de juifs qu'on doit gazer et brûler, c'est le train de juifs que l'on choisit – dût-on, pour cela, affaiblir rationnellement l'effort de guerre…

Je le dis dans mes mots. Mais aussi bien est-ce ce que Simone Veil m'a, premièrement, apporté : une idée précise, pas floue, pas vague, pas fumeuse, de ce qu'eut d'incomparable le crime d'Auschwitz.

Simone Veil est, deuxièmement, l'Européenne qui, avec Primo Levi, nous a enseigné à ne pas céder sur le devoir de mémoire.

Je dis « ne pas céder » car, là encore, ce n'est pas évident.

Je dis « ne pas céder » car, là encore, tout est organisé, autour de nous, pour dire : il y a un temps pour tout – un temps pour le souvenir et un temps pour l'oubli ; parler de la Shoah tout de suite, dans la suite de l'événement, quand les cendres étaient encore chaudes, quand les déportés revenaient, d'accord ; mais aujourd'hui ? soixante ans après ? est-ce qu'il n'y en a pas assez ? est-ce qu'on n'en a pas fait assez ? est-ce que l'heure n'est pas venue d'oublier et de tourner la page ?

Eh bien, là aussi, il faut lire Simone Veil.

Et il faut la lire parce qu'on comprend, en la lisant, que, par un processus mystérieux qui participe peut-être, lui aussi, de l'énormité et de la singularité du crime, c'est le contraire qui s'est produit.

Non pas la mémoire au début, et l'oubli qui gagnerait.

Mais, au début, l'oubli.

Au début, le refus d'entendre les déportés.

Au début, cette façon de dire : « les déportés ne peuvent pas parler, c'était si indicible qu'ils ne peuvent pas parler » – alors que, Simone Veil le dit très bien, ils voulaient bien parler au contraire ; ils ne demandaient que cela, de parler ; mais c'est la société qui ne voulait pas les entendre ; c'est la société qui commence par effacer ce qui reste de souvenir.

Ce malaise quand elle, et les gens comme elle, tentent de prendre la parole et de raconter.

Ce type qui lui demande, dans une réception d'ambassade, si ce tatouage qu'elle a au bras est son numéro de vestiaire.

Cette idée, pendant vingt ans au moins, des victimes glorieuses (les résistants) et des victimes honteuses (les déportés dits « raciaux », autrement dit les juifs).

Et puis, après cela, au fil du temps qui suit, conquis sur cette ignorance et ce malaise et non les précédant, le travail de la mémoire.

La leçon de Simone Veil, celle qu'elle adresse aux gens de la génération de ses fils, de ses petits-fils ou arrière-petits enfants, c'est : « ne vous laissez pas intimider par ceux qui, alors qu'ils ne se sont jamais souvenus de rien, vous disent que c'en est fini du souvenir ; ne vous laissez pas intimider car, en Allemagne comme en France, le travail de mémoire ne fait que commencer ; ne vous laissez pas intimider car c'est maintenant, au contraire, qu'il convient d'offrir un petit peu de sa vie pour que les morts ne disparaissent pas. »

C'est ce qu'a fait, en Allemagne, un homme comme Jan Philipp Reemtsma, organisant, à travers le pays, cette exposition itinérante sur les crimes de la Wehrmacht dont j'ai parlé, en 1999, dans *Le Monde*.

C'est ce qu'ont fait, en France, tant Jacques Chirac dans son discours au Vel' d'Hiv de 1995 que les avocats du procès Papon.

C'est ce que font tous ceux qui, comme vous, Madame Veil, savent que le travail de la mémoire est, non pas derrière, mais devant nous.

Simone Veil c'est, encore, une mémoire étrange, très spéciale, dont je dirai qu'elle est, à la fois, incroyablement batailleuse et, à d'autres égards, pacifiée.

Batailleuse ?

Papon, justement.

Vichy.

Toutes les complaisances, d'hier et d'aujourd'hui, à l'endroit des crimes de Vichy.

Toutes les formes de banalisation.

Toutes les modalités de la profanation.

Tous ceux, toutes celles qui, fût-ce au sommet de la vie de l'esprit, participent de cette banalisation-profanation – et je songe là, dans ses Mémoires encore, à sa charge si violente contre Hannah Arendt et son concept de banalité du mal. La charge est rude. Elle est peut-être un peu expéditive et ne tient pas assez compte des subtilités d'une pensée qui ne se laisse pas non plus enfermer, si facilement, dans ce schème de la banalisation. Mais elle retrouve quelques-uns des accents de la polémique lancée naguère, contre la même Hannah Arendt, par le grand Gershom Scholem. Et elle est congruente à l'attitude, batailleuse encore, qui est la votre, Madame, face à toutes les formes de l'antisémitisme, l'antisémitisme d'après guerre et l'antisémitisme d'aujourd'hui.

Pacifiée ?

Sur deux fronts au moins, vous nous donnez une leçon de sérénité et de paix.

D'abord la question des Justes, c'est-à-dire de ceux qui ont, au péril de leur vie, au plus noir des années noires, caché et sauvé des juifs et qui, ce faisant, par la seule grâce de ce faire, ont montré que le Mal, justement, n'était pas fatal ; qu'il était possible, après tout, de s'excepter du rang des meurtriers ; et qui, ce faisant, accablent davantage encore ceux qui ont cédé à l'autre pente – le fait autrement dit qu'il y a deux France, celle de la Honte et celle de l'Honneur, celle à laquelle il convient de livrer une guerre sans merci, totale, aussi totale que le mépris qu'elle inspire, et celle avec laquelle les juifs se doivent, au contraire, de vivre en paix et dans la paix.

Et puis, ensuite, la question du rapport avec les chrétiens. C'est l'un des plus beaux passages de son livre. Celui sur la mort de Lustiger et sur le vœu, que formula celui-ci, de voir notre lauréate de ce soir évoquer, au jour de ses funérailles, son ineffaçable naissance juive. La chose ne se fit pas. Simone Veil reste pudique là-dessus et n'entre pas dans le détail des raisons pour lesquelles la chose ne se fit pas. Mais la demande exista. Elle y répondit par l'affirmative. Et le fait est que vous appartenez, Madame, à la catégorie des juifs qui, comme Elie Wiesel, comme Emmanuel Levinas, comme d'autres, ont pris acte de la révolution entamée par l'Eglise catholique avec Vatican II, continuée avec Jean-Paul II, poursuivie avec Benoît XVI et qui signifie que, face aux dangers qui menacent, face aux mauvais présages qui s'accumulent, juifs et chrétiens sont, non pas adversaires, mais alliés.

La question de l'Europe.

Il y eut, après la Shoah, deux voies sur cette affaire d'Europe.

Celle de Vladimir Jankélévitch, le philosophe musicien, théoricien du « je ne sais quoi » et du « presque rien », dans cet article de 1965 qui fit, à l'époque, un bruit d'enfer et à la lettre duquel il n'est d'ailleurs pas sûr qu'il se soit lui-même toujours tenu : culpabilité ontologique de l'Allemagne ; corruption de la langue allemande elle-même par les mots et glapissements des hitlériens ; et serment de ne plus commercer, jamais, ni avec la culture ni, donc, avec la langue allemande, ni même avec ses porteurs.

Celle de Simone Veil : pas de culpabilité collective ; l'allemand est peut-être la langue du nazisme, mais c'est aussi celle de l'antinazisme et c'est celle, par parenthèse, comme l'a rappelé Laurent Dispot, du mouvement de libération du peuple juif, c'est-à-dire, en clair, du sionisme ; la victoire alliée de 1945 est l'un de ces rares, très rares, événements dont le sens est le même chez les vainqueurs et les vaincus – d'habitude, il y a un sens pour les uns, et un autre pour les autres ; la victoire des uns est la défaite des autres ; là, non ; cet événement marque, à la fois, la délivrance des juifs et, comme l'a dit, une fois, un grand président allemand, celle du peuple allemand envoûté par le nazisme.

Bref, la voie de Simone Veil, c'est la voie de l'Europe.

La voie de Simone Veil, c'est la voie d'une Europe dont les deux piliers doivent être la France et l'Allemagne dans la mesure, et dans la mesure seulement, où son socle sera le souvenir, le plus jamais ça, d'Auschwitz.

Pour Simone Veil, il y a, de la Shoah, deux grandes leçons à tirer.

On ne joue pas avec la sécurité d'Israël (c'est-à-dire, pour parler clair, avec sa légitime, nécessaire, non négociable, supériorité militaire).

Et on ne joue pas avec l'Europe (c'est-à-dire, pour parler clair aussi, avec le plus jamais ça d'Auschwitz).

Cette leçon-là, aussi, je l'ai entendue.

Cette leçon-là, autant que les premières, me guide depuis maintenant trente ans que je l'ai, pour la première fois, vue – et quarante que je réfléchis aux grands enjeux de notre vie publique et collective.

Et puis enfin – et là, avec cette dernière et cinquième leçon, j'en viens à vous, cher Menachem Magidor, et à l'Université qui nous a, l'un et l'autre, elle et moi, couronnés (et c'est vrai, par parenthèse, et pour rebondir sur ce qui a été dit tout à l'heure, que l'idée d'avoir été honoré d'un prix dont Simone Veil n'était pas encore lauréate, m'a mis, toute cette année, jusqu'à ce que soit réparés cette injustice et ce désordre, terriblement mal à l'aise) – enfin, donc, il y a un certain rapport au judaïsme.

Simone Veil, à l'évidence, appartient à un judaïsme très particulier.

Elle appartient à cette tradition dont parle Levinas dans le texte de *Difficile Liberté* consacré à Léon Brunschvicg et qui s'appelle le judaïsme français.

Et elle est clairement de ces juifs, dont parle encore Levinas, qui ont vu s'effondrer, dans l'incrédulité et la stupeur, le monde auquel ils croyaient – vous connaissez le texte, n'est-ce pas ? vous connaissez cette page magnifique de *Noms propres* : « déjà un vent glacial parcourt les pièces encore décentes ou luxueuses, arrache les tapisseries et les tableaux, éteint les lumières, fissure les murs, met en loques les vêtements et apporte les hurlements et hululements d'impitoyables foules ? » eh bien tel est, oui, le judaïsme qu'a connu la petite Simone Jacob, dans sa jolie famille niçoise foudroyée par la barbarie…

Mais Simone Veil, dans son livre, dit surtout deux choses – et pardonnez-moi d'y revenir une dernière fois.

Elle nous dit d'abord qu'elle n'est pas religieuse et que, petite fille, elle était déjà horrifiée par ceux qui prétendaient qu'il fallait croire en Dieu pour bien se conduire.

Et elle nous dit, ensuite, qu'elle est à la fois sans illusions et optimiste – qu'elle a, à Auschwitz, perdu ses illusions mais qu'elle n'y a perdu, pour autant, ni son goût de vivre ni celui de se battre.

Sans illusions et, pourtant, ne renonçant pas à changer le monde…

Sans illusions et, justement parce que le ciel est vide, prenant le siècle à bras-le-corps…

Quand elle dit cela, quand elle dit qu'elle est « à la fois sans illusions et optimiste », elle parle comme la grande sagesse biblique obsédée, non par la présence, mais par la rareté de Dieu.

Elle parle comme ces rabbins qui, justement parce que Dieu, après avoir créé le monde, s'en est retiré et l'a abandonné, concluent qu'il n'a qu'eux, le monde, pour ne pas se décréer et ne pas tomber en poussière.

Elle est fidèle à cette tradition juive humaniste, universaliste, laïque qui fut celle, en 1925, de cette poignée d'intellectuels qui voulurent votre Université et qui en firent ce lieu de savoir et de morale.

Pour cela aussi, je suis infiniment heureux de lui remettre le prix Scopus 2007.

9

Si le 11 Septembre n'avait pas eu lieu ?[1]

L'Amérique nagerait dans le bonheur. Kerry serait président. On arriverait dans les aéroports à la dernière minute et le taux moyen de paranoïa serait sensiblement plus bas. L'Iran parle-

1. *New York Magazine*, 14 août 2006.

rait moins haut. Daniel Pearl serait en vie. Francis Fukuyama l'aurait définitivement emporté sur Samuel Huntington qui passerait, presque partout, pour le crypto-fasciste qu'il est. L'Histoire serait finie. La semaine aurait sept dimanches. Les écrivains écriraient des romans. Les philosophes, des livres de philosophie. La Bourse monterait au ciel et le pétrole vaudrait vingt dollars. Castro serait toujours le diable. Oliver Stone aurait fait un film sur Saddam Hussein. Les nantis seraient plus cool et se soucieraient plus de la pauvreté des pays pauvres. J'aurais écrit le tome deux de mon livre sur les « guerres oubliées ». Je n'aurais pas interrompu mes vacances à Saint-Paul-de-Vence pour faire un reportage sur Israël en guerre. Les Palestiniens auraient un Etat. Les musulmans modérés feraient taire les islamistes. L'Amérique serait moins religieuse (Dieu nous protège !). La France moins antiaméricaine (ces salauds de Yankees ripostent trop fort, ils menacent la paix du monde !). On aura compris qu'un monde sans 11 Septembre est devenu une contradiction dans les termes.

10

Il était une fois Libération[1]

C'était un siècle étrange où les jeunes gens étaient drogués à une drogue dure qui s'appelait la presse écrite.

C'était un temps déraisonnable où la lecture de *La Cause du Peuple* ou de *J'accuse* était la prière matinale du philosophe.

1. Préface à *Il était une fois* Libé, de François Samuelson, J'ai lu, 2008.

C'était une époque savante et un peu démente où les journalistes pensaient qu'il fallait partager la vie de leurs lecteurs dans les cités ou les corons ; où les vendeurs de journaux révolutionnaires interdits, quand la police les interpellait, réclamaient le statut de prisonniers politiques ; et où l'on ne doutait pas que ce fût tout un, en France, de changer le monde, la vie et la manière d'écrire un fait divers.

C'étaient les « années *Libé* » – c'était ce début des années 70 où, dans le reflux de ce que Jacques Lacan venait d'appeler « l'émoi de Mai », à partir du véritable bouillon de culture qu'étaient ces premières feuilles d'extrême gauche, à la fois ouvriéristes et pleines de fantaisie, plombées par la langue de bois marxiste et en grande effervescence, un groupe d'ex-maoïstes inventait l'une des expériences journalistiques les plus originales de l'Europe de la deuxième moitié du XXe siècle.

Le mérite du livre de François Samuelson est de raconter, en direct, sur le vif, le détail de cette aventure.

Il est, dans cette affaire, de rendre à chacun son dû : ceux dont la chronique officielle a retenu le nom (Serge July, rentré de Cuba et écrivant, avec Alain Geismar, son *Vers la guerre civile*) mais aussi les autres, tous les autres, les effacés de l'histoire, les oubliés du grand récit légendaire (Jean-René Huleu, l'ancien de Bruay ; Zina Rouabah qui arrive de l'« Agence de Presse Libération », l'ancêtre du quotidien ; ou encore Jean-Claude Vernier, le mao tendance techno, cogérant avec Sartre de ce tout premier *Libé* et qui, lorsqu'il décide de conjuguer les forces de l'imprimerie au plomb traditionnelle et de la photocomposition naissante, a le sentiment, dit-il, de « réconcilier les B52 américains et les bicyclettes vietnamiennes »).

Son mérite est, en un mot, d'écrire le roman vrai de l'improbable rencontre, autour de la table de dissection de ce *Libération* naissant, de toute une série de protagonistes que rien ne destine les uns aux autres : un Sartre presque aveugle mais déterminé à ce que l'on veuille bien finir, un jour, par arrêter quand même Voltaire ; un Clavel, venu du maurrassisme, mais foudroyé par la grâce de ces nouveaux paroissiens que sont, à ses yeux, les ouvriers de Lip ; Foucault, à l'arrière-plan ; Godard, dans les marges ; *Les Cahiers de Mai* de Marc Kravetz et Jean-Marcel Bouguereau ; les libertaires de « Vive la Révolution » ; Philippe Gavi, retour, comme moi, du « triangle indien » ; une pléiade de maoïstes, enfin, qui avaient encore 20 ans, qui partaient vraiment pour Aden-Arabie et qui ne voulaient pas, eux non plus, que ce fût le plus bel âge de la vie…

Silhouette atypique de Pierre Goldman, écrivain et braqueur, faux bandit et vrai guérillero, dont le voyage à Aden s'achève dans une prison pour droits-communs mais qui a eu le temps, avant cela, de retoucher notre « portrait de l'aventurier ».

Ombre de Benny Lévy qui n'est encore ni le secrétaire de Sartre ni, naturellement, le talmudiste qu'il deviendra, bien plus tard, à Jérusalem, mais qui est le vrai patron de ce *Libé* première version et y impose Serge July : s'il y en a bien un, suggère Samuelson, qui invente le concept de cette résistance de papier, s'il y eut bien un homme pour, se rêvant en Humphrey Bogart dans le rôle de l'héroïque rédacteur en chef du *Bas les masques* de Richard Brooks, imaginer un journalisme conçu comme une variante de l'art de la guerre, ce fut lui, Benny, plus que nul autre.

Evocation de Robert Linhart, l'autre chef de la Gauche prolétarienne, donc l'autre roi secret de ce « *France-Soir* rouge » – le grand rival de Lévy ; le seul à lui disputer, ainsi qu'à Jean-Claude Milner ou Jacques-Alain Miller, la palme du Grand Théoricien dont le maoïsme à la française était censé devoir accoucher ; le même mélange de génie précoce, de rimbaldisme philosophique, de culte du savoir mêlé à une forme folle de haine de la pensée – sauf que lui, Linhart, l'était, fou, vraiment fou, interné en mai 68, à la façon de notre maître à tous qui était, à l'époque, le surmaître de l'Ecole normale de la rue d'Ulm, Louis Althusser…

Car ce qui frappe, quand on lit ce livre avec le recul, c'est, au-delà même du cas *Libération*, l'ambiguïté formidable de ce moment d'histoire française.

D'un côté, oui, et Samuelson le dit très bien, une forme de folie : cette haine de la pensée ; l'apologie de la terreur et de la justice populaire ; la guillotine pour Touvier ; la mort pour le notaire de Bruay réputé, parce que notaire, coupable d'un crime atroce ; ou ces chefs clandestins de la Nouvelle Résistance populaire d'Olivier Rolin, branche armée de la GP, expliquant doctement que la France était occupée par des nouveaux nazis dont les bourgeois pompidoliens étaient les collabos.

Mais de l'autre, et à l'inverse, l'impression diffuse et, pour moi en tout cas, de plus en plus nette avec les années, que, par une de ces ruses dont l'Histoire est coutumière, le temps de la plus grande déraison a peut-être été, aussi, celui d'un cheminement vers une raison plus haute : comme si ce « moment mao » avait été celui d'une montée aux extrêmes, donc d'un passage à la limite et d'un retournement par l'absurde des illusions dont il se nourrissait – comme s'il avait marqué, dans son emphase et son hystérie même, le début du processus où ce qu'il est convenu d'appeler le progressisme s'est enfin décidé à pivoter sur son axe et à révéler sa face d'ombre.

Il faut lire les pages que Samuelson consacre à la séquence « portugaise » de l'histoire du journal : œillets, forces armées, un général anarchiste au nom de héros shakespearien, des capitaines rebelles qui volent leur rôle aux communistes – tout le vieux théâtre révolutionnaire qui, en quelques mois, vole en éclats.

Il faut lire, à la fin du livre, les minutes du débat qui se développe chez les maos quand, au lendemain du massacre des athlètes israéliens de Munich, puis de la guerre du Kippour, l'antisionisme militant devient un catéchisme pour l'essentiel de l'extrême gauche : si juif égale sionisme, si sionisme égale nazisme et si cette double équation devient la formule du progressisme, alors, disent nombre d'anciens de la GP, peut-être est-ce lui, le progressisme, qui ne tourne plus tout à fait rond…

Et puis il faut lire enfin les pages qu'il consacre à l'arrivée des dissidents soviétiques, Soljenitsyne en tête, sur la scène intellectuelle française et européenne : la discussion est partout, naturellement ; elle traverse toutes les couches de l'opinion, de la sensibilité collective, de la presse ; sauf que c'est là, à l'extrême gauche en général, et dans sa frange maoïste en particulier, qu'elle produit ses effets les plus ravageurs et donc les plus féconds ; car c'est là que s'insinue l'idée neuve et qui, pour le coup, va tout changer que le tort des « grands récits » historicistes était moins, comme on l'avait toujours dit, d'inviter les hommes à se révolter que de les contraindre à se soumettre ; c'est là, chez les dévots de l'ouvriérisme militant, chez les orthodoxes qui, un jour qu'Aragon avait osé suggérer de dépoussiérer les tables de la Loi marxiste, avaient répondu, avec une superbe digne d'un tract surréaliste de haute époque : « Aragon se paie notre tête, mais notre tête tient bon comme la théorie de Marx » – c'est là qu'apparaît le soupçon que c'est le concept même de révolution, le projet de « casser l'Histoire en deux » ou de « changer l'homme en ce qu'il a de plus profond », qu'il faut peut-être sérieusement réviser…

Le maoïsme contre le marxisme, en somme.

L'ultra-gauche, cheval de Troie de la pensée libre dans les citadelles de la pensée captive.

Je sais qu'il est de bon ton, ces jours-ci, de voir dans la « pensée 68 » un égarement collectif, source de tous les maux contemporains. Eh bien, je crois le contraire. Et il suffit de lire ce livre pour achever de s'en convaincre. Non pas que l'on se dise, comme Deslauriers, à la dernière page de *L'Education sentimentale* : « c'est là ce que nous avons eu de meilleur. » Mais l'on y sent, presque physiquement, ce dégel des intelligences et des âmes, cette poésie, cette liberté, qui furent la marque du moment et qui, aujourd'hui, manquent cruellement.

11

Vivre au Carlyle[1]

Un hôtel, c'est aussi la qualité de ses fantômes. Dis-moi qui te hante, je te dirai qui tu es. Dis-moi de qui tes murs, tes marbres noirs, tes faïences, ont pétrifié le souvenir, je te dirai ce que tu vaux. Au Carlyle, c'est les Kennedy. Truman. Marilyn. Sidney Bechet. Capote à sa meilleure époque. Norman Mailer dans sa jeunesse. Mon ami Daniel Toscan du Plantier, qui m'y amena, pour la première fois, à la fin des années 70, alors qu'il vivait avec Isabella Rossellini. Beaux fantômes. Ombres chères. Ma femme, Arielle Dombasle, entonnant a cappella, avec le concierge de jour, un air de bel canto. Aimable lieu.

Un hôtel c'est aussi ses vivants, bien sûr. Et, donc, la qualité du climat qui y règne, son ambiance – ou, pour être précis, le « grain » très particulier du bonheur qui s'y dispense. J'ai connu des hôtels intenses. Electriques. J'ai connu des hôtels qui donnaient la fièvre ou le vertige. Au Carlyle, rien de tel. Le moins fiévreux des hôtels. Le moins vertigineux. J'y ai écrit *American Vertigo*, bien sûr. Mais à la façon de ces artistes qui, selon Wilde ou Diderot, ne donnent à vivre un sentiment que dans l'exacte mesure où ils ne le vivent et ne le ressentent pas eux-mêmes. Le grain du Carlyle, c'est une sorte de paix. La sérénité d'une oasis ou d'un club. Le Carlyle est un artiste. C'est un artiste de paradoxe, au sens du « comédien paradoxal » de

1. Préface à Nick Foulkes, *The Carlyle,* Assouline Publishing, 2007.

Diderot. Je n'aime pas trop la paix, d'habitude. Sauf au Carlyle.

C'est Morand qui, je ne sais où, disait des hôtels que ce sont les seuls endroits au monde où « l'on traverse la vie des gens dans le sens de la largeur ». La largeur ? Il voulait dire vite. Légèrement. Sans s'appesantir ni s'attarder. Sans psychologie ni pathos. Ah, vous êtes là, vous aussi ? Mais oui, quelle surprise ! Juste des corps qui se croisent. Des âmes qui s'effleurent au détour d'un étage ou d'un ascenseur. L'âme du lobby de tous les hôtels, sans doute. Leur principe. Mais, plus encore, au Carlyle. Plus que partout, au Carlyle. On peut y habiter en même temps que des amis, des contemporains capitaux ou, à l'inverse, des fâcheux et être séparés d'eux par un inexplicable et incalculé voile de discrétion. Quelle paix ! Quel repos ! Le propre repos de l'homme pressé.

Car, de Morand toujours, mais dans son texte sur New York, il y a la phrase magnifique sur cette ville que des maçons irlandais ont lancée vers le ciel et qui n'en est jamais redescendue. Morand pensait-il au Carlyle ? Pensait-il à ce quartier de l'Upper East Side qui est celui, donc, du Carlyle et qui n'a en sa faveur, aux yeux des amoureux classiques de New York, ni la centralité de Midtown ni le côté branché du Village ? Toujours est-il que si vous montez dans les étages numéros 30 et quelque, si vous demandez à James McBride la permission de voir l'appartement où mon amie Diane von Fürstenberg a vécu tant d'années et dont elle avait fait, il y a maintenant presque quinze ans, la base opérationnelle du lancement aux Etats-Unis de mon film sur la guerre de Bosnie, vous sentirez encore, vous verrez, ce geste des maçons irlandais montant à l'assaut du ciel de New York et qui, comme nous disons en français, *n'en revinrent pas*.

Le Carlyle, c'est Carlyle. C'est-à-dire Thomas Carlyle, cet essayiste écossais, contemporain de Stuart Mill et Emerson, qui a écrit ce fameux livre – pas nécessairement aimable, ni spécialement ma *cup of tea* – sur la Révolution française. Etrange, décidément… Très étrange… Le Carlyle est, de tous les hôtels de New York, celui où descendent le plus volontiers les Français de passage. Or il porte le nom de cet essayiste réactionnaire mais francophile qui est un peu, à la France, ce que Tocqueville est à l'Amérique. Peu de gens savent cela. Aucun des Français de passage, quand je les interroge, ne savent très précisément qu'ils sont dans un hôtel baptisé d'après ce Tocqueville inversé. Et pourtant... Magie des noms. Pouvoir souterrain des signifiants. Si l'Atlantique n'est pas devenu un lac métaphysique, si Français et Américains n'ont jamais cessé, même aux heures de malentendu les plus noires, de se voir et de se parler, l'hotel Carlyle y fut un peu, parfois, pour quelque chose – et donc, aussi, son baptême génial. Mais chut ! Ce sont les secrets du Carlyle.

Et puis, bien sûr, Woody Allen. Comment parler du Carlyle sans évoquer au moins Woody Allen ? L'homme que vous prenez pour un cinéaste. Mais qui, lui, un lundi sur deux, au « Café », derrière la Gallery, croit qu'il s'est trompé d'art et qu'il est, en réalité, musicien. Allen, ce virtuose, que j'ai vu, là, se lancer dans une interprétation endiablée d'un air de Glenn Miller ou de Benny Goodman. Allen, cet athlète du souffle, cette voix incroyablement juste et timbrée, qui donnerait la moitié de sa filmographie pour pouvoir, au Carlyle, ne serait-ce que le temps d'un concert, voir ressusciter, un jour, Woody Herman, Gene « Honey Bear » Sedric, Sidney Bechet – ses maîtres... Il y a un liftier, au Carlyle, un de ces garçons d'ascenseur qui sont les autres concierges de l'hôtel, un de ces « passeurs » silencieux et savants qui connaissent mieux que quiconque leurs clients mais ne disent rien, il y a un liftier, donc, qui est devenu clarinettiste à cause de Woody Allen...

Je me souviens d'une nouvelle de Woody Allen qui se passe, justement, au Carlyle. Il sort de l'hôtel. A la porte, il y a un junkie, mal en point, qu'il aide à se relever. Le junkie, qui est aussi fakir, lui demande ce qu'il peut faire pour le remercier. Allen, sans hésiter, répond : ce qui me ferait le plus plaisir au monde, ce serait une love affair avec Madame Bovary... Qu'à cela ne tienne, répond le junkie-fakir tout-puissant qui l'expédie, illico, dans les pages du roman de Flaubert où commence, entre l'auteur de la *Rose pourpre* et Emma, sur le double théâtre du manoir normand de l'une et du New York de l'autre, une torride aventure. Sauf qu'Allen est en plein divorce. Son épouse et ses avocats se saisissent de l'histoire pour faire monter les prix de la pension alimentaire. Madame Bovary, parachutée dans ce New York qu'elle ne sent pas, bovaryse plus que jamais et se languit de sa Normandie. Bref l'aventure tourne au cauchemar et Allen retourne voir son fakir qui, thanks God, n'a pas bougé, devant le Carlyle toujours, côté 76e Rue. Sortir du roman ? Rien de plus simple, répond-il, en farfouillant dans sa boîte à sortilèges. Sauf qu'il se trompe cette fois de sort et le jette par erreur dans les pages d'une grammaire espagnole où il sera, désormais, poursuivi par le verbe *matar*.

Morale de l'histoire ? Sortir le moins possible du Carlyle.

12

Les filles de Venise[1]

Ce sont et ce ne sont pas des putes. Car on les connaît, les filles de Venise. On les voit bien, avec leurs bas, leurs fichus jaunes sur le visage, leurs mèches blond-roux qui dépassent du foulard, leurs hauts sabots de bois permettant, quand elles descendent de gondole, de voler à leur rendez-vous sans se mouiller les pieds. On les voit, quand elles sont plus riches, ou mieux protégées, avec leur collerette montant à mi-tête, leur

1. *Venezia*, livre collectif hors commerce réalisé par Dominique et Patrick Le Lay, Paris, 2006.

habit de satin carminé aux manches dorées tombant à terre, leur corsage savamment défait laissant voir la poitrine, leurs lèvres redessinées. On les aperçoit, de loin, dans le quartier du Castelletto, au cœur de la paroisse de San Cassiano, qui est l'un de leurs quartiers réservés. On les retrouve dans leur autre quartier général, la zone des Carampane, au-dessus du pont des Tétons ainsi nommé parce qu'elles y sont en grappes, penchées sur le parapet, seins nus et triomphants, hélant les gondoliers – je les vois telles que nous les décrit l'Arétin lui-même lorsque, chassé de Rome, menacé des pires morts, quasi proscrit, il arrive dans la Cité des Doges et s'enchante de l'esprit de liberté qu'elles contribuent à y répandre. Alors, oui, si l'on veut, des putes. La plus célèbre d'entre elles, la Zaffetta, celle que Lorenzo Venier, éminente personnalité de l'Académie arétinienne, offrit, une nuit, à trente et un de ses compagnons, est sans conteste une sorte de pute. Et quand le même gentilhomme Venier, bientôt sénateur, reproche à Elena Ballarina, autre arétine devant l'Eternel, de lui avoir, dans la vie réelle, volé sa bourse pendant qu'il la baisait, quand il lui consacre, pour rire et la punir, l'hénaurme parodie épique de sa « Putain errante », il est difficile de soutenir que l'on est complètement sorti du cercle de la courtisanerie vénitienne. Mais pas si simple, en même temps. Non, pas possible de classer le dossier en disant juste « les arétines sont des femmes déchues et tarifées ». Et plus je lis l'Arétin lui-même, plus je tourne autour des *Lettres* et autres *Sonnets luxurieux* de celui qui passa et passe encore pour la plus brillante canaille de la Renaissance, plus je lis les *Odes* qu'a consacrées à ces filles le libertin génial et scélérat, l'homme de cour mâtiné de maître chanteur que l'on appelait le Fléau des princes tant ses épigrammes étaient redoutés, plus j'entre dans les deux gros volumes de textes (*L'Œuvre du Divin Arétin*, éditée par les frères Briffaut il y a un siècle) dont nous devons à Apollinaire et, d'une certaine façon, avant lui, à Maupassant, qu'ils ne soient pas tout à fait perdus – et moins je confonds ses divines avec des prostituées ordinaires. Angela Serena et Cornelia Marchese, ses chéries...

Perina Riccia, le tourment de son existence, le grand amour de sa vie, celle qu'il aima malade, presque lépreuse, autant que dans sa gloire et sa beauté... Angela del Moro, dite donc la Zaffetta, qui lui enseigna, dit-il, l'art de mettre le masque de la vertu sur le visage de la débauche... Marietta dall'Oro, la sublimissime, à qui le Conseil des Dix avait octroyé le rare privilège, impensable pour une gourgandine, de sortir les soirs de Noël et de Pâques... La sérénissime Paolina... La Nanna, alter ego de l'Arétin lui-même, parlant et pensant comme lui, quand elle explique à la Pippa, dans le *Raggionamento*, l'art de la tromperie dans les termes mêmes où il l'explique, lui, ailleurs, à son compère Titien... La Zufolina et la Tina, putes sans doute, putes toujours, mais moins que moi, s'exclame-t-il dans un éclat de rire tonitruant ! moins que lui, l'Arétin, vendu au plus offrant, s'offrant à qui le paie pour détourner le trait de sa férocité ! moins que la Littérature elle-même, la sienne et celle des autres, toujours obéissante à la même loi putassière qui met les poètes dans la dépendance des papes, des rois, bref, des puissants ! moins que Rome même, cette grande salope de Rome, qui nous prend des airs de ville éternelle alors qu'elle est juste la plus sale, la plus corrompue, la plus frelatée des cités italiennes ! Et Cornelia Griffo et son maintien de duchesse. Et la Lucrezia, figure virginale à la Pérugin, inspiratrice, avec les autres, de ce code érotique arétinien, dispersé au fil des poèmes, peaufiné au cours des années, qui devait être à la luxure ce que le code Napoléon sera à la magistrature. Il faut les imaginer, toutes, animant les dîners de peintres, philosophes, architectes, latinistes romains, grammairiens, qu'il donne chez son ami Gian Iacopo Lionardi. Il faut supposer l'Arétin, chez lui, entouré de ses princesses qu'il décrit, entre deux dissertations sur le Beau platonicien, d'une plume de feu qui n'a d'égal, pense-t-il, que le pinceau de Michel-Ange reprenant les figures de son *Jugement dernier*. Amantes de corps et d'âme. Putains, mais respectueuses. Courtisanes, mais maîtresses d'art et de vérité, saintes de l'abîme et virtuoses du Mal, nonnes du sexe, inspiratrices. Putasses, pétasses et pouffiasses, comme dira l'Evêque du *Balcon* de Genet avant de les trousser, mais glorieuses en même temps, féeriques, chemin vers la pureté. Telles sont les arétines, muses et amuseuses de Pietro. Telles sont les beautés suprêmes dont il se fait l'inlassable choryphée et dont le souffle suave, susurrant la plus infâme obscénité, semble à ses savants convives l'écho de voix supérieures. « L'art seul fait la vraie courtisane », dit-il dans un soupir. L'art d'aimer. L'art de jouir et de faire jouir. Mais aussi, pêle-mêle, l'art de feindre et de dire la vérité, l'art de la caresse et celui de la comédie, l'art poétique, l'art de mentir. Les hommes veulent être dupes, dit-il encore. Ils préfèrent les belles caresses feintes aux vraies sans fioritures. Et la loi vaut dans l'ordre politique autant que dans celui de l'érotique. Science de la duperie. Illusion de la volupté et du trouble. Pétrarque ou l'Arétin. La mièvrerie sentimentale ou l'insatiable soif de plaisirs des exquises arétines et de leurs complices.

13

En Afrique, qui a raison ?[1]

Il faut que cette initiative fasse date.
Et je pense qu'elle le fera.
Parce que le symbole est fort.
Parce que le message est éclatant.

1. Editorial du numéro « Spécial Afrique » du magazine italien *Uomo Vogue*, novembre 2008.

Et parce que je ne vois pas de vrai précédent à la démarche de Franca Sozzani.

C'est l'une des premières fois, soyons clairs, qu'un magazine à ce point lié au monde, non seulement des heureux, mais du luxe, vient à la rencontre de l'autre monde – celui des damnés, des déshérités, des derniers des derniers, des habitants de ce trou noir où, comme dans les galaxies mortes, tourbillonne le pire.

C'est la première fois qu'une directrice de la publication annonce d'entrée de jeu que ce numéro « sur » l'Afrique sera aussi un numéro « pour » l'Afrique puisque les bénéfices de l'entreprise, le produit de la vente de ce volume exceptionnel, iront, pour une large part, alimenter les projets d'aide concrète défendus, ici même, par des hommes aussi différents que Walter Veltroni, George Clooney, Matt Damon ou Quincy Jones.

Et c'est la première fois aussi qu'est si méthodiquement entrelacé le double fil qui, ensemble, tisse l'intrigue du continent et fait son paradoxe : d'un côté la tragédie, le martyre, la déréliction de peuples que l'on dirait voués à une désolation définitive – de l'autre, l'espoir de ceux qui se refusent à baisser les bras, qui n'admettent pas que là soit le dernier mot des peuples africains et qui entendent œuvrer à ce que ce lieu de toutes les misères vienne, à l'horizon du siècle qui commence, apporter sa contribution au concert, au dialogue, à l'enrichissement des civilisations.

Nous engageons ce débat, ici même, avec Bob Geldof (je devrais dire, pour être précis, que nous le *poursuivons* car nous l'avons, en réalité, *déjà* engagé, il y a un peu plus de vingt ans, dans des termes à peine différents, au moment et à propos de la grande famine éthiopienne).

J'insiste, parce que je les ai trop souvent côtoyés pour pouvoir les effacer de ma mémoire, sur les charniers, les ossuaires, les grands cimetières sous la lune africaine, les génocides, bref, le régime de la mort qui, du Zimbabwe au Sud-Soudan, de l'Angola au Burundi, ou du Liberia à la Sierra Leone ou aux monts Nouba, domine le continent et ne peut, selon moi, se comparer à aucun autre.

Bob insiste, parce que c'est son tempérament et que c'est, aussi, la part de vérité dont il se sent tenu de témoigner, sur la vitalité, la jeunesse, le potentiel économique et culturel, l'intelligence collective et individuelle, la ressource, d'un continent dont il se refuse à admettre qu'il soit partout, comme au Darfour ou comme, hier, au Rwanda, en train de lâcher la corde qui le relie à l'Universel.

Nous sommes tous les deux, en fait, dans le vrai.

La vérité, si j'ose dire, se tient à égale distance du pessimisme de l'un et de l'indomptable espérance de l'autre.

Je sais que Bob a raison de compter sur ces peuples à la fois « jeunes » et « premiers » qui seront, si nous ne les sacrifions pas sur l'autel de nos égoïsmes, le moteur de la création de richesse et de culture dans les prochaines décennies : le monde exsangue qui se prépare, cette planète surpeuplée et, à terme, affamée que nous avons, tel le désert selon Hölderlin, laissée croître étourdiment, ne serait-il pas bien bête, et bien suicidaire, de les priver de ces pays-mondes, riches en matières premières, en ressources de toutes sortes, en terres, qui constituent l'Afrique d'aujourd'hui ?

Bob sait que je n'ai pas tort de m'inquiéter de ce climat crépusculaire, de ces paysages de fin du monde, de ces mondes désorbités, bons pour tous les incendies et où l'homme redevient un loup pour l'homme, qui sont, pour le moment, le lot de cette souffrante et ténébreuse Afrique : quelle est la différence, lui dis-je, entre les guerres africaines et les autres ? dans toutes les autres guerres, au moins peut-on compter les morts, les nommer, leur donner des funérailles décentes, les envisager ; dans toutes les guerres d'aujourd'hui et, à l'exception de la guerre hitlérienne contre les juifs, dans toutes les guerres d'hier, au moins les morts gardaient-ils, jusque dans la tombe et l'outre-tombe, un reste d'identité sur lequel pouvaient compter les survivants et que, pour l'heure, ils archivaient ; avec ces guerres-ci, avec ces guerres d'Afrique bizarrement indéchiffrées, avec ce massacre du Darfour dont on répète, depuis trois ans, mécaniquement, comme sur un disque rayé et comme si l'on s'était résigné à *ne plus compter du tout*, qu'il a fait « trois cent mille morts », adviennent des massacres dont il faut bien admettre que les victimes y sont sans nombre, sans nom, sans visage et, par conséquent, sans tombe ni repos ; et cela, qu'on le veuille ou non, est le signe d'une spécificité dont je ne connais qu'un précédent – toutes proportions gardées, les tueries sans reste ni trace, sans même corps du délit, des camps d'extermination nazis.

Merci à ce journal d'avoir permis à ces deux points de vue de s'exprimer.

Merci d'avoir fait qu'ils puissent se tresser l'un à l'autre, se mettre au péril et au rouet l'un de l'autre.

Au moins avons-nous, ce faisant, conjuré le piège le plus redoutable qui était celui de l'idéologie et qu'évitent tous les intervenants du numéro.

Le salut de l'Afrique passe, d'une certaine manière, par là.

Il passe par le pragmatisme méthodique de militants du quotidien qui se sont guéris des messianismes et des grands récits d'antan – type marxisme.

Il suppose le refus de cette autre forme d'idéologie, née dans l'exaltation des luttes anticoloniales, qu'on appelle le différentialisme et qui, imputant tous les malheurs de l'Afrique à l'Europe, lui tracent un destin entièrement disjoint de celui de l'idée européenne – idéal démocratique compris.

Et il sera le fait d'hommes et de femmes attentifs, je le répète, à ces deux faces indissociables du réel africain contemporain que sont, d'un côté, un afropessimisme qui, seul, permet d'ouvrir les yeux sur les génocides impunis ou qui menacent dans une Afrique dont le reste du monde, trop souvent, se fiche – et, de l'autre, un optimisme de la volonté qui est le vrai credo de ces nouveaux citoyens du monde que sont les jeunes Africains qui apparaissent dans ces pages et auxquels nous aurions mauvaise grâce à ne pas répondre sur le même ton.

Telle est la formule, et tel est le ton, de ce numéro très singulier.

Telle est la chimie qui lui a permis de prendre forme et de trouver sa voix.

Et telle est la raison pour laquelle il a su fédérer tant d'enthousiasmes disparates et, soudain, miraculeusement convergents.

Bravo.

14

Connaissez-vous Francis Bueb ?[1]

Pour tous les amis de Francis, pour tous ceux qui se rappellent ses premiers rêves malruciens de l'époque de Mulhouse, pour moi qui le revois, dans ces premiers mois de l'année 1994, fébrile et généreux, ayant transformé la Fnac – pardon, Denis Olivennes – en un véritable bureau de soutien clandestin à la cause bosniaque en général et à *Bosna !* en particulier, pour les témoins de son arrivée, alors, dans la capitale bosniaque plus que jamais bombardée et assiégée, c'est une très grande émotion d'être là, aujourd'hui, avec lui, autour de lui.

Francis, quand j'y réfléchis bien, a accompli, à Sarajevo, trois gestes magnifiques et rares.

---

1. Propos tenus le 27 novembre 2005, au Centre Pompidou, à Paris, dans le cadre d'un hommage au Centre André-Malraux de Sarajevo et à son directeur Francis Bueb.

Le premier, c'est d'être resté à Sarajevo.

Pas seulement venu – ça nous sommes nombreux à l'avoir fait.

Mais resté, vraiment resté, s'être quasi enfermé dans la ville, avoir vécu la vraie vie des assiégés, puis la vie des survivants du siège, ça il est à ma connaissance le seul d'entre nous à s'y être risqué.

Pour moi en tout cas, pour moi qui ai parfois tendance à penser, à Sarajevo comme ailleurs, que le devoir d'engagement s'arrête à la fin apparente des conflits, pour tous ceux qui, comme moi, se sentent moins à l'aise dans la prose des après-guerre que dans la tragédie des guerres, il y a là, depuis dix ans, une leçon de ténacité.

Et je dois dire que si je suis tout de même, depuis dix ans, revenu quelquefois à Sarajevo, c'est à cause des amis morts, à cause des amis survivants, mais aussi à cause de toi, Francis, à cause de tes coups de téléphone incessants et impérieux et à cause de ton inébranlable acharnement à nous dire que, malgré les apparences, la guerre n'est pas finie.

Le second, c'est d'avoir commencé par la culture.

A l'époque où tu es arrivé, Francis, il y avait deux façons de soutenir les Bosniaques.

Il y avait la ligne militaire de ceux qui parcouraient le monde et, en tout cas, l'Europe pour tenter de convaincre les opinions et, à partir d'elles, les dirigeants, de délier les mains des Bosniaques et de lever l'embargo sur les armes à destination de la Bosnie.

Et il y avait ceux qui se souvenaient que le premier geste des fascismes avait toujours été de brûler les livres ; il y avait ceux qui se souvenaient que le premier geste des fascistes serbes avait justement été de brûler la bibliothèque de Sarajevo ; et il y avait donc ceux qui croyaient que le premier geste de résistance était, devait être, un geste de résistance intellectuelle et spirituelle.

Les deux, bien sûr, n'étaient pas incompatibles.

Et la plupart de ceux qui ont fait de Sarajevo la capitale culturelle de l'Europe, Goytisolo, Sontag, Goupil, Ophuls, Spahic, Hertzog, moi-même, étaient *aussi* partisans d'en finir avec le pacifisme.

Mais enfin, s'il y en a un qui a pris la chose au sérieux, c'est toi, Francis, avec ta façon folle de te faire le gardien des livres, de te transformer en homme-livre et de reconstruire, à petits pas, à mains nues, une sorte d'ersatz de cette bibliothèque détruite.

Et puis Francis Bueb a fait une troisième chose encore qui, pour l'écrivain que je suis, n'a pas moins d'importance – et cette troisième chose c'est, si j'ose dire, l'implantation du signifiant Malraux à Sarajevo.

Car que savons-nous, après tout, de ce qu'aurait fait Malraux s'il avait vécu jusqu'à la guerre de Bosnie ?

Ce contemporain de la génération de 1914, ce nationaliste, cet homme que son gaullisme tardif semblait avoir guéri de son cosmopolitisme de jeunesse, cet écrivain qui lègue un de ses manuscrits à la bibliothèque de Belgrade, est-il si évident qu'il y paraît depuis que Bueb a choisi son nom qu'il aurait été l'emblème de la résistance culturelle de la Bosnie ?

Personnellement, je crois que oui.

Je crois qu'il avait toujours le bon réflexe et je crois qu'il l'aurait eu là aussi.

Mais enfin, on n'en sait rien.

Appeler un centre afghan Joseph-Kessel, c'est évident – baptiser un centre bosniaque du nom d'André Malraux, cela relève du pari.

Et je trouve que, dans ce pari, dans cette décision, dans cette façon de se faire le souffleur d'un grand mort, dans cette façon de doter un écrivain aimé d'une jeunesse nouvelle et posthume, il y a quelque chose de très audacieux et de très beau.

C'est comme si Barrès donnait son nom, à cause de sa jeunesse blumiste, à un grand journal de gauche.

Ou comme si on imaginait à Drieu une vieillesse surréaliste.

C'est comme si tu avais pris au sérieux le mot de Berl sur ces morts – Drieu, justement ? Malraux ? – qui restent aussi vivants morts que vivants et avec qui on continue de débattre, argumenter, se quereller.

Pour faire cela il faut, cher Francis, beaucoup de générosité et, aussi, de lucidité.

Car, en plus, c'est peut-être vrai.

Et, de toute façon, ce le sera désormais.

15

Politique d'Andrée Putman[1]

C'est autour de 1985 que j'ai, pour la première fois, entendu sérieusement parler d'Andrée Putman.

« Ecart » avait sept ans.

Le Morgans de New York en avait deux.

C'est l'époque où je pensais que les bons avaient bon goût, que les salauds avaient mauvais goût.

C'est l'époque où j'avais osé déclarer, devant Putman justement, dans une émission de télévision qui s'appelait « Le grand échiquier » et où, ayant la responsabilité de la composition du plateau, j'avais, sans la connaître, furieusement tenu à l'inviter aux côtés d'autres artistes, aux côtés de Serge Gainsbourg il me semble, et des peintres Jacques Martinez et Pierre Soulages, et

1. Contribution à Stéphane Gerschel, *Le Style Putman*, Paris, Assouline, 2005.

de je ne sais plus qui d'autre, c'est l'époque, donc, où j'avais déclaré, face à elle, que jamais tel chefaillon fasciste français qui commençait juste de faire parler de lui ne vivrait dans du mobilier Thonet, ne choisirait une chaise de Mallet-Stevens ou ne s'habillerait en Issey Miyake.

C'est l'époque où, en un mot que suffisait à résumer, pour moi, ce nom magique d'Andrée Putman, il existait, pour le chefaillon, pour moi, pour elle, pour chacun d'entre nous, une sorte de fréquence ou de longueur d'onde, chaque fois singulière et chaque fois intransmissible, qui traversait ce que nous pensions, faisions, sentions, vivions, et lui conférait, à la fin des fins, une ténébreuse mais certaine unité – c'est l'époque où j'étais assez althussérien pour accorder crédit au concept, dont j'ignore ce qu'il dira aux jeunes lecteurs contemporains, de « surdétermination » et où cette « surdétermination », cette idée d'un tout structuré, cohérent, consonant en ses parties, pouvait, quand on le mettait à l'épreuve de la vie, s'appeler aussi *le style*.

Je n'en suis plus tout à fait là, bien sûr.

J'ai, depuis ces temps lointains, eu quelques occasions, hélas, de vérifier que le monde est moins bien fait que ne le donnait à croire mon althusséro-putmanisme d'alors.

Mais enfin quelque chose en moi continue de croire en cette harmonie magique, providentielle et dont je dirais qu'elle est préétablie si je ne la sentais tenir tout entière à l'existence, évidemment bien contingente, de quelques grands esprits du type d'Andrée Putman – quelque chose ne se résout pas à l'idée que les choses et les idées puissent ne pas aller du même pas et, sur cette harmonie, sur ce platonisme sauvage, sur cette mienne et profane version d'un « nul n'est méchant volontairement » qui se traduit « nul ne fait choix, par hasard, de la vulgarité et de la laideur », je continue de mettre donc, plus que jamais, le visage et l'œil d'Andrée.

Ceci pour dire qu'Andrée, je ne l'oublie pas, est d'abord, avant toutes choses, et avec tout ce que le mot suppose de gratuité, de joie, de jeu, une artiste libre de son style et de ses mouvements.

Ceci pour dire que je n'oublie pas non plus que c'est aux artistes que va, depuis toujours, sa première admiration (témoin ce jour où, interrogée sur son usage du noir et du blanc, sur son goût très Nancy Cunard du gris et sur sa méfiance, du moins apparente, à l'endroit de la couleur, elle avait eu cette réponse magnifique et modeste : mais non ! j'adore la couleur, au contraire ! mais c'est que j'aime trop les artistes ! j'ai trop de respect pour ce qu'ils feront de cette maison que je suis en train d'inventer ; et je leur réserve, sur la base de mes gris, l'usage exclusif de la couleur !).

Mais ceci pour dire, oui, qu'il y a tout de même, aussi, une politique de cette artiste et que la naissance puis, aujourd'hui, le triomphe de son minimalisme joyeux, de sa poétique de l'espace et des lignes, de sa géographie extrême, de son mélange si audacieux de lignes et de matières, nous dit aussi quelque chose de l'esprit démocratique contemporain entendu au meilleur de son sens.

La Putman d'Ecart – qui, comme on sait, pouvait aussi se lire « Trace ».

La Putman dont les « interventions », sans le dire, mais il est bon que cela soit dit, contribuèrent à la réinvention de l'habiter contemporain.

La Putman des grandes rééditions qui, quelques années après qu'un écrivain, et quel écrivain ! eut lancé sa belle idée de la culture pour tous et des nouvelles cathédrales du savoir, s'employa, elle aussi, avec ses moyens, à faire coïncider les formes éternelles de l'art avec le désir et l'usage du grand nombre.

La Putman incroyablement poétique, rêveuse éveillée, iconoclaste et iconophile, amoureuse de son temps en même temps que d'idéalités sans âge, artiste et activiste en somme, qui, devenue styliste à Prisunic, osa demander à Alechinsky d'illustrer l'Almanach de la ménagère et à Messagier de lui dessiner des tissus imprimés – la Putman qui, aujourd'hui encore, férue de littérature autant que de peinture ou de musique, cherchant la bonne ligne comme d'autres le mot juste, est en train de faire de ses rares maisons, et du paysage qu'elles façonnent et métamorphosent, de formidables machines à citer, donc recycler, donc faire vivre, donc mettre à la portée de tous les textes qui l'inspirent.

Nos conversations à Tanger, avec Benoît Jacquot et Mathieu Tarot.

Sa volonté de conjuguer l'exubérance vertigineuse de l'endroit avec son minimalisme et son goût d'un dépouillement qui n'est jamais volonté de pureté.

Sa façon de respecter le génie d'un site où souffle tout le prodigieux cosmopolitisme de la ville de Beckett, Bowles et Choukri sans rien céder de ce qui lui dicte sa propre histoire, et la mienne.

Et puis ce jour où elle nous annonça, comme une évidence, qu'elle ne supportait pas les décorateurs et se vivait, au fond, comme une portraitiste : de qui, mon Dieu ? de ceux qui habiteront le lieu ? de la ville où le lieu s'inscrira ? eux dans la ville ou, au contraire, la ville en eux ? Eh bien voilà. Tout est là. La politique, cryptée, d'Andrée Putman.

16

Réponse à Time Magazine *sur le prétendu déclin de la culture française*[1]

La question, au fond, n'est pas tellement de savoir si cet article de *Time Magazine* a raison ou non dans le jugement sévère qu'il porte sur l'état de la culture française.

1. *The Huffington Post*, 11 janvier 2008.

Mon avis personnel est qu'il a, d'ailleurs, *plutôt* raison et qu'il y a, en effet, chez nombre d'artistes de mon pays un côté provincial, un peu moisi, insupportablement narcissique et nombriliste, qu'il n'est pas mauvais de voir ainsi dénoncé.

Et, quand bien même, du reste, la dénonciation serait caricaturale, quand bien même le diagnostic serait exagérément dur, injuste, passant à côté de ce que la France produit tout de même de beau et de vivant, je préfère encore cela aux rodomontades du coq gaulois dressé sur ses ergots et venant hurler, tel l'académicien Maurice Druon, à l'honneur national bafoué...

Non.

La question, la vraie question, celle qui, moi, en tout cas, m'intéresse au plus haut point, est la question inverse : de même que, face à un portrait, on doit toujours s'interroger sur ce qu'il nous raconte, non seulement du modèle, mais du portraitiste qui l'a composé, de même, face à cet article, il est étonnant que personne n'ait l'air de prêter attention à ce qu'il nous dit de celui qui l'a écrit, du magazine qui l'a publié, c'est-à-dire, en somme, du pays dont il exprime, qu'il le veuille ou non, et pour partie, quelques-uns des préjugés ou axiomes spontanés.

Axiome numéro 1. La bonne santé d'une culture (ici, donc, la française) se mesure au degré de curiosité qu'elle suscite au sein de la culture dominante (aujourd'hui, les Etats-Unis). Une culture qui n'intéresse pas les Américains est une culture intrinsèquement et nécessairement faible. Une œuvre de l'esprit qui ne trouve pas un écho maximal en Amérique est une œuvre sans importance ni intérêt. En sorte que – corollaire – un bon film, par exemple, est un film dont on peut, et doit, faire un remake. Mieux : les vrais bons films sont ceux, et seulement ceux, dont Hollywood a déjà donné le remake dont ils étaient secrètement porteurs. Raison pour laquelle l'auteur de ce texte ne trouve à sauver, dans le paysage du cinéma français contemporain, que la navrante série *Taxi* produite par l'industriel du cinéma Luc Besson.

Axiome numéro 2. Les Américains ne se trompent jamais. Le radar américain est un radar infaillible, et qui ne laisse, par hypothèse, rien passer de ce qui est beau et bon. Edgar Poe mourant comme un chien, dans la misère, à Baltimore ? Oublié. Scott Fitzgerald enterré vivant, méprisé, diffamé, à peine publié, misérable lui aussi, enragé ? Négligé, effacé, gommé par l'idée simple selon laquelle la vitalité d'un auteur est directement proportionnelle à sa quantité de présence dans le grand détecteur cyclonique américain. Tous ces écrivains américains d'aujourd'hui dont les amis de l'Amérique savent combien ils peinent à imposer leur voix dans une société qui, comme toutes les sociétés, est faite pour ne pas les entendre et résister à leur irruption ? Effacés encore. Niés. Puisqu'on vous dit que l'Amérique est une chambre d'enregistrement exacte, fatale… Puisqu'on vous dit et vous répète que, comme l'œil du paysan chinois selon Mao, l'œil de l'éleveur du Colorado, du cultivateur de l'Iowa ou du trader de Wall Street « voit juste ».

Axiome numéro 3. L'art c'est, en fait, l'industrie de l'art. La culture c'est, en fait, le marché de la culture. Ou, dit encore autrement, le modèle cinématographique est en train de s'imposer comme le paradigme dominant dans toutes les esthétiques. Toutes les œuvres de l'esprit, sans exception, sont en train d'être pensées sur le modèle du box-office. Et attention ! Avec mention particulière pour le cas des œuvres « subventionnées » qui seront, par le seul fait qu'une part de leur genèse s'est affranchie de la loi du marché, frappées de nullité… « Le pape, combien de divisions ? », demanda, un jour, Staline (s'exposant, au jour de sa mort, à cette réplique cinglante du pape en exercice : « maintenant, il voit mes légions ? »). Tel écrivain, combien d'entrées ? demande maintenant, dans ce texte, l'un des papes du journalisme américain. Et il s'expose, ce faisant, à voir le spectre, non pas de tel littérateur français replié sur ses autofictions, mais du grand Poe lui-même, ou de l'immense Ezra Pound, ou de tant d'autres non moins immenses et non moins écrasés par la même machine sociale, venir hanter ses insomnies…

Axiome numéro 4. L'art c'est comme la science. Les œuvres du premier sont comme les théorèmes de la seconde : d'une universalité simple, facile, automatique – elles sont accessibles à tous, traduisibles en toutes langues et, au premier chef, en anglo-américain. Un livre qui résiste ? Un Céline, un Proust, intraduisibles ? Un Kafka dont un reste demeure, rebelle à la meilleure, la plus apparemment fidèle, des traductions ? Un Joyce qui, à l'inverse, et même dans l'impeccable prose de Valery Larbaud, n'est plus plus tout à fait Joyce ? Un écrivain français, ou anglais, ou anglo-américain d'aujourd'hui, qui pourrait être, autrement dit, inapte à son transport dans l'autre langue ? N'existe pas. N'est pas pensable. Ou ne sera – je cite – qu'« un divertissement léger, produit à peu de coût pour le seul marché domestique ». Car la lettre c'est le chiffre. Car la syntaxe c'est l'équation. Car l'idéal de la littérature c'est, à proprement parler, le mathème.

Axiome numéro 5, enfin – peut-être le plus absurde, le plus naïf de tous. Cette traductibilité est, non seulement sans reste, mais sans délai. Cet effet de mathème est un effet non seulement nécessaire, mais immédiat. Les grandes œuvres sont celles qui se transportent, non seulement dans leur totalité, mais en temps quasi réel dans la langue de la *global significance*. Ultime niaiserie qui nous vaut les passages les plus cocasses de l'article : ceux où l'auteur fait comme si les grands écrivains français dont il a la nostalgie, les Camus, les Sartre, voire les Racine et les Molière auxquels il entend mesurer l'éclat vacillant des œuvres naines d'aujourd'hui, avaient tous connu une gloire planétaire totale et instantanée ! comme si ces œuvres du Grand Siècle qui peinaient à rayonner au-delà des limites de la Cour, comme si ces œuvres magnifiques mais à peine audibles en France même, se pressaient déjà aux portes de la sacro-sainte liste des best-sellers du *New York Times* version XXIe siècle !

Il faudrait évoquer encore le passage où se trouve répété le vieux préjugé – pas seulement américain… – selon lequel les avant-gardes du XXe siècle, le « nouveau roman », etc., auraient stérilisé la fiction française.

Ou celui où il est dit de Michel Houellebecq qu'il est « d'abord connu pour sa misogynie, sa misanthropie et ses obsessions sexuelles » – manière de sous-entendre qu'un écrivain serait comptable des traits qu'il prête à ses personnages...

Mais je voudrais terminer sur l'impression de lecture finalement dominante dans ce drôle de texte qui, à mesure que j'y pense, m'apparaît de moins en moins comme une enquête sur la France et de plus en plus comme un reportage sauvage sur l'état de la culture américaine elle-même. Car ce qui frappe, au fond, c'est la fébrilité du ton. C'est cette volonté de trop prouver qui, à force, et comme disait Nietzsche, fatigue la vérité. C'est ce parfum d'anxiété, et peut-être d'angoisse, qu'il dégage par moments. Comme s'il voulait dire autre chose que ce qu'il nous dit officiellement. Comme s'il recelait un tout dernier message, mais clandestin celui-là, et codé. Allez ! Venons au fait ! Mon sentiment c'est que cet article ne parlerait pas ainsi du déclin de la culture française s'il ne parlait, à travers lui, du destin de toutes les cultures dominantes qui, à un moment ou à un autre, sont condamnées à voir leur domination décliner. Mon hypothèse c'est qu'il parle vraiment, pour le coup, de l'Amérique et de ce qu'il adviendra d'elle le jour, pas forcément très lointain, où la montée en puissance de l'espagnol, du chinois, voire d'autres langues asiatiques fera que l'anglo-américain ne sera plus, ni dans le monde ni à l'intérieur des Etats-Unis, la langue du mathème et de l'universelle traduction. La France comme métaphore de l'Amérique. La violence antifrançaise comme forme déplacée d'une panique qui ne s'avoue pas. Classique.

17

Le marché, c'est le crime ?[1]

Tout corrompt tout, évidemment. Et il est clair que la compétition féroce des intérêts et des passions, le règne de l'argent fou, le matérialisme mesure de toutes choses, bref, le « free market » affranchi de toute règle et régi par la seule voracité des plus puissants, corrompent fatalement les âmes.

C'est ce que pensait, à la fin de sa vie, le grand Soljenitsyne.

C'est ce qu'ont pensé, et dit, cette famille de penseurs français qu'on a appelés les « non-conformistes des années 30 » et qui, dans la ligne de Péguy et de quelques autres, voyaient dans l'échange marchand la source d'une dépersonnalisation.

Ce fut, c'est encore, la thèse de toute une catégorie de penseurs chrétiens ou, simplement, spiritualistes qui voient dans le « free market » le deuil des valeurs morales, de l'aspiration des hommes à l'absolu, de la foi.

Mais ce fut aussi – prenons-y garde – l'un des grands thèmes du fascisme et l'une des raisons qui firent sa séduction auprès des larges masses : « stop au matérialisme ! disait-il, stop à l'individualisme dissolvant et à l'atomisation sociale auxquels il opposait, lui, ses bonnes et sûres communautés organiques et naturelles ! gare, en un mot, à ce règne de l'équivalence

1. New York. « Does the free market corrode moral character ». Réponse à des questions de la John Templeton Foundation, 20 août 2008.

généralisée qui est l'autre nom du marché et qui fut la vraie bête noire de tous les fascismes de tous les temps...

Alors ?

Alors, le problème est plus compliqué qu'il n'en a l'air. On ne peut pas, on ne peut surtout pas, juste dire, comme si c'était une vérité définitive : « le marché corrompt etc. ». Et à cette assertion du sens commun, à cette apparente évidence, il faut absolument ajouter trois corollaires.

Le premier : si le marché corrompt, la négation du marché corrompt absolument. Voir le fascisme, donc. Voir, avant et après lui, cette autre haine du marché qui s'appelait le communisme et dont je doute que quiconque puisse soutenir qu'il impliquât, pour ses victimes ou même pour ses agents, un épanouissement de l'âme et du caractère.

Le second : s'il fallait choisir, s'il fallait, en quelque sorte, hiérarchiser les corruptions, il tombe sous le sens que la corruption par le communisme ou le fascisme, la corruption par cette négation du marché que sont le communisme et le fascisme, est bien plus profonde, bien plus fatale, bien plus irréparable, que la première. Pour le fascisme, ce fut évident dès le début. Mais pour le communisme, ça l'est devenu. Je me souviens du long voyage que je fis, au lendemain de la chute du mur de Berlin, en Europe centrale et orientale. Et j'entends encore mes amis tchèques, polonais, bulgares, hongrois, ou est-allemands, m'expliquer que l'âge communiste, ces décennies d'une société qui n'était plus menée du tout par les règles du marché, avait induit en eux, dans leur âme et dans leur cœur, un certain nombre de vices, de tares, dont ils ne savaient pas eux-mêmes combien de temps il leur faudrait pour s'en débarrasser. Une habitude de l'irresponsabilité, par exemple. L'incapacité à prendre des risques ou même à décider. Je me souviens, oui, d'une ingénieure est-allemande, d'apparence parfaitement normale, démocrate dans l'âme, dissidente depuis des années, qui fondit en larmes un jour où je lui demandai de décider, juste décider, d'un programme pour la journée que nous devions passer ensemble : « ils m'ont désappris à décider, m'avait-elle dit entre deux sanglots ; c'est comme une amputation ; une ablation ; c'est comme si on avait, réellement, physiquement, corrodé une partie de mon cerveau. » Un égoïsme, enfin, un égoïsme épais, sans nuances ni recours, et qui était bien plus radical que celui des sociétés de marché. Tel fut, du point de vue de ceux qui en sortaient, le vrai bilan du communisme. Telles sont les preuves d'une corruption, d'une corrosion du caractère, qu'induit donc, je le répète, *l'absence* de free market.

Et puis troisième corollaire enfin : à tout prendre encore, parce qu'il développe des qualités d'initiative et de décision, parce qu'il met les individus en relation, parce qu'il est le régime même qui n'a de sens que s'il met les sujets en rapport les uns avec les autres, le marché est facteur de socialisation, de rapprochement entre les humains, éventuellement de fraternité ou, en tout cas, de reconnaissance, et il est donc le contraire de la corruption. Il faut lire les textes de Hegel sur la dialectique de la reconnaissance. Il faut lire ceux consacrés par Emmanuel Levinas à la question, si épineuse et, dans mon pays, la France, quasi maudite, de l'argent. Il faut prendre à la lettre ses considérations sur un argent qui, loin de tuer, isoler, atomiser les individus, est le truchement de leur échange. Et il faut en conclure qu'il y a un bon usage du marché puisqu'il est l'un des moyens qu'ont trouvés les hommes pour ne pas se résoudre à la guerre de tous contre tous diagnostiquée par Hobbes puis par Freud.

Corrosion du caractère ? Mais non. Renforcement de ses défenses au contraire. Renforcement de ses capacités à dire non et à s'opposer. A condition, naturellement, qu'il veuille bien se donner des règles. A condition qu'il ne sombre pas dans la tentation de la jungle et du capitalisme sauvage. Le marché est comme la démocratie selon Churchill. La pire des solutions, à l'exception de toutes les autres.

18

Qui corrompt quoi ?[1]

Un monde où les profits sont privatisés et où les pertes sont « socialisées » ne peut, en aucun cas, être qualifié de « moral ». Et la colère de l'Américain moyen devant le désastre actuel est, de ce point de vue, totalement compréhensible. Cela étant dit, et aussi étonnant que cela puisse paraître, je pense qu'il y a un vrai lien entre argent et moralité. La philosophie politique classique l'a bien dit. Elle a établi que l'argent, instrument du commerce, contribue à la sortie de l'état de nature. Et un Emmanuel Levinas, j'ai eu maintes occasions de le dire, a pu montrer comment, loin d'isoler les hommes, d'atomiser la société et de créer de la barbarie, l'argent favorise l'échange intersubjectif et, donc, la civilisation. C'était déjà l'opinion de Voltaire. C'était celle de Diderot. Commerce, pour tous ces gens, a la double signification : commerce matériel, d'une part ; relations entre les esprits, de l'autre. En sorte que la proposition « le libre marché est *ce qui* corrompt les hommes » est une proposition qui tourne le dos à tout ce grand pan de la tradition philosophique. Jusqu'à Karl Marx qui, dans ses textes consacrés à l'Amérique et qui sont infiniment moins « antiaméricains » que ne le croient ses disciples d'aujourd'hui, évoque la rapidité

1. Londres, 3 décembre 2008. Discussion, sous l'égide de la John Templeton Foundation, avec John Gray, Jagdish Bhagwati et Stephanie Flanders.

de circulation de la monnaie comme un outil de progrès social, moral et, un jour, politique.

Alors, maintenant, il est vrai *aussi* que le capitalisme des dernières décennies a muté. Ce qu'on appelle la globalisation signifie, de plus en plus souvent, l'irresponsabilité, le règne de l'avidité, celui de l'hubris et de la démesure, la compétition sans merci des individus, la cupidité sans frein, bref, le retour de l'homme « loup pour l'homme » et, donc, le déni de toutes les vertus que la philosophie classique, puis les Lumières, avaient pu attacher à l'argent. Un marché qui n'est restreint par aucune règle… Des profits de plus en plus concentrés et inégalement partagés… Et, du coup, les tenants d'une critique « morale » du capitalisme qui reprennent du poil de la bête… Le bon vieux péguysto-sorélisme qui revient en force avec toute sa thématique anti-argent et anti-matérialisme…

N'oublions pas, cependant, que ce fut aussi la critique des fascismes à l'endroit de l'équivalence généralisée des valeurs. Et que les remèdes totalitaires au excès du libéralisme furent plus corrupteurs encore, *infiniment* plus corrupteurs, que les maux qu'ils entendaient combattre. Au fond, et pour conclure, je dirais qu'il faut renverser la proposition. Non pas : « le capitalisme corrompt le sens moral ». Mais : « c'est le déclin du sens moral qui corrompt le capitalisme ». Et je préconiserai donc une « réforme intellectuelle et morale » dont la régulation des marchés serait le premier pas mais qui supposerait, aussi, un vrai sursaut politique. Inventer des contre-pouvoirs. Redéfinir le rôle et la responsabilité des banques. Remettre les Etats dans le jeu, comme cela tend à se faire un peu partout. On dit, en français, que l'argent est le « nerf de la guerre ». Peut-être faudrait-il dire qu'il est le « nerf de la paix ». Le fluide nourricier d'une société démocratique et prospère. Et le pire c'est alors, comme dit le poète, l'argent devenu « comme un sang qui se fige ».

19

Rushdie, un homme dans les sombres temps[1]

Vingt ans déjà.

Je m'en souviens comme si c'était hier.

Salman Rushdie n'était pas encore le grand nom des lettres qu'il est devenu. Mais nous avons, à peu de chose près, le même âge. Nous avons en commun la passion de l'Inde, celle du Pakistan ainsi que le privilège, plutôt rare, d'avoir connu, et mis dans nos livres (lui, dans *La Honte* ; moi, dans *Les Indes rouges*), Zulfikar Ali Bhutto, le père de Benazir, l'ancien Premier ministre exécuté par pendaison, dix ans plus tôt, par le général putschiste Zia. Et j'observe donc de loin, mais avec une infinie curiosité, la trajectoire de ce contemporain presque parfait quand, un jour de février 1989, en fin d'après-midi, alors que je me trouve dans le Midi de la France, à Saint-Paul-de-Vence, en train de siroter une orangeade avec l'acteur français Yves Montand, m'arrive la nouvelle : l'ayatollah Khomeyni, qui n'a plus lui-même que quelques mois à vivre, vient d'édicter une fatwa condamnant pour apostasie l'auteur des *Versets sataniques* et invitant tous les musulmans du monde à exécuter, sans délai, la sentence.

Comme beaucoup d'autres écrivains, ma réaction est immédiate et s'oppose, point par point, aux prudences, aux atermoiements, voire aux déclarations d'emblée conciliantes, pour ne pas dire collaborationnistes, de la plupart des responsables poli-

1. Londres, *Index of censorship*, 3 décembre 2008.

tiques et religieux de la planète : solidarité d'instinct, inconditionnelle, sans faille ni discussion, avec le romancier que l'on veut tuer.

Et cela parce que je sens, à la minute même, que quelque chose d'essentiel est en train de se jouer, là, sous nos yeux, dans la confusion, le bruit, la fureur des émeutes de Brixton, le cri des assassins : la vie d'un homme sans doute ; le droit d'un romancier à continuer de forger ses libres fictions, naturellement ; mais aussi, peut-être surtout, un séisme durable, un glissement de terrain sans réplique, un tournant définitif et fatal dans l'histoire de ce siècle et sur sa scène.

Vingt ans après, je n'ai pas changé d'avis.

Salman est un peu plus tranquille, presque libre (je dis « presque »... je dis « un peu » plus tranquille... car je sais bien, même s'il a l'extrême élégance, lui, de vivre comme si de rien n'était, qu'une fatwa suspendue, ou interrompue, mais pas réellement annulée, reste hélas une fatwa et continue de peser comme une menace non levée) mais le sentiment qui fut alors le mien n'a fait, avec les années, que se confirmer et se préciser.

L'affaire des *Versets sataniques* ou, plus exactement, la réaction du monde à la condamnation du livre, les déclarations embarrassées des uns, les gestes d'apaisement des autres, telle déclaration, par exemple, du président de la République française de l'époque condamnant, certes, la fatwa mais non sans condamner aussi, dans le même souffle, la « provocation » qui l'avait permise, inaugurent une série de reculades qui rythmeront les décennies suivantes et dont les deux derniers exemples sont l'affaire du refus de publication du livre de Sherry Jones et, peut-être plus grave encore, l'histoire des caricatures de Mahomet parues dans le journal danois *Jyllands-Posten*. Les situations sont, certes, différentes. Et n'est pas Salman Rushdie qui veut. Mais dans l'affaire des caricatures, notamment, c'est bien le même effroi. La même réaction tétanisée de grands journaux en principe libres mais qui, à de rares exceptions près, se gardent bien de s'aligner sur leur confrère danois vilipendé. Et c'est la même capitulation face à des groupes, en l'occurrence musulmans extrémistes, s'arrogeant le droit de substituer leur loi privée aux lois de la République. Recul de la liberté d'expression. Echec du principe qui veut qu'elle ne puisse souffrir, cette liberté, d'autre exception que celles dites, si elle est saisie, par la justice civile d'une démocratie. En France, seul l'hebdomadaire satirique *Charlie-Hebdo* sauva l'honneur.

L'affaire marque un tournant dans l'idée que nous nous faisons, en démocratie, du principe de tolérance. La tolérance, jusqu'à la fatwa, était ce bel et bon principe qui voulait que la parole majoritaire fasse droit à celle des minorités et lui laisse, dans l'espace public, des lieux où s'exprimer. Après la fatwa, une insensible série de glissements de sens fait qu'elle devient le droit, pour n'importe quelle minorité, de tenir, si elle le souhaite, des propos qui sont la négation même de l'esprit démocratique et attentent à la dignité, voire à la vie, des hommes et, en particulier, des femmes. Voici, à Amsterdam, l'idée que les opinions qui ont armé le bras de l'assassin du cinéaste Theo Van Gogh doivent être tolérées au même titre que celles, qualifiées de « provocatrices », de Theo Van Gogh lui-même. Voici, à Paris, l'idée que le sentiment des caïds islamistes s'estimant offensés par l'apostasie d'Ayaan Hirsi Ali n'est pas moins recevable que celui de l'ex-députée plaidant l'imprescriptible droit, pour chacun et chacune, d'entrer dans une religion et d'en sortir. Et voici, partout, cette idée de tolérance brandie comme un étendard par tous ceux qui entendent mettre sur le même plan les cultures où les femmes, par exemple, sont vues comme des êtres humains à part entière et celles où elles sont vues et, donc, traitées comme des éléments perturbateurs dont il faut absolument cacher le corps et le visage. Culturalisme. Différentialisme. Relativisme moral et, le cas échéant, assassin. C'est l'autre héritage de l'affaire Rushdie.

L'affaire marque, du coup, un authentique recul de ce que l'on appelait et que, grâce au ciel, l'on continue encore d'appeler, en Europe et aux Etats-Unis, l'esprit des Lumières. Car c'est quoi les Lumières ? C'est le droit de croire et de ne pas croire. C'est le droit, si l'on n'y croit pas, de se moquer des croyances des autres. C'est ce droit au blasphème, en d'autres termes, qui fut une vraie conquête de l'esprit philosophique de Voltaire ; qui a fini par s'imposer, non sans peine, ni drames, ni convulsions, aux monothéismes juif et chrétien ; et qui se voit soudain remis en cause par ceux qui, en Islam, et depuis donc l'affaire Rushdie, murmurent, insinuent ou, parfois, hurlent : « d'accord pour la liberté d'opinion ; d'accord, à la rigueur, pour le droit de ne pas croire ; mais à condition que cela se fasse en douceur, sans tapage ni bravade, et sans que cela soit ressenti comme offensant par la communauté de ceux qui croient ; à condition que l'idée même de Dieu ne soit pas insultée, ni salie, par l'incroyant. » Je passe sur la pauvre idée que se font de Dieu ceux qui pensent qu'il est au pouvoir d'un romancier, ou même d'un caricaturiste et, en toute hypothèse, d'un doutant-de-Dieu, de la salir. Je passe, aussi, sur le fait que les vrais caricaturistes du Prophète, ceux qui l'insultent le plus profondément et en défigurent le noble message, sont ceux qui en font l'étendard de leur désir de meurtre et de nettoyage ethnique. La vérité est qu'un monde où l'on n'a plus le doit de rire des dogmes est un monde appauvri. La vérité est qu'un monde où l'on ne pourrait plus faire fiction de tout serait un monde beaucoup plus triste où des pans entiers de liberté s'effondreraient. Sombres temps. Assombrissement des esprits. L'esprit du temps.

La ayatollahs ne sont pas les premiers, cela dit, à avoir voulu brûler des livres et tuer des écrivains. Les fascistes l'ont fait avant eux. Toutes les sortes de fascismes. Et cette atteinte à la sûreté de l'esprit fut même, en général, l'un des indicateurs avancés de l'entrée imminente dans le règne du pire. Autant dire que l'affaire Rushdie fut peut-être, elle aussi, l'un de ces indicateurs avancés. Autant dire qu'elle pourrait bien avoir eu cette même fonction, une fois de plus, de sonner le glas du monde ancien. Autant dire qu'elle fut l'une des dates, sinon la date, marquant l'apparition, en pleine lumière, de cette nouvelle variante de fascisme que j'ai appelée le fascislamisme. Il y a eu le 11 Septembre et ses trois coups… La mort de Massoud, en prologue… Le martyre de Daniel Pearl, un peu plus tard… Les assassinats de masse en Algérie, plus tôt… La persécution des femmes, partout... La montée lente mais sûre, dans la seule partie du monde où l'on avait cru pouvoir faire l'économie d'une vraie dénazification, de l'esprit Frères Musulmans... Mais le premier temps de la séquence, l'acte fondateur du revival, bref, le vrai début de cette terrible histoire et le point à partir duquel un pan entier de l'Islam est entré dans sa saison noire, fut, sans le moindre doute, cette condamnation à mort d'un écrivain pour cause d'offense à la lettre du Coran.

Quelle étrange aventure, pour un enchanteur des lettres, d'être aussi le nom d'une date noire dans l'histoire de la littérature et des idées.

20

Avedon et Rushdie[1]

J'ai connu Richard Avedon au milieu des années 80, à Paris, avec Nicole Wisniak. J'ai découvert cette photo, une dizaine d'années plus tard, dans son studio de l'Upper East Side, à New York, où nous dînions de nouveau tous les trois. M'avait tout de suite frappé, dans ce visage de Salman vu par lui, cette force sèche, cette foudre contenue et sans mots, cet air de défi tranquille qu'exprimaient, à l'époque, toutes les apparitions, interventions, performances de l'auteur des *Versets*, mais que j'avais rarement sentis aussi présents qu'ici. Salman, alors, avait des amis. Des intellectuels solidaires de lui. Des éditeurs, des traducteurs, qui faisaient relais ou rempart. Je m'étais dit, ce soir-

1. *La Règle du Jeu*, septembre 2009.

là, qu'il avait aussi, désormais, Dick Avedon. Non pas que celui-ci ait, comme on dit sottement des photographes, « capté » ou « traduit » son défi, son esprit de résistance, sa force. Il les alimentait, en vérité. Il y ajoutait quelque chose qui venait du portraitiste autant que du modèle. Cette image n'etait pas, autrement dit, un reflet mais un renfort. C'était moins un cliché qu'un autre acte d'insolence et de liberté. Une photo qui participe, comme telle, au combat contre l'intolérance, l'appel au meurtre, la barbarie ? Eh oui. Ce n'est pas fréquent. Mais c'est, ici, clairement le cas. Et c'est pourquoi je suis si reconnaissant à la Richard Avedon Foundation de nous avoir permis de l'intégrer à ce dossier. En hommage à Rushdie. En mémoire d'Avedon. En témoignage de leur très profonde, très miraculeuse, fraternité d'artistes vivants.

21

Sacré ou profane ?[1]

Les deux, bien entendu. Les deux dans deux registres différents. Et surtout pas de confusion, ni entre les deux choses ni entre leurs deux registres. Quand le profane se prend pour le sacré, cela s'appelle l'idolâtrie et ce fut tout le drame, entre autres, des eschatologies politiques. Quand le sacré prend forme dans le profane, cela s'appelle aussi l'idolâtrie et c'est ce qui est en train de se produire, entre autres, avec les Eglises néo-

1. Publiée dans *Libération* du 14 juin 2008, une note préparatoire à un débat avec Denis Guénoun.

évangéliques américaines. Que les deux existent ensemble, qu'ils se distinguent et s'articulent, que l'on s'exerce, par exemple, à profaner le sacré, qu'il y ait, dans une culture ou une société données, des exercices de profanation au même titre que, selon Cioran, des exercices d'admiration, voilà la bonne idée et le vrai ressort de la lutte finale contre tous les idolâtres. La Bible et Voltaire. Respecter les livres sacrés et soutenir tant Ayaan Hirsi Ali que, naguère, Salman Rushdie. Ne pas céder sur la grandeur du Talmud et ne pas céder non plus sur la défense, pêle-mêle, de Voltaire, de Montaigne, de Michel Houellebecq traîné devant les tribunaux pour islamophobie, de Spinoza mis au ban de la communauté juive d'Amsterdam, ou même d'un certain Averroès (dont on oublie un peu vite que, s'il voyait dans la loi juive une « loi d'enfants » et, dans la catholique, une « loi d'impossibilité », c'était pour qualifier la loi musulmane de « loi de pourceaux »). Ou, pour dire la même chose encore – mais à l'envers : la laïcité, bien entendu, mais sans tomber dans l'anticléricalisme pavlovien. Tel est l'enjeu du débat. Et celui, aussi, du moment. Avec cette dernière distinction qu'il est fondamental d'opérer : entre le sacré et le saint au sens d'Emmanuel Levinas. Jamais, au grand jamais, je ne me sentirai l'ennemi de qui met la sainteté à la place du sacré. Jamais, au grand jamais, le saint et le profane n'entreront en compétition. Raison pour quoi je vous propose de changer de formulation.

22

Ne rien céder sur l'idéologie française[1]

Janvier 1981. J'ai publié, à cette date, des reportages, puis un livre, sur la guerre du Bangladesh. Un essai sur la modernité de la Bible, *Le Testament de Dieu* – et, avant cela, *La Barbarie à visage humain.* Je suis jeune. Confiant. Je crois aux vertus conjuguées de la philosophie, du style et du combat politique. Je ne doute pas, quatre ans après la bataille dite des « nouveaux philosophes », de la nécessité d'ouvrir un nouveau front dans la juste lutte contre le mensonge français. Et je publie donc ce livre – un de mes premiers livres, en somme – qui va devenir, en quelques semaines, l'épicentre d'une tempête dont je n'avais rien pressenti – et dont la violence, l'acharnement ad hominem, l'excès, me paraissent, avec le recul, très étranges.

L'attaque vient de la gauche et de la droite. Elle vient des cercles intellectuels, mais aussi politiques et journalistiques. J'ai l'impression, sur le moment, de voir se constituer une sorte de parti, aux frontières indécises mais assez vaste, puisqu'il va du *Débat* à *Esprit,* de l'Action française, ou de ce qu'il en reste, au Parti communiste et aux réseaux personnalistes – un parti donc, ou un axe, qui semble n'avoir d'autre objet que de discréditer ce livre-délit.

Attaques personnelles… Injures… « Qui écrit un brûlot doit s'attendre à être brûlé »… Raymond Aron mobilisé pour venir

1. Sarajevo, 2005. Préface à l'édition bosniaque de *L'Idéologie française.*

dire que je mets en péril, *sic*, la communauté juive française… Un grand éditeur – Le Seuil – acceptant que sorte de ses bureaux une pétition où l'on demande la constitution autour de ce livre, et donc de son auteur, d'un véritable « cordon sanitaire »… Jusqu'à François Mitterrand, pas encore président de la République, mais cela ne tardera plus, qui me fait venir rue de Bièvre et prend le temps, en présence de mon éditeur, Jean-Claude Fasquelle, puis seul à seul, de m'interroger, terriblement songeur, sur ma lecture de Péguy, mon court-circuit Maurras-Sorel ou le cas d'Emmanuel Mounier.

Il ne me déplaît pas, en ce temps-là, de disserter sur « le plaisir aristocratique de déplaire ». J'ai même, dans *Le Testament de Dieu*, tenté de théoriser cette trouble « jouissance du désaveu » qui était à mes yeux – et qui demeure – le propre des écrivains. Jamais, pourtant, je n'avais imaginé tant d'âpreté. Jamais je n'avais conçu qu'un livre de moi pût déclencher pareille haine – et si durable. Et dix-sept ans après encore, comme pour signifier à bon entendeur que l'orage n'a pas fini de gronder, voici l'un des acteurs du psychodrame dont la revue *L'Infini* rapporte le propos : « Quand j'entends le nom de Bernard-Henri Lévy, je sors mon revolver… »

Le temps ayant passé, je crois que je comprends mieux ce qui s'est produit autour de ce livre – et ce qui, surtout, dans ses pages, a pu déclencher un tel tumulte.

Ce n'était pas la question de la Shoah – ce « tabou » qui n'en était déjà plus un.

Ce n'était pas l'antisémitisme français, son ancienneté, sa virulence – secret de famille là aussi, mais éventé avec les années, de plus en plus mal gardé.

Ce n'était même pas Vichy comme tel – combien de livres, et de films, avaient déjà montré ces policiers, ces juges, ces fonctionnaires français menant les juifs à la mort ! combien d'études solides – jusque, bien sûr, celle de Paxton – qu'il suffisait de lire, et de citer, pour établir sans le moindre doute la responsabilité française dans le désastre !

Non. Le vrai problème c'était, plus que Vichy, la distinction entre la collaboration et le vichysme.

Le vrai problème, l'enjeu du livre, c'était l'identification d'un fascisme français dont je proposais d'entendre, et de prendre au pied de la lettre, les protestations de patriotisme, le nationalisme aigre mais finalement assez sincère, la haine de l'Allemagne, l'attachement au terroir occupé, quand ce n'était pas la volonté de « résister », mais oui ! à la pression et au modèle hitlériens – l'arrière-pensée étant d'y opposer (ce fut, jusqu'à l'occupation de la zone sud, en novembre 1942, tout le calcul, par exemple, de la fameuse école d'Uriage) un modèle proprement français.

Le problème, en d'autres termes encore, c'était, non Drieu, mais Morand ; non Céline, mais Giraudoux ; c'était moins les salauds « évidents » que des écrivains plus délicats dont l'antisémitisme, parce qu'il se voulait « modéré » et puisé aux sources du « génie français », pouvait être, et peut redevenir beaucoup plus consensuel : combien de céliniens, franchement, dans la France de 1942 ? combien d'hommes et de femmes capables, un demi-siècle après et même à l'époque, de reprendre sans en avoir la nausée les vitupérations démentes de *Bagatelles pour un massacre* ? et n'est-il pas plus dangereux, *plus convaincant*, le préjugé d'un Bernanos – cette belle âme, ce résistant de l'esprit, ce gaulliste, qui peut, de la même encre, dans le même souffle ou presque, dresser un réquisitoire contre l'hitlérisme et dédier l'un de ses derniers textes, *Le Chemin de la Croix-des-Ames* à son vieux maître, Edouard Drumont ?

Le problème, à la limite, ce n'était même pas l'antisémitisme comme tel ; ce n'était pas l'énoncé de la thèse et, pour ainsi dire, le passage à l'acte ; c'était, en amont de l'énoncé, dans ce secret nocturne des textes où se fomentent les actes de pensée, l'identification d'une matrice, à la fois philosophique et littéraire, dont la plupart des éléments se perpétuent jusqu'aujourd'hui et qu'il suffit de synthétiser pour qu'apparaisse, sinon le pire, du moins son site : culte des racines et dégoût de l'esprit cosmopolite, haine des idées et des intellectuels dans les nuées, antiaméricanisme primaire et refus des « nations abstraites », nostalgie de la « pureté perdue » ou de la « bonne communauté » – telles étaient les pièces de la machinerie qui, lorsqu'elle tourne à plein régime et lorsqu'elle vient, aussi, au contact de l'Evénement, dessine la forme française du délire, et l'accouche.

L'Idéologie française était un livre, non d'histoire, mais de philosophie.

C'était un livre qui, lorsqu'il disait « pétainisme », entendait une catégorie, non du temps, mais de la pensée.

C'était une sorte de « décodeur » théorique à mettre entre toutes les mains puisqu'il n'avait d'autre objet que de déchiffrer les signes du fascisme ordinaire, et français.

Vingt-cinq ans après, où en sommes-nous ?

Nous avons eu un président de la République qui a pu revendiquer à la fois, et sans contradiction, son passé de pétainiste et de résistant : je l'ignorais à l'époque – mais quelle leçon ! quelle improbable, mais implacable, illustration de ma thèse !

Nous avons assisté à trois procès exemplaires : Barbie, Touvier et, enfin et surtout, Papon, le préfet sans honneur qui, dans le moment même où il offrait des gages à la Résistance et au gaullisme, continuait de parapher des arrêtés envoyant des enfants à Drancy. Des étourdis en furent troublés. De plus malins en tirèrent argument pour plaider l'absurdité du procès, voire le non-lieu. Pour moi c'était la preuve même de ce que j'avais avancé dans ce livre : nulle inconséquence ; même pas de paradoxe ; ou alors le paradoxe même qui constitue « l'idéologie française » – cette machine à programmer, à la fois, l'indifférence au sort des juifs, l'insouciante vision d'une France épurée de sa part « étrangère » et la volonté, néanmoins, de s'opposer à l'occupation du sol national par les « Boches ».

Nous avons vu naître, puis grandir, le Front national, qui ne cesse de clamer qu'il n'est pas un parti nazi, qu'il ne veut abolir ni la démocratie ni la République et que, s'il arrive un jour au pouvoir, il n'ouvrira pas de camps – mais qui n'en est pas moins (reste-t-il beaucoup d'observateurs pour en douter ?) obsédé de racisme et de xénophobie, ivre d'une haine rance des « juifs » et de leur « complot » : fasciste sans l'être ; antisémite, mais à la française ; plus proche, encore une fois, des ligues d'anciens combattants des années 30 que d'un groupe de SA ou de SS ; encore et toujours « l'idéologie française », sa barbarie tranquille, sans chemises brunes ni croix gammées.

Et puis nous avons vu, enfin, une classe politique crétinisée qui, à force de ne la penser, cette barbarie, que dans sa forme noire, à force de garder l'œil fixé sur la ligne bleue d'un passé qui, par définition, ne reviendra jamais, a manqué le seul événement dont elle avait à se soucier : l'apparition justement, et la montée en puissance, de ce Front national tel qu'il est. Encore et toujours « l'idéologie française ». Encore et toujours, engendré par la même machine, l'aveuglement à ce qui fait la spécificité de notre délire hexagonal.

De ce livre, aujourd'hui, je ne regrette rien.

Ni les pages sur Péguy qui ont, à l'époque, tellement choqué – ni celles sur Mounier, équitables, fondées sur une relecture attentive des textes.

Ni le chapitre sur le Parti communiste et sa période « nationale » (le moment où son discours frôle, jusqu'à le mimer, celui du pétainisme), ni la page, tant décriée, sur l'école des cadres d'Uriage (cette « quintessence », en effet, du pétainisme).

Je persiste, oui, et je signe, pour la bonne et simple raison que l'histoire des idées n'est pas celle des armées : on peut avoir été maréchaliste dans l'âme et actif dans les maquis (le cas, justement, de Mounier) ; on peut avoir été, à l'inverse, antipétainiste radical et résistant sans éclat (le cas, entre autres, de Sartre) ; la seule question qui demeure, après cela, étant de savoir ce qui vaut mieux – l'homme « actif » qui transporte, jusque dans le maquis et au-delà, sa boîte à outils maréchaliste ou l'intellectuel moins courageux mais qui n'a jamais, dans la Pensée, transigé avec l'infamie (ou encore, mais c'est l'exception, la poignée de ceux qui, tels Jean Cavaillès ou Jean Prévost, ont su être ceci et cela : intellectuels impeccables et combattants admirables, témoins de la vérité et martyrs de la lutte armée contre le fascisme allemand et français – nos héros).

Pas un mot, donc, à retrancher.

Pas une ligne que, à quelques réserves formelles près, je ne réécrirais, un quart de siècle plus tard.

Mon livre mal né, mon péché, ma faute originelle et impardonnable, sans doute. Mais aussi, peut-être pour les mêmes raisons, celui de mes livres qui, en moi, répondait au plus impérieux des devoirs – et auquel je dois, aujourd'hui, la meilleure part de ma sérénité.

23

Plaidoyer pour un journalisme engagé[1]

1

Pourquoi revenir sur cette « affaire *Le Monde* » ? Pourquoi là ? Aujourd'hui ? Et quelle affaire, au juste ? Et en quoi intéresse-t-elle, cette affaire, une revue comme la nôtre ? Le symptôme, d'abord. Le sentiment, dès que parurent cette série de livres dirigés contre le journal de la rue Claude-Bernard, d'une

1. Ce texte est paru dans *La Règle du Jeu* de mai 2004, n°25 ; il fut publié, et écrit, après parution d'une série d'ouvrages consacrés au journal *Le Monde* – en particulier l'ouvrage de Pierre Péan et Philippe Cohen, *La Face cachée du* Monde (Fayard).

musique familière, d'un air connu, d'un déjà-vu et déjà-entendu. Colombani, francophobe ? Plenel, agent d'une puissance étrangère ? Minc, financier cosmopolite, quasi-trafiquant d'influence ? Les trois présentés, ensemble, comme les militants d'une antiFrance qui ne dirait pas son nom mais qu'auraient débusquée nos bataillons de procureurs ? Les charges contre les personnes ? Pour mieux atteindre les personnes, les attaques contre leurs généalogies respectives, le père de l'un traité en mussolino-trotskiste, celui de l'autre en trotsko-fasciste ? Ailleurs, en d'autres temps, j'ai vu dans ce type de thèmes, d'arguments, de méthodes, la marque de fabrique des idéologies les plus douteuses. Les temps changent. Pas les concepts. Ni les mots qui les désignent. Cette idée d'un *Monde* jadis voué au service de l'identité nationale et transformé, maintenant, en organe central d'un parti xénophile, cette image d'un journal qui était l'un des haut lieux de la défense et illustration de la France et dont un gang de francophobes aurait fini par prendre le contrôle, ce ton, cette véhémence, cette exaltation démonstrative, cette manie de voir des complots partout, cette manière inimitable de pointer un trait, puis de le surinterpréter et d'y voir une pièce à conviction essentielle dans un procès préfabriqué, tout cela, oui, signait le retour d'une musique que je ne connaissais que trop – encore, toujours, plus que jamais, les rengaines de *L'Idéologie française*.

Alors, bien sûr, je suis un peu embarrassé. Car, entre ce premier instant et aujourd'hui, entre le moment où j'ai pensé revisiter, à la lumière de cette « affaire *Le Monde* », les grands massifs d'une « Idéologie » pointée il y a presque vingt-cinq ans et le jour où ces lignes seront lues, entre le moment où j'ai eu le sentiment immédiat, instinctif, que nous avions, *Le Monde* et moi, *Le Monde* et nous, ici, à *La Règle du Jeu,* les mêmes adversaires idéologiques et la vérification, ici, de cette intuition, il s'est produit un événement qui pourrait me compliquer la tâche. Cet événement, je n'en sais, pour l'heure, que ce qu'en dit la presse. C'est le fait que le coauteur de l'un de ces livres acharnés à détruire *Le Monde* travaillerait, aux dernières nouvelles, à un ouvrage destiné, lui, à me nuire. Alors, *Le Monde* et moi, même combat ? Pour eux, pour moi, les mêmes adversaires, non seulement politiques, mais personnellement identifiés ? Et mon tour de vivre cette étrange expérience dont je me rappelle avoir entendu Jean-Marie Colombani, mais sans bien comprendre ce qu'il voulait dire, décrire le malaise où elle le plongeait ? Mon tour de me sentir pisté, épié, par les mêmes rôdeurs ? Mon tour de deviner, au-dessus de ma tête, cette petite menace diffuse, et d'autant plus désagréable que l'on ne sait ni quand ni comment elle va frapper ? Eh bien voilà. Je ne pensais pas si bien dire. Et, face à cet élément nouveau, face à cet événement inattendu et déroutant, face à l'annonce, pour le dire d'un mot, de ce « travail » biographique de Philippe Cohen, j'ai eu le choix. Soit : difficile d'être juge et partie – vu que je me trouve interpellé par les mêmes, et peut-être sur le même ton, la logique, le *bon ton*, voudraient que je laisse passer et renonce. Soit, au contraire : comme c'est étrange ! quelle confirmation à la fois de mon intuition, de mes réflexes, de mes thèses ! alors, à la guerre comme à la guerre ! sans états d'âme ni remords, froidement, calmement, invitation supplémentaire à ne pas dévier du chemin tracé et à replonger dans cette « Idéologie française » suite et fin !

Souverainisme. Nationalisme. Méfiance à l'endroit du métis et du cosmopolite. L'argent. Le diabolique argent qui, vu depuis la rue Claude-Bernard, est ce qui donne au journal la force de son indépendance à l'endroit des vraies puissances de ce monde mais qui, sous la plume de ces gens, devient systématiquement suspect, nécessairement corrupteur, l'organe, le propre outil, du démon. L'Amérique, bien sûr. Ce « nous sommes tous américains » écrit dans la froide émotion du 11 Septembre et que l'on n'a visiblement pas fini de vouloir faire payer au directeur du *Monde*. Cette « Amérique intérieure », cette Amérique dans les têtes et dans la langue, dont la dénonciation est, depuis près d'un siècle, de Valois à Le Pen en passant par Drieu la Rochelle et Brasillach, l'un des thèmes récurrents de l'extrême droite et qui revient de plus belle. Renaud Camus, ah ! l'indigne façon dont ce journal en la personne, notamment, de son directeur de la rédaction a osé traiter le bon Renaud Camus – sa façon de nous faire la leçon en s'étonnant qu'un écrivain puisse, à ses heures perdues, s'amuser à compter les juifs présents sur les antennes des radios de service public et trouve, pour publier ses comptages insanes, un éditeur complaisant. Et puis « La France moisie », ce très fâcheux article de l'un des « éditorialistes associés » du journal, Philippe Sollers, qui se permettait, lui, de fustiger une certaine façon d'être ensemble, de faire lien, de se constituer en communauté ou en nation où les intéressés eux-mêmes – mais oui, ce sont eux, les intéressés, qui ont tout de suite vendu la mèche, ce sont eux qui ont nommé la chose et, en un incroyable lapsus, se sont pour ainsi dire démasqués – où les intéressés, donc, eurent vite fait de désigner un héritage du pétainisme. Voilà ce que disent ces livres et, notamment, celui de Péan-Cohen. Voilà, aux yeux de leurs auteurs, le fin mot des péchés du *Monde*. Et voilà pourquoi j'affirme que c'est tout le tableau de bord de l'« Idéologie française », tous ses clignotants, ses clichés, qui se sont allumés ensemble, mis au vert, sous nos yeux.

Péan, Cohen, les autres, la plupart des autres, se disent, et se croient, « de gauche » ? Ils attaquent la direction de ce journal au nom d'une conception « républicaine » de la presse ? La belle affaire ! Comme si ce type de considération avait, en la circonstance, la moindre signification. Comme si ce n'était pas là, très exactement, le style de partage qui se brouille, puis vole en éclats, dès lors qu'on le regarde avec, dans l'œil, cette grille de lecture. Je me souviens d'un article que j'avais donné, il y a presque vingt-cinq ans, au *Matin* de Claude Perdriel. Nous sommes en 1981. La gauche vient, en principe, de terrasser la droite au pouvoir depuis 1958. Et, fustigeant la « droite dans la gauche », dénonçant un certain cours « réactionnaire » qui emporte déjà le mitterrandisme triomphant, observant, pour être précis, la pénétration du corpus idéologique des socialistes par des thèmes venus de la tradition nationaliste, du culte des morts barrésien ou même de la distinction, chère aux mouvements préfascistes d'avant 1914, entre capital national et cosmopolite, j'écris donc un article qui s'intitule « La droiche » et qui vise, en particulier, un politicien maurrassien reconverti dans la gauche jeunes-turcs et qui est l'incarnation parfaite de ce brouillage général des repères. Il s'appelle, ce politicien, Jean-Pierre Chevènement. Il est, en ce temps-là, l'un des espoirs de François Mitterrand. Au point que, cinq ans plus tôt déjà, quand, dans une première communication au « Groupe des experts » où je venais d'entrer, je m'étais risqué à attaquer la douteuse coloration « rouge-brun » de la théorie chevènementiste de l'autogestion, le futur Président, alors premier secrétaire, m'avait gentiment mais fermement objecté qu'il appréciait, lui, au contraire, cette façon de ne « rien lâcher de l'Histoire de France » et, en la prenant « par les deux bouts », d'en incarner le « milieu » et la « vérité ». Eh bien cette offensive contre *Le Monde* c'est, un peu, du chevènementisme appliqué. C'est un autre exemple, vingt-cinq ans après, du type de court-circuit que Chevènement a représenté. Dire de cette affaire qu'elle fut un moment de l'histoire de « l'idéologie française », c'est parler d'une offensive venue, non pas indifféremment, mais conjointement, de la droite et de la gauche unissant, pour l'occasion, le pire de leurs mauvais génies. Dumas plus les officines de l'Elysée ? La mitterrandie obscure, plus le gaullisme d'affaires ? Oui. Mais, avant cela, la droiche. La synthèse prépolitique des deux inspirations. Le précipité poisseux des deux métaphysiques. Deux trous noirs idéologiques qui, ensemble, forment un attracteur du pire.

Autre souvenir. Récent celui-là. Nous sommes en mars. Peut-être avril. Le livre de Péan-Cohen vient de paraître. Et nous sommes, avec Plenel et, justement, Sollers dans un bar d'hôtel, à Paris, en train d'ourdir, comme il se doit, l'une de ces prétendues conspirations dont la presse, à l'époque, se faisait régulièrement, complaisamment et assez ridiculement l'écho. Plenel est mélancolique. Il est en colère, combatif, mais un peu mélancolique à l'idée de ces confrères qui, à de rares exceptions près, se sont bien gardés de prendre la défense, non seulement du *Monde*, mais des règles et usages d'un métier que cette batterie de livres, d'enquêtes mal faites et bâclées, mettaient si visiblement à mal. Solitude du *Monde*, semble-t-il penser. Force d'une haine qui, comme toutes les passions tristes, rend aveugle à ce qui devrait être, pourtant, l'intérêt vital et bien compris de tous. Et puis cette question qu'il pose devant nous et qui, si la réponse était oui, serait la vraie leçon, à ses yeux, de l'affaire : le chevènementisme souverainiste l'aurait-il définitivement emporté ? le populisme new-look qui constitue la vraie pensée unique du temps aurait-il vaincu ses dernières résistances ? l'attitude si étrangement suicidaire de la presse en face d'un règlement de comptes qui la concerne, pourtant, tout entière signifierait-elle que l'« idéologie française » est devenue, avec le temps, la propre pensée de la France ? Et mon sentiment, alors, que oui et non. Peut-être plus non que oui. Le sentiment, l'idée, qu'un renversement de perspective pourrait, aussi bien, s'imposer. Non pas : « misère ! la presse, la France entière, sont gagnées par les thèses souverainistes, le populisme anti-intellectualiste et anti-élites. » Mais : « il y a un journal, et quel journal ! qui échappe au consensus ; il y a un journal, et c'est *Le Monde*, qui baigna peut-être autrefois, lui aussi, dans le marécage mais qui, précisément, s'en est extrait ; et c'est bien là, dans cet écart, dans ce bond hors du rang des populistes, dans cette irrégularité politique, morale, métaphysique, qu'est à chercher la vraie raison pour laquelle il est devenu si essentiel, si vital, de le discréditer ou de l'abattre. »

D'ailleurs écoutons-les, dis-je, ce jour-là. Voyons d'un peu plus près l'acte d'accusation tel qu'il se répercute, d'heure en heure, dans les gazettes et sur les ondes. Ce qui frappe, dans ce procès, c'est qu'on le fait toujours au nom d'un autre *Monde*, d'une autre image du *Monde* – ce qui frappe c'est ce côté « Aventuriers du *Monde* perdu » qu'ont tous ces Cohen, Péan, et autres Poulet. Ah, *Le Monde* d'hier ! semblent-ils dire. Ah, *Le Monde* de notre jeunesse ! Ah, ce *Monde* idéal, adressé à un public idéal, sur lequel veillaient les figures tutélaires de Beuve-Méry, puis de Fauvet ! Passons sur cette idéalisation rétrospective. Passons sur les erreurs que commit, comme tous les journaux vivants, ce *Monde* d'autrefois. Passons sur l'éloge du polpotisme, le Portugal, les grands délires militants de l'époque de la révolution chinoise, la chasse au Giscard de 1981, l'affaire des diamants du septennat, j'en oublie probablement – passons sur toutes ces bévues dont l'addition vaut bien tel faux scoop mal orchestré par *Le Monde* nouvelle période. L'important, c'est : à quoi ressemblait-il, vraiment, ce *Monde* idéal d'hier ? L'important, l'essentiel, c'est : quelle fut, par-delà telle ou telle péripétie, l'inspiration, sinon fondamentale, du moins originaire, du journal dont on est en train d'opposer l'image nostalgique et rêvée au journal concret d'aujourd'hui ? Or, pardon d'y revenir. Mais relisez, là aussi, *L'Idéologie française*. Relisez les pages qui y étaient consacrées à Uriage, cette école de cadres qui entra en résistance, fin 1942, au moment de l'occupation de la zone sud par l'armée allemande mais qui fut, avant cela, l'un des hauts lieux de diffusion de ce mixte de maurrassisme, de péguysme, de proudhonisme, où tint l'essence du pétainisme. Il se trouve que ce premier *Monde* dont on nous chante partout la louange sortait, pour partie, d'Uriage. Il se trouve que certains de ses fondateurs, à commencer par Hubert Beuve-Méry lui-même, avaient été formés, comme toute une foule de cadres politiques et culturels de la France de l'immédiat après-guerre, par ce moule si particulier et dont on a longtemps sous-estimé l'importance dans la généalogie de la France moderne. Je ne dis pas qu'ils en aient été prisonniers. Ni que se résume à cela l'identité politique du journal des années 50 ou 60. Mais que *Le Monde* actuel, ce *Monde* dont on est en train d'instruire le procès et qui serait notamment coupable d'être infidèle à son héritage, soit un *Monde* qui a trempé dans « l'idéologie française », qui en a même été l'un des laboratoires, mais qui, au terme d'un travail sur soi dont l'histoire reste à faire mais dont on sait, d'ores et déjà, ce qu'il doit à son actuelle direction, a fini par en sortir, voilà qui me paraît assuré et voilà qui, à bien y penser, est peut-être son vrai crime aux yeux de ses procureurs d'aujourd'hui.

Je résume. Trois démarches possibles. Démarche numéro 1 : ce monde n'est plus le monde ; *Le Monde* n'est plus *Le Monde ;* platonisme du pauvre ; propre définition du ressentiment ; éternelle manie de ne voir, en ce monde, qu'usurpation, contrefaçon, imitation, décadence ; absurde ! ridicule ! et thématique qui, par parenthèse, a l'âge du *Monde* lui-même puisque Jacques Fauvet se voyait déjà accuser, comme Jean-Marie Colombani aujourd'hui, d'être antifrançais, agent des Russes, traître à l'esprit des fondateurs et aux mânes de Beuve-Méry. Démarche numéro 2, soit complémentaire de la première, soit, chez Péan-Cohen, alternative : ce monde en cache un autre ; la face cachée du *Monde ;* la vraie scène n'est pas ici, mais là, dans ce grand jeu des origines dont on ne donne à voir que l'ombre portée : platonisme, encore ; obsession, sinon du complot ou de l'occulte, du moins, à la lettre, d'un arrière-monde et d'une part tue des choses ; l'autre visage du ressentiment ; l'autre définition de la volonté de vengeance, de sa conscience éternellement malheureuse, de ses incriminations perpétuelles ; l'amertume ; la haine ; cette haine dont on aimerait dire, renversant Spinoza, qu'elle est, après le remords, l'ennemi fondamental du genre humain ; et puis, soit dit en passant, la meilleure manière de ne pas lire et de manquer le vrai débat qui mériterait d'être lancé et qui concerne la façon de fonctionner, de déchiffrer l'actualité, d'opiner et de faire opiner, d'un grand journal comme *Le Monde*. Démarche numéro 3, la meilleure : un *Monde* avant ce *Monde,* oui ; une archéologie, une périodisation, une véridique histoire du *Monde*, d'accord ; mais Nietzsche plutôt que Platon ; le marteau de la généalogie contre les pièges de l'idéologie du complot et de ses causalités diaboliques ; où l'on découvre, non seulement que l'essentiel des arguments employés contre *Le Monde* sont des arguments de source quasi pétainiste, mais, plus grave et, surtout, plus intéressant, que sa vraie faute, son crime, ce qui le rend si éminemment attaquable, c'est, justement, et symétriquement, de s'être dessourcé, d'avoir rompu le pacte initial – où l'on découvre que le péché du trio Colombani-Minc-Plenel, leur crime le plus redoutable et le plus impardonnable, est peut-être d'avoir, je le répète, créé une sorte de zone libérée dans la France de « l'idéologie française ».

2

Mais on fait, au *Monde*, un autre reproche. Il donne son titre, ce reproche, à un autre de ces livres qui, pour la première fois, à ma connaissance, dans l'histoire de la presse française, semblent s'être donné le mot pour tenter de mettre à mort un grand journal indépendant : un « journal qui veut changer la France ». Quoi ? semble demander, et s'indigner, l'auteur de ce second livre. La France, vraiment ? Pourquoi pas le monde, tant que l'on y est ? La planète ? L'espèce humaine ? Pourquoi pas le révolution ? Changer l'homme en ce qu'il a de plus profond ? Et est-ce la tâche d'un journal de prétendre influer ainsi sur le cours concret de l'histoire des hommes ? Les journaux ne sont-ils pas là, telle la chouette de Minerve, pour traiter de l'Histoire advenue, commenter l'événement survenu, attendre que la péripétie ait refroidi pour, la purgeant de ses qualités secondes, en donner la juste description et la remettre sur la bonne orbite ? Quelle insolence ! Quel culot ! Quelle singulière et intolérable ambition, chez ces Borgias, ces Machiavels, ces grands manipulateurs auto-institués censeurs, procureurs, arbitres des gloires et des vérités, de prétendre faire du langage journalistique, de sa chair grise et périssable, autre chose, comme disait Foucault, qu'une surface neutre, transparente, juste vouée à réfléchir, composer, décomposer, le monde ! Tel est le second grand reproche. Tel, le second angle de l'attaque. Pas plus que le premier, il n'est complètement infondé. De même, plus exactement, que le procès en anti-France pointait, sans le vouloir, cet événement réel qu'est, de la part du *Monde,* la sortie hors du rang des pétainistes, de même cet étonnement, cette indignation, cet autre appel aux mânes des pères fondateurs supposés détenteurs du goût et du sens de l'information pure, disent indéniablement quelque chose de ce qu'est devenu le journal. Et il faut, pour le comprendre, revenir, là aussi, un peu en arrière.

Je me souviens, à nouveau, du *Monde*. Je me souviens, lorsque j'avais 20 ans, de ce digne, de cet auguste, de ce solennel journal de référence qui faisait presque figure, alors, de second

Journal officiel. Il y avait Fontaine et Viansson-Ponté, sans doute. Il y avait la rubrique « Agitation » créée au moment, ou au lendemain je ne sais plus, des événements de Mai 1968. Il y avait, déjà, *Le Monde des Livres* où officiaient Jacqueline Piatier et la jeune Josyane Savigneau. Il y avait toute une génération de journalistes qui arrivaient dans le métier animés de cette vive curiosité à l'endroit du multiple, du divers, du fait divers, qui allait faire craquer, au *Monde* comme ailleurs, le carcan du journalisme traditionnel. Il y avait, comme à *Libération*, le commencement du désir de traiter à égalité l'actualité minuscule et les événements majuscules – le vierge, le bel, le vivace aujourd'hui et les tendances lourdes de l'Histoire. Mais enfin la tonalité d'ensemble n'était pas là. La musique du journal était encore loin, très loin, de rompre avec les grandes orgues du journalisme de convention. C'était la bible des Sciences-Po. Le bréviaire de la pensée unique. C'était un signe de distinction chez les huissiers des ministères et les gommeux des facultés de droit. On lisait *Le Figaro* pour son carnet et ses petites annonces. On le lisait, lui, pour ses bulletins de l'étranger, ses points de vue institutionnels, la chronique des nominations dans les cabinets, les résultats des concours, la coulisse de la vie parlementaire, la vie des partis – c'étaient, bien souvent, des commentaires polis jusqu'à la transparence sur un monde dont on avait le sentiment qu'il avait été, au préalable, vidé de sa substance. Non pas, je le répète, que *Le Monde* se réduisît à cela ni que l'on s'y désintéressât de l'actualité chaude. Mais il y restait quelque chose de la vieille méfiance occidentale, c'est-à-dire philosophique, vis-à-vis de la curiosité – il y restait, comme dans toute la presse française de l'époque à l'exception, peut-être, de *Libération,* ce je ne sais quoi de solennel, d'empesé et, du coup, d'un peu servile, que dénonçait Karl Kraus dans ses *Derniers Jours de l'humanité.* Et il est vrai que les dix dernières années ont opéré, par rapport à ce *Monde*-là, une révolution assez radicale.

De journal de référence, quand ce n'est pas de révérence ou de déférence, il est devenu un journal d'interpellation, non pas exactement de l'ordre établi, mais des puissants et de leur impunité ancienne. L'alliance avec les juges ? La rupture, par *Le Monde* mais pas seulement par lui, de ce droit des citoyens qu'est le secret de la chose en jugement ? Le journalisme à l'estomac ? Les articles moralisateurs ? Justiciers ? Les dommages collatéraux sur les personnes inutilement interpellées ? Oui, sans doute. Et, de cela, de l'acharnement sur tel ou tel, des méthodes parfois expéditives qui présidèrent à la mise en cause de présumés innocents devenus, au miroir de la presse, des présumés coupables, de la volonté de pureté qui va avec, bref, de la politique du soupçon pratiquée par toute la presse mais dont *Le Monde*, compte tenu de ce qu'il représentait, aurait eu honneur à s'excepter, l'on ne pouvait, bien entendu, que s'inquiéter. Mais une forme d'exigence démocratique était, qu'on le veuille ou non, à l'origine et au cœur de la démarche. Celle de mettre les puissants dans la lumière. Celle de les exposer, pour la première fois, à la légitime curiosité du public. L'inversion, en un mot, de ce fameux « Panopticon » qui, parce qu'il plaçait les sujets sous l'œil du souverain, figurait, selon Jeremy Bentham, l'essence même de l'autorité. On peut trouver ce geste sacrilège. On peut estimer que le « Panopticon » n'est pas fait pour se renverser et mettre les maîtres sous l'œil de leurs assujettis. On peut même, comme Claude Durand, éditeur et coauteur de fait du livre de Péan et Cohen, juger que l'heure est venue, en « investiguant sur les investigateurs », de stopper cette inversion folle et de donner un coup d'arrêt au pouvoir devenu exorbitant des journalistes. On peut, en d'autres termes, faire passer le service de la vérité après celui d'une raison d'Etat entendue au sens large, non plus de l'Etat comme tel, mais de ce tout-Etat, ou de ce Parti-Etat, qu'engendre la déshérence de la forme politique. Mais on peut aussi penser – et c'est, non seulement ce que pense *Le Monde,* mais ce qu'il donne à penser, depuis dix ans, à ses lecteurs – qu'il n'y a, en démocratie, littéralement plus d'espace sacré ; qu'il n'y a pas de raison d'Etat qui mérite que l'on étouffe, à quelque niveau que ce soit, la manifestation de la vérité ; et l'on peut surtout estimer qu'ils furent bien frivoles ceux des confrères qui prêtèrent la main à cette opération de déstabilisation méthodique – comme s'ils ne savaient pas que ce combat pour la vérité est le combat de toute la presse et que si *Le Monde* cédait, ou reculait, ce serait toute la profession qui, avec lui, trébucherait.

De journal de consensus voué à doter le corps social, à la nuit tombée, d'une image pure, réconciliée, aseptisée, de lui-même, de journal institutionnel attaché, face à deux opinions discordantes, à trouver et marquer le point de l'esprit à partir duquel elles cesseront d'apparaître incompossibles, il est devenu un journal de dissensus, attaché à creuser, accuser, les différends qui constituent, en même temps qu'ils paraissent la ruiner, l'unité conflictuelle qui, comme toujours en démocratie, fait la communauté de ce pays. Obsédé par Vichy, *Le Monde* ? Par la guerre d'Algérie ? Par l'histoire coloniale de la France, ses illusions, ses crimes, et la façon dont tout cela s'est déposé dans nos consciences et, désormais, les constitue ? Obsessionnellement occupés, ses patrons, non pas à cautériser, mais à aviver, aiguiser, exaspérer, les blessures, les plaies ou, pour parler comme Alain Badiou, les événementialités obscures qui font notre présent et divisent les Français ? C'est vrai. Mais, loin d'être le crime que disent Péan-Cohen, loin d'être le signe de la vision sombre, ressentimentale, qu'ils s'attachent à décrire, ce trait est à l'honneur du journal. C'est l'une de ses vertus à mes yeux les moins contestables. C'est l'un des points par lesquels il touche à l'exigence de différend formulée par tous les penseurs sérieux de la grande tradition démocratique. Machiavel : irréductibilité de la division entre le peuple et les grands. Montesquieu : la rumeur du conflit social consubstantielle au climat de liberté qui règne ou non dans une société. De Tocqueville à Constant, Arendt ou Leo Strauss, tous les modernes ou presque : le pouvoir comme lieu vide, résistant aux entreprises de totalisation de l'espace social ou mental. Et la presse, donc, quand elle parvient à se hisser, comme *Le Monde,* au meilleur de sa vocation : non la réconciliation, mais le travail sur les grandes scènes productrices de grand schisme ; non l'effacement, mais le creusement, l'élargissement, l'excavation obstinée, de toutes les failles qui ont secoué, au fil du siècle, un pays comme le nôtre ; non l'oubli, mais ce que, dans un colloque organisé justement par *Le Monde* au sujet du traitement à réserver aux crimes totalitaires du XXe siècle, j'appelais récemment une mémoire politique « infinie ».

Car il faut encore évoquer, pour comprendre l'évolution récente de cette presse française et, en particulier, du *Monde*, le singulier destin de la politique à l'âge moderne. Elle a été, la politique, l'âme de l'Europe et même, si l'on en croit Marx, de la France en ses riches heures. L'Allemagne avait la philosophie. L'Angleterre, Adam Smith et l'économie. Eh bien la France avait la politique et cette politique, depuis la Révolution française, était constitutive de son identité et de son destin. Or voici venu le temps de la fin, non seulement des idéologies, mais de la politique comme telle. Voici venu le moment de l'extinction, partout, et aussi dans notre pays, des partages qu'elle instituait, des paradigmes qu'elle instaurait. Voici, partout triomphante, cette nouvelle façon, entre deux mots, de choisir systématiquement le moindre et, entre les différents partis, voire les différentes sensibilités, qui se disputent l'espace public, de rivaliser dans le mimétisme ou de faire assaut, ce qui revient au même, de moralisme. Et le fait est que, dans ces sociétés post-politiques, voire post-historiques ou voulant désespérément croire à notre entrée dans la post-Histoire, le fait est que, dans un monde où les Etats ne répondent plus qu'au coup par coup aux sollicitations d'une opinion aussi frivole qu'émotive et dont le régime de réaction aux événements s'apparente de plus en plus à celui du « Téléthon », le fait est, donc, que c'est la presse qui, dans ce monde, reprend de plus en plus souvent le flambeau qu'ont laissé tomber les idéologies. Un *Monde* politique ? Idéologisé ? Un *Monde* où la bataille d'opinion semble parfois aussi importante que l'exigence d'information ? Un *Monde* où l'on fait campagne pour Balladur et contre la corruption de l'esprit public ? Pour la vérité et contre les non-dits qui structurent l'espace civique ? Un *Monde* où l'on essaie de dire ces non-dits ? Ces secrets ? Un *Monde* où, dans les limites, bien entendu, du respect des personnes et de leur vie privée, on se fait aussi un devoir de rompre les omertas, les pactes de silence et de corruption, qui unissent les grands de ce monde ? Eh oui. Bien sûr. Déplacement des lignes. Forme nouvelle de la démocratie à l'âge du tout-puissant visible. Place de la presse, plus exactement, dans une démocratie aux prises avec les chimères de la post-Histoire et rêvant de s'éployer dans un espace sans arêtes, définitivement blanchi, où finirait par s'estomper ce qui, entre les sujets, avait l'habitude de faire clivage. Tout se passe comme si la politique, dans les démocraties de cette espèce, se retirait telle une marée. Et tout se passe comme si elle refluait vers d'autres lieux, à commencer par les journaux.

Prenez le Rwanda et son génocide occulté. Prenez la Bosnie et la façon qu'eurent les Etats, face à la purification ethnique et le retour des camps de concentration sur le sol de l'Europe, d'achever de mettre au point un type de décision rompant avec tout ce que l'on avait connu, jusque-là, sous le nom de politique et consistant en une collection de gestes humanitaires, en envoi de couvertures et de Casques bleus. Prenez, à l'heure où j'écris ces lignes, le cas de la guerre oubliée du Soudan et la façon dont elle revient, un peu, dans le débat public. A qui le devons-nous ? Qui, en Bosnie puis au Kosovo, parla de paix et de guerre, de guerres justes et injustes ? Qui, à l'heure où sautait aux yeux la péremption manifeste de la forme d'Etat, tenta de rester fidèle à l'éthique, non de conviction, mais de responsabilité et expliqua, simplement, concrètement, ce qu'il était possible de faire pour lever, au moindre coût, le siège de Sarajevo ? Les intellectuels, sans doute. Un petit groupe d'intellectuels, toujours les mêmes, à commencer par l'auteur de ces lignes. Mais, également, la presse, reporters de guerre et éditorialistes associés dans le même combat pour la vérité, la probité, la responsabilité. Mais, dans la presse, et en particulier dans *Le Monde*, des intellectuels-journalistes prenant la plume, la portant dans la plaie et, la guerre de Bosnie terminée, se rendant, qui en Tchétchénie, qui dans les monts Nouba, au Sud-Soudan martyr, pour tenter de contribuer à cette manifestation d'une vérité mise sous le boisseau par ceux-là mêmes à qui en incomberait, en principe, le devoir. Grandeur du journalisme : produire, je l'ai dit, du différend. Grandeur du journalisme : au lieu du « deux se résout en un » qui est la nouvelle loi des Etats, le « un se divise en deux », le bon « duel » des points de vue, par quoi commence la politique. Mais grandeur, encore, des journalistes, des journaux et des intellectuels qui tentent de refonder, avec eux, la grande alliance nouée, jadis, par le Hegel de la *Gazette de Bamberg*, le Marx des années 1843-1844 puis des articles des années 1860 au *New York Daily Tribune*, par Orwell, Hemingway, le Hugo de *Choses vues,* le Zola de *J'accuse,* tant d'autres : quand les Etats démissionnent, quand les supposés politiques s'en tiennent au commun dénominateur de l'émotion et de l'opinion, quand les organisations nationales et internationales, les instances officielles en général, renoncent, à Sarajevo ou Grozny, à toute espèce de volonté et se sentent quittes, au Soudan, de leurs devoirs en votant de vagues résolutions sans portée ni analyse, être les derniers lieux où se trouve encore posée la question de l'inhumain et des moyens d'y résister. Il existe, bien distincts, deux types de « politique des droits de l'homme ». Celle des grands Etats modernes qui font des droits de l'homme l'alibi nouveau, providentiel, de leur absence de choix. Celle des intellectuels et, plus encore, des journaux qui en font le levier d'une interpellation tous azimuts de ces pouvoirs démissionnaires et, de fait, assassins.

Alors, on peut, et il va de soi que c'est mon cas, se réjouir de cette évolution. On peut et on doit, quand on a passé une part de sa vie, sur le terrain, à se heurter aux effets tragiques de cet avènement du post-étatisme et de ce passage à la zone trouble et instable qu'est l'espace métapolitique, se féliciter de ce développement d'un journalisme de service civique devenu le dernier refuge d'un souci, d'un scrupule, de fonctions, tombés en désuétude. On peut et on doit, face aux guerres oubliées de Sierra Leone ou du Liberia, face au génocide en suspens du Burundi, face à toutes ces victimes sans nom, sans nombre et sans visage de guerres dont les Etats ont décidé, une fois pour toutes, qu'elles ne participaient plus de ce qu'il est convenu d'appeler l'Histoire et que seul ce type de journalisme fait encore comparaître, parfois, sous les yeux des nantis, on peut et on doit se réjouir, quand il se produit, de cet activisme de la vérité et du témoignage en quoi consiste un journalisme d'investigation un peu vite réduit à une pratique d'aventuriers et de voyous. Mais on peut aussi le déplorer. Et c'est le cas de Poulet. Et c'est le cas de Péan-Cohen osant reprocher au *Monde* d'être devenu – *sic* – un lieu où l'on « dénonce l'injustifiable » et où se maintient la « ligne de partage » entre « l'humain et le barbare ». Et c'est le cas de cet éditorialiste de *Marianne* qui, lors de la sortie du livre de ces derniers, se félicita – je cite encore – de ce grand geste « thermidorien » c'est-à-dire, si les mots ont un sens, de la tentative de restauration opérée par cette charge contre un *Monde* accusé de reprendre le flambeau, du grand journalisme critique inventé par les hégéliens de gauche du XIXe siècle allemand. Restauration… Restauration… Est-ce un hasard si ce sont les mêmes qui, bien souvent, s'en prennent justement aux intellectuels en général ? si l'esprit libéral-libertaire issu, notamment, du désormais lointain Mai 1968 est une autre de leurs cibles ? si le fait, pour un journal comme *Le Monde*, de « populariser » – je cite toujours Péan-Cohen – des thèmes aussi scabreux que l'homosexualité, le Pacs, la néopornographie, le féminisme, la résistance au fascisme, leur reste en travers de la gorge ? Programme commun de ces gens : achever le beau programme néodémocratique de la fin du XXe siècle ; pas le finir, non ; pas l'accomplir ; l'achever ; vraiment l'achever ; au sens où l'on achève bien les journaux ; au sens de ces vieilles bêtes que l'on pique pour s'en débarrasser ; et c'est pourquoi il flotte, sur cette « affaire *Le Monde* » un si insistant parfum d'ordre moral et de régression.

3

Entendons-nous. La presse d'aujourd'hui n'est évidemment pas exempte de défauts. *Le Monde,* en particulier, n'est pas un journal parfait qui échapperait, au nom d'on ne sait quelle extraterritorialité, à toute discussion, toute critique. Et formidablement bienvenu eût été, au contraire, un vrai et grand débat pointant tout ce qui, dans la pratique quotidienne de ce journal, dans sa manière de faire jour après jour, dans le mode de fonctionnement concret de cette communauté par définition faillible et fautive qu'est, comme toute communauté, la communauté de ses journalistes, contrevient aux principes qu'ils se sont eux-mêmes donnés et auxquels ils ont d'ailleurs pris soin – fait unique, il me semble, dans le paysage de la presse contemporaine – de donner la forme d'une charte, d'un livre des styles et des principes, offerts au jugement de tous et, d'abord, de leurs lecteurs. Mais ce n'est pas de cela, du tout, qu'il s'est agi dans cette affaire. Ce n'est jamais, ou presque jamais, sur ce registre que se sont placés les procureurs. Plus j'y pense, plus je relis ces livres, plus je me plonge et me replonge dans ces récits étranges, enfiévrés, où l'on commence par nous expliquer que *Le Monde*, comme « le poisson », est un animal qui « pourrit par la tête » et où l'on finit sur l'air de la chasse à l'homme, de l'hallali – et plus j'ai le sentiment que c'est d'une vraie querelle de principes qu'il fut question, de bout en bout, dans cette affaire. Principes, d'abord, d'une critique qui, dans le cas de Péan-Cohen toujours, ne nous fit grâce d'aucune ignominie : entre autres, dès les premières pages, sur le registre, familier à tous les corbeaux, du « on-dit » colporté par de « méchantes langues » dont on nous dit bien que ce sont « des méchantes langues » mais dont on évoque tout de même, en détail, les racontars – entre autres, donc, l'infâme portrait, dès le premier chapitre, d'un ancien directeur tombé sous la coupe d'un « damoiseau lascif », jouant les « Dorian Gray » et « stationnant plus que de raison dans l'immense bureau du patron », non sans que « l'amitié entre les deux hommes » suscite, dans la rédaction, une « sourde réprobation ». Mais principes aussi, par-delà le style, par-delà le ton, par-delà ce fumet de délation crapoteux qui flotte sur ce genre de pages, de deux types de rapport au métier, de deux façons d'exercer la profession même de journaliste, qui s'opposent en tous points – et dont je veux dire un mot pour finir. S'il fallait résumer les grands principes qui fondent la presse moderne et donc, aussi, *Le Monde*, s'il fallait énoncer la philosophie du journalisme telle qu'elle est aujourd'hui à l'œuvre dans les grands journaux européens et donc, aussi, au *Monde*, j'en verrais cinq – et je forme l'hypothèse que c'est à ces cinq principes, à ces cinq propositions fondatrices, que pourrait bien en avoir, aussi, le quarteron d'idéologues qui a, voici un peu plus d'un an, déchaîné cette tempête.

Proposition numéro 1. L'Histoire n'existe pas. Nulle part, dans aucun ciel des idées, aucun entendement divin et, à plus forte raison, humain ou étatique, n'existe de version juste de l'Histoire qu'il nous est, à tous, donné de vivre. Il y a la version des faibles et celle des puissants. Il y a la version des peuples et celle des Etats. Il y a la version des grandes institutions. Celle des Eglises. Des polices. Il y a celle de l'individu isolé, atomisé, tourmenté. Eh bien il y a celle des journaux – il y a celle, tout aussi légitime, de ces autres institutions que sont les grands journaux et qui sont parfaitement fondés, de ce fait, dès lors qu'ils déclinent, comme les autres, leurs protocoles d'énonciation, leurs titres et leurs codes, à opposer leur vision du monde aux visions du monde concurrentes et, par exemple, à celle de l'Etat. Comment ? insistent Péan, Cohen, Poulet. L'Etat ? D'égal à égal avec l'Etat ? Ces gens ont le culot de hisser leur petit pavillon, leur infime vision des choses, au niveau de ceux de Sa Majesté l'Etat ? Ils s'en prennent à l'Elysée ? Ils poursuivent de leur réprobation le Président X ou le Résident Y ? Ces quasi-romanciers que sont les journalistes, ces porteurs d'une parole dont l'un des plus grands, Norman Mailer, convint lui-même, un jour de lucidité, qu'elle se tient toujours, par force, aux lisières de la fiction, du songe, presque du mensonge, ces maîtres en chimère et en approximation, ces esprits inexacts, incertains, intranquilles, voudraient s'inscrire en faux contre les maîtres de vérité que sont les hommes de l'Etat ? Eh oui. Heureusement. Effet direct, mécanique, inévitable, du bel et bon agnosticisme qui marque notre rapport à l'Histoire. On a tout à gagner, quand on a compris que l'Histoire n'a pas de sens, à voir les visions du monde se multiplier, se croiser, se contredire. On a toujours raison, quand on sait que la démocratie c'est le doute, l'inquiétude, le vacillement nécessaire des repères, des certitudes, des dogmes, de souhaiter qu'émettent cent foyers distincts d'information et de pensée. Ami de la démocratie, celui qui se félicite de voir les grands journaux, tous les grands journaux et donc, par définition, *Le Monde* afficher, eux aussi, leur perspective, leur principe de regard, leur part de vérité et la matérialité des mots, des règles, pour la dire.

Proposition numéro 2. La vérité existe mais se dit en plusieurs sens. On peut, naturellement, estimer l'inverse. On peut, si l'on est platonicien, croire en un être caché des choses, prédestiné à ce que nous le connaissions, et que seule une méditation essentielle, définitive, sans médiations ni travail, permettra un jour d'embrasser ; et alors, oui, le journalisme est l'ennemi ; et alors, oui, il faut tourner le dos au journalisme et à ses funestes prétentions ; et alors, oui, l'exercice même du journalisme est une pratique profane, prosaïque, qui nous tient dans la caverne et n'aura jamais rien de commun avec le service de la vérité. On peut, au contraire, être moderne, c'est-à-dire marxien, freudien, nietzschéen ; on peut, avec Foucault encore, avoir instruit la critique de cette croyance superstitieuse en un être caché des choses ; on peut, et c'est évidemment le cas de tous les observateurs raisonnables de l'histoire récente du journalisme, tenir en grand soupçon l'idée d'un être nouménal qui serait à portée de main de ces sourciers de l'information « pure » où Nietzsche eût probablement vu l'une des figures les plus caricaturales du faitalisme qu'il détestait tant ; et, alors, il n'y a plus de vérité mais un chemin vers une réalité toujours approximative et hors de prise ; la vérité, plus exactement, n'est pas un état mais un travail qui s'accomplit, comme disait un grand épistémologue, Jean Cavaillès, en une « révision perpétuelle des contenus par approfondissement et rature » ; ce n'est plus cet être des lointains, en latence, dont il faudrait guetter le surgissement, mais un effet de regard, venu avec le regard, dans le même fugace, fragile, incertain, scintillement ; il n'y a plus d'information nue, autrement dit ; plus de vérité sortie du puits ; il y a une guerre des mots et des images ; des rapports de forces entre pouvoirs qui, chacun dans sa langue et pour son compte, tentent de s'approprier ces mots, ces images ; et c'est là ce qu'a compris le journalisme moderne ; et c'est là ce que font les grands journaux français et européens, à commencer, encore une fois, par *Le Monde* ; et c'est là encore, me semble-t-il, ce que l'on peine à lui pardonner – c'est cette lucidité, cette intelligence des jeux de pouvoir traversant inévitablement l'espace social et celui de l'information, qui constituent l'autre forme, ultime et inexpiable, de son crime.

Proposition numéro 3. L'événement n'est même pas ce donné, ce matériau brut et inerte, qui s'imposerait à l'attention, puis au travail d'élaboration, fût-il approximatif, du journaliste. Il est ce que le journaliste produit. Il est ce que le journalisme construit. Il est l'une des modalités, peut-être la plus troublante, de cet idéalisme transcendantal, de cet *esse est percipi,* dont la philosophie, depuis Berkeley, nous dit et nous répète qu'ils sont la loi de l'Etre. Il est même, dans certains cas, les meilleurs, ceux où le journalisme est au mieux de lui-même et dans l'assurance de son métier, cette part imperceptible des choses, non pas exactement invisible, mais insue, innomée, dont nul, précisément, ne parle avant que le chroniqueur ne s'en empare et ne la mette en lumière et en mots. C'est ce que dit Albert Londres avec l'image fameuse de la plume dans la plaie. C'est ce que fait Orwell quand il s'en va, avant *Hommage à la Catalogne*, explorer l'envers du décor des premières sociétés libérales, démocratiques, avancées. C'est ce que j'essaie moi-même, modestement, de faire quand, pour *Le Monde* justement, je vais m'enquérir de ces guerres oubliées dont le seul point commun est qu'elles n'intéressent a priori personne et qu'elles ne sont généralement l'objet que d'un discours infime, minimal, qui les tient au seuil de l'actualité. Chaque fois : parler, non de ce qui existe, mais de ce qui existera un peu plus une fois qu'on en aura un peu parlé. Chaque fois : parler, non de ce dont tout le monde parle, mais de ce dont personne ne parle encore et qui ne jouit donc, pour cela, que d'une existence de premier genre ou de seconde zone. Chaque fois : à quoi bon un journalisme qui se contenterait de se faire l'écho du bavardage ambiant et qui courrait toujours le risque, ce faisant, de consentir au préjugé, d'abdiquer devant ce concentré de haines rances, de peurs, d'humeurs, de violences sourdes, d'appétits de vengeance ou de nuisance, que l'on appelle une Opinion ? Chaque fois : noblesse d'un métier qui fait de l'événement, non le point de départ, mais le point d'arrivée de son travail et qui, dans le flot ininterrompu et, à la lettre, insensé du devenir, découpe des énoncés qui sont autant d'événements. Les unes du *Monde* ? Cette manie d'ouvrir sur une actualité dont Péan-Cohen nous disent, en s'étranglant de rage, qu'il l'a « lui-même forgée » ? Cette arrogance qui lui fait dire (et qui le fait entendre quand il le dit) : le monde est où je suis, l'esprit du temps est où je dis ? Mais c'est le journalisme même ! C'est ce qu'ont toujours fait, non seulement *Le Monde,* mais tous les journaux du monde ! Un énoncé, un événement : c'est la loi d'airain du journalisme et si *Le Monde* innove, s'il se distingue de ses rivaux, et si c'est lui, et aucun autre, qui a eu l'insigne et douteux honneur, alors, de voir se déchaîner contre lui ce torrent de niaiserie précritique, c'est peut-être tout simplement à cause de sa façon, là aussi, de radicaliser les choses et, au lieu de cacher son jeu, de l'abattre.

Proposition numéro 4. Si l'Histoire n'existe pas, si la Vérité est affaire, non de contemplation, mais de travail, si l'événement lui-même est, non ce qui s'offre au journalisme mais ce que celui-ci nous offre au terme d'une élaboration conflictuelle, complexe, alors cette autre conclusion s'impose que le journaliste n'est pas le messager du monde, mais l'un de ses acteurs, il faudrait dire l'un de ses opérateurs ou, au sens propre, de ses informateurs. Informer ? Oui, encore. Mais au double sens. Au sens, aussi, de donner forme. Et de donner forme, non seulement à l'événement, mais aux esprits eux-mêmes qui vont avoir à évoluer, une fois l'événement survenu, dans son vertigineux tohu-bohu. Faire l'opinion, autrement dit. L'instruire. Prendre au sérieux, au pied de la lettre, l'idée convenue de quatrième pouvoir avec tout ce qu'elle implique aussi, comme pour tous les autres pouvoirs, de nécessaires méfiance et résistance. Pourquoi ferais-je moins ou, d'ailleurs, plus confiance à un journal qu'à un parti ? A mon journal qu'à ce qu'Althusser nommait un appareil idéologique d'Etat ? Au nom de quelle idolâtrie, de quel respect de la forme Etat et de ses principes de souveraineté, m'en remettrais-je à elle, et à elle seule, du soin de m'informer, de me renseigner et de déclencher aussi, par là même, tous mes légitimes mécanismes de suspicion et de défense ? Et quant à ceux qui, enfin, objectent que le mieux est encore de penser par soi-même, avec sa propre tête et les seules ressources de son entendement, quant à ceux qui veulent opposer à la dictature des méchants médias l'innocence d'un sujet supposé libre de toute attache et influence, pourquoi ne pas leur opposer, à leur tour, que le texte canonique des Lumières, le fameux *Réponse à la question : qu'est-ce que les Lumières ?* rédigé, en 1784, par un Emmanuel Kant exhortant ses contemporains à « se dépêtrer » de « l'esprit de tutelle », à rompre avec l'état de « minorité » et à « marcher d'un pas assuré » vers l'autonomie du jugement et de la volonté, est aussi le premier éloge moderne du journalisme ? Usage public de la raison… Echange public des opinions… Elaboration lente, laborieuse, progressive, de l'opinion droite… Tout le système kantien est là pour nous dire l'éloge conjoint de la liberté et du journalisme. Toute la philosophie critique et post-critique nous dit et nous répète la pédagogie d'un métier qui peut contribuer à la constitution d'un sujet. Et si c'était à cela encore, à cette fonction du dire journalistique, à cette éthique de la vérité en mouvement et situation, à cette prise au sérieux du rôle possiblement émancipateur du partage de parole dans l'espace public du journal, qu'en avaient les tarentules du procès intenté au *Monde* ?

Proposition numéro 5, enfin. Car le journalisme, c'est de la pensée. Le journalisme, c'est de la philosophie. Vous me demandez, confia un jour Deleuze à Serge Daney, « pourquoi tant de gens écrivent sur le cinéma » ? Eh bien, répondit-il, parce que le cinéma est, d'abord, affaire de pensée – parce qu'il

« comporte beaucoup d'idées ». Eh bien même chose pour la presse. Même chose pour le journalisme. La même logique, exactement, vaut pour ce lieu, par excellence, d'exercice de l'intelligence qu'est un journal comme *Le Monde*. Je viens de citer Kant et son *Réponse à la question : qu'est-ce que les Lumières ?* Mais je pourrais aussi citer Hegel et son fameux aphorisme 32, toujours inexactement reproduit : « la lecture du journal, le matin au lever, est une sorte de prière du matin réaliste » – je pourrais citer les deux formules, à entendre en écho l'une de l'autre, sur la « tombée du soir », d'une part, et l'envol de la « chouette de Minerve » (sous-entendu, on l'a vu : la philosophie commence dans le recul, le retrait, la distance discrète, de l'événement), et puis sur la prière du matin, d'autre part, et la lecture inaugurale du journal (sous-entendu : il n'y a, néanmoins, de philosophie qu'ancrée dans la proximité, l'épaisseur, l'imminence à peine différée d'un présent dont on n'attendra, pour le traiter, que le passage, décisif sans doute, mais finalement infime, du matin à la nuit : ne dit-on pas que les rêves de « l'homme bien portant » sont toujours « ceux du matin » ?). Et je pourrais citer enfin, tout près de nous, deux des penseurs majeurs de ce temps qui furent aussi – est-ce un hasard ? – nos maîtres en journalisme transcendantal : Michel Foucault et son « héroïsation du présent » énoncée, précisément, dans un texte de commentaire au texte kantien sur le journalisme, et le Sartre des *Situations* tenant que l'écriture journalistique, la confrontation à l'événement, reste, pour lui, le paradigme absolu de l'exercice de la philosophie. Le journalisme comme théâtre majeur de la pensée… Le journalisme comme construction, distinction, de ce qui compte et qui compte moins… La philosophie, en retour, comme ontologie du présent et le philosophe devenu celui qui s'interroge sur son appartenance, non à une doctrine ou une tradition, mais à l'évidence problématique de ce présent… Pour un philosophe de ma génération, il y a, tout de suite, eu ces deux voies. L'analytique de la vérité, d'un côté ; la philosophie critique dans ce qu'elle a de plus abstrait ; la voie kantienne, si l'on veut, mais telle qu'elle surgissait de la première « Critique » ; la voie phénoménologique, mais dans sa version « logique », voire « scientiste », telle qu'elle émergeait, par exemple, des *Méditations* husserliennes. Et puis la seconde voie : Husserl encore, mais celui du retour aux « choses mêmes » ; la phénoménologie, mais entendue comme rapport au plus singulier, au plus concret des choses ; le Kant du texte de 1784 ; Sartre, Foucault, tenant que le rôle de la philosophie est, non de découvrir ce qui est caché, mais, comme le rôle du journalisme, de rendre visible ce qui l'est déjà, de faire apparaître ce qui est si proche, si immédiat, si intimement lié à nous-mêmes qu'à cause de cela nous ne le percevons pas ; celle d'une analytique, non de la vérité, mais de l'actualité à laquelle je prétends que sont fidèles et la pensée vivante et le vrai journalisme aujourd'hui. Autre grande alliance. Autre fraternité spéculative. Tous ensemble, philosophes et journalistes, face au comique triste d'un anti-intellectualisme qui ne s'en prend aux uns que parce qu'il sait que les autres sont l'enjeu.

24

Vingt ans après, La Règle du Jeu[1]

Voilà presque vingt ans qu'est née *La Règle du Jeu.*

Le programme, à l'époque, était clair.

1. Créer une revue qui, à l'âge des replis nationaux, des crispations provinciales, des régressions identitaires, soit

1. Editorial de *La Règle du Jeu,* nouvelle formule, septembre 2009.

résolument cosmopolite et, entre écrivains du monde entier, rétablisse les circuits de communication et de dialogue interrompus, en Europe, par le presque demi-siècle de glaciation totalitaire : la composition du comité éditorial en témoignait – qui associait Salman Rushdie et Fernando Savater, Czeslaw Milosz et Carlos Fuentes, Amos Oz, Susan Sontag ou John Berger à Tadeusz Kantor, György Konrád, Claudio Magris.

2. Créer, en France même, et à un moment où les pensées faibles, c'est-à-dire consensuelles, gagnaient partout du terrain, un espace de discussion, voire de querelle, qui nous semblait seul en mesure de nourrir l'aspiration démocratique qui, partout, se faisait jour : c'est ce que nous fîmes avec nos dossiers sur le bilan du communisme ; avec un ensemble sur l'islam et les Lumières formulant la thèse d'un « choc » des civilisations qui n'opposait pas l'islam au reste du monde mais, en Islam, l'islam démocratique à l'islam fondamentaliste, celui des amis du commandant Massoud à celui de ses futurs assassins ; ou encore avec un texte comme ce « Penser Le Pen » qui s'efforça, à l'époque, d'aller au-delà des anathèmes et des incantations d'usage pour proposer une analyse sans concessions, sans illusions non plus, d'un phénomène aussi nouveau qu'ancré dans l'« Idéologie française ».

3. Réconcilier, non pas exactement la politique et la littérature (vieille affaire), ni même les écrivains avec les enjeux politiques de leur temps (ils n'ont pas attendu *La Règle du Jeu* pour cela), mais la littérature avec elle-même, c'est-à-dire avec l'idée que c'est à travers elle que, pour peu qu'elle soit prise au sérieux, l'on en apprend le plus sur les désordres du monde : devait en témoigner – et en a, de fait, témoigné – l'accent aussitôt mis sur la grande tradition du reportage et de l'enquête littéraires. Quand Claude Arnaud allait en Albanie, Dominique Fernandez au Brésil, Pascal Bruckner au Cambodge ou Emmanuel Carrère en Roumanie, quand Mario Vargas Llosa racontait, en romancier, sa saison politique, c'est cela que nous disions ; c'est cela que nous faisions ; nous nous en remettions

aux écrivains pour, dans une situation donnée, révéler des vérités que le sociologue, le philosophe, l'homme de pures idées ne font le plus souvent qu'approcher.

4. Penser les barbaries du moment, c'est-à-dire celles issues de la fin du communisme : c'était l'époque des théories de la Fin de l'Histoire ; c'était le grand moment des néo-hégéliens type Francis Fukuyama qui voyaient dans la chute du mur de Berlin le début d'une ère nouvelle où la démocratie triomphante n'aurait à affronter que des ombres, des fantômes, jamais plus des adversaires à sa taille ni capables de lui opposer un système de valeurs alternatif ; c'est contre ce cliché que nous avons créé la revue ; c'est du pressentiment que l'Histoire ne fait jamais relâche et qu'elle a, selon le mot de Marx, plus d'imagination que les hommes, fussent-ils néo-hégéliens, que nous sommes repartis ; et le moins que l'on puisse dire est que le pressentiment fut confirmé, d'abord par le déclenchement des guerres en ex-Yougoslavie, puis par le génocide au Rwanda – double événement qui est, hélas, partie intégrante de l'histoire de la revue.

5. Découvrir des auteurs, enfin : c'est le propos de toute revue digne de ce nom ; ce fut, par conséquent le propos de celle-ci ; et il y a deux auteurs au moins que nous nous honorons d'avoir vus naître ici : Jean-Paul Enthoven et Yann Moix ; la revue n'aurait-elle servi qu'à cela, n'aurait-elle permis que de produire *Les Enfants de Saturne* d'un côté et *Jubilations vers le ciel* de l'autre, qu'elle serait pleinement justifiée.

Vingt ans plus tard, le cap est inchangé et si je reprends un à un, dans le même ordre ou dans l'ordre inverse, chacun de ces cinq objectifs, je constate et affirme qu'ils sont, plus que jamais, notre horizon.

1. Plus que jamais de jeunes auteurs. Plus que jamais cette fonction de « laboratoire » sans quoi les revues n'ont pas de sens et qui explique l'arrivée, au comité de rédaction, de nouveaux noms comme celui de Donatien Grau – ou d'une jeune intellectuelle, Maria de França, qui n'a, elle non plus, rien publié

mais à qui je fais le pari de confier la direction de notre rédaction.

2. Plus que jamais les barbaries contemporaines. Plus que jamais cet universalisme noir auquel prétend l'islamisme radical et que l'on tâchera de rendre à sa vérité, non pas religieuse (pas de problème avec l'islam comme tel ; certainement pas ici que l'on tombera dans le piège des nouvelles guerres de religion prophétisées par Nietzsche dans *Ecce Homo*) mais politique (l'intégrisme d'Ahmadinejad, celui du Hamas ou du Hezbollah, l'idéologie des talibans, conçus comme la queue de la comète de la « révolution fasciste » du XXe siècle). C'est le sens de l'entrée au comité éditorial, aux côtés d'Abdelwahab Meddeb, d'Atiq Rahimi. Ou encore de Marjane Satrapi signant la couverture de ce premier numéro avec un magnifique, et combatif, *Iran, j'écris ton nom.*

3. Plus que jamais l'entrelacement du double fil, littéraire et politique, qui est la marque de la revue et qui donne sens à la vie de la plupart de ceux qui l'ont faite ou qui la font : que dit d'autre le texte de Moravia évoquant la mort de Pier Paolo Pasolini en faisant le plus long, le plus difficile, le plus étrange et, en fin de compte, le plus fou des voyages – celui qui le conduit dans le cerveau de son assassin ? et n'est-ce pas le sens de la présence parmi nous, pour la première fois, de l'écrivain européen qui a le plus fait pour rendre à « l'art du roman » cette fonction de connaissance, à l'art en général cette vocation métaphysique, et aux écrivains et aux artistes ce pouvoir de passer de l'autre côté des choses pour en explorer la part maudite et, parfois, la vérité – Milan Kundera ?

4. Plus que jamais encore le pari sur le débat, sur le choc des opinions, sur le refus des clichés ou des idées toutes faites, sur la rupture avec cette pensée molle qui est la pensée de ceux qui ne pensent pas et qui n'auront – du moins l'on s'y emploiera – certainement pas leur place ici : je ne suis pas sûr d'être d'accord avec toutes les orientations de Pascal Bacqué (ce qu'il dit, par exemple, de Jean-Claude Milner dont je suis, personnellement, proche) ou d'Olivier Zahm (qui donne, dans ce numéro de

rentrée, son premier texte) ; je suis sûr que je serai, aujourd'hui et demain, aussi souvent provoqué, « intranquillisé », par les fulgurances de Michel Butel que j'ai pu l'être à l'époque, il y a trente-cinq ans, où nous fondions *L'Imprévu* ; mais de le retrouver ici, de les voir, les uns et les autres, figurer au sommaire de ce premier numéro de notre nouvelle formule, de savoir qu'Eric Dahan ou Patrick Mimouni participeront désormais à l'élaboration de nos choix est un gage pris contre le risque de la sclérose, de la pensée convenue et de ses automatismes.

5. Et, quant au pari, enfin, d'une internationalisation résolue il sera maintenu, voire accentué, comme le marque, je le répète, dès ce numéro de rentrée, l'arrivée, au comité de nouveaux membres dont la présence dit notre souci, réaffirmé, pour des zones géographiques et, donc, des régions de l'Etre, plus que jamais dans l'œil du cyclone et, par conséquent, dans le nôtre : l'Afghanistan, bien sûr ; l'Iran ; la Bosnie, abandonnée ; l'Afrique, à travers David Gakunzi ; Cuba, avec Eduardo Manet ; ou, avec l'arrivée d'Adam Gopnik, les Etats-Unis de Barack Obama.

Cela dit, *La Règle du Jeu*, à ce stade de son existence, ne se contentera pas de mieux faire ce qu'elle fait depuis vingt ans ni de réaffirmer sa fidélité aux principes qui l'ont fondée : à temps nouveaux, ambitions nouvelles qui, sans, évidemment, contredire les précédentes, leur donneront toute leur force et les moyens de s'affirmer.

1. La bataille de la mémoire. Nous sommes quelques-uns à le pressentir depuis longtemps – mais la chose est en train de prendre la forme d'une évidence indiscutable : les écrits ne restent plus ; le démon de l'effacement marque, partout, des points ; et les *ultimi barbarorum*, les descendants des assassins fustigés par Spinoza au lendemain du meurtre, à La Haye, des frères Jan et Cornelis de Witt, ont de plus ou plus souvent le visage de ces hommes et femmes dont le programme est la haine de la culture et de la pensée, l'amnésie comme horizon et comme programme, l'ignorance heureuse et satisfaite d'elle-

même. D'où, dans cette nouvelle *Règle du Jeu*, un pari sur l'archive. D'où, dès ce numéro d'octobre, une alliance forte, et fortement affirmée, avec Olivier Corpet et l'Imec. D'où, à travers témoignages et documents, cette plongée au cœur d'une affaire Rushdie qui donna, il y a vingt ans, le coup d'envoi des sombres temps où nous sommes toujours – et d'où, dans un autre ordre d'idées, ces fragments de la correspondance, légendaire mais jusqu'ici inédite, entre le jeune Emmanuel Levinas et son ami Maurice Blanchot.

2. La bataille de la numérisation. Si les écrits restent, ce n'est plus seulement à travers l'écrit lui-même, mais à travers sa traduction en version électronique. Que chacun fasse l'expérience. Qu'il cherche, dans sa bibliothèque personnelle ou imaginaire, des textes qu'il croyait là pour toujours, sommeillant en silence, pérennes, attendant sagement que l'on se réintéresse à eux en les ressuscitant par la lecture ou le commentaire. Et qu'il tente, s'il les a égarés, de les retrouver dans les rayons d'une autre bibliothèque, chez leur éditeur d'origine ou dans l'archive traditionnelle. Eh bien non. Les livres meurent. Les livres disparaissent. L'archive n'est plus l'archive et, victime d'une entropie qui est une des tendances lourdes de l'époque, tend à l'effacement. C'est cette prise de conscience qui nous a fait nous adresser à Patrick Fabre, l'homme qui est à l'origine, et de la création d'un site ami (celui de l'Institut d'études lévinassiennes), et de la numérisation d'une œuvre, pour nous essentielle (celle d'Emmanuel Levinas). Avec lui, nous réfléchissons à la numérisation des archives de la revue et des trésors qui s'y trouvent. Avec lui, nous sommes en train de concevoir une édition en ligne qui ne sera pas la simple reproduction de la version papier mais qui la prolongera, l'enrichira, la fera vivre autrement et davantage. Rendez-vous, pour cela, sur laregledujeu.org. Et rendez-vous, étape par étape, au seuil du portail littéraire que nous ambitionnons d'ouvrir avant l'été 2010.

3. La bataille de la diffusion. Comme toutes les revues françaises, *La Règle du Jeu* a de sérieux problèmes de diffusion. Longtemps, nous nous y sommes résignés. Aujourd'hui, nous

ne nous y résignons plus. Nous ne pensons plus qu'il y ait, pour un inédit d'Alberto Moravia, ou pour Isabelle Adjani racontant pour la première fois son état d'esprit réel le jour où elle déclencha, aux Césars, le magnifique scandale que fut la lecture à haute voix, et impromptue, d'une page des *Versets sataniques* frappés par la fatwa, ou pour une méditation de Claude Lanzmann sur le mythe de l'anneau de Gygès, ou pour le Salut à Yves Saint Laurent de son compagnon Pierre Bergé, ou pour l'hommage à Salman Rushdie que donne, forte de sa propre faiblesse et de la persécution dont elle est, à son tour, l'objet, la lumineuse Ayaan Hirsi Ali, nous ne pensons plus qu'il y ait, pour tous ces types de textes, je ne sais quelle confidentialité fatale et obligée. Laregledujeu.org sera là pour y remédier. Elle jouera à plein la carte de ces outils modernes qui permettent de « twitter », ou « digger », ou « buzzer », un texte ou une information. Mais ce ne sera pas au prix de la version imprimée pour laquelle nous mettons en place – Marie-Joëlle Habert y veillera – une politique d'exposition, d'abonnements, de présence dans les grandes universités et bibliothèques du monde, enfin à la hauteur de l'idée de la littérature, de l'art et de la philosophie que nous entendons défendre et illustrer.

4. La bataille de la forme. *La Règle du Jeu* était austère. Elle vivait comme une fatalité, là encore, ce côté sévère qu'ont trop souvent les revues littéraires. Le peintre et sculpteur Jacques Martinez – membre, depuis son numéro 1, du comité de rédaction et attentif, par vocation, à cet aspect des choses – m'alerte, depuis des années, sur cette modestie formelle dont j'étais, évidemment, le premier responsable. Je l'ai entendu. Et je l'ai fait en demandant à Grégoire Gardette de repenser notre maquette et d'assumer, dans la durée, une direction artistique devenue un élément clé de la conduite de la revue. Le papier sera plus beau. Des photos viendront rythmer les articles ou les dossiers les plus longs. Le choix des illustrations, leur caractère inédit ou non, leur éloquence, leur aptitude à faire passer, par elles-mêmes, un message qui ne passerait pas autrement feront l'objet d'un soin particulier. Un Salman Rushdie insolite, car

vu par Richard Avedon… Les photos retrouvées, dans un prochain numéro, du tournage d'un film de Romain Gary… Jusqu'à la couverture qui sera désormais, et systématiquement, illustrée… Et encore ! « illustrée » n'est pas le mot puisque nous avons, dès ce numéro d'octobre, programmé une œuvre délivrée, précisément, de tout souci illustratif car chargée d'un message et d'un sens autonomes… Tel est le programme. Tel sera le visage de la nouvelle *Règle du Jeu*. L'éditorial de ce numéro ? L'hommage à la démocratie iranienne, sans commentaire, signé Marjane Satrapi.

5. La bataille des idées. Faut-il préciser, enfin, qu'aucun de ces choix formels, stratégiques ou techniques n'aurait la moindre signification s'il n'était adossé à un parti pris intellectuel, philosophique, idéologique, qui ne peut, lui, se résumer puisqu'il se confond avec l'histoire passée, présente et à venir de la revue ? Qu'il me suffise de dire, ici, que nos choix théoriques ne surprendront guère nos lecteurs les plus fidèles. Qu'il me suffise de préciser que les couleurs portées par les membres « historiques » du comité éditorial (Salman Rushdie par exemple, ou Amos Oz, ou Carlos Fuentes, ou Jorge Semprún, ou Peter Schneider) seront celles qui, demain comme hier, nous serviront d'étendard. Et qu'il me suffise de rappeler que la revue a, par la force des choses, fini par avoir son « noyau » et que c'est autour de ce noyau (Gilles Hertzog, Jacques Henric, Guy Konopnicki, Laurent Dispot et, bien sûr, Gabi Gleichmann) que se formuleront ses grandes options. *La Règle du Jeu* et ses étoiles fixes. *La Règle du Jeu* et ses théorèmes fondamentaux. Nous voilà repartis pour quelques décennies. Il va sans dire que je me sens, pour ma part, plus requis que jamais par l'aventure.

X

GRAND REPORTAGE ET AUTRES THÉÂTRES D'OPÉRATIONS

Choses vues au Darfour ▪ *La guerre, vue d'Israël* ▪ *Choses vues dans la Géorgie envahie* ▪ *A l'heure de Gaza* ▪ *Mode d'emploi* ▪ *Images de guerre* ▪ *Mode d'emploi, suite* ▪ *Un journal à Kaboul, première* ▪ Les Nouvelles de Kaboul, *dernière* ▪ *Fiançailles tragiques à Kaboul*

1

Choses vues au Darfour[1]

C'est un pick-up Toyota, sans vitres ni plaques d'immatriculation. Il est venu me prendre, à la tombée de la nuit, à Bahaï, la dernière ville du Tchad avant l'entrée au Darfour. Et il s'est arrêté, pour ne pas embarrasser les humanitaires qui m'hébergent, une centaine de mètres plus loin, devant le baraquement poussiéreux qui fait office de poste de police. Il y a là Otman, le chauffeur, très jeune. Quatre hommes armés, sur la plate-forme arrière, juchés sur des ballots de pain et encapuchonnés dans de longs turbans sans couleur. Et il y a là un cinquième homme, leur commandant, qui parle quelques mots d'anglais et, sans préambule, dans l'obscurité, me tend son téléphone satellite thuraya. Au bout de la ligne, Abdul Wahid Al-Nour, le patron de la Sudan Liberation Army (SLA) avec laquelle je suis en contact depuis Paris et qui est l'une des deux armées rebelles à avoir refusé, il y a un an, les

1. *Le Monde*, 13 mars 2007. *The Financial Times*, 6 mai 2007. *Corriere della Sera*, 13 mars 2007. *El Mundo*, 13 mars 2007. *Frankfurter Allgemeine Zeitung* 22 mars 2007. *Haaretz*, 16 avril 2007. *Opinio*, 18 mai 2007. *National Post*, 5 mai 2007. *The New Republic*, 7 juillet 2007.

accords de paix d'Abuja. « Pardon pour le retard, commence-t-il d'une voix rendue presque inaudible par l'écho de la tempête de sable qui souffle depuis le matin. Mais nos téléphones sont écoutés. Le corridor que nous avions prévu pour votre passage a été coupé, hier, par une colonne de 4 000 janjawids. Il a fallu en imaginer un autre. Vous comprenez ? » Je comprends, oui. Mais les janjawids ici... Les terribles miliciens à cheval du régime islamiste de Khartoum venant semer la terreur jusque dans cette zone, au nord de la frontière, dont on m'avait dit, à N'Djamena, qu'elle était gagnée à la cause de la guérilla... C'est une première information.

Un bref arrêt, avant de partir, près d'une hutte de chaume où sont entreposés des fûts d'essence que des enfants chargent, en silence, à l'arrière du pick-up. Un autre, un peu plus loin, toujours côté tchadien, dans une case, invisible depuis la piste tant elle est ensablée, où nous prenons des couvertures. Et en avant vers le Soudan, province du Darfour, où nous roulons à toute allure, souvent phares éteints, dans un désert de cailloux, de ronces, de sable durci par le gel, d'arbres morts qu'Otman évite, chaque fois, en braquant à la dernière seconde. Il fait froid. Cela secoue. A tour de rôle, avec le photographe Alexis Duclos, nous prenons place à l'avant, près du chauffeur, où l'on voit mieux venir les cahots. Les hommes, à l'arrière, fument ou somnolent, la kalachnikov entre les genoux. De temps en temps, sans raison apparente, l'un d'eux se fige et se met aux aguets. Un autre tire sur une antilope et se fait engueuler parce qu'il gaspille une cartouche. Très vite enfin, après que la tempête s'est calmée et que la lune s'est dégagée, on distingue les premières traces de villages brûlés que la terre a commencé d'absorber. Ces cercles de suie noire... Ces tas de branchages et d'épineux jetés sur les charniers tels d'humbles mausolées... Ce seront, cette nuit-là, les seules traces de présence humaine sur cette terre désolée : comme si, dans cette partie nord du Darfour, l'entreprise de purification ethnique qui est le nœud de l'affaire et qui oppose les cavaliers « arabes » aux tribus « noires » Zaghawa, Tunjour et Four était en passe de réussir…

Il fut un temps où les guerres se livraient de part et d'autre d'une ligne de front avec ennemi clairement identifié, territoire à prendre ou défendre, escarmouches. Il y eut le temps, ensuite, des guérillas qui tenaient la campagne tandis que les gouvernementaux se concentraient sur les villes et les grands axes. Au Darfour tel que je le découvre, il n'y a pas de ville. Pas d'axes, grands ni petits. Il n'y a même pas de checkpoints, ces marqueurs minimum de l'espace qui disent un peu où l'on se trouve. Juste le désert. Juste des armées fantômes qui se frôlent et se contournent. A commencer par notre unité qui, toutes les demi-heures environ, fait halte. Otman, alors, branche son thuraya. Déploie sa petite antenne et cherche le satellite comme un sourcier le puits. S'ensuit une courte conversation avec d'invisibles éclaireurs. Et selon ce qu'on lui dit, selon la présence ou non de janjawids ou, dans la zone de Jebel Moun, de combattants du JEM, le mouvement de guérilla rival, il repart, revient sur ses pas, oblique ou même, à deux reprises, s'arrête. Les hommes alors, descendent. Etendent une natte à même la caillasse. Et s'endorment là, aussitôt, enroulés dans des couvertures, en attendant qu'un nouvel appel vienne dire que le danger est passé. Nous roulons ainsi quatorze heures. L'équivalent de 400 kilomètres. Et c'est le lendemain, vers midi, que nous arrivons à Amarai où nous accueille, entouré des Sages en robe blanche, un mince et élégant personnage, vêtu d'un anorak bleu passé sur un pantalon militaire : le patron politique de la zone, Mustafa Adam Ahmadai, dit Rocco – son nom de code à l'époque, bien avant la guerre, où il était un officier de haut rang dans les services de renseignement du Soudan.

Amarai est une zone libérée où se sont regroupés les rescapés des massacres des villages voisins. Le scénario est toujours le même et recoupe celui des réfugiés que j'ai, avec François Zimeray et la mission française d'Urgence Darfour, interrogés, les jours précédents, dans les camps tchadiens de Goz Beida.

Les janjawids arrivent, généralement, à l'aube. Ils jettent des torches dans les huttes. Défoncent, à coups de masse, les hautes jarres de terre cuite qui laissent échapper, puis s'enflammer, des flots de mil ou de sorgho. Ils tournent autour des brasiers, avec des hurlements terribles. Ils arrachent les enfants des bras des mères pour les jeter vivants dans la fournaise. Ils violent les femmes, les battent, les éventrent. Ils rassemblent les hommes et les achèvent à la mitrailleuse. Et quand, enfin, tout a brûlé, quand il ne reste du village que des ruines éparses et fumantes, ils regroupent les bêtes apeurées et les emmènent vers le Soudan. Mes témoins ont un nom. C'est Hadja Abdelaziz, 30 ans, six enfants, dont trois qui ont péri dans l'attaque du village de Khortial. C'est Fatmah Moussa Nour, 28 ans, qui a perdu, elle, son mari, dans le bombardement, en octobre, de Beirmazza. Ce sont des femmes et des hommes ordinaires dont les récits viennent s'ajouter à ceux que recueillent, depuis quatre ans, les organisations de défense des droits de l'homme. Avec, néanmoins, deux variantes.

Le fait, d'abord, que ces colonnes infernales que Khartoum nous présente comme des hordes de bandits échappant à tout contrôle et, en tout cas, au sien sont toujours encadrées par des officiers de l'armée régulière soudanaise. Il y avait, me dit Rocco, des Soudanais à Tawila où l'on compta, en février 2004, 67 morts, 93 femmes violées et plus de 5 000 déplacés. Il y avait des Soudanais à Hashabba, un peu plus haut, où il n'y a pas eu de morts car un bataillon de la LSA a pu évacuer à temps les civils. « Et quant à Deissa... Venez. Allons à Deissa. Vous verrez de vos propres yeux... » Deissa est, quinze kilomètres plus à l'est, un autre village fraîchement brûlé où nous allons à trois pick-up et où un rescapé, l'œil dilaté par l'effroi tandis qu'il erre, avec nous, entre les débris calcinés de ce qui fut sa maison, raconte comment les janjawids sont venus deux fois. Une fois pour crever les greniers à mil, incendier les huttes et la mosquée, tuer. Et puis, une seconde fois, pour casser l'école qui était, elle, construite en dur. « Eh bien, les deux fois, murmure-t-il, c'est un capitaine venu de

Khartoum qui dirigeait l'opération… Les enquêteurs de la Cour internationale peuvent venir, s'ils le souhaitent ! On leur donnera les preuves ! » L'image du janjawid, ce « cavalier de l'apocalypse » dont on a tant parlé, serait-elle un cliché trop commode ? Et serait-ce le Soudan intégriste, islamiste, raciste, qui se cache, en fait, derrière le cliché ?

Et puis la seconde variante c'est que ces cavaliers semblent, à bien y regarder, plus « mécanisés » qu'on ne le dit. Ici, par exemple, à Deissa : quand ils sont revenus, la deuxième fois, pour l'école, ce n'est ni à cheval ni à dos de chameau mais avec un canon monté sur un véhicule transport de troupes qui a pilonné les salles de classe. Ou bien ici, à Khour-Syal, huit kilomètres plus à l'ouest : ce cratère immense qu'a fait, le 23 janvier dernier, au mépris des interdictions de survol décrétées par la communauté internationale, la bombe d'un Antonov ; on est loin, à nouveau, du janjawid arrivé à dos de chameau. Ou bien encore là, sous l'arbre à palabres, ce camion vert olive dans la carcasse duquel jouent des gamins et qu'une compagnie d'élite de la SLA a pris, de vive force, le 18 janvier, à mi-chemin de Jebel Marra : « regardez-le, ce camion, me dit Rocco ; photographiez bien la marque, Giad ; et la plaque d'immatriculation, soudanaise ; c'est un camion droit sorti d'une usine d'assemblage que le président Al-Béchir a inaugurée, il y a sept ans, près de Khartoum, avec, entre autres, vous, les Français. » Autre mythe, alors ? Autre cliché que celui de cette guerre longue mais rudimentaire, et de basse intensité, menée par d'obscures tribus vidant des querelles sans âge ? Là, en tout cas, j'en témoigne : l'attirail, l'armada, les gros moyens, l'odeur de la guerre chaude et du crime contre l'humanité à grande échelle – tout y est.

Rocco, maintenant, est avec ses commandants qu'il me présente un à un, sous un auvent de toile, à Beirmazza, soixante kilomètres au nord d'Amarai. Il y a là Mohamed Abdorahman, dit le Tigre, à cause de sa vaillance et aussi, me dit-on, de la rapidité de félin avec laquelle il assure la liaison entre les fronts.

Nimeiry, l'intellectuel, qui porte un turban beige, roulé serré sur le front, à la façon des Afghans. Il y a là le jovial Mohamed Adam Abdulsalam que l'on appelle Général Tarada, littéralement Général Cent-Sous, ou Gagne-Petit, parce qu'il passait, dans le civil, pour particulièrement nul en affaires alors que, dans la guerre, il se révèle un stratège de génie. N'est-ce pas lui qui, dans la zone de Korma, après les tueries de l'été dernier où près d'une centaine de villageois ont été assassinés, a réussi, avec trente hommes, à reconquérir Hillat Hashab et Dalil ? Lui qui, dans la même zone, il y a quelques semaines, a pris quatre véhicules à une colonne de combattants de l'ALS (MM), l'armée rivale de Mini Minawi, signataire des accords de paix d'Abuja et ralliée, donc, à Khartoum ? Et lui encore qui, déjà, en février 2003, conçut l'attaque d'Al-Fasher, capitale du Darfour, qui fut le prétexte du gouvernement pour déclencher sa guerre totale ? « Ne vous fiez pas à son air de nounours, me dit Rocco en souriant. Ce que je vous dis là est documenté. C'est notre meilleur commandant. Al-Béchir donnerait tout son or pour avoir sa tête ou le retourner. »

Nous sommes, dans la zone de Beirmazza toujours, au milieu d'un cirque de pierres où s'entraînent, sous un soleil accablant, les hommes de Rocco et Tarada. Les exercices du jour sont des exercices de discipline. Et il y a là une centaine d'hommes, petits paysans hirsutes et glabres, qui sont descendus des villages et à qui l'on apprend à saluer, présenter armes, défiler. Ce qui me frappe c'est d'abord leur jeunesse (encore que je ne voie pas, grâce au ciel, d'enfants soldats). Leur maladresse (ce léger temps de retard, comme dans une opérette mal réglée, quand le sergent hurle « repos » ou « en joue »). C'est ce mélange, en eux, d'extrême gravité (tous ceux que j'interrogerai me diront qu'ils sont là parce qu'ils ont perdu un être cher) en même temps que de bonne humeur et d'entrain (cette façon de poser, plastronner, se pousser du coude, pour les photos). Mais c'est aussi, surtout, le côté disparate, débraillé et, au fond, démuni de cette troupe de va-nu-pieds dont on découvre, quand on s'approche, les lèvres gonflées de soif et le regard perdu. Je compte, pour la centaine de combattants présents, deux mortiers seulement. Trois AK 47. Des kalachnikov, mais pas pour tous. Et, en guise d'uniformes, un mélange d'anoraks et de burnous, de jeans et de joggings et, parfois, dans le meilleur des cas, une veste de camouflage en lambeaux où je crois reconnaître le treillis de l'armée tchadienne.

« Nous n'avons rien, me dit, comme s'il lisait dans mes pensées, le gros Général Tarada. Personne ne nous aide et nous n'avons donc rien. Le Tchad ? Non. Le président du Tchad, Déby, a bien trop peur des rétorsions que les Soudanais exerceraient via des groupes rebelles infiltrés et il fait très attention. La vérité est que les armes que vous voyez ont toutes été prises à l'ennemi. Toutes. Et quant à nos véhicules… » Il me montre, d'un geste large et étrangement seigneurial, deux Toyota qui viennent d'arriver pour que les commandants puissent recharger leurs thurayas sur les allume-cigares – plus une troisième dont on siphonne le réservoir pour remplir celui de la voiture qui doit repartir vers le Tchad. « Quant à nos véhicules, vous avez compris, n'est-ce pas ? Ce sont tous, aussi, des prises de guerre. » Puis, plus bas, sur le ton de la confidence, et comme s'il s'apprêtait à me livrer un redoutable secret militaire : « nous avons si peu de carburant que nous en sommes réduits, quand nous allons à la bataille, à faire pousser les automitrailleuses par les hommes jusqu'au point de contact avec l'ennemi. » Et puis, plus bas encore et comme si, cette confidence-ci, il hésitait vraiment à me la faire : « regardez encore ceci… » Il fait signe d'approcher à deux de ses combattants, singulièrement impressionnants avec leurs larges cartouchières passées autour de la taille et du cou ; sauf que je m'aperçois – et telle est, donc, la brûlante information dont il tenait à me faire part – qu'un logement sur deux a dû été vidé de sa cartouche et transformé en un petit rouleau où l'on a logé, soit un grigri, soit un verset du Coran…

Je repense aux Bosniaques. Je repense à cet embargo militaire qui, à l'époque du siège de Sarajevo, frappait de la même façon, en une apparente mais inique symétrie, les agresseurs suréquipés et les agressés presque désarmés. Alors, je sais que les situations ne sont pas comparables. Et je suis bien convaincu que ces paysans en armes, ces hommes exaltés par une inexpiable colère et qui vocifèrent, d'une seule voix, « longue vie à Tarada », ce capitaine qui, tout à l'heure, lorsque je lui ai demandé comment il traitait ses prisonniers, a bredouillé qu'il n'en faisait pas tant que cela de prisonniers, ne sont pas, eux non plus, des modèles de vertu. Mais une part de moi ne peut pas ne pas faire, tout de même, le rapprochement. Une part de moi ne peut se retenir d'une sourde révolte face au déséquilibre, si flagrant là aussi, entre cet armement dérisoire d'un côté et, de l'autre, le cratère de bombe de Khour-Syal, les fûts pleins d'essence et de clous largués à basse altitude par les Antonov, les villages réduits en cendres, les ossuaires. Et cette part de moi-même ne peut pas, du coup, éviter de poser la question : si nous sommes incapables d'arrêter le massacre, si nous n'avons ni le pouvoir ni surtout la volonté de sanctionner le régime terroriste du Soudan, si nous n'osons même pas faire pression sur la Chine, son alliée au Conseil de Sécurité, pour qu'elle accepte le principe d'un envoi de Casques bleus, ne devrions-nous pas, au moins, aider ceux qui défendent ces gens et le font les armes à la main ?

Car enfin on a beau dire. Ces villages de Deissa et de Beirmazza qui vivent sous la protection de la SLA… Ce marché de Bredik où nous faisons des provisions pour le retour et qui, avec ses nattes de couleur où sont étalés des oignons, des tomates, des biscuits, a un air presque pimpant… Ce minuscule bazar, à Muzbad, où j'ai trouvé des savonnettes *made in Libya*… Ce marché aux chameaux, à Anka, où l'on m'assure que des nomades arabes s'arrêtent pour acquitter, comme au bon vieux temps, un droit d'hébergement et de passage… Ou bien – détail, mais qui en dit long ! – cette façon qu'a Rocco, à Bredik, de payer ce qu'il achète au lieu, comme tant de guérillas, de vivre sur la bête… La zone libre d'Amarai reste, naturellement, une zone en guerre. Et je n'y ai rencontré personne qui n'ait, dans le regard, cette peur prodigieuse que crée, dans toutes les guerres, l'imminence proximité de la mort. Mais force est de constater que la présence de la SLA y a un effet d'apaisement. Et pour quelqu'un qui arrive du Tchad, pour quelqu'un qui a en tête l'image terrible des camps de réfugiés et de déplacés de Goz Beida ou de Djabal, pour moi qui ai vu tous ces humanitaires déployer tant d'admirable énergie pour nourrir et soigner des populations dont les janjawids reviendront, à la première occasion, razzier les maigres trésors, le moins que l'on puisse dire est que la question, oui, se pose : ne vaudrait-il pas mieux, à tout prendre, fixer les populations là où elles sont – quitte, donc, à armer ceux qui résistent avec elles ?

J'aurai, sur le chemin du retour, une dernière conversation, politique celle-là, avec le commandant Nimeiry – et elle confirmera ce sentiment. Il est 5 heures du matin. Nous avons, à nouveau, roulé l'essentiel de la nuit. Et voilà qu'à cinquante kilomètres de la frontière, parce qu'il a aperçu, face à nous, des lueurs suspectes, Otman a pilé, pivoté à 360 degrés, redémarré à toute vitesse dans l'autre sens et fait halte un peu plus loin, dans le lit desséché d'un oued. « Quelle est, à la fin des fins, votre solution pour le Darfour ? » lui demandé-je après que les hommes, comme d'habitude, ont déplié leurs nattes et se sont endormis. — En tout cas pas la sécession, me répond-il. Nous ne sommes pas pour l'indépendance mais pour une formule d'égalité à l'intérieur d'un Soudan fédéral. » Puis, à la question du type de régime qu'il souhaite : « notre programme est très clair – démocratique, laïque, basé sur le principe de citoyenneté et opposé, par conséquent, à ce fondamentalisme soudanais qui est contraire à l'esprit de l'Afrique. » Un programme n'est qu'un programme, sans doute. Mais je me dis, en l'écoutant, que j'ai vu, en fin de compte, peu de mosquées dans ce Darfour dévasté. Je songe que je n'ai pas croisé de femmes voilées. Je repense à l'école bombardée de Deissa où l'on m'a montré les classes de filles à côté des classes de garçons. Et l'idée me vient que c'est peut-être là, après tout, un autre trait de cette guerre – et une autre raison de se mobiliser : islam radical contre islam modéré ; le régime qui, à la fin des années 90, donnait asile à Ben Laden contre des populations musulmanes rebelles à l'islamisme ; au cœur de l'Afrique, dans les ténèbres de ce qui peut devenir, si nous ne faisons rien, le premier génocide du XXIe siècle, un autre théâtre pour le seul choc des civilisations qui tienne et qui est celui, je me tue à le répéter, des deux islams.

2

La guerre, vue d'Israël[1]

C'est, aujourd'hui, lundi 17 juillet, l'anniversaire du déclenchement de la guerre d'Espagne. Cela fait soixante-dix ans, jour pour jour, qu'eut lieu le putsch des généraux qui donna le coup d'envoi à la guerre civile, idéologique et internationale voulue par le fascisme de l'époque. Et je ne peux pas ne pas y penser, je ne peux pas ne pas faire le rapprochement, tandis que j'atterris à Tel-Aviv. La Syrie dans la coulisse… L'Iran d'Ahmadinejad à la manœuvre… Ce Hezbollah dont chacun sait qu'il est un petit Iran, ou un petit tyran, qui n'a pas hésité à prendre en otage le Liban… Et puis, en fond de décor, ce fascisme à visage islamiste, ce troisième fascisme, dont tout indique qu'il est à notre génération ce que furent l'autre fascisme, puis le totalitarisme communiste, à celle de nos aînés… Dès mon arrivée, oui, dès

1. *Le Monde*, 27 juillet 2006. *The New York Times Magazine*, 6 août 2006. *Expressen*, 28 juillet 2006. *Corriere della Sera*, 28 juillet 2006. *El Mundo*, 28 juillet 2006. *Frankfurter Allgemeine Zeitung*, 30 juillet 2006.

les premiers contacts avec les vieux amis que je n'avais, depuis 1967, jamais vus si tendus ni si anxieux, dès ma première conversation avec Denis Charbit, militant du camp de la paix qui ne doute pas de la légitimité de cette guerre d autodéfense imposée à son pays, dès mon premier entretien avec Tzipi Livni, la jeune et brillante ministre des Affaires étrangères qui contribua si puissamment à convaincre Ariel Sharon d'évacuer Gaza et que je trouve, là, tout à coup, étrangement désemparée face à cette géopolitique nouvelle et à bien des égards indéchiffrable pour les entendements formés aux catégories répertoriées du conflit « israélo-arabe » traditionnel, je sens que quelque chose de nouveau, d'inédit dans l'histoire des guerres d'Israël, est en train de se jouer. Comme si l'on n'était plus très sûr, justement, d'être dans le seul cadre d'Israël. Comme si le contexte international, le jeu de cache-cache entre acteurs visibles et invisibles, le rôle, encore une fois, de l'Iran et de son bras armé Hezbollah, donnaient à toute l'affaire un parfum et des perspectives inédits.

Tout de suite, avant de monter vers le font nord, direction Sderot, la ville martyre de Sderot, à la frontière de Gaza et en guerre, elle, avec les alliés Hamas du Hezbollah. Eh oui, la ville *martyre*. Les informations qui nous parviennent du Liban sont si terribles, l'idée même des victimes civiles libanaises est si insupportable à la conscience et au cœur, le cadrage, le passage et repassage en boucle, des images du sud de Beyrouth bombardé sont devenus si parfaitement systématiques, qu'il est difficile d'imaginer, je le sais, qu'une ville israélienne *aussi* puisse être une ville martyre. Et pourtant… Ces rues vides… Ces maisons éventrées ou criblées d'éclats d'obus… Cette montagne de roquettes déchiquetées que l'on a entreposées dans la cour du commissariat central et qui sont tombées dans les dernières semaines… Aujourd'hui même, cette pluie de nouveaux engins qui s'est abattue sur le centre-ville et a obligé les audacieux qui entendaient profiter de la brise d'été à redescendre dans les caves… Et puis, pieusement épinglées sur un panneau de crêpe noir dans le bureau du maire, Eli Moyal, ces photos de quinze jeunes gens, parfois des enfants, qui sont morts sous le feu des artificiers palestiniens... Ceci n'efface évidemment pas cela. Et ce n'est pas moi qui jouerai au sale petit jeu de la comptabilité des cadavres. Mais pourquoi ce que l'on doit aux uns ne serait-il pas dû aux autres ? D'où vient que l'on parle si peu, finalement, de ces victimes juives tombées *après* qu'Israël s'est retiré de Gaza ? Pour moi qui ai passé ma vie à lutter contre l'idée qu'il y aurait des bons et des mauvais morts, des victimes suspectes et des obus privilégiés, pour moi qui, de surcroît, plaide depuis toujours pour que l'Etat hébreu sorte des territoires occupés afin d'obtenir, en échange, la sécurité et la paix, il y a là une question de probité, d'équité, dans le jugement : la dévastation, la mort, la vie dans les abris, les existences brisées par la mort d'un enfant, sont aussi le lot d'Israël.

Haïfa. Ma ville préférée en Israël. La grande ville cosmopolite où Juifs et Arabes cohabitent depuis la fondation du pays. Elle aussi, une ville morte. Elle aussi, une ville fantôme. Et, là aussi, des hauteurs arborées du mont Carmel à la mer, le hurlement des sirènes qui, à intervalles presque réguliers, oblige les rares voitures à s'arrêter, les derniers passants à se ruer dans les bouches de métro et qui, surtout, surtout, rend d'un seul coup palpable *le* cauchemar des Israéliens depuis quarante ans. Car le problème, me dit en substance Zivit Seri, cette jolie mère de famille, toute menue, dont les gestes maladroits, sans défense, m'émeuvent comme m'émouvaient les corps de Sarajevo, le problème, m'explique-t-elle tandis qu'elle me guide parmi les immeubles détruits de Bat Galim, littéralement « la fille des vagues », qui est le quartier de la ville qui a le plus souffert des bombardements, le problème, donc, ce ne sont pas seulement les tués – Israël a l'habitude. Ce n'est même pas le fait que l'on vise ici, non des objectifs militaires, mais des cibles délibérément civiles – cela aussi, nous le savions. Non, le problème, le vrai, c'est que ces bombardements font entrevoir ce qui se passera le jour, plus forcément très lointain, où les mêmes têtes de missile auront le double pouvoir : primo de viser encore plus juste et d'atteindre, par exemple, les installations pétrochimiques que vous voyez là, sur le port, en contrebas ; secundo, d'être elles-mêmes équipées d'armes chimiques semant une désolation à côté de laquelle Tchernobyl et le 11 Septembre réunis feront figure d'aimable prélude... Car telle est, en effet, la situation. Tels sont, vus d'Haïfa, les enjeux de l'opération en cours. Israël n'est pas entré en guerre parce qu'on avait juste « violé » sa frontière. Il n'a pas lancé ses avions sur le Sud-Liban pour le seul plaisir de « punir » un pays qui a permis à une milice armée de bâtir son Etat dans l'Etat. Il a réagi avec cette vigueur parce que la simultanéité des attaques sur ses villes et des déclarations du Président iranien appelant à le rayer de la carte, la conjonction, pour la première fois dans une même main, d'une volonté annihilatrice et des armes qui vont avec, créait une situation nouvelle. Il faut entendre les Israéliens lorsqu'ils nous disent qu'ils n'avaient plus le choix. Il faut entendre Zivit Seri expliquer, devant un immeuble crevé par un obus et dont les dalles de béton se balancent au bout de leur ferraille tordue, qu'il était minuit moins cinq, dans le siècle, en Israël.

Il faut entendre aussi la tristesse de Cheikh Mohammad Charif Ouda, le chef de la petite communauté hamadi, dont la famille vit ici depuis six générations et qui me reçoit chez lui, sur les hauteurs du quartier de Khababir, revêtu d'un shalwar kamiz et d'un turban à la mode pakistanaise. La grande faute du Hezbollah, pour lui comme pour tous les citoyens de la ville, est, certes, de frapper indistinctement. Elle est de tuer à l'aveugle, Juifs et Arabes mêlés, comme dans le massacre de la gare centrale de Haïfa qui a fait huit morts et vingt blessés. Elle est de faire régner un climat de terreur, donc d'inquiétude de chaque instant, qui, là encore, et toutes proportions gardées, me rappelle la façon qu'avaient les Sarajéviens de spéculer à perte de vue sur le fait qu'il s'en est fallu d'un cheveu, d'un hasard, d'un changement de programme de dernière minute, d'un rendez-vous qui s'est prolongé, ou qui s'est abrégé, ou qui a miraculeusement changé de lieu – et voilà, ils se trouvaient au point d'impact de la roquette ! La faute, donc, est là. Mais elle est aussi, insiste-t-il, dans le grand bond en arrière qu'impose le Hezbollah à tout le Proche-Orient en réévacuant, comme il le fait, la question palestinienne… Car Cheikh Mohammad Charif Ouda a raison. Si indifférents qu'ils fussent, dans le fond d'eux-mêmes, au sort des habitants de Gaza et Ramallah, au moins les dirigeants arabes traditionnels faisaient-ils encore semblant. Alors que Nasrallah, lui, ne se donne même plus cette peine. La souffrance et les droits des Palestiniens ne sont plus, dans sa géopolitique intime, ni un litige ni un alibi. Et il suffit de lire sa littérature et la charte de son mouvement, il suffit d'écouter les communiqués assassins donnés à la chaîne Al-Manar, pour voir que, tout à son rêve d'une Oumma réconciliée dont l'Iran serait la base, la Syrie le bras armé et le Hezbollah la pointe avancée, il n'a strictement plus rien à faire de cette survivance des âges anciens qu'est le nationalisme arabe en général et palestinien en particulier. Reste la haine nue. La guerre sans but de guerre. Restent trois laissés-pour-compte de ce jihad version persane dont la guerre actuelle donne le coup d'envoi : Israël, le Liban et, donc, la Palestine.

Roquettes encore. J'ai quitté Haïfa pour Saint-Jean-d'Acre puis, le long de la frontière libanaise, pour cette succession de villages, kibboutzim et autres moshavim qui vivent, depuis dix jours, sous les tirs – et c'est un véritable déluge de feu, pour ne pas dire un orage d'acier, qui tombe, aujourd'hui, sur les paysages de haute Galilée. « Je n'ai jamais bien su ce qu'il fallait faire dans ces cas-là, me dit, en se forçant à rire, le lieutenant-colonel Olivier Rafovitch, tandis que nous approchons d'Avivim et que le bruit des explosions semble lui aussi se rapprocher. On a tendance à accélérer, n'est-ce pas… On a tendance à penser que la seule chose à faire est de s'éloigner au plus vite de cet enfer… Mais c'est idiot, quand on y pense. Car qui sait si ce n'est pas justement en accélérant que l'on va à la rencontre etc. ? » Moyennant quoi nous accélérons tout de même. Nous traversons en trombe un village druze désert. Puis un gros bourg agricole dont je n'ai pas le temps de noter le nom – peut-être Sasa – et qui a été évacué. Puis une zone complètement découverte où une katioucha vient de défoncer la chaussée. C'est fou ce que ces engins, quand on les voit de près, créent de dégâts. Et c'est fou le boucan qu'ils peuvent faire quand on ne dit plus rien et que l'on guette juste le bruit de leur trajectoire mêlé à celui du moteur de la voiture – choc sourd et sans fumée de la roquette tombée au loin ; détonation stridente, énervée, quand elle passe au-dessus des têtes ; vibration longue, tenue comme un point d'orgue, quand elle éclate à proximité et fait tout trembler autour de vous… Peut-être, d'ailleurs, ne faudrait-il plus dire « roquette ». En anglais, je ne sais pas. Mais en français ou, plutôt, en franglais il y a, dans le mot même, quelque chose qui, mine de rien, réduit la chose et implique une vision biaisée, mensongère, de cette guerre. On dit salade de roquette… Ou croquettes pour les chiens… Ou roquet justement, petit chien plus bruyant que méchant, qui vous mordille les mollets et aurait, face à lui, le méchant molosse israélien… Alors, pourquoi ne pas dire obus ? Ou missile ? Pourquoi ne pas rendre, en utilisant le juste mot, toute sa dimension de violence barbare à cette guerre voulue par les Iranosaures du Hezbollah et par eux seuls ? Politique des mots. Géopolitique de la métaphore. La sémantique, dans cette région, est plus que jamais une affaire de morale.

Les Israéliens ne sont pas des saints. Et ils sont évidemment capables, en situation de guerre, d'opérations, manipulations, dénégations machiavéliques. Cette guerre-ci, pourtant, il y a un signe qui indique qu'ils ne l'ont pas voulue et qu'elle leur est tombée dessus comme un mauvais destin. Et ce signe c'est le choix, au poste de ministre de la Défense, de l'ancien militant de La Paix Maintenant, acquis depuis toujours à la cause du partage de la terre avec les Palestiniens, patron de la centrale syndicale Histadrout et bien mieux préparé, en principe, à faire des grèves qu'à faire la guerre – Amir Peretz. « Je n'ai pas dormi de la nuit, commence-t-il, très pâle, les yeux rougis, dans le petit bureau où il nous reçoit, avec l'éditorialiste de *Haaretz*, Daniel Ben Simon, et qui n'est pas au ministère mais au siège du Parti travailliste. Je n'ai pas dormi parce que j'ai passé la nuit à attendre des nouvelles d'une unité de nos garçons tombés, hier après-midi, dans une embuscade, en secteur libanais... » Puis, après qu'un jeune aide de camp aux allures, lui aussi, de militant syndical lui eut tendu, puis repris, un téléphone de campagne où il a reçu, sans un mot, les yeux baissés, sa grosse moustache tremblant d'une émotion mal contenue, les nouvelles qu'il attendait : « ne diffusez pas tout de suite, s'il vous plaît, car les familles ne sont pas au courant – mais trois d'entre eux sont morts et nous sommes sans nouvelles du quatrième, c'est terrible... » J'ai connu, depuis quarante ans, bien des ministres de la Défense d'Israël. De Moshe Dayan à Shimon Pérès, Yitzhak Rabin, Ariel Sharon, et j'en passe, j'ai vu se succéder les héros, les demi-héros, les tacticiens de génie et de talent, les habiles. Ce que je n'avais jamais vu c'est un ministre, non pas certes aussi humain (que la vie d'un soldat, n'importe lequel, ait un inestimable prix est une constante de l'histoire du pays) ni même aussi civil (Shimon Pérès, après tout, n'avait pas, lui non plus, de vrai passé militaire) mais aussi peu formé à commander une armée en temps de guerre (sa première décision, fait unique dans les annales, ne fut-elle pas d'amputer de 5 % le budget de son propre ministère ?) – ce que je n'avais jamais vu c'est un ministre de la Défense répondant si exactement au mot célèbre de Malraux sur ces commandants de miracle qui « font la guerre sans l'aimer » et qui, pour cette raison même, « finissent toujours par la gagner ». Amir Peretz, comme les personnages de Malraux, gagnera. Mais qu'il ait été nommé dit bien qu'Israël, après ses retraits du Liban et de Gaza, pensait entrer dans une ère nouvelle où c'est, non la guerre, mais la paix qu'il fallait préparer.

Le chef de guerre à l'ancienne, travailliste lui aussi et partisan, non moins que le ministre, d'une paix négociée avec les Palestiniens, c'est sur le terrain que je le rencontre, au lieu dit Coah Junction, littéralement Carrefour de la Force, qui est, aux yeux des kabbalistes, l'un des lieux où, le jour venu, doit se manifester et passer le Messie... Il s'appelle Ephraïm Sneh. Il a été, dans sa jeunesse, officier médecin chez les parachutistes, commandant d'une unité d'élite de Tsahal, puis patron de la zone de sécurité d'Israël au Sud-Liban à partir de 1981. Et il a ce physique de père tranquille, à la fois cordial et bourru, qu'ont les généraux de réserve d'Israël quand ils reprennent du service – en la circonstance, une sorte de mission d'inspection pour la Commission de défense de la Knesset. Pourquoi ce rendez-vous ? Pourquoi là, dans ce paysage de pierre sèche, chauffée à blanc par le soleil, où il m'a convoqué mais où je ne vois, à part nous deux, pas âme qui vive ? Veut-il me montrer quelque chose ? M'expliquer un détail de stratégie qui ne pouvait m'apparaître que vu d'ici ? Va-t-il m'amener à Avivim qui est, un kilomètre plus au nord, le nœud de la bataille en cours ? Veut-il parler politique ? Va-t-il, comme Peretz, comme Livni, comme presque tout le monde, me dire le découragement d'Israël face au peu d'ambition d'une France qui aurait un si grand jeu, pourtant, à jouer au Liban et en Syrie ; qui pourrait, si elle le voulait, restaurer le pays du Cèdre en imposant, vraiment, l'application de la résolution 1559 ; et qui préfère s'en tenir, hélas, à l'ouverture de corridors humanitaires ? Oui, il me dit cela. Un peu. En passant. Mais je m'apercois vite que, s'il m'a fait venir jusqu'ici, c'est pour me parler d'une affaire qui le passionne, qui n'a rien à voir avec cette guerre et qui n'est autre que le kidnapping, la captivité, la décapitation de Daniel Pearl… Une conversation sur Danny Pearl à un jet de pierre d'un champ de bataille… Un officier littéraire décidant que rien n'est plus urgent que de débattre, nos deux voitures immobilisées dans la caillasse et la fournaise, du jihad, de l'Islam des Lumières, des impasses de la théorie huntingtonienne du choc des civilisations, de Karachi et de ses mosquées terroristes… Cela non plus, je ne l'avais jamais vu. Cela aussi, il m'aura fallu cette expédition sur les premières lignes d'une guerre où Israël et le monde ont, plus que jamais, partie liée pour en concevoir l'idée.

Et en même temps… Il faut croire que l'Histoire a, parfois, moins d'imagination qu'on ne le voudrait et que les vieux généraux n'ont pas de si mauvais réflexes que cela. Car le fait est que, quelques kilomètres plus au sud, dans le village de Mitzpe Hila, près de Maalot, les circonstances vont m'offrir une bouleversante réminiscence, en effet, de l'affaire Pearl... Je suis chez les parents du soldat Shalit dont la capture par le Hamas, le 25 juin dernier, fut l'une des causes occasionnelles de cette guerre. Je m'interroge sur l'ironie de l'Histoire qui a mis un tout jeune homme, sans qualité particulière, sans importance collective non plus, au déclenchement de cette affaire énorme. Nous sommes là, au soleil, sur la pelouse où il a joué enfant et où l'on entend, très près, tomber des katiouchas auxquels les époux Shalit semblent, eux, ne plus prêter attention. Nous sommes assis, autour d'une table de jardin, à discuter des dernières nouvelles apportées par l'envoyé des Nations unies qu'ils ont reçu juste avant moi et je suis en train de songer que, si cette guerre doit durer, si l'effet Iran doit, comme je le pressens depuis l'instant de mon arrivée, lui donner une portée et une extension nouvelles, ce modeste caporal sera le François-Ferdinand d'un Sarajevo qui se sera appelé Kerem Shalom... Que se passe-t-il alors ? Est-ce l'expression d'Aviva, la mère, lorsque je l'interroge sur ce qu'elle sait des conditions de captivité de son garçon ? Celle de Noam, le père, quand il entreprend de m'expliquer, une pauvre lueur d'espoir dans le regard, que le jeune homme est français par l'une de ses grands-mères, Jacqueline, native de Marseille, et qu'il espère que mon gouvernement joindra donc ses efforts à ceux d'Israël ? Est-ce le débat, que je devine en lui, entre le père prêt à n'importe quel compromis pour retrouver son fils chéri et l'ancien soldat de Tsahal qui ne cède pas au chantage des terroristes ? Est-ce la visite de la chambre d'enfant du caporal ? Est-ce la maison elle-même si conforme, tout à coup, à celle de Danny Pearl, à Encino, Californie ? Toujours est-il que je suis saisi par un sentiment de déjà-vu et que, sur les visages de cet homme et de cette femme, viennent se surimprimer en moi ceux de Ruth et Judea Pearl, mes amis, le père et la mère Courage d'un autre tout jeune homme, semblable à celui-ci, et enlevé par des fous de Dieu dont le programme idéologique n'était pas très différent, non plus, de celui du Hamas.

Remonter vers Avivim. Puis, d'Avivim, jusqu'à Manara que tiennent les Israéliens et où ils ont installé, dans un cirque de deux cents mètres de diamètre, un champ d'artillerie où deux canons montés sur des chenilles bombardent, de l'autre côté de la frontière, les arsenaux, le poste de commandement et les lanceurs de roquettes de Maroun al-Ras. Trois choses, ici, me frappent. L'extrême jeunesse des artilleurs : 20 ans ; peut-être 18 ; leur air stupéfié quand le coup part, comme si c'était chaque fois la première fois ; leurs moqueries de gamins quand le copain n'a pas eu le temps de se boucher les oreilles et que la détonation l'assourdit ; et puis le côté grave en même temps, pénétré, de qui se sait aux avant-postes d'un drame immense, et qui le dépasse. L'allure décontractée ensuite, j'allais dire débraillée et même désœuvrée, d'une petite troupe qui me rappelle irrésistiblement la joyeuse bousculade des bataillons de jeunes républicains décrits, une fois encore, par Malraux : une armée plus sympathique que martiale ; plus démocratique que sûre d'elle et dominatrice ; une armée qui, ici, en tout cas, me semble aux antipodes de ces bataillons de brutes, ou de Terminators sans principes ni pitié, qu'ont si souvent décrits les grands médias européens. Et puis ce drôle de véhicule enfin, extérieurement semblable aux deux canons autoportés mais qui est garé en retrait et qui, lui, ne tire pas : ce troisième engin est une salle des machines mobile où l'on entre, comme dans un sous-marin, par une tourelle centrale et une échelle de coupée ; il s'y tient six hommes, certains jours sept, qui s'affairent autour d'une batterie de radars, ordinateurs et autres appareils de transmission dont le rôle est de collecter du renseignement pour, ensuite, déterminer les paramètres de tir que l'on va transmettre aux obusiers ; et la vérité est qu'il y a là, au principe du feu israélien, un véritable laboratoire de guerre où des savants-soldats déploient une intelligence optimale pour, le nez collé sur leurs écrans, tentant d'intégrer jusqu'aux plus impondérables données de terrain qui leur arrivent, calculer la distance de la cible, sa vitesse de déplacement ainsi que, last but not least, le degré de proximité de civils dont l'évitement est, ici au moins, j'en témoigne, un souci prioritaire – et pourtant…

Avec David Grossman, la rencontre a lieu dans un restaurant en plein air d'Abu Gosh, à l'entrée des monts de Jérusalem, qui me semble un jardin d'Eden après l'enfer des derniers jours – soleil heureux, bruit d'insectes qui ne sont plus ni des avions ni des chenilles de chars, bouffées d'insouciance, vent léger… Nous parlons de son dernier livre qui est une relecture du « mythe de Samson ». De son fils qui vient d'être appelé dans une unité de tankistes et pour lequel il tremble. Nous commentons une statistique qu'il vient de lire et qui l'inquiète puisque ce serait près d'un tiers des jeunes Israéliens qui auraient, selon l'article, perdu la foi dans le sionisme et trouveraient des astuces pour se faire exempter de service militaire. Et puis nous discutons de la guerre, bien sûr, et du très grand malaise où, comme les autres intellectuels progressistes du pays, comme moi, elle paraît l'avoir plongé… Car d'un côté, m'explique-t-il, il y a l'ampleur des destructions, les femmes et les enfants tués, la catastrophe humanitaire en cours, le risque de guerre civile et d'embrasement au Liban – d'un côté il y a l'erreur, aussi, d'avoir mis la barre si haut (détruire le Hezbollah, mettre hors d'état de nuire ses infrastructures et son armée…) que même une demi-victoire risque, le moment venu, d'avoir un parfum de défaite. Mais, de l'autre, il y a cette attaque surprise du Hezbollah contre un Israël qui s'était successivement retiré du Liban puis de Gaza ; il y a le droit d'Israël, comme n'importe quel autre Etat au monde, à ne pas rester les bras croisés face à une agression aussi folle, immotivée, gratuite ; il y a le fait, insiste-t-il, que le Liban est le pays d'accueil du Hezbollah, son allié, en même temps qu'un pays au gouvernement duquel lui, le Hezbollah, participe pleinement ; de l'autre côté, donc, il y a le fait que la riposte israélienne ne pouvait être portée ailleurs que sur le sol libanais… J'observe David Grossmann. Je détaille son beau visage d'ancien enfant prodige des lettres israéliennes vieilli trop vite et dévoré par la mélancolie. Il n'est pas seulement l'un des grands romanciers israéliens d'aujourd'hui. Il est aussi, avec Amos Oz, Avraham Yehoshua et quelques autres, l'une des consciences morales du pays. Et je crois que son témoignage, sa fermeté, sa façon de ne pas céder, en dépit de tout, sur la justesse de la cause d'Israël, devraient convaincre les plus incertains.

Et puis Shimon Pérès enfin. Je ne voulais pas achever ce voyage sans aller, comme chaque fois mais, cette fois, plus que jamais, rendre visite à Shimon Pérès. C'est Daniel Saada, cet ami d'autrefois, membre fondateur de SOS Racisme, installé en Israël et devenu, également, son ami, qui m'a conduit jusqu'à lui. « Shimon », comme tout le monde l'appelle ici, a 84 ans. Mais il n'a rien perdu de sa prestance. Ni de son allure magnifique de prince-abbé du sionisme. Il a toujours le même visage, tout en front et en lèvres, qui souligne l'autorité mélodieuse de la voix. Et j'ai même l'impression, par instants, qu'il s'est incorporé, en prime, une légère amertume dans le sourire, un éclair dans le regard, une façon de se tenir et, parfois, de timbrer les mots qui n'étaient pas à lui mais à son vieux rival Yitzhak Rabin… « Tout le problème, commence-t-il, c'est la faillite de ce que l'un de vos grands écrivains appelait la stratégie d'état-major. Personne, aujourd'hui, ne contrôle plus personne. Personne n'a le pouvoir d'arrêter ni de maîtriser personne. En sorte que nous n'avons, nous, Israël, jamais eu tant d'amis mais que jamais, dans notre histoire, ils n'ont autant servi à rien. Sauf… » Il prie sa fille, une dame d'un certain âge qui assiste à l'entretien, d'aller, dans le bureau voisin, chercher deux lettres d'Abou Mazen et Bill Clinton. « Oui, sauf que vous les avez, eux. Les hommes de bonne volonté. Mes amis. Les amis des Lumières et de la paix. Ceux que ni le terrorisme, ni le nihilisme, ni le défaitisme, ne feront jamais renoncer. Nous avons un projet, vous savez… Toujours le même projet de prospérité, de développement partagé, qui finira par triompher… Ecoutez… » Shimon a fait un rêve. Shimon est un jeune homme de 84 ans dont l'invincible songe dure, en effet, depuis trente ans et que la présente impasse, loin de décourager, semble mystérieusement stimuler. Je l'écoute donc. J'écoute ce sage d'Israël m'expliquer qu'il faut simultanément « gagner cette guerre imposée », disqualifier ce « quartette du Mal » que constituent l'Iran, la Syrie, le Hamas, le Hezbollah et frayer « des chemins de parole et de dialogue » qui finiront bien, un jour, par mener quelque part. Et le fait est qu'en l'écoutant, en réentendant ces prophéties anciennes mais qui, aujourd'hui, je ne sais pourquoi, me semblent affectées d'un coefficient nouveau d'évidence et de force, je me prends à imaginer, moi aussi, la gloire d'un Etat hébreu qui oserait, dans le même temps, presque le même geste, dire et surtout faire les deux choses : aux uns, hélas, la guerre ; aux autres, une déclaration de paix qui ne laisserait, soudain, plus le choix.

3

Choses vues dans la Géorgie envahie[1]

1

La première chose qui frappe dès qu'on sort de Tbilissi, c'est l'inquiétante absence de toute force militaire. J'avais lu que l'armée géorgienne, défaite en Ossétie, puis mise en déroute à Gori, s'était repliée sur la capitale pour la défendre. Or j'arrive

1. *Le Monde*, 19 août 2008. *Corriere della Sera*, 20 août 2008. *El Mundo*, 23 août 2008. *Frankfurter Allgemeine Zeitung*, 24 août 2008. *Expressen*, 23 août 2008.

aux faubourgs de la ville. J'avance de quarante kilomètres sur l'autoroute qui coupe le pays d'est en ouest. Et, de cette armée censée s'être regroupée pour opposer une résistance acharnée à l'invasion, on ne voit quasi pas de trace. Ici, un poste de police. Plus loin, un quarteron de soldats aux uniformes trop neufs. Mais pas une unité combattante. Pas une pièce de défense anti-aérienne. Même pas ce paysage de herses et de chicanes qui, dans toutes les villes assiégées du monde, sont censées retarder la progression de l'ennemi. Une dépêche, pendant que nous roulons, annonce que les chars russes se dirigent vers la capitale. L'information, relayée par les radios et, finalement, démentie, crée un désordre sans nom et fait que rebroussent chemin les rares automobiles qui s'étaient aventurées hors de la ville. Mais le pouvoir, lui, semble avoir étrangement baissé les bras.

L'armée géorgienne serait-elle là, mais cachée ? Prête à intervenir, mais invisible ? Serions-nous en présence de l'une de ces guerres où la ruse suprême est, comme dans les guerres oubliées d'Afrique, d'apparaître le moins possible ? Ou bien le président Saakashvili a-t-il fait le choix du non-combat – comme pour nous mettre, nous, Européens et Américains, devant nos responsabilités et nos choix (« vous vous prétendez nos amis ? vous nous avez cent fois dit qu'avec nos institutions démocratiques, notre désir d'Europe, notre gouvernement où – fait unique dans les annales – siègent un Premier ministre anglo-géorgien, des ministres américano-géorgiens, un ministre de la Défense israélo-géorgien, était le premier de la classe occidentale ? eh bien c'est le moment ou jamais de le prouver ») ? Je ne sais pas. Mais le fait est que la première présence militaire significative à laquelle nous nous heurtons est un long convoi russe, cent véhicules au moins, venu tranquillement faire de l'essence en direction de Tbilissi. Puis, à quarante kilomètres de la ville, à la hauteur d'Okami, un bataillon, russe toujours, appuyé sur une unité de blindés dont le rôle est d'empêcher de passer, dans un sens les journalistes et, dans l'autre, les réfugiés.

L'un d'entre eux, un paysan blessé au front, encore hébété de terreur, me raconte l'histoire de ce village, en Ossétie, d'où il a fui à pied voici trois jours. Les Russes sont arrivés. Les bandes ossètes et cosaques ont, dans leur sillage, pillé, violé, assassiné. Elles ont, comme en Tchétchénie, regroupé les jeunes hommes et les ont embarqués dans des camions vers des destinations inconnues. On a tué les pères devant les fils. Les fils devant les pères. Dans les caves d'une maison qu'on a fait sauter en y accumulant des bonbonnes de gaz, on est tombé sur une famille qu'on a dépouillée de tout ce qu'elle avait tenté de cacher et on a mis les adultes à genoux avant de les exécuter d'une balle en pleine tête. L'officier russe, responsable du checkpoint, écoute. Mais il s'en fiche. Il a l'air, de toute façon, d'avoir trop bu et il s'en fiche. Pour lui, la guerre est finie. Aucun chiffon de papier – cessez-le-feu, accord en cinq ou en six points – ne changera rien à sa victoire. Et ce pelé de réfugié peut bien raconter ce qu'il veut.

2

A l'approche de Gori, la situation est différente et devient, soudain, plus tendue. Au bord de la route, des jeeps géorgiennes dans le fossé. Plus loin, un tank carbonisé. Plus loin encore, un checkpoint plus important qui bloque, lui, complètement le groupe de journalistes auquel nous nous sommes mêlés. Et, surtout, il nous est clairement dit, là, que nous ne sommes plus les bienvenus. « Vous êtes en territoire russe, aboie un officier bouffi d'importance et de vodka. Ne peuvent aller plus loin que les accrédités par les autorités russes… » Heureusement, surgit une voiture battant pavillon diplomatique. C'est la voiture de l'ambassadeur d'Estonie. A son bord, outre l'ambassadeur, le secrétaire du Conseil national de sécurité, Alexander Lomaia, qui a l'autorisation d'aller, derrière les lignes russes, chercher des blessés et qui accepte de m'embarquer, ainsi que la députée européenne Isler-Béguin et une journaliste du *Washington Post*. « Je n'assure la sécurité de personne, prévient-il – c'est clair ? » C'est clair. Et nous nous entassons dans l'Audi qui met le cap sur Gori.

Après six nouveaux checkpoints, dont un constitué d'un simple tronc d'arbre levé et abaissé par un treuil commandé par un groupe de paramilitaires, nous arrivons à Gori. Nous ne sommes pas au centre-ville. Mais du point où Lomaia nous a laissés avant de repartir, seul, dans l'Audi, récupérer ses blessés, de ce carrefour que contrôle un char énorme et haut comme un bunker roulant, nous pouvons constater les incendies à perte de vue. Les fusées éclairantes qui, à intervalles réguliers, illuminent le ciel et sont suivies de détonations brèves. Le vide encore. L'odeur, légère, de putréfaction et de mort. Et puis, surtout, le bourdonnement incessant des véhicules blindés et, une fois sur deux à peu près, des voitures banalisées remplies de miliciens reconnaissables à leurs brassards blancs et à leurs cheveux retenus par des bandanas. Gori n'appartient pas à cette Ossétie que les Russes prétendent être venus « libérer ». C'est une ville géorgienne. Or ils l'ont brûlée. Pillée. Réduite à l'état de ville fantôme. Vidée.

« C'est logique, explique, tandis que nous attendons, debout dans la puanteur et la nuit, le retour de Lomaia, le général Vyacheslav Borisov. Nous sommes là parce que les Géorgiens sont des incapables, que leur administration s'est effondrée et que la ville était livrée aux pillards. Regardez ceci… » Il me montre, sur son téléphone portable, des photos d'armes dont il souligne lourdement l'origine israélienne. « Est-ce que vous croyez qu'on pouvait laisser ce bazar sans surveillance ? D'ailleurs, je vais vous dire… » Il se rengorge. Allume une cigarette dont l'allumette fait sursauter le petit tankiste blond qui s'était endormi dans sa tourelle. « Nous avons convoqué, à Moscou, le ministre des Affaires étrangères israéliennes. Et il lui a été dit que, s'il continuait à fournir les Géorgiens, nous continuerions, nous, de livrer le Hezbollah et le Hamas. » Nous *continuerions*… Quel aveu ! Deux heures passent. Deux heures de rodomontades et de menaces. Avec, parfois, une voiture qui ralentit mais qui, avisant le tank, se ravise et repart. Jusqu'à ce que revienne enfin Lomaia et qu'il nous confie la vieille dame et la femme enceinte qu'il a tirées de l'enfer et qu'il nous charge de ramener à Tbilissi.

3

Le président Saakashvili, flanqué de son conseiller Daniel Kunin, écoute mon récit. Nous sommes dans la résidence présidentielle d'Avlabari. Il est deux heures du matin mais la noria de ses conseillers fonctionne comme en plein jour. Il est jeune. Très jeune. D'une jeunesse qu'accusent encore l'impatience des gestes, la fièvre du regard, des éclats de rire brusques ou encore cette façon d'enfiler les canettes de Red Bull comme si c'était du Coca-Cola. Ces gens, d'ailleurs, sont *tous* très jeunes. Tous ces ministres et conseillers sont des boursiers de fondations type Soros dont la « révolution des roses » a interrompu les études à Yale, Princeton, Chicago. Il est francophile et francophone. Féru de philosophie. Démocrate. Européen. Libéral au double sens, américain et européen, du mot. De tous les grands résistants que j'aurai rencontrés dans ma vie, de tous les Massoud ou Izetbegovic dont il m'a été donné de prendre la défense, il est le plus évidemment étranger à l'univers de la guerre, à ses rites, ses emblèmes, sa culture – mais il fait face.

« Laissez-moi préciser une chose, m'interrompt-il avec une gravité soudaine… Il ne faut pas laisser dire que c'est nous qui avons commencé cette guerre… Nous sommes début août. Mes ministres sont en vacances. Je suis moi-même en Italie, en train de faire une cure d'amaigrissement et sur le point de partir pour Pékin. Or voilà que, dans la presse italienne, je lis : "Préparatifs de guerre en Géorgie". Vous m'avez bien entendu : je suis là, tranquille, en Italie, et je lis que mon propre pays est en train de préparer une guerre ! Sentant que quelque chose ne tourne pas rond, je rentre dare-dare à Tbilissi. Et qu'est-ce que mes services de renseignement m'apprennent ? » Il fait la moue du type qui pose une colle et vous laisse une chance de trouver la bonne réponse… « Que ce sont les Russes qui, au moment même où ils abreuvent les agences de presse de ce baratin, sont en train de vider Shrinvali de ses habitants, de masser des troupes, des transports de troupes, des ravitailleurs de fuel en territoire georgien et de faire passer, enfin, des colonnes de chars par le tunnel de Roky qui sépare les deux Osséties. Alors, supposez que vous êtes responsable d'un pays et que vous apprenez ça – vous faites quoi ? » Il se lève, va répondre à deux portables qui sonnent en même temps sur son bureau, revient, étire ses longues jambes… « Au cent cinquantième char positionné face à vos villes, vous êtes obligé d'admettre que la guerre a commencé et, malgré la disproportion des forces, vous n'avez plus le choix…

— Avec l'accord de vos alliés ? lui demandé-je. En prévenant les membres de cette OTAN dont on vous a claqué la porte au nez ?

— Le vrai problème, esquive-t-il, ce sont les enjeux de cette guerre. Poutine et Medvedev cherchaient un prétexte pour nous envahir. Pourquoi ? » Il fait le geste de compter sur ses doigts. « Primo, nous sommes une démocratie et nous incarnons donc, quant à la sortie du communisme, une alternative au poutinisme. Secundo, nous sommes le pays où passe le BTC, ce pipeline qui relie Bakou à Ceyhan via Tbilissi ; en sorte que, si nous tombons, si Moscou met à ma place un employé de Gasprom, vous serez, vous, les Européens, dépendants à 100 % des Russes pour votre approvisionnement en énergie. Et puis, tertio… » Il choisit une pêche dans la corbeille de fruits que son assistante – « ossète », précise-t-il – vient d'apporter. « Tertio, regardez la carte. La Russie est l'alliée de l'Iran. Nos voisins arméniens ne sont pas loin non plus des Iraniens. Imaginez que s'installe à Tbilissi un régime pro-russe. Vous auriez un continuum géostratégique qui irait de Moscou à Téhéran et dont je doute qu'il fasse les affaires du monde libre. J'espère que l'OTAN comprend cela… »

4

Vendredi matin. Nous décidons, avec Raphaël Glucksmann, Gilles Hertzog, la députée européenne, de revenir à Gori que, suite à l'accord de cessez-le feu rédigé par Sarkozy et Medvedev, les Russes auraient commencé d'évacuer et où nous sommes censés rejoindre le Patriarche orthodoxe de Tbilissi en partance, lui-même, pour Nicosie où des centaines de morts seraient livrés aux porcs et aux chiens. Mais le Patriarche est introuvable. Les Russes n'ont rien évacué. Et nous sommes même, cette fois, bloqués vingt kilomètres avant Gori quand une voiture, devant nous, se fait braquer par un escadron d'irréguliers qui, sous l'œil placide d'un officier russe, font descendre les journalistes et leur arrachent caméras, argent, objets personnels et, finalement, leur véhicule. Fausse nouvelle, donc. L'habituel ballet des fausses nouvelles dans l'art duquel les artisans de la propagande russe semblent décidément passés maîtres. Et direction, alors, Kaspi, à mi-chemin entre Gori et Tbilissi, où l'interprète de la députée a de la famille et où la situation est, en principe, plus calme – mais, en réalité, deux autres surprises nous y attendent…

D'abord les destructions. Ici aussi, les destructions. Mais des destructions qui, cette fois, n'ont visé en priorité ni les maisons ni les gens. Quoi alors ? Le pont. La gare. La voie de chemin de fer qu'est déjà en train de remettre en état une équipe de logisticiens conduite, depuis sa chambre, par le chef mécanicien, grièvement blessé à la hanche. Ainsi que le système de commande électronique de la cimenterie Heidelberg, à capitaux allemands, qu'a atteint un missile guidé au laser. « Il y avait là 650 ouvriers, me dit le directeur de l'usine, Levan Baramatze. Seuls 120 ont pu venir aujourd'hui. Notre appareil productif est brisé. » A Poti, les Russes ont coulé la marine de guerre géorgienne. En trois points, ils ont touché le pipeline TBC. Ici, à Kaspi, ils ont, à dessein, atteint les centres vitaux d'une économie dont dépend, indirectement, celle de la région et du pays. Terrorisme ciblé. Volonté, là aussi, de mettre le pays à genoux.

Et puis, deuxième surprise, les chars. Nous sommes, je le répète, aux portes de la capitale. Condoleezza Rice, je le précise, est, à cet instant, en train de donner sa conférence de presse. Et voilà que, tout à coup, apparaît, volant à basse altitude au-dessus des arbres, l'un de ces hélicoptères de combat dont l'arrivée est toujours signe du pire. Et voici que, aussitôt après, ce qui reste des habitants de Kaspi se retrouve dans la rue, sur le seuil des maisons, puis, très vite, entassé à dix dans les vieilles Lada – chacun hurlant à qui veut l'entendre et, en particulier, à nos chauffeurs que les Russes arrivent et qu'il faut fuir. D'abord, nous n'y croyons pas. Nous pensons : le type même, comme avant-hier, de la mauvaise rumeur. Mais, en fait, non. Les chars sont bien là. Cinq, exactement. Plus une unité du génie qui commence de creuser des tranchées. Le message est clair. Condoleezza Rice ou pas, les Russes sont ici chez eux. Ils se déplacent, en Géorgie, comme en terrain conquis. Ce n'est pas exactement le coup de Prague. C'est sa version XXIe siècle – lent, par petites touches, à coups d'humiliations, intimidations, parades et paniques...

5

Le rendez-vous a lieu, cette fois, à quatre heures du matin. Saakashvili a passé la fin de la journée avec Rice. La journée de la veille avec Sarkozy. A l'un comme à l'autre il sait gré de leurs efforts, de la peine qu'ils se sont donnée ainsi que de leur amitié dont rien ni personne ne le fera douter – ne se tutoient-ils pas, avec « Nicolas » ? et le candidat McCain, « proche de Madame Rice », ne lui téléphone-t-il pas, depuis le début de la crise trois fois par jour ? Mais je lui trouve, pourtant, un air mélancolique qu'il n'avait pas le premier soir. La fatigue, peut-être... Ces nuits sans sommeil... Ces revers en série... Ce grondement, aussi, qu'il sent monter dans le pays et que nous sommes bien obligés, hélas, de lui confirmer : « et si Micha était incapable de nous protéger ? et si ce bouillant jeune président ne nous attirait que la foudre ? et si, pour survivre, il fallait en passer par le désir de Poutine et le fantoche qu'il a dans sa manche ? » Il y a de tout cela, oui, dans la mélancolie du Président. Plus, tout de même, autre chose – plus trouble et qui tient, comment dire ? à l'étrange attitude de ses amis...

L'accord de cessez-le-feu, par exemple, que lui a apporté l'ami Sarkozy et qui a été rédigé, à Moscou, à quatre mains, avec Medvedev. Il revoit le Président français, là, dans ce même bureau, si impatient de le voir signer. Il l'entend élever le ton, presque crier : « tu n'as pas le choix, Micha ; sois réaliste, tu n'as pas le choix ; quand les Russes arriveront pour te destituer, aucun de tes amis, aucun, ne lèvera le petit doigt pour te sauver. » Et quelle étrange réaction enfin quand lui, Micha Saakashvili, a obtenu qu'ils appellent quand même Medvedev ; que Medvedev a fait répondre qu'il dormait – il n'était que 9 heures, mais il dormait, et était injoignable jusqu'au lendemain matin 9 heures : le Président français, là aussi, s'est emporté ; l'ami français, là non plus, n'a pas voulu attendre ; pressé de rentrer ? trop assuré que l'essentiel était de signer, n'importe quoi mais signer ? Ce n'est pas comme cela, songe Micha, qu'on négocie. Ce n'est pas comme cela qu'on se conduit avec ses amis.

J'ai vu ce document. J'ai vu les annotations manuscrites qu'y ont apportées les deux présidents, georgien d'abord, français ensuite. J'ai vu le second document, toujours signé par Sarkozy et confié à Condi Rice, à Brégançon, pour qu'elle le remette à Saakashvili. Et j'ai vu, enfin, le mémorandum de remarques rédigé, dans la soirée, par la partie géorgienne et jugé par elle vital. Elle a obtenu – et ce n'est pas un détail – que soit biffée toute allusion au « statut » futur de l'Ossétie. Elle a obtenu – et ce n'est pas négligeable – que soit précisé que le « périmètre raisonnable » à l'intérieur duquel les troupes russes étaient autorisées, dans le premier document, à continuer de patrouiller pour assurer la « sécurité » des Russophones de Géorgie, devienne un périmètre de « quelques kilomètres ». Mais, de l'intégrité territoriale de la Géorgie, il n'est question dans aucun des documents. Et quant à l'argument de l'aide légitime apportée aux Russophones, on tremble à l'idée de l'usage qui en sera fait quand ce seront les Russophones d'Ukraine, des pays Baltes ou de Pologne qui s'estimeront menacés, à leur tour, par une volonté « génocidaire »... C'est l'Américain Richard Holbrooke, diplomate de fort calibre et proche de Barack Obama, qui, retrouvé, à la fin de la nuit, au bar de notre hôtel commun, aura le dernier mot : « il flotte, dans cette affaire, un mauvais parfum d'apaisement et de munichisme ». Eh oui. Ou bien nous sommes capables de hausser vraiment le ton et de dire, en Géorgie, stop à Poutine. Ou bien l'homme qui est allé, selon ses propres termes, « buter jusque dans les chiottes » les civils de Tchétchénie, se sentira le droit de faire de même avec n'importe lequel de ses voisins. Est-ce ainsi que doivent se construire l'Europe, la paix et le monde de demain ?

4

A l'heure de Gaza[1]

Yovan Diskin est le patron du Shin Bet, la mythique et redoutable Agence de sécurité intérieure d'Israël. Il n'a, à ma connaissance, jamais parlé. En tout cas pas depuis le début de

1. *Le Journal du Dimanche*, 18 janvier 2009. *The Huffington Post*, 20 janvier 2009, *Corriere della Sera*, 20 janvier 2009. *El Mundo*, 21 janvier 2009. *Frankfurter Allgemeine Zeitung*, 24 janvier 2009. *Haaretz*, 23 janvier 2009.

cette guerre. Il a une quarantaine d'années. Il est grand. Massif. Une allure militaire que démentent un jean, des baskets et un T-shirt. Il me reçoit, aux aurores, dans son bureau, au nord de Tel-Aviv, qui, avec ses meurtrières en largeur, ressemble à un blockhaus. Tout cela pour Sderot? commencé-je. Ce déluge de feu, ces victimes, pour arrêter les Qassam sur Sderot et les autres villes et kibboutzim du sud du pays ? « Oui, bien sûr, me répond-il, excédé. Il n'y a pas un Etat au monde qui tolérerait de voir des obus tomber ainsi, tous les jours, sur la tête de ses citoyens. » Puis, comme je lui réponds que je sais cela, comme je lui dis que je vais à Sderot, par principe et solidarité, chaque fois que j'arrive en Israël, et comme je lui dis aussi qu'il y avait peut-être des moyens, en négociant, d'éviter d'en arriver là, il s'interrompt, hausse drôlement les épaules et, sur le ton de celui qui, puisque l'on y tient, va entrer dans les détails techniques, reprend : « Il faut que vous compreniez, dans ce cas, qui sont les gens du Hamas. Nous les connaissons, ici, mieux que personne. J'ai l'impression, parfois, d'être capable de suivre en temps réel, parfois de précéder, leurs moindres décisions. Or nous avons pris conscience de trois choses. » On lui apporte un gobelet de café qu'il boit d'un trait. « Leur stratégie, déjà, qui est celle des Frères Musulmans dont ils sont l'émanation et qui vise à la prise du pouvoir, sur longue durée, au Liban, en Jordanie, en Egypte, en Israël... » Je fais signe que je sais. « Bon. Cette alliance, ensuite, avec l'Iran, qui peut sembler contre nature tant est lourd le contentieux entre sunnites et chiites, mais dont nous avons tout l'historique. » La date : 1993. Le théâtre : un conseil d'oulémas syriens, saoudiens, cisjordaniens, gazaouis. L'inspirateur : l'Egyptien El-Karadaoui, importateur en terrain sunnite de la stratégie chiite des attentats-suicides. « Et puis, enfin, l'essentiel : ce réseau de trois cents tunnels, creusés sous la frontière égyptienne avec l'accord tacite de Moubarak qui, chaque fois que nous lui en parlions, jurait qu'il allait s'en occuper mais ne faisait malheureusement rien tant il craignait de contrarier ses Frères Musulmans nationaux... » On peut – comme les pacifistes israéliens – se dire que la destruction desdits tunnels aurait suffi. On peut – c'est mon cas – estimer que, cette guerre ayant déjà eu pour effet de faire découvrir à la planète leur existence et de mettre donc les Egyptiens au pied du mur, Israël pourrait s'en tenir là et, dès aujourd'hui, 11 janvier, cesser le feu. Ce que l'on ne peut pas ignorer c'est ce fait – ce *contexte* : Gaza qui, évacué, devient, non l'embryon de l'Etat palestinien tant espéré, mais la base avancée d'une guerre totale contre l'Etat juif.

Je suis à Baka el-Garbil qui est, près d'Oum al-Fahim, l'une de ces villes d'Arabes israéliens qui ont choisi, en 1948, de rester chez eux et forment, soixante ans après, 20 % de la population du pays. La ville, cet après-midi, est dans la rue. Ce sont 15 000 personnes qui protestent contre le « génocide » de Gaza. Il y a là des militants, coiffés du keffieh à damier du Fatah. D'autres, qui agitent le drapeau vert du Hamas. Je vois même, en tête de cortège, des jeunes en cagoule qui hurlent, au cœur d'Israël donc, des appels à l'Intifada, au jihad, au martyre. « Cet Israël que vous vomissez n'est-il pas votre Israël, demandé-je à l'un d'entre eux ? N'est-ce pas l'Etat dont vous êtes les citoyens, au même titre et avec les mêmes droits que ses autres citoyens ? » Le garçon me considère comme si j'étais un fou. Il me répond qu'Israël est un Etat raciste qui le traite comme un sous-homme, l'interdit d'université et de night-clubs et n'a, en conséquence, aucune fidélité à attendre de lui. Sur quoi il rattrape ses camarades – m'abandonnant à ma perplexité : belle solidité d'une démocratie qui s accommode, en temps de guerre, d'un citoyen sur cinq au bord de la sécession politique – et vertigineuse fragilité d'un lien social dont on voit bien comment il pourrait, du dedans, se dénouer. Autre contexte ? Non. Mais *situation d'Israël*.

« Rien ne justifie la mort d'un gosse, m'a dit Asaf, 33 ans, patron d'un restaurant à New York et, dans ses périodes de « réserve », pilote d'hélicoptère Cobra. Rien. Et c'est pourquoi, lorsque le risque existe, lorsque je m'aperçois, dans mon cockpit, que je peux, en visant un objectif militaire, toucher aussi des civils, je démonte et rentre à la base. » J'ai mis Asaf au défi de m'apporter la preuve de ce qu'il dit. Et c'est ainsi que je me retrouve ici, dans le Néguev, sur la base de Palmachim, saint des saints de la technologie israélienne, où ont été notamment testés les fameux missiles antimissiles Arrow. Vidéos de bord d'Asaf. Enregistrement de sa conversation, le 3 janvier, avec un interlocuteur au sol qu'il informe de sa décision de tout arrêter car le « terroriste » qu'il a en ligne de mire est rejoint par un enfant. Et incroyables films – j'en visionne quatre – de ces missiles *déjà* lancés que le pilote, voyant qu'un civil apparaît dans son écran ou que la jeep ciblée entre dans le garage d'un immeuble dont on n'a pas, comme c'est l'usage, alerté les occupants, détourne en pleine course et fait exploser dans un champ. Que tous n'aient pas les mêmes scrupules, je m'en doute bien (car comment expliquer, sinon, les trop nombreux et inacceptables bains de sang ?). Mais qu'il y ait des Asaf dans Tsahal, que les procédures commandent d'agir plutôt à la façon d'Asaf, bref, qu'Asaf ne soit pas l'exception mais la règle, il est important de le dire (et tant pis pour le cliché qui veut réduire Tsahal à un ramassis de brutes s'acharnant sur les femmes et les vieillards…).

Ehud Barak chez lui. Je l'ai vu, hier, à Palmachim, entouré de ses généraux. Et je le retrouve, aujourd'hui, dans ce salon, tout en longueur, qui semble construit autour des deux pianos dont il joue en virtuose. Il évoque, lui aussi, le dilemme moral auquel son armée est confrontée. Il décrit le calcul d'un Hamas qui, précisément parce qu'il sait que tel est le mode de fonctionnement des Israéliens, installe ses dépôts d'armes dans une cour d'école, une salle d'hôpital, une mosquée. « De deux choses l'une, m'explique-t-il sur un ton où pointe, j'en jurerais, une curiosité de stratège face à une tactique inédite. Ou bien nous en sommes informés et ne tirons pas – ils ont gagné. Ou bien nous l'ignorons et tirons – ils filment alors les victimes, envoient les images aux télévisons et ont aussi gagné… » Je m'apprête à lui demander comment l'homme de Camp David, la Colombe qui offrit à Arafat, il y a neuf ans, les clefs d'un Etat palestinien dont celui-ci ne voulut pas, vit personnellement ce dilemme – et je suis sur le point de lui objecter, aussi, qu'Israël n'en serait pas là sans la série d'occasions manquées, de faux pas, d'aveuglements, des gouvernements qui ont suivi. Mais le téléphone sonne. C'est Condoleezza Rice qui appelle pour le presser, justement, de conclure très vite un cessez-le-feu. Pourquoi très vite, à votre avis ? Le ministre-pianiste sourit… Parce que, à dix jours près, le même cessez-le-feu sera son œuvre à elle, Condi, ou celle de l'autre Barack (Obama) qui lui volera sa « legacy ».

Amos Oz est effondré. Le grand écrivain, conscience du pays et, en particulier, du camp de la Paix, l'auteur d'*Aidez-nous à divorcer*, que je retrouve, à Jérusalem, chez notre ami commun Shimon Pérès et à sa table, se rappelle comment Tsahal a dû traiter, il y a sept ans, l'affaire du « génocide de Jénine » (66 morts, dont 23 Israéliens). Puis, au moment de la guerre du Liban, le cas du drame de Cana (remake, selon certains, de l'assaut sur le ghetto de Varsovie). Nous parlons, aussi, des armes terrifiantes qu'utiliserait Tsahal (et dont l'effet serait d'« avaler » l'oxygène autour du point d'impact). La rumeur du jour, pourtant, cette histoire de maison où l'on aurait, dans la zone de Zeitoun, attiré cent personnes avant de tirer dans le tas lui semble si insensée qu'il ne sait, ni par quel bout la prendre, ni comment elle a pris corps. Tout a commencé, semble-t-il, par un vague témoignage recueilli par une ONG. Puis quelques journalistes : « qu'on laisse la presse entrer – comment, si nous ne sommes pas là, démentir les on-dit ? » Puis c'est le village médiatique planétaire qui s'est emballé : « Tsahal aurait… Tsahal pourrait… le docteur X confirme que Tsahal serait à l'origine de… » Ah le poison de ces conditionnels subtils et soi-disant prudents ! Dans deux jours, on ne parlera plus de la rumeur de Zeitoun. Mais qu'en conclura le monde ? Que c'est parce qu'elle était absurde ? Ou parce qu'une horreur chasse l'autre et que Tsahal aura gravi un degré de plus, entre-temps, sur l'échelle de l'abomination et du crime ? Oz, le Camus d'Israël. La désinformation, ou le mythe hébreu de Sisyphe.

Autre rumeur dont j'ai pu, moi-même cette fois, vérifier le caractère infondé : celle du « blocus humanitaire ». Je passe sur le cas du Shiba Hospital de Tel-Aviv dont le directeur adjoint, Raphi Walden, m'explique que 70 % des patients sont des Palestiniens. Je passe sur l'affaire des ambulances touchées par erreur par Tsahal mais bloquées, à dessein, par le ministère de la Santé du Hamas qui prend ses civils en otage et ne veut surtout pas les voir soigner à l'hôpital Soroka de Beer-Sheva. L'information décisive c'est ce mercredi, 14 janvier, que je la recueille – au terminal de Keren Shalom, extrême sud de la bande de Gaza, où une centaine de camions passent, comme chaque matin, sous l'œil vigilant des représentants des ONG. Farine... Médicaments... Aliments pour bébés... Couvertures... Rien, personne, et surtout pas l'habituel pansement humanitaire, n'atténuera, ici comme ailleurs, la souffrance des familles qui ont perdu l'un des leurs. Mais les faits sont les faits. Et le fait est que ce sont plus de 20 000 tonnes qui sont entrées, depuis le début de l'opération, sous pavillon de l'Unicef ou du World Food Program... Comme me le dit le colonel Jehuda Weintraub qui fut, dans une autre vie, l'auteur d'une thèse sur Chrétien de Troyes et qui rempile, à 60 ans, dans la « coordination » de l'aide : « la guerre est toujours horrible, criminelle, pleine de fureur ; pourquoi faut-il, à son atrocité, ajouter encore le mensonge ? »

Le ton monte à Paris. Jean-Marie Le Pen déclare que Gaza est un camp de concentration. D'autres, du côté de la gauche radicale, tonnent qu'il n'y a pas eu, depuis longtemps, pire massacre de musulmans que celui des Gazaouis. Et les 300 000 Darfouris, camarades ? Et les 200 000 Bosniaques ? Et ces dizaines de milliers de Tchétchènes que Poutine alla « buter jusque dans les chiottes » et qui ne vous arrachèrent pas une larme ? Soucieux, contrairement à vous, d'essayer au moins d'aller y voir, je suis, ce mardi 13 janvier, entré, à la nuit tombée, dans les faubourgs de Gaza City, quartier Abasan al-Jadida, un kilomètre au nord de Khan Younès – « embedded » dans une unité d'élite Golani. Je sais, pour l'avoir évité toute ma vie, que le point de vue de l'« embedded » n'est jamais le bon point de vue. Et je ne vais pas prétendre, en quelques heures, avoir capté l'esprit de cette guerre. Mais, cela étant dit, je donne *mon* témoignage. Les combattants de Varsovie n'avaient pas, hélas, de mines antichars du type de celle qui vient d'exploser sous les roues du véhicule passé vingt minutes avant le nôtre. Leurs assaillants n'avaient pas la lassitude, le dégoût profond de la guerre, qu'expriment le commandant Guidi Kfirel et les quatre réservistes qui nous accompagnent. Et puis, enfin, je peux me tromper mais le peu, très peu, que je vois (buildings plongés dans l'obscurité mais debout, vergers à l'abandon, la rue Khalil al-Wazeer avec ses commerces fermés) indique une ville sonnée, transformée en souricière, terrorisée – mais certainement pas rasée au sens où purent l'être Grozny ou certains quartiers de Sarajevo. Peut-être serai-je démenti quand la presse entrera enfin dans Gaza. Mais pour l'heure c'est, encore, un fait.

Ehud Olmert à Jérusalem. Il raconte, non sans drôlerie, le ballet des médiateurs trop pressés. Il revient sur le double jeu d'un Moubarak que la communauté internationale devra bien finir par forcer à fermer sa frontière aux contrebandiers bédouins. Mais voici qu'il change de ton. Et, d'une voix plus sourde, comme en confidence, il entreprend de me raconter la dernière visite d'Abou Mazen, il y a trois semaines, dans ce bureau, à la place même où je me trouve. « Je lui ai fait une offre. 94,5 % de la Cisjordanie. Plus 4,5 % sous forme d'échange de territoires. Plus un tunnel, sous son contrôle, reliant la Cisjordanie à Gaza et équivalant au 1 % manquant. Et, quant à Jérusalem, une solution logique et simple : les quartiers arabes pour lui ; les quartiers juifs pour nous ; et les Lieux saints sous administration conjointe saoudienne, jordanienne, israélienne, palestinienne, américaine. Abou Mazen m'a demandé de lui laisser la carte sur laquelle j'avais dessiné mon schéma. Je ne l'ai pas fait car je le connais et je sais comment il aurait, la prochaine fois, pris mon papier comme point de départ d'une contre-négociation. Mais bon… L'offre est là… J'attends… » Trop beau pour être vrai ? Se pourrait-il que l'on soit passé, si récemment, si près de la paix ?

Abou Mazen n'est pas à Ramallah, capitale des Palestiniens modérés. Non plus que Yasser Abdel Rabbo avec qui nous portâmes, naguère, le plan de paix de Genève et qui est, lui aussi, au Caire. A leur place, dans un immeuble du centre-ville, je vois Mustapha Barghouti, président de la Palestinian Relief Society – ainsi que Mamdouh Aker, médecin, autorité morale et vétéran du dialogue israélo-palestinien. Ni l'un ni l'autre ne croient au sérieux d'une offre de paix portée par un Premier ministre sur le départ. L'un comme l'autre parlent avec sévérité d'un Abou Mazen coupable d'instaurer un « Etat policier ». Et je sens surtout comme ils prennent garde de ne surtout rien dire qui paraisse accabler un Hamas dont la rue palestinienne, ils le savent, est solidaire. Et pourtant… En y réfléchissant bien, en écoutant le premier me dire sa nostalgie du « plan saoudien » de coexistence des deux Etats, en voyant le second s'animer à la seule évocation de sa « Lettre à Yitzhak Rabin » publiée, en 1988, par le *Jerusalem Post* parce que les journaux arabes l'avaient refusée, en observant enfin, au retour, l'allure des jeunes gens et le visage dévoilé des jeunes filles qui font la queue, avec moi, pour entrer à Jérusalem, au checkpoint de Kalandiya, je me surprends à y croire à nouveau. Ils sont là, bien sûr, les interlocuteurs d'Israël. Ils sont là, les partenaires de la paix future. Une paix en dépit de tout. Une paix par-delà les dévastations et les larmes. Une paix de raison, sans effusion ni enthousiasme – mais peut-être, pour cela, plus que jamais à portée de main. Deux peuples, deux Etats. Une paix *sèche*.

5

Mode d'emploi[1]

Longtemps, je n'ai eu de respect que pour les journalistes idéologues, dotés d'une vision du monde, amateurs d'idées générales, et ne s'intéressant à la réalité que pour autant qu'elle leur semblait confirmer leurs préjugés. J'admirais les partisans. Les militants. Je ne jurais que par Edgar Snow racontant la « Longue Marche » parce qu'il avait été un compagnon de Mao. Je vénérais Wilfred Burchett, cet autre journaliste américain qui avait su mettre une sourdine à l'impératif d'objectivité pour mieux servir la sainte cause du Nord-Vietnam. Je ne croyais pas à l'information. Je ne comprenais pas que l'on puisse prêter tant d'attention au cours des choses et des événements. Et des gens comme, par exemple, Mailer, Hemingway ou les Français Kessel et Malraux me semblaient, avec leur goût de l'épique, l'image même de ce qu'un journaliste, un vrai, se devait d'être.

J'avais un ami à l'époque. Il s'appelait Jean Vincent. Physique de Clappique et âme de Casanova. Personnage haut en couleur, orageux et, dans le milieu des journalistes de métier, terriblement légendaire. Il était le chef du bureau de l'Agence France-Presse à New Delhi au moment où j'y suis arrivé, sur le chemin du Bangladesh. Et il avait, entre autres prestiges, celui d'avoir dirigé le bureau de l'agence à Pékin pendant les

1. New York. *The Daily Beast,* 11 juin 2009.

premières années de la Révolution culturelle et de s'être fait expulser, quatre ans plus tard, pour « déviation ultra-gauchiste ». La question que je me posais, alors, était très simple. Comment, quand on avait fait cela, quand on avait été le témoin de ce grand moment d'histoire, quand on avait connu Mao et Lin Piao, quand on les avait vus, tel Hegel Napoléon, passer sous ses fenêtres, comment, quand on était Jean Vincent, pouvait-on accepter de n'être qu'un modeste « chef de poste », amoureux fou de l' « info », passant ses jours et ses nuits, une bouteille de whisky à portée de la main, à guetter les nouvelles de la BBC ?

Aujourd'hui, c'est l'inverse. Le temps a passé, et c'est l'inverse. Et mon admiration va, désormais, aux autres, ceux-là mêmes que je prenais alors de si haut, les conteurs, les narratifs, les amants de la chose et du fait – et, parmi ceux-ci, les curieux du détail et du trivial, les exégètes de l'infime, les explorateurs du banal : impressions, sensations, irrégularités de l'histoire, couleurs, portraits, petits faits vrais, croquis, hasards, atmosphères, le parfum même de la presse libre (c'est-à-dire libre, d'abord, des langues de bois).

Chez les morts – et pour m'en tenir à ce que je connais le mieux, c'est-à-dire la France : Albert Londres, que j'ai fini par lire ; Kessel ; Lucien Bodard ; mais aussi les *Notes et Reportages d'un vagabond du monde* de Panaït Istrati ; les reportages de Herbart en Indochine ; les chroniques espagnoles de Jean-Richard Bloch ; les reportages de guerre de Vailland dans *Action* puis *Libération* ; les maîtres, en un mot, de ce journalisme littéraire que j'avais si longtemps considéré avec dédain.

Chez les vivants : les journalistes, les vrais, ceux que je devine prêts à jouer leur réputation, leur talent, parfois leur vie, sur la question de savoir ce qui s'est réellement passé, au détail près, dans tel village près de Kigali ; si la ligne de front, au nord-est de Freetown, en Sierra Leone, a avancé, dans les dernières semaines, de cent ou de deux cents mètres ; quel fut l'angle de tir exact de la balle qui tua, à Gaza, le petit Mohamed al-Doura ; combien de morts, au juste, lors de la prise de

Cazombo au Moxico ; combien d'obus talibans, en une heure, à Taloqan ; le poids relatif, au Sud-Soudan, de Riek Machar, Lam Akol, Kerubino Kuanyin, William Nyuon, les seigneurs de la guerre en rivalité avec John Garang.

Je ne les nomme pas, ces vivants. Qui veut les reconnaîtra. Mais c'est à eux, à leur exemple et modèle, que je dois, depuis presque trente ans, les pages de mes livres dont je suis le plus fier : tel portrait de Garang, justement, dans une ville fantôme du Sud-Soudan ; telle rencontre avec Massoud, au cœur du Panchir assiégé ; mes reportages sur les guerres oubliées ou sur la Bosnie bombardée ; mon enquête sur la mort de Daniel Pearl, héraut et martyr de cette presse en liberté.

6

Images de guerre[1]

Tout est dans la main du grand garçon qui cache les yeux du petit pour dérober à son regard une chose que lui a vue et que nous ne verrons, nous, pas non plus puisqu'elle est hors cadre. Que cela peut-il bien être ? Que peut-il y avoir de pire que le cadavre, derrière eux, que le petit a déjà vu ou qu'on ne lui interdit, en tout cas, pas de voir ? Deux cadavres ? Trois ? Autre chose, pire encore que tout cela ? La guerre, c'est le règne de ce pire encore. De toutes les guerres que j'ai couvertes, je suis

1. *VSD*, numéro anniversaire des 30 ans du magazine, mai 2007. Notes accompagnant une série de photos qui firent date dans l'histoire du magazine.

toujours rentré en disant : « ce que j'ai vu était pire encore que tout ce que j'avais, jusque-là, vu et imaginé. »

Qui connaît encore le nom du chef du commando chrétien qui, dans la nuit du 16 au 17 septembre 1982, perpétra ce carnage de Sabra et Chatila ? Qui se souvient qu'il continua, sous le même nom, Elie Hobeika, une assez brillante carrière de député, puis de ministre, dans le Liban inféodé aux Syriens ? Qui s'est même avisé de sa mort, vingt ans plus tard, vingt ans ! dans un attentat à la voiture piégée, sans que nul ait jamais songé à l'interroger sur le scénario de cette nuit terrible ? Personne, non, ne se souvient. Seule reste dans les mémoires la « responsabilité d'Israël ». Seul compte, depuis vingt ans, le mythe de la culpabilité de Sharon dans ce massacre interlibanais.

Le soldat est russe. Mais la ville est tchétchène. Elle eut « la forme d'une ville » (Julien Gracq) avant que cette volonté urbicide qui est la caractéristique de toutes les guerres modernes, après qu'elle a été l'un des traits constants de tous les fascismes du XXe siècle, ne l'ait réduite à ce tas de ruines. Je me souviens de Grozny… Nous ne verrons plus rien, à Grozny…

Le char et le cocktail Molotov dans une bouteille de Pepsi-Cola. La rage du combattant au premier plan. La sidération de ses compagnons, près de lui, qui ne devaient sans doute pas imaginer qu'il s'expose et les expose ainsi. Peut-être l'homme a-t-il perdu la tête. Peut-être était-il las de ce drôle de temps de la guerre qui est le temps de l'attente et de la patience.

Ces visages-là, ces silhouettes encapuchonnées, ce corps que l'on devine supplicié et achevé, sous les yeux du photographe, peut-être pour lui, à coups de crosses et de bottes, cette scène de barbarie serbe contre un civil de Bosnie-Herzégovine, j'ai l'impression d'avoir vécu cela, de l'avoir décrit, dénoncé – ou d'avoir décrit des scènes si semblables que je suis, rien qu'à la voir, saisi d'une sorte de nausée. L'homme, à terre, n'est pas mort. Il geint. Il implore. Il sait qu'il va mourir parce qu'on a découvert, en lui faisant baisser son pantalon, qu'il était circoncis et, donc, probablement musulman. Nous sommes en mars 1992. Au cœur de l'Europe civilisée. Un demi-siècle après le « plus jamais ça » qui suivit la libération des camps nazis.

On dit « la » guerre Irak-Iran. On dit « les troupes iraniennes avancent sous le feu irakien ». On dit « un million de morts ». Sauf que c'est, chaque fois, un. C'est un million de fois un homme, un seul, qui, comme celui-ci, avance prudemment, comme le vivant qu'il est encore et qui croit qu'il ne va pas mourir. La terrible solitude des guerres. Leur non moins terrible illusion. La certitude – que l'on a toujours – que la mort c'est pour les autres et qu'elle va passer à côté. Cet homme, à cet instant, va mourir – et il l'ignore.

Voilà à quoi Kaboul ressemblait au temps des talibans. Une ville fantôme. Des quartiers entiers transformés en ruines aux allures de mines de sel. Un urbicide, à nouveau. Oh oui, encore et éternellement le même urbicide. Encore et éternellement, cette furieuse haine des villes qui fait le lien entre toutes les barbaries contemporaines. Massoud, à tout le moins, avait fait revivre Kaboul pendant son bref règne au début des années 90. Et, après lui, Karzaï.

On croirait les camions à gaz évoqués par Claude Lanzmann dans *Shoah*. On croirait les chambres à gaz ambulantes des Einsatzgruppen, unités mobiles d'extermination, qui opéraient à Chelmno, au centre de la Pologne, à l'été 1941. Sauf qu'on n'est pas en Pologne mais au Kurdistan et que Hitler, ici, s'appelle Saddam Hussein. Je serai, bien des années plus tard, farouchement opposé à la guerre de Bush en Irak. Je dirai et répéterai que, menée comme elle le sera, elle ne pouvait être que politiquement désastreuse. Mais qu'elle eut, moralement, une part de légitimité, cette photo est là pour le montrer.

Cette troupe de pauvres gens, humiliés, et qui semblent prier. A qui s'adressent-ils ? A leur futur bourreau ? Aux Vietnamiens qui les ont chassés, puis retrouvés, dans les forêts où ils avaient cherché refuge telles des bêtes en grand nombre ? Ou à ce Dieu païen, sanglant, qui est le Dieu moderne de la guerre et qui n'en finit pas de renaître quand, comme les barbares d'aujourd'hui, on s'acharne sur le Dieu des juifs et des chrétiens ?

Voilà, de toutes ces images, la plus fausse, la plus insuffisante – et celle qui, de toutes, exigeait sans doute le plus d'être légendée. Car que montre-t-elle ? Des réfugiés, comme d'habitude. Des pauvres gens qui ont tout perdu et qui fuient leur village, leur pays. Des hommes, des femmes, des enfants, dont le spectacle déclenche, aussitôt, le réflexe compassionnel. Sauf qu'il y a une chose, une seule, que cette image ne dit pas. Ces hommes sont des assassins. Ces victimes sont des bourreaux. Ces milliers de pauvres diables que la machine humanitaire va prendre en charge sont les génocidaires hutus qui fuient le Rwanda où le FPR a pris le pouvoir et qui ont encore sur les mains le sang des 800 000 Tutsis qu'ils ont tués un à un, à la machette – record du monde horaire du génocide. Limite de l'image. Limite, aussi, de l'humanitaire. Et comment leur conjonction induit, parfois, en fausseté. Pitié dangereuse (Stefan Zweig).

Ceci n'est pas une guerre. Dans une guerre il y a des armées et ces armées s'affrontent. Ici il n'y a pas *des* armées, mais *une* armée qui a, contre elle, des civils, le plus souvent désarmés. Depuis mon retour du Darfour, je vis avec des images semblables à celle-ci – et ma rage.

Ceci n'est pas un checkpoint. Dans les guerres classiques il y a des batailles pour le contrôle du territoire et, donc, des points de contrôle qui marquent les avancées et les reculs, les victoires et les défaites. Ces nouvelles guerres sont des guerres où il n'y a plus de front. Ce sont des guerres mobiles, labiles, où s'affrontent des colonnes de fantômes. J'ai vu ces fantômes, ces spectres, ou des spectres qui leur ressemblaient, en 2001, au Burundi, en Angola, au Sud-Soudan.

Ceci n'est pas un braquage. Ni une menace. C'est une mise à mort annoncée. Un crâne qui va exploser. Un œil qui, pour la dernière fois, fixe l'objectif du photographe et va s'éteindre. L'effroi dans ce regard. La nudité de ce visage. C'est au contact de ces guerres que j'ai compris ce qu'il y avait à la fois de beau et de faux dans le mot fameux de Levinas sur le visage nu qui est, parce que nu, une interdiction de tuer. Hegel, hélas, avait, avant lui, établi le théorème inverse : le visage nu est aussi ce qui, parfois, *invite* à tuer.

Koweït, 1991. Une guerre pour le pétrole ? Mais oui. Pourquoi pas ? Pourquoi se résoudrait-on à laisser une dictature priver le monde de pétrole ? Donc, au sens propre, de carburant ? Donc le déstabiliser économiquement ? Les victimes, on les connaît. Ce sont les pays les plus pauvres, les vrais damnés de la terre, que le riche Saddam Hussein tenait à sa merci. Et ce sont, aussi, les démocraties dont on sait – depuis les années 30 au moins – qu'elles ne résistent pas toujours à la crise, puis à la ruine, de leur prospérité.

Cette guerre-ci, en revanche, la deuxième guerre d'Irak, ne fut *pas* une guerre pour le pétrole. Je sais que c'est ce que l'on répète, partout, depuis des années, comme une ritournelle. Mais il se trouve que c'est idiot. Et que, si les Américains n'avaient voulu que son pétrole, ils avaient un moyen bien plus simple que de lui faire la guerre : c'était de dealer avec Saddam Hussein qui, à ce moment-là, ne demandait pas mieux. Cette photo-ci, cela dit, m'a toujours mis mal à l'aise. On ne traite pas un homme comme un chien – fût-il le pire de ses ennemis.

7

Mode d'emploi, suite[1]

Philosophe, écrivain, intellectuel, vous publiez aujourd'hui un recueil de vos reportages sur le terrain. Pourquoi faire du journalisme ?

C'est vrai qu'il y a un mépris, ou une affectation de mépris, dans ce pays, pour les journalistes. Il y a toute une tradition qui va de Balzac à Bourdieu en passant par le Karl Kraus des *Derniers Jours de l'humanité* et qui tend à faire du journalisme un genre second, servile, profondément corrompu, moins noble que la littérature. Moi, je ne pense pas du tout cela. Et, tradition pour tradition, je me reconnais dans deux autres grands penseurs contemporains qui ont, comme vous savez, rendu au genre ses lettres de noblesse. Ces deux penseurs c'est d'abord, évidemment, Sartre dont vous êtes mieux placés que quiconque, à *Libération*, pour savoir le prix qu'il attachait au journalisme et dont les reportages sur la Libération de Paris et même sur Cuba sont des modèles du genre ainsi que des exercices littéraires extraordinaires. Et puis c'est Michel Foucault dont on oublie toujours que le fameux texte des années 80, commentant le *Qu'est-ce que les Lumières ?* de Kant est, en réalité, un éloge, une glorification, de cette « ontologie du pré-

1. *Libération*, 24 avril 2004. Propos recueillis par Annette Lévy-Willard.

sent » qu'est, pour lui, le journalisme. Vous avez aussi, bien sûr, l'exemple des grands « travel writers » américains. Vous avez l'admirable *Oswald* de Mailer. Mais vous avez ici, en France, cet autre rameau de la phénoménologie qui donne, malgré leurs différends, leurs querelles, cette proximité en journalisme de Sartre et de Foucault. Pour un phénoménologue, un husserlien, vous aviez, vous avez toujours, les deux voies. Soit les *Méditations*, les *Recherches logiques*, la pensée pure. Soit le parti pris du monde, l'affrontement avec la grande colère des faits, la conviction que c'est ainsi, dans ce face-à-face avec les choses mêmes, qu'on s'acquittera le moins mal du fameux programme sartrien de se casser les os de la tête. Pourquoi je fais du journalisme ? Voilà. Pour cela. Parce que c'est une bonne façon de se briser les os du crâne, d'arracher le sujet à soi et à son confort intellectuel. Et parce que c'est, aussi, une formidable école du regard, de la pensée et, donc, de la philosophie.

De l'Afghanistan à l'Algérie en passant par l'Irak, le Soudan ou le Pakistan, et bien sûr la Bosnie, qu'apprend-on de ces voyages journalistico-littéraires dans les pays en temps de guerre ?

Il y a l'information, d'abord. Les bribes d'information que l'on parvient à arracher à des situations où tout est souvent fait pour que l'on ne sache, justement, rien. C'était le cas, par exemple, des reportages sur les guerres oubliées que j'avais donnés au *Monde* et où l'idée était d'aller là où peu de journalistes vont : chez les Tigres noirs du Sri Lanka, les Nouba au Sud-Soudan, Carlos Castaño, le chef invisible des paramilitaires en Colombie, etc. Mais, par-delà cela, par-delà cette valeur ajoutée brute, il y a l'expérience philosophique que représentent, je vous le répète, des aventures de cette espèce. Je vous donne un exemple. Mon séjour au Bangladesh, il y a trente ans, d'où j'ai tiré mon tout premier livre et où c'est l'expérience de la guerre, le spectacle de la boucherie et de l'humanité prise de folie meurtrière qui m'a guéri, je crois, du théoricisme althussérien. Ou bien, plus net encore, le concept lévinassien de « Visage », cette idée de Levinas que la vérité de l'humain tient tout entière dans un visage nu, démuni, et respecté comme tel : je crois que, bizarrement, je n'avais jamais très bien compris le sens de ce concept avant de me trouver confronté, en Afrique, à quelques-unes de ces ultra-guerres dont l'horreur tient à ce qu'elles sont sans témoins, sans archives et que les morts n'y sont ni nommés, ni inhumés, ni même véritablement nombrés et n'ont, à la lettre, plus de visage. J'ai écrit, un jour, un texte qui s'appelle « La revanche des visages ». Tel est, pour moi, l'un des sens du journalisme tel que le pratiquent des gens comme Hatzfeld ou Buch et tel que j'essaie de le pratiquer moi-même : rendre un visage à ceux qui, morts, vifs ou, souvent morts-vivants, n'en ont plus.

On vous reproche de mélanger les genres. Les philosophes de ne pas faire de la vraie philosophie et les journalistes de ne pas respecter les codes journalistiques.

C'est un problème que j'ai eu plusieurs fois, avec les journalistes américains, quand est sorti là-bas mon *Pearl.* Mais que voulez-vous que je vous dise ? C'est vrai que je me fiche de ces histoires de codes. C'est vrai que toutes les ruses, tous les mensonges, tous les faux passeports, tous les doubles langages, me semblent justifiés face à des gens qui, de leur côté, sont absolument décidés à retenir la vérité et, dans ce silence organisé, à continuer de plus belle à tuer. Donc, stratégie de l'infiltration. Essayer d'être plus malin que les malins, plus voyou que les voyous. C'était la stratégie de Walraff se transformant en immigré turc. C'était surtout celle d'Orwell dans ses reportages d'avant l'*Hommage à la Catalogne.* Je suis absolument pour cette façon de pratiquer le métier.

La vérification des faits ? L'objectivité de l'information ?

Essentiel, bien sûr. Mais non moins essentielle la nécessité d'avoir un certain nombre d'idées fixes, à la lettre des préjugés, ou des idées préconçues, sans lesquelles on ne voit et ne comprend rien. Les yeux ouverts, oui. Mais la conscience en alerte. Quand je vais au Burundi, par exemple, j'ai une idée fixe qui oriente absolument mon regard : tout, mais pas le Rwanda. Quand je fais le portrait de Fela, au Nigeria, ou celui de cette prostituée arrêtée à cinq heures du matin par des policiers avinés qui veulent lui faire la peau, j'en ai une autre : cette revanche des visages dont je vous parlais à l'instant.

Quelle est l'utilité de ce surplus de « vérité » dans une société surmédiatisée ?

Les médias ce n'est pas forcément la vérité. Et, encore moins, la pensée. CNN, par exemple, c'est juste une pluie d'ondes… Alors de l'autre côté, bien sûr, il y a le risque de se tromper. Il y a, quand vous republiez des textes anciens, quand vous ressuscitez, par exemple, vos reportages de 1992, en Algérie, le risque de la réfutation rétrospective. Bon. C'est comme ça. A propos de l'Algérie, notamment, je ne retire rien, aujourd'hui, à l'analyse de fond selon laquelle les islamistes étaient responsables des massacres. Même si j'ai tendance, avec le recul, à penser que j'ai peut-être sous-estimé la possible instrumentalisation de ces islamistes par le pouvoir militaire.

Aller voir pour vérifier l'hypothèse de la Fin de l'Histoire ?

Je ne crois pas à cette histoire de Fin de l'Histoire. Ou alors, si j'y crois, c'est en un tout autre sens que celui qu'imaginaient Kojève et les hégéliens. Les mêmes symptômes. Le même retour à l'animalité. La même immobilité torpide. Mais caractéristiques, non des sociétés développées et entrées dans le fameux dimanche de l'Histoire, mais de l'autre monde au contraire, de celui qui a pour ainsi dire lâché la corde qui le reliait à l'Universel – de ce monde de la déréliction absolue où il n'est même plus question d'apartheid, de fracture Nord-Sud, etc., puisque c'est comme une autre planète, détachée de la première, sortie de l'Histoire universelle : l'Angola, certaines régions du Nigeria, le Soudan, le Rwanda, le Burundi… Pour le reste, pour ce qui concerne l'autre planète, celle où l'on avait cru distinguer, après la chute du mur de Berlin, les prémices d'une Histoire apaisée, c'est évidemment le contraire que l'on voit partout se produire. Remise en mouvement des affrontements, des enjeux, des identités en guerre et, d'abord, en guerre avec elles-mêmes. Lutte contre le terrorisme. Intégrismes divers et, notamment, islamiste. Guerre des civilisations, mais la vraie, la seule, celle qui déchire le monde de l'islam et qui oppose, pour aller vite, les assassins de Massoud à ses héritiers. Le trou noir du Pakistan. Les alliances nouvelles nouées entre représentants de ce nouvel intégrisme et de l'ancien (Corée du Nord). Alors face à tout ça, on fait quoi ? Fondamentalement, je suis plutôt pessimiste et ne crois pas que la passion meurtrière des hommes soit soluble dans l'information et la vérité : vous pouvez dire la vérité à un barbare, il ne sera pas moins barbare ; vous pouvez dire et répéter que la diabolisation d'Israël n'est pas supportable, vous ne changerez rien, ou pas grand-chose, à la passion furieuse, enragée, qui est derrière ; vous pouvez passer quatre ans de votre vie, en Bosnie, à dire et répéter l'évidence, à savoir qu'on peut arrêter la guerre sans coup férir – les supposés experts haussent les épaules et passent leur chemin. Mais, d'un autre côté, quelque chose de la vérité finit quand même par se faufiler et, en ce qui me concerne en tout cas, j'ai décidé, une fois pour toutes, de faire comme si. Prenez cette affaire du Pakistan. Ou, d'une manière générale, ce conflit qui déchire l'islam ainsi que l'isolement, en Islam, des modérés, des démocrates, qui se battent, le dos au mur, contre les fondamentalistes. Je connais un peu ce monde. J'en connais les odeurs, les couleurs. J'y ai passé du temps. Et je n'ai pas renoncé à convaincre, par exemple aux Etats-Unis, que nous sommes en train de reproduire, sur ce nouveau front, les mêmes vieux protocoles d'aveuglement expérimentés au temps des autres totalitarismes.

Autre tradition française, celle de l'intellectuel engagé, du journaliste écrivain à la Malraux ?

C'est tellement compliqué, Malraux. Vous avez le second Malraux, celui qui devient ministre quand il n'écrit plus de romans, quand son imagination est tarie et, surtout, quand il rencontre son « Homme à cheval », c'est-à-dire le général de Gaulle, et qu'il est foudroyé par l'événement – ce Malraux-là m'intéresse, bien sûr, mais il m'est étranger. Et puis vous avez l'autre, le premier, auquel vous ne pouvez pas ne pas penser quand vous pratiquez ce type d'activisme littéraire, ou de littérature actionniste, dont nous parlons depuis un moment. Journalisme voyou. Diplomatie sauvage comme quand je lance, il y a dix ans, la grenade Izetbegovic dans les pattes de Mitterrand. Une mission en Afghanistan. Le cinéma comme outil d'intervention. Peut-être est-on plus près, là en effet, de l'auteur de *Lunes en papier* que de celui des *Recherches logiques*. Et en même temps...

8

Un journal à Kaboul, première[1]

C'est un pari bien redoutable que de tenter de créer ainsi, à dix mille kilomètres de Paris, un journal français. Que cela se fasse ici, à Kaboul, dans un pays où tout manque, où tout est à reconstruire et où la moindre entreprise humanitaire, politique, culturelle, prend des allures d'aventure, que cela se fasse dans cet Afghanistan libre mais en ruine où l'on ne trouve encore ni papier, ni imprimerie moderne, ni système de distribution, rend ce pari plus difficile et, peut-être, plus aléatoire encore.

1. *The New Republic*, 22 décembre 2005 ; reprise de l'éditorial du numéro 1 des *Nouvelles de Kaboul*, septembre 2002.

Que ce journal se veuille un vrai journal, que, loin de se cantonner aux seules « nouvelles de Kaboul », il ait l'ambition de devenir, avec l'aide de toutes les bonnes volontés, un magazine ouvert sur le monde, attentif aux grands problèmes de la planète et susceptible d'accueillir, pour cela, tous les écrivains, intellectuels, journalistes afghans et français partageant le même amour de la presse vraiment écrite et la même passion de la liberté, que ce mensuel, demain cet hebdomadaire, ait vocation, en un mot, à devenir un véritable lieu d'information et de culture dans un pays où l'information et la culture ont été martyrisées pendant près d'un quart de siècle, voilà qui rend l'entreprise plus périlleuse encore et en fait une quasi-gageure.

Nous sommes quelques-uns, néanmoins, à y croire – et à y croire avec passion.

Nous sommes quelques-uns, autour d'Aïna et de l'équipe des *Nouvelles de Kaboul,* à penser que ce projet n'est pas complètement déraisonnable – et que, même s'il l'était, la chose vaudrait d'être tentée.

Pourquoi ?

Je ne parle, bien entendu, qu'en mon nom. Mais si j'essaie de dire les raisons qui m'ont, au printemps dernier, au terme de la mission que m'avaient confiée le président de la République et le Premier ministre, convaincu de cette nécessité, j'en vois au moins trois.

Il y a les liens anciens, d'abord. Il y a ce fil, jamais tout fait rompu, qui s'est, depuis des siècles, noué entre nos deux pays et qui, aujourd'hui encore, après plus de vingt années de dévastations et de guerres, surprend le voyageur. Il y a l'idée de reprendre, donc, le fil. Il y a l'idée, plus exactement, d'ajouter un épisode à cette histoire d'amour à la fois très longue, très belle et très énigmatique. Les Afghans connaissent Schlumberger, Foucher et Hackin, les fondateurs de la Dafa. Ils connaissent Kessel. Ils connaissent Georges Pompidou qui, en plein Mai 68, posa la première pierre du lycée français Istiqlal. Ils connaissent Bernard Kouchner et les « French doctors » qui, au plus noir de la nuit afghane, sous les bombes, prenaient le chemin du Panchir. Ils connaissent Christophe de Ponfilly, l'ami du commandant Massoud. Eh bien j'aimerais qu'un jour ils aient, aussi, le souvenir des *Nouvelles de Kaboul* – ce modeste journal qui, au seuil du XXIe siècle, aura eu l'ambition de contribuer à la renaissance de la presse afghane.

Il y a les vertus de l'échange, du dialogue des civilisations, des cultures, des mondes. Il y a le rêve d'Orient qui, de Nerval et Gautier à Segalen, Malraux, Michaux ou Kessel, traverse quelques-unes de nos plus belles aventures littéraires. Il y a le rêve d'Occident, à l'inverse, qui, de Zaher Chah à Massoud, au président Hamid Karzaï ou à tous les militants et militantes de la liberté qui aspirent à rendre aux femmes afghanes leur visage et leur dignité, est si présent, lui aussi, au cœur de la culture persane. Il y a ce double rêve, cette double nostalgie croisée, qui structure nos imaginaires et, ici comme là-bas, à Kaboul autant qu'à Paris, dit souvent le meilleur de nous-mêmes. Il y a la conviction, en tout cas, que seul un partage de paroles, une authentique circulation des rêves et des langues, un parti pris cosmopolite attentif, bien entendu, à respecter les spécificités de chacun mais intraitable, en revanche, quant au désir de voyager d'une identité à l'autre, a vocation à créer, creuser, multiplier, les espaces de liberté.

Et puis il y a le pari, enfin, sur cette liberté elle-même. Il y a cette idée – partagée, je le sais, avec les amis afghans qui ont voulu, avec nous, autant que nous, ces *Nouvelles de Kaboul* – que lancer un journal c'est toujours, nécessairement, j'allais dire mécaniquement, créer un tel espace de liberté. Un journal comme un aiguillon. Un journal comme un lieu de discussion et de débat. Un journal pour faire l'apprentissage, contre toutes les censures et autocensures, de la parole à la fois libre et respectueuse d'autrui. L'un des maîtres de ma jeunesse, Michel Foucault, avait l'habitude de dire que « démocratie » ne désigne pas seulement un certain type de partage et d'équilibre entre les pouvoirs. Ni davantage telle ou telle modalité de relation entre ce pouvoir et le peuple qui lui est assujetti. Non, insistait-il, il faut autre chose encore pour qu'il y ait démocratie. Il y a toute une série de « micro-pouvoirs » ou de micro-institutions qui font, tout autant, l'esprit, l'armature, d'une démocratie digne de ce nom. Et la présence, dans une société, d'une presse libre est incontestablement l'une de ces micro-institutions.

Les Afghans – le président Karzaï me le disait, en février dernier, dès notre toute première rencontre – ne vivent pas que de pain. Ils ont faim de liberté, de culture, de démocratie. Puissent ce journal, cette tribune, y apporter leur modeste mais fervente contribution.

9

Les Nouvelles de Kaboul, *dernière*[1]

L'idée de ce journal est née, il y a presque cinq ans, dans mon *Rapport au Président de la République sur la participation de le France à la reconstruction de l'Afghanistan*.

Je propose, dans ce Rapport, une aide à la refondation de l'Académie de police de Kaboul, le passage à Saint-Cyr ou Saint-Maixent d'un ou plusieurs bataillons de l'armée afghane, la réactivation de la Dafa et de ses fouilles archéologiques, l'ouverture d'un cinéma et d'un hôpital, la numérisation des archives de Massoud dans le Panchir, la reconstruction du lycée Isteqlal, la création d'une Maison des Ecrivains – et je propose, *aussi*, le lancement d'un journal dont la triple caractéristique doit être, dans mon

1. Automne 2006 ; éditorial du dernier numéro des *Nouvelles de Kaboul*.

esprit : d'être pensé, dirigé, rédigé, par une équipe mixte franco-afghane ; de ne privilégier, côté afghan, aucune des deux grandes langues rivales, le dari et le pachtou ; et d'être, évidemment, libre de toute tutelle idéologique, politique et surtout religieuse.

Quelques mois plus tard, l'essentiel de mes propositions est mis en œuvre ou en voie de l'être.

Dès l'été 2002, les efforts conjoints de France-Télévision et d'Arte, du Centre national de la cinématographie et de l'INA, de telle initiative privée (Hugues Dewavrin pour la renaissance du cinéma Ariana) et du Quai d'Orsay (les derniers mois de l'époque Védrine, les premiers mois de celle de Villepin) font que la plupart des suggestions du Rapport se trouvent mises en chantier.

Sauf une : ce fameux journal auquel je tenais tant et que je décide alors de prendre moi-même en charge à travers une fondation privée, née quelques années plus tôt, en hommage à mon père et en souvenir des valeurs de résistance qu'il m'a inculquées et dont la renaissance d'un Afghanistan libre me paraît être l'un des points d'application les plus brûlants du moment – la Fondation André-Lévy.

Rencontre, à Kaboul, avec Reza Deghati qui acceptera tout de suite, avec enthousiasme, d'abriter le projet au sein d'Aïna, cette ONG française qui a déjà, à l'époque, accompli, avec des moyens de fortune, un travail considérable : publication en format magazine de *Zambil-e-Gham*, ce mensuel satirique qui circulait clandestinement pendant la période taliban ; lancement, sous la direction de Djamila Moudjahed, la première journaliste de télévision apparue dévoilée à l'écran, du magazine féminin *Malalai* ; soutien à Aria Press, la première agence de presse afghane ; formation de cameramen et de camerawomen ; école de journalisme ; tout cela est déjà loin, j'en oublie donc sûrement…

Rencontre, à l'initiative du « French doctor » Frédéric Tissot qui, dans cette période bizarre, intermédiaire entre les deux ères, occupe les fonctions d'ambassadeur de France par intérim, avec Faheem Dashty, ce jeune journaliste de 28 ans, proche du commandant Massoud, qui était là, dans la pièce, à ses côtés, blessé lui-même aux mains et au visage, le jour de l'attentat à la caméra piégée et qui venait de faire ressortir, en dari, pachtou et anglais, un excellent journal de huit pages qui n'avait pas encore l'importance qu'il a acquise aujourd'hui mais qui servira néanmoins, à bien des égards, de modèle à ces *Nouvelles de Kaboul* en formation : le *Kabul Weekly*.

Un dîner étrange mais décisif avec Mohamed Fahim et Youssef Qanouni, ces autres compagnons de Massoud, ces grognards, maquisards devenus ministres, barbe taillée et costumes croisés, voitures blindées et nuées de gardes du corps, que nous nous efforçons de convaincre, avec Gilles Hertzog et, à nouveau, Frédéric Tissot, de nous appuyer dans une démarche dont chacun sent bien, autour de la table, qu'elle ne sera pas moins politique que journalistique : aider à faire naître un vrai journal multiculturel dans la capitale de ce pays ravagé par la guerre ethnique ; permettre qu'existe ce lieu de pensée libre, laïque et, comme disaient encore, ce soir-là, non sans une pointe de dédain, les deux Panchiris, « séculière » ; mettre ce lieu de pensée à l'abri de leur autorité et de leur prestige considérables, décourager les nostalgiques du passé et les maniaques de la mise au pas idéologique de trop y mettre les pieds et de nous compliquer la tâche ; bref, sanctuariser *Les Nouvelles de Kaboul* et leur permettre de surmonter les obstacles politiques et légaux opposés à leur naissance – n'était-ce pas, plaidions-nous, une assez belle manière de continuer le combat antifondamentaliste engagé par leur seigneur, leur maître, le Lion du Panchir, Ahmed Shah Massoud ?

Olivier Puech, journaliste au *Monde.fr*, qui plonge, corps et âme, dans l'aventure et sera, un an durant, notre premier rédacteur en chef : je nous revois, à Kaboul de nouveau, confrontés, dans le désarroi et la fièvre, aux mille et un problèmes techniques et donc, derechef, politiques posés par la création, ex nihilo, dans un pays culturellement dévasté où les jeunes générations ont perdu jusqu'au souvenir de ce qu'a pu être une presse libre, d'un magazine de cette ambition : recruter et former une équipe ; convaincre les journalistes afghans de recommencer, maintenant que les talibans sont partis, de signer de leur nom ; reprendre l'habitude de l'enquête ; casser les langues de bois pétrifiées par vingt-cinq ans de dictatures et de peur ; trouver du papier ; réparer des machines ; négocier, dans une ville et dans des provinces où n'existe pas de système de distribution digne de ce nom, avec les associations de camionneurs qui porteront nos colis à Herat, Mazar-i-Sharif, Jalalabad, Bamiyan ; changer d'imprimeur au dernier moment ; s'apercevoir que, chez le nouvel imprimeur, manquent, comme dans un roman de Perec, deux lettres de l'alphabet et les forger à la hâte ; boucler le contenu du journal ; massicoter nous-mêmes, le dernier matin, à la main, les premiers exemplaires sortis des presses et du plomb ; et se retrouver, épuisés mais heureux, avec ce drôle d'objet, cet ovni, entre les mains – beau et un peu raté ; riche en informations et, forcément, maladroit ; grandes et humbles voix ; réconciliation, entre les lignes, des « Romains » (partisans du Roi) et des « Panchiris » (partisans de Massoud) ; hommage à la tradition de résistance et de liberté qui est la marque de l'Afghanistan ; pacte renoué entre notre pays, la France, et ce pays des savants et des poètes dont les rois, naguère, parlaient français ; et début, par conséquent, d'une aventure de presse et de pensée qui s'achève aujourd'hui ; dont il est encore trop tôt pour tirer tout le bilan ; mais dont on voit, à peu près, les ombres et les réussites.

Côté ombre, le poids de la tradition occupant encore, malgré tout, une part des meilleurs esprits ; la peur qui demeure ; les tracasseries administratives qui, nonobstant les promesses, ne nous seront pas toujours épargnées ; le fait que notre journal n'aura pas su, en dépit de nos efforts et des moyens déployés, trouver réellement son marché ; et puis la tragédie que fut pour nous tous, en avril 2004, le suicide de Homa Safi, cette rédactrice de 21 ans, tombée amoureuse d'un jeune homme employé d'une ONG occidentale, mais à qui son père voulait imposer l'un de ces mariages arrangés qui restent la coutume dans nombre de familles afghanes – coincée, désespérée, elle nous demanda, un soir, une avance sur son salaire et, plutôt que d'être séparée de celui qu'elle aimait, partit acheter les médicaments qui l'ont tuée.

Mais, de l'autre côté, côté lumière en quelque sorte, le fait même que ce journal ait pu, non seulement exister, mais durer quelques années ; les dizaines de journalistes afghans qui, comme Homa, y sont passés et s'y sont formés ; la dimension propédeutique, presque d'instruction civique, de notre série sur la démocratie parlementaire et les systèmes électoraux ; le goût du débat ; le choc, légitime et fécond, des opinions ; les nouvelles de l'étranger ; la province voisine comme une terre inconnue et, soudain, révélée ; nos enquêtes sur la culture du pavot, les seigneurs de la guerre ou la renaissance de l'âme afghane à travers l'art, les livres, le cinéma ; tel papier sur l'art préislamique dans le Kafiristan ; tel autre sur les « valeureux destriers du Bozkashi » ; tel autre encore sur le « Grand Jeu » dont l'Afghanistan se trouvait être à nouveau, trop souvent, l'épicentre et le théâtre.

De tout cela, cher Reza, nous avons lieu d'être fiers.

Pour tout cela, je dis à tous ceux et celles qui nous ont accompagnés au fil des ans, je dis à Eric de Lavarène, à Dimitri Beck, aux autres, un immense et chaleureux merci.

Les Nouvelles de Kaboul disparaissent. Mais *Les Nouvelles de Kaboul* n'auront, je le sais, pas vécu pour rien.

10

Fiançailles tragiques à Kaboul[1]

Je veux, aujourd'hui, vous parler d'un événement dont aucun autre journal, aucune agence de presse, ne se fera vraisemblablement l'écho – je veux vous parler d'une toute jeune fille, Homa Safi, journaliste stagiaire aux *Nouvelles de Kaboul*, le mensuel franco-afghan que j'ai lancé il y a deux ans, et dont j'apprends, à l'instant, qu'elle vient de se suicider.

Homa avait 21 ans.

Elle était l'une des innombrables femmes de Kaboul que la chute des talibans semblait avoir rendues à l'existence.

Elle était belle. Très belle. Je me souviens, pour l'avoir croisée aux tout débuts de l'aventure des *Nouvelles*, d'une grande fille, drapée dans de longues tuniques et portant, selon les jours, un léger voile gris perle ou vert sur les cheveux. Elle avait une bouche tendre et, me semble-t-il, imperceptiblement maquillée. Des grands yeux curieux qu'éteignait parfois un accès de timidité. Mais il suffisait, me dit Eric de Lavarène, le directeur de la rédaction du journal, d'un mot, d'un encouragement, d'une commande d'article qui lui plaisait, d'un sourire, pour que son joli visage se ranime et retrouve sa gaieté.

Homa, en réalité, était amoureuse.

1. *The New York Times*, 17 avril 2004.

Elle avait rencontré un jeune homme qui travaillait, lui aussi, pour une ONG occidentale et dont, comme toutes les filles de son âge, elle souhaitait partager la vie.

Or lorsque, il y a quelques semaines, après le Nouvel An afghan, les deux familles se sont rencontrées, lorsque la famille du jeune homme vint, dans sa petite maison d'un quartier misérable de la périphérie de Kaboul, demander sa main à son père, celui-ci la refusa au double motif que le prétendant était chiite et qu'elle était, de toute façon, promise au fils d'une famille amie.

Alors, Homa ne s'est pas révoltée. Elle n'a pas fui, comme dans nos romans de jadis, avec l'élu de son cœur. Elle a juste demandé une avance sur son salaire. Elle a acheté des médicaments dans une pharmacie proche du journal. Elle a parlé une dernière fois, au téléphone, sans rien laisser paraître de son intention, avec quelques-unes de ses amies. Et elle a choisi de prendre congé d'un monde où la liberté d'une femme est chose inconnue ou incongrue.

Le pire, me dit-on, est que le père de Homa était proche de sa fille et n'a probablement pas pensé, en lui signifiant son choix, qu'il la détruisait. C'était un père imbécile mais aimant. Attaché à la tradition mais fier, en même temps, de sa petite Homa et de ce nouveau métier de journaliste qui l'avait notamment mêlée, sans qu'il en prît trop ombrage, à notre numéro spécial sur les femmes de Kaboul, leur condition, leurs droits, leurs espoirs. Il était comme tant de pères afghans qui ne sont ni des monstres ni des salauds officiels mais pensent simplement qu'il est conforme à la loi divine et naturelle de marier sa fille à un inconnu. Et l'on me rapporte d'ailleurs qu'aujourd'hui, fou de désespoir, prostré, il jure à qui veut l'entendre que si c'était à refaire, si Dieu lui rendait l'enfant chérie qu'il a tuée, bien sûr qu'il la donnerait au jeune homme qu'elle aimait.

Homa, autrement dit, est morte, non pas exactement de la méchanceté, mais de l'infinie bêtise que porte en lui le fondamentalisme.

Homa, comme les trois cents femmes qui, l'an dernier, dans la seule ville de Herat, la capitale d'Ismael Khan, le seigneur de la guerre de l'Ouest afghan, se sont immolées par le feu pour échapper à la condition d'esclaves conjugales qui est le lot de l'immense majorité des jeunes Afghanes, est morte de ce fanatisme sans âge qui s'appelle l'islamisme et qui n'a pas disparu, loin s'en faut, avec la déroute militaire des mollahs.

Le cas de Homa est juste exemplaire d'un pays magnifique mais terrible où, quand une femme est, comme Massouda Jalal, candidate à la prochaine élection présidentielle, on l'enregistre sous l'étiquette : « une femme » – oui, juste « une femme », ce sexe qu'il faut taire, ou décliner comme une infamie, ou, comme dans le film *Osama*, commencer par déguiser en homme pour avoir une chance de le faire accéder à la lumière des jours !

Nul besoin de préciser que nous sommes tous, à Kaboul et à Paris, abasourdis par la nouvelle. Nul besoin, non plus, de s'attarder sur les mille et une questions qui, inévitablement, et comme toujours, se pressent : comment ? pourquoi ? vertige des responsabilités, des causes, des culpabilités, des remords ? et si les ONG elles-mêmes, en promettant plus qu'elles ne tiennent et ne pourront jamais tenir… ? Pour ceux d'entre nous qui aiment l'Afghanistan et continuent de croire, malgré tout, à son futur démocratique, pour ceux qui ne veulent ni ne peuvent se résoudre à l'idée d'un monde où une moitié seulement du genre humain aurait droit aux Droits de l'homme, le suicide de la petite Homa résonne comme une invitation à en faire, non pas moins, mais plus encore – il sonne comme le rappel à l'ordre d'une solidarité qui nous oblige d'autant plus qu'elle a, aussi, ses martyrs.

TABLE

Avertissement 7

I. ÉTAT CIVIL 9

1. *Lévy ? Les vies ?* 11
2. *Autoportrait indirect, en miettes et en creux* 18
3. *Ecrivain, vos papiers !* 53
4. *Ma vie, mode d'emploi* 59
5. *D'après Proust* 73
6. *Philosophe ? Ecrivain ?* 76
7. *A la guerre comme à la guerre* 88
8. *Questionnaire drolatique* 97
9. *Comment j'avance* 101
10. *Diététique des médias* 113
11. *Eh bien, donc, la guerre !* 116

II. LE GÉNIE DU JUDAÏSME 121

1. *Lévy et Lévy* 123
2. *Quel type d'homme était Benny Lévy* 137
3. *Benny et Sartre* 169
4. *Sartre et les juifs* 198
5. *Juifs et français* 233
6. *La leçon d'Edmond Fleg* 242
7. *Pour que vive la mémoire d'un certain B.L.* 253
8. *Génération Levinas ?* 261
9. *Etre juif* 264
10. *L'état du monde juif* 273
11. *Pourquoi il faut commémorer les morts de la Shoah* 289
12. *Ce qu'Israël peut, et doit, apporter au monde* 294
13. *Levinas, chef de guerre (de Rosenzweig à Levinas, la question de l'Universel)* 301
14. *Athènes et Jérusalem, suite* 335

15. *La littérature et l'étude* ... 362
16. *L'étrange expérience de la souveraineté juive* ... 385

III. QUI VA LÀ ? (LITTÉRATURE) ... 409

1. *Une tragédie nommée Gary* ... 411
2. *Justice pour un inconsolé* ... 432
3. *Figures juives de Romain Gary* ... 441
4. *Un vivant qui ne passe pas (de l'importance – méconnue – d'Alberto Moravia dans l'histoire intellectuelle du XXe siècle)* ... 445
5. *L'impossible hommage à Alain Robbe-Grillet* ... 451
6. *Sept thèses sur le théâtre d'aujourd'hui* ... 458
7. *Alain Robbe-Grillet vivant* ... 472
8. *Ce que je dois à Kundera* ... 475
9. *Un tombeau pour Jean Genet* ... 481

IV. NOTES POUR UN PROGRAMME PHILOSOPHIQUE 485

1. *Contre le mal, s'il est absolu, que faire ?* ... 487
2. *Usage de Spinoza* ... 512
3. *Louis Althusser, radical et étincelant* ... 513
4. *Petite introduction à l'œuvre de Levinas* ... 515
5. *Un Sartre ou deux ?* ... 532
6. *Deux Sartre... ou trois ?* ... 553
7. *Sartre est un bloc* ... 569
8. *Et Beauvoir ?* ... 572
9. *Eh oui, Voltaire* ... 579
10. *Flash-back* ... 586
11. *Pour le droit au secret* ... 612
12. *Contre la « politique de civilisation », vive l'axe Lacan-Canguilhem-Lautréamont* ... 620
13. *Où l'on tente de réconcilier, enfin, Camus et Sartre* ... 634

V. POUR L'AMOUR DE L'ART ... 651

1. *L'art et la vie* ... 653
2. *Que la peinture n'a pas affaire avec le beau* ... 666
3. *Qu'est-ce qu'une nature morte ?* ... 675
4. *L'écrivain, l'artiste et le philosophe* ... 680
5. *Fleurs du Mal (à propos d'Ingres et de Martial Raysse)* ... 683
6. *Sortir de Platon par Pirandello et Marcel Duchamp* ... 685

VI. MADE IN USA 691

1. *Ma campagne américaine* 693
2. *Campagne américaine, suite* 703
3. *Lettre ouverte à la gauche américaine* 707
4. *Comme un immense 21 avril...* 711
5. *Et si Tocqueville, comme Marx, s'était trompé de pays ?* 715
6. *Et si l'Amérique renouait avec la France – et, ainsi, avec elle-même ?* 720
7. *Quand l'Amérique tourne le dos à la France et, encore, à elle-même* 724
8. *A la Bastille !* 728
9. *Think in USA* 729
10. *La culotte de Sarah Palin* 738
11. *Lettre ouverte au prochain président des Etats-Unis* 739
12. *Ce que j'aimerais dire, aujourd'hui, à Barack Obama* 745
13. *Quand Obama sera élu* 748
14. *Obama, enfin* 751
15. *Obama avant Obama* 753
16. *Eh oui, Barack Obama tient ses promesses !* 754
17. *Bien sûr, Obama mérite le prix Nobel* 759
18. *L'Amérique, et après* 763
19. American Vertigo, *le film* 777

VII. CONVERSATIONS ET CORRESPONDANCES 805

1. *Conversation avec Michel Houellebecq (Malaise dans la littérature)* 807
2. *Lettres à Bob Geldof (à propos de l'Afrique et de son destin)* 819
3. *Ségo ? Sarko ? (débat avec André Glucksmann)* 823
4. *Débat avec Alain Finkielkraut (Quand la politique s'empare des intellectuels)* . 834
5. *Lettres à Francis Fukuyama* 843
6. *Conversation avec Norman Mailer (Les derniers mots d'un géant)* 853
7. *Lettres à Anatol Lieven (à propos du néoconservatisme et de ses impasses)* 880
8. *Conversation avec Frédéric Beigbeder (Comment je vis)* 896
9. *Lettres à Frederic Tuten* 919
10. *Quatre lettres au directeur général de la Croix-Rouge française à propos de l'humanitaire, de son histoire et de la misère sociale en France* ... 933

VIII. J'ABATS MON JEU (POSITIONS) 961

1. *Pourquoi un type comme moi ne pouvait pas voter Sarkozy* 963
2. *Les deux destins de Ségolène Royal* 970
3. *Vers un berlusconisme aux couleurs de la France* 973
4. *Un dîner avec Ségolène* 977
5. *Comment peut-on être – encore – de gauche ?* 983
6. *Avez-vous déjà ressuscité un mort ?* 987
7. *La gauche et ses fantômes* 993

8. *Il faut dissoudre le Parti socialiste* 997
9. *Réponse à Jean Daniel* 1003
10. *Prolégomènes à toute laïcité future* 1006
11. *Bienvenue à Ayaan Hirsi Ali* 1017
12. *Ils ont tué Benazir* 1021
13. *Appel pour la Birmanie* 1024
14. *Second appel pour la Birmanie* 1027
15. *Appel pour le Darfour* 1029
16. *Justice pour le Darfour* 1039
17. *Comment aider les Iraniens ?* 1041
18. *Si l'Europe était à refaire...* 1044
19. *L'Europe emmerde le monde* 1048
20. *Monsieur Besson, l'Europe et Martin Heidegger* 1050
21. *L'Ukraine et la Géorgie dans l'OTAN ? (Lettre ouverte à Angela Merkel et Nicolas Sarkozy)* 1054
22. *SOS Géorgie ? SOS Europe !* 1059
23. *Où en sommes-nous avec le monde ?* 1062
24. *Pourquoi je défends Cesare Battisti* 1073
25. *Visite à Cesare Battisti dans sa prison brésilienne* 1085
26. *Lettre ouverte au Président Lula sur le cas de Cesare Battisti* 1090
27. *Contre l'idéologie de l'évaluation* 1093
28. *Réponse aux négationnistes du génocide arménien* 1099
29. *Unesco : la honte d'un naufrage annoncé* 1106
30. *La bataille de l'Unesco, suite* 1108
31. *Unesco, encore* 1110
32. *La bataille de l'Unesco, fin* 1113
33. *Unesco, après la victoire* 1115
34. *La triste fin de Jimmy Carter* 1118
35. *Suggestions pour servir à la mémoire de Madame Anna Politkovskaïa* 1121
36. *Un Rushdie français ?* 1124
37. *Qui sont les vrais insulteurs du Coran ?* 1129
38. *Victoire pour Philippe Val* 1133
39. *De quoi Siné est-il le nom ?* 1135
40. *Pourquoi je défends Polanski* 1140
41. *Pour Roman Polanski* 1143
42. *Et si on inculpait Léon Blum ?* 1146

IX. JE CACHE MON JEU (SITUATIONS) 1149

1. *Considérations sur le désastre des Abruzzes* 1151
2. *Beauté de Beaubourg* 1158
3. *Adieu à Françoise Verny* 1162
4. *Retour à Sarajevo* 1165
5. *Un rendez-vous avec des héros* 1180
6. *Monsieur Spock et l'*Odyssée 1185

7. *Jean-Paul II et* Zarathoustra 1187
8. *Pour saluer Simone Veil*. 1190
9. *Si le 11 Septembre n'avait pas eu lieu ?*. 1198
10. *Il était une fois* Libération 1199
11. *Vivre au Carlyle*. 1204
12. *Les filles de Venise*. 1207
13. *En Afrique, qui a raison ?*. 1210
14. *Connaissez-vous Francis Bueb ?* 1214
15. *Politique d'Andrée Putman*. 1217
16. *Réponse à* Time Magazine *sur le prétendu déclin de la culture française* 1220
17. *Le marché, c'est le crime ?*. 1225
18. *Qui corrompt quoi ?* 1228
19. *Rushdie, un homme dans les sombres temps* 1230
20. *Avedon et Rushdie* 1234
21. *Sacré ou profane ?*. 1235
22. *Ne rien céder sur l'idéologie française* 1237
23. *Plaidoyer pour un journalisme engagé*. 1242
24. *Vingt ans après,* La Règle du Jeu 1265

X. GRAND REPORTAGE ET AUTRES THÉÂTRES D'OPÉRATIONS 1273

1. *Choses vues au Darfour* 1275
2. *La guerre, vue d'Israël*. 1284
3. *Choses vues dans la Géorgie envahie* 1296
4. *A l'heure de Gaza*. 1305
5. *Mode d'emploi*. 1313
6. *Images de guerre*. 1315
7. *Mode d'emploi, suite* 1320
8. *Un journal à Kaboul, première* 1325
9. Les Nouvelles de Kaboul, *dernière* 1328
10. *Fiançailles tragiques à Kaboul*. 1333

Ce volume a été composé
par IGS-CP à L'Isle-d'Espagnac (Charente)
Achevé d'imprimer en janvier 2010
dans les ateliers de Normandie Roto Impression s.a.s.
N° d'impression : 100313
N° édition : 16089
Dépôt légal : février 2010

Imprimé en France